Berlin zwischen 1789 und 1848
Facetten einer Epoche

Ausstellung der Akademie der Künste vom 30. August bis 1. November 1981

W. Brücke
Das alte Berlinische Rathaus in der Spandauer Straße   1840 (Kat. Nr. 5.153)

Diese Ausstellung hat viele Väter. Sie war lange im Gespräch, lange bevor der Gedanke zur großen Preußenausstellung entstand. Sie galt der Zeit um 1800 im weitesten Sinne und galt Berlin in dieser Zeit. Werner Hofmann wollte ausloten, was unter dem Begriff Romantik subsumiert, seine glanzvollen Ausstellungen in Paris und Hamburg bezeugen seinen Einblick in die Zeit wie seine Ungeduld uns gegenüber. Hans Mayer nannte als Thema Aufklärung und Gegenaufklärung in Preußen am Beispiel Berlin. In den Gesprächen ging es auch immer wieder um Berlin als Faszinosum, Zielort und Zuflucht, Heimstatt für viele und nicht nur für Fatzkes, Preußen in oder gegen Berlin, Berlin in oder gegen Preußen. Machtpolitik und Menschenrechte, moderner Staat und Geschichte in geschichtsloser Gegend, nationaler Aufbruch ohne Nation. Oder gibt es eine Nation nützlicher Minderheiten, ein Volk von Zugereisten? Salzburger und Hugenotten, literarische Salons und Kasernen, die preußisch-jüdische Symbiose und Gewerbefleiß — alles zusammen als Essenz eines Wunders von jugendlicher Kraft. Kunststück von Zauberern aus allen Bereichen des Geistes, der Künste und des Handwerks, des Adels und der Bürger. Einige Äußerungen von Zeitgenossen lassen die Faszination, die diese Stadt in jener Zeit ausstrahlte, erkennen.

»Berlin ist mehr ein Weltteil als eine Stadt.«
Jean Paul 1800

»Wie konnte bloß jemand auf die Idee kommen, mitten in all dem Sand eine Stadt zu gründen! Dabei soll dieses Berlin 159 000 Einwohner haben!«
Stendhal 1806

»Dies ist vielleicht die einzige Stadt, wo die sogenannten genialen Menschen nicht für Narren gehalten werden.«
Clemens Brentano 1809

»Alles hat hier einen Anstrich von Großartigkeit, Geistigkeit und Liberalität.«
Grillparzer 1826

»Berlin ist gar keine Stadt, sondern Berlin gibt bloß den Ort dazu her, wo sich eine Menge Menschen, und zwar darunter viele Menschen von Geist, versammeln, denen der Ort ganz gleichgültig ist, diese bilden das geistige Berlin.«
Heinrich Heine 1828

»Berlin, wenn ich so sagen darf, ist eine Conglomeration aller Weltexistenzen, alle europäischen Weltstädte sind hier repräsentiert und nebeneinander aufgeschichtet.«
Friedrich Gustav Kühne 1843

»Treffliche Musik habe ich da gehört, auch abscheuliche. Aber in Bonn machen sie meist nur abscheuliche Musik ohne die treffliche mitzugeben.«
Johanna Matthieu 1842

Doch nun zu dieser Ausstellung:
Der Zeitraum ist abgesteckt zwischen der erfolgreichen französischen Revolution 1789, die Europa verändert hat, und der gescheiterten deutschen von 1848, die uns und unser Verhältnis zum Staat verändern wollte. Die Themen sind konzentriert auf geistes- und kulturgeschichtliche Entwicklungen und zwar weitgehend am Beispiel der Künste, wie sie in unserer Akademie vertreten sind. Wir haben

versucht, mit Dokumenten der Zeit den erregenden Aufbruch und seine Widersprüche darzustellen. Dabei wurden zur Erleichterung für den Betrachter einzelne Themen voneinander abgegrenzt, die dennoch, wie man weiß, aufs Engste miteinander verflochten sind: der bürgerliche Alltag der Gebildeten, das literarische Leben, die Entwicklung des Theaters, die bildende Kunst am Beispiel der Akademie der Künste, die Universitätsgründung vor dem Hintergrund von Befreiungskrieg und Studentenunruhen — oder der Maurermeister Zelter und die Singakademie und wie entsteht ein Musikleben von Rang, das schon auf Weltstadt hinweist — und nicht zuletzt ein Stück Stadtentwicklung, vorangetragen von den »kleinen Leuten«, die morgen große Unternehmer sind: Luisenstadt.

Facetten einer Epoche in Berlin. Geistige Gründerjahre vor immer wiederkehrenden anderen Gründerjahren! Gute, alte Zeit oder heute noch nachvollziehbar? Wir haben es heute ungleich schwerer: die Zahl der Ausländer und anderer Zugereister wächst, wie damals, die Jugend hat andere Zielvorstellungen als die Etablierten, wie damals, die Besitzenden rufen nach Recht und Ordnung, wie damals, und noch immer sind die Barrikaden zur Hand, um Zukunft zu ertrotzen, weil Zukunft nie aufhört. Trotz allem.

Ich danke den Mitgliedern unserer Akademie, die die Anregungen und Themen vorgaben, sich aber im Laufe der langen Jahre anderen Dingen zuwandten. Ich danke den Mitgliedern, die diese nicht angeregt aber dennoch intensiv begleitet haben, wie Rossow, Posener, Roters und andere.

Ich danke den wissenschaftlichen Mitarbeitern unseres Hauses, den Sekretären der Abteilungen, wie auch den anderen, die Ausstellung und Katalog betreuten, danke Sonja Günther, die sich anhand zwar grundlegender aber widersprüchlicher Hinweise ans Recherchieren und Konzept begab, danke allen Leihgebern, die trotz Preußen 1981 noch etwas für uns übrig hatten, und allen gemeinsam, die trotz unvermeidbarer Divergenzen bis zum hoffentlich glücklichen Ende wie ein zusammengewürfeltes Völkergemisch, d. h. wie Preußen miteinander auszukommen wußten.

Nicht nur die Leihgeber, sondern alle, die uns auf die eine oder andere Weise geholfen haben, werden mit besonderem Dank in einem Verzeichnis genannt.

Werner Düttmann

Martin Greiffenhagen
Zwei Seelen in der Brust?
Zur politischen Kultur Preußens zwischen
1789 und 1848

Geschichte wird nicht nur von Männern, Völkern und Klassen gemacht, sondern auch von Historikern und Gedächtnisausstellungen: Sie rufen in Erinnerung, was heute wichtig erscheint, versichern sich der Bestände, die weiter bestehen sollen, bringen Licht in bisher Unbekanntes, wenn man sich davon Hilfen für gegenwärtige Aufgaben verspricht. Neue Verknüpfungen erlauben neue Perspektiven, vielleicht neue »Traditionen«.

Was Preußen angeht, so zeigt die Geschichte seiner Rezeption deutlich zeitgeschichtliche Bedürfnisse. Einige Beispiele aus jüngerer Zeit: Die Friedrich-Welle in den letzten Jahren der Weimarer Republik wollte angesichts nationaler Schmach die militärische Größe und die Aufbaukraft des friderizianischen Preußens in Erinnerung bringen. Gleichzeitig versuchte man, der Herausforderung des Marxismus mit der Behauptung eines »preußischen Sozialismus« zu begegnen. Ähnliches galt für den »preußischen Stil«. Er war die Antwort auf einen kulturellen Pluralismus, den man als bedrohlich empfand. Hitler hielt wenig von Preußen, inszenierte trotzdem den »Tag von Potsdam« überaus geschickt, um die starken obrigkeitsstaatlichen Traditionsströme in das Flußbett seiner völkischen und führerstaatlichen Vorstellungen zu lenken. Gegen Kriegsende versuchte er, die Erinnerung an den »Durchhaltewillen« Friedrichs des Großen sowohl für das deutsche Volk wie für sich selbst nutzbar zu machen. Der 20. Juli 1944 erinnerte viele an die Tradition preußischer Rechtsstaatlichkeit, und manche fügten diesem Datum das Gedächtnis an einen anderen 20. Juli hinzu: 1932 wurde »der letzte König von Preußen«, der sozialdemokratische preußische Ministerpräsident Otto Braun, von Papen aus seinem Amt vertrieben.

Nach dem Kriege hat es keine Preußen»welle« gegeben. Die Erinnerungen blieben diffus und dienten sehr partiellen Bedürfnissen, teilweise auch nur nostalgischen Anwandlungen. Am häufigsten wurde der preußische Rechtsstaat beschworen, zusammen mit Kant, dem am ehesten weltbürgerlichen der preußischen Philosophen. Auf Humboldts Universitätsidee besann man sich, ein Freiherr-vom-Stein-Preis erinnerte an die Reformen. Fontane und Kleist fanden schon vor Jahren Beachtung, Bismarck rückt erst jetzt wieder voll in das Licht historischen Interesses.

Inzwischen hat sich diese diffuse Zuwendung zu einzelnen Traditionselementen verdichtet. Die Berliner Ausstellung trägt viel dazu bei, daß »Preußen« wieder als Gesamtgebilde erscheint. Trotzdem verschwimmt es als Erkenntnisobjekt ständig, indem der eine mehr die politische, der andere mehr die künstlerische, philosophische, kulturelle Bedeutung in den Blick nimmt, wenn er von »Preußen« spricht. Der Ekklektizismus solcher Betrachtungsweise wird jedoch eher verdeckt, die Einseitigkeit der Betrachtung häufig unterschlagen. Auf diese Weise bekommt jeder recht, wenn er für oder gegen »Preußen« sich erklärt.

Das Gesagte gilt besonders unter einer Frage, die für die deutsche Geschichtsschreibung von großer Tragweite ist: Welche historischen Phasen und Gestalten waren geschichtsmächtig in dem Sinne, daß sie Weichen gestellt und die weitere Entwicklung geprägt haben? Nationale Traditionen lassen sich nur in Grenzen gegen solche geschichtswirksamen Entwicklungen herausbilden: Die Evidenzen sind zu mächtig. So behauptet sich gegen den Willen, Geschichte unter Umständen »gegen den Strich zu bürsten«, am Ende doch die Anerkennung dessen, »was wirklich geschehen ist«: nicht nur als historische Redlichkeit, sondern als geschichtliche Unausweichlichkeit.

Diese Tatsache gilt es besonders im Blick auf das Thema dieser Ausstellung zu berücksichtigen. Die Neigung deutscher Geschichtsschreibung, auf verschiedenen Schienen zu fahren und also die »Geistesgeschichte« von der Politik- und Sozialgeschichte abzuklammern, ist erst in den letzten Jahrzehnten einem integralen Geschichtsverständnis gewichen. Erst jetzt erscheinen bei uns Sozialgeschichten der deutschen Literatur und der Kunst. Bis dahin überwogen die hermetischen Darstellungen der Politik-, der Militär-, der Literatur-, der Kunst-, der Musikgeschichte. Diese Abschottung lag selber in der Konsequenz deutscher Politikgeschichte: Ein Bürgertum, das, von der Politik ausgeschlossen, auf die innerlichen Bereiche der Familie, der Kunst, der Naturlyrik oder -wissenschaft und als einzig dynamisches Feld die Wirtschaft beschränkt war, mußte um seiner Identität und Selbstachtung willen besonders den Bereich der Kultur als einen »souveränen« behaupten. Hier, im Felde der Philosophie, der Wissenschaften und Künste errichtete es seine »Reiche«, baute seine Systeme, focht seine Kämpfe, nicht in Revolutionen, Parlamenten, kolonialen Eroberungen und imperialistischen Kriegen.

Für die Beurteilung der Zeitspanne von 1789 bis

1848 ist diese Einsicht von besonderer Bedeutung. Stets nämlich trifft man auf unterschiedliche und auf den ersten Blick unverbundene Phasen, Akzente, soziale und künstlerische Bewegungen. Der »Zeitgeist« wechselte nicht nur ungeheuer rasch, sondern bestand überhaupt nicht als ein identisch greifbarer: Die überkommenen literaturgeschichtlichen Einteilungen Klassik, Sturm und Drang, Romantik, Biedermeier, lassen sich mit den philosophischen Strömungen und beide mit den politikgeschichtlichen schwer vereinen. Wer literaturgeschichtlich »Biedermeier« sagt, unterschlägt nicht nur politik- sondern auch literaturgeschichtlich das Junge Deutschland und den Vormärz. Ähnliches gilt für die philosophiegeschichtlichen Epochen und schließlich auch für die grobe Einteilung von Aufklärung und Romantik. Hier löst nichts einander in sauber zu trennender Weise ab, die »Dialektik« liegt tiefer. Das gilt auch für die innenpolitische Entwicklung, also für »Reformzeit« und »Reaktion«.

Diese Situation ist damals von den Zeitgenossen selber empfunden worden. Das deutlichste Zeichen dafür ist die Erfindung und Entwicklung der Dialektik, die um die Jahrhundertwende von verschiedenen Geistern in Angriff genommen wurde, bis Hegel sie voll ausbildete.[1]

Deutsches dialektisches Denken ist der Versuch, aus der Not politischer Apathie die Tugend gesellschaftlicher Identität zu machen. Das war genau, was das deutsche Bürgertum brauchte. Deshalb wurde soviel über beides zugleich nachgedacht: über »Entfremdung« und »Totalität«, dazu das dialektische Vehikel der »Vermittlung«. Ob nach rückwärts oder nach vorwärts orientiert, als konservative oder als revolutionäre Ideologie vorgetragen, das dialektische Sprungdenken sollte die Versöhnung jener deutlich empfundenen Widersprüche bringen, denen sich das deutsche Bürgertum konfrontiert sah und unter denen es litt. Mindestens »im Begriffe« sollte das Wahre sich als das Ganze zeigen, und das »Reich der Gesellschaft« im »Reich der Wissenschaft und Kunst« vermittelt werden: »Wir unserntheils haben es immer für nothwendig gehalten, die Ansicht beider, vor unseren Augen so unglücklich getrennten Welten in uns in gleicher Schwebung zu erhalten, und so glauben wir jetzt, daß das feindselig geschiedene sich in unserm Innern wieder glücklich durchdrungen und vereinigt habe«, schrieb Adam Müller.[2]

Bei der Betrachtung unserer Zeitspanne verdienen die Vermittlungsversuche besondere Beachtung, mit denen »bürgerlicher Geist« die Widersprüche lösen wollte, die sich zwischen der Humanitätsidee Humboldts und dem preußischen Militarismus, zwischen der Idealität geistiger Freiheit und der Unterdrückungsmaschinerie der preußischen Geheimpolizei, zwischen der Aufgeklärtheit von Lesegesellschaften und der strikten Weitergeltung der Klassengesellschaft auftaten. Dabei muß man sich vor zu schneller »dialektischer« Vermittlung hüten. Worauf es ankommt, ist den Quell solcher Widersprüche zu entdecken, eine Ätiologie zu entwickeln, welche einander widersprechende Tendenzen in Zusammenhang bringt, ohne sie in ihrer Widersprüchlichkeit »aufzuheben« und solchermaßen zu versöhnen. Die folgenden Bemerkungen sollen hierfür Hinweise geben. Sie taugen nur als Skizze und bleiben in hohem Maße ergänzungs-, auch widerspruchsbedürftig. Man spricht heute viel vom »interdisziplinären Gespräch«. Wie schwer es ist, dafür liefern diese Gedanken ein neues Beispiel.

Wer das Preußen der Aufklärung ins Auge faßt, darf das Preußen der Romantik nicht aus dem Blick verlieren. Dasselbe gilt für das Preußen der Reformen und der Reaktion. Beide gehören zusammen, in dem Maße, in dem alle diese Bewegungen »deutsche Bewegungen« gewesen sind. So birgt der Ausdruck »preußische Aufklärung« bereits eine Spannung in sich, welche die französische Aufklärung nicht kennt. In Frankreich steht Aufklärung für Befreiung aus allen Vormundschaften, in Deutschland nur für die Befreiung aus religiöser Vormundschaft; dort will Aufklärung Weltbürgertum, in Preußen führt sie am Ende zu einem Nationalismus, der sich gerade nicht an der Spitze des Kampfes für die Gleichheit aller Menschen sieht. Die spezifisch preußischen Züge der Aufklärung lassen sich auf folgende Punkte bringen:

1. Träger der preußischen Aufklärung war nicht »das« Bürgertum, sondern eine kleine Schicht, die sich vom Staat abhängig wußte.

2. Die preußische Aufklärung richtete sich nicht gegen den Feudalstaat.

3. Die preußische Aufklärung ließ die Klassenschranken unangetastet.

4. Die preußische Aufklärung war von extrem kurzer Dauer.

1. Die Schicht, welche die Aufklärung in Preußen trug, war keineswegs der gesamte bürgerliche Stand, sondern eine sozial inhomogene Gruppe aus Offizieren, Geistlichkeit, bürgerlichen Beamten, Schulmännern, Gelehrten, Teilen des Adels. Handel und Gewerbe waren so gut wie nicht vertreten: Wirtschaft spielte weder als ökonomische Potenz

noch als politische Haltung eine Rolle, im Gegenteil: Der Handelsgeist wurde verpönt, der Kaufmann verachtet. Gesellschaftliche Orientierung bot weiter der Adel, dessen Lebensweise man beneidete und kopierte. Das Publikum der preußischen Aufklärung war stark intellektuell-wissenschaftlich orientiert. Diese Orientierung erlaubte den Lesegesellschaften eine gewisse soziale Offenheit und gesellschaftliche Toleranz, führte aber gleichzeitig zu elitärer Abgeschlossenheit und politischer Bedeutungslosigkeit. Das muß man bedenken, wenn man die folgenden Sätze Henri Brunschwigs liest: »Die Lesezirkel bilden die Truppen der Aufklärung; die Presse liefert ihre Offizierskorps, die Philosophen ihren Generalstab. Ihre Mitglieder kämpfen in vorderster Reihe, denunzieren die Sünder vor den Journalisten, verbreiten die neuesten Ansichten und bahnen den Reformen den Weg.«[3] Gewiß, so läßt sich das sehen und beschreiben, und wer wäre nicht beeindruckt von den Zeichen mannigfacher Emanzipation, die in den Lesezirkeln statthatte. Aber ihre politische Folgenlosigkeit erklärt sich darin, daß diese »Truppen« zu klein waren, vor allem aber, daß sie nicht den richtigen Feind bekämpften.

2. Die preußische Aufklärung kämpfte auf dem Felde von Theologie und Philosophie, nicht gegen Klassenherrschaft und absoluten Staat. »Räsoniert soviel Ihr wollt, aber gehorcht«, diese friderizianische Maxime konturierte das aufklärerische Terrain. Gegen sie half keine noch so intensive Lektüre französischer oder englischer Aufklärer, die man alle gut kannte, gegen sie half auch nicht Lessings Überzeugung, daß die Staaten für die Menschen da sind. Wilhelm Dilthey hat die Situation der deutschen Aufklärung treffend beschrieben, allerdings ohne zu wissen, welche Defizite er mit seiner Charakteristik gleichzeitig offenbarte: »Die deutsche Aufklärung löste die christliche Religiosität aus den rohen Begriffen der Orthodoxie und stellte sie auf den festen Grund der Freiheit der moralischen Person. Sie gab der Erziehung und dem Unterricht neue Ziele und Methoden. Sie reformierte das Recht und vertiefte das Verständnis der politischen Welt; sie stellte sich überhaupt ganz in den Dienst der Gesellschaft und des Staates. Sie entwickelte bei dieser Arbeit einen sittlichen Ernst und einen pädagogischen Eifer wie eine neue Religion.«[4]
Nicht nur, daß die preußische Aufklärung sich nicht gegen den Staat wandte, sie hatte in ihm den zuverlässigsten Bundesgenossen bei ihrem Ziel der Transformation von Religion in aufklärerischen Deismus, in Moralphilosophie und Merkantilismus.

Was aber den Gedanken an eine Liberalisierung der Politik anging, so vertraute man mit Kant auf das, was man heute einen »herrschaftsfreien Diskurs« nennt, und auf das Prinzip der Öffentlichkeit. Kant wandte sich gegen das Widerstandsrecht und verließ sich darauf, daß der Republikanismus sich schließlich durchsetzen werde, als Resultat aufklärerischer Überzeugungsarbeit. Das meinten außer ihm noch eine ganze Reihe von Intellektuellen.

3. Auch die soziale Gleichheitsforderung wurde von der preußischen Aufklärung zunächst durchaus vorgetragen, z. B. von Friedrich Nicolai: »Verständige und ehrliche Leute gehören zusammen ohne Rücksicht auf Stand, auf Religion und auf andere Nebensachen.«[5] Bedenkt man jedoch, was allein der Beitrag zu den Lesegesellschaften kostete[6], so wird deutlich, daß das Gleichheitsideal der preußischen Aufklärer in hohem Maße selektiv war, wie das Kants, der bekanntlich nur Hauseigentümern und in anderer Weise »Selbständigen« das Wahlrecht zubilligen wollte. Die soziale Schichtung wurde nicht angetastet, der Adel blieb die politische Klasse. Über Grundherrschaft und Offiziersstand übte er eine Macht aus, die noch über hundert Jahre unbefragt gelten sollte.

4. Die Phase der preußischen Aufklärung war von ungewöhnlich kurzer Dauer. Das hängt mit den politischen Implikationen der deutschen Form von aufgeklärtem Absolutismus zusammen, dessen widersprüchlicher Begriff besonders in Preußen praktische Auswirkungen behinderte. Aufklärung wurde zunächst von der preußischen Monarchie begünstigt, ja zeitweilig als herrschende politische Lehre buchstäblich gepredigt: als absolutistische Modernisierungsideologie, die Brunschwig im Blick auf das Preußen Friedrichs des Großen gut beschrieben hat: »Seine Bewohner, von Beamten bewacht, von Pastoren abgekanzelt und von Philosophen unterrichtet, gewöhnten sich allmählich daran, Toleranz zu üben, vernünftigt zu denken und mit einem starken Optimismus an den Fortschritt der Menschheit zu glauben.«[7] Sobald aufklärerische Tendenzen sich gegen den Staat zu wenden drohten, zeigte er seine obrigkeitliche Seite und wurde repressiv. Dann galt nicht einmal mehr die religiöse Toleranz, sondern Wöllners Edikt trat in Kraft. Dieser Gesinnungswandel zeigte sich auch in den Salons. Hatten gegen Ende des 18. Jahrhunderts Juden in den Berliner Salons den Ton angegeben, so wurden sie von der Christlich-deutschen Tischgesellschaft ausdrücklich ausgeschlossen. Die

9

kaum begonnene Tradition der Aufklärung wurde abgebrochen, die intellektuelle Elite verriet ihre Ideale, wurde fromm und blieb staatsfromm.

In welcher Weise reformerisch-progressive Tendenzen am Ende reaktionäre Resultate zeitigten, dafür liefert die Universitätsidee Humboldts und die Gründung der Berliner Universität ein Beispiel, das bis heute folgenreich geblieben ist. Der bloße Hinweis darauf, daß die Berliner Universität »viele glänzende Geister« versammelte, kann nur demjenigen genügen, der in der Tradition deutscher Trennung von Geist und Politik nach dem politischen Ort dieser Universität nicht fragt und also nicht wahrnimmt, daß die Humboldt'sche Gelehrten»republik« nicht von republikanischem Geist erfüllt war. Humboldts Universitätsidee orientierte sich positiv an der Gelehrtengesellschaft der Lesegesellschaften, negativ am »Brotstudium« einer auf praktische Tüchtigkeit zielenden Ausbildung. Die Organisationsstruktur der Universität wurde nicht verändert. Nur ein »neuer Geist« sollte einziehen, ein Geist der Selbständigkeit, der Freiheit und der herrschaftsfreien Kommunikation. Vorgebildet war diese Form des Umgangs von Professoren und Kommilitonen in dem privaten Vorlesungsbetrieb, der auf der Basis eines häufig adligen Mäzenatentums in Berlin eine exklusive Berliner Gesellschaft versammelte. Dieses »Traumbild der kultivierten Intellektuellen aller Zeiten (Helmut Schelsky) berief sich zu Unrecht auf die griechische Akademie: Die griechische Gelehrtenrepublik hatte ein republikanisches Umfeld und also selber politische Qualität.[8] Stattdessen stand die Humboldt'sche Universitätsgründung unter der Maxime »Einsamkeit und Freiheit«: Ohne Verbindung mit der Praxis bürgerlicher Existenz, gerade in der Abkehr von realen Zwecken wollte man sich zu einer Bildung erheben, von der man sich an Stelle der politischen wenigstens geistige »Souveränität« versprach. In den westlichen Demokratien war das Volk inzwischen souverän geworden und hatte den National-staat ausgebildet. In Deutschland führte die Bildungsidee des Neuhumanismus nur zum National»gedanken«. Und wie im Falle des Republikanismus, so erhoffte man sich auch hier aus geistigen Impulsen praktische Auswirkungen.

Helmut Schelsky erscheint diese idealistische Vorstellung heute noch als ein realer Zusammenhang: »Die ›Nation‹ als sozialer und geistiger Lebensraum ist in wissenschaftlichen Ideen vorweggenommen und erprobt worden, von hier aus wird soziologisch-strukturell verständlich, weshalb das 19. Jahrhundert in Europa politisch zu einer Auseinandersetzung der ›Ideen‹ werden konnte. Die ›philosophische Universität‹ Berlin ist eine der politischen Grundinstitutionen des Jahrhunderts gewesen. In der Situation des Studenten potenziert sich diese soziale Zukunftsoffenheit anthropologisch: Der junge Mensch, von den Beziehungen zu festen Berufskarrieren und einem festgelegten Lebenslauf befreit, ist seinem Entwicklungsstadium nach auf eine ›imaginative Erprobung und Vorwegnahme des Daseins in toto‹ verwiesen; für den Studenten der ›philosophischen Universität‹ Humboldts und Fichtes fielen die Grundimpulse des Jugendalters mit den Forderungen der Wissenschaft und der gesellschaftlichen und politischen Entwicklung des Zeitalters als Auftrag und Möglichkeit der ›Bildung‹ zusammen.«[9]

Diese Fehleinschätzung hat uns vermutlich heute die Gruppenuniversität eingetragen, als Reaktion gegen eine Universitätsidee, die zum nicht geringen Teil an den politischen Katastrophen Deutschlands teilhat.[10] Die Universitätsdenkschrift Fichtes schloß mit der Verherrlichung der Universität als der Geburtsstätte des »vollkommenen Staates«[11] Dieses sich auf eine spezifisch deutsche Kulturidee berufende Politikverständnis verwandelte sich schon bei Fichte und später in immer aggressiveren Formen zu einer nationalen Verteidigungsideologie gegenüber französischer Vorherrschaft, und dann gegenüber der gesamten politischen Kultur westlicher Demokratien. Die Einmaligkeit der deutschen Sprache sollte dem »Urvolk« der Deutschen einen sowohl natürlichen wie kulturellen Vorsprung vor allen anderen Nationen der Erde geben: Am deutschen Wesen sollte die Welt genesen.[12]

Man kennt den Weg, auf den der Versuch, politische Einflußlosigkeit durch »geistige Macht« zu kompensieren, das deutsche Bürgertum geführt hat. Aus einem scheinbar rein geistigen Interesse an deutscher Sprache und deutscher Literatur wurde über die Volksmythologie und den Rassenkult am Ende der Anspruch zur Weltbeherrschung. Eine Vorstufe findet sich schon im Vorwort zur 4. Auflage der Literaturgeschichte von August Vilmar: »Der Beruf des deutschen Volkes in der Zukunft wird kein anderer sein als der er seit fast zwei Jahrtausenden gewesen ist: ein Hüter zu sein unter den Völkern für Zucht und für Sitte, für Gerechtigkeit und für Hingebung, für Dichtung und Wissenschaft in ihrer stillen Innerlichkeit und für den Glauben der christlichen Kirche in seiner weltüberwindenden Herrlichkeit.«[13]

Man versucht bis heute einen Widerspruch zwischen dem geistigen und dem militaristischen Preußen zu behaupten: auf der einen Seite Humboldts Gymnasien, auf der anderen preußische Kadettenanstalten, hier der freie Geist der Gelehrtenrepublik, dort die Maxime Befehl und Gehorsam in Heer und Verwaltung. Diese Antinomie läßt sich nicht halten. Das Urteil des britischen Historikers Feuchtwanger ist hart, aber zutreffend: »Es hatte nie eine direkte Antithese zwischen dem Deutschland der Dichter und Denker und dem Preußen der Soldaten und Kasernen gegeben.«[14]

Wie eng beide Seiten Preußens zusammengehörten, dafür lieferte Fichte, der erste Rektor der Berliner Universität, viele Zeugnisse. Er war ein Verfechter des Staatssozialismus auf dem kulturellen Sektor. Das Kind müsse von der Familie getrennt und seine Erziehung in die Obhut des Staates gegeben werden. Die Volksgemeinschaft verlange das Kultur- und Erziehungsmonopol. In einer vom Staat überwachten Schulgemeinschaft könne allein neue Verantwortlichkeit für die Gemeinschaft gelernt werden.[15] Solche Maximen wurden nicht nur in den Kadettenanstalten beherzigt, sondern prägten auch die humanistischen Gymnasien, deren nationaler Auftrag mit der »Allgemeinbildung« zusammengebracht wurde: »Alle Schulen, deren sich nicht ein einzelner Stand, sondern die ganze Nation oder der Staat für diese annimmt, müssen eine allgemeine Menschenbildung bezwecken. Was das Bedürfnis des Lebens oder eines einzelnen seiner Gewerbe erheischt, muß abgesondert und nach vollendetem allgemeinem Unterricht erworben werden. Wird beides vermischt, so wird die Bildung unrein, und man erhält weder vollständige Menschen noch vollständige Bürger einzelner Klassen.«[16]

Wie wenig es eine von beruflicher Praxis und politischer Realität absehende Bildung vermochte, die Person mit dem Gemeinwesen zu verbinden, dafür zeugt die autobiographische Literatur jener Jahrzehnte. Humboldt selbst war ein Intellektueller, der widerwillig in die Politik ging und dort stets Amateur blieb.[17] Ralph-Rainer Wuthenow vergleicht die deutsche Memoirenliteratur mit derjenigen anderer Länder und kommt im Blick auf Benjamin Franklin zu diesem Ergebnis: »Das politische und öffentliche Leben ist bei Franklin sehr viel stärker und zugleich auf positive Weise mit dem privaten verflochten; der Memoirencharakter tritt dementsprechend auch in manchen Abschnitten deutlicher hervor. Franklin erzählt das Leben eines handelnden Menschen, der sich durch Tüchtigkeit emporgeschwungen, der sich vor allem durch Selbstprüfung erzo-

gen hat. Er will sich nicht als außergewöhnlich und begünstigt darstellen, sondern als ein Beispiel für jeden durchschnittlichen Menschen, der freilich fähig und bereit sein soll, für das demokratische Gemeinwesen zu wirken. Deutsche Autobiographien bleiben demgegenüber meist ›tatenarm und gedankenvoll‹ . . . Die deutschen Autobiographien sind in viel stärkerem Maße privat und innerlich, introspektiv als Folge des Mangels an öffentlichem Leben.«[18]

Das Humboldt'sche Bildungsideal war, was seinen pädagogischen Impuls anging, illusionär, und was seine politische Wirkung anging, reaktionär. Sein Konzept »Bildung durch Wissenschaft« versagte, weil es andere Bildungskräfte sträflich vernachlässigte, z. B. Geselligkeit, Sport und Spiel.[19] Die Vorstellung, daß »die höchste Menschlichkeit durch das tiefste Studium des Menschen gewirkt« werde,[20] sollte sich als ein verhängnisvoller Irrtum erweisen. Die deutsche Universität war, genau im Gegensatz zu dem Urteil Hermann Heimpels, politisch von Anfang an im Kern krank, und der Gelehrte keineswegs, wie Humboldt wollte, »der sittlich beste Mensch«[21].

Humboldts Kampf gegen den Utilitarismus der Aufklärung und gegen das »Brotstudium« diente dem Obrigkeitsstaat, dem zu dienen als höchste sittliche Pflicht galt. Im übrigen begünstigte sein Konzept einer wissenschaftlich ausgebildeten Elite das traditionelle Apathiegebot gegenüber »den Massen«: »Die Erhebung des gemeinen Verstandes zum Schiedsrichter in Sachen der Vernunft führt ganz notwendig die Ochlokratie (Pöbelherrschaft) im Reiche der Wissenschaften und mit dieser früher oder später die allgemeine Erhebung des Pöbels herbei.« So drückte sich Schelling in der fünften Vorlesung »Über die wissenschaftliche und sittliche Bestimmung der Akademien« aus.[22]

Diesem antidemokratischen Bildungskonzept lagen je nach den Umständen ganz verschiedene gesellschaftliche Orientierungsmuster zugrunde. Einmal galt die wissenschaftliche Bildung als der einzige Weg zum gesellschaftlichen Anschluß an die Adelsschicht: Durch die Universität öffnete sich dem Bürgertum der Weg zum »Staatsdienst«.[23] Gleichzeitig stand die kleinbürgerliche Familie weiter Modell: als Gesellschaftsform idealer Humanität. Da man den Kapitalismus und die ihn tragende Industrie- und Handelsbourgeoisie ängstlich und skeptisch nahen sah, flüchtete man in die biedermeierliche Idylle der Familie. Die Familienmetaphorik zieht sich leitmotivisch durch die Bildungswelt des frühen und mittleren 19. Jahrhunderts.[24] —

Novalis hat Adel, Staat und Familie in seiner romantischen Darstellung der Ehe und Familie der Königin Luise beispielhaft verbunden. Das Königspaar gerann ihm zu einer einzigen Verkörperung aller gesellschaftlichen Modelle, an der die bürgerliche Existenz damals hing.[25]

Das kleinbürgerliche Selbstbild schloß jedoch heroische Träume keineswegs aus. Über die literaturhistorische Versicherung germanischer Frühzeit gelangte man zur Kenntnis des Treueverhältnisses zwischen dem Herzog und seinen Mannen. Diese Beziehung sollte in sich verstärkendem Maße das anachronistische »monarchische Prinzip« legitimieren und später noch das nationalsozialistische Führerprinzip rechtfertigen.[26] Ob als Beamter, später als Offizier, als Professor oder Lehrer, schließlich auch als »Kommerzienrat«: stets gelang dem deutschen Bürger das Mißverständnis seiner Existenz als einer »höheren«, zuweilen einer heroischen: »Gerade der Mangel an politischer Praxis bringt in Deutschland die Illusion eines größeren, heroischen Lebens, die in Frankreich das politische Ziel zu rechtfertigen hatte, zu selbständiger Gestalt: das Ideal macht seinen Ursprung aus der Ideologie vergessen. In der Sphäre der Kunst behauptet es Autonomie und Dauer, als die politische Wirklichkeit bereits zu unheroischen Geschäften übergegangen ist. Zu dieser ›reineren‹ Haltung berechtigt die sozialgeschichtliche Eigentümlichkeit, daß der in Deutschland dominierende Typ des Bürgers: der Beamte und Gelehrte, sich von bourgeoisen ökonomischen Interessen weitgehend frei weiß.«[27]

Wie teuer das deutsche Bürgertum seine erdichtete Identität bezahlen mußte, dafür lieferte es selbst vielfältige Beweise. Man kann sie sämtlich als Fluchtbewegungen charakterisieren. Diese Rückzüge haben ihre Gründe bereits in einem um die politische Dimension reduzierten Aufklärungsverständnis. Dieser Gesichtspunkt ist wichtig, da die Äußerungsformen bürgerlichen Rückzugs sich deutlich erst in der Zeit der Romantik und der politischen Reaktion zeigen: als Melancholie, Liebesschmerz, Naturlyrik, Ästhetisierung, Ironie etc.

Einen politisch ungemein folgenreichen Fluchtweg wählte sich das deutsche Bürgertum in der Kunst. Hier liegen Parallelen zu Wissenschaft und Universität: Wie die sittliche Persönlichkeit vor allem durch ein humanistisches Studium gebildet und der Staat durch die Universität vorgebildet werden sollte, so versprach man sich auch von der Kunst eine »Totalität«, die als Kunstautonomie verstanden, sich selbst genügen, gleichzeitig aber andere »Totalitäten« abbilden sollte, vor allem die des Staates. Die Behauptung der Kunst als autonomen Bereiches empfahl sich als Ausweg aus gesellschaftlicher und politischer Ohnmacht. In der »Welt« der Kunst herrschte der Bürger souverän, wie im »Reich« der Wissenschaft. Die bürgerliche Gesellschaft »akzeptiert die von ihr distanzierte Position der Kunst, indem sie ihr diese Freiheit zubilligt, sie aber auch zur Freiheit zwingt: funktionsfrei zu sein«.[28] Diese Auffassung von Kunstfreiheit und Kunstautonomie hatte schon Kant in seiner Ästhetik vorgebildet. »Zweckmäßigkeit ohne Zweck«, das war der Gesichtspunkt, unter dem er sich der Ästhetik näherte. Kritisch im Blick standen dabei, wie bei Humboldt, die bürgerlichen Kategorien der Nützlichkeit und des Interesses. Kants Definition der Schönheit: »Das Wohlgefallen, welches das Geschmacksurteil bestimmt, ist ohne alles Interesse«.[29] Schönheit und interessenbedingte Parteilichkeit schließen einander aus, die Kunst erhebt sich hoch über bürgerliche Tätigkeit.

Indem die Kunst sich als von gesellschaftlicher Aktivität gleichermaßen befreite und getrennte »Welt« behauptet, versteht sie sich als »Totalität«, die alles enthält, was der Mensch zum Leben braucht, wessen er »eigentlich« bedarf. Diese ungeheure Überspanntheit des Kunstanspruchs richtet sich, wie man leicht sehen kann, kritisch gegen die Politik. Auf immer neuen Wegen hat deutscher bürgerlicher Geist versucht, Kunst und Politik auf eine Weise miteinander in Beziehung zu bringen, welche die erzwungene politische Apathie gleichzeitig rechtfertigt und vergessen macht.

Adam Müller definierte den Staat als »die Totalität der menschlichen Angelegenheiten, ihre Verbindung zu einem lebendigen Ganzen«.[30] Diese Staatsauffassung der politischen Romantik ist aber gleichzeitig darin »poetisch«, daß sie die Frage nach der realen Macht und der politischen Klasse ausklammert. Diese Entschärfung läßt sich am deutlichsten in der poetischen Staatsauffassung des Novalis fassen.[31] Die hier begonnene Ästhetisierung der Politik hat verhängnisvolle Folgen gezeigt und reicht bis zu Ernst Jünger, der Granateinschläge auf dem Schlachtfeld von Verdun im Bilde leuchtender Blumen beschrieb.[32] Für Novalis galt ein wahrhafter Fürst als »der Künstler der Künstler«, Heinrich Leo nannte den Staat »ein Kunstwerk göttlichen Ursprungs«.[33] Auf diese Weise rechtfertigte das deutsche Bürgertum seine applaudierende und rein betrachtende Rolle in der Politik. Was immer geschah, man fragte nicht nach politischen Interessen und Zielen, sondern erlebte die Politik als Schauspiel, das nur ästhetischen Kategorien zugänglich ist. Auch handelnde Personen wurden als Künstler gedeutet, die ihre Sache gut oder schlecht machen, und dies nicht nach politischen und ethischen, sondern nach ästhetischen Wertmaßstäben.

Der Widerspruch zwischen politischem Handeln und poetischer Abstinenz wird auch selber immer wieder thematisiert. Goethes Tasso lebt von der Konkurrenz zwischen dem tätigen politischen Leben und der solcher Existenz entfremdeten Dichterexistenz. Schiller hat sich Zeit seines Lebens mit dem Anspruch der Politik herumgeschlagen. Das Resultat war skeptischer Rückzug, ja mehr: die Behauptung, man müsse alles, was sich auf die politische Verfassung bezieht, aus der dichterischen Welt verbannen: als den Ursprung von Streit und Disharmonie. Er meinte, daß »alle wahre Verbesserung des gesellschaftlichen Zustandes« nicht von der Form der Regierung, sondern von »besseren Begriffen, reineren Grundsätzen und edleren Sitten« abhinge.[34] Das entsprach genau den Erwartungen, die Humboldt im Blick auf seine Universität hegte. Nachdem die Französische Revolution zunächst von vielen jungen Intellektuellen begrüßt worden war, wirkten der Abscheu vor der jakobinischen Schreckensherrschaft und die Angst vor der einsetzenden politischen Reaktion in Richtung eines politischen Quietismus, der sich nur schlecht in der Behauptung verbarg, alle politische Verbesserung sei nur durch eine individuelle, intellektuelle, wissenschaftliche, künstlerische und moralische Verbesserung der Individuen zu erwarten. So sah es Wieland später, nachdem er früher leidenschaftlich für die Ziele der Revolution eingetreten war: »Soll es jehmals besser um die Menschheit stehen, so muss die Reform nicht bey Regierungsformen und Konstituzionen, sondern bey den einzelnen Menschen anfangen. So wie diese in allen Ständen und Klassen vernünftig genug seyn werden ihr wahres Interesse zu kennen, so werden sie auch besser, und so wie sie besser sind, werden sie auch glücklicher seyn.«[35] Das »wahre Interesse« des Bürgers aber wurde als lediglich wissenschaftliches und ästhetisches definiert.

Der ästhetische Rückzug des deutschen Bürgers aus der Politik läßt sich besonders auf dem Felde der Naturlyrik zeigen. »Was zwischen 1815 und 1848 an Lyrik hervorgebracht wurde, läßt sich, der Quantität nach, nur mit Bildern von Dammbrüchen und Überschwemmungen einigermaßen verdeutlichen«[36], schreibt Peter von Matt, um dann zu zeigen, daß in der Naturlyrik jener Jahrzehnte ein Urteil über die öffentlichen Zustände in Deutschland enthalten ist, »das so erbarmungslos ist wie die ausgesprochenen Richtsprüche in den politischen Kampfgesängen der Emigranten. Nur wenn man diese grundsätzliche Bedeutung aller Naturszenerie als des einzigen Schauplatzes ungezähmter Wünsche und Vorstellungen erkannt hat, begreift man, warum die künstlerischen Qualitätsunterschiede so wenig ins Gewicht fallen. Wenn die mediokren Naturgedichte aus den zwanziger und dreißiger Jahren des 19. Jahrhunderts in ihrer Massierung tatsächlich zum Heute-noch-ersticken sind, dann reproduziert sich in diesem Reflex des gegenwärtigen Lesers etwas von den fundamentalen Erstickungsgefühlen der gelähmten Intelligenz im restaurierten Deutschland«.[37]

Ob die herrschende Klasse des Adels offen kritisiert wird wie im »Anton Reiser« oder als Maßstab repräsentativer Existenz gilt wie im »Wilhelm Meister«, ob bürgerliche Entfremdung angeprangert, kaschiert oder durch Ironie »aufgehoben« (wie im »Titan«) wird, stets wird bürgerliche Reflexion begleitet von einer melancholischen Grundströmung. Die Melancholie beherrscht den Zeitgeist, sie ist die Artikulation »artikulationsfähiger Dissidenten«.[38] Ganze Literaturgattungen hat sie geschaffen: die Autobiographie, den psychologischen Roman, den Tagebuchroman, den Briefroman: Rückzug, Innerlichkeit, Resignation, »Hypochondrie«.

Wolf Lepenies hat zwei Stellen aus den Reflexionen Christian Garves »Über Gesellschaft und Einsamkeit« zusammengestellt, welche die Ambivalenz bürgerlicher Entfremdung gut kennzeichnen: das Gefühl der »geistigen Überlegenheit« und gleichzeitig die tiefe Niedergeschlagenheit in diesem Rückzug vom tätigen Leben: »Alles demnach, was Stille, Muße und Beharrlichkeit der Beschäftigung zur Cultur des Geistes beytragen kann: das hat der Philosoph bey seiner einsamen Lampe vor den Reichen und Großen, wenn sie in ihren erleuchteten Prunkzimmern versammelt sind, und selbst vor den Herrschern der Erde, wenn sie an der Spitze ihrer Heere stehen, oder in ihren Rathsversammlungen die Schicksale der Völker abwägen, zum voraus.« Und dagegen: »Aber dafür hat er eine andere Klippe zu fürchten, welche für die wahre Belehrung, und noch mehr für die Veredelung des Geistes ebenso gefährlich als die Zerstreuung und die gereizte Sinnlichkeit ist; — ich meine die Erschlaffung, die Trägheit, und eine gewisse Niedergeschlagenheit desselben«.[39]

Bei diesen Bemerkungen zur geistig-politischen Situation Preußens zwischen 1789 und 1848 blieben alle Figuren und Bewegungen außer Betracht, die für Preußen und Preußen-Deutschland nicht geschichtsmächtig wurden: Von den Linkshegelianern, von Büchner, von Börne und Heine, von Marx war nicht die Rede. Arnold Ruge hatte Humboldts humanistischer Bildungsidee eine politische gegenübergestellt, Bruno Bauer die Idee der »Allgemeinbildung« gebrandmarkt, Heine haßte den preußischen Obrigkeitsstaat, Börne das borniertе deutsche Nationalbewußtsein.

Aber diese Männer blieben für den geschichtlichen Weg Preußens ohne Bedeutung, haben keine politische Tradition begründet. Sie wurden verfolgt, verboten, verbannt und lebten außer Landes.

Was sich behauptete, war eine politische Kultur, deren unfreiheitliche Züge dominierten. Emanzipationsideen waren von Anbeginn auf zu schmaler Front angetreten und im Kern zu unpolitisch, als daß sie gegen die Karlsbader Beschlüsse sich hätten behaupten können. Freiheit galt von vornherein nur als »geistige« und konnte sich deshalb unter politischem Druck mit gutem Gewissen in sich selbst und ihre »Reiche« zurückziehen.

Die Antwort auf die Frage »Zwei Seelen in der Brust?« muß deshalb im Blick auf die wirksamen Kräfte Preußens negativ ausfallen: Seine politische Kultur zeigte kein janusköpfiges, in sich gespaltenes Bild. Das Doppelurteil: hier geistige Freizügigkeit — dort obrigkeitliche Knebelung; hier Emanzipation — dort feudale Klassenherrschaft ist falsch. Der »Verrat der Intellektuellen« wurde zwar erst in der Zeit der politischen Reaktion sichtbar, hat aber Wurzeln, die sich viel weiter zurückverfolgen lassen: in die Zeit des »geistigen Aufbruchs« selber.

Nimmt man die Männer des revolutionären Vormärz, die meist außerhalb Preußens wirkten, in ein Gesamtbild hinein, so mag das Urteil anders ausfallen. Sicher ist das nicht. Das gilt für Heine, dem Börne vorwarf, er liebe »an der Wahrheit nur das Schöne«.[40] Das gilt für Marx, dessen sozialistische Kritik und kommunistisches Ziel romantisch-deutsche Züge tragen. Auch die Linkshegelianer blieben eben Hegelianer. Aber das ist ein anderes Thema.

Anmerkungen

1 Wer die Dialektik in Deutschland erfunden hat, darüber streitet man bis heute. Vgl. Martin Greiffenhagen, Das Dilemma des Konservatismus in Deutschland, 2. Aufl., München 1977, S. 219 ff
2 ebd. S. 221
3 Henri Brunschwig, Gesellschaft und Romantik in Preußen im 18. Jahrhundert, Frankfurt/Main 1975, S. 53
4 Wilhelm Dilthey, Friedrich der Große und die deutsche Aufklärung, in: Ders., Gesammelte Schriften, 3. Bd. 2. Aufl., Stuttgart 1959, S. 133
5 zit. nach Horst Möller, Aufklärung in Preußen. Der Verleger, Publizist und Geschichtsschreiber Friedrich Nicolai, Berlin 1974, S. 246
6 Alberto Martino/Marlies Stützel-Prüsener, Publikumsschichten, literarische und Lesegesellschaften, in: Horst Glaser (Hrsg.), Deutsche Literatur. Eine Sozialgeschichte, Bd. 4, Reinbek 1980, S. 45 f
7 Brunschwig a. a. O. (s. oben Anm. 3) S. 9
8 vgl. Helmut Schelsky, Einsamkeit und Freiheit. Idee und Gestalt der deutschen Universität und ihrer Reformen, Reinbek 1963, S. 98
9 ebd. S. 126
10 vgl. Martin Greiffenhagen, die Gruppenuniversität in Perspektive. Vortrag vor dem Hochschulverband in Schloß Gracht am 1. 5. 1981
11 vgl. Schelsky a. a. O. (s. oben Anm. 8) S. 111
12 vgl. Hannsjoachim W. Koch, Geschichte Preußens, München 1980, S. 246 f
13 zit. nach Reinhard Behm, Aspekte reaktionärer Literaturgeschichtsschreibung des Vormärz. Dargestellt am Beispiel Vilmars und Gelzers, in: Literaturwissenschaft und Sozialwissenschaft 2. Germanisitk und deutsche Nation 1806—1848, Stuttgart 1974, S. 237
14 E. J. Feuchtwanger, Preußen. Mythos und Realität, München 1979, S. 13
15 vgl. Koch a. a. O. (s. oben Anm. 12) S. 249
16 ebd. S. 250
17 vgl. Feuchtwanger a. a. O. (s. oben Anm. 14) S. 175
18 Ralph-Rainer Wuthenow, Autobiographien und Memoiren, Tagebücher, Reiseberichte, in: Horst Glaser (Hrsg.), Deutsche Literatur 4. Bd. a. a. O. (s. oben Anm. 6) S. 159
19 vgl. Christian Graf von Krockow, Warnung vor Preußen, Berlin 1981, S. 160 f
20 zit. nach Schelsky a. a. O. (s. oben Anm. 8) S. 87
21 ebd. S. 67
22 ebd. S. 72
23 vgl. Martin Greiffenhagen, die Aktualität Preußens. Fragen an die Bundesrepublik, Frankfurt 1981, S. 34 f
24 vgl., was Jörg Jochen Müller über das kleinbürgerliche Familienideal der Brüder Grimm schreibt: Der erste Germanistentag, in: Literaturwissenschaft . . . a. a. O. (s. oben Anm. 13) S. 309
25 vgl. Richard Samuel, Die poetische Staats- und Geschichtsauffassung Friedrich von Hardenbergs (Novalis), Hildesheim 1975, S. 119 ff
26 vgl. Reinhard Behm, Aspekte . . . a. a. O. (s. oben Anm. 13) S. 241
27 Heinz Schlaffer, Der Bürger als Held. Sozialgeschichtliche Auflösungen literarischer Widersprüche, Frankfurt 1973, S. 140
28 Berthold Hinz, Zur Dialektik des bürgerlichen Auto-

nomie-Begriffs, in: Autonomie der Kunst. Zur Genese und Kritik einer bürgerlichen Kategorie, Frankfurt 1972, S. 174

29 zit. nach Hinz, ebd. S. 187
30 zit. nach Greiffenhagen, Das Dilemma ... a. a. O. (s. oben Anm. 1) S. 206
31 vgl. Samuel a. a. O. (s. oben Anm. 25)
32 vgl. Greiffenhagen, Das Dilemma ... a. a. O. (s. oben Anm. 1) S. 275 ff
33 ebd. S. 275
34 Gonthier-Luis Fink, Die Revolution als Herausforderung in Literatur und Publizistik, in: Horst Glaser (Hrsg.), Deutsche Literatur. Eine Sozialgeschichte, Bd. 5, Reinbek 1980, S. 125
35 zit. von Leo Balet/E. Gerhard, Die Verbürgerlichung der deutschen Kunst, Literatur und Musik im 18. Jahrhundert, Hrg. von Gert Mattenklott, Frankfurt 1973, S. 123
36 Peter von Matt, Naturlyrik, in: Horst Glaser (Hrsg.), Deutsche Literaturwissenschaft. Eine Sozialgeschichte, Bd. 6, Reinbek 1980, S. 205
37 ebd. S. 208
38 Hans-Jürgen Schings, Melancholie und Aufklärung. Stuttgart 1977, S. 6
39 Wolf Lepenies, Melancholie und Gesellschaft, Frankfurt 1972, S. 89
40 vgl. Feuchtwanger a. a. O. (s. oben Anm. 14) S. 187

A. v. Menzel
Urwähler 1849 (Kat. Nr. 5.132)

15

J. Schlesinger
*Porträt Georg Wilhelm Friedrich
Hegel*

Rüdiger Bubner
Philosophie in Preußen

Bis zur Berliner Universitätsgründung

Die Philosophie besaß in Deutschland nie ein dauerndes Zentrum. Was den Franzosen Paris und den Engländern Oxford oder Cambridge — den Deutschen war es eine Reihe kleiner Universitätsstädte, die aus provinzieller Bedeutungslosigkeit für einige Jahre jeweils zu geistigen Zentren aufstiegen. Eine glückliche Konstellation des Augenblicks riß sie aus geschichtslosem Halbdämmer und führte intellektuelle Potenzen zu fruchtbarer Arbeitsspannung zusammen, so daß neue Gedanken, weiterwirkende Konzepte entstehen mochten. Nach kurzer Blüte sanken die akademischen Orte regelmäßig wieder in die Monotonie des Gelehrtenfleißes, in den Bücherstaub und die Niederungen der Fakultätsquerelen zurück.

Gewiß, es lassen sich von Fall zu Fall Gründe anführen, wieso dieser Landstrich oder jene Hohe Schule eine führende Rolle im Denken spielte. Aber eine zwingende Logik gibt die Wanderung des Weltgeistes von Kleinstadt zu Kleinstadt nicht zu erkennen. In der Provinz sind eben alle gleich. Vielleicht haben deshalb die Deutschen lange geglaubt, daß ihre Nation als ganze zur Philosophie geradezu berufen sei. So beginnt sich nach der allgemeinen Dürre der Schulphilosophie des 18. Jahrhunderts der Gedanke kritischer Vernunft zunächst im fernen Königsberg zu regen, wo Kant lehrte. Von dort springt der Funke schnell über nach Tübingen und befeuert die revolutionären Köpfe der Stiftler. Bis zum Einmarsch Napoleons bildet das Jena der Romantik den Anziehungspunkt. Danach sammeln sich dann für Jahrzehnte die Begabungen um Humboldts Universitätsgründung in Berlin, wo eine aus dem Geiste liberaler Reform geborene Institution dem Gedanken erwünschte Heimat bietet. Nicht lange jedoch und der alte Wechsel geht munter weiter. Das Marburg der Neukantianer wird wichtig, das kulturwissenschaftliche Klima Heidelbergs oder das Freiburg der Phänomenologen: wohlklingende Namen, aber eben lauter kleine Universitätsstädte.

Berlin bildet die Ausnahme, obwohl es dazu keineswegs prädestiniert war. Das *aufklärerische Berlin* des 18. Jahrhunderts, dessen sich die Forschung neuerdings so liebevoll annimmt, dürfte kaum die Züge getragen haben, in denen sich bereits die spätere Entwicklung zum geistigen Mittelpunkt ankündigte. Lessing versuchte mehrfach an dieser Stelle sein schriftstellerisches Glück und entschwand schließlich verbittert nach Hamburg. Mendelssohn war aus Dessau zugezogen und kam zu Ansehen, aber der große Friedrich verweigerte ihm die Aufnahme in die Akademie, wo eh und je Ausländer wie Maupertuis oder La Mettrie den Ton angaben. Erfolgreich war eigentlich nur der Buchhändler und Vielschreiber Friedrich Nicolai, dem es im Lauf seines Lebens gelang, mit allen bedeutenden Männern, hießen sie Goethe oder Schiller, Kant oder Fichte, in kleinliche Händel zu geraten. Wenn eine Figur wie Nicolai typisch war, so konnte diese Aufklärung mit den europäischen Hauptstädten schwerlich konkurrieren. Man las und übersetzte ohnehin ganz eifrig die Engländer und Franzosen, von denen die Welt sprach.

Das änderte sich deutlich nach 1800. Berlin wächst allmählich zu einer Hauptstadt des Denkens heran. *Fichte* war wegen des Atheismusvorwurfs gegen seine Philosophie, die das »Selbstdenken« predigte, aus Jena vertrieben worden und siedelte sich zunächst widerstrebend in Berlin an. Er beginnt damit, öffentliche Vorträge etwa über die »Grundzüge des gegenwärtigen Zeitalters« oder eine »Anweisung zum seligen Leben« vor einer gemischten Zuhörerschaft aus Bürgern, Beamten und Offizieren zu halten. Die größte Wirkung tun freilich seine »Reden an die deutsche Nation« (1808), die zum patriotischen Widerstand gegen die französische Besetzung aufrufen. Derselbe Fichte hatte noch fünfzehn Jahre früher mit flammenden Worten die Französische Revolution begrüßt und verteidigt. Anders als seine Jenaer Vorlesungen ersparten ihm die Revolutionsschriften aber Ungemach, da er sie anonym unter der Angabe »Heliopolis, im letzten Jahre der alten Finsternis« erscheinen ließ.

Wissenschaft im Geiste der Philosophie

Fichte war nicht der Philosoph, der sich in die private Existenz und die Stille der Studierstube zurückzieht. Er war erfüllt von der »Bestimmung des Gelehrten«, die er aus Prinzipien deduzierte und auch öffentlich vertrat. Die Überzeugung von der besonderen Aufgabe, die in einer vernunftgeleiteten Weltordnung dem Stande der Gelehrten zukommt, hat Fichte bald teilnehmen lassen an den Bemühungen um die Gründung einer Universität in Berlin. Sein »Deducirter Plan einer zu Berlin zu errichtenden höheren Lehranstalt« von 1807, der indes erst 1817 veröffentlicht wurde, ist ganz auf

17

die Abstraktionen der Fichteschen »Wissenschaftslehre« gegründet. Dem Plan, den Eduard Spranger einmal mit spöttischer Sympathie ein »Königlich Preußisches Exerzierreglement des Verstandes« genannt hat, war wohl nur geringe Wirksamkeit in der Praxis beschieden. Der parallele Entwurf von Schleiermacher klingt schon geschmeidiger. Vor allem aber gelang es dem Diplomaten Wilhelm von Humboldt, mit seiner klug formulierten Denkschrift das Ohr des Königs zu erreichen.

Der ehemalige Herrnhuter Zögling *Schleiermacher* war als Prediger an der Charité nach Berlin gekommen. Den Eintritt in die Gesellschaft verschaffte ihm der Salon des mit Kant befreundeten jüdischen Arztes Marcus Herz und seiner Frau Henriette. In die Welt der Literatur und Philosophie führte ihn sein jüngerer Freund *Friedrich Schlegel* ein, dessen poetologisch-kritische Feder schnellen Ruhm erworben hatte. Schlegel muß in seiner Jugend ein wahres Feuerwerk aktueller Geistesblitze gewesen sein, bevor er sich mehr und mehr der Vergangenheit zuwandte und den Schoß der Kirche aufsuchte. Davon war damals keine Rede. Im Gegenteil rief das Romanfragment »Lucinde«, das als frivol empfunden wurde, einen derartigen Skandal hervor, daß Schleiermacher sich mit seinen »Vertraulichen Briefen über F. Schlegels Lucinde« schützend vor seinen Freund stellen mußte.

Daß Schleiermacher selbst zu schreiben verstand, beweisen vor allem seine »Reden über die Religion an die Gebildeten unter ihren Verächtern« (1799). Dort spricht ein Virtuose zu Virtuosen, indem er die von der Aufklärung verachtete Religion als eine Sache des romantischen Gefühls ästhetisch anziehend macht: »Religion ist Sinn und Geschmack fürs Unendliche«. Die Reden wissen als Literatur zu faszinieren, was ihnen die Nachwelt schlecht lohnte. Daß Theologie sich gerade solcher Mittel bediente, wurde übel vermerkt. Hegel hat für Schleiermacher nur ironische Verachtung übrig, und der existenzialistisch geprägten Theologie unseres Jahrhunderts galt er zeitweilig als Beelzebub. Dabei war der moderne Kirchenvater Kierkegaard, auf den der Existenzialismus sich bezog, doch mindestens soviel Literat, wie er ernster Theologe war.

Inzwischen scheint das vom Glaubenskrieg umwogte Urteil gelassener zu werden, so daß Schleiermacher als Methodiker und Philologe neu gewürdigt wird. Immerhin verdanken wir ihm den deutschen Plato. Die Idee zur Übersetzung hatte zwar Schlegel mit angeregt, ohne jedoch einen Finger für die philologische Mühsal zu krümmen. In jahrzehntelanger Hingabe hat Schleiermacher dann allein eine Übersetzung der platonischen Dialoge geschaffen, die sich gerade wegen ihrer milden Patina auch heute noch im Seminar bewährt.

Doch zurück zur Universitätsgründung! Schleiermachers »Gelegentliche Gedanken über Universitäten im deutschen Sinne« (1808) sind zusammen mit dem entscheidenden Konzept Humboldts »Über die innere und äußere Organisation der höheren wissenschaftlichen Anstalten in Berlin« gerade für die Philosophie von größter Bedeutung; denn hier wird die »Universitas litterarum« aus der Philosophie neu geboren. Damit kehrt sich die seit dem Mittelalter überlieferte Ordnung um, die eine niedere Artistenfakultät als Vorbereitung auf die oberen Fakultäten der Theologie, Medizin und Jurisprudenz vorsah. »Offenbar ist die eigentliche Universität«, schreibt Schleiermacher, »lediglich in der

Brüder Henschel
Johann Gottlieb Fichte am Katheder

18

P. Veit
Porträt Friedrich Schlegel

philosophischen Fakultät enthalten, und die drei andern dagegen sind Spezialschulen, welche der Staat entweder gestiftet oder wenigstens, weil sie sich unmittelbar auf seine wesentlichen Bedürfnisse beziehen, in seinen Schutz genommen hat«.
Ähnlich klingt es bei *Humboldt,* der die Universität auf einen ursprünglich philosophischen Begriff von Wissenschaft gründet. Die Wissenschaft erfüllt im Gegensatz zur Erlernung zweckgebundener Kenntnisse eine genuine Bildungsaufgabe, insofern Wissenschaft »immer als ein noch nicht ganz aufgelöstes Problem behandelt wird und daher immer im Forschen bleiben muß, da die Schule es nur mit fertigen und abgemachten Kenntnissen zu tun hat«. Die unabgeschlossene Wissenschaft, die wegen ihrer prinzipiellen Unabgeschlossenheit das »geistige Leben des Menschen« in Gang hält und die damit beschäftigten Subjekte zu Personen bildet, bemißt sich in Wahrheit am Vorbild der Philosophie.
Die Philosophen wandelten ihr Berufsbild von den Prinzenerziehern und Weltmännern zu amtlich bestallten Professoren, nachdem die Humes, Leibniz' und Voltaires ausstarben. Seit dem Ausgang des 18. Jahrhunderts wird die Philosophie daher zu einer Universitätsangelegenheit. Sie ist es bis heute geblieben, ohne daß man die naheliegende Verwechslung von Philosophen mit Philosophieprofessoren begehen sollte. In dem historischen Augenblick allerdings, wo große Philosophie auf Lehrkanzeln heimisch wird, ergreifen die philosophischen Ideen die Organisationsform der Universität selber. Die Philosophen dürften also die letzten sein, die den ingeniösen Wurf der Humboldtschen Neugründung leichtfertig schmähen. Das Modell ist immerhin anderthalb Jahrhundert lebendig geblieben.
Neuerdings unterliegt die Universität wieder einer langwierigen und administrativ quälenden Reform. Seit etwa 1960 haben alle Beteiligten, so unterschiedlicher Meinung sie auch in wissenschaftlichen und politischen Dingen sonst sein mögen, sich darauf geeinigt, die Universität Humboldts für tot zu erklären. Sie haben kein neues Bildungskonzept proklamiert, sondern nur die sehr wünschenswerte breitere Partizipation am alten Eliteideal. Das aber ist inzwischen in den institutionellen Gruppenkämpfen und im Massenansturm nahezu zerrieben. Enttäuschende Erfahrungen bei guten Absichten bleiben nicht aus. Wir sollten aber die Selbstkritik aufbringen, uns einzugestehen, daß wir trotz des Reformpathos nicht reicher geworden sind.

nach Reincke
Porträt Friedrich Schleiermacher

Hegel in Berlin

Die Philosophie stand nicht bloß Pate bei der Neugründung der Universität Berlin, die für viele weitere Gründungen im In- und Ausland maßstabgebend werden sollte. Die Philosophie gehörte alsbald zu den Glanzstücken des Universitätslebens. Der betagte Fichte übernahm das Rektorat. Als sein Nachfolger im philosophischen Fache wurde schließlich 1818 Hegel berufen, der soeben erst den Heidelberger Lehrstuhl erklommen hatte. Die Berufung Hegels durch den liberalen Minister Altenstein ging auf eine Anregung *Karl Solgers* zurück, der früher bereits von Frankfurt an der Oder nach Berlin gegangen war. Hegel und Solger verband wechselseitige Wertschätzung, die sich auf gemeinsame Interessen in der Ästhetik gründete. Solgers Vorliebe für die literarische Form des philosophischen Dialogs findet freilich nicht die Zustimmung des streng methodisch gesonnenen Dialektikers Hegel.
Die Berufung Hegels nach Berlin sicherte der Philosophie einen Kairos von langer Dauer. Die dominierende Stellung der Philosophie endete erst gegen die Jahrhundertmitte, nachdem der alte Schelling den inzwischen verwaisten Lehrstuhl Hegels übernommen hatte. So sah der Ort mit der Zeit alle Größen des deutschen Idealismus, wenngleich in merkwürdig verschobener Reihenfolge. Weder das äußere Recht der philosophiehistorischen Chronologie blieb gewahrt, noch erschienen Fichte, Schelling und Hegel auf der gleichen Höhe ihrer Wirksamkeit. Fichte war im Alter immer dunkler geworden und Schelling versprach, was er nicht mehr zu halten vermochte. Nur Hegels philosophische Kraft zeigt sich in den Berliner Jahren auf unverminderter Höhe.
Dabei hatte er sich mit der erstrebten akademischen Laufbahn durchaus schwer getan. *Schelling* war dank seiner brillanten Begabung aus dem Tübinger Freundeskreis als erster auf eine geradezu kometenhafte Bahn herausgetreten. Während Hölderlin und Hegel sich noch als Hauslehrer durchschlugen, wurde er blutjung Professor in Jena, wobei Goethes Wohlgefallen an seiner Naturphilosophie nicht unbeteiligt war. Schelling sonnte sich längst im Ruhm, als Hegel am gleichen Ort die Mühe der Habilitation auf sich nehmen mußte.
Der bedächtige Hegel verblieb eine Weile im Banne der Schellingschen Identitätsphilosophie, bis er sich durch historische und materiale Studien allmählich die Basis einer reicheren und differenzierteren Konzeption erarbeitete. Den Bruch markiert die 19

Vorrede zum System, die dem ersten Hauptwerk Hegels, der »Phänomenologie des Geistes«, vorangestellt war. Schelling mußte das dort ausgesprochene Verdikt über eine Philosophie, die es sich mit dem Rückzug auf reflexionslose Anschauung und genialische Prätentionen leicht macht, sehr wohl auf sich beziehen und hat dementsprechend beleidigt reagiert. Die äußeren Wege führten den älteren Hegel über den Zeitungsredakteur und den Schulmeister schließlich ins ersehnte »Eldorado« einer Professur in Heidelberg, während der jüngere Schelling nach unerquicklichen Zwischenstationen an der Akademie der Wissenschaften in München landet.

Immerhin lagen bei Hegels Berufung nach Berlin die spekulativen Hauptwerke vor: Die »Phänomenologie des Geistes« war noch in Jena fertig geworden, die »Wissenschaft der Logik« neben dem Gymnasialunterricht in Nürnberg entstanden und die »Enzyklopädie der philosophischen Wissenschaften« war den soeben aufgenommenen Heidelberger Vorlesungen als Kompendium zur Seite gegeben. Das Hauptwerk der Berliner Jahre trägt indes den Titel: »*Grundlinien der Philosophie des Rechts*«. Es ist dieses von »Naturrecht und Staatswissenschaft« handelnde Buch, das den spekulativen Schwaben zum preußischen Staatsphilosophen gemacht hat.

Nicht nur die Entstehung des Buches geriet unter das Vorzeichen einer Abkehr von der Reformpolitik und brachte Hegel mit der Zensur in Berührung. Wir wissen über die Einzelheiten der zeitbedingten Redaktion jetzt besser Bescheid, nachdem K. H. Ilting die erhaltenen Vorlesungsnachschriften veröffentlicht hat. Insbesondere hat aber die sogleich einsetzende Wirkung des 1820 veröffentlichten Buches die Philosophie Hegels mit dem Schicksal Preußens verbunden. Das Für und Wider zerriß die Hegelschule so sehr, daß die Erschütterungen bis in die gegenwärtigen Lager der Hegelinterpretation zu spüren sind.

Zu dem Bilde Hegels als preußischer Staatsphilosoph hat nachhaltig *Rudolf Haym* beigetragen, dessen eloquente Darstellung »Hegel und seine Zeit« (1857) aus liberaler Perspektive mit dem Hegelianismus abrechnet. Haym schreibt ganz richtig: »Es ist die letzte, es ist zugleich die glänzendste und glücklichste Epoche in Hegels Leben und Philosophie. Getragen von der Gunst der Mächtigen, schwelgend in den Erfolgen und in dem Ruhm seines Werkes, sah er sich, ein philosophischer Diktator über Deutschland, am Ziel seines Strebens. Was jedoch ihm zu erfahren erspart blieb, das gerade wird für uns zum Hauptinteresse dieser Epoche. In diesem Glück, Glanz, Einfluß und Ruhm barg sich am meisten die zerstörende Macht, welche seiner Geistesarbeit den Stempel der Vergänglichkeit aufdrückte. Dieser überweltliche und zugleich doch so weltlich gesinnte Idealismus wurde zur Zeitphilosophie und zur preußischen Philosophie«.

Der treue Hegelschüler *Karl Rosenkranz* gab sich daraufhin Mühe, den Meister zu verteidigen und »Hegel als deutschen Nationalphilosoph« (1869) zu präsentieren. Aus den zufälligen Zeitumständen in Berlin wird dabei höhere Notwendigkeit und Preußen erscheint als »der philosophische Staat par excellence in Deutschland«, der gewissermaßen das national Notwendige bloß exekutierte. Bei aller Sympathie mit der versuchten Ehrenrettung muß man zugeben, daß Rosenkranz nicht annähernd den Effekt Hayms erreicht. Er schrieb nicht nur viel schlechter, den verehrungsvollen Augen des Schülers bleibt die tiefe Ambivalenz einer Philosophie ganz verschlossen, die ausgezogen war, »ihre Zeit in Gedanken zu erfassen«. Das hatte ja die berühmte Vorrede der Rechtsphilosophie ohne Umschweife behauptet, und sie hatte den mißverständlichen Satz hinzugefügt, das Wirkliche sei vernünftig und das Vernünftige wirklich. Anlaß genug also, die Philosophie Hegels im Bunde mit der bestehenden Ordnung Preußens zu sehen.

Der Streit um Hegels politische Philosophie

Bleibt aber an diesen offenen Deklarationen nicht doch zu viel erstaunlich, um dahinter jene anpaßlerische *Accomodation* zu wittern, die man damals unterstellte? Die Angepaßten pflegen nicht zu erklären, daß sie angepaßt sind. Vielmehr verschleiert die Ideologie ihre eigne Funktion bis zu dem Grade, daß auch die Akteure sie nicht mehr durchschauen. Die simplen Verschwörungstheorien, die gern eine planmäßige Irreführung der Öffentlichkeit, gesteuert von unaufrichtigen Nutznießern, am Werke glauben, reichen kaum an die Komplexität möglicher Verwicklungen von Gedanken und Zeittendenzen heran.

Einfache Abstraktionen, die zwischen Zeit und Gedanken Trennungsstriche legen, helfen nicht weiter. Denn jene, die das »richtige« vom »falschen« Bewußtsein gegenüber einer jeweils gegebenen Zeit definieren, stehen selber mitten in der Epoche. Welches Wissen muß vorhanden sein, damit die ideologiekritische Scheidung der Schafe

G. Küstner
Porträt Eduard Gans

Bruno Bauer

von den Böcken nicht den eigentlichen Gehalt der Epoche aus dem Auge verliert? Die nötige Vertrautheit mit den Zeitumständen kostet den Preis, sich auf sie einzulassen. Nur der bleibt verschont, der sich auf einen vermeintlich überzeitlichen Standpunkt zurückzieht. Aber läßt sich von dort noch unterscheiden zwischen einer unverblendeten Erfassung der Zeit im Gedanken und jener rückhaltlosen Unterwerfung, die man den Apologeten des Status quo vorwirft?

Wie schwer es hält, die historische Verantwortung von Theorie definitiv abzuwägen, zeigt sich daran, daß Hegels Rolle in Preußen höchst unterschiedlich gedeutet wurde. Derselbe Text der Rechtsphilosophie dient dem Vorwurf einer Verherrlichung der alten Mächte und dem umgekehrten Verdacht, daß hier dem Umsturz das Wort geredet werde. Jahre nach dem Tode des inkriminierten Autors entläßt ein K. E. Schubarth, dem der Professor Hegel als jungem Mann einmal weitergeholfen hatte, ein Pamphlet in die Welt, das »die Unvereinbarkeit der Hegelschen Staatslehre mit dem obersten Lebens- und Entwicklungsprinzip des Preußischen Staates« (1839) konstatiert. Gegen die Anwürfe müssen aufrechte Schüler wie *Eduard Gans* den Verstorbenen schützen. *Varnhagen von Ense* fühlt sich sogar an die Verleumdungen erinnert, denen Christian Wolff, der Rationalist aus Halle, einstmals unter dem Absolutismus Friedrich Wilhelms I. ausgesetzt war.

Den Verwirrungen um den eigentlichen Sinn der Hegelschen Lehre setzt fraglos eine anonym erscheinende Schrift die Krone auf: In der »Posaune des jüngsten Gerichts über Hegel den Atheisten und Antichristen, ein Ultimatum« (1841) wird im Tone der Entrüstung allerlei Skandalöses aus Hegel zitiert, wobei der junghegelianische Verfasser *Bruno Bauer* unter dem Mantel der Kritik an den Junghegelianern um die Verbreitung eben dieser Contrebande besorgt ist. »Die Rotte der jüngeren Hegelianer möchte uns vorreden, daß Hegel sich allein in die Beschaulichkeit der Theorie versenkt und nicht daran gedacht habe, die Theorie zur Praxis fortzuführen. Als ob Hegel nicht mit höllischer Wut die Religion angegriffen hat, als ob er nicht auf die Zerstörung des Weltzustandes ausgegangen sei. Seine Theorie war in ihr selber und darum die gefährlichste, umfassendste und zerstörendste Praxis. . . . Es muß heraus und offen gesagt werden: Hegel war ein größerer Revolutionär als alle seine Schüler zusammengenommen«.

Was will nun Hegels Rechtsphilosophie eigentlich? Die politischen Interessen des Autors waren keineswegs mit dem ehrenvollen Rufe nach Berlin erwacht. Sie reichten bis in seine Jugendzeit zurück und hatten in gelegentlichen Studien zur deutschen Verfassung oder zur Lage Württembergs Ausdruck gefunden. Vor allem bildete das philosophische Eindringen in die Substanz von Staat und Rechtsordnung einen genuinen Teil seiner systematischen Überlegungen. Zweierlei hatte zusammengewirkt: die aktuelle Erfahrung der *Französischen Revolution,* an deren Verlauf jeder Aufgeweckte teilnahm, und die Beobachtung der langsamen *Selbstauflösung des Deutschen Reiches,* an das niemand mehr glaubte, bis der Machtspruch des Eroberers Napoleon es endgültig liquidierte.

Hegel erarbeitete eine scharfsichtige Analyse des von sich selber *entfremdeten Lebens,* welches die Subjekte so wenig bindet, daß sie um ihres Selbstseins willen auseinanderstreben müssen. Der historische Versuch, mit entschlossener Vernunft das menschliche Leben neu zu ordnen, hatte im Blut der jakobinischen Schreckensherrschaft geendet und schließlich die bonapartistische Erneuerung der Monarchie gezeugt. Europa begleitete das Schauspiel mit Bewunderung und Schauder. Der Konservative Burke zog daraus ganz andere Lehren als etwa Schiller mit seiner Volkspädagogik einer zwangfreien »ästhetischen Erziehung des Menschen«. Hegel jedenfalls gewann die Überzeugung, daß die Philosophie eine theoretische Antwort schuldig sei, in der die historisch gemachten Erfahrungen und die legitimen Bedürfnisse nach versöhntem Leben eine Vermittlung eingingen.

Eine Lebensform war an der Zeit, die der freien Subjektivität ihr Recht läßt, ohne den einzelnen Subjekten fremd gegenüberzustehen, und die dennoch einen Zusammenhalt schafft, in dem sich jeder zuhause fühlen kann. Die Einheit des Staates und das neu entwickelte Selbstbewußtsein der Subjekte dürfen keinen Gegensatz bilden, der notgedrungen entweder in der Auflösung des Ganzen durch die ihr Eigenrecht reklamierenden Individuen oder in verselbständigtem Zwang des Apparats mündet. Nur wenn jeder Einzelne seinen vernünftigen Anspruch auf Subjektivität im Ganzen erfüllt sieht und sich in den Institutionen wiederfindet, hat die Staatsordnung Bestand, weil die Gründe ihrer Verwerfung entfallen sind. Die Institutionen und die darin Lebenden stützen sich dann wechselseitig. Historische Konkretion statt utopischer Pläne ist gefordert, aber entstehen kann sie nur aus Vernunft unter Verzicht auf die übliche Beschwörung der Notwendigkeit des Faktischen. Das meint der hochgemute, ja herausfordernde

Titel des »objektiven Geistes«, unter dem Recht und Politik in Hegels System ihren Platz finden. Der Sache nach wird der *Begriff des modernen Staates* formuliert.

Wer sich unbelastet durch den angestammten Parteienhader davon überzeugen will, nehme die neueren Bücher des Israeli Shlomo Avineri (Hegels Theorie des modernen Staates) oder des in Oxford lehrenden Kanadiers Charles Taylor (Hegel and Modern Society) zur Hand. Übrigens sei nicht vergessen, daß sich der aus dem 19. Jahrhundert herübertönende Streit in der Emigration während des Zweiten Weltkrieges fortsetzte. Deutschsprachige Philosophen verfaßten, der eine in Amerika, der andere in Neuseeland, auf Englisch zwei Bücher, die Hegel im Blickwinkel der Zeitereignisse betrachten. Herbert Marcuse suchte ihn vom Verdacht des faschistischen Wegbereiters reinzuwaschen (Vernunft und Revolution, 1941), Karl Popper machte ihn hingegen zusammen mit Plato und Marx verantwortlich für jedweden Totalitarismus, der von links und rechts die liberale Gesellschaft bedroht (Die offene Gesellschaft und ihre Feinde, 1945). Der alte Kampf der Hegelschule in der Diaspora!

Der junghegelianische Ruf nach Praxis

Der Systematiker Hegel beherrschte in Berlin zumindest das Reich des Geistes. Sein Einfluß reichte weit über die engere Disziplin der Philosophie hinaus, und zwar unbeschadet der Schopenhauerschen Invektiven. Hegelianismus ergriff die Theologie über H. F. W. Hinrichs und C. Michelet bis zu C. H. Weisse und I. H. Fichte, dem Sohn. Hegels Vorlesungen über Ästhetik brachten die Kunstwissenschaften auf die Bahn (M. Schasler, K. Rosenkranz, F. Th. Vischer). Hegels Geschichtsdenken inspirierte die Historie, die im Begriff stand, sich als Wissenschaft zu formieren. Die »Historik« des Hegelschülers J. G. Droysen findet in der gegenwärtigen Methodendebatte wieder zunehmend Beachtung. Die Rechtswissenschaften schließlich, die sich in der »Historischen Schule« um F. K. von Savigny scharten, lagen mit den Hegelianern in Fehde, da beide Seiten das angemessene Geschichtsverständnis beanspruchten.

Das alles war Theorie. Die Junghegelianer aber verlangten *Praxis*. Diese politisch Engagierten, die auf Kathedern und in Redaktionsstuben am Tagesgeschehen teilnahmen, hofften den Fortschritt mit ihren Federn zu beschleunigen. Sie beriefen sich auf Hegel und dessen Verpflichtung des Gedanken auf die eigene Zeit, wenn sie die systematisch verwaltete Gesamtheit des Wissens für unbefriedigend hielten und die »Philosophie der Tat« propagierten. Sie glaubten die Theorie so weit entwickelt, daß es nur noch der letzten Zuspitzung bedurfte, ihr auch praktisch auf die Sprünge zu helfen. Diese viel zitierte Dialektik von Theorie und Praxis meint mehr als das alte Klagelied des gesunden Menschenverstandes, die Philosophie sei bloß abstrakt und zöge sich vornehm von der Realität des Lebens zurück. Daß Philosophie von Hause aus Theorie ist, konnte Philosophen nicht erstaunen. Daß aber eine Theorie, die so konkret von der Durchdringung der Wirklichkeit mit der Vernunft redet wie die Philosophie Hegels, unvernünftige Verhältnisse zuläßt statt sie vernünftig zu machen — das schien ein Widerspruch. Das Gebot der Stunde lautete mithin auf Vollendung des in Hegels Philosophie verheißenen Programms.

Ludwig Feuerbach übersendet schon 1828 aus Ansbach seine Dissertation an den ehemaligen Lehrer Hegel mit der Bemerkung, es sei an der Zeit, gemeinsam auf die »Verwirklichung und Verweltlichung der Idee« hinzuarbeiten. Der weitgereiste und gebildete polnische Graf *August von Cieszkowski* legt zehn Jahre später, sieben Jahre nach dem Tod des Meisters, in seinen »Prolegomena zur Historiosophie« das eschatologische Bekenntnis nieder, die Weltgeschichte stünde jetzt an der Schwelle ihrer tätigen Vollendung, indem Historie und Philosophie eins würden. *Arnold Ruge* erklärt 1841 in den Halleschen Jahrbüchern: »Das Prinzip, um das sich jetzt alles dreht, ist die Autonomie des Geistes und zwar im Wissenschaftlichen die Fortbildung des Rationalismus und im Staatlichen der Liberalismus. Alle Wahrheit in der Wissenschaft hat gegenwärtig die allgemeine Form des Selbstbewußtseins, ist der Prozeß des denkenden Subjekts. Die Einheit des geschichtlichen und des rein geistigen Prozesses, weil sie als dieselbe Bewegung der Vernunft erkannt worden ist, läßt nichts übrig als die Welt der Vernunft selbst. ... Die Theorie hat ihre Harmlosigkeit abgelegt«.

Die politische Kampfansage war höheren Orts wohl verstanden worden. Der neue Unterrichtsminister Eichhorn bemüht sich, die kritische Potenz des Hegelianismus einzudämmen. Dem theologischen Lizentiaten Dr. Bruno Bauer wird an der von Berlin abhängigen Friedrich-Wilhelm-Universität zu Bonn die Lehrbefugnis entzogen. Bauer kehrt daraufhin nach Berlin zurück und bringt sein Credo der reinen Kritik literarisch unter die Leute.

Anonym
Porträt Ludwig Feuerbach
(Kat. Nr. 6.212)

Anonym
Porträt Karl Marx

Er residiert fortan im Diskutierclub der »Freien«, die in der Hippelschen Weinstube in der Friedrichstraße aufrührerische Reden führen. *Karl Marx* aus Trier gehört dazu, bis er nach seiner Promotion die Lehre der radikalen Kritiker als Redakteur der »Rheinischen Zeitung« in die Praxis umsetzt. Diese von aufgeklärten Kölner Bürgern gegründete Zeitung, an der auch *Moses Heß* mitwirkt, erscheint unter dem argwöhnischen Auge der Zensur. Die »Halleschen Jahrbücher« dürfen schließlich nicht mehr erscheinen und werden 1844 von Ruge und Marx als »Deutsch-Französische Jahrbücher« in Paris fortgesetzt.

Dort publiziert Marx seinen exzellenten Beitrag zur »Kritik der hegelschen Rechtsphilosophie«, wo er über den junghegelianischen Kritizismus deutlich hinausgeht und einen differenzierten Begriff von *Ideologie* entwickelt. Dabei zeigt sich, daß nicht nur Hegel, sondern auch die Kritiker der Zeit, Marxens frühere Weggenossen, einem verschärften Ideologieverdacht zum Opfer fallen. In der »Heiligen Familie, oder Kritik der kritischen Kritik« (1845) sowie in der parallelen, aber damals zurückgehaltenen »Deutschen Ideologie« decken Marx und Engels schonungslos auf, daß die radikalen Kritiker in Wahrheit auf diejenigen Verhältnisse angewiesen sind, gegen die sie sich negativ allein zu definieren vermögen, so daß sie ungewollt mehr zur Stabilisierung beitragen als zur lautstark verkündeten Veränderung.

Realer Wandel muß dagegen an den materiellen Bedürfnissen der Vielen ansetzen und sich mit der proletarischen Bewegung vereinigen. Eine Revolution, die die obwaltende Entfremdung in der Tat beseitigt, verlangt die Selbstaufgabe der isolierten Kritiker. »Resultate sind ... nur durch die Negation der seitherigen Philosophie, der Philosophie als Philosophie zu erhalten«. So zielsicher Marxens Kritik die abstrakten Kritiker aus dem Kreis des Junghegelianismus auch traf, so wenig sind die Resultate zu sehen, die mit der totalen Umgestaltung der Gesellschaft zum Besseren versprochen waren. Der Zweifel am dogmatisch entarteten Marxismus, der sich umso unabweislicher rührte, je länger die erwartete Revolution ausblieb, hat im Neomarxismus zur Erneuerung der kritischen Position geführt. Es gibt seither auch wieder »Heilige Familien«. Die letzte etablierte sich in Frankfurt als Schule der Kritischen Theorie (Horkheimer, Adorno).

Wie weit in der vorigen Jahrhundertmitte die »spinnwebige Berliner Dialektik« sich bereits überlebt hatte, zeigen *Heines* sarkastische Bemerkungen, die er aus Paris der zweiten Auflage seines Salons (1852) voranschickt. Scheinheilig empfiehlt er Bibellektüre, »nicht bloß dem guten Ruge, sondern auch meinem noch viel verstockteren Freunde Marx, ja auch den Herren Feuerbach, Bruno Bauer und wie sie sonst heißen mögen, diese gottlosen Selbstgötter. Es stehen viel schöne und merkwürdige Erzählungen in der Bibel, die ihrer Beachtung wert wären, z. B. gleich im Anfang die Geschichte von der Schlange, der kleinen Privatdozentin, die schon sechstausend Jahre vor Hegels Geburt die ganze Hegelsche Philosophie vortrug. Dieser Blaustrumpf ohne Füße zeigt sehr scharfsinnig, ... wie der Mensch zum Gotte werde durch die Erkenntnis oder, was dasselbe ist, wie Gott im Menschen zum Bewußtsein seiner selbst gelange«.

Ins äußerste Extrem hat *Max Stirner* die Selbstvergötterung des Ich getrieben. Unter dem vieldeutigen Pseudonym Stirner läßt der Mädchenschullehrer Johann Caspar Schmidt 1845 eine Schrift erscheinen, die den »Einzigen und sein Eigentum« preist. Der Autor selber lebte offenbar so unauffällig, daß es der preußischen Zensur nie gelang, seine Identität zu lüften. Um so toller klingen die Thesen des Buches, das mit böser Parodie des Glaubensspruchs beginnt: »Ich hab' mein Sach' auf Nichts gestellt«. Von der Sache der Menschheit und der Sache Gottes, von Gesellschaft und Geist bleibt da nichts übrig. Vom Liberalismus und der Kritik will dieser unerbittliche Egoist nichts hören. »Dem Satze: Gott ist Mensch geworden, folgt nun der andere: Der Mensch ist Ich geworden. Wir aber kehren's um und sagen .., daß doch alles auf Mich ankommt und der Mensch ohne Mich verloren ist«. »Ich halte mich nicht für etwas Besonderes, sondern für einzig!« Der kecke Ton, den das Bekenntnisbuch anschlägt, täuscht kaum darüber hinweg, daß die letzten Konsequenzen aus dem kritischen Reflexionsprozeß hier gezogen sind. Stirner nennt beim Namen, was wenige sich selber eingestehen würden.

Schelling und die Restauration

Dem gefährlichen Treiben Einhalt zu gebieten und die »Drachensaat« des Hegelianismus auszutreten, war die neue Regierung Friedrich Wilhelms IV. entschlossen. Man entsann sich dazu des in Vergessenheit geratenen Jugendfreundes *Schelling*, den man 1841 aus dem katholischen Bayern ins protestantische Berlin berief. Schellings erster Auftritt an Hegels verlassener Wirkungsstätte zehn Jahre nach

J. Kayser
*Porträt Friedrich Wilhelm
von Schelling*

dem Tod des erfolgreichen Vorgängers machte Furore in der ganzen Stadt. Ein Zuhörer berichtet: »Das Katheder war so sehr umringt, daß dem Erwarteten nur ein einziges knappes Plätzchen blieb. Auf Stühlen und Tischen standen dichtgedrängt die Kommilitonen, als Schelling eintrat — der kleine, graue Mann mit dem groben Gesicht und den göttlichen Augen — der Heros der Philosophie«. Unter dem Publikum befanden sich erlauchte Namen wie Kierkegaard, Bakunin, Engels, Burckhardt, Alexander von Humboldt. Die

Hegelschüler geraten anfänglich in Loyalitätsnöte. Schelling muß den späten Triumph genossen haben, war er doch seit eh und je überzeugt, daß Hegel ihm alles verdanke und das von ihm begonnene Identitätssystem mißverständlich und einseitig fortgesponnen habe. Hegels spekulative Begriffskunst liefere nur die »negative« Philosophie, der er, Schelling, nun abschließend die »positive« gegenüberstellen werde, die vom bloßen Begriff zum wirklichen Sein überginge. In der alsbald im Raubdruck verbreiteten ersten Vorlesung erweist Schel-

24

ling wohl Fichte und Schleiermacher die Reverenz. Hegel aber erwähnt er nicht, er galt ihm als »ein Nachgekommener«.

Schellings große Versprechungen und eitle Selbstdarstellung lösten bald Enttäuschung bei den Hörern aus. Die *positive Philosophie der Offenbarung* entsprach den Erwartungen nicht. Man munkelt von Sophisterei und lästert über den »philosophischen Cagliostro«, der aus vergilbten Blättern überholte Wahrheiten als neu hervorzaubere. *Kierkegaard* notiert in seinem Tagebuch am 22. November 1841 noch: »Ich bin froh, Schellings zweite Stunde gehört zu haben — unbeschreiblich. So habe ich denn lange genug geseufzt und haben die Gedanken in mir geseufzt; als er das Wort ›Wirklichkeit‹ nannte, vom Verhältnis der Philosophie zur Wirklichkeit, da hüpfte die Frucht der Gedanken in mir vor Freude wie in Elisabeth. Hier kann vielleicht Klarheit kommen«. Am 27. Februar 1842 kündigt er jedoch einem Freunde bereits die Rückkehr an: »Schelling salbadert grenzenlos, sowohl in extensivem wie in intensivem Sinne. Ich verlasse Berlin und eile nach Kopenhagen«.

Endlich ermannen sich auch die Hegelianer und gehen zum Angriff über. *Friedrich Engels* aus Elberfeld, der tagsüber seinen Militärdienst in Berlin ableistet und abends Schelling hört, hält der Schwärmerei gut hegelsche Argumente entgegen, die an den alten Streit aus der Zeit der »Phänomenologie des Geistes« erinnern; berlinische Polemik kommt hinzu. In der Broschüre »Schelling und die Offenbarung, Kritik des neusten Reaktionsversuchs gegen die freie Philosophie« schreibt der Anonymus 1842: »Indem Schelling vor das Berliner Publikum trat, stellte er sich allerdings der Öffentlichkeit etwas näher als bisher in München. Was dort leicht esoterische Geheimlehre bleiben konnte, weil kein Mensch sich darum kümmerte, muß hier ohne Gnade ans Tageslicht. Keiner wird in den Himmel eingelassen, ehe er durch das Fegefeuer der Kritik gegangen ist. Was hier in der Universität heute Auffallendes gesagt wird, steht morgen in allen deutschen Zeitungen«.

Schärfer noch zieht der Russe *Bakunin* 1842 gegen »die Reaktion in Deutschland« zu Felde unter der literarischen Fiktion eines französischen Beobachters. Er identifiziert dabei als Gegner des Prinzips der Revolution die »in ganz Europa aufgetauchte reaktionäre Partei, welche in der Politik: Konservativismus, in der Rechtswissenschaft: historische Schule und in der spekulativen Wissenschaft: positive Philosophie genannt wird«. Noch wird auf die Fortschrittlichkeit der hegelschen Logik verwiesen,

aber am Ende klingt es apokalyptisch: »Es regen sich Erscheinungen um uns her, welche uns verkünden, daß der Geist, dieser alte Maulwurf, sein unterirdisches Werk bereits vollbracht hat und daß er bald wiedererscheinen wird, um sein Gericht zu halten. ... In Rußland, in diesem endlosen und schneebedeckten Reiche, das wir so wenig kennen und dem vielleicht eine große Zukunft bevorsteht — in Rußland selbst sammeln sich dunkle, Gewitter verkündende Wolken«.

Auguren richten also den Blick nach Osten. Wer nach Westen blickte, konnte ebenfalls eine Spiegelung der Berliner Kontroversen ausmachen. *Victor Cousin,* der Hegelschüler und Plato-Übersetzer, verteidigte die Dialektik, während *Pierre Leroux,* der Sozialist im Gefolg Saint-Simons, der in der Pariser Revolution von 1848 noch eine Rolle spielen sollte, sich auf Schelling wegen dessen Materialismus berief. Philosophie in Preußen war längst keine preußische Angelegenheit mehr. Sie begann in die Weltereignisse einzugreifen und ist seither von dort nicht mehr fortzudenken.

Literaturhinweise

B. Bauer, Feldzüge der reinen Kritik, (Hrsg. Saß), Frankfurt 1968
R. Bubner, Theorie und Praxis — eine nachhegelsche Abstraktion, Frankfurt 1971
A. v. Cieszkowski, Prolegomena zur Historiosophie, Neuausgabe Hamburg 1981
G. W. F. Hegel, Berliner Schriften, Hrsg. Hoffmeister, 1956 (Band 11, Werkausgabe Suhrkamp-Theorie), Grundlinien der Philosophie des Rechts (STW)
H. Lübbe, Politische Philosophie in Deutschland, DTV 1974
K. Marx, Frühe Schriften I, Hrsg. Furth/Lieber, 1962
G. Mayer, Die Anfänge des politischen Radikalismus im vormärzlichen Preußen, in: G. Mayer, Radikalismus, Sozialismus und bürgerlicher Demokratismus, ES 1969
Materialien zu Hegels Rechtsphilosophie, Hrsg. M. Riedel, STW 1975
J. Ritter, Hegel und die französische Revolution, in: Metaphysik und Politik, STW 1977
F. W. J. Schelling, Philosophie der Offenbarung 1841/2, Hrsg. M. Frank, STW 1977

G. v. Kügelgen
Porträt Adam Heinrich Müller
1808/09

Benedikt Koehler
Gescheiterte Utopie:
Adam Müller und die politische Romantik
in Berlin

Wer sich auf Preußen beruft, stößt auf Abneigung und Ärgernis. Denn waren es nicht Preußens vermeintliche Tugenden, die den Typus des zackigen, hackenschlagenden, großspurigen Untertanen züchteten, eben den Typus des häßlichen Deutschen? Gewiß kommt dieses Ressentiment nicht von ungefähr, haben sich doch zahllose Zeugnisse deutscher Kultur erhalten, in denen sich Preußen nur allzugerne als zielstrebige, erfolgsgewisse Zweckmenschen stilisierten. Freilich läßt sich dieses Selbstbild nicht in Deckung bringen mit der historischen Realität, denn die pflichtbewußten, siegesgewissen Preußen kompromittierten sich selbst und ganz Deutschland mit einer Politik, die ethische Grundlage als Schwäche mißachtete und die überdies statt der erwarteten Siege in Katastrophen ungeheuerlichen Ausmaßes führte. Dies alles ist bekannt und bedarf keiner Wiederholung. Entscheidend ist jedoch: daß Preußens einstiges Selbstverständnis in krassem Widerspruch steht zur geschichtlichen Wirklichkeit. Dieser Widerspruch zwischen *Entwurf* und *Wirklichkeit* deutet aber daraufhin, daß wesentliche, sogar entscheidende Beiträge zur preußischen Geschichte verdrängt worden sind.

Es lohnt daher, auf der Suche nach Preußens Spuren, sich auseinanderzusetzen mit einem gescheiterten preußischen Utopisten, den Heinrich von Treitschke als »prahlerischen Phantast« beschimpft hat, nämlich der romantische Staatsphilosoph und Ökonom Adam Heinrich Müller. Sein Entwurf einer politischen Utopie und sein eigenes und seiner Freunde Scheitern im Berlin der Jahre 1810 und 1811 machen ihn zum Repräsentanten des anderen, des verdrängten Preußen.

Preußen zwischen Aufklärung und Französischer Revolution

Als im Jahre 1789 die Französische Revolution mit dem Abbau monarchischer Ordnung begann, war Preußen unter allen Monarchien Europas die jüngste und in vielerlei Hinsicht auch die fortschrittlichste. Friedrichs II. lange Regierung hatte sich segensreich ausgewirkt, denn durch Eroberungen war das Land nicht nur territorial konsolidiert, sondern durch innere Reformen sowohl administrativ wie ökonomisch auf die Höhe der Zeit gebracht. Friedrich hatte die Stellung der Juden verbessert, die in Frankreich diskriminierten Hugenotten in sein Land geladen, hatte auch die Akademie der Wissenschaften gefördert. Preußens König war mit dem Gedankengut der führenden zeitgenössischen Intellektuellen vertraut, befaßte sich aber gleichermaßen mit kommerziellen wie landwirtschaftlichen Fortschritten. Noch bis zu diesem Jahrhundert starben zahllose preußische Bürger den Hungertod, bis Friedrich den Anbau der Kartoffel, die auch im kargen Boden Brandenburgs gedieh, verordnet hatte. Diese Verbindung von sozialem Neuerungswillen mit wissenschaftlichem Interesse macht Friedrich II. zum aufgeklärten »philosophe«, der geistig viel näher etwa zum amerikanischen Präsidenten und Wissenschaftler Thomas Jefferson steht als beispielsweise jenem zeitgenössischen hessischen Herrscher, der zum eigenen und seiner Mätressen Vergnügen mit der Flinte Schornsteinfeger vom Dach herunterschoß. In den Pariser Ereignissen des Jahres '89 sahen die aufgeklärten monarchischen Beamten Preußens daher anfänglich nichts weniger als eine Bedrohung, im Gegenteil sinnierte ein Minister Herzberg öffentlich darüber, ob sich gar manche der französischen Reformen nicht auch in Preußen durchführen ließen?

Doch Friedrichs Nachfolger, Friedrich Wilhelm II., sah sich solcher Herausforderung nicht gewachsen. Ein Minister wie Herzberg fiel bei Hof in Ungnade und statt seiner und seinesgleichen rückte eine Kamarilla von Beratern nach, die ein Großteil sozialer Errungenschaften wieder einschränkten. Die Emanzipation der Juden wurde rückgängig gemacht. Während der König einerseits im Innern die Aufklärung schlicht ungeschehen zu machen trachtete, befolgte er im Äußeren eine Politik strikter Nichteinmischung in der Absicht, sein Reich vom Strudel der Revolution fernzuhalten. Im Jahre 1795 schloß er mit der revolutionären französischen Republik einen Vertrag, in dem sich Preußen um den Preis territorialer Erweiterung politische Neutralität abkaufen ließ. Es versteht sich, daß diese kurzsichtige, auf augenblickliche materielle Vorteile bedachte Politik wenig Begeisterung weckte in den Kreisen Berliner Intellektueller. Entsprechend steigerte die Ängstlichkeit des Königs die Faszination der unerhörten Vorgänge in Paris. Im Jahre 1793 schrieb der Student Wackenroder an seinen Freund Ludwig Tieck: »Die Hinrichtung des Königs von Frankreich hat ganz Berlin von der Sache der Franzosen zurückgeschreckt; aber mich gerade nicht. Über ihre Sache denke ich wie sonst.« Indem Wackenroder die zwiespältige Reaktion auf den Tod des Königs Louis XVI. kommentiert, fixiert er den folgenreichen Umschwung der öffentlichen Meinung von Zustimmung zu Ablehnung. Wobei die Hinrichtung des französischen Königs zwar ein schockierender Anlaß für diese Entwicklung war, diese aber ihren tieferen Grund woanders hatte: nämlich in der mählichen Erkenntnis, daß die Politik der Jakobiner, die sich als Herold der Aufklärung bezeichnet hatte, nunmehr umzuschlagen begann in Machtpolitik und Repression. Die Revolution, einst als Triumph der Aufklärung gefeiert, pervertierte zum Triumph der Guillotine. Als schließlich der Terror des Thermidor zum Staatsstreich des Napoleon Bonaparte führte, als Frankreichs Heere sich fürderhin nicht gegen fremde Invasoren verteidigten, sondern ihrerseits zu Eroberungsfeldzügen auszogen, schlug einstmalige Zustimmung um in Feindschaft und Entsetzen.

In dem Maße, als die Revolution eine unkontrollierte Eigendynamik entwickelte und viele der libertären Tendenzen kassierte, um derentwillen sie ausgebrochen war, artikulierte sich in Preußen eine gegen die gescheiterte Revolution, gegen die gescheiterte Aufklärung gerichtete Haltung. Wobei es häufig gerade jene waren, die vormals der Sache der Aufklärung das Wort geredet hatten, die nunmehr wütende Polemiken abfaßten gegen eine Revolution, die ihre eigene Integrität verloren hatte. Diese Wendung läßt sich an den Biographien wichtiger Publizisten ablesen. Der gebürtige Breslauer Friedrich von Gentz, der in Königsberg bei Immanuel Kant studiert hatte (seinem Professor assistierte er bei der Korrektur der Druckfahnen zur »Kritik der Urteilskraft«), übersetzte in Berlin das gegenrevolutionäre Traktat des britischen Parlamentariers Edmund Burke »Reflections on the Revolution in France«. Formierte sich der britische und österreichische Widerstand gegen Napoleons Diktatur auf politischer und militärischer Ebene, so wurde Berlin zum Zentrum der geistigen Auseinandersetzung, welche sich freilich nicht auf bloßes Nein-Sagen und Polemisieren beschränkte, sondern eine originäre ideologische Grundlage suchte für den Widerstand gegen Gewalt und Fremdherrschaft. Mit Friedrich von Gentz war Adam Müller bereits bekannt, als dieser noch das Berliner Gymnasium am Grauen Kloster besuchte, doch während Gentz wie Müller sich einig waren in der Ablehnung der Politik Napoleon Bonapartes, blieb Gentz in seiner Grundhaltung der Aufklärung verpflichtet, Adam Müller hingegen rezipierte bereits und verarbeitete in seiner politischen Theorie das Gedankengut der romantischen Avantgarde.

Im Jahre 1797 bestieg in Berlin ein neuer König den Thron, und auf Friedrich Wilhelm III. konzentrierten sich weitverbreitete Hoffnungen, den friderizianischen Staat abermals auf die Höhe seiner Zeit zu bringen. Friedrich von Gentz veröffentlichte ein »Sendschreiben, Sr. Königlichen Majestät Friedrich Wilhelm III. bei der Thronbesteigung alleruntertänigst überreicht«, in welchem er den Monarch um ein größeres Maß an Meinungsfreiheit ersuchte. Mit dieser Forderung nach mehr Liberalität zeigt sich Gentz als getreuer Verfechter einer aufklärerischen Haltung. Doch ein anderes Dokument des Jahres 1798 ist im Zusammenhang einer Erörterung der politischen Romantik weitaus aufschlußreicher, denn dort kommt in Ton und Inhalt eine neue Generation zu Wort. Der Dichter Novalis verfaßte nämlich aus Anlaß des Regierungswechsels zu Ehren des neuen Königs und seiner Gattin den Fürstenspiegel »Glauben und Liebe«, eine Sammlung kryptischer Fragmente, deren poetische Rätselsprache keineswegs den politischen Grundton des Verfassers verdeckt. Denn »Glauben und Liebe« erschien nicht etwa in einer literarischen Zeitschrift, Novalis ließ sein Werk in den »Jahrbüchern der preußischen Monarchie« abdrucken. Dieser Umstand ist außerordentlich bedeutsam. Wer nämlich diese »Jahrbücher« in die Hand nimmt, findet dort keinerlei Beiträge von literarischem Anspruch, sondern amtliche Verlautbarungen und Bekanntmachungen. Daß Novalis aber ausgerechnet »Glauben und Liebe« dort plazierte, wo ansonsten Ordensverleihungen und Dekrete mitgeteilt wurden, bezeugt die durchaus auf praktische Wirkung zielende Absicht des Autors.

Bei flüchtiger Lektüre von »Glauben und Liebe« vermutet man im Autor gar einen liebedienerischen, devoten Traditionalisten. »Das ist eben das Unterscheidende der Monarchie«, schrieb Novalis, »daß sie auf dem Glauben an einen höhergebornen Menschen, auf der freiwilligen Annahme eines Idealmenschen beruht«. Doch wer Novalis' Monarchismus in Deckung bringt mit der Praxis des ancien régime, geht in seiner Interpretation völlig fehl, denn der politische Dichter Novalis kritisierte unmißverständlich die Vorgänger des neuen Königs: »Kein Staat ist mehr als Fabrik verwaltet worden, als Preußen, seit Friedrich Wilhelm des Ersten Tode. So nötig vielleicht eine solche maschinistische Administration zur physischen Gesundheit, Stärkung und Gewandheit des Staates sein mag, so geht doch der Staat, wenn er bloß auf diese Art behandelt wird, im Wesentlichen darüber zu Grunde.« Die politische Romantik befindet sich also bereits in ihrer Entstehung in zweifacher Opposition: einmal gegen die nivellierende Diktatur Napoleon Bonapartes, aber gleichzeitig gegen das hergebrachte Modell des Absolutismus. Was Novalis zu Papier brachte, war die Utopie einer poetisierten Politik: »Ein wahrhafter Fürst ist der Künstler der Künstler; das ist, der Direktor der Künstler. Jeder Mensch sollte Künstler sein. Alles kann zur schönen Kunst werden.« Diese Vision projizierte Novalis nunmehr in die Person des Königs und seiner Gattin. »Wer den ewigen Frieden jetzt sehen und lieb gewinnen will, der reise nach Berlin und sehe die Königin.« Diesen Entwurf hat Adam Müller später in seiner eigenen politischen Theorie zum Programm erhoben und systematisiert.

Bemerkenswert ist aber auch die Reaktion des Königs auf diesen utopischen Entwurf. Denn Friedrich Wilhelm III., der seine Legitimität ohnehin allenthalben in Frage gestellt sah, fühlte sich schlicht überfordert. Friedrich Schlegel, der in Berlin weilte, berichtete die mürrische Irritation des Herrschers an Novalis: »Von einem König wird mehr verlangt als er zu leisten fähig ist. Immer wird vergessen daß er ein Mensch sei.« Diese Reaktion belegt, daß Novalis kein anpasserischer Opportunist gewesen war. Der König sah im Gegenteil voller Skepsis und Mißtrauen auf das Phänomen der politischen Romantik. Auch Müller sollte diese Erfahrung noch machen müssen.

Die von Friedrich Wilhelm III. anfänglich fortgeführte Politik militärischer Neutralität hatte nicht Bestand. Viel zu spät und unzureichend vorbereitet zog Preußen, völlig auf sich allein gestellt, im Jahre 1806 gegen Frankreich in den Krieg. Zu keinem Zeitpunkt während dieser Kampagne war Napoleon ernsthaft bedroht, und die Doppelschlacht von Jena und Auerstedt brachte an den Tag, daß die preußische Armee nur noch dem Namen nach etwas gemeinsam hatte mit der schlagkräftigen Organisation Friedrichs II. Das militärische Desaster zog in diesem Staat, das im Heer seine wesentliche Stütze hatte, den politischen Zusammenbruch nach sich. Preußen wurde auf ein Drittel seines Staatsgebietes reduziert; lediglich der persönlichen Verwendung des Zaren Alexander verdankte es Friedrich Wilhelm, daß sein Reich überhaupt noch fortexistierte. Das Schicksal Polens, das im vorhergehenden Jahrhundert nach dreimaliger Teilung schließlich vollends aufgelöst worden war (übrigens unter tatkräftiger Mitwirkung Preußens), stand dem besiegten Staat warnend vor Augen.

Als der König nach der Schlacht von Jena proklamierte: »Der König hat eine Bataille verloren. Ruhe ist die erste Bürgerpflicht«, war dies im Grunde die Stimme einer überholten Zeit. Denn sollte Preußen überdauern, mußte es seine Bevölkerung aufrufen zur Teilnahme am politischen Leben, denn weder der Monarch noch die Schicht der Junker hatten sich gegen Napoleon behaupten können. Hätte sich die preußische Monarchie im vorangegangenen Jahrzehnt durch zeitige Reformen der Dankbarkeit der Untertanen versichern können, hätte sich Friedrich Wilhelm III. bei der Thronbesteigung durch entsprechende Maßnahmen unschwer seine Bürgerschaft verpflichten können, so war nunmehr eine staatliche Reform von Grund auf ein zwingendes Gebot. Dabei brachten solche Reformbestrebungen doppeltes Risiko mit sich, einmal: Napoleons Zorn zu provozieren und somit Preußens Existenz auf's Spiel zu setzen, aber zum anderen: weitere Kreise der Bevölkerung zu politischer Aktivität zu bewegen, die sich nach überstandener Krise wohl kaum an den Zustand vormaliger Unmündigkeit gewöhnen würde, in dem Ruhe die oberste Bürgerpflicht war.

In dieser historischen Konstellation eines Staates, der nach innen und nach außen in seiner Existenz gefährdet war, suchte Adam Müller, nach mehrjähriger Ausarbeitung seiner politischen Position, sein Konzept politischer Utopie zu realisieren.

Adam Müller: Herkunft und Entwicklung

Adam Müller wurde 1779 geboren. Über familiäre Verhältnisse ist nur wenig bekannt, spärliche Unterlagen lassen die Mühseligkeit eines Kleinbürgerlebens im friderizianischen Preußen nur erahnen. Der Knabe war sechsjährig, als seine Mutter verschied, und von Geschwistern ist nichts bekannt. Man kann also davon ausgehen, da Einzelkinder zu jener Zeit absolut unüblich waren, daß auch die Brüder und Schwestern im Kindsalter verstorben sind. Müllers Vater durchlief eine bescheidene Karriere als Finanzbeamter. Erstmalig stellte er ein Urlaubsgesuch, als sein Sohn in Leipzig zum Gesandten akkreditiert worden war — bis dahin hatte Müllers Vater bereits 49 Dienstjahre ohne Unterbrechung absolviert. Es läßt sich heute kaum noch vorstellen, daß Preußen unter den damaligen Staaten Deutschlands zu den wohlhabenderen zählte!

Nach dem Studium in Göttingen trat Adam Müller in den preußischen Staatsdienst ein, verdingte sich jedoch bald darauf als Hauslehrer, um sich ungestört der Abfassung seiner »Lehre vom Gegensatz« zu widmen. Indem Müller die geregelte Beamtenlaufbahn aufgab, reihte er sich ein in die Vielzahl zeitgenössischer Intellektueller, die weder in der Kirche noch an einem Hof tätig waren, eine Entwicklung, die im damaligen Deutschland ein Novum war. Wie viele andere Romantiker begab sich Adam Müller der festen bürgerlichen Existenzgrundlage und wurde so, wie Karl Mannheim ihn und seinesgleichen charakterisierte, ein sozial freischwebender Intellektueller. Das Außenseitertum, das den romantischen Dichtertyp häufig prägt, war somit unter anderem auch sozial determiniert, und die politischen Vorstellungen dieser Romantiker fanden nicht zuletzt deswegen geringe Resonanz, weil sich keine soziale Schicht mit ihrem Anliegen identifizieren konnte.

Im Jahre 1805 zog Adam Müller nach Dresden um und wurde Tutor des Prinzen von Sachsen-Weimar. Die folgenden Jahre in Dresden haben Müller geistig geprägt, denn in dieser Stadt fand er einen Kreis kongenialer Künstler vor, wie etwa Gotthilf Heinrich Schubert und Caspar David Friedrich. Von nachhaltiger Wirkung war jedoch Müllers Begegnung mit dem damals unbekannten Heinrich von Kleist, zu dessen erster Veröffentlichung »Amphitryon« er ein Vorwort verfaßte. Adam Müller war es auch, der den »Zerbrochnen Krug« an Goethe zur Aufführung empfahl. Heinrich von Kleist, der vielfach unverstandene, der soeben aus französischer Deportation heimgekehrt war, wurde von Müller in entscheidender Weise gefördert (daß die Weimarer Inszenierung des »Zerbrochnen Krug« an Goethes Regie scheiterte, ist hinlänglich bekannt). Die Freundschaft des Kritikers mit dem Dichter währte bis zu Kleists Suizid im November 1811, in diesem Jahrfünft standen sie nahezu täglich in Verbindung. Zusammen edierten sie den »Phöbus«, eine kurzlebige literarische Zeitschrift, die mangels fremder Beiträge bald einging. Allerdings schlugen diese redaktionellen Mißgeschicke für die deutsche Literatur zum Besten aus, denn Kleist und Müller sahen sich gezwungen, ihre Schubladen zu leeren und daher einige Manuskripte Kleists zu publizieren, die sonst wohl verschollen wären. Von Kleists eigener Auslegung der politischen Romantik in seinem letzten Drama »Der Prinz von Homburg« wird noch zu sprechen sein. Nachdem Müller im Jahre 1809 nach der Einnahme Dresdens durch französische Truppen aus Sachsen fliehen mußte — als Oppositioneller und unverhohlener Kollaborateur mit dem österreichischen Heer mußte er Deportation oder Hinrichtung befürchten —, folgte ihm Kleist nach Berlin.

Als Adam Müller in Berlin begann, sich im politischen Tagesgeschehen zu profilieren, waren seine ideologischen Grundlagen bereits gelegt. Dabei ist oft übersehen worden, daß sich seine in den »Elementen der Staatskunst« niedergelegten Anschauungen konsequent aus seinen vorhergehenden kritischen und ästhetischen Werken ableiten, nämlich der »Lehre vom Gegensatz« und den »Vorlesungen über deutsche Wissenschaft und Literatur«. Wer diese übersieht, kann jene nicht erfassen.

Schon in der »Lehre vom Gegensatz« hatte Müller seine Intention einer universalen, allumfassenden politischen Kritik umrissen: »Nur in einer so schwankenden, nach allen Seiten ausschweifenden Zeit als die gegenwärtige konnte sich das Reich der Gesellschaft so vom Reich der Wissenschaft trennen, daß die Totalrevolution in beiden auf den ersten Blick wie abgesonderte Begebenheiten erscheinen.« Es galt, die Revolution nicht zu negieren, sondern sie aufzuheben, allerdings in einer wirklichen, grundlegenden, allumfassenden Revolution, in der geistiges und soziales Leben in ihr eigentliches Verhältnis zueinander gesetzt würden. Adam Müllers eigener Entwurf einer »Totalrevolution« war letztendlich eine aus romantischer Ästhetik geschöpfte Utopie.

Müllers Philosophie beruht auf dem Gedanken einander entsprechender, einander bedingender Gegensätze. Ein Begriff kommt erst zum Leben im Widerstreit mit seinem jeweiligen Gegensatz, läßt sich auch nur im Verhältnis zu diesem Gegensatz erfassen. Diese relationalen Verhältnisse bewirken gegenseitige Einwirkung und Anregung, also Bewegung und Entwicklung. Müllers Augenmerk richtet sich daher nicht ausschließlich auf reine, abstrakte Erkenntnis, sondern auf Wirkung. »Es bedarf keines anderen Beweises ihrer Allgültigkeit«, meinte Müller von seiner Philosophie des Gegensatzes, »als daß sie die Welt vollständig zu erklären, das heißt zu beleben vermag«. Wie sich unschwer ausmachen läßt, hat Adam Müllers »gegensätzisches« Denken einige Affinität zu den dialektischen Systemen Schellings und Hegels. Doch während Müllers Ausarbeitung einer Dialektik längst nicht die durchdachte Gründlichkeit seiner bedeutenderen Zeitgenossen aufweist, besteht seine genuine Leistung darin, eine politische Position nicht nur philosophisch zu implizieren, sondern diese Praxis auch konkret anzusprechen. Nirgendwo, konstatierte Adam Müller hinsichtlich des geistigen Lebens Deutschlands, herrsche eine derartige Diskrepanz zwischen »anscheinender Schrankenlosigkeit des Gesichtskreises« bei derart ausgeprägter »Beengung des Wirkungskreises«. Gerade aus diesem Grund sei die Versöhnung von »gemeinem und höherem Leben oder von Ökonomie und Poesie« eine vordringliche Aufgabe. Müller benennt diese »Kunst dieser notwendigen Vereinigung« mit dem »oft gemißbrauchten Namen, die dialektische«.

Zu den Gegensätzen, die Müller zu vermitteln gedachte, gehörten Volk und Souverän, Ökonomie und Recht, bewegliches und unbewegliches Eigentum. Darin aber, in der Anwendung dialektischen Verfahrens auf politökonomische Fragestellungen, liegt eine entscheidende Leistung Adam Müllers.

Müllers Unterfangen war also die Versöhnung von individueller Selbstentfaltung und politischem Handeln, welche in Deutschland unheilvoll auseinanderklaffen. Der deutsche Staat Müllers ist eine utopische Konstruktion, die »das gesamte äußere und innere Leben« umfaßt. Die Vermittlung dieses Gegensatzes ist für Müller ein ästhetischer, ein künstlerischer Vorgang. Dichter und Staatsmann unterscheiden sich somit nur durch ihre Tätigkeitsbereiche: »Es ist der Staatskunst letztes und höchstes Ziel, das was ich Schönheit nenne: und daß mein Begriff von der Schönheit auf die Staatskunst, welche ernst und notwendig in allen ihren Teilen erscheint, so gut paßt, als auf die s. g. redenden und bildenden Künste, welche spielender und freier erscheinen, das ist seine Probe.«

Die »Elemente der Staatskunst« meinen also im wortwörtlichen Sinn eine ästhetische Kunst, die sich von Müllers Ästhetik herschreibt, und die Vorlesungen, die Müller im Jahre 1809 abhielt, sind Darlegung immer und überall bestimmender Bestandteile politischer Praxis. Staatsmann und Staatsgelehrter verhalten sich demnach zueinander wie Künstler und Kritiker. Die Elemente, zwischen denen der Staatsmann vermittelt, sind die von Jugend und Alter sowie Mann und Frau. Die grundlegende Polarität von Alter und Geschlecht, die die menschliche Natur strukturiert, liegt auseinandergefaltet im Zusammenleben der Familien, und Müller legt dar »wie sich in der natürlichen, allen Völkern der Erde gemeinschaftlichen Verfassung der Familie die lebendige Natur des Staates ausdrücke«. Dieses Postulat, nämlich der Familie als einer Keimzelle des Staates, ist von der politischen Romantik geradewegs in die Grundüberzeugungen des deutschen Konservatismus eingegangen.

Es ist verständlich, warum Adam Müller der Staats-

kunst den Vorrang einräumt vor sämtlichen anderen Künsten. Denn ihr Gebiet der Vermittlung spielt sich nicht ab zwischen dem Menschen und einem ihm äußerlichen Gegenstand, sondern zwischen Menschen selber. Das Gebiet der Staatskunst ist dem Staatsmann ein aus »Individuen bestehendes Volk; sein Handwerkszeug sind Gesetze, Polizei, Beamte aller Art«. Staatskunst bezieht ihren Rang nicht einfach aus der Dignität ihres Gegenstands, weitaus bedeutender ist der Umstand, daß sie das Leben in Kunst, den Staat in ein Kunstwerk verwandelt.

Adam Müllers »Elemente der Staatskunst« sind der Entwurf einer Politik, in der Poesie und Ökonomie, Gesellschaft und Wissenschaft in einer »Totalrevolution« aufgehen. In diesem Entwurf liegt die entscheidende Bedeutungsebene der politischen Romantik, nämlich als einer Gegenrevolution, die sich nicht in schierer Negativität erschöpft, sondern die, angesichts des augenscheinlichen Endes der Revolution, der Desillusionierung die eigene Utopie entgegensetzt: die romantische Gegen-Revolution, die Politik der Schönheit. Man könnte diese Anwendung ästhetischer Prämissen auf die Politik als idiosynkratische Eigenheit abtun, stünde Müller nicht in einer geistigen Ahnenreihe, die in der Ästhetik den Ort humaner Selbstverwirklichung auffand, so etwa Immanuel Kants »Kritik der Urteilskraft«, Friedrich Schillers »Briefe über die ästhetische Erziehung«, Novalis' »Die Christenheit oder Europa«. (Eine ausführliche Darlegung der philosophischen und politischen Bezüge findet sich in meiner »Ästhetik der Politik«, Stuttgart, 1980.)

Indem Adam Müllers politischer Impetus auf ästhetischer Grundlage ruht, vollzieht sich eine folgenschwere Ablösung deutscher Politiktheorie von parallelen Entwicklungen in England und Frankreich. Edmund Burkes Plädoyer gegen die Jakobiner argumentierte ausgesprochen pragmatisch, der französische Gegenrevolutionär Joseph de Maistre begründete seine Haltung psychologisch. In England oder Frankreich wäre jedoch ein Politiker, der sein Programm auf ästhetische Prämissen stützt, schlechterdings unvorstellbar. (Nicht von ungefähr macht man die deutsche Romantik mitverantwortlich für den Eingang außerpolitischer, irrationaler Kategorien im deutschen Staatsdenken. In der Tat liest sich, im Lichte der Erfahrung, ein politischer Aphorismus des Novalis zutiefst beunruhigend, jeder Bürger solle doch in Uniform gekleidet sein.)

Als Adam Müller im Jahre 1804 um eine Anstellung im preußischen Staatsdienst nachgekommen war, war dieses Königreich von den zahllosen kriegerischen Verwicklungen der vorangegangenen Jahre verschont geblieben. Fünf Jahre später hingegen war Preußen in einer desperaten Situation, nämlich zu einem napoleonischen Satellitenstaat reduziert und gezwungen, trotz des Bündnisses mit Frankreich heimlich Wege zur Befreiung zu finden. Nach dem Willen der Reformer wie Stein und Hardenberg sollte die Neuordnung Preußens nicht allein durch eine militärische Lösung bewirkt werden, sondern durch eine innere, sämtliche sozialen Verhältnisse berührende gesellschaftliche Reorganisation. Es ist ein preußisches Kuriosum, daß selbst die Reformbewegung dieser Jahre nicht von einer selbstbewußten bürgerlichen Elite propagiert wurde, sondern nach dem Diktum eines hohen Beamten, eine »Revolution von oben« war.

Als Adam Müller im Jahre 1809 in Berlin eintraf, bedachte ihn die Regierung Altenstein und Dohna mit einem stattlichen Wartegeld. Müllers Bezüge von 1200 Talern entsprachen in etwa Goethes Weimaraner Ministergehalt. Müllers Ziel war es, an der neugegründeten Berliner Universität einen Lehrstuhl in Ökonomie zu erhalten. Offenbar bestanden Bestrebungen, die Fakultät mit führenden Romantikern zu besetzen, denn neben Adam Müller waren auch G. H. Schubert und Henrik Steffens im Gespräch. Müller trachtete danach, sich wie zuvor in Dresden durch publizistische Arbeit und durch Vorträge zu profilieren, und organisierte zusammen mit Achim von Arnim eine Runde gleichgesinnter Politiker und Intellektueller, die Christlich-deutsche Tischgesellschaft. Zu ihren Mitgliedern zählten gleichermaßen Vertreter des politischen wie des kulturellen Lebens, so zum Beispiel Karl Friedrich von Savigny, der spätere Kultusminister Eichhorn, Leopold von Gerlach, Clemens von Brentano, Johann Gottlieb Fichte, Carl von Clausewitz und natürlich auch Heinrich von Kleist. Als programmatische Grundlage einte diese Runde eigentlich nur die Verehrung der im Vorjahr verstorbenen Königin Luise, der zu Ehren Achim von Arnim ein Stiftungslied dichtete. Der Luisenkult, den Novalis einst angeregt hatte, nahm um diese Zeit bereits dezidiert anti-napoleonische Züge an. Varnhagen von Ense berichtete, daß der Todestag der Königin Luise bereits Anlaß war für antifranzösische Ausschreitungen.

Selbstredend läßt sich die Christlich-deutsche Tischgesellschaft und die Fülle der in ihr vertretenen Begabungen nicht mit einer politischen Partei im heutigen Wortsinn gleichsetzen. Zumal die Lebensläufe der Teilnehmer auch schlüssig belegen, daß diese Individualisten auch jeweils grundsätzlich Anderes wollten. Entscheidend ist jedoch die Tatsache, daß die Zusammenkünfte dieser Hochbegabten in einer ganz bestimmten historischen Konstellation zustandekamen: nämlich der Existenzkrise des jungen preußischen Staates. Die Vielfalt der Begabungen in der Tischgesellschaft illustriert, daß der Freiheitskampf keine rein militärische Angelegenheit war, sondern man sich nach einer umfassenden Erneuerung sehnte.

Adam Müller trat im Januar 1810 an die Öffentlichkeit mit Vorlesungen über »Friedrich II. und die Natur«, »Würde und Bestimmung der preußischen Monarchie«, die im wesentlichen die Gedanken der »Elemente der Staatskunst« popularisierten. Nicht die Regierung eines Friedrich II. sei not, in dem allein der König absolute, wenn auch durch aufgeklärte Klugheit gemilderte Befehlsgewalt ausgeübt hätte, sondern ein vom Volksganzen getragenes Staatswesen. Diese Haltung war freilich entschieden gegen die unpopuläre Bündnispolitik des Königs gerichtet. Darüber hinaus umriß Müller mit kompromißloser Deutlichkeit seine wirtschaftspolitischen Vorstellungen.

Müllers Übertragung seiner organologischen Ästhetik auf die Ökonomie zeitigt frappante Ergebnisse. Denn ihm zufolge waltet auch im Wirtschaftsleben der grundlegende Gegensatz von Mann und Frau, von Jugend und Alter. Von solchen Voraussetzungen ist es nur ein kleiner Schritt zur Darlegung, daß Geistlichkeit, Adel und Bürgertum jeweils das Alter, das weibliche und das männliche Prinzip repräsentieren. Konsequentermaßen wendet sich Müller gegen die liberale Theorie eines Adam Smith. Indem der Liberalismus das Regulativ von Angebot und Nachfrage, uneingeschränkte Gewinnmaximierung und fortwährende Produktionssteigerung durch das Prinzip der Arbeitsteilung zur Basis ökonomischen Lebens erklärt, wird die natürliche Lebensordnung zerstört. Denn Arbeitsteilung mechanisiert die Ökonomie und entfremdet den Arbeiter der Natur. Adam Müller wird somit einer der ersten Kritiker arbeitsteiliger Produktion: »Was bleibt dem Fabrikherrn, der eine große, aus Menschen und Maschinen zusammengesetzte Maschine dirigiert, weiter übrig, als eine kalte Rücksicht auf den Geldgewinn! Auch hier . . . wird alle Liebe zum Werk, aller gemütliche Anteil am Gemeinschaftsleben, überhaupt alle edlere

Empfindung des Lebens, und alles wahre Ehrgefühl verwandelt in ein unnützes und zerbrechliches Spiel toter Kräfte.« Eine auf Arbeitsteilung basierende Ökonomie wird daher über kurz oder lang das gesamte Gemeinwesen erschüttern; denn der wirtschaftliche Aufschwung wird bezahlt mit dem Preis menschlicher Verarmung. Die ökonomische Basis, so Müller, hebt auf diese Weise politische und soziale Freiheitlichkeit wieder auf: »Indem also die Rechtstheorien dem Bürger ein politisches Dasein geben, ihm ein zweckmäßiges Eingreifen in das Universum des Staates zugestehen wollen, zerreiben und zerstückeln ihn die ökonomischen Theorien wieder, so daß ihm kaum ein persönliches Dasein übrig bleibt, so daß er zuletzt seelenlos und unempfindlich sein besonderes Rad in der großen Mühle des Staates tritt, und außer dem kümmerlichen Lohn des Tages in dem ganzen Umkreise des irdischen und bürgerlichen Lebens nichts Wünschenswertes mehr findet.« Damit sprach Adam Müller eine drastische und aufrüttelnde Warnung aus, lange, bevor sie aktuell werden würde, hatte die Industrialisierung Deutschlands doch gerade erst eingesetzt. (Noch im Revolutionsjahr 1848, als Karl Marx das »Kommunistische Manifest« publizierte, stellten die Fabrikarbeiter erst 4 % der preußischen Bevölkerung.) Der deutsche Konservatismus, wie er sich hier bei Adam Müller herausbildet, wird also getragen von einem unverkennbar antikapitalistischen Affekt. Es ist eine kaum bekannte Tatsache, daß in der deutschen Literatur erstmalig bei Adam Müller der Begriff »Entfremdung« im politischen Kontext erscheint.

Die Ernennung August von Hardenbergs zum preußischen Kanzler, der eine konsequent liberalistische Wirtschaftspolitik durchsetzte, trieb Müller zwangsläufig in die Opposition. Müller fand ein geeignetes Sprachrohr seiner politischen Anschauungen in den »Berliner Abendblättern« seines Freundes Heinrich von Kleist. Als Kleist im Oktober 1810 einen polemischen Artikel Müllers gegen ein Hardenbergsches Finanz-Edikt einrücken ließ, sah sich die Regierung zu offiziösen Gegendarstellungen genötigt und begann, Kleists redaktionelle Arbeit durch Zensur zu erschweren. Natürlich war dem Herausgeber und Redakteur Kleist eine derartige Kontroverse nützlich und willkommen, da derlei Skandale die Auflage förderten; ein Staatsrat schrieb »daß vor einigen Tagen Wache nötig war, um das andringende Publikum vom Stürmen des Hauses des Verlegers abzuhalten«. Doch während sich die Berliner Öffentlichkeit die Ausgaben der »Berliner Abendblätter« aus den Händen riß, verschärfte Hardenberg die Zensur mit dem Ergebnis, Kleist binnen weniger Monate in den Konkurs zu treiben.

Im Umkreis der Christlich-deutschen Tischgesellschaft formierte sich auch jene Opposition zu Hardenbergs Reformen, die aus anderen Motiven herrührte als die der politischen Romantik. Friedrich von der Marwitz war Wortführer der ostelbischen Junker, die die Weite preußischen Grundbesitzes und seiner Einwohner als gottgegebenes Eigentum betrachteten und nun ihren Besitzstand durch Reformen gefährdet sahen. Auf dem Gut Marwitzens hielt sich Kleist vorübergehend auf, Clausewitz war mit Marwitz verschwägert. Adam Müller wiederum formulierte für Marwitz das »Sendschreiben der Lebuser Stände«, worin vor den Folgen der Reformen gewarnt wurde. Doch wäre es verfehlt, in diesem tagespolitischen Bündnis eine tiefere Gemeinsamkeit zu sehen zwischen der von Klasseninteressen diktierten Eingabe Marwitzens und der politischen Romantik Adam Müllers. Auch wenn sich Marwitz manche Formulierung Müllers zu eigen machte, so erschöpften sich ihrer beiden Gemeinsamkeiten doch in der Ablehnung der Hardenbergschen Politik, da die Weltsicht des Junkers und des romantischen Kritikers letztlich aus völlig verschiedenen Erfahrungswelten herrührte.

Für Hardenberg war allerdings das »Sendschreiben« eine willkommene Provokation, um die mißliebige Opposition zu zerschlagen: Marwitz und einige Mitglieder der Christlich-deutschen Tischgesellschaft erhielten Festungshaft, Adam Müller wurde des Landes verwiesen. Als kurz darauf Hardenberg ein preußisches Expeditionskorps unter Napoleons Oberbefehl nach Rußland beorderte, quittierte Clausewitz den Militärdienst und stellte sich dem Zaren zur Verfügung. Heinrich von Kleist, der seine »Berliner Abendblätter« einstellen mußte, sah ein weiteres Mal seine Existenzgrundlage zerstört. Wenige Monate später beging er Selbstmord.

Psychologisch belastend war für Kleist gewiß nicht nur der Zusammenbruch seiner publizistischen Arbeit, weitaus schwerer wog der künstlerische Mißerfolg seines Dramas »Prinz von Homburg«. Dieses von Zeitgenossen wie Nachfahren gänzlich mißverstandene Stück (der Held des Dramas, der befehlswidrig in einer Schlacht Attacke ritt und der, obwohl er eben dadurch die Schlacht zugunsten der Preußen entschied, dringt, in einer nur schwer verständlichen Regung, selber darauf, wegen Zuwiderhandlung eines ausdrücklichen Befehls, auf seine eigene Hinrichtung), dieses Stück liest sich durchaus schlüssig, weiß man um Kleists Vertrautheit mit der politischen Romantik. Denn Kleists Homburg bildet sich im Verlauf des Dramas zu einem »Staatskünstler« im Müllerschen Sinn aus; das Stück handelt nämlich von der Versöhnung der einseitig rationalen Bestimmungen der preußischen Obrigkeit, die Homburg als Hochverräter zum Tod verurteilt, und der ebenso einseitigen genialischen Veranlagung des Prinzen, der einzig seiner Intuition gehorcht. Im Prozeß um Homburgs Schuld und Unschuld decken sich die Vermittlung politischer und dramatischer Gegensätze. Der versöhnliche Schluß des Dramas — Homburg wird am Ende begnadigt — steht nur scheinbar im Widerspruch zum tragischen Ende des Autors, der sich das Leben nahm. Denn Kleist verwirklichte in seiner Kunst, was im Leben mißlang, nämlich die Integration des künstlerischen Außenseiters in die Gesellschaft.

Entsprechend fühlte sich Kleist nach Müllers Abgang aus Berlin vereinsamt. Seiner Schwester schrieb er: »Müllers Abreise hat mich in große Einsamkeit versenkt. Er war es eigentlich, um dessentwillen ich mich vor nun ohngefähr einem Jahr wieder in Berlin niederließ.« Kleists latente Identifikation mit dem Helden seines letzten Dramas kommt noch in seinen letzten Lebensäußerungen zum Ausdruck. Im Drama spricht der Prinz, kurz vor seiner vermeintlichen Hinrichtung, die Worte:

»Nun, o Unsterblichkeit, bist du ganz mein!
Du strahlst mir, durch die Binde meiner Augen,
Mir Glanz der tausendfachen Sonne zu!
Es wachsen Flügel mir an beiden Schultern,
Durch stille Ätherräume schwingt mein Geist.«

In einem Brief, datiert vom Vortage von Kleists Tod, schrieb der Dichter an Müllers Gattin zum Abschied: »Wir, unsererseits, wollen nichts von den Freuden dieser Welt wissen und träumen lauter himmlische Fluren und Sonnen, in deren Schimmer wir, mit langen Flügeln an den Schultern, umherwandeln werden.«

Als einziger unter Kleists zahlreichen Bekannten verfaßte Adam Müller einen Nachruf und schrieb: »Was er als tragischer Dichter gemeint hat und was er geleistet und was also Deutschland an ihm verloren hat, wird, wie in solchen Fällen gewöhnlich, erst die Zukunft zu würdigen wissen.«

Spätzeit und Nachwirkungen

Die Exilierung nach Wien bedeutete für Adam Müller nicht unbedingt das Ende seiner politischen Laufbahn. Vier Jahre später gehörte er beim Feldzug der Alliierten nach Paris zum persönlichen Stab Metternichs und wurde nach dem Wiener Kongreß mit der österreichischen Gesandtschaft in Leipzig betraut. Doch innerlich vermochte sich Müller nicht in die Verhältnisse der Restauration, die sich so ganz anders entwickelte als er sich erhofft hatte, hineinfinden. Denn Metternichs Restauration war nichts weniger als eine Verwirklichung seiner staatskünstlerischen Utopien. Müller starb vergessen und als spleeniger Sonderling verlacht im Jahre 1829 in Wien.

Von Belang ist an seinen Spätschriften nur die allmählich radikalere Kritik an den sozialen Folgen der Industrialisierung. Adam Müller schlägt in seinen letzten Traktaten eine Brücke von der Romantik zum Frühsozialismus; seine Perspektive war die eines Intellektuellen, der nicht in seine eigene Zeit und deren vorherrschenden Zustände hineinpaßte. Doch Müllers innerer Abstand erlaubte ihm Einblicke, die sich in der deutschen Literatur in dieser kompromißlosen Schärfe sonst nicht finden lassen.

So vermerkte Müller: »Geldsklaverei z. B., die jetzt herrschende Art der Sklaverei, ist die schlimmste Art, weil sie mit dem Lügengefühle vermeintlicher Freiheit verbunden ist. Ob man mich ein für allemal oder täglich von neuem verkaufe, gilt gleichviel; statt daß man sonst meinen Leib zu eigen und deshalb die Sorge für ihn übernahm, nimmt man jetzt nur das Wesentliche desselben, seine Kraft, und überläßt mir den Rest des unnützen Gerippes hohnlachend zur freien Disposition.«

Freilich fehlte Müllers ökonomischer Kritik ein systematisches Fundament. Sein Realismus der Beobachtung wird behindert durch seine nach wie vor romantische Perspektive. Müller projizierte seine Phantasie in die Vergangenheit, in das Mittelalter. Im Jahre 1824 vertraute er einem Freund an, er schreite »von dem Studium der Finanzen zu dem der Theologie hin und her . . . tief überzeugt, daß die Erkenntnis des Teufels (der in unserem heutigen Geld- und Anleihewesen leibhaftig steckt) eins der wesentlichsten Stücke des Gottesdienstes ist«. Müllers utopische Phantasie verdorrte in seinen letzten Lebensjahren zu einem geradezu störrischen Eigensinn, mit dem er das Mittelalter in seinen konkreten sozialen Bedingungen wiederherstellen wollte — während gleichzeitig überall in Europa Hochöfen errichtet und Eisenbahngleise verlegt wurden!

Konsequenterweise wurde Müller schon bald vergessen; denn während seine historische Rückwärtsgewandtheit offen zutage lag, war seine Sozialkritik seiner Zeitgenossenschaft allzu weit voraus. Erstaunlicherweise hat jedoch gerade einer, der zur Romantik ein gebrochenes Verhältnis hatte, Müllers Vorwegnahme des Frühsozialismus herausgespürt. Heinrich Heine schrieb nämlich in der »Romantischen Schule«: »vielleicht war es der Mißmut ob dem jetzigen Geldglauben, der Widerwille gegen den Egoismus, den sie überall hervorgrinsen sahen, was in Deutschland einige Dichter von der romantischen Schule, die es ehrlich meinten, zuerst bewogen hatte, aus der Gegenwart in die Vergangenheit zurückzuflüchten und die Restauration des Mittelalters zu befördern.«

Adam Müller wurde also von der preußischen Geschichtsschreibung (die in ihm einen renitenten Oppositionellen witterte — und das zu Recht!) erst gründlich verleumdet und dann gründlich vergessen. Diese Verzerrung von Müllers eigentlicher Leistung ist kein Einzelfall. Heinrich von Kleist erging es ähnlich. Sein »Prinz von Homburg« fand bei Hofe nur ungnädige Aufnahme, da man hierin eine Verunglimpfung eines Hohenzollern sah. Die Utopie eines sich im Staatsleben rückhaltlos hingebenden Individuums, diese romantische Utopie Heinrich von Kleists war dem König ebensowenig kongenial wie einst Novalis' Huldigung bei seiner Thronbesteigung. Diese Ablehnung verhinderte natürlich nicht, daß man nach gebührendem zeitlichem Abstand zu Kleists Selbstmord den »Prinz von Homburg« als Glorifizierung preußischen »Kadavergehorsams« feierte. Nicht weniger verzerrt wurde der Nachruhm Carl von Clausewitz', eines weiteren Teilnehmers der Christlich-deutschen Tischgesellschaft, der sich geweigert hatte, als Preuße unter Napoleon gegen Rußland zu ziehen. Als nach Napoleons Rückzug der preußische Kommandant in der Konvention von Tauroggen sich und sein Heer aus dem preußischen Dienstverhältnis lossagte, war der Berater des russischen Unterhändlers — Carl von Clausewitz. Selbstredend war der preußische König wütend über die Unbotmäßigkeit seines vormaligen Offiziers. Clausewitz mußte deswegen nach seiner Rückkehr nach Berlin lange Zeit gewärtigen, wegen Desertion vor ein preußisches Kriegsgericht gestellt zu werden. Erst nach dem Tod Clausewitzens begann man, ihn zum Leitbild getreuen Soldatentums hochzustilisieren.

Doch der romantische Konservatismus, den Adam Müller formulierte, ist noch lange wirkungsmächtig geblieben. Friedrich Wilhelm IV., der Nachfolger des Königs der Befreiungskriege, ließ den Kölner Dom wiedererrichten. Dieses Patronat war durch und durch paradox. Denn der König sah im Dombau ein Symbol für die Wiedererrichtung des Mittelalters, machte sich aber nicht klar, daß ein Hohenzoller als Protestant und Nachfahre einer Dynastie, die im Mittelalter noch gar keine Herrscherwürden innegehabt hatte, nunmehr ein katholisches Gotteshaus aufbauen ließ. Friedrich Wilhelms IV. Geschichtsbewußtsein war somit nicht real, sondern romantisch.

Später noch setzte sich die Müllersche Eigentümlichkeit von politischem Konservatismus und sozialkritischer Tendenz fort. Otto von Bismarck, der paradigmatische deutsche Konservative, verkörpert ebenfalls den Widerspruch von Rückwärtsgewandtheit (ließ er doch, Generationen nach Ausbruch der Französischen Revolution, einen Kaiser ausrufen) mit sozialpolitischer Fortschrittlichkeit (es war dieser Konservative, der hierzulande das System der Sozialversicherung begründete).

Noch in jüngster Vergangenheit läßt sich dieses für den deutschen Konservatismus so bezeichnende Dilemma zwischen der Nostalgie für eine überlebte, vorindustrielle Gesellschaft und gleichzeitiger scharfer Ablehnung des Kapitalismus finden. Die wichtigste konservative politische Partei der Bundesrepublik begann ihr erstes Programm der Nachkriegszeit mit den Worten: »Das kapitalistische Wirtschaftssystem ist den staatlichen und sozialen Lebensinteressen des deutschen Volkes nicht gerecht geworden. Nach dem furchtbaren politischen, wirtschaftlichen und sozialen Zusammenbruch als Folge einer verbrecherischen Machtpolitik kann nur eine Neuordnung von Grund aus erfolgen.« Das Ahlener Programm der CDU entwickelte sich freilich in eine andere Richtung, als kurz nach dem Zusammenbruch ersehnt.

Auch dies ein Widerspruch. Doch dieser Widerspruch hat Tradition. Es täte gut, sich der Herkunft dieser Utopie, dieses historischen Widerspruchs zu erinnern, eine Herkunft nämlich, die zurückreicht zur politischen Romantik und zu Adam Müller. Es wäre vielleicht ein neuer Ansatz zur Überlegung, was von Preußens politischer Kultur für uns heute geblieben ist, nämlich der Widerspruch von *Wollen* und *Wirkung*.

Bibliographische Angaben

Für Leser, die sich gerne eingehend mit Adam Müller und dem Phänomen der politischen Romantik auseinandersetzen möchten, können einige Literaturangaben nützlich sein. Adam Müllers literatur- und kunsttheoretische Werke erschienen zuletzt in *Kritische, Ästhetische und Philosophische Schriften*, 2 Bände, Neuwied 1967. *Die Elemente der Staatskunst*, Berlin 1968, sowie die von Jakob Baxa besorgte Ausgabe von *Adam Müllers Lebenszeugnisse*, München 1966, sind im Buchhandel erhältlich. Auch eine Faksimileausgabe des *Phöbus*, Darmstadt 1961, liegt vor. Des weiteren seien zur Vertiefung einige Texte von Müllers Gedankenfreunden empfohlen. Novalis' *Glauben und Liebe* ist in seinen *Werken*, München 1969, mit einem überaus hilfreichen Kommentar des Herausgebers Gerhard Schulz versehen. Von den zahlreichen Veröffentlichungen des Friedrich von Gentz seien als repräsentative Beispiele seine *Betrachtungen über die Französische Revolution. Nach dem Englischen des Herrn Burke mit Einleitung und Anmerkungen*, Stuttgart 1836, sowie seine *Briefe an Adam Müller 1800–1829*, Stuttgart 1857, genannt.

Eine Brücke zwischen Adam Müllers politischen Anschauungen und der Konflikttheorie des Carl von Clausewitz schlägt Otto August Rühle von Liliensterns *Vom Kriege. Ein Fragment aus einer Reihe von Vorlesungen über die Theorie der Kriegskunst*, Frankfurt 1814. (Rühle, ein Freund Adam Müllers aus Dresdner Tagen, hatte übrigens zusammen mit Clausewitz die Militärschule besucht. Später gehörten beide zur Fakultät der Berliner Kriegsakademie. Die Bezüge zwischen Rühle und Clausewitz sind bislang leider nicht voll erforscht worden. Selbst Raymond Aron und Peter Paret, die erst vor kurzem die 'Gestalt Clausewitz' studiert haben, erwähnen Rühles *Vom Kriege* nicht einmal in ihrer Bibliographie. Die meines Wissens einzige Studie Rühles findet sich in Louis Sauzin: Rühle von Lilienstern et son Apologie de la Guerre, Paris 1937.)

Den geistigen Hintergrund des Historismus, wie er sich bei Adam Müller herausbildet, illustrieren die fünfzehnbändigen *Werke* seines Göttinger Professors Arnold Heeren, erschienen in Göttingen ab 1821. Arnold Heeren war eine prägende Gestalt des akademischen Lebens seiner Zeit, noch Otto von Bismarck hat bei ihm gehört. Was die philosophischen Strömungen anbetrifft, von denen Müller geprägt wurde, ist nach wie vor Alfred Baeumlers Buch *Das Irrationalitätsproblem in der Ästhetik und Logik des 18. Jahrhunderts bis zur Kritik der Urteilskraft*, Darmstadt 1975, die lehrreichste Einführung.

Aufschlußreich für die spätere Bewertung der politischen Romantik nach dem Tod Adam Müllers sind vor allem David Friedrich Strauß: *Der Romantiker auf dem Throne der Cäsaren, oder Julian der Abtrünnige*, Mannheim 1847, sowie Carl Schmitt: *Politische Romantik*, München 1919 (eine zweite, veränderte Auflage erschien 1925). Beide Bücher stehen der politischen Romantik überaus kritisch gegenüber. Strauß ist es gewesen, der den Begriff des »politischen Romantikers« prägte. Dabei dachte Strauß an den preußischen König Friedrich Wilhelm IV. und artikulierte das Unbehagen an politischen Zuständen, die die Revolution des folgenden Jahres zu überwinden trachtete. Seit Strauß' ist der Begriff »politischer Romantiker« daher eher ein Schimpfwort. Auch Carl Schmitt verfaßte eine furiose Polemik gegen die politische Romantik und Adam Müller. Seine Polemik ist zwar an zahlreichen Stellen nicht durch die historischen Fakten gedeckt, aber trotz zahlreicher Irrtümer macht die polemische Kraft des Autors sein Buch zu einer spannenden Lektüre.

Ausgewogener und differenzierter als Schmitt ist freilich Karl Mannheims Aufsatz »Das konservative Denken«, nachzulesen in *Konservativismus*, herausgegeben von H. G. Schumann, Köln 1974. Die gegensätzlichen Positionen Schmitts und Mannheims bezeichnen allerdings die Polarität der Debatte um die politische Romantik bis in unsere Tage — ist Adam Müller ein zynischer Opportunist gewesen, oder leistete er einen ernstzunehmenden Beitrag zur Entstehung des deutschen Konservativismus?

Arthur Lovejoy untersucht die möglichen Bezüge zwischen deutscher Romantik und deutschem Faschismus in »The Meaning of Romanticism for the Historian of Ideas«, im *Journal of the History of Ideas*, Nr. 3, 1941. Martin Greiffenhagen diskutiert Müllers Theorie an zahlreichen Stellen seiner Studie *Das Dilemma des Konservatismus in Deutschland*, München 1977.

Die Verknüpfung von ästhetischen Prämissen mit politischen Positionen ist nach neuester Erkenntnis nicht unbedingt eine ausschließlich deutsche Erscheinung. Isaac Kramnick weist in seiner Biographie *Edmund Burke. Portrait of an Ambivalent Conservative*, New York 1977, auf analoge Bezüge im Denken des paradigmatischen britischen Konservativen hin. Hierzulande wird Adam Müller meist noch als Kritiker, nicht als Politiker ernstgenommen. Mein eigenes Buch *Ästhetik der Politik. Adam Müller und die politische Romantik*, Stuttgart 1980, beruht auf der These von der Unauflöslichkeit von Adam Müllers ästhetischer und politischer Theorie. Ob diese These überzeugt, hat freilich nicht der Autor zu entscheiden, sondern seine Leser.

Norbert Altenhofer
Geselligkeit als Utopie
Rahel und Schleiermacher

Im November 1800 schreibt Jean Paul an Rahel: »Sie behandeln das Leben poetisch, und das Leben daher Sie. Sie bringen die hohe Freiheit der Dichtkunst in die Gebote der Wirklichkeit und wollen die Schönheiten dort, auch als Schönheiten hier wiederfinden; — aber die poetischen Schmerzen sind, in die Prosa des Lebens übersetzt, rechte wahre Schmerzen.«[1]

Die Formel klingt bestechend. Aber sie könnte leicht in die Irre führen — dann nämlich, wenn man die »poetische Behandlung des Lebens« als Flucht in den Ästhetismus versteht, als Versuch, sich über die Prosa des Lebens zu erheben, indem man die Augen vor ihr verschließt. Daß Rahels prekäre Lebensform zu Mißdeutungen, mehr noch: zum Selbstmißverständnis einladen konnte, deutet Jean Pauls nächster Brief zwei Monate später an: »Mög' Ihr Herz nicht verkant werden, auch nicht von — Ihnen! Mögen die Menschen, da Sie oft glaub' ich ohne Orthographie handeln so wie schreiben, darüber den geistigern Werth nicht übersehen! — Aber gerade, wenn die Seele am schönsten spricht und tönt, wird sie andern unsichtbar, wie die Saite verschwindet, wenn sie tönt.«[2]

Jean Pauls Formel trifft, recht verstanden, Rahels tiefstes lebensbestimmendes Motiv: das, was sie als Genialität in sich fühlt, nicht in »bleibende« Werke zu investieren, sondern in das immer neu sich verkörpernde, das unmittelbar und transitorisch sich mitteilende Leben. »Mitteilung ist unser Wesen: daher unsre Pflicht. Durch sie werden wir urbar.«[3] Rahels Genie der Kommunikation zielt nicht auf literarische Objektivation, sondern auf eine hermeneutische Kunst der Verschmelzung von Ausdruck und Verstehen: »Ich verstehe einen Menschen, *Sie* ganz. Vermag es, wie doppelt organisirt ihm meine Seele zu leihen, und habe die gewaltige Kraft, mich zu verdoppeln ohne mich zu verwirren. Ich bin so einzig, als die größte Erscheinung dieser Erde. Der größte Künstler, Philosoph, oder Dichter, ist nicht über mir. Wir sind vom selben Element . . . Mir aber war das *Leben* angewiesen . . .«[4] Wer erkannt hat, daß ihm »das Leben angewiesen« ist, der weiß die Bereiche zu trennen: Das Leben kann nur »poetisch behandeln«, wer Poesie und Leben nicht vermengt. Alle Bewunderung für die Künstler und die großen Werke ihrer Zeit hat Rahel nicht verführen können, jenseits des Bezirks,

der ihr »angewiesen« war, poetisch zu dilettieren: »Was sagen Sie dazu, daß ich mich zum Publikum schlage? da *alles* sich adelt? daß ich fest Volk bleibe; immer nur Leser, und nie schreibe? An Verstand fehlt es mir nicht: aber der sieht ein, daß ich kein Talent habe . . .«[5] Eine tiefe Scheu hält sie davor zurück, jemals schreibend die Grenzlinie zu verletzen, die sie lesend und hörend täglich überschreitet: »Es giebt ein Farbenspiel — ich will es so nennen, — in unserer Brust, das so zart ist, daß, sobald wir es aussprechen wollen, es zu Lüge wird; ich sehe die Worte, wenn sie sich aus meinem Herzen gearbeitet haben, wie in der Luft vor mir schweben; und sie bilden eine Lüge; ich suche andere, die Zeit geht vorüber; und auch wären sie nicht besser geworden! *Diese* Scheu hält mich ab, zu sprechen. — Eine Empfindung ist schön; *so lange* sie nicht zur Geschichte wird: mit dem Leben *selbst* ist es so! Zu leben, die volle Empfindung der Existenz: ist schön: und im Abhaspeln wie wochenartig, und daher schmerzhaft — die hohe freie Seele soll Bedingungen ertragen.«[6]

Hinter dieser Scheu verbirgt sich nicht Ängstlichkeit, sondern, bei größter Strenge gegenüber jeder romantischen Verkleisterung, eine utopische Hoffnung: im Leben selbst etwas von der Bestimmung aufscheinen zu lassen, die Rahel — in einer Lektürenotiz zu Saint-Martin — dem »Gedicht« zuweist, nämlich eine »halbe Schöpfung« zu sein, »und darum ein Fest, ein Spiel: keine Arbeit; halbe Freiheit«[7]. Daß es ein Fest, ein Spiel, keine Arbeit ist, macht das Kunstwerk — so wenig wie das Leben — schon zum voraussetzungslosen Schöpfungs- und Freiheitsakt. Beide, das Gedicht und das poetisch behandelte Leben, können Freiheit nur *symbolisieren*, weil sie nur »*halbe* Schöpfung«, »*halbe* Freiheit« sind; weil sie, auf Freiheit verweisend, an die menschliche Unfreiheit erinnern, der sie entspringen und deren Symptom sie bleiben: »Wir alle Kreaturen sind Vasallen«.[8] Ihr Ursprung ist der Wunsch, dem zu entrinnen, was unser Schicksal ist — Krankheit und Zwang: »Unser innerstes Wesen ist sogar gezwungen: unser Wunsch nach einem heiligen, freien, unverletzten Zustand. *Müssen* wir das nicht wünschen? Sind wir dieser Wunsch nicht selbst?«[9]

Nichts scheint einer glanzvollen, gesellschaftszugewandten, im Gespräch aufgehenden und fast nur in ihm überlieferten weiblichen Existenz ferner liegen zu können als eine Erfahrung dieser Art. Was Rahels Salon bedeutete, für die Zeitgenossen, und vor allem für sie selbst, wird jedoch erst durch dieses Grundmotiv verständlich. Heine spielt es in den

Bereich der künstlerischen Produktion hinüber, wenn er seinen jüdisch-nazarenischen Gott bekennen läßt: »Krankheit ist wohl der letzte Grund / Des ganzen Schöpferdrangs gewesen«[10]. Es ist die literarische Variation dessen, was Rahel als den für sie selbst nicht kunstfähigen »Text« ihres Lebens dem Künstler Heine vermachte, als sie ihm 1830, weniger als drei Jahre vor ihrem Tod, schrieb: ». . . gemelkt fühlt' ich mein Herz. Unfähig meinen Körper. Seitdem hab' ich gelacht, geredet, gedacht, die Honneurs der Tage gemacht, wie immer. Und bin durch nichts in meinen Ansichten und Meinungen gestört. Hepp ist mir so wenig unvermuthet, als alle andre Unducht. Kein großer Trumeau, kein ›Jungfernkranz‹, kein Elephant über Theaterbrükken; keine Wohltätigkeitsliste, kein Vivat, keine Herablassung; keine gemischte Gesellschaft, kein neues Gesangbuch, kein bürgerlicher Stern, nichts, nichts konnte mich je beschwichtigen. Die Pockenmaterie muß raus; Schminke hilft nichts; und wäre sie mit Hausanstreichpinseln aufgeklext! Nur Despoten können uns helfen; die Einsicht haben: oder — so gesagt, so geschehn! Unversehens hab' ich Sie hier gegrüßt, mit allem, was ich jetzt, über jetzt zu sagen weiß. *Sie* werden dies herrlich, elegisch, fantastisch, einschneidend, äußerst scherzhaft, immer gesangvoll, anreizend, oft hinreißend sagen; nächstens sagen. Aber der Text aus meinem alten beleidigten Herzen wird doch dabei der Ihrige bleiben müssen.«[11]

Für Rahel haben Krankheit und Zwang, hat das durch keine gesellschaftliche Anerkennung und durch keinen Kunstgenuß je beschwichtigte Leid einen konkreten Namen: Jude sein. Zur Formel ihres Lebens, aus der sich zwangsläufig alles entwickeln ließe, taugt es allerdings nicht mehr und nicht weniger als Jean Pauls Befund. Die »Krankheit« und der »Zwang«, als Jüdin geboren zu sein, als Jüdin leben zu müssen, wurden für sie nicht zur lähmenden Fatalität, sondern zum Ausgangspunkt eines bis zum Tode mit bewundernswerter Kraft immer wieder erneuerten Versuchs, dem »Wunsch nach einem heiligen, freien, unverletzten Zustand« einen, wenn auch begrenzten, Freiraum gegen die täglich erfahrene »Beleidigung« zu verschaffen. Rahel hat diesen Freiraum nie mit dem Leben, mit der gesellschaftlichen Realität verwechselt; wenn etwas ihren Kreis von vorangegangenen oder gleichzeitigen jüdischen Salons unterscheidet, so sind es dieses Nichtvergessen und die Intensität, mit der sie ihre Form des geselligen Umgangs als utopischen Entwurf künftiger Verkehrsformen begründet und behauptet.

Das bedeutet nicht, daß der von Rahel geschaffene Kommunikationsraum nicht wesentliche materielle Voraussetzungen mit den anderen Salons teilte. Am geselligen Verkehr partizipiert sie zunächst als die Tochter eines in vielerlei Kreditgeschäften erfolgreich tätigen Vaters, die bei den das Haus Markus Levins frequentierenden Klienten die Honneurs macht. Hier ist noch erkennbar, was Adam Müller, der Nationalökonom und Theoretiker der Beredsamkeit, nicht zufällig ins Zentrum seiner Lehre gestellt hat: der enge Zusammenhang von finanziellem und geistigem Tauschverkehr, von merkantilem und geselligem Dialog. Der soziale und geistige Kredit, den hier der Adelige dem Bürger, der Christ dem Juden einräumt, setzt historisch den materiellen Kredit voraus, den jener bei diesem in Anspruch nehmen mußte. Rahels erster Salon in einer Dachwohnung der Jägerstraße ist das Ergebnis einer Emanzipation ihrer intellektuellen Ansprüche von den kommerziellen Aktivitäten der Familie, die nun einander im Wege stehen. Ergebnis aber auch der Bereitschaft des in die Funktionen des Vaters eingetretenen Bruders, ihre schwebende Existenz durch eine Rente zu sichern. Mit der Auflösung des Bandes, das die materiellen Interessen des aufstrebenden jüdischen (aber nicht *nur* jüdischen) Bürgertums mit der kulturell bedeutsamen Errungenschaft der »gemischten Gesellschaft« verknüpfte, wachsen der Institution einer »zweckfreien« Geselligkeit neue Funktionen zu.

Niemand hat diese Funktionen einer autonom gewordenen Geselligkeit genauer erfaßt als der junge Schleiermacher in seinem anonymen »Versuch einer Theorie des geselligen Betragens« und in seinen auf eine neue »Ethik« zielenden Tagebuchnotizen. Schleiermachers Darstellung hat zweifellos mehr entwerfenden als deskriptiven Charakter. Was er beschreibt, ist der Salon als Gesellschaftsutopie, und wenn darin etwas von Realität eingefangen ist, dann wohl am ehesten die des ersten Rahelschen Salons, in dem Schleiermacher verkehrte: »Freie, durch keinen äußeren Zweck gebundene und bestimmte Geselligkeit wird von allen gebildeten Menschen als eins ihrer ersten und edelsten Bedürfnisse laut gefordert. Wer nur zwischen den Sorgen des häuslichen und den Geschäften des bürgerlichen Lebens hin und her geworfen wird, nähert sich, je treuer er diesen Weg wiederholt, nur um desto langsamer dem höheren Ziele des menschlichen Daseins. Der Beruf bannt die Tätigkeit des Geistes in einen engen Kreis: wie edel und achtungswert er auch sei, immer hält er Wirkung auf die Welt und Beschauung der Welt auf einem Standpunkt fest, und so bringt der höchste und verwickeltste wie der einfachste und niedrigste, Einseitigkeit und Beschränkung hervor. Das häusliche Leben setzt uns nur mit Wenigen, und immer mit denselben in Berührung: auch die höchsten Forderungen der Sittlichkeit in diesem Kreise werden einem aufmerksamen Gemüt bald geläufig, und seine Ausbeute an mannigfaltigen Anschauungen der Menschheit und ihres Tuns wird mit jedem Tage um so geringer, je rechtlicher alles hergeht, und je mehr die sittliche Ökonomie vervollkommnet ist. Es muß also einen Zustand geben, der diese beiden ergänzt, der die Sphäre eines Individui in die Lage bringt, daß sie von den Sphären Anderer so mannigfaltig als möglich durchschnitten werde, und jeder seiner eigenen Grenzpunkte ihm die Aussicht in eine andere und fremde Welt gewähre, so daß alle Erscheinungen der Menschheit ihm nach und nach bekannt, und auch die fremdesten Gemüter und Verhältnisse ihm befreundet und gleichsam nachbarlich werden können. Die Aufgabe wird durch den freien Umgang vernünftiger sich untereinander bildender Menschen gelöst. Hier ist es nicht um einen einzelnen untergeordneten Zweck zu tun; die Tätigkeit höherer Kräfte wird nicht aufgehalten durch die Aufmerksamkeit, die überall, wo auf die Außenwelt gewirkt werden soll, dem Geschäft der niederen gewidmet werden muß; hier ist der Mensch ganz in der intellektuellen Welt, und kann als ein Mitglied derselben handeln; dem freien Spiel seiner Kräfte überlassen, kann er sie harmonisch weiter bilden, und von keinem Gesetz beherrscht, als welches er sich selbst auflegt, hängt es nur von ihm ab, alle Beschränkungen der häuslichen und bürgerlichen Verhältnisse auf eine Zeitlang, soweit er will, zu verbannen. Dies ist der sittliche Zweck der freien Gesellschaft, nur freilich ist sie in ihrem gegenwärtigen Zustande von diesem Ziele noch ebenso weit entfernt, als die Häuslichkeit und der bürgerliche Verein von dem ihrigen.«[12] Solche relative Autonomie einer der beruflichen und der häuslichen Sphäre entwachsenen Geselligkeit ist notwendig, wenn die Entfaltung freier, nicht von vornherein bestimmten Zwecken angepaßter Formen der Individualität ermöglicht werden soll. Das begründet auch ihre Nähe zur Kunst: Die »freie Geselligkeit ... hat mit der Kunst im engern Sinne gemein, daß sie Darstellung des Individuellen ist. In der schönen Kunst ... ist ein einzelnes Werk vollendete Darstellung einer einzelnen Idee. In der freien Geselligkeit ist die ganze Reihe der Thätigkeiten Darstellung der Grundidee des Menschen selbst.«[13] Unter der Bedingung, daß der »Darstellung des Individuellen« ein Freiraum erhalten bleibt, in dem Geselligkeit sich nicht von vornherein den Anforderungen des Berufs und den Begrenzungen der familialen Sphäre unterwerfen muß, kann sie als Ferment in diese Bereiche zurückwirken: »Die freie Geselligkeit ist aber zugleich in allen Sphären, dann in allem Thun des Menschen, Staat, Kirche, Akademie; wo Leben ist, da ist auch die Individualität thätig, und jede gemeinschaftliche Thätigkeit dieser muß auch jenen Charakter haben ... Wenn man in irgend einer Sphäre die Individualität nicht mit will thätig sein lassen, so entsteht daraus das Formularwesen, welches seinen Grund immer nur darin hat, daß die Übereinstimmung zwischen der persönlichen und gemeinschaftlichen Individualität nicht da ist oder nicht anerkannt wird.«[14]

Freie Geselligkeit ist kein selbstgenügsames Spiel, sondern ein Prozeß der Interaktion, der von den gegenläufigen Tendenzen einer Stabilisierung des jeweils erreichten Gefüges der Geselligkeit einerseits, seiner Transzendierung andrerseits in Gang gehalten wird. Ihre Dynamik entspringt dem Anspruch, daß freie Geselligkeit zugleich »Darstellung des Individuellen« und »Darstellung der Grundidee des Menschen selbst" sein solle. Maßstab des Gelingens kann also weder der Erfolg sein, mit dem der Einzelne sich gegenüber den anderen egoistisch durchsetzt, noch der Konformismus, mit dem er sich den konventionell sanktionierten Formen unterordnet. Die Standards der Geselligkeit sind nicht vorgegeben, sondern müssen in jeder geselligen Interaktion neu hervorgebracht werden. Es ist dies der Punkt, in dem sich Schleiermachers Konzept mit gleicher Deutlichkeit von den früheren Formen aristokratischer Soziabilität wie von den späteren, ins nur noch Private regredierenden Verkehrsformen biedermeierlicher Bürgerlichkeit unterscheidet und noch etwas von dem ursprünglich revolutionären Anspruch bürgerlicher »Lebensart« erkennen läßt: »Der Begriff des Schicklichen muß jedesmal auf's neue producirt werden; der Glaube an seine Präexistenz ist der Aristokratismus der guten Lebensart.«[15]

Freie Geselligkeit heißt also: den Konflikt der Ansprüche fruchtbar machen, indem man ihn weder aggressiv austrägt, noch resignativ einebnet, sondern — durchaus im Sinne einer »poetischen Behandlung« des Lebens — zwischen den Polen »schwebt«. Die konkurrierenden Ansprüche lauten, auf die kürzeste Formel gebracht: »Das nähere Bestimmen der gesellschaftlichen Sphäre soll sein ein Nichtherausgehen aus derselben« und: »Das

Nichthinausgehen aus der gemeinschaftlichen Sphäre muß zugleich ein näheres Bestimmen derselben sein.« Die Formel der daraus resultierenden Praxis freier Geselligkeit lautet dann: »Dasselbe, und alles das was ich tue, um die Gesellschaft nach den Vorschriften der ersten Ansicht zu unterhalten, muß zugleich auch die Absicht haben, sie nach den Vorschriften der zweiten weiter fortzubilden... Alle gesellschaftlichen Äußerungen müssen demzufolge eine doppelte Tendenz, gleichsam einen doppelten Sinn haben, einen, den ich den gemeinen nennen möchte, der sich unmittelbar auf die Unterhaltung bezieht, und seinen Zweck notwendig und unfehlbar erreicht, und einen andern gleichsam höheren, der nur aufs ungewisse hingeworfen wird, ob ihn etwa jemand aufnehmen und die darin enthaltenen Andeutungen weiter verfolgen will.« [16]

Das Neue der Schleiermacherschen Konzeption tritt in seiner scharfen Kritik der 1788 erstmals erschienenen Schrift »Über den Umgang mit Menschen« hervor, deren Autor Schleiermacher vorwirft, er behandele »die absoluten Widersprüche wie einen Handel, wo jeder etwas abläßt« [17], und müsse so zwangsläufig im Zynismus enden: »Wer die Antinomie zwischen der Behandlung der Menschen als Mittel und Zweck nicht richtig löst, muß auf das unerträgliche Princip kommen, daß man die Menschen in Geduld muß langweilig sein lassen.« [18]

Das Sich-Zurücknehmen, das Verschweigen kann in bestimmten geselligen Situationen angezeigt sein, aber das Verschwiegene darf nicht verdrängt werden. Es muß Moment einer nie abzubrechenden inneren Kommunikation bleiben, bis es durch Fortbildung der Geselligkeit Gegenstand des Gesprächs werden kann, ohne verletzend zu wirken oder dem Mißverständnis zu verfallen: »Sei was du bist immer und ganz (Knigge), ist ein Princip was in der Gesellschaft schlechterdings nicht stattfindet. Man muß statt dessen nur sagen: Sei nie kein Theil von dir selbst. Sehr interessant ist aber die innere Gesellschaft mit dem von sich was man in diesem Augenblick nicht sein darf.« [19]

Nicht Gewährenlassen, nicht Ausweichen, sondern eine Individualität an der andern sich entzünden lassen: Rahel spricht die gleiche utopische Formel des geselligen Verkehrs mit fast religiösem Enthusiasmus aus: »Lassen Sie sich ... beleben! anfachen, bezaubern, erhöhen, stärken, ergänzen! ... dazu hat der Mensch Sprache, Mittheilung: das ist der Musterumgang. Der, den wir Alle, unter den hideusesten Masken sogar, suchen; nach dem alle Kreaturen schmachten; mit dunklerem, oder hellerem

Bewußtsein; der, den ich Allen bereiten möchte, und Freunden — in meiner Schwäche noch — am meisten gönne: schwelgen Sie in diesem Glück, in diesem Fund: aber lassen Sie sich nicht überwältigen; nicht vernichten; entäußern Sie sich Ihres *Urtheils* nicht.« [20]

Nur in der Utopie allerdings fallen Geselligkeit, Intimität und Religiosität zusammen: »Wir wissen nichts, als uns; wir können nichts, als uns gut machen; immer wieder ordnen, unschuldig werden. Wissen und Sein ist ganz Eins. Wir selbst sind uns ein Bild: und werden wir ein anderes vor uns haben, so werden wir anders sein: intimer, absoluter, zusammenhängender, verständlicher.« [21] Weil diese Hoffnung immer gegenwärtig bleiben soll, weigert sich Rahel, in ihrem Salon Neutralität oder Zurückhaltung zur Spielregel werden zu lassen. Alle Besucher bestätigen ihre Rücksichtslosigkeit der eigenen Person gegenüber; eine Aufrichtigkeit, von der selbst Varnhagen bekennt, daß sie ihn »bedenklich und irre machen« konnte, »indem oft scharfe Härten aus den leidenschaftlichen Bekenntnissen hervorsprühten, und in dem Erlebten, wie in dem darüber Gedachten ein eignes Element aufwogte, das als gewaltsam und schonungslos leicht Mißempfindungen weckte, besonders wenn man voraussetzte, daß, nach der gewöhnlichen Weise, auch hier neben dem Ausgesprochenen noch Verschwiegenes im Hintergrund liege.« [22] Es bedarf dieser Verstöße gegen die Konvention, wenn nicht in Vergessenheit geraten soll, daß wahre Geselligkeit erst erreicht wäre, wenn auch die Kommunikationsformen der Intimität und der Religiosität in sie eingingen: »Freiheit haben, ist nur das, was wir nothwendig gebrauchen, um das sein zu können, was wir eigentlich sein sollten; und zu haben, was wir eigentlich haben sollten. Dies ist daran genau zu wissen, wenn wir uns besinnen, was wir uns ganz im Grunde wünschen; und bedenken, woran, und wodurch wir verhindert sind. An diese Betrachtung schließt sich gleich die über den Grund aller Lüge an. Der erste Mangel an Freiheit besteht darin, daß wir nicht sagen dürfen, was wir wünschen, und was uns fehlt. Im heimlichen Gebet sagen wir es unserm Gott: oder er weiß es ohnedies; in der Welt aber lügen, oder wenigstens verheimlichen wir. Daran schließt sich wieder der Gedanke: daß nur der unser Freund sein kann, dem wir uns ganz zeigen dürfen: und, daß, wenn einer belogen wird, er selbst daran schuld ist: verdient einer auch jedes Zutrauen, so muß er auch noch die Gabe haben, es einzuflößen, es hervorzulocken. Lieben können wir nur den, der dies vermag. Er verbirgt, er verdoppelt unsere Existenz. Tiefstes Bedürfnis aller Geselligkeit. Zweck und Grund der Sprache. —«[23]

Geselligkeit ist erweiterte und vertiefte Erfahrung, weil die des Einzelnen immer fragmentarisch und intermittierend bleibt; erst in der Gemeinschaftlichkeit der Individualitäten erschließt sich aus Bruchstücken des Erkennens und Genießens ein die Disparatheit der Erscheinungen transzendierender Sinn: »Es ist wahr, unsere Erkenntnisse sind nur stückweise, und als ob mitten hinaus etwas daran fehlte; dies ist eben mit unsern Genüssen so, und scheint zusammenzuhangen: weil heimlich, Genießen auch nur Erkennen ist; ein Finden. Es sind ganze Stücke einer andern Ordnung der Dinge unter unserer; das dringt sich öfters schon ohne Nachdenken auf, Blumen, Musik, Gerüche, Scheine, Erinnerungen u. s. w. Harmonieen in der Musik, Proportionen im Bau, Gerüche, scheinen sich auf Unbekanntes zu beziehen; erinnern an etwas Herrliches, welches man nicht kennt. Wir sind wie eingesperrt in unsern Sinnen: z. B. wir hören nur sieben Töne u. s. w. Und nun, Witz, mache Musik! Witz ist wirklich wie ein fremder Dämon: ein Spiritus aus und über der Seele.«[24] Sprache als Medium der Geselligkeit teilt deren Ambivalenz, »Schutt« der Konvention oder spontan erblühende »Vegetation«[25] sein zu können. Rahels Sprache, ein unter extremer Spannung und Hitze immer neu zusammengeschweißtes, auch Manierismen nicht scheuendes Konglomerat von Alltagsidiomen, fremdsprachlichen Einsprengseln, literarischer und religiöser Rede entspricht nicht dem, was man vom konventionellen Salon- oder Konversationston zu erwarten geneigt ist. Sie trägt in jeder einzelnen Wendung die Dialektik neu aus, deren Formel Varnhagen als Lektürenotiz von Rahels Hand unter einer sprachkritischen Reflexion Saint-Martins überliefert hat: »Les mots sont devenus dans les langues humaines ce que la pensée est devenue dans l'esprit des hommes. Ces mots sont devenus comme autant de morts qui enterrent des morts, et qui souvent même enterrent des vivans, ou ceux qui auraient le désir de l'être. Aussi l'homme s'enterre-t-il lui-même journellement avec ses propres mots altérés et qui ont perdu tous leurs sens. Aussi enterre-t-il journellement et continuellement la parole.

Ja! Sprache, — ein Rest und ein Anfang.«[26]

Von Schleiermachers und Rahels Entwürfen einer höheren Geselligkeit ist geschichtlich wenig zur Wirkung gelangt. Sie waren als ein Anfang gedacht; geblieben sind Reste, auf die schon das spätere 19. Jahrhundert mit unverhohlener Verachtung und einem Unverständnis hinabsah, das im Verlust einer großen Vergangenheit schon den Verlust der Zukunft: nämlich das Heraufkommen der „großen Zeiten“ und ihrer Parolen indiziert, die auf den Luxus einer geselligen Kommunikation verzichten zu können glaubten. Schleiermachers Gedanke, daß »alle gesellschaftlichen Äußerungen . . . eine doppelte Tendenz, gleichsam einen doppelten Sinn haben« sollten — einen auf die gegenwärtigen Menschen und die gegenwärtige Situation bezogenen und einen, der, »aufs ungewisse hingeworfen«, in vorsichtigen »Andeutungen« ein gemeinsames Zukünftiges ahnen lassen sollte —, dieser Gedanke implizierte die Idee einer »subversiven Kommunikation«[27], die auf Erweiterung, Öffnung zur Öffentlichkeit, nicht auf Hermetisierung und elitäre Abgrenzung eines bestimmten Zirkels angelegt war: »Die gute Lebensart soll nicht eine interimistische Anstalt sein, die sich selbst vernichtet, wenn die Menschen klug genug und bekannt genug sind; sondern sie soll durchgehen. Ihr Ziel ist eigentlich der häusliche und bürgerliche Zustand.«[28] Von diesem kommunikativen Selbstverständnis der Zeitgenossen der Restauration, das noch Heine und die älteren jungdeutschen Intellektuellen trotz aller Differenzen tief mit der romantischen Generation verband, begreift schon ein dem Geist der zweiten Jahrhunderthälfte verpflichteter Literarhistoriker wie Karl Goedeke so gut wie nichts mehr, wenn er im Hinblick auf Heine — aber nicht nur auf ihn — schreibt: »Sieht man gegenwärtig die Reihe seiner Schriften ruhig und unbefangen wieder durch, so erschrickt man fast vor ihrer geistigen Öde und Leerheit und muß sich, um die Wirkung, die sie auf die Zeitgenossen gehabt haben, einigermaßen zu begreifen, daran erinnern, daß damals die Literatur der Stichwörter und Anspielungen im Schwange war, die, wenn sie nur einen der vielen Gegenstände, welche der freien, offenen Behandlung versagt waren, leicht anklingen ließ, ein vielstimmiges Echo fand. Sobald die Aufhebung der Zensur den Schriftstellern, und die Freiheit der parlamentarischen Rede allen die unumwundene Erörterung aller politischen und kirchlichen Fragen gestattete, mußte die Geltung jener Literatur der Stichwörter und der Anspielungen . . . aufhören.«[29] Rahels und Schleiermachers Utopie ist hier endgültig verschüttet; die Zeugnisse ihrer Epoche erscheinen dem fortschrittsstolzen Betrachter nur noch als kuriose Überreste einer schöngeistigen Geheimbündelei, die ihre Epoche nicht überlebt hat. Daß

41

die »Stichwörter« und »Anspielungen« auf etwas Zukünftiges verweisen könnten, das nach dem Wunsch der mit ihnen sich Verständigenden ein anderes Gesicht hätte tragen sollen als das Deutschland von 1870, dieser Gedanke liegt dem ratlosen Leser solcher Dokumente so fern wie irgendeinem zufälligen Ohrenzeugen der Sinn eines in fremder Sprache geführten Gesprächs. Die überlieferten Reste einer Kultur, die ihre Ängste und Hoffnungen noch einer den Hörenden und Auslegenden vielfach fordernden geselligen Sprache und nicht dem Klartext programmatischer Rede anvertraute, sind stumm geworden. So stumm, wie es Heine geahnt hatte, als er 1840, sieben Jahre nach Rahels und sechs Jahre nach Schleiermachers Tod, anläßlich eines neuen Todes, diesmal Rosa Maria Assings, an ihren Bruder Varnhagen von Ense schrieb: »Ich habe die Hingeschiedene sehr gut gekannt, sie zeigte mir immer die liebreichste Theilnahme, war Ihnen so ähnlich in der Besonnenheit und Milde, und obgleich ich sie nicht allzu oft sah, so zählte ich sie doch zu den Vertrauten, zu dem heimlichen Kreise, wo man sich versteht ohne zu sprechen — Heilger Gott, wie ist dieser Kreis, diese stille Gemeinde, allmählig geschmolzen, seit den letzten zehn Jahren! Einer nach dem anderen geht heim — Unfruchtbare Thränen weinen wir ihnen nach — bis auch wir abgehn — Die Thränen die alsdann für uns fließen, werden nicht so heiß seyn, denn die neue Generazion weiß weder was wir gewollt, noch was wir gelitten! Und wie sollten sie uns gekannt haben? Unser eigentliches Geheimniß haben wir nie ausgesprochen, und werden es auch nie aussprechen, und wir steigen ins Grab mit verschlossenen Lippen! Wir, wir verstanden einander durch bloße Blicke, wir sahen uns an und wußten, was in uns vorging — diese Augensprache wird bald verloren seyn, und unsere hinterlassenen Schriftmähler, z. B. Rahels Briefe, werden für die Spätergeborenen doch nur unenträthselbare Hieroglifen seyn — das weiß ich, und daran denk ich bey jedem neuen Abgang und Heimgang.« [30]

Anmerkungen

1 Auf frischen kleinen abstrakten Wegen. Unbekanntes und Unveröffentlichtes aus Rahels Freundeskreis, hrsg. v. Friedhelm Kemp, München 1967, S. 5
2 ebd.
3 Rahel. Ein Buch des Andenkens für ihre Freunde, Teil 1—3, Berlin 1834, Bd. III, S. 316
4 ebd. I, S. 265 f
5 ebd. III, S. 37
6 ebd. I, S. 298
7 Angelus Silesius und Saint-Martin. Auszüge und Bemerkungen von Rahel, hrsg. v. K. A. Varnhagen von Ense, 3. Aufl., Berlin 1849, S. 177
8 Rahel III, S. 540
9 ebd.
10 H. Heine, Schöpfungslieder (Neue Gedichte)
11 Rahel III, S. 445
12 Schleiermacher, Werke, hrsg. v. O. Braun und J. Bauer, Bd. 2, 2. Aufl., Leipzig 1927, S. 3 f
13 ebd. S. 129
14 ebd. S. 130
15 ebd. S. XXIX
16 ebd. S. 26 f
17 ebd. S. XXV
18 ebd. S. XXVI
19 ebd. S. XXV
20 Rahel III, S. 515
21 A. Silesius S. 183
22 Rahel I, S. 16
23 Rahel III, S. 209
24 A. Silesius S. 195
25 Rahel III, S. 559
26 A. Silesius S. 248
27 Die Kunst des Gesprächs. Texte zur Geschichte der europäischen Konversationstheorie, hrsg. v. C. Schmölders, München 1979, S. 56
28 Schleiermacher S. XXIX
29 K. Goedeke, Grundriß zur Geschichte der deutschen Dichtung, Bd. 8 (zuerst 1881), Dresden 1905, S. 538
30 H. Heine, Säkularausgabe, Bd. 21. Berlin, Paris 1970, S. 345 f

Eberhard Lämmert
Preußische Politik und nationale Poesie
Ein Beitrag zur Geschichte der Befreiungskriege

»Ich habe den Preußen viel zu viel Übles
angetan, als daß ich hoffen dürfte, sie
würden es vergessen.«
Napoleon, 1808

»Die Poesie ist eine kriegführende
Macht, bei allen Welthändeln zugegen.«
Adam Müller, 1809

Chor
So verläßt, voran der Kaiser,
Eure Hütten, eure Häuser;
Schäumt, ein uferloses Meer,
Über diese Franken her!

§ 4
Alle Plätze, Trift' und Stätten,
Färbt mit ihren Knochen weiß;
Welchen Rab und Fuchs verschmähten,
Gebet ihn den Fischen preis;
Dämmt den Rhein mit ihren Leichen;
Laßt, gestäuft von ihrem Bein,
Schäumend um die Pfalz ihn weichen,
Und ihn dann die Grenze sein!

Chor
Eine Lustjagd, wie wenn Schützen
Auf die Spur dem Wolfe sitzen!
Schlagt ihn tot! Das Weltgericht
Fragt euch nach den Gründen nicht!

Dies ist ein Stück aus der Ode »Germania an ihre Kinder«, die der zweimal aus preußischen Diensten geschiedene Heinrich von Kleist im April 1809 den Deutschen am liebsten vom Harz herab mit einer »Stimme von Erz ... absingen« wollte, um sie zur Franzosenhatz aufzureizen.[1]
Germania unterläßt in diesem Zwiegesang nicht, »Gott und seine Stellvertreter« anzurufen und den Himmel denen zu versprechen, die den Wolf Napoleon mitsamt seinem Heer zu Tode jagen. Aber nicht der König von Preußen, dem Kleist im gleichen Frühjahr eine Ode widmet, die von der Berliner Zensur kassiert wird, sondern der Kaiser von Österreich ist es, um den die Deutschen sich zu diesem rasenden Waffengang versammeln sollen. Auf ihn und damit auf den abgedankten Herrscher des alten deutschen Reiches setzen in diesem Frühjahr 1809 alle Köpfe, denen das vorsichtige Taktie-

ren Preußens und die Ergebenheit der Rheinbundfürsten gegenüber Napoleon unerträglich wird.
Zwischen Germania und ihren Kindern vollzieht sich in dieser Ode ein Wechselgesang von anschwellender Hingerissenheit. Und es ist nicht Germania, sondern der von ihr aufgewiegelte Chor, der sich schließlich selbst von allen moralischen Skrupeln absolviert und den Befreiungskampf in eine »Lustjagd« übergehen läßt, um den angestauten Haß auf Napoleon auszutragen. Das Versmaß und die Strophenform dieses Haßgesanges sind komponiert nach Schillers Ode »An die Freude«.
Eine literarische Krise und eine politische Gelegenheit trafen zusammen, um aus dem Ruhm ersehnenden Dramenautor und Redakteur einer literarischen Zeitschrift im kunstliebenden Dresden für kurze Frist einen stimmgewaltigen Gedichte- und Traktateschreiber zu machen. Eben war der finanzielle Niedergang der Zeitschrift »Phöbus« unabwendbar geworden und das Zerwürfnis mit Adam Müller bis zu einer Duellforderung gediehen, da gab eine Geldsendung des streitbaren Wiener Liederdichters von Collin, dem er wenige Monate zuvor seine »Hermannsschlacht« mit dem dringenden Wunsch zur Aufführung übersandt hatte, Kleist den Anstoß, Collin drei wuchtige Kriegslieder zu freiem Abdruck zuzusenden und eine Zeitschrift »Germania« zu planen, um die gerade verheißungsvoll begonnene Erhebung Österreichs gegen Napoleon zu unterstützen. Eines der Lieder ist direkt »An Franz den Ersten, Kaiser von Österreich« gerichtet.
Der aufpeitschende und zugleich todverherrlichende Ton dieser Verse darf jedoch keinesfalls als die Ausgeburt eines ausschweifenden Poetenhirns aufgefaßt werden, das seine sadomasochistischen Ekstasen zuvor in die Blankverse der »Penthesilea« eingeschliffen hatte. Was hier zu knappen Strophen gestanzt wurde, entsprach exakt dem Konzept der Denkschriften und Maßnahmen zur Vorbereitung eines Volksaufstandes, den die preußischen Reformer von Königsberg aus entwickelt und vom Sommer 1808 an sogar dem zaudernden König von Preußen bereits unterbreitet hatten.
In den Insurrectionsplänen, an denen der Freiherr vom Stein, Gneisenau und Scharnhorst arbeiteten, und schon in Arndts erster Abrechnung mit dem »Geist der Zeit«, um derentwillen er 1806 die Flucht nach Schweden hatte antreten müssen, war ausdrücklich die Rede von Vorkehrungen zur Erzeugung einer Widersetzlichkeit gegen die Fremdherrschaft und insbesondere eines unerbittli-

chen Napoleonhasses unter den Gebildeten wie unter der einfachen Bevölkerung. Gneisenaus lakonisches Rezept war es, »die denkenden Köpfe zu befriedigen, die Enthusiasten mit sich fortzureißen, die französisch Gesinnten zu bekehren und Verräter zu schrecken«.[2] Ein förmlicher Enthusiasmus des Hasses sei unter der von Abgaben schwer bedrückten Bevölkerung »durch Schriften im Lande« zu verbreiten.[3] Freiherr vom Stein schlug vor, »in der Nation das Gefühl des Unwillens« und den »Gedanken der Selbsthülfe, der Aufopferung des Lebens und des Eigenthums« zu befestigen und »gewisse Ideen über die Art wie eine Insurrection zu erregen und zu leiten« sei, unter der Bevölkerung zu verbreiten und zu beleben. »Wie die Nation auf diese Art zu bearbeiten, und wie die Insurrection ... mit der Armee in Verbindung zu bringen sei«, schrieb Stein an seinen König am 11. August 1808, darüber »seien besondere Memoires vorbereitet«.[4] Unter dem Eindruck des spanischen Guerillakrieges arbeitete der späterhin nach Prag verbannte Berliner Polizeihauptmann Justus Gruner Pläne aus, nach denen Agenten und Streiftrupps in den von Napoleon besetzten Landstrichen Magazine verbrennen, Aufstände entfesseln, unter der Bevölkerung »Verbitterung über das Elend, welches Frankreich über Deutschland verbreitet«, schüren und so das Abwerfen dieses Jochs »durch eigene Anstrengung« vorbereiten sollten.[5]
Kleist hatte schon in der »Hermannsschlacht« streifende Germanentrupps im Römergewand Brände legen und unter der Bevölkerung Verheerungen anrichten lassen, er hatte eine förmliche psychische Verelendungstaktik gegen die Römerherrschaft nach solchen Plänen ins Werk gesetzt. Sogar die Doppelstrategie eines gleichzeitigen Paktangebots von Arminius an die Römer war als Klugheitsgebot ein historisch verkleidetes Abbild von Steins Ratschlägen an den Preußenkönig. Was aber dort noch vergleichsweise in poetischer Umhüllung von der Bühne herab vorgespielt werden sollte, tritt nun im herausfordernden Chorgesang offen an jedermanns Ohr und lädt ein zur Stiftung gemeinsamer Stimmungen und Aktionen bis zum selbstvergessenen Opfertod.
Kleist war nicht der einzige Literat, den die Erhebung Österreichs gegen Napoleon zu vaterländischer Begeisterung hinriß. Friedrich Schlegel, einer der eigenwilligsten Köpfe im literarischen Leben der Frühromantik, gab einem rasch gefertigten Band von »Vaterlandsgesängen« ein Gelöbnis bei, sein »Herz und Blut« dem Vaterland zu weihen, und auch dieses »Gelübde«, aus dem der nachmals von den Nationalsozialisten geschändete Vers »Die Treue ist der Ehre Mark« stammt, schloß mit der Todesbereitschaft:

»Ja, sinken wir der Übermacht,
So woll'n wir doch zur Todesnacht
Glorreich hinüber wallen.«

Ein inbrünstiges geistlich-sinnliches Heilsbegehren, wie es Novalis ein Jahrzehnt zuvor am Grabe seiner Geliebten sehnsuchtsvoll formuliert hatte, wird hier buchstäblich auf den Lebenseinsatz für einen vaterländischen Krieg übertragen. Auch dieses Gedicht wurde von der Berliner Zensurbehörde kassiert.
Wenig später versucht selbst der sanftmütige Clemens Brentano in Wien ein »Sturmlied« zu veröffentlichen, das alle deutschen Stämme in einem Taumel von Reimklängen zur blutigen Überwältigung des Erzfeindes Napoleon aufstachelt: »Bajonette,/ um die Wette/ stoßt die Kette/ nieder an des Flusses Bette/ daß kein Deutschlands Feind sich rette!« Ein Schwall von Imperativen staucht 22 Strophen lang alle Empfindungen zu einer wilden Todschlagslaune zusammen, und über Feindes- wie über Kindesleichen hinweg verheißt auch dieses Gedicht am Ende die Glorie des Himmels den todbereiten Freiheitskämpfern.
Tatsächlich sind diese aufstachelnden Haß- und Opfergedichte von Autoren einer vormals eher exklusiv kunstsinnigen Dichtergeneration verfaßt und zu ihrer Zeit von übervorsichtigen Regierungen der Öffentlichkeit vorenthalten worden. Zwei Jahre später jedoch tritt eine jüngere Generation von Liederdichtern auf den Plan, deren Strophen, durchweg in bekannte Melodien eingepaßt, jäh in die Breite wirken und alle die Elemente vervielfältigen, die jene einzelgängerischen Sprachvirtuosen ihnen vorgegeben hatten. Und diese jungen Dichter begnügen sich nicht mehr mit der Hoffnung darauf, daß gutwillige Redaktionen ihre eingesandten Verse drucken und Zensurbehörden sie passieren lassen: Sie möchten erleben, was sie schreiben.
»Meine Kunst seufzt nach ihrem Vaterlande, — laß mich ihr würdiger Jünger sein! — Ja, liebster Vater, ich will Soldat werden«, schreibt der gerade zum Wiener Hoftheaterdichter avancierte Theodor Körner nach Hause[6] und ist alsbald Flügelmann der Büchsenkompanie und nach zwei Monaten bereits Adjutant des Lützowschen Freikorps. Von da an schreibt er Lied um Lied für seine Truppe, gruppiert sie eigenhändig, damit sie auf Flugblättern gedruckt und den Aufrufen zur freiwilligen Werbung angeheftet werden, und schon in kurzen

Monaten sind sie über Freicorps und Landwehrregimenter verbreitet.

Der Ausmarsch selbst setzt Lieder in die Welt. Albert Gottlieb Methfessel sang, wie eine zeitgenössische Quelle verbürgt, sein rasch bekanntes Lied »Hinaus in die Ferne mit lautem Hörnerklang« zum ersten Male, als »der gemütreiche Mann mit der Guitarre im Arm den Freiwilligen« voranschritt, »welche aus Rudolstadt in den Befreiungskrieg zogen, sie begeisternd und ermutigend«. Max von Schenkendorf, den eine Duellverwundung am Soldatendienst hinderte, vertrieb seine seelenvollen Lieder vom Mai 1813 an aus dem preußisch-russischen Hauptquartier in Schweidnitz. Wie sein bekanntestes Lied »Freiheit, die ich meine« an die Öffentlichkeit trat, kann nicht einmal mehr genau festgestellt werden.

Mit rasch zusammengestellten Liederbändchen wurde Geld zur Einkleidung von Freiwilligen gesammelt. Ernst Moritz Arndt schrieb zur Aufstellung der Deutschen Legion in Rußland einen »Kurzen Katechismus für Deutsche Soldaten nebst einem Anhang von Liedern«, darunter auch sein berühmtes, nachgerade zur deutschen »Marseillaise« erhobenes Lied: »Was ist des Deutschen Vaterland?« Dieser Katechismus wurde auf öffentliche Kosten gedruckt und an die Soldaten ausgeteilt.

Diese Veröffentlichungsform breitet sich als eigene literarische Gattung aus: Aufrufe und agitatorische Reden, die als Handzettel verteilt werden, erhalten als Anhang häufig eine Reihe von Liedern, die gewissermaßen auf dem Fuße folgend die Einstimmung der Angesprochenen in gemeinsames Handeln besorgen sollen. Das Arndt'sche Vaterlandslied etwa erscheint in den beiden Folgejahren gleich in siebzehn verschiedenen Drucken, darunter sind einzelne Truppenliederbücher der Freikorps, weitere Traktat-Flugschriften, Liedersammlungen verschiedener Verfasser, kleine Broschüren, anonyme Einzeldrucke und schließlich die »Vorschläge zur Feier der Schlacht bei Leipzig«. Auch in diesem Falle ist der tatsächliche Erstdruck nicht mehr eindeutig auszumachen. Vom Schreibpult oder auch vom Saiteninstrument aus ging diese im Schwung gefertigte Poesie, die im Waffenlärm eine Nation nicht begleiten, sondern erst herstellen sollte, geradewegs in Gemeinbesitz über.

Hier ereignete sich, was Novalis und Tieck mit ihrer Sammlung von geistlichen Liedern um die Jahrhundertwende und was selbst Brentano und Arnim mit dem beharrlichen Zusammentragen und Nachdichten von volkstümlichen Liedern zu »Des Knaben Wunderhorn« trotz aller Mühe nicht gelungen war: Gedichte, für den Tag geschrieben, wurden in Gebrauch genommen und lebten fort als Volkslieder unter abertausend Nachsingenden, die bis dahin kaum eine gemeinsame Sprache füreinander hatten und die sich auf diese Weise — unwillkürlicher und prompter noch, als es die Aufwiegelungspläne der preußischen Reformer vorsahen — gewissermaßen selbst das Erlebnis bereiteten, das den Kabinetten und den Zensurbehörden ihrer Fürsten lange genug als ein zu gefährlicher Zündstoff erschienen war: die gemeinsame Erfahrung nämlich, daß sie nicht bloß Brandenburger, Sachsen, Schlesier, und daß sie mehr als nur Studenten oder Handwerker oder Söhne von eben noch leibeigenen Bauern, daß sie vielmehr auch brüderlich Deutsche waren.

Das Kriegslied, das den gemeinsamen Aufbruch, die imaginäre Gemeinsamkeit der deutschen Stämme und den seligen Opfertod als ein mitreißendes Gemeinschaftserlebnis vorgibt, wird zu einem Instrument der Werbung und der Kampfesführung von Freikorps und Landsturmregimentern und schließlich, seit der Ausrufung des Volkskrieges durch Friedrich Wilhelm III. von Breslau aus im März 1813, für einige Jahre zu einem Element der preußischen Politik auf dem Wege, die eingebüßte Rolle eines selbstbewußten Staates mit einem bürgerlich nationalen Ethos wieder aufzurichten, nämlich mit dem Anspruch, vor anderen die Verantwortung für ein derzeit noch imaginäres deutsches Vaterland auf sich zu nehmen.

Preußen, wenige Jahrzehnte zuvor noch ein von militärischem Ehrgeiz, straffer Verwaltung und aufgeklärtem Absolutismus geprägter Staat, hatte schon einmal, im Fürstenbund von 1785, die Verteidigung der Reichsverfassung auf sich gezogen. Doch war das nur für kurze Zeit und schon eher lustlos geschehen. Seine Neutralität gegenüber den Vorstößen Napoleons und schließlich sein kraftloses politisches Lavieren nach dem militärischen Zusammenbruch hatte jedoch die Staatsraison in seinen Territorien auf die Fortführung eines pedantisch reglementierten Verwaltungsapparates zusammenschrumpfen lassen.

Aber auch die Träger der neuen Bildungsbewegung in Berlin, die wie Humboldt oder Fichte die selbstbewußte Entfaltung der Persönlichkeit und deren Überhöhung: die Selbstvergewisserung der Nation, dem Staatsgedanken vorordneten, und selbst die Heeres- und Verwaltungsreformer, die den politischen und sozialen Errungenschaften der französischen Bürgernation ihre Achtung nicht versagten, waren weit davon entfernt, den Deutschen eine reale nationale Zukunft ohne eine festgegründete Landesherrlichkeit ihrer Fürsten vorzeichnen zu können. So war schon der allgemeine Haß auf den Kaiser der Franzosen, der das stärkste Ferment der nationalen Freiheitsbewegung bildete, aus Elementen zusammengeschmolzen, deren Widersprüchlichkeit erst nach seiner Niederlage voll und dann für viele schmerzlich genug zur Geltung kam.

Napoleon hatte in den besetzten Gebieten Bürgerrechte von bislang unbekanntem Ausmaß eingeführt. Aber er hatte sie mit den schweren Abgaben, die er gleichzeitig verhängte, zugunsten der französischen Bürger sogleich wieder empfindlich eingeschränkt, und er hatte nach seinem Gutdünken willfährige Fürsten eingesetzt. So konnten die Fortschrittlichen die Vorenthaltung von Bürgerrechten, die Konservativen die bare Fremdherrschaft zum Anlaß nehmen, ihn zum Erzfeind der Deutschen zu erklären. Mit beiden Argumenten gleichzeitig verteidigte etwa der Freiherr vom Stein die bedenkliche Moral einer doppelgleisigen Politik gegen den Eroberer. Scharnhorst konnte proklamieren, daß zu einem Siege ein Volkskrieg und nicht bloß eine stehende Armee vonnöten sei: Sein Entwurf eines Freiwilligenheeres war das Resultat dieser Überzeugung.[7] Der Fürstentreue hat er niemals abgesagt.

»Es ist kein Krieg, von dem die Kronen wissen«, so besang Theodor Körner den Krieg, an dem allein drei Kaiser beteiligt waren, die Fürsten nicht gerechnet. Max von Schenkendorf dichtete den geistlichen Hymnus des Novalis: »Wenn alle untreu werden, so bleib ich dir doch treu« um zu einem Gemeinschaftsgelöbnis auf Kaiser und Reich.

Wie konnte demgegenüber der Gesellschaftsverband einer Deutschen Nation beschaffen sein, die Fichte im Winter 1807/08 im französisch besetzten Berlin so eindringlich beschwor, und was war »Des Deutschen Vaterland«?

Die französische Revolution hatte die Freiheit des Individuums, die Gleichheit aller Staatsbürger und die Bruderschaft der Menschen verheißen, und sie hatte den Begriff des Nationalstaates an eine Verfassung gebunden, die diese Grundsätze enthielt. Die Vereinheitlichung des zivilen Rechts, die allgemeine Handelsfreiheit für jeden, der sie nutzen konnte, allgemeine Schulpflicht für jeden, den sie erreichte, aber auch allgemeine Wehrpflicht für jeden, um das Errungene zu wahren und zu mehren: das waren zuerst in Frankreich die sichtbaren Konsequenzen. In den frühen Proklamationen der Revolution war nicht einmal das Wort »La France« erschienen.

Auch als der unter Napoleon erstarkte Staat sich anschickte, seine Macht über andere Länder auszudehnen, geschah dies zunächst im Zeichen der Verbreitung dieser Bürgerrechte. Die Deutschen, die die Auflösung des Römischen Reiches in einem Wirrwarr von Territorial-, Standes- und Körperschaftszugehörigkeiten zurückgelassen hatte, hielt Napoleon für reifer als jedes andere europäische Volk zu einer gesamtnationalen Organisation.[8] Das persönliche Interesse des Diktators, sich mit Satelliten zu umgeben, ließ ihm bald andere nationale Erhebungen ungelegen erscheinen, und so blieb ihm die Einsetzung fügsamer Fürsten der bessere Garant für den Umgang mit den »befreiten« Gebieten.

Welchen Begriff der Nation konnten die Angehörigen der verbliebenen Restbestände des alten Reiches unter ihren selbständig gewordenen Regenten der sich ausbreitenden Franzosenherrschaft entgegensetzen? Selbst unter den Steinschen Reformen war die Entwicklung zu gleichen Bürgerrechten schon vor dem halben Wege steckengeblieben: Die freigesetzten Bauern wurden das Opfer einer spekulativen Bodenpolitik, aus der der grundbesitzende Adel neu gestärkt hervorging. Stadtflucht und höhere Agrarpreise, dazu die harten Abgaben verarmten die arbeitende Bevölkerung der Städte. Und selbst die Stärkung der kommunalen Selbstverwaltung, das beste Stück dieser Reformen, hatte ihre fühlbare Grenze in der unangefochtenen persönlichen Ämtervergabe des fürstlichen Landesherrn und seiner Verwaltung. An die überregionale Organisation eines Bürgerstandes, der Träger einer nationalen Einigung hätte sein können, war erst recht nicht zu denken.

Aber auch die territorialen Grenzen einer vorstellbaren deutschen Nation waren ganz unbestimmt. Das hingesunkene Heilige Römische Reich, das sich zur Erhaltung des kurfürstlichen Vorrechts der Kaiserwahl im 15. Jahrhundert den Zusatz »Deutscher Nation« beigelegt hatte, war gegründet auf den Anspruch, der gottgewollte Staat der Christenheit zu sein. Die übernationale Mission, die damit auf die Deutschen überging, war denn auch vor allem übrigen für Novalis und andere Romantiker der Anlaß gewesen, den Blick der Deutschen auf das Mittelalter zurückzulenken, weil dort ihre staatliche Ordnung einem höheren Zweck als nur einer pragmatischen Territorialherrschaft gedient hatte. Dieser Grundsatz, der Deutschen Nation eine ideale Bestimmung zu geben, verband sich unschwer mit der leidenschaftlichen Proklamation einer höheren Sendung der Deutschen Nation »unter allen neueren Völkern« zur Rettung »des gesamten Menschengeschlechts ... aus der Tiefe seiner Uebel«, wie Fichte sie am Ende seiner Reden angesichts eines völligen Mangels an realpolitisch vorweisbaren Gegebenheiten für einen Nationalstaat seinen Hörern auf den Weg gab.

»Nicht die Gewalt der Armee noch die Tüchtigkeit der Waffen, sondern die Kraft des Gemüthes ist es, welche Siege erkämpft«[9]: Dies war die Quintessenz für die Grundlegung des nationalen Befreiungskampfes, die Fichte aus dieser Lage zog, und von hier aus erschließt sich einmal mehr das Gewicht, das die Stiftung einer allgemeinen Gemütsbewegtheit unter der Bevölkerung für die preußischen Reformer hatte, aber auch die politische Rolle, die der blutig-frommen Aktivität der Liederdichter dabei zufiel.

Diese Rolle ist jedoch auch nach ihrem realen Wirkungsradius noch genauer zu bestimmen. Der einzige reale Anhalt nämlich, der übrig blieb, um ohne jedes näher bestimmbare staatliche oder verfassungsmäßige Band die Gemeinsamkeit eines deutschen Denkens und Fühlens zu bestimmen, war der Gebrauch der deutschen Sprache. Herder und Humboldt hatten die Theorie dafür geliefert, daß die ursprüngliche Zusammengehörigkeit eines Volkes und der Horizont seiner geistigen Entfaltung in seiner Sprache begründet sei. Schiller hatte diesen Gedanken aufgenommen, um ihn am Anfang des Jahrhunderts nach dem schmachvollen Frieden von Lunéville den Deutschen zur Verheißung ihrer zukünftigen Größe vorzuhalten; Fichte nahm ihn auf als den Beweisgrund für die ursprüngliche Echtheit der Deutschen Nation. Ernst Moritz Arndt schliff in seiner Schrift »Über Volkshaß und über den Gebrauch einer fremden Sprache« daraus eine Erziehungsregel für die Zukunft und eine Waffe für die Gegenwart. »Will man einen rechten echten Mann haben, der sein Volk verstehe, erkenne, ehre und liebe, so nähre man seine Jugend und Kindheit mit Einer Speise: mit der eigenen Sprache und der eigenen Geschichte, vorzüglich mit der älteren Sprache und Geschichte seines Volkes.«[10] Die ersehnte Einheit der Nation wurde so bestimmt aus einer seit unvordenklichen Zeiten in die Gegenwart und Zukunft herüberragenden Sprachgemeinschaft.

Schon Arnim und Brentano hatten sich um der Suche nach dieser poetischen Ursprache willen in die Volksdichtung versenkt, und Arnim hatte sein Berliner Manifest zum »Wunderhorn« in eine förmliche Prophetie ausklingen lassen: »Wir suchen alle etwas Höheres: das Goldne Vlies, das allen gehört ... zu dem allgemeinen Denkmale des größten neueren Volkes, der Deutschen.«[11] Denn die Poesie galt seit Herder als der ursprünglichste Ausdruck der Sprache und damit der Eigenart eines Volkes überhaupt, und als ein Medium obendrein, das die historische Trennung der Stände wie der Territorien am sichersten zu überwinden helfen konnte.

In zwei Richtungen setzt deshalb eine förmliche Erziehungswelle ein. Bildung, das hatte unter allen Umständen Beherrschung der französischen Sprache bedeutet. Arndt erklärt nun die Heranbildung eines Kindes in einer fremden Sprache zur Brutstätte späterer Charakterfehler. Fürstenhöfe besinnen sich auf die deutsche Sprache. So beantwortet die Herzogin Antonie von Württemberg die Sendung der Gedichte von Schenkendorf, die Stein ihr hatte zugehen lassen, mit Grüßen an Arndt und mit der Versicherung, »Ihnen künftig immer deutsch zu schreiben«.[12] Gneisenau empfiehlt bereits 1811 seinem König, Verträge nicht mehr in »eine fremde Sprache, die in den höhern Zirkeln gesprochen wird« zu kleiden, sondern nur noch »in deutscher Sprache« abzufassen, und Friedrich Wilhelm III. vermerkt an dieser Stelle am Rande »Recht gut«. Es ist dieselbe Denkschrift zur Vorbereitung eines Volksaufstandes, die Gneisenau mit einem eigenen Ermutigungsgedicht an den König eingeleitet und unter den Anweisungen zur Aufstellung einer Volksmiliz mit dem kühnen Satz versehen hatte: »Auf Poesie ist die Sicherheit der Throne gegründet.«[13] Tatsächlich erhält das Dichterwort in der Geschichte der Deutschen von daher eine Erhöhung als Verständigungsmedium, von dem aus sich manche übersteigerte Verehrung, aber auch manches hartnäckige Zerwürfnis mit den Schriftstellern bis ins bürgerliche Deutschland unserer Tage erklärt.

Aber auch in anderer Richtung, und zwar sehr praktisch, dient die nationale Lyrik vor und während den Befreiungskriegen der Verständigung und der Verpflichtung auf ein gemeinsames Ziel. Die Deserteure aus den verschiedenen Söldnerarmeen, die man zur Deutschen Legion nach Rußland warb, die Bauern und Forstarbeiter, die schon bald nach ihrer Freisetzung aus unverhoffter Verschuldung zum Waffendienst förmlich flüchteten, und auch die Studenten, denen der herausgeforderte Tatendrang die Brust zerriß, bedurften eines Mediums, das sie mindestens so zuverlässig verband wie die Kommandoworte eines exerzierend gedrillten

Söldnerheeres. Die Freischaren warben nicht zuletzt mit der Ankündigung, daß Kasernendienst nicht ihre Sache sei. Auch der Status der Freiwilligkeit, auf den es ankam, solange der Aushebung regulärer Truppen enge Grenzen gesetzt waren, mußte in den bunt zusammengewürfelten Korps und Landsturmregimentern durch immerfort neu eingeprägte Wunschziele befestigt werden, zumal wenn der tatsächliche Einsatz im Kriegsgeschehen, etwa für die Lützowschen Jäger, viel länger als erwartet ausblieb.

Da waren Parolen vonnöten, die den Haß auf Napoleon und seine Franzosen bis ins Satanische steigerten und so das Aushalten bis zu seiner Vernichtung zu einem Gebot der Frömmigkeit und Gottesfurcht machten. Tyrann und Satan: in dieser Vereinigung gingen die Sehnsucht nach bürgerlichen Freiheiten und nach Befreiung der Welt von einem Erzübel als eine gottbefohlene Mission der Deutschen bereits einen gefährlichen Bund ein. Freiheit wurde das einigende Wort für sehr widerspruchsvolle soziale, politische und religiöse Wunschziele, und im gemeinsamen Gesang von der »Freiheit, die ich meine« füllte der Schmelzfluß aller möglichen Bedeutungen sicherer als jede Unterweisung über reale Kriegsziele die Herzen aus, und auch die Köpfe.

Die Lützowschen Jäger hatten als erste Truppe einen regelrechten »Singechor«. So, wie die frisch Angeworbenen ihre Uniform- oder Zivilröcke alsbald in ein gemeinsames Schwarz färbten und mit roten Aufschlägen und goldenen Knöpfen versahen, um einander gleich zu sein, so schmolzen auch ihre Lieder landsmannschaftliche und ständische Unterschiede ein zu einem Nationalbewußtsein, das emphatischer blieb und poetischer, als sie selbst es wahrhatten.

Die Nation wurde allein als eine Sprachgemeinschaft praktiziert, und das bestimmte alsbald auch die Vorstellung von den natürlichen Grenzen eines deutschen Vaterlandes. Die »limites naturelles« — ein Begriff, den man im klargefügten französischen Staatsdenken selbstverständlich gebrauchte und realpolitisch nutzte — wurden, indem die Sprachgemeinschaft den Staatsgedanken zu ersetzen begann, für das eigene zukünftige Vaterland ineinsgesetzt mit den verschwimmenden Grenzen deutscher Sprache. Arndt hatte die Antwort auf die Frage nach den Grenzen dieses Vaterlandes schon in Poesie gesetzt:

»So weit die deutsche Zunge klingt
Und Gott im Himmel Lieder singt,

Das soll es sein!
Das, wackrer Deutscher, nenne dein!«

Den Zeitgenossen reichte das hin, schon in der Erklärung des Rheins zu einer natürlichen Grenze ein französisches Verbrechen gegen Gott und Natur zu sehen, und so wird auch der Name »Rhein« aus einer geographischen Bezeichnung zu einem Losungswort, das man nur poetisch aussprechen muß, um Franzosenhaß zu erzeugen: 1814 so gut wie 1870 und 1914. In der Definition der Nation durch ihre Sprache, die für den Augenblick aus einer Not eine Tugend machte, mußte sich ein politisches Trauma der Deutschen entwickeln, sobald und solange man sie in staatlichen Grenzen zu materialisieren suchte. Der Nationalstaat aus deutschen Stämmen, die an einer vermeintlich germanischen Ursprache teilhatten, blieb ein Geisterreich, das niemand auf die Erde zwingen konnte.

Für die Freischärler und ihre »Korspoeten« [14] jedoch setzte sich der Aufruf des Preußenkönigs an sein Volk, »Preußen und Deutsche zu sein« [15], der dem Monarchen von den Rheinbundfürsten als eine Ironie der Geschichte das Verdikt »Jakobinisch« eintrug, geradewegs um in den Appell, die deutsche Sache im fröhlichen Jagen »so Gott will, übern Rhein . . . bis nach Paris hinein« zu tragen. Dieser »Appell« stammt von dem träumerischen Schlesier Eichendorff, als er ein kurzes Debut bei den Lützowschen Jägern gab. Fast auf den Tag zwei Jahre später paradierten die Verbündeten in Paris. Zur gleichen Zeit wurde in Wien bereits das vielbeschworene Vaterland deutscher Sprache nicht etwa nach den Verheißungen, die aus fürstlichen Armeen Bürgerheere und aus Landsmannschaften ahnungsweise ein Volk hatten entstehen lassen, sondern unter rechnerischer Verteilung der von Napoleon geschaffenen Territorien, also hohnvoller Weise eher welsch als deutsch neu geordnet.

Der vergrößerte, aber in seinem inneren Gefüge kaum veränderte preußische Staat kehrte, wie andere auch, seine dynastischen Interessen wieder hervor und überließ es der drei Tage nach der Wiener Schlußakte gegründeten Deutschen Burschenschaft zu Jena, anstelle der preußischen Farben Blüchers das Schwarzrotgold der Lützower und mit ihm die idealischen Vorstellungen Fichtes und Arndts von einer Deutschen Nation in neue Losungen umzusetzen — Losungen übrigens, deren Verbreitung ihren studentischen Anführern schon bald polizeiliche Verfolgung und Kerkerhaft eintrugen.

Ein im Wortsinne zielloses Opfer war es gewesen,

das den Freiwilligen aller Stände und Stämme zugemutet und von vielen mit einem bereitwillig herbeigesungenen Soldatentod bezahlt worden war. Diese Ziellosigkeit aber stellte sich nicht erst ein, als der Brennpunkt Napoleon, der alle Aufbruchsenergie auf sich gezogen hatte, erloschen war; sie war angelegt schon in der Sache selbst.

Wer die immer wiederholten Kernwörter der Aufrufe und Lieder zusammennimmt und auffaßt, wie sie sich in den Strophenfolgen gegenseitig vertreten, der erkennt bald, daß »Gott«, »Freiheit«, »Vaterland«, aber auch »Brüder«, »Freunde«, »Herzen«, »Geweihte«, »Volk« allesamt gegeneinander sich öffnen und damit untrennbar werden, damit aber auch ihre je spezifische Bedeutung bis zur förmlichen Inhaltsverflüchtigung aufgeben. Alle diese Vokabeln sind übrigens dem Liederanhang des Arndtschen »Katechismus« entnommen, aber sie kehren so in jeder Sammlung wieder. Gewiß kam es gerade bei der Aufstellung des neuen Typs von Freischar- und Landwehrtruppen und erst recht bei den Deserteuren, die man aus den regulären Armeen abwarb, darauf an, die hergebrachte und konkrete Landesherrentreue umzulenken auf eine in ihrer Entgrenzung unbestimmte Treue zu Volk und Vaterland. Dies geschah in den Liedern und hatte die Folge, daß alle diese Vokabeln nun nicht mehr als unterscheidbare Zielsetzungen, sondern als reine Energiespender ihre Wirkung taten. Hinzu traten die Symbole der deutschen Männlichkeit und Sittlichkeit, Eiche und Herd, und auch sie übernahmen bald das Regiment über die Singenden. Vollends dann, wenn der Reimklang die Wahrheit des Zusammengehörigen verbürgte. Herd und Schwert, Krieg und Sieg, Tod und Morgenrot; Brüder/schlagt nieder!, Reicht die Hand/fürs Vaterland!: das prägte sich in seinem Zusammenklang ein bis zu gebahnten Reflexen, die den Singenden schon vor dem Eintritt in die Schlacht nahkampffest machten, ihm aber letzten Endes doch eher Sterbens- als Lebenshilfe boten.

Schon an Brentanos »Sturmlied« war die übermäßige Häufung von Imperativen anzumerken. Sie sind die allenthalben häufigste Satzform in der Lyrik dieser Jahre. Noch auffallender aber ist die stereotype Wiederholung von verkürzten Imperativen, insbesondere an den Stropheneingängen. In Arndts »Katechismus« gibt es eine Rubrik »Ermunterungslieder vor der Schlacht«; von den 22 Strophen beginnen nicht weniger als 17 mit einem Imperativ: »Flammet, Herzen! Wehet, Fahnen!«, »Klingt, ihr Trommeln! Fahnen weht!« Prägnanter noch ist aber die häufige Verkürzung zweiten Gra-

des auf ein bloßes »Frisch auf«, »Drum auf«, »Auf«, »Wohlauf, in Not und Tod«.

In diesen blanken Ermunterungsaufrufen ist die Konzentration aller Aufbruchsenergie auf das Nahziel des Kampfes selbst auf den Punkt gebracht. Das ohne weitere Zielangabe auftreibende »Frisch auf, mein Volk! Die Flammenzeichen rauchen«, mit dem Körner sein Gedicht »Aufruf« beginnt, hat in der kompakten Losung der Lützower »Durch!« seine konsequente Fortsetzung und in Blüchers Übernamen »Marschall Vorwärts« sein militärisches, aber auch politisches Manifest gefunden.

Auch dies wurde nicht nur geschrieben, sondern gelebt. Beides nämlich, die Vermischung aller Sieges- und Heilsvorstellungen und die auf ihren pragmatischen Zweck nicht mehr befragte Aufbruchslosung, sind Ausdruck eines tiefen Unwillens, sich dem Reglement und der Taktik herkömmlicher Kriegführung zu fügen. Der Zusammenhang mit der zunehmenden Verachtung der jüngeren Generation, aber auch schon der preußischen Reformer für eine in ihren Vorschriften erstarrte Staatsraison ist offenkundig. »Keine Herzenserhebung ohne poetische Stimmung«, hatte Gneisenau geschrieben.[16] Das machte schon ein wochenlanges Liegen in Wartestellung für den jungen Körner zur Qual. Als die Lützower die Elbe nicht überqueren durften und kein Feind am hiesigen Ufer sich zeigen wollte, schrieb er ein Mißmutsgedicht mit dem vielsagenden Schluß:

»Soll ich in der Prosa sterben? —
Poesie, du Flammenquell,
brich nur los mit leuchtendem Verderben,
Aber schnell!"

Schon die Entscheidung des Prinzen Louis Ferdinand von Preußen, anstelle des gebotenen Rückzugs das Gefecht bei Saalfeld zu führen, hat nicht nur den Ausgang der Schlacht von Jena und Auerstedt vorentschieden und ihm selbst den Tod gebracht, sondern ihn auch zur Symbolfigur der preußischen Rebellen werden lassen. Trotz oder gerade wegen seiner Widersetzlichkeit gegen eine verfügte Order erschien er als das positive Gegenbild gegenüber dem blaß taktierenden König, ungeachtet der durch ihn verlorenen Schlacht. Der eigenen Überzeugung und der inneren Stimme zu folgen, war moralischer geworden als die herkömmliche Subordination. Kleists letztes Drama »Der Prinz von Homburg« trägt diese neue Gesinnung in förmlicher Bitthaltung demselben König an.

Eine Selbstentzündung am unermüdlich besungenen Hingabebegehren ist es auch gewesen, die Körner am Abend des Tages, an dem er ein Hochzeitslied auf sein Schwert gedichtet hatte, über einen Befehl hinweg geradewegs in den Tod hat reiten lassen. Die Attacke auf eine französische Bagage stand in keinem taktisch vernünftigen Verhältnis zu diesem Lebenseinsatz. Davon, daß das Glück nur im Opfertode reife, hatten die jungen Freiwilligen zu oft gesungen, als daß das strategische Kalkül ihres Truppendienstes noch Vorrang vor dem Erlebnis des freiwilligen höchsten Lebenseinsatzes hätte behalten können.

Dies ist ins Große zu wenden. Die Erhebung der Freiwilligkeit zum Garanten für die Kampfeswilligkeit der Truppe ließ schließlich das selbstvergossene Blut ein letztes Beweismittel sein für das Eingehen in eine Gemeinschaft Gleichgesinnter, die so idealisch war wie der Vaterlandsgedanke, der sie trug. Der Aufruf, im Befreiungskampf ein Volk zu werden, war bei den preußischen Reformern dem Kalkül entsprungen, daß es irregulärer Streitkräfte und eines sie unterstützenden Volksaufstandes bedurfte, um der Übermacht Napoleons über die Politik der neuen und der alten Fürsten auf dem Boden des ehemaligen Reiches Herr zu werden. Tatsächlich bestand weder in sozialer noch in politischer Hinsicht eine Chance, in absehbarer Zeit aus den Territorien dieses Reiches eine freie Bürgernation zu errichten. Die französische Revolution hatte diese Chance aufleuchten lassen. Ihre Blutgerichte und dann ihre Verkehrung unter dem Zugriff eines usurpationsbegierigen Imperators, aber auch der Entwicklungsstand der deutschen Fürstentümer selbst, hatten jede reelle Aussicht darauf schon vor dem ersten Waffengang der preußischen Freischärler für Generationen unmöglich gemacht.

Desto nötiger war vielen Zeitgenossen Poesie als einzig tauglich erschienen, die Utopie der Freiheit wach zu halten. Indem sie diese Utopie jedoch in einem Zuge sakralisierte, armierte und versinnlichte, war sie ein doppelt gefährliches Instrument im Kalkül von Pragmatikern geworden. Ihr gewollter, aber kurzschlüssiger Übersprung in die Lebenswirklichkeit einer kampfbegeisterten Jugend hat eine Generation in zweckverachtender Hingerissenheit Achtung gebietende Taten begehen und Ehrfurcht gebietende Opfer erleiden lassen.

Für mehrere Generationen hat die Utopie der Freiheit dem preußischen Staat Aufgaben gesetzt, zu deren Erfüllung seine Verfassung nicht gerüstet war. Seine Kultur entwickelte sich in den Berliner Salons und Gelehrtenstuben und in einer klassizisti-schen Baukunst eher als im politischen Leben. Der Franzosenhaß blieb für seine Außenpolitik auch in der Zeit des Deutschen Bundes eine notwendige Klammer für seine breit gelagerten Provinzen. Aber weder die kleindeutsche Lösung, die den Gedanken der Sprach- und Kulturgemeinschaft preisgab, noch auch die verspäteten und hernach alle sozialen Entwicklungen eines Jahrhunderts mißachtenden großdeutschen Konzepte haben den besseren Teil der Freiheitsutopien aus den Volksliedern der nationalen Erhebung in die deutsche Politik eingehen lassen.

Ernst Moritz Arndt hatte von seinen frühen Schriften an, dem »Versuch einer Geschichte der Leibeigenschaft in Pommern und Rügen« und »Germanien und Europa«, die Überwindung der abgestuften Unfreiheit der Stände und die Forderung nach einer die bürgerlichen Freiheiten garantierenden Gesetzgebung zu seiner Sache gemacht. In seinem ersten Band zum »Geist der Zeit« hatte er die Fürsten seiner Zeit angeklagt, sie seien nie »als eine getrennte Partei so fern von der Nation gestanden, ja ihr gegenübergestanden«.[17] In seinem »Katechismus« hatte er die Soldatenehre der Bürger- und der Menschenehre gleichgesetzt. Schon im Angesicht des erhofften Sieges schrieb der monarchisch gesinnte Enkel eines pommerschen Leibeigenen einen Traktat »Über künftige ständische Verfassungen in Teutschland«, in dem er für den Gebrauch des Ständestaates dem Wort »demokratisch« einen neuen Glanz geben möchte. Manches von diesem Gehalt seiner Befreiungsvorstellungen ist zusammen mit der frommen Beschwörung der Einheit deutscher Stämme und deutscher Sitten in seine Lieder eingegangen. So schufen sie immerhin »der Freiheit eine Gasse«, die nicht, wie in Körners todestrunkenem »Aufruf« an sein Volk, allein des Blutes bedurfte, um das deutsche Land reinzuwaschen. Auch diese Gasse zu erweitern, war allerdings ein Werk, das auf deutschem Boden noch Generationen brauchte, um sichtbare Fortschritte zu machen.

Ein anderer Gedichteschreiber, der allerdings die Nöte dieser Zeit als Franzose in Deutschland erfahren hatte und der im Oktober 1812 nach Berlin zurückkehrte, Adalbert von Chamisso, gewann aus der Distanz des Außenseiters die Blickschärfe, um auch die düsteren Hinterlassenschaften der Befreiungskriege genau ins Auge zu fassen. Dieser Poet läßt als den späten Blutzeugen der großen Freiheitsbewegung einen »Invaliden im Irrenhaus« reden:

»Leipzig, Leipzig! Arger Boden,
Schmach für Unbill schafftest du.
Freiheit! hieß es, vorwärts, vorwärts!
Trankst mein rotes Blut, wozu?

Freiheit! rief ich, vorwärts, vorwärts!
Was ein Tor nicht alles glaubt!
Und von schwerem Säbelstreiche
Ward gespalten mir das Haupt.«

Während die Schlacht sich weiterwälzt, brechen Nacht und Bewußtlosigkeit über ihn herein. Sein Leben bleibt stehen am Tage dieser Schlacht, die als erste den Namen Völkerschlacht erhalten hat. Aber auch von seinem eigenen Volke bleibt er abgetrennt, verwahrt in der Monotonie seines letzten wachen Augenblicks, und seine Brüder, womöglich Kampfgenossen von gestern, leben auf ihre Weise ihren Alltag weiter:

»Schrei ich wütend noch nach Freiheit,
Nach dem bluterkauften Glück,
Peitscht der Wächter mit der Peitsche
Mich in schnöde Ruh zurück.«

Auch dieses Bild läßt sich ins Große auszeichnen. War es der große Irrtum der freiwilligen Kämpfer für ein neues Vaterland, dies mit dem blanken Freiheitsruf erzwingen zu wollen? Das Königreich Sachsen hatte die Hälfte seines Landes an das Königreich Preußen abtreten müssen. Sonst hatte sich wenig geändert an der Verfassung, in der die Menschen in Deutschland lebten, und auch an den Menschen selber nur wenig.
»Schaut, ich trage Sühnungswunden/Aus der heil'gen Opferschlacht«, so hatte Schenkendorf einen Krieger singen und seine Wunden mit der Geste des stigmatisierten Christus vorzeigen lassen. Ihm und vielen seiner Zeitgenossen hatte Poesie die politisch zu erringende Freiheit in ein strahlendes Jenseits verlegt. Chamisso dagegen setzte seine Poesie zu einer Sache ein, zu der sie mindestens ebenso taugt: Er leuchtete die Wirklichkeit tiefer aus.

Nachweise

Die Äußerung Napoleons findet sich im Bericht des russischen Gesandten P. A. Tolstoj aus Paris vom 11. 1. 1808; zit. bei G. Venzky, Die russisch-deutsche Legion in den Jahren 1811–1815, Wiesbaden 1966, S. 21. — Das zweite Motto entstammt der Schrift Adam Müllers »Von der Idee der Schönheit.« Berlin 1809, S. 235.

1 Kleist an den Verfasser der »Lieder österreichischer Wehrmänner« Heinrich Joseph von Collin, am 20. 4. 1809 mit der Übersendung der Gedichte aus der »Germania«-Periode. In: H. v. K., Sämtl. Werke und Briefe, hrsg. von H. Sembdner, Bd. 2, S. 823 f.
2 Graf Neithardt von Gneisenau: Denkschrift vom 14. 8. 1808, in: G. H. Pertz, Das Leben des Feldmarschalls . . . von Gneisenau, 1. Bd., Berlin 1864, S. 433. Vgl. dazu R. Samuel, Kleists »Hermannsschlacht« und der Freiherr vom Stein, in: Jb der Deutschen Schillerges. 5, 1961, S. 64—101
3 Gneisenau's Plan einer deutschen Legion (Nov. 1811). Pertz: Gneisenau, 2. Bd., Berlin 1865, Beilagen S. 687
4 Freiherr vom Stein: Denkschrift vom 11. 8. 1808, zit. bei G. H. Pertz, Das Leben des Ministers Freiherr vom Stein, 2. Bd., Berlin 1850, S. 201; Denkschrift vom 18. 9. 1808, ebd., S. 228
5 Justus Gruner an den russischen Gesandten Lieven; vgl. P. Stulz, Fremdherrschaft und Befreiungskampf. Die preußische Kabinettspolitik und die Rolle der Volksmassen in den Jahren 1811 bis 1813, Berlin (DDR) 1960, S. 119; sowie die »Dienst-Anweisung« Gruners an reisende »Beobachter«, zit. bei G. H. Pertz: Das Leben des Ministers Freiherr vom Stein, 3. Bd., Berlin 1851, S. 122
6 Brief an den Vater, Wien, 10. 3. 1813, in: Theodor Körners Briefwechsel mit den Seinen, Leipzig 1910, S. 218 f.
7 vgl. Scharnhorst an Stein am 23. 4. 1813, in: Freiherr vom Stein, Briefe und amtliche Schriften, neu hrsg. von Walther Hubatsch, 4. Bd., 1963, S. 126 f.
8 vgl. dazu Golo Mann, Deutsche Geschichte des 19. und 20. Jahrhunderts, Frankfurt 1958, S. 63 f.
9 J. G. Fichte, Reden an die deutsche Nation, in: Sämmtl. Werke, 3. Abtlg., 2. Bd., Berlin 1846, S. 498 f., 390
10 E. M. Arndt, Ueber Volkshaß und über den Gebrauch einer fremden Sprache (1813), in: E. M. Arndt's Schriften für und an seine lieben Deutschen, Leipzig 1845, Bd. 1, S. 88
11 A. von Arnim, Von Volksliedern (1805), in: Des Knaben Wunderhorn. Alte deutsche Lieder, gesammelt von L. Achim von Arnim und Clemens Brentano, München 1964, S. 886
12 Antonie von Württemberg an Stein am 2. 11. 1813, in: Freiherr vom Stein, Briefe und amtliche Schriften, 4. Bd., S. 306
13 G. H. Pertz, Gneisenau, Bd. 2, 1865, S. 106—142; hier bes. S. 107, 137, 141 f.
14 »Korpspoet« nennt sich Körner selbst; vgl. H. Fischer, Biographische Einleitung zu Körners sämtlichen Werken (= Cotta'sche Bibliothek der Weltliteratur), Stuttgart o. J., Bd. 1, S. 20
15 Friedrich Wilhelm III. »An mein Volk«, Breslau den 17. März 1813; nach dem Faksimile bei E. Heyck, Deutsche Geschichte. Volk, Staat, Kultur und geistiges Leben. Bd. 3, Bielefeld und Leipzig 1906, Einlage nach S. 406
16 G. H. Pertz, Gneisenau, Bd. 2, S. 137
17 E. M. Arndt, Geist der Zeit. 1. Teil, Nr. 7: Die Fürsten und Edelleute, in: Arndts Werke, 6. Teil, Berlin o. J., S. 171

Anonym
Porträt E. T. A. Hoffmann

Hans Dieter Zimmermann
Die Aktualität der Romantik
Zum Beispiel E. T. A. Hoffmann

Die Serapionsbrüder von Leningrad

Nach der Oktoberrevolution fanden sich in Leningrad, das damals noch Petersburg hieß, einige junge Schriftsteller zusammen, die sich nach dem Werk eines deutschen Romantikers »Serapionsbrüder« nannten. Lev Lunc, einer der jungen Autoren, schrieb in einem Manifest »Warum wir Serapionsbrüder sind«: »Im Februar 1921, als allenthalben Regeln, Bestimmungen und Vorschriften abgefaßt wurden, die Zwang und Langeweile bedeuten, haben wir beschlossen, uns ohne Satzung und Vorsitzenden, ohne Wahlen und Abstimmungen zusammenzuschließen«.

Die Autoren — neben Lev Lunc u. a. Konstantin Fedin, Veniamin Kaverin, Nikolaj Tichonow, Michael Zoščenko — und die mit ihnen befreundeten Kritiker — darunter der »Formalist« Viktor Šklovskij — trafen sich regelmäßig im Petersburger »Haus der Künste«, so wie sich E. T. A. Hoffmanns Serapionsbrüder regelmäßig getroffen hatten, um sich Geschichten vorzulesen und darüber zu diskutieren. Die Leningrader Serapionsbrüder waren keine Romantiker, sie wollten nicht im Stil Hoffmanns schreiben, sie forderten vielmehr im Namen Hoffmanns Vielfalt und Freiheit der Poesie. Lunc in seinem Manifest: »Ein Werk kann die Epoche widerspiegeln, braucht es aber nicht, und ist deswegen um nichts schlechter . . . Es ist an der Zeit zu sagen, daß eine nicht kommunistische Erzählung talentlos sein, daß sie aber ebensogut auch Genialität besitzen kann«.

Die Serapionsbrüder legten Wert auf die literarische Qualität eines Werkes, die unabhängig ist von dessen »Parteilichkeit« oder der seines Autors. Ihr Protest gegen Zwang und Langeweile — nicht nur in der Literatur und insofern steht hier die literarische Qualität auch für die Qualität des Lebens — konnte Zwang und Langeweile hinauszögern, aber nicht verhindern. Die Langeweile des »sozialistischen Realismus« wurde seit Beginn der dreißiger Jahre mit brutalem Zwang durchgesetzt. Wer sich der offiziellen Kunstdoktrin nicht anpaßte, wurde unterdrückt, verfolgt, verschleppt, ermordet. Plädierten die Serapionsbrüder für »Genialität« unabhängig von Parteizugehörigekit, so war unter Stalin »Genialität« unabhängig von Parteizugehörigkeit verdächtig. Kommunisten wie Nicht-Kommu-

nisten kamen in die sibirischen Konzentrationslager. So wurden dort 1939 der Nicht-Kommunist Ossip Mandelstam und der Kommunist Sergej Tretjakow ermordet — wie Hunderttausend andere.

Auch der kommunistische Regisseur Vsevolod Meyerhold, der die großen Massenschauspiele des »Theateroktober« inszeniert hatte, starb in einem sibirischen K. Z.. In seinen Anfängen hatte Meyerhold sich in Anlehnung an Hoffmanns Magier »Doktor Dappertuto« genannt, Hoffmanns »Prinzessin Brambilla« hatte er dramatisiert, durch diese Novelle hatte er auch die Commedia dell'Arte kennen gelernt. Meyerhold im Juni 1939 auf der »Ersten Nationalen Versammlung der Regisseure«, auf der der »sozialistische Realismus« abermals propagiert wurde: »Dieses erbärmliche und sterile Etwas, das den Namen ›sozialistischer Realismus‹ beansprucht, hat mit Kunst nichts zu tun«. Am nächsten Tag wurde er verhaftet und seitdem nicht mehr gesehen. Seine Frau wurde kurz darauf in ihrer Wohnung erstochen.

Wer sich der offiziellen Doktrin des »sozialistischen Realismus« dagegen unterwarf, wurde mit Reichtum und öffentlichen Ehren belohnt. Als 1946 ein ehemaliger Serapionsbruder, der Satiriker Michael Zoščenko, aus dem Schriftstellerverband ausgeschlossen wurde, war ein anderer ehemaliger Serapionsbruder, nämlich Michael Tichonow, Sekretär eben dieses Schriftstellerverbandes.

Lev Lunc, der 1924 in Hamburg starb, schrieb in seinem Manifest: »Wir haben uns in den Tagen der Revolution, in den Tagen politischer Hochspannung zusammengefunden. ›Wer nicht für uns ist, ist gegen uns‹, sagte man uns damals von rechts und von links. ›Für wen seid ihr, Serapionsbrüder, für die Kommunisten oder gegen die Kommunisten, für die Revolution oder gegen die Revolution?‹ Für wen wir Serapionsbrüder sind? Wir sind für den Einsiedler Serapion!«

Der Einsiedler Serapion

Wer ist der Einsiedler Serapion? 1819 veröffentlichte Hoffmann den 1. Band einer Sammlung von Märchen und Novellen, für die er als Rahmen-Handlung einen Gesprächskreis »Die Serapionsbrüder« erfand. Vorbild waren Gesprächskreise, die er mit seinem Freunde Hitzig in Berlin gegründet hatte: 1814 den Seraphinen-Orden, 1818 die Serapionsbrüder. In der Novellen-Sammlung lesen vier Freunde einander Geschichten vor, über die sie 53 dann sprechen. Die erste Geschichte handelt vom »Einsiedler Serapion«. Ein Graf P. aus M., der sich zwei Stunden von B. entfernt im Walde als Einsiedler niedergelassen hat, hängt der Meinung an, er sei der unter Kaiser Decius in Alexandrien als Märtyrer verstorbene Einsiedler Serapion. Er ist so fest davon überzeugt, jener Einsiedler aus frühchristlicher Zeit zu sein, daß er jeden Einwand, er sei doch vielmehr der Graf P. aus M., für eine fixe Idee hält.

Im Gespräch der Freunde wird dieser Serapion als Beispiel für »das Mißverhältnis des innern Gemüts mit dem äußern Leben« genannt. Die Freunde haben keinen Zweifel daran, daß der Einsiedler wahnsinnig ist; sie verstehen unter Wahnsinn das aus dem Gleichgewicht geratene Verhältnis von »innerer« und »äußerer Welt«. Die »Duplizität«, von der »eigentlich allein unser irdisches Sein bedingt ist«, ist dem Grafen P. abhanden gekommen. Er sieht nur noch seine innere Welt, seine Vorstellungswelt, in der er sich als Einsiedler Serapion wünscht, er sieht nicht mehr die äußere Welt, in der er tatsächlich lebt.

Nun wird dieser inneren Welt von den Freunden nicht der Realitätsgehalt abgesprochen, sie ist kein Wahngebilde: »Dein Einsiedler ... war ein wahrhafter Dichter, er hatte das *wirklich* geschaut, was er verkündete, und deshalb ergriff seine Rede Herz und Gemüt«. Nicht weil er seine innere Welt für wahr hält, ist der Einsiedler wahnsinnig — die innere Welt ist wahr! —, sondern weil er den Kontakt zur äußeren Welt verloren hat!

Dies festzuhalten, ist sehr wichtig, weil von Lesern und Interpreten Hoffmanns oft einer der beiden Teile der »Duplizität« zugunsten des anderen unterdrückt wird. Beide Teile bedingen einander und hängen voneinander ab. Wer nur den einen Teil gelten läßt, sieht nur eine Hälfte der Wirklichkeit Hoffmanns. Wer nur die äußere Realität anerkennt, ist ein dumpfer Philister nach Meinung Hoffmanns. Wer nur die innere Realität anerkennt, ist ein bedauernswerter Wahnsinniger wie jener vermeintliche Einsiedler Serapion. — Denn: »Die inneren Erscheinungen gehen auf in dem Kreise, den die äußeren um uns bilden, und den der Geist nur zu überfliegen vermag in dunklen geheimnisvollen Ahnungen, die sich nie zum deutlichen Bilde gestalten«. In diesen Kreis sind wir gebannt, darüber hinaus zu schauen, ist uns nicht möglich. Hoffmann nimmt an, daß es darüber hinaus etwas gibt, doch dieses können wir nur erahnen — im Traum etwa oder in der Poesie.

Die Duplizität von Hoffmanns Welt ist der eine Gesichtspunkt, den wir vom »Einsiedler Serapion« lernen können. Dieser Gesichtspunkt sollte es uns verwehren, Hoffmann als »Phantasten« oder als »Gespenster-Hoffmann« abzuwerten, so als habe er nur die innere Vorstellungswelt gelten lassen. Genauso unmöglich sollte es aber sein, Hoffmann nur als »realistischen« Autor zu sehen, der die äußere Wirklichkeit darstellen und kritisieren wollte und nichts sonst. Nur wo beides zugleich gesehen wird, wird Hoffmanns wahre Absicht erkannt.

Der zweite Gesichtspunkt, den wir vom »Einsiedler Serapion« lernen können, ist ein poetisches Prinzip, das von einem der Freunde »das serapiontische Prinzip« genannt wird. Dieses Prinzip verlangt, daß der Poet das, wovon er spricht, auch tatsächlich »geschaut« hat, so daß er es anschaulich vor Augen stellen kann. Der Poet strebt danach, so heißt es, »das Bild, das ihm im Innern aufgegangen, recht zu erfassen mit allen seinen Gestalten, Farben, Lichtern und Schatten und dann, wenn er sich recht entzündet davon fühlt, die Darstellung ins äußere Leben zu tragen«.

Also keine Auftragskunst, keine äußeren Regeln und Bestimmungen, nichts Angelerntes! Der Poet ist auf seine eigene Vorstellungskraft angewiesen, nur was diese ihm bietet, kann er darstellen. Aber alles, was diese ihm bietet, darf er darstellen. Insofern ist er frei, ganz auf sich gestellt, ganz auf sich angewiesen. Die Freiheit von äußeren Regeln bedeutet aber keine Willkür, auch kein unbewußtes Gestammel. Hoffmann sagt zwar nichts über das erzählerische Handwerk, aber alle seine Arbeiten sind scharfsinnige Konstruktionen. Die »Zweideutigkeit« seiner Welt — die Wirklichkeit des Phantastischen und das Phantastische der Wirklichkeit — kann nur durch rationale Konstruktion erzielt werden.

Vielleicht ist jetzt deutlich geworden, warum 1921 Lev Lunc für den »Einsiedler Serapion« eintrat. Lunc: »Wir glauben, daß literarische Phantastereien eine Art Wirklichkeit sind. Wir wollen keinen Utilitarismus. Wir schreiben nicht für die Propaganda. Die Kunst ist real wie das Leben selbst, und wie das Leben selbst ist sie ohne Ziel und Sinn: sie existiert, weil sie existieren muß«.

Georg Lukács' Widersprüche

Die Behauptung von Lunc, würde sie ernst genommen, entzöge die Kunst nicht nur der Zensur des staatlichen Kunstrichters, sondern auch dem Urteil des Kritikers und Wissenschaftlers, denn diese fragen ja gerade nach dem »Ziel und Sinn« von Kunst und Leben. Nun mag die Behauptung nicht so ernst gemeint sein, doch macht sie deutlich, daß die Kunst sich nicht nur dem Zugriff des Zensors, sondern auch dem Urteil des Kritikers zu entziehen versucht.

Beide Ämter zugleich, das des Literaturrichters und das des Literaturkritikers versah längere Zeit Georg Lukács, einer der wichtigsten Sachwalter des »sozialistischen Realismus«. Was er als Kritiker verwarf, das verbot schließlich auch die Zensur (Sergej Tretjakow z. B.) bzw. was die Zensur verbot, das verwarf er auch als Kritiker — eine schöne Übereinstimmung, die zumindest in der Zeit andauerte, in der er unter Stalin lebte.

Über die Aktualität der deutschen Romantik dachte Lukács anders als die Serapionsbrüder von Leningrad. Seine Art der Betrachtung ist auch heute noch weit verbreitet, auch unter Leuten, die keine Anhänger des »sozialistischen Realismus« sind, weshalb kurz von ihr die Rede sein muß.

»Fortschritt und Reaktion in der deutschen Literatur« heißt eine kleine Schrift, die Lukács 1947, also noch zu Stalins Lebzeiten, im Ost-Berliner Aufbau-Verlag veröffentlichte. Im Titel nennt er die wichtigste Kategorie seiner Untersuchung, der er die Vielfalt der literarischen Bewegungen unterwirft: es ist ein einfaches Schema der Orientierung, das nur »vorne« und »hinten« kennt, auch Werte dazwischen wie »nicht ganz vorne« und »nicht ganz hinten« und auch etwas in der Mitte, was meistens »Widerspruch« heißt. Wenn ein Autor bzw. eine Gruppe von Autoren vom Schema nicht recht erfaßt wird — und wer wird das schon —, dann wird das dem Autor bzw. der Gruppe zur Last gelegt. Die Unfähigkeit des Schemas zur Differenzierung wird dann zum Vorwurf gegen den Autor, er sei »widersprüchlich«.

Die Simplizität des Schemas — progressiv versus reaktionär — reduziert zudem alles Literarische auf Politisches, denn »progressiv« und »reaktionär« meinen ja politische Haltungen. So muß alle Literatur nicht nur in das einfache Schema gebracht werden, sondern zugleich auch auf Politik reduziert werden. Gerade gegen diese Reduktion wandten sich ja die Serapionsbrüder von Leningrad und gerade diese Reduktion wurde dann in der Stalin-Zeit rigoros durchgeführt, eine Reduktion, die in vielen Fällen zur Vernichtung der Literatur und der Literaten führte. Ein schreckliches Beispiel dafür, zu welch realer Gewalt Gedanken werden können. Lukács berücksichtigt allerdings auch eine literari-

sche Kategorie neben seiner politischen, die ihm jedoch kaum bewußt ist, er reflektiert sie jedenfalls nicht: er arbeitet mit dem überlieferten Kanon der Literatur und dessen Wertungen. Das ist ein Erbteil, das er als Bildungsbürger übernommen hat. Die hervorragende Rolle Goethes in seinen Betrachtungen hat ihre Ursache nicht darin, daß Goethe ein Anhänger der französischen Revolution gewesen wäre — was er bekanntlich nicht war —, sondern darin, daß er als ein überaus bedeutender Schriftsteller gilt. Diese literarische Bedeutung kann Lukács aus Mangel an ästhetischen Kriterien nicht erörtern, weshalb er sie unbefragt als Bildungsgut übernimmt. Den nach allgemeiner Übereinkunft hervorragenden Schriftsteller muß Lukács dann in sein politisches Schema bringen, in dem allein für ihn literarische Bedeutung erklärbar ist, nämlich als politische, also als »progressiv« oder »reaktionär« oder »widersprüchlich«.

Bei Goethe muß Lukács natürlich manche Widersprüche finden, die jedoch in der Regel nichts anderes sind als Widersprüche zwischen den beiden Kategorien seiner eigenen Betrachtung: der bewußt gehandhabten politischen — da ist Goethe nicht progressiv — und der unbefragt gehandhabten literarischen — da ist Goethe ein großer Schriftsteller. So geht es ihm auch mit E. T. A. Hoffmann: »Am stärksten zeigen sich die Widersprüche der Romantik in ihrer größten Gestalt, in E. T. A. Hoffmann«. Warum zeigen sie sich hier am stärksten? Weil Hoffmann einerseits die größte Gestalt ist — das ist seine unbezweifelbare literarische Bedeutung —, zum andern weil er leider der Romantik angehört und die ist reaktionär — das ist die politische Einschätzung von Lukács. Man kann das weiter am angegebenen Ort nachlesen.

Worum es uns hier geht, ist diese Art der Betrachtung, ist die Methode, über die einzig zu diskutieren lohnt. Wenn die Methode derart fragwürdig ist, kann das Ergebnis der Methode übergangen werden; es kann nur höchst fragwürdig sein.

Und doch halten sich Wertungen, die solcherart entstanden sind wie die von Lukács, lange und hartnäckig: »die progressive Aufklärung«, »die reaktionäre Romantik«, das hört man allenthalben. Und auch: »der widersprüchliche Hoffmann«.

Das Werk E. T. A. Hoffmanns ist von erstaunlicher Konsistenz und Folgerichtigkeit. Es ist das Werk eines Romantikers und es ist das Werk eines eigenwilligen Individualisten, der seine unverwechselbare Aussage der der anderen Romantiker hinzugefügt hat. Um beides geht es hier: um die Romantik und um einen ihrer Vertreter.

War Goethe ein Romantiker?

Bei der Bestimmung der literarhistorischen Epochen ergeben sich immer wieder dieselben Schwierigkeiten: wo anfangen, wo enden, wer gehört noch dazu, wer nicht mehr? So ist es auch mit der Romantik. Die Schwierigkeiten machen die Epochenbegriffe nicht hinfällig. Doch müssen sie als Ordnungsversuche gesehen werden, als Versuche, das Kontinuum der Geschichte einzuteilen, Veränderungen im Ablauf festzuhalten. Der Begriff darf nur nicht mit einer historischen Begebenheit verwechselt werden: er will historische Tendenzen übersichtlich machen und zusammenfassen. Er hat eine Neigung zur Vereinfachung.

Das wird rasch deutlich, wenn man in die Einzelheiten geht. Als Georg Forster, Anhänger der Französischen Revolution, nicht unbedingt Anhänger der Jakobiner, 1794 in Paris starb, wagte niemand in Deutschland, auch sein Freund Lichtenberg nicht, einen öffentlichen Nachruf zu schreiben — bis auf Friedrich Schlegel. Der »Romantiker« Schlegel schrieb einen ehrenden Nachruf auf den »Aufklärer« Forster, den er einen »klassischen« Schriftsteller nannte.

Daß ausgerechnet der »klassische Bildungsroman« Goethes, der Wilhem Meister, von Schlegel als Vorbild »romantischer« Literatur genannt wurde, ist bekannt. Daß aber auch Novalis, der den »bürgerlichen« Wilhelm Meister unpoetisch fand, in Goethe den »Statthalter des poetischen Geistes« sah, weniger. Noch 1830 sagte Goethe zu Eckermann, daß Schiller ihm bewiesen habe, »daß ich selbst wider Willen romantisch sei«. Schillers ästhetische Bemühungen lassen sich ebenfalls parallel zu denen Friedrich Schlegels sehen; was hier »sentimentalisch« heißt, ist dem, was dort »romantisch« heißt, recht ähnlich.

Die scharfe Trennung von Klassik und Romantik — wie sie z. B. auch Lukács handhabt — geht nicht zuletzt auf eine Selbststilisierung Goethes zurück. Von Goethe übernahmen die Literaturkritiker auch die Abwertung der Romantik als krank und verworren. Die Weimaraner Goethe und Schiller haben sich planvoll in der Literaturgeschichte in Szene gesetzt und die anderen Autoren in den Hintergrund gedrängt: einmal die zur gleichen Zeit in Weimar lebenden Wieland und Herder, zum andern die Jüngeren, mit denen sie nichts anzufangen wußten: Kleist, Hölderlin, Jean Paul, Hoffmann.

Innerhalb Deutschlands hält sich bis heute diese Trennung von Klassik und Romantik, während im Ausland die Unterschiede kaum sichtbar sind, so daß dort alle deutschen Schriftsteller der Epoche als Romantiker gelten. Von Herder bis Heine reicht in der englischen oder spanischen Sicht die deutsche Romantik. Und Goethe ist dann der bedeutendste deutsche Romantiker, wie etwa Ortega y Gasset meint.

Nun sollten mit diesem alle Autoren umfassenden Begriff der Romantik nicht alle Unterschiede eingeebnet werden, sie müßten erst durch genauere Untersuchung herausgearbeitet werden. Natürlich gibt es eine aufklärerische Tendenz, eine transzendentalphilosophische und transzendentalpoetische Tendenz, eine volkstümlich-nationale Tendenz, eine religiös-ständestaatliche Tendenz. Doch sieht man sich die einzelnen Autoren an, wird die Einordnung wieder schwierig.

Gerade die Hinwendung zum Volk als dem eigentlichen Subjekt der Poesie ist ein Ergebnis der Französischen Revolution und gar nicht reaktionär. Die Brüder Jacob und Wilhelm Grimm etwa waren weder Nationalisten — sie gaben auch eine serbische Grammatik heraus und spanische Sagen — noch Reaktionäre. Sie gehörten schließlich zu den Göttinger Sieben, deren Protest mit Berufsverbot und Ausweisung beantwortet wurde; Jacob saß im Frankfurter Paulskirchen-Parlament.

Selbst der späte Friedrich Schlegel ist nicht ohne weiteres ein Anhänger der Politik Metternichs. Seine politischen Vorstellungen waren andere, doch konnte er sie in Wien ebenso wenig durchsetzen, wie Goethe seine Vorstellungen Jahre zuvor in Weimar.

Novalis sah zwar seine Utopie in einem idealisierten Mittelalter, das nie existiert hatte, doch war ihm deutlich, daß diese Utopie nicht zu realisieren sei. So weltfremd war er nicht.

Karl Marx sah sein Ideal des Ur-Kommunismus in der Steinzeit. Man wird ihn deshalb nicht sogleich als reaktionär einstufen. Seine Geschichtsvorstellung ähnelt im übrigen sehr stark der von vielen Romantikern, etwa der von E. T. A. Hoffmann in »Der goldene Topf« dargestellten. Formuliert hat diese Geschichtsvorstellung der romantische Naturphilosoph Gotthilf Heinrich Schubert als die »Drei-Epochen-Lehre«. Die erste Epoche ist demnach ein ursprünglicher Zustand der Einheit des Menschen mit der Natur. Aus diesem Zustand sind wir durch Entzweiung mit der Natur und uns selbst, die nicht zuletzt von der zergliedernden Vernunft herbeigeführt wurde, in die jetzige Epoche geraten, die von Zerrissenheit und von »Entfremdung« bestimmt wird. Aus diesem jetzigen

Zustand werden wir eines fernen Tages in die dritte und letzte Epoche finden: in eine neue Einheit mit der Natur, allerdings auf einer höheren Stufe als der ursprünglichen.

Entspricht dies nicht ziemlich genau der Geschichtsvorstellung von Karl Marx, dem Ur-Kommunismus, der »Entfremdung« und dem Antagonismus der Klassengesellschaft und der Utopie des neuen Kommunismus? Ist Marx ein Romantiker? Und war Marx weltfremder als viele Romantiker, weil er im Gegensatz zu diesen der Meinung war, die Utopie sei bald zu verwirklichen?

Die Fragen mögen genügen. Sie wollen ein verbreitetes Vorurteil erschüttern und zu genauerer Betrachtung der Romantik einladen. Die genauere Betrachtung kann nur am einzelnen Autor ansetzen. Deshalb soll hier E. T. A. Hoffmann untersucht werden.

An Hoffmanns Aktualität in der Literatur des 19. und 20. Jahrhunderts kann kein Zweifel sein, insofern ist an seinem Beispiel die Aktualität der Romantik leicht zu belegen. Von Balzac, Poe und Baudelaire über Gogol und Dostojewskij zu den Serapionsbrüdern von Leningrad und den französischen Surrealisten geht sein Einfluß. Unter drei Aspekten soll sein Werk betrachtet werden: Politik, Psychologie und Poetik.

Klein Zaches — eine negative Utopie

»Klein Zaches genannt Zinnober«, 1819 veröffentlicht, wird im Untertitel als Märchen bezeichnet. Das Märchen ist eine Gattung, in der Feen und Magier und Gnome auftreten dürfen, ohne sich weiter rechtfertigen zu müssen, und eine Gattung, die ein gutes Ende hat. An beide Regeln hat Hoffmann sich immer gehalten. Auch das Märchen von dem kleinen Monstrum, das Zinnober genannt wurde und das im aufgeklärten Staat den höchsten Posten erreichte: den eines »geheimen Spezialrats«, hat schließlich ein gutes Ende.

Das aufgeklärte Fürstentum, das Hoffmann im Märchen karikiert, ist keines, das ohne weiteres historisch unterzubringen wäre. Es ist ein aufgeklärter Absolutismus gewiß, aber nicht unbedingt einer der Vergangenheit. Eine kleine Minderheit ist überzeugt davon, im Besitze der Wahrheit zu sein; mit dieser muß sie die übergroße Mehrheit der Bevölkerung, ob die es nun will oder nicht, unbedingt glücklich machen. Diese Konstellation gehörte weder zu Hoffmanns Lebzeiten noch gehört sie zu unseren Lebzeiten der Vergangenheit

an. Hoffmanns aufgeklärter Absolutismus ist jedenfalls kein rein aristokratischer.

Als Fürst Paphnutius nach dem Tode seines Vaters die Herrschaft antritt, beschließt er zunächst, endlich einmal zu regieren. Die Regierung seines Vaters war nämlich dadurch als besonders wohltuend aufgefallen, daß man sie nicht bemerkte. Hoffmann läßt hier sein politisches Ideal durchblicken: die beste Politik ist die, die man am wenigsten bemerkt.

Daraufhin ernennt Paphnutius seinen Kammerdiener (!) Andres zum ersten Minister. Dieser schlägt vor, endlich die Aufklärung einzuführen. Der Bürger, der Plebejer gar, schlägt also vor, die Aufklärung einzuführen. Dies ist ein wichtiger Gesichtspunkt, der gerne von Interpreten, die dieses Märchen als Kritik am aristokratischen Staat auffassen, übersehen wird. Auch die wichtigen Stützen des aufgeklärten Staates sind Bürger: nicht zuletzt der Professor Mosch Terpin, eine Verkörperung der modernen Naturwissenschaft.

Kammerdiener Andres zum Fürsten: »Ehe wir mit der Aufklärung vorschreiten, d. h. ehe wir die Wälder umhauen, den Strom schiffbar machen, Kartoffeln anbauen, die Dorfschulen verbessern, Akazien und Pappeln anpflanzen, die Jugend ihr Morgen- und Abendlied zweistimmig absingen, Chausseen anlegen und die Kuhpocken einimpfen lassen, ist es nötig, alle Leute von gefährlichen Gesinnungen, die keiner Vernunft Gehör geben und das Volk durch lauter Albernheiten verführen, aus dem Staate zu verbannen.«

Die Einführung der fortschrittlichen Maßnahmen wird verknüpft mit dem Kampf gegen die »Feinde der Aufklärung«, das sind die Vertreter der Phantasie und der Poesie, hier in den Feen verkörpert.

Nun läßt sich das natürlich als Anspielung auf historische Staaten lesen, wir können es aber auch unschwer als aktuelle Anspielung begreifen. Dann wird der hier von Hoffmann skizzierte Staat zur negativen Utopie, zur abschreckenden Warnung vor einem Staate, in dem rigoros die Vernunft regiert, d. h. das, was die Regierenden, die niemand kontrolliert, für die Vernunft halten. Die Poeten werden des Landes verwiesen, wenn sie mißfällig sind; der Vergleich mit der heutigen »Deutschen Demokratischen Republik« liegt sehr nahe.

Was zurück bleibt als offizielle Repräsentanz von Schönheit und Kunst ist ein kleines Scheusal, hier im Gnom Zinnober verkörpert, den alle eines Zaubers wegen für den Urheber aller Wohltaten, die geschehen, zu halten gezwungen sind. Nur Beifall ist ihm gegenüber erlaubt. Der Gnom, ein Ausbund an Mißgunst und Scheußlichkeit, könnte als Allegorie des »sozialistischen Realismus« genauso wie als Allegorie der verkrüppelten Trivialkunst der westlichen Massenmedien betrachtet werden. Zugleich wird Zinnober zum Sinnbild des Regierenden, der alles, was geschieht, sich selber zuschreibt, sofern es positiv ist; nicht nur im »Personenkult« der Stalinzeit kam solches vor.

Prosper Alpanus, ein Magier, war zeitweise im Staate folgendermaßen tätig: »Ich bewies, daß ohne des Fürsten Willen es niemals donnern und blitzen müsse, und daß wir schönes Wetter und eine gute Ernte einzig und allein seinen und seiner Noblesse Bemühungen verdanken, die in den inneren Gemächern sehr weise beratschlagt, während das gemeine Volk draußen auf dem Acker gepflügt und gesäet«. Nicht die pflügen und säen, sondern die im Büro sitzen, haben den unverdienten Gewinn an der Arbeit!

Prosper Alpanus ist im übrigen ein guter Magier und dank seiner Hilfe — wir sind in einem Märchen — nimmt die negative Utopie ein gutes Ende. Prosper gelingt es, die Fee Rosabelverde zu überreden, den bösen Zauber zu brechen. Aus Mitleid hatte die Fee nämlich den Zinnober, da sie ihn nicht schön und klug machen konnte, mit dem Zauber versehen, daß alle ihn für schön und klug hielten. Auch hier ist es also eine Fee, eine Kraft der Phantasie, die wirkt, allerdings eine ins Ungute verdrehte.

Durch Prosper wird alles wieder an seinen rechten Platz gebracht. Zinnober verliert seine Macht. Das Volk steht auf und rebelliert gegen das Scheusal, das schließlich stirbt. Es erhält immerhin ein Staatsbegräbnis.

Ein Wort noch zum Professor Mosch Terpin, der die analytische Naturwissenschaft verkörpert. Er hat die »ganze Natur in ein niedliches Kompendium zusammengefaßt, so daß er sie bequem nach Gefallen handhaben konnte«, heißt es. Hoffmann konfrontiert diesen Professor mit einem jungen poetischen Gemüt, dem Studenten Balthasar, dem sich die Natur auf ganz andere Art aufschließt. Es ist kein Zweifel, daß Hoffmanns Sympathie auf der Seite des Poeten ist. Vor den Experimenten des Professors faßt den Studenten ein Grauen, er hält sie für eine Verhöhnung des göttlichen Wesens der Natur.

Hier werden zwei Haltungen zur Natur gegenübergestellt, Hoffmanns Parteinahme zur poetischen, die sich mit der Natur verbunden weiß, wird heute nach all den Debatten um den Umweltschutz mehr Verständnis finden als in früheren Generationen. Sein Grauen vor der Unterwerfung der Natur, der Zerstörung der Natur, zunächst im Experiment, dann in der (von Hoffmann geahnten) Technik, wird allmählich auch unseres.

Dabei wird am Schluß deutlich, daß die beiden Haltungen zu einer Versöhnung finden können, wenn die Poesie dominiert und die experimentelle Naturwissenschaft sich der verehrenden Naturbetrachtung unterordnet. Balthasar heiratet zum Ende die Tochter Mosch Terpins, die Candida, also die Kluge heißt. Wo Poesie und Weisheit sich verbinden, kann das Gute dann gedeihen.

Atlantis — eine positive Utopie?

Balthasar und Candida ziehen auf das Landgut, das Prosper ihnen überlassen hat. Dort führen sie eine normale, wenn auch sehr glückliche Ehe, denn die Fee Rosabelverde hat Candida einen Halsschmuck geschenkt, der alle kleinen Verdrießlichkeiten des Alltags verscheucht.

Auch das »Capriccio« genannte Märchen »Prinzessin Brambilla« endet mit der Ehe der beiden jungen Schauspieler, die weiterhin auf einem kleinen Theater Roms Schauspieler sind, wenn auch solche eines höheren Bewußtseinsgrads als zuvor.

Und auch »Meister Floh«, Hoffmanns letztes Märchen, im Jahr seines Todes 1822 veröffentlicht, endet mit der Heirat des Peregrinus Tyss und der Frankfurter Handwerkstochter Röschen Lämmerhirt. Feen und Geister, die die Wege aller Figuren begleiten, lassen sie am Schluß in ihrem irdischen Leben allein.

Nicht so in »Der goldene Topf«, Hoffmanns erstem Märchen, 1814 veröffentlicht. Dort endet der junge Poet Anselmus auch in der Ehe, aber in der Ehe mit einem Geisterwesen, das als Schlange Serpentina auftritt. Und der künftige Aufenthaltsort der Eheleute ist nicht Dresden, wo bis dahin die Geschichte spielte, sondern die sagenhafte Insel Atlantis. Ist dieses Atlantis die positive Utopie im Werk Hoffmanns? Einiges spricht dagegen.

Einmal spricht dagegen, daß Hoffmann späterhin seine Helden in der irdischen Hälfte seiner »Duplizität« mit einer irdischen Frau enden ließ. Zum andern spricht die Ironie im letzten Kapitel, der 12. Vigilie des »goldenen Topfes« dagegen.

Dort tritt der Ich-Erzähler hervor, um dem Leser seine Schwierigkeiten zu gestehen. Es ist ihm unmöglich, das glückliche Leben auf Atlantis zu schildern. Wie sollte es auch möglich sein, hier in der engen Begrenztheit unseres Lebens Zureichendes über das Leben jenseits dieser Begrenztheit zu sagen?

Der Ich-Erzähler wendet sich deshalb an den Archivarius Lindhorst, der einerseits ein in Dresden lebender Archivar, andererseits ein Geisterfürst und Salamander ist und der Vater der Serpentina. Bei ihm ist Anselmus in die Schule gegangen. Erst als er dank der Anleitung des Archivars in der Lage war, die »Hieroglyphen« der Natur zu lesen, und erst als er die Versuchung eines spießbürgerlichen Hofratslebens entschieden zurückgewiesen hatte, erst dann war er reif geworden für das Reich der Poesie in Atlantis.

Tatsächlich kann der Erzähler seine von ihm selbst erfundene Figur, den Archivar und Salamander, dann treffen. Die erfundene Figur macht nun dem Erzähler seine eigene Erfindung anschaulich, nämlich die Insel Atlantis. Hier wird die »romantische Ironie« in der Vertauschung von Erzähler und fiktiver Figur ersichtlich: die Erzählung wird als Erzählung problematisiert und reflektiert. Damit wird zugleich zum Ausdruck gebracht, daß das sagenhafte Atlantis nirgendwo anders vorhanden ist als in der Poesie und nirgendwo anders dargestellt und erkannt werden kann als in der Poesie und nirgendwo anders verwirklicht werden kann.

Hoffmanns Atlantis ist also keine politische Utopie. Es ist eine Utopie, aber eine solche, die unerreichbar ist, d. h. die in der »äußeren Realität« nicht verwirklicht werden kann, sondern nur in der »inneren Realität«, also in der anderen Hälfte der »Duplizität«, dem »inneren Sinn«: »Still, still, Verehrter, klagen Sie nicht so! — Waren Sie nicht soeben selbst in Atlantis, und haben Sie denn nicht auch dort wenigstens einen artigen Meierhof als poetisches Besitztum ihres inneren Sinns«.

Der Erzähler lebt weiterhin in seinem engen Dachstübchen, von den Armseligkeiten des täglichen Lebens bedrängt, doch er hat diesen »inneren Sinn«, der ihm den Blick öffnet für anderes. Ist das weltfremd? Die äußere Realität wird deutlich wahrgenommen, doch wird sie nicht einfach akzeptiert. Der Traum vom anderen, vom besseren Leben wird ihr entgegengestellt. Eine Verwirklichung dieses Traums hier und jetzt wird jedoch nicht für möglich gehalten. Ist das weltfremd? Ist nicht vielmehr der Wunsch, jetzt und hier möge das Paradies auf Erden beginnen, weltfremd?

Nach der Erfahrung des Terrors der Französischen Revolution schrieb Hölderlin, ein Anhänger der Französischen Revolution, im »Hyperion«: »Immerhin hat das den Staat zur Hölle gemacht, daß ihn der Mensch zu seinem Himmel machen wollte«.

Diese Erfahrung steht, so scheint es, auch hinter Hoffmanns »negativer« und »positiver Utopie«, eine Erfahrung, die wir heute um den Terror der totalitären Staaten unseres Jahrhunderts ergänzen können.

Der Verzicht auf die trügerische Hoffnung eines irdischen Paradieses bedeutet jedoch nicht Verzicht auf Kritik an den bestehenden politischen Zuständen. Das hat Hoffmann gezeigt — in seinem Leben und in seinem Werk. In seinem Leben als Richter des Berliner Kammergerichts, der sich nicht an der Verfolgung der sogenannten »Demagogen« beteiligte, sondern die »Demagogen« der Verfolgung der Justizbehörden entzog, soweit es in seinen Kräften stand. Und in seinem Werk: im »Meister Floh« hat er eine Satire auf den preußischen Polizeistaat geschrieben — und nicht nur auf diesen —, was ihm Schwierigkeiten mit der Zensur und seinen Vorgesetzten brachte. Das Dispziplinarverfahren gegen ihn wurde nur eingestellt, weil er darüber verstarb.

Die Nachtseite der Natur

Das Mißtrauen der Romantiker gegen die Macht der Vernunft kam ja nicht von ungefähr, es kam aufgrund der Erfahrung der Ohnmacht der Vernunft: der Ohnmacht der Vernunft in der Geschichte, wie es sich im Verlauf der Französischen Revolution von »la terreur« über das Direktorium bis zu dem verrückten Imperialismus Napoleons und der dumpfen Restauration Metternichs gezeigt hatte. Und die Ohnmacht der Vernunft in der Natur des Menschen, dessen aggressiven, zerstörerischen Kräfte offen zu Tage traten.

Nun hatte ja auch die Aufklärung die Vernunft der Natur unterstellt: die vernünftige Natur war die letzte Instanz, die Vernunft gab sich in die Hände der Natur. Wie aber, wenn diese Natur nicht so vernünftig war, nicht so gut war, wie erhofft?

Die romantische Naturphilosophie sah nicht nur die »vernünftige Tagseite«, sondern auch die »dunkle Nachtseite« der Natur. »Ansichten von der Nachtseite der Naturwissenschaft« (1808) und »Die Symbolik des Traums« (1814) sind die beiden wichtigsten Werke des in der Romantik einflußreichen Gotthilf Heinrich Schubert. Die Nachtseite ist jedoch nicht nur die zerstörerische Seite, die des Wahnsinns, sie ist auch die Seite des Traums und der Ahnung einer anderen Welt. Beides ist miteinander verknüpft, weshalb wir bei Hoffmann die dämonische Kraft der Natur als zerstörerische fin- 59 den wie etwa in den »Elixieren des Teufels« und als schöpferische wie etwa in der »Prinzessin Brambilla«.

Laut Schubert ist die Sprache des Traums eine andere als die am Tage gesprochene Sprache. In dieser Sprache des Traums sei aber mehr Wahrheit als in der Sprache des Tages. Die unbewußten Kräfte« im Menschen seien dann wirksam, die noch einen unmittelbaren Zugang zur Natur haben. Ähnlichkeit mit der Sprache des Traums hat die Sprache der Poesie, sagt Schubert.

Bei Schubert, einem Schüler Schellings, wurde zu einer Zeit, in der die offizielle Psychologie die heute vergessene Schulweisheit der Aufklärung systematisierte, eine Psychologie angelegt, die uns heute vertraut ist in der Fassung, die sie in der Tiefenpsychologie Sigmund Freuds und C. G. Jungs gefunden hat. Odo Marquard hat auf die unterschwellige Tradition hingewiesen, die von Schelling, Schubert und Carus zu Freud hinführt. Schellings Schüler war der Physiologe Johannes Müller, dessen Schüler Ernst Brücke war ein Lehrer Freuds. Zwischen Schelling und Hoffmann gibt es eine direkte Beziehung über den Bamberger Arzt Marcus, mit dem Hoffmann in seiner Bamberger Zeit eng befreundet war. Marcus wiederum hatte Schelling bei dessen Bamberger Aufenthalt kennen gelernt und gab mit diesem zusammen die »Jahrbücher der Medizin als Wissenschaft« heraus. Hoffmanns Wahnsinnige sind nicht exaltierte Erfindungen eines Schriftstellers, der selber verrückt war oder zuviel Punsch trank, wie es manchmal heißt, sondern bewußte, rationale Konstruktionen. Hoffmann wußte durch Marcus u. a. und natürlich aus eigener Erfahrung von den Nachtseiten der menschlichen Natur. Er verschwieg sie nicht, er stellte sie dar, um das Gesamt der menschlichen Natur, die zerstörerischen und die schöpferischen Kräfte zu erfassen.

Der Mönch Medardus in »Die Elixiere des Teufels« ist in entsetzliche Verbrechen verstrickt; er kann der dunklen Macht, die in seinem Leben waltet, nicht Herr werden. Hoffmann hat als »Herausgeber« den Aufzeichnungen des Mönchs ein Vorwort vorangestellt: »Es kann auch kommen, daß das gestaltlos Scheinende, sowie du schärfer es ins Auge fassest, sich dir bald deutlich und rund darstellt«. Und es ist ihm, »als könne das, was wir insgemein Traum und Einbildung nennen, wohl die symbolische Erkenntnis des geheimen Fadens sein, der sich durch unser Leben zieht, es festknüpfend in allen seinen Bedingungen«.

Um die Erkenntnis dieses »geheimen Fadens« geht es ihm um die Möglichkeit, Herr seines eigenen Lebens zu werden. Das gelingt Hoffmanns Figuren nie allein, immer ist ihnen eine leitende Figur übergeordnet. Hier ist es am Ende von des Medardus Leben ein Prior, der ihn dazu bringt, sein vergangenes Leben in allen Einzelheiten aufzuschreiben: »Keinen der merkwürdigen Vorfälle, auch selbst der unbedeutenderen, vorzüglich nichts, was dir im bunten Weltleben widerfuhr, darfst du auslassen ... aber hat der Geist des Bösen dich ganz verlassen, hast du dich ganz vom Irdischen abgewendet, so wirst du wie ein höheres Prinzip über alles schweben«.

Die Aufzeichnung dient dem nochmaligen Durchleben des Vergangenen und dies wiederum dessen Überwindung: es ist Therapie. Therapie, die auf andere Weise in der »Prinzessin Brambilla« auch dem Schauspieler Giglio zuteil wird, diesmal durch den »Scharlatan« Celionato.

Die merkwürdigen Magier und Meister Hoffmanns, die immer die beherrschenden Figuren seiner Erzählungen sind, finden hier eine rationale Erklärung: der Archivar Lindhorst, Prosper Alpanus, Meister Floh, Celionato, aber auch die bösen Meister wie Coppelius in »Der Sandmann«. Sie verkörpern einmal die Erkenntnis, daß das Bewußtsein nicht allein Herr des Lebens ist, daß andere Kräfte in unserem Innern mitwirken, mit Freud gesprochen: »Es« und »Über-Ich«, mit Jung gesprochen »Schatten« und »anima«. Zum andern sind sie aber auch Lehrer und Therapeuten, die ihre Klienten an der Hand nehmen und sie aus der Misere herausführen. Wodurch? Durch Selbsterkenntis. Das ist am schönsten wohl in der »Prinzessin Brambilla« dargestellt, wo zugleich die therapeutische Kraft der Kunst gezeigt wird, die dem Menschen einen Spiegel vorhält, der ihn verzerrt widergibt, so daß er sich lachend erkennen kann.

Ein Katechismus der Ästhetik

Charles Baudelaire hat in seinem Essay »De l'essence du rire« (1855) die »Prinzessin Brambilla« einen Katechismus der hohen Ästhetik genannt. Das »Capriccio« ist zu kompliziert, als daß es hier referiert werden könnte. Nur so viel: Die beiden jungen Leute Giglio und Giacinta sind in Traumbilder verliebt und halten sich selbst für andere als sie sind, nämlich für Prinz und Prinzessin. Giglio ist zudem der Meinung, daß seine heroische Darstellung der tragischen Helden auf dem Theater der Gipfel der dramatischen Kunst sei. In Wirklichkeit aber ist er als tragischer Held unfreiwillig komisch. Die Therapie des Celionati besteht nun darin, die beiden zur Erkenntnis ihrer selbst zu bringen und dazu, sich zu akzeptieren, wie sie sind. Und Giglio muß vom unfreiwillig Komischen zum freiwillig Komischen gebracht werden; die Kraft, über sich selbst lachen zu können, muß er finden; es ist dieselbe Kraft, die ihn zu seiner Identität als Mensch *und* zu seiner Identität als Künstler bringt. Die Figuren der Commedia dell'Arte, die Hoffmann bei Carlo Gozzi, der hier mehrmals zitiert wird, kennen gelernt hat, verhelfen zum Lachen.

Celionati am Schluß: »In der kleinen Welt, das Theater genannt, sollte nämlich ein Paar gefunden werden, das nicht allein von wahrer Phantasie, von wahrem Humor im Innern beseelt ist, sondern auch imstande wäre, diese Stimmung des Gemüts objektiv, wie in einem Spiegel zu erkennen und sie so ins äußere Leben treten zu lassen, daß sie auf die äußere Welt, in der jene kleine eingeschlossen ist, wirke wie ein mächtiger Zauber«.

Wir sehen hier wieder in schöner Konsequenz — und kein Widerspruch ist weit und breit! — die Vorstellung von der »inneren Welt« der Phantasie und von der »äußeren Welt« des Lebens, und wiederum wird die Kunst — diesmal nicht die Poesie, sondern das Theater — vermittelnd dazwischengeschaltet. Die Kunst wird hier in ihrer ästhetischen Funktion, die zugleich ihre soziale Funktion ist, definiert: als »verfremdende«, verzerrende Darstellung, die dem Lachen und im Lachen der Selbsterkenntnis und der Therapie nützt.

Die Romantiker und wieder beispielhaft Hoffmann haben die ästhetische und soziale Funktion der Literatur gesehen und die Mittel erörtert und erprobt, die dieser Funktion dienen. Es sind die Mittel, die seitdem als typisch für die moderne Literatur gelten.

Die Reflexion des Erzählens in der Erzählung haben wir bereits kurz an der 12. Vigilie des »goldenen Topfes« kennengelernt. Die Erzählweise, mit der üblicherweise das Material ausgebreitet wird, hat Hoffmann nirgends so radikal bewußt gemacht wie in seinem letzten Roman »Lebens-Ansichten des Katers Murr nebst fragmentarischer Biographie des Kapellmeisters Johannes Kreisler in zufälligen Makulaturblättern«. Im Titel ist das Prinzip der Erzählung schon ausgesprochen, wir würden es heute Montage nennen: die Autobiographie des gebildeten Katers wird unvermittelt und immer wieder mit Bruchstücken der Lebensgeschichte des Musikers Kreisler konfrontiert. Die »Willkür« der Konfrontation von Pseudo-Künstler Murr und wahrem Künstler Kreisler wird dadurch motiviert, daß der Kater auf Makulaturblättern der Biographie Kreislers schrieb.

Claudio Magris sieht bei Hoffmann das Prinzip der Verfremdung wirksam, das von dem russischen Formalisten Viktor Šklovskij erst hundert Jahre nach Hoffmann theoretisch formuliert wurde. Mit diesem Zitat schließt sich der Kreis zwischen den Serapionsbrüdern von Berlin und denen von Leningrad. Magris: »Wenige Schriftsteller beherrschen die Verfremdung, über deren Theorie Viktor Šklovskij handelt, so meisterhaft wie Hoffmann als künstlerische Technik, um ›das Objekt der Automatik des Wahrnehmens zu entziehen‹ und es danach mit neuen Augen zu sehen. Auch diese Verfremdung setzt das Vorhandensein einer wirkenden Realität voraus, aber sie sieht sie nicht mehr als etwas Einheitliches und Vollendetes an, sondern als etwas Zerstörtes: ›brockenweise mitgeteilte Nachrichten‹, um aus ›Kater Murr‹ zu zitieren. Hoffmanns Objektivität ist so radikal und historisch genau, daß er jede idealisierende Synthese des chaotischen Materials, das ja gerade die authentische Wirklichkeit darstellt, zurückweist. Anstatt die Welt in einen Traum und den Traum in eine Welt zu verwandeln oder in Märchenländer auszuweichen, nimmt Hoffmann das formlose Magma, das das Leben des Menschen ist, zum Maßstab. Was in diesem Rechenschaftsbericht zerbricht, ist in erster Linie die ›schöne chronologische Ordnung‹. Lange vor Joseph Conrad erfaßt er ein Wesenselement des modernen Romans«.

Und heute?

Nur zwei Hinweise. Das erfolgreichste deutsche Buch der letzten Jahre ist eine Hoffmann-Imitation. Es heißt »Unendliche Geschichte« und erzählt von einem Jungen, der in einer Hoffmannschen »Duplizität« lebt, in der Phantasie *und* in der äußeren Realität. Von 1979 bis 1981 wurden über 500 000 Exemplare dieses Buches verkauft, es wird in rund 20 Sprachen übersetzt. Der Autor Michael Ende auf die Frage, ob er Romantiker sei: »Ich knüpfe ganz bewußt an romantische Traditionen an«.

Auch die zweite Geschichte könnte von E. T. A. Hoffmann sein, sie ist aber der Wochenzeitung »Die Zeit« vom 5. Juni 1981 entnommen. Ein Student mit poetischem Gemüt, der den Menschen als Teil der Natur sieht, gerät in Streit mit seinem Biologie-Professor, der den Menschen als Herrn der 61

Natur sieht. Der Student züchtet im botanischen Garten die schönsten Tomaten, die der Professor zerstört, indem er sie extremer Kälte und Hitze aussetzt, die nirgendwo auf der Erde vorkommen. »Seine (des Studenten) kritische Fragen, in denen er die Lebensfeindlichkeit der Technik und den Drang der Naturwissenschaft, alles zu zergliedern und darüber den Blick für die Einheit zu verlieren, anprangerte, stießen bei dem Professor auf Unverständnis«.

Der 21 Jahre alte Student Walter Oswalt ist Abgeordneter der Partei der »Grünen« im Frankfurter Stadtparlament. Er sagt: »Der Mensch der Neuzeit will sich selbst als unveränderlichen, archimedischen Punkt setzen, von dem aus er das Weltall aus den Angeln heben kann. Der Preis dafür ist, daß er das Leben nicht mehr als Ganzes erfahren kann und es so fast zwangsläufig zerstört«. Den Endpunkt dieser Entwicklung sieht er in der Atombombe, jener »Möglichkeit des absoluten Todes, die die Folge der totalen Beherrschung durch totale Zergliederung ist«.

Literaturhinweise

G. Drohla (hrsg.), Die Serapionsbrüder von Leningrad, Frankfurt a. M. 1963

V. Meyerhold, Theaterarbeit 1917 bis 1930, hrsg. v. R. Tietze, München 1974 (Dieser Band verschweigt sowohl die Hoffmannschen Anfänge Meyerholds als auch seine Ermordung und die seiner Frau.)

G. Lukács, Fortschritt und Reaktion in der deutschen Literatur, Berlin 1947

K. Günzel (Hrsg.), E. T. A. Hoffmann. Leben und Werk in Briefen, Selbstzeugnissen und Zeitdokumenten, Berlin/ DDR 1976 und Düsseldorf 1979 (Eine gute Dokumentensammlung, deren Vorwort jedoch über Lukács nicht hinausgekommen ist.)

G. Hoffmeister, Deutsche und europäische Romantik, Stuttgart 1978 (Sammlung Metzler 170)

O. Marquard, Über einige Beziehungen zwischen Ästhetik und Therapeutik in der Philosophie des neunzehnten Jahrhunderts, in: Materialien zu Schellings philosophischen Anfängen, hrsg. v. M. Frank und G. Kurz, Frankfurt a. M. 1975 (Suhrkamp Taschenbuch Wissenschaft 139)

R. Heine, Transzendentalpoesie. Studien zu Friedrich Schlegel, Novalis und E. T. A. Hoffmann, Bonn 1974

C. Magris, Die andere Vernunft. E. T. A. Hoffmann, Königstein 1980

Hellmut Kühn
»Wie sich die Gefühle drängen«.
Versuch über den musikliebenden Bürger in Preußens Hauptstadt

»Singt alte liebe Lieder«

1

Als Goethe zwanzig Jahre nach dem brüderlichen Du letztmalig an Carl Friedrich Zelter schrieb, der Dichterfürst an den spiritus rector des Berliner Musiklebens, der Schauende an den Tätigen — beide starben im Frühjahr 1832 —, teilte er einen wunderlichen Gedanken mit: »Ich möchte wirklich, zum Scherze, Dir einmal, wenn Du mit Deinen lebendigen Jünglingen lebenstätige Chöre durchprüfst, einen uralten Elephanten-Backzahn aus unsern Kiesgruben vorlegen, damit Ihr den Kontrast recht lebhaft und mit einiger Anmut fühlen möchtet.« Versunken in fossile Zeugnisse und staunenswerte Altertümer, »hauptsächlich in der Vergangenheit, weniger in der Zukunft und für den Augenblick in der Ferne« lebend, einen antiken Fund begutachtend, vergleicht er in diesem Brief seine Tätigkeit mit der des vielgeprüften und bravurös bestandenen Freundes. Und er sieht den Kontrast zwischen dem Vergangenen, welches den Boden uns entreißen kann und in der Lebensspirale nach unten ins längst vergessen Geglaubte rutschen läßt, und dem Unvergehbaren, weil nur als Gegenwärtiges vorhanden: zwischen der ins Altertum verweisenden Kunst und der im jeweiligen »Itzt«, wie Hegel sagt, erfüllten Musik. Daher kann das Prüfen der Chöre mit den lebendigen Jünglingen in der Art des Felix Mendelssohn Bartholdy nie schwankend machen, verliert sich der in der Musik Lebende nicht im Vergangenen, sondern bewährt sich im erfüllten Moment. Auf die philosophische, dem Anschauen, nicht dem abstrakten Gedankenspiel verpflichtete Weise zieht Goethe in diesem letzten Brief an Zelter eine Summe: Er bringt die Erfahrungen mit Musik in die allgemeine *Anschauung* wie Hegel diese auf den *Begriff*. Zelter und Hegel seien daher die Menschen, deren Werk ihm, Goethe, Genüge getan habe, in der konkreten Erfüllung des musikalisch erfahrenen Moments wie in der tiefsinnigen Kombinatorik des Absoluten in den Begriffen des zum Zeitpunkt des Briefes bereits verstorbenen Philosophen, Opfer der in Berlin wütenden Cholera.
Musik bedeutete dem für die Berliner Kultur so überaus wichtigen Dichter zunehmend viel. »Erstaunlich viele späte Werke«, sagt Emil Staiger in seiner umfangreichen Monographie, »endigen musikalisch«, und Musik bedeutete dem Dichter Trost. Er konnte durch seine Sprachgewalt das Gemütergreifende dieser Kunst fassen, aber nicht das Kunstvolle, die musikalische Sprache. Zwar hatte er analog zur Farbenlehre eine Tonlehre zu schreiben vorgehabt und zum Ansporn auch ein Schema an nicht übersehbarer Stelle angebracht, aber ausfüllen konnte er es trotz des musikkundigen Berliner Freundes nicht. So scheint denn Musik ihm zunehmend als Gefühlssturm auf, etwa in der »Trilogie der Leidenschaften«:
»Da schwebt hervor Musik mit Engelschwingen,
Verflicht zu Millionen Tön' um Töne,
Des Menschen Wesen durch und durch zu dringen,
Zu überfüllen ihn mit ew'ger Schöne;
Das Auge netzt sich, fühlt' im höhern Sehnen
Den Götterwert der Töne wie der Tränen«.

Kein Wunder das im Umkreis niedergeschriebene Bekenntnis gegenüber Zelter, dem Leiter der Berliner Singakademie: »Ich bin völlig überzeugt, daß ich im ersten Takte Deiner Singakademie den Saal verlassen müßte.«
Gegen diese Kraft der Musik gab es natürlich ein Mittel, und Goethe kannte es: die durch kundige Hand erlernte Kunstübung selbst, die Kennerschaft. Was dem Ungeübten bloße Tränen hervorpreßt, erweist sich dem Kundigen als sorgfältig geordnetes vielfältig bezogenes Werk. Gefühl und Gestalt kamen für ihn im Gesang zusammen. Daher forderte Goethe in einer Zelter gewidmeten Kantate die Berliner Sänger auf, sie sollten in Chören erschallen lassen, wie sich die Gefühle drängen.

2

Geht es in diesen Briefen um zwei Personen und sonst nichts? Oder suchen die musizierenden Bürger Gleiches? Galt Musik nur dem weisen Dichter als »Gesundheit des Moments« und fand nur er im musizierenden Freund den Gleichklang von Gedanken? Ist Zelters Feststellung, daß »ein schönes Leben . . . nichts anderes als eine Reihe glücklicher Momente« sei, nur ihm eigen? Suchten auch die Mitglieder der gehobenen Schichten des Bürtertums im Schönen die Identität von Tätigkeit und Genuß als Übereinstimmung zweier Maximen des bürgerlichen Lebens, die nur hier einander bedingten, anders als im müßiggängerischen Adel, anders als im Kapitalisten als Raffke? Wäre der Aufstieg der Musik im 19. Jahrhundert gerade in Deutschland zu einer die Masse durchdringenden Kunst, wären die Scharen von Frauen und Männern am Klavier, mit Violine oder Violoncello in der Hand, mit aufgerissenen Mündern in den rasch entstehenden Chorvereinigungen, wären die rasch wachsenden Zuschauerzahlen in den Opernhäusern und Konzertsälen, die zum Himmel getürmten Stapel von Notenblättern, die schneller wuchsen als respektable Komponisten überhaupt schaffen konnten — wären alle diese Zeugnisse der faktische Niederschlag jener Sehnsucht nach der Identität von Tätigkeit und Genuß, die den fleißigen Bürger zum Liebhabermusiker macht? Und wäre diese Sehnsucht ein Siegel der Realität, in welcher die Identität längst aufgehoben war? Wurde in Musik, im Tönen dieser freundlichen, noch im dürftigsten Stück der Idee einer Harmonie folgenden Kunst für den Moment verbunden, was in der Dauer des Alltags sich längst selbst als Ideal verflüchtigt hatte? Und weiter: Wäre der auffallende Unterschied, daß die Frauen die Mehrzahl der dilettierenden Musiker, die Männer die Mehrzahl der professionellen Musiker stellten, das erste aber sichere Zeichen einer Resignation? Mußte zwischen dem Nützlichen und dem Schönen sorgfältig unterschieden werden im Sinne einer Arbeitsteilung nicht nur im Beruf, sondern gar in der Freizeit?

3

»Die Wiege der Gesellschaft«, sagt Zelter in seiner Biographie vom Leben und Denken des Gründers der Singakademie Karl Christian Friedrich Fasch, »war das Haus eines der edelsten und rechtschaffensten Männer von Berlin gewesen. Der anständige, freie, freundliche deutsche Ton dieses Hauses war der Ton der Gesellschaft geworden und ist es geblieben. Jeder Fremde und jedes hinzutretende Mitglied fand darin etwas, wo die Tugend gern verweilt: Aufmerksamkeit ohne sichtbare Anstrengung, Schönheit ohne Vorzug, Mannigfaltigkeit aller Stände, Alter und Gewerbe, ohne affektierte Wahl; Ergötzung an einer schönen Kunst, ohne Ermüdung; ein freundliches, wohlverziertes, geräumiges Zimmer; die Blüte des schönen Berlins«, sagt Zelter weiter und kann dabei an seine Frau, Julie Pappritz, denken, die er in der Singakademie kennenlernte, »die Jugend und das Alter, den Adel und den Mittelstand; die Freude und die Zucht; den Vater und die Tochter; die Mutter mit dem Sohn und jede Vermischung von Geschlechtern und Ständen, die, gleich einem Blumengarten im Früh-

ling, den feinsten Sinn bildsamer und gebildeter Menschen nur ergötzen kann. Diese Gesellschaft erschuf und erzog sich selber; regierte, ernährte, richtete und beschützte sich selber; ohne weite Pläne, ohne Förmlichkeit und strenge Justiz«. Für die Gründung der Singakademie gilt jene Trennung der Geschlechter, die Sehnsucht als Triebfeder der Musikübung nicht, welche behauptet worden sind. Vielmehr ist der Verein geprägt durch die Tendenz zur Exklusivität. Er war exklusiv in Hinsicht der ersten Mitglieder, des Leiters und des Musikprogramms. Die ersten Mitglieder waren Angehörige der hohen Beamtenschicht und professionelle Musiker, der Leiter war ein feinsinniger hypochondrischer Cembalist, der von Kindheit an kränkelnd zurückgezogen lebte und seine Mußestunden mit der Komposition von Chören verbrachte, und das Musikprogramm des Vereins war gerichtet auf eine ganz bestimmte Musik, nämlich eine für Chor allein geschriebene vorwiegend aus älterer Zeit stammende Musik, welche langwierige Proben forderte und einen zurückhaltenden Vortrag in ständigem Kontakt mit dem Leiter am Klavier, der die Intonation stützte. Keineswegs ein Schmettern aus voller Brust, eher ein vorsichtiger, aber durch die allmählich sich einstellende Reinheit der Intonation schöner Gesang, kein Gefühlssturm, sondern ein moderates Tönen. »Ohne allen Schmuck, ohne melodischen Schwung folgen meistens vollkommene, konsonierende Akkorde aufeinander, von deren Stärke und Kühnheit das Gemüt mit unnennbarer Gewalt ergriffen und zum Höchsten erhoben wird« (E. T. A. Hoffmann).

Solche Musik war aus dem Geiste der Tonkunst, wie er in den Musikphilosophien beschrieben worden war, und ihr Zweck stand fern jeder Art bürgerlicher Institution. Auch fern der Kirche. Was an religiöser Stimmung in dieser Musik transportiert wurde, galt einer subjektiven Frömmigkeit, und obwohl die Singakademie ausschließlich geistliche Musik sang, wirkte sie nicht in der Kirche, sondern sie zog das in der Kirche Erfahrbare, das Religiöse in ihren einzig der Kunst geweihten Zweck. Sie förderte die Moralität: Achtung, Neigung, Vertrauen, förderte bürgerliche Tugenden: Rücksichtnahme, Pünktlichkeit, Pflichtbewußtsein, Opfersinn, aber sie förderte auch das Künstlerische. Denn diese Musik war neu, auch als alte Musik: neu im Sinne eines neuartigen Klanges, der in den vorausgegangenen Zeiten im konzertierenden Prinzip, in der Orchestrierungstechnik der Mischung des Unvermischbaren — Flöte, Trompete und Violine verbindet beispielsweise Johann Sebastian Bach

— untergegangen war und in der aufsteigenden Instrumentalmusik keine Unterstützung finden konnte. In solchen reinen Klängen konnte ein ästhetisches Ideal erkannt werden, das sich nicht des erborgten Schimmers schämen mußte, sondern wiedergefunden auf eine besondere Weise das Wesen der Musik im konkreten Klang aussprach. E. T. A. Hoffmann konnte daher mühelos die Tendenz der neuen Kirchenmusik außerhalb der Kirche verbinden mit dem »forttreibenden Weltgeist« in den anderen musikalischen Gattungen. »Nun ist es aber gewiß, daß dem heutigen Komponisten kaum eine Musik anders im Innern aufgehen wird, als in dem Schmuck, den ihr die Fülle des jetzigen Reichtums gibt. Der Glanz der mannigfachen Instrumente, von denen manche so herrlich im hohen Gewölbe tönen, schimmert überall hervor: und warum sollte man die Augen davor verschließen, da es der forttreibende Weltgeist selbst ist, der diesen Glanz in die geheimnisvolle Kunst des neuesten, auf innre Vergeistigung hinarbeitenden Zeitalters geworfen hat?« E. T. A. Hoffmann kann die in Preußens Hauptstadt dominierende Kirchenmusik verbinden mit der Symphonik im Wien Ludwig van Beethovens und der Pariser Oper des Gaspare Spontini, und er kann das klare einfache Tönen der alten Musik eines Pierluigi da Palestrina verbinden mit den wunderbaren Klangvisionen des Mozartschen Requiems. Da die Singakademie solchen Tendenzen nachging, förderten ihre Mitglieder den Fortschritt. Die im täglichen Leben am gedeihlichen Entwickeln des Staates und der Bürgerschaft beteiligten Gesellschaftsschichten trugen in den montags und dienstags stattfindenden Singübungen zum Fortschritt der musikalischen Kunst bei, und so schien denn die Trennung von Tätigkeit und Genuß aufgehoben, nicht nur im Singen als einer aktiven, jedem Bürger mit Stimme zugänglichen Kunstübung, sondern auch im Verhältnis zwischen Tagesgeschäften und abendlichem Gesang.

Die führenden Familien waren in der Regel wenigstens durch die Frauen oder die Kinder am rasch aufblühenden Verein beteiligt: Frau Hegel und Frau Gunda von Savigny, vor allem auch Frau Bettina von Brentano, aber auch Friedrich Schleiermacher oder der Hegelschüler Professor Hotho. Groß war auch der Anteil an Mitgliedern aus der jüdischen Gemeinde. Die Familie Mendelssohn war nicht erst durch die musikalischen Kinder Felix und Fanny mit den Singübungen jahrelang verbunden, sondern Abraham Mendelssohn gehörte schon seit 1793 der Akademie an und blieb ihr über vierzig Jahre treu.

Der schwedische Dichter Per Daniel Atterbom hat im Berlin der ersten Restaurationsjahre in den Predigten von Friedrich Schleiermacher — auch er als Tenorist von 1809 bis in sein Todesjahr 1834 Mitglied der Singakademie — die Fähigkeit der führenden Gesellschaftsschichten zur Äußerung von Gefühlen und die Bereitschaft, durch Gefühle sich aufwecken zu lassen, beobachtet. Um »an der Rettung ihrer Seelen arbeiten« zu können, müsse er einen Umweg machen. Denn Gefühl sei nicht die starke Seite der Berliner. Daher bemühe er die Reflexionskraft der Gemeinde, um »zu den verschanzten Herzen« zu kommen. Diesen Beobachtungen entsprechen Berichte über die Art des Gesanges, korrekt, aber distanziert, und diese von jeder Exaltation entfernte Musik ist denn auch typisch für Chormusik, in der ein Kompromiß gefunden werden muß zwischen dem melodischen Ausdruck der Stimme und dem Ausgleich der Töne in den aus den einzelnen Stimmen entstehenden Akkorden. Es war schließlich am Ende des 16. Jahrhunderts eine Revolution in der Musik gewesen, als die Musiker den Ausdruck großer Affekte im *einstimmigen* Gesang formulieren konnten. Der entscheidende Schritt war nicht technischer Art, sondern in dieser damals sensationellen Musik der Monodie konnten Verzweiflung und Jubel gefaßt werden wie im etwa gleichzeitigen elisabethanischen Theater die Affekte im Schreien der gequälten Opfer freigelassen wurden.

Denkbar daß Schleiermacher in seinen Vorlesungen über Ästhetik die musikalischen Erfahrungen des Singens zugrundelegt, wenn er den Begriff der »Ausartung« einführt. Er sieht im strengen Stil der Kirchenmusik eine Ausartung darin, daß sie im Tänzerischen ihre Grenzen übersteigt oder im trockenen gelehrten Fugenstil verkümmert. Fürs erste geben freilich die Komponisten im Barock die Muster, und davon macht auch Johann Sebastian Bach keine Ausnahme, fürs zweite etwa die Motetten des Zelter-Nachfolgers Rungenhagen. Auch sei, sagt Schleiermacher weiter, eine Ausartung, »wenn man auf einem Cello eine solche Applicatur spielt« — eine Lage im Tonraum —, »daß dadurch die Violine nachgeahmt wird, aus dem tiefen Tenor in den Discant gehend«. Das sei gegen die Natur des Instruments gesetzt. Nun hat aber, um nur eines von vielen Beispielen zu nehmen, denn die Geschichte der Tonkunst ist als Geschichte der Übertretung des Schleiermacherischen Gebotes beschreibbar, Ludwig van Beethoven in seinen späten Streichquartetten, vornehmlich im Finalsatz des a-moll-Quartetts op. 132, dies getan, und zwar in der wohl berechneten Absicht, der Musik durch den eigentümlich gepreßt klingenden, Sehnsucht ausdrückenden, als Gefühlstaumel erfahrbaren Ton jenen Ausdruck des Dionysischen zu geben, der Beethoven vorgeschwebt hat. Keineswegs gegen die Natur des Instruments gesetzt, definiert ein Komponist, was künftig als Natur zu gelten hat, nämlich als entdeckte Möglichkeit des Instruments. Schleichermachers Theorie der »Ausartung« ist eine Theorie gegen das Neue, und seine Vorstellungen formulieren allenthalben eine Mitte, die im Gegensatz zu Hegels Synthesis die extremen Pole wegfliegen läßt.

Das tertium comparationis zwischen dem moderaten Predigerton und einer Musik jenseits jeder Art von Ausartung ist das Schickliche, das beherrschte Gefühl. Um noch einmal in dem Goethezitat auf Wahrheitssuche zu gehen: Was Goethe für sich prophezeit, daß er weinend die Singakademie verlassen müßte, kann einem Schleiermacher nicht passieren, weil er seine Gefühle von vornherein so begrenzt faßt, daß sie durch nichts erschüttert werden können. Und diese Feststellung stimmt mit der Beobachtung von Atterbom überein: Ob in der Kirche oder im Saal der Singakademie — es geht um eine mittlere Position. Und diese führte zu einigen Besonderheiten des Berliner Musiklebens: Einmal zur zunehmend reaktionären Tendenz des Programms der Singakademie, zum anderen zu einer verspäteten Beethoven-Rezeption, schließlich zur Ablehnung der kolossalen Kunst des Opernkomponisten Gaspare Spontini. In Hegels umfangreicher Musikästhetik fehlt der Name Beethovens, und die persönliche Vorliebe des Philosophen galt der italienischen Oper eines Gioacchino Rossini, darin mit seinem philosophischen Rivalen Schopenhauer übereinstimmend, und auch Zelter fand erst über die persönliche Begegnung mit Beethoven im Jahre 1819 und über die menschliche Betroffenheit des dem Schicksal trotzenden Künstlers zur Anerkennung dieser Musik. So steht als letztes Urteil über Beethoven im Briefwechsel Zelter—Goethe 1825 »wirklich ganz außerordentlich«, und daher auch versuchte Beethoven, allerdings vergeblich, ein Arrangement seiner Missa solemnis für die Berliner Sänger.

Die Singakademie folgte Zelter nur im Leben. Seinem ausdrücklichen Wunsch, den jungen Felix Mendelssohn Bartholdy mit der Leitung nach seinem Tod zu betrauen, folgte sie nicht, und auch nicht seiner Tendenz, die Programmwahl in der ausschließlichen Kompetenz des Leiters zu belassen. Man änderte die Satzung und kam zu demokratischen Auswahlverfahren und zu einer immer reaktionäreren Programmauswahl. Alle einschlägigen Werke im modernen ausdruckgesättigten, jede Nuance nutzenden Stil, etwa von Schumann, Brahms, Bruckner, wurden außer acht gelassen, und selbst unter den Kompositionen von Johann Sebastian Bach hatte nur die Matthäus-Passion einen festen Repertoireplatz. Die Johannes-Passion kam unter der Leitung von Rungenhagen kaum zur Aufführung, ebenso die Messe in h-moll. In den ersten 15 Jahren des neuen Konzerthauses gab es öffentlich 12mal die Matthäus-Passion, 3mal die Messe h-moll und nur einmal die Johannes-Passion.

5

In der Geschichte der Kunst bedeutet die Einsetzung einer Ästhetik als philosophischer Disziplin und deren Entwicklung von der Mitte des 18. Jahrhunderts bis zum die idealistische Philosophie vollendenden System des preußischen Philosophen Hegel einen entscheidenden Einschnitt. Die um 1750 entstehende Ästhetik geht der Frage nach, inwieweit Urteile über Lust und Unlust mit der gleichen Sicherheit gebildet werden können wie solche über Freiheit als der Bedingung von Moral und Natur als Bedingung der Erkenntnis, und zieht damit eine Frage an sich, die unter den Kennern von Kunst elegant entschieden war: das Kennerurteil beruht auf dem großen Sachverstand des Kenners durch regelmäßigen Umgang mit Kunst, Kunstwerken und Künstlern, auf Übereinstimmung untereinander im Sinne der Anerkennung einer Mode und auf dem achselzuckenden »Je ne sais quoi« des bestimmten, aber nicht deutlich aussprechbaren Eindrucks. Und unter Laien galt stets die Meinung, daß sich über Geschmack nicht streiten lasse, die Korrektur eines Urteils durch das Urteil eines anderen daher anders als in moralischen oder die Erkenntnis betreffenden Dingen unmöglich sei. Diesem einst wie heute herrschenden Gefühl für Kunst versuchte die Philosophie Prinzipien von Urteilen entgegenzustellen, die eine sichere Sprache ermöglichten, den Anspruch von Kunst verallgemeinerten und damit den Unterschied zwischen Kenner und Laie zu einem nicht mehr prinzipiellen, sondern bloß graduellen machte. In der Entwicklung dieser philosophischen Disziplin rückte allmählich das Kunstwerk in den Mittelpunkt der Reflexion, ging es nicht mehr um sichere Urteile, sondern um den Wert von Kunstwerken, das aber heißt: um den Wahrheitsgehalt. Wenn schließlich Hegel in Religion, Kunst und Philosophie die Erscheinung des absoluten Geistes erklärt und damit die Kunst heraushebt, gibt er den Kunstwerken als Gebilden das Primat der Philosophie: der Geist scheint in ihrem sinnlich erfahrbaren Material auf.

Die Musik hat in der Ästhetik eine eigentümliche Rolle gespielt. Von ihrem Material her und vom Eindruck, den sie hinterläßt sowie durch die Erzählungen über die Gewalt der Musik auf das menschliche Gefühlsleben war sie eine besonders wichtige Kunst. Aber da sie nichts deutlich zu denken gab, von ihren Formgesetzen her, war sie eine niedere Kunst. Immanuel Kant hat in der »Kritik der Urteilskraft« beide Sphären, das Gemütbewegende und das Mathematische, getrennt. Das war logisch in Hinsicht der Bildung von Urteilen, die jedem möglich sein müssen. Er gesteht dem Mathematischen zwar zu, daß es die Voraussetzung allgemeiner Urteile bildet, also das Wohlgefallen von ihm abhänge, aber das Gefühlbewegende sei davon unabhängig: »An dem Reize und der Gemütsbewegung, welche die Musik hervorbringt, hat die Mathematik sicherlich nicht den mindesten Anteil.« Wenn man das Mathematische als das Kompositorische bestimmt, die der Komposition zugrundeliegenden Elemente und ihre für jede Komposition einmalige Ordnung, so klafft zwischen der Komposition und ihrer Wirkung ein Spalt, der in den verschiedensten Bemühungen der Philosophen und Pädagogen überbrückt werden sollte, in Wahrheit aber im Laufe der Entwicklung von Musik größer wurde. Nahezu alle Philosophen beklagen den Umstand, daß sie von Musik nichts Gründliches verstehen würden. Sie tun so, als sei das Erlernen der Gestaltungsprinzipien von Sonaten unmöglich, sie kennen, um einen drastischen Vergleich zu wählen, den Unterschied von dreißig verschiedenen griechischen Göttern und die Kunstwerke, in denen ihr Wirken aufgehoben ist, aber nicht den simplen Unterschied eines Rondos und einer Sonate. Wenn in der Mitte des vorigen Jahrhunderts der Wiener Eduard Hanslick das von ihm pathologisch bezeichnete gefühlsbewegte Hören ohne Einsatz von Kunstverstand beklagt, so meint er nicht etwa die heute unter dem Begriff der Masse bezeichnete gesellschaftliche Schicht, sondern durchaus den Gebildeten, der, vergleicht man seine Lektüre und die in seiner Wohnung hängenden Bilder mit der von ihm geliebten Musik, allein in musikalischen Dingen einen Mangel an Urteilskraft zugeben darf. Es scheint, als könne das regelmäßige eigene Musi-

zieren diese Kluft aufheben. Dieses Urteil aber ist so allgemein gefaßt nicht richtig. Das Verhältnis zwischen dem Kompositorischen und dem Gemütbewegenden wird nur dann ins Lot gebracht, wenn das Kompositorische erhalten bleibt. Und das kann durch zweierlei Tätigkeit geschehen: durch die Beschäftigung mit dem Kompositorischen in Form von Lektüre und Reflexion über sie, aber auch in Form der Anerkennung der jeweils neuen Musik. Denn das jeweils neue Werk, wenn es seinen Anspruch zu Recht erheben darf, bringt das Verhältnis zwischen Kompositorischem und Gemütbewegendem in eine jeweils neue Konstellation, und der Vergleich zwischen dem, was in der Komposition bislang galt und nun durch das neue Werk gelten soll, bringt auch den in unmittelbarer Kunstübung verhafteten Musiker ins Kompositorische hinein. Es ist also nicht die alleinige Bedingung, daß über Komposition reflektiert wird, sondern auch die Beschäftigung mit dem Neuen kann die immer wieder aufreißende Kluft schließen helfen.

Blickt man nun zurück auf die Tätigkeit der Mitglieder führender Berliner Familien in der Singakademie und denkt über die Programme nach sowie über die Tendenz, wenige in der Regel einer älteren Kunstepoche angehörende Werke ständig in Aufführungen zu reproduzieren, so wird verständlich, was »reaktionäre Tendenz« der Singakademie heißt. Durch die Praxis dieses Vereins wird die Kluft zwischen Kompositorischem und Gemütbewegendem größer statt kleiner. Es geht zunehmend nicht um Kunst in dem bedeutsamen Sinne der idealistischen Philosophie, sondern um das Gesellige und das Gemütsbewegungen genießende Singen. Damit hängt zusammen: die Abneigung gegen schwierige Werke, die Wahl der als vereinstreu geltenden Vizedirektoren Rungenhagen, Grell und Blumner zu jeweiligen Leitern, wodurch analog zu ähnlichen Vorgängen in Universitäten eine bestimmte und durchaus mit negativen Zeichen behaftete Tendenz sich ungebrochen fortsetzen konnte.

Für die Annahme einer Vergrößerung der Kluft zwischen dem Gemütbewegenden und dem Kompositorischen gibt es noch ein sicheres Indiz: die ersten Krawalle um neue Musik und das seither bestehende gebrochene Verhältnis zwischen ihr und den Musikliebhabern. Die ersten Skandale galten Werken, die dem Publikum als Traditionsbruch vorkamen, in Wahrheit aber gerade die Tradition fortsetzten. Nur hatte sich der Abstand zwischen den Komponisten, die auf immer subtilere Weise die Kluft schließen konnten, und den Musikliebhabern, die sich zunehmend in einem immer beschränkteren Repertoire vornehmlich älterer Stücke aufhielten, vergrößert. Dabei geht es nicht um einmalige Krawalle. Die gibt es überall. Aber die Theaterstücke von Ibsen oder Strindberg haben sich allgemein durchgesetzt, die frühen Werke von Schönberg, Schreker, Zemlinksy, Reger, Skrjabin nicht.

Wenn nun aber in der hier bezeichneten Tendenz der Berliner Singakademie die Auseinandersetzung mit jeweils neuartiger Musik zur Ausnahme wird, selbst ein Werk wie das »Deutsche Requiem« von Johannes Brahms, mit seiner ausgeprägt historischen Tendenz im Tonsatz, freilich einer modernen Klanglichkeit in Aufhebung des Historismus folgend, nur zögernd ins Programm aufgenommen wurde, so setzt sich in dem Selbstgenuß als dem künstlerischen Zweck ein anderer Zweck begleitend durch: die Geselligkeit.

Diese aber war nun zwar von Anfang an ein durchaus gemeinter Zweck. Es ging um eine sinnvolle Freizeittätigkeit, und um ihretwillen wurden Gesellschaften und Vereine jeglicher Art gegründet: »Eine naturforschende, eine geographische, Griechische, Spanische Gesellschaft und zwanzig dazu sind offene Arme für jeden Müßiggang«, sagt Zelter. Auf seine praktische Weise verstand Zelter zu unterscheiden zwischen geselligen und künstlerischen Zwecken, die er zwar vereinte, aber niemals zuließ, daß das eine das andere überdeckte. Dadurch unterschied sich seine Singakademie von den »Singetees« in Berlin. Die Forderung an die Mitglieder bestand darin, die Anstrengung der fortbildenden Übung auf sich zu nehmen, aber auch die künstlerischen Grenzen solcher Singetätigkeit zu erkennen. (Auf den Vorwurf, er lasse eitel zu viel an eigenen Kompositionen erklingen, antwortete er bissig, daß es keineswegs vergnüglich sei, die Werke eigener künstlerischer Phantasie mehr oder weniger zusammengestümpert hören zu müssen.) Diese Anstrengung wurde auch auf sich genommen. Denn ohne sie wären Unternehmungen wie die Aufführungen der Bachschen Matthäus-Passion sowie der Messe h-moll nicht möglich gewesen. Die Anstrengung behielt auch nach Zelters Tod die Oberhand im Verein, verlagerte sich aber von der Kunstübung auf die Konzerttätigkeit. Man ging behutsamer zu Werke, wenn neue schwierige Kompositionen einstudiert werden sollten — und dies führte zu einer auffälligen Vernachlässigung der Johannes-Passion durch Rungenhagen —, aber dehnte freilich aus ökonomischen Gründen die Konzerttätigkeit aus und unterwarf die Mitglieder

einem strapaziösen Terminraster. So konnte man durchaus von Arbeit sprechen, aber nicht in Hinsicht der Beschäftigung mit neuen ungewohnten Werken, sondern im Konzertbetrieb. Dieser aber war ursprünglich nicht beabsichtigt, ging es bei Fasch oder Zelter doch um eine künstlerische Tätigkeit, die in sich den Zweck fand, um eine Synthese aus Führungsanspruch des höheren Beamtentums und Bürgertums in Staat und Kunst. So verlor denn das Bürgertum seinen sachlichen Auftrag um die Kunst und erwarb sich Verdienste um die mit Kunst ausgefüllte Geselligkeit, ahmte damit die Lebensformen des Adels endlich nach. (Und daher ist es nur konsequent, daß die wichtigste musikalische Vergnügungsstätte des Adels, das Opernhaus, auch dem Bürgertum zum Lieblingsort wurde.) Diese Tendenz kann mit gutem Recht bürgerlich genannt werden, weil sie das Ergebnis einer bürgerlichen Entscheidung ist, nämlich die Entscheidung über die künstlerische Richtung zu demokratisieren: in Form eines Ausschusses für die Programmwahl und einer allgemeinen Abstimmung über die Besetzung der Leitungsposition.

6

Im Musikleben Berlins zwischen den beiden Revolutionen gibt es eine auffallende Besonderheit. Alle drei in Frage kommenden Regenten waren der Musik zugetan: Friedrich Wilhelm II. schätzte die zeitgenössische Instrumentalmusik, Friedrich Wilhelm III. holte den führenden Opernkomponisten Europas, Gaspare Spontini, nach Berlin, Friedrich Wilhelm IV. holte Felix Mendelssohn Bartholdy für die liturgische Kirchenmusik zurück. Aber alle drei Regenten scheiterten an ihrem Volk. Die Blütezeit der zeitgenössischen Instrumentalmusik blieb eine Episode, und der Beethoven-Anhänger Prinz Louis Ferdinand mit seinen genialischen kammermusikalischen Kompositionen ein Außenseiter. Trotz massiver Unterstützung ließ sich die Opernkunst Spontinis nicht durchsetzen, so daß die Oper durch Starrsinn und Richtungskämpfe unter ihren Möglichkeiten blieb, aber auch der mit Reformelan gestartete Friedrich Wilhelm IV. konnte den an den Widersprüchen der ministeriellen Aussagen verzweifelnden Mendelssohn Bartholdy nicht binden. Und die Singakademie, das Paradestück bürgerlichen Musizierens, blieb nach dem finanziellen Fiasko des Saalbaus neben dem Finanzministerium und dem Festungsgraben auf einem für Bauzwecke wegen der unmittelbaren angrenzenden Wasserader ungeeigneten Grundstück mit enormen Schulden hängen. Daran dürfte mitgewirkt haben ein Bürgersinn, der vom Staat nicht haben will, was den Einfluß des Staates unter der Hand fördern könnte. Aber diese Schulden lenkten den Verein in die Bahnen gesteigerter Konzerttätigkeit und damit vom Gründungszweck ab. Und damit war für alle Beteiligten die Frage nach dem Verhältnis zwischen dem künstlerischen Zweck des Vereins und dem Bedürfnis nach Unabhängigkeit doch gestellt.

In diesen Aspekten des Berliner Musiklebens zeigen sich zwei Phänomene: Solidarität nach innen und Mißtrauen nach außen. Solidarität nach innen trieb die Demokratisierung der Singakademie nach vorn. Jeder wurde aufgenommen, der willig sich den Statuten unterwarf. Man glaubte, daß die solidarische Vereinigung zu einheitlichen Zielen auch die Bildungsunterschiede aufheben könnte. »Die sozialen Voraussetzungen zu ignorieren, auf denen Bildung beruhte, gehörte im 19. Jahrhundert zu deren Begriff, solange die Erbschaft des Idealismus, der es verbot, Bildung in schroffer Unmittelbarkeit mit einem Sozialstatus zu identifizieren, noch nicht aufgezehrt war« (C. Dahlhaus). Mißtrauen nach außen in der Befürchtung, daß der Einfluß anderer auch die innere Tendenz berühren könnte. Das gilt ebenso für den Fall Spontini wie den Fall Mendelssohn. Da Spontini vom König geholt worden war und somit zum Günstling erhoben schien, kam er gegen den auch durch nationale Gesänge, nämlich die Vertonung von Gedichten aus »Leyer und Schwert« von Körner ausgewiesenen Carl Maria von Weber nicht in Betracht, auch wenn man zugeben konnte, daß Spontini und Weber zwei verschiedene, aber in gleicherweise bedeutende Formen von Oper machten. Und im Fall Mendelssohn hat wohl neben der Jugendlichkeit des Kandidaten ein doppeltes Mißtrauen mitgespielt: Mißtrauen gegen die Vorentscheidung des ehemaligen und nun verstorbenen Leiters Zelter, und Mißtrauen gegen den »Judenlümmel«. Wie häufig in demokratischen Entscheidungsprozessen war die Vorauswahl dem Kandidaten eher hinderlich, wurde der Schein einer bereits entschiedenen Wahl für die Wähler zum Erlebnis des »nun gerade nicht«. Aber auch von seiten Mendelssohns war im Falle der Berufung durch Friedrich Wilhelm IV. Solidarität zum verehrten Regenten gemischt mit Mißtrauen gegen die Ministerialbürokratie.

Wenn Goethe von den »lebendigen Jünglingen« in dem eingangs zitierten letzten Brief an Zelter schrieb, so hatte er Felix Mendelssohn Bartholdy (und Otto Nicolai) im Sinn, nicht den trockenen Friedrich Rungenhagen. Was der Schüler an Lebenskraft in sich hatte, das gab er weiter: in Leipzig, in Düsseldorf, im England der oratorischen und symphonischen Tradition. Der Verlust des jungen Mannes hat das Berliner Musikleben zwischen den Revolutionen geprägt. Denn Zelter war der Initiator, nicht der aus der inneren Fülle der musikalischen und künstlerischen Phantasie sowie aus der erlesenen Bildung heraus schaffende Künstler. Er hatte weitergegeben, was er besaß, an zwei junge Leute: an Felix Mendelssohn Bartholdy und an Otto Nicolai. Jener ging aus Berlin nach der verlorenen Wahl weg, dieser vervollständigte seine Bildung in Italien und Wien, kam zurück, starb aber binnen weniger Jahre, nachdem er mit der Oper »Die lustigen Weiber von Windsor« gerade die erste Genieprobe abgegeben hatte. In den dreißiger und vierziger Jahren erschienen Bettina von Arnim die ehemaligen jugendlichen Freunde erstarrt. Sie hatten, wie sie meinte, den Elan verloren und taktierten in ihren Systemen. Und es scheint, als hätte in dieser Zeit die Jugend es in Berlin schwer gehabt. Das aber wäre ein weiteres Indiz für die Vermutung, daß die Entwicklung der Singakademie im Berlin zwischen den beiden Revolutionen ein getreuer Spiegel allgemeiner Tendenzen war.

Im Rückblick auf die Berliner Eindrücke schreibt der zitierte schwedische Dichter Atterbom über das mit Kunst und gelehrter Konversation geschmückte gesellige Leben in bitterem Sarkasmus: »Wozu nützt es, an Stelle von anderem Gewäsch über Shakespeare, Goethe, Beethoven und Raffael zu plappern, zu musizieren, Verse zu machen vom Morgen bis zum Abend, wenn das Herz leer und der Kopf ohne Genie ist? Was hilft es, Wissenschaft und Kunst zu einer Art Creme zu machen, hinsichtlich deren jeder dazu gelangen kann, sich einen Klecks auf seinen Teller zu legen, wenn dieser, wie alles Naschwerk, mit der Zeit schwache Magen verdirbt?«

Als die Singakademie an die schwierigen Werke von Johann Sebastian Bach ging, hatte sie die historische Stunde für sich und gab Berlin die unverwechselbare Farbe einer »Hauptstadt Bachs«. Das war unter Carl Friedrich Zelter und seinem »lebendigen Jüngling« Felix Mendelssohn Bartholdy. Als sie aber diese Aufgabe unter Zelters Nachfolger Rungenhagen zunehmend vergaß und unter der Regentschaft von Wilhelm I. auf dessen Wunsch an Karfreitagen die Matthäus-Passion absetzte und durch Grauns »Tod Jesu« ersetzte, das riesige Vokalwerk Bachs weitgehend unerschlossen liegen ließ und im Programm die Standardwerke pflegte, 69 verließ sie wieder die historische Stunde. Was nun von geschichtlichem Rang passierte, das passierte während der Rheinischen Musikfeste oder in den Programmen der anderen Berliner Chöre, vor allem der von Julius Stern und Siegfried Ochs gegründeten. Die Singakademie aber war geprägt durch die allgemeine Tendenz: am Ende der in diesem Sinne bürgerlichen Epoche ging es dem Bürgertum nur noch um Positionen, nicht mehr um den Geist, »in welchem es diese Positionen erobert hatte« (W. Benjamin).

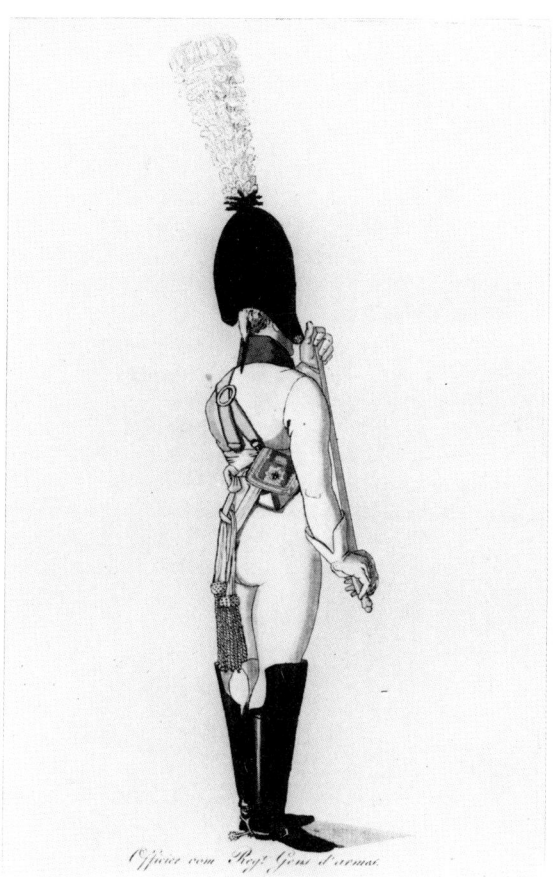

Officer vom Regt. Gens d'armes

Officier vom Regt. Garde du Corps

W. u. F. A. Henschel
Officier vom Regt. Garde du Corps
und
Officier vom Regt. Gens d'armes

Arno Paul
Offizierskrawalle im Königlichen
National-Theater während der Iffland-Ära
(1796—1814)[1]

Daß im Berliner Theaterpublikum lange Zeit die jungen Garnisonsoffiziere den Ton angaben, ist allgemein unbestritten. Dissens besteht jedoch über die Art und Motive ihres Einflusses auf das Geschehen vor und hinter den Kulissen. Während die einen in den militärischen Habitués vornehmlich engagierte Streiter für ein anspruchsvolleres Schauspiel sehen[2], halten die anderen sie eher für eine Art besseren Kunstpöbel, der sich auf Kosten der Schauspieler und übrigen Zuschauer selbst inszenierte[3]. Diese gegensätzliche Einschätzung gilt vor allem für die Intendanten-Jahre August Wilhelm Ifflands (1796—1814), die trotz aller möglichen Einwände als die bedeutendsten in der rund 130-jährigen Geschichte des Königlichen Schauspielhauses zu betrachten sind.

Unumstritten war eben auch Ifflands Berliner Theaterleitung nicht. In dieser Zeit des beschleunigten sozio-kulturellen Wandels führten die Romantiker ihre teils heftige Auseinandersetzung mit den etablierten Kräften der Aufklärung, zu denen auch Iffland letztlich zu rechnen ist. Welche Position die Nachwuchsoffiziere in den diesbezüglichen Theaterkämpfen einnahmen, ist Gegenstand der folgenden Darstellung. Fochten die Premier- und Sekondeleutnants primär gegen die philisterhaften Familiendramen Kotzebuescher und Ifflandscher Machart, gegen Mittelmaß und Prätention der schauspielerischen Leistung, oder traten sie vorwiegend in Opposition, um auf sich selbst aufmerksam zu machen und den eigenen gesellschaftlichen Sonderstatus zu betonen?

In einer knappen, aber repräsentativen Auswahl berühmtberüchtigter Theaterskandale soll dieser kultursoziologischen Frage nachgegangen werden. Am Anfang steht der Disput um Zacharias Werners »katholisierendes« Luther-Drama »Die Weihe der Kraft«, der in jener bizarr-frivolen nächtlichen

Schlittenfahrt im Sommer 1806 gipfelte, die durch Fontanes Meistererzählung »Schach von Wuthenow« gleichsam unsterblich geworden ist. Als Untersuchungsgrundlage dient der einzig überlieferte Bericht eines unmittelbar Beteiligten: Karl v. Nostitz, seinerzeit Adjudant des Prinzen Louis Ferdinand und einer der verwegensten und verrufensten Draufgänger unter den Gensdarmen-Offizieren, dessen wesentliche Aussagen im folgenden wiedergegeben werden.

»Der Sommer leerte ... die Häuser der Hauptstadt, und ich brachte meine Abende meist im Wachtzimmer zu, wo mit den Gefährten beim heiteren Nachtimbiß manch lustiges Stück ausgeheckt ward, das zu nichts in Beziehung stand, obgleich man in der Folge aus derlei kleinen Vorfällen den tollen, deutungsschweren Geist erweisen wollte, der in die Gendarmenoffiziere gefahren sei ...

Wir saßen eines Abends im Wachtzimmer ... und verplauderten die Zeit, der Schwänke gedenkend, welche wir und noch mehr ... unsere berüchtigten Vorgänger ausgeführt. Dabei wurden die mancherlei öffentlichen Aufzüge und Mummereien nicht vergessen, darin sich die Gendarmenoffiziere in den Straßen Berlins gezeigt hatten ... Nach längerem Hin- und Herreden schlug der Rittmeister Königseck vor, das dazumal in Berlin häufig aufgeführte Spektakelstück, Werners Weihe der Kraft, zu einer Mummerei und einem Aufzuge zu wählen. Der Vorschlag gefiel und es wurde folgende Parodie des Stücks entworfen. In einem Auftritt desselben wird in Wittenberg ein Nonnenkloster aufgehoben, und der diese Handlung vollziehende sächsische Kanzler sagt den Frauen: »Geht in die Welt und wirket«. Alle verlassen hierauf das Kloster, und es ist im Stück keine Rede mehr von den in die Welt gestoßenen Nonnen, nur Katharina von Bora bleibt auf der Szene, um später Luthers Frau zu werden. Die Parodie sollte nun ergänzend das fernere Schicksal der übrigen Nonnen darstellen. Diese nämlich, so ward angenommen, ziehen, um einen Wirkungskreis zu suchen, nach Berlin und finden hier in Madame Etschern (einer bekannten Kupplerin) die Vorsteherin, unter der sie zu wirken anfangen. Als Luther solches vernimmt, reist er in Begleitung seiner Hausfrau nach Berlin, um die neue nutzbar gemachte Frauenanstalt zu besuchen. Hier macht er eines Tages zur Erholung eine Schlittenfahrt mit den ehemaligen Lebensgefährtinnen seiner geliebten Katharina und ihrer neuen Vorsteherin, der Madame Etschern ...

Der also gemachte Entwurf dieses etwas rohen Spaßes, wobei wir, zu unserer Entschuldigung sei's gesagt, nur den Wernerschen Doktor Luther, nicht den geschichtlichen Riesen und Glaubenshelden ins Auge faßten, wurde belacht und ausführbar gefunden ...

Ich ließ einen Schlitten auf niedrige Räder setzen und diese mit herabhängendem ... Tuch bedecken ... Darauf wurden folgende Verhaltensregeln aufgesetzt: Jeder Teilnehmer stellt vier bis sechs Vorreiter, alle reich gekleidet ... Aus der Theatergarderobe wird die Tracht Doktor Luthers, sowie seines Famulus und der Katharina von Bora entlehnt oder gekauft. Desgleichen wird ein Anzug angeschafft, der nach dem gewöhnlichen Hauskleide der Madame Etschern gemacht ist, dazu eine Punschkelle und ein Bund Schlüssel. Alle Offiziere als Frauen gekleidet, kommen auf ihren Paradepferden, nur derjenige, der Madame Etschern agiert, reitet ein kleines Pferd ... mit aufgesteckten Eselsohren. Im Schlitten sitzt Luther mit seinem Famulus, der in der Hand seines Herrn Flöte hält, die lächerlich lang sein muß. Katharina reitet auf der Pritsche, in der einen Hand eine Fackel, in der andern eine Hetzpeitsche haltend ...

Ich endlich, der Riesenhafte, stellte die zarte Katharina von Bora vor ... — Plötzlich, als alles ... gerichtet, ... brach der Zug ... von einem Lichtmeer übergossen ... unter die Linden hervor und bewegte sich mit gemäßigter Eile durch die zusammeneilenden Haufen von Zuschauern, die zuerst mit Verwunderung den Glanz des Zuges angafften, dann wenigstens zum Teil die Bedeutung der Gestalten erkennend, die Anspielungen belachten und laut das helle Schaugepränge bejubelten.

Aber bald sprengten Husaren und Polizeidiener ... heran, ... um der Posse zu wehren ... Indessen ..., die Scharwache diente nur dazu, die uns hemmenden Haufen der Zuschauer zu lichten, und wir durchzogen eine Stunde lang mit zunehmender Schnelligkeit die Straßen, bis der Zug in sausendem Galopp in eine entlegene Straße sich verlor ...

Wir glaubten damit auch den ganzen Schwank verlöscht zu haben ..., als nach mehreren Tagen ... ein königlicher Parolebefehl die strengste Untersuchung gegen die Anstifter und Teilnehmer jenes Skandals anbefahl. Dieses Ungewitter verhängte gegen uns der einflußreiche Kabinettssekretär Beyme, der ... in dem lustigen Streich einen Angriff auf die Heiligkeit und Unverletzlichkeit der Kirche sehen wollte ...

Der älteste Teilnehmer an der Mummerei, dem Range nach, der Stabsrittmeister Alvensleben ... ward nach Schlesien ... versetzt. Die nach der Ancienität ihm zunächst stehenden drei Offiziere kamen in Arrest . . . Den anderen Offizieren wurde ihrer Jugend wegen und in der Hoffnung reuiger Besserung nachgesehen . . .

Die Berliner öffentliche Welt beschäftigte jene Geschichte mit ihren Folgen mehrere Wochen, und unter andern Bemerkungen erschien auch folgende gereimte:

›Kann Herr Luther Balken treten,
Mag er auch das Pflaster kneten.‹«[4]

Die tolldreiste Schlitten-Maskerade könnte bereits als Beweis dafür dienen, daß es den Offizieren mit ihrem angeblichen Engagement für die Romantiker und ihre Schule so Ernst nicht gewesen sein kann, denn Zacharias Werner galt damals als einer ihrer bedeutendsten Exponenten. Entsprechend teilte auch Fontane, der in allen nichtfiktiven Bestandteilen seiner Erzählkunst möglichst der historischen Wahrheit entsprach, die Fronten im Meinungsstreit um das Wernersche Schauspiel ein: »Alles, was mystisch-romantisch war, war für, alles, was freisinnig war, gegen das Stück.«[5] Aber der Fall lag komplizierter. Soweit es dabei um Stilfragen ging, betrafen sie weniger bestimmte ästhetische als sittlich-religiöse Auffassungen. In diesem Sinne versuchte auch der »Schlittenfahrer« Nostitz sich und seine Kameraden nachträglich zu rechtfertigen. Aber die genüßliche Schilderung der dramaturgischen Vorüberlegungen für den nächtlichen Mummenschanz verrät ein anderes Antriebsmoment: Für die Gensdarmen-Offiziere bot das Luther-Stück zu allererst den Vorwand für eine typische Kasino-Zote, die sich mit dem von Nostitz immer wieder betonten martialischen Bedürfnis nach Prahlerei und Herausforderung der Zivilwelt verband.[6]

Bezieht man die Aufführungsgeschichte der »Weihe der Kraft« mit ein, so schält sich folgender Hintergrund für die Luther-Travestie heraus. Iffland, der sich vor dem Königshause auszeichnen wollte, da ihm ein Orden in Aussicht stand, hatte den frisch nach Berlin gezogenen Zacharias Werner für die Abfassung eines Luther-Dramas gewonnen, in dessen gerade für Preußen so geschichtsträchtigen Hauptrolle er seinen schauspielerischen Anlagen und Neigungen gemäß unweigerlich Furore machen würde. Einen guten Monat vor der Aufführung entbrannte bereits in der Öffentlichkeit der Streit darüber, ob man den Begründer der preußischen Staatsreligion ins Rampenlicht zerren dürfe oder nicht. Als Freimaurer haben Iffland selbst wohl kaum religiöse Skrupel geplagt. Ihn interessierte neben der persönlichen künstlerischen Aufgabe vor allem die kulturpolitische Chance, die sich seinem Haus durch das hochbedeutsame Thema bot. Geschickt und einigermaßen bedenkenlos kehrte Iffland bei der inneren und äußeren Vorbereitung der Aufführung das Ehrfurchtsgebietende des Gegenstands heraus und übertrug es auf die eigene Arbeit, um sie vor etwaiger Kritik abzusichern. So wurden nicht nur vor der Premiere in der dem Theater verbundenen Presse wiederholt mehr oder minder wortreiche Verherrlichungen des Reformators gedruckt, sondern Autor und Intendanz boten den Zuschauern selbst entsprechende Broschüren an.[7] Man ging sogar soweit, als Ouvertüre das protestantische sanctissimum »Ein feste Burg ist unser Gott« mit vollem Chor und Orchester zu intonieren.[8]

Mit propagandistischen Maßnahmen allein ließ es der vorsichtige und gewitzte Iffland freilich nicht bewenden. Um auch den Widerstand der hartnäckigsten Frondeure zu brechen, setzte er die bis dahin unerhörte Verstärkung der Theaterwache um das Vierfache beim Polizeichef Büsching durch.[9] Tatsächlich fand sich zur ausverkauften Premiere am 11. Juni 1806 eine größere, nicht näher bezeichnete Opposition ein, die in den ersten beiden Akten verschiedentlich laut wurde, sich jedoch aufgrund der überall postierten »Polizeidiener in Zivilkleidung« nicht durchsetzen konnte und nach der mit 151 Schauspielern und 8 Pferden besetzten Schlußszene des 3. Aktes, die den kaiserlichen Einzug in den Reichstag darstellte, endgültig verstummen mußte.[10]

Mögen viele Theaterfreunde, die Ifflands sonstigen nüchternen Sinn zu schätzen wußten, über die spektakulären Umstände beim Zustandekommen der Vorstellung befremdet gewesen sein, so wurden sie es um so mehr angesichts der offenkundigen Vergewaltigung ihrer Meinungsfreiheit durch die Überpräsenz der Polizei im Auditorium, die auf Ifflands ausdrücklichen Wunsch »Unruhestifter sogleich . . . arretiren« sollte[11]. Obwohl die Offiziere von dieser verschärften Maßnahme höchstwahrscheinlich ausgenommen blieben, da die Wachen rangmäßig nicht zu ihrer Festnahme befugt gewesen wären[12], waren sie durch die Vielzahl und strategisch geschickte Verteilung der Ordnungshüter gerade auf ihr angestammtes Revier, im Parterre[13], ebenfalls so gut wie mundtot gemacht worden.

Die prunkvolle Inszenierung, Ifflands herausragendes Spiel und die enorme Publizität von Stück und Aufführung hätten »Die Weihe der Kraft« sicherlich zum größten Kassenerfolg der Iffland-Ära gemacht, hätte der sonst so klug taktierende Intendant nicht den Bogen überspannt, indem er schließlich sogar gegen die Presse vorging. Mit Fortdauer der höchst forcierten Aufführungsserie rückte nämlich nicht nur das Prätentiöse und auf bloße Überwältigung Zielende der Inszenierung zunehmend ins öffentliche Bewußtsein, sondern auch der »Pferdefuß des Jesuitismus«, den man nicht zu Unrecht immer deutlicher unter dem Lutherschen Doktorenmantel hervorschauen sah.[14]

Als der Rezensent der Spenerschen Zeitung, Julius von Voß, aufgrund kritischer Bemerkungen auf Ifflands Betreiben einen allerhöchsten strengen Verweis kassierte[15], blieb den Andersdenkenden nur noch das riskante Mittel der Subversion. Von fliegenden Händlern, die heimlich Karikaturen Luthers und seiner Frau feilboten, bis hin zum bösen Spuk der Schlittenpartie reichte das Spektrum. Zwar war es auch im letzten Falle Iffland, der beim König die Bestrafung seiner Widersacher durchsetzte, doch mußte er selbst den hohen Preis der Absetzung des lukrativen Stückes dafür bezahlen und die von ihm hochgeschätzte Rolle des Luthers, an der er bis zu seinem Lebensende leidenschaftlich hing, weitgehend aufgeben[16].

Festzuhalten ist, daß den Berliner Leutnants das Romantische an Stück und Aufführung, wie es Eichendorff nach Besuch einer späteren Vorstellung im Jahre 1810 überschwenglich lobte[17], weitgehend verschlossen war. Soweit sich die »Marsjünger« überhaupt mit Form und Inhalt der »Weihe der Kraft« auseinandersetzten, scheint ihnen das Ganze aufgrund ihrer altmärkisch-protestantischen Denkungsart eher abgeschmackt vorgekommen zu sein. Anders ließe sich auch ihre wüste, mit Obszönitäten durchsetzte Travestie nicht erklären.

Der zweite zu erörternde Theateraufstand der Offiziere, der mit der öffentlichen Beschimpfung der jungen Sängerin Minna Unzelmann am 17. Dezember 1809 begann und mit der öffentlich geleisteten, untertänigsten Abbitte ihrer Mutter Friederike Bethmann-Unzelmann am 27. Dezember endete, hängt auf zweifache, in sich widersprüchliche Weise mit dem Kreis um die Berliner Romantik zusammen. Auf der einen Seite war der mutmaßliche Anführer der Kabale, Major Titus v. Möllendorff[18], ein guter Freund der Rahel Varnhagen, zeitweiliger Adjutant des Prinzen Louis Ferdinand und Mitarbeiter an den von Kleist redigierten »Berliner Abendblättern«. Auf der anderen Seite war das mittelbare Angriffsobjekt, Ifflands erste Schauspielerin Friederike Bethmann-Unzelmann, ihrerseits von den Romantikern und ihren Freunden hochgeschätzt und verkehrte mit den meisten von ihnen persönlich. Obwohl man aus diesem Tatbe-

stand wiederum vorweg den Schluß ziehen könnte, daß die theaterfreudigen Garnisonsoffiziere und die Anhänger der Romantik schwerlich am gleichen Strange zogen, lassen sich im vorliegenden Falle schon eher gemeinsame Berührungspunkte feststellen.

Als zeitgenössisches Dokument sei der Bericht des Polizeipräsidenten Gruner an den preußischen Innenminister vom 24. Dezember 1809 in den Hauptzügen wiedergegeben:

»... Am gedachten Tage wurde nehmlich das Singspiel Sargines ... aufgeführt. Der Demoiselle Unzelmann ... war eine Rolle darin zugetheilt und sie soll sich beeifert haben, solche so gut als in ihren Kräften stand durchzuführen. Indeß ist ihr Talent nicht vorzüglich und sie hatte schon seit einiger Zeit eine gewisse Parthei gegen sich. Dieser Theil des Publikums schien daher auf den Augenblick zu warten, wo ein anderer desselben ihr Beifall schenken würde. Dies geschah in den ersten Szenen und war das Signal zum lauten Pochen.

Demoiselle Unzelmann trat ab, ihre Mutter aber, welche diesen Augenblick schon früher befürchtet zu haben schien, erwartete sie hinter den Coulissen, trat, obgleich kein Dienstberuf sie auf das Theater führte, mit ihrer Tochter an der Hand, in einem durchaus nicht zum öffentlichen Erscheinen geeigneten Anzuge vor und erklärte dem Publikum: ›sie fühle es ganz, was man ihr durch ihre Tochter zugefügt und versichere, daß sie so wenig als diese je die hiesige Bühne wieder betreten werden!‹

Mehrere aus dem Publikum applaudirten, wahrscheinlich um sie zu persiffliren. Das Theater stand einige Minuten leer ... Auf Antrag des Direktors Iffland war das Stück ohne die Unzelmann zu Ende geführt ...

Ich habe zwar sogleich ... die Verfügung getroffen, daß ... die Bethmann auf die Hausvogthei gebracht werden sollte, um dem Publikum für ihr Benehmen vorläufig Genugthuung zu geben und weitere tumultuarische Auftritte zu verhindern, indessen veranlaßte der ärztlich bescheinigte augenblickliche üble Gesundheitszustand der Bethmann, daß ... diese Verfügung ... in Hausarrest verwandelt wurde und da hierdurch das Publikum beruhigt schien, so hörte die Sache insofern auf, Gegenstand des Polizeit-Ressorts zu sein ... Die Erklärung der Bethmann, die Bühne nie wieder betreten zu wollen, hat übrigens gerechte Sensation bei dem Publiko erregt und es ist vorauszusehen, daß wenn man ihr nachlassen wollte, solche in Erfüllung zu bringen, daraus die unangenehmsten Auftritte im Theater entstehen würden ...

Übrigens wird das Auspochen der Mlle. Unzelmann einer Fraktion zugeschrieben, an deren Spitze der Major v. Möllendorff stehen soll, dieser leugnet solches jedoch nicht nur, sondern hat selbst bei mir darauf angetragen, die Bethmann über diese Beschuldigung zu vernehmen, indem er sie deshalb in gerichtlichen Anspruch nehmen wolle. Ich habe ihn jedoch an das kompetente Forum gewiesen, da die ganze Angelegenheit nur insofern polizeilicher Natur ist, als sie Tumulte und Exzesse im Theater erregt.«[19]

Aufgrund der geltenden Sozialverhältnisse im Theater wurde der unerhörte Eingriff der Bethmann-Unzelmann in den Verdammungsritus der Offiziere zum eigentlichen Skandal. Von der kleinen Unzelmann war nirgends mehr die Rede. Alle Aufmerksamkeit konzentrierte sich auf die Mutter, die aufgrund ihrer exponierten Stellung als Künstlerin und ihrer Beliebtheit bei Hofe und in der weiteren Öffentlichkeit zunächst trotzig erwartete, daß ihr von irgendeiner Seite Genugtuung geschen würde. Aber die Sache stand schlecht für sie, denn selbst die Königin, die just aus ihrem Königsberger Exil nach Berlin zurückgekehrt war, erklärte, daß sie »in dieser Angelegenheit nichts zu thun vermöge; habe sie (die Bethmann) das Publikum beleidigt, so müsse sie es auch versöhnen«[20]. Da sich zudem der Hausarrest nicht auf den angedrohten Kontraktbruch mit dem Theater bezog, sondern gleichsam als Garantie dafür stehen sollte, daß die Bethmann sich entschuldige, blieb dieser nichts anderes übrig, als auf eine günstige Gelegenheit zur Besänftigung des Publikums zu hoffen, ohne dabei ihr Ansehen ein zweites, nunmehr unwiderrufliches Mal aufs Spiel zu setzen.

Hätte die Bethmann nicht diese nötige Portion Glück gehabt und dazu Ifflands »gescheidte und ausweichliche Vermittlung«[21], so wäre sie wohl genauso schimpflich vertrieben worden wie vor und nach ihr manch anderer gefeierte und hervorragende Künstler. Durch die rührselige Publikumsstimmung, die der erste Theaterbesuch des rückgekehrten Königspaares am 25. Dezember hervorrief, fühlte sich Iffland dazu ermutigt, vor dem Vorhang ein gutes Wort für seine Primadonna einzulegen und zu versprechen, sie zur Abbitte zu bewegen, wenn man sie ihrerseits vor weiterer Beschimpfung bewahre, worin das Publikum spontan einwilligte.

Nachdem die eingesperrte Künstlerin immerhin acht Tage lang stolz jeden Kniefall verweigert hatte, erklärte sie sich daraufhin zum Einlenken bereit und trat am 27. Dezember 1809, zehn Tage nach dem Eklat, in ihrer Paraderolle als Lady Macbeth vor gedrängt vollem Haus wieder auf. Dazu der Polizeibericht: »Es herrschte vollkommene Ruhe. Kaum hatte das Orchester die EingangsMusik begonnen, als sich der Vorhang hob und Madame Bethmann in schwarzer Trauerkleidung, sich sehr ehrerbietig 4mal verbeugend, vortrat. Sie wurde mit Applaudissement empfangen, bat um Verzeihung jenes unglücklichen Augenblickes, in welchem ihr zerrissenes Mutterherz sie überwältigt habe und gelobte doppelten Fleiß und Anstrengung. Sie wurde mit Applaus entlassen, beim Auftreten in der Vorstellung selbst ebenso empfangen, während derselben zweimal beklatsch und am Ende herausgerufen. Sie erschien und versicherte, daß sie diesen Tag nie vergessen werde, der ihr die Theilnahme des Publikums und diesem ihre Dankbarkeit zusichere, worauf sie abermals lebhaften Beifall einerndtete...«[22]

Wie die Quellen übereinstimmend mitteilen, hatte der eigentliche Anlaß der Affaire darin bestanden, daß eine mittelmäßige, aber blutjunge Sängerin von »sehr gefälliger äußerer Erscheinung«[23] es abgelehnt hatte, im Privatleben und auf der Bühne mit den militärischen Habitués galant zu sein, weshalb sich die »Courmacher« verabredeten, die »Spröde« ihrerseits als Künstlerin abzulehnen und zwar nach der damals üblichen Art durch heftiges Pochen mit ihren Stöcken und Degen.

Abgesehen davon, daß die Vorsätzlichkeit der Mißfallenskundgebung von allen zeitgenössischen Berichten bestätigt wird, läßt sie sich sowohl aus der Unbedeutsamkeit der Rolle ablesen, in der die Unzelmann auftrat, als auch aus der Gereiztheit, mit der die ansonsten mit allen Bühnenwassern gewaschene Mutter reagierte. Die in Publikumsintrigen geübten Offiziere hatten sich dagegen keine Blöße gegeben, da sie die Sängerin erst dann vernehmbar anfeindeten, als die wohlgesonnenen Zuschauer deren ersten Vortrag mit dem üblichen, eigentlich nichtssagenden Szenenapplaus beantworteten.

Der mutmaßliche Drahtzieher Möllendorff, der in der Iffland-Ära als »oberster Preisvertheiler für Beifall und Tadel« galt[24], war bereits unter Ifflands Vorgängern als Parterre-Frondeur aufgefallen[25] und hat dann auch in der letzten hier zu erörternden Publikumsausschreitung eine undurchsichtige, aber wohl entscheidende Rolle gespielt. Von den ihm Nahestehenden wie die Rahel und Prinz Louis Ferdinand als eitel, prahlerisch und oberflächlich gekennzeichnet[26], wurde Möllendorff doch nie für seine notorischen Schauspieler-Aggressionen haftbar gemacht, weil er sich auf die Verschwiegenheit seiner Kameraden auch dann verlassen konnte, wenn sie für ihn die Suppe auslöffeln mußten. Dieses bedingungslose Festhalten am internen Ehrenkodex hatte sich ja auch bei der gerichtlichen Ahndung des Schlittenspektakels drei Jahre zuvor bewiesen, als der unmaßgebliche Alvensleben anstelle des verantwortlichen Nostitz die schmähliche Versetzung auf sich nahm.

Möllendorff war wie Nostitz in erster Hinsicht ein junkerlich anmaßender Draufgänger[27], der seine gesellschaftlichen Privilegien bedenkenlos zur Selbstverwirklichung mißbrauchte. Im Unterschied zu Nostitz hatte Möllendorff jedoch beachtliche musische Interessen und Fähigkeiten, durch die sich z. B. die Rahel und Prinz Louis Ferdinand trotz aller sonstigen Bedenken mit ihm verbunden fühlten. Wie wenig allerdings Möllendorff letztlich zu seinen künstlerischen Neigungen und dem sie repräsentierenden Personenkreis der Romantiker stand, wenn es darum ging, seine »Ehre« zu verteidigen, zeigt seine dreiste gerichtliche Drohung gegen die Bethmann, falls es wagen sollte, ihn öffentlich mit der Intrige gegen ihre Tochter in Verbindung zu bringen. Zwar erkannte der Polizeipräsident die Schäbigkeit dieses Manövers, aber das befreite die beleidigte Schauspielerin nicht von der grundsätzlichen Unterwerfung unter das von den militärischen Theatergängern maßgeblich mitbestimmte Diktat der öffentlichen Meinung.

Trotz der glimpflich verlaufenen Rehabilitation war sich die Bethmann-Unzelmann ihrer Niederlage durchaus bewußt: Die Tochter als der ursprüngliche Stein des Anstoßes mußte sang- und klanglos nach Wien abgehen.

Beim letzten Beispiel eines von den jungen Garnisons-Offizieren veranstalteten Parterre-Krieges ist die Beteiligung von den Romantikern nahestehenden Kreisen insofern verbürgt, als der eigentliche Anstoß dazu von den von Kleist redigierten »Berliner Abendblätter« ausging, die seit dem 1. Oktober 1810 erschienen und von Anbeginn in scharfer Gegenposition zu Ifflands Theaterarbeit standen. Neben Kleist schrieben vor allem Friedrich Schulz, Achim v. Arnim und besagter Major v. Möllendorff die einschlägigen Artikel, wobei die grundsätzlichen Angriffe auf das Nationaltheater von Kleist stammten, während Möllendorff seine Ablehnung vornehmlich durch Opernrezensionen äußerte. Arnim und Schulz verhielten sich demgegenüber eher neutral.

Die Affaire begann damit, daß sich die »Abendblätter« für die renommierte Sängerin Schmalz stark machten, die zusammen mit der wenig bekannten

Herbst zwecks Anstellung am Nationaltheater gastierte, und für die man u. a. die Hauptpartie in dem für den November 1810 angekündigten Singspiel »Die Schweizer Familie« wünschte. Ob Iffland, gekränkt durch die permanente Kritik der »Abendblätter« und eingedenk der buchstäblich existenzbedrohenden Beleidigung durch Kleist anläßlich des abgelehnten »Käthchen von Heilbronn«[28] deshalb die Schmalz nicht berücksichtigte, sei dahingestellt. Auf jeden Fall wurde die Rolle mit der Herbst besetzt, worauf laut Iffland gleich »jede Zeitung« versuchte, »das Publikum gegen diese Besetzung als ein himmelschreiendes Unrecht einzunehmen«[29].

Um dem befürchteten Premierentumult am 21. November zu begegnen, verstärkte der Polizeipräsident nicht nur die Theaterwache, sondern wollte durch eigene Gegenwart für Ruhe sorgen. Diese Taktik war wie schon in früheren Fällen insofern erfolgreich, als die Aufführung selbst ungestört verlief. Das Stück gefiel zwar nur mäßig, aber die Musik und die Darsteller wurden »sehr gut aufgenommen«[30]. Auch die Herbst erhielt während des Spiels wiederholt Applaus und wurde nach der Vorstellung sogar hervorgerufen. Welche Wendung dadurch der Abend nahm und wie sich die Affaire Herbst weiterentwickelte, hat Iffland als unser diesmaliger Augenzeuge folgendermaßen überliefert:

»Bei kritischen, vorher besprochenen und verabredeten Verdammungstagen und Personen ist das Herausrufen in der Regel das Signal zur beschlossenen Beschimpfung. Nachdem Demoisell Herbst von vielen Stimmen laut und anhaltend geruffen worden war, trat sie endlich vor, verneigte sich ohne zu reden, ward mit lautem Beifall empfangen, wozwischen sie von mehreren Personen gepocht wurde.

Das Parterre, von dem Fleiße und der Leistung der Schauspielerin zufrieden, hatte die Pocher mit lautem Mißfallen Schweigen heißen und unter andern einen jungen Menschen von Thümen, welcher das Gimnasium noch besucht, unsanft und mit harten Reden der Parterrethür entgegengedrängt, wo ihn der ... Polizeiinspektor in Schutz genommen ... hat.

Dorthin kamen nachher mehrere Polizeipersonen und auch der Inspector Holtorf[31], der als sein ehemaliger Lehrer, von seinem Unfug zwiefach befremdet, ihm diesen, wie man sagt, sehr heftig verwiesen haben soll. Um ihn ... nicht zum Arrest zu bringen, ist Hr. Holtorf auf einer Persönlichen Entschuldigung gegen die dicht neben dem Theater wohnende Demoisell Herbst bestanden . . .

Demoisell Herbst hat nichts darauf erwiedert, als daß es ihr leid sei, daß Hr. von Thümen sich und sie in diese Verlegenheit gesetzt habe.

Die Oper, welche . . . mit Beifall gegeben worden, ward . . . auf das Repertoir gebracht.

Sonabend . . . ward in Erfahrung gebracht, daß ein Theil von Leüten sich vereinigt habe, das gegen den jungen Herrn von Thümen beobachtete Verfahren als eine Beleidigung seiner Personen und nahmentlich des in ihm beleidigten Standes, nämlich des Adels betrachten und dafür nun, bei ersten Auftreten der Schauspielerin Herbst, . . . durch eine öffentliche Beschimpfung Genugthuung zu nehmen . . . , daß man eine Unzufriedenheit mit Hn. Holtorf die daran gar nicht Schuld habende Schauspielerinn, die Direction und das Publikum sollte entgelten laßen . . .

Wäre Sontags Abends, bei der gewöhnlichen anonce des Stückes auf den kommenden Tag ein . . . Mißfallen vernommen worden: so wäre es eine Maasregel . . . gewesen, die Vorstellung zurückzunehmen. Die Ankündigung . . . ward aber . . . mit ununterbrochenen Beifallsbezeügungen aufgenommen . . .

Die Oper begann ruhig. Demoisell Herbst kommt in der 4. Szene ersten Aktes. Man ließ sie während eines langen Ritornelles ruhig bis vornhin gehen. Als sie eben zu singen beginnen wollte, erhub sich — das gewohnte Zeichen — ein applaudissement, worauf ein heftiges Pfeiffen, Husten und Lachen erfolgte. Nachdem dies lange angehalten, fieng sie an zu singen; man ließ dies eine Weile geschehen und der vorige Unfug begann wieder. Dann einzelnes Husten, Lachen, Blöcken, Pfeiffen im Trillerschlage und wieder Pochen.

Darauf traten Herr Beschort und Herr Gern hinzu und nachdem diese eine Weile zu spielen versucht hatten und stets von Pfeiffen, Pochen, Husten und Lachen gestört waren — ließ ich endlich den Vorhang hinabfallen, . . . aber anonciren, ›man werde versuchen, eine andere Vorstellung zu geben‹ . . .

Anzeigen muß ich . . . , daß

1. dem anwesenden Herrn Kommandanten Pocher genannt sind

2. daß man im Parterre und in der Fremdenloge . . . ihr tumultuarisches Betragen, welches so arg war, daß den Logeninhabern unter ihnen die Kalckstücke auf den Kopf gefallen sind, ganz deütlich gemerkt hat . . .

3. daß nur etwa der 4te Theil gepocht hat,

4. daß gleichwohl Niemand verhaftet ist, . . .

. . . Die Polizei faßt keinen Militäranzug an, . . . sowie . . . , daß sie ihre sicheren Notitzen nicht hergiebt. Dem Schauspielhause gehört ein permanenter Adjutant, der im Namen des Königs . . . zugreift, der, wenn er sich bedeckt, das Gesetz ausspricht, wie es bei den Franzosen war . . .

Ein Arrest auf zwei Tage — wenns ja hoch käme — von dem Niemand weiß, verursacht nur, daß die besuchenden Kollegen zu neüen Verderben mehr Champagner trinken als vorher . . .

Das volle Gefühl der Hülflosigkeit, in welcher man mich heüt Abend gelaßen hat, . . . dieses Gefühl der Ehrlosigkeit . . . bestimmt mich, auszutreten . . .«[32]

Reinhold Steig, dem das Verdienst zukommt, die »Abendblätter« zum ersten Mal kulturgeschichtlich untersucht zu haben, der jedoch selber ganz der Ideologie des Junkertums verhaftet war, hat die Krawalle um die Sängerin Herbst als eine rein künstlerische Auseinandersetzung der Romantiker mit Ifflands philiströser Theaterführung interpretiert. Obwohl Ludwig Geiger wenig später den Steigschen Ansatz in einer sorgfältigen Beweisführung als ungenau recherchiert und falsch durchdacht zurückgewiesen hat, wirkt er bis heute aufgrund des hohen Prestigewerts sowohl der Romantischen Schule wie einer einseitig ästhetisch orientierten Kulturbetrachtung fort. Als jüdisch-preußischer Rationalist hatte Geiger freilich selbst den Bogen überspannt und der Kampagne gegen die Herbst jegliche künstlerische Motivation abgesprochen.[33] Unterscheiden muß man aber zwischen der kulturpolitischen Absicht der »Abendblätter«, die höchstwahrscheinlich in den Skandal verwickelt waren, und der Eigendynamik der Ausschreitungen, die zumindest bei der zweiten Aufführung der »Schweizer Familie« keine künstlerischen Beweggründe mehr in sich trugen.

Es darf bei der Hitze der Polemik, mit der die »Abendblätter« und die mit ihnen sympathisierenden auswärtigen Blätter den Sturz Ifflands betrieben[34], durchaus unterstellt werden, daß man die Herbst skrupellos über die Klinge springen lassen wollte und dafür unter dem Möllendorffschen Offiziersklüngel die nötigen skandalerprobten Parterre-Löwen rekrutierte. Aber man hatte die Rechnung offensichtlich ohne den Wirt gemacht. Denn nicht allein wegen der starken Polizeikräfte; auch weil die künstlerische Leistung der Herbst keinen unmittelbaren Anlaß zum Protest bot, unterließen es die Frondeure, in die Aufführung störend einzugreifen. Es ist unklar, ob die Sängerin am Ende von den Wohlgesinnten oder von den Verschwörern herausgerufen wurde. Auf jeden Fall beweist die Gereiztheit, mit der die Parterre-Mehrheit auf die nun einsetzenden Mißfallenskundgebungen reagierte, daß der Protest nicht als Ausdruck einer legitimen geschmacklichen Divergenz, sondern als ein böswilliger Versuch der persönlichen Beleidigung aufgefaßt und geahndet wurde.

Im Normalfalle hätten die Offiziere ihre Premieren-Schlappe wohl hingenommen. Aber durch die Verhaftung des 19jährigen Gymnasiasten v. Thümen nahm die Herbst-Affaire eine ganz neue und zugespitztere Stoßrichtung. Nicht weil man in dem Jüngling vielleicht den Anführer getroffen hatte, sondern aufgrund seiner adligen Abkunft und seines von den Offizieren sehr geschätzten Vaters, des Obersten v. Thümen, damals Kommandant der Spandauer Zitadelle, avancierte die öffentliche Festnahme des Lärmmachers zu einer persönlichen Prestigefrage der Leutnants. Es ist nicht einmal anzunehmen, daß der junge v. Thümen zu den Hauptkrakeelern im Parterre gehört hatte, vielmehr verdankte er sein Mißgeschick wohl seinem Zivilstatus und seiner jugendlichen Unerfahrenheit. Wie Iffland nämlich zu Recht beklagte, war die Polizei nicht autorisiert, Offiziere an Ort und Stelle festzunehmen, sondern durfte deren Überschreitungen nur »beobachten«. Zwar kann man es sich gut vorstellen, wie der Inspektor Holthoff im schulmeisterlich-autoritären Furor seinen ehemaligen Zögling maßregelte und unverzüglich zur Abbitte zwang, aber da weder Schauspielerin noch Intendanz daraus Kapital zu schlagen versuchten und da Holthoff, bevor noch der beleidigte Vater sich beim König beschwerte, dienstlich verwarnt wurde, 25 Taler Strafe bezahlen und sich beim jungen Thümen förmlich entschuldigen mußte[35], war es unstatthaft, daß die Offiziere so rücksichtslose Vergeltung übten.

Der zweite Herbst-Krawall stellte in der Tat nichts anderes dar als den Racheakt junkerlicher Heißsporne, die allergisch auf jede Einschränkung ihrer geburtsmäßigen Vorrechte reagierten, gerade weil die sich anbahnenden bürgerlichen Gesellschaftsverhältnisse diese Vergünstigung nicht mehr ohne weiteres zugestehen wollten. Da man sich aus guten Gründen nicht direkt an die Polizei heranwagte, hielt man sich ans Theater, dessen Mitglieder immer noch so gut wie rechtlos waren. Fernab aller künstlerischen Kritik wollte man ein gesellschaftspolitisches Exempel statuieren, indem man es auf keinen Fall dulden wollte, daß ein Standesgenosse dazu erniedrigt wurde, eine Komödiantin um Verzeihung zu bitten; ganz gleich warum und auf wessen Veranlassung dies geschehen war. Das standesbedingte Trauma der persönlichen

Betroffenheit, aus dem heraus die Offiziere zum zweiten Schlag gegen die Herbst ausholten, geht nicht allein daraus hervor, daß sie die Sängerin bereits vor ihrem eigentlichen Auftritt niederbrüllten und daß sie ebenso deren Kollegen Gern und Beschort, die sich sonst bei den Offizieren großer Beliebtheit erfreuten, am Spiel hinderten. Auch die höchst ungewöhnliche Tatsache, daß man über das Parterre hinaus in den Logen randalierte, sogar direkt neben derjenigen des Kommandanten, bezeugt die geradezu desperate Entschiedenheit, mit der die Offiziere ihrer Mißachtung des Theaters sowohl in künstlerischer wie in gesellschaftlicher Hinsicht Ausdruck verliehen und buchstäblich auf ihre alten Sonderrechte im Auditorium pochten. Anders wäre auch die großzügige Duldung der militärischen Vorgesetzten nicht zu verstehen, die nicht einmal im Nachhinein von sich aus disziplinarische Schritte unternahmen. Hätte Iffland nicht den Rücktritt angeboten, die Täter wären wohl kaum zur Rechenschaft gezogen worden.

Es ist schwer zu sagen, welche Rolle die »Abendblätter« im Gesamtverlauf der Herbst-Affaire spielten. Am 26. November, also wenige Stunden vor der zweiten, letalen Vorstellung der »Schweizer Familie«, erschien der äußerst knappe Premierenbericht in Form einer Sammelbesprechung von Schulz, die weder die Mißfallenskundgebung noch den Zwischenfall mit dem jungen Thümen erwähnte.[36] Von der Herbst hieß es nur, sie »leistete sehr viel, wenn auch nicht alles«. Einen Tag später, am 27. November, kam dann schon die Rezension der verhinderten Aufführung, die offensichtlich bemüht war, den wahren Sachverhalt zu verschleiern und das gespannte Verhältnis zwischen Zeitung und Theater abzubauen. Ob das auf Veranlassung der Zensur geschah oder aus taktischem Kalkül, ist nicht bekannt. Vermutlich ist beides zutreffend. Auffallend ist, daß der Rezensent die Opponenten dadurch in ein besseres Licht zu rücken suchte, daß er ihren vehementen Widerstand zum »zweideutigen Klatschen« milderte und somit sanktionierte. Ebenso stutzt man über das betonte Offenlassen der Mißfallensmotive, obwohl sie im vorliegenden Fall doch auf der Hand lagen und im Bericht auch indirekt benannt wurden. Nicht minder argwöhnisch stimmen schließlich die lobenden Worte für die Herbst; nunmehr, nachdem sie endgültig zu Fall gebracht war. Kurzum, der Verdacht, daß die »Abendblätter« sowohl mit den Unruhestiftern unter einer Decke steckten als auch von der eigenen Beteiligung ablenken wollten, liegt auf der Hand. Abgesehen jedoch von Möllendorff, der nicht als Zeitungsschreiber, sondern als mutmaßlicher »Hauptanführer der ... Faction«[37] vor den Königlichen Untersuchungsausschuß gestellt wurde, blieb die Redaktion der »Abendblätter« vom Verhör verschont. Nicht einmal die Tatsache, daß nach dem Herbst-Skandal alle Theaterkritik von der Zensur aus den »Abendblättern« verbannt wurde, erlaubt den Schluß einer gezielten Bestrafung, denn von dieser Maßnahme wurde auch der »Freimüthige« betroffen, der vorwiegend günstig über das Nationaltheater berichtet hatte; auch bezüglich der »Schweizer Familie«.

Für unsere Fragestellung entscheidend ist nun die Haltung der 22 verhörten Offiziere zu Ifflands Theaterleitung im allgemeinen und zur künstlerischen Leistung der Herbst im besonderen. Wie Geiger aufgrund seines Aktenstudiums glaubhaft betont, sprachen sich zwar mehrere gegen die Herbst als Schauspielerin aus, aber nur zwei gegen die Direktion, ohne ihr mehr anzukreiden als die besagte Rollenbesetzung.[38] Nicht einmal Möllendorff nutzte die Gelegenheit im Sinne der Romantiker zur grundsätzlichen künstlerischen Kritik, wie sie die Sitte der Zeit durchaus als entlastend anerkannt hätte, sondern er war allein darum bemüht, sich vom Vorwurf des Verschwörers zu befreien.[39]

Zieht man die Bilanz aus den drei großen Theaterunruhen der Iffland-Ära, so lassen sie sich kaum als Indiz werten für das kulturpolitische Zusammenwirken der Romantiker mit den Subalternoffizieren. Wohl gibt es mannigfaltige Belege für die tiefe Unzufriedenheit der Romantiker und ihrer Freunde über Ifflands Bühnenleitung. Ebenso kennt man die literarischen Fehden, die sich die Romantiker mit Iffland lieferten, der außer Schlegels »Jon«, den frühen Dramen Werners und einem Stückchen von Fouqué keines ihrer Werke aufs Nationaltheater brachte. Aber vor dem handfesten Mittel des Publikumsprotests scheuten die allen sonstigen Formen der Intrige keineswegs abgeneigten Romantiker doch zurück.[40] Die Leutnants wiederum, die als die regelmäßigsten und unruhigsten Zuschauer der Ifflandjahre galten, verkehrten zwar zum Teil in den geselligen und literarischen Zirkeln der »neueren Schule«, aber für ihre zahlreichen Ausschreitungen hatten sie im allgemeinen andere als kulturpolitische und ästhetische Gründe. Das gilt auch für die hier behandelten Fälle, deren Motive im engeren und weiteren Sinne durchgehend als standesbedingte zu bewerten sind.

Für die Subalternoffiziere, die weder militärisch noch gesellschaftlich den von ihnen beanspruchten Status einnahmen[41], auch wenn sie den besten preußischen Familien entstammten, war das Theater derjenige öffentliche Ort, wo sie am gezieltesten und erfolgreichsten »Figur« machen konnten. Auf dieser Möglichkeit der Selbstinszenierung beruhte in erster Linie ihre Theaterleidenschaft, und das Infragestellen dieser Möglichkeit durch Ifflands bürgerlich geordnete Amtsführung war der hauptsächliche Anlaß für ihre Ausschreitungen.

Anmerkungen

1 Diesem Aufsatz liegen Untersuchungen zugrunde, die ich zum ersten Mal in meiner Dissertation »Aggressive Tendenzen des Theaterpublikums« vorgestellt habe (phil. Diss. Freie Universität Berlin, 1969).
2 Vergl. R. Steig, Kleist's Berliner Kämpfe, Berlin 1901; R. Weil, Das Berliner Theaterpublikum unter A. W. Ifflands Direktion, Schriften der Gesellschaft für Theatergeschichte, Bd. 44, Berlin 1932
3 L. Geiger, Ein Berliner Theaterskandal, Archiv für Theatergeschichte, Bd. 1, Berlin 1904, S. 65—94; F. Kienzl, Die Berliner und ihr Theater, Berlinische Reminiszenzen, Bd. 14, Berlin 1967
4 zit. nach H. Wahl (Hrsg.): Der Adjutant des Prinzen Louis Ferdinand, Weimar 1916, S. 89—94
5 Th. Fontane, Schach von Wuthenow, 10. und 11. Kapitel; in: Romane und Erzählungen, Bd. 3, Berlin (DDR) und Weimar 1969, S. 445—453
6 vergl. H. Wahl, a. a. O. v. a. S. 45, 58 f, 60 ff
7 vergl. J. Fränkel, Zacharias Werners Weihe der Kraft, Beiträge zur Ästhetik, Bd. 9, Hamburg und Leipzig 1904, S. 110—115
8 vergl. R. Weil, a. a. O. S. 124 f
9 vergl. G. Carow, Zacharias Werner und das Theater seiner Zeit, Drama und Theater, Bd. 3, Berlin o. J., S. 103
10 vergl. J. Fränkel a. a. O. S. 115; Carow, a. a. O. S. 103
11 zit. nach G. Carow a. a. O. S. 103 (Fußnote 22)
12 vergl. A. F. Brachvogel, Geschichte des Königlichen Theaters zu Berlin, 2. Bd., Berlin 1878, S. 242 f
13 Iffland an Büsching, zit. bei Carow, a. a. O. S. 103: »... wünsche ich zwei verkleidete Polizeibeamten in den langen Gang des Parterre nach dem Theater zu, zwei in der Mitte an der Parterreerhöhung, einen an jeder Parterrethür — den Oertern, wo gewöhnlich Unruhe entsteht«.
14 vergl. Fontane, a. a. O. S. 445; ferner Weil, a. a. O. S. 124 f
15 vergl. G. Carow, a. a. O. S. 103 f
16 Zwar hat Iffland das Stück noch einmal 1810 und 1812 für kurze Zeit ins Repertoire genommen, aber der alte Erfolg stellte sich nicht wieder ein. Bezeichnenderweise beschloß er dann seine Bühnenlaufbahn am 5. Dez. 1813 in der Rolle des Wernerschen Luther.
17 vergl. J. Frhr. v. Eichendorff, Werke und Schriften, 3. Bd. (Tagebücher), Stuttgart 1958, S. 243 f
18 Möllendorff, Adoptivsohn des gleichnamigen Feldmarschalls, gehörte ausnahmsweise nicht zu den Gensdarmes, sondern zum Ersten Garde-Regiment; vergl. F. Kemp (Hrsg.), Rahel Varnhagen, Briefwechsel mit August Varnhagen, München 1967, S. 457 (Anm.)

19 zit. nach L. Schneider, Madam Bethmann thut Abbitte; in: Deutscher Bühnenalmanach, 20. Jg. 1856, S. 91 f

20 zit. nach Schneider a. a. O. S. 96

21 F. W. Gubitz: Erlebnisse, 1. Bd. Berlin 1868, S. 150

22 zit. nach L. Schneider, a. a. O. S. 99

23 ebd. S. 93

24 vergl. L. Schneider a. a. O. S. 94

25 vergl. A. E. Brachvogel, Geschichte des Königlichen Theaters zu Berlin, 2. Bd. Berlin 1878, S. 225 ff

26 vergl. F. Kemp (Hrsg.), Rahel Varnhagen, Briefwechsel, 4 Bde. München 1966/68

27 Daß Nostitz aus dem Merseburgischen stammte, war für ihn nur Ansporn, sich noch junkerlicher zu gebärden als seine märkischen Kameraden.

28 Näheres bei R. Steig, Kleist's Berliner Kämpfe, Berlin 1901, S. 177—185

29 Brief Ifflands an Hardenberg vom 26. November 1810; zit. nach Geiger, Ein Berliner Theaterskandal, in: Archiv für Theatergeschichte, 1. Bd. Berlin 1904, S. 68. Für diese Behauptung Ifflands fanden sich keine Belege. Nicht einmal die »Abendblätter« heizten die Stimmung weiter an.

30 Brief Ifflands, a. a. O. S. 69

31 recte Holthoff

32 zit. nach Iffland, a. a. O. S. 69—74

33 Dieser Auffassung hatte ich mich auch in meiner Dissertation, a. a. O. weitgehend angeschlossen.

34 vergl. Geiger a. a. O. S. 77

35 vergl. Geiger a. a. O. S. 81

36 Am 23. November, also zwei Tage nach der Premiere, erschien Kleistens anonymes »Schreiben eines redlichen Berliners, das hiesige Theater betreffend«, das sicherlich zu den vernichtendsten Satiren gehört, die je ein Theaterleiter über sich ergehen lassen mußte. Höchstwahrscheinlich ist der Artikel aber bereits vor dem Herbst-Debakel verfaßt worden; vergl. Steig, a. a. O. S. 220 ff

37 ebd. S. 233

38 vergl. Geiger, a. a. O. S. 82

39 ebd.

40 Tieck soll einmal, und zwar vergeblich, eine Mißfallenskundgebung angezettelt haben; vergl. Brief Sanders an Böttiger; zit. bei L. Geiger: Berlin. Geschichte des geistigen Lebens . . ., 2. Bd., Berlin 1895, S. 166 (Fußnote)

41 Näheres darüber in meiner Dissertation, a. a. O. S. 156—163

Werner Busch
Akademie und Autonomie
Asmus Jakob Carstens' Auseinandersetzung mit der Berliner Akademie

Carstens und Berlin

Die Ereignisse, die den Ausgangspunkt für die folgenden Überlegungen bilden, sind in der Literatur vollständig dokumentiert[1], es genügt, sie zu resümieren. Im Jahre 1790 wurde Asmus Jakob Carstens, knapp zwei Jahre nach seiner Ankunft in Berlin — vor allem auf Grund des Erfolges seiner in der öffentlichen Kunstausstellung gezeigten großen und anspruchsvollen Kompositionszeichnung »Sturz der Engel« — zum Professor und Lehrer der Gipsklasse der sich neu formierenden Berliner »Akademie der Künste und mechanischen Wissenschaften« ernannt. Trotz seiner schon in seiner Kopenhagener Ausbildungszeit deutlich zutage getretenen Abneigung gegen das akademische Lehrsystem hatte Carstens dieses Amt angetreten, um auf diesem Wege der Erfüllung seines sehnlichsten Wunsches, einem Rom-Stipendium, näher zu kommen. Seine Bestallungsurkunde trug er zurück, weil darin eine Absprache nicht erwähnt wurde, die er privatim mit dem Kurator der Akademie, Minister Heinitz, getroffen hatte. Er hatte zur Bedingung gemacht, nicht dem akademischen Senat bzw. dem Direktorium der Akademie unterstellt zu werden, sondern direkt dem Freiherrn von Heinitz. Nach der mündlichen Zusicherung, man werde seiner Bedingung gemäß verfahren, nahm Carstens die Urkunde an, in der er offiziell auf den König, das königliche Haus und die neue akademische Satzung von 1790 verpflichtet wurde. Auf Grund seiner Sonderstellung konnte Carstens sich weitgehend unabhängig fühlen, nachdrücklich verbat er sich die üblichen wöchentlichen Inspektionen seiner Klasse seitens der Direktion. Aus einem Brief an Minister Heinitz wird deutlich, daß Carstens seine Aufgabe als Lehrer nicht eigentlich im Rahmen des akademischen Curriculums sah. Es werde, schreibt er, »nicht allein die Nachahmung (der antiken Abgüsse), sondern was die Hauptsache ist, Schönheit und Richtigkeit gelehrt, ohne welche Begriffe keiner ein wirklicher Künstler werden kann«[2]. Zwei Jahre übte Carstens sein Amt in der Gipsklasse aus, die von ferne schon einer Meisterklasse ähnelte, einem Typus, den Wilhelm Schadow erst 1828 für Düsseldorf projektierte.[3] Danach erlangte er endlich durch Minister Heinitz, für dessen Palais er in

der Zwischenzeit als Freskant tätig geworden war, für zwei Jahre das angestrebte Rom-Stipendium und erreichte Rom im September 1792.

Auch als Stipendiat verhielt er sich ungewöhnlich, einen Bericht über seine Anfangszeit in Rom an Heinitz hielt er fast ein Jahr zurück, über Resultate seiner künstlerischen Bemühungen berichtete er fast nichts. Heinitz bemängelte dies gegen Ende des Stipendiums nachdrücklich und forderte Carstens auf, Arbeiten einzusenden.[4] Carstens antwortete dem Minister, er habe deswegen nichts von seinen Werken nach Berlin geschickt, weil er beabsichtige, in Rom eine Ausstellung zu veranstalten, Heinitz gestand ihm dies zu, verlängerte sein Stipendium um ein weiteres Jahr, wies ihn aber auch darauf hin, daß Arbeiten von ihm zur nächsten Berliner Kunstausstellung eingereicht werden müßten.

Carstens mietete das Atelier des verstorbenen römischen Künstlers Pompeo Battoni und erhob damit ostentativ Anspruch auf den verwaisten Platz eines ersten römischen Künstlers. Anfang 1795 berichtete er Heinitz, seine Ausstellung werde nun bald eröffnet, und würzte seinen Brief mit sehr freimütigen Invektiven gegen die Institution Akademie: »Die Zweckmäßigkeit dieses Instituts steht ohnehin auf schwachen Füßen«.[5] Zudem erklärte er, es sei die Pflicht eines Königs, ein Genie, wenn die Natur einmal eines hervorbrächte, zu unterstützen: »Es ist einem Monarchen so viel Ehre für die Nachwelt, ein Genie unterstützt als eine Schlacht gewonnen und Provinzen erobert zu haben«.[6] Dies ist der Realität der Zeit weit vorausgedacht. Erst der nach den Ereignissen von 1848 zurückgetretene König Ludwig machte sich diese Argumentation in der Anrede an die Künstler bei der Grundsteinlegung der von ihm aus der Privatschatulle finanzierten Neuen Pinakothek zu eigen.[7] Im April 1795 eröffnete Carstens die Ausstellung seiner elf Arbeiten; es handelte sich ausschließlich um Zeichnungen und in Tempera gearbeitete Kartons. Auf Ölgemälde hatte Carstens bewußt verzichtet, zum einen, um sich keine Blöße zu geben — er beherrschte die Technik der Ölmalerei nur unvollkommen — zum anderen, um gerade den gedanklichen Anspruch seiner komplexen Kompositionen nicht durch farbige Ausführung zu verdecken. Die Ausstellung wurde unterschiedlich aufgenommen, man bewunderte die Erfindungsgabe Carstens', bemängelte die Ausführung. Heinitz las zuerst die überaus positive Besprechung durch Carstens' engen Freund Carl Ludwig Fernow und zeigte sich erfreut, dann ließ er sich von dem Carstens nicht wohlgesonnenen Berliner Akademieprofessor Rehberg berichten und 81 glaubte seine Meinung entschieden modifizieren zu müssen. Er wünschte dringend, Arbeiten von Carstens für die Berliner Ausstellung zu erhalten und forderte ihn auf, gleich mitzukommen und seinen Dienst als Lehrer wieder anzutreten. Carstens dachte nicht daran. Widerwillig schickte er schließlich drei Bilder nach Berlin. Er erklärte Heinitz frank und frei, für den weiteren Fortgang seiner künstlerischen Entwicklung sei es unerläßlich, in Rom angesichts der Werke von Raffael und Michelangelo zu leben.[8] Falls er keine Verlängerung seines Stipendiums erhalte, müsse er auf eigene Kosten in Rom zu existieren versuchen. Er bot Heinitz jedoch an, für die Fortzahlung seines akademischen Gehalts jährlich ein Gemälde nach Berlin zu schicken. Vorher wolle er seine Werke jeweils in Rom ausstellen, damit ein öffentliches Urteil über sie gefällt werden könne. Die folgenden Ausführungen, die er macht, um zu erklären, wie er seiner akademischen Verpflichtung eher gerecht werden könne, zeigen zum ersten Mal ganz deutlich und wörtlich, daß er seine Argumentation aus Kants 1790 erschienener »Kritik der Urteilskraft« bezieht: »Nach meiner Einsicht und Überzeugung bin ich im Stande, den Eleven der dortigen Akademie mehr durch meine Arbeiten, als durch meine Lehren zu nutzen, da es mehr darauf ankommt, das Kunstgenie durch Muster, als durch Worte auf einen guten Weg zu leiten«.[9] In § 47 der Kantschen »Kritik der Urteilskraft« heißt es: »Da die Naturgabe der Kunst (als schönen Kunst) die Regel geben muß; welcherlei Art ist denn diese Regel? Sie kann in keiner Formel abgefaßt zur Vorschrift dienen; denn sonst würde das Urteil über das Schöne nach Begriffen bestimmbar sein; sondern die Regel muß von der Tat, d. i. vom Produkt abstrahiert werden, an welchem andere ihr eigenes Talent prüfen mögen, um sich jenes zum Muster, nicht zur Nachmachung, sondern der Nachahmung dienen zu lassen. Wie dieses möglich sei, ist schwer zu klären. Die Ideen des Künstlers erregen ähnliche Ideen seines Lehrlings, wenn ihn die Natur mit einer ähnlichen Proportion der Gemütskräfte versehen hat. Die Muster der schönen Kunst sind daher die einzigen Leitungsmittel, diese auf die Nachkommenschaft zu bringen: welches durch bloße Beschreibungen nicht geschehen könnte . . .«[10] Weiter unten soll eine umfassendere Einbettung dieser Argumentationsweise versucht werden, hier genügt es, darauf hinzuweisen, daß Heinitz diese, wie er es sehen mußte, einseitige Aufkündigung der Verpflichtung der Akademie gegenüber nicht hin-

nehmen konnte. Es entspann sich ein breiter, von Heinitz' Seite durchaus mit Geduld geführter, aber notwendig immer schärfer werdender Briefwechsel, in dem über Verpflichtungen finanzieller, rechtlicher und moralischer Art gestritten wurde. Er gipfelte in Carstens' berühmtem Brief vom 20. Februar 1796.[11] Zuerst weist er in diesem Brief darauf hin, daß seine Arbeiten durch das Berliner Publikum doch offenbar gut aufgenommen worden seien, dafür habe er doch eigentlich eine fernere Pension und nicht seine inzwischen von Heinitz ausgesprochene Entlassung zu erwarten gehabt. Er argwöhnt, man habe ihm bloß seine Arbeiten »ablokken« wollen, um ihn dann seinem Schicksal zu überlassen. Er fordert von daher seine Arbeiten umgehend zurück. Schließlich habe man ihm Undank vorgeworfen, dagegen könne er sich nur verwahren, sein Fleiß während seiner römischen Zeit könne Zeugnis für ihn ablegen. Demonstrativ erklärt er: »Ich habe die von Seiner Königl. Majestät zu meiner Ausbildung mir geschenkte Pension nützlich und gewissenhaft angewendet . . . Was mir Seine Majestät geschenkt haben . . . kann mir keiner wieder abfordern . . . Da von gegenseitigen Verbindlichkeiten die Rede ist, so dient darauf zur Antwort: daß ich gegen die Akademie nie Verbindlichkeiten gehabt habe. Ich habe für eine mittelmäßige Besoldung, unabhängig vom Direktorium, guten Unterricht erteilt. Ich bin nicht einmal Mitglied. Wenn ich Verbindlichkeiten habe, so sind sie gegen Euer Excellenz. Aber ich habe oben schon gezeigt, weil ich aus Gerechtigkeit gegen mich selbst dazu genöthigt werde, wie sich diese gegenseitige Verbindlichkeit aufhebt«.[12] Carstens sah seine Verpflichtung durch die Teilhabe der Öffentlichkeit an seiner Kunst während der Ausstellung als abgegolten an und argumentierte von daher gegen die Akademie, daß sie »kein Recht an meinen Arbeiten hat, also dieselben auch weder in Beschlag nehmen, noch verauktionieren kann . . . und sollte dieses dennoch geschehen, so werde ich mich öffentlich darüber, als über eine Ungerechtigkeit eines öffentlichen Collegiums gegen einen Privatmann beschweren«.[13] Seine erneute Bezugnahme auf Kant und dessen Kategorien von öffentlichem und privatem Recht ist deutlich. Carstens kommt nun zum oft zitierten, deklamatorischen Höhepunkt des Briefes: »Uebrigens muß ich Euer Excellenz sagen, daß ich nicht der Berliner Akademie, sondern der Menschheit angehöre; und nie ist es mir in den Sinn gekommen, auch habe ich nie versprochen, mich für eine Pension, die man mir auf einige Jahre zur Ausbildung meines Talents schenkte, auf Zeitlebens zum Leibeigenen einer Akademie zu verdingen. Ich kann mich nur hier, unter den besten Kunstwerken, die in der Welt sind, ausbilden, und werde nach meinen Kräften fortfahren, mich mit meinen Arbeiten vor der Welt zu rechtfertigen ... Mir sind meine Fähigkeiten von Gott anvertraut; ich muß darüber ein gewissenhafter Haushalter sein, damit, wenn es heißt: Thue Rechnung von deinem Haushalten! ich nicht sagen darf: Herr, ich habe das Pfund, so du mir anvertraut, in Berlin vergraben«.[14] Abschließend versicherte er, er werde die Wahrheit »auch im Nothfalle öffentlich bekennen, um mich vor der Welt eben so zurechtfertigen, als ich vor mir selbst gerechtfertigt bin«.[15] Diese mit geradezu lutherischem Ethos vorgetragene Verteidigungsrede machte den Bruch irreparabel. Die Akademie rückte die Bilder nicht heraus, Carstens kam den ihm zur Last gelegten finanziellen Verbindlichkeiten nicht nach. Heinitz ließ fairerweise, das muß man ihm abschließend zugestehen, das Ganze auf sich beruhen. Als Staatsbeamter aus der friderizianischen Ära konte er gar nicht anders handeln, ihm ging das Wohl des Staates und der Vorteil der ihm anvertrauten Institutionen über alles, ihm mußte Carstens' Argumentation fremd und ungerechtfertigt erscheinen. Dafür hat er Carstens noch erstaunlich viel Verständnis entgegengebracht. Fernow hat 1805 in einem Brief an Böttiger das Problem auf einen Nenner gebracht: »... man sieht, daß die Verhältnisse eines Ministers und eines Künstlers nicht verträglich waren«.[16]

Wir wollen im folgenden die Pole ein wenig verschieben und fragen, warum am Ende des 18. Jahrhunderts akademisches Konzept und das Selbstverständnis eines Künstlers wie Carstens nicht harmonieren konnten; dazu ist eine Ableitung der jeweiligen Positionen vonnöten.

Akademische Lehre und Antiakademismus

An der Berliner Akademie kam es im Jahre 1786 durch die Berufung des Minister von Heinitz zum Kurator der Akademie zu verstärkten Reformbemühungen.[17] Eines der Ziele war es, in der Hauptstadt und den größeren Provinzialstädten Zeichen- und Modellierschulen mit unentgeltlichem Unterricht für Handwerker unter Oberaufsicht der Berliner Akademie einzurichten.[18] Diese Schulen traten ganz notwendig in Konkurrenz zum Ausbildungsmonopol der Zünfte. Den traditionellen, innovationsfeindlichen Normen der Zünfte sollte durch eine Bindung der Handwerkerausbildung an die höheren akademischen Normen mit ihrer »Idee von edler Simplizität und Einheit in der Mannigfaltigkeit«, wie es in diesem Zusammenhang von seiten der Akademie hieß, entgegengearbeitet werden. Die Handwerkseleven sollten nicht nur elementares, mechanisches Konstruktionszeichnen, sondern auch Freihandzeichnen nach Umrißvorlagen lernen. Weiter allerdings sollte ihre künstlerische Ausbildung nicht gehen. Immerhin hatten sie, so die Akademie, mit der Beherrschung der Umrißzeichnung das wichtigste, Schönheit bildende Element gelernt: »Denn da die eigentlichen Gestalten aller Gegenstände gewissermaßen von Linien umschrieben werden, da diese äußern Linien auch das am meisten Bezeichnende derselben sind, und in der Richtung und Schwingung dieser Linien alles dem Auge Gefällige oder Mißfällige enthalten ist; so wird es sehr begreiflich, wie das Nachzeichnen der Umrisse des menschlichen Körpers, welcher unter allen Gestalten, die die Natur hervorbringt, die mehreste Schönheit und Mannigfaltigkeit enthält, sowohl das Auge als die Hand übt, diese schönen, auseinander fließenden, und dennoch contrastirenden Linien darzustellen«.[19] Diese Linientheorie, die uns im folgenden noch ausführlicher beschäftigen wird, auch auf die Handwerkerausbildung in Anwendung gebracht zu sehen, ist einigermaßen überraschend, zeigt aber, daß, zumindestens der Theorie nach, akademische und Handwerkerausbildung die gleiche Basis haben sollten. Es zeigt ferner, daß Gedankengut, das letztlich Sprengstoff für den Akademismus birgt, in der Akademie selbst Verwendung fand.

Die Satzung von 1790 schrieb die Bemühungen um die Handwerkerausbildung fest.[20] Eine Kunstzeichenschule wurde der Akademie angeschlossen, Provinzialkunstschulen wurden gegründet. Auf der anderen Seite sorgte sich die neue Satzung, in § 16, auch um den Überbau der eigentlichen Akademiker.[21] Theorie der schönen Künste bzw. Altertumskunde und Mythologie gehörten zum Curriculum der fortgeschrittenen Eleven. Mit Karl Philipp Moritz und Aloys Hirt gewann man ausgewiesene Gelehrte als Professoren für diese Fächer. Ausdrücklich hob die neue Satzung die Zunftunabhängigkeit der Akademiker, die Möglichkeit freier Kunstausübung im gesamten Staatsgebiet hervor.[22] Die zeichnerische Ausbildung der Akademiker allerdings verlief in gänzlich herkömmlichen Bahnen.[23] Die oberste Klasse zeichnete »ganze Figuren mit zweierlei Krayon«, die darunterliegende »Konturen ganzer Figuren und einzelne Teile des Kör-

83

pers mit Schatten und Licht und die Einteilungen des Körpers nach dem Preisler«, die unterste Klasse »nur einzelne Teile mit Schatten und Licht und ebenfalls Preislers Einteilungen«, die Gipsklasse galt als Ergänzung für Fortgeschrittene. Das heißt, wenn die Eleven zu Carstens in die Gipsklasse kamen, hatten sie eine detaillierte und ihr Zeichenverfahren ein für allemal festlegende Ausbildung nach dem im deutschsprachigen Raum allgegenwärtigen Lehrbuch des Johann Daniel Preissler, das den Titel trug: »Die durch Theorie erfundene Practic oder gründlich-verfasste Regeln, deren man sich als eine Anleitung zu berühmter Künstler Zeichen-Wercken bestens bedienen kann«, Nürnberg 1728—31[24], hinter sich. Dessen additives Verfahren, das den Studierenden die menschliche Figur aus Schritt für Schritt unabhängig voneinander erlernten und gezeichneten Körperteilen und Teilen von Körperteilen zusammensetzen läßt — allein für das Auge waren 25 Möglichkeiten vorgegeben —, verhindert nachdrücklich die ganzheitliche Wahrnehmung des menschlichen Körpers und die Erlernung ihrer Umsetzung in die zeichnerische Form nach einer selbst gewonnenen Vorstellung. Carstens ist dieses Verfahren ein Lebelang zuwider gewesen. Die Ausdeutung seiner Abneigung gerade dieser Methode gegenüber, mit der er schon in Kopenhagen traktiert worden war, bietet den Schlüssel zum Verständnis seiner Kunst und künstlerischen Existenzform.

Seit Winckelmann[25] geriet dieses Verfahren in zunehmenden Widerspruch zur theoretischen Konzeption von Künstlerbestimmung und Kunstpraxis. Man kann sagen, daß die zahllosen seit 1750 neu gegründeten Akademien fast ausschließlich, was ihren theoretischen Überbau angeht, einer neoklassizistischen Ideologie winckelmannscher Provenienz verpflichtet waren.[26] Sie begriff künstlerische Hervorbringung als Entäußerungsakt des Genies, das das Kunstwerk nach einer nur ihm innewohnenden Idee in einem Moment der Begeisterung in seiner Vollkommenheit und Ganzheit schaut. Dieser Theorie war die aufgeklärt-praktische Aufgabe all dieser Neugründungen — Förderung der allgemeinen Geschmacksausbildung und der heimischen Industrie — nicht zu vermitteln. Denn diese setzt die Lern- und Lehrbarkeit des Kunstmachens nach festen Regeln voraus. Kunst im Dienste der nationalen Wohlfahrt war bedingte, nicht dem Genie notwendige, nicht autonome Kunst. Aus dieser Konstellation heraus erklärt sich der zunehmende Antiakademismus der zweiten Hälfte des 18. Jahrhunderts, am deutlichsten zuerst greifbar in Hein-

ses »Briefen aus der Düsseldorfer Gemäldegalerie« von 1777 in Wielands »Teutschem Merkur«. Schon Heinse polemisierte gegen das mühsame Zusammenflicken von Kunstwerken aus auswendig gelernten Teilen. Schiller konstatierte in einem Brief von 1783, akademische Regeln töteten jeglichen Enthusiasmus ab.[27] Unter den bildenden Künstlern selbst entstand antiakademisches Bewußtsein eigentlich erst ab 1790 und zuerst und am ausgeprägtesten eben bei Carstens. Carstens wurde in seiner Position bestätigt durch seinen Freund Fernow, der die Künstler im »Ghetto einer Akademie zusammengepfercht« sah, »wo man sie nöthigt, in das Getriebe der Staatsmaschine mechanisch mit einzugreifen, und dem Staate nützliche Handwerker zu erziehen«[28]; auch sah er den Künstler durch die »subordinirenden Zwangsformen der bürgerlichen Verfassung«[29] drangsaliert. Aus dem Ablauf der traditionellen akademischen Ausbildung heraus erfolge notwendig künstlerische Deformation.

Für viele blieb der den Akademien immanente Widerspruch zwischen Anspruch und Verwirklichung auch weiterhin unaufgehoben. Moritz schrieb einerseits als Akademiker noch 1793 in der »Deutschen Monatsschrift« einen, zugegebenermaßen, lustlosen Aufsatz »Über den Einfluss des Studiums der Schönen Künste auf Manufakturen und Gewerbe«[30], andererseits schon 1788 in seiner vorkantianischen Abhandlung »Über die bildende Nachahmung des Schönen«, daß der Künstler »zuerst um sein selbst und dann erst um unsretwillen da«[31] sei und ferner, es könne »auch der lebendige Begriff von der bildenden Nachahmung des Schönen, nur im Gefühl der thätigen Kraft, die es hervorbringt, im ersten Augenblick der Entstehung statt finden, wo das Werk, als schon vollendet, durch alle Grade seines allmähligen Werdens, in dunkler Ahnung, auf einmal vor die Seele tritt, und in diesem Moment der ersten Erzeugung gleichsam vor seinem wirklichen Daseyn, da ist, wodurch alsdann auch jener unnennbare Reiz entsteht, welcher das schaffende Genie zur immerwährenden Bildung treibt«.[32]

Es sei schon hier vermerkt, daß Carstens in dieser Schrift seines Kollegen Moritz, noch bevor sein Freund Fernow ihn in Rom mit Kants »Kritik der Urteilskraft« vertraut machte, unmittelbare Bestätigung seines Selbstverständnisses finden konnte. Gleichgesinnte konnte er auch im Kreis um den ebenfalls der Akademie als Senatsmitglied verbundenen Architekten Hans Christian Genelli[33] finden. Dieser hatte Carstens frühzeitig in Berlin unterstützt und versucht, den Gang der Akademie in seinem Sinne zu beeinflussen. Zusammen mit dem Rektor Berger und dem Archäologen Hirt bildete er im Auftrage Heinitz' bald nach dem Regierungsantritt Friedrich Wilhelms II. eine Kommission, »um den Zustand und die Verfassung der hiesigen Akademie zu untersuchen und Vorschläge zu ihrer Verbesserung zu machen«.[34] Unabhängig von seinen Kollegen und den bestehenden Akademieverhältnissen legte er seine Meinung zur Aufgabe einer Akademie in einer umfassenden Schrift dar, deren Bedeutung für den Prozeß der Neuformierung der Berliner Akademie einerseits und für Carstens andererseits auf Grund ihres späten Publikationsdatums — Braunschweig 1800 — offenbar übersehen worden ist.[35] In dieser Schrift, geradezu trotzig dem Freiherrn von Heinitz gewidmet, mit dem Titel »Idee einer Akademie der bildenden Künste«, stellt er gleich zu Anfang fest: »Es ist nehmlich mir, so gut wie manchem andern, immer aufgefallen, wie die Epoche der Errichtung der Akademien, jederzeit die des Verfalls der Künste, in jeglichem Lande, wo diese sonst blühten, begleitet hat«.[36] »Dieser Umstand scheint mir aber doch eine starke Vermuthung zu geben, daß eben die Akademien, wenigstens zur Beschleunigung jenes Verfalls, das ihrige beigetragen haben«.[37] Die Ursachen dafür versucht er im folgenden zu analysieren. Die Festlegung der Künstler auf einen verbindlichen Stil scheint ihm eins der auslösenden Übel zu sein, die Tatsache, daß die Kunst so zur Dirne des Luxus wird, ein anderes.[38] Als verantwortlich für dieses Dilemma sieht er in erster Linie jedoch die Form des akademischen Curriculums an. Die Akademie befasse sich damit, »Dinge öffentlich zu lehren, die ihrer Natur nach nicht gelehrt werden können, sondern durchaus eigener Bildung überlassen bleiben müssen«.[39] Die Kunst, »die aus jeder Hand anders hervorgehen will«[40], werde an ein phantasietötendes System gebunden, sowohl praktisch als auch theoretisch. Genelli geht ins Detail, lehnt etwa die Lehre von den Gründen bei der Landschaftsmalerei ab, zieht die traditionellen Kompositionsschemata in Zweifel[41] und hält die strikten Gattungstrennungen für schädlich[42]: »Denn die besondern Zweige gehn Hand in Hand, und machen eigentlich nur Eine Kunst aus«[43]; das unabänderliche Ganze sei ohnehin »das einzige Bestreben des bildenden Genius«[44] und ist, so mag man ergänzen, von daher gattungsunabhängig zu denken. Das Verhältnis von Lehrer und Schüler sieht er, eine Forderung von weitreichender Konsequenz, als ein privates an.[45] Der öffentliche Nutzen akademischer Ausbildung bestehe allein in der Vermittlung gewisser praktisch-technischer Fertigkeiten.[46] So fordert er Meisterklassen und eine Art von persönlicher Ateliergemeinschaft, in der der Meister[47] — Genelli spricht nicht vom Professor — allein durch sein Vorbild wirkt. Eine verblüffende Passage in Genellis Traktat verdient noch Erwähnung, sie bezieht sich eindeutig auf Carstens.[48] Genelli empfiehlt, einem Künstler am Ende seiner Ausbildung das Reisen für fünf Jahre zu ermöglichen, in denen man ihn mit Aufträgen versieht, die sein Auskommen sichern. Kehre ein solcher Künstler nach fünf Jahren zurück, so könne er sicher in seinem Lande vorbildhaft wirken und verdiene Rang und Gehalt eines akademischen Künstlers. »Kommt er dennoch nicht zurück, so hat doch das Land eigentlich durch ihn nichts verloren, und die Akademie soll dann eingedenk sein, daß es unbillig ist, einen Mann an sein Schicksal zu Hause fesseln zu wollen, wenn er andernwärts ein besseres finden kann«.[49] Carstens' Fall ist hiermit beschrieben, die grundsätzliche individuelle Freiheit des Künstlers betont. Faßt man zusammen, so stellt das Traktat des Akademikers Genelli alle akademische Norm und ihren möglichen praktischen Niederschlag in Frage. Ein solches Konzept löst die Akademie von innen her auf; kein Wunder, daß man sich bemühte, Genelli auf eine der Provinzialkunstschulen abzuschieben[50], kein Wunder auch, daß Genelli mit einem Romantiker wie August Wilhelm Schlegel während der Zeit von dessen Berliner Vorlesungen 1802/03 befreundet war.[51] Genelli sammelte zeit seines Lebens Gleichgesinnte um sich, seine Wirkung auf jüngere Künstler scheint beträchtlich gewesen zu sein. Sein Neffe Buonaventura Genelli hat ihn 1868 im letzten Blatt seines Zyklus »Aus dem Leben eines Künstlers« (s. Abb. S. 86) lehrend inmitten von Geistesverwandten gezeigt.[52] Bei diesem fiktiven Treffen in himmlischen Regionen scharen sich unter anderem Carstens, Koch und Buonaventura Genelli um ihn. Er richtet sein Wort an Carstens. Man könnte sich auch ein Blatt vorstellen, auf dem Carstens selbst das Zentrum bildet und Nachfolger sich um ihn sammeln. Denn Carstens' Antiakademismus, wie er sich in der Auseinandersetzung mit der Berliner Akademie spiegelt, hat Schule gemacht bei Künstlern, die unter seinem unmittelbaren oder mittelbaren Einfluß standen, bei Romantikern wie Klassizisten. Genannt seien nur Wächter, Koch, Overbeck, Cornelius[53], Schick oder eben auch Buonaventura Genelli, der im Hause seines Oheims zuerst Werke von Carstens sah.

Carstens' Ausstellung

In Rom lebte Carstens seit 1794 mit Carl Ludwig Fernow zusammen. Sie waren bereits 1786—1788 in Lübeck eng miteinander befreundet gewesen, der neun Jahre ältere Carstens hatte mit seinem ausgeprägten künstlerischen Ernst den noch jungen Fernow, der ebenfalls Künstler zu werden beabsichtigte, stark beeindruckt. Die formativen Jahre jedoch, das gilt es zu betonen, verbrachten sie getrennt voneinander. Carstens ging nach Berlin, Fernow gelangte auf Umwegen 1791 nach Jena, wo er die Vorlesungen des Kantianers Reinhold hörte. Fernow blieb zwei Jahre in Jena in engem Kontakt zu Reinhold und wandelte sich, fasziniert von der Philosophie Kants, schrittweise vom Künstler zum Kunsttheoretiker. Als er mit einer Unterstützung, die Reinhold für ihn erlangt hatte, 1794 nach Rom kam, gab er sein Ziel, Künstler zu werden, bald auf. In der Folgezeit sah er seine »ganze Hoffnung der Einführung eines besseren Geschmacks in die Kunst«[54] allein auf Carstens ruhen. Als Carstens im Frühjahr 1795 das Atelier Battonis zur Vorbereitung seiner Ausstellung mietete, zog Fernow zum Landschaftsmaler Reinhart, arbeitete aber täglich in Carstens' Atelier an Aufsätzen zu ästhetischen Fragestellungen. Die Briefe an Heinitz und die Berliner Akademie, das sei vermutet, werden sie hier zusammen formuliert haben. Fernow begann bereits im Winter 1794/95 insbesondere für die deutschen Künstler in Rom »Vorlesungen über die Kunst nach Kantischen Prinzipien«[55] zu halten, er folgte darin hauptsächlich Kants »Kritik der Urteilskraft«. Er habe es, wie er Ende 1795 seinem Lehrer Reinhold schrieb, »dahin gebracht, manchem Künstler die Nothwendigkeit einer höheren Geistesbildung, als der Handwerker bedarf, begreiflich und fühlbar zu machen«.[56] Sein »ganzes Studium der Kunst«, schrieb er ebenfalls an Reinhold, »konzentrirt sich in der Zurückführung der bildenden Künste auf philosophische Prinzipien, und der gegenseitigen Anwendung dieser auf jene in der Beurtheilung. Wie sehr es mich freut, durch die öftere Übereinstimmung mit den a priorischen Grundsätzen von der Wahrheit der Kantischen Lehre, wie durch die Probe von der Richtigkeit meines Rechnungs Exempels, überzeugt zu werden, brauche ich Ihnen wohl nicht sagen«.[57] Fernow plante, ein ästhetisches Handbuch für Künstler zu schreiben.[58] Zudem legte er eine Bibliothek für Künstler an, in der besonders die neuesten Zeitschriften des Goethe-Schiller-Kreises auslagen. Er selbst begann etwa in Wielands »Teutschem Merkur« zu publizieren. Dort besprach er 1795, wie erwähnt, auch Carstens' Ausstellung ausführlich. In dieser Besprechung wurde der Anspruch der Ausstellung deutlich, er konnte nur auf Widerspruch stoßen. Fernow erklärte nicht nur, daß die Ausstellung »darum merkwürdig ist, weil sie eine neue Epoche der Kunst zu verkünden scheint«[59], er verwarf auch in Bausch und Bogen all das, was zu jener Zeit sonst in Rom hervorgebracht wurde.

Carstens versuche, heißt es, »der unwürdigen Machwerksepoche ein Ende zu machen, und den einfachen, edlen und männlichen Stil des fünfzehnten und sechzehnten Jahrhunderts seiner Vergessenheit zu entziehen und in neue Aufnahme zu bringen«.[60] Die deutschen Künstler in Rom fühlten sich verunglimpft, und Maler Müller schritt in mehrern Nummern der »Horen« des Jahrgangs 1797 zu einer drastischen Entgegnung auf Fernows Besprechung. Bei den elf ausgestellten Werken Carstens', so schrieb er, handle es sich um bloße »Skizzen und Probestückchen«[61], sie wirkten wie ein »Vorschuß«[62], der nicht eingelöst werde. Er bemängelte die Verzeichnungen, die unförmigen Vergrößerungen der Rumpfformen, die extreme Verkleinerungen der Extremitäten, anatomische Unrichtigkeiten, Verdrehung der Glieder; eine Gestalt sah er so überstark gekrümmt, als werde ihr schlecht.[63] Carstens' Verwendung und Neuprägung von Allegorien abstrakter Wesenheiten erschien ihm abwegig[64], allein die Gruppierung der Personen, die Komposition wußte er zu loben[65]. In gewisser Hinsicht erinnert Müllers Kritik an den Aufsatz des Freiherrn von Ramdohr gegen Caspar David Friedrichs »Tetschner Altar«[66]: die Phänomene sind richtig beobachtet, ihr Sinn wurde nicht verstanden. In beiden Fällen ist die Kritik aus dem Blickwinkel akademisch-klassizistischer Kunstnormen berechtigt. Friedrich verstößt gegen jede perspektivische Regel, Carstens zeichnet anatomisch falsch. Daß derartige Verstöße sich nicht nur unter gewissen Umständen mit Notwendigkeit einstellen, sondern auch sinnfällig sein können, soll im folgenden am Beispiel Carstens' gezeigt werden. Dazu ist es allerdings vonnöten, die gedankliche Herkunft von Carstens' Konzeption von Kunst und Künstler noch etwas detaillierter zu untersuchen.

a) Der autonome Künstler

In der »Kritik der Urteilskraft« spricht Kant ausführlich von der Autonomie des subjektiven Geschmacksurteils, das zwar den Anspruch auf Allgemeingültigkeit erhebt, auf Grund seiner Subjektivität jedoch nicht auf fixierbare Begriffe zurückzuführen ist.[67] Nicht jedoch beschäftigt er sich ausdrücklich mit der sich aus seinen Überlegungen notwendig ergebenden Konstatierung der Autonomie des Künstlers selbst. An diesem Punkt konnte Carstens auf Moritz' bereits zitierte Überlegungen zum Genie und zu dessen schöpferischen Hervorbringungen zurückgreifen, Fernow seinen Ansatz durch die ästhetischen Aufsätze Schillers aus den

Jahren 1793—1796 ergänzt sehen. In ihnen findet sich die umfassendste Konzeption der Zeit vom autonomen Künstler und seiner ethischen Rechtfertigung.[68] Aus der schmerzlichen Erfahrung heraus, daß es dem Individuum in der Gegenwart innerhalb der Gesellschaft nicht möglich sei, selbst nicht im Freundeskreis, die Welt ganzheitlich, als sinnvoll zu erfahren, stellt Schiller den Künstler trotz seiner künstlerischen Subjektivität als gesetzgebendes Genie der Gesellschaft gegenüber. Der Sprung des sich autonom setzenden Künstlers aus Zeit und Gesellschaft soll ihn allein befähigen, wenn schon nicht der existierenden Gesellschaft, so doch deren übergeschichtlichem Substrat, der Menschheit, ihre ursprüngliche Bestimmung vor Augen zu führen. Schon Kant hatte den Künstler aus dem Prozeß gesellschaftlicher Arbeit entlassen, da sein Produkt nicht Ware sein könne: »denn schöne Kunst muß in doppelter Bedeutung freie Kunst sein: sowohl daß sie nicht als Lohngeschäft eine Arbeit sei, deren Größe sich nach einem bestimmten Maßstabe beurteilen, erzwingen oder bezahlen läßt; sondern auch, daß das Gemüt sich zwar beschäftigt, aber dabei doch, ohne auf einen andern Zweck hinauszusehen (unabhängig vom Lohne), befriedigt und erweckt fühlt«.[69] Carstens war sich dieser Argumentation bewußt, wenn er seine Schuld der Berliner Akademie gegenüber durch die bloße Ausstellung seiner Werke, durch die mögliche Teilhabe an seinem Genius, als abgegolten ansah. Aus Kants Überlegungen ergibt sich für Carstens auch die Verpflichtung der Gesellschaft, den allein zur Freilegung der Wahrheit befähigten Künstler zu unterstützen. Die bürgerliche Gesellschaft hat im Laufe ihrer Geschichte diesen Anspruch des Künstlers teilweise akzeptiert, nicht ohne allerdings für dessen soziale Eingliederung und die Marktgerechtigkeit seiner Produkte zu sorgen.

b) Das autonome Kunstwerk

Für das Kunstwerk hatte seine Autonomsetzung weitreichende Konsequenzen. Als autonomer Organismus betrachtet, war es der einseitigen Verpflichtung auf die Natur entbunden, es war nicht mehr Nachahmung der Wirklichkeit, sondern schuf sich seine Wirklichkeit selbst. Fernow, ganz im Sinne Kants: »In dem idealischen Werke ist nichts der wirklichen Natur Nachgeahmtes, oder in dem Karakter derselben Gebildetes vorhanden, sondern es ist durch die Kunst ganz und von Grund aus neu organisirt«.[70] Damit ist die Naturrichtigkeit keine Bedingung des Kunstwerkes mehr, die Idealisierung der Natur nicht mehr Ziel des Künstlers. Dem korrespondiert die Entwertung des Inhaltlichen zugunsten der Form; nicht der Gegenstand selbst, sondern die Art und der Akt seiner Hervorbringung werden wichtig.

b) Die Form transportiert den eigentlichen Inhalt

Für Kant scheint die künstlerische Form sinnvoll, ohne daß sie einen eigentlichen Zweck hat.[71] Die Wahrnehmung des Künstlerischen darf nicht, so schließt er, durch die Reflexion vorgegebener tendenzieller Aufgaben der dargestellten Gegenstände entwertet werden. Die »reine« Empfindungsart »gehört bloß zur Form«.[72] Schon Farbe ist zu materiell, ihr auf Genuß zielender Reiz lenkt vom interesselosen Aufnehmen ab.[73] Dies impliziert die ebenso grandiose wie fatale Rechtfertigung abstrakter, objektiv sinnfreier Gebilde, des Gegenstandslosen.[74] Sinn hat es nur in sich selbst und für das betrachtende Subjekt. Wir sind also nach Kant nicht in der Lage, unser Urteil über Formen auf auch für andere gültige Begriffe zu bringen, wir können nur annehmen, daß auch die anderen unsere Empfindung teilen.[75] Diese eben nur angenommene Allgemeinheit des Urteils bringt den Künstler in die mißliche Lage, etwas Schönes für eine Menschheit produzieren zu wollen, über das er nicht mit ihr kommunizieren kann. Das klingt sehr theoretisch, hat aber, wie der Fall Carstens zeigt, für die Praxis weitreichende Folgen.

d) Die autonome Linie

Ohne auf die auch für Carstens konstitutive Tradition der Umrißzeichnung eingehen zu wollen — die Ableitung seiner Linienauffassung aus dieser Tradition ist vor allem von Rosenblum unternommen worden[76] — sei hier nur auf die theoretische Legitimation dieser reinen Linienzeichnungsform, als einziger Möglichkeit, absolute Kunstwerke hervorzubringen, hingewiesen. In der Malerei, sagt Kant, ist die Zeichnung das Wesentliche, da nur sie die Form rein gibt.[77] »Freie Zeichnungen, ohne Absicht ineinandergeschlungene Züge . . . bedeuten nichts, hängen von keinem bestimmten Begriffe ab und gefallen doch«.[78] Diese Feststellung ist Kants weitestgehende Rechtfertigung der autonomen Linie, sie wiederholt sich in variierter Form an anderer Stelle: »So bedeuten Zeichnungen à la greque, das Laubwerk zu Einfassungen oder auf Papiertapeten usw. für sich nichts: sie stellen nichts vor, kein Objekt unter einem bestimmten Begriffe,

und sind freie Schönheiten«.[79] Kant entdeckt hier die absolute Qualität des bloß Ornamentalen als allein rein Schönem. Das entscheidende Problem stellt sich nun: wie ist, unter dieser Voraussetzung, der höchste Gegenstand der Kunst, der Mensch, überhaupt noch kunstgemäß darzustellen? Denn der Mensch ist zweckgebunden: an das Gute, an die Moral. Die Verbindung des Schönen mit dem Guten macht jenes unrein. Unbefriedigende Konsequenz für den Urteilenden: er hat bei jedem Gegenstand strikt zwischen einem reinen Geschmacksurteil und einem zweckgerichteten Urteil zu trennen.[80] Für den Künstler stellt sich das Problem, wie kann er mittels der Linie darauf hinweisen, daß sein Gegenstand auf zweifache Weise wahrzunehmen ist, die Linie als autonom und zugleich zweckgebunden, d. h. gegenstandsbezeichnend zu verstehen ist.

e) Die Doppelfunktion der Linie bei Carstens

Carstens versucht das angestrebte Ziel, das sei vorab festgestellt, mittels eines Abstraktions- bzw. Stilisierungsprozesses zu erreichen. Betrachten wir eine einzige Figur aus einem Frühwerk Carstens' von 1788 — dem Jahr, als er nach Berlin kam —, die das Problem, schon auf Grund eines noch ausgeprägten Dilettantismus, überdeutlich zeigt. Einmal auf seinen Lösungsversuch aufmerksam geworden, wird man dieses zu beschreibende Vorgehen dann durchgehend bis ins Spätwerk finden. In seiner Darstellung des »Morgen« (s. Abb.), in der der Sonnengott Apoll die Nacht mit ihrem Gefolge vertreibt, hockt etwa in der Mitte des Bildes im Vordergrund eine nackte männliche Figur, die Morgentau aus einer Urne von den Wolken gießt. Die Urne liegt zu den Füßen des Mannes, der sich weit vorbeugt, an den Rand der Urne greift, um den Tau hervorströmen zu lassen. Der Kontur seines von Muskeln besetzten Rückens, vom Gesäß bis zum Oberarm, bildet beinahe einen Dreiviertelkreis, die Form läuft einerseits im ausgestreckten rechten Arm, andererseits in der Schienbeinpartie des aufgestellten rechten Beines aus. Über dem Ausgangspunkt dieser auslaufenden Linien erscheint das beschattete Gesicht des Vorgebeugten. Diese Schattenzone wird optisch fortgeführt in der durch die Form des rechten Oberschenkels leicht geschwungenen Linie der Schattenzone zwischen Bein und Oberkörper. Die Schwingung des Oberschenkels korrespondiert in abgeflachter Form dem Rückenkontur. Das Gesichtsprofil hingegen wird optisch im Verlauf der Oberschenkelunterseite auf-

A. J. Carstens
Der Morgen 1788 (Abb. 2)

genommen. Damit treffen die auslaufenden Linien im Gesicht, im Auge des Hockenden zusammen. Dies höchst artifizielle Gebilde — als menschliche Figur gelesen — widerspricht allen anatomischen Regeln. Die Länge der Rückenpartie reicht schier für zwei Rücken. Auch etwa der Oberarm gewinnt eine anatomisch undenkbare Länge. Beugung des Rumpfes und Streckung des Armes sind überverdeutlicht, übercharakterisiert. Sie bezeichnen zwar die jeweiligen Körper, sind aber zugleich ihr funktionales Abstrakt. Die reine Wesenheit der Figur soll anschaulich werden. Zugleich aber wird ihre Form auch als bloßes, reines Linienornament wahrnehmbar, löst sich vom Gegenstand. Die stilisierte Form gewinnt Doppelfunktion. Das ist Absicht. Schon an der Akademie in Kopenhagen hatte Carstens sich akademischen Prinzipien und Anforderungen widersetzt. Im Skulpturensaal zeichnete er nicht ab, sondern versuchte, die vorbildhaften Antiken sich allein einzuprägen, ihr Charakteristisches, das Eigentümliche zu begreifen. Zuhause zeichnete er es aus dem Gedächtnis nieder. Wert legte er dabei allein auf das Wesentliche der gesehenen Figuration, nur das war haften geblieben. Heraus kamen dabei übercharakterisierte, auf ihr Wesen reduzierte, stilisierte Figuren. Nicht anders ging Carstens später in der Sixtina vor. Seine Figuren, die von der Erinnerung an Michelangelo lebten,

wurden übermichelangelesk. Eine Forderung nach anatomischer Richtigkeit konnte der Absicht Carstens' nur widersprechen. So außergewöhnlich uns Carstens' Vorgehen auch erscheinen mag, es entspricht zeitgenössischen Vorstellungen.

Wenn Goethe und sein Sprachrohr Heinrich Meyer 1798 in einem Aufsatz »Über die Gegenstände der bildenden Kunst«[81], den man als die Programmschrift für Goethes »Weimarer Preisaufgaben« bezeichnen kann, als höchste Gegenstände der bildenden Kunst »symbolische Bilder«[82] deklarieren und darunter sinnliche Darstellungen abstrakter Begriffe — die Madonna als Symbol der Mutterliebe[83] — verstehen, dann nähert sich ihre Konzeption sehr der Carstenschen. Wenn Goethe und Meyer die ganze Geschichte der bildenden Kunst durchmustern, dann finden sie nur wenige überzeugende Symbole in ihrem Sinne, denn selten sprechen sich die Dinge selbst rein aus, selten können sie auf zusätzliche attributive, allegorische Verweise verzichten. Sie benötigen also verstandesmäßige Unterstützung, ihr gefühlsmäßiger Appell reicht zumeist nicht aus. Aufgabe des Künstlers in der Gegenwart wird es nach Goethe und Meyer sein, derartige sich selbst erfüllende Symbole zu finden. Ein Lösungsversuch in dieser Hinsicht ist zweifellos Carstens' Kunstsprache mit der Doppelfunktion der Linie. Der Gegenstand ist einerseits er

nach A. J. Carstens
Raum und Zeit (Abb. 3)

selbst und spricht zudem sein Wesen rein aus.[84] Er ruht in sich selbst und verweist zugleich.

f) Carstens und die Moderne

Ohne hier über Zusammenhänge zwischen Carstens' Prinzipien und dem Denken der Frühromantik spekulieren zu wollen, man kann behaupten, daß Carstens dem Selbstverständnis der Moderne in verschiedenen Punkten vorgearbeitet hat. Sein Antiakademismus mit der Propagierung des autonomen Künstlers stellt die Lern- und Lehrbarkeit von Kunst grundsätzlich in Frage. Seine Ablehnung klassizistisch-akademischer Normen hebt die Rangordnung der Gattungen und Gegenstände auf, sie zerstört — so konventionell seine eigenen Themen auch sein mögen — letztlich alle tradierte Ikonographie und ihre allegorische Sprache und setzt an ihre Stelle die Autonomie der künstlerischen Gebilde. Sie legitimiert den gänzlichen Abstraktionsvorgang der Kunst, löst sie endgültig von ihrer Naturverpflichtung und macht sie frei für gänzlich subjektive Verfügung.

Allerdings weist Carstens der Kunst auch einen Platz außerhalb der Gesellschaft zu, den Künstler begreift er als ein übergesellschaftliches Wesen und bedenkt nicht, daß dieses Wesen nur allzubald vom Normensystem der sich formierenden bürgerlichen Gesellschaft eingeholt werden wird.

90

Anmerkungen:

1 K. L. Fernow, Carstens. Leben und Werk, hrsg. und ergänzt von H. Riegel, Hannover 1867 (im folgenden: Riegel), S. 111—143, 209—218, 225—232, 240—252, 256—267; A. F. Heine, Asmus Jakob Carstens und die Entwicklung des Figurenbildes, Straßburg 1928 (= Studien zur deutschen Kunstgeschichte, Heft 264), S. 101—114; A. Kamphausen, Asmus Jakob Carstens, Neumünster in Holstein 1941 (= Studien zur Schleswig-Holsteinischen Kunstgeschichte, Bd. 5), S. 177—184, 191—195

2 Riegel, S. 217

3 W. Schadow, Meine Gedanken über eine folgerichtige Ausbildung des Malers, in: Berliner Kunst-Blatt 1828, S. 265—272

4 Riegel, S. 114

5 ebd., S. 251

6 ebd., S. 252

7 s. W. Mittlmeier, Die Neue Pinakothek in München. 1843—1854, München 1977 (= Studien zur Kunst des neunzehnten Jahrhunderts, Bd. 16), S. 220

8 Riegel, S. 123, 257

9 ebd., S. 257

10 I. Kant, Kritik der Urteilskraft, hrsg. von G. Lehmann, Stuttgart 1963 (im folgenden: KdU), S. 239 f

11 Riegel, S. 138—142

12 ebd., S. 140

13 ebd., S. 141

14 ebd.

15 ebd., S. 142

16 J. Schopenhauer, Carl Ludwig Fernow's Leben, Tübingen 1810, S. 346 (Brief an Hofrath Böttiger, Weimar, 8. Juli 1805)

17 H. Müller, Die Königliche Akademie der Künste zu Berlin. 1696 bis 1896, 1. Teil, Berlin 1896, bes. Kap. XI—XIV, S. 137—198

18 s. vor allem in: Monatsschrift der Akademie der Künste und mechanischen Wissenschaften zu Berlin, 1. Bd., 1788, 2. Stück, S. 67—75 den Aufsatz von J. C. Frisch, Fragment über die Idee, eine Akademie der Künste in Bezug auf Fabriken und Gewerke gemeinnütziger zu machen

19 ebd., S. 71

20 die Satzung komplett abgedruckt bei Müller, a. a. O. (Anm. 17), S. 185—198

21 ebd., S. 189

22 ebd. § 50, S. 196

23 die folgenden kurzen Zitate nach Heine, a. a. O. (Anm. 1), S. 63

24 zu Preissler s. ebd.; ferner: Kamphausen, a. a. O. (Anm. 1), S. 127; W. Kemp, ». . . einen wahrhaft bildenden Zeichenunterricht überall einzuführen«. Zeichnen und Zeichenunterricht der Laien 1500—1870. Ein Handbuch, Frankfurt a. M. 1979 (= Beiträge zur Sozialgeschichte der ästhetischen Erziehung, Bd. 2), S. 133, 197, 286

25 zu Winckelmanns Zeichnungs- und Linienauffassung s. B. M. Stafford, Beauty of the Invisible: Winckelmann and the Aesthetics of the Imperfectibility, in: Zeitschrift für Kunstgeschichte 43, 1980, Heft 1, S. 65—78

26 das Folgende vor allem nach N. Pevsner, Academies of Art. Past and Present, Cambridge 1940, bes. Kap. IV und V, S. 140—197

27 s. ebd., S. 191

28 Riegel, S. 38

29 ebd., S. 39

30 K. Ph. Moritz, in: Deutsche Monatsschrift, Bd. 1, Berlin 1793, S. 38—41

31 K. Ph. Moritz, Ueber die bildende Nachahmung des Schönen, Braunschweig 1788, hier zitiert nach dem Kraus Reprint, Nendeln/Lichtenstein 1968 nach der von Sigmund Auerbach besorgten Ausgabe, Stuttgart 1888 (= Deutsche Litteraturdenkmale des 18. und 19. Jahrhunderts, Bd. 31), S. 19, vgl. auch Auerbachs Kommentar S. XXVII

32 ebd., S. 18 f

33 zu Hans Christian Genelli: H. Ebert, Über Hans Christian Genelli und seine Beziehungen zum Berliner Kultur- und Geistesleben um 1800, in: Forschungen und Berichte, Bd. 17, Berlin (DDR) 1976, S. 175—188

34 H. Ch. Genelli, Idee einer Akademie der Bildenden Künste, Braunschweig 1800, S. III

35 Vorgelegt wurde die Schrift in Berlin 1798, s. Ebert, a. a. O. (Anm. 33), S. 183; andererseits scheinen eine ganze Reihe von Gedanken noch vor der Publikation der Akademiesatzung von 1790 formuliert worden zu sein.

36 Genelli, a. a. O. (Anm. 34), S. 2

37 ebd., S. 3

38 ebd., S. 4

39 ebd., S. 6

40 ebd.

41 ebd., S. 7

42 ebd., S. 19

43 ebd., S. 71

44 ebd., S. 38

45 ebd., S. 22

46 ebd., S. 23, 52

47 ebd., S. 73

48 ebd., S. 32—34

49 ebd., S. 33 f

50 W. von Oettingen, Daniel Chodowiecki. Ein Berliner Künstlerleben im achtzehnten Jahrhundert, Berlin 1895, S. 237

51 Heine, a. a. O. (Anm. 1), S. 60

52 Aus dem Leben eines Künstlers. Vierundzwanzig Kompositionen von Buonaventura Genelli. In Kupfer gestochen von J. Burger, K. von Gonzenbach, H. Merz und H. Schütz, Leipzig 1868, Taf. XXIV »Genossenschaft des Jenseits«. Ein Faksimile der Zeichnungen, herausgegeben von Ulrich Christoffel, Berlin 1922

53 zusammenfassend zum Antiakademismus des Cornelius-Kreises jetzt F. Büttner, Peter Cornelius — Fresken und Freskenprojekte, Bd. 1, Wiesbaden 1980, Teil 2,1: »Opposition gegen die Akademien«, S. 63—70. Sonst s. Monographien zu den einzelnen genannten Künstlern.

54 C. L. Fernow, Römische Briefe an Johann Pohrt 1793—1798, hrsg. von H. von Einem und Rudolf Pohrt, Berlin 1944, S. 115 f. (Brief vom 6. Aug. 1796)

55 Schopenhauer, a. a. O. (Anm. 16), S. 242 (Brief aus Rom an Reinhold vom 12. Nov. 1795)

56 ebd., S. 241 (ders. Brief)

57 ebd., S. 251 (Brief aus Rom an Reinhold vom 18. Juli 1796)

58 ebd., S. 254 (ders. Brief)

59 Neuer teutscher Merkur 1795, 6. Stück, S. 159

60 ebd.

61 Schreiben Herrn Müllers, Mahlers in Rom, über die Ankündigung des Herrn Fernow von der Ausstellung des Herrn Professor Carstens in Rom, in: Die Horen, Eine Monatsschrift, hrsg. von Schiller, 9. Bd., Jg. 1797, 3. Stück, S. 32

62 ebd.

63 ebd., S. 39—41

64 ebd., S. 37

65 ebd., S. 39

66 B. von Ramdohr, Über ein zum Altarblatte bestimmtes Landschaftsgemälde von Herrn Friedrich in Dresden, und über Landschaftsmalerei, Allegorie und Mystizismus überhaupt, Dresden 7. Jan. 1809, wiederabgedruckt, in: C. D. Friedrich, Bekenntnisse, ausgewählt und hrsg. von K. K. Eberlein, Leipzig 1924, S. 267—305

67 etwa KdU § 31, S. 193; § 32, S. 195; § 58, S. 304

68 Die überzeugendste Darstellung von Schillers Autonomie-Verständnis findet sich bei Th. Neumann, Der Künstler in der bürgerlichen Gesellschaft, Entwurf einer Kunstsoziologie am Beispiel der Künstlerästhetik Friedrich Schillers, Stuttgart 1968 (= Soziologische Gegenwartsfragen, N. F. Heft 27), in seinem Sinne hier das kurze Resümee. Das Autonomieproblem um 1800 ist zuletzt mehrfach umfassend abgehandelt worden: M. Müller, H. Bredekamp u. a., Autonomie der Kunst. Zur Genese und Kritik einer bürgerlichen Kategorie, Frankfurt a. M. 1972, s. bes. den Beitrag von B. Hinz. Kritik am Ansatz der Autoren, vor allem an der fehlenden deutlichen Unterscheidung von Autonomie von um 1500 und Autonomie um 1800, bei H. Freier, Ästhetik und Autonomie. Ein Beitrag zur idealistischen Entfremdungskritik, in: Deutsches Bürgertum und literarische Intelligenz 1750—1800, hrsg. von B. Lutz, Stuttgart 1974 (= Literaturwissenschaft und Sozialwissenschaften 3), S. 329—383. Die angesprochene Differenz ist schon 1913 von J. Cohn, Die Autonomie der Kunst und die Lage der gegenwärtigen Kultur, in: Kongreß für Ästhetik und allgemeine Kunstwissenschaft 1913, Stuttgart 1914, bes. S. 92 ff. auf die schlagkräftige Formel gebracht worden, daß die Renaissance zur Anerkennung des Individuums geführt habe, die Zeit um 1800 zu der der Subjektivität, s. auch Neumanns oben zitierte Arbeit S. 4. Vgl. zur Zeit um 1800 auch: M. Damus, Über den Zusammenhang zwischen der »autonomen« und der gebrauchten Kunst, Berlin o. J. (Publikation der Neuen Gesellschaft für Bildende Kunst e. V., Berlin), bes. Kap. II, 2 »Zur Geschichte bürgerlichen Kunstverständnisses«, S. 16—22

69 KdU § 51, S. 258

70 C. L. Fernow, Römische Studien, 1. Theil, Zürich 1806, S. 324; vgl. die fast wörtliche Übereinstimmung mit Kant, KdU § 47, S. 239 und § 49, S. 253. Am ausführlichsten zum Verhältnis Kant-Fernow: H. von Einem, Carl Ludwig Fernow, Eine Studie zum deutschen Klassizismus, Berlin 1935 (= Forschungen zur deutschen Kunstgeschichte, Bd. 3), 2. Teil, I. Fernow und Kant, S. 81—105

71 KdU § 11

72 ebd. § 14, S. 101

73 ebd. § 14, S. 101; § 52, S. 265

74 vgl. ebd. § 15, S. 106

75 ebd. § 38, S. 207; § 42, S. 224

76 R. Rosenblum, The International Style of 1800. A Study in Linear Abstraction, phil. Diss. New York 1956, New York, London 1976; ders., Transformations in Late Eighteenth Century Art, Princeton ³1970, Kap. IV »Towards the Tabula Rasa«. S. auch B. Stafford, Symbol and Myth. Humbert de Superville's essay on absolute signs in art, London 1979; dies., a. a. O. (Anm. 25)

77 KdU § 14, S. 102 f

78 ebd. § 4, S. 74

79 ebd. § 16, S. 109 f

80 ebd. § 16, S. 110 f

81 in: Propyläen, Eine periodische Schrift, herausgegeben von Goethe, 1. Bd., Tübingen 1798, 1. Stück, S. 20—54; 2. Stück, S. 45—79

82 ebd., 1. Stück, S. 49—54

83 ebd., 1. Stück, S. 50

84 Dem widerspricht nicht, daß sich Goethe und Schiller über Carstens' Darstellung von »Raum und Zeit«, Kantschen apriorischen Kategorien, mokiert haben. Der Versuch, für derartige abstrakte Begrifflichkeit figurativen Ausdruck zu finden, mochte ihnen absurd erscheinen, dennoch ist der Unterschied zu Goethes symbolischen Gegenständen nur ein gradueller. Vgl. zu Carstens' »Raum und Zeit« und Goethe und Schillers Kritik: Riegel, S. 76 f., 81, 125, 253 f.; Heine, a. a. O. (Anm. 1), S. 103 f.; Kamphausen, a. a. O. (Anm. 1), S. 78 f., 90, 180, am wichtigsten jedoch S. 195 f., ferner S. 251, 266. Goethe hat später immerhin Carstens' Gesamtwerk an die Weimarer Kunstsammlung vermittelt.

Matthias Eberle
Karl Blechen oder der Verlust der Geschichte

Als der schwedische Literat Per Daniel Atterbom sich im Juli des Jahres 1817 in Berlin aufhielt, schrieb er seinem Bruder in Stockholm über das auffällige, seiner Ansicht nach etwas übertriebene Interesse der Berliner an Kunst und Literatur: »Im übrigen läßt sich nicht leugnen, daß die ästhetische Kultur hier wirklich populär geworden ist; sie ist sogar bis zu den Stiefelputzern und Dienstmädchen herabgestiegen. Die Kellner in den Wirtshäusern prüfen mit Kennerblicken plastische Kunstwerke, die Barbiere sprechen von Schönheitssinn und Kunstgefühl, die Haarschneider von Gemüt und geläutertem Geschmack. Meine Aufwärterin beschwor mich, nicht die Aufführung von Schillers ›Jungfrau‹ zu versäumen; ›es ist‹, sagte sie, ›ein dramatisches Gedicht, das der deutschen Nation Ehre macht!‹. Auf der Türschwelle des Hauses, das ich bewohne, saß gestern abend ein Bedienter, blickte in die Abendröte und sang mit schmelzender Stimme aus der Oper ›Undine‹: ›Rauscht, ihr grünen Bäume, durch die Nacht‹, usw. Alle Kindermädchen lesen Fouqué und Hoffmann!«[1] Die Ironie, die sich in Wendungen wie »die ästhetische Kultur« sei bis zu den »Dienstmädchen« herabgestiegen, ausdrückt, bringt Atterbom dann an anderer Stelle deutlich auf den Begriff. Er schreibt »die berühmte superfeine Kultur« Berlins »kam mir, als ich ihr erst näher den Puls gefühlt hatte, nicht selten ebenso trocken vor wie der Sand, aus dem sie emporgewachsen war«[2]. Vielleicht ist der Schwede deshalb so fein ironisch, weil er den kompensatorischen Charakter der »superfeinen Kultur« spürt. Spricht er doch selbst von der überall sichtbaren zentralistischen Organisation des preußischen Staates und erzählt beiläufig »beinahe auf jeder Stelle, wo es sich tun läßt, sind einige Kerle in Uniform aufgestellt und ein Subaltern-Imperator, der ›Eins!-Zwei!-Halt!-Rechts um!-Kehrt Euch‹ brüllt«[3].
Neben diesem Seitenblick auf den profanen Berliner Alltag erfährt man aus dem Bericht des Schweden aber auch, für welche Gattungen der schönen Künste sich der Autor, und, wenn er richtig beobachtet hat, sich auch das Berliner Publikum besonders interessierte. Man las, besuchte das Schauspiel und die Oper, kannte einige Bildhauer und deren Werke. Von der Architektur hingegen ist kaum die Rede, von der Malerei überhaupt nicht.
Atterbom geht hier mit schlechtem Beispiel voran. Zwar besuchte er das Schauspielhaus am Gendar-

menmarkt, um Schillers »Jungfrau« zu sehen; über das Gebäude weiß er nichts weiter zu sagen, als daß es in einem »schönen« Stil erbaut worden sei. Der Name des Architekten ist ihm nicht geläufig, er fragt auch nicht danach. Dabei wäre Langhans, dessen Brandenburger Tor er bewunderte, doch eine Frage wert gewesen. Er erzählt von den Skulpturen Schadows und dem Zeughaus Schlüters, Schinkels Wache, die sich gerade im Bau befindet, erwähnt er nicht. Er erzählt von geschniegelten und geschnürten Leutnants, die Verse vortragen, von jemandem, der Bilder sammeln würde, berichtet er nicht. Er kennt namentlich einige Professoren der Universität, besucht einige Literaten, Maler kennt er keine und die Namen der Architekten sind ihm, wie man sah, nur teilweise geläufig.
Ist aus diesen Reiseeindrücken zu schließen, daß die Malerei in Berlin weniger populär war als anderswo? Daß das Publikum seine Maler kaum kannte, die Verbindung zwischen Dichtern und Malern kaum vorhanden war, es an Mäzenen für die Malerei fehlte?
Vieles spricht in der Tat dafür, obwohl die oben gestellten Fragen keineswegs eindeutig beantwortet werden können. Zu der Zeit, als Atterbom Berlin besuchte, konnte die Malerei im öffentlichen Bewußtsein schon deshalb keine große Rolle spielen, weil es sie so gut wie nicht gab. Schinkels Stern ging gerade erst auf, Wilhelm Schadow und Begas waren noch nicht in Berlin.
Als einziger Kunstkäufer von Gewicht trat eigentlich nur das preußische Königshaus in Erscheinung. Private Sammler gab es nur wenige. So hatte zum Beispiel der Fuhrunternehmer und Konsul Wagener einige Jahre zuvor begonnen, Bilder zu sammeln. Jahrzehnte später bildete diese Sammlung den Grundstock der Nationalgalerie. Es gab zwar auch noch einige andere Sammler zeitgenössischer deutscher Kunst — in die Breite wirkten diese Sammlungen allerdings nicht. Preußen und seine Bürger waren nach den Freiheitskämpfen arm, Bücher waren billiger als Bilder. Und änderte sich allmählich auch die Wirtschaftslage, entstanden nach und nach auch mehrere große und kleine Sammlungen aktueller Kunst, so schrieb ziemlich genau zwanzig Jahre nach dem nüchternen Bericht des Schweden Bettina von Arnim über einen der bedeutendsten Künstler, die Berlin für sich in Anspruch nimmt: »Ich irre nicht, wenn ich Blechens gestörte Organisation dem Mangel an Teilnahme und Begriff seiner Mitwelt zuschreibe. Noch erhitzt von den Steigerungen seines Innern bei so kühnen Visionen prallte er von allen Seiten an das

W. Ahlborn nach K. F. Schinkel
Gotischer Dom am Wasser   1823

mauerfeste Gefängnis der Philisterwelt, die ihn umgab. Kaltes Mißverstehen, blödsinniges Urteil, neidisches Verzerren seiner gigantischen Versuche machten ihn rasend, und kein Tröpfchen Tau des Einverständnisses sollte ihn erquicken. Entzweiung mit sich selber, Verwirrung seines Instinktes war die Folge«.[4]

Bettina von Arnim spricht hier von Unverständnis, mangelnder Teilnahme und daraus folgender Verzweiflung und Depression des Malers. Was war denn so ungewöhnlich an seiner Kunst, daß kaum jemand sie kaufen wollte? Hatte er nicht einflußreiche Fürsprecher? Schinkel verschaffte ihm seine erste Stelle als Dekorationsmaler am Königstädter Theater; Schinkels Fürsprache ist es wohl auch zu verdanken, daß Blechen 1831 eine Professorenstelle an der Akademie erhielt. Der alte Gottfried Schadow äußerte sich lobend über ihn, sogar das Königshaus bestellte einige Bilder bei ihm.

Doch all das war offensichtlich nicht hinreichend, um ihn und seine Frau ausreichend zu ernähren oder gar seinen Ehrgeiz zu befriedigen. Als Professor an der Akademie verdiente er weniger als in seinem bürgerlichen Beruf — er war Bankangestellter —, den er 1822 aufgegeben hatte, um als Schüler in die Akademie einzutreten. Die 400 Thaler Jahresgehalt, die er als Professor bezog, lagen unter den Bezügen eines Kanzleischreibers und machten etwa ein Viertel der Einkünfte aus, die der Kammergerichtsrat (und Dichter, Maler, Komponist) E. T. A. Hoffmann erhielt. Ein Hungerlohn also, der sich, eben weil er so wenig verkaufte, nicht wesentlich aufbessern ließ. Daß Blechen keine Veduten malte, wie sein Zeitgenosse Gaertner, noch Pferde oder Porträts wie Franz Krüger, kann als Erklärung nicht genügen. Die Landschaft erfreute sich durchaus einer gewissen Wertschätzung, vor allem, wenn sie der geistigen Verarbeitung von Natur diente. Und das hieß damals in erster Linie, Natur in Geschichte einzubeziehen, ihr eine geschichtliche, geistige Dimension zu geben. Der für den zeitgenössischen Betrachter angenehme und offensichtlich notwendige Nebeneffekt war dabei, daß die Bilder ihn eines tiefen, in der Natur verborgenen

Sinnes vergewisserten und literarisch lesbar waren. All dies scheint Blechen zunehmend schwer gefallen zu sein.

Doch um zu verdeutlichen, wie dies gemeint ist, bedienen wir uns am besten des Vergleichs. Nehmen wir eines der zentralen Motive der romantischen Malerei, die gotische Kathedrale. 1813 oder 1814 hatte Schinkel eines seiner bekanntesten Gemälde fertiggestellt, den »Gotischen Dom am Wasser«. Das Bild ist in zwei Kopien erhalten, von denen eine die Nationalgalerie verwahrt. Diese stammt von Wilhelm Ahlborn, der sie 1823 für den bereits erwähnten Sammler Wagener anfertigte. In dem Jahr, als Ahlborn und Blechen in den »Berlinischen Künstlerverein« aufgenommen wurden, also 1826, malte Blechen seinerseits seine »Gotische Kirchenruine« (Dresden, Gemäldegalerie Neue Meister).

Schinkel stellt den Betrachter auf festen Boden, die Stufen einer Kaimauer, auf der gerade zwei festlich, sonntäglich gekleidete Menschen auf ein Boot zugehen, das sie zur jenseits des Wassers aufragenden Kathedrale übersetzen soll. Ein kleines Gebet- oder Gesangbuch, das der Mann in die Achsel geklemmt hat, spricht für dieses Ziel der Überfahrt. Das Ziel sondert das Paar von den übrigen Personen ihrer Umgebung ab. Es sind Arbeiter, die Lasten tragen oder — offensichtlich nach Feierabend — herumstehen und teilweise zu trinken beginnen. Andere, ebenfalls zur inneren Einkehr bereite Spaziergänger sind am anderen Ufer, drüben, am Fuße der Kathedrale zu erkennen. Schinkel kommentierte einen seiner gotischen Entwürfe mit den Sätzen: »Das Christentum zieht den Menschen aus der Welt ab, um ihn innerlich zu vollenden. Der christliche Tempel nahm daher das Volk selbst in sein Heiligtum auf, um es zur geistigen Erhebung abzusondern von der physisch handelnden Welt«.[5]

Der Dom selbst macht durch Lage, Ort und Größe deutlich, daß er, also das, was in ihm geschieht, noch andere Funktionen zu erfüllen hat. Er steht in der Mitte zwischen zwei Stadtbereichen. Links die dunkle Bürgerstadt, gekennzeichnet durch Häuser in gotischem und Renaissancestil. Rechts, von der sinkenden Sonne beleuchtet und betont, die befestigte Oberstadt. Von hier dürften die Personen gekommen sein, die, unten am Fuß der Kathedrale, lange, wallende Kleider, Schlapphüte und Degen tragen. Auch die modernen, also klassizistischen Bauten der Oberstadt dürften auf deren aristokratischen Charakter verweisen. Doch ob Bürger oder Adliger, in gemeinsamer Abkehr von der »physisch handelnden Welt« findet man sich im gemeinsamen Gebet, gemeinsamer Vergeistigung und Erhebung. Und dies Letztere durchaus auch wieder im Sinne der politischen Erhebung, denn die große Schlacht gegen den Franzosen, den Erben jenes Barockkönigs, dessen Stil in der ganzen Stadt fehlt, war noch zu schlagen. Was sagte Madame de Staël in ihrem Buch »Über Deutschland« (das übrigens 1814 in deutscher Übersetzung erschien) zum Wiener Stephansdom? »Kein Bauwerk kann vaterländischer sein als eine Kirche, denn in ihr allein vereinigen sich alle Klassen der Nation, sie allein erinnert nicht nur an die geschichtlichen Ereignisse, sondern auch an die geheimen Gedanken, die innern Neigungen, welche die Fürsten und die Bürger in ihrem Bereich trugen.«[6]

Was Schinkel seine Figuren in den Bereich des Domes tragen läßt, sind also vaterländisch erhebende Gedanken und Gefühle. Dies freilich noch in einem anderen Sinne als nur politisch-kämpferisch. Denn wer der Geschichte Sinn zu geben vermag, kann dies mit der Natur allemal. Und sieht man, wie sich aus dem Wasser, dem ursprünglichsten, tiefsten, ungeschiedensten Element der feste, gegliederte Felsen erhebt, dieser wieder die Bäume, das Organische trägt und über diese Synthese der Natur als nunmehr künstlich-künstlerische Synthese des Menschen die Kathedrale ragt, die durch unterschiedlich dichte Wolkenschichten zum Lichte führt, also dorthin, wo Materie aufhört dunkel und schwer zu sein, dann kann man an Goethesche Konzepte, aber auch an Schinkels eigene Worte denken. Er kommentierte seinen Plan eines nach den Freiheitskriegen zu errichtenden Nationaldomes ganz im Sinne dieses Bildes: »Das ganze soll den Eindruck einer unendlichen, ewig sich fort sich zu reinigen strebenden Natur machen ... Durch den Unterbau soll das Erdreich in seiner Crystallisation vorgestellt werden, über welche hinaus die Pflanze zum Himmel anstrebt, durch deren verwebte Zweige man die himmlischen Bilder erblickt«.[7] Durch diese Architektur sollen, im Bilde vorweggenommen, nicht nur die Stände zueinander finden, auch Natur und Mensch, Materie und Geist sollen sich in veredelter, vergeistigter Harmonie vereinen.

Und was wurde aus diesem Entwurf eines ständischen Idealstaates mit seiner leisen Präferenz für die Aristokratie? Was wurde aus der idealen Gemeinschaft edler Geister? Wir wissen es. Ebensowenig wie aus dem Nationaldom. Nichts. Hatte der Schwede so Unrecht, wenn er wenige Jahre später von dem etwas gekünstelten Charakter der 95

K. Blechen
Gotische Kirchenruine 1826

»ästhetischen Kultur« in Berlin und Preußen sprach? Nimmt es da Wunder, wenn Blechen, der Schinkel kannte und dem Ahlborn ja keineswegs fremd war, das Motiv zwölf Jahre später ganz anders auffaßte?

Blechen zeigt uns kein ideales Panorama, kein gesellschafts- oder bildungspolitisches Programm, nichts, auf dessen Verwirklichung noch zu hoffen gewesen wäre.

Er läßt uns aus dem linken, südlichen Querschiff einer verfallenen gotischen Kirche in das Langhaus blicken, dessen Gewölbe längst eingestürzt ist und dabei wohl auch den Fußboden eingedrückt hat. Die Fundamente der Ruine sind unterspült, Moos und Efeu überwuchern die Trümmer, Bäume wachsen auf den Mauern. Lange wird diese Ruine nicht mehr stehen. Ungeachtet der drohenden Einsturzgefahr hat sich nahe der Vierung ein Pilger zum Schlaf ausgestreckt. Die braune Kutte hüllt ihn ein, den langen Stab mit der angebundenen Wasserflasche und den breitkrempigen Pilgerhut hat er neben sich gelegt. Seine Ruhestätte hat er unter dem Epitaph eines Fürsten- oder Kaiserpaares gesucht. Der Doppelsarkophag eines anderen erlauchten Paares ist im Gewölbe unter dem nördlichen Querschiff zu sehen. Eine ähnliche Zeichnung aus dem gleichen Jahr kommentierte Blechen selbst mit den Sätzen: »Ein Pilger nahet auf holperigen Pfaden des Lebens dem Ziel des ewigen Friedens, wo ihm am Rande des Grabes der Genius des Todes mit offenen Armen entgegentritt; in dessen Nähe, wo nur allein Ruhe herrscht, sieht man Grabmäler, von Ölbäumen beschattet (als Zeichen des Friedens und der Aussöhnung mit allem Irdischen).«[8]

Die gotische Kirche, bei Schinkel Ausdruck der Hoffnung auf die Wiederbelebung eines aufgeklärten Ständestaates von Gebildeten, ist bei Blechen eine Ruine. Hier verkehren keine Bürger, keine Adeligen mehr, sie liegt auch nicht in der Mitte zwischen beiden. Hierher findet nur noch der, der sich von der Welt abgewendet hat, um hier, wo sich von alter Reichs- und Kaiserherrlichkeit wenigstens noch träumen läßt, wohl auch seine letzte Ruhe zu finden. Gilt nur noch dieses Ziel, dann braucht es nicht zu wundern, daß dieser Dom nicht mehr zwischen Erde und Himmel vermittelt, nicht mehr über die Materie hinaus zum Geist führt, sondern lediglich in Natur zurücksinkt, die von ihm Besitz ergreift. Wo Natur keine Perspektive mehr gegeben werden kann, wo sie nicht mehr in das geschichtliche Bewußtsein eingebunden, auf kein gesellschaftliches Ziel mehr hingelenkt werden

kann, da wird sie übermächtig und drohend. Von dieser drohenden Natur, die sich gegen den Menschen verselbständigt, soll anhand einiger Bilder Blechens noch später die Rede sein. Vorerst aber muß einem möglichen Mißverständnis widersprochen werden. War Blechen nicht wenige Jahre vorher in Dresden gewesen, hatte er nicht C. D. Friedrich kennengelernt und dessen bedeutungsträchtige Zeichensprache übernommen? Wäre die »Gotische Ruine« daher nicht vielmehr im Sinne Friedrichs zu lesen?

Blechen dürfte Friedrichs »An Huttens Grab« gesehen haben, das 1826, also in dem Jahr, als er seine Ruine malte, in Berlin ausgestellt war. Auch dort ein Blick in eine gotische Ruine, auch dort ein einzelner Mann in der Nähe von Gräbern, auch dort junges Grün zwischen den Sarkophagen als Zeichen der Hoffnung. Und vielleicht nicht nur als Hoffnung auf ein Leben nach dem Tode. Schließlich steht vor den Gräbern der Vorkämpfer bürgerlicher Rechte und Freiheiten ein Mann in altdeutscher Tracht, was damals durchaus als politische Stellungnahme verstanden werden konnte. Ein Mann, der sich in Gedanken vertieft, nicht einer, der schläft. Zwar steht auch er in einer Ruine, doch eben auch zwischen Mauern, die sehr viel glaubhafter an einen gotischen Bau erinnern als Blechens   97 filigrane Kulisse. Bei Friedrich kann man den Eindruck haben, seine Ruinen forderten den Betrachter auf, sie wenigstens im Geiste, in sich selbst zu rekonstruieren; seine weglosen Landschaften zwingen uns geradezu, uns selbst einen Pfad zum Ziel zu suchen; seine Rückenfiguren zeigen uns, wie Meditation und Reflexion selbst dem Unwegsamen, dem Ruinösen einen Sinn abgewinnen können. Und Blechen? In seiner „Gotischen Ruine" stehen wir über dem Nichts, vor uns gähnt ein tiefer Schlund. Der schlafende Pilger ist weiter von uns entfernt als der nachdenkliche Mann an Huttens Grab. Er hat den Sprung in eine andere Welt, eine Kulissenwelt schon gewagt, in der alles, was an menschliches, geschichtliches Handeln erinnern könnte, unwirklich und scheinhaft ist. Er ist viel weniger real als irgendeine Figur Friedrichs, die, als Stadtbürger gekennzeichnet, uns ja gerade auf ein Ziel hinlenken und uns anweisen, wie wir es selbst erreichen können. Schinkel hatte in seinem Bild ebenfalls eine solche Zielrichtung des Handelns noch angeben können, ja er konnte, wenn auch nicht im geplanten Sinne, solche Kirchen noch selbst bauen.

Oft wird Blechens Neigung, der Natur einen unwirklichen, überraschenden Effekt abzugewinnen, als Folge seiner Tätigkeit als Dekorations- und Kulissenmaler erklärt. Hermann Beenken meinte dazu, diese Tatsache sei „weniger erklärend als selber Symptom. Auch dem späteren Blechen ist in einzelnen Bildern die sichtbare Welt oft genug als etwas Kulissenhaftes erschienen. Er sucht die grellen Effekte, das Überraschende, Plötzliche"[9]. Also nicht, wie etwa noch Richter, eine harmonisch in sich geordnete Natur, wo die Landleute sich am Abend eines heißen Tages vor einem aufziehenden Gewitter in Sicherheit bringen, sondern ein Blitz, der unvermutet niederfährt und einen Bauern erschlägt. Und nicht, wie bei vielen anderen Romantikern, ein dunkler Zauberwald, in dem sich ein Ritter verirrt (Fohr, 1816) oder Hagen Siegfried erschlägt (Schnorr von Carolsfeld, 1845), sondern eine dem Berliner durchaus vertraute Gegend, die Hügel um den Müggelsee, in denen sich unvermutet eine Schar von Semnonen niedergelassen hat. Blechen hat keine geordnete, in sich sinnvolle Natur mehr vor Augen, sondern verläßt sich zunehmend auf seinen subjektiven Eindruck von ihr, der sie ebenso zufällig erfaßt wie sie ihm erscheint.

»Dies erklärt auch die Bildausschnitte, die den Landschaften Blechens — und auch anderer Maler der Zeit — gelegentlich möglich geworden sind.

K. Blechen
Blick auf Dächer und Gärten
um 1835

Einer Kunst, die es noch ganz auf die Darstellung einer Natur abgesehen hatte, die als Lebensganzes in sich zusammenhängt, hätte ein Motiv wie etwa das des kühnen Berliner Bildes: »Blick auf Häuser und Gärten« mit den ganz von nah gesehenen Dächern im Vordergrund überhaupt nicht als bildmöglich erscheinen können. Die moderne Lust an der durch den subjektiven Standpunkt bedingten Zufälligkeit solcher Überschneidungen setzt in keiner älteren Zeit möglich gewesene Skepsis der Natur gegenüber voraus. Nur einer Natur, die nicht mehr Leben und Zusammenhang ist, wird man ein so verletzendes Hineinschneiden antun können. Diese Natur hat kein Recht mehr, daß ihre Erscheinungen im Bilde der ihnen eigenen Würde entsprechend zur Darstellung kommen. Das Objektive, die Welt uns gegenüber, hat kein Recht mehr gegenüber dem Subjektiven. Ist eine solche in ihren Zusammenhängen entwürdigte, ihres Rechtes beraubte Welt überhaupt noch Natur? Ja ist sie überhaupt noch Welt und nicht nur bloße Erscheinung des Auges?«[10]

Blechen hat diese Frage für sich nie eindeutig beantwortet. Man findet Argumente für diese Auffassung der Welt als bloßen Schein, so etwa in seinen Theaterfiguren, die als Staffage wirklich vorhandene Bauten bevölkern (im »Park der Villa d'Este« Figuren im Kostüm des 16. Jahrhunderts, im »Palmenhaus auf der Pfaueninsel« Odalisken aus einem türkischen Harem usw.) und diese dadurch selbst als Kulisse erscheinen lassen. Dort allerdings, wo er sich solcher verfremdenden Staffage nicht bedienen will oder kann, fällt er buchstäblich ins Bodenlose und zieht den Betrachter mit. Wie oft ist der Standort vor seinen Bildern einfach nicht glaubhaft einzunehmen, weil sich vor uns ein Abgrund auftut, ein Weg abbricht, ein Tümpel ausbreitet.

K. Blechen
Wasserfälle bei Tivoli   um 1830

der Natur innewohnendes, harmonisches Prinzip. So suchte er immer sorgfältig sein Sujet aus, wählte einen klar zu bestimmenden Standort und baute seine Kompositionen nach geradezu klassischem Muster. Er suchte nicht das Zufällige, sondern das Typische und Gesetzmäßige.

Die 1813 gemalten »Wasserfälle von Subiaco« (Nationalgalerie Berlin) können als Beispiel für viele seiner Bilder stehen. Koch gibt immer drei Gründe. Einen meist dunklen Vordergrund, der der Darstellung des Lebens der Landbevölkerung dient, einen helleren Mittelgrund, der meist ihre Siedlungen zeigt, sowie einen bergigen, lichten Hintergrund, der die Szenerie abschließt. Hier sieht man ganz vorne einen gestürzten Baum neben solchen, die fest im Boden verankert sind. Natur ist nicht nur drohend, nicht nur freundlich; Werden und Vergehen stehen in einem geordneten Zusammenhang. Ebenfalls vorne sieht man ein junges Paar, einen Hirten und ein junges Mädchen, das einen Korb mit Früchten nach Hause oder zum Markt bringt. Der Maßstab der Figuren ist uns bekannt, wodurch der Vordergrund für uns meßbar und erfahrbar wird.

Gleiches gilt für den Mittelgrund. Auch hier findet man kleine Figuren, wie etwa den Hirten mit seiner Herde. Oberhalb des Wasserfalles baden kleine Figuren im ruhigen Wasser. Über ihnen alte und feste Gebäude, wie seit Ewigkeiten stehend, die ihnen Schutz und Zuflucht gewähren. Und selbst im Hintergrund auf den hohen Bergen sieht man noch die Feuer der Jäger oder Köhler, die hier ihrem Tagewerk nachgehen. Die Natur, die Koch malt, ist überall mit dem Menschen verbunden, überall von ihm bewohnt und von ihm genutzt, sie ist urtümlich, doch wegsam und für den Menschen da.

Die Malweise unterstützt diesen Eindruck. Koch arbeitet jede einzelne Form fein in ihren Umrißlinien heraus und läßt sie dadurch als durch den Geist, das Wissen des Menschen um den Gegenstand bestimmt erscheinen. Er setzt Lokalfarbe neben Lokalfarbe, sondert die Gründe voneinander und schafft so ein ausgewogenes, übersichtliches Bild einer idealen Welt.

Der um fast 30 Jahre jüngere Karl Rottmann nähert sich der Natur bereits sehr viel subjektiver. Zwar unterscheidet er meist ebenfalls noch drei Gründe, doch wachsen sie nicht mehr typisch und gesetzmäßig auseinander hervor. Der dunkle Vordergrund in seinem 1831 entstandenen »Grabmal des Archimedes« ist kein Tal mit den für es typischen Bewohnern, sondern ein vorübergehend

Auf der einen Seite durch Herkunft, Ausbildung und Überzeugung der Zeitgenossen auf einen sinnvollen Zusammenhang der Natur verwiesen, anderseits oft unfähig, ihn für sich selbst zu finden, kommt etwas Spannungsvoll-Gespaltenes in seine Bilder. Die sich ihm entziehende Natur erscheint ihm drohend, fremd und aufregend neu zugleich. Gewinnt er ihr dann seine subjektive Sicht ab, dann wirft man ihm vor, er habe die Natur in einem für sie ungünstigen Augenblick überrascht.[11]

Besonders deutlich wird diese neue Einstellung gegenüber Natur während seiner Italienreise, die er 1828 antrat. Verfolgt man die Reihe der Motive, die er als bildwürdig ansieht, dann gilt mit wenigen Ausnahmen die Feststellung: »Auf seiner italienischen Reise (1828/29) folgte er nicht wie Goethe den Spuren des ›Bedeutenden‹, als welches die Klassik das antike Kunstideal empfand, er hatte auch kein Auge für das ›Interessante‹, das Volk in seiner Eigenart, wie etwa Schinkel. Er sah Italien nicht im Schleier der Antike und nicht im geschichtlichen Gewand«.[12] Blechen sah Italien nicht als großes Museum der Geschichte, nicht als Garten Eden, sondern als ausgedörrtes, dürres Land, über dem eine oft unerträglich heiße Sonne alles Leben und Treiben ersterben läßt. Genau darin liegt der Unterschied zwischen ihm und dem älteren, in Rom lebenden J. A. Koch und dem fast gleichaltrigen Münchner Karl Rottmann. Koch, ein den Traditionen der Aufklärung verpflichteter Maler, glaubte an den Sieg der Vernunft und an ein

beschattetes Stück Erdoberfläche. In der Mitte eine hellerleuchtete antike Ruine, die Rottmann für das Grab des Naturwissenschaftlers Archimedes hielt, der Hintergrund besteht aus pastos gemalten Wolken, die ein aufziehendes Gewitter anzeigen. Vor diesem versucht ein Hirte sich und seine Schafe in Sicherheit zu bringen. Der Weg, auf dem er sie entlangtreibt, führt direkt auf den Eingang des Grabmals zu.

Kochs Landschaften waren unabhängig vom Sonnenstand, unabhängig von plötzlichem Wetterumschlag. Rottmann benutzt die drohend aufziehenden Wolken nicht nur zur dramatischen Belebung der Fläche und seiner Palette, sondern wohl auch um Assoziationen an das tragische Schicksal des Archimedes zu wecken, den der Tod mehr als überraschend traf. Rottmann setzt nun zwar nicht

diesen für die Weltgeschichte bedeutsamen Augenblick ins Bild, doch er erinnert daran. Dadurch wertet er das bloße Naturereignis auf und nimmt ihm zwar nicht die Zufälligkeit, doch deren drohende Sinn- und Bedeutungslosigkeit für den Menschen. Er stellt sogar so etwas wie die Kontinuität der Geschichte her. Denn profitiert nicht der kleine Hirte von den Leistungen und Anstrengungen der Vergangenheit so wie wir von den Entdeckungen des Archimedes? Wir begreifen Natur und ihre Gesetze durch die Arbeit jenes Genies, er lehrte uns, sie zu beherrschen — und noch sein Grabmal bietet einem einfachen Hirten Schutz vor den Unbillen der Natur. Rottmann brach natürlich mit dem idealen Muster J. A. Kochs, in dem er sich dem Scheinhaften, der Zufälligkeit der Natur öffnete, ihrer wirklichen Erscheinung sehr viel stärker

C. Rottmann
Grab des Archimedes   um 1830

zuwandte. Doch hatte Koch ihr eine Kontinuität in seinen Darstellungen idealen, einfachen Lebens abgewonnen, so schleicht sich eben diese Kontinuität bei dem sehr viel moderneren Rottmann durch die Hintertür des geschichtlichen Bewußtseins wieder ein. Rottmanns Hirte wirkt dadurch viel stärker in Natur und in den Zeugnissen der Geschichte aufgehoben, als etwa der Pilger Blechens in der vom Einsturz bedrohten gotischen Ruine.

Sichtet man Blechens Studien der italienischen Reise, dann fällt auf, wie wenig er sich um die Zeugnisse der Vergangenheit kümmerte. Selbstverständlich skizziert er in Rom das Forum, in Pompei einige Häuser, in Taormina das griechische Theater. Doch das sind beinahe Ausnahmen. Der überwiegende Teil seiner fast tausend Aquarelle, Zeichnungen und Skizzen, die er in den wenigen Monaten seiner Reise durch den Süden anlegte, gilt so gut wie ausschließlich dem, was die Zeitgenossen als bedeutungslos bezeichnet hätten. Es sind Studien von einfachen Gehöften, sonnenüberfluteten Bäumen am Wegrand, Felsen, kleinen Dörfern.

Und gerade diese Skizzen sind es, die ihn uns heute so wichtig, so neu und modern erscheinen lassen. Kaum ein deutscher Maler vor ihm hatte sich so stark dem Licht, der Sonne geöffnet, kaum einer vor ihm verzichtete so sehr auf das Detail, das Laub der Bäume etwa, die Steine der Mauern, Gras und Pflanzen am Wege. Blechen malte Bäume wie brennende Fackeln, Mauern als helle, gleißende Flächen, Partien des Erdbodens als bloße Farbtupfer. Nicht er scheint die Erdoberfläche und das, was sich auf ihr erhebt zu ordnen und für den Blick zu organisieren, die Sonne, das Licht bringen alles zur Erscheinung. In seinem »Amalfi-Skizzenbuch«, entstanden im Juli 1829, dessen größten Teil heute die Akademie der Künste verwahrt, ist dieser aufregend neue, »moderne« Karl Blechen vielleicht besonders gut kennenzulernen. Und je länger man einzelne Blätter betrachtet, desto deutlicher wird es, wie der Maler von seinem Vorwissen, seinen historischen Interessen, von Fabel und Geschichte, Symbol und Anekdote, kurz von jeder Literatur Abschied nimmt. Wer hier zaubert, das ist allein die 101

Sonne, ihr verdankt jedes Ding seine Erscheinung. Und dies einmal im Bewußtsein, dies einmal erfahren müßte eigentlich jeden Romantiker von seiner Romantik kurieren, wenn, ja wenn nicht alle anderen von ihm erwarteten, einer zu sein — und wenn er nicht selbst letztlich noch einer wäre.

Nicht umsonst tauchen auch in seinen italienischen Landschaften immer noch gelegentlich Mönche als Staffagefiguren auf, die wohl für die Möglichkeit des Menschen stehen, mit sich und der Natur eins zu sein. Allerdings werden sie im Vergleich zum Frühwerk seltener und in einem Fall, in der Variation desselben Motivs, auch durch nackte Mädchen ersetzt (»Im Park von Terni«, 1830). Noch nicht ganz frei von romantischem Gedankengut, und das heißt von dem Bedürfnis, die Erscheinungen zu deuten, muß es für Blechen eine ungeheure Entdeckung gewesen sein, daß alle Erscheinung sich dem Licht, der Sonne verdankt. Heißt das nicht, daß die Erscheinung eines jeden Gegenstandes, das, was wir von ihm erfahren können, sich mit dem Sonnenstand stetig ändert? Daß nichts Bestand und Dauer hat außer dem Licht. Wo liegt hier der Sinn der Geschichte, wo bleibt die Kontinuität menschlicher Handlungen und Tätigkeiten, wo die Kategorie, die den zufälligen, subjektiven Eindruck einem Gesetz unterordnet?

Zurück in Berlin wertete Blechen seine italienischen Skizzen für mehrere Ölbilder aus. Eines davon, der »Golf von La Spezia« um 1830 gemalt, vermag einen Eindruck davon zu geben, wie weit er sich etwa von J. A. Koch und Karl Rottmann entfernt hatte. Zunächst scheint es, als habe er die klassische Dreiteilung der Gründe beibehalten. Vorne ein Hirte, der das einfache, für die Gegend typische Landleben darstellt. In der Mitte eine kleine Kirche mit einigen umliegenden Häusern. Im Hintergrund der blaue Golf, an beiden Seiten von Hügelketten eingefaßt. Ein ungewöhnlich tief liegender Horizont gibt den Blick auf einen höchst differenziert gemalten, dunstigen, mit Streifenwolken überzogenen Himmel frei. Konnte man bei Koch noch den Eindruck haben, die Landleute hätten trotz ihrer einfachen Tätigkeit den vorgestellten Teil der Erdoberfläche gestaltet, gereichten dem Hirten Rottmanns die Leistungen der Vergangenheit noch zum Vorteil, hat Blechens liegender Hirte sicher nichts zur Organisation seiner Umgebung beigetragen. Die Bauten im Mittelgrund sind so klein und unbedeutend gehalten, daß man sie fast übersieht. In der Komposition des Bildes spielen sie, ganz anders als bei Koch oder Rottmann, keine Rolle. Und liegt schon das Land unter der glühenden Sonne, bietet

es seinen Bewohnern kaum Schutz vor der Natur, dann hätte menschliche Tätigkeit auf die bildbestimmenden Flächen von Meer und Himmel ohnehin keinen Einfluß. Doch gilt das Umgekehrte. Nichts bestimmt das Bild entschiedener als das Meer und der Himmel. Das tiefe Blau der Bucht durchzieht die ganze Bildbreite und teilt es in zwei Hälften. Der durch die Wolkenbildung bestimmte Lichteinfall gliedert nicht nur den Vorder- und Mittelgrund, sondern differenziert auch noch das Blau des Wassers. Mensch und Menschenwerk sinken gegenüber der Natur zur Bedeutungslosigkeit herab, sie hinterlassen kaum Spuren, liegen wie hingestreut, jederzeit wegwischbar unter dem Licht. Zöge hier ein Sturm auf, nichts böte Schutz. Der Hirte Rottmanns hat es besser.

Ähnlich wie Blechen die Figuren der Natur aussetzt, so hält er es mit sich selbst. Wer hätte sich schon vor ihm einem derart intensiven Blau, einem so hellen Licht geöffnet? Wer hätte in der Idylle die Macht der Natur, ihre Gleichgültigkeit gegenüber dem Menschen so deutlich werden lassen? Wer hätte nicht zumindest versucht, durch allerlei Symbole oder allegorische Hinweise vielleicht doch noch auf einen höheren Sinn dieser Gefährdung hinzuweisen? (Auch für den »Golf von La Spezia« ist ein solcher Symbolapparat vorgeschlagen worden, der mir aber für dieses Entwicklungsstadium Blechens nicht zu passen scheint.)[13]

Wen wundert es, daß die italienischen Skizzen bei einem Großteil des Publikums und der Kritik kaum auf Zustimmung stießen? Blechen dürfte dieser Widerspruch ebenso zugesetzt haben, wie sein eigener, innerer Widerspruch, den wir annehmen dürfen. Ein Zeichen für diesen dürfte doch auch eines seiner spätesten Bilder sein, das »Walzwerk bei Eberswalde« (1834). Kaum einem Künstler sei-

K. Blechen
Walzwerk Neustadt-Eberswalde   um 1834

102

K. Blechen
Golf von La Spezia   1829

ner Generation ist es eingefallen, eine Fabrik darzustellen, die nicht wie die Kirche eine menschliche und zugleich göttliche Ordnung signalisierte, oder eine Burg, ein Schloß, von denen aus früher das Land regiert und letztlich auch gestaltet worden war, sondern für die die umliegende Natur lediglich nur noch Rohstoff ist. Und liefert die sehr traditionelle Bildkomposition, die Gleichgewichtigkeit der Teile — Fischer und Fabrik werden zwar gegenübergestellt, aber nicht gewertet — auch keine eindeutige Stellungnahme zu diesem Problem, so zeigt das nur, daß Blechen mit seiner neuen Auffassung zwischen zwei Generationen stand. Das, was er begonnen hatte, konnte er selbst gar nicht einlösen. Einer seiner legitimen Erben ist ohne Zweifel der junge Menzel, der gerade in seiner Frühzeit unzweideutig unter Blechens Einfluß stand. Und das nicht nur in der Behandlung des Lichtes, sondern auch in der Wahl der Motive. Er suchte längst nicht mehr nach einem in der Erscheinung verborgenen, tieferen Sinn. Er stand der Realität nicht mehr verquält und fragend gegenüber, sondern zeichnete und malte, was ihm vor das Auge kam. Wenn er zu kritischen Seitenhieben ausholte, dann nicht mehr gegenüber der Natur, sondern gegenüber der Gesellschaft und ihren Erscheinungsformen. Für Menzel war die Natur zuneh-

mend selbst nur noch Rohstoff, die ihm Motive für Bilder lieferte, nicht mehr, wie noch für die Generation der Romantiker, ein Schrein des göttlichen Naturgesetzes.

Daß Blechen die Natur selbst nicht mehr ausschließlich auf diese Weise sehen konnte, war vielleicht für ihn selbst das größte Problem. Vielleicht hatte er in Italien den Engländer Turner getroffen und vielleicht fand er bei diesem Bestätigung seiner Auffassung und Anregung für deren bildnerische Gestaltung. Manches spricht dafür, der Nachweis steht indessen noch aus. Wie immer es sich damit verhält, Blechen war in seiner Modernität vielleicht die erste englische Schwalbe in Berlin, die bekanntlich noch keinen Sommer macht. Er mußte frieren. Er, der Autodidakt, der Aufsteiger, hatte aus den politischen Verhältnissen seiner Zeit offenbar ganz andere Schlüsse für sein Geschichts- und Naturverständnis gezogen als viele seiner Zeitgenossen, so wie er, dem die gebührende Anerkennung verweigert wurde, offensichtlich auch unter den Zufällen der Preisentwicklung am Kunstmarkt besonders litt. Bettina von Arnim erfuhr es am eigenen Leibe, als sie Geld für den kranken Blechen sammeln wollte: »Der Wert seiner Bilder ist zwar aufs höchste gestiegen, allein die Kunsthändler, die sie in Händen haben, sind zu sehr durch den Handel abgehärtet, um zu begreifen, daß, wenn ein Bild, was sie mit 20 Louisd'or kauften, ihnen jetzt mit 80 und 100 bezahlt wird, sie doch wenigstens etwas dem armen Geisteszerrütteten könnten davon zukommen lassen«.[14] Man muß nicht Romantiker sein, um unter solchen Bedingungen den Glauben an den sinnstiftenden Wert menschlichen Handelns auch und gerade gegenüber der Natur zu verlieren. Doch einen Romantiker trafen sie wohl besonders hart.

Anmerkungen

1 Per Daniel Amadeus Atterbom »Reisebilder aus dem romantischen Deutschland«, Stuttgart 1970, S. 65
2 ebd., S. 69
3 ebd., S. 49
4 Bettina v. Arnim an Bethmann-Hollweg, Brief vom 11. 7. 1838, in: P. O. Rave (Hrsg.) »Karl Blechen«, Berlin 1940, S. 47—50, S. 47
5 Aus Schinkels Kommentar zum Luisenmausoleum, zit. nach: Georg Friedrich Koch »Schinkels Entwürfe im gotischen Stil«, in: Zeitschrift für Kunstgeschichte 32/1969, S. 262—316, S. 273
6 Germaine de Staël »Über Deutschland«, Stuttgart 1962, S. 82 f.
7 Schinkel, zit. nach G. F. Koch, a. a. O., S. 275
8 zit. nach Rave, a. a. O., S. 7
9 Hermann Beenken »Das 19. Jahrhundert in der deutschen Kunst«, München 1944, S. 172 ff.
10 ebd., S. 174 f.
11 »Museum, Blätter für bildende Kunst«, Hrsg. von Dr. F. Kugler, Jg. 1, 1833, S. 41 ff.
12 Herbert Seurla »Carl Blechen« in seiner Zeit, in: Der Maler Carl Blechen 1795—1840. Veröffentlichungen des Museums Cottbus, Heft 1, Cottbus 1963, S. 15
13 vgl. Helmut Börsch-Supan »Deutsche Romantiker«, München, Gütersloh, Wien 1972, S. 79
14 Bettina v. Arnim, a. a. O., S. 49

Julius Posener
Friedrich Gilly. 1772—1800

»Gilly hatte in Elementen eingesetzt: deshalb reichte er hinterher in ganz neuen und ganz ewigen Entwicklungsmöglichkeiten der Baukunst noch über Schinkel weit und geistig hinaus — als der erste moderne Architekt«.[1]

Arthur Moeller van den Bruck. 1919

»Zugleich wird hier [beim Friedrichsdenkmal] aber deutlich, wie das an sich starke architektonische Gefühl von den gewaltigen pathetischen Gefühlen der Zeit fortgerissen wird. Die Architektur, die Kunst des strengumgrenzten Raumes, soll jetzt Empfindungen des Universums, grenzenlose Seelenzustände zum Ausdruck bringen. ›Ich kenne keinen schöneren Effekt‹, sagt Gilly, sich in den Tempel seines Friedrichsdenkmals versetzt denkend, ›als von der Seite umschlossen, gleichsam vom Weltgetümmel abgeschnitten zu sein und über sich frei ganz frei den Himmel zu sehen, abends‹. In diesen Jahren beginnt der Untergang des architektonischen Empfindens, aus dem wir uns erst wieder allmählich erheben«.[2]

Hermann Schmitz. 1914

Da hätten wir zwei Würdigungen; aus der gleichen Zeit, übrigens, der Zeit des ersten Weltkrieges: einander entgegengesetzte Würdigungen. Und doch ist ihnen einiges gemeinsam: für Moeller wie für Schmitz war es Gilly, der die Überlieferung unterbrochen hat. Für Schmitz steht diese Überlieferung für das architektonische Empfinden schlechthin. 1908 war Paul Mebes' Buch »Um 1800« erschienen, welches, nach den Irrwegen, die das neunzehnte Jahrhundert gegangen war, Anknüpfung an die letzte konsistente — und die erste bürgerliche — Überlieferung verlangte. »Um 1800«, das hieß in Wahrheit bis 1830, wenn nicht noch weiter in das Jahrhundert hinein. Der Abfall vom guten Geschmack trat erst später ein. Aber Zeichen der Auflösung begegnen vorher, begegnen gerade um die Zeit der Jahrhundertwende; und für Hermann Schmitz ist das sichtbarste dieser Zeichen Gillys Friedrichsdenkmal. Für Moeller van den Bruck dagegen ist Gilly derjenige, der über Schinkel — und gewiß über die Jahre der Barbarei, die auf ihn folgten — hinauswies »als der erste moderne Architekt«. Betrachten wir diesen Ausdruck im Sinne der Zeit um 1914: Moderne Architektur, das bedeutete damals in erster Linie Peter Behrens' Werk. Moel-

ler schreibt: »Namentlich Peter Behrens, der es mit den ewigen Gesetzen von Quadrat und Kreis abermals am ernstesten nahm, leitete aus dem Experimente unmittelbar in den Stil über, näherte sich unversehens der Bauweise, die Schinkel, mehr noch, die Gilly hinterlassen hatte«.[3] Das heißt, Behrens, der wieder dort beginnt, wo Gilly begonnen hat, führt weiter in seinem Sinne und nähert sich unversehens seiner Bauweise an. So aber hätte Schmitz es *nicht* ausgedrückt. Das Positive an Behrens war für ihn, verstehen wir ihn recht, daß Behrens anknüpfte, und zwar *nicht* an Gilly, sondern an Schinkel und an die Überlieferung »um 1800« — (obwohl zwischen Schinkel und der Überlieferung »um 1800« ein erheblicher Unterschied besteht) — er knüpft wieder an an die Zeit des guten Geschmackes, nicht, wie Moeller wollte, an die Elemente der Architektur. So verschieden sahen diese beiden die moderne Architektur — und so verschieden sahen sie Gilly: dem einen war er Schöpfer, dem anderen Zerstörer. Gemeinsam aber ist beiden Urteilen, daß sie in Gilly den Urheber des Eingriffs sahen, den die Überlieferung um 1800 erlitt.

Uns aber liegt es ob zu fragen: *war* Friedrich Gilly der Mann, der die Überlieferung unterbrochen hat? Wir müssen die Frage genauer stellen: war er es in Preußen?, denn daß er es in Europa nicht gewesen ist, steht außer Zweifel. Wir brauchen nur an die Daten der großen revolutionären Entwürfe zu erinnern. Gillys Friedrichsdenkmal entstand 1796. Die Salinenstadt Chaux von Ledoux wurde seit 1773 geplant.

»Bis 1779«, schreibt Günter Metken, »wurde der untere innere Halbkreis des Planes vereinfacht ausgeführt. Noch im gleichen Jahr wurde die Produktion aufgenommen«.[4] Zu den für Chaux entworfenen Gebäuden gehört das Haus des Flußinspektors: eine Röhre, durch welche der Wasserfall des Flusses Loue sich ergießt, das Haus des Reifenmachers, welches aussieht wie eine Camera. Ledoux' bekanntestes Projekt, das Kugelhaus für die Flurwächter des Marquis de Montesquiou trägt das Datum 1780. Diese Gebäude wurden rund zwanzig Jahre eher entworfen als das Friedrichsdenkmal. Die »Barrieren« von Paris entstanden seit 1785. Gilly hat sie ohne Zweifel gesehen, als er in Paris war. Boullées geplanter Bau einer Weltkugel zu Ehren Isaac Newtons — »meine Absicht war, dich mit deiner Entdeckung zu umgeben, dich mit dir selbst zu umgeben«[5] — wurde 1784 entworfen. Um diese Zeit entstanden auch die anderen gewaltigen Abstraktionen Boul-

F. Gilly
Friedrichsdenkmal 1796

F. Gilly
Skizzen

L. M. Valadier
Skizzen

lées, die Pyramiden und Kegel, welche jede bekannte bauliche Dimension übertrafen. Auch diese Arbeiten also entstanden etwa 15 Jahre vor dem Friedrichsdenkmal. Niemand hat bezweifelt, daß Gilly Arbeiten dieser Art bekannt gewesen sind, *bevor* er nach Paris kam. Rietdorf schreibt: »Als er am Friedrichsdenkmal arbeitete, war er für den französischen Einfluß aufgeschlossener als jetzt, wo er durch die Straßen von Paris geht«.[6] Womit er einräumt, *daß* Gilly den französischen Einfluß erfahren hatte, als er am Friedrichsdenkmal arbeitete — und bestimmt auch davor. Dieser Einfluß war für einen, der gegen Ende des achtzehnten Jahrhunderts als Architekt arbeitete — oder arbeiten wollte — unausweichlich, heiße er nun Giuseppe Valadier und arbeite in Rom oder Friedrich Gilly in Berlin.[7] Der französische Einfluß war unausweichlich. Sein am meisten verbreitetes Vehikel sind wohl die Architekturwettbewerbe der Académie gewesen. Sie wurden laufend veröffentlicht. Auch theoretische Schriften wie die des Abbé Laugier waren hinlänglich bekannt, Goethe hat sich, wie man weiß, mit Laugier schon in Straßburg auseinandergesetzt, als er im Angesicht des Münsters den Hymnus »Von Deutscher Baukunst« schrieb. In Berlin war nicht allein Friedrich Gilly modern im Sinne der Ideen, die von Paris ausgingen. Auch sein Schwager Heinrich Gentz war es. Gentz hat 1797 einen Wettbewerbsentwurf für ein Friedrichsdenkmal beigetragen, welcher so aussieht als befinde er sich auf dem Wege zu Gillys Entwurf. Auch Becherer, der Erbauer der alten Börse am Lustgarten, war ein moderner Architekt. Ja, wenn man diese Börse (1801) mit einem der wenigen Häuser Gillys vergleicht, die bis in unser Jahrhundert erhalten blieben (abgerissen 1906), so muß man zugeben, daß die Börse moderner wirkt. Von Architekten in anderen deutschen Städten, welche damals dieser Richtung folgten, nenne ich hier nur Friedrich Weinbrenner in Karlsruhe, weil er derjenige unter ihnen ist, der Gillys Genius am nächsten kommt.

Es ist also nicht ganz richtig, Gilly als den ersten zu sehen — oder gar den einzigen —, der die Überlieferung unterbrochen hat: auch in Berlin ist er das nicht gewesen. Er wirkte dort in einem Kreise von Gleichgesinnten, sie schlossen sich um David Gilly zusammen, Friedrichs Vater, den Landbaumeister, der über landwirtschaftliche Gebäude aufschlußreiche Schriften hinterlassen hat, den Praktiker und Konstrukteur — und den Architekten des Schlosses Paretz für Friedrich Wilhelm III. und seine Königin, Luise, eines Hauses von bezaubernder Einfachheit: das war ganz gewiß ein »moderner« Bau. David Gilly war 1799 einer der Gründer der Bauakademie, aus der dann, in den dreißiger Jahren, Schinkels und Beuths Bauakademie werden sollte. Viele meinen, das Haus, welches Schinkel der Schule, aus der endlich, in den achtziger Jahren, die Technische Hochschule hervorgehen sollte, gebaut hat, sei sein bestes Werk. Die moderne Erziehung des Architekten in Preußen ist David Gillys Werk, wurde auf jeden Fall von ihm begonnen. Friedrich Gilly war an dieser Schule Professor. Sein Thema war die architektonische Optik. Friedrich Schinkel, — er war nur neun Jahre jünger, — war sein persönlicher Schüler und wurde der Verwalter seines architektonischen Nachlasses.

J. G. Schadow
Büste Friedrich Gilly   1801
(Kat. Nr. 5.233)

F. G. Weitsch
Porträt Friedrich Gilly

Es heißt, daß Schinkel seinen Lehrer als ein höheres Wesen betrachtet hat: er konnte sich ihm nicht ohne Erregung nahen, er habe, sagt man, beinahe gezittert. Schadow hat nach Gillys frühem Tode (1800) gesagt, in Schinkel sei Gilly wiedergeboren, er besitze die gleiche mitreißende Begeisterung. Gilly selbst muß sie in höchstem Maße besessen haben. Der Dichter Wackenroder schrieb an Tieck: »Jede Schilderung ist zu schwach. Das ist ein Künstler! So ein verzehrender Enthusiasmus für die alte griechische Simplizität! Ein göttlicher Mensch!«[8] Das Datum ist 1793, Gilly war damals einundzwanzig Jahre alt.

Dies ist der erste Blick auf Gilly, die Person, den wir uns gestatten. Bisher haben wir lediglich davon gesprochen, in welchem Maße seine Wirkung als Architekt eingebettet war in eine allgemein-europäische Strömung. Dies ist der erste Blick auf den Mann; und es scheint angemessen, an dieser Stelle die beiden authentischen Portraits zu zeigen, die wir von ihm besitzen: Schadows Büste des verewigten Jünglings — des ewigen Jünglings —, die gleichwohl Portrait ist, wie man an dem anderen Portrait prüfen kann, das der Maler Weitsch nach dem Leben gemalt hat. Dieses Portrait zeigt ein starkes, ein unendlich bewegtes Gesicht. Es macht das Erstaunen Wackenroders verständlich. Das Erstaunen wirkte nach. Schon bevor man auf das Werk einen Blick geworfen hat, begreift man, warum noch um 1914 bedeutende Kritiker wie Moeller van den Bruck und Hermann Schmitz in ihm allein denjenigen gesehen haben, der für das verantwortlich war, was um 1800 in Preußen mit der Überlieferung geschah. Wir werden sehen, ob — und in welchem Maße — das Werk dieses Urteil bekräftigt.

Gilly hat fünf kurze Jahre gehabt, sein Werk zu produzieren. 1794 traten Arbeiten von ihm zuerst an das Licht der Öffentlichkeit: er stellte Zeichnungen aus, welche er auf einer Dienstreise mit seinem Vater auf der Marienburg gemacht hatte. Von diesen ist nur *ein* Original auf uns gekommen; die anderen, die wir kennen, sind Radierungen von F. Frick nach Gilly, schöne Radierungen: sie sind viel stimmungsvoller als Gillys Zeichnungen. Auch hat Frick die Zeichnungen, wo er es für notwendig hielt, verbessert, da »Herr Gilly ... auf die historische Richtigkeit und auf die Details wenig Rücksicht genommen hatte«.[9] Wir besitzen, — das ist ein glücklicher Zufall — einen Stich von Frick nach Gilly von der Fassade des Kapitelsaales und eine andere Radierung des gleichen Bauteils, welche ganz Fricks Werk ist. Es zeigt sich, daß Gilly den

F. Gilly
Eingang in den Kapitelsaal, Skizze

Oberteil des Gebäudes fortgelassen hat. Vielleicht gefiel er ihm nicht, vielleicht meinte er, die Mauermasse oberhalb der tiefen Nischen, welche die Mauer furchen, wirke zu schwer für die beiden zarten Säulen aus Werkstein, welche in der Höhe der Galerie die massiven Pfeiler aus Backstein unterbrechen. In dem Stich nach Gilly sind diese Doppelsäulen das entscheidende Ereignis. Nichts lenkt von der außerordentlichen Wirkung dieser Unterbrechung ab. Es kam Gilly nicht darauf an, ein Portrait der Marienburg zu geben, er wollte die entscheidenden baulichen Tatsachen festhalten oder das, *was ihm* die entscheidenden baulichen Tatsachen waren: das *Phänomen* Marienburg. Wenn man seine Bemerkungen zu den Zeichnun-

F. Gilly
Entwurf zu einer Katakombe

gen liest, wird man diesen Ausdruck Phänomen einleuchtend finden. So sagt er über den großen Remter: »Das Gewölbe steigt von jeder Säule gleichsam wie eine Rakete auf«.[10] Was die historische Richtigkeit und die Details angeht, welche Frick in den Zeichnungen vermißt, so spricht Gilly in dem gleichen Remter von der Abwesenheit

links:
F. Gilly
Marienburg, Portal des ältesten
Teils des Schlosses
rechts:
F. Frick nach F. Gilly
Marienburg, Portal des ältesten
Teils des Schlosses

links:
F. Gilly
Marienburg, Fassade des Kapitel-
saales
rechts:
F. Frick nach F. Gilly
Marienburg, Fassade des Kapitel-
saales

»wirklich schlechter Verzierungen«. Wo er solche angetroffen hat, hat er sie fortgelassen, vielleicht auch verbessert. Schon die Skizze »Eingang in den Kapitelsaal« wirkt in den Einzelheiten so wenig gotisch, daß man den Verdacht nicht los wird, er habe, was ihn störte, was nicht zu der phänomena-len Erscheinung des Gebäudes gehörte, bereits prima vista fortgelassen, er habe es, möchte man sagen, nicht gesehen. Was ihn interessiert, sind konstruktive Grundtatsachen. Rietdorf schreibt: »Nach diesem Preislied auf die Marienburg erwar-tet man eine Wendung zur Gotik. Die Versuchung

109

zu ihr liegt in der Zeit, die mit gotischen Fenstern und Ritteremblemen zu spielen beginnt. Noch Schinkel wächst in dem Zwiespalt zwischen Gotik und Klassik auf. Gilly läßt diesen Zwiespalt hinter sich«.[11]

Das ist ganz gewiß richtig gesehen: wie richtig, hat Gilly selbst gezeigt, da er zusammen mit den Blättern von der Marienburg den Entwurf zu einer Katakombe ausstellte, welcher nicht gotisch ist, allerdings kann man ihn auch nicht klassisch nennen. Er ist, möchte man sagen, grundsätzlich räumlich und grundsätzlich konstruktiv. Es gibt keinen antiken und keinen mittelalterlichen Raum, der so konstituiert ist. Zum Vergleich bieten sich wohl nur einige der Räume an, welche John Soane (1753—1837) um die gleiche Zeit für die Bank of England entworfen hat.

Konstruktive Grundtatsachen: Wir kennen ein Blatt mit Skizzen, deren eine eine Pfeilerhalle mit einem runden, nach oben offenen Raum in der Mitte darstellt. Diese Skizze mag eine Vorstudie zum Innenraum des Friedrichstempels sein. Es scheint mir aber bezeichnend, daß Gilly die Säulen des Tempels in Pfeiler verwandelt. Die Pfeiler- und Balken-Konstruktionen, die auf diesem Blatt dargestellt sind, wirken gleichzeitig primitiv und vorwegnehmend: Wie diese Balken einfach auf die Pfeiler gelegt werden — ohne Kapitell — das wirkt so urtümlich wie Stonehenge; aber sie sind unwahrscheinlich weit gespannt, mit Stein war das eigentlich nicht zu leisten, es wirkt, als sei der Stein armiert, es wirkt wie Eisenbeton. Stein oder Eisenbeton: Gilly stellt die reine Konstruktion dar, ohne Beschönigung, ohne Gestaltung selbst des Zusammenstoßes von tragendem Pfeiler mit getragenem Balken. Es sprechen die Dinge für sich, die Elemente, wie Moeller van den Bruck gesagt hat; und wir, die wir modernere Architekturen gesehen haben als die Fabriken von Behrens, auch wir nennen das, was uns auf diesem Blatt entgegentritt, modern. Es hat aber meines Wissens kein anderer Meister der Architektur, die man die revolutionäre nennt, eine solche Darstellung gegeben.

Blättern wir weiter in den Vorskizzen zum Friedrichsdenkmal: wir finden den Tempel — er ist dorisch, das runde Oberlicht in seiner Mitte ist deutlich markiert; — aber der Innenraum ist nicht mehr ein Pfeilersaal mit einem Rundraum in der Mitte, sondern eine Halle, welche das ganze Innere des Tempels einnimmt, mit einem runden Oberlicht in der Mitte: der Rundraum als besonderer Raum ist aufgegeben, auch der offene Himmel darüber ist aufgegeben: dieses Oberlicht ist verglast. Wie aber

Steinbalken die große Weite dieses Raumes überspannen können, erklärt der Architekt nicht: Eisenbeton könnte es leisten. Erich Mendelsohn hat einmal die Kritik, man könne eine seiner Skizzen nicht bauen, mit der Antwort bedacht: »Das werden die Ingenieure können *müssen*!«[12] Ob Gilly ähnlich gedacht hat? Seine weitgespannte Tempelhalle wirkt *für uns* plausibel. Schien sie *ihm* plausibel? Man hat damals das technisch noch nicht Mögliche geplant, offenbar in dem Gefühl — das Mendelsohn dann ausgesprochen hat —, daß die Planung selbst die Verwirklichung näherbringe. Boullée hat seine Weltkugel als zu bauend aufgefaßt. Wir begegnen auch hier, auch auf dem Boden der Konstruktion, wieder der Grundsatzfrage: stehen wir, wie Moeller van den Bruck wollte, vor »ganz neuen und ganz ewigen Entwicklungsmöglichkeiten der Baukunst«, oder greift, wie Hermann Schmitz es sah, in jenen Jahren die Architektur so weit über ihre Möglichkeiten hinaus, daß damit »der Untergang des architektonischen Empfindens« eingeleitet wird?

Wir müssen die Frage offenlassen, bis wir Gillys Hauptwerk, das Friedrichsdenkmal, näher betrachtet haben. Dieses Betrachten aber möchte ich hinausschieben und Gilly zuerst auf seinem Wege nach Paris begleiten. Er wollte lieber nach Rom gehen; aber in Italien war Krieg: Bonapartes italienischer Feldzug. Halten wir fest, daß Gilly lieber nach Rom gehen wollte, merken wir an, daß seine Studien nicht lediglich französisch waren — auch nicht lediglich französisch-antik, sondern griechisch-antik.[13] In seinen Aufzeichnungen — sie sind um diese Zeit immer auf das Denkmal bezogen — erscheinen Bemerkungen wie diese:

»Was waren die alten Tempel?

Kein Tempel. Heroum.

Es muß ganz offen sein. Ohne Zelle.

Römische Tempel. Pantheon das Weltall.

Viereckt.

Die Säulen nicht zu weit voneinander man muß hindurchsehen können, aber nicht ganz durchsichtig«.[14]

So hat Gilly Architektur aufgenommen, in Hinblick auf das, was werden soll.

Die Pariser Reise hat er mit Zeichnungen begleitet: im Straßburger Münster wird der Bündelpfeiler zur Halbsäule: so *wollte* er das sehen — wie schon in der Marienburg. Zeichnen heißt für Gilly das Wichtige so festhalten, wie es hätte sein sollen. Haben diese Zeichnungen zeichnerischen Reiz wie die seines Schülers Schinkel ihn haben werden, wie die des Zeitgenossen Weinbrenner ihn haben?

F. Gilly
Pfeilerhalle, Skizze

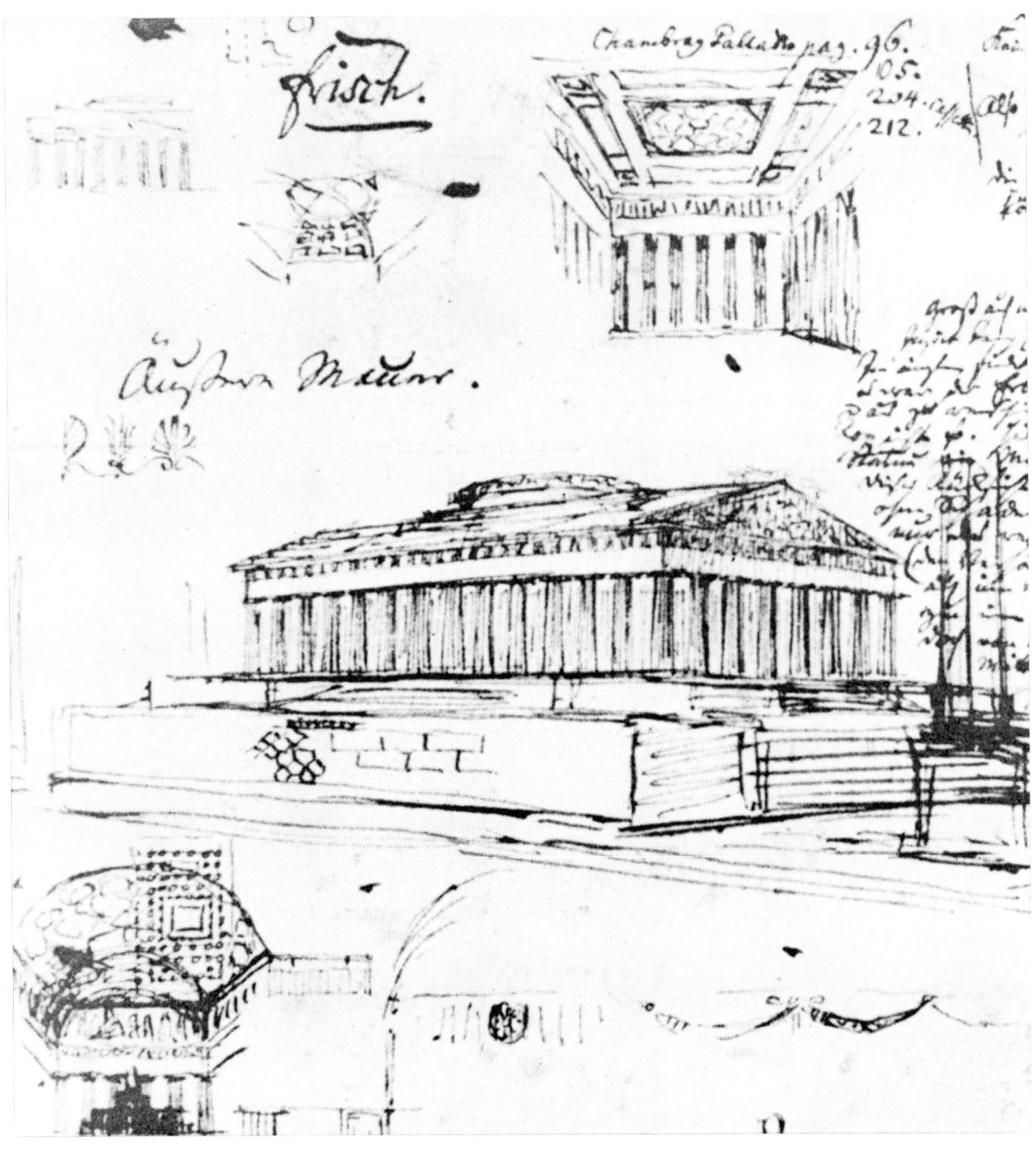

Eigentlich nicht. Sie sind Aufzeichnungen der Struktur, als solche überzeugend. Die Blätter vom Schauplatz der revolutionären Feste in Paris, vom Champ de Mars haben das Pathos der Weite. Klippen, Meer und Leuchttürme in Le Havre verzeichnen die geologische Tatsache des Landes, welches abbricht; dieser geologischen Tatsache aber gibt Gilly den Reichtum der Architektur. Auf Architek-

tur kommt es letzten Endes immer hinaus. Auch *was* Gilly zeichnet berührt uns als wesentlich. Wer hätte, vor Erich Mendelsohn das Fort auf der Insel Pelée zeichnenswert gefunden? Wer vor den zwanziger Jahren unseres Jahrhunderts jenes Haus in der Rue de Chartres, dessen Front ganz in Loggien aufgelöst ist?
Nächste Frage: Was hat Gilly in Paris gesehen, —

und was hat er dort *nicht* gesehen oder doch nicht beachtet? Er hat nicht weniger als 14 Theater genau studiert; denn das Friedrichsdenkmal lag gerade hinter ihm, vor ihm lag das Nationaltheater auf dem Berliner Gendarmenmarkt. Er zeichnet das Théâtre Feydeau, weil das Halbrund seines Zuschauerraums außen in Erscheinung tritt; so wird er dann *sein* Theater auf dem Gendarmenmarkt entwerfen; nur daß er auf der Rückseite des großen Quaders Bühnenhaus — Schinkel hat ihn später seiner Nikolaikirche in Potsdam zugrundegelegt — das Halbrund wiederholt. Für diese Art der Rücksicht auf die Form gibt es damals viele Beispiele: Boullées Opernhausentwurf ist kreisförmig — und solcher Entwürfe gibt es mehrere; auch Gilly selbst schließt seine Pariser Studie, ein Theater nach Art der Griechen und Römer, beinahe in einen Kreis ein. Hat er Boullées Entwurf gekannt? Das Halbrund des Zuschauerraums zu zeigen war auf jeden Fall ein großer Schritt vorwärts im Sinne des Funktionalismus — und eine Art Funktionalismus wurde damals diskutiert (Durand); aber der Funktionalismus war, auch für Gilly, kein Dogma.[15] Als es aber zum Entwurf des Zuschauerraumes kam — *selbstverständlich* war das ein Amphitheater (wenn auch mit einer Hofloge), — da nahm Gilly seine Anregungen *nicht* aus dem Pariser Theaterbau: er nahm sie von Jacques Pierre Gisors Parlamentsraum von 1795; es ist unmöglich, die Verwandtschaft zu übersehen. Aber Gilly entwickelt den Raum anders als Gisors. Zum ersten Male erscheint hier die Teilung des Zuschauerraumes in einen inneren und einen äußeren Teil, dessen Sitzreihen über der Wand aufsteigen, die den inneren Teil begrenzt. Oskar Kaufmann hat die gleiche Anordnung in seiner Krolloper — weniger rein — verwirklicht. Sicher hat er Gillys Theater gekannt. Der Gesamtraum aber wird unter der Decke in Form eines Zeltes zusammengefaßt. (Das Zelt hat Schinkel in *seinem* Schauspielhaus auf dem Gendarmenmarkt verwirklicht.) Gillys modernes Amphitheater ohne Ränge wurde, wie wir wissen, nicht gebaut. Sein Erbe war für Schinkel, der keinen demokratischen Raum zu bauen hatte, eher eine Belastung. Der Intendant jener Zeit (1819), Graf Brühl, beklagt sich, daß alle Architekten antike Theater bauen wollen. Mit Schinkel ließ sich wenigstens reden. Aber das architektonische Proszenium *auf der Bühne*, welches in Schinkels eigener Abbildung seines Innenraumes erscheint, verdankte er wahrscheinlich Gilly, nicht allerdings die Theorien der Reliefbühne mit entferntem Hintergrund, die Schinkel an dieses Proszenium auf

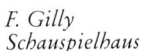

der Bühne geknüpft hat; wenigstens kennen wir keine Äußerungen Gillys in diesem Sinne, und ob man seine eigenen Entwürfe für Bühnenbilder so interpretieren kann, scheint fraglich. Auch Schinkel hat diese Form der Bühne nicht verwirklichen dürfen, seinem architektonischen Proszenium auf der Bühne war keine Dauer beschieden. Sein Theater selbst war das alte Opernhaus mit Rängen und Logen: keine antik-demokratische, sondern eine barock-höfische Form des Auditoriums. In den zwanzig Jahren, die zwischen Gillys und Schinkels Theater liegen, hatte die Welt sich stark verändert: Napoleon liegt dazwischen — und die Restauration. Auch Schinkel hatte sich verändert. Davon wird am Schluß dieses Aufsatzes die Rede sein.

Gehen wir hier zum zweiten Teil unserer Frage über: was hat Gilly in Paris *nicht* gesehen — oder nicht beachtet? Wir haben Ledoux' Barrieren bereits erwähnt: er muß sie gesehen haben; aber er spricht nicht von ihnen. Ich glaube nicht, daß die Namen Boullée und Ledoux überhaupt von Gilly erwähnt werden. Diese beiden Namen bezeichnen für uns den Inbegriff der Revolutionsarchitektur. Sollte es so gewesen sein, daß diese Großen für den jungen Gilly bereits die Vergangenen waren, die Väter? Beachten wir die Geburtsdaten: Gilly ist 1772 geboren, Ledoux 1736, Boullée 1728. Sie sind Zeitgenossen Haydns: das war die Generation der Neuerer. Gilly ist Zeitgenosse von Bonaparte, der die Revolution beendet hat, von Beethoven, der sie in Bonaparte beendet sah, von Hölderlin, der sie geschehen sah, mit lebhafter Teilnahme. Die Akteure der Revolution waren älter: Robespierre 1758, Danton 1759: sie waren Zeitgenossen Mozarts (1756). Wir wissen nicht, wo Gilly politisch gestanden hat. Das Gebäude, dem er in Paris seine liebevollste Studie gewidmet hat, ist das Schlößchen »Bagatelle«, die Kleinigkeit, welche der Graf von Artois — später Ludwig XVIII. — seiner

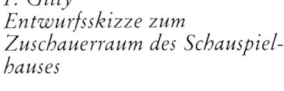

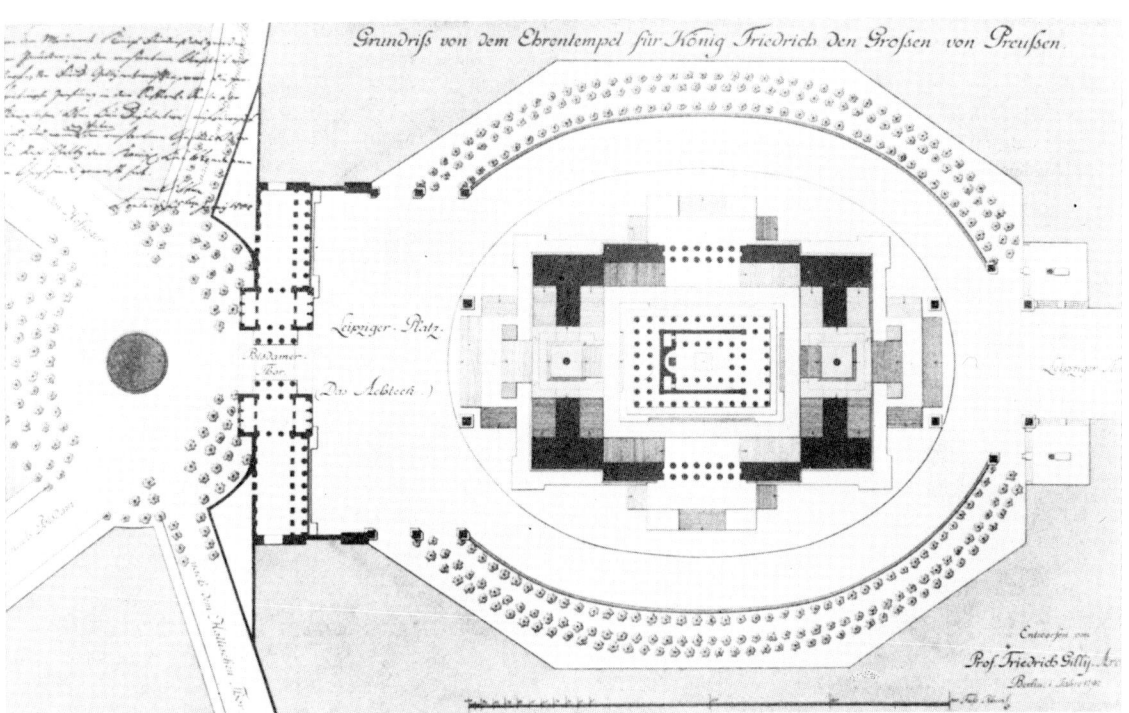

F. Gilly
Friedrichsdenkmal, Plan

Schwägerin Marie-Antoinette verehrt hatte, als sie von einer Reise zurückkam. Darum auch mußte das Schlößchen so schnell gebaut und ausgestattet werden, eine Leistung, die Gilly bewundert hat. Er hebt die königliche Liebenswürdigkeit des Geschenkes hervor, — und das im Jahre des Italienischen Feldzuges, nicht mehr als drei Jahre nach dem blutigen Sommer von 94. Wenn man seinen Aufsatz über die »Bagatelle« liest, hat man ein Gefühl, als sei nichts geschehen. Nein, Gilly war kein deutscher Jacobiner — die waren übrigens auch älter: Georg Forster, geb. 1754 —; er war auch kein Bewegter wie Hölderlin. Man könnte meinen, schon von seinen preußischen Bewandtnissen her sei er ein strenger Royalist gewesen, ein Gegner alles dessen, was jüngst auf dem Boden geschehen war, auf dem er sich befand. Vielleicht ist es (auch) dies, was Rietdorf ausdrücken will, wenn er sagt, Gilly sei vor seinem Pariser Aufenthalt dem französischen Einfluß zugänglicher gewesen als in Paris. Wie aber paßt hierzu das demokratische Theater, wie die Skizzen vom Marsfeld, in deren Weite das Volk unsichtbar zugegen ist, wie, endlich, das Friedrichsdenkmal?

In seiner endgültigen Fassung stammt das Denkmal aus dem Jahre 1796, dem annus mirabilis Gillys: aber sein ganzes Werk stammt aus den Jahren, die dem Höhepunkt der Revolution bereits folgen, Jahren, in denen das Pathos, der Wille zum Neubeginn und das selbstverständliche Bekenntnis zur wahren Antike, der dorischen als der *einzigen* Architektur — nicht zur römisch abgeleiteten der Überlieferung — den jungen Architekten vieler Länder gemeinsam war. Wer damals unter den Jungen überhaupt etwas wollte, wollte *dies*.

Sprechen wir zuerst vom Pathos. Der Wettbewerb für ein Denkmal zur Heroisierung des Großen Königs war ein hoch-pathetisches Unternehmen. Dieses Pathos spiegelt sich schon in Gillys Bemerkung: »Kein Tempel. Heroum«.

Der König, soweit er in Gillys weitläufigem Gebäude überhaupt vorkommt, wird in einen römischen Caesar verwandelt. Es ist die gleiche Verwandlung ins Pathetische, welche Adolf Max Vogt in seinem Buch über Boullées Kenotaph zu Ehren Newtons an sukzessiven Bildern Newtons demonstriert: jede Portraitähnlichkeit wird abgestreift, was bleibt, ist eine antike Idealfigur.

Denn das Pathetische ist das Abstrakte: man umgibt, wie Boullée das gesagt hat, »Newton mit sich selbst«, das heißt, Newtons Idee des Universums mit dem Universum, vielmehr, die Wahrheit zu sagen, *nicht Newtons* Idee; denn nicht Newton

F. Gilly
Ostende des Friedrichsdenkmals

hatte die Sternensphäre entdeckt. Im Kenotaph aber wirkt es geradezu so, als hätte Newton das Universum *geschaffen*. In der Abstraktion steht der Name immer für erheblich mehr als für die notwendig beschränkte Leistung der geschichtlichen Person: Newton wird das Universum; ebenso übersteigt Friedrich im Denkmal seine historischen Attribute Sieger von Leuthen, Repräsentant des Aufgeklärten Absolutismus, sogar König von Preußen oder, wenn man will (obwohl dies bereits falsch wäre), Schöpfer des preußischen Staates: er wird zum Herrscher schlechthin; und wie Newton »mit sich selbst umgeben« zum Begriff des Weltalls wird, so wird Friedrich hier zum Begriff der Erhabenheit *des Staates* — es braucht nicht unbedingt der preußische zu sein. Erinnern wir uns der stimmungsvol-

116

Poseidontempel in Paestum

*K. F. Schinkel
Neue Wache 1815—18*

len Worte, die Gilly für sein Heroum gefunden hat: »Ich kenne keinen schöneren Effekt, als von der Seite umschlossen, gleichsam vom Weltgetümmel abgeschnitten zu sein und über sich frei ganz frei den Himmel zu sehen, abends«.

Wir können Hermann Schmitz' Schrecken verstehen solchen Worten gegenüber *als Programm für eine Architektur.* Uns beschäftigt vor ihnen eine Frage jenseits der Architektur: Was — in drei Teufels Namen — hat *das* mit Friedrich von Preußen zu tun?

Der gesamte Leipziger Platz ist diesem Heroum gewidmet. Der Leipziger Platz aber ist der Ort, über den die meisten Fremden Berlin betreten. Vom Grünen kommend, über den Potsdamer Platz, der schön gestaltet wird, durchschreitet der Ankommende einen Torbogen von großer Monumentalität und erblickt vor sich, gerahmt von zwei Obelisken, den Tempel auf einen Unterbau von Mauern und Treppen emporgehoben. Dieser Unterbau ist im Laufe der Entwurfsarbeit immer bedeutender geworden und immer ursprünglicher in seinen Formen: Verwirklichung einer abstrakten Architektur ohne Präzedenz. Auch der Tempel wird im Laufe der Arbeit abstrakter. Er bleibt ein dorischer Tempel, einer der schweren Art, obwohl Gilly (und auch Weinbrenner) gedrungenere Säulen skizziert haben. Verglichen mit Paestum, das als Vorbild gedient haben mag, wirkt Gillys Tempel starr; besonders der überhohe Architrav drückt Starre aus. Auch mit Schinkels dorischem Porticus und Tympanon der Neuen Wache (1815—18) kann man Gillys Tempel nicht vergleichen. Schinkels niedriger Architrav, sein Gedanke, die antiken Triglyphen durch Genien zu ersetzen, aber nur über den Säulen: die mittleren Triglyphen fallen fort — sie lassen diese zarte Dorik für die »Wache« beinahe zu leicht erscheinen; dabei ist, scheint mir, die Neue Wache, das früheste unter Schinkels reifen Werken dasjenige, welches Gilly am nächsten steht.

Wir haben vom Pathos gesprochen und gefunden, wie nahe Pathos und Abstraktion beieinanderliegen. Unser zweiter Punkt ist der Wille zum Neubeginn. Hier werden wir einiges von dem abschwächen müssen, was wir eben gesagt haben. Denn es hat vor 1796 bereits, wie wir gesehen haben, Entwürfe gegeben, die in der Abstraktion weiter gegangen sind als Gillys Denkmal. Wir haben einige von ihnen erwähnt: Boullées Newton-Kenotaph: die Weltkugel — soweit es möglich schien, sie baulich darzustellen. Wir dürfen aber hier Boullées gesamtes Werk anführen: hier haben

wir die reine Abstraktion vor Augen, in Gillys Friedrichsdenkmal *nicht.* Wir haben Ledoux' Röhrenhaus erwähnt, durch welches der Wasserfall sich ergießt. Wieder haben wir die reine Abstraktion vor Augen, in Gillys Friedrichsdenkmal nicht; denn in diesem Denkmal sind die Säulen Säulen, die Tympana Tympana, die Treppen Treppen. Alle Mauerflächen werden durch ihren Steinschnitt — und es lohnt sich, ihn genau anzusehen — mit der Eigenschaft des Materiellen ausgestattet: sie sind in hohem Maße Materie. An keiner Stelle löst Gillys Architektur sich in das reine Zeichen auf: sie bleibt, sie lastet, sie lädt zum Besteigen, zum Durchschreiten ein; und obwohl Gilly einmal gesagt hat, ein Bauwerk dürfe getrost immer größer werden, so verläßt doch sein Meisterwerk den menschlichen Maßstab nicht. Man darf das von allen seinen Werken sagen. Niemals finden wir Gilly ergriffen von Boullées Gigantomanie, von seinem »über alle Maßen«. Aber Boullée hatte gesagt: »Anch'io sono pittore«, auch ich bin ein Maler. Gilly wäre es nicht im Traume eingefallen, das zu sagen. Er war ein Architekt, er hat keinen Augenblick lang etwas anderes sein wollen als ein Architekt. Man kennt keine Architekturskizze von ihm, die man nicht als Bauwerk realisieren könnte: ja, auch die Halle in jenem Vorentwurf, die man aus Stein schwerlich hätte bauen können.

Zum dritten Punkt, dem selbstverständlichen Bekenntnis zur griechischen Antike möchte ich nur so viel sagen, daß auch dies den Charakter des Konkreten in Gillys Werk verstärkt. Es ist wahr: auch Boullée hat sich zur Antike bekannt. Betrachtet man aber die Art, wie *er* Säulen in eine Mauer setzt — in die Seitenflächen der Kirche La Métropole etwa, so muß man gestehen, daß sie keinen Porticus definieren, sondern ein riesiges Gitter. Sie haben ihre Säulenfunktion verloren. Im konischen Kenotaph und dann im Newton-Kenotaph werden die Säulen durch Baumreihen ersetzt. In Gillys Friedrichsdenkmal bleibt, der Tendenz zur Abstraktion ungeachtet, der Tempel Tempel und die Säule Säule. Die Elemente der Antike werden nicht durch die Dimension vermindert, noch werden sie durch die Zahl vernichtet. Sie bleiben was sie sind.

Wir können jetzt die Frage beantworten, die wir vorhin offen gelassen haben: ob Moeller recht hatte, als er bei Gilly von neuen und ewigen Entwicklungsmöglichkeiten der Baukunst sprach oder Hermann Schmitz, als er sagte, an dieser Stelle beginne der Untergang des architektonischen Emp-

und daß sie, verstehe ich ihn recht, auch für kommende Revolutionen und ihre Architekturen Geltung haben dürften. Eine dieser Gemeinsamkeiten, eine der augenfälligsten sei die: daß die revolutionäre Architektur abstrakt beginnt, geometrisch, und daß sie im Klassizismus endet. Beispiele für diese These konnte er in beiden Epochen finden: die revolutionäre Entwicklung spannt sich zwischen Boullées Weltkugel und Vignons Madeleine-Tempel (1806), und zwischen Leonidows schwebender Kugel, seinem Auditorium im Lenin-Institut (1927) und Scholtowskis dem Palladio verpflichtetes Etagenwohnhaus nahe der alten Universität in Moskau (1933). In dieser Überlegung betrachtet Vogt Gilly eindeutig als einen Geometriker und seinen Schüler Schinkel als Klassizisten[16]. Wir haben jedoch nach flüchtigem Anschauen des Friedrichsdenkmals gefunden, daß Gilly *nicht* einer gewesen ist wie Boullée, daß man ihn, will man seiner besonderen Art und Leistung gerecht werden, *weder* einen abstrakten Architekten nennen darf, *noch* einen Klassizisten: daß sein Friedrichsdenkmal abstrakt ist verglichen mit Paestum — und auch mit der Neuen Wache —, daß es jedoch konkret ist verglichen mit Boullées geometrischen Architekturgemälden, auch verglichen mit Ledoux' immateriellen, hart geschnittenen Baukörpern. Wir haben bereits davon gesprochen, daß Gilly in Paris Ledoux' Barrieren nicht beachtet hat und auch, daß er »Bagatelle« sehr genau beachtet hat, sehr innig. »Bagatelle« aber ist das Werk von François-Joseph Bélanger (1744—1818), eines nicht oft genannten Meisters der revolutionären Architektur. Vielleicht wird er deswegen nicht oft genannt, weil seine Arbeiten eine Stufe der Entwicklung bezeichnen, welche weniger unbedingt erscheint als die der beiden Großmeister. Man ist geneigt, die Stufe, die Bélanger vertritt als rückständig anzusehen verglichen mit den reineren Manifestationen der beiden. Wie aber, wenn sie eine *Entwicklung* bezeichnete, eine Überwindung der Abstraktion, eine Hinwendung zur Architektur?[17] So, darf man vermuten, hat Gilly es gesehen: nicht Boullée, Bélanger bezeichnet die Stufe auf dem Wege der revolutionären Architektur, auf der er selbst sich befand. Ich habe sie schon genannt: es ist die Stufe der *Architektur*: einer Architektur, in welche das Pathos der Revolutionsarchitektur eingegangen ist — und auch ihr *Hang* zur Abstraktion — das heißt, zu Begriffen —, welche aber erfolgreich bemüht ist, die Begriffe (wieder) zu konkretisieren, ihnen sinnlich faßbare Gestalt zu geben: Materie, Gewicht, Funktion. Ich bewege mich hier in Schillerschen Kategorien. Nun

Vom Kugelhaus zum Tempel, Schaubild aus: A. M. Vogt, Revolutionsarchitektur, Köln 1974

findens. Die Antwort an Schmitz ist leicht: Er hat nicht gesehen, daß bei Gilly »das an sich starke architektonische Gefühl« *nicht* »von den pathetischen Gefühlen der Zeit fortgerissen wird«. Er hat, aus einer Unsicherheit heraus, welche mit der Situation um 1914 mehr zu tun hat als mit Gillys Werk die Macht der pathetischen Gefühle jener Zeit überschätzt und die Kraft des architektonischen Bewußtseins bei Gilly unterschätzt.

Die Antwort an Moeller ist nicht so ohne weiteres zu geben. Moeller sah, über Peter Behrens hinaus, eine weitere, er nennt sie eine ewige Entwicklung dessen voraus, was Friedrich Gilly an der Wende zum neunzehnten Jahrhundert in seinen Entwürfen gezeigt hatte. Die moderne Architektur hat andere Wege genommen als Moeller 1919 hat voraussehen können; und ich wage es nicht, diese andere Entwicklung als ein bedauerliches Zwischenspiel anzusehen und meinerseits, als ein zweiter Moeller, Gilly in der postmodernen Phase eine Renaissance vorherzusagen. Die Versuchung, das zu tun ist groß, weil Gilly zu den Elementen der Architektur zurückführt, die auch die Heutigen wieder suchen. Aber sein Werk gehört, meine ich, der Geschichte an.

Nur: an welcher Stelle auf dem Wege der Geschichte, genauer: auf dem Wege der revolutionären Architektur, ist dieses Werk angesiedelt? Adolf Max Vogt hat versucht, in der Entwicklung der Architekturen, die den politischen Revolutionen von 1789 und 1917 entsprechen, Gemeinsamkeiten zu finden, er möchte, daß es Gesetze seien

118

F. Gilly
Friedrichsdenkmal, Stadttor

wohl, sie gelten, sie gelten gerade hier; und wenn Schiller Gillys Friedrichsdenkmal gekannt hätte, ich meine, er hätte darin sein eigenes Ideal wiedererkennen dürfen.

Bélanger hat später ein eigenartiges System der architektonischen Komposition entwickelt: Komposition durch Wiederholung bestimmter Gruppierungen — des Palladio-Fensters, des Motivs dreier miteinander gekoppelter Bogenöffnungen etc. — in jeweils verschiedenem Zusammenhang. Finden wir nicht in Gillys Tor zum Leipziger Platz eine ähnliche Art der Komposition in dem unerwarteten Auftreten im Torbogen eines verengenden Bogens, welcher getragen wird von den gleichen gedrungenen dorischen Säulen und dem gleichen Gebälk mit Rosetten, welche die Stadtmauer *zu Seiten* des Tores begleiten? Und ist nicht auch dies eine Bélanger verwandte Subtilität, daß dort die Rosetten *über* den Säulen stehen, unter dem verengenden Bogen jedoch *zwischen* den Säulen? Und weiter: enthält nicht auch der seitliche Bogen des Torbaues den inneren, verengenden Bogen und seine Kassettendecke? Beziehungen à la Bélanger, wenn man will; nur materieller, wirklicher, schwerer: architektonisch, nicht graphisch. Man beachte auch, im Stadttor, den Bruch zwischen dem in schönem Stein-

119

schnitt dargestellten unteren Mauerteil und dem geputzten, abstrakten, »modernen« Baukörper, den er trägt, sein Anstemmen gegen diesen abstrakten Körper und den Übergang, das uns bereits bekannte, vereinfachte Gebälk, wie über den Säulen — aber *ohne* Rosetten. Es scheint mir wichtig, diese Einzelheiten genau anzusehen, weil auch aus ihnen hervorgeht, daß Gilly aus den »Bedingungen« der Revolutionsarchitektur eine eigene Architektur geschaffen hat: reich, konsistent, bei aller Neuheit der Antike verpflichtet; wobei man, wie die Zeit es tat, den Begriff der antiken Architektur weit fassen muß: sie schließt Obelisken ein, Gewölbe, griechisch-dorische Säulen — und jene großen, ungegliederten Flächen, die man füglich modern nennen darf.

Es bleibt — unvermeidlich im Schinkeljahr — die Beziehung Schinkels zu Gilly zu besprechen, zu dem Lehrer, dem »höheren Wesen«, dem er kaum ohne Zittern zu nahen vermochte. Nach Gillys frühem Tode hat er dem Lehrer attestiert, er verdanke ihm alles, was er ist. An der Echtheit dieser gefühlten Verpflichtung zu zweifeln ist nicht erlaubt. Wir kennen die Zeichnungen, in denen der Schüler versucht hat, die Entwürfe Gillys zu den Gebäuden seiner idealen Hafenstadt — wir haben sie nicht erwähnen können —, nachzubilden. Auch hat er zunächst im Stile Gillys entworfen als der Gilly redivivus, als den Schadow ihn gesehen hat. Betrachtet man jedoch Schinkels größten Entwurf im Stile Gillys, das Schloß Köstritz, so findet man

da eine seltsame Unbeholfenheit — aber täte man nicht besser, von einem inneren Widerstande zu sprechen? Denn der Architekt, der nach langen Jahren der Tätigkeit als Architekturmaler und — bestenfalls — Innenarchitekt 1815, mit der Neuen Wache, ins Licht der Geschichte tritt, ist ein völlig Anderer geworden; und noch einmal müssen wir Adolf Max Vogt widersprechen: Vogt hat sein Gegensatzpaar der revolutionären Architektur, Geometrie und Klassizismus illustriert, indem er sagt, die geometrische Architektur sei leicht gewesen, ja, schwebend, die klassizistische schwer und »raumbesetzend«. So aber könnte man den Gegensatz bestimmt nicht ausdrücken, der zwischen Gilly und Schinkel bestanden hat. Das Gegenteil ist der Fall: Gilly ist der Gewichtige, Schinkel der, welcher die Schwere ins Leichte und Lichte, das Elementare ins Weltläufige, das auf den ersten Blick Erschreckende ins liebenswürdig-faßbare gewandt hat. Es würde zu weit führen, im Rahmen dieser kurzen Studie näher auf die politisch-gesellschaftlichen Umstände einzugehen, welche diesen — schnellen — Umschwung befördert haben.

Man hat in Gilly den Vorgänger und den Lehrer Schinkels gesehen: seine Bedeutung beruhe im Wesentlichen darin, daß er Schinkel in die Architektur eingeführt hat, eine Einschätzung, welche bald nach Gillys Tode »offiziell« wurde, und es lange geblieben ist — bis zu Moeller van den Bruck —, sehr zum Schaden für Gillys Nachlaß. Schinkels außerordentlicher Erfolg und die Qualität seiner Architektur haben diese Auffassung nahegelegt. Als Reaktion gegen sie habe ich selbst bisweilen Zweifel daran geäußert, was wohl aus Schinkel geworden wäre, wenn Gilly länger gelebt und geschaffen hätte. Gilly hatte sich noch nicht verwirklicht. Sein Werk, gültig in sich, war von *seinem* Standpunkt gesehen die Vorbereitung für das gebaute Werk, das nicht entstehen durfte. Ob aber als gebautes Werk etwas entstanden wäre, was dem Friedrichsdenkmal ähnlich ist, wer darf das behaupten? Alste Oncken hat in dem wunderbaren Buch, das sie Gilly gewidmet hat, auch diese Frage besprochen. Sie sagt, daß in Gillys letzten Entwürfen die Tendenz zu kleinerer Teilung, zu vermehrter Artikulation, zu einem Nachlassen der *Spannung* angedeutet sei: die Tendenz, welche in Schinkels Werk manifest wird. Und doch — stellt Alste Oncken fest — hat Gilly Schinkels Architektur die Grundlage gegeben. Man darf sie sehen in der festen Körperlichkeit dieser Architektur.[18]

Es gibt eine antike Szene, sie spielt in der Unterwelt. Die Akteure sind der Gott Dionysos, Aischylos und Euripides. Euripides sagt von Aischylos:

»so in des Dramas Mitte
Wirft er ein Dutzend Wörter hin mit Hörnern und mit Klauen,
Recht ochsenmässig, fürchterlich, gespenstig, ungeheuer
Und völlig unverständlich«.[19]

Schinkel ist nie so weit gegangen, solche Vorwürfe gegen den verehrten Lehrer auszusprechen. Ob er sie nie in der geheimsten Kammer seines Herzens gefühlt hat?

Euripides sagt dann von dem eigenen Werk:

»Sodann vom ersten Wort an ließ ich niemand müssig stehen,
Und reden mußte mir die Frau, und reden selbst der Sklave.
Es sprach der Mann, die Jungfrau sprach, das alte Weib —«

Darauf Aischylos: »Und hast Du nicht schon für dies den Tod verdient?«

Zugeben müssen wir, daß in Schinkels Händen die Architektur beredt wurde. Es »sprachen« wieder die Pilaster, die Gesimse, die stummen Flächen Gillys wurden aufs Neue gegliedert.

Lassen wir, wo es sich um Aischylos-Gilly und Euripides-Schinkel handelt, dem alten Aristophanes das letzte Wort.[19]

Anmerkungen

1 A. Moeller van den Bruck, Der Preußische Stil (zuerst erschienen 1919), Breslau 1931, S. 157
2 H. Schmitz, Berliner Baumeister vom Ausgang des 18. Jahrhunderts (zuerst erschienen 1914), Berlin 1980, S. 64
3 A. Moeller van den Bruck, a. a. O., S. 193
4 G. Metken, Die ideale Stadt in: Revolutionsarchitektur. Boullée Ledoux Lequeu. Ausstellung der Akademie der Künste, Berlin 1971. S. 124
5 Etienne Louis Boullée, zitiert in: A. M. Vogt, Boullées Newton-Denkmal, Basel und Stuttgart 1969, S. 292
6 A. Rietdorf, Gilly. Wiedergeburt der Architektur. Berlin 1940. S. 83
7 Die Situationen, in denen der eine und der andere gearbeitet haben, sind allerdings verschieden. Gilly stammt aus der hugenottischen Kolonie in Preußen; und Preußen empfängt während des ganzen achtzehnten Jahrhunderts Anregungen vom Ausland. Erst Schinkel gelingt es, eine preußische Architektur zu schaffen, die man auch im Ausland bewundert hat. Valdier ist an einem Ort tätig, von dem Anregungen ausgehen: sie gingen in Wahrheit nicht von Paris allein aus. (s. Anm. 13)
8 Wilhelm Heinrich Wackenroder, zit. in: H. Schmitz a. a. O., S. 64
9 A. Rietdorf, a. a. O., S. 28
10 ebd. S. 26
11 ebd. S. 36
12 In einem Gespräch mit dem Verfasser um 1930
13 A. Oncken betont die Bedeutung Roms für das unvermittelte Erscheinen des revolutionären Klassizismus in Berlin (Brandenburger Tor): »Dieser Anstoß scheint — neben dem vermutlich weniger bedeutsamen unmittelbaren Weg von Frankreich — von Rom ausgegangen zu sein. Dort halten sich, gleichzeitig mit der jüngsten Generation französischer Architekten und in enger Berührung mit ihnen, in den achtziger Jahren eine Reihe deutscher Künstler und Gelehrter auf, die theoretisch und praktisch mit der neuen Formgesinnung sich auseinanderzusetzen suchen. Es sind dies vor allem Karl Philipp Moritz, Heinrich Meyer, Aloys Hirt, Hans Christian Genelli, Gottfried Schadow. 1786 — zwei Jahre nachdem David seinen Schwur der Horazier vollendet hatte — entstand Schadows und Genellis großer Entwurf zu einem Denkmal Friedrichs des Großen, mit dem zum erstenmal deutsche Künstler die strenge Gestalt des dorischen Tempels ergriffen, und der bei seiner Übersendung nach Berlin für die dortigen Künstler etwas durchaus Neues gewesen sein muß . . . Es sind dieselben Jahre, in denen Goethe in Rom weilt. Goethe ist es, der sich in dieser Zeit mit dem dorischen Stil in Paestum auseinandersetzt, der die Juno Ludovisi entdeckt, mit einer deutlichen, früher als bei den übrigen Deutschen auftauchenden Neigung zur schweren Form«. A. Oncken, Friedrich Gilly 1772—1800 (zuerst erschienen 1935), Berlin 1981, S. 16, 17.
14 Zitiert in: A. Rietdorf, a. a. O., S. 52
15 E. Kaufmann behandelt die Frage des revolutionären Funktionalismus in seiner Darstellung der Anschauungen von Jean-Nicolas-Louis Durand (1760—1834). Durand definiert die Architektur als eine Kunst besonderer Art. Ihre Aufgabe sei es, einer großen Anzahl unserer Bedürfnisse zu dienen: »L'Architec-

ture est un art qui a un genre propre ... Son but ... est de satisfaire un grand nombre de nos besoins«. Durand bezeichnet drei Arten der Formen und Proportionen in der Architektur: »celles qui naissent de la nature des matériaux et de l'usage des objets« — das ist, würden wir sagen, der funktionalistische Standpunkt; — ferner die, an die wir uns gewöhnt haben, also die antiken; endlich solche, die so einfach und eindeutig sind, daß man sie leicht begreifen kann. »Die erst genannten«, schließt Durand diesen Absatz, »sind die einzig wesentlichen«. Aber, bemerkt Kaufmann: »Durand hatte seine Zweifel: er spürte, daß der reine Funktionalismus eine Utopie war ... Also suchte er einen Kompromiß« (Übersetzung des Autors). Man dürfe, meinte Durand, sich auch der antiken Formen bedienen und auch der Formen, die einfach und leicht zu fassen sind. Mit anderen Worten: der reine Funktionalismus mag theoretisch unangreifbar sein, für die Kunst Architektur genügt er Durand nicht. Emil Kaufmann, Architecture in the Age of Reason, Harvard 1955, S. 211, 212.

16 »Ähnlich wie in Frankreich Boullée 1784 gegen Vignon 1806 kontrastiert, setzen sich gegeneinander ab: in Deutschland der geometrisierende Gilly (1796) gegen seinen klassizistischen Schüler Schinkel (1815—18). A. M. Vogt, Russische und Französische Revolutions Architektur 1917—1789. Köln 1974, S. 106.

17 Rietdorf, dessen Buch 1940 erschienen ist, erkennt die Überwindung der Abstraktion durch Gilly und gibt ihr eine zeitgemäße Deutung: »Das Lebendige bestimmt sich ohnehin nach unserem Verhältnis zur eigenen Zeit, und diese stellt uns in der Baukunst dieselben Probleme wie Gilly. Darum beschäftigt uns die Entwicklung der französischen Architektur vom Louis-Seize zum Directoire und Empire, samt der Überwindung des Zwischenspiels der abstrakten Bestrebungen der Revolution. Die moderne Entwicklung bei uns, so anders sie auch in ihren Stilvoraussetzungen ist, schlägt einen ähnlichen Bogen von Messel und den Anfängen von Behrens und Kreis zu den Beauftragten der Bauten des Führers, den March, Sagebiel und Speer. Das abstrakte Zwischenspiel bei uns war die Bauhausgruppe«. Wir sehen es nicht ganz so; die Bauten der March, Sagebiel und Speer überzeugen nicht mehr. Es war jedoch wirklich in den dreißiger Jahren eine Tendenz zur Überwindung der abstrakten Bauhausarchitektur wahrzunehmen, man begegenete ihr keineswegs nur in Deutschland, man kann sagen, daß Gropius selbst dieser Tendenz nicht völlig fern gestanden habe: das Haus, welches er, zusammen mit Marcel Breuer, für sich selbst in Lincoln, Mass., gebaut hat (1938) hat nur noch wenig mit dem Meisterhaus von 1926 in Dessau gemeinsam. A. Rietdorf, a. a. O. S. 179

18 A. Oncken schreibt über Köstritz: »Es handelt sich um eine Aufspaltung der Wand und um eine Gleichschaltung der wandgliedernden Elemente, die nur dort möglich ist, wo die Dynamik der Form als schöpferisches Prinzip ausgeschaltet und statt ihrer eine neue, vielleicht mehr auf die rein statische Erfassung der konstruktiv wesentlichen Elemente ausgehende Architektur eingeführt wird: die *innere* Spannung der Bauform im Sinne Gillys ist verschwunden. Diese rein konstruktive Auffassung ist das Gegenstück der rein bildhaften Auffassung des Bauwerks. Sie schließen sich nicht aus, sondern beide stehen nebeneinander, klar gesondert in Riß und Prospekt — die Einheit in der Gespanntheit, die sich auch darin noch bei Gilly fand, hat sich gelöst«. A. Oncken, a. a. O. S. 108

19 Aristophanes. Die Frösche. Fünfte Szene. Übersetzt von Ludwig Seeger. Cotta, Stuttgart und Berlin

Manfred Hecker
Die Luisenstadt — ein Beispiel der liberalistischen Stadtplanung und baulichen Entwicklung Berlins zu Beginn des 19. Jahrhunderts

Der Beginn der liberalistischen Stadtplanung Berlins vollzog sich Anfang des 19. Jahrhunderts in den noch unbebauten Restflächen innerhalb der barocken Stadtbegrenzung. Hierin unterscheidet sich die Erweiterungsplanung deutlich von anderen Metropolen Europas zu Beginn des 19. Jahrhunderts, bei denen die Ausdehnung der Stadt mit der Sprengung der herkömmlichen Stadtbegrenzung verbunden war und Strukturveränderungen der Stadt mit sich brachte.

Den größten Bereich der Erweiterung Berlins innerhalb der Stadtmauer bildete das Köpenicker Feld in Verbindung mit der Luisenstadt. Flächenmäßig übertraf das Köpenicker Feld sogar die westlichen Stadterweiterungen des 18. Jahrhunderts, die Friedrichstadt und Südliche Friedrichstadt. Obwohl das Köpenicker Feld südlich an das historische Zentrum Berlins anschloß und im Westen von der Friedrichstadt, dem neuen städtischen Schwerpunkt, begrenzt wurde, lag es im Schatten der großen Stadtplanungen des 18. Jahrhunderts. In Anbetracht der Schwächung des Staates durch die Napoleonischen Kriege und durch die Tendenzen der Liberalisierung wurde die Rolle der Friedrichstadt als repräsentativer Stadtteil von König Friedrich Wilhelm III. und den Architekten nicht in Frage gestellt, vielmehr konzentrierten sich die architektonischen Entwürfe und repräsentativen Bauten auf die Friedrichstadt, was wiederum die Randlage der Luisenstadt verdeutlicht. Die Planung der Stadterweiterung unter den veränderten gesellschaftlichen Verhältnissen zu Beginn des 19. Jahrhunderts wurde von den führenden Architekten anfänglich nicht als wichtig erachtet. Einerseits stellten die zu bebauenden Restflächen keine bedeutende Veränderung der Stadtstruktur dar, denn der Stadtgrundriß war durch die Achse der Gerlachplanung der Friedrichstadt festgelegt, andererseits zwangen die gesellschaftlichen Bedingungen nicht dazu, der Stadterweiterung eine Priorität einzuräumen.

Anlaß der Stadterweiterung war ähnlich wie im 17. und 18. Jahrhundert der große Zustrom mittelloser Menschen nach Berlin. Während es damals Religionsflüchtlinge, zumeist Handwerker und Siedler aus Frankreich und Böhmen, waren, kamen zu Beginn des 19. Jahrhunderts vor allem mittellose Bauern. Die Ansiedlung qualifizierter Fachleute im 17. und 18. Jahrhundert war das Resultat einer bewußten Kolonisationspolitik der preußischen Herrscher gewesen, wodurch sich Berlin zu einer Metropole Europas entwickeln konnte. Im Gegensatz hierzu wurde das Anwachsen der Stadt zu Beginn des 19. Jahrhunderts von Staat und Bürgern eher als eine negative Entwicklung betrachtet. Der Zustrom der arbeitslosen Landbevölkerung, die infolge der Verdrehung der Landreform durch die Junker als Bauern keine Lebensgrundlage mehr hatten, war die Konsequenz der Reformen in den Städten, wo man aufgrund der Einführung der Gewerbefreiheit neue Erwerbsmöglichkeiten zu finden hoffte. In den Städten fielen die arbeitslosen Landarbeiter der Armenkasse zur Last.

Trotz dieser negativen Konsequenzen stellten die Steinschen Reformen indirekt eine Weiterführung der Kolonisationspolitik Friedrich Wilhelms I. und Friedrichs II. dar, die in ihrer Siedlungspolitik Großzügigkeit gegenüber Fremden zeigten, z. B. durch eine zeitweilige Aufhebung des Zunftzwanges. Die Bauernbefreiung (1807) und anschließende Bodenreform sollten in Verbindung mit der Einführung der Gewerbefreiheit in den Städten (1810) eine Freizügigkeit zwischen Stadt und Land herstellen und dadurch die Städte stärken, von denen eine wirtschaftliche Entwicklung auf der Basis des Liberalismus ausgehen sollte. Die Stärkung der Städte und die Beteiligung der Bürger an der städtischen Selbstverwaltung (1808) war eine Reaktion auf negative Verhältnisse in England, wo auf dem Lande Industrieansiedlungen in der Dimension von Städten entstanden, ohne jedoch Charakter und Bedeutung der historischen Städte zu haben. In dieser Relation ist auch Steins Regelung zu sehen, im neuen Stadtparlament den Hausbesitzern eine besondere Position einzuräumen.

Das Phänomen des Zustroms ärmerer Menschen bestimmte die städtebauliche Entwicklung Berlins auch im weiteren Verlauf des 19. Jahrhunderts und führte dazu, daß Berlin zur größten »Mietskasernenstadt« Europas wurde. Die schlechten Wohnverhältnisse in den Arbeitergebieten, zu denen auch die Luisenstadt zählte, bewirkte gegen Ende des 19. Jahrhunderts eine generelle Ablehnung der Stadtstruktur Berlins. Die Symptome des Anwachsens der Boden- und Bauspekulation wurden von Eberstadt als ein unvermeidlicher Prozeß beschrieben, dessen Ursache er in den Anfängen der liberalistischen Stadtpolitik in Berlin sah. Die Steinsche Städteordnung, die mit zwei Dritteln der Sitze in der Stadtverordnetenversammlung den Hausbesitzern eine Vormachtstellung zubilligte, habe die verderbliche Entwicklung des Spekulantensystems eingeleitet.[1] Andererseits wurde die Spekulation als neue Möglichkeit der Stadtentwicklung auf privater Basis und einziges Mittel der umfassenden Wohnraumbeschaffung bis in die Mitte des 19. Jahrhunderts durchaus positiv bewertet.

Die Auflösung des Hausbesitzes im traditionellen Sinne hatte bereits im 18. Jahrhundert begonnen. Friedrich Wilhelm I. veranlaßte die Bürger — vor allem Handwerker —, Häuser nicht nur zum eigenen Besitz, sondern zum Vermieten zu bauen. Durch die Einführung der Hypothekenordnung unter Friedrich II. wurde außerdem die Möglichkeit geschaffen, mit fremdem Kapital Wohnhäuser zu errichten. Das »Bauen auf Spekulation« hatte somit aufgrund des Zustroms von Siedlern nach Berlin schon eine gewisse Tradition. Es entwickelte sich sogar bereits ein Mietwucher, den Friedrich II. durch Gesetze unterbinden mußte. Daß es nicht schon im 18. Jahrhundert zu einer Wohnungsnot der ärmeren Bevölkerung kam, war letztlich der umfassenden Subventionspolitik der Könige zu verdanken.

Im Unterschied zur Kolonisationspolitik des 18. Jahrhunderts verlagerte der Staat im 19. Jahrhundert die Verantwortung für die Stadtentwicklung auf das Bürgertum. Seine eigene Rolle sah er nur noch in der Funktion als »Nachtwächter«, durch die »Reformen von oben« sollte die Grundlage für eine Selbstregulierung der Interessen der Bürger geschaffen werden. In Anbetracht der Finanznot des Staates nach den Napoleonischen Kriegen und die enorme Belastung der Kommune durch Kontributionszahlungen war andererseits vom Staat auch keine finanzielle Unterstützung zu erwarten, vielmehr suchte er die gesetzlichen Verpflichtungen, wie z. B. die Übernahme der Kosten für die Anlage der Straßen in Berlin, bei der Stadterweiterung auf die Kommune und die Bürger abzuwälzen.[2] Sein Anspruch, in Berlin als Hauptstadt auch weiterhin die Verantwortung für die Stadtplanung zu tragen, obwohl die Steinsche Städteordnung auch die Planungsverantwortung an die Kommunen übergeben hatte, wurde durch diese Situation entscheidend geschwächt und die Mitverantwortung der Bürger zum Alibi.

Andererseits wurde durch die im Zuge der Bodenreform durchgeführte Separation[3] der Domänen und Hütungsflächen der Kommune den Bürgern die Möglichkeit der privaten Verwertung von Grund und Boden eingeräumt, mit der Konsequenz einer enormen Wertsteigerung des Bodens gegenüber der Nutzung als Ackerland. In den Städten führte die Separation zum Beginn einer umfassenden Bodenspekulation, die ihre Grundlage auf dem Zustrom der armen Landbevölkerung und damit auf der permanenten Wohnungsnachfrage in Verbindung mit der Hypothekenregelung hatte.

Wie aus dem Gemeindeverwaltungsbericht der Stadt Berlin 1829—1840 deutlich wird, war man sich durchaus der Möglichkeit der Wertsteigerung des städtischen Grund und Bodens bewußt, im Laufe von weniger als hundert Jahren habe eine Wertsteigerung um das Zehn- bis Zwanzigfache und mehr stattgefunden. Daraus wurde die Schlußfolgerung gezogen, daß ein Verkauf bzw. eine Verpachtung von Grundstücken »am wenigsten Kosten veranlaßt und den größtmöglichen direkten oder indirekten Gewinn gewährt«[4].

Unabhängig von den Möglichkeiten der Kapitalverwertung in den Städten war die wirtschaftliche Lage der Bürger nach den Napoleonischen Kriegen durch die hohen Kriegsschulden des Staates extrem negativ. Der Zustrom der armen Landbevölkerung wurde deshalb anfänglich als Gefahr für die wirtschaftliche und soziale Struktur Berlins angesehen.

Stadtplanung

Mandelplan

Zu Beginn der Planung für das Köpenicker Feld war der Staat aufgrund der wirtschaftlichen Notlage nicht daran interessiert, ein Gesamtkonzept für die städtebauliche Entwicklung dieses Gebietes aufzustellen. Es ging vor allem darum, die eigenen Kosten für die Anlage der Straßen, wozu er gesetzlich verpflichtet war, so gering wie möglich zu halten. Bereits 1770 hatte der Staat versucht, diese Kosten auf die Kommune abzuwälzen.[5]

Demgegenüber nahm der Magistrat, repräsentiert durch Oberbürgermeister v. Baerensprung, von Anfang an eine progressive Haltung zur Stadtplanung unter liberalistischen Bedingungen ein. Die Steinsche Bodenreform hatte durch die freie Verwertung von Grund und Boden neue Möglichkeiten der Stadtentwicklung eröffnet, die von Baerensprung ganz im Sinne der Kapitalisierung des Ackerlandes erkannt wurden. Dementsprechend wurde von ihm die Stadtplanung in einer neuen Dimension der Stadterweiterung gesehen. Im Sinne einer modernen Wirtschaftsstruktur sollte durch die Schiffbarmachung des Landwehrgrabens die

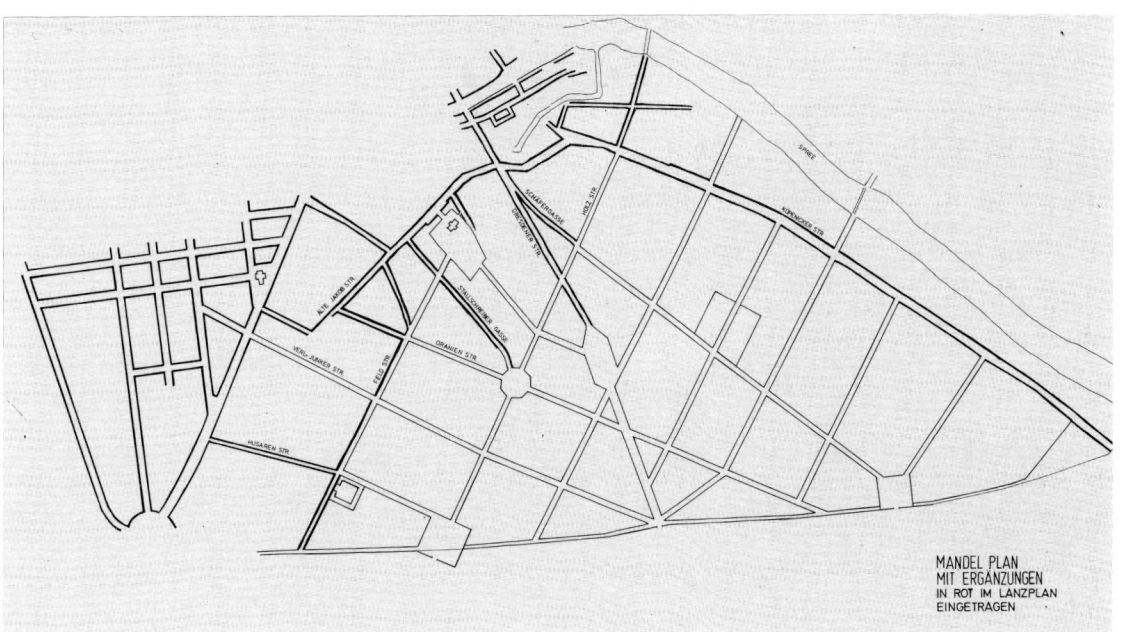

MANDEL PLAN
MIT ERGÄNZUNGEN
IN ROT IM LANZPLAN
EINGETRAGEN

Lanz
Brouillon des Köpnicker Feldes und
der angränzenden Straßen 1821/22
(mit Bebauungsentwürfen von
Mandel 1825)

Voraussetzung für ein neues gewerbliches Zentrum außerhalb der Stadt geschaffen werden. Der Bereich des zur Separation anstehenden Terrains außerhalb der Ringmauer sollte der weiteren städtischen Entwicklung dienen, wobei die Stadtplanung auch bereits in diesem Gebiet die Mögichkeit der veränderten Nutzung als Bauland zu schaffen habe. Diese überzogenen Vorstellungen der Stadtentwicklung standen jedoch im Widerspruch zu der Realisierung entsprechend der wirtschaftlichen Situation Berlins.

Gemäß der Regelung in der Steinschen Städteordnung, die den Gemeinden die Planungshoheit übertragen hatte, was in Berlin aber bereits 1821 aufgrund der Sonderstellung als Hauptstadt wieder rückgängig gemacht wurde, bezog man den Magistrat bei der ersten Planungsberatung für das Köpnicker Feld mit ein. Der Staat hatte jedoch kein Konzept hinsichtlich der städtebaulichen Entwicklung, was seinem geringen Interesse an der Stadterweiterung entsprach. Die Initiative lag daher bei Baerensprung als Vertreter des Magistrats, der sowohl die Berücksichtigung des Gebietes außerhalb der Stadtmauer wie die räumliche Verbindung mit der Friedrichstadt als wichtige Kriterien hervorhob. Als Voraussetzung für die stärkere Integration des Bereiches vor der Stadtmauer schlug er die Anlage weiterer Tore zwischen dem Halleschen und Kottbusser Tor sowie dem Kottbusser und Schlesischen Tor vor. Andererseits sollten die neu

zu planenden Straßen sich an den Straßen der Friedrichstadt orientieren.[6]

Unabhängig von den Vorstellungen Baerensprungs einigte man sich, die vorhandenen Straßen bis zur Stadtmauer zu verlängern und das Gebiet durch Nord-Südachsen parallel zu den Ackergrundstükken zu unterteilen. Dies bedeutete im Interesse des Staates eine einfache Stadterweiterung. Der Stadtrat Mandel wurde beauftragt, die Ergebnisse der Beratung mit roter Tusche in die Lanzsche Karte für das Köpenicker Feld einzutragen (s. Abb.).

Außer den bereits bebauten Straßen der Luisenstadt wurden die Dresdener und Köpenicker Straße als gegebene Straßen in den Plan übernommen und verlängert. Die Schäfergasse ist gradlinig bis zu dem geplanten Torplatz zwischen Kottbusser und Schlesischem Tor verlängert und durchschneidet dabei in sehr ungünstiger Weise schräg zu den Nord-Südachsen das Gebiet. Die Nord-Südachsen parallel zu den Ackergrundstücken sind meist Zielachsen, wie z. B. die verlängerte Holzstraße als Verbindung zwischen der Jannowitzbrücke und dem vorgesehenen Tor zwischen dem Halleschen und Kottbusser Tor. In Verbindung mit den gewachsenen Straßen bildet sich ein unregelmäßiges Straßensystem. Die unterschiedlich großen Quartiere, der fehlende städtische Mittelpunkt durch die Anlage zweier willkürlich verteilter Plätze verdeutlichen die Absicht einer einfachen Vorortplanung.

125

Die Ackerbürger des Köpenicker Feldes wurden als direkt Betroffene in die weitere Beratung mit eingeschlossen. Ihre Vorschläge zur Erweiterung des Mandelplanes zeigen nicht nur ihr reges Interesse an einer städtischen Erweiterung des Gebietes, sondern verdeutlichen auch ihr erstaunlich hohes Fachwissen hinsichtlich allgemeiner Vorstellungen der modernen Stadtplanung. Im Sinne einer städtischen Aufteilung des Gebietes wünschten sie die Anlage weiterer Ost-Weststraßen, z. B. die Verlängerung der Junkerstraße bis zum Kottbusser Tor. Hierbei gingen sie zunächst von prinzipiellen Überlegungen eines Nutzungskonzeptes für das Gebiet aus, wobei sie die Quartiergröße in eine direkte Verbindung zu ihrer Nutzung setzten. Die Quartiere sollten eine Größe zwischen dem großmaschigen Straßenraster des Weddings als Ackergebiet und den kleinen Quartieren der Friedrichstadt als Gewerbegebiet haben und somit beide Nutzungen ermöglichen. Das korrigierte Straßenraster des Mandelplanes entsprach diesen Anforderungen. Zusätzlich schlugen sie vor, das Straßenraster im Sinne der Ästhetik der Zeit rechtwinklig zu gestalten und die Quartiere annähernd gleich groß anzulegen. Auch hierin unterschieden sich ihre Vorstellungen von den bisherigen Planüberlegungen, bei denen ästhetische Prinzipien nicht berücksichtigt worden waren. Entsprechend der Bedeutung, welche die Ackerbürger der Planung des Köpenicker Feldes gaben, sollten die Straßen im rechten Winkel an die Lindenstraße anschließen, d. h. eine direkte stadträumliche Kontinuität zur Südlichen Friedrichstadt herstellen. Sie hatten jedoch aus Kostengründen Zweifel an der Realisierung ihrer Vorstellungen. — In Hinblick auf eine eigenständige Entwicklung des Stadtteils empfahlen die Ackerbürger, weitere Plätze innerhalb des Gebietes zu schaffen und die Akzisemauer durch eine angrenzende Straße, die sog. Kommunikation, stadträumlich in das Gebiet zu integrieren. Unabhängig von ihren detaillierten Vorstellungen befürworteten sie generell die Ausschreibung eines Wettbewerbes für das Gebiet.

Die Forderung nach einem Wettbewerb wurde von Baerensprung aus Kostengründen abgelehnt. Bereits die einfache Stadterweiterung würde die finanziellen Möglichkeiten der Kommune übersteigen. Andererseits ging es Baerensprung um eine rasche Abwicklung der Planung. Durch die Verbindung des Bebauungsplanes mit der anstehenden Separation wollte er seine Vorstellung von einem umfassenden Bebauungsplan, welcher die Vorortgebiete mit einschloß, durchsetzen. In diesem Zusammenhang hob er die Bedeutung des Bebauungsplanes für die generelle Stadtentwicklung hervor. Das Projekt könnte deshalb den Grundinteressenten nicht allein überlassen werden. Für die Ackerbürger würden bei der Separation der Vororte auch die vorhandenen Kommunikationswege genügen. Nach ausgeführter Separation sei die Realisierung eines nachträglich erstellten Bebauungsplanes, die Anlage von Straßen und Plätzen, mit hohen Kosten verbunden, wenn nicht überhaupt unmöglich gemacht.

Im Unterschied zu der ersten Planungsphase, in der Baurat Mandel kritiklos die Vorstellungen Baerensprungs aufgenommen hatte, reagierte der Staat jetzt abweisend auf die umfassenden Stadterweiterungspläne. Statt der Bewilligung des Mandelschen Entwurfs beauftragte der Handelsminister von Bülow am 27. 2. 1824 den Geh. Baurat Schmidt, den Bebauungsplan zu prüfen. Zwei Mitglieder der Baukommission und des Magistrats sollten hierbei beratend mitwirken. Statt der Verabschiedung des Planes wurde somit die Entwurfsprozedur von neuem begonnen.

Schmidtplan

Grundlage der neuen Beratung bildete der in die Lanzsche Karte eingetragene Mandelplan. Protokolle der Sitzungen waren nicht mehr vorhanden, auch wurde Baurat Mandel als Verfasser des Planes nicht mehr erwähnt. — Ein entscheidender Grund für die nochmalige Planung wurde bereits in der ersten Sitzung deutlich, in der Schmidt die Bestimmung des Handelsministers von Bülow darlegte, den Bebauungsplan auf das Gebiet innerhalb der Ringmauer zu begrenzen. Damit hatte sich der Minister zum erstenmal grundsätzlich gegen die umfassende Stadterweiterung ausgesprochen, ohne jedoch die Gründe hierfür zu benennen. Die Argumente für und wider die Stadterweiterung wurden trotzdem in dem Gremium weiter diskutiert, da unabhängig von dem Beschluß die Stadtmauer in ihrer Lage zum Landwehrkanal in Anbetracht der Schiffbarmachung des Kanals ein städtisches Problem darstellte.

Mit der Schiffbarmachung des Landwehrgrabens war der Minister von Bülow einverstanden, der Magistrat sollte jedoch das nötige Terrain für die Anlage des Kanals vorerst kaufen und das Geld später vom Staat zurückerstattet bekommen. Der Staat war demnach bei diesem wichtigen Projekt nicht bereit, die Kosten direkt zu übernehmen, was seine reservierte Haltung gegenüber der Stadterweiterung unterstreicht.

Wegen der Bedeutung des geplanten Landwehrkanals forderte der Magistrat noch vor der Separation die Anlage einer Uferstraße und machte in diesem Zusammenhang den Vorschlag, die Ringmauer zwischen Kottbusser und Halleschem Tor abzutragen. Dies war aus funktionalen Gründen sinnvoll, da der Bereich zwischen Stadtmauer und Landwehrgraben nur ein schmaler Geländestreifen war. In der gegebenen Lage durchschnitt die Stadtmauer die Grundstücke des Köpenicker Feldes, wodurch kleine Restflächen entstanden, die jedoch durch die Lage am zukünftigen Kanal große Bedeutung erhielten. Durch den Abbruch der Mauer in diesem Teil wurde eine günstigere Bebauung des Uferbereiches möglich.

Andererseits war bei Abbruch der Mauer eine zollfreie Umfahrung der Stadt nicht mehr gegeben, was man bis dahin als entscheidenden Vorteil für den schnellen Schiffstransport wertete. Unter den gegebenen Verhältnissen lagen die durchfahrenden Schiffe mitunter wochenlang wegen der Zollkontrolle an der Spree innerhalb der Stadt fest. Um ein weiterhin zollfreies Umfahren auf dem Landwehrkanal zu ermöglichen, schlug man vor, auf der Schälung des Landwehrkanals einen Bretterzaun als Stadtbefestigung zu errichten.

Bei der Wahl der Quartiergröße für das Köpenikker Feld ging man von ähnlichen Überlegungen wie die Ackerbürger aus. Der Gartenbau sollte weiterhin für das Gebiet bestimmend sein, wobei die Quartiergröße des Mandelplanes nach Meinung der Deputierten dieser Nutzung entsprach. Um eine spätere Entwicklung zum Gewerbegebiet zu ermöglichen, schlug Schmidt vor, bereits in der Anfangsplanung zusätzlich Querstraßen senkrecht zu den längeren Achsen vorzusehen, das Land weiterhin gärtnerisch zu nutzen, jedoch nicht mit Gebäuden zu verstellen. Zur Entwässerung des Gebietes wollte Schmidt entsprechend dem geringen Gefälle in der Mitte des Köpenicker Feldes einen Kanal von der Spree zum Landwehrkanal anlegen. Dieser Kanal sollte auch schiffbar sein als Anreiz zur Ansiedlung von Gewerbe in dem Bereich.

Hinsichtlich der Stadterweiterung über die Stadtmauer hinaus machte der Magistrat nochmals seine Argumente für einen umfassenden Bebauungsplan geltend. Hierbei beriefen sich die Deputierten auf die angebliche Forderung der Köllnischen Ackerschaft. Die Begründung war wiederum die bevorstehende Separation, die auch die Schlächterwiesen bis Rixdorf mit einschloß. Um den Erlaß des Handelsministers von Bülow zu umgehen, betonten sie, daß die Anlage der Straßen in Verbindung mit der Separation lediglich eine Wege-Polizei-Sache sei und keineswegs Angelegenheit der Ministerialen Baukommission. In Anbetracht der freien Verwertung des Grund und Bodens, also auch hier möglicher Bebauung, sollten die Straßen und Wege entsprechend der zukünftigen Nutzung als städtisches Terrain in ihrer endgültigen Form geplant werden. Um eine unregelmäßige Bebauung in den Vororten zu verhindern, habe seine Königliche Majestät gewiß ein lebhaftes Interesse daran, »in welcher Art die Umgebungen der Stadt bei der gegenwärtigen Separation zweckmäßig und der Residenz würdig behandelt würden«[7].

Der Vorschlag einer umfassenden Planung der Stadterweiterung bedeutete nicht nur ein geordnetes Anwachsen in dem Vorortbereich, sondern ermöglichte auch eine umfassende Bodenspekulation. In Anbetracht der vorhandenen unbebauten Flächen im Köpenicker Feld und dem relativ geringen Bevölkerungszuwachs in den 20er Jahren des 19. Jahrhunderts war die Forderung nach einem Bebauungsplan auch für den Vorortbereich außerhalb der Mauer nicht zu rechtfertigen. Das Argument, durch einen Bebauungsplan die weitere bauliche Entwicklung im Sinne des Liberalismus regeln zu können, war den Kriterien der Verwaltungsorganisation entsprechend wertfrei gedacht. Seine Wirkung auf die Bodenspekulation bestand vielmehr darin, durch den Bebauungsplan der Bodenspekulation eine berechenbare Grundlage zu geben, so daß sich der Bodenwert dieses weiterhin landwirtschaftlich genutzten Terrains an der möglichen Nutzung als Bauland orientierte. Oberbürgermeister v. Baerensprung als Initiator des umfassenden Bebauungsplanes war sich dieser Bedeutung durchaus bewußt.

Im Unterschied zur Planung des weiteren Vorortbereiches war jedoch der Vorschlag des Magistrats zur Regulierung des direkt an die Stadtmauer anschließenden Gebietes in Verbindung mit der Anlage des Landwehrkanals sinnvoll und notwendig, da unabhängig von der Separation in diesem Bereich mit einer baldigen Bebauung zu rechnen war. Handelsminister Graf von Bülow war aber zu keiner planerischen Regelung außerhalb der Stadtmauer bereit. Der vom Handelsministerium entworfene Teil des Landwehrkanals zwischen dem Halleschen Tor und dem neu zu planenden Tor verlief dementsprechend isoliert, ohne den geplanten Quai, was auch Schmidt kritisierte. Da nach der

Separation eine allgemeine Bauerlaubnis für den Vorortbereich bestand, war in diesem Gebiet unabhängig von einem Bebauungsplan eine Bebauung zu erwarten. Die Form, wie sie geschehen sollte, bildete den Streitpunkt. Stadtpolitisch war der Abbruch der Akzisemauer für die Zukunft die einzige Lösung. Denn die Bewohner außerhalb der Stadt hatten die Vorteile, nicht unter das städtische Steuerrecht zu fallen, andererseits die Möglichkeit, die städtischen Einrichtungen zu benutzen. Eine Planung unabhängig von der Mauer durchzuführen wurde aber auch von Schmidt nicht in Erwägung gezogen.

Die Notwendigkeit, einen Bebauungsplan für den näheren Vorortbereich aufzustellen, wurde z. B. durch den Bauantrag des Maurermeisters Schüttler (1824) bestätigt. Noch vor Abschluß der Separation hatte dieser für sein kurz zuvor erworbenes Grundstück zwischen Mauer und Landwehrgraben ein Baugesuch eingereicht, dem der Magistrat und die Stadtverordneten mit einigen Auflagen unter Entschädigung der Hütungsrechte zustimmten. Hierdurch war jedoch die mißliche Situation entstanden, daß der Magistrat aufgrund des Fehlens eines Bebauungsplanes am Einzelfall seine Vorstellungen zur künftigen Entwicklung des Gebietes darstellen mußte und auf das Wohlwollen der Grundbesitzer angewiesen war. Entsprechend der besonderen Lage des Grundstücks am geplanten Kanal hatte Baerensprung den Stadtverordneten vorgeschlagen, einen 24 Fuß breiten Ackerstreifen am südlichen Ende dieses Grundstücks zu kaufen. In Verbindung mit der vom Staat erworbenen schmalen Uferstraße sollte eine breite Kommunikation entlang dem Kanal entstehen. Gegenüber den Stadtverordneten betonte Baerensprung die Bedeutung und den finanziellen Wert des Grundstückes in Hinblick auf die Schiffbarmachung des Landwehrgrabens. Nach anfänglicher Zustimmung waren die Stadtverordneten dann doch nicht mehr zum Kauf bereit. Um den Kosten zunächst auszuweichen, wollten sie erst die Separation abwarten. In einem Schreiben an den Baurat Langerhans warnte Baerensprung nochmals vor der Möglichkeit, daß Schüttler ohne Rücksicht auf die Vorhaben der Stadt einzäunen und bebauen könne. Dann sei jede Möglichkeit, eine Kommunikation entlang dem Kanal anzulegen, vertan.

Der Mißerfolg Baerensprungs spiegelt auch das unterschiedliche Interesse an der Planung außerhalb der Stadtmauer wider. Die Stadtverordneten standen der Erweiterung teilweise skeptisch gegenüber, weil sie darin eine mögliche Konkurrenz zum Stadtzentrum sahen. Und der Staat hatte, wie oben erwähnt, dies prinzipiell abgelehnt.

Im Unterschied zum Bauantrag Schüttlers wurde das Gesuch des Ackerbürgers Götze (1825), ein Gebäude im Köpenicker Feld innerhalb der Stadtmauer zu errichten, vom Magistrat abgelehnt. Als Grund wurde die Beschränkung der Hütungsrechte der Ackerbürger vor Abschluß der Separation angeführt.

Die Ablehnung des Baugesuchs nahm der Magistrat zum Anlaß, nach einem Jahr Stillstand in der Planung sich bei Oberbaurat Schmidt nach dem Stand des Entwurfs für das Köpenicker Feld zu erkundigen. Erst diese Anfrage veranlaßte Schmidt, eine neue Zusammenkunft mit dem Magistrat und den Stadtverordneten im Juli 1825 zu arrangieren. Als erstes ging es wiederum um die Präjudizialfrage nach Ausweitung des Bebauungsplanes auf das Gebiet außerhalb der Stadtmauer. Die ablehnende Haltung des Handelsministers von Bülow wurde jetzt durch den Steuerrat Wandel bestätigt, dessen Instruktion lautete, der Anlage neuer Tore nur als Verbindung zu den vor der Mauer liegenden Gärten und Ländereien zuzustimmen, nicht aber in Hinblick auf die Anlage neuer Landstraßen. Der Abbruch der Akzisemauer komme aus steuerlichen Gründen nicht in Betracht, womit der Staat zum erstenmal einen Grund für seine Ablehnung der Stadterweiterung über die Befestigung hinaus nannte. In Anbetracht der Nachteile, die durch eine willkürliche Bebauung außerhalb der Stadt dem Staat und der Kommune entstehen würden, war das Festhalten an der Akzise kurzsichtig. In diesem Zusammenhang betonten die Deputierten des Magistrats die Notwendigkeit einer neuen, möglicherweise indirekten Besteuerung.

Um das Verbot eines Bebauungsplanes außerhalb der Stadtmauer zu umgehen, schlug die Kommission eine Zwischenlösung vor. Es sei darauf zu achten, die gerade Verlängerung der Straßen innerhalb der Mauer bis zum Landwehrgraben nicht zu verstellen. Hierauf sei auch bei der Separation im Interesse der Grundbesitzer zu achten. Durch diese Regelung hatte die Verwaltung die Gewähr für eine geordnete bauliche Entwicklung in diesem sehr bedeutenden Gebiet am Landwehrgraben. Der Nachteil dieser Zwischenlösung bestand darin, daß es sich in der Realisierung nur um einen Verbotsplan handelte und stadtplanerische Aspekte wie die Anlage von Plätzen und Promenaden außer acht gelassen wurden. — Weiterhin beschloß man, die bereits festgelegte Rastergröße im Köpenicker Feld beizubehalten. Den zentralen Nord-Südkanal

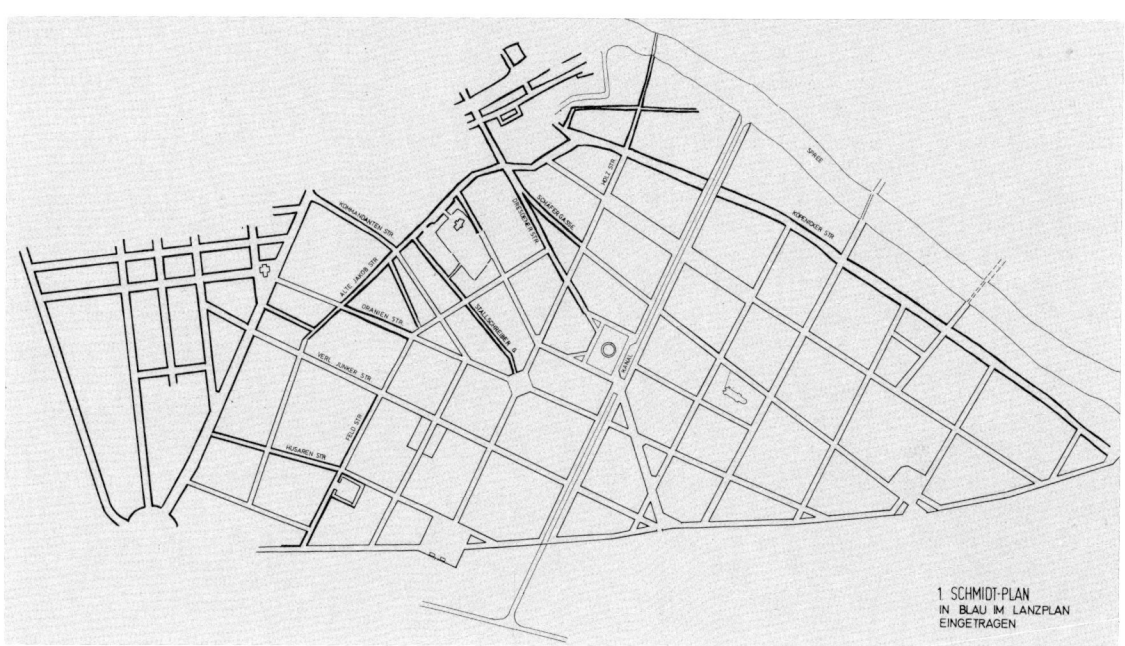

Lanz
Brouillon des Köpnicker Feldes und
der angränzenden Straßen 1821/22
(mit Bebauungsentwürfen von
Schmidt 1825)

1. SCHMIDT-PLAN
IN BLAU IM LANZPLAN
EINGETRAGEN

wollte man durch angegliederte Marktplätze in seiner Bedeutung hervorheben.

Am 27. August 1825 legte Schmidt seinen Entwurf für das Köpenicker Feld innerhalb der Akzisemauer mit einem ausführlichen Erläuterungsbericht vor (s. Abb.). Wie in der ersten Besprechung abgemacht, baut der Plan auf dem Straßensystem des Mandelschen Entwurfs auf, das von Schmidt durch weitere Straßen unterteilt ist. Zur Unterscheidung gegenüber dem Mandelplan ist der Entwurf mit blauer Tusche in die Lanzsche Karte eingetragen. Nach dem Vorschlag der Ackerbürger legte Schmidt zwischen die Köpenicker Straße und die Schäfergasse eine zusätzliche Ost-Westachse. Um den monotonen Eindruck der langgestreckten Straßen aufzulockern, wird sie in ihrem westlichen Teil in der Kreuzung mit dem geplanten Kanal durch eine Promenade erweitert. Die kurzen bereits bebauten Straßen werden im westlichen Bereich der Luisenstadt in das geometrische Straßensystem eingefügt. Da die übergeordneten historischen Straßen, die Dresdener Straße und die verlängerte Schäfergasse, beibehalten werden, entstehen durch die Schnittpunkte mit den Nord-Südachsen unregelmäßige und unterschiedlich große Quartiere. Es kommt zu einer Überlagerung der gewachsenen Straßen durch das rechteckige Straßenraster.

Ein neues stadträumliches Element bildet der Nord-Südkanal. In den Kreuzungspunkt mit der Dresdener Straße am Ende des bebauten Teils der Luisenstadt legte Schmidt einen großen Rechteckplatz, der in Verbindung mit einem Hafenbecken als zentraler Markt dienen sollte. Er gibt zusammen mit dem Kanal dem Köpenicker Feld einen eigenständigen städtischen Charakter. — Als weiteren übergeordneten Platz legte Schmidt zentral in den östlichen Bereich einen rechteckigen Kirchplatz, der im Norden von der Schäfergasse tangiert wird und dessen südliche Begrenzungsstraße die zusätzliche Funktion der Sichtachse auf den zentralen Marktplatz hat. — Die vom Mandelplan übernommenen Plätze sind in ihrer Form verändert. Ähnlich wie der zentrale Marktplatz werden sie von der gestalterischen Absicht bestimmt, die Unregelmäßigkeiten zwischen den gewachsenen Straßen zu dem Straßenraster auszugleichen. Hierdurch kommt es zu eigenartigen Platzformen, z. B. dem zentralen Rechteckplatz am Kanal mit zwei dreieckförmigen Erweiterungen. Der Entwurf ist gegenüber dem Mandelplan in Hinblick auf die Realisierung exakter angelegt, wobei Schmidt die einzelnen Straßen und Plätze in ihrer Größe und Funktion genau festlegte und auch die bei Anlage der Straßen abzureißenden Gebäude bestimmte.

Der Entwurf wurde wie vorher der Mandelplan dem Gremium der Staatsbehörden, des Magistrats und der Stadtverordneten zur Begutachtung vorgelegt. Allgemein war man mit dem Plan einverstanden, wünschte jedoch noch zusätzliche Plätze, so einen weiteren Kirchplatz, Abladestellen am Kanal

129

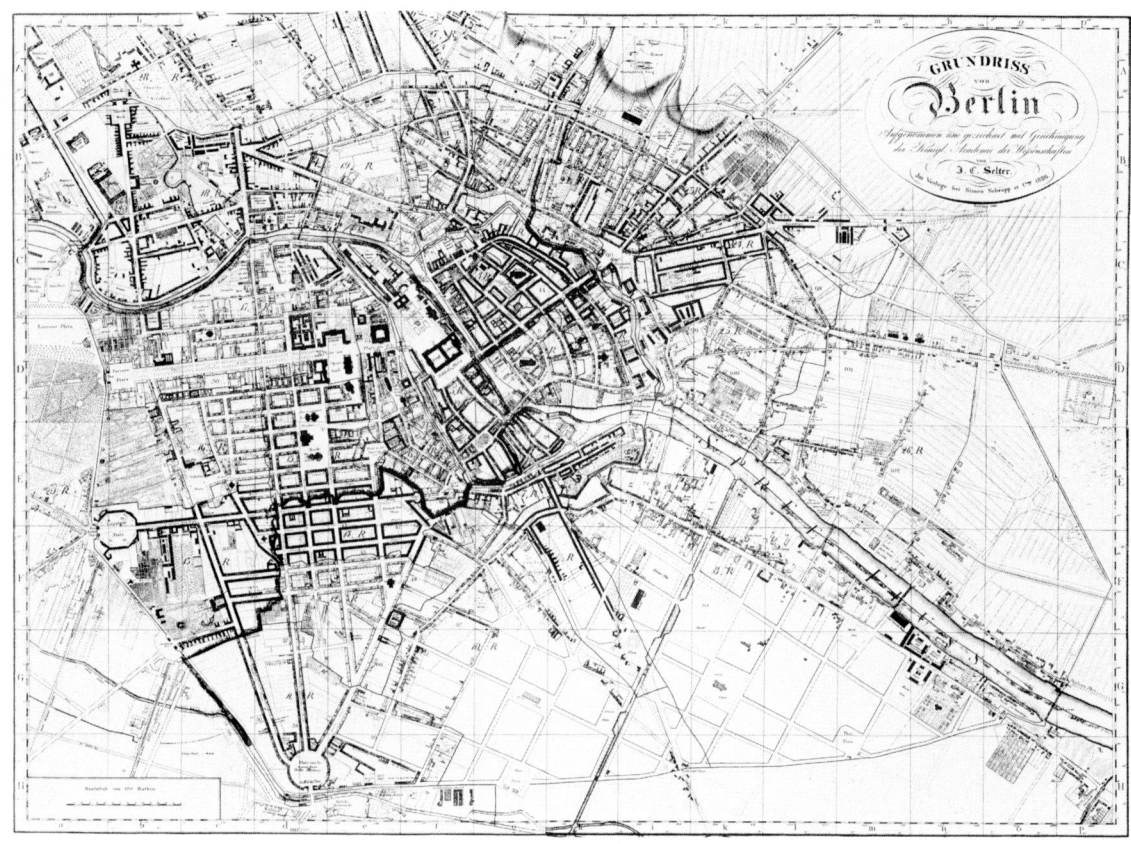

J. C. Selter
Grundriß von Berlin (mit Bebau-
ungsplan des Köpenicker Feldes
entworfen von Schmidt 1825)
1826, berichtigt 1841

und einen großen Platz für den Woll- und Heumarkt. In diesem Zusammenhang äußerte der Magistrat wiederum den Wunsch, den Bebauungsplan des Köpenicker Feldes auf das Gebiet außerhalb der Stadtmauer auszudehnen, und warnte davor, dort nur unter landwirtschaftlichen Aspekten zu separieren. Die nochmalige Initiative des Magistrats war taktisch begründet, da der Staatsminister von Bülow in der Zwischenzeit verstorben war. Der neue Staatsminister Schuckmann wollte zwar, wie er in einem Schreiben an Schmidt verdeutlicht, nicht von den Vorstellungen seines Vorgängers abweichen, sah jedoch keine Bedenken, das Projekt des Magistrats in den Plan für das Köpenicker Feld aufzunehmen.

Am 3. November 1825 legte Schmidt den endgültigen Plan (s. Abb.) für das Köpenicker Feld vor, der in dieser Form von König Friedrich Wilhelm III. verabschiedet wurde. Entsprechend dem Auftrag des Staatsministers Schuckmann bezog er den Bereich vor der Ringmauer bis zum Landwehrkanal in den Entwurf ein. Er verlängerte die Straßenachsen über die Stadtmauer hinaus. Da sie nicht Teil

des Bebauungsplanes waren, sollten sie nur gepunktet markiert werden. Die Wünsche der Abgeordneten der Bürgerschaft nach mehr Plätzen und Hafenbecken nahm Schmidt zum Anlaß für eine neue stadträumliche Konzeption. Die entscheidende strukturelle Veränderung des Planes ist die Aufhebung des östlichen Teils der schräg zum Straßenraster verlaufenden Schäfergasse. An die Stelle der Mischung der beiden Straßenstrukturen tritt die Betonung des geometrischen Straßenrasters. Als Ersatz für die Schäfergasse verlängerte Schmidt die kurze westöstliche Sichtachse auf den zentralen Rechteckplatz nach Osten bis zu dem neuen Tor zwischen dem Schlesischen und dem Kottbusser Tor. Um den Sichtbezug hervorzuheben, verschob er den Kirchplatz und die Kirche in die Mitte dieser Ost-Westachse als Verbindung zwischen dem zentralen Kanal und dem östlichen Torplatz. Infolge der Aufhebung des östlichen Teils der Schäfergasse beschränken sich die gewachsenen Straßen auf den nordwestlichen Bereich des Köpenicker Feldes zwischen Kanal und Oranienstraße. Die übrige Fläche des Köpenicker Feldes wird von einem annähernd

130

rechteckigen Straßenraster bestimmt. Die Quartiere sind jedoch nicht einheitlich, sondern weichen in ihrer Größe wegen der unterschiedlichen Unterteilung durch Ost-Westachsen, die primär die Funktion von Zielachsen haben, erheblich voneinander ab. Die unterschiedliche Rastergröße bedingte jedoch zwangsläufig auch unterschiedliche Funktionen, z. B. entsprachen die kleinen Quartiere an der Oranienstraße einer zukünftigen Gewerbenutzung, die nördlich anschließenden großen Quartiere der Funktion als Gartenansiedlungen.

Durch die Beseitigung des östlichen Teils der Schäfergasse erhielt die Ost-Westorientierung des Planes und die Verbindung zur Südlichen Friedrichstadt eine größere Bedeutung. Dementsprechend werden die übergeordneten Verbindungsstraßen Oranien- und Junkerstraße stadträumlich hervorgehoben. Hierzu sind in der Oranienstraße, der Nahtstelle zu der gewachsenen Struktur im Norden, die Einmündungsstellen der diagonalen Kommandanten- und Dresdener Straße als Schmuckplätze erweitert. Die Junkerstraße wird durch einen rechteckigen Kirchplatz zwischen der Kommandanten- und verlängerten Holzstraße besonders betont. In dem ersten Entwurf Schmidts lag dieser Platz in der Achse der verlängerten Kommandantenstraße, was der Nord-Südorientierung des ersten Planes entsprach.

Als Gegenpol zu der engeren Verbindung zur Friedrichstadt ist die Kanalachse in Nord-Südrichtung durch die Anlage weiterer Funktionsplätze und zusätzlicher Hafenbecken als übergeordneter Freiraumbereich stärker hervorgehoben. Bei einer Realisierung des Kanals in dieser Form wäre durch die unterschiedlichen Plätze mit Hafenbecken und dem Kanal als zentralem Schiffahrtsweg eine vielfältige städtische Lebendigkeit entstanden.

Die nördliche Begrenzung der Platzfolge am Kanal bildet die kurze Promenade parallel zur Köpenicker Straße. Im ersten Entwurf Schmidts als Unterbrechung des monotonen Verlaufs der langen Straße gedacht, wird sie jetzt in direkter Verbindung mit dem Exerzierplatz und dem Wollmarkt zu einem stadträumlichen Höhepunkt, desgleichen die diagonale Sichtverbindung des Wollmarktes mit dem östlich gelegenen Kirchplatz und dem zentralen Marktplatz. Sie ergänzen innerhalb der Stadtstruktur das Motiv der Blickachsen auf übergeordnete Gebäude. Ein weiteres Gestaltungselement Schmidts war die Verdeckung von Unregelmäßigkeiten, die sich zwangsläufig an den Verbindungsstellen zu den historischen Straßen ergaben, durch

die Anlage von Gebäuden und Bäumen. Durch einen Rundbau auf dem zentralen Marktplatz sollte z. B. die Verschwenkung der Dresdener Straße an dieser Stelle kaschiert werden, auch die einseitige Begrenzung des Torplatzes zwischen dem Halleschen und Kottbusser Tor durch die Ringmauer wollte Schmidt durch Bäume als allseitige Begrenzung des Platzes visuell aufheben. Die von Schmidt verwandten Gestaltungselemente entsprachen den stadtplanerischen Möglichkeiten der 20er Jahre des 19. Jahrhunderts, die von der Finanznot des Staates, aber auch von der Ästhetik aus der Funktion bestimmt wurden. Der Entwurf Schmidts für das Köpenicker Feld bildet hierbei das bedeutendste Beispiel der Stadtplanung Berlins für diese Epoche.

Der Bebauungsplan wurde am 24. Januar 1826 von König Friedrich Wilhelm III. genehmigt. Er sollte jedoch zunächst nur als Projekt gelten, d. h. als Grundlage für Baugenehmigungen, um die Anlage von Gebäuden auf dem Terrain der geplanten Straßen, Plätze und Kanäle zu verhindern. Die Ausführung der Straßen und Plätze sollte der Zukunft vorbehalten bleiben, wobei der Staat abwarten wollte, welche finanziellen Mittel die Stadt und die privaten Grundbesitzer erbringen konnten. Mit dieser Regelung zog sich der Staat auf die Position des Nachtwächters zurück. Durch die Konzession an den privaten Grundbesitz, überall auf dem Köpenicker Feld in gleichem Maße ihre Grundstücke verwerten zu können, hoffte der Staat, die Bauspekulanten im eigenen Interesse zur Kostenübernahme für die Straßenanlage zu gewinnen. Bedingt durch die schlechte Wirtschaftssituation waren jedoch weder die Stadt noch die privaten Bauunternehmer hierzu in der Lage. Andererseits bewirkte der detaillierte Straßenplan, der nach dem Beschluß des Königs 1827 auch auf die Vorortbereiche erweitert wurde, eine umfassende Bodenspekulation.

Der Disput über die Verteilung der Straßenkosten, aber auch der langwierige Prozeß der Separation bewirkten, daß der Baubeginn nach dem neuen Plan verzögert wurde. Baugenehmigungen vor Abschluß der Separation wurden meistens zur Sicherung des allgemeinen Hütungsrechtes verweigert. Um ein mögliches Zugeständnis des Staates hinsichtlich der Straßenkosten zu erreichen, boten die Ackerbürger ein Viertel der zur Anlage der Straßen und Plätze benötigten Flächen kostenlos an und waren bereit, den Rest zu sehr geringem Preis an den Staat zu verkaufen.

Der Staat war aber zu keinem Kompromiß bereit. Unter diesen Bedingungen betrachteten die Ackerbürger die Separation in Verbindung mit dem neuen Bebauungsplan als unausführbar und für sich als besonders nachteilig. Für ihre Zwecke sei es deshalb ausreichend, wenn die vorhandenen Wege und Straßen bei der Separation begradigt und erweitert würden. Andererseits sei eine sukzessive Realisierung der Planung unausführbar, da die alten Wege aufgehoben, die neuen Straßen jedoch nur allmählich entstehen würden und die Erweiterung der Straßen von dem Gutdünken des jeweiligen Grundstückseigentümers abhänge. Letztlich drohten sie sogar, von der Separation Abstand zu nehmen und sich darauf zu beschränken, die Hütungen abzulösen. Sie waren in vielen Fällen auch nicht bereit, Land für die Anlage der Straßen herzugeben.

In Anbetracht der fehlenden Bereitschaft der Ackerbürger ging die Separation sehr schleppend vonstatten. Als möglichen Ausweg aus der festgefahrenen Situation veranlaßte der König 1836 in einer Allerhöchsten Kabinettsorder die Aufstellung eines neuen Bebauungsplanes für das Köpenicker Feld.[8] Die Entwurfsarbeiten zogen sich bis 1840 hin, in diesem Fall ohne Beteiligung des Magistrats.

Lennéplan

Um den vorausgegangenen Schwierigkeiten hinsichtlich der Realisierung des Planes aus dem Weg zu gehen, sollte sich der neue Entwurf auf wenige Straßen beschränken. Innerhalb eines großmaschigen Rasters sollte die weitere Aufteilung dem Engagement der Bürger überlassen bleiben. Zur Vermeidung weiterer Verzögerungen bei der Anlage von Straßen sollte eine Genehmigung des Planes erst dann erfolgen, wenn die Kostenübernahme für die Straßenanlage durch den Staat oder die Stadtgemeinde geklärt war. Der Staat war in Anbetracht der reduzierten Straßenfläche zum erstenmal bereit, über die Erstattung der Pflasterkosten zu verhandeln.

Diese neue Haltung des Staates verdeutlicht auch die grundlegende Änderung der Stadtpolitik, die mit dem Regierungsantritt Friedrich Wilhelms IV. 1840 einsetzte. Das große Interesse Friedrich Wilhelms IV. an der Stadtplanung Berlins äußerte sich im Unterschied zu seinem Vorgänger nicht nur im Sinne der Staatsrepräsentation, sondern knüpfte auch an die Verantwortung des Staates im Sinne Steins für das allgemeine Wohl der Gesellschaft an. Durch den großzügigen Lennéschen Entwurf und die Unterstützung der liberalistischen Stadtplanung durch den Staat sollten negative Entwicklungen wie in den neu entstandenen Industriestädten Englands im voraus vermieden werden.

Der Lennésche Plan (1840) entsprach weitgehend einem Entwurf Friedrich Wilhelms IV., der damals, Mitte der 30er Jahre, als Vorstadtplan im Sinne des Landschaftsgartens bei der Behörde auf große Ablehnung gestoßen war. Um den sog. Kronprinzenplan als Alternative zum Schmidtplan zu rechtfertigen, gab Lenné der Planung in Hinblick auf die zu erwartende industrielle Entwicklung eine neue Bedeutung. Dementsprechend stellen die großen Quartiere westlich des Kanals die für gewerbliche Niederlassungen notwendigen Flächen dar, die dann später »nach Bedürfnis und im Interesse der einzelnen Besitzer zu parzellieren« seien. Der östlich anschließende lockere Vorortbereich war von Lenné bewußt als Naherholungsbereich für die werktätige Bevölkerung geplant. Die Alleen sollten »nicht als Luxus, sondern sie müßten als eine wesentliche Hauptbedingung betrachtet werden, die von dem ganzen Projekt ebenso unzertrennlich sind, als der Schiffahrtskanal«[9].

Charakteristisch für den Lennéplan (s. Abb.) sind das großmaschige Straßenraster und die abstrakte Anordnung der Straßenachsen unabhängig von den gewachsenen Straßen, aus der Absicht, das Gebiet entsprechend der Ästhetik der Zeit in annähernd gleich große Quartiere zu unterteilen. So durchschneidet die West-Ostachse zwischen der Köpenicker und der Oranienstraße das Gebiet von der Akzisemauer im Osten bis zur Alten Jakobstraße ohne Rücksicht auf gegebene Straßen und die bereits vorhandene Bebauung. Auch die südlich an die Oranienstraße anschließende Parallelstraße richtet sich nicht nach der bereits bebauten Husarenstraße. Sie stößt nördlich von ihr auf die Markgrafenstraße. Bei Anlage der Straße hätten Häuser in der Alten Jakobstraße wie auch der Lindenstraße beseitigt werden müssen.

Die Oranienstraße, als breite Allee angelegt, führt von einem Rundplatz am östlichen Ende des Grünbereichs über den großen Sternplatz und einen Quadratplatz in der Kanalachse bis zum Jerusalemer Kirchplatz an der Lindenstraße und schafft damit eine zentrale Verbindung des Köpenicker Feldes mit der Südlichen Friedrichstadt. Sie bildet das Gegengewicht zu dem Nord-Südkanal. Gegenüber dem Schmidtplan ist der Kanal nach Westen verschoben und knickt im Schnittpunkt mit der neu angelegten West-Ostachse viertelkreisförmig zur Spree hin ab. Durch die veränderte Form sollte er den Charakter eines Flusses im Sinne des Landschaftsgartens erhalten. Entscheidend für die Kon-

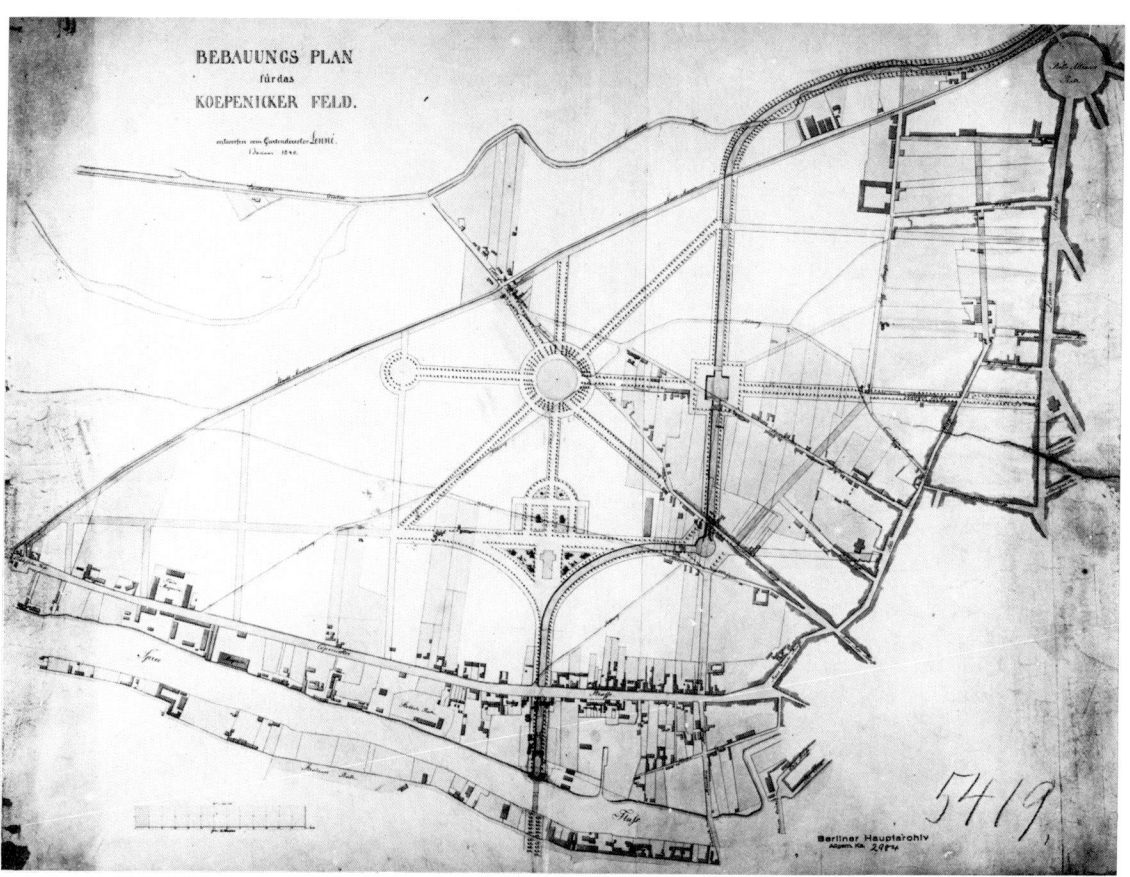

P. J. Lenné
Bebauungs Plan für das Koepe-
nicker Feld 1840

zeption des Planes war die neue Funktion des Kanals als Grenze der vorläufigen städtischen Erweiterung im Westen und dem östlich anschließenden lockeren Vorortbereich. Dementsprechend ändern sich auch die Größe und Form der Hafenbecken und der anschließenden Plätze. Das nördliche Hafenbecken in der Knickstelle zu der Kanalschleife ist kreisförmig angelegt und wird von einem rhombenförmigen Platz in der Kreuzung der Holzstraße mit der neuen West-Ostachse umschlossen. Das südliche quadratische Hafenbecken liegt in der Achse der Oranienstraße und unterbricht damit die Kontinuität der Straße, was der unterschiedlichen Struktur der angrenzenden Gebiete entspricht. Im Gegensatz zum Schmidtplan sind die Marktplätze in ihrer Größe und Anzahl reduziert. Die von ästhetischen Prinzipien bestimmten Hafenbecken sind gegenüber den trapezförmigen des Schmidtplanes für das Anlegen der Schiffe weniger geeignet. Der Kanal hat damit seine Funktion als zentraler Marktbereich eingebüßt. Stattdessen sollten nach Lennés Vorstellun-

gen die Gewerbeunternehmer Stichkanäle zu ihren Fabriken anlegen, was jedoch auf vielerlei Probleme gestoßen wäre.

Der östlich an den Kanal anschließende lockere Vorortbereich wird von einem zentralen Rundplatz und sternförmig abgehenden Alleen bestimmt. Außer der Oranienstraße enden die Alleen an den umgebenden Straßenachsen, wobei der Kanal als Promenade und die nördliche West-Ostachse in diesem Bereich als Allee angelegt sind. In dem Zwickel zwischen der kurzen Allee und der Kanalschleife liegt ein dreieckiger Schmuckplatz, der sich nach Süden rechteckig mit halbrundem Abschluß fortsetzt. Symmetrieachse des Platzes bildet die kurze Nord-Südachse des Sternplatzes. Die Kirche in Verbindung mit dem Schmuckplatz als Blickpunkt der Nord-Südachse deutet das veränderte Motiv des Blickpunkts gegenüber dem Schmidtplan an.

Die lockere Struktur mit dem zentralen Sternplatz bedingte eine offene Vorortbebauung östlich des Kanals, was jedoch nicht im Interesse der Boden-

133

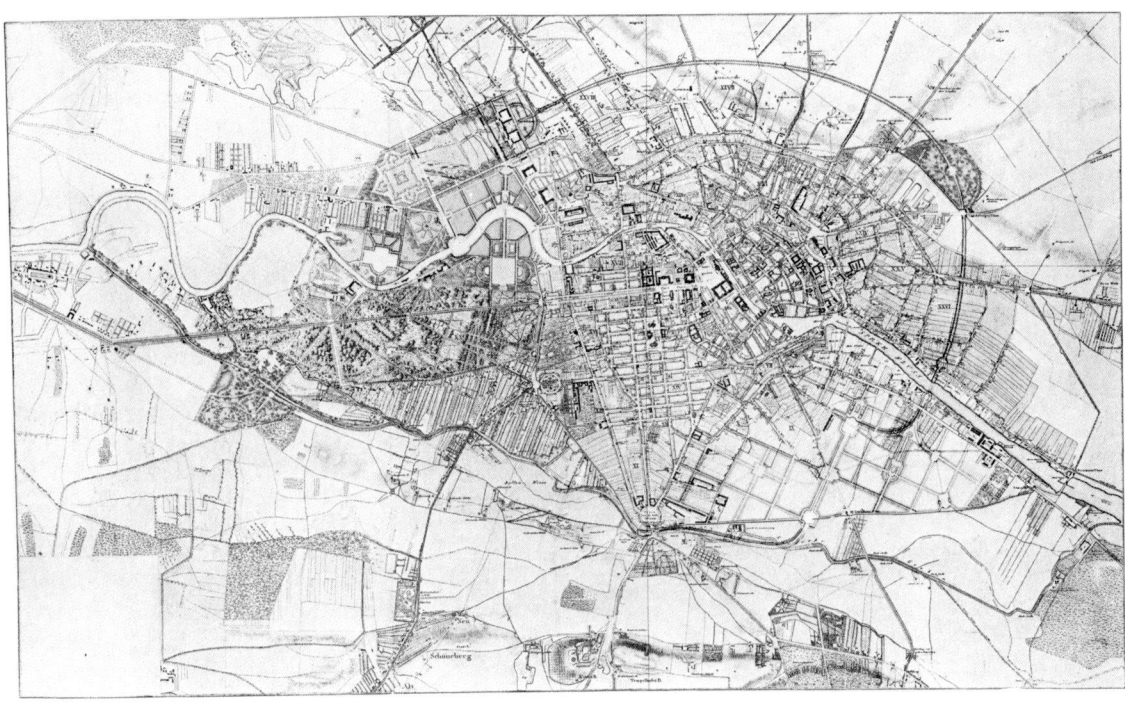

P. J. Lenné
Projektierte Schmuck- und
Grenzzüge von Berlin mit nächster
Umgegend o. J. (1840)

und Bauspekulation lag, die sich schon auf die geschlossene Bebauung mit Miethäusern festgelegt hatte. Auf diesen Konflikt zwischen einer architektonisch großzügigen Planung und den Interessen der Grundbesitzer hatte Schinkel bereits in einem Gutachten zum Kronprinzenplan 1835 hingewiesen, der von ihm in seiner Funktion und formalen Gestaltung prinzipiell abgelehnt worden war. Die großen Quartiere würden das Gebiet weiterhin auf den Ackerbau festlegen und der Verwertung als Bauland widersprechen. Im Vergleich zum Schmidtplan forderte er, daß spitze Winkel der Straßen »als jeder architektonischen Anlage entgegen« vermieden werden sollten.[10]

Das Grundkonzept des Planes, mit wenigen Straßen bei Übernahme der Pflasterkosten durch den Staat[11] entsprechend den früheren Forderungen der Ackerbürger die Bautätigkeit in Gang zu bringen, traf jetzt auf den Widerstand der Ackerbürger und Teile der Verwaltung, die nunmehr eine detaillierte Stadterweiterungsplanung forderten und dabei teilweise auf den Schmidtplan zurückgriffen. Als Kompromiß zu der Forderung der Bürger, die Bebauung des Köpenicker Feldes nach dem Schmidtplan durchzuführen, entwarf Lenné noch in demselben Jahr einen detaillierten Plan im Rahmen der »Schmuck- und Grenzzüge« (s. Abb.). Hierüber gab es jedoch keine Diskussion im Pla-

nungsgremium. Idee des Planes war, die neu geplanten Gebiete im Köpenicker Feld und in Moabit sowie den Tiergarten mit einem übergeordneten Promenadenzug zu verbinden.

Für das Köpenicker Feld ist der Entwurf gegenüber dem vorausgegangenen Plan entscheidend verändert. Den östlich des Kanals vorgesehenen Sternplatz hat Lenné aufgegeben und das Straßenraster wieder der kleinteiligen Struktur des Schmidtplanes angeglichen. Im Sinne der Ästhetik der Zeit ist es jedoch bewußt gleichförmig gestaltet. Den Kanal verlegte Lenné wieder in die Mitte des Köpenicker Feldes. An der Kanalschleife hielt er jedoch fest. Sie bildet aber nicht mehr die westliche Grenze des Vorortbereichs, sondern durchbricht als Teil des Schmuck- und Grenzzuges die Rasterstruktur des Köpenicker Feldes. Der geschwungene Verlauf des Promenadenzugs endet mit der Einmündung des Kanals in das nördliche rechteckige Hafenbecken der zentralen Kanalachse, um südlich der Stadtmauer in geschwungener Form in den freien Landschaftsbereich überzugehen. Er umschließt den Tiergarten und mündet bei Lietzow in die Spree. Die gerade Achse des Kanals im Köpenicker Feld ist durch die beiden großen rechteckigen Hafenbecken an ihren Endpunkten markiert. An das nördliche Hafenbecken schließt sich in der Blickachse des Kanals ein Schmuckplatz mit einer Kir-

134

che an. Das südliche Hafenbecken sollte als Stauraum zur Kontrolle der Schiffe dienen. In der Mitte des geraden Teils des Kanals liegt ein gleichgroßer Platz mit konchenartigen Erweiterungen an der westlichen und östlichen Seite, die wiederum von der Oranienstraße als West-Ostachse, jetzt bis zur Akzisemauer durchgeführt, geschnitten werden. Dieser Platz entspricht dem zentralen Marktplatz im Schmidtplan, ist jedoch nicht wie dieser in die Stadtstruktur integriert. Die räumliche Zuordnung der beiden Hafenbecken zu dem mittleren Marktplatz wird vorwiegend von ästhetischen Aspekten bestimmt. Andererseits war der Kanal wohl von Lenné nicht als zentrale Funktionsachse wie im Schmidtplan beabsichtigt, da unterschiedliche Straßenanlagen und damit verschiedene Funktionsbereiche an den Kanal grenzen.

Die Rasterstruktur des Köpenicker Feldes ist im Unterschied zum Schmidtplan nicht durch Zielachsen in eine übergeordnete Einheit zusammengefaßt, sondern zerfällt in Einzelbereiche mit spezifischem Charakter. Der westliche Bereich der Luisenstadt wird südlich der Oranienstraße, angrenzend an die Friedrichstadt, noch zusätzlich unterteilt. Durch den mittleren Quadratplatz ist die Anlage bewußt in sich abgeschlossen, d. h. daß Lenné auch in diesem Plan die eigentliche städtische Erweiterung auf diesen Bereich beschränkte. Die Oranienstraße ist nicht als zentrale Achse betont, sondern tangiert als übergeordnete Allee die unterschiedlichen Bereiche. In dem bereits bebauten Teil der Luisenstadt nördlich der Oranienstraße sind die gewachsenen Straßen in ihrer herkömmlichen Struktur erhalten und prägen damit weiterhin den Charakter dieses Gebietes.

Das Köpenicker Feld östlich des Kanals wird durch den zentralen langgestreckten Rechteckplatz bestimmt, der sich von der Kanalschleife nach Süden bis zur nächsten West-Ostachse erstreckt und dort U-förmig erweitert. Der Platz bildet die Verlängerung des bereits im ersten Lennéplan angelegten Platzes an der Kanalschleife. Aufgrund der langgestreckten Form und der relativ großen Fläche ist der Platz als zentraler Grünbereich für das Gebiet in ähnlicher Weise bestimmend wie der Sternplatz des ersten Entwurfs. Durch die Übernahme der Rasterstruktur in diesem Bereich war hier ebenfalls die Möglichkeit einer geschlossenen Wohnbebauung gegeben, obwohl der Schmuckplatz für den Charakter des Gebietes prägend ist. Die Quartiere rechts und links des südlichen Teils der Kanalachse sind groß angelegt und entsprechen noch der ursprünglichen Idee Lennés, große Quar-

tiere für eine spätere Unterteilung im Interesse der Gewerbeunternehmen zu bilden. Hieraus ist zu ersehen, daß Lenné, obwohl er das Straßenraster aufnahm, die bewußt wertfreie Gleichförmigkeit ablehnte und es in Hinblick auf einen spezifischen Charakter jeweils veränderte.

1841 erschien der endgültige Bebauungsplan Lennés für das Köpenicker Feld (s. Abb. folgende Seite). Obwohl die dominierenden Elemente des vorausgegangenen Entwurfs, der Kanal mit den beiden Hafenbecken, der Kanalschleife und dem langgestreckten Grünplatz, dem späteren Mariannenplatz, übernommen wurden, ist der Gesamteindruck deutlich verändert. Die übergeordnete Promenade nach Moabit ist weggefallen. Die Differenzierung des Köpenicker Feldes in einzelne Bereiche mit unterschiedlichem Charakter ist zugunsten eines gleichwertigen Straßenrasters aufgehoben. Damit griff der Entwurf die Idee des wertfreien Straßenrasters des Schmidtplanes auf. Lenné perfektionierte es durch die gleichmäßige Rasterstruktur und gab der Straßenanlage durch Aufhebung der Funktionsplätze des Schmidtplanes eine kühle Abstraktion, die vorwiegend von ästhetischen Prinzipien bestimmt wird.

Zur Bildung des gleichmäßigen Straßenrasters ist im westlichen Bereich die Holzstraße wieder als kontinuierliche Achse von der Jannowitzbrücke bis zu einem Tor in der Ringmauer verlängert. In der Kreuzung mit der Oranienstraße liegt ein rhombenförmiger Platz, der wie die Neustrukturierung der gewachsenen Straßen des nördlich anschließenden Bereichs von dem Schmidtplan übernommen wurde. Auch die verlängerte Junkerstraße ist wie im Schmidtplan nach Osten bis an den Kanal geführt. Dadurch wird der Kanal stärker in die Stadtstruktur integriert, ohne jedoch die zentrale Bedeutung wie im Schmidtplan zu bekommen. Im östlichen Gebiet ist die verlängerte Nord-Südachse zwischen dem Kanal und dem Mariannenplatz, die spätere Adalbertstraße, bis zum Kottbusser Tor verlängert, wodurch auch dieser Bereich um den Mariannenplatz seinen abgeschlossenen Charakter verliert. Durch die Anlage eines zweiten rhombenförmigen Platzes in der Kreuzung der Oranienstraße mit der Mariannenstraße, des späteren Heinrichplatzes, wird der Mariannenplatz in einen direkten stadträumlichen Zusammenhang mit der Oranienstraße gesetzt. Der Mariannenplatz ist durch den Wegfall der U-förmigen Erweiterung am südlichen Ende in seiner eigenständigen Form reduziert und gleicht sich noch stärker dem Straßenraster an, behält jedoch den Charakter eines Schmuckplatzes. In 135

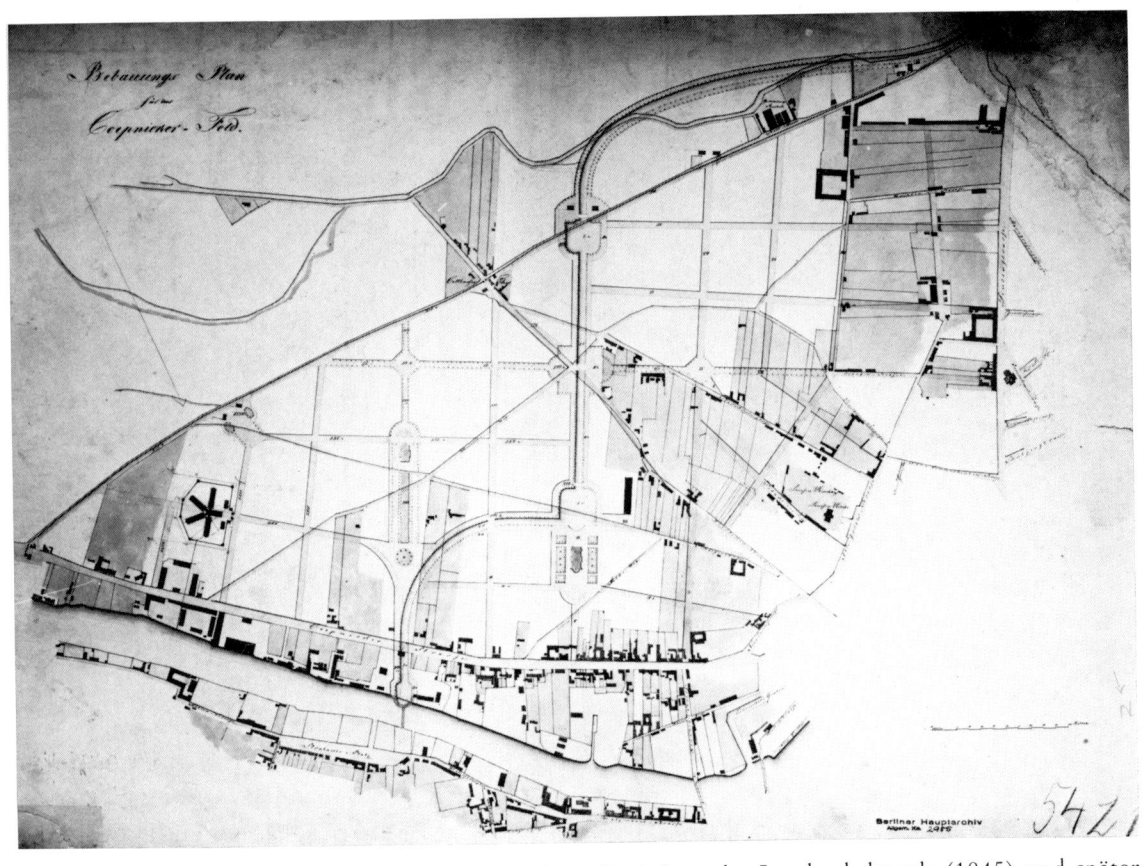

P. J. Lenné (?)
Bebauungsplan für das Coepe-
nicker-Feld o. J. (1841)

Verbindung mit der Kanalschleife, den Wasserbekken, den Promenaden am Kanal und den verschiedenartigen Schmuckplätzen bildet sich innerhalb des gleichmäßigen Straßenrasters eine eigene Struktur, das Raster wird gleichsam von Grünbereichen als Naherholungsflächen durchwoben. Diese Auflockerung der Stadtstruktur macht den Reiz der Luisenstadt aus und war als Planung eines Arbeiter- und Gewerbegebietes für Europa in dieser Zeit vorbildlich.

Realisierung des Bebauungsplanes

Nach der Verabschiedung des Bebauungsplanes durch Friedrich Wilhelm IV. 1842 war der Staat darum bemüht, die Realisierung voranzutreiben. Um den Streitigkeiten, wer die Kosten der Straßenanlage zu übernehmen habe, aus dem Weg zu gehen, erklärte sich der Staat bereit, die Pflasterkosten zu übernehmen. Die Bürger waren ihrerseits willens, als Anlieger die Kosten für die Bürgersteige zu übernehmen. Als weitere Maßnahmen des Staates zur Entwicklung des Köpenicker Feldes wurden

die Anlage des Landwehrkanals (1845) und später des Luisenstädtischen Kanals (1848) in Angriff genommen. Vor allem der Luisenstädtische Kanal war im Revolutionsjahr auch eine Arbeitsbeschaffungsmaßnahme. Der Bau des Bethanienkrankenhauses (1845—47) als Stiftung Friedrich Wilhelms IV. war eine weitere Initiative des Königs, um die Bautätigkeit in diesem Gebiet anzukurbeln. Trotz seines großen Engagements für die Entwicklung der Luisenstadt setzte die Bautätigkeit nur zögernd ein.
Ursache hierfür waren unzureichende Straßenverbindungen zum Stadtzentrum, vor allem aber die im Vergleich zum Gebiet außerhalb der Stadtmauer hohen Bodenpreise in der Luisenstadt. Schon Ende der 30er Jahre hatte sich entlang den Ausfallstraßen und in Verbindung mit der Anlage des Anhalter und Potsdamer Bahnhofs im Süden eine rege Bautätigkeit entwickelt. In diesem Vorortbereich wurden zu Beginn der 40er Jahre attraktive Miethäuser durch die führenden Architekten, wie z. B. Stüler, errichtet. In der Luisenstadt waren demgegenüber einfache Gebäude im nachklassizistischen Stil ent-

standen, man kritisierte sie häufig als Kasernenarchitektur.

Bedingt durch die hohen Bodenpreise war es in der Luisenstadt bereits frühzeitig zur dichten Bebauung mit engen Hinterhöfen gekommen. Auf dem meist noch gärtnerisch genutzten Terrain wurden mitunter nur schmale Randstreifen entlang den geplanten Straßen von den Ackerbürgern für eine Wohnbebauung verkauft, während das dahinterliegende Terrain weiterhin als Ackerland genutzt wurde. Es entstand dort die absurde Situation einer ungesunden engen Wohnbebauung auf einem sonst noch offenen Terrain.

Auch kam es bereits zu Beginn der Bautätigkeit zu einer umfassenden Bauspekulation mit ähnlichen Symptomen wie sie Eberstadt zum Ende des 19. Jahrhunderts kritisierte. Zum Beispiel konnte der Maurermeister Rutzer 1840 in der Alexandrinenstraße ein großes Grundstück von dem Gärtner Blechstein erwerben, welches er parzellierte (Nr. 7—10) und dann mit fertigen Grundrissen an Interessenten weiterverkaufte, die aufgrund des fertigen Grundrisses das Objekt entsprechend der berechenbaren Rendite erwarben. Der häufige Besitzerwechsel bereits zu Beginn der 40er Jahre verdeutlicht schon die negativen Verflechtungen, bedingt durch das Hypothekensystem.

Alternativ zu der mißlichen Wohnsituation der ärmeren Bevölkerung in den Mietskasernen wurden zu Beginn der 50er Jahre in der Luisenstadt einige Genossenschaftsbauten, z. B. in der Ritterstraße 28—30, von der Berliner Gemeinnützigen Baugesellschaft errichtet. Diese von C. W. Hoffmann mit staatlicher Hilfe gebauten Genossenschaftshäuser waren sicherlich als Folge der Revolution möglich geworden, sie blieben jedoch Einzelbeispiele. Genossenschaftsbauten hatten keinen Einfluß auf die Wohnsituation der Arbeiter, da sich nach der fehlgeschlagenen Revolution die Spekulation mit Mietskasernen als Wirtschaftsfaktor etablierte.

Für das Gewerbe der Luisenstadt war anfänglich das Militär der Hauptauftraggeber. Hierbei entwickelten sich unterschiedliche Gewerbezweige, angefangen mit Webereien, Färbereien bis zu Kattundruckereien. Die Betriebsgröße war unterschiedlich, von einfachen Familienbetrieben im Kellergeschoß bis zu großen Fabrikunternehmen an der Köpenicker Straße oder dem Luisenstädtischen Kanal.

Die direkte Nachbarschaft der Gewerbeparteien mit der Wohnbebauung brachte von Anfang an viele Streitereien, die nicht selten mit der Verlegung von Betrieben endeten; z. B. wegen Geruchsbelästigung bei Seifensiedereien oder Feuergefahr bei größeren Betrieben mit Dampfmaschinen, bei deren Inbetriebnahme die Nachbarn grundsätzlich ihre Zustimmung geben mußten. Die bis in die 60er Jahre meist regellosen und niedrigen Gewerbebauten in den Hinterhöfen verdeutlichen das häufig noch wenig perfektionierte, auf dem Kleinbetrieb basierende Gewerbe in der Luisenstadt. Eine systematische Gewerbebebauung in den Hinterhöfen entstand erst in den 80er Jahren durch die Errichtung von sog. Gewerbehöfen, die meist von den Vorderhausbesitzern stockwerkweise an Gewerbeunternehmen vermietet wurden.

Die Stadtpolitik Friedrich Wilhelms IV. erfuhr mit der Revolution von 1848 eine entscheidende Niederlage. Dies war um so schmerzlicher, da der König großes persönliches Engagement zeigte und die vorausschauende Planung Lennés negative Entwicklungen wie in England verhindern sollte. Die baupolitischen Maßnahmen Friedrich Wilhelms IV. kamen zu spät, um die negative Entwicklung aufgrund der Bodenspekulation beeinflussen zu können. Andererseits beschränkten sich die Initiativen ausschließlich auf die Stadtplanung. Gesetze zur Bekämpfung der Auswüchse der Spekulation wurden nicht in Betracht gezogen, sie entsprachen auch nicht der Ideologie der Zeit. — Andererseits war der Staat an der negativen Entwicklung der Spekulation nicht unschuldig. Nach der Ablehnung des ersten Lennéschen Bebauungsplanes hatten König und Lenné frühzeitig ihr Planungskonzept im Interesse des Grundbesitzes geändert. Die finanziellen Opfer des Staates, seine Zuschüsse zur Straßenanlage, um die Bautätigkeit im Köpenicker Feld in Gang zu bringen, waren an keine Bedingungen außer der Anlage von Bürgersteigen durch die Anrainer geknüpft.

Durch die Reaktion auf die Revolution von 1848 wurde die Position der Grundbesitzer beträchtlich gestärkt. 1850 wurde das Dreiklassenwahlrecht eingeführt und im gleichen Jahr das Gesetz »Betreffs der Ablösung der Reallasten und der Regulierung der gutsherrlichen und bäuerlichen Verhältnisse« erlassen, wodurch auch das Terrain der Vororte in Privatbesitz übergehen konnte. In der Städteordnung von 1853 wurde die Vormachtstellung der Hausbesitzer weiterhin bestätigt, so mußten mindestens die Hälfte der Stadtverordneten städtischen Hausbesitz haben. Faktisch hatten durch das Dreiklassenwahlrecht die Haus- und Grundbesitzer die absolute Mehrheit in der Stadtverordnetenversammlung.

Durch die Ausweitung des detaillierten Bebauungs-137

planes auf den südlichen Vorortbereich, mit dessen Aufstellung der stellvertretende Polizeipräsident Lüdemann 1853 Lenné beauftragte[12], konnte sich die Bodenspekulation auch in diesem Gebiet ausbreiten. Wie bei dem ersten Lennéplan für das Köpenicker Feld sollte in Anbetracht des Anstiegs der Bevölkerung und der Industrie die Fürsorge für die allgemeine Gesundheit bei dem Entwurf berücksichtigt werden. Die Planung beschränkte sich jedoch auf Freiflächen wie Boulevards und Schmuckplätze in Verbindung mit einem teilweise unregelmäßigen Straßenraster. — Mit dem Hobrechtplan von 1862 wurde die detaillierte Planung auf die gesamte Umgebung von Berlin ausgedehnt und planmäßig verabschiedet. Es war die letzte Maßnahme des Staates, um eine geregelte Entwicklung der Bebauung im Interesse des allgemeinen Grundbesitzes zu garantieren, um dann 1875 mit dem sog. Fluchtliniengesetz die Verantwortung für die städtische Entwicklung der Kommune, deren politische Gremien vorwiegend von den Interessen der Boden- und Bauspekulation bestimmt wurden, zu übertragen.

Anmerkungen

1 R. Eberstadt, Städtische Bodenfragen, Berlin 1894, S. 12
2 Friedrich II. hatte wegen des spekulativen Verkaufs von Häusern den Grundsatz »Kauf bricht Miete« aufgehoben. (W. Hegemann, Das steinerne Berlin, Berlin 1930, Neuaufl. 1963, S. 113)
3 Verordnung vom 20.06.1817, in: Gesetz-Sammlung für die Königlichen Preußischen Staaten, No. 12, 1817
4 Bericht über die Gemeindeverwaltung der Stadt Berlin, 1829—1840, S. 95
5 ebd., S. XIV
6 Acta des Magistrats zu Berlin, Köllnische Feldmark und Köpenicker Feld (1821—1827)
7 Schreiben an den Handelsminister von Bülow vom Februar 1824, ebd.
8 Acta des Magistrats zu Berlin, Köllnische Feldmark und Köpenicker Feld (1827—1841)
9 Zitat P. J. Lenné nach: G. Hinz, Peter Jósef Lenné und seine bedeutendsten Schöpfungen in Berlin und Potsdam, Berlin 1937, S. 181/182
10 Gutachten Karl Friedrich Schinkels in: P. O. Rave, Karl Friedrich Schinkel Lebenswerk, Berlin: Stadtbaupläne, Brücken, Straßen, Tore, Plätze, Berlin 1948, S. 27
11 P. J. Lenné nach: G. Hinz, a. a. O., S. 180
12 ebd., S. 189

Gert Mattenklott
Junges Deutschland und Vormärz in Berlin

Selten lassen sich literarische Bewegungen so zuverlässig datieren wie der Beginn der jungdeutschen Literaturrevolte. In Berlin wurde es der 3. August 1830, bis sich die Nachrichten von der Julirevolution in Paris zur Gewißheit eines historischen Umschwungs verdichtet hatten. Sie ist uns durch den Bericht eines der künftigen Wortführer des Jungen Deutschland, des damals neunzehnjährigen Karl Gutzkow bezeugt:
»Es war am dritten August und die Sonne brannte. In der großen Aula der Berliner Universität wurde der festliche Tag wie immer durch Gesang und Rede gefeiert. Hunderte von Studenten drängten sich hinter der Barre, vor welcher Professoren, Beamte, Militärs saßen. Über dem Redner Böckh sang unter Zelters Leitung der akademische Chor; Mantius entwickelte schon seinen sanften, zärtlichen Tenor. Schmatz, der Selige, ging mit Haarbeutel und Degen von Stuhl zu Stuhl, um mit den Ministerialräten über Völkerrecht und die Freitischverwaltung zu sprechen. Gans war erhitzt und ungeduldig; er ließ Briefe von Raumer, die eben aus Paris gekommen waren, im Saale umlaufen. Der Kronprinz lächelte, aber alle, die Zeitungen lasen, wußten, daß in Frankreich eben ein König vom Thron gestoßen wurde. Der Kanonendonner zwischen den Barrikaden von Paris dröhnte bis zur Aula nach. Böckh sprach von den schönen Künsten, aber niemand achtete diesmal seiner gedankenreichen Wendungen und klassischen Sprache; Hegel trat auf und nannte die Sieger in den wissenschaftlichen Wettkämpfen der Akademie. Jede Fakultät hatte einen Preisbewerber zu belohnen; aber niemand hörte darauf als die Beteiligten ...
Die Stunde, wo die Staatszeitung desselben Abends erschien, währte mir unendlich lange; ... ich wollte nur wissen, wieviel Tote und Verwundete es in Paris und Berlin gegeben, ob die Barrikaden noch ständen, ob noch die Lunten brennten, der Palast des Erzbischofs rauchte, ob Karl seinen Thron beweine, ob Lafayette eine Monarchie oder Republik machen würde. Die Wissenschaft lag hinter mir, die Geschichte vor mir«.
In Deutschland bleibt es vorerst bei der Störung des Zeremonials durch die Briefe aus Paris und die Zeitungsnachrichten über die Revolution im Ausland. Eine heftige und nachhaltige Störung zwar; aber was das Politische betrifft, doch vorwiegend ein Widerschein von Ereignissen anderswo. Unruhe ergriff durchaus nicht nur die Studenten, mit denen Hegel alljährlich auf den Bastille-Sturm anstieß und die bei seinem Schüler Eduard Gans — Gutzkow wird ihn später einen »Staatsdoktrinär« nennen — doch immerhin in den Prinzipien eines liberalen Rechtsstaats unterrichtet wurden. Selbst ein so unverdächtiger Zeuge wie Moltke berichtet 1831 aus Berlin, hier sei »ein neues Leben in die Menschen gefahren« und die Politik werde »in allen Salons, in den Theatern, wie in den Bierstuben verhandelt«. Eine allgemeine Aufregung also, nicht bloß die Nervosität von ein paar Intellektuellen. Ihre Batterie blieb aber die Zeitung von draußen.
Seit 1823 gab es dreimal wöchentlich Fernpostverbindungen, und die großen Cafés Josty und vor allem Stehely waren prominente Anlaufstellen zur Zeitungslektüre und zu Gesprächen über das Gelesene. Eine linke Berliner Tages- oder Wochenzeitung gab es nicht, konnte es der Zensur wegen auch gar nicht geben. Gutzkow erhält 1831 allerdings auf Antrag das Recht, auch Gegenstände der Politik in das von ihm herausgegebene »Forum der Journalliteratur« aufzunehmen, doch nur für ein halbes Jahr und auf Widerruf, sowie auf die Zusage der »schuldigsten Achtung der Institutionen, in deren Verband ich zu leben das Glück habe« — so schreibt er der Behörde. Ausdrücklich muß er auch Unparteilichkeit versprechen. So wurde denn die einzige wirklich unverdrückt und unzensiert politische Berliner Zeitung von einem rechtskatholischen Konvertiten, dem legitimistischen Juristen K. E. Jarcke redigiert: das »Politische Wochenblatt« (seit 1831). Die Titelseite trug den Vermerk »desinfiziert«, was sich aber wohl auf die grassierende Cholera bezog.
Diese Situation veränderte sich während des gesamten Zeitraums bis 1848 kaum; höchstens, daß Jarcke Mitte der 30er Jahre noch Unterstützung durch den jungen Hengstenberg in der »Evangelischen Kirchenzeitung« erhielt, der 1835 mit einer Artikelserie über »Die Rehabilitierung des Fleisches« von sich reden macht, in der er sich gegen die saintsimonistische »Entheiligung der Ehe« durch die Jungdeutschen wendet. Das Lob Wolfgang Menzels, des Denunzianten der jungdeutschen Bewegung, war ihm sicher. 1835 wurden auf der Grundlage von Menzels Denunziation die Bundesmaßregeln gegen die namentlich aufgeführten Autoren des Jungen Deutschland beschlossen, durch die nun diese Bewegung ein wenigstens personell eindeutiges Profil erhielt. Betroffen sind Heine, Gutzkow, Laube, Wienbarg und Mundt. In Berlin wurden die Bundestagsbeschlüsse zuerst ver-

139

schärft; zumindest insofern war es tonangebend. Auch als nach der Thronbesteigung Friedrich Wilhelms IV. 1840 eine leichte Liberalisierung einsetzte, scheiterten die Versuche, in Berlin eine liberale Publizistik zu etablieren. So hatte Max Stirner (eigentlich Johann Kaspar Schmidt) 1843 die »Berliner Monatsschrift« herausgeben wollen. Doch mußte das erste und einzige Heft dieser frühesten Zeitschriftenpublikation des deutschen Anarchismus unter der Redaktion und im Selbstverlag des Stirner-Freundes Ludwig Buhl in Mannheim erscheinen. — Ende 1846 war G. Julius mit der relativ liberalen »Zeitungshalle« erfolgreich, zu deren Autoren der junge Fontane gehört, doch lag Julius in Dauerfehde mit dem Preußischen Oberzensurkollegium. Immerhin gab es damit eine Alternative zur Vossischen und Spenerschen Zeitung, die bis dahin das Meinungsmonopol der Tageszeitungen besaßen. Die Konzessionsbedingung an Julius war, daß die Zeitung den wirtschaftspolitischen Kurs der preußischen Regierung gegen die liberale Bourgeoisie stützen sollte. Sie tat es.

Je rigoroser die Zensur die ausdrücklich politische Publizistik einschränkte, desto umfangreicher wurde der Nachrichten-Schwarzmarkt und Meinungsschmuggel. Manifeste wurden auf Flugzettel geschrieben und von Hand zu Hand weitergereicht. Plakatanschläge mit Informationen und Sottisen gegen die Regierung konnten von der Polizei nicht so rasch entfernt werden, wie sie angeschlagen wurden. — 1842 war Georg Herwegh, durch seine »Gedichte eines Lebendigen« bereits berühmt, auf Vermittlung des königlichen Leibarzts Schönlein vom Monarchen empfangen worden. Bei dieser Unterredung hatte ihm der »Romantiker auf dem Thron« angeblich seine Achtung vor einer »gesinnungsvollen Opposition« zugesagt. Als der König gleich darauf die Verbreitung des »Deutschen Boten aus der Schweiz« verbot, dessen Redaktion Herwegh übernehmen sollte, als Herwegh brieflich protestierte und daraufhin aus Berlin ausgewiesen wurde, erschien dieser Brief über längere Zeit in keiner Berliner Zeitung, wohl aber kursierte er in zahlreichen Abschriften. — Im übrigen wichen die Autoren auf weniger auffällige publizistische Formen und literarische Genres aus, um unter den Deckmänteln literarischer Periodika und belletristischer Produktion versteckt zu politisieren.

Die Emphase Gutzkows von 1830, mit der er der Universität den Rücken kehren und sich der Geschichte zuwenden wollte — das heißt hier, der Politik — konnte höchstens mittelbar wirksam werden: literarisch. Die Texte der Jungdeutschen fungieren als Stellvertreter politischer Aktionen. Insofern sind sie oft eher Ausdruck verhinderter Politiker als von politisierten Dichtern. Wie stark nun auch immer die literarische Phantasie durch Verbote angeregt werden mag, Formen zu finden, die das Unliebsame durch die Blume sagen, und wieviel Respekt diese literarische Schmuggelware auch verdienen mag — als Ersatz für die Politik, zu der der Opposition der Zugang verlegt war, ist die politisierte Literatur gewiß überfordert gewesen. Für die kritische Intelligenz der zwei Jahrzehnte bis zur Jahrhundertmitte war sie gleichwohl das einzige Ventil. Gemessen an den literarischen Maßstäben der klassisch-romantischen Zeit war es eine Literatur von Dilettanten. So mögen es auch nicht nur politische Vorbehalte gewesen sein, die den Berlinern unter den Jungdeutschen: Gutzkow und Mundt die Tore zur guten literarischen Gesellschaft verschlossen.

Nicht daß deren literarisches Ansehen über alle Zweifel erhaben gewesen wäre. Nach dem Tod E. T. A. Hoffmanns (1822) stand die Stadt vielmehr im Ruf einer betriebsamen Mittelmäßigkeit. Aber das Mittelmaß ist für gewöhnlich nicht schlecht organisiert. So auch hier. Von den hochgesinnten Zirkeln utopischer Geselligkeit am Anfang des Jahrhunderts waren Bünde und Vereine mit oft pedantischen Satzungen geworden. So die literarische Mittwochsgesellschaft, im Englischen Hof tagend, zu der u. a. Eichendorff und Fouqué, Chamisso, Kugler, ehedem auch E. T. A. Hoffmann und Simrock gehörten. Das Ansehen der romantischen Autorengeneration beim liberalen Publikum war — im umgekehrten Verhältnis zu ihrer Reputation bei Hof — gesunken. — Eine Ausnahme war Bettina von Arnim, die in Eingaben und zahlreichen Briefen den König für die desolate Lage der Bevölkerung in den Stadtvierteln der Armen zu interessieren versuchte. — Eichendorff, seit 1831 Ministerialrat in der Abteilung für katholisches Kirchen- und Schulwesen in Berlin, fühlte sich hier als Autor derart deplaciert, daß er 1844 den Dienst quittierte und nach Schlesien ging. Der Baron de la Motte-Fouqué stand zwar noch in der Gunst des Königs, doch hatte das Publikum ihn fast vergessen, als er 1843 in Berlin starb. Heine nennt die Gründe: »Das beständige Loblied auf den Geburtadel, die unaufhörliche Verherrlichung des alten Feudalwesens, die ewige Rittertümelei mißbehagten am Ende den bürgerlich Gebildeten im deutschen Publikum, und man wandte sich ab von dem unzeitgemäßen Sänger«. — Eine Ausnahme ist hier

Chamisso, seit 1819 Kustos am Berliner Botanischen Garten, der — unter dem Einfluß Bérangers, den er übersetzt, — schon in den 20er Jahren seine Lyrik gegen die Restauration zu mobilisieren begonnen hatte. — Die Versuche des Königs, das literarische Niveau der Hauptstadt durch die Anwerbung von Prominenz zu heben, scheiterte, wie immer in solchen Fällen. Selbst ohne literarisches Urteil, setzte er auf große Namen und bequeme Ansichten statt auf aktuelle geistige Produktivität. Daß er 1842 Tieck wieder zu ständigem Aufenthalt in Berlin und als einen Streiter gegen die Autoren Jungdeutschlands und des Vormärz gewann, bedeutete für das literarische Leben der Stadt nicht viel. Wer mit Menzel gemeinsame Sache machte, fand hier nicht viel Resonanz. Auch die Übersiedlung Friedrich Rückerts, dessen Orient-Liebe der König teilte, aus Franken nach Berlin war literaturpolitisch ein Fehlschlag. Er lehrte vor leeren Bänken als Professor für Orientalische Sprachen, vertrug den Großstadtlärm nicht und war froh, 1848 Berlin wieder den Rücken kehren zu können. — Claurens hagiographische Zeilen »Der König rief, und alle, alle kamen« mag auch auf dessen Literaturpolitik zutreffen, aber der König rief nicht *alle*, und die, die kamen, wollte niemand.

Dann gab es den »Tunnel über der Spree«, von dem Mundartdichter Saphir 1827 als Kontrapunkt zur exklusiven Mittwochgesellschaft gesetzt. Geibel hat diese Runde mit Geringschätzung als »Kleindichterbewahranstalt« bezeichnet. Die konservativen Ansichten des Gründers, der seine Lorbeeren in scharfen Polemiken gegen Nestroy geerntet hatte, und zeitweise als Spitzel im Dienst der österreichischen Krone stand, bestimmte die politisch-literarische Haltung dieser Gruppe auch noch in den 40er Jahren, als Fontane, der auch dem Platenbund und dem Lenauverein angehört hatte, hier Mitglied wird.

Schriftstellervereinigungen, von denen die genannten die einflußreichsten waren, wollten mit den Jungdeutschen nichts zu tun haben. Die *politische* Entschiedenheit, mit der diese darauf bestanden, daß der Mensch »früher als der Bürger« gewesen sei; daß Gewaltenteilung im Staat die »Versklavung des Einzelnen« (Gutzkow) verhindern müsse; daß der Staat kein Recht auf die Meinungen seiner Bürger habe; der *religiöse* Freimut, mit dem sie das Trost-Angebot der Kirchen ausschlugen: »Religion ist das Produkt der Verzweiflung, wie kann sie die Verzweiflung heilen?« (Gutzkow: Wally, die Zweiflerin. 1835); schließlich die *moralische* Selbständigkeit, mit der sie die Sittlichkeit der bürgerlichen

Ehe in Frage stellten und die »Emanzipation des Fleisches« forderten, hatte Gutzkow doch 1835 sogar Schleiermachers Verteidigung von Friedrich Schlegels »Lucinde« mit einem entsprechenden Vorwort neu herausgegeben — all das disqualifizierte sie in den Augen der etablierten Kollegen.

Eine Tradition begründend, die bis in die Gegenwart reicht, kommen die Gruppierungen der Linken, in denen sie Fuß zu fassen versucht, in erster Linie durch Ausschluß und Kriminalisierung von Seiten der Legitimisten zustande. (Für »Wally, die Zweiflerin« büßt Gutzkow in Mannheim gar mit ein paar Wochen Gefängnis.) Ihre Bündnisse haben deshalb eine andere Qualität als die Vereine und Clubs der anderen Seite. So ist das Junge Deutschland als Gruppierung ein Produkt der rechten Gegenpropaganda, kein programmatischer Zusammenschluß von Gleichgesinnten. Daraus erklärt sich die Heterogenität der Autoren und die geringe Aktionskraft des Bündnisses. Sie wird überdies noch geschwächt durch die Regionalisierung des Publikums. So klagt Gutzkow, daß der Fürst Pückler-Muskau — er wird von den Jungdeutschen als liberaler Sympathisant betrachtet — gegen seine Berliner Zirkel schreibe, Heine gegen seine reichen Bankiers-Onkel von der Elbmündung und Börne gegen die Frankfurter Senatoren. Die in zahlreichen Reisen gewonnene Mobilität konnte die lokale Beschränktheit nicht wettmachen. — Als Arnold Ruge die »sieben Weisen«, die »Gesellschaft der Freien« um Bruno und Edgar Bauer, Ludwig Buhl, Stirner und Engels in Berlin besucht, findet der Empörte sie im Hippelschen Keller in der Poststraße, einer schmuddligen, düsteren Weinstube im Zentrum: lärmend und eher possenreißend in der Tradition des épater le bourgeois als in demokratischer Formation. Entrüstet beschimpft er das kraftgenialische Treiben: »Ihr wollt frei sein und merkt nicht, daß ihr bis über die Ohren im Schlamme steckt. Mit Schweinerein befreit man weder Menschen noch Völker«.

Die Stimmung war zukunftsträchtig, aber auch voller Ungewißheit, nervöser Zerfahrenheit und leicht irritierbar. Sie teilt sich bisweilen in der Rhetorik der Gebärden zuverlässiger mit als in den anspruchsvollen Worten. Ihr Ausdruck ist entschlossene Hilflosigkeit. — Als Max Stirner heiratet, trägt seine Frau provozierend kurzgeschnittenes Haar, es gibt eine Haustrauung durch einen liberalen Pfarrer, und die umhäkelten Ringe werden aus einer Börse geschnitten, die einer der Hochzeitsgäste zufällig bei sich hat. Aber nun muß der Haushalt finanziert werden. So unterrichtet er 141 an einer Höheren Töchterschule, oder er versucht sich in der Zentralisierung des Berliner Milchhandels. Doch als die Milch aus allen Richtungen in den Laden strömt, bleiben die Käufer aus. Fontane will den Sauermilchgeruch in der Bernburger Straße noch wahrgenommen haben. — Die Ehe scheitert, wohl auch an der Unvereinbarkeit des hohen Anspruchs auf Selbstbestimmung, mit dem das Leben hier geführt werden sollte, und der Kläglichkeit, mit der es immer wieder von der Übermacht der trivialen bürgerliche Misere geschlagen wurde. In ihrem Angesicht müssen die Fanfaren von »Der Einzige und sein Eigentum« (1845) wie ein Fiebertraum geklungen haben: »Die Gattung ist nichts, und wenn der Einzelne sich über die Schranken seiner Individualität erhebt, so ist dies vielmehr gerade Er selbst als Einzelner, Er ist nur, indem Er sich erhebt, Er ist nur, indem Er nicht bleibt, was Er ist; sonst wäre Er fertig, tot. Der Mensch ist nur ein Ideal, die Gattung nur ein Gedachtes. Ein Mensch sein, heißt nicht das Ideal des Menschen erfüllen, sondern sich, den Menschen, darstellen. Nicht, wie ich das *allgemein Menschliche* realisiere, braucht meine Aufgabe zu sein, sondern wie Ich Mir selbst genüge. Ich bin meine Gattung, bin ohne Norm, ohne Gesetz, ohne Muster und dergleichen. Möglich, daß ich aus Mir sehr wenig machen kann; dies Wenige ist aber alles und ist besser, als was Ich aus mir machen lasse durch die Gewalt Anderer, durch die Dressur der Sitte, der Religion, der Gesetze, des Staates usw.« Das Freiheitspathos der Demokraten wird bei Stirner durch ein mit gleicher Energie geladenes Pathos der Individualität vertreten. Nicht sich verwerten lassen, selbst verwerten, ist seine Devise und: »Nehmt Euch die Gewalt, und die Freiheit kommt von selbst. Wer die Gewalt hat, steht über dem Gesetz«. Statt Revolution will er Empörung. Das heißt für ihn: nicht größeren Anteil an Besitz, Recht und Macht, wie er es den Anhängern des Konstitutionalismus vorwirft, sondern das absolut Andere; nicht Erpressung des Staats, sondern dessen Ablösung: »Darum sind wir beide, der Staat und Ich, Feinde«.

Stirners Propaganda für das solipsistische Ich hat erst mit der Nietzsche-Lektüre um die Wende zum 20. Jahrhundert Resonanz gefunden. Wenn sie hier im Zusammenhang der Berliner Literaturverhältnisse der beiden Jahrzehnte vor der Märzrevolution zitiert wird, so kommt sie nicht als Programm einer politischen oder literarischen Gruppierung und nicht mit ihren politischen Konsequenzen zu Wort, sondern als Symptom für die Stimmung einer Intelligenz, die kaum irgendwo in den politischen Diskussionen der Zeit eine Gelegenheit findet, »wir« zu sagen. Wie seit Rousseau jede Avantgarde definiert auch diese sich naturalistisch, quer zu trennenden Gruppenbildungen, nach deren Logik Gutzkow und Mundt, Stirner und Buhl, Bettina von Arnim, Rahel von Varnhagen und Fanny Lewald — um beim Berliner Spektrum zu bleiben — in einen jeweils anderen Sektor gehören. Gemeinsam haben sie sich auf die Rechte des natürlichen, wirklich lebenden Menschen berufen, also eine lebensphilosophische Bewegung, die auch insofern das Erbe des Sturm und Drang antritt. Dieselbe ausfallende Heftigkeit gegen die Repräsentanten der alten Formen, die wir vom jungen Herder, Lenz und Klinger im Ohr haben, wenn Gutzkow kurzen Prozeß macht: Tieck, »dies blinde Musenpferd im alten Stile«, im Grunde »ein verzogener Schlummerkopf«, aber »besonders störrisch«, wenn er geweckt wird; Varnhagen von Ense, der einen Stil schreibt, »welchen man den Hochwohlgeborenen nennen könnte«. Dieselbe Hoffnung auch, selbst in einem »natürlichen« Habitus Halt finden zu können, wenn die alten Formen zerschlagen werden müssen. Eine neue Schreibart muß her:
»Von der Herrschaft der Perioden, von den gothischen Verschlingungen, von den Regeln der alten Rhetorik, vom Numerus, Wortfall, und allen diesen vereinzelten Vorschriften, welche ihre richtige Seite haben, aber niemals absolut hätten vorgeschrieben werden sollen, wird sich die poetische Intuition zuerst völlig emanzipieren. Die Sprache geht auf den Naturzustand zurück und sie folgt in größter Dezenz und Bescheidenheit nur der Anschauung und dem Gedanken, welcher sich in dem Bereich der Finsternis, des Lichtes, und der zwischen beiden tastenden Dummheit, Schritt für Schritt vorwärts seinen Weg bahnt. Leise schleicht der Ton der Rede dem sich fortwühlenden Maulwurf des Gedankens nach; nirgends üppig, nirgends vorschnell, sondern wie ein Kind geleitet am Gängelband der Intuition«.
Die Subversion durch den Gedanken, der von der Intuition geleitet wird, in solchen Bilderphantasien erfrischt sich die Widerstandskraft des politischen Willens und macht sich selbst Mut zu einer Opposition, die längst resignieren müßte, wenn sie sich nicht an der Macht der Maulwürfe aufrichten würde. In Berlin erst recht, denn hier war man zwar nicht geradezu in der Höhle des Löwen — dazu traf der Hof seine Maßnahmen zu halbherzig und unentschlossen, und Friedrich Wilhelm IV.

liberalisierte seit 1842 die Bundestagsbeschlüsse Schritt für Schritt; Mundt etwa blieb die gesamte Zeit über persönlich unbehelligt. Doch behielten die Behörden die Grenze zwischen literarischem Freisinn und praktischer politischer Widersetzlichkeit scharf im Auge. Gutzkow, gebürtiger Berliner, Sohn des ersten Bereiters des Prinzen Wilhelm, treffen wir denn auch immer wieder auswärts, so wie überhaupt die deutsche Intelligenz dieser Jahre sich in der Schweiz, in Paris, ja selbst in Wien eher zu Hause fühlte als in den deutschen Staaten.

Wo dergestalt eine Bündelung der Kräfte auf der Bühne des öffentlichen Lebens, ja auch nur ihre angemessene individuelle Betätigung kaum möglich war, behauptet sich das Private in um so größerer Bedeutung, die Ehen, die Freundschaften — und oft mit verhängnisvollen Folgen. Als müßte die strukturelle Gewalt, von der über Jahrhunderte das bürgerliche Leben zusammengehalten wird, beim Zerfall dieser Gesellschaft an jedem Einzelnen abgebüßt werden, so vollziehen sich hier noch Katastrophen, deren Sinn für die Betroffenen nicht und kaum für die Zeitgenossen faßbar gewesen ist. Eine der bizarrsten betraf den Freundschaftsbund Theodor Mundts mit Heinrich und Charlotte Stieglitz. Die drei hatten sich 1832 als Zelle einer literarischen Lebensgemeinschaft zusammengefunden, die schon zwei Jahre später mit dem freiwilligen Opfertod der Frau ein Ende fand. Mundt setzte ihr ein Jahr später anonym ein Denkmal, das auch Teile des Briefwechsels der Beteiligten enthält. Im literarischen Berlin war es ein Skandal erster Ordnung mit vielfachem publizistischem Echo, darunter auch ein Aufsatz von Gutzkow, der von einer »ungeheuren Kulturtragödie« spricht.

Stieglitz war Autor von epigonalen Dichtungen im Stile des Hafis, oder vielmehr Rückerts und des »Westöstlichen Divan«, die er Anfang der 30er Jahre als »Bilder des Orients« dreibändig veröffentlicht hatte. Er, finanziell abhängig von einem reichen Onkel, dann Bibliothekar in der Ausleihe der königlich-preußischen Bibliothek, und Mundt, der literarische Brotarbeit für die »Allgemeine preußische Staatszeitung« tat, träumten von einer poetischen Existenz, in der der grelle Widerspruch zwischen dem trivialen Berliner Alltag und der Welt ihrer Dichtungen aufgehoben wäre. »Mitunter scheint einem die vielgeschäftige Zeit über den Kopf zu wachsen; die Hand ist fast bis zur Verzweiflung tätig, aber das innere Leben stockt oder verzerrt sich unterdeß zu einer ironischen Grimasse, die laut auflachen möchte über all die armselige Lebensgeschäftigkeit«, heißt es 1833 in einem Brief Mundts an das Ehepaar Stieglitz. — Das sind Werthers Leiden, doch das gerade wirkt noch steigernd: daß es nichts eigenes mehr zu geben scheint, überall nur Teilhabe an schon Gewesenem oder Fremdem. Heinrich Stieglitz, den seine Frau für einen poetischen Titanen gehalten hatte, litt noch heftiger, nämlich doppelt noch an ihrer Enttäuschung. Er verzehrte sich an Empfindungen, für die er keinen Gegenstand fand, an Lebensdurst ohne ein passendes Leben. Zwei Männer also wie der *eine* Werther und doch nicht, denn sie sind ratlos. Aber was für eine Charlotte ist diese hier: Sie, die nicht immer nur »ein Stückchen von etwas« sein will, wie sie gelegentlich schreibt, sondern einmal im Leben *ganz*, gibt sich mit dem Dolch den sie ihm zur Hochzeit geschenkt hat, den Tod. So glaubt sie, wie Gutzkow wohl zutreffend interpretiert, der Melancholie ihres Mannes »einen grellen, blutroten, und ach! nur zu gewissen Grund zu geben«.

Dann erscheint Mundts »Denkmal«, und Wolfgang Menzel kolportiert mit böser Lust, der hinterbliebene Ehemann habe später diesen Tod zur Darstellung »lebender Bilder« verwertet. — Eine schauerliche Groteske war aber schon der Opfertod der jungen Frau selbst gewesen, durch den sie die in Leben und Kunst verlorengegangenen Gehalte durch diese äußerste Pantomime mit tödlichem Ausgang zurückbeschwören und erzwingen wollte.

Charlotte Stieglitz, Rahel von Varnhagen, Bettina von Arnim, Fanny Lewald, die seit 1839 in Berlin lebt und hier noch in den 70er Jahren des Jahrhunderts einen Salon hält — politisch-literarisch mögen Welten zwischen ihnen liegen, doch im Rückblick auf die Anfänge der heutigen Frauenbewegung nehmen wir leichter das ihnen Gemeinsame wahr. Es sind beherzte Frauen, die sich ein eigenes Urteil zutrauen und danach handeln. So entziehen sie sich der Autorität der übermächtigen Männer. *Wie* sie handelten mag uns — wie bei Charlotte Stieglitz — phantastisch überspannt oder — wie im Falle Bettinas — illusionär erscheinen. Mögen sie oft auch nicht konsequent gewußt haben, was sie wollten, von Hilflosigkeit sind ja nicht bloß die Aktionen der Frauen geschlagen. Wenn etwa Fanny Lewald in ihren Frauenromanen (Jenny, 1842, Diogena, 1847) die Konvenienzehe kritisiert und sich über die aristokratischen Allüren ihrer Schriftstellerkollegin, der Gräfin Hahn-Hahn lustig macht, wenn sie und Rahel von Varnhagen gegen die Diskriminierung der Juden schreiben, dann wissen sie immerhin mit Bestimmtheit, was sie jedenfalls *nicht* wollen. Im Auftreten selbständiger Frauen wird von der frühromantischen Generation

143

bis in die des Vormärz eine Kontinuität fortschreitender Emanzipation sichtbar, zu der der Wandel und die Differenz der politischen und gesellschaftlichen Ansichten der einzelnen Frauen in ein sekundäres Verhältnis treten.

Das gilt in verwandtem Sinne auch für die Stellung der jungdeutsch-vormärzlichen Intelligenz zur Politik. Die Impulse zur Politisierung gingen vielfach aus einem allgemeinen Kritizismus hervor, der in der Ablehnung des biedermeierlich ausgedörrten Lebens und seiner restaurativen Reglementierung weit sicherer war als im Ausdenken des Neuen. Von der organisierten Linken ist schon zur Vormärzzeit und erst recht von der späteren Geschichtsschreibung über die Arbeiterbewegung der Vorwurf weltanschaulicher Verblasenheit und politischer Unbestimmtheit erhoben worden. Das rasche Urteil sollte das Verständnis nicht verstellen. Hier ist zu sehen, was das Beispiel Theodor Mundts und des unglücklichen Ehepaars Stieglitz erkennen läßt: In die Zuwendung zur Politik gehen der Überdruß und die Verzweiflung am unbefriedigenden Leben des bürgerlichen Alltags ein, die Ratlosigkeit über die »Modernen Lebenswirren«, wie Mundt 1834 einen Roman überschreibt; also weniger primäre politische Leidenschaft des Engagements in den Auseinandersetzungen der Zeit als ein willkommener Anlaß, dem Leben einen Sinn zurückzugewinnen. Zwei Monate vor der Julirevolution habe er von politischen Dingen noch nicht die leiseste Ahnung gehabt, wird Gutzkow später gestehen. — Auch hier sind die Ebene, auf der die Menschen in ihrem individuellen Leben betroffen sind, und diejenige, auf der sie auf diese Betroffenheit reagieren, gegeneinander versetzt. Das unbewältigte Leben erweckt die Hoffnung auf eine politische Lösung, aber die Politik wird von anderen gemacht, und so verschiebt sich die Reaktionsebene ein weiteres Mal: auf die Literatur. So ist das literarische Leben der linksbürgerlichen Intelligenz dieser Zeit auf potenzierte Weise vermittelt. Es muß für den Ausschluß aus dem politisch-öffentlichen Handeln entschädigen, wo die Erwartung politischer Handlungsmöglichkeiten ihrerseits bereits zu gutem Teil der Reflex einer tiefen »lebensweltlichen« Unzufriedenheit war.

Gutzkow und Mundt gehörten zu weit sichtbar exponierten Sprechern dieser Intelligenz. Ersterer wirkte nach seinem Berliner Studium überwiegend außerhalb und erst nach 1850 wieder vielfach in Berlin. Lange war er Herausgeber des Hamburger »Telegraph für Deutschland« (1837—48), zu dessen Mitarbeitern der junge Engels gehörte. Er entdeckte und förderte Büchner. Von 1842—46 lebt er in Frankreich und schreibt »Briefe aus Paris« (1842); dann, bis 1849, als Dramaturg in Dresden. 1848 treffen wir ihn aber in Berlin, wo er die Volksmiliz propagiert. — Den liberalen Ideen seines Anfangs: der Kritik an Klerus und Orthodoxie, dem Kampf für die bürgerlichen Freiheiten des Glaubens und der Meinung, dem Engagement für die Verbesserung der sozialen Lage des Proletariats ist er zeitlebens treugeblieben. Gleich bleibt aber auch die Grundkonstellation, in der Leben, Politik und Kunst ineinander vermittelt sind. Statt für Marx, Engels und die organisierte Arbeiterbewegung, in deren Programmen für Gutzkow von der »Emanzipation des Fleisches« allzu wenig die Rede war, hat er später für die gesellschaftlichen Ideen der utopischen Frühsozialisten optiert.

Theodor Mundt — fast zeitlebens in Berlin — vertrat den literarischen Kritizismus entschiedener noch als Gutzkow und selbstbewußter in der Zurückweisung zugemuteter »Parteigängerschaft«. Mit besonderem schriftstellerischen Geschick hat er die Urbanisierung der jungen deutschen Literatur betrieben, insofern ein enger Parteigänger Heines. Wie sehr er auch im Plädieren für den spontanen Habitus ein Erbe des Sturm und Drang war, im Mißtrauen gegen alles angeblich »Natürliche« und in seiner Befähigung zu ironischer Selbstdistanzierung ist er ein ausgeprägt städtischer Autor gewesen. An der jungdeutschen Bewegung hatte er vor allem mit seiner kritisch-philosophischen Essayistik Anteil (Kritische Wälder, 1833; Ästhetik, 1835, Dramaturgie, 1847/48, sowie als Zeitschriftenredakteur des »Literarischen Zodiakus« (eine Figur aus den »Modernen Lebenswirren«) und seiner Nachfolger, der »Dioskuren«, des »Freihafen« und des »Pilot«, die er zwischen 1835 und 1844 herausgab. — Zwar nicht unmittelbar verfolgt, ist er doch in seiner beruflichen Arbeit durch die preußischen Behörden — nicht bloß seitens der Zensur erheblich behindert worden, wie er denn seine Habilitation und den Gewinn einer Professur erst in jahrelangem Gerangel und in halbem Eingehen auf die dreistesten Erpressungsversuche des preußischen Kultusministeriums betreiben konnte. Wie Gutzkow, und aus ähnlichen Gründen — Mundt war Verfechter der Frauenemanzipation — stand er Saint-Simon näher als Marx und Engels.

Noch ist einer der literarisch produktivsten Berliner Schriftsteller der Zeit nicht genannt, Adolf Glaßbrenner (1810—1876), der aus einem doppelten Grund lange Zeit fast in Vergessenheit geraten war. Er hatte wenig Verbindung zu den prominenten

Zirkeln und Vereinen, einschließlich der Notgemeinschaft des Jungen Deutschland — obschon er ein Schulfreund Gutzkows war —, und er war ein Volks- und Mundarten-Schriftsteller. Doch von wie anderem Format als der undurchsichtige Saphir! Glaßbrenner, den Heinrich von Treitschke einen »Erzieher des zungenfertigen demokratischen Kleinbürgertums« genannt hat, fängt an als Kaufmannsgehilfe einer Seidenhandlung. Dann wird er Journalist. 1831 beantragt er beim Polizeipräsidium eine Zeitschriftenlizenz für den »Berliner Don Quixote«. In dem Antrag heißt es: »Diese Zeitschrift sollte nie etwas Politisches enthalten, durchaus heitere Tendenzen haben und alles gegen Sitte und Schicklichkeit vermeiden«. Als »Unterhaltungsblatt für gebildete Stände« erschien das Blatt ab 1832 viermal wöchentlich. Es enthält Aufsätze, Theaterkritiken, Novellen, Anekdoten, kleine Szenen, Rätsel, Sprüche, Stadt-Klatsch und — harmlose Gedichte des Berliner Zensors Langbein. Die Maskerade half nicht viel. Wenn er die Unterdrückung in dem Lande »Otempora« schildert und schreibt: »Dagegen malen Andere das neue Deutschland, das in Amerika aufblühn werde, gar schön aus«, dann denkt sich die Polizei ihr Teil, und so wird denn auch dem »Ladendiener« Glaßbrenner, wie es anzüglich in der Begründung heißt, wegen Verspottung von Landesgesetzen und Verordnungen, erregten Mißvergnügens und Boshaftigkeit gegen Handlungen des Königs unter dem Deckmantel der Unterhaltung die Erlaubnis wieder entzogen. — Nach den Karlsbader Beschlüssen war das mit fünfjährigem Verbot einer entsprechenden Publikation des Autors verbunden.

Glaßbrenner weicht in die Anonymität eines »Politisierenden Eckenstehers« aus (1833) und nach außerhalb: »Wenn Jott jewollt hätte, daß man das aussprechen sollte, wat Manche jerne hören, dann hätte er jeden Menschen uf de Zunge en Polzeikomzarius wachsen lassen«; bei Glaßbrenner nicht, und so gründet er — als Adolf Brennglas — immer wieder neue Periodika wie »Berlin, wie es ist — und trinkt« (1832—1850), »Buntes Berlin« (1835—52), schreibt über »das Berliner Volksleben« (3 Bde., 1846) und publiziert »Verbotene Lieder« (1843). Hier wird das Berlinische literaturfähig und wichtiger: Die Unterschichten erhalten in typischen Figuren wie dem Eckensteher Nante und dem Nachtwächter, Sonnenbrater, Guckkästner und Schildkröte (Gelegenheitsarbeiter mit Nummernschild) ein publizistisches Sprachrohr; auch der vormals Gastwirt, nun Rentier Buffey kommt zu Wort.

Klugschnäbel und Schein-Naive, belehren sie Ratlose oder sprechen selbst ihr Unverständnis aus. Etwa so:

»Wenn ich ein Brett vor den Kopf nehme, so daß ich nicht sehen kann, so prügelt mich mein Wärter mit einer Knute auf den Rücken und sagt: Du bist ein gutes Volk, lieber Verrückter. Ich möchte nur wissen, was er damit sagen will«.

Glaßbrenner ist ein Massenautor gewesen, der aufgrund von Herkunft, selbst gewähltem Milieu und eines Humors, der ihn wie einen Stehaufmann aufrecht hielt, die Leser fand, um die die Jungdeutschen sich vielfach vergeblich bemühten. Von ihm selbst stammt diese Kritik:

»Viele unserer Kollegen, selbst diejenigen, welche für die Freiheit schreiben, haben in ihrer Natur so viel Aristokratismus, daß sie bei der Darstellung von Menschen dieselben zerfleischen und eigentlich nur eine Kritik über sie liefern. Sie kennen diese Menschen nicht, weil sie sich nicht zu ihnen hinabschrauben, weil sie sich nicht auf die gleiche Stufe mit ihnen stellen können, und sie es niemals zu einer freien und wahren Äußerung ihrer Natur bringen«.

1848 gehört Glaßbrenner zu den Führern der Demokratischen Partei in Neustrelitz, wohin er 1841 übersiedelt war, eines Engagements seiner Frau wegen, die Schauspielerin war. An der Revolution in Berlin nimmt er trotzdem teil. Zwei Jahre später wird er ausgewiesen und kehrt erst 1858 aus Hamburg nach Berlin zurück. — Seine Anekdote vom scheintoten Berliner könnte auf die 48er Revolution gemünzt sein:

»Ein Bürger hörte von einem Scheintoten, der in der Nacht vor seinem Begräbnis durch den Generalmarsch erweckt und wiederhergestellt wurde. ›Potz Wetter‹, rief er aus, ›det is ne schlimme Zeit! Jetzt is man also nich mal mehr seines Sterbens sicher!«

Die Berliner Märzereignisse finden in der literarischen Intelligenz der Stadt viele Sympathisanten der Revolutionäre, Kritiker und Kommentatoren; zu theoretischen Wortführern und publizistischen Propagandisten konnten sie aber nach der Lage der Dinge kaum werden. Friedrich Engels hat sie in der Rheinischen Zeitung vom 27. August 1848 bissig kommentiert:

»In der ganzen Bewegung seit dem Februar ist in Berlin kein einziger aufgestanden, der imstande war, seine Partei zu leiten. Der Geist ist in dieser Zentralstadt des ›Geistes‹ äußerst willig, aber ebenso schwach wie das Fleisch. ... Berlin, weit entfernt, ein deutsches Paris zu sein, ist nicht einmal ein preußisches Wien. Es ist keine Hauptstadt, es ist eine ›Residenz‹. . . . Berlin ist nicht und wird nie werden der Sitz der Revolution, die Hauptstadt der Demokratie. Nur die vor Bankrott, Schuldarrest und Laternenpfahl bebende Phantasie der märkischen Ritterschaft konnte ihm diese Rolle übertragen, nur die kokettierende Eitelkeit des Berliners konnte darin die Provinzen repräsentiert sehen. Wir erkennen die Märzerrevolution an, aber für das, was sie wirklich war, und nicht für mehr. Ihr größter Mangel ist, daß sie die Berliner nicht revolutioniert hat«.

Indessen haben sich 1848 nicht nur die Berliner Bürger blamiert, wie die barsche Abkanzelung durch Engels fast annehmen lassen könnte. Den letzten Kredit hat auch die preußische Regierung selbst bei so zurückhaltenden Autoren wie Fontane und Varnhagen verloren. »Preußen war eine Lüge, das Licht der Wahrheit bricht an und gibt der Lüge den Tod«, schreibt Fontane in der »Berliner Zeitungshalle« am 31. August 1848 und fordert, daß Preußen sich erneuern müsse, um an die Spitze Deutschlands treten zu können. Varnhagen, der Fontanes Artikel liest, notiert am selben Tag in sein Tagebuch: »Dies hat mich sehr ergriffen. Es ist viel Wahres darin«. Aber *dieses* Preußen wünsche er sich nicht an der Spitze, sondern »ein volkstümliches, freies«.

Zitierte und ausgewählte Literatur

B. v. Arnim, Briefe an Friedrich Wilhelm IV, Hrsg. L. Geiger, Berlin 1902
B. v. Arnim, Dies Buch gehört dem König, Berlin 1843
E. Bernstein, Die Geschichte der Berliner Arbeiterbewegung, Erster Teil, Berlin 1907 (Neudruck 1972)
M. v. Boehn, Biedermeier. Deutschland von 1815—1847, Berlin 1923
Das junge Deutschland, hrsg. J. Hermand, Texte und Dokumente, Stuttgart 1966 (Lit.-verzeichnis S. 393—398)
E. Devrient, Aus seinen Tagebüchern, 1. Band: Berlin—Dresden 1836—1852, hrsg. Rolf Kabel, Weimar 1964
I. Drewitz, Berliner Salons. Gesellschaft und Literatur zwischen Aufklärung und Industriezeitalter, Berlin 1965
W. Finger, Adolf Glaßbrenner. Ein Vorkämpfer der Demokratie, Berlin 1952
Th. Fontane, Der junge Fontane. Dichtung, Briefe, Publizistik, Hrsg. Helmut Richter, Berlin und Weimar 1969
A. Glaßbrenner, Berliner Leben, Köln und Berlin 1963
L. Geiger, Berlin 1688—1840. Geschichte des geistigen Lebens der preußischen Hauptstadt, 2 Bde. Bd. 2 (1786—1840), Berlin 1892
L. Geiger, Ludwig Börne. Berliner Briefe 1828, Berlin 1905
L. Geiger, Das junge Deutschland und die preußische Zensur, Berlin 1900
P. Goldammer (Hrsg.), 1848. Augenzeugen der Revolution. Briefe, Tagebücher, Reden, Berichte, Berlin 1973. Berlin (DDR) 1973
K. Gutzkow, Beiträge zur Geschichte der neuesten Literatur Bd. I und II, Stuttgart 1836
K. Gutzkow, Berliner Erinnerungen und Erlebnisse, Berlin 1960
K. Gutzkow, Aus meiner Knabenzeit, Leipzig 1852
K. Gutzkow, Liberale Energie. Eine Sammlung seiner kritischen Schriften, Ausgew. u. eingel. von Peter Demetz, Frankfurt 1974
I. Heinrich-Jost, Adolf Glaßbrenner, Berlin 1981 (= Preußische Köpfe)
I. Heinrich-Jost, Literarische Publizistik Adolf Glaßbrenners (1810—1876). Die List beim Schreiben der Wahrheit, München 1980
H. H. Houben, Jungdeutscher Sturm und Drang. Erlebnisse und Studien, Leipzig 1911
H. Koopmann, Das junge Deutschland. Analyse seines Selbstverständnisses, Stuttgart 1970
M. Krammer, Berlin im Wandel der Jahrhunderte, Berlin 1956
G. Kühne, Das junge Deutschland. Erinnerungen, in: Westermanns Monatshefte 50 (1881), S. 488—499
H. Laube, Lebenserinnerungen, Leipzig 1882
F. Lewald, Erinnerungen aus dem Jahre 1848, 2 Bde, Braunschweig 1850
W. Menzel, Deutsche Dichtung von der ältesten bis in die neueste Zeit, 3 Bde., Leipzig 1859
W. Menzel, Geschichte der letzten vierzig Jahre (1816—1856), 2 Bde., 3. Aufl., Stuttgart 1865
Th. Mundt, Charlotte Stieglitz. Ein Denkmal, Berlin 1835
H. Roch, Fontane, Berlin und das 19. Jahrhundert, Berlin 1962
J. Rodenberg, Bilder aus dem Berliner Leben, 3 Bde., Berlin 1891
R. Rodenhauser, Adolf Glaßbrenner. Ein Beitrag zur Geschichte des Jungen Deutschland und der Berliner Lokaldichtung, Nikolassee 1912
M. Stirner, Der Einzige und sein Eigentum, Berlin 1845
R. Springer, Berlin. Die deutsche Kaiserstadt, Darmstadt 1878
K. A. Varnhagen von Ense, Tagebücher Bd. 4—6, Leipzig 1862
K. A. Varnhagen von Ense, Literarischer Nachlaß und Briefwechsel, Hrsg. K. L. Knebel und Th. Mundt, 3 Bde., Leipzig 1835
R. Varnhagen von Ense, Briefe und Aufzeichnungen, Hrsg. K. A. Varnhagen, Berlin 1833/34
R. Varnhagen von Ense, Galerie von Bildnissen aus Rahel Varnhagens Umgang und Briefwechsel, Hrsg. K. A. Varnhagen, Berlin 1836
R. Virchow, Briefe an seine Eltern. 1839—1864, Hrsg. Marie Rabl, geb. Virchow, Leipzig 1906
Der deutsche Vormärz, Hrsg. J. Hermand, Texte und Dokumente, Stuttgart 1967 (Lit.-verzeichnis S. 395—398)
P. Weiglin, Berliner Biedermeier. Leben, Kunst und Kultur in Alt-Berlin zwischen 1815 und 1848, Bielefeld und Leipzig 1942
W. Wülfing, Junges Deutschland. Texte-Kontexte, Abbildungen und Kommentar, München 1978 (Literaturverzeichnis)
H. Zoccoli, Die Anarchie und die Anarchisten, Leipzig und Amsterdam 1909 (Neudruck 1976)

links:
*Anonym
Porträt Friedrich Wilhelm IV.
nach 1840 (Abb. 1a)*
rechts:
*H. Biow
Porträt Friedrich
Wilhelm IV. 1847 (Abb. 1b)*

Remigius Brückmann
»Es ginge wohl, aber es geht nicht. — «

König Friedrich Wilhelm IV. von Preußen und die
politische Karikatur der Jahre 1840—1849

Der Preußenkönig Friedrich Wilhelm IV., der seinem Vater Friedrich Wilhelm III. nach dessen Tod im Jahre 1840 auf den Thron folgte, gehört ohne Zweifel zu den am häufigsten karikierten Figuren seiner Zeit. In der Geschichte der deutschen politischen Karikatur könnte seine Stellung mit jener verglichen werden, die in der englischen Karikatur König George III. oder in der französischen Louis Philippe, der Bürgerkönig, einnehmen: alle drei haben — allerdings äußerst unfreiwillig — die Entwicklung ihrer nationalen politischen Bildsatire maßgeblich gefördert und ihr, zumindest in England und Frankreich, zu Höhepunkten verholfen, die gemeinhin als klassisch bezeichnet werden.[1]
Den Karikaturisten empfahlen sich diese Monarchen durch ihre Defekte, denn nur körperliche, geistige oder charakterliche Unzulänglichkeiten vermögen einen Zeichner anzuregen, sich mit seiner Darstellung so weit von der Norm oder von der Wirklichkeit zu entfernen, daß er zu jener Übertreibung gelangt, die der Karikatur — im engeren Sinne — eigen ist.
George III. hatte den Karikaturisten unter anderem seine Leibesfülle, Gefräßigkeit, Geldgier und seinen krankhaften Geiz zu bieten; Louis Philippe gleichfalls Beleibtheit und Gewinnsucht, sowie seine betont bürgerliche Erscheinung. Waren diese Eigenarten der beiden Könige den Zeitgenossen auch zum Teil aus eigener Anschauung bekannt: weit verbreitet und insbesondere der Nachwelt überliefert wurde die Kenntnis davon vor allem durch die Karikatur. Für Friedrich Wilhelm IV. gilt das jedoch nicht in gleicher Weise, denn die ihn darstellende Karikatur ist heute weitgehend unbekannt. Das liegt vor allem daran, daß dieser deutschen Karikatur große Zeichner wie Gillray und Rowlandson, Daumier oder Grandville fehlen und sie auch von da her geringere künstlerische Qualität besitzt. Ihre historische und kunsthistorische Bedeutung ist jedoch bisher unterschätzt worden.
Die ausgiebige Beschäftigung der Karikaturisten mit Friedrich Wilhelm IV. ist nicht allein mit dessen Rolle als einer Schlüsselfigur damaliger deutscher

und europäischer Politik zu erklären. Diese hätte allenfalls die Produktion einer gewissen Anzahl jener herkömmlichen Bildpropaganda-Blätter anzuregen vermocht, die den König auf trockene Weise als preußische Symbolfigur darstellen — fern jeder Wirklichkeit. Die eigentliche Anregung zu seiner Karikierung ging weniger vom Amt als von der bizarren Persönlichkeit Friedrich Wilhelms IV. aus, von seinem Wesen, seinem Äußeren und seinem Gebaren.

Friedrich Wilhelm IV. bot der Bildsatire eine breite Angriffsfläche, und er beschäftigte sie fast seine gesamte Regierungszeit hindurch. In ihm fand die deutsche politische Karikatur ein Ziel, das ihr half, sich von den überladenen emblematischen Darstellungen, denen sie seit der Reformationszeit verhaftet war, zu lösen und — schrittweise — zu einer zeitgemäßeren Form zu finden: zur allgemeinverständlichen, szenischen Porträtkarikatur. Damit wurde auch in Deutschland eine Entwicklung eingeleitet, die in England[2] schon annähernd hundert Jahre früher begonnen hatte und dort — wie auch in Frankreich — bereits weitgehend abgeschlossen war. Mit Friedrich Wilhelm IV. begann die Moderne für die deutsche politische Karikatur.

148 Die Regierungszeit Friedrich Wilhelms IV. war eine Periode des Umbruchs. Beginnend mit der letzten Phase des Vormärz, in dem auf dem Territorium des Deutschen Bundes freie Geistesregungen zunehmend gewaltsam unterdrückt worden waren, fiel ihre Mitte mit der ersten deutschen, der sogenannten »bürgerlichen« Revolution von 1848 zusammen. Deren wesentliche Forderungen waren die nach Pressefreiheit, parlamentarischer Volksvertretung, Volksbewaffnung, Geschworenengerichten und nach Abschaffung der Standesvorrechte. Obwohl diese Revolution letztlich scheiterte, erreichte auch in der nachfolgenden Reaktionszeit die Macht der deutschen Fürsten nie mehr ihr vorheriges Ausmaß.

Das Schwinden fürstlicher Macht zu Gunsten des erstarkenden Bürgertums (Abb. 6) war Friedrich Wilhelm IV. zutiefst zuwider. Im Kern ein Mann der alten Zeit, berief er sich immer wieder auf das Gottesgnadentum seines königlichen Amtes, an das er mit unerschütterlicher Überzeugung glaubte, und machte auch unter dem Druck der Ereignisse meist nur scheinbare Zugeständnisse mit dem inneren Vorbehalt, diese bei einer günstigen Gelegenheit zu widerrufen.[3]

Von seinen natürlichen Anlagen her sicherlich nicht zum Staatsmann vorherbestimmt, nahm Friedrich Wilhelm IV. die Rolle des Herrschers, in die er in Folge der preußischen Erbmonarchie hineingeboren worden war, als eben gottgewollt und schicksalhaft an. Für die deutsche Geschichte wie für die Person Friedrich Wilhelms IV. sollte sich dieses Schicksal als unglücklich und verhängnisvoll erweisen: Deutschlands Einigung in Form einer — von der Frankfurter Nationalversammlung 1848/49 beschlossenen — verfassungsmäßigen Monarchie scheiterte nicht zuletzt an der Person dieses Königs von Preußen, der 1849 die Kaiserkrone ablehnte. Es ist nicht auszuschließen, daß Friedrich Wilhelms geistiger Zusammenbruch von der seine psychischen Kräfte überfordernden Last seines Amtes mit herbeigeführt wurde; er starb 1861 nach vierjähriger, fortschreitender Umnachtung.[4]

Die Geschichte der politischen Karikatur ist — mit der vielleicht einzigen Ausnahme im liberalen England[5] — eng mit der Geschichte der Zensur, besonders mit der der Bildzensur verknüpft. So hat nicht selten der geringe Umfang oder das plötzliche Anschwellen der Produktion politischer Karikaturen seine Ursache in den jeweils gültigen Zensurvorschriften gehabt. Die Zensurgesetze können jedoch nicht nur die Menge, sondern auch die Form und indirekt sogar die Qualität der Karikatur beeinflussen. Eine etwa zu einer Zeit vorherr-

Friedrich Wilhelm IV. um 1848 (Abb. 1 c)

schende Form der politischen Karikatur kann an Gesetzen orientiert sein, deren Vorschriften und Lücken sie — unter Umgehung von deren Absichten — ausnützt.

Ebenso gibt es Beispiele für die herausfordernde Wirkung der Zensur auf die Zeichner, die, um der Zensur zu entgehen, gezwungen waren, ihr künstlerisches Instrumentarium weiter zu entwickeln und immer neue Verkleidungen, Mehrdeutigkeiten und andere Verschlüsselungen zu erfinden. Damit hat die Zensur, neben ihrer beabsichtigten Funktion, der Unterdrückung herrschaftsfeindlicher Kritik, noch eine unbeabsichtigte, völlig entgegengesetzte: nämlich eine die Weiterentwicklung der politischen Karikatur fördernde.

In Preußen begann die neuere Geschichte der Zensur mit dem Zensur-Edikt vom 18. Oktober 1819[6], mit dem Friedrich Wilhelm III. das Pressegesetz der sogenannten Karlsbader Beschlüsse des Deutschen Bundes vom 20. September 1819 als für Preußen verbindlich veröffentlichte. Zunächst mit einer Geltungsdauer von fünf Jahren versehen, wurde diese durch eine Kabinettsorder vom 18. September 1824[7] auf unbestimmte Zeit verlängert, so daß das Pressegesetz schließlich bis 1848 in Kraft blieb. Dieses Gesetz enthielt jedoch keinerlei Vorschriften über eine Bildzensur; es bezog sich lediglich auf Schriften. Erst ein Ministerial-Reskript schloß am 21. Januar 1823 durch die offizielle Einführung einer Bildzensur diese Lücke, womit das Metternichsche Unterdrückungssystem auch in Preußen weiter vervollkommnet wurde.

Diese Bildzensur währte neunzehn Jahre, bis der preußische Minister des Innern und der Polizei, von Rochow[8], am 28. Mai 1842 eine Zirkular-Verfügung herausgab, mit der das genannte Reskript vom 21. Januar 1823 aufgehoben wurde und zwar mit der bemerkenswerten Begründung, daß die Bildzensur rechtswidrig sei. Wörtlich heißt es: »Es ist bisher angenommen worden, daß Bilder, welche durch Kupferstich, Lithographie oder auf anderem Wege vervielfältigt werden, der Censur unterworfen seien, und es ist diese Censur nach Analogie der im Artikel IV. des Censur = Edicts vom 18. October 1819, über die Censur von Gelegenheitsgedichten, Schulprogrammen und andern einzelnen Blättern dieser Art, enthaltenen Bestimmungen, den Polizei = Behörden übertragen worden. Eine nähere Prüfung des gedachten Grundsatzes hat mich indeß überzeugt, daß die Bilder = Censur der gesetzlichen Grundlage entbehrt . . .«

Es folgt aber eine für die Karikatur höchst wichtige Einschränkung: ». . . wobei es sich jedoch nach den gesetzlichen Bestimmungen von selbst versteht, daß jede auf einem Bilde angebrachte Schrift der vorgängigen Druckerlaubniß des ordentlichen Censors unterliegt . . .«[9]

Selbstverständlich stammte die Entscheidung, die zu dieser Verfügung geführt hatte von König Friedrich Wilhelm IV. selbst. Sie erfolgte im Zuge der Liberalisierungsmaßnahmen zu Beginn seiner Regierung, als er einige verfolgte »Demagogen« begnadigte und rehabilitierte und auch die allgemeine Zensur lockerte. All das trug auch dazu bei, die Hoffnung auf die Gewährung einer — von seinem Vater wiederholt versprochenen — Verfassung neu zu beleben.

Der unmittelbare Anlaß für die Aufhebung der Vorzensur für Bilder, denn nur um diese handelte es sich, da die nachträgliche Verfolgung durch die sogenannte »Repressiv-Zensur« bestehen blieb, soll Friedrich Wilhelms Reise nach England Anfang 1842[10] gewesen sein. Das Vergnügen, das er an den in England frei erscheinenden Karikaturen empfand, soll Friedrich Wilhelm bewogen haben, auch seinen Untertanen den Genuß der Bilderfreiheit zu gewähren.[11]

Die in der zitierten Verfügung von 1842 angeführte Begründung wirft ein besonderes Licht auf die willkürliche Gesetzesauslegung im Vormärz. Als Begründung diente eine angebliche »nähere Prüfung« der Zensurvorschriften durch den Minister von Rochow mit der dieser die Ungesetzlichkeit der Bildzensur festgestellt haben wollte. Das bedeutete immerhin das Eingeständnis, daß die politische Karikatur in Preußen nahezu zwei Jahrzehnte lang rechtswidrig unterdrückt worden war. Dem langjährigen Polizeiminister kann aber eine vormals irrige Rechtsauffassung schon deshalb nicht geglaubt werden, weil es ihm bekannt gewesen sein muß, daß der Staatskanzler Fürst Hardenberg in einem Reskript vom 27. Juni 1818, unter Berufung auf die Zensur-Edikte von 1749 und 1788, die sich ebenfalls auf Schriften beschränkten, zu demselben Schluß gekommen war, daß Bilder nämlich der Vorzensur nicht unterlägen.[12] Die Beschlüsse von 1818 und 1842 gleichen sich vollkommen; im Ergebnis wie auch in der Begründung.

Die erwähnten Zensurverordnungen sind der Schlüssel zu verschiedenen Erscheinungen im Bereich der politischen Karikatur. Sie erklären deren nahezu vollständige Abwesenheit in Preußen in der Zeit zwischen 1823 und 1842 und zugleich das plötzliche, zahlreiche Erscheinen politischer Bildsatiren im letztgenannten Jahr. Allerdings konnte sich die Karikatur dennoch nicht unge-

149

hemmt entwickeln, denn die neue Freiheit beschränkte sich ja auf ihren Bildanteil, während die Beschriftung weiterhin zensurpflichtig blieb. Hierin liegt der Grund dafür, daß viele der neuen Blätter ohne jegliche Schrift erschienen, als sogenannte »schriftlose«[13] Karikaturen.

Das Beispiel des liberalen England mag die Karikaturfreiheit initiiert haben, ihr baldiges Ende wurde von demjenigen der französischen Julimonarchie mitbewirkt. Ein Kommentator der preußischen Pressegesetze, der preußische Regierungsrat Hesse[14], führte 1843 die französische Regelung als besonders beachtenswertes Vorbild an, das er der »Anomalie« der neuen Bilderfreiheit entgegenhielt: »Daß ein Bedürfniß zu einer präventiven Beaufsichtigung bildlicher Darstellungen auch im Allgemeinen vorhanden ist, dafür scheint die Thatsache zu sprechen, daß in andern Deutschen Bundesstaaten die Censur auch die Bilder umfaßt, und daß man in Frankreich es für nöthig erachtet hat, durch Einführung einer besonderen Bilder = Censur eine Ausnahme von dem verfassungsmäßigen Grundsatze der Preßfreiheit zu machen«.[15]

Die Meinung dieses Beamten wurde ganz offensichtlich von Friedrich Wilhelm IV. geteilt, wenn sie nicht sowieso — was naheliegt — von höherer Stelle inspiriert, nur das Kommende vorbereiten sollte. Bereits am 3. Februar 1843, also nur acht Monate nach der Aufhebung der Bildzensur, erschien Friedrich Wilhelms »Allerhöchste Cabinets-Ordre« an das Staatsministerium, mit der die Karikaturenfreiheit ihr erneutes Ende fand: »Ich habe mit Unwillen wahrgenommen, bis zu welchem hohen Grade in der letzten Zeit der Unfug gestiegen ist, durch bildliche Darstellungen die Religion und den Staat herabzuwürdigen und zu verspotten, so wie die Sittlichkeit und die persönliche Ehre zu verletzen. Um diesem Unfug für die Folge vorzubeugen, bestimme Ich hierdurch, daß bildliche Darstellungen durch welche die Sittlichkeit gröblich verletzt wird, überhaupt nicht, Caricaturen, Zerr = oder Spottbilder jeder Art aber nicht anders vervielfältigt, feilgehalten, verkauft, ausgestellt oder verbreitet werden dürfen, als wenn dazu vorher die Genehmigung der Polizeibehörde des Orts, wo die Vervielfältigung beabsichtigt wird, oder, im Falle die Bilder im Auslande angefertigt sind, die Genehmigung der Polizeibehörde des Orts, wo der Verkauf oder die Verbreitung derselben stattfinden soll, eingeholt worden ist ...

Die vorgefundenen Exemplare solcher (nicht genehmigten. Anm. d. Verf.) bildlichen Darstellungen sind zu konfisziren und zu vernichten ...«[16]

Wie Louis Philippe vor ihm im Frankreich des Jahres 1835 hatte sich auch Friedrich Wilhelm IV. dem Ansturm der Karikatur nicht gewachsen gezeigt und in seiner Machtlosigkeit zum letzten Mittel, zu deren Verbot gegriffen, denn einem solchen kam die Präventivzensur gleich. Damit endete diese kurze Periode der Bilderfreiheit. Die neue Regelung galt bis zur Aufhebung der Zensur durch das »Gesetz über die Presse« vom 17. März 1848.[17] Dessen §§ 2 und 3 enthalten die Vorschriften »mechanisch vervielfältigte Bildwerke« betreffend, die fortan, um erscheinen zu dürfen, lediglich mit einem Impressum, die Druck- und Verlagsadresse enthaltend, versehen sein mußten.[18]

Damit war und blieb die Vorzensur zwar abgeschafft, nicht aber die Verfolgung der politischen Karikatur, die bereits im Verlauf des ersten Revolutionsjahres — im Zuge der erstarkenden Reaktion — wieder einsetzte.[19] Im Vorwort einer Zusammenstellung der preußischen Pressegesetzgebung erscheinen 1852 die bekannten Argumente aus Friedrich Wilhelms IV. Kabinettsorder vom 3. Februar 1843 wieder, nur, daß es jetzt nicht mehr »Unfug« heißt, sondern der Presse die inzwischen erlassenen Beschränkungen als durch »Zügellosigkeit« selbst verschuldet angelastet werden: »Die politischen Ereignisse des Jahres 1848 übten hauptsächlich auch auf die Preßgesetzgebung in unserm Vaterlande einen wichtigen Einfluß aus. Die Censur wurde aufgehoben, die Presse war frei. Doch diese Preßfreiheit dauerte, wenigstens in ihrem ganzen Umfange, nur kurze Zeit; nach und nach traten Beschränkungen, durch die Zügellosigkeit der Presse hervorgerufen, ein; die Grenzen wurden bestimmter gezeichnet und so entstand das Preßgesetz vom 12. Mai 1851, gefolgt von einer Anzahl Verordnungen, welche nicht allein die Handhabung der Presse selbst, sondern auch die Stellung des Buch = und Kunsthändlers, des Buch =, Stein = und Kupferdruckers dem Staate gegenüber zu bezeichnen bestimmt sind«.[20]

Daß der Begriff »Presse« auch Karikaturen umfaßte, besagt § 55 des neuen Gesetzes: »Den Erzeugnissen der Presse im Sinne dieses Gesetzes stehen gleich: alle auf ähnlichem mechanischen Wege bewirkte und zur Verbreitung bestimmte Vervielfältigung von Schriften, bildlichen Darstellungen mit oder ohne Schrift ...«[21]

Die früher vorhandene Gesetzeslücke war dadurch geschlossen: fortan fiel die Karikatur unter das Pressegesetz. Diese Bestimmung war die Reaktion auf die außerordentlich umfangreiche Produktion politischer Karikaturen in den Jahren 1848 und

Anonym
Friedrich Wilhelm IV. und die
Folgen seines Bilderfreiheitsdekrets,
1843 (Abb. 2)

1849, welche die Macht dieses Mediums unter Beweis gestellt hatte.

Die geschilderte Bilderfreiheit der Jahre 1842/43 wurde Anfang 1843 auch in der Karikatur selbst zum Thema eines mit folgendem Vierzeiler überschriebenen Blattes (Abb. 2):

»Als der König winkt mit dem Finger
Auf thut sich der Geisteszwinger
Und der Satyr aus halb nur geöffneten (!) Haus
Speit Caricaturen in Unzahl aus«.[22]

Die Darstellung zeigt in der Mitte Friedrich Wilhelm IV., erhöht auf dem Thron sitzend, hinter ihm, am Boden, eine riesige Schere zur Schur der Untertanen-Schafe; dem König zur Seite, auf drei Stühlen, Zeichen geistiger Unterdrückung: eine Lichtputzschere (Symbol der »Lichtfeinde«) sowie Feder, Tintenfaß und Papierschere, die üblichen Symbole der Zensur. Friedrich Wilhelm hält das Bilderfreiheitsdekret (vom 28. Mai 1842) in Händen. Ein Minister, wohl der Unterzeichner der Verfügung, der im Juni 1842 entlassene Rochow, überreicht ihm gerade die vom Volk ersehnte »Pressfreiheit«. Die »Constitution« liegt schon als näch-

stes bereit, und in den Schubladen des Schreibpultes warten noch »Öffentlichkeit« (der Gesetzgebung und Rechtsprechung) und »Deutschlands Einheit«. Damit sind die Hoffnungen bezeichnet, die an den Regierungsantritt Friedrich Wilhelms IV. geknüpft wurden und die die Hauptforderungen der Revolution von 1848 werden sollten.

Im Vordergrund, vor der gelöschten Geisteskerze, wird dem Satyr — hier die Personifikation der Satire — das Fußeisen abgenommen; um den Leib bleibt er jedoch angekettet: er ist nur halb frei, wie auch die Überschrift des Blattes besagt, denn die Bilderfreiheit umfaßte ja nicht die Beschriftung.

Dem Hirn des Satyrs entspringen Karikaturen »in Unzahl«, Teufelchen mit Bildern, deren Weg über Friedrich Wilhelm hinweg (die ihn also betreffen) ins Freie geht. Dort allerdings werden sie von Gendarmen mit Keschern eingefangen und verbrannt: die Darstellung der Repressiv-Zensur. Der aus dem Rauch erstehende neue Satyr beweist die Fruchtlosigkeit der Beschlagnahme und Vernichtung.

Die fünfzehn wiedergegebenen Karikaturen — ein Königsbild ist bereits im Feuer — haben sich bis auf 151 vier, alle identifizieren lassen. Es handelt sich um detaillierte Abbildungen tatsächlich erschienener Blätter, die mit Ausnahme von drei der bestimmten — zur schriftlosen Gattung gehören. Diejenigen Blätter, die im Original einen Druck- oder Vertriebsvermerk enthalten, sind durchweg Berliner Herkunft[23], so daß auch bei den übrigen mit einiger Sicherheit auf denselben Ursprung geschlossen werden kann.

Ein besonderes Kuriosum stellt ein Blatt im rechten Bildabschnitt der Karikatur dar. Es ist »Woher? Wohin?«[24] betitelt und zeigt in den Medaillons einer Arabeskenumrahmung seinerseits wiederum neun Karikaturen. Die Darstellung der Karikatur in der Karikatur erfährt damit in diesem Blatt eine weitere Potenzierung. Auch »Woher? Wohin?« zeigt einen Katalog der Karikaturen der Jahre 1842/43, teilweise sogar mit denselben Blättern oder Themen. Zusammengenommen geben beide Bilder einen guten Überblick über die Inhalte der Karikatur jenes Zeitraumes. Das sind: der Orthodoxie-Streit, der Kölner Dombau, das unterdrückte Geistesleben, das Begräbnis des letzten Zensors, der Ehegesetzentwurf, der schlafende und der erwachte deutsche Michel, sowie Zoll- und Flottenfragen.

Friedrich Wilhelms IV. Verhältnis zur politischen Karikatur war, wie seine Zensurpolitik zeigt, ein durchaus zwiespältiges. Einerseits wollte er liberal erscheinen und — in Anwandlungen — sogar sein, weshalb er aus dem Augenblicksgefühl der Stärke heraus die Karikatur erlaubte. Zum andern zeigte er sich dann aber weder fähig noch überhaupt gewillt, die Folgen dieser Entscheidung zu tragen. Die Ursache waren Friedrich Wilhelms Herrscherstolz, seine Eitelkeit und seine, aus tiefer innerer Unsicherheit herrührende Verletzlichkeit, die ihn gegen Kritik und Spott überaus empfindlich machten.

Die Grenzen seiner Toleranz hinsichtlich der seine Person[25] angreifenden Satiren waren so eng, daß das Schicksal der damaligen Bilderfreiheit schon von vornherein vorgezeichnet gewesen ist. So spricht einiges für die Behauptung, das Blatt »Wie Einer immer daneben tritt!« (Abb. 3) sei der unmittelbare Anlaß für Friedrich Wilhelms Wiedereinführung der Bildzensur durch die zitierte Kabinettsorder vom 3. Februar 1843 gewesen.[26]

Das Blatt zeigt den König als gestiefelten Kater mit Sektflasche und überschäumendem Glas, wie er den Spuren des im verschneiten Park von Sanssouci wandelnden Friedrichs des Großen zu folgen versucht. Eben nur versucht, denn sein Bemühen ist erfolglos. Friedrich Wilhelm IV. tappt trunken torkelnd daneben und vermag seinem abgewandten Vorbild nur hilflos aus der Entfernung zuzuprosten. Mancherlei Anzeichen deuteten nämlich darauf hin, daß Friedrich der Große von Friedrich Wilhelm IV. nachgeahmt wurde. Allerdings nur hinsichtlich der »Größe«, der er sich verbunden fühlte, den aufklärerischen Ideen des »Philosophen von Sanssouci« war der »christlich-germanische König« Friedrich Wilhelm höchst abhold.

Für Friedrich Wilhelm IV. war es bereits ein bedeutsames Omen, den Thron fast auf den Tag genau hundert Jahre nach Friedrich dem Großen, im Juni 1840, bestiegen zu haben. Der sichtbarste Ausdruck dieser Verbundenheit aber war es, daß er als erster Preußenkönig nach Friedrich dem Großen wieder Sanssouci bewohnte.[27] Dies trug ihm unter anderem den Spott, sich »altenfritzig«[28] zu gebärden, ein. Aus dem Jahre 1841 ist der Scherz überliefert, es spuke in Sanssouci, Friedrich der Große ginge dort ohne Kopf herum.[29] Dieses Thema, die Kluft zwischen Friedrich Wilhelms Anspruch und seinem Vermögen, ihn zu erfüllen, machte dann in der Folge die Runde in satirischen Versen und Karikaturen.

Das Motiv des gestiefelten Katers geht auf den Märchenstoff gleichen Namens zurück, der, aus der Sammlung von Perrault von 1697 stammend, 1797 von Ludwig Tieck, dem späteren Vorleser Friedrich Wilhelms IV., dramatisiert worden war.

W. Starck (?)
»Wie einer immer daneben tritt« — Friedrich Wilhelm IV. folgen den Spuren Friedrichs des Großen 1843 (Abb. 3)

Im Jahre 1812 erschien das Märchen zudem in der Sammlung der Brüder Grimm.[30] Für die hier abgebildete Karikatur bedeutsam ist allein die Verkleidung und Anmaßung des Katers, der sich für mehr ausgibt, als er ist. Ausschlaggebend beeinflußt hat den Zeichner bei der Motivwahl offensichtlich die der Katze allgemein zugeschriebene Falschheit, die er durch den Tiervergleich auf Friedrich Wilhelm übertrug. Im Märchen ist die Figur des Katers hingegen eine positive: der Kater handelt nur im Dienst und zum besten seines Herrn, des armen Müllersohnes, dem er Tochter und Erbe des Landesfürsten zuspielt.

Die Schilderung seiner Zensurmaßnahmen vermag Friedrich Wilhelms IV. Verhältnis zur Karikatur nicht ausreichend zu beschreiben. Dieses war — wie seine ganze Persönlichkeit — geteilter Natur. Friedrich Wilhelm besaß eine offizielle, seine »Herrscherpersönlichkeit«, an die er glaubte, und eine natürliche, private, die der ersteren so vollkommen entgegengesetzt war, daß man die eine als das negative Abbild der anderen bezeichnen könnte. Der ständige Konflikt zwischen echtem oder vermeintlichem Sollen und seinem eigentlichen Wollen bildete das Leitmotiv von Friedrich Wilhelms IV. Leben und Regierung, zu deren Darstellung es auch einer psychologischen Studie dieses labilen Monarchen bedürfte.

In der Öffentlichkeit erschien Friedrich Wilhelm gern als Herrscher: kühl, distanziert, hochtrabend, steif und pompös oder gelegentlich auch leutselig und huldvoll. So zeigen ihn seine Reden, seine Auftritte vor dem Volk. »Ich und mein Haus wollen dem Herrn dienen«[31] war seine Devise; die Untertanen und der Staat kamen darin gar nicht vor.

Ein völlig entgegengesetztes Bild ergibt sich aus Friedrich Wilhelms Briefen, besonders aus seiner langjährigen, sehr vertrauten Korrespondenz mit seinem Freund, dem späteren König Johann von Sachsen.[32] Diese Briefe an einen Mann ebenbürtigen Standes zeichnen Friedrich Wilhelm IV. als einen Anerkennung und Zuneigung suchenden, von Selbstzweifeln gequälten Menschen mit einem zerstörerischen Hang zur Selbstironie. Sie offenbaren einen phantasievollen Geist und ausgelassenen Humor, dessen Zügellosigkeit bei einem erwachsenen Mann, Thronerben und späteren Oberhaupt einer Großmacht erschreckende Aspekte hat.

So arrogant und verletzend Friedrich Wilhelm als Monarch sein konnte, seine Briefe spiegeln einen zartfühlenden Freund und Ehegatten wider. Von sich selbst spricht Friedrich Wilhelm als vom »dikken närrischen Freunde« oder er nennt sich »dickes Idol«, überhaupt verfolgt ihn seine Beleibtheit auf fast obsessive Weise: immer wieder erwähnt er seine »dicken Wangen«, seine »grobgeschnitzte« oder »breite miserable(n) Figur«.[33] Aber auch von seinem Innern spricht Friedrich Wilhelm in Selbsterkenntis: »da erweichte sich mein tückisch Herz . . .«[34]; das mag zwar scherzhaft gemeint sein, ohne Zweifel gehörten jedoch auch Tücke und Mutwillen zu seinem Charakter. An anderer Stelle beklagt Friedrich Wilhelm seine »Bequemlichkeit und fahriges Wesen«. Von schweren Vorahnungen in Bezug auf sein Wesen erfüllt sind Friedrich Wilhelms Bemerkungen zu den sächsischen Unruhen der Jahre 1830 und 1831, in denen er dem sächsischen Hof zwar einerseits Laxheit und Nachgiebigkeit gegenüber der »Canaille«[35] aus »empörtem Pöbel und schändlichen Empörern« vorwirft, aber auch schreibt: »Ich bekenne frey, daß ich mir nicht genug Weisheit und Fassung zutraue, eine ähnliche Stellung nicht blos so wie er[36], sondern überhaupt ohne Ehre und Reputazion zu verlieren, auszufüllen«.[37] Friedrich Wilhelms Ahnungen sollten sich achtzehn Jahre später bewahrheiten.

So sehr Friedrich Wilhelms schriftliche Selbstcharakterisierung verblüffen mögen, mindestens ebensosehr sind dazu seine Selbstkarikaturen angetan, kleine Skizzen und Vignetten, mit denen er seine privatesten Briefe ausschmückte und signierte (Abb. 4 und 5). Sie sind von raffinierter Einfachheit und offenbaren eine Treffsicherheit und einen Witz, der angesichts Friedrich Wilhelms anerkannt leichter Kränkbarkeit durch fremde Karikaturen, erstaunlich erscheinen mag. Das Recht, seine Person anzugreifen, gestand Friedrich Wilhelm aber nur sich selbst zu, und er hat ausgiebig davon Gebrauch gemacht. Sein Bildersignum, das er im Briefwechsel mit Johann von Sachsen oftmals verwendete, war der Butt, jener platte Fisch, dessen runden Kontur Friedrich Wilhelm mit dem seines eigenen Körpers verglich und gelegentlich als Initiale seiner Unterschrift »Dicky« verwendete. Sein familiärer Spitzname »Butt«, die Funktion dieses Fisches als Leibspeise und die Assoziation mit dem Dauphin, dem französischen Thronerben, sollen alle zur Wahl dieses Symboltieres beigetragen haben.[38] Das Innere des Fisches füllte Friedrich Wilhelm mit seinen Initialen oder Spitznamen »Dicky« oder »Fritz« aus. (Abb. 4). Diese Vignetten waren aber nicht etwa auf seine Kronprinzenzeit begrenzt, er verwendete sie auch als König und sogar noch nach 1848.[39]

Der Fisch ist zuweilen ganz in der üblichen Art des Tiervergleichs anthropomorphisiert und erscheint 153

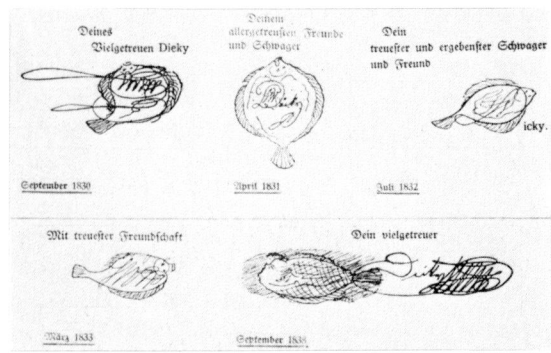

entweder mit Friedrich Wilhelms Kopf oder als Zwitterwesen, bestehend aus dickbauchigem Uniformträger mit Fischschwanz (Abb. 5). Es liegt nahe, die eunuchenhafte Fettheit dieser Glatzkopffigur als unbewußten Hinweis auf die Wahrheit zirkulierender Gerüchte über den Grund von Friedrich Wilhelms Kinderlosigkeit zu deuten. Hierin dürfte eine wesentliche Ursache seines Mangels an Selbstbewußtsein gelegen haben.

Im Stil erinnern diese Skizzen an italienische Künstlerkarikaturen früherer Jahrhunderte, besonders aber an deren Nachfolge, die Blätter der englischen Dilettanten — beiden Traditionen fühlte sich Friedrich Wilhelm auf besondere Weise verbunden. Es kann kein Zweifel daran bestehen, daß Friedrich Wilhelm IV. zu den besten Karikaturisten seiner eigenen Person gehörte und auch zu den fortschrittlichen, wie der Vergleich der Selbstkarikaturen mit dem vorgestellten Blatt zur Bilderfreiheit (Abb. 2) zeigt. Nicht nur der Mensch-Tier-Vergleich, auch das Nebeneinander verschiedener Ansichten Friedrich Wilhelms und seine Darstellung als Rückenfigur finden sich in den meist späteren Blättern anderer Zeichner wieder.[40] Friedrich Wilhelm zeichnete physiognomische Karikaturen, während manche Zeichner noch altertümliche politische Allegorien herstellten oder mühsam kopierte Porträtköpfe an puppenhafte Leiber anstückten. Bezeugt ist, daß Friedrich Wilhelm heimlicher Leser und Betrachter der deutschen satirischen Zeitschriften, besonders der von 1848/49, war; dies wurde in der gleichzeitigen Satire glossiert.[41] Ebensowenig dürfte er sich den Genuß der ausländischen Periodika versagt haben, von deren Karikaturen sicherlich seine eigene zeichnerische Tätigkeit profitierte.

Eines der wohl spätesten deutschen Beispiele herkömmlicher Bildpropaganda in der Art der Vorläufer der modernen Karikatur ist das Blatt »Der Sieg des Bürgerthums oder der Kampf der neuen mit der alten Zeit« (Abb. 6). Es ist nicht datiert, jedoch auf Grund der darin ausgedrückten politischen Vorstellungen läßt sich seine Entstehung in den ersten Regierungsjahren Friedrich Wilhelms IV. annehmen. Dargestellt ist, wie das Bürgertum die deutsche Staatskarosse — mit dem hilflos darin stehenden Friedrich Wilhelm und den übrigen vier deutschen Königen[42] im Sitzen — zum Heil lenkt, während die Mächte der Despotie vergeblich versuchen, sie in die Finsternis zurückzuziehen.

Dieses Blatt weist — in stark verdichteter Form — nahezu alle Elemente der alten Bildpolemik auf. Es ist eine aus Symbolen und Personifikationen zusammengesetzte Allegorie, fast ohne realistische Züge. Zum Thema hat sie, wie schon der Untertitel besagt, die Auseinandersetzung zwischen den alten und neuen politischen Kräften. Mit der Schilderung von Gegensätzen in einem einzigen Bild, mittels der Symmetrie, folgte der Zeichner einer langen Tradition aus der religiösen Kunst.[43] Jedes Bildelement ist inhaltlich einer der beiden Seiten rechts und links der Symmetrieachse zugeordnet und damit einer der beiden rivalisierenden Tendenzen. So steht Licht gegen Finsternis, der Tempel gegen die Zwingburg, die Anhöhe gegen die Niederung, die Bäume gegen den Stein, kurz: positiv gegen negativ, das Gute gegen das Böse.[44] Der Sieg des Guten, des Bürgertums, ist durch die Position des Wagens rechts der Mittellinie vorgezeichnet; er wird unterstützt durch himmlische Helfer: einen Felsbrocken auftürmenden Engel, wie auch durch den nach rechts weisenden Christus in der Wolkengloriole, der umgeben ist von »Gerechten« verschiedener Zeitalter, darunter Karl dem Großen und Martin Luther. Die in das Bild eingefügten schriftlichen Erläuterungen knüpfen an die Tradition der Emblematik an. Auch das Hauptmotiv, der beidseitig bespannte Wagen — hier verbunden mit antiker Siegessymbolik — folgt ikonographischer Überlieferung, die schon für das 16. Jahrhundert belegt ist.[45]

In der fünfjährigen Zensurperiode von 1843 bis 1848 erschienen kaum Karikaturen auf Friedrich Wilhelm IV. Erwähnenswert sind lediglich einige

Friedrich Wilhelm IV. *Bildsignaturen aus Briefen an Johann von Sachsen 1830—38 (Abb. 4)*

Friedrich Wilhelm IV. *Selbstkarikaturen um 1830—38 (Abb. 5)*

Anonym
»Der Sieg des Bürgerthums oder der Kampf der neuen mit der alten Zeit« um 1840 (Abb. 6)

Blätter zur Eröffnung des preußischen Vereinigten Landtags im Jahre 1847 und zum damals nicht eingelösten Verfassungsversprechen, die allerdings im »Ausland«, u. a. in Leipzig, Dresden und Hamburg gedruckt wurden. Eine wirklich umfangreiche Produktion brachten erst die Revolutionsjahre 1848 und 1849, gegen die sich die »Unzahl« (Abb. 2) der 1842/43 erschienenen Blätter höchst spärlich ausnimmt.

Der hier vorgelegte Beitrag fußt auf der Auswertung von insgesamt 142 Karikaturen Friedrich Wilhelms IV.; davon stammen allein 130 aus den Jahren 1848/49. Damit wurde zwar mit Sicherheit der größte und repräsentative Teil der entsprechenden Blätter berücksichtigt, verläßliche Rückschlüsse auf die Gesamtzahl der karikierten Darstellungen Friedrich Wilhelms lassen sich daraus jedoch nicht ziehen. Insbesondere auch deshalb nicht, weil die satirischen Zeitschriften nur vereinzelt herangezogen wurden. Die Zahl der Einzelblätter dürfte jedoch zweihundert nicht überstiegen haben. Immerhin lassen 142 Blätter bereits eine einigermaßen zuverlässige statistische Übersicht über die Charakterisierungsformen Friedrich Wilhelms zu. Die Auswertung ergab drei Attribute, die wegen ihrer Häufigkeit stereotyp genannt werden können und ein physiognomisches Merkmal, das neben der

zahlenmäßig schwer erfaßbaren Porträtähnlichkeit, Friedrich Wilhelms Kennzeichnung dient.

An erster Stelle der Attribute steht die *Pickelhaube*. Sie kommt 45mal allein und 21mal in Verbindung mit der daraufgesetzten Krone vor, was einer Gesamthäufigkeit von 46,5 % entspricht. Die Pikkelhaube, 1842 von Friedrich Wilhelm eingeführt, ist das Symbol preußischer Militärmacht und Unterdrückung. Auffallender, weil einer persönlichen Vorliebe entsprechend, ist die 45mal präsente Sekt- oder *Champagnerflasche*, deren Form Friedrich Wilhelm auch sechsmal selbst annimmt (Abb. 7 und 8); zusammen mit Gläsern und anderen Anspielungen auf Alkoholgenuß, erscheint dieses Thema auf 40 % der Darstellungen.

Neben seinen dicken Wangen ist Friedrich Wilhelms Leibesfülle, besonders sein runder *Bauch*, ein häufiges Erkennungszeichen. Dieser tritt 39mal oder auf 27,5 % der Blätter in besonderer Weise hervor. In weitem Abstand folgen dann noch *Kanonen* — 17mal oder 12 % — und *Narrenkappe* oder *-kleid* auf sechs Blättern oder 4 % der Gesamtzahl. Im *Berliner Dialekt* spricht Friedrich Wilhelm lediglich fünfmal, das heißt auf 3,5 % der ausgewerteten Blätter.

Zu den wegen ihrer Einfachheit einprägsamsten Karikaturen Friedrich Wilhelms IV. gehört die 155

Der

rothnäsige König.

Es schaute der König aus seinem Schloß
Hoffärtig mit rother Nase;
Die war „Rubin", weil sie gar zu oft
Gesteckt im Champagnerglase.

Und der König schaute zum Himmel auf,
(Es war Mond- und Sternenschein eben,)
Und ließ seinen Herrn Compagnon
Mit schallendem Vivat leben.

Und sprach: o könnt' ich jedem Stern,
Den Du schuffst, ein Ganzes bringen,
O könnt' ich Dir, meinem Nebenherrn
Unaufhörlich „dienen" und singen.

Und er hub den Pokal, der war so groß
Wie die mittelaltrigen Humpen,
Und sprach: Wenn's Dir dort oben gut,
Dann lasse ich nie mich lumpen!

Der David fürwahr lobt' gegen ihn
Den Herrn im Ganzen nur wenig,
Wenn, von Gottes Gnaden, er trank und sank,
Der christlich-germanische König.

Auch war er sündhaft wie David nicht
Ergeben dem schönen Geschlechte;
Die Bösen hießen ihn impotent
(Er hieß sich: der Ungeschwächte).

Und die Humpe ward schwerer stets
Dem fürstlichen Schwerenöther,
Und dem allerhöchstseligen König ward
Die Nase stets röther und röther.

Und er sank auf's Lager und träumte sich
Bis in den siebenten Himmel,
Allwo ihn der Herr begrüßen thät
Mit superben Genever wie Kümmel.

Rochow.

links:
J. Nisle (?)
Friedrich Wilhelm IV. als Champagnerflasche, aus dem Stuttgarter »Eulenspiegel« 1848 (Abb. 7)
rechts:
Anonym
»Der rothnäsige König« (Flugblatt auf Friedrich Wilhelm IV.) 1842 (Abb. 9)

Vignette als Sektflasche mit Pickelhaube und Kanonen (Abb. 7). Hier sind die stereotypen Attribute vereinigt und zu einem kompositen Wesen gestaltet worden, das keiner Erläuterung bedurfte. Friedrich Wilhelm IV., der »Champagner-Fritze«[46,] hat wegen seiner angeblichen Trinkfreudigkeit und zugleich wegen seines Bauches Flaschenform angenommen. Unter seinen Armen stecken die Kanonen, die zum Symbol für die fehlgeschlagene

Unterdrückung der Märzrevolution geworden waren. Der Sektkorken über dem nur angedeuteten Gesicht geht in eine Pickelhaube über, die in dieser Form als Zeichen unsicherer Macht gedeutet werden kann.

In ähnlicher Weise wurde das Flaschenmotiv in einer anderen Vignette verwendet. Der »Berliner Janus« (Abb. 8) hat durch die Verdoppelung der ganzen Figur Friedrich Wilhelms die symmetrische Form der Sektflasche angenommen; der zweigesichtige Kopf ist zum Korken geworden. Die linke Hälfte der Figur zeigt die martialische Seite, den Aufstand des 18.(!) März 1848, die rechte, den leutselig lächelnden Bürgerkönig, der sich am 21. März »an die Spitze des Gesammt = Vaterlandes«[47] gestellt hatte, und — angetan mit den neuen deutschen Farben schwarz-rot-gold — seinen berühmten Umritt durch Berlin machte. Friedrich Wilhelm hatte über Nacht die Seiten gewechselt und war nun — scheinbar — der erste Revolutionär (gegen sich selbst) geworden.

Das Janusmotiv wurde für Friedrich Wilhelm mehrmals verwendet, da es sich so hervorragend dazu eignete, dessen zwiespältige politische Haltung, die allenthalben Mißtrauen erregte, sichtbar

unterlassen, Ihnen den Berliner Janus zu zeigen: Der König vor und nach dem Mißverständniß" vom 19. März.

F. v. Seitz
Friedrich Wilhelm IV. als »Berliner Janus«, aus den »Münchner Leuchtkugeln« 1848 (Abb. 8)

Anonym
»Nepomuch Nante Strumpf verzichtet auf die deutsche Kaiserkrone...« — Friedrich Wilhelm IV. als Eckensteher Nante 1848/49 (Abb. 10)

zu machen. Friedrich Wilhelm war und erschien als eine Personifikation von Gegensätzen.

Den Alkoholgenuß Friedrich Wilhelms geißelt auch das Textflugblatt »Der rothnäsige König« (Abb. 9), das in Balladenform noch andere, häufig wiederkehrende Themen der gegen ihn gerichteten Satire aufzählt: anmaßende Frömmelei, Gottesgnadentum und seine Impotenz. Die Unterschrift »Rochow« kann als Anspielung auf seinen früheren, wegen eines politischen Skandals entlassenen Innenminster verstanden werden.[48]

Von den bisher vorgestellten Karikaturen sind besonders die beiden, auf denen Friedrich Wilhelm als Kater (Abb. 3) und als Flasche (Abb. 7) — als ein nur schäumenden Wein enthaltender Hohlkörper — erscheint, herabsetzend, aber nicht in dem Maße erniedrigend, wie eine Gruppe von Bildern, die ihn als Angehörigen des sogenannten Berliner Lumpenproletariats, als Eckensteher Nante, zeigen. Bei diesem handelt es sich um eine literarische Figur, eine Verkörperung jener Berliner Dienstmänner, die mit viel Mutterwitz begabt, ewig betrunken, in Schnapsläden und an Straßenecken

herumstanden, um gelegentliche Aufträge, besonders die Beförderung leichterer Lasten zu übernehmen. Laut Verordnung hatten sie konzessioniert zu sein und eine Armbinde mit ihrer Nummer (auf einem weißen Blechschild) zu tragen.[49]

Die Erfindung der Figur des Nante — der Name ist eine Kurzform von »Ferdinand« — stammt von Karl von Holtei, in dessen Stück »Ein Trauerspiel in Berlin« (um 1830) sie zuerst erschien. Im Jahre 1833 wurde sie von Friedrich Beckmann für seine vielgespielte Lokalposse »Eckensteher Nante im Verhör« übernommen und in der Folge bis 1848 noch von weiteren Autoren wie Adolf Glaßbrenner und Albert Hopf für gesellschaftliche und politische Schwänke verwendet.[50]

Das Blatt »Nepomuch Nante Strumpf verzichtet auf die deutsche Kaiserkrone« (Abb. 10) zeigt Friedrich Wilhelm IV. in der Rolle dieses abgerissenen Trunkenboldes, mit Pfeife und Kümmelflasche, den Trageurt über dem linken Arm; in der gleichseitigen Hand hält er den zerbeulten Demokratenhut von 1848/49. Am rechten Oberarm ist die Nummer, hier »22«, sichtbar. Trotz des breiten, alkoholisierten Grinsens ist die Physiognomie unschwer als die des Preußenkönigs zu erkennen (Abb. 1 a—c), so daß der Hinweis »Nante IV.« in der Bildlegende eigentlich überflüssig ist. Als unmittelbares Vorbild, das allerdings in mehrfacher Beziehung weit hinter der Karikatur zurücksteht, muß das Frontispiz zu Beckmanns Lokalposse angesehen werden (Abb. 11), der auch der Name »Nepomuch(k) Nante Strumpf« entnommen ist, ebenso wie die Nummer »22«. Im Stück bezeichnet sich Nante als Firma »Jebrüder vingt-deux« und als »zwee und zwanzig«.[51]

Der Anlaß für die Karikatur war vermutlich die tatsächliche Ablehnung der Kaiserwürde durch Friedrich Wilhelm im April 1849. Möglich ist aber auch die Deutung, daß der Zeichner den König deswegen mit dem Eckensteher verglich, weil er ihn schon früher als zum Kaiser ungeeignet ansah. Die Karikatur würde in diesem Falle einen fiktiven Verzicht Friedrich Wilhelms zeigen.

Dieses wohlweislich außerhalb Preußens in Leipzig gedruckte Blatt ist eines der seltenen Beispiele des »Portrait chargé«, was damals zum Modernsten der deutschen Karikatur gehörte. Dem Zeichner war es gelungen, Friedrich Wilhelms Gesichtszüge — bei Wahrung der Ähnlichkeit — im Sinne seines Bildthemas zu verzerren. Ein anderes Blatt zum Nante-Thema zeigt gleich zwei Eckensteher, beide königlichen Geblüts und regierende Fürsten (Abb. 12). Es ist mit einem Vierzeiler unterschrieben, in dem ein

157

Herr Criminell ick melde mir.

»Friede« und ein »Lude« sich gegenseitig unverständliche Schreiberei und unglaubwürdiges Gerede vorwerfen. Außer den Physiognomien, dem dicken Bauch des linken und dem großen Hut des rechten der beiden an einer Straßenecke stehenden Dienstmänner, geben auch noch ihre Nummern Auskunft über deren wahre Person: Friedrich Wilhelm IV. und Ludwig I. von Bayern. König Ludwig muß sich hier, seiner Rolle entsprechend, des Berliner Dialektes bedienen. In dieser Karikatur geben sich die beiden Schwager Friedrich Wilhelm, der »Redselige«[52], und Ludwig, der »Partizipiendichter«[53], ein Stelldichein.

Auch hier sind die beiden als ebenbürtig dargestellt. Das Blatt, in Dresden gedruckt, ist in Leipzig — wohl 1847 oder Anfang 1848 — erschienen; sicherlich aber vor der wegen der Lola-Montez-Affäre erfolgten Abdankung des Bayernkönigs, am 20. März 1848.

Anonym
Friedrich Wilhelm IV. und Ludwig I. von Bayern als Berliner Eckensteher 1847/48
(Abb. 12)

E. Dettmers
»Herr Criminell ick melde mir«.
Frontispiz zu Friedrich Beckmanns »Eckensteher Nante im Verhör« Berlin nach 1833
(Abb. 11)

J. Popper (?)
»Soll ich — Soll ich nich?...«
Friedrich Wilhelm IV. erwägt die Annahme der deutschen Kaiserkrone 1849
(Abb. 14)

Neue Art eine Constitution zu geben.

Zu den stilistisch modernen Blättern gehört ebenfalls eine der bekanntesten Karikaturen von 1848, die »Neue Art eine Constitution zu geben« (Abb. 13). In ihr sind realistische und symbolische Elemente in einer Szene vereinigt. Friedrich Wilhelm im Narrengewand, auf dem Kopf den Artillerie-Helm mit Kugelspitze, feuert eine Kanone gegen eine Brunnensäule ab. Dahinter hat die Berliner Bevölkerung Deckung bezogen. Aus den Fenstern der Häuser in der »Breitenstrasse« wird gleichfalls geschossen. Die Pumpe ist mit den Reichsfarben geschmückt, Friedrich Wilhelm hält das Banner mit seiner Devise.[54] Der Schuß des »närrischen« Königs aber geht »nach hinten los«: die Sektflasche in seiner Gesäßtasche läßt den Pfropfen springen, und die Kugel bleibt im Pumpengehäuse stecken, umgeben vom Titel der königlichen Proklamation vom 18./19. März 1848 »An meine lieben Berliner«.[55] Dies ist die halb wahre, halb sinnbildliche Darstellung des berühmten »Mißverständnis« vom 18. März, das die Straßenkämpfe ausgelöst hatte und mit der angeblich selbsttätigen Entladung zweier Infanteriegewehre erklärt worden war.[56]

Die in der Pumpe — vor dem Hause Breitestraße 51 — steckende Kugel ist allerdings schriftlich und bildlich bezeugt.[57] Die Berliner hatten unmittelbar darunter die genannte Proklamation angeklebt und eine Sammelbüchse für die Hinterbliebenen der Opfer der Straßenkämpfe aufgestellt. Das Bild Friedrich Wilhelms auf der Karikatur ist das des gefährlichen Narren, der kein Vertrauen verdient.

Auf den beiden letzten hier reproduzierten Blättern wird vor allem Friedrich Wilhelms Wankelmut und Unentschlossenheit hinsichtlich der Annahme der Kaiserkrone karikiert. In »Soll ich? Soll ich nich? . . .« (Abb. 14) macht Friedrich Wilhelm erst seine Entscheidung vom Ausgang des Knöpfeabzählens abhängig, entschließt sich dann jedoch zu dessen Gegenteil. In dieser gelungenen, physiognomischen Einfigurenkarikatur ist Friedrich Wilhelm nicht Narr, sondern Kind, die Kaiserkrone ein Spielzeug in der Hand eines Unverantwortlichen. Ganz den Kopf verloren hat Friedrich Wilhelm schließlich auf dem Blatt, dessen Unterschrift den Titel dieser Betrachtung stellte und als ironischer Wahlspruch für diesen König gelten könnte »Es

159

ginge wohl aber es geht nicht« (Abb. 15). Auch als Hohlkopf immer noch an seiner Statur erkennbar, steht Friedrich Wilhelm handlungsunfähig zwischen den politischen Mächten. Links stehen die »großen« Germanen, das unter den neuen Farben mächtige Volk, mit der Kaiserkrone, nach der Friedrich Wilhelm heimlich greift; rechts sieht man die Fürsten. Es sind in abnehmender Bedeutungsgröße: Friedrich Wilhelms Schwager, Zar Nikolaus, der ihm auf den Fuß tritt und ihn vor der Annahme der Volkskrone warnt, dahinter, drohende Vertreter des ehemaligen Deutschen Bundes, der junge österreichische Kaiser Franz Joseph mit der Habsburger Lippe und die Könige von Hannover, Bayern (mit Bierseidel), Württemberg und Sachsen.

Dieses Berliner Blatt stellt wie der stilistisch einer anderen Epoche angehörende »Sieg des Bürgerthums« (Abb. 6) eine Antithese dar und rückt den hilflosen Monarchen in die Mitte. Es muß bezweifelt werden, daß es mit ihm »gegangen« wäre, daß es nicht »ging«, ist in die deutsche Geschichte eingegangen: der »Romantiker auf dem Thron«, König Friedrich Wilhelm IV. von Preußen, hat die deutsche Einheit nicht hergestellt.

Anmerkungen

1 Den Vergleich mit der Karikatur zu Louis Philippe zieht schon E. Fuchs (1848 in der Karikatur, München 1898, S. 24)
2 vgl. W. Busch, Die engl. Karikatur in der zweiten Hälfte des 18. Jahrhunderts, in: Zeitschrift für Kunstgeschichte 40 (1977) S. 227—244
3 Aufschluß über Friedr. Wilhelms politische Gesinnung gibt u. a. sein Briefwechsel mit J. v. Radowitz; vgl. ders., Nachgelassene Briefe und Aufzeichnungen zur Geschichte der Jahre 1848—1853, Stuttgart 1922
4 Zu Friedrich Wilhelms Geisteskrankheit vgl. die Hinweise in: V. Valentin, Geschichte der deutschen Revolution 1848—1849, Bd. I, Berlin 1930 (Nachdruck Köln 1977), S. 29 f. In Friedrich Wilhelms Persönlichkeit sind Merkmale eines »reaktiv labilen Psychopathen« festgestellt worden, deren ursächlicher Zusammenhang mit seinem geistigen Zusammenbruch jedoch nicht gesichert ist.
5 In England wurde die Zensur schon 1696 weitgehend abgeschafft, was die Entwicklung der politischen Graphik begünstigte; die politische Karikatur entstand dort jedoch erst um die Mitte des 18. Jhs.; Vgl. Busch, a. a. O. (Anm. 2) S. 231
6 Abgedruckt bei: F. H. Hesse, Die preuß. Preßgesetzgebung, ihre Vergangenheit und Zukunft, Berlin 1843, S. 234—244
7 ebd., S. 244
8 G. A. von Rochow (1792—1847), preuß. Innenminister von 1834—1842
9 Hesse, a. a. O. (Anm. 6), S. 62
10 Vom 16. Januar bis 16. Februar, anläßlich der Taufe des britischen Thronfolgers

11 H. H. Houben, Bilderzensur im Vormärz, in: Cicerone 10 (1918) 71; ohne Beleg
12 Hesse, a. a. O. (Anm. 6), S. 61
13 E. Fuchs, Die Karikatur der europäischen Völker, Bd. I, Berlin 1901, S. 396. Fuchs kannte allerdings nicht den Zusammenhang zwischen Schriftlosigkeit und Zensurvorschriften.
14 Hesse (vgl. Anm. 6)
15 Hesse, a. a. O. (Anm. 6), S. 63. Gemeint sind die sogen. französischen »Septembergesetze«, die am 9. Sept. 1835 in Kraft traten, und deren Art. 18 die Bildzensur einführte, die der Verfassung von 1830 widersprach.
16 Die preußische Preßgesetzgebung, Berlin 1843, S. 49 f; im selben Verlag von Wilhelm Hermes waren auch politische Karikaturen erschienen!
17 Friedrich Wilhelm unterschrieb das Gesetz erst unter dem Druck der Revolution am 18. 3. 1848. Um dies zu verschleiern, ließ er es einen Tag zurückdatieren. Vgl. H. H. Houben, Polizei und Zensur, Berlin 1926 (Nachdruck unter dem Titel »Der ewige Zensor«, Kronberg 1978), S. 21. Siehe d. Gesetzestext u. a. bei: J. Lasker/ F. Gerhard, Des dt. Volkes Erhebung i. J. 1848, Danzig 1848, S. 519—522
18 siehe § 3 des »Gesetz über die Presse« v. 17. 3. 1848
19 vgl. u. a. Friedrich Wilhelms Verordnung v. 8. 10. 1848, mit der die Bilderfreiheit erheblich eingeschränkt wurde, in: Im tollen Jahr (Nachdruck des Jg. 1848 des »Kladderadatsch«), Berlin 1898, Erläuterungen, S. 10 (zu »Seite 93«)
20 O. Helm (Hrsg.), Die preuß. Preßgesetzgebung, Halberstadt 1852, Vorwort
21 ebd. S. 25
22 Die einzige (?) Abbildung des Blattes (ohne das »L« und ohne das Datum) bei: Houben (s. Anm. 17), S. 91
23 Die Verleger sind: A. Schepeler und Julius Springer in Berlin.
24 Abbildung (ohne Schrift) bei: F. Wendel, Das Schellengeläut — kulturkritische Karikaturen des 19. Jhs., Berlin 1927, S. 73
25 E. Lewalter (Friedrich Wilhelm IV., Berlin 1938, S. 375) zitiert Friedrich Wilhelm, der eine ihn darstellende Karikatur betrachtet: »Das sind Prinzipienfragen, nicht Persönliches«. (ohne Beleg)
26 Fuchs, a. a. O. (Anm. 13), S. 399 (ohne Beleg)
27 Valentin, a. a. O. (Anm. 4), S. 36
28 ebd.
29 Fuchs, a. a. O. (Anm. 13), S. 396
30 Kindlers Literatur Lexikon, 9, 3926 f. (»Der gestiefelte Kater«). Tiecks Stück wurde erst am 20. 4. 1844 in Berlin uraufgeführt.
31 aus Friedrich Wilhelms Eröffnungsrede zum Vereinigten Landtag, am 11. 4. 1847 (vgl. auch Büchmann, Geflügelte Worte, 32. A. Berlin 1972, S. 21)
32 Johann Georg Herzog zu Sachsen (Hrsg.), Briefwechsel zwischen König Johann v. Sachsen u. den Königen Friedr. Wilh. IV. und Wilh. I. v. Preußen, Leipzig 1911 (im folgenden: »Briefwechsel«)
33 ebd., S. 22 (Brief v. 5. 6. 1828); S. 58 (24. 8. 1829); S. 21 (19. 5. 1828); S. 14 (27. 4. 1828)
34 ebd., S. 29 (14. 8. 1828)
35 ebd., S. 95 (23. 9. 1830)
36 Gemeint ist der Bruder Johann v. Sachsens, Prinz Friedr. August (s. ebd., S. 97, Fn. 15)
37 ebd., S. 97 (24. 9. 1830)
38 Lewalter, a. a. O. (Anm. 25), S. 503, Fn. 1

Es ginge wohl aber es geht nicht.

Anonym
»Es ginge wohl aber es geht nicht«.
— Friedrich Wilhelm IV. schwankt
zwischen Annahme und Ablehnung
der Kaiserkrone 1849
(Abb. 15)

39 Abb. in Briefwechsel (Anm. 32), S. 270 (25. 12. 1850)
40 vgl. u. a. »Die Candidaten der dt. Kaiserkrone«, Abb. in: Kunst der bürgerlichen Revolution v. 1830 bis 1848/49, (Ausst.-Kat.) Berlin 1972, S. 109
41 Kladderadatsch, 1 (1848) 74 (= Nr. 19 v. 10. 9.); vgl. dazu die Erläuterungen, a. a. O. (Anm. 19), S. 8
42 Von Sachsen, Bayern, Württemberg und Hannover; der österreichische Kaiser fehlt.
43 In der christlichen Kunst finden sich solche Antithesen als Eva-Maria, Adam-Christus und Ecclesia-Synagoge.
44 Eine Übersicht solcher Sinnbilder bei: H.-W. Jäger, Politische Metaphorik im Jakobinismus und im Vormärz, Stuttgart 1971
45 vgl. H. Wäscher, Das deutsche illustrierte Flugblatt, Bd. I, Dresden 1955, Abb. 9 (»Der Zuchtwagen«, 1568)
46 E. Fuchs, Die Karikatur der europäischen Völker, Bd. II, Berlin 1903, S. 60 (ohne Beleg)
47 Amtl. Flugblatt »An die deutsche Nation« (v. 21. März 1848); Abb. bei: K. Obermann, Einheit und Freiheit, Berlin 1950, S. 286
48 vgl. Anm. 8, sowie: Lewalter, a. a. O. (Anm. 25), S. 371—377
49 F. Beckmann, Der Eckensteher Nante im Verhör, 49. A. Berlin 1880, S. 3 (Vorwort)
50 vgl. u. a.: H. Denkler (Hrsg.), Revolutionskomödien der Achtundvierziger, Stuttgart 1971, S. 463 (Stw. »Nante«); vgl. ferner Th. Hosemanns Titelkupfer zu: Ad. Brennglas (d. i. A. Glaßbrenner), Berlin wie es ist

und — trinkt, H.1: Eckensteher, 9. verm. A. Leipzig 1841, einen Eckensteher neben einem Schnapsladen darstellend.
51 Beckmann, a. a. O. (Anm. 49), S. 22 (= 2. Szene), S. 35 (= 5. Szene)
52 Fuchs, a. a. O. (Anm. 13), Bd. I, S. 396
53 Zu Ludwigs I. Dichtkunst vgl.: E. Fuchs, Ein vormärzliches Tanzidyll — Lola Montez in der Karikatur, Berlin o. J. (1904), S. 38—40, 177—180. Dort (S. 179) auch die boshafte Satire Heinrich Heines: »Ludwig Wittelsbacher an seinen stammverwandten Bruder an der Spree.
Stammverwandter Hohenzoller
Sei dem Wittelsbach kein Groller,
Grolle nicht um Lola Montes,
Selber habend nie gekonnt es!«
Friedrich Wilhelm fand »viel Schönes, ja Liebenswürdiges« in Ludwigs Gedichten, deren erster Band 1829 in München unter Ludwigs eigenem Namen erschien; ohne »im mindesten blind über vieles taktlose an ihm (=Ludwig) zu sein«. Briefwechsel (Anm. 32), S. 52 (6. 4. 1829)
54 vgl. Anm. 31
55 Abb. u. a. in: Kunst der bürgerlichen Revolution (Anm. 40), S. 78.
56 ebd.
57 vgl. Obermann, a. a. O. (Anm. 47), S. 287, nach Viktor v. Unruh, im Jahre 1848 Präsident der preußischen Nationalversammlung; dargestellt auch auf anderen Karikaturen und Ereignisblättern von 1848.

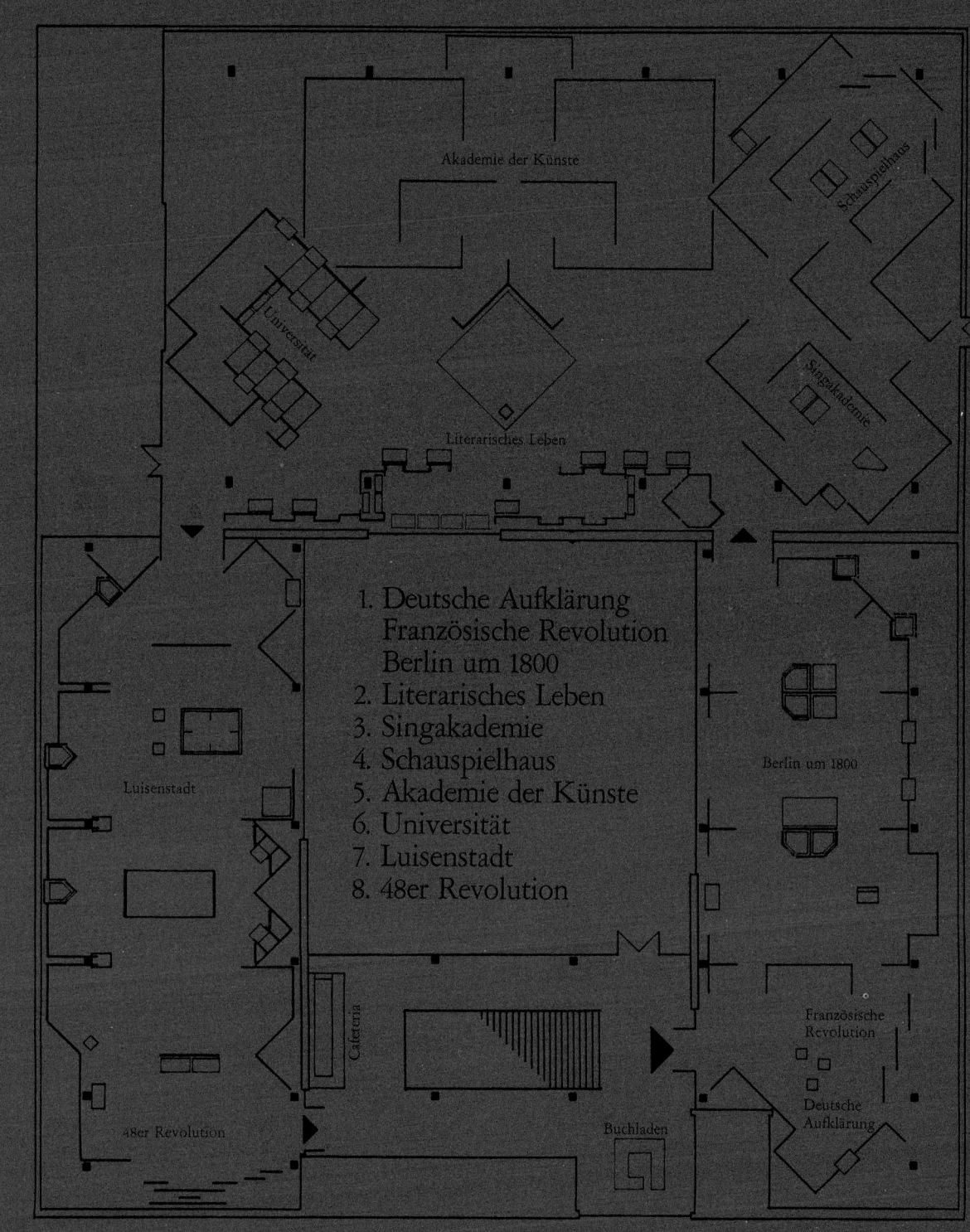

1. Deutsche Aufklärung
   Französische Revolution
   Berlin um 1800
2. Literarisches Leben
3. Singakademie
4. Schauspielhaus
5. Akademie der Künste
6. Universität
7. Luisenstadt
8. 48er Revolution

Akademie der Künste

Schauspielhaus

Universität

Singakademie

Literarisches Leben

Luisenstadt

Berlin um 1800

Caterina

Französische Revolution

48er Revolution

Buchladen

Deutsche Aufklärung

1. Deutsche Aufklärung
Französische Revolution
Berlin um 1800

Immanuel Kant
Beantwortung der Frage: Was ist Aufklärung?

Aufklärung ist der Ausgang des Menschen aus seiner selbst verschuldeten Unmündigkeit. Unmündigkeit ist das Unvermögen, sich seines Verstandes ohne Leitung eines anderen zu bedienen. *Selbstverschuldet* ist diese Unmündigkeit, wenn die Ursache derselben nicht am Mangel des Verstandes, sondern der Entschließung und des Mutes liegt, sich seiner ohne Leitung eines andern zu bedienen. Sapere aude! Habe Mut, dich deines *eigenen* Verstandes zu bedienen! ist also der Wahlspruch der Aufklärung. Faulheit und Feigheit sind die Ursachen, warum ein so großer Teil der Menschen, nachdem sie die Natur längst von fremder Leitung frei gesprochen (naturaliter maiorennes), dennoch gerne zeitlebens unmündig bleiben; und warum es anderen so leicht wird, sich zu deren Vormündern aufzuwerfen. Es ist so bequem, unmündig zu sein. Habe ich ein Buch, das für mich Verstand hat, einen Seelsorger, der für mich Gewissen hat, einen Arzt, der für mich die Diät beurteilt, u.s.w.: so brauche ich mich ja nicht selbst zu bemühen. Ich habe nicht nötig zu denken, wenn ich nur bezahlen kann, andere werden das verdrießliche Geschäft schon für mich übernehmen. Daß der bei weitem größte Teil der Menschen (darunter das ganze schöne Geschlecht) den Schritt zur Mündigkeit, außer dem daß er beschwerlich ist, auch für sehr gefährlich halte: dafür sorgen schon jene Vormünder, die die Oberaufsicht über sie gütigst auf sich genommen haben. Nachdem sie ihr Hausvieh zuerst dumm gemacht haben, und sorgfältig verhüteten, daß diese ruhigen Geschöpfe ja keinen Schritt außer dem Gängelwagen, darin sie sie einsperreten, wagen durften: so zeigen sie ihnen nachher die Gefahr, die ihnen drohet, wenn sie es versuchen, allein zu gehen. Nun ist diese Gefahr zwar eben so groß nicht, denn sie würden durch einigemal Fallen wohl endlich gehen lernen; allein ein Beispiel von der Art macht doch schüchtern, und schreckt gemeiniglich von allen ferneren Versuchen ab.
Es ist also für jeden einzelnen Menschen schwer, sich aus der ihm beinahe zur Natur gewordenen Unmündigkeit herauszuarbeiten. Er hat sie sogar lieb gewonnen, und ist vor der Hand wirklich unfähig, sich seines eigenen Verstandes zu bedienen, weil man ihn niemals den Versuch davon machen ließ. Satzungen und Formeln, diese mechanischen Werkzeuge eines vernünftigen Gebrauchs oder vielmehr Mißbrauchs seiner Naturgaben, sind die Fußschellen einer immerwährenden Unmündigkeit. Wer sie auch abwürfe, würde dennoch auch über den schmalesten Graben einen nur unsicheren Sprung tun, weil er zu dergleichen freier Bewegung nicht gewöhnt ist. Daher gibt es nur wenige, denen es gelungen ist, durch eigene Bearbeitung ihres Geistes sich aus der Unmündigkeit heraus zu wickeln, und dennoch einen sicheren Gang zu tun.
Daß aber ein Publikum sich selbst aufkläre, ist eher möglich; ja es ist, wenn man ihm nur Freiheit läßt, beinahe unausbleiblich. Denn da werden sich immer einige Selbstdenkende, sogar unter den eingesetzten Vormündern des großen Haufens, finden, welche, nachdem sie das Joch der Unmündigkeit selbst abgeworfen haben, den Geist einer vernünftigen Schätzung des eigenen Werts und des Berufs jedes Menschen, selbst zu denken, um sich verbreiten werden. Besonders ist hiebei: daß das Publikum, welches zuvor von ihnen unter dieses Joch gebracht worden, sie hernach selbst zwingt, darunter zu bleiben, wenn es von einigen seiner Vormünder, die selbst aller Aufklärung unfähig sind, dazu aufgewiegelt worden; so schädlich ist es, Vorurteile zu pflanzen, weil sie sich zuletzt an denen selbst rächen, die, oder deren Vorgänger, ihre Urheber gewesen sind. Daher kann ein Publikum nur langsam zur Aufklärung gelangen. Durch eine Revolution wird vielleicht wohl ein Abfall von persönlichem Despotism und gewinnsüchtiger oder herrschsüchtiger Bedrückung, aber niemals wahre Reform der Denkungsart zu Stande kommen; sondern neue Vorurteile werden, eben sowohl als die alten, zum Leitbande des gedankenlosen großen Haufens dienen.

Zu dieser Aufklärung aber wird nichts erfordert als *Freiheit;* und zwar die unschädlichste unter allem, was nur Freiheit heißen mag, nämlich die: von seiner Vernunft in allen Stücken *öffentlichen Gebrauch* zu machen. Nun höre ich aber von allen Seiten rufen: *räsonniert nicht!* Der Offizier sagt: räsonniert nicht, sondern exerziert! Der Finanzrat: räsonniert nicht, sondern bezahlt! Der Geistliche: räsonniert nicht, sondern glaubt! (Nur ein einziger Herr in der Welt sagt: *räsonniert, so viel ihr wollt, und worüber ihr wollt; aber gehorcht!*) Hier ist überall Einschränkung der Freiheit. Welche Einschränkung aber ist der Aufklärung hinderlich? welche nicht, sondern ihr wohl gar beförderlich? — Ich antworte: der *öffentliche* Gebrauch seiner Vernunft muß jederzeit frei sein, und der allein kann Aufklärung unter Menschen zu Stande bringen; der *Privatgebrauch* derselben aber darf öfters sehr enge

eingeschränkt sein, ohne doch darum den Fortschritt der Aufklärung sonderlich zu hindern . . .
Wenn denn nun gefragt wird: Leben wir jetzt in einem *aufgeklärten Zeitalter?* so ist die Antwort: Nein, aber wohl in einem Zeitalter der *Aufklärung.* Daß die Menschen, wie die Sachen jetzt stehen, im ganzen genommen, schon im Stande wären, oder darin auch nur gesetzt werden könnten, in Religionsdingen sich ihres eigenen Verstandes ohne Leitung eines andern sicher und gut zu bedienen, daran fehlt noch sehr viel. Allein, daß jetzt ihnen doch das Feld geöffnet wird, sich dahin frei zu bearbeiten, und die Hindernisse der allgemeinen Aufklärung, oder des Ausganges aus ihrer selbst verschuldeten Unmündigkeit, allmählich weniger werden, davon haben wir doch deutliche Anzeigen. In diesem Betracht ist dieses Zeitalter das Zeitalter der Aufklärung, oder das Jahrhundert *Friederichs.*
Ein Fürst, der es seiner nicht unwürdig findet, zu sagen: daß er es für *Pflicht* halte, in Religionsdingen den Menschen nichts vorzuschreiben, sondern ihnen darin volle Freiheit zu lassen, der also selbst den hochmütigen Namen der *Toleranz* von sich ablehnt: ist selbst aufgeklärt, und verdient von der dankbaren Welt und Nachwelt als derjenige gepriesen zu werden, der zuerst das menschliche Geschlecht der Unmündigkeit, wenigstens von Seiten der Regierung, entschlug, und jedem frei ließ, sich in allem, was Gewissensangelegenheit ist, seiner eigenen Vernunft zu bedienen. Unter ihm dürfen verehrungswürdige Geistliche, unbeschadet ihrer Amtspflicht, ihre vom angenommenen Symbol hier oder da abweichenden Urteile und Einsichten, in der Qualität der Gelehrten, frei und öffentlich der Welt zur Prüfung darlegen; noch mehr aber jeder andere, der durch keine Amtspflicht eingeschränkt ist. Dieser Geist der Freiheit breitet sich auch außerhalb aus, selbst da, wo er mit äußeren Hindernissen einer sich selbst mißverstehenden Regierung zu ringen hat. Denn es leuchtet dieser doch ein Beispiel vor, daß bei Freiheit, für die öffentliche Ruhe und Einigkeit des gemeinen Wesens nicht das mindeste zu besorgen sei. Die Menschen arbeiten sich von selbst nach und nach aus der Rohigkeit heraus, wenn man nur nicht absichtlich künstelt, um sie darin zu erhalten.
Ich habe den Hauptpunkt der Aufklärung, die des Ausganges der Menschen aus ihrer selbst verschuldeten Unmündigkeit, vorzüglich in *Religionssachen* gesetzt: weil in Ansehung der Künste und Wissenschaften unsere Beherrscher kein Interesse haben, den Vormund über ihre Untertanen zu spielen; überdem auch jene Unmündigkeit, so wie die

schädlichste, also auch die entehrendste unter allen ist. Aber die Denkungsart eines Staatsoberhaupts, der die erstere begünstigt, geht noch weiter, und sieht ein: daß selbst in Ansehung seiner *Gesetzgebung* es ohne Gefahr sei, seinen Untertanen zu erlauben, von ihrer eigenen Vernunft *öffentlichen* Gebrauch zu machen, und ihre Gedanken über eine bessere Abfassung derselben, sogar mit einer freimütigen Kritik der schon gegebenen, der Welt öffentlich vorzulegen; davon wir ein glänzendes Beispiel haben, wodurch noch kein Monarch demjenigen vorging, welchen wir verehren.
Aber auch nur derjenige, der, selbst aufgeklärt, sich nicht vor Schatten fürchtet, zugleich aber ein wohldiszipliniertes zahlreiches Heer zum Bürgen der öffentlichen Ruhe zur Hand hat, — kann das sagen, was ein Freistaat nicht wagen darf: *räsonniert, so viel ihr wollt, und worüber ihr wollt; nur gehorcht!* So zeigt sich hier ein befremdlicher nicht erwarteter Gang menschlicher Dinge; so wie auch sonst, wenn man ihn im großen betrachtet, darin fast alles paradox ist. Ein größerer Grad bürgerlicher Freiheit scheint der Freiheit des *Geistes* des Volks vorteilhaft, und setzt ihr doch unübersteigliche Schranken; ein Grad weniger von jener verschafft hingegen diesem Raum, sich nach allem seinen Vermögen auszubreiten. Wenn denn die Natur unter dieser harten Hülle den Keim, für den sie am zärtlichsten sorgt, nämlich den Hang und Beruf zum *freien Denken,* ausgewickelt hat: so wirkt dieser allmählich zurück auf die Sinnesart des Volks (wodurch dieses der *Freiheit zu handeln* nach und nach fähiger wird), und endlich auch sogar auf die Grundsätze der *Regierung,* die es ihr selbst zuträglich findet, den Menschen, der nun *mehr als Maschine* ist, seiner Würde gemäß zu behandeln.
Königsberg in Preußen, den 30. September 1784.

(aus: Immanuel Kant, Werke in 6 Bänden, hrsg. v. W. Weischedel, Bd. 6: Schriften zur Anthropologie, Geschichtsphilosophie, Politik und Pädagogik, Frankfurt/M. 1964, S. 51—63)

Joachim Heinrich Campe
Briefe aus Paris (1789)

Vorrede
... Man erlaube diesem einzelnen Manne hier noch sein Glaubensbekenntnis über die kritischen Zeitumstände, worin wir jetzt leben, und über die Grundsätze abzulegen, wovon der gute Bürger sich unter diesen Umständen leiten lassen muß.

Er glaubt zuvörderst, daß ein Volk erst, wie das französische, durch Unterdrückungen aller Art, aufs äußerste gebracht sein müsse, bevor es den immer sehr gewagten und immer mit Blut bezeichneten Schritt tut, seine Ketten mit Gewalt zu zerbrechen.

Er glaubt, daß jede gewaltsame Staatsumwälzung, selbst da, wo die Menschheit durch Kultur und Aufklärung schon in hohem Grade veredelt ist, nie ohne mancherlei Greuel und Unmenschlichkeiten vor sich gehen könne und daß sie nie oder doch selten zum Glück der lebenden Zeitgenossenschaft des erschütterten Landes, sondern gemeiniglich nur zum besten der Nachwelt und der Mitmenschen in andern Ländern auszuschlagen pflege.

Er glaubt daher, daß ein Volk, welches den bedenklichen und immer schauderhaften Schritt, seine Verfassung durch gewaltsame Mittel zu ändern, ohne die allerwichtigsten und allerdringendsten Ursachen, also mutwilligerweise wagen wollte, sehr töricht und sehr ungerecht gegen sich selbst handeln würde.

Er glaubt, daß es vernünftiger sei, in einem alten, auch etwas baufälligen und unbequemen Hause wohnen zu bleiben, als aus unweiser Veränderungssucht die Grundlage desselben auf einmal wegzureißen und es sich und den Seinigen auf den Kopf stürzen zu lassen.

Er glaubt indes, daß die alleslenkende Vorsehung Begebenheiten dieser Art von Zeit zu Zeit in der weisen und wohltätigen Absicht herbeiführe, um diejenigen Regenten, welche sich eine gesetzwidrige Gewalt anmaßen und diese Gewalt zu Ungerechtigkeiten und Unterdrückungen mißbrauchen, an die Zerbrechlichkeit ihres despotischen Regierungssystems zu erinnern und sie dadurch zu bewegen, künftig mildere und gerechtere Maßregeln zu befolgen.

Er glaubt, daß denjenigen, welche den hohen Beruf zu haben meinen, Wächter und Ratgeber der Menschheit, d. i. Schriftsteller zu sein, die heilige Pflicht obliege, jene wohltätigen Absichten der Vorsehung bei Vorfällen dieser Art nach Vermögen zu befördern; also auch gerade bei solchen Gelegenheiten, wo die Herzen der Despoten und ihrer Diener sich einer wohlgemeinten Warnung noch am ersten öffnen, für die Rechte der Menschheit am nachdrücklichsten zu schreiben.

Er glaubt, daß ein braver Schriftsteller, der die bedeutende Wichtigkeit seines Berufs kennt und ehrt, sich durch keine kleinmütige Betrachtung, auch durch die Gefahr nicht, mißverstanden zu schief beurteilt zu werden, müsse abschrecken lassen, dieser seiner Pflicht ein Genüge zu tun.

Er glaubt, sosehr er auch die moralische und bürgerliche Freiheit liebt, daß man in einem wohleingerichteten monarchischen Staate und unter einem gerechten und weisen Regenten, der nicht willkürlich, sondern gesetzmäßig herrscht, viel ruhiger und glücklicher als in einem stürmischen Freistaate leben könne.

Er dankt daher Gott für das große Glück, in einem solchen Staate und unter einem solchen Regenten zu leben, und er fordert alle diejenigen unter seinen deutschen Landsleuten, die in dieser Hinsicht ebenso begünstigt sind, auf, ein Gleiches zu tun.

Paris, den 26. August 1789

Ich halte Ihnen Wort, guter St.! Diese letzte nächtliche Stunde, die ich in Paris — wo ich das Schlafen beinahe verlernt hätte — durchwache, soll für Sie sein.

Je länger ich hier bin, je aufmerksamer ich die Knospen, die Blüte und die Früchte der jungen französischen Freiheit betrachte und je länger ich das hier angefangene Kreißen des von praktischer Philosophie geschwängerten menschlichen Geistes beobachte, welcher gerechte und weise Staatsverfassungen, allgemeine Aufklärung und Völkerglück gebären zu wollen verheißt: desto inniger und fester wird meine Überzeugung, daß diese französische Staatsumwälzung die größte und allgemeine Wohltat ist, welche die Vorsehung, seit Luthers Glaubensverbesserung, der Menschheit zugewandt hat, und daß daher das ganze weiße, schwarze, braune und gelbe Menschengeschlecht, rund um den Erdball herum, ein allgemeines feierliches *Herr Gott dich loben wir* dafür anstimmen sollte. Alle ehemaligen Revolutionen entstanden in Zeiten und in Ländern, wo der menschliche Verstand noch nicht zu hinlänglicher Reife gekommen war, um eine Konstitution zu schaffen, welche auf die lautersten Grundsätze der Vernunft, des Rechts und der Billigkeit gegründet wäre; alle anderen Völker, welche das Sklavenjoch abschüttelten, sahen sich von dem Augenblicke an, da sie diesen kühnen Schritt getan hatten, in langwierige und blutige Kriege verwickelt, unter denen ihre ersten provisorischen Einrichtungen, mit den in solchen Fällen unvermeidlichen Übereilungsfehlern, schon eine gewisse Konsistenz erhielten, die sich nachher, auch bei besseren Einsichten, nicht füglich wieder umstoßen ließen. Hier ist nun zum erstenmal eine Revolution, die in jeder Betrachtung unter glücklicheren Vorbedeutungen angefangen ward, die also auch natürlicherweise eine Konstitution verspricht, wie bisher noch keine war, eine Konstitution, die alle Vollkommenheiten der englischen in sich fassen und alle Mängel und Unvollkommenheiten derselben ausschließen wird. Hier ist ein Volk, so aufgeklärt, so edel und mild, als es je eins gegeben hat; ein König, so sanft, so lenksam und ehrgeizlos, als je einer gewesen ist; eine aus zwölfhundert Köpfen bestehende Versammlung von Stellvertretern der Nation, deren größere Hälfte wenigstens aus sehr helldenkenden, geistvollen, kraftbegabten und mutigen Patrioten besteht; und, was das beste ist, diese drei Hauptfiguren in dem großen interessanten Gemälde — Volk, König und Nationalversammlung — umschlingen sich in schönster Harmonie und gehen, Hand in Hand gelegt, dem erhabenen Ziele zu. Noch mehr: hier sind — wer weiß wieviel tausend denkende und wohlunterrichtete Bürger, welche durch ihre Debatten am Palais-Royal, hier sind unzählige wachsame Schriftsteller, welche durch fliegende Blätter, kleine Abhandlungen und Werke den Beratschlagungen der Volksvertreter zu Hülfe kommen, das Nachdenken derselben leiten, sie vor möglichen Fehlern warnen und ihnen ebensoviel Enthusiasmus fürs Gute als Vorsicht und Behutsamkeit zur Vermeidung des Bösen einflößen. Hier ist zum erstenmal eine Volksversammlung, die, obgleich die Hälfte ihrer Mitglieder aus Edeln und Priestern besteht, doch in ihrer Mehrheit die Greuel der Hierarchie und des aristokratischen Despotismus — von denen die Menschheit von jeher noch vielmehr als von der monarchischen Alleingewalt gelitten hat — verabscheuet, verwünscht und mit Stumpf und Stiel auszurotten entschlossen zu sein scheint. Hier wird alles *öffentlich* — welch eine Schutzmauer wider Übereilungen und eigennützige Absichten! — verhandelt, bestritten, festgesetzt. Hier treffen endlich so ungemein glückliche Konjunkturen in ganz Europa zusammen, daß man mit der Vollendung und Begründung der neuen Konstitution hoffentlich früher zustande kommen wird, als irgendeine bedeutende Macht den Einfall oder das Vermögen haben dürfte, ihnen dabei Hindernisse in den Weg zu legen. Welch ein glücklicher Zusammenfluß von Umständen, die, solange die Welt steht, in gleichem Maße noch nie zusammentrafen! Und was läßt sich davon nicht alles hoffen, erwarten, als unausbleiblich vorhersagen! Mein Herz erwärmt und erweitert sich beim Anschauen dieser herrlichen Perspektive. Wir werden zum erstenmal ein großes Reich sehen, worin das Eigentum eines jeden heilig, die Person eines jeden unverletzlich, die Gedanken zollfrei, das Glauben ungestempelt, die Äußerung desselben durch Worte, Schriften und Handlungen völlig frei und keinem menschlichen Richterspruch mehr unterworfen sein wird; ein Reich, worin keine privilegierte, keine geborne Volksbedrücker, keine Aristokratie als die der Talente und der Tugenden, keine Hierarchie und kein Despotismus mehr stattfinden, wo vielmehr alle gleich, alle zu allen Ämtern, wozu ihre Verdienste sie fähig machen, fähig sein und nur Kenntnisse, Geschicklichkeiten und Tugenden einen Vorzug geben werden; ein Reich, wo Recht und Gerechtigkeit für alle auf gleiche Weise und *ohne alles Ansehn der Person* werden verwaltet, und zwar *unentgeltlich* verwaltet werden, und wo jeder, auch der armseligste Landmann, nicht etwa nur dem Scheine nach, wie in andern Ländern, sondern wirklich in der gesetzgebenden Versammlung repräsentiert werden, also jeder, auch der armseligste Landmann, Mitregent und Mitgesetzgeber seines Vaterlandes sein wird. Wer kann bei dieser entzückenden Aussicht, die jetzt doch wahrscheinlich schon mehr als bloße Hoffnung ist, verweilen, ohne daß ihm das Herz für alle die süßen menschlichen Gefühle, die sich seiner dabei bemächtigen, zu enge wird und ihm aus dem Busen springen möchte! Und nun die Folgen, die das alles für Europa, für die Welt haben wird!...

(aus: J. H. Campe, Briefe aus Paris zur Zeit der Revolution, Braunschweig 1790, S. VIII—XII, 324—329)

Ludwig Tieck/Wilhelm Heinrich Wackenroder
Briefwechsel

Tieck an Wackenroder

Göttingen, am 28. Dezbr. (17)92

. . . Du sprichst ja gar nichts von den Franzosen? Ich will nicht hoffen, daß sie Dir gleichgültig geworden sind, daß Du wirklich Dich nicht dafür interessierst? Oh, wenn ich itzt ein Franzose wäre! Dann wollt ich nicht hier sitzen, dann — — — Doch leider, bin ich in einer Monarchie geboren, die gegen die Freiheit kämpfte, unter Menschen, die noch Barbaren genug sind, die Franzosen zu verachten. Ich habe mich sehr geändert, ich bin itzt nicht glücklich, wenn ich keine Zeitungen haben kann. Oh, in Frankreich zu sein, es muß doch ein groß Gefühl sein, unter Dumouriez zu fechten und Sklaven in die Flucht zu jagen, und auch zu fallen, — was ist ein Leben ohne Freiheit? Ich begrüße den Genius Griechenlands mit Entzücken, den ich über Gallien schweben sehe. Frankreich ist jetzt mein Gedanke Tag und Nacht — ist Frankreich unglücklich, so verachte ich die ganze Welt und verzweifle an ihrer Kraft, dann ist für unser Jahrhun-dert der Traum zu schön, dann sind wir entartete, fremde Wesen, mit keiner Ader denen verwandt, die einst bei Thermopylä fielen, dann ist Europa bestimmt, ein Kerker zu sein . . .

Wackenroder an Tieck

(Januar 1793)

. . . Ich habe mich schon lange gewundert, daß Du mich nicht gefragt hast, was ich von den Franzosen denke. Ich denke ganz mit Dir gleich von ihnen, und stimme von ganzem Herzen in Deinen Enthusiasmus ein, das versichere ich Dir. Aber ich kann mich nicht enthalten, Dir folgendes zu sagen. Ich spreche hier durchaus mit keinem Menschen von den Franzosen; und zwar darum, weil jeder von ihnen spricht, ihre größten Taten immer mit einem Lächeln erzählt, als wollt' er sagen: Was die närrischen Leute nicht für Dinge tun! Und wer mit diesem Lächeln davon spricht, dem möcht ich gleich eine Ohrfeige geben. — Auch denk' ich sehr wenig über die Angelegenheiten nach: — ich weiß selbst nicht, wie's kommt. — Auch lese ich die Zeitungen nicht, weil ich nicht Zeit habe, und alles von andern

171

höre. — Endlich würd' ich, wenn ich ein Franzose wäre, so stolz ich auf mein Vaterland und meine Nation sein würde, doch gewiß nicht Soldat werden, und den Säbel oder das Gewehr in die Hand nehmen, weil ich mein Leben und meine Gesundheit zu sehr liebe und zu wenig körperlichen Mut besitze. Ich weiß, daß Du Dich über meine Dreistigkeit, Dir meine krassesten Grundsätze so nackt darzustellen, wundern wirst; daß Du nicht wirst begreifen können, wie man in der Tat von dieser Sache begeistert sein kann, ohne auch Mut genug in sich zu fühlen, dabei selbst mitzuwirken; ich weiß, daß ich durch mein offenherziges Geständnis, wenigstens auf ein paar Stunden, Deinen Zorn auf mich lade. Allein bedenke nur: kannst Du von irgendeinem Menschen Heldenmut und Tapferkeit verlangen, die er nicht hat. Ich bin sehr davon zurückgekommen, diese körperlichen Tugenden gering zu achten: aber —, ich habe sie nicht; und es ist unmöglich, daß Du mir das zur Sünde machen kannst; ich tue Verzicht auf diese Größe.

(aus: Wilhelm Heinrich Wackenroder, Werke und Briefe, Heidelberg 1967, S. 405, 411 f.)

Anonym
Wiederholter Aufruf an die deutsche Nation (1794)

Habt ihr vernommen, ihr deutschen Völker, das neue Aufgebot des Hauses Österreich? Wie? ihr wollt wieder 120 000 Mann zur Schlachtbank führen lassen? Ihr wollt eure noch übrigen kraftvollen Jünglinge dem ungerechten Kriege, der gegen die französische Freiheit und gegen die Menschenrechte geführt wird, aufopfern? Schon so viele Tausende eurer blühendsten Jünglinge wurden eine Beute des Kriegs — blieben als unschuldige Opfer auf dem Schlachtfelde, und ihr wollt wieder 120 000 Jünglinge töten lassen? Was tut ihr, ihr Völker? Was sagt euch euer Herz? Was sagt euch euer Gewissen? Hat Gott euch eure Söhne dazu gegeben, daß ihr sie zu Menschenmördern macht? daß ihr sie dem Kriege, dem Schwerte, dem Kriegsfeuer, der Verstümmelung, dem jämmerlichen Tode preisgebt? Oder meint ihr, ihr werdet das Frankenvolk überwinden?

Ha! sie sind unüberwindlich — die Franken-Nation, denn sie streitet und kämpft und ringet für die Freiheit — für Menschenrechte. Die Freiheit begeistert sie: die Freiheit flößet ihr Mut ein; die Freiheit stählt ihre Kräfte. Die Menschheit, welche die Franken-Nation verteidigt, steht ihr zur Seite, und hilft ihr siegen. Wohin die Franken-Nation sich wandte, begleitete sie das Glück; überall waren siegreich ihre Waffen. — Jedes feindliche Heer, das der Freiheit heiliges Land betreten und entweihen sollte, entfloh vor ihrer starken Hand — entfloh vor ihrem kräftigen Arme . . .

Wie viele 1000 und 1000 Menschen haben, o Deutschland! die Siege der Franken gekostet? Ach! Ströme von Blut ergossen sich über die weiten Gefilde, auf denen die deutschen Krieger gegen die Freiheit und gegen die Menschenrechte kämpften. Erkennt ihr noch nicht, daß nur da, wo man für Freiheit und Menschenrechte kämpft, der Sieg sein kann?

Die Franken-Nation ist eine freie Nation — wie kannst du es wagen, ihr Widerstand zu leisten? gleich einem reißenden Strome, der, wenn er einmal die Dämme durchbrochen hat, alle sich ihm entgegenstemmenden Hindernisse mit sich unaufhaltsam fortreißt, wird die Franken-Nation alle Heere verschlingen, die das deutsche Volk ihrer Siegerbahn entgegenstellen wird.

Du willst, deutsches Volk, den Feldzug fortsetzen? den Krieg verlängern? zu seiner Unterhaltung wieder 120 000 Mann, den Kern der Nation, aufopfern? Ahndest du nicht — befürchtest du nicht, daß die Fortsetzung des Kriegs deinen völligen Untergang nach sich ziehen kann, der bisher nur an den Grenzen geführt wurde?

Willst du die Franken dadurch, daß du neue Heere gegen sie aufstellst, aufs neue reizen, aufs neue zur Rache auffordern, sie in dein Land herbeirufen? Würde nicht Deutschland alsdann seine junge Mannschaft, allen Handel, alles Gewerbe, alles Geld, alle Lebensmittel etc. verlieren? Wie viele junge Leute werden noch in euren Ländern, ihr Deutschen, übrigbleiben, wenn ihr abermals 120 000 Mann ausheben wollt?

Wer wird eure Äcker, wer wird eure Werkstätte besorgen? Teuerung, Hungersnot, Seuchen und Krankheiten — Pest und Tod werden die schrecklichen Folgen eurer Verblendung sein!

Geschieht diese Truppenaushebung freiwillig oder gezwungen? Widersprechen aber Zwangsmittel nicht allen Menschenrechten? oder, wollt ihr auf alle Menschenrechte Verzicht tun? Wollt ihr solchen Befehlen, die von der Grausamkeit und Unmenschlichkeit eingegeben und auf die gänzliche Vernichtung aller Freiheit und aller Menschenrechte abzielen, Gehorsam leisten?

Sollten die deutschen Völker nicht die Franken-Nation segnen, weil sie für die Freiheit aller Völker streitet — sollten sie nicht zu ihren außerordentlichen Fortschritten ihr ihr Glück wünschen? sollten sie ihr nicht Beistand und Unterstützung schenken? sollten sie sie nicht als die Wiederherstellerin der Freiheit und der Menschenrechte verehren?

Ha! und ihr höret es kaltblütig und gelassen an, daß die Tyrannen ein neues Blutopfer von 120 000 Mann fordern, daß die Tyrannen befehlen, daß Bürger ihre Mitbürger — Menschen ihre Mitmenschen — Brüder ihre Brüder verstümmeln, erwürgen, morden?

Wie lange, o deutsche Nation! wirst du dich noch mißbrauchen lassen? Bedenke doch endlich, welches Verderben du dir selbst dadurch bereitest, daß du an dem Kriege, welchen verbündete Könige mit Frankreich führen, Anteil nimmst.

Wissest du nicht, daß schon vor diesem Kriege deine meisten Fürsten stark verschuldet waren? Wie sehr wird nicht diese Schuldenlast durch diesen ungerechten und schändlichen Krieg angehäuft werden? Und wer wird diese Schuld bezahlen? Die Fürsten, die sie gemacht haben? Womit werden sie diese Schulden bezahlen? Mit ihrem Fleiße, mit ihrer Arbeitsamkeit, mit ihrer Sparsamkeit, mit ihrem Schweiße? oder vielmehr mit eurem Fleiße, ihr Völker deutscher Nation, mit eurer Arbeitsamkeit, mit eurer Sparsamkeit, mit eurem Schweiße? Und ihr, deutsche Bürger, bestreitet eine Nation, eure Nachbarin, welche für Freiheit, für Menschenrechte, fürs Volksglück kämpft, damit auch ihr von euren Fürsten in den nämlichen Abgrund hinabgeschleudert werdet, aus welchem sich eure Nachbarn, die Franken, mit so vieler Mühe herauswinden? wird nicht die ungeheure Menge der besoldeten Soldaten das deutsche Reich zu Boden drücken und umstürzen, weil die Hände nicht mehr zureichen werden, Brot für sie zu gewinnen? Siehe, du Landmann! Siehe, du Handwerksmann! ihr arbeitet, damit von eurem sauren Schweiße so viele 1000 und 1000 Soldaten, die nicht arbeiten, ernähret und von euren Fürsten blutige Kriege geführt werden können. Du gibst sogar deine Söhne her, die dir im Alter deine Arbeiten erleichtern könnten, damit sie ihre Mitmenschen, die weder euren Söhnen noch euch jemals was zuleide getan haben, morden, oder sich von diesen töten lassen sollen! Der Arm, der den Franken tötet, würde dich, o Landmann, o Handwerksmann in deinem Alter unterstützen, und nun mußt du ihn entbehren; die Hand, welche jetzt das Rohr, um den Franken zu zerschmettern, ergreift, würde dir, o Landmann, o Handwerksmann, einst in deinem Tode das Auge zudrücken, und nun mußt du auch dieses Trostes beraubt dich sehen, der Sohn, welcher jetzt nur einem Franken das Leben nimmt, und dadurch einer Mutter ihren Sohn raubt, würde nach deinem Tode, o Landmann, o Handwerksmann, deiner Gattin den Verlust ersetzen, der Witwe Stecken und Stab im Alter sein, die Mutter in Krankheiten pflegen und warten, seine jungen Geschwister, deine übrigen Kinder ernähren, versorgen, erziehen, und nun mußt du dein Weib — ohne Sohn — ohne Stütze — ohne Stecken und Stab im Tod hinter dich zurücklassen! Kannst du — kannst du dieses vor Gott und den Menschen, vor deinem eigenen Gewissen verantworten? Was willst du — was willst du antworten, wenn das Blut der Franken — wenn die Seufzer seiner Mutter, wenn die Seufzer deines eigenen Weibes zu Gott um Rache wider dich schreien, daß du seinen Sohn zum Menschenmörder aufzogst??? und auslieferest???

Wie lange, deutsche Nation, wirst du dich noch mißbrauchen lassen?

Wisse, daß du dir die Fesseln, welche du schon Jahrhunderte hindurch trägst, weil du sie tragen wolltest, selber noch mehr stählest und drückender machst, indem du den Königen beistehst, welche Frankreich deswegen bekriegen, weil sie die Bewohner Frankreichs nicht in Freiheit sehen können, weil sie wissen, daß die Menschen durch Freiheit glücklich werden, weil sie befürchten, ihre Völker möchten selbst nach Freiheit streben, wenn sie das Frankenvolk durch die Freiheit beglückt sehen würden! Wisse, daß dich deine Könige so mit Fesseln belegen, so mit Ketten belasten, so mit Ketten beschweren werden, daß du nicht einmal die Kraft haben wirst, dich von dem Staube der Sklaverei, in welchem du dich herumwälzen wirst, nur ein wenig emporzuheben . . .

Leset in den Annalen der deutschen Nation, wie viele Unschuldige in Gefängnisse geworfen worden sind, ohne ihnen die Ursache ihrer Gefangenschaft zu sagen, ohne ihnen die Wohltat eines Verhörs zustatten kommen zu lassen, ohne ihnen das Recht der Verteidigung einzuräumen.

Der Haß eines ränkevollen, habsüchtigen und ehrgeizigen Ministers, der beleidigte Stolz oder die unbefriedigte Wollust einer Mätresse, die Feindschaft eines Kammerdieners oder Kammermädchens waren oft hinreichend, um den Wohlstand einer ganzen Familie zu zerstören, weil — es der Fürst gebot. Erlegte der Landmann das Wild, das ihm seine Ernte wegfraß, so wurde er lebendig auf das Wild angeschmiedet und so — dem erbärmlichsten Tode preisgegeben. Fiel ein Jagdhund, so schoß der Fürst den Wärter des Hundes übern Haufen, ob er gleich an dessen Tode unschuldig war, und die Schmarotzer und Speichellecker des Hofs rühmten noch die große Tat des Fürsten, daß Sr. Hochfürstl. Durchlaucht den Hundswärter mit eigner hoher Hand zu morden geruhet hätten. . . .

Schon machen die Könige Anstalt, euch in den Staub der niedrigsten Sklaverei darniederzustoßen; schon verbieten sie freundschaftliche, unschuldige Zusammenkünfte, schon senden sie Spione aus, schuldlose Bürger zu belauschen, und sie wegen einiger unbedachtsamer und freien Worte zu fahnden, um sie in den Kerker zu werfen, um ihnen ihre Habe abnehmen zu können; schon verbieten sie Leihbibliotheken, Lesegesellschaften. Akademien, Konzerte, schon stören und verhindern sie, so viel an ihnen ist, allen Gedankenumlauf und allen Ideenwechsel, schon heben sie alle Druck-, Rede- und Pressefreiheit auf, schon verschließen sie die Schulen, damit die Leute dumm bleiben und Sklaven bleiben bis in . . .! Dies ist das Vorspiel! Wie gefällt es euch, deutsche Völker? Wie wird erst das Nachspiel sein? — Wollet ihr es zaghaft erwarten? Wie lange, o deutsche Nation! wirst du dich noch mißhandeln lassen? wahrlich! es ist hohe Zeit, einem Kriege ein Ende zu machen, der schon so vieles Menschenblut gekostet hat— einem Kriege, der durch die Herrschsucht übermütiger Tyrannen und unmenschlicher Despoten angefangen worden ist — einem Kriege, bei welchem die Tyrannen die Absicht haben, die Völker, welche zu lange schon die Fesseln der Sklaverei getragen haben, noch mehr in Fesseln zu schmieden — einem Kriege, der den Untergang des ganzen Deutschlands zur Folge haben kann!

Zittert, ihr Tyrannen der Erde! Zittert, ihr Despoten der Völker! Das Volk erwacht!! Das Volk hört die Stimme der Vernunft!!! — — Die Sonne der Wahrheit erleuchtet die Augen aller Nationen — die Göttin der Freiheit verheißt allen Nationen Glück.

Erbebt, ihr Tyrannen der Erde! Erbebt, ihr Despoten der Völker! das Volk steht auf! furchtbar, schrecklich, grausenvoll ist sein Aufstand, wenn ihr es dazu zwingt, wenn ihr noch länger den Krieg gegen die Franken-Nation, gegen die Freiheit, gegen die Menschenrechte fortsetzen wollt, wenn ihr euch zu einem neuen Feldzuge vorzubereiten waget. Lange genug sind die Nationen ihrer ewigen und unveräußerlichen Menschenrechte beraubt gewesen — lange genug sind sie von Obertyrannen und Untertyrannen, von geistlichen und weltlichen Fürsten, vom Adel und von der Geistlichkeit gemißbraucht, gemißhandelt und herabgewürdigt worden — lange genug haben sie das Joch der Sklaverei getragen, das ihnen Herrschaften gewaltsam und widerrechtlich auflegten — lange genug haben ihre Ohren die Fesseln an den Füßen der Sklaven rasseln hören — lange genug hat der Rükken der Menschen die Geißelhiebe ihrer Treiber und die Fuchtel ihrer militärischen Zuchtmeister gefühlt!! Das Volk hat bereits seine Rechte kennengelernt; es ist nicht mehr unwissend. Das Volk hat bereits die Reize der Freiheit erblickt; seine Denkungsart ist nicht mehr sklavisch — ist frei!

Endigt den Krieg, ihr Tyrannen! macht Friede, ihr Despoten! Das Volk will Friede haben und — wird Friede machen, wenn ihr nicht Friede macht.

Ihr fordert die Völker auf, in Masse aufzustehen? — Wie? wißt ihr auch, ihr Tyrannen, was ihr verlangt? Ha! die Völker werden in Masse aufstehen, aber — um euch in den Staub niederzudonnern, in welchem eure Völker sich bisher haben umherwälzen müssen!

Der Urheber der Natur hat die Menschen zur Freiheit geschaffen; — lange genug habt ihr, ihr Despoten, die heilige Freiheit, ihnen vorenthalten. Eilet! — eilet, sie ihnen wieder zurückzugeben, oder — sie nehmen sie sich selbst. Wehe euch alsdann, ihr Tyrannen! Die Völker werden — weil ihr es wollet — in Masse aufstehen, aber — um das Reich der Sklaverei und des Despotismus zu zermalmen, alle Throne zu zertrümmern, den übermütigen Adel zu Boden zu treten, den Fanatismus zu brandmarken — der Heuchelei ihre schändliche Larve wegzureißen. Noch einmal, ihr Tyrannen! macht Friede! — oder das Volk steht auf, und macht *Friede*!!!

(aus: Eudämonia oder deutsches Volksglück. Ein Journal für Freunde von Wahrheit und Recht. Leipzig 1795, erster Band; nach: Die Französische Revolution im Spiegel der deutschen Literatur, hrsg. v. C. Tröger, Leipzig, 1979, S. 768—775)

Georg Friedrich Rebmann
Briefe aus Berlin

Hier bin ich denn nun angekommen, lieber Carl, in der großen Stadt Berlin, diesem Schauplatz menschlicher Pracht und menschlichen Elends, diesem Vereinigungspunkt, wo äußerster Reichtum und äußerste Armut durcheinander und nebeneinander sichtlich sind, und wo linker Hand in der vergoldeten Karosse der Herr im Galakleid besorgt ist, eine halbe Million mit Geschmack zu vergeuden, während rechter Hand dicht an ihm ein armes Mütterchen das letzte Jäckchen um einige Groschen ins Pfandhaus trägt, um sich einige Dreier zu einem Bissen trocknen Brotes zu erwerben. Mein Gefühl unter dieser Menge *allein* zu sein, ist wieder in seiner ganzen Fülle erwacht . . .

An der Leipziger Straße liegt auch der Dönhofische Platz, einer der schönsten in Berlin, dem die Paraden des Militärs, denen man auf Ruheplätzen unter Bäumen zusehen kann, eine angenehme Lebhaftigkeit geben.

Die *Friedrichstraße*, welche vom Oranienburger bis zum Hallischen Tore reicht, zeichnet sich nicht so wohl durch ihre Schönheit als durch ihre Länge aus, denn ein mittelmäßiger Fußgänger hat wohl eine gute Stunde nötig, um von einem Ende bis zum andern zu kommen. An Schönheit wird sie von der gleichfalls langen *Wilhelmsstraße* übertroffen, desto vortrefflicher sind wieder zwei Plätze, der *Wilhelmsplatz* und der *Gens d'armes-Markt*.

Auf dem Wilhelmsplatze, wo sich das Ordenspalais des Prinzen *Ferdinand*, das Palais des Ministers Grafen von *Finkenstein* unter so vielen beinah gleich schönen Palästen kaum auszuzeichnen vermögen, befinden sich an den vier Ecken die mit Gitterwerk eingefaßten Statuen der für ihren König gefallenen Generale, Keith, Winterfeld, Schwerin und Seydlitz von karrarischem Marmor. Wenn je etwas den Heldengeist einer Nation nähren kann, so sind es solche Auszeichnungen, die auf den gemeinen Soldaten ungefähr die Wirkung tun mögen, wie die ausgehängte Tafel eines Kollekteurs »Hier sind 30 000 Taler gewonnen worden« auf den Lotteriespieler. Es mißfiel mir jedoch an diesen Statuen das Abstechende, daß zwei der Helden im antiken und zwei im modernen Kostüme vom Bildner vorgestellt worden sind.

175

Der *Gens d'armes-Markt* ist, nach meinem Gefühl, unstreitig der schönste öffentliche Platz in Berlin und von ungeheurem Umfang. Die Straßen, welche man von ihm aus gewahrt, sind die schönsten und regelmäßigsten und kein widriger Gegenstand, kein Gebäude, das Armut oder Kleinlichkeit verrät, stört den schönen Anblick. In seiner Mitte stehen die französisch- und die deutsch-reformierte Kirche und zwischen beiden das Schauspielhaus. Die beiden Kirchen haben die prächtigsten, schönsten und geschmackvollsten Türme in Berlin, welche nach dem Modell der Kirche *Maria maggiore* und *minore* auf dem Platz del popolo zu Rom gebaut und mit unübertrefflichen Basreliefs nach Chodowieckis und Meils Zeichnungen geziert sind. Der eine dieser Türme wurde beim Bau etwas übereilt und stürzte daher unter der Arbeit wieder ein, so daß die neue Aufführung viele Kosten verursachte. Dennoch war der Bau in nicht völligen drei Jahren vollendet, und die Kosten betrugen nicht mehr als ungefähr *hunderttausend Dukaten.* So wußte der große Friedrich Ökonomie und Prachtliebe zu vereinigen.

Auf einem kleinen Umweg gelange ich zum königlichen Schloß, das sich von der Vorderseite gegen die sogenannte Schloßfreiheit zu besser ausnimmt als gegen den sogenannten Lustgarten, aber von der Spreeseite vollends gotisch aussieht. Diese Verschiedenheit der Fassaden ist hauptsächlich daher entstanden, weil mehrere Baumeister an dem ungeheuren Gebäude arbeiteten. Seine Größe kannst du dir schon daraus vorstellen, wenn ich dir anführe, daß es zwei Höfe enthält, deren jeder größer ist, als der Marktplatz in einer mäßigen Landstadt.

Der *Lustgarten* dient bei Tage zu einem angenehmen Spazierweg der schönen Welt und bei Nachtzeit zum Tummelplatz der feilsten und verächtlichsten weiblichen Geschöpfe in Berlin, die hier gemeinen Soldaten und Trunkenen die Überreste ihres Leichnams anbieten. Reizend ist die Aussicht auf die *Spree,* wo sich die Masten der Treekschuyten emporragen und die Flaggen im Winde spielen. Und nun kommt man über eine Brücke auf das non plus ultra in ganz Berlin — die *Lindenstraße.* Damit ich hier nicht wieder in Verlegenheit komme, von einzelnen Gebäuden zu reden, wo ich dir den Eindruck des Ganzen schildern möchte, will ich die vorzüglichsten Paläste und öffentlichen Gebäude hier gleich anführen.

Das Palais des *Prinzen Heinrich,* welches von Bauverständigen sehr gelobt werden soll, gab zu einem artigen Bonmot Friedrichs Anlaß, der davon sagte: Es sähe oben einem Freudenhaus, in der Mitte einer

1.113
Die Berliner Schloßbrücke

Kirche, und unten einem Pferdestall ähnlich. Das Passende dieses Vergleichs beruht darauf, daß die obern Fenster klein und viereckig, die mittleren groß und oben oval und die untern tief an der Erde, querlänglicht und klein sind.

Das Palais des *Kronprinzen* zeichnet sich durch nichts besonderes aus, und die längste Seite desselben geht nicht auf den Platz, sondern auf eine Seitenstraße.

Das *Zeughaus* ist nach dem Opernhaus das vortrefflichste und sicher das massivste und festeste Gebäude in Berlin. Rings um dasselbe stehn umgestürzte Kanonen mit Ketten verbunden, über dem mächtigen Portal und an den Seiten sieht man die vortrefflichsten Trophäen und Insignien der furchtbarherrlichen Größe des Siegers, der über Leichen einherschreitet — Sinnbilder der gräßlichen Majestät des Helden. Aber im Hofe und an der Hinterseite, (oh, ich möchte den Baumeister für den göttlichen Gedanken küssen) hat *Schlüter* die grausen Larven der Reue mit dem Schlangenhaar, Sterbende, die letzte Miene von schrecklicher Anstrengung verzerrt, den Heroen gegenüber gesetzt. Jeder Ausdruck ist meisterhaft, man wird vom triumphierenden Einzug des Siegers plötzlich aufs Schlachtfeld unter die Leichen und die heulen-den Verwundeten versetzt und schaudert zurück, wo man vorher bewundernd staunte. Als die Russen in Berlin waren, faßten sie den furchtbaren Gedanken, diese Masse mit Pulver zu zersprengen und konnten kaum durch die dringendsten Vorstellungen von diesem Unternehmen, das den Untergang von halb Berlin nach sich gezogen hätte, zurückgebracht werden.

Das schönste Gebäude in Berlin ist, nach dem Urteil aller Bauverständigen, das *Opernhaus.* Seine edle Fassade, mit der einfachen Überschrift: Friedericus Rex Apollini et Musis macht einen unbeschreiblichen Eindruck, und man fühlt sich in die schöne Zeit zurückversetzt, wo die Denkmäler republikanischer Größe entstanden, aus deren Trümmern wir unsre Kunst schöpften.

Gleich dem *Opernhaus* gegenüber ist die *königliche Bibliothek,* ein verschnörkeltes, verkünsteltes Gebäude, bei dessen Anblick sich mir immer wider Willen die Idee eines Nürnberger Schranks aufdrang.

Desto einfacher und schöner ist aber die zwischen beiden innestehende *Rotonde* oder Katholische Kirche, nach dem Modell des Pantheons gebaut. Ihre Simplizität gefällt ungleich mehr als die vielen Statuen und verschränkten Säulen der Bibliothek.

Weiter hinauf kommt das Gebäude der *Akademie,* an deren Hinterseite auch die Ställe der Gens d'armes sind. — Als ihr erster Präsident noch ein Hofnarr und sein Nachfolger ein Untier war, den Friedrich Wilhelm in einer Tonne begraben ließ und die Geistlichkeit von Potsdam zwang, diesem Tonnenbegräbnis beizuwohnen, wer hätte wohl geglaubt, daß sie unter Friedrichs Regierung einen solchen Grad von Vollkommenheit erlangen würde?...

(aus: G. F. Rebmann, Kosmopolitische Wanderungen durch einen Teil Deutschlands, Leipzig 1793, zit. nach der Neuausgabe, hrsg. v. H. Voegt, Frankfurt/M. 1968, S. 75, 85—88)

Madame de Staël
Berlin

Berlin ist eine große Stadt mit breiten, geraden Straßen und von regelmäßiger Bauart. Da sie größtenteils neu gebaut ist, so finden sich wenige Spuren älterer Zeiten. Unter den modernen Gebäuden erheben sich keine gotischen Monumente, und das Neue wird in diesem neugebildeten Lande auf keinerlei Weise durch Altes unterbrochen und eingezwängt. Was kann aber, wird man sagen, sowohl in Hinsicht der Gebäude als der öffentlichen Einrichtungen besser sein, als durch Ruinen nicht gehemmt zu werden? Ich für meinen Teil würde mir in Amerika neue Städte und neue Gesetze wünschen; dort sprechen Natur und Freiheit laut genug zur Seele, um die Erinnerungen entbehrlich zu machen; aber auf unserm alten europäischen Boden müssen wir auf Spuren der Vergangenheit stoßen. Berlin, diese ganz moderne Stadt, so schön sie immer sein mag, bringt keine feierliche, ernste Wirkung hervor, sie trägt das Gepräge weder der Geschichte des Landes noch des Charakters der Einwohner; und die prächtigen neu aufgebauten Gebäude scheinen bloß für die bequeme Vereinigung der Vergnügungen und der Industrie bestimmt zu sein. Die schönsten Paläste von Berlin sind von gebrannten Steinen; kaum wird man in den Portalen und Triumphbogen Quaderstücke auffinden. Preußens Hauptstadt gleicht Preußen selbst; Gebäude und Einrichtungen zählen nur ein Menschenalter und nichts darüber, weil sie *einen* Menschen zum Urheber haben. Der Hof, dem eine schöne, tugendhafte Königin vorstand, war zu gleicher Zeit imposant und einfach; die königliche Familie teilte sich gern der Gesellschaft mit, mischte sich mit Würde in die Zirkel der Nation und fand in alle Herzen Eingang, weil sie mit dem Begriff des Vaterlandes zusammenschmolz. Der König hatte Männer, wie J. von Müller, Ancillon, Fichte, Humboldt, Hufeland und eine Menge andrer, die sich in allen Gattungen auszeichneten, in Berlin vereinigt; alle Elemente einer liebenswürdigen Gesellschaft, einer starken Nation waren da; aber noch waren diese Elemente nicht gegeneinander abgewogen, nicht miteinander verbunden. Gleichwohl galt der Geist mehr und allgemeiner in Berlin als in Wien; der Held des Landes, Friedrich II., war zu seiner Zeit ein unendlich geistreicher Kopf gewesen; und so kam es, daß der Abglanz seines Namens noch alles schätzen und lieben ließ, was ihm ähnlich sein konnte. Maria Theresia ließ zu ihrer Zeit keinen solchen Eindruck in Wien zurück, und was bei ihrem Nachfolger Joseph für Geist hätte gelten können, schreckte sie von der Sucht ab, geistreich sein zu wollen.

Dem Schauspiel, das Berlin gewährte, kam in Deutschland kein andres gleich. Berlin, im Mittelpunkt des nördlichen Deutschlands, kann sich als den Brennpunkt der Aufklärung und des Lichtes betrachten. Wissenschaften und Künste sind im Flor, und bei den Mittagstafeln, wozu bloß Männer geladen werden, bei Ministern, Gesandten ec., findet die Abstufung des Ranges, die dem Verkehr in Deutschland so nachteilig ist, nicht statt; Männer von Talent aus allen Klassen treffen hier zusammen. Dieses glückliche Gemisch erstreckt sich aber noch nicht bis auf die Frauen; es gibt mehrere unter ihnen, deren Reize und Seeleneigenschaften alles an sich ziehen, was sich in Berlin auszeichnet; aber hier sowohl als im übrigen Deutschland ist die Gesellschaft des weiblichen Geschlechts mit der männlichen noch nicht innig genug verwebt. Der größte Reiz des Lebens besteht in Frankreich in der Kunst, die Vorzüge vollkommen ineinander zu fügen, die aus der Verbindung des männlichen und weiblichen Geistes für den gesellschaftlichen Verkehr entspringen können. In Berlin schränkt sich die Unterhaltung der Männer fast bloß auf Männer ein; der Kriegsstand teilt ihnen eine Art von Rauheit mit, die es ihnen zum Bedürfnis macht, sich dem Zwang einer Gesellschaft mit Frauen nicht zu unterwerfen.

Wenn es, wie in England, große politische Gegenstände abzuhandeln gibt, waltet in männlichen Zirkeln immer ein edles allgemeines Interesse ob; aber in Ländern, wo es keine repräsentative Regierung gibt, ist die Gegenwart der Frauen notwendig, um die Gefühle zart und rein zu erhalten, denn ohne diese Zartheit und Reinheit geht die Liebe zum

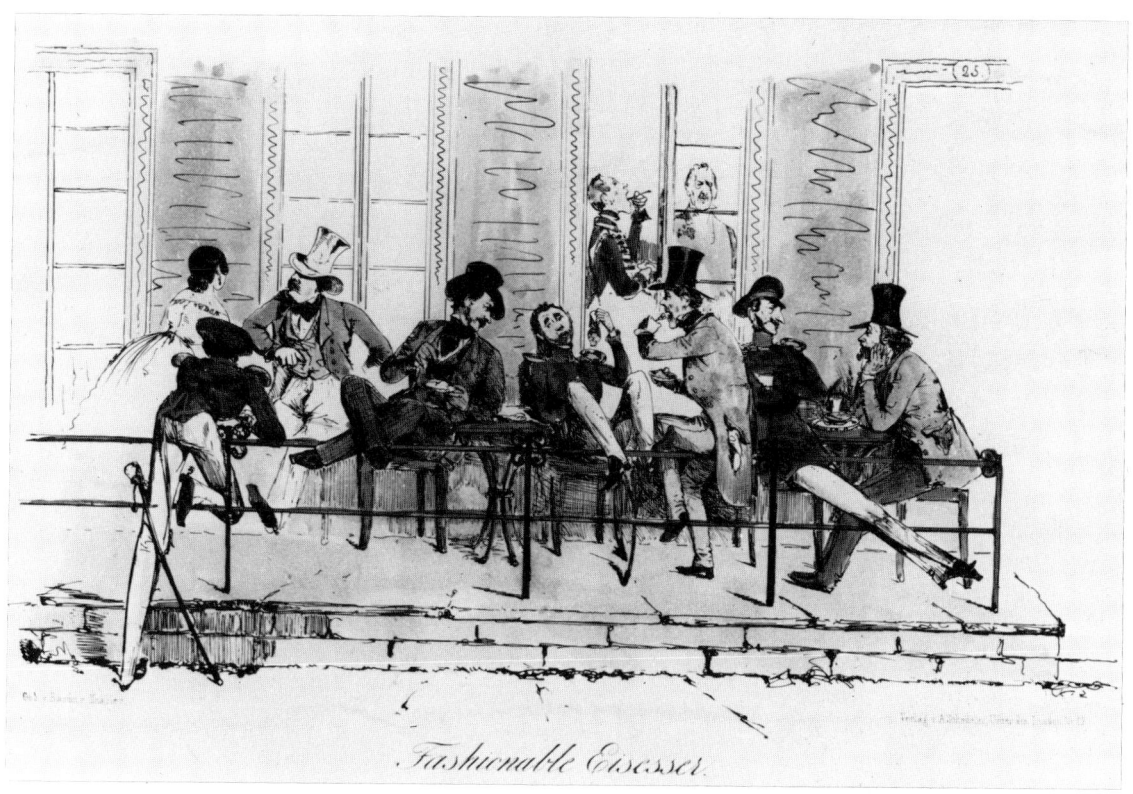

Fashionable Eisesser.

1.182
Fashionable Eisesser   1848

Die besetzte Bank unter den Linden.

1.176
Die besetzte Bank unter
den Linden   um 1822

Caffee und Lesezimmer

Schönen verloren. Der Einfluß der Frauen ist für die Krieger noch dienlicher als für die Bürger; die Gesetze können sie früher entbehren als die Ehre; sie allein erhalten in einer rein militärischen Monarchie den Geist des Rittertums. Das alte Frankreich verdankte seinen ganzen ehemaligen Glanz jener Gewalt der öffentlichen Meinung, die sich auf das Übergewicht der weiblichen Urteile und Aussprüche gründet.

Die Gesellschaft in Berlin bestand nur aus wenig Männern; und gerade die kleine Anzahl derselben dient dazu, sie zu verwöhnen, denn sie benimmt ihnen den Antrieb, das Bedürfnis, die Unruhe, zu gefallen. Die Militärs, die einen Urlaub von einigen Monaten erhielten und diesen in der Hauptstadt zubrachten, waren meist auf Bälle bedacht oder am Spieltisch beschäftigt. Die Vermischung beider Sprachen war der Unterhaltung nachteilig, und die großen Assembleen hatten nicht mehr Interesse in Berlin als in Wien; ja in allem, was Bezug auf das Äußere der Hofsitte hat, muß man Wien den Vorzug vor Berlin einräumen. Dagegen machte in den lezten Jahren die Preßfreiheit, der Verein geistreicher Männer, die Kenntnis der deutschen Sprache und Litteratur, die sich allgemein verbreitet hatte, Berlin zur wahren Hauptstadt des neuern, des aufgeklärten Deutschlands. Die französischen Religionsflüchtlinge schwächten zum Teil die vollkommen deutsche Richtung, deren Berlin fähig ist; in ihnen fand sich noch eine abergläubische Ehrfurcht vor dem Jahrhundert Ludwigs XIV.; ihre Begriffe von Litteratur, anstatt aus dem fernen Lande Zuwachs zu erhalten, aus welchem ihre Väter sie mitgebracht hatten, schrumpften ein und trockneten aus. Dessenungeachtet würde Berlin eine bedeutende Herrschaft über den öffentlichen Geist in Deutschland gewonnen haben, wenn, ich wiederhole es, man nicht gegen die Verachtung, die Friedrich der deutschen Nation bewiesen, Empfindlichkeit im Herzen bewahrt hätte!

Philosophische Schriftsteller haben sich häufig Vorurteile gegen Preußen erlaubt; sie nannten Preußen eine geräumige Kaserne, und unter diesem Gesichtspunkte konnte es unmöglich Wert für sie haben; was in Preußen wahrhaft interessiert, ist die Aufklärung, das Gefühl des Rechts, der Geist der

1.144
Berliner Wohnzimmer   1815—20

Unabhängigkeit, die man in einer Menge Menschen aus allen Klassen antrifft; noch waren aber diese schönen Eigenschaften nicht eng miteinander verbunden. Der neu zusammengesetzte Staat beruhte weder auf der Zeit, noch auf dem Volke.

Die in Deutschland allgemein eingeführten erniedrigenden körperlichen Strafen im Militär erstickten den Keim der Ehre im Herzen des Kriegers; alles, was im Kriegsstand zur Gewohnheit geworden, ist dem preußischen Kriegsgeiste eher nachteilig als gedeihlich gewesen; diese Gewohnheiten beruhten auf alten Grundsätzen, die das Heer von der Nation trennten, da es in unsern Zeiten keine wahrhafte Kraft, als im Nationalcharakter gibt. Dieser Charakter ist in Preußen edler und hochfliegender, als man es aus den letzten Ereignissen schließen sollte, und »der glühende Heldenmut des unglücklichen Prinzen Louis läßt auf seine Waffenbrüder noch einige Strahlen von Ruhm zurückfallen«.

(aus: A. G. Baronin von Staël-Holstein, Deutschland, Bd. 1, Teil 1, 17. Kapitel, S. 101 ff.)

Graf Salm
über Rahel Levin und ihre Gesellschaft

Wir hatten in die Jägerstraße eingelenkt, und nach wenigen Schritten standen wir vor dem Hause. Wir wurden gemeldet und angenommen, durch einen Saal in ein anstoßendes Eckzimmer geführt, und Brinckmann stellte mich der Dame des Hauses und bald auch einigen andern Personen vor, die wir bei ihr fanden.

Demoiselle Levin war weder groß noch schön, aber fein und zart gebildet, von angenehmem Ausdruck; ein Zug von überstandenem Leiden — sie war in der Tat noch nicht lange von einer Krankheit genesen — gab diesem Ausdruck etwas tief Rührendes; doch ließ ihr reiner und frischer Teint, zusammenstimmend mit ihren dunklen und lebhaften Augen, die gesunde Kraft nicht verkennen, welche in dem ganzen Wesen vorherrschte. Aus diesen Augen fiel ein Blick auf mich, ein Blick, der bis in mein Innerstes drang und dem ich kein schlechtes Gewissen hätte bieten mögen. Aber ich schien ihr dabei kaum ein Gegenstand näheren Interesses; es war dieser

181

Blick nur wie eine vorüberstreifende Frage, die gar nicht ausführliche, sondern nur ungefähre Antwort wollte und mit der rasch ergriffenen ganz befriedigt schien...

Neben der Wirtin auf dem Sofa saß eine Dame von großer Schönheit, eine Gräfin Einsiedel, wie ich nachher hörte. Sie schwieg und schien wenig Anteil an dem zu nehmen, was ihr ein Herr vorsagte, den man Abbé nannte und dessen Gesicht und Stimme mir gleich den anmaßlichen Pedanten zu erkennen gaben. Rückwärts abgewendet sprach Friedrich Schlegel mit dem Bruder von Rahel, dessen Dichtername Ludwig Robert späterhin auch sein bürgerlicher wurde. Beide Herren waren mir schon bekannt; Schlegel hatte ich mit seinem Freund und Lobredner Schleiermacher am Tage zuvor bei Madame Veit gesehen; daß er seinen Roman Lucinde auch »Bekenntnisse eines Ungeschickten« benannt, war mir gleich ganz charakteristisch für ihn, denn ungeschickt im höchsten Grad erschien er mir selbst und sein Roman.

Schlegel und Robert machten sich lustig über den Abbé, wie ihre Mienen deutlich zeigten, und suchten durch verständigende Winke auch mich in den Scherz hineinzuziehen. Eben hatte aber die Wirtin ihre Augen dorthin gewandt und drückte mit ernstem Blick ihre Mißbilligung aus, als die Tür aufging und eine rasche allerliebste Dame hereinstürmte, die mit heiterem Lachen auf Demoiselle Levin zudrang und neben ihr auf einen Lehnstuhl sich mehr hinfallen ließ als setzte. Alle begrüßten sie mit Jubel.

»Aber was ist das?« hob Demoiselle Levin an. »Ist denn nicht heute Maria Stuart? Und ich denke, Sie sind...«

»Ja, denken Sie nur!« versetzte die reizende, muntere Frau. »Mortimer ist krank, und da schiebt Iffland geschwind ein anderes Stück vor, worin ich nichts zu tun habe; ich mache mir das zunutze und komme zu Ihnen, und wenn Sie mich wollen, bleib' ich den ganzen Abend.«

»Prächtig!« rief Demoiselle Levin, »und wie treffen Sie es! Gleich zwei Ihrer Anbeter finden Sie hier, Schlegel und meinen Bruder...«

»Es ist die Unzelmann!« hatte mir Brinckmann schon zugeflüstert. Sie war vor nicht langer Zeit von Weimar zurückgekehrt, wo sie großes Glück gemacht und Goethen oft gesprochen hatte, von dem sie so bezaubert war, daß sie dessen Iphigenie nun trotz Ifflands heimlicher Abneigung mit Gewalt als ihre Benefizvorstellung aufs Theater bringen wollte...

Hier unterbrach uns Schlegel, indem er sich

beklagte, die Unzelmann habe von Kunst doch keinen Begriff. »Ich bin«, sagte er, »mit meinen Bemerkungen über ihre bedeutendsten Rollen ganz bei ihr durchgefallen, sie hat mich gar nicht verstanden, hat mir die dümmsten Antworten gegeben, sie ist von keiner ihrer Rollen auch nur die kleinste Rechenschaft abzulegen fähig.« Dies letzte hatte Schack im zufälligen Annahen noch eben aufgeschnappt und antwortete sogleich: »Ihr Herren Kritiker wollt auch zuviel! Die Unzelmann weiß alles auf *ihre* Art, sie spielt's und bringt's auch leibhaftig vor Augen, und ihr selber bewundert sie darin; warum soll sie dasselbe nun auch auf *eure* Art geben? Von der himmlischen Frau zu fordern, daß sie — pfui! — räsonieren soll wie ihr, ist geradeso, wie von euch zu verlangen, daß ihr spielen sollt wie sie — ei, das wär' aber nicht pfui, sondern schön!«...

Das Gespräch wurde sehr lebhaft und wogte, zwischen den Personen wechselnd, über die mannigfachsten Gegenstände hin. Ich wäre nicht fähig, die raschen Wendungen und den verschiedenartigen Inhalt hier wiederzugeben, und wage den Versuch nicht. Man sprach vom Theater, von Fleck, dessen Krankheit und wahrscheinlich nahen Tod man allgemein beklagte, von Righini, dessen Opern damals den größten Beifall hatten, von Gesellschaftssachen, von den Vorlesungen August Wilhelm Schlegels, denen auch Damen beiwohnten. Die kühnsten Ideen, die schärfsten Gedanken, der sinnreichste Witz, die launigsten Spiele der Einbildungskraft wurden hier an dem einfachen Faden zufälliger und gewöhnlicher Anlässe aufgereiht. Denn die äußere Gestalt der Unterhaltung war, wie in jeder andern Gesellschaft, ohne Zwang und Absicht, alles knüpfte sich natürlich an das Interesse des Augenblicks, der Person, des Mannes, deren gerade gedacht wurde. Vieles, was in Anspielungen bestand und irgendeine Kenntnis voraussetzte, entging mir ganz, anderes wenigstens teilweise. Doch wenn Friedrich Schlegel seine Meinung sagte, zwar mühsam und unbeholfen, aber auch tief und gediegen, in der eigentümlichsten Werkstätte geschmiedet, so fühlte man gleich, daß hier kein leichtes Metall ausgegeben werde, sondern ein schweres und kostbares; wenn Schack, leicht erzählend, manche Personen, die durch Rang und Weltstellung bedeutend waren, in pikanter Weise schilderte, wenn er kleine Bemerkungen geschickt einschob, so waren die Vertrautheit und Übersicht unverkennbar, mit denen er eine unendliche Erfahrung großweltlichen Lebens spielend behandelte. Die Heiterkeit und Laune der Madame Unzelmann

Abendgesellschaft in einem Berliner Bürgerhaus am Dönhoffplatz, Gemälde von Julius Schoppe

wirkten unaufhörlich belebend ein. Ludwig Robert und Brinckmann erwiesen sich als echte Gesellschaftskinder. Alle waren auf natürliche Weise tätig, und doch keiner aufdringlich, man schien ebensogern zu hören als zu sprechen. Am merkwürdigsten war Demoiselle Levin selbst. Mit welcher Freiheit und Grazie wußte sie um sich her anzuregen, zu erhellen, zu erwärmen! Man vermochte ihrer Munterkeit nicht zu widerstehen. Und was sagte sie alles! Ich fühlte mich wie im Wirbel herumgedreht und konnte nicht mehr unterscheiden, was in ihren wunderbaren, unerwarteten Äußerungen Witz, Tiefsinn, Gutdenken, Genie oder Sonderbarkeit und Grille war. Kolossale Sprüche hörte ich von ihr, wahre Inspirationen, oft in wenig Worten, die wie Blitze durch die Luft fuhren und das innerste Herz trafen. Über Goethe sprach sie Worte der Bewunderung, die alles übertrafen, was ich je gehört hatte. —

Demoiselle Levin erklärte sich ernstlich gegen alle persönliche Satire, Parodie und Travestie, als gegen einen Mißbrauch der Dichtkunst; alles dies, meinte sie, trage etwas Böses in sich, das zuletzt nur gemeiner Schadenfreude diene; einen großen Unwillen und Zorn, eine heftige Bitterkeit, ein tiefeinschneidendes Charakterisieren aus Einsicht und zur Einsicht, das alles begreife sie und respektiere sie, wo ein innerer Drang es durchaus gebiete, oder wenn wirklich anmutige und unbezwingliche Laune das Gehässige wieder aufhebe. Schlegel, der sich solcher Vergehen gegen Schiller schuldig wußte, stellte die Xenien als Einwand auf; allein die rasche Gegnerin versetzte: »*Das* Beispiel spricht gerade für mich; wenn Sie *die* anführen, stehen Sie schon auf *meiner* Seite! Denn wo ist wohl der Zorn gerechter, der Unwille edler, der Witz lebendiger als eben in den Xenien? Überdies sind Goethe und Schiller — nun ja! Goethe und Schiller!«

Mittlerweile hatte die Gesellschaft sich mannigfach in verschiedene Gesprächsrichtungen abgezweigt, die nur selten auf Augenblicke zu einer allgemeinen zusammenflossen, wenn etwa eine Behauptung, ein Scherz, ein Witz lebhafter ausbrach und größeren Anteil weckte. Die Gesellschaft war zu zahlreich und zu belebt, um sie noch in einer Einheit zusammenzuhalten und zu leiten; die Wirtin konnte nichts tun, als auch ihrerseits mit einzelnen anknüpfen, aber ich bemerkte wohl, daß sie hierbei stets aufmerksam blieb und immer da einzuwirken wußte, wo Stockendes zu beleben, Mißliebiges abzubrechen, Störendes auszugleichen, Angenehmes zu vermitteln war ...

Das Hereintreten eines Mannes, den der Zuruf: »Guten Abend, Gentz!« mir sogleich als den berühmten Publizisten zu erkennen gab, erregte einige Bewegung. Selten habe ich so viel Schüchternheit mit so viel Dreistigkeit beisammen gesehen, wie im Äußern dieses Mannes vereinigt war. Mit zaghafter Unsicherheit prüfte er gleichsam die Gesichter und die Plätze und war nicht eher ruhig, bis er sie alle untersucht hatte. Ich als Fremder schien ihm wohl unbedeutend, die andern erkannte er als Günstige, nur Friedrich Schlegel flößte ihm einen heimlichen Schauder ein, auch wählte er den diesem fernsten Platz. Behaglich und sicher zwischen Madame Unzelmann und seinem Beschützer Schack knüpfte er mit beiden gleich ein Gespräch an, das bald aber für alle gemeinsam wurde. Er erzählte von seinem Mittage, er hatte bei dem Minister Grafen Haugwitz gegessen, dort Gesandte und Generale gesprochen, die neuesten Neuigkeiten aus London und Paris erfahren. Madame Unzelmann verbat aber alle Politik und verlangte nur solche Nachrichten, an denen auch sie teilnehmen könnte. »Ganz recht, mein Engel,« erwiderte Gentz mit Lebhaftigkeit, »auch wir sprachen am wenigsten von Politik, sondern von den Sitten, den Vergnügungen, von — ist Gualtieri nicht hier? — der Depravation, die sich wieder einfindet in Paris, von den Liebeshändeln, den Theatern, den Restaurateurs, — nicht war, das sind hübsche Gegenstände?«

Schack, der kürzlich in Frankreich gewesen war und am Hofe des Ersten Konsuls Bonaparte der ersten preußischen Uniform große Ehrenauszeichnung zugezogen hatte, richtete einige Fragen an Gentz, allein dieser antwortete wenig und schien durch Schlegel beunruhigt, der ihn stets finsterer ansah und seinen Widerwillen deutlich in seinen Zügen ausdrückte; die hingemurmelten Worte »feiler Schreiber, nichtswürdiger Freiheitsfeind« und andere solche Artigkeiten, welche dem damals revolutionär und republikanisch gesinnten Verfasser der Lucinde gemäß waren, erreichten zwar nicht des Feindes Ohr, aber die reizbare Seele desselben schien jeden bösen Hauch schon in der Ferne zu wittern.

Demoiselle Levin zog ihn aus der Verlegenheit, indem sie ihn nach einem Frauenzimmer fragte, das ihn lebhaft beschäftigen mußte, denn mit dem größten Feuer sprach er von dämonischem Reiz und ebensolchem Charakter, die ihn entzückten und in Verzweiflung setzten; er klagte sich strafbarer Schwäche an; »aber,« fuhr er fort, »was kann ich dafür? Amor ist blind und wirft auch mir die Binde über die Augen!«

»Nein, nein!« rief Demoiselle Levin; »in dem Punkt ändere ich die Mythologie! Amor ist nicht blind und hat keine Binde; im Gegenteil, er löset jede, und die Liebe sieht klar und scharf, und daß sie, trotz allem, was sie sieht, zu lieben fortfährt, das ist ihr höchstes Kennzeichen!«

Gentz wollte den Satz bestreiten, gab ihn aber bald und immer mehr zu und rief ihn dann als die wunderbarste Belehrung aus, die er fortan selber ausbreiten und vertreten wolle. »Wohl ist dieses Thema unerschöpft und unerschöpflich,« sagte er, »und Ihnen, Herzenskundige, kommt es zu, solche Wahrheiten auszusprechen, vor denen die Irrtümer ganzer Zeitalter, ja der Mythologien selbst zusammenbrechen!« Er fuhr in dieser Weise fort, sprach von dem Glück und dem Unglück der Liebe, von ihren Gründen und Bedingnissen, ihren Wirkungen und Ausgängen; erst nur in kleineren Sätzen, die er noch konversationsartig an seine Nachbarn richtete, frageweise, problematisch, allmählich entwand er sich diesem Bezug und Ton, nahm einen freieren Schwung, wagte kühnere und festere Behauptungen, und als er sich der Gesinnung und Beistimmung seiner Zuhörer völlig versichert halten durfte, öffnete er gleichsam alle Schleusen seiner Beredsamkeit, deren gewaltiger Fluß nun unwiderstehlich einherströmte und uns mit staunender Bewunderung erfüllte ...

Noch war alles gespannt, und einzelne Funken sprühten noch, gleichsam verspätete Nachzügler des wallenden Feuerstroms, als eine neue Erscheinung auftrat: Prinz Louis Ferdinand! Die ganze Gesellschaft erhob sich einen Augenblick, aber gleich rückte und setzte sich alles wieder zurecht, und der Prinz nahm seinen Platz neben Demoiselle Levin, mit der er auch unverzüglich ein abgesondertes Gespräch begann. Er schien unruhig, verstört, ein schmerzlicher Ernst verdüsterte sein schönes Gesicht, doch nicht so sehr, um nicht eine liebevolle Freundlichkeit durchschimmern zu lassen, die bei seiner hohen herrlichen Gestalt und freien gebieterischen Haltung um so wirksamer für ihn einnahm. —

Er sprach ohne Zurückhaltung seinen Unwillen und Grimm gegen Bonaparte und gegen die freundschaftlichen Verhältnisse aus, welche die Höfe mit ihm unterhielten. Eine der Anklagen, die er gegen ihn verbrachte, war in dem Munde eines Prinzen sonderbar; man war überrascht, jenem vorgeworfen zu sehen, daß er die Freiheit untergrabe!

Merkwürdiger noch als in diesen Äußerungen erschien mir der Prinz in einigen andern, welche hinter scheinbarer Zerstreutheit und Unaufmerksamkeit die feinste Beobachtung und tiefste Menschenkenntnis verrieten. So sprach er von seiner Familie, von seiner Schwester, der dem Fürsten Anton Radziwill verheirateten Prinzessin Luise, von seinem Bruder, dem Prinzen August, mit ebenso großer Zuneigung als Offenheit, als ob uns allen dieser Umgang und diese Einsicht wie ihm selber vertraut sein müßten. Seinen Schwager, den Fürsten Radziwill, schien er besonders zu lieben, die gemeinsame Liebe zur Musik wirkte hier mächtig ein. Er vermißte ihn und fragte, ob er schon dagewesen? Auf die Bemerkung, er sei wohl zur Jagd gefahren, lächelte der Prinz. »Zur Jagd?« wiederholte er, »da kennen Sie meinen Schwager nicht! O ja, er fährt zur Jagd, wenn es sein muß, er macht alles mit; aber alles, was er tut, tut er nur im musikalischen Sinn, und zum Beispiel auf der Jagd ist ihm an Wild und Beute nichts gelegen, sondern seine Jagdlust läuft einzig darauf hinaus, daß er sich mit der Büchse unter einen Baum stellt und dann vor sich hin singt: ›La caccia! la caccia!‹«

Die den Fürsten näher kannten, bestätigten eifrig das treffende Gleichnis und bewunderten nur, daß der Prinz, der so wenig acht zu haben schien auf das, was um ihn vorging, zu dieser Auffassung habe kommen können.

Der Prinz nahm seinen Hut und schickte sich zum Fortgehen an, wir alle taten desgleichen, und eben wollten Brinckmann und ich als die letzten dem Prinzen folgen, als auf der Treppe der Fürst Radziwill uns begegnete und unter freudigen Äußerungen den Prinzen wieder zu dem Salon zurückführte.

Brinckmann aber und ich, wir gingen unseres Weges weiter. —

Wir waren etwas auf dem Gendarmenmarkt umhergegangen, kehrten aber nun in die Jägerstraße zurück, wo der Wagen des Prinzen noch vor dem Hause hielt. In dem Zimmer oben war ein Fenster geöffnet, und Klaviertöne erklangen. Wir standen still und lauschten; der Prinz phantasierte mit genialer Fertigkeit, Demoiselle Levin und Fürst Radziwill standen mit dem Rücken gegen das Fenster, und wir hörten einigemal die Stimmen ihres Beifalls. Wie gern hätten wir die unsere hinzugefügt! Das Spiel des Prinzen war kühn und gewaltig, oft rührend, meist bizarr, immer von höchster Meisterschaft. Nach einer halben Stunde hörte er auf, bald nachher fuhr er mit seinem Schwager nach Hause.

(aus: R. Varnhagen, Menschen untereinander, hrsg. v. B. Badt, Berlin o. J., S. 9—20)

Deutsche Aufklärung
Französische Revolution
Berlin um 1800

Die Französische Revolution

1.1
Laurent Guyot nach Jean Alexis
Cornu
Erster Angriff auf die Bastille
Radierung, koloriert. 20 × 24 cm
Musée National du Château de
Versailles

1.2
Französische Schule
Sturm auf die Bastille um 1790
Öl auf Leinwand. 56 × 70 cm
Musée National du Château de
Versailles

1.3
Jean Victor Dupin
Sturm auf die Bastille
Radierung. 13 × 21 cm
Musée National du Château de
Versailles

1.4
Anonym
Sturm auf die Bastille
Kupferstich, koloriert.
32,6 × 51,3 cm
Musée Carnavalet, Paris

1.5
Jean Duplessis-Bertaux d. J. nach
Jean-Louis Prieur
Alarm an der Porte St. Denis. Die
Nacht vom 14. auf den
15. Juli (1789)
Radierung. 23 × 28 cm
Musée National du Château de
Versailles

1.6
Jacques Bertaux
Sturm auf die Tuilerien am
10. August 1792 1793
Öl auf Leinwand. 124 × 192 cm
Musée National du Château de
Versailles
Abb. S. 171

1.7
L. Laurent nach Jean Jacques
François Le Barbier d. Ä.
Die Erklärung der Menschen- und
Bürgerrechte
Radierung. 57 × 40 cm
Musée National du Château de
Versailles

1.8
Anonym
Erklärung der Menschen-
rechte 1793

Kupferstich, aquarelliert.
36,5 × 23,9 cm
Musée Carnavalet, Paris

Das Dreigestirn der deutschen Aufklärung

1.9
Jean Pierre Tassaert
Büste Moses Mendelssohn 1785
Marmor. 50 cm hoch
Jüdische Gemeinde zu Berlin

1.10
Johann Gottfried Schadow
Büste Friedrich Nicolai 1798
Bronze. 51 cm hoch
Berlin Museum, Berlin

1.11
Ernst Rietschel
Büste Gotthold Ephraim Lessing
Gips. 64 cm hoch
Archiv der Preußischen Akademie
der Künste, Akademie der Künste,
Berlin

1.12
Johann Christoph Frisch
Porträt Moses Mendelssohn
Kupferstich
Foto: Bildarchiv und Porträt-
sammlung der Österreichischen
Nationalbibliothek, Wien

1.13
Anonym nach Daniel Nikolaus
Chodowiecki
Porträt Friedrich Nicolai 1780
Lithographie
Foto: Staatsbibliothek Preußischer
Kulturbesitz, Musikabteilung,
Mendelssohn-Archiv, Berlin

1.14
Johann Christoph Frisch
Porträt Gotthold Ephraim Lessing
Kupferstich
Foto: Bildarchiv und Porträt-
sammlung der Österreichischen
Nationalbibliothek, Wien

Die Freimaurer — Träger des Aufklärungsgedankens

1.15
Anonym
Friedrich der Große als Freimaurer.
Die Aufnahme des Markgrafen
Friedrich von Brandenburg-
Bayreuth in den Freimaurerbund
durch Friedrich den Großen 1740
im Schlosse zu Rheinsberg
um 1850

Chromolithographie. 48 × 55,5 cm
Große National-Mutterloge »Zu
den drei Weltkugeln« im Orient
Berlin

1.16
Georg Friedrich Raschke
Porträt General Wilhelm Leopold
von Dobschütz als Freimaurer 1837
Öl auf Leinwand. 77 × 61 cm
Große National-Mutterloge »Zu
den drei Weltkugeln« im Orient
Berlin

1.17
Matrikel der Johannisloge »Zur
Eintracht«
Handgeschriebenes Exemplar
Große National-Mutterloge »Zu
den drei Weltkugeln« im Orient
Berlin

1.18
Jahrbücher der großen Loge
»Royale Yorck zur Freundschaft« in
Berlin. Oder Denkwürdigkeiten für
Freimaurer. 1. Jahr, Berlin 1789/99
mit Kupfern
Staatliche Museen Preußischer
Kulturbesitz, Kunstbibliothek mit
Museum für Architektur, Modebild
und Grafik-Design, Berlin

1.19
Freimaurer-Haus
Foto: Bildarchiv der Österreichi-
schen Nationalbibliothek, Wien

1.20
Nachbildung des Freimaurer-
Hammers von Friedrich II.
Original um 1750
Holz, schwarz lackiert mit Metall-
beschlägen. 25,5 cm lang
Große National-Mutterloge »Zu
den drei Weltkugeln« im Orient
Berlin

1.21
Nachbildung eines Freimaurer-
Hammers nach Entwurf von
Johann Gottfried Schadow
Elfenbein, geschnitzt. 26 cm lang
Große National-Mutterloge »Zu
den drei Weltkugeln« im Orient
Berlin

1.22
Freimaurer-Hammer mit
Gravierung »13. Dezember 1843«
Ebenholz mit Silbereinlagen.
25 cm lang
Große National-Mutterloge »Zu
den drei Weltkugeln« im Orient
Berlin

1.23
Freimaurerschurz um 1800
Seide mit Stickerei aus Goldfaden
und Pailletten, hellblau gerändelt.
34 × 36 cm
Große National-Mutterloge »Zu
den drei Weltkugeln« im Orient
Berlin

1.24
Meisterschurz der Freimaurer
Entwurf um 1800
Waschleder mit hellblauem Taft
gerändelt. ca. 29 × 33 cm
Große National-Mutterloge »Zu
den drei Weltkugeln« im Orient
Berlin

1.25
Meisterwinkel der Freimaurer. Zwei
ungleiche Schenkel am blauen Band
Entwurf um 1800
Messing. ca. 8 × 5 cm
Große National-Mutterloge »Zu
den drei Weltkugeln« im Orient
Berlin

1.26
Bijoux »Zur Eintracht« Entwurf
vor 1837
Messing, weiß und blau emailliert
an grüner Schleife
Große National-Mutterloge »Zu
den drei Weltkugeln« im Orient
Berlin

1.27
Bijoux der »Großen National-
Mutterloge« Entwurf vor 1837
Messing an rotem Band
Große National-Mutterloge »Zu
den drei Weltkugeln« im Orient
Berlin

1.28
Bijoux-Täschchen der Frei-
maurer um 1800 (Nachbildung?)
Perlenstickerei auf Stramin.
15 × 18 cm
Große National-Mutterloge »Zu
den drei Weltkugeln« im Orient
Berlin

1.29
Zwei Freimaurergläser Ende 18. Jh.
Kristallglas, geschliffen
10,6 × Ø 6 cm und 12,3 × Ø 7,8 cm
Deutsches Freimaurer-Museum,
Bayreuth

1.30
Freimaurerglas Anfang 19. Jh.
Kristallglas, geschliffen
10,5 × Ø 8 cm
Deutsches Freimaurer-Museum,
Bayreuth

1.31
Freimaurerglas 1828
Kristallglas, geschliffen.
12,5 × ⌀ 7,7 cm
Historisches Museum Frankfurt

Berlin zur Zeit Friedrichs II.

1.32
Georg Friedrich Schmidt nach
Friedrich August Hildner/
Schmettau
Plan de la Ville de Berlin 1748
Der Plan ist gesüdet.
Kupferstich
Foto: Landesarchiv Berlin

1.33
C. H. Horst
Das Rondell mit dem Halleschen
Tor um 1740
Feder, koloriert. 45,9 × 63,3 cm
Berlin Museum, Berlin
Abb. S. 175

1.34
Geometrischer Plan des Thier-
gartens von Berlin 1756
Kupferstich, koloriert.
46,8 × 59,7 cm
Berlin Museum, Berlin

1.35
Daniel Nikolaus Chodowiecki
Das alte Brandenburger Tor in
Berlin
Radierung. 13,5 × 21,5 cm
Staatliche Museen Preußischer
Kulturbesitz, Kupferstichkabinett,
Berlin

1.36
Antoine Pesne
Porträt Friedrich II. um 1750
Öl auf Leinwand. 80 × 63 cm
Sammlung Stolle, Berlin

1.37
Wilhelm Barth
Sans Souci um 1830
farbige Tusche. 45,5 × 62,5 cm
Staatliche Museen Preußischer
Kulturbesitz, Kupferstichkabinett,
Berlin

1.38
Fritz Meyer
Das königliche Schloß in Potsdam
um 1800
Lithographie, koloriert. 15 × 22 cm
Dirk Scheper, Berlin

1.39
Anonym
Der innere Schloßhof des Berliner
Schlosses um 1850

Kupferstich, koloriert.
8,5 × 14,7 cm
Dirk Scheper, Berlin

1.40
Johann David Schleuen
Prospect von Monbijoux, dem
Königl. Lust-Schlosse und Sommer-
Palais der Kgl. Frau Mutter, wie
selbiges sich gegen die so genannte
Chaussé präsentiret 2. Hälfte 18. Jh.
Kupferstich. 25 × 39,5 cm
Museum für Kunst und Gewerbe,
Hamburg

1.41
Anonym
Prospect vom Ruinenberge bey
Sanssouci 2. Hälfte 18. Jh.
Kupferstich. 28 × 45,5 cm
Museum für Kunst und Gewerbe,
Hamburg

1.42
Johann David Schleuen
Prospect der hinteren Seite des
Königl. Lustschlosses Sans Soucy
bei Potsdam 2. Hälfte 18. Jh.
Kupferstich. 25,5 × 39,5 cm
Museum für Kunst und Gewerbe,
Hamburg

1.43
Johann David Schleuen
Prospect der Bilder-Gallerie im
Königlichen Garten Sans-Soucy bei
Potsdam 2. Hälfte 18. Jh.
Kupferstich. 25 × 40 cm
Museum für Kunst und Gewerbe,
Hamburg

1.44
Johann David Schleuen
Prospect des Königl. Lust-Schlosses
Monbijoux zu Berlin 2. Hälfte
18. Jh.
Kupferstich. 25,5 × 40 cm
Museum für Kunst und Gewerbe,
Hamburg

1.45
Anonym
Prospect des Königl. Opern-Hauses
zu Berlin . . .
Kupferstich. 43,5 × 62 cm
Museum für Kunst und Gewerbe,
Hamburg

1.46
Anomym
Das Opernhaus mit der St. Hedwigs
Kirche zu Berlin
Kupferstich. 23 × 29 cm
Museum für Kunst und Gewerbe,
Hamburg
Abb. S. 176

1.47—1.49
3 Grundrisse zu dem Haus Kupfer-
graben 7, Berlin nach 1740
Architekt: Georg Wenceslaus von
Knobelsdorff
Bauherr: Kriegsrat Ludwig
Bleistift, Tusche und Aquarell
1.47 Grundriß Souterrain
46 × 59,3 cm
1.48 Grundriß 1. Etage
49,3 × 58,3 cm
1.49 Grundriß 2. Etage
47,4 × 62,5 cm
Plansammlung der Universitätsbibliothek der Technischen
Universität Berlin

1.50—1.66
Johann Georg Rosenberg
Ansichten von Berlin
1.50 (I) Vue du Château du coté du
Levant, avec une partie du grand
pont et la Statue Equestre de Guil-
laume le Grand (Schloß mit Langer
Brücke und Denkmal des Großen
Kurfürsten) 1781
1.51 (III) Vue d'une partie de la
Rue dite la Mauer-Strasse avec
l'Eglise de la Trinité (Mauerstraße
mit Dreifaltigkeitskirche) 1780
1.52 (IV) Vue de la Place d'Armes
prise du côté de la Ville Neuve, en
passant par le Pont des Chiens avec
l'Eglise du Dome, la vieille Biblio-
theque et une partie du Chateau, et
l'Eglise Ste. Marie dans l'éloignement (Lustgarten mit Dom) 1780
1.53 (V) Vue du Marché de
l'Hopital et de la petite Eglise Ste.
Gertrude (Spittelmarkt) 1783
1.54 (VIII) Eglise Catholique Ste.
Hedwige. Vue par derriere, de la
rue Françoise, avec le Palais du
Prince Henry, dans l'éloignement
(Rückseite der Hedwigskirche)
1777
1.55 (IX) Vue du Marché de Hack
prise de la Rue d'Orangebourg,
avec le Pont de Spandau et l'Eglise
Ste. Marie dans l'éloignement
(Hackescher Markt mit Marienkirche) 1780
1.56 (X) Vue du Marché de Hack,
du Pont de Spandau de l'Eglise
Sophie dans l'éloignement, prise du
Coté de la nouvelle Rue de Frederic
(Hackescher Markt mit Sophien-
kirche) 1781
1.57 (XII) Vue de la Rue dite la
Mauer-Strasse, ainsi que de l'Eglise
Bohêmienne prise du Coté de
l'Eglise de la Sainte Trinité (Mauerstraße mit Böhmischer Kirche) 1776
Abb. S. 176
1.58 (XIII) Vue de la Place
d'Armes, d'une partie du Château,

du Dôme, de la Bourse et des
environs, prise du côté de la
nouvelle Douane (Lustgarten mit
Schloß, Dom und Börse) 1777
1.59 (XIV) Vue de la Grande Place
du Chateau et de la Rue Royale
prise du Coté des Arcades (Schloßplatz) um 1780
Abb. S. 176
1.60 (XV) Vue et Perspective du
Palais de S. Alts. Royale Mgnr. le
Prince Ferdinand de Prusse avec
une Partie de la Maison du Comte
de Schulenburg (Ordenspalais mit
Wilhelmsplatz) um 1780
1.61 (XVI) Vue du Marché neuf, et
de l'Eglise Ste. Marie, dans le
quartier de Berlin (Neuer Markt)
1785
1.62 (XVII) Vue du Marché dit
Molckenmarckt, et de l'Eglise St.
Pierre, dans l'éloignement (Molkenmarkt) 1785
1.63 (XVIII) Vue prise du pont, dit
Fischer Brücke jusqu'au pont des
Orphelins (Blick von der Fischerbrücke nach der Waisenbrücke)
1785
1.64 (XIX) Vue du Marché aux
Poissons, dans le quartier vieux de
Cologne, et de l'Eglise St. Pierre,
dans l'éloignement (Köllnischer
Fischermarkt) 1785
1.65 (XX) Vue de la Maison des
Orphelins et des environs, prise
hors de la porte de Strahlow (Fried-
richs-Waisenhaus mit Umgebung)
um 1780
1.66 (XXI) Vue de la tour de
l'église allemande située à la place
Gens d'armes à Berlin (Der einge-
stürzte Deutsche Dom auf dem
Gendarmenmarkt) 1781
17 Radierungen, koloriert.
je ca. 48 × 71,7 cm
Staatliche Schlösser und Gärten,
Berlin

1.67
Johann Georg Rosenberg
Berlin, vom Tempelhofer Berg vor
dem Halleschen Thor
Radierung, koloriert.
33,5 × 48,5 cm
Berlin Museum, Berlin

1.68
Daniel Nikolaus Chodowiecki
Kupfersammlung in J. B. Basedows
Elementarwerke für die Jugend und
ihre Freunde. 1. Lieferung in
53 Tafeln, 2. Lieferung in
47 Tafeln, Berlin und Dessau 1774
Hamburger Kunsthalle — Kupferstichkabinett, Hamburg

1.69
Daniel Nikolaus Chodowiecki
Titel-Vignette zu Nicolais Freuden
des jungen Werther 1775
zu: Friedrich Nicolai, Freuden des
jungen Werthers. Leiden und
Freuden Werthers des Mannes.
Voran und zuletzt ein Gespräch,
Berlin 1775
Radierung. 16,5 × 11 cm
Staatliche Museen Preußischer
Kulturbesitz, Kupferstichkabinett,
Berlin

1.70
Daniel Nikolaus Chodowiecki
Titel-Kupfer zu Basedows prak-
tische Philosophie 1776
zu: Johann Bernhard Basedows
Practische Philosophie für alle
Stände. Ein weltbürgerlich Buch für
irgend eine Nation, Regie-
rungsform und Kirche. 1. Teil,
2. Aufl., Dessau 1777
Radierung. 19 × 23 cm
Staatliche Museen Preußischer
Kulturbesitz, Kupferstichkabinett,
Berlin

1.71
Daniel Nikolaus Chodowiecki
Titel-Kupfer zu Theresgen. Ein
Schauspiel mit Gesang, in fünf
Aufzügen 1781
in: Sophie Albrecht, Gedichte und
Schauspiele, 3 Bde., Erfurt/
Dresden 1781—1791
Radierung. 15,5 × 19 cm
Staatliche Museen Preußischer
Kulturbesitz, Kupferstichkabinett,
Berlin

1.72
Daniel Nikolaus Chodowiecki
Titel-Vignette zu Unzers Brüder
des grünen Bundes 1782
zu: Johann Christoph Unzer,
Geschichte der Brüder des grünen
Bundes, 1. Bd., Lamberg
Geschichte, Berlin 1782
Radierung. 16 × 19,5 cm
Staatliche Museen Preußischer
Kulturbesitz, Kupferstichkabinett,
Berlin

1.73
Daniel Nikolaus Chodowiecki
12 Vorzeichnungen zu den Illustrationen zu August von Kotzebues
Die Indianer in England 1790
Bleistift und Feder in braun und rot.
je 8,1 × 5,1 cm
Hamburger Kunsthalle — Kupferstichkabinett, Hamburg

1.74
Daniel Nikolaus Chodowiecki
Titel-Kupfer und Titel-Vignette zu
Hippels Ehe 1791
zu: Theodor Gottlieb Hippel, Über
die Ehe. 3. Aufl., Berlin 1792
Radierung. 18 × 22,5 cm
Staatliche Museen Preußischer
Kulturbesitz, Kupferstichkabinett,
Berlin

1.75
Daniel Nikolaus Chodowiecki
Die Werkstatt eines Drechslers
1791
zu: F. H. Ziegenhagen, Lehre vom
richtigen Verhältnisse zu den
Schöpfungswerken, und die durch
öffentliche Einfürung derselben
allein zu bewürkende algemeine
Menschenbeglükung, Hamburg
1792
Radierung. 12 × 16,5 cm
Staatliche Museen Preußischer
Kulturbesitz, Kupferstichkabinett,
Berlin

1.76
Daniel Nikolaus Chodowiecki
Titel-Kupfer und Titel-Vignette zu
Diderots Jakob und sein Herr
1791
zu: Denis Diderot, Jakob und sein
Herr, 1. Teil, Berlin 1792
Radierung. 20 × 22,5 cm
Staatliche Museen Preußischer
Kulturbesitz, Kupferstichkabinett,
Berlin

1.77
Daniel Nikolaus Chodowiecki
6 Blatt: Der Lebenslauf 1793
Radierungen. 11 × 13 cm
Staatliche Museen Preußischer
Kulturbesitz, Kupferstichkabinett,
Berlin

1.78
Daniel Nikolaus Chodowiecki
2 Blatt zu Richardsons Clarissa
1795
Radierungen. je 17,5 × 22 cm
Staatliche Museen Preußischer
Kulturbesitz, Kupferstichkabinett,
Berlin

1.79—1.84
Daniel Nikolaus Chodowiecki
6 Radierungen
zu: Carl Lang's Almanach und
Taschenbuch für Häusliche u.
Gesellschaftl. Freuden, 1796, 1797,
1798
1.79 Das häusliche Glück 1795
(1796)
15 × 9 cm

1.80 Die erste Unterredung zweier
Liebenden 1795 (1796)
19,6 × 16 cm
1.81 Eltern Freuden 1795 (1797)
12 × 8,5 cm
1.82 Heitere Abschieds-
Stunde 1795 (1797)
12 × 8 cm
1.83 Das frohe Alter 1795 (1797)
12 × 8,5 cm
1.84 Das Kindbett 1797 (1798)
19,5 × 12 cm
Staatliche Museen Preußischer
Kulturbesitz, Kupferstichkabinett,
Berlin

1.85
Daniel Nikolaus Chodowiecki
2 Blatt zu W. G. Beckers
Taschenbuch 1796
zu: Taschenbuch und Almanach
zum geselligen Vergnügen, 1797
Radierungen. je 14 × 19 cm
Staatliche Museen Preußischer
Kulturbesitz, Kupferstichkabinett,
Berlin

1.86
Daniel Nikolaus Chodowiecki
3 Blatt zu Neuffers Dichtung: Die
Braut, die Gattin und die Matrone
1799
in: Taschenbuch für Frauenzimmer
von Bildung auf das Jahr 1800
Radierungen. je 9 × 6,5 cm
Staatliche Museen Preußischer
Kulturbesitz, Kupferstichkabinett,
Berlin

1.87
Daniel Nikolaus Chodowiecki
2 Blatt zu Langs Taschenbuch für
1799
zu der Erzählung: Das Mädchen
aus der Waldhütte 1799
Radierungen. je 11,5 × 8,5 cm
Staatliche Museen Preußischer
Kulturbesitz, Kupferstichkabinett,
Berlin

1.88
Daniel Nikolaus Chodowiecki
o. T. Ende 18. Jh.
Rötel. 31,6 × 20,5 cm
Hamburger Kunsthalle — Kupfer-
stichkabinett, Hamburg

1.89
Daniel Nikolaus Chodowiecki
4 Blatt o. T. (Lebensweis-
heiten) Ende 18. Jh.
Feder und Pinsel in braun.
je 10 × 6,4 cm
Hamburger Kunsthalle — Kupferstichkabinett, Hamburg

1.90
Daniel Nikolaus Chodowiecki
3 Blatt o. T. (Familienszenen und
Straßenszene) Ende 18. Jh.
Feder und Pinsel in schwarz, aquarelliert bzw. laviert in grau, weiß
gehöht. je 13,3 × 7,4 cm
Hamburger Kunsthalle — Kupferstichkabinett, Hamburg

1.91
Daniel Nikolaus Chodowiecki
4 Blatt o. T. (Familienszenen)
Ende 18. Jh.
Feder und Pinsel in grau, laviert.
je 13 × 7,5 cm
Hamburger Kunsthalle — Kupfer-
stichkabinett, Hamburg

1.92
Daniel Nikolaus Chodowiecki
Die häusliche Glückseligkeit im
Lebenslauf. Kinderspiel
Spielfeld: Lichtdruck nach zeichne-
rischen Vorlagen. 33,1 × 40,8 cm
Hamburger Kunsthalle — Kupfer-
stichkabinett, Hamburg

**Berlin um 1800 —
Das neue Berliner Stadtbild**

1.93
Heinrich Friedrich Karl Reichs-
freiherr vom und zum Stein
Denkschrift über die Umbildung
der preußischen Verwaltung,
Nassau, Juny 1807
Eigenhändiges Manuskript
Staatsbibliothek Preußischer
Kulturbesitz, Berlin

1.94
Gottlieb Wilhelm Hüllmann
nach Ludwig Friedrich Catel
Die Brüderstraße mit Blick auf die
Petrikirche im Jahre 1807
Kupferstich
Foto: Ullstein Bildarchiv, Berlin
Abb. S. 165

1.95
Der Pariser Platz mit dem Branden-
burger Tor
Lithographie
Foto: Landesbildstelle, Berlin

1.96
F. A. Calau
Berliner Straße von der Ecke
Wilmersdorfer Straße um 1815
Aquarell
Foto: Landesbildstelle, Berlin

1.97
Der Mühlendamm vom Molkenmarkt aus. Links der Durchgang

zur Fischerbrücke, darüber der 1693 erbaute Saal für die Versammlung der Kaufleute, der bis 1793 als Börse diente um 1830
Stahlstich
Foto: Landesbildstelle, Berlin

1.98
Ludwig Eduard Lütke
Das Berlinische Rathaus mit Gerichtslaube und Uhrturm
um 1800
Lithographie
Foto: Landesbildstelle, Berlin

1.99
Finke nach Loeillot
Die Fischerbrücke um 1800
Stahlstich
Foto: Landesbildstelle, Berlin

1.100
St. Hedwigskirche
Lithographie
Foto: Landesbildstelle, Berlin

1.101
F. A. Calau
Die Zelten im Tiergarten um 1815
Aquatinta
Foto: Landesbildstelle, Berlin

1.102
F. A. Calau
Adlers Haus, Unter den Linden 76. Durchfahrt zur Neuen Wilhelmstraße von der Wilhelmstraße aus. (Erbaut 1822/23 nach Entwurf von Karl Friedrich Schinkel, 1827 umgebaut)
Kupferstich, koloriert
Foto: Landesbildstelle, Berlin

1.103
Nach Friedrich Wilhelm Klose
Der vordere Hof des Postgebäudes von der Königstraße gesehen
Stahlstich
Foto: Märkisches Museum, Berlin

1.104
F. A. Calau
Die Börse am Lustgarten 1822
Aquatinta
Foto: Landesbildstelle, Berlin

1.105
Sitz der Sparkasse im Gründungsjahr 1818 an der Spandauer Straße
Kupferstich
Foto: Ullstein Bildarchiv, Berlin

1.106
Die Apotheke zum Schwan in der Spandauer Straße, Ecke Heidereu-

tergasse um 1820
Lithographie
Foto: Märkisches Museum, Berlin

1.107
Johann David Schleuen nach Schmettau
Die Königl. Residenz Berlin Nach dem Plan des Weil. Königl. Feld-Zeug-Meisters Herrn v. Schmettau um 1755
Der Plan ist gesüdet.
Druck
Foto: Landesarchiv Berlin

1.108
Peter Joseph Lenné
Schmuck- und Bauanlagen der Residenz Berlin 1843
Stich. 50,4 × 61,9 cm
Staatliche Schlösser und Gärten, Berlin

1.109
Johann Erdmann Hummel
Porträt Justizrat Wilhelm Mila um 1810
Öl auf Leinwand. 64 × 54 cm
Kunsthistorisches Museum Wien, Neue Galerie

1.110
Anonym
Das Brandenburger Thor zu Berlin um 1800
Kupferstich. 24 × 31,5 cm
Museum für Kunst und Gewerbe, Hamburg

1.111
Theodor Hosemann
Liebeken können se mich nich sagen ... 1827
Lithographie, koloriert. 26 × 19 cm
Berlin Museum, Berlin

1.112
J. C. Richter
Die Propyläen und das Brandenburger Tor um 1810
Radierung. 25 × 18 cm
Berlin Museum, Berlin

1.113
Wilhelm Brücke
Die Berliner Schloßbrücke
Öl auf Leinwand. 24 × 40,4 cm
Museum Folkwang Essen
Abb. S. 177

1.114
Anonym nach F. A. Calau
Die Berliner Straße in Charlottenburg um 1818
Aquatinta. 16,2 × 18,8 cm

Bildarchiv Preußischer Kulturbesitz, Berlin

1.115
Julius Tempeltei nach Karl Blechen
Das Palmenhaus auf der Pfaueninsel. Geschenkblatt für die Mitglieder des Vereins für Kunstfreunde im Preußischen Staate 1844
Lithographie. 60,5 × 47,5 cm
Museum für Kunst und Gewerbe, Hamburg

1.116
Anonym
Der Lustgarten mit dem Königl. Museum und dem Dome zu Berlin
Kupferstich. 23,5 × 32 cm
Museum für Kunst und Gewerbe, Hamburg

1.117
F. W. von Werner
Das Cadettenhaus in der neuen Friedrichstraße 1837
Aquarell. 10,1 × 15,2 cm
Berlin Museum, Berlin

1.118
Johann Daniel Laurens und Friedrich Christoph Dietrich nach F. A. Calau
Das Dampfschiff Prinzess Charlotte mit der Aussicht nach Bellevue um 1817
Aquatinta. 22 × 27,5 cm
Berlin Museum, Berlin

1.119
Peter Haas nach F. A. Calau
Die Thier-Arzneyschule in Berlin 1795
Radierung, koloriert. 13,9 × 29,1 cm
Berlin Museum, Berlin

1.120
C. Freydank
Porzellanbild mit Ansicht der Werderschen Brücke in Berlin 1839
Hersteller: Königliche Porzellan Manufaktur, Berlin
Porzellan, bemalt. 11,5 × 15,5 cm
Staatliche Museen Preußischer Kulturbesitz, Kunstgewerbemuseum, Berlin

1.121
C. Freydank
Porzellanbild mit Ansicht der Alten Münze in Berlin 1839
Hersteller: Königliche Porzellan Manufaktur, Berlin
Porzellan, bemalt. 11,5 × 15,5 cm
Staatliche Museen Preußischer

Kulturbesitz, Kunstgewerbemuseum, Berlin

1.122
Ludwig Eduard Lütke
Ansicht der Börse von Berlin um 1840
Lithographie. 19,6 × 26 cm
Staatliche Museen Preußischer Kulturbesitz, Kupferstichkabinett, Berlin

1.123
Ernst Friedrich Grünewald nach Loeillot
Die neue Sternwarte 1833
Stahlstich, koloriert. 13,2 × 20,3 cm
Berlin Museum, Berlin

1.124
Eduard Gaertner
Die alte Sternwarte mit dem Telegraph um 1840
Lithographie, koloriert.
7,7 × 9,2 cm
Berlin Museum, Berlin

1.125
2 Depeschen der preußischen Telegraphischen Station
Lithographien mit handschriftlichen Eintragungen. je 25 × 19,5 cm
Germanisches Nationalmuseum Nürnberg

1.126
Anonym
Abfahrt vom Potsdamer Bahnhof in Berlin um 1840
Lithographie, koloriert. 8,6 × 14 cm
Bildarchiv Preußischer Kulturbesitz, Berlin

1.127
Anonym
Beamte der Potsdamer Eisenbahn 1838
Kupferstich, koloriert. 21 × 26 cm
Germanisches Nationalmuseum Nürnberg

1.128
Albert Schwendy
Berliner Ansichten 1849
a) Grabenstraße 17/18
b) Hinter dem Gießhause
c) Neue Friedrichstraße 47/48
d) Molkenmarkt
e) Königstraße 16—18
f) Schadowstraße 10/11, erbaut 1805
6 Aquarelle. je 10 × 15,5 cm
Privatbesitz

Karl Friedrich Schinkel

1.129
Anonym nach Johann Carl Rößler
Schinkel im Alter von 22 Jahren
1803
Lichtdruck
Bildarchiv Preußischer Kulturbesitz, Berlin

1.130
Brief von Karl Friedrich Schinkel,
wahrscheinlich an den Münchner
Architekten Leo von Klenze,
10. April 1839
Staatsbibliothek Preußischer
Kulturbesitz, Berlin

1.131
Brief von Johann Gottfried
Schadow an Karl Friedrich
Schinkel, 9. 1. 1828
Staatsbibliothek Preußischer
Kulturbesitz, Berlin

1.132
Friedrich August Schmidt nach F.
A. Calau
a) Das neue Schauspielhaus auf
dem Gendarmen-Markt zu Berlin
von der Charlotten und Mohren
Straße aus gesehen
b) Das neue Schauspielhaus und
die beiden Thürme auf dem
Gendarmen-Markt zu Berlin
1820/25
2 Radierungen, koloriert.
11,4 × 17,9 cm und 11,6 × 18,1 cm
Berlin Museum, Berlin

1.133
Ludwig Eduard Lütke
Die neue Wache und das Zeughaus
in Berlin um 1840
Farblithographie. 28 × 38 cm
Staatliche Museen Preußischer
Kulturbesitz, Kupferstichkabinett,
Berlin
Abb. S. 176

1.134
Ludwig Eduard Lütke
Das alte Museum am Lustgarten um 1845
Lithographie, koloriert.
14,8 × 22 cm
Berlin Museum, Berlin

1.135
Loeillot
Die Königliche Bau-Akademie
um 1840
Erbaut 1832—36 nach Plänen von
Karl Friedrich Schinkel
Lithographie. 26,5 × 36,5 cm
Berlin Museum, Berlin

Die neue bürgerliche Baukunst

1.136
Anonym
Haus der Madame Stöbin, Berlin
Unter den Linden 31
Grundrisse 1. Etage, 2. Etage,
3. Etage, 4. Etage um 1800
Bleistift, Tusche und Aquarell.
je 49 × 63,7 cm
Plansammlung der Universitätsbibliothek der Technischen
Universität Berlin

1.137
Karl Gotthard Langhans
Berlin, Jägerstraße 15. Ansicht um
1800
Bleistift, Tusche und Aquarell.
33,6 × 45,7 cm
Plansammlung der Universitätsbibliothek der Technischen
Universität Berlin

1.138—1.139
Anonym
Pläne für das Haus des Regimentsquartiermeisters Rimpler, Berlin,
Behren Straße 53. um 1800
1.138 Grundrisse Souterrain,
1. Etage
35,6 × 52,2 cm
1.139 Grundrisse 2. Etage, 3. Etage
35,2 × 51,5 cm
Bleistift, Tusche und Aquarell
Plansammlung der Universitätsbibliothek der Technischen
Universität Berlin

1.140—1.141
Karl Gontard
Pläne für das Wittwen-Cassen-Haus, Berlin, Behren Straße 41.
1793/94 (?)
1.140 Ansicht
45,4 × 62,3 cm
1.141 Grundriß 1. Etage
60 × 40 cm
Bleistift, Tusche und Aquarell
Plansammlung der Universitätsbibliothek der Technischen
Universität Berlin

1.142—1.143
Anonym
Pläne für das Haus des Kgl. Ober-Castellans Lehmann, Berlin
um 1800
1.142 Ansicht
36,5 × 45,8 cm
1.143 Grundrisse Souterrain,
1. Etage, 2. Etage, 3. Etage
60 × 92,3 cm
Tusche und Aquarell
Plansammlung der Universitätsbibliothek der Technischen
Universität Berlin

Das bürgerliche Interieur

1.144
Monogrammist E. W.
Berliner Wohnzimmer 1815—20
Aquarell. 18,5 × 26 cm
Germanisches Nationalmuseum
Nürnberg
Abb. S. 181

1.145
Carl Friedrich Zimmermann
Berliner Wohnzimmer des Klassizismus 1816
Schwarze Feder, aquarelliert.
26,9 × 29,8 cm
Kunsthalle Bremen

1.146
Leopold Zielke
Der Arbeitsraum des Künstlers in
seiner Berliner Wohnung Leipziger-/Ecke Friedrich-Straße um 1825
Aquarell und Feder. 47 × 58 cm
Germanisches Nationalmuseum
Nürnberg

1.147
Stephanie von Fahnenberg
Zimmer des Alex von Fahnenberg in
Berlin 1831
Aquarell. 28,5 × 24 cm
Germanisches Nationalmuseum
Nürnberg

1.148
Wohnstube des Theatermalers Carl
Gropius mit Blick auf den optischen
Telegraphen auf der Akademie
um 1835
Aquarell
Foto: Märkisches Museum, Berlin

1.149
Flurschrank Berlin um 1830
Mahagoni auf Weichholz.
210 × 178 × 48 cm
Kunst & Antiquitäten Rainer Kopp,
Berlin

1.150
Lyra-Vitrinen-Schrank Berlin um
1830
Mahagoni. 217 × 130 × 55 cm
Kunst & Antiquitäten Rainer Kopp,
Berlin

1.151
Sofa
Nußbaumholz, Polsterbezug
Roßhaar. ca. 86 × 182 × 68 cm
Privatbesitz, Berlin

1.152
Runder Tisch um 1815
Mahagoniholz. 75 × Ø 101 cm
Berlin Museum, Berlin

1.153
Spiegel Berlin um 1830
Mahagoni auf Kiefer. 140 × 60 cm
Kunst & Antiquitäten Rainer Kopp,
Berlin

1.154
Stuhl Berlin um 1830
Buche. 84 × 47,5 × 47,5 cm
Kunst & Antiquitäten Rainer Kopp,
Berlin

1.155
Stuhl
Nußbaumholz mit Sitzpolsterung.
87 × 43 × 43 cm
Privatbesitz, Berlin

1.156
Handdruck-Tapete mit wappensymmetrischen Blütenstengeln,
Vögeln und Rechteckgitter
um 1790
Handdruck auf Satinfond in
12 Farben mit angeklebter Bordüre.
129 × 62 cm, Rapporthöhe 47 cm,
Druckbreite 47 cm
Deutsches Tapetenmuseum, Kassel

1.157
Tapeteneinzelbahn mit Grisaille-Emblem aus der sogenannten
»Molière-Tapete« um 1820
Hergestellt in einer unbekannten
Pariser Manufaktur
Handdruck in 10 Farben.
216 × 54 cm
Deutsches Tapetenmuseum, Kassel

1.158
Louis Lafitte und Merry-Joseph
Blondel
Tapete »Amor und Psyche« 1816
Hersteller: Josef Dufour, Paris
Handdruck in 9 Grautönen.
265 × 56 cm
Deutsches Tapetenmuseum, Kassel

1.159
Tasse mit Untertasse um 1830
Hersteller: Königliche Porzellan
Manufaktur, Berlin
Porzellan. Tasse: 10,8 cm hoch;
Untertasse: 16 cm Ø
Staatliche Museen Preußischer
Kulturbesitz, Kunstgewerbemuseum, Berlin

1.160
Erinnerungsvase »Zum 50 jährigen
Eheverbindungsfeste am 9ten
Januar 1809 Herrn Alexander
Gontard und Frau Mariane Cäcilia
Gontard gebohrne Du Bose
ehrfurchtsvoll gewidmet.
Die Vorsehung begleite Ihre

ferneren Lebenstage im Kreise ihrer
Familie Mit beständigem Wohlseyn«
Hersteller: Königliche Porzellan
Manufaktur, Berlin
Porzellan. Sockel: 7,3 × ∅ 13,1 cm;
Becher: 17,2 × ∅ 12,8 cm
Historisches Museum Frankfurt

1.161
Zwei Kannen mit den Bildnissen
einer jungen Frau und eines jungen
Mannes. Aus dem Kaffeeservice mit
Porträts der Familie Mörinck aus
Berlin 1813
Hersteller: Königliche Porzellan
Manufaktur, Berlin
Porzellan. 25,5 und 16,8 cm hoch
Staatliche Museen Preußischer
Kulturbesitz, Kunstgewerbe-
museum, Berlin

1.162
Tasse mit Untertasse um 1830
Hersteller: Königliche Porzellan
Manufaktur, Berlin
Porzellan. Tasse: 9,5 cm hoch;
Untertasse: ∅ 15 cm
Historisches Museum Frankfurt

1.163
Teekanne, Rechaud und Filter mit
Deckel um 1830
Hersteller: Gesundheitsgeschirr-
fabrik der Königlichen Porzellan
Manufaktur, Berlin
Porzellan. 32 cm hoch
Berlin Museum, Berlin

1.164
Nachtlicht, Hochzeitsgeschenk des
Malers Julius Benno Hübner an
seine Braut Pauline Bendemann.
Gravur: »Gute Nacht Paulinchen
Bendemann« 1829
Silber. 12,5 cm × ∅ 8 cm
Privatbesitz

1.165
12teiliges Dessertbesteck mit zwei
Tortenhebern in einem Kasten
um 1830
Silber, Kasten mit Waschleder
ausgeschlagen. Kasten:
32 × 26 × 6,5 cm
Privatbesitz

1.166
Sechs Bechergläser mit Längsschliff
und Goldrand
7,9 cm × ∅ 6,8 cm
Historisches Museum Frankfurt

1.167
Zwei Weinflaschen
Glas. 25,5 und 24,5 cm hoch
Historisches Museum Frankfurt

1.168
Likörflasche mit Zinndeckel
Glas. 23,7 cm hoch
Historisches Museum Frankfurt

1.169
Samowar
Kupfer. 44 cm × ∅ 22 cm
Historisches Museum Frankfurt

1.170
Ein Paar Leuchter um 1830
Messing. 29,2 cm hoch
Historisches Museum Frankfurt

1.171
Ein Paar Leuchter um 1830
Messing. 18,5 cm hoch
Historisches Museum (Sammlung
Kotzenberg) Frankfurt

1.172
Nach Entwurf von Karl Friedrich
Schinkel
Kronleuchter für Kerzen um 1840
Zinkguß, vergoldet, und Glas.
57 cm hoch × ∅ 60 cm
Privatbesitz

1.173
Hand-Leuchter 1817—19
Hersteller: J. L. Gericke
Silber
Carl-Wolfgang Schümann, Köln

1.174
Berliner Kohlenkasten mit
Deckel um 1815
Eisenblech. 72 × 44 × 44 cm
Berlin Museum, Berlin

Treffpunkte der bürgerlichen guten Gesellschaft

1.175
Emil Koller
Winterlustbarkeiten bei den Zelten
im Thiergarten um 1822
Lithographie. 26 × 42,3 cm
Staatliche Museen Preußischer
Kulturbesitz, Kunstbibliothek mit
Museum für Architektur, Modebild
und Grafik-Design, Berlin

1.176
C. Weindauer
Die besetzte Bank unter den
Linden um 1822
Lithographie. 25,7 × 42,5 cm
Staatliche Museen Preußischer
Kulturbesitz, Kunstbibliothek mit
Museum für Architektur, Modebild
und Grafik-Design, Berlin
Abb. S. 179

1.177
Theodor Hosemann
Wirtslaube mit jugendlichen
Zechern um 1830
Bleistift und Aquarell. 7,8 × 11,2 cm
Kunsthalle Bremen

1.178
Anonym nach Loeillot
Muskow's Kaffeegarten in Berlin-
Charlottenburg 1833
Stich. 13,2 × 20 cm
Bildarchiv Preußischer Kultur-
besitz, Berlin

1.179
Gottlob Berger nach Adolph von
Menzel
Louis Drucker. Vergnügter Wein-
händler in Berlin 1837
Lithographie (mit Randzeichnung
von Menzel). 33,5 × 23,5 cm
Staatliche Museen Preußischer
Kulturbesitz, Kupferstichkabinett,
Berlin

1.180
Ludwig Eduard Lütke
Unter den Linden mit »Café Prince
Royal« und »Café National«
um 1840
Farblithographie. 28 × 39 cm
Staatliche Museen Preußischer
Kulturbesitz, Kupferstichkabinett,
Berlin

1.181
Anonym
Das Krollsche Etablissement in
Berlin um 1850
Stich. 16,4 × 21,4 cm
Bildarchiv Preußischer Kultur-
besitz, Berlin

1.182
Baron von Kanller
Faishonable Eisesser 1848
Kupferstich, koloriert.
32,5 × 43,8 cm
Staatliche Museen Preußischer
Kulturbesitz, Kunstbibliothek mit
Museum für Architektur, Modebild
und Grafik-Design, Berlin
Abb. S. 179

1.183
Heinrich Stürmer
Reisegesellschaft
Lithographie. 22,6 × 29,6 cm
Kunsthalle Bremen

1.184
Leopold Ludwig Müller
Das »Rote Zimmer« im Café
Stehely in Berlin. Treffpunkt der
Vormärzler

Aquarell
Foto: Märkisches Museum, Berlin
Abb. S. 180

Amusements der Randgruppen der bürgerlichen guten Gesellschaft

1.185
Georg Emanuel Opitz
Publikum vor Puppentheater 1805
Farbreproduktion. 39,8 × 55,2 cm
Staatliche Museen Preußischer
Kulturbesitz, Kunstbibliothek mit
Museum für Architektur, Modebild
und Grafik-Design, Berlin

1.186
C. Weindauer
Berliner optischer Schaukasten
um 1822
Lithographie. 24,5 × 37,8 cm
Staatliche Museen Preußischer
Kulturbesitz, Kunstbibliothek mit
Museum für Architektur, Modebild
und Grafik-Design, Berlin

1.187
Anonym
Das Diorama von Gropius
um 1830
Lithographie, koloriert.
24 × 35,2 cm
Berlin Museum, Berlin

1.188
Finden nach Eduard Gaertner
Das Atelier der Gebrüder Gropius
1833
Stahlstich, koloriert. 12,8 × 20,7 cm
Berlin Museum, Berlin

1.189
Porträt des Panoramamalers
Gropius um 1825
Aquarell
Foto: Staatliche Museen Preußi-
scher Kulturbesitz, Kunstbibliothek
mit Museum für Architektur,
Modebild und Grafik-Design,
Berlin

1.190
Anschlagzettel des Dioramas von
Gropius um 1800
Kupferstich
Foto: Ullstein Bildarchiv, Berlin

1.191
Programmzettel des Diapanoramas
im Saale des Hotel de Russie vom
13. 4. 1834
Berlin Museum, Berlin

Höfische Feste

1.192
Anonym
Der große Maskenball in Berlin zur
Feier des Geburtstages Ihrer
Majestät der regierenden Königin
von Preußen am 12ten März 1804
im Königlichen Nationaltheater
veranstaltet. Mit einem schwarzen
und neun illuminirten Kupfern,
Berlin 1805
Staatliche Museen Preußischer
Kulturbesitz, Kunstbibliothek mit
Museum für Architektur, Modebild
und Grafik-Design, Berlin

1.193
Ferdinand Berger, Friedrich Meyer
d. Ä. und H. Moses
Die lebenden Bilder und pantomimischen Darstellungen bei dem
Festspiel Lalla Rûkh aufgeführt auf
dem Königlichen Schlosse in Berlin,
den 27. 2. 1821. Bei der Anwesenheit des Großfürsten Nikolaus
und der Großfürstin Alexandra
Feodorowna nach der Natur
gezeichnet, Berlin 1823
Staatliche Museen Preußischer
Kulturbesitz, Kunstbibliothek mit
Museum für Architektur, Modebild
und Graphik-Design, Berlin

1.194
Franz Krüger
Porträt Alexandra Feodorowna,
Kaiserin von Rußland, geb. Prin-
zessin von Preußen
Lithographie. 35,5 × 25,7 cm
Kunsthalle Bremen

1.195
Wilhelm Barth
Potsdam, Nikolskoje um 1840
Tusche, farbig. 44 × 60 cm
Staatliche Museen Preußischer
Kulturbesitz, Kupferstichkabinett,
Berlin

Der »Heiligenschein« der Frau
um 1800

1.196
Friedrich Georg Weitsch (?)
Eine Berliner Familie
Öl auf Leinwand. 106 × 129 cm
Berlin Museum, Berlin

1.197
Johann Gottfried Schadow
Die Schwestern 1825
Lithographie. 22 × 21,5 cm
Kunsthalle Bremen

1.198
Carl Hübner nach Johann Gottfried
Schadow
Porträt Marianne von Paulsdorf
geb. Schlegel 1828
Lithographie. 22,5 × 18 cm
Kunsthalle Bremen

1.199
Haushaltsbücher der Frau von
Gneisenau
a) Wäsche usw. für die Töchter
   Emilie und Ottilie
b) Cassabuch 1818—1820
c) Almosen 1818—1820
d) Weinbuch 1830—1831
e) Einnahmen und Ausgaben 1831
Geheimes Staatsarchiv Preußischer
Kulturbesitz, Berlin

1.200
Grünes Kleid 1840
Seide
Historisches Museum der Stadt
Wien

1.201
Grüner Empiremantel
Anfang 19. Jh.
Taft, Seide und Tüll
Historisches Museum der Stadt
Wien

1.202
Breitrandiger Damenhut
Anfang 19. Jh. (möglicherweise eine
Kopie des Herstellers: Firma Paula
Kehl, Berlin spätes 19. Jh.)
Stroh, dekoriert mit Tüll, Straußen-
federn und Kunstblumen
Historisches Museum der Stadt
Wien

1.203
Gestickter Biedermeierschuh aus
Stoff, wadenhoch, zum
Schnüren um 1830
Deutsches Schuhmuseum,
Pirmasens

1.204
Handschuhe um 1830
Baumwolle mit Perlenverzierung
Historisches Museum der Stadt
Wien

1.205
Täschchen mit Rosen um 1830
Metall und Seide
Historisches Museum der Stadt
Wien

1.206
Korsett um 1835
Köper, Fischbein und Gummi
Historisches Museum der Stadt
Wien

1.207
Reifrock mit roten
Bändern 2. Viertel 19. Jh.
Stahl, Wolle, Baumwolle, Leinen
Historisches Museum der Stadt
Wien

1.208
Damenstrümpfe um 1830
Baumwolle mit Perlenstickerei
Historisches Museum der Stadt
Wien

1.209
Strumpfbänder mit Inschriften
a) »Meine Bitte Ihre Freundschaft«
und »Mein Wunsch Ihr Glück«
Atlas, Foulard, Seide
b) »Wandle auf Rosen und Vergiß-
meinnicht«
Leder und Seide mit Stickerei
Historisches Museum der Stadt
Wien

1.210
Karierte Weste um 1830
Seide
Historisches Museum der Stadt
Wien

1.211
Zylinder um 1800
Stroh
Historisches Museum der Stadt
Wien

1.212
Damenhut in Form einer
Schute um 1820
Stroh und Seide, Krempe aus
Strohborten
Historisches Museum der Stadt
Wien

1.213
Perlendiadem Anfang 19. Jh.
Metall mit Perlen. 16,2 cm lang
Historisches Museum Frankfurt

1.214
Caspar David Friedrich
Frauenhaube auf einem Ständer
und zwei Frauenhauben auf einem
Ständer 1806
Aquarell und Federzeichnung.
je 25,5 × 18 cm
Hamburger Kunsthalle — Kupfer-
stichkabinett, Hamburg

1.215
Modeblätter
a) 4 Blatt 1789
je ca. 19 × 11 cm
b) 1 Blatt 1790
20,4 × 32,5 cm
c) 4 Blatt 1792
je ca. 19 × 11 cm
d) 4 Blatt 1806
je ca. 19 × 11 cm
e) 4 Blatt 1813
je ca. 19 × 11 cm
f) 4 Blatt 1814
je ca. 19 × 11 cm
g) 4 Blatt 1815
je ca. 19 × 11 cm
h) 4 Blatt 1830
je ca. 20,2 × 12,5 cm
i) 4 Blatt 1832
je ca. 12,5 × 19,5 cm
j) 1 Blatt 1848
27 × 18,5 cm
Kupferstiche, koloriert
Staatliche Museen Preußischer
Kulturbesitz, Kunstbibliothek mit
Museum für Architektur, Modebild
und Grafik-Design, Berlin

2. Literarisches Leben

Manfred Schlösser
Gestalten, Ideen und Formen Literarischen Lebens um 1800

»Eine Facette ist die Facette einer Facette . . .«

Berlin um 1800 — das bedeutet den Beginn der Selbstbefreiung eines Volkes, das während des abgelaufenen Jahrhunderts gebannt und gefesselt auf seinen großen Nachbarn Frankreich gestarrt hat. Nirgendwo hatte sich der Stempel einer anderen Nation ohne militärische Eroberung oder Kolonisation auf Lebensart und Schaffensgeist in freiwilliger Annahme so aufprägen können wie im Berlin Friedrichs II., genannt der Große. Nirgendwo sammelten sich nach Friedrichs Tod die Antikörper so zahlreich, um von dem Gift loszukommen, das einstmals als Nährlösung so gierig aufgesogen wurde.[1] Anders als in den auf Hörigkeit abgerichteten Adelskreisen provozierte der französische Stil des Bürgers Selbstverständnis. Und wenn die französischen Aufklärer zum allgemeinen Gebrauch der Vernunft aufgerufen hatten, so setzte Kant in seiner berühmten Schrift »Was ist Aufklärung?« ein ganz entscheidendes Attribut hinzu, um aus »einem Zeitalter der Aufklärung« in das »aufgeklärte Zeitalter«, aus der »selbstverschuldeten Unmündigkeit« zur »wahren Freiheit« zu gelangen. Das Attribut von wahrhaft revolutionärem Inhalt heißt: öffentlich. »Von seiner Vernunft in allen Stücken *öffentlich* Gebrauch zu machen.«[2]

Mit dieser 1783 erhobenen Forderung Kants, präludiert von Lessings 1749 gefaßtem Entschluß, als freier Schriftsteller sich Öffentlichkeit zu verschaffen, wird ein Kommunikationsraum geöffnet, in dem Heine dereinst Stücke aufgeführt sieht, »wogegen die Französische Revolution nur wie eine harmlose Idylle erscheinen möchte«.[3]

»Öffentlichen Gebrauch machen . . .« — wo soll das stattfinden in einer Stadt, die kein Parlament, noch keine Universität, nur wenige Caféhäuser besitzt, nur eine heruntergekommene Akademie der Künste und eine hochgelahrte, gelegentlich tagende Akademie der Wissenschaften? Es waren die Häuser reicher jüdischer Bürger, zuvörderst die der Itzigs und Ephraims, der Levins und Wulffs, und allen voran des Markus Herz, die jenen geforderten Kommunikationsraum schufen, in dem über die eigene und anderer Emanzipation geredet werden konnte. Es waren aber auch die Journale und oftmals verbotenen Druckerzeugnisse, die zur Belebung des geistigen Verkehrs beitrugen und — en-

ger gefaßt schließlich die den Interaktionsraum besonders intensivierenden Briefe aus den Federn der Frauen.

Daß dieser Interaktionsraum selbst in Zeiten säbelrasselnden Zueinanderstrebens in den Befreiungskriegen ein aus Sprache gebauter war (s. Beitrag Lämmert), belegt nur die Not derer, die unfrei mit Schillers nüchterner »Nänien«-Feststellung sich begnügen mußten: »Denn das Gemeine geht klanglos zum Orkus hinab.« Die Generation um 1800 nahm jede Gelegenheit wahr, sich — in des Wortes konkretester Bedeutung — in Szene zu setzen. Nicht anders ist der Versuch, einen geistigen Staat im Staat zu gründen, sind die zahlreichen kommunikativen Formen der Gründungen von Vereinigungen, Clubs, Gesellschaften, und dem entsprechend, die zahlreichen literarischen Gattungsformen des Briefes, der Rede, des Dialogs zu verstehen, die alle auf ihre Weise an der Utopie »gemischte Gesellschaft« bauten.[4]

Es ist kein Zweifel, diese Gesellschaft um 1800 hatte Größeres im Sinn als der Zwang der Verhältnisse in den Befreiungskriegen nach 1813—15 es zuließ, geschweige denn nach 1830—48, wo man schon dankbar gewesen wäre, die Hoffnungen von 1800 gehabt zu haben.

Wenn Lessing in einem Brief an Gleim mit der Berufung auf ein durchaus gesundes Maß von Patriotismus daran erinnert, daß es »nach seiner Denkungsart das allerletzte ist, wonach ich geizen würde, des Patrioten nämlich, der mich vergessen lehrt, daß ich ein Weltbürger sein sollte«[5], so war es für die schreibende Generation um 1800, die hier dokumentiert werden soll, als Anknüpfungspunkt für alle nachfolgenden Enkel, der Zug zum Weltbürgertum, der sie alle beherrschte. Auch wenn in jenen bewegten Revolutionsjahren ein politisches Engagement von den meisten garnicht ins Auge gefaßt werden konnte, weil die allgemeine Unreife der historisch-gesellschaftlichen Situation keine konkreten Erfahrungswerte für politisches Handeln bot, entwarfen die Schriftsteller der verschiedensten Couleur ihre kosmopolitischen Programme. So betitelte der Jacobiner Georg Friedrich Rebmann programmatisch seine Reiseerinnerungen an Berlin um 1793 als »Kosmopolitische Wanderungen durch einen Teil Deutschlands«. Als »Kosmopolit« zu Fuß durch die Lande zu ziehen, bedeutete nichts weniger als, den Mitmenschen »fest und rein ins Antlitz zu schauen«, wie der berühmteste Wanderer Johann Gottfried Seume den Auftrag der Zeit verstand. Von solcher Teilhaberschaft bürgerlicher Aufklärung soll hier die Rede sein.

195

»Ein besserer Pädagog muß kommen«
oder die Anfänge der Aufklärung: Lessing — Mendelssohn — Nicolai

»... Ihre berlinische Freiheit reduziert sich einzig und allein auf die Freiheit gegen die Religion so viele Sottisen zu Markte zu bringen, als man will ... Sie werden bald die Erfahrung haben, welches Land bis auf den heutigen Tag das sklavischste von Europa ist ...«[6], mit diesen bitteren Worten erinnert sich Lessing 1769, im Jahr seiner Berufung an die Herzogliche Bibliothek in Wolfenbüttel, gegenüber dem Streitgenossen Nicolai, der Stadt, von der er noch 1754 glaubte annehmen zu müssen: »Ich lebe bloß hier, weil ich an keinem anderen großen Orte leben kann.«[7]

Als 19jähriger Student der Medizin — das Studium der Theologie hatte er gerade abgebrochen — kam Lessing Anfang November 1748 aus Wittenberg, um mit seinem Freund und Vetter Christlob Mylius (1722—1754) die Möglichkeiten eines Lebens als freier Schriftsteller zu besprechen. Schon am 9. November 1748 eröffnete er in der »Berlinischen Privilegierten Zeitung« seine bis 1755 andauernde Rezensententätigkeit unter der Rubrik »Von gelehrten Sachen«. Mit einem Streich sollte die Welt wissen, mit wem sie es zu tun hat. Am 11. März 1749 versetzte er Gottscheds platter, reingewaschener Regelpoesie den Hieb: »Was hilft das Wischen, wenn man einen unreinen Schwamm dazu braucht?«[8] Als Demonstration seines »christlichen Glaubens« schrieb er 1749 das Lustspiel einer die Gegensätze christlichen und atheistischen Lebens durch Toleranz einigenden Welt »Der Freygeist«. In den beiden Figuren Adrast und Theophans, des Freigeistes und des protestantischen Geistlichen, künden sich — wenn auch auf der komischen Ebene — bereits die großen theologisch-philosophischen Themen der Zeit seiner Diskurse mit Moses Mendelssohn und Nicolai an.

Neben seiner journalistischen Rezensententätigkeit auf nahezu allen Gebieten des geistigen Lebens entsteht, im Caféhaus geschrieben, das Lustspiel »Die Juden«. In dieser Ehrengabe der Aufklärung, Meilenstein[9] auf dem Weg zum »Nathan«, geißelt er bereits die Diffamierung durch generelle Vorurteile mit den Worten: »Wenn ein Jude betrügt, so hat ihn unter neunmalen, der Christ vielleicht siebenmal dazu genötigt ...« Das »Resultat einer sehr ernsthaften Betrachtung über die schimpfliche Unterdrückung in welcher ein Volk seufzen muss« (Lessing) wurde 1749 von der Neuberschen Truppe in Leipzig mit Erfolg aufgeführt. Von nun an hatte

er beschlossen, als freier Schriftsteller sein Geld zu verdienen, wie er es in einem ausführlichen Brief an seine Mutter erläuterte.[10]

Sehr schnell avancierte der »junge, lebhafte, witzige Mann«[11]. Sein zweiter dreijähriger Berlinaufenthalt vom November 1752 bis Oktober 1755 stand ganz im Zeichen des Triumvirats der Freundschaft mit Nicolai und Moses Mendelssohn.

Aus Leipzig war im gleichen Jahr der durch seine »Briefe über den itzigen Zustand der schönen Wissenschaften in Deutschland« bekannt gewordene 21jährige Jungbuchhändler Christoph Friedrich Nicolai in das väterliche Geschäft gekommen, das er nach dem Tod seines Bruders 1757, in der Spandauer Straße zu einem Mittelpunkt des geistigen Lebens in Berlin ausbaute. (Das Haus Nr. 13 in der Brüderstraße ist erst im Jahr 1787 gekauft worden.)

Mit Moses Mendelssohn diskutierte Lessing allmorgendlich zwischen 7 und 9 Uhr in seiner kleinen Dachstube im Nikolaihof Nr. 10 über literarische, philosophische, theologische, kunsttheoretische und andere Probleme. Mindestens zweimal die Woche wurden die Gespräche auch abends, unter Hinzuziehung Friedrich Nicolais fortgeführt, wobei der konkrete Gegenstand hinter der Form der Auseinandersetzung als gegenseitiges Maßnehmen zurückstand. »Von allen aufgeworfenen Fragen ward beständig das Dafür und Dawider von einem oder dem andern der Unterredenden aufgenommen, niemals aber darauf ausgegangen, einen zur Meinung des andern schlechthin zu bekehren ... Lessing hatte im Disputieren die Art, entweder die schwächste Partei zu nehmen oder, wenn jemand das *Dafür* vortrug, sogleich mit seinem Scharfsinn das *Dawider* aufzusuchen.« (Friedrich Nicolai, in: Über meine gelehrte Bildung 1779, 141 f.) In diesen noch nicht zum System erhobenen Disputen ging es um die Selbstschmiedung einer Persönlichkeit als Voraussetzung bürgerlicher Emanzipation, die sich die Toleranz als Aufgabe zur Entfaltung höherer menschlicher Werte stellt und in ihr keineswegs bloß die Duldung alles Menschlichen sieht.

In Mendelssohns Briefen »Über die Empfindungen«, die Lessing 1755 ohne Wissen des Autors anonym als dessen erstes Buch herausgab, wird die alte dualistische Aufteilung der Welt in die »höhere« (= rationale) und die »niedere« (= sinnliche) Daseins- und Bewußtseinsebene aufgehoben in einem »vollständigen System der Empfindungen« (Lessing), d. h. einer neuen Einheit in der Mannigfaltigkeit.

Im gleichen Jahr, Anfang Februar bis Mitte März 1755, entsteht in einem Gartenhaus in Pots-

2.7 G. E. Lessing, Miß Sara Sampson, Erstdruck

2.10 G. E. Lessing/F. Nicolai, Briefe, die neueste Litteratur betreffend, Titelseite der ersten Nummer

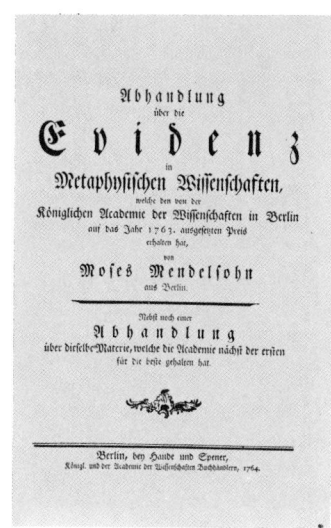

2.32 Moses Mendelssohn, Preisschrift der Akademie

rechts: Gottfried Ephraim Lessing

2.197 G. E. Lessings Schriften, enthält im vierten Teil von 1755 Erstdruck der »Juden«

rechts: Moses Mendelssohn, Stich nach J. G. Schadow

dam das ›bürgerliche Trauerspiel‹ »Miss Sara Sampson«, das nicht nur Lessings spätere aristotelische Theorie über Furcht und Mitleid aus der »Hamburgischen Dramaturgie« (1767—70) im Gegensatz zur künstlichen Pathetik der französischen Klassik schon zur Geltung bringt, sondern das auch als literarische Gattung die »höhere« Versform mit der »niederen« Prosa mischt. Ihr entspricht die »Mischung« der sozialen Schichten im Konflikt. Das Thema wird bis hin zu Hebbels »Maria Magdalene« Früchte tragen.

In Verbindung mit Nicolai gibt er ab Januar 1759 bis Juli 1765 die kritische Wochenschrift »Briefe die Neueste Litteratur betreffend« heraus. Sein 17. Brief hat historische Bedeutung: mit einer Analyse der Dilettanten, der Forderung nach deutschem Nationalstil versetzt er Franzosen- und Gottsched-Ära den Todesstoß. Das Theater des hohlen Pathos', des guten Geschmacks oder billiger Unterhaltung hat ein Ende gefunden. Er selbst leistete nach Jahren erfolglosen Bemühens um die Vollendung verschiedener Dramenprojekte seinen patriotisch-preußischen Weltbürgerbeitrag mit der 1765 erfolgten Fertigstellung der »Minna von Barnhelm«, die zur Ostermesse 1767 bei Voss in Berlin erscheint.

Lessing — der neue Praeceptor Germaniae.

Moses Mendelssohn indessen hatte in seinem Bereich die Äpfel der Hesperiden geholt. Im Juni des Friedensjahres 1763 wurde seine in deutscher Sprache eingereichte Abhandlung »Über die Evidenz in metaphysischen Wissenschaften« von der preußischen Akademie in öffentlicher Sitzung mit fünfzig Dukaten preisgekrönt. Das war um so ehrenvoller, als Kant, der die Frage, ob die Metaphysik der gleichen Beweiskraft fähig sei wie die Mathematik, im Gegensatz zu Mendelssohn verneinte, nur den zweiten Preis errang. Sein wichtigstes Werk »Phaedon oder über die Unsterblichkeit der Seele« (1767) wurde von Kant widerlegt, vom Publikum jedoch, Goethe und Herder z. B., wegen der darin behandelten Fragen über Selbstrecht, Pflichten gegenüber der Gemeinschaft, die Natur der Seele, über die Unendlichkeit der Substanz etc. sehr bewundert. Der jüdische Philosoph Mendelssohn hatte sich inzwischen eine Öffentlichkeit geschaffen, die für jüdische Bankiers wie Daniel Itzig schon längst selbstverständlich war: gesellschaftliche Anerkennung. Aber es war ein Pyrrhussieg. Daniel Itzigs Schwiegersohn David Friedländer (1750—1834), Schüler und enger Freund Mendels-

links: 2.13
Marcus Herz

2.27

sohns, hat 1799 in einem anonymen »Sendschreiben einiger jüdischer Hausväter« den aufgeklärten Theologen Wilhelm Abraham Teller (1734—1804) gebeten, ihm die Frage in der »heiligsten Angelegenheit der Menschen« zu beantworten, »welches öffentliche Bekenntnis« gefordert würde, »wenn wir [die Juden] uns entschließen sollten, die große, christliche protestantische Gesellschaft zum Zufluchtsort zu erwählen«. Damit war aus den eigenen Reihen Toleranz nicht mehr im Sinne Lessings und Mendelssohns gleichberechtigtes Glaubensrecht, sondern Assimilation gleich Glaubensvereinigung verstanden. Die im Auftrag Friedrichs II. von Christian Wilhelm Dohms verfaßte Schrift »Über die Bürgerliche Verbesserung der Juden in Deutschland« von 1781 hatte in seiner Forderung auf Autonomie der Juden größere Wirkung auf das Toleranzedikt von 1812 und vor allem auf die revolutionären Ansichten des 1786 in Berlin weilenden Grafen Mirabeau, der im Umgang mit Mendelssohn und als gerngesehener Gast im Hause der beiden Herz die lebendigste Anschauung von der dringlichen Notwendigkeit einer gesetzlich geregelten Verständigung zweier geistig so wahlverwandter Völker erhielt.

»Ideal einer vollkommenen Zeitung« oder Journale und Verleger als Mittler bei der Entstehung bürgerlicher Kultur

Für den Wandel des Geschmacks, als Mittel zur Aufklärung und Unterhaltung, Grundlage für Gespräche in kleinem Kreise von Lesegesellschaften, in den größeren der Salons, schließlich als Austragungsort für literarische Fehden eigneten sich vorzüglich die Periodika der Almanache, Journale, Kalender und Taschenbücher, die vielerorts erschienen, im Berlin der Aufklärung und der gegenaufklärerischen Romantik ihren Umschlagplatz fanden. Die »Äußere und innere Geschlossenheit einer Buchkultur«[12] erweist sich besonders deutlich am Aufkommen des neuen Typus des Gelehrten: im Medium der Zeitschrift fand der freie Schriftsteller sowohl das geeignete Mittel zur Verbreitung seiner Ideen als auch die Quelle seiner Einkünfte. Auch hier steht Lessing in seiner Berliner Zeit stellvertretend für eine bis in die dreißiger Jahre unseres Jahrhunderts fortwirkende enge Kooperation von Verleger, Editor und Autor durch seine Freundschaft mit Friedrich Nicolai. Zunächst war es die von Lessing initiierte »Bibliothek der schönen Wissenschaften und freyen Künste«, die Nicolai mit Mendelssohn 1757—59 herausgab und die sich mit der zeitgenössischen Literatur kritisch unter dem Gesichtspunkt der »Beförderung der schönen Wissenschaften und des guten Geschmacks unter den Deutschen« auseinandersetzte. Bedeutsamer noch, von einem Heine[13] durchaus erkannt, war die von Friedrich Nicolai ohne tätige Mithilfe Lessings 1765 gegründete, bis 1806 durchgehaltene, schließlich 120 Bände zählende Sammlung der »Allgemeinen deutschen Bibliothek«, die wie kein vergleichbares Organ der Zeit im Dienste der Aufklärung kritische Arbeit leistete. »Will man Namen und Themen der Aufklärung kennenlernen, will man sich das Nebeneinander alter und neuer Schriften, die Entwicklung der Fachwissenschaften und die Wandlungen der Dichtung vergegenwärtigen, so nimmt man noch heute ... Nicolais Zeitschriften zur Hand«.[14]

Mit Wielands »Teutschen Merkur«, der sich 35 Jahre lang als *das* literarische Periodikum behaupten konnte, startete 1773 aus Weimars Musenhof eine vignettengeschmückte, in gefälligem Format und großzügig gedruckte literarische Monatsschrift, die mit ihrem Wechsel von Gedichten, Briefen, Erzählungen, Betrachtungen, Rezensionen und Ankündigungen zum Vorbild zahlreicher Zeitschriften wie für Schillers »Horen« oder Schlegels

Ch. M. Wieland, Der Deutsche (ab Nr. 2: Teutsche) Merkur, Titelseite der ersten Nummer

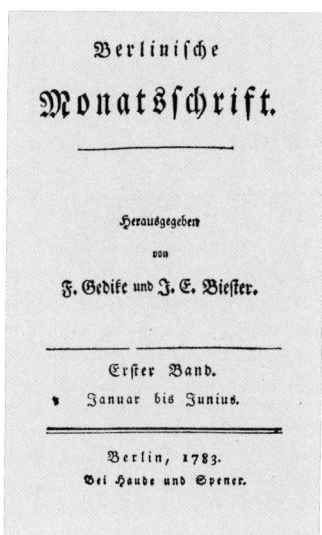

2.11

»Athenäum« und allerorts für die Herausgabe von »Magazinen für das Frauenzimmer«, »Damen-Kalender und -Journale«, »Musen-Almanache« und dergleichen mehr werden sollte. Aus Berlin antwortete der Aufklärungsschriftsteller J. F. Reichardt mit seiner Vierteljahresschrift »Olla Potrida« für fast zwei Jahrzehnte (1778—97) in gleicher Manier der Mischung von Prosa, Gedicht, Anekdote bekannter Autoren. Dem allgemeinen Ideal des aufgeklärten-aufklärenden Zeitalters mit dem Anspruch auf mehr als nur Lebenshilfe entsprach die von Johann Erich Biester (1749—1816) und Friedrich Gedike (1754—1803) herausgegebene »Berlinische Monatsschrift« (1783—96), in der alle bedeutenden philosophischen Köpfe der Zeit publizierten. Ins Gedächtnis der Menschheit trug sich dieses Journal mit seiner 4. Ausgabe vom Januar 1784 ein durch den Abdruck von Kants »Beantwortung der Frage: was ist Aufklärung?«, mit dem berühmten Auftakt in Kursiv gesetzt: »Aufklärung ist der Ausgang des Menschen aus seiner selbst verschuldeten Unmündigkeit.« Kant antwortete dem bigotten Berliner Theologen J. F. Zöllner (1753—1804) auf dessen Dezemberartikel, in dem dieser »durch die herrschende Denkungsart des Zeitalters . . . unter dem Namen der Aufklärung . . . einen allgemeinen Niedergang der Sitten« meinte feststellen zu müssen. Indessen »träumte« Karl Philipp Moritz in einer kleinen Schrift vom »Ideal einer vollkommenen Zeitung« (1784). »Menschenbesserung«, das war auch die Zielrichtung der eher konservativen »Deutschen Monatsschrift«, die der junge Pädagoge Gotthelf Fischer (1771—1853) ganz im friderizianischen Geist unter Mitwirkung Gleims, K. Ph. Moritz', W. v. Humboldts, Goethes und Herders und vieler anderer im Verlag Viewegs 1790—94 herausgab.

Glanz kam jedoch erst in das erwähnte Unternehmen mit der auch finanziellen Übernahme des Jahrgangs 1795 durch Gentz. Als Gesprächspartner des 23jährigen Wilhelm von Humboldt votierte der blitzgescheite Gentz 1790 gegen die Vorbehalte des Augenzeugen der Debatten in der französischen Nationalversammlung von 1789 für die Französische Revolution. Jetzt, vor allem in dem 1799 gegründeten monatlichen »Historischen Journal«, dessen Beiträge Gentz allein bestritt, kommen Zweifel über ihn, ob nicht »Despotismus Despotismus« bleibe, »der Endzweck sei, welcher er wolle!« Als Übersetzer der »Reflections on the Revolution in France« von Edmund Burke (1729—1797) warnte er vor den Folgen einer jeden Revolution, die unweigerlich in einen Weltkrieg führen müsse,

und sann über die Möglichkeit einer Institutionalisierung des »Ewigen Friedens« durch Vernunft nach. Im Jahr der Thronbesteigung Friedrich Wilhelms III. »überreichte er allerunterthänigst« ein offenes Sendschreiben, in dem er für freie Rechte des Bürgers in Wirtschaft und Kultur eintrat. Gegenüber der absoluten Mündigkeit des Bürgers gebe es keine staatliche Handhabe des Eingriffs, Pressefreiheit sei die vordringlichste Aufgabe, was Goethe zu der mokanten Briefnotiz gegenüber Schiller (2. 5. 1798) veranlaßte: »In Zeiten der Freiheit. . ., da Herr Gentz mit der liberalsten Zudringlichkeit einem neuen König eine unbedingte Preßfreiheit abtrutzt« sei eine der »lustigsten Begebenheiten«, daß einem Wieland »verboten worden sei, die Fortsetzung seiner Gespräche [unter vier Augen] im Merkur drucken zu lassen.«
Daß Gentz sich bald als Berater Metternichs zum Reaktionär und geistigen Vater der Demagogengesetze mausern würde, gehört nicht mehr hierher.

Im großzügig gedruckten, auch mit farbigen Abbildungen versehenen »Berlinischen Archiv der Zeit und ihres Geschmackes«, das 1785—1800 für »ein grübelndes Publikum . . ., zur Unterhaltung gebildeter Leute . . .« bei Friedrich Maurer erschien, kamen die Händel der Klassiker und Romantikergeneration voll zum Austrag.
Reichardts republikanische Zeitschrift »Deutschland« (1790—94) konnte sich wegen laufenden Verstoßes gegen die Zensurbestimmungen nicht behaupten. Für ein Jahr setzte er sein Unternehmen 1796 unter dem Titel »Lyzeum der schönen Künste« fort. In beiden publizierte das junge romantische Deutschland. Der durch die französische Revolution verursachte publizistische Auftrieb brachte eine heute kaum noch vorstellbare Flut von zum Teil kurzlebigen Journalen, Heftchen, Flugschriften zu Tage.
Auf zwei Schriften aus Weimar, auf Schillers »Horen« (1794—98) und auf Goethes »Propyläen« (1798—1800), mit dem berühmten Verdikt gegen die Berliner Kunst galt es zu reagieren. Die herausragendste Publikation in Inhalt und Aufmachung stellte das vom Verleger Vieweg in bewußter Anlehnung an die »Horen« noch aufwendiger gemachte »Athenäum« der Gebrüder Schlegel dar, womit ein Höhe- und Wendepunkt zugleich erreicht war. Die durch die Lande ziehenden Romantiker ließen ihre Produktionen kurzfristig jeweils dort erscheinen, wo sie gerade lebten. Stetigkeit war sowieso nicht ihre Sache.

Einen Blick noch auf die Almanache, die um 1800 ihren Höhepunkt sowohl inhaltlich als auch ausstattungsmäßig hatten und »dem wachsenden Bedürfnis und Schmuckverlangen des aufstrebenden Bürgertums sehr entgegen kamen«.[15] Verleger und Drucker wetteiferten miteinander, äußerlich diese Gaben zum »geselligen Vergnügen« so reizvoll wie möglich zu gestalten, inhaltlich die besten Autoren zu gewinnen. Wieder sind es Goethe und Schiller, August Wilhelm Schlegel und Tieck, die dieser Modeerscheinung die höheren Weihen durch gezielten Einsatz mit Erstdrucken wichtigster Texte gaben. Die Berliner Verleger Johann Friedrich Unger und Friedrich Vieweg taten sich dabei ganz besonders durch ihren drucktechnisch und buchkünstlerisch hohen Anspruch hervor.

Am Ende des 18. Jahrhunderts kamen auf 10 000 Einwohner jeweils eine Druckerei, zu Beginn des 20. Jahrhunderts sind es bereits zwei bis drei. Das Aufkommen von Lesegesellschaften, die einerseits aus dem Bedürfnis entstanden, Möglichkeiten für den Erfahrungsaustausch im jeweils eigenen Fachbereich zu schaffen — es gab theologische, medizinische, pädagogische Lesekabinette —, andererseits Treffpunkte zur Unterhaltung mit Abendveranstaltungen oder Billard- und Kartenspielmöglichkeiten waren, diese Vorläufer der literarischen Salons waren zugleich auch die Vorläufer unserer Leihbüchereien. Eine allgemein sich ausbreitende »Lesewut« stellte bereits das »Journal von und für Deutschland« 1790 fest, wenn es schreibt: »Die durch alle Volksclassen ausgebreitete Leselust haben die Buchhändler größten Theils den Nachdrucken und den vielen Lese-Gesellschaften zu verdanken.«[16] Im Berlin des ausgehenden 18ten Jahrhunderts gab es trotz strenger Richtlinien für das Privileg zur Unterhaltung einer Druckerei — das erst mit der am 2. November 1810 eingeführten Gewerbefreiheit wegfiel — eine solche Fülle von Pressen und Verlagen, daß viele Unternehmen nur für kurze Zeit Bestand hatten, denn »klein war hier die Zahl von vermögensreichen Verlegern und Druckern«.[17] Immerhin: 281 Werke erschienen z. B. 1789 allein in Berlin, größtenteils Erbauungs- und Trivialliteratur von Einfältigen für Einfältige, jedoch auch genug ernstzunehmende Schriften stets beargwöhnter Schriftsteller und Philosophen, deren Manuskripte ohne Zensur nicht erscheinen durften. Die Verleger waren oftmals die Leidtragenden, die wahren Partner der schreibenden Zunft. Einer von vielen, ohne die Literatur als Öffentlichkeit gar nicht denkbar, ohne die mancher

folgenreiche Text gar nicht erst entstanden wäre, sei herausgegriffen: Johann Friedrich Unger.

Unger war für ein Vierteljahrhundert nicht nur der maßgebliche Verleger klassischer und romantischer Autoren. Mit der Schöpfung einer eigenen, der lichten Unger-Frakturschrift von 1793 hat er darüberhinaus seinen Beitrag zum europäischen Klassizismus geleistet. Er hat den Widerspruch der groben, volkstümelnden Fraktur zur lichten Klarheit einer klassizistischen Antiqua in einer Art Synthese aufgelöst. Sein Ehrgeiz war, zusammen mit dem Stempelschneider Johann Christian Gubitz († 1826) typographisch und literarisch zeitgemäß zu sein, und die Zeit war ambivalent. Es widersprach durchaus nicht seinem Bestreben um den Erhalt einer reformierten altdeutschen Schrift, wenn er zugleich erfolgreich gegen den mächtigen Konkurrenten Breitkopf in Leipzig die eleganteste Antiqua Europas aus dem Pariser Haus Didot für 30 000 Franc Lizenzgebühr »zur ausschließlichen Nutzung und zum Vertrieb« einkaufte. Aus seiner Schule entwickelte der Sohn seines Mitarbeiters Gubitz, der Schriftsteller und Holzschneider Friedrich Wilhelm Gubitz, den Faksimileholzschnitt, der erst nach 1848 unter Adolf Menzel zur Blüte gelangen sollte. Unger wurde 1790 Mitglied der Akademie der Künste und erhielt dort 1800 die erste Professur an der neu eingerichteten Lehrstelle für Formschneidekunst.

Unger erkannte aber auch das aufkommende Zeitalter der Hausmusik, der er selbst in seinem von Zelter erbauten Sommerhaus im Tiergarten ein Forum bot, und investierte erhebliche Mittel in den Ausbau seiner Notenstecherei. Basis seines Unternehmens, in dem insgesamt 324 Werke erschienen sind, darunter ein Anteil von 98 belletristischen Titeln, waren eine Reihe von (insgesamt 14) Zeitschriften und die Sicherung der Kalenderpacht, die als Einnahmequelle der Kgl. Akademie der Wissenschaften dieser allein im Jahr 30 400 Taler (!) einbrachte.

Ungers Freund und bedeutender Autorenvermittler war der Professor der Theorie der schönen Künste an der Akademie der Wissenschaften: Karl Philipp Moritz, der schon über 25 Werke bei anderen Berliner Verlegern veröffentlicht hatte, bevor er mit seinen »Denkwürdigkeiten zur Beförderung des Edlen und Schönen« in 4 Bänden 1786 zu Unger kam. Goethe meinte von seiner aesthetischen Hauptschrift »Über die bildende Nachahmung des Schönen« (1788), sie sei »das Fundament unserer nachher mehr entwickelten Denkart«. Als »feinnerviger Seismograph seines Zeitalters — geistesge-

Johann Friedrich Unger

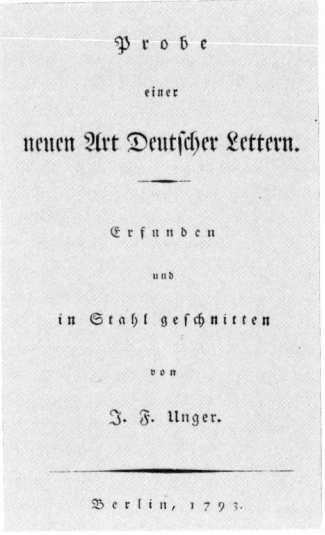

2.64

2.81   Anna Luise Karsch

am Göthe
zu Berlin, Monttags
den 18. May 1778
»Schön gutten Morgen Herr
Doctor göth
Euch hab ich gestern grüßen
wollen
s ist wieders Weiber Etiket
ich hätt's Vonn Euch erwartten
sollen
Daß Ihr Wie sich's gebührt und
ziemt
mich aufgesucht und mich
gegrüßet
Ihr aber seid gar Weltberühmt
s war möglich daß Ihrs bleiben
ließet
Ihr seid des Herzogs Spiesgesell
Habt mehr zu Thun und mehr zu
schaffen
als mitt Euren auge groß und hell
nach Einem alten Weib zu
gaffen.
Drum sprang ich über's Cere-
moniel
hinweg mit leuchttmuth und mitt
lachen
zog mir mein Sontags Kleidchen
ann
und ging Euch meinen Knix zu
machen.
mein geist Ein fixes Ding
soll gutten Morgen sagen,
Dir Musendämmerling
Dir Secretair des Fürsten
der auff dem Parnaß Sizt
und wenn die Dichter dürsten
mitt Wasser Sie besprüzt
aus Einem Born der mächtig
und Wunderthättig ist —
Er macht's daß Du so prächtig
so stark imm ausdruck bist...«
(A. L. Karsch, zit. nach:
E. Arnold, Goethes Berliner
Beziehungen, S. 8)

schichtlich gesehen eine symptomatische Gestalt des Übergangs«[18] — kann er zum besseren Verständnis für die Ambivalenz der Jahrhundertwende um 1800 gar nicht hoch genug eingeschätzt werden. Sein autobiographischer Roman der Suche nach einem Boden unter den Füßen zwischen bedrohlicher Wirklichkeit und scheinbar bergender Phantasienwelt »Anton Reiser« (in 5 Bänden 1785—94 bei Maurer/Vieweg erschienen) ist bis heute als durchaus modern empfunden einem größeren Leserkreis gegenwärtig. »Andreas Hartknopf« und die Fortsetzung »Andreas Hartknopfs Predigerjahre« (1786/90) sind weniger bekannt, was sicherlich nicht an dem abstrakteren allegorischen Gewand der ebenfalls von Unger herausgegebenen Romane liegt. Zusammen mit der Drucklegung der (durch den frühen Tod des erst 37jährigen) Fragment gebliebenen Erzählung »Die neue Cecilia« hat der Verleger seine neue Schrift angekündigt und verteidigt. Wenn das Thema der Erzählung die Schaffung einer in sich selbst vollendeten Kunstgestalt ist, so fand dies Thema in der neuen Schrift seine angemessene Entsprechung.

»Berlin vielleicht der einzige Ort...« oder das ambivalente Verhältnis der Klassiker zur »Königsstadt«.

Johann Wolfgang von Goethe

Goethe und Berlin[19], Berlin und Goethe — dies ungleiche Paar lockt selbst kundigen Lesern zunächst kaum mehr als ein »Gewiß-doch« heraus. Bei aller Freundesliebe zu Zelter, bei allem Interesse am Berliner Theaterbetrieb, bei der oftmals geäußerten Bewunderung für einige Berliner Künstler wie Chodowiecki, Rauch, Schadow, Schinkel, Friedrich Tieck u. a., auch angesichts zum Teil inniger Beziehungen zu Berliner Schriftstellern wie Karl Philipp Moritz, Ludwig Tieck, Rahel Levin und ihrem Bruder Ludwig Robert, zu Achim von Arnim und Friedrich Gentz, Johannes von Müller und dem »Zaunkönig« Bettine, auch bei seinem wissenschaftlichen Interesse an den Forschungen Berliner Kollegen wie denen des Mineralogen Christian Samuel Weiß (1780—1856), des Botanikers Heinrich Friedrich Link (1767—1850), des Gegners seiner Farbenlehre Johann Thomas Seebeck (1770—1831) oder, alle überragend, des Universalhistorikers Alexander von Humboldt — all diese und weitaus mehr Knoten eines reichen Beziehungsgeflechtes vermochten es nicht, Goethe nach Berlin zu ziehen. Einmal, als Begleiter des

inkognito reisenden Herzogs Carl August verweilte er, von der »Karschin« mit einem Gedicht begrüßt, für acht Tage, zwischen dem 15. und 23. Mai im Jahre 1778, in der »Königsstadt«, wie er Berlin später oft nannte. »Ich schaute drein, wie das Kind in Schön-Raritätenkasten . . . die Gestalten der Generale, die hab ich halb dutzendweise bei Tisch gegenüber gehabt . . . mit Menschen hab ich sonst gar Nichts zu verkehren gehabt . . .«, schreibt er an Freund Merck nach Darmstadt am 5. 8. 1778. Und wenn er am Ende seiner Tage am 20. Februar 1832 dem Bildhauer Rauch nachsinnt, daß es ihm »zu Beruhigung und Trost gereicht Sie [Rauch] wieder in Berlin zu wissen. Ich lebe dort mehr als ich sagen kann und vergegenwärtige mir möglichst das mannigfaltige Große, was für die Königsstadt, für Preußen und für den ganzen Umfang der Kunst und Technik, der Wissenschaft und der Geschäftsordnung geleistet und gegründet wird . . .«, so hat sich in den dazwischenliegenden Jahrzehnten eine zwischen ihm und Berlin spannungsgeladene, manchmal übereinstimmende, manchmal antagonistische Beziehung abgespielt, die für die Berliner Geistes- und Kulturgeschichte von überragender Bedeutung ist. Greifen wir einige Facetten heraus. Bekannt wurde »Herr Göde in Frankfurt a. Main« durch die Uraufführung des »Goetz von Berlichingen« am 14. April 1774. Das Volk jubelte, Friedrich II. polemisierte in seiner die deutsche Literatur verächtlich machenden Schrift »De la Littérature Allemande« (1780): »degoûtantes plattitudes.« Und Lessing meint an seinen Bruder Karl (20. 4. 1774): »Daß ›Goetz von Berlichingen‹ großen Beifall in Berlin gefunden hat, ist, fürchte ich, weder zur Ehre des Verfassers noch zur Ehre Berlins.« Auch Nicolai äußerte sich negativ. Hier stehen sich zwei Generationen gegenüber, deren gemeinsame Basis, zur Aufklärung und Befreiung des Menschen aus all seinen Verstrickungen beizutragen, über den Weg und das eigentliche Ziel zu keiner Gemeinsamkeit zusammenfinden läßt. Hier der Freiheitsbegriff des aufgeklärten Geistes unter weitgehendem Erhalt der alten Formen, dort die lebendige Anschauung von Freiheit als eines alle Formen und Konventionen sprengenden Lebenselementes. Die Geburtsstunde der Sturm-und-Drang-Periode war zugleich die Fackel-Übergabe von der ersten zur zweiten Aufklärung, von Kant zu Fichte.
Für Berlin typisch auch die Reaktion auf das im gleichen Jahr durch Goethes Briefroman »Die Leiden des jungen Werther« ausgebrochene Werther-Fieber. Je reißenderen Absatz dieser Bestseller fand, desto schneller sprossen die Gegenschriften,

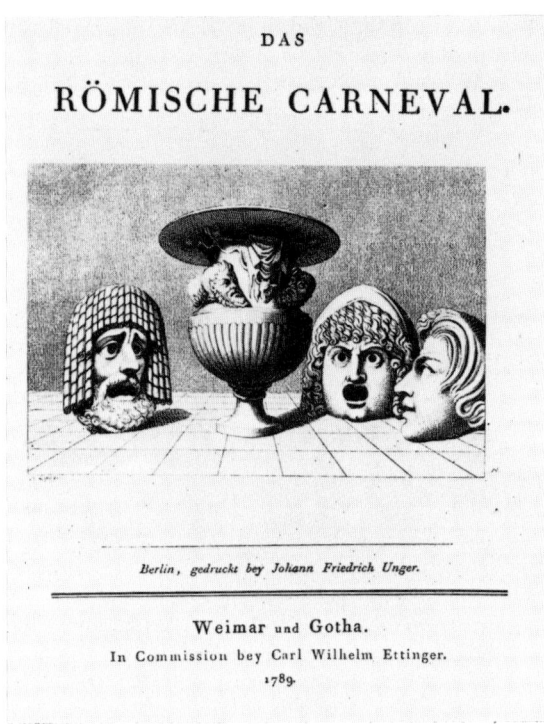

DAS

RÖMISCHE CARNEVAL.

Berlin, gedruckt bey Johann Friedrich Unger.

Weimar und Gotha.

In Commission bey Carl Wilhelm Ettinger.

1789.

Pasquillen oder auch ernstzunehmenden Romane und Novellen aus den Federn der schreibenden Zunft. Auch wenn Goethe sich rechtens über das »Berliner pp. Hundezeug«[20] ärgerte, er fühlte sich in seinem Element und machte für eine Zeitlang Berlin zu seiner Verlagsstadt. Döbbelin, dem Nachfolger Kochs, übergab er sein »Schauspiel für Liebende«, das Bigamie-Problemstück »Stella«, das am 13. März 1776 ebenfalls mit großem Erfolg aufgeführt wurde. Der Verleger August Mylius (Brüderstraße 2) druckte sogleich den Text, zusammen mit dem Schauspiel mit Gesang »Claudine von Villa Bella« in zwei Einzelbänden. Inzwischen war Goethes Ruhm in Berlin soweit gediehen, daß sich der clevere Buchhändler Christian Friedrich Himburg die damalige Unsitte der Raubdrucke zu Nutzen machte und die erste mit vorzüglichen Kupfern der bekanntesten Berliner Stecher Berger, Chodowiecki, Meil und Krüger geschmückte Werkausgabe, 1775 in zwei, 1777 in drei, 1779 in vier Bänden herausbrachte.

In die Geschichte der Buchkunst eingegangen ist Goethes Beziehung zu Unger, durch das zunächst für Bertuchs »Journal des Luxus und der Moden« bestimmte »Römische Carneval« (1789) mit den prächtigen, zwanzig kolorierten Kupfertafeln von Georg Melchior Kraus (1737–1806). Nach Wil-

helm von Humboldt habe sich Goethe über die »abscheulichsten Druckfehler in den paar Bogen« (an Reichardt 29. 6. 1789) derart geärgert, daß er Unger in der 1792 begonnenen, von Buchhändler J. Daniel Sander (1759–1825) überwachten 7bändigen Ausgabe seiner »Neuen Schriften« den »Wilhelm Meister« für 3 Bände (Bd. 3–6) übergab, »um ihn damit zu ruinieren«. Das wurde dann die berühmte, in der leichten Unger-Fraktur gesetzte Ausgabe, die sich zu einem beachtlichen Erfolg für Verleger und Autor entpuppte. Mit dieser Inkunabel für die folgende Romantikergeneration, der »größten Tendenz des Zeitalters neben der Französischen Revolution und Fichtes Wissenschaftslehre« (Schlegel)[21], wurde von Berlin aus Goethes Ruhm endgültig festgeschrieben. Schon vorher, am 25. Februar 1789, hatte die Akademie der Künste Goethe zusammen mit Wieland, dem Maler Kraus und Herzog Carl August zu Ehrenmitgliedern ernannt. Nicht von ungefähr erscheint uns auch die Übergabe von »Hermann und Dorothea« an Vieweg für den »Musenalmanach auf das Jahr 1798«, wenn man dieses an Homer geschulte Epos als leidenschaftliche Parteinahme für das zeitlos Gültige mit den nachdenklichen Schlußzeilen bedenkt.

Auf anderer Stufe, aber auch als Auseinandersetzung mit der französischen Revolution zu verstehen sind die beiden, ebenfalls an Unger gegebenen Lustspiele »Der Großkophta« (1792), mit dem Thema des Halsbandprozesses, und »Der Bürgergeneral« (1793), die eindeutige Karikatur anmaßend naiven Jacobinertums. Es muß ein Akt unbewußt symbolischen, wenn nicht gar sehr gezielten Handelns gewesen sein, wenn Goethe diese Texte in Berlin publizierte, wo mit journalistischer Geschäftigkeit z. B. ein Reichardt in seinen Publikationen die ihm bedrohlich erscheinende, längst ihre eigenen Kinder verzehrende französische Revolution verherrlichte. »Das schrecklichste aller Ereignisse in seinen Ursachen und Folgen dichterisch zu bewältigen«[22], war sein einziges Bestreben. Das abschließende Ergebnis der Auseinandersetzung mit der Französischen Revolution bleibt das unbeschreiblich tiefsinnige, poetische Manifest seiner Geschichtsauffassung, die unvollendet gebliebene Trilogie »Die natürliche Tochter«, die bereits am 12. Juli 1803 (nach der Weimarer Uraufführung am 2. April) über Ifflands Bühne ging. Wieder schieden sich die Geister: für Kotzebue (im Freymüthigen, 22. 7. 1803) war es ein »langweiliges, in der Sprache präziöses Stück« eines »alternden Geistes . . ., der einst in seiner Jugendkraft einige Meisterwerke schuf«. Für Fichte war es *die* Offenba-

2.82   Unrechtmäßige Ausgabe des »Götz v. Berlichingen«   1775

links: 2.68
J. W. v. Goethe, Das Römische Carneval   1789

»Denn der Mensch, der zur schwankenden Zeit auch schwankend gesinnt ist,
Der vermehrt das Übel und breitet es weiter und weiter;
Aber wer fest auf dem Sinne beharrt, der bildet die Welt sich.
Nicht dem Deutschen geziemt es, die fürchterliche Bewegung Fortzuleiten und auch zu wanken hierhin und dorthin.«
(J. W. v. Goethe, Hermann und Dorothea, 9. Gesang, Vers 302)

2.46 Ankündigung der »Horen« 1795

rung, »klar wie das Licht und ebenso unergründlich«.

Doch nochmals zurück in die 90er Jahre, als der hohe Anspruch Schillers in seinen »Horen« gemäß der Ankündigung, das »beste Journal Deutschlands« zu sein, bereits ausgedünnt und Zielobjekt vielfältigster Angriffe, speziell aus Berlin, wurde. Unter dem Titel »Literarischer Sansculottismus« finden wir im fünften Stück der »Horen« eine Entgegnung auf die anmaßende Behauptung des Predigers an der Nicolaikirche, Daniel Jenisch (1762—1804), es fehle den »Deutschen an klassisch prosaischen Werken jeder Gattung«[23], die für Goethe Anlaß genug war, seine Definition des Klassischen niederzuschreiben als »die historisch bedingte, unwiederholbare höchste Erfüllung eines nationalen Geistes«.[24]

Doch das war nicht genug, man wollte die Fronten klarer abstecken, die ungleichen Gegner mit ironischen Gastgeschenken, den »Xenien«, Distichen im Geist des Martial provozieren. Im Oktober 1796 erscheint der von Schiller herausgegebene »Musenalmanach für das Jahr 1797« mit den insgesamt 414 scharf pointierten Distichen, von denen circa 80 gegen Berliner Autoren oder Periodika gerichtet sind, allein 29 gegen Nicolai, 26 gegen J. F. Reichardt, jeweils mehrere gegen Ramler, Gentz, Oberkonsistorialrat Spalding, Campe, Sulzer und sogar gegen Mendelssohn. »Ich sollte nicht auflachen, ... wo meine Freunde ... wie lebende Schatten zitiert waren!«, meinte Zelter rückblickend an Goethe (13. 11. 1829). »Furienalmanach«, schimpfte Nicolai und war wie immer schnell bei der Hand mit einer Gegenschrift von über 200 Seiten »Anhang zu Schillers Musenalmanach für das Jahr 1797«. Die beiden Olympier hatten so rechte Lust und Freude dran, Nadelstiche nach allen Seiten auszuteilen, der Sturm der Entrüstung folgte auf den Fuß. »Nichtswürdiges und niederträchtiges Betragen« attestierte der Goethefreund und Schillerhasser Reichardt dem ganzen Unternehmen, das in der Tat die literarische Welt von damals tief aufwühlte.

Friedrich von Schiller

Goethe kam als jugendlicher Mann nach Berlin, dann nie wieder. Schiller spielte öfter mit dem Gedanken, gen Norden zu fahren, doch zog es ihn nicht sonderlich nach Berlin. Plötzlich, ein Jahr vor seinem Tode, »es war ein Einfall, der ebensoschnell ausgeführt wurde«[26], stand er in Potsdam mit Charlotte und seinen beiden Söhnen des Nachts, am 30. April 1804, vor den Toren der schlafenden Stadt. Die Situation war klar: seine Frau sollte Anfang August niederkommen, die Belastung des seit 3 Jahren neu bezogenen Hauses, die Sorge um seine Gesundheit seit dem denkwürdigen Jahr 1791 des Ausbruchs seiner Krankheit zum Tode, das seit Jahren gleichgebliebene Jahresgehalt von 400 Thalern, schließlich auch der Ärger über die Intrigen des Weimarer Hofes, und hinzukommend: »... man hat die ersten Schritte gegen mich getan« (28. 5. 1804) — das alles mußte seinen Entschluß, die Existenz seiner Familie abzusichern, beschleunigen.

Iffland, der Freund aus alten Tagen seit den Triumphen von Mannheim mit der Uraufführung der »Räuber« am 13. Januar 1782, lag ihm schon lange in den Ohren, endlich nach Berlin zu kommen. Nun war er da. Das Organisationsgenie informierte die Salons, präparierte seinen Schnürboden, antichambrierte bei Hof, und so konnte im Lauf von drei Wochen das prächtigste »Inszenarium« vonstatten gehen, das jemals einem Dichter zur Ehrenpforte gereichte. Eine ganze Suite von Schiller-Dramen wurde dem Dichter unter sich steigernden Ovationen des Publikums vorgeführt. Am 4. Mai »Die Braut von Messina«, tags zuvor »Die Räuber«, am 6. Mai die wegen ihres prunkhaften Krönungszuges heftig diskutierte und bewunderte »Jungfrau von Orleans« (vgl. dazu S. 283), die er sich ein zweites Mal ansah; am 14. Mai »Wallensteins Tod« mit Iffland in der Hauptrolle. »Berlin gefällt mir und meiner Frau besser als wir es erwarteten. Es ist dort eine große persönliche Freiheit, und eine Ungezwungenheit im bürgerlichen Leben. Musik und Theater bieten mancherlei Genüsse ..., obgleich sie beide das nicht leisten, was sie kosten.«[27]

Königin Luise, seit je eine Bewunderin seines Werkes, lud ihn auf Schloß Sanssouci und ließ durch ihren Geheimen Kabinettsrat Karl Friedrich von Beyme (1765—1838) Verhandlungen über die Bedingungen für einen möglichen Wechsel nach Berlin führen. Von 3000 Thalern Jahresrente war die Rede und von einer Equipage. Als zusätzliche Einnahmequelle versprach Iffland weitere Aufführungen, nachdem er bereits 13 Werke auf dem Spielplan hatte (am Ende seiner Ära stand Schiller mit 430 Aufführungen vor Iffland mit 380 und nach Kotzebue mit 1226!).[28] Durchaus realistisch schätzte er selbst gegenüber Beyme seine Fähigkeit ein, »bei einem längeren Aufenthalt in Berlin ... in das Ganze der dortigen Theateranstalt zweckmäßiger einzugreifen«[29], und auch ein Freundeskreis, dessen er immer zur Werkkontrolle bedurfte, war

203

vorhanden. Dennoch: er schwankte, ließ sich für die erbärmliche Verdoppelung seines Gehalts von 400 auf 800 Thaler in Weimar abspeisen, hoffte den Hof in Berlin bei gleichen Konditionen für die Möglichkeit, nur zeitweise dort anwesend zu sein, zu erwärmen. Doch es kam kein entsprechendes Angebot. Die Übersetzung Racines »Phädra«, am 23. Februar 1805 an Iffland gesandt, sollte der letzte Direktkontakt bleiben.

Von Schillers geistigem Konzept gilt es jedoch Grundsätzliches zu bedenken. Schillers Auffassung von der »Bühne als moralischer Anstalt« hatte ihn jahrelang — nicht zuletzt zum Gespött der Berliner Intelligenzia vom Range eines August Wilhelm und Friedrich Schlegel, des haßerfüllten Reichardt und des ein paar Stufen darunter hockenden Nicolai — zum Einpeitscher humanistischer und ästhetisch-pädagogischer Ideen werden lassen. Besonders in den großen, in Berlin aufgeführten Dramen von den »Räubern« bis »Wallenstein« zeigte er seine zum Handeln geborenen, d. h. ihren persönlichen Freiheitsraum verteidigenden Menschenfiguren, deren leidenschaftliche Sprache die Zuschauer aktivieren und — wie es programmatisch im Prolog zum »Wallenstein« heißt — »die Menschheit aufrütteln« sollten. So kühn er die Figuren in den Real-Raum stellt, so resignativ »späht« er auf die »Länderkarte, ... wo der Freiheit ewiger Garten ... blüht« und findet diese nur »im Reich der Träume / Und das Schöne blüht nur im Gesang«. Ifflands Rücksichtnahme auf »sein Berliner Publikum«, der »allgemeine Ton«[30] des Berliner Konversationsstils stand im Kontrast zu Schillers unablässigem Versuch, auf einer allgemein menschlichen Ebene ein kunstvoll geknüpftes Beziehungsgeflecht zu schaffen zwischen dem im sokratischen Sinn an der Umwelt zum Charakter gewachsenen Einzelnen und der Gesellschaft, dem Täter und dem Opfer, dem willkürlichen Gesetz der Macht und dem inneren Gesetz des Rechtlosen. Der dramatische Nachweis einer unauflöslichen Relation zwischen einer sich selbst verabsolutierenden Gesellschaft und dem absoluten Ich (Fichte) und der daraus resultierenden höchsten Stufe eines »ästhetischen Staates« im Sinne seiner »Briefe über die aesthetische Erziehung des Menschen« war nicht die Sache Ifflands.

Eine solche Menschenauffassung — im »Wilhelm Tell« auf bestaunenswerten Punkt gebracht — mußte ihn in Konflikt mit Ifflands gemischtem Spielplan eines nicht zuletzt aus ökonomischen Gründen auf äußere Wirkung bedachten Theaters bringen.

2.93
Porträt Friedrich von Schiller, Gemälde von J. F. A. Tischbein 1806

Wilhelm von Humboldt

Humboldts Bedeutung oder fatale Wirkung wird heute meist aus seinen Schriften aus der Zeit der Universitätsgründung interpretiert. Das mag richtig sein, ist aber in diesem Zusammenhang weniger von Interesse als seine ambivalente Gestalt vor der Jahrhundertwende. In einer Zeit, die weltweit das Individuum ineffabile zum großen Faszinosum erkoren hat, ist der jugendliche Humboldt eine durch und durch faszinierende Gestalt.

Volltrunken von Jugendlichkeit und Sehnsucht, ständig die lustleidvollen »Oh's« der Tugendbündler auf den Lippen, finden wir ihn, achtzehnjährig, 1785 im Salon der Henriette Herz. Er und sein Bruder Alexander wurden von Joachim Heinrich Campe (1746—1818), von Johann Jacob Engel (1741—1802) und Gottlob J. Christian Kunth (1757—1829) in Privatvorlesungen erzogen. Griechisch, Lateinisch, Französisch sprach und das man fließend, sogar Hebräisch. In Göttingen 1788/89 öffnet Johann George Forster, der spätere Mainzer Jacobiner, den Blick für die Zustände in der Welt. Die Lektüre der »Praktischen Vernunft« von Kant vertieft das Grundsätzliche der geistigen Anschauung von der Bestimmung des Menschen. Das Schicksal will's: Campe sucht einen Reisebegleiter

Der Antritt des neuen Jahrhunderts
An***

»Edler Freund! Wo öffnet sich dem Frieden,
Wo der Freiheit sich ein Zufluchtsort?
Das Jahrhundert ist im Sturm geschieden,
Und das neue öffnet sich mit Mord.

Und das Band der Länder ist gehoben,
Und die alten Formen stürzen ein;
Nicht das Weltmeer hemmt des Krieges Toben,
Nicht der Nilgott und der alte Rhein.

Zwo gewaltge Nationen ringen
Um der Welt alleinigen Besitz,
Aller Länder Freiheit zu verschlingen,
Schwingen sie den Dreizack und den Blitz.«
(Schiller, Strophe 1—3 unter dem Eindruck des Friedens von Lunéville, 9. 2. 1801, entstanden)

6.12
Wilhelm v. Humboldt in seinem
Arbeitszimmer in Tegel
nach 1819

nach Paris, mitten auf dem Weg dorthin ereilt die Reisenden die Nachricht vom Sturm auf die Bastille. Was hätten aufgeklärte Sympathisanten zu befürchten? Am 3. August treffen sie in Paris ein. Fernliegende Utopie ist nahegerückt, handgreiflich geworden, hinterläßt bleibende Eindrücke.

Kein Wunder, daß der junge Referendar am Berliner Kammergericht (1790/91) nach der Ernennung zum Legationsrat freiwillig dem preußischen Schnüfflerstaat seinen Abschied einreicht, unterstand er doch dem Geheimbündler und Justizminister Johann Christoph Wöllner (1732—1800), der mit seinem Religionsedikt vom 9. 7. 1788 jedweden Schriftsatz auf verdächtige Ideen, befallen womöglich vom französischen Bazillus, untersuchen ließ. Er konnte es sich leisten, den Dienst zu quittieren, angesichts einer gut dotierten Mitgift bei seiner Hochzeit am 29. Juni 1791 mit der Tochter des Präsidenten der Domänenkammer, Caroline von Dacheröden. Zunächst zieht er sich auf die Güter seiner Schwiegereltern in Thüringen zurück. Dort entstehen theoretische Schriften, so u. a. die »Ideen zu einem Versuch, die Gränzen der Wirksamkeit des Staates zu bestimmen« (1792). Es geht darum, den historischen Kompromiß der damaligen Zeit zu formulieren. Die Wirksamkeit des Staates gilt es zugunsten der freien Entfaltung der Persönlichkeit

des Bürgers einzugrenzen. Der freie Bürger muß ein gebildeter sein, schon ganz im Sinne seiner späteren Schriften zur Universitätsgründung (s. S. 358), eine »allseitig gebildete Persönlichkeit ..., die Gesinnung, Kenntnisse, Fertigkeiten, Verstand und Urteil« besitze. Also keineswegs Bildung als Wissensanhäufung. Die politische Gewalt solle ruhig in den Händen aufgeklärter Fürsten bleiben. Als Diener des Staates haben diese jedoch die Voraussetzungen für eine jedermann zugängliche Erziehung zu schaffen, um so die Entfaltung von Wirtschaft, Handel und Kultur in den Händen selbstbewußter Bürger zu gewährleisten. Nicht nur am Rande sei vermerkt, daß Humboldt in dieser Schrift in Anlehnung an französische Utopien der Sansculotten die Abschaffung der stehenden Armee zugunsten einer Bürgerwehr forderte, denn sie bringe »den Krieg mitten in den Schoß des Friedens«. Natürlich verweigerte der Berliner Zensor das Imprimatur. Schiller nahm Abschnitte in seine »Neue Thalia« (Bd. II, H. 5), die »Berliner Monatsschrift« druckte 3 Teilabschnitte (20. 10., 20. 11., 20. 12. 1792).

In betonter Abgrenzung gegen die Oberflächlichkeit des literarischen Betriebes in Berlin, den er allerdings sehr genau von Tegel aus beobachtet und in der ihm lebenslang eigenen Klatschsucht dem Freund Schiller in seinem bedeutsamen Briefwechsel mitteilt, siedelt er im Februar 1794 nach Jena über, um Schiller näher zu sein. Sicherlich war es auch die andere Richtung der »romantischen Clique«, die ihn aus Berlin vertreibt: im tiefsten Innern ihm zuwider. Der exzessive Subjektivismus eines jeden, der nur »für sich stehen will, ... alle verlieren sich im Vagen und die das tun, sind wirklich große Talente, aus denen eben darum schlechterdings nichts werden kann«.

Mit Goethe und Schiller steht er in Rede und Widerrede. Humboldt wurde mächtig von Schillers geschichtsphilosophischen Spekulationen angeregt. Er sah sich in seiner eigenen Vision bestärkt, an der Idee einer konkreten Utopie weiterzubauen, in der sich — wie er es in seinem bedeutsamen Brief vom September 1800 über »Wallenstein« ausdrückte — »Subjektivität und Objektivität« streng die Waage halten. Sein Bedürfnis wuchs, Theorie und seinen ihn durch ganz Europa jagenden Forschergeist auf allen nur denkbaren Gebieten in der Praxis sich bewähren zu lassen. Er übernahm 1802 für 6 Jahre die Stelle eines preußischen Residenten beim Heiligen Stuhl in Rom. Als er dann, im Februar 1809 zum »Staatsrat und Direktor der Sektion des Kultus und des öffentlichen Unterrichts im Ministerium des Innern« ernannt wurde, hatte er eine vielleicht illusionäre innere Anschauung von dem neuen Menschen erhobenen Hauptes, der durch ein alle Bereiche durchdringendes Reformwerk der Umorganisation und Neugründung verschiedener pädagogischer Institutionen herangebildet werden sollte. Daß dieses gewaltige Reformwerk nach 16monatiger Amtszeit ein Torso blieb und als solches zum Teil böse Folgen zeitigte, kann kaum als Zeugnis gegen Wilhelm von Humboldt gewertet werden. Die Ideen zur Universitätsgründung, zum Problem der Judenemanzipation, über Preußens ständische Verfassung, seine 85 Paragraphen zur Vereinfachung der Censur, die Vielzahl von Denkschriften um 1810 zur Errichtung kultureller Institutionen sind von einem liberal-konservativen Geist getragen, der sich aus der frühen Zeit seiner Lehr- und Wanderjahre speist.

»Jeder Mensch sollte Künstler seyn...« oder die aesthetischen Utopien der Romantiker
Ludwig Tieck — Wilhelm Heinrich Wackenroder

Mit der Nennung der beiden im Jahre 1773 in Berlin geborenen Dioskuren Tieck—Wackenroder ist unzertrennlich die Verkündung einer neuen Kunstauffassung am Ende des Jahrhunderts verbunden. Wieder ist es Unger, der im Herbst 1796 eine anonyme Schrift unter dem Titel »Herzensergießungen eines kunstliebenden Klosterbruders« herausbringt. Die kleine Veröffentlichung sollte sich in der Folgezeit neben der zweiten Schrift »Phantasien über die Kunst, für Freunde der Kunst« (1799) als Manifest der Nazarener erweisen. Die Betrachtungen in der Art von Heiligenlegenden basieren auf Begegnungen mit einer Kunst, von der die beiden Freunde in den Vorlesungen des klassizistisch orientierten Karl Philipp Moritz nichts gehört hatten. Wackenroders religiös bestimmte Gefühls- und Geisteshaltung diktiert ihm eine Kunstauffassung, die nicht einfach eine von vielen möglichen menschlichen Äußerungen ästhetischer Art ist, sondern »über dem Menschen« stehend ist sie die »höchste menschliche Vollendung«, »sie ist nicht darum da, daß das Auge sie sehe, sondern darum, daß man mit entgegenkommenden Herzen in sie hineingehe, und in ihr lebe und atme«. Mit solchen Formulierungen rückt die Kunst in die Nähe oder gar an die Stelle von Religion, die sie dann auch für viele Romantiker war.
Die den »Herzensergießungen« angehängte Erzählung »Das merkwürdige musikalische Leben des Tonkünstlers Joseph Berglinger« ist nicht nur ein bitteres Selbstbekenntnis eines unglücklichen

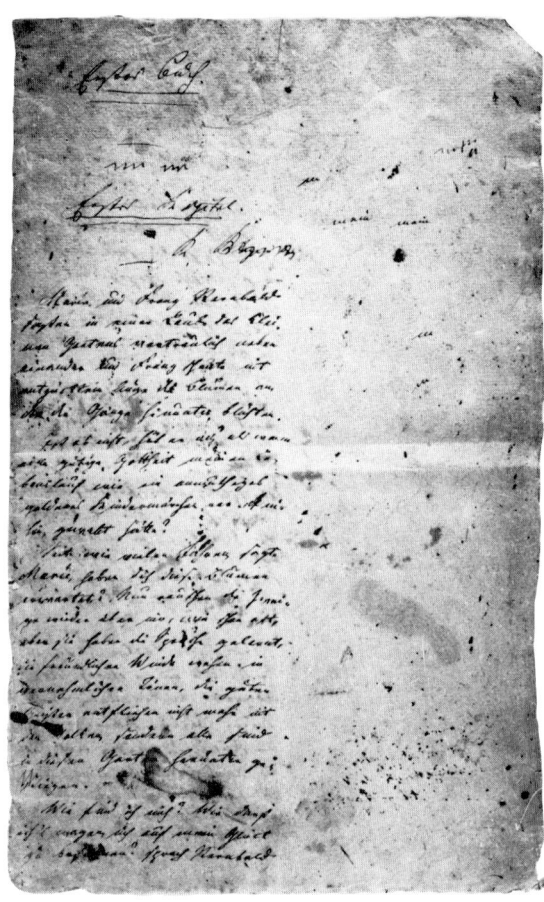

2.118
Handschrift der geplanten Fortsetzung von »Franz Sternbalds Wanderungen«

Rechtsreferendars, der eigentlich der Kunst sein »Leben widmen« (Vorrede) wollte, sondern zugleich Übergang zu den »Phantasien«, die das fromme Aufgehobensein des Künstlers in seiner Kunst bereits anzweifeln. Am Widerspruch von Einbildungskraft und Realität muß der problematische Charakter des Komponisten Berglinger scheitern. Die Künstlerfigur als Romangestalt in ihrer ganzen Problematik hat Wackenroder für alle nach ihm kommenden Autorenkollegen vorgezeichnet.
Tieck war nach seinen Studien 1794 wieder nach Berlin zurückgekehrt, wo er für zehn Jahre eine kaum vorstellbare Produktivität als Autor, Übersetzer, Herausgeber und kongenialer Gesprächspartner entwickelte. Die vielen unterschiedlichen Publikationen können hier nicht alle genannt werden. »Der gestiefelte Kater«, als »Kindermärchen mit Zwischenspielen, einem Prolog und einem Epilog von Peter Leberecht« gekennzeichnet, war als Satire gegen das Berliner Theaterprogramm mit den Rührstücken Ifflands und Kotzebues konzi-

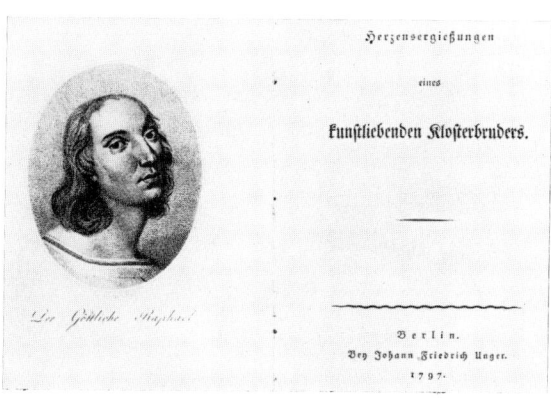

piert. Die drei Ebenen — Märchen, sich selbst in Szene setzendes Theater, vor dem das Märchen spielt, und eingreifender Dichter — weisen dramaturgisch auf die Anti-Illusionsbühne des 20. Jahrhunderts voraus. Inhaltlich enthält das Stück Angriffe auf die Massenflut an schlechter Literatur, Seitenhiebe auf die Französische Revolution und auf die Borniertheit der Kleinbürger.

»Kaiser Octavianus« stellt die unmittelbar dichterische Antwort auf einen während seiner Berliner Vorlesungen vorgetragenen Wunsch A. W. Schlegels dar, die Geschichte vom Kaiser Octavian »in einem jovialischen Lustspiel«[31] vorgeführt zu bekommen. Tieck schuf das erhoffte »romantische Universalbuch« (A. W. Schlegel), das er später selbst programmatisch an den Anfang seiner Werkausgabe (1828 ff.) stellte. Das Spiel findet »im poetischen Raum und in phantastischer Zeit« (Tieck) statt. Totalität in den Formen und Inhalten war angestrebt und wurde z. T. auch erreicht. Phantastische, realistische, pathetische und komische Elemente mischen sich bunt mit allen denkbaren Vers- und Prosaformen. Als Feuerwerk der Assoziationen erfüllte es die zentrale Forderung des romantischen Begriffs: Universalpoesie zu sein.

»Franz Sternbalds Wanderungen« (1798) war der Plan für einen gemeinsam zu schreibenden Künstlerroman aus dem Jahr 1793. Inzwischen war Wakkenroder gestorben. Tieck schrieb den Roman allein. Die Konzeption der Sternbaldfigur in ihrer Unendlichkeitsstruktur (Fernweh, Traumbezogenheit, Reiselust ohne Ziel und Ende, unstillbare Sinnenlust, Unbestimmbarkeit der Herkunft des Titelhelden, die musikalischen Landschaftsschilderungen etc.) dürfte gemeinsam entwickelt worden sein. Wackenroder/Tieck hatten es vermocht, den ganzen Berliner Schriftstellerklüngel der jungen Romantiker für sich zu gewinnen. Friedrich Schlegel jubelte: »Lies nur den Sternbald … Es ist ein göttliches Buch … der erste Roman seit Cervantes der romantisch ist, und darüber weit über ›Meister‹ «. (An August Wilhelm, Juli 1798.) Besonders im Formalen, der Folge von Erzählungen, Gedichten, Kunstbetrachtungen und allegorischen Landschaftsschilderungen, entsprach der typischerweise Fragment gebliebene Roman dem »romantischen Geist«, der mit solch »phantastischer Fülle und Leichtigkeit mit Sinn für Ironie … über sich selbst zu phantasieren« vermag (Athenäumsfragment 418).

Als einen »bis in die Sprache … und locale Szenerie« reichenden »Berlinismus« bezeichnete Rudolf Haym in seiner »Romantischen Schule«[32] die amüsanten, leicht hingetuschten und dennoch viele Momente das Niveau damaligen Kunstverständnisses einfangenden Erzählungen »Straußfedern«, die bei Nicolai in der Nachfolge des satirischen Moralisten Johann K. A. Musäus (1735—87) in 5 Bänden (1795—98) erschienen.

Tieck gibt nicht nur treffende Skizzen der damals in Mode gekommenen »Theegesellschaften« — in einer Erzählung gleichen Titels —, sondern zeichnet auch ein Bild des täglichen Lebens im Thiergarten, In den Zelten, Unter den Linden, im Bierkeller etc. und verweist darin durchaus auf seinen in Sachen geistreicher Durchdringung des Berlinischen Skeptizismus tiefer ätzenden Altersgenossen E. T. A. Hoffmann. (Daß dieser sich z. B. bei der Herausgabe des von Verleger Reimer angeregten Erzählzyklus' in vier Bänden »Die Serapionsbrüder« (1819—21) auf Tiecks »Phantasus« zurückbezieht, ist nur ein Beispiel mehr für das Weiterknüpfen an einem gemeinsamen Teppich!)

In den allerorten ausgebrochenen, an Heftigkeit heute kaum noch nachvollziehbaren Streit über das »Athenäum« (s. unten) griff Tieck mit seinem unvollendeten, auf 5 Akten mit Pro- und Epilog geplanten »Anti-Faust« (1800/01) ein. Es ist ein Spott auf die Berliner Literaturszene, die ja trotz oder wegen der Romantikeraktivitäten noch immer von den alten Recken der rationalen Aufklärung beherrscht wurde. Da er auch Herder und Wieland aus seiner Satire nicht ausnahm, wagte kein Verleger die Herausgabe, Tieck ließ die Häme in einem Akt für spätere Zeiten liegen.

Die Produktivität der Berliner Frühzeit polte sich nach 1804 in eine bedeutsame Herausgeberschaft der Werke von Novalis, Kleist, Mahler-Müller, Solger, Anthologien schwäbischer Minnelieder, des Altenglischen und deutschen Theaters um, bis ein neuer Produktionsstrom in den zwanziger Jahren die Spätphase seines Prosaschaffens einleitet.

Friedrich Schlegel

Als Friedrich Schlegel aus Jena kommend im Juli 1797 in Berlin eintraf, war er 25 Jahre jung, jedoch bereits einer der angesehendsten literarischen Köpfe. Der ehemalige Student der Rechte hatte sich während seiner Studien in Göttingen und Leipzig in umfassender Weise mit mathematischen und medizinischen, mit historischen und altphilologischen, mit philosophischen und ästhetischen Fragen und Problemen befaßt, so daß er eines Tages aus Furcht, als »Sonderling« angesehen zu werden, was »ein Narr mit Geist« sei (Brief vom 21. 11. 1792 an den Bruder August Wilhelm), den Entschluß faßte, ein Weltmann zu werden. Er schaffte sich Affären an, die ihn fast vom Pfade einer geistigen Laufbahn abgebracht hätten, doch er fand auch bald wieder zu seiner alten »Lesewut« zurück, mit der er wahre Bücherberge verschlang. »Wenn ich aufwache«, schreibt er an den Bruder am 9. Mai 1794, »fange ich an, an meinem Werk zu arbeiten und ich höre auf, wenn ich mich niederlege. Im Wechsel des Schreibens, Denkens, Lesens, Exzerpierens habe ich keine feste Regel.« Eine genialische Arbeitsweise, die er sein Leben lang bei-

behalten sollte, und die für ihn eine »schöne Organisazion« darstellt.

Es entstehen Abhandlungen und Studien zur »Theorie des Schönen und der Dichtkunst«, »Über die Darstellung der Weiblichkeit in den griechischen Dichtern« (1974), »Über das Studium der griechischen Poesie« (1795), die selbst die abgebrühtesten Kenner unter den Ästhetikern aufhorchen ließen. Mit den genannten Schriften, besonders mit dem zuletzt erwähnten Essay, begründete Schlegel seine romantische Theorie der modernen Poesie, die durch den Begriff des »bloß Interessanten«, einer Kategorie des Subjektiven, Individuellen, Unendlichen, definiert und wörtlich genommen wird als eine Kategorie des »Zwischen-(Kunst-und-Lebens-)Seins« im Gegensatz zu der des Objektiven, In-sich-selbst-Ruhenden, dem Vollkommen-Schönen. Und hier wird schon die Abgrenzung gegen Griechenland zugunsten einer neuen Religion und altdeutscher Vergangenheit (Wackenroder Einfluß!) gezogen. Zur gleichen Zeit (1795) erscheinen in den »Horen« die drei Folgen von Schillers philosophisch-ästhetischer Abhandlung »Über naive und sentimentalische Dichtung«, in der aus der klassisch-idealistischen Gegenposition zu Schlegel ebenfalls über die Frage meditiert wird, ob Identität als »höhere Stufe der Kultur« vor oder nach dem Durchgang durch die Reflexion zu finden sei. Eine Frage, die Kleist in seiner Schrift »Über das Marionettentheater« mit dem bekannten Schlußsatz beantwortet: »Mithin müßten wir wieder von dem Baum der Erkenntnis essen, um in den Stand der Unschuld zurückzufallen.«

Gegen Schiller und natürlich gegen die Berliner Aufklärer waren einige von Schlegels 127 »Kritischen Fragmente« in Reichardts 1796 neugegründetem »Lyzeum der schönen Künste« zu verstehen. Gegen die Berliner Ursupation des »verehrten Mannes« schleuderte er seinen Aufsatz »Über Lessing«, um »den Namen von der Schmach zu retten, daß er allen schlechten Subjekten zum Symbol ihrer Plattheit dienen solle.«[33] Lessings Geist »im ganzen zu charakterisieren«, also vor allem auch den Kritiker zum Ahnherrn der Romantischen Schule zu machen, hatte er sich vorgenommen und schließlich mit seiner 1804 herausgegebenen dreibändigen Ausgabe »Lessings Gedanken und Meynungen aus dessen Schriften« die Lessingforschung mit bis z. T. noch heute gültigen Urteilen untermauert. Berlin wurde zum legitimen Ort des Austrags geistiger Florettkämpfe.

Im »Englischen Haus« in der Friedrichstraße, wo

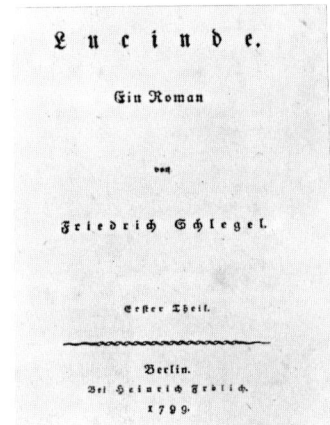

2.242

links:
Porträt Friedrich Schlegel, Kreidezeichnung von C. Rehberg um 1794

»Deine Kritik der Moral ist das erfreulichste und wichtigste was ich noch seit meiner Entfernung aus Deutschland erhalten habe. Der Styl ist vortrefflich, gebildeter als in irgend einem wissenschaftlichen Werke der neueren Zeit. . . . Könnten wir nur einmal wieder zusammen sein und lesen. Jene Gegenden, ja auch Berlin, werde ich wohl so bald noch nicht wiedersehen. Aber bist Du denn so unabänderlich an Staat und Stand gefesselt?«
»Bei Hardenberg lebte ich froh; jetzt bin ich aber sehr besorgt, daß er großen Schaden leiden wird. Was Du mir über meine Bestimmung schreibst, hast Du sehr Recht; ich fühle es klar, wie es einzig mein Beruf ist, der Schriftsteller, Dichter, Geschichtschreiber der Nation zu seyn. Aber noch ist das keiner vor dem funfzigsten Jahr geworden, und ohne brüderliche Mithülfe. Jenes Gefühl hält mich aufrecht, aber wenn mich immer nichts anweht als die tödtende feuchte Nebelkälte der Gleichgültigkeit, so muß ich wohl endlich erschlaffen, wäre das Herz auch eitel Flamme und die Brust mit dreifachem Erze umkleidet.«
(F. Schlegel an Schleiermacher, 20. 3. 1804 und 5. 10. 1806, in: Herz, Ihr Leben und ihre Zeit, S. 470 f., 474 f.)

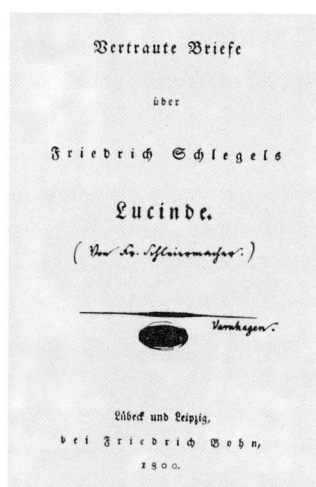

2.143 Anonym [Friedrich Schleiermacher] »Vertraute Briefe...« Erstdruck 1800

rechts: 2.145
Friedrich Schleiermacher um 1792

»Von der öffentlichen Gesinnung hängt das Betragen des Staats ab. Veredlung dieser Gesinnung ist die einzige Basis der ächten Staatsreform. Der König und die Königin können und müssen als solche das Prinzip der öffentlichen Gesinnung sein. Dort giebt es keine Monarchie mehr wo der König und die Intelligenz des Staats nicht mehr identisch sind. Daher war der König von Frankreich schon lange vor der Revolution dethronisirt, und so die meisten Fürsten Europas. Es würde ein sehr gefährliches Symptom des Neupreußischen Staats sein, wenn man zu stumpf für die wohlthätigen Einflüsse des Königs und der Königin wäre, wenn es in der That an Sinn für dieses klassische Menschenpaar gebräche. Das muß sich in Kurzem offenbaren. Wirken diese Genien nichts, so ist die vollkommene Auflösung der modernen Welt gewiß, und die himmlische Erscheinung ist nichts, als das Aufblitzen der verfliegenden Lebenskraft, die Sphärenmusik eines Sterbenden, die sichtbare Ahndung einer bessern Welt, der edlern Generationen bevorsteht.«
(Novalis, Glauben und Liebe, Fragment 28, Schriften, Bd. 2, S. 492)

die literarische Mittwochsgesellschaft tagte, traf er auf Friedrich Schleiermacher, der voller Staunen ausruft: »Wie ist es möglich, bei solcher Jugend so viel zu wissen.« Schleiermacher nimmt den mittellosen Privatgelehrten in seine dürftige Zweizimmerwohnung in der Charité auf, wo er seit September 1796 Anstaltsgeistlicher ist. »Schlegel steht gewöhnlich eine Stunde eher auf als ich ... Dann kann er von seinem Bett aus die Tür ... öffnen und so fangen wir unser Morgengespräch an ... Unsere Freunde haben sich das Vergnügen gemacht, unser Zusammenleben eine Ehe zu nennen und stimmen allgemein darin überein, daß ich die Frau sein müßte ...«, schreibt Schleiermacher an seine Schwester Charlotte im Januar 1798. Die gegenseitig sich befruchtende Freundschaft Schleiermachers mit Friedrich Schlegel kann in ihrer Folgewirkung einzig mit der Goethes und Schillers verglichen werden. Der Einfluß Schleiermachers auf Schlegels moral-theologische Reflexionen ist ebenso bedeutsam wie Schlegels Einfluß auf Schleiermachers ästhetische Anschauungen und dithyrambischen Schwung, z. B. in seinen »Reden über die Religion«, 1799 anonym erschienen. Es entsteht überhaupt eine neue Idee von Gemeinschaft. Unter der Führung Friedrich Schlegels fanden sich August Wilhelm, Caroline und Dorothea Schlegel, Tieck und seine Schwester Sophie, Novalis, Schleiermacher und andere zur Gründung der Zeitschrift »Athenäum« zusammen, deren erstes Heft im Mai 1798 mit einer programmatischen »Vorerinnerung« beginnt. »Symphilosophein« lautete der, von Novalis formulierte, von Friedrich jedoch geprägte Zentralbegriff für die Überzeugung, daß »Die Allwissenheit gemeinschaftlich« zu suchen und zu finden sei. Es könnte, seiner Meinung nach, »eine ganz neue Epoche der Wissenschaften und Künste beginnen, wenn die Symphilosophie und die Sympoesie so allgemein ... würde, daß es nichts Seltenes mehr gäbe, wenn mehrere sich gegenseitig ergänzende Naturen gemeinschaftliche Werke bildeten.«[34] Bis August 1800 erscheinen 6 Hefte in 3 Bänden mit kritischen, dialogischen, aphoristischen Beiträgen, meist nur mit Siglen bezeichnet oder, wie bei den Fragmenten, überhaupt nicht kenntlich gemacht.
Zwar sollte sich die Zeitschrift von jeder anderen dadurch unterscheiden, daß sie ausschließlich der »poetischen Kritik«, d. h. der Theorie offenstünde, doch von Anfang an war eine ganz andere Richtung vertreten: die mystische des Friedrich von Hardenberg mit seinen Fragmenten »Blüthenstaub« und im letzten Heft mit den »Hymnen an die

Dr. Fr. SCHLEIERMACHER.

Nacht«, die nur im Register unter dem Namen Novalis angezeigt waren. Überall dort, wo bei den von Friedrich Schlegel mit eigenen Texten oder Verbesserungen durchsetzten Fragmenten Gemeinsames in naturmystischen Vorstellungen aufgeht, steht Novalis' Geist dahinter. Den Gemeinsamkeitsbegriff utopisch-poetisch auf seine Staatsauffassung übertragen, das findet sich in jener zu Lebzeiten am meisten Aufsehen erregenden Fragmentsammlung »Glauben und Liebe«, die als Huldigungsadresse an das preußische Königshaus in den Juni/Juli-Nummern 1798 der »Jahrbücher der preußischen Monarchie« wieder bei Unger erschienen sind. Seine Theorie der Monarchie des »ächten Republikanismus«, »einer allgemeinen Theilnahme am ganzen Staate«, »die edle Simplicität des königlichen Privatlebens« (Fr. 37) entsprach einer allgemeinen Tendenz, der konstitutionellen Monarchie das Wort zu reden. Der König als Vorbild für das Volk muß das Königshaus massiv irritiert haben. Der Aufsatz machte, vom König nicht begriffen,

Darstellung »nackter Sinnlichkeit« denunziert wehrte sich das Publikum gegen die Aufdeckung der eigenen Verlogenheit in der Beziehung zwischen Mann und Frau. Der Gegenstand ist nichts geringeres als eine poetische Untersuchung der Stellenwerte der Liebe als freies, sittliches oder rechtliches Verhältnis. Daß es Schlegel dabei u. a. vom Inhaltlichen her gesehen um die Verherrlichung der freien Gewissensliebe als einer »wunderbaren Allegorie auf die Vollendung des Männlichen und Weiblichen zur vollen ganzen Menschheit« (Lucinde, S. 164) ging, fiel den meisten Verächtern unter den Kennern so wenig auf wie die Form und der Gehalt dieses durchaus modernen Collage-Romans aus den heterogenen Einzelteilen: Erzählung, Kurzszenen, Brief, Reflexion, rhetorischen Figuren, schließlich moralisierenden Postulaten.

Daß das Ganze auch noch eine unverhüllte Selbstdarstellung seiner Liebesbeziehung zu der um acht Jahre älteren Ehefrau und Mutter Dorothea Veit geborene Mendelssohn war, die er im Salon der Henriette Herz getroffen und für sein weiteres Leben an sich zu binden gewußt hatte, ließ ihn in den Augen der Umwelt als Ungeheuer erscheinen. Freund Schleiermacher versuchte auf kongeniale Weise den Schmähungen mit seinen 1800 erschienenen »Vertrauten Briefen über Lucinde« zu begegnen.

Für Friedrich Schlegel war Berlin in jeder Hinsicht eine Zäsur. Im September 1799 verließ er die Stadt, die seine eigentliche Bedeutung begründet hat.

bei den Hofschranzen die Runde und landete von Generaladjudant Köckeritz und Konsistorialrat Niemeyer mit Kopfschütteln und »höchst entrüstet« weitergereicht auf dem Tisch des Kabinettsministers Graf von Schulenburg, der eiligst zu Unger lief, um das Pseudonym zu lüften. »Nichts darf mehr gedruckt werden [in den Jahrbüchern], worunter der Name Novalis steht . . .«.[35] Der für das Augustheft geplante Abdruck von diesen Staatsideenkreis abrundenden »Politischen Aphorismen« wird verboten.

In dieser Zeit radikalisierte Friedrich Schlegel seine Anschauungen über die Dialektik des Kunstwerkes, das im »ironischen Prinzip« (Athenäumsfragment 116) aufzuheben sei, womit er Schaffensprozesse des 20. Jahrhunderts eines Musil, Joyce, Thomas Mann bis zu Arno Schmidt vorzeichnet. Als Romanschreiber tritt er selbst an die Rampe der Öffentlichkeit mit der Veröffentlichung seines Fragment gebliebenen Romans »Lucinde«, den »Bekenntnissen eines Ungeschickten«, wie ein Zwischentitel lautet. Einen ungeheuren Skandal löste im Herbst 1799 das Erscheinen der »Lucinde« in den bürgerlichen und literarischen Kreisen nicht nur Berlins aus. Als »Manifest des Obszönen« zur

August Wilhelm Schlegel

Bruder August Wilhelm kam im Frühjahr 1801 ebenfalls aus Jena, um — befreit von allem Ballast als Professor und den Querelen seiner für Schelling entflammten Frau Caroline — seiner Streitlust zu frönen und dem Glanz seines aus Berlin weggezogenen Bruders die eigene Leuchtkraft an die Seite zu stellen. Zunächst nahm ihn Professor August Ferdinand Bernhardi (1769—1820), der damals noch am Gymnasium des Grauen Klosters Latein unterrichtete und selber schriftstellerte, in seine Dienstwohnung auf. Ludwig Tieck, dessen Schwester Sophie seit 1799 mit Bernhardi verheiratet war, vermittelte die Beziehung.

August Wilhelm kam mitten in das heftige Nachbeben, das das »Athenäum« bei den Vertretern der alten rationalistischen Schule Nicolai, Engel, Ramler hinterlassen hatte. In Form von Epigrammen, Parodien, Anschwärzungen nutzten sie die »Allgemeine deutsche Bibliothek« als Kampfplatz. Da er

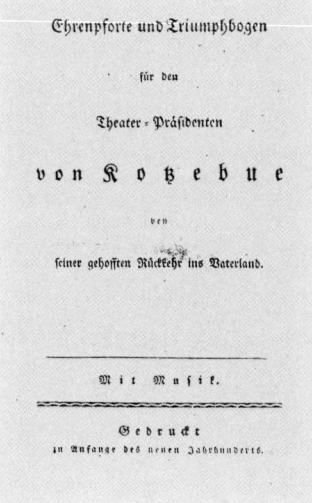

keine eigene Zeitschrift als Forum mehr hatte, kam ihm, angestachelt von den Debatten in den Salons, die Idee, Privatvorlesungen zu halten. In den angemieteten Räumen der Singakademie kündigte er in den drei Winterperioden wöchentliche Vorlesungen »Über Literatur und Kunst« an, jeweils mittwochs und sonntags vormittags. Auf Handzetteln wurde die erste Vorlesung ab November 1801 über »Kunstlehre« angekündigt. Circa 60 Zuhörer brachten unter anderem Frau Berg, die Vertraute der Königin Luise, und Sophie Bernhardi zusammen. Im Winter 1802/03 — das Semester dauerte bis Ostern — beschäftigte er sich nach einer allgemeinen Einführung über den »gegenwärtigen Zustand der Deutschen Literatur« mit der »Geschichte der classischen Litteratur der Griechen und Römer«. Im Winter 1803/04 kam er endlich zur »Geschichte der romantischen Literatur«, die er nach einer ausführlichen Darlegung der »Mythologie des Mittelalters« als den eigentlichen Höhepunkt der Literaturentwicklung zu propagieren wußte. Scharf kritisierte er die französische Klassik wegen ihres verheerend hemmenden Einflusses auf die Entstehung einer deutschen Nationalliteratur. Die gewollte Provokation verfehlte ihre Wirkung nicht. Die Vorlesungen wurden zum Stadtgespräch. Die Öffentlichkeit war angesprochen und sie verstand sich als solche. Kotzbue schnödete der vielen Damen wegen, die in den Vorlesungen saßen: »Die wollten ihn auf dem Katheder sehen / ihn preißen und kein Wort verstehen!« Der seit 1802 für einige Jahre bis 1806 in Berlin lebende Rührstückeschreiber denunzierte freilich nur seine eigene Unfähigkeit, aus seinem Geschichtsverständnis selbst ein Modell ästhetischer Kategorien für ein deutsches Nationaldrama zu entwickeln.

Mit ihm hatte A. W. Schlegel längst bravourös abgerechnet. Als Diatribe gegen die beiden Schlegels sandte 1799 Kotzebue aus Weimar seinen »Hyperboräischen Esel oder die heutige Bildung. Ein drastisches Drama und philosophisches Lustspiel«. August Wilhelm konterte mit einer geistreichen Satire »Ehrenpforte und Triumphbogen für den Theaterpräsidenten Kotzebue bei seiner gehofften Rückkehr ins Vaterland«, in der er Kotzebues oberflächliche Vielschreiberei an den Pranger stellte. Kotzebue läßt in seinem Stück den Studiosus Karl von Berg vollgespickt mit unverdauten, z. T. wörtlichen Zitaten aus den »Athenäums-Fragmenten« und aus der »Lucinde«, aus den Kollegs »bei Fichte . . ., Schlegel . . . und Schiller . . .« nach Hause zurückkehren, wo man von seinen Studien profitieren möchte. Doch der »Jammermensch mit

2.161
Germaine de Staël   um 1788

2.152 a

der hohen Anmaßung« vermag sich überhaupt nicht mitzuteilen und endet im Tollhaus. Dem Autor ging es nicht um ein Sozialgefälle zwischen dem durch Studium Gebildeten und dem sozial bedingt Ungebildeten, sondern im Gegenteil um die Denunziation des kritischen Geistes. »Lieber fromm als gelehrt« ist ein markanter Satz, der provokativ gegen die Romantiker gerichtet seine fernhin treffende Wirkung bis in unsere Tage voll bewahrt hat.

Solche und anderer Händel mehr focht August Wilhelm mit Spaß am Umtrieb bis ins Jahr 1804 in Berlin aus. Die drei Jahre seines Aufenthaltes gehörten auch bei ihm zu seiner fruchtbarsten Zeit. In kaum vorstellbarer Arbeitswut vervollständigte er weiterhin seine Shakespeareausgabe (8 Bände mit 16 Stücken waren bei Unger seit 1797 bereits erschienen), mit Tieck gab er den »Musenalmanach für das Jahr 1802« als eine Art Fortsetzung des »Athenäums« heraus (hierin erschienen von Novalis die »Geistliche Lieder«). Ebenfalls bei Unger erscheint 1803 der erste Band »Spanisches Theater« mit den Calderon-Dramen. Eine grundsätzliche Studie von 50 Seiten über spanisches Theater rückt Bruder Friedrich 1803 in seine neugegründete Zeitschrift »Europa« ein, schließlich ergibt die Sammlung italienischer, spanischer und portugiesischer Poesie in seiner Übersetzung auch noch einen 238seitigen Band (1804). Daneben bereitet ihm seine leidenschaftliche intime Bindung an die Frau seines Logisgebers, Sophie Bernhardi, große innere Schwierigkeiten. »Drei Jahre lang habe ich unter Sorgen und Mühen darum gebangt, ein Herz zu gewinnen ... es gelang mir, eine leidenschaftliche Zuneigung zu wecken, aber sie war ach! — nicht beständig ...« (an Madame de Staël).

Madame de Staël

»Ich habe hier jemand getroffen, der in der Literatur mehr Kenntnisse und Geist besitzt, als irgend jemand, den ich kenne ... und der alles, was es in dieser Welt gibt, gelesen hat, obwohl er erst sechsunddreißig Jahre ist«,[35] schreibt Madame de Staël an ihren Vater am 23. 3. 1804, drei Wochen nach ihrer Ankunft in Berlin. Bereits am 21. April muß sie wegen des plötzlichen Todes ihres Vaters nach Schloß Coppet zurück. In ihrer Begleitung: August Wilhelm Schlegel, der sich entschlossen hatte, für 12 000 Franken im Jahr Erzieher ihrer Kinder, aber auch ihr literarischer Berater zu werden. Für 14 Jahre zog er mit ihr in das schweizer Exil und als Reisebegleiter durch Europa. Die geistige Frucht dieser Verbindung ist eine Darstellung der deutschen Literatur und Philosophie in ihrem vierteiligen Buch »De L'Allemagne«, die einer Bestandsaufnahme der Goethezeit bis zum Jahr des Erscheinens 1810 gleichkommt. Sie zeigte den Franzosen eine bisher unbekannte Kulturnation unter besonderer Berücksichtigung der romantischen Tendenzen des Berliner und Weimarer Kreises. In Erinnerung ihres umfangreichen Essays »De la litterature considérée dans ses Rapports avec les Institutions sociales«, in dem sie ihre Auffassung von Literatur als einer Waffe im Dienst des menschlichen Geistes niederlegte, ließ Napoleon das Werk in 10 000 Exemplaren sofort vernichten. Das war ein Akt persönlicher Demütigung gegenüber der politischen Gegnerin, aber auch ein solcher der Erkenntnis, daß mit dieser Schrift ein trojanisches Pferd in sein Reich gezogen wurde, das die stolzen Türme geistiger Vormachtstellung im eignen Land zum Einsturz bringen würde. So war es denn auch, und ein Teil des Verdienstes daran durfte sich August Wilhelm Schlegel zuschreiben. Friedrich, wie überhaupt die ganze Berliner Romantiker-Clique, fand sich bald auf Schloß Coppet ein. Friedrich übersetzte mit Dorothea

»Corinne ou l'Italie«, den Friederike Unger in dem von ihr weitergeführten Verlag ihres Mannes kurz vor dem endgültigen Bankrott 1807/08 herausgab.

Die Nordsterngruppe

Eine unmittelbar literarische Wirkung lösten A. W. Schlegels Vorlesungen bei einer Gruppe junger Studiosi aus, die sich in einem sehr typischen Zeitgefühl, einer »inneren Kirche, der unsichtbaren Verbrüderung von Gleichgesinnten«[37] zusammenfanden. Sie trafen sich meist in den Wachstuben am Potsdamer oder Brandenburger Tor, wo ein Leutnant des Infanterieregiments, Louis Charles Adelaide de Chamisso, Dienst tat. Es kamen die Juden Eduard Hitzig (1780—1849), seit 1801 Beamter am Kammergericht, Friedrich Wilhelm Neumann (1781—1840), Schriftsteller, Kaufmann und Verwaltungsbeamter am Kriegsamt, der Arzt, Magnetiseur und spätere dubiose Berater Hardenbergs und des Hofes Johann Ferdinand Koreff (1783—1851), ein Graf Alexander zur Lippe, der schon erwähnte ambitiöse philosophische Schriftsteller und Schulmann Bernhardi, Baron de la Motte-Fouqué (1777—1843) und schließlich der Beziehungssucher und -stifter, Eckermann seiner späteren Frau Rahel Levin, der hochverdiente, im Sinne Lessings einzigartig »wahre Geschichtsschreiber« Karl August Varnhagen von Ense (1785—1858).Man diskutierte neueste Erscheinungen auf dem Buchmarkt, darunter leidenschaftlich Partei ergreifend über den die Deutschen bis heute beunruhigenden Hölderlin. Ein preußischer Leutnant J. H. Diest sollte 20 Jahre später durch einen Brief an Cotta, an die bereits wieder vergessenen Gedichte Hölderlins so erfolgreich erinnern, daß 1822 (zunächst vor einem Gedichtband) der »Hyperion« in einer von Fouqué redigierten Ausgabe nach 25 Jahren wieder erschien.[38]
Es war im Jahr 1803, als diese Gruppe den »Nordsternbund« (nach einem von Schlegel über Franz Baader überlieferten Symbol strenger Wissenschaft[39]) gründeten und für drei Jahre sich ein Publikationsorgan im »Musen-Almanach« auf die Jahre 1804, 1805 und 1806 schufen, in denen sich ihr Kunst-, Natur- und Geschichtsverständnis in viel bemühten, nur gelegentlich sich frei aufschwingenden Stanzen, Madrigalen, Elegien, Liedern und Sonetten ausbreiten konnten. Das Beispiel des 1814 von Fouqué herausgegebenen Meisterwerks »Peter Schlemihl« von Chamisso zeigt, wie hilfreich produktive Freundschaft wieder einmal sein kann. Das Tollste war die Idee der Herausgabe eines von vier

Karl August Varnhagen von Ense

»Zwischen unseren geistigen Arbeiten und geselligen Scherzen drängte sich noch eine besondere Tätigkeit hervor, welche beide Elemente in ein gemeinsames Erzeugnis gestaltend vereinigte. Unsere Studien, Gespräche und Erholungen, so reichhaltig und lebhaft sie auch sein mochten, ... erfüllten aber bei weitem nicht unsere Triebe und Kräfte, welche viel größere Ansprüche machten, als wir selbst befriedigen konnten. Daß wir ... die Dichter zu lesen nicht vergaßen, versteht sich von selbst, wir lebten ebensosehr mit den Gestalten ihrer Welt als mit denen der wirklichen. Da ... gerieten Neumann und ich auf den Einfall, gemeinschaftlich einen Roman zu schreiben.«
(K. A. v-Varnhagen, Denkwürdigkeiten und vermischte Schriften, Bd. II, Mannheim 1837, S. 14 f.)

Autoren (Varnhagen, Neumann, Bernhardi und Fouqué) gemeinsam verfaßten Romans »Die Versuche und Hindernisse Karls. Eine deutsche Geschichte aus neuerer Zeit«, 1808 bei Reimer in kleiner Auflage erschienen, ein heute gesuchtes, teures Rarissimum. Der Held des bei 28 Kapiteln abgebrochenen Romans, Karl, vereinigt in sich von allen nur denkbaren Vorläuferfiguren (Sternbald, Ofterdingen, Werther, Wilhelm Meister, Walt und Vult u. a.) vor allem das romantische Urmotiv der Ichspaltung und ist zugleich im Chor der zahlreichen anderen, z. T. karikierenden Gestalten eine Parodie auf den Freundesbund, aber auch auf Fichte, Goethe, Tieck, Johannes von Müller etc. Eine verwirrende Stoff- und Formenfülle, der jedoch wie kaum ein anderer Roman der Zeit die Berliner Literaturkreise satirisch, selbstironisch zur Geltung bringt. »Nicht nur, daß Berliner Verhältnisse ... im Vordergrund stehen, die Satire selbst ist befeuert von echt Berliner Kritik und Spottlust, durchtränkt von scharfen vor nichts und niemand zurückschreckendem Berliner Witz ...«[40] Chamisso, Fouqué, Varnhagen werden zu späterer Zeit dem literarischen Leben von Berlin ihre unverwechselbaren Stempel aufdrücken. Der von Heine hochgeschätzte Stilist Varnhagen ist erstmals 1970 in einer umfassenden Monographie durch Konrad Feilchenfeldt als Historiker gewürdigt worden. Der Schriftsteller harrt noch seines kongenialen Interpreten. Wie er selbst nicht fixierbar, so steht er uns heute noch in seiner geretteten Bibliothek als umfassend gebildeter, republikanisch gesinnter Weltbürger vor Augen.

Achim von Arnim und Clemens von Brentano

Die Liedersammlung »Des Knaben Wunderhorn« (1806—08) hat die beiden Herausgeber Achim von Arnim und Clemens Brentano als unzertrennliche Einheit in unserer Einbildungskraft festgesetzt. So wenig dies Bild streng wissenschaftlicher Forschung standhält — war die gemeinsame Lebens- und Schaffenszeit zwar intensiv, umfaßte jedoch zusammengenommen kaum mehr als 10 Jahre —, so falsch ist das Bild ihrer »Herzbruderschaft« (Brentano) nicht, am eindrucksvollsten dokumentiert in dem gemeinsamen Manuskript »Verschiedene Gedanken vor Friedrichs Seelandschaft« von 1810. Bei beiden, im Kindesalter schon, die frühe Flucht in die Bücherwelt; beide geraten als Studenten des ersten Semesters mitten in die Kreise der bereits berühmt gewordenen ersten Romantikergeneration in Jena, Halle oder Göttingen; beide sind

2.191
Bettina Brentano (von Arnim) 1809

im July 1809, gez. München ad viv

Achim von Arnim um 1802

selbstgewiß und Ichsucher zugleich, als sie in den denkwürdigen Maitagen des Jahres 1801 durch Vermittlung des Ko-Studenten der Physik, August Stephan Winkelmann (1780—1806), miteinander bekannt wurden. Der folgenreiche Zusammenschluß hatte, obwohl nicht in und für Berlin vollzo- 213

gen, für das literarische Leben Berlins um 1800 und vor allem für die Folgezeit seine zäsursetzende Bedeutung.

Direkten Bezug auf den Berliner Streit zwischen Kotzebue und den Schlegels nahm Brentano unter dem Pseudonym Maria mit seinem ersten Drama »Satiren und poetische Spiele. Gustav Wasa« (1800). Beide werden verulkt. »Über den Elementen und Fragmenten/Thut man entsetzliche Zeit verschwenden«, wird dem »Flegel« Schlegel zugerufen, der sich mächtig geärgert habe. Zum Ärger Brentanos wiederum veröffentlicht Tieck in seinem »Poetischen Journal« von 1800 eine Parodie auf verschiedene Zeitgenossen »Hercules am Scheidewege«, unter denen sich auch Brentano befindet, dem es doch auch einmal gelingen möge, daß er »Ferne ... zusammenreime mit Sterne«. Die »Bibel« der jungen Leute um 1800, das »Athenäum«, hatten bestimmt auch Arnim und Brentano auswendig gekonnt. Brentano beherzigte in seinem ersten Jugendroman »Godwi« (1801) bereits mit dem ironischen Untertitel »Ein verwilderter Roman« die Schlegelsche Maxime von der poetischen Aufhebung aller Normen und Gesetze. Die

geschickte Vermischung von Elementen verschiedener Gattungen — briefliche Beschreibung aus wechselnden Perspektiven verschiedener Schreiber(innen), Tagebuchblätter, kleine Szenen, Gespräche, die z. T. in Sonette und Stanzen übergehen, theoretische Exkurse über typisch romantische Themen der Freundschaft, Kunst, Sprache etc., kleine Sketchs, Volkslieder und Romanzen, darunter später berühmt werdende Lieder wie »Ein Fischer saß im Kahne« oder »Die lustigen Musikanten«, Keimzelle des gleichnamigen später von E. T. A. Hoffmann (1808) vertonten Singspiels — läßt den »Godwi« bei aller nachweisbaren Anlehnung an Tiecksche oder Jean Paulsche Vorbilder zu einem Meisterwerk der »poetischen Construction ..., der künstlich geordneten Verwirrung und reizenden Symmetrie von Widersprüchen ... (im) Wechsel von Enthusiasmus und Ironie«[41] werden.

Achim von Arnim vertiefte indessen die Freundschaft mit J. F. Reichardt, dem Freund seines Vaters aus dessen Intendantenzeit und vielseitigem Anreger der literarisch-musikalischen Berliner Szene. Er hatte eine Reihe seiner Lieder vertont und ihm das Gitarrespiel beigebracht. Sein Verdienst war es, Arnim zur weiteren Beschäftigung mit dem Thema Volkslied zu ermuntern. Schon 1802 hat Arnim, in einem Brief an Brentano, an die Errichtung einer Sing- und Sprachschule zur »Bildung aller Stände« gedacht (vgl. die gleichen Ideen bei Zelter, S. 252). Im November 1803, als Brentano auf Arnims Einladung in Berlin weilt, entsteht der didaktische Aufsatz »Von Volksliedern« (in Reichardts »Berlinische Musikalische Zeitung« anonym 1806 veröffentlicht), der später stark überarbeitet als Anhang zum »Wunderhorn« Band 1 beigefügt wird. Brentano drängte zur praktischen Arbeit und systematischen Suche. Freunde wurden aufgefordert, die Lust zum Reisen mit Recherchen in Archiven und bei noch lebenden Überlieferern verbunden (um im Denken und Leben den Quellen und der ursprünglichen Natur nahe zu sein). So konnte bereits im Frühsommer des Jahres 1805 der erste Band zusammengestellt werden. Aus Philologensicht war das Verfahren höchst bedenklich. Man dichtete und interpolierte, änderte und mischte Zeiten und Entstehungsorte, was das Zeug hielt, so daß es selbst Brentano »angst und bange wurde, denn in einem poetischen Fieber von 1808 nahmst du hinter einander alle Saecula vor, gabst ihnen oft wieder willen und ohne Noth von deiner Hypocrene«.[42] An anderer Stelle witzelte Brentano über die Fachkenner, daß sie »die Restauration und Ipsefacten für ächt« (Mai 1806) hielten.

214

Das ist das neue Stichwort, das es für das Lebensgefühl jener Jahre bis zu den Befreiungskriegen zu behalten gilt: schöpferische Restauration. Es ist der Begriff, der für Arnims politische Einstellung in dieser Zeit maßgeblich ist. Daß er als Adeliger dem preußischen Königshaus verbunden ist, versteht sich. Doch seine Verbundenheit ist eine fordernde des Aufrufs an das von Lethargie gelähmte preußische Königshaus, seine Aufgabe als Neuordner ganz Deutschlands wahrzunehmen, sozialpolitische Reformen und die von Napoleon verratene Revolution der Vernunft durchzuführen, zur »Bildung eines neuen Ritterthums des Geistes und der Wahrheit«[43] (»Was soll geschehen im Glück?«). Er plante die Herausgabe eines Volksblattes »Der Preuße«, um dem kleinen Mann von der Straße Gelegenheit zur Selbstdarstellung, zur Benennung seiner Bedürfnisse und zur Bildung patriotischer Gesinnung zu geben. Daraus wurde nichts. Er fuhr zum König ins Exil nach Königsberg, der verstand wie meist in seiner Tumbheit nichts, aber Arnim konnte seine Bewunderung für Königin Luise erneuern, die seine Lieder zur Gitarre sang. An dieser Stelle ist daran zu erinnern, daß die Königin Luise den Dichtern und Künstlern verständiger gegenüberstand als ihr amusischer Mann Friedrich Wilhelm III. 215

Kleist konnte sie als seine persönliche Gönnerin betrachten, er erhielt aus ihrer Privatschatulle bis zu ihrem Tod eine kleine Pension. Über seine Geburtstagsgabe »An die Königin Louise von Preußen« soll sie, wie Kleist an seine Schwester Ulrike am 19. März 1810 schreibt, »vor den Augen des ganzen Hofes zu Thränen gerührt« gewesen sein. »Einen wahrhaft königlichen Charakter« sieht Kleist im Jahr des Zusammenbruchs 1806 sich »entwickeln«. »Sie hat den ganzen großen Gegenstand, auf den es jetzt ankommt umfaßt; sie, deren Seele noch vor kurzem mit nichts beschäftigt schien, alswie sie beim Tanzen, oder beim Reiten, gefalle. Sie versammelt alle unsere großen Männer, die der K(önig) vernachlässigt, und von denen uns doch allein Rettung kommen kann, um sich.« (An Ulrike, 6 12. 1806)

Auf diesem Umfeld erwuchsen die Ideen zur Gründung der Christlich-deutschen Tischgesellschaft, in deren Zentrum der Luisenkult stand am 18. Januar 1811, zu deren 49 Gründungsmitgliedern (31 Adlige, 18 Bürgerliche) Brentano, Eichendorff, Fichte, de la Motte-Fouqué, von Gerlach, Iffland, Kleist, Adam Müller, Verleger Reimer, Schleiermacher, Schinkel und die Militärs sowie Regierungsvertreter von Bärensprung, Beuth, Clausewitz, von Dohna u. a. gehörten. Brentano las im März 1811, begleitet von Ovationen, seine ›Scherzhafte Abhandlung‹ »Der Philister vor, in und nach der Geschichte«, deren Abrechnung mit der Welt des Spießers der »hiesigen Polizey … eine Untersuchung« wert war. (Savigny an Brentano, 30. 8. 1811). Brentano war im September 1809 für zehn Jahre (mit z. T. längeren Unterbrechungen) nach Berlin gekommen. Er entwickelte zu den Mitgliedern der »Nordstern«-Gruppe Chamisso, Varnhagen, Fouqué herzliche Verhältnisse, schrieb für Zelters Liedertafel das Lied »Der Musikanten schwere Weinzunge«, das der Berliner Arzt F. F. Fleming vertonte. Clemens trug es selbst am

9. April 1811 in einer Mitgliederversammlung vor.
Besonders freundete er sich mit Schinkel, dem
»größten Architekten seit Jahrhunderten«[44], an,
dem er ein fast 50strophiges Gedicht widmet, das
mit einigen Strophen und dem Hinweis »davon
dichtete ich noch 50 Strophen« in »Victoria und
ihre Geschwister mit fliegenden Fahnen und bren-
nenden Lunten« (1817) erschienen ist.
Sympathie—Sympoesie, das meint Zusammenlei-
den—Zusammenschaffen in auseinanderstrebender
Zeit, gezeigt auf einem Bild, das 1811 bei einer
Abendgesellschaft im Hause Schinkel[45] entstand
und in der großen Schinkel-Ausstellung in Ost-
und West-Berlin, dort als Vorzeichnung, hier als
Gemälde, ausgestellt war. Das »Schloß am Strome«
soll aufgrund einer Diskussion entstanden sein, als
man darüber stritt, ob der Maler wie der Dichter in
kurzer Zeit eine (in diesem Fall auch noch sehr
komplizierte) Geschichte »erzählen« könne. Brentano erzählte ein umständliches Märchen, Schinkel
zeichnete ein höchst kompliziertes Blatt. Das war
gelebte und erfüllte romantische Idee.
Einen der »Christlich-deutschen Tischgesellschaft«
ähnlichen Kreis finden wir in der »Gesetzlosen
Gesellschaft«[46], die, 1809 gegründet, vierzehntägig
zusammenkam und in der sich mit dem »Character
indelebilis eines Gesetzlosen« Namen wie Schleiermacher, Solger, Spalding, Baudirektor Gentz, Iffland, der Buchhändler Reimer, Zelter und Bernhardi, aber auch Offiziere zu Gesprächen über die
Zukunft Preußens zusammenfanden.

»Oh! die Gaben, die ich habe. . .«
oder die Salons der Frauen

Sie hätten eigentlich an den Anfang unserer Überlegungen über die Entstehung bürgerlichen Selbstbewußtseins und der Herstellung von Kommunikationsformen gehört: die Karyatiden utopischer
Weltgebäude, die Frauen. Doch wie ein intaktes
Städtebauverständnis Kommunikationsräume wie
Kathedralen oder Theater sinnvoll von einem
Ensemble umgeben sein läßt, um vom Außenraum
vorpräpariert in den Innenraum zu gelangen, so sei
der von Frauen geschaffene Interaktionsraum keineswegs als Anhängsel des sicherlich an »Einzelge-
bäuden« werkreicheren Umfelds der schreibenden
Männerzunft bedacht. Im Gegenteil.
Die Sache ist bekannt. In einer von Männern seit
Jahrhunderten verplanten, verwalteten, veruntreu-
ten, vergewaltigten und schließlich verspielten Welt
blieb der Frau seit Jahrhunderten nichts anderes
übrig, als das Beste daraus zu machen. Anna Louisa

Karsch (1722—91), aus ärmlichsten Verhältnissen
kommend, versuchte nach zwei gescheiterten Ehen
durch unbeugsame Selbstbehauptung, dem Problem der Gegenwelt Mann zu begegnen. Sie gehört
mit ihren »Herzgedanken«[47] hierher, weil sie in
dem von Regelpoesie erstarrten Gebäude der Ramler und Sulzer mit unbekümmert klarem Sinn für
Freundschaft und Liebe nach Ihrer Ankunft in Berlin 1761 selbst die Pedanten der deutschen Aufklärung zu Bewunderung hinreißen konnte. Ihr Auftritt auf der literarischen Bühne Berlins mit »Ausgewählten Gedichten« (1764) ist der Beginn einer von
den Frauen beherrschten Szene, die den Männern
noch schwer zu schaffen machen sollte, sahen sie
sich doch plötzlich einer ernstzunehmenden geistigen Gegenkraft gegenüber, die nicht mehr mit
frommen Sprüchen abzuspeisen war, wie sie selbst
in Wielands »Neuem Teutschen Merkur« von 1791
gereicht wurden.
Was die Frauen aus dieser Herausforderung mit
»so beschränkten Kräften und so unbeschränkten
Wünschen«[48] in ihren Salons in Berlin um 1800
machten, das ist zu einem Mythos geworden, der
schon damals begründet, heute durch keine noch so
feinsinnige Betrachtung oder scharfsinnige Analyse
zu erklären, schon gar nicht ins Bild zu bringen ist,
es sei denn auf die Innenbildwand eines jeden
lesenden Einzelkopfes.
Es besteht kein Zweifel: die Salons in ihrer Öffnung für die »gemischte Gesellschaft« waren eine
revolutionäre Tat, weswegen bis heute noch —
selbst in Gedanken an Rahels sogenannte
»Dachstubenempfänge« in Anlehnung an das französische Vorbild — von einem »Salon« gesprochen
wird, auch wenn es sich um »Theegesellschaften«

2.275
Biedermeier-Intérieur, Gemälde
von G. F. Kersting   um 1817

»Es ist den Frauen erlaubt, mehr
als den Männern, bloß in der
Zauberwelt ihrer Empfindung und
ihrer Sehnsucht zu leben und die
Wirklichkeit und Gegenwart wie
ein Schattengebild an sich
vorübergehen zu lassen, und auf
andere Art berühren mich auch
die anderen Umgebungen außer
meinem häuslichen Kreise, in dem
ich sehr glücklich und sehr tätig
lebe, nicht, und mein Blick bleibt
einer heiligen Vergangenheit
zugewendet, aus der ich denn
doch wohl noch hoffe, Zukunft
zu bilden.«
(Karoline von Humboldt an Christian Schlosser, 32. 2. 1811, in:
K. v. H., Briefe an A. v. Rennenkampff, S. 237)

217

handelte. Sie waren Wirklichkeit und schufen neue Wirklichkeiten in einer merkwürdig ambivalenten Zeit. Ganz jedoch im Gegensatz zu Paris, wo ein Napoleon eine Madame de Staël vertreiben konnte weil ihm ihr Salon politisch zu einflußreich wurde, vertrugen sich in Preußen verbale Utopien durchaus mit dem politischen Alltag des Hofes, selbst wenn — wie im Falle des im Juli 1799 nach Berlin aus Jena ausgewiesenen Fichte — eigentlich Gefahr in Verzug war. Im Gegenteil: Künstler, Gelehrte, Staatsmänner (wie Kabinettsrat Beyme, Finanzrat Altenstein) kamen in Fichtes Privatwohnung am Königsgraben zusammen, um seinen Vorlesungen »Über den Handelsstaat« oder den wegen zu großen Andrangs schon in der Singakademie gehaltenen Vorträgen über »Die Grundsätze des gegenwärtigen Zeitalters« zu lauschen. Keinen störten die wahrhaft umstürzlerischen Ideen frühsozialistischen Inhalts über die gerechte Verteilung der Güter an alle, zur allmählichen Umwandlung des nicht Fisch-nicht-Fleisch-Staates zu einem wahren »Vernunft-Staat« zu kommen.

Dorothea Veit-Schlegel war es, die Fichte unterbrachte, die Verbindungen schuf und so ihren Teil zur Etablierung eines Mittelpunkts des geistigen Berlins beitrug. Nicht vielmehr, von Rahel abgesehen, konnten andere Frauen selbstverwirklichen als einen geistigen, aber auch ganz konkreten vorurteilsfreien Raum zu schaffen, in denen Unterhaltung und schöngeistige Gespräche geführt, Lesungen aus neu erschienenen Texten oder auch wissenschaftliche Vorlesungen stattfanden und Konzerte und privates Theater aufgeführt wurden. Mühelos konnte man jeden Tag in der Woche von einer Soirée zur andern gehen. In einem Umkreis von kaum 1000 Metern traf man in der Friedrichsstadt immer wieder auf gleiche oder ähnliche Gruppierungen. In ihren Ansprüchen recht unterschiedlich, verband sie alle, wenn man den Zeugnissen trauen darf, eine höchst moderate Form der Kommunikation. Der Funke revolutionären Geistes oder das soziale Engagement der älteren Bettina, mit ihren anklagenden Untersuchungsergebnissen über die Armut vor den Toren der Stadt, findet kaum Widerhall. Auch von konspirativen Zusammenkünften ist nichts bekannt. Wenn es schon ein Beitrag zur Emanzipation war, »über die bürgerliche Verbesserung der Weiber« (Schrift von Th. G. Hippel, 1792) nachzudenken, dann hatten die jungen Frauen mit ihrem Ausbruch aus alten Konventionen, als welche sie manchmal auch die Ehe mißverstanden, ihren Beitrag bereits geleistet. Wenn aber im Sinne Rahels[49] die gesellschaftlichen Vor-

rechte des Mannes weiterhin sanktioniert, das Selbstopfer für Mann und Kinder selbstverständlich bleibt, die unverheiratete Mutter statt geschützt verfemt wird, gleiche berufliche Chancen wie das Studium nicht gewährleistet und eine soziale Absicherung nicht gesetzlich geregelt werden, dann war es noch lange hin zu einer wirklichen Emanzipation. Die erwähnten Forderungen Rahels finden sich in Briefen und Tagebuchblättern. Doch man sollte vorsichtig mit der Verklärung der »Salons« sein, über deren Besucher Rahel am 5. November 1808 an Varnhagen schreibt: »Ich zweifele, daß Du selbst einen Begriff davon hast! Und wie ekelhaft, herabziehend, ärgerlich, beleidigend, unsinnig, schwächlich, niedrig meine Umgebungen, denen ich nicht entfliehen kann . . .«[50]

Betrachten wir dennoch vier herausragende Frauengestalten.

Henriette Herz

Muster der Berliner Zusammenfindungen in Privathäusern war eigentlich das Haus von Markus Herz in der Spandauer-, später der Neuen Friedrichstraße 22. Der Schüler Kants, Arzt und Physikus, hielt vor einem kleinen Kreis freiwilliger Hörer, darunter den jüngeren Brüdern des Königs von Preußen, den beiden Humboldts u. a., Vorlesungen über Experimentalphysik und Transzendentalphilosophie. Henriette Lemos, Tochter eines sephardischen, aus Portugal stammenden Arztes, wurde mit 12 Jahren, jüdischem Brauch entsprechend, ihm anverlobt, mit 15 heiratete sie den doppelt so alten Mann. Zeugnis einer Jugend, die nicht zu sich selbst kommen durfte. Unter Negierung ihrer natürlichen Entwicklungsstufen mußten auch im Zeitalter der Aufklärung die Kinder bereits in die Rolle von Erwachsenen schlüpfen. Henriette wählte sich für ihre »Dienstagsgesellschaft« einige der jüngeren Gäste aus. Schadow, der die 20jährige 1783 modelliert, berichtet in seinen Erinnerungen von »mehreren jungen Männern, der deutschen Dichtkunst ergeben, das hierin Neuerscheinende besprechend, recitierend, critisierend«[51] bei Henriette zusammenkamen.

Diese jüngeren, von Schadow nicht namentlich genannten Männer waren die 16- und 18jährigen Brüder Humboldt, »lebendig, geistreich, liebenswürdig und von umfassendem Wissen« (Herz); Karl Gustav von Brinckmann, der schwedische Attaché; der jugendliche Karl La Roche, Sohn von Wielands heiliger Muse Sophie, somit Onkel Bettines; die Schwestern Sara und Marianne Meyer,

Über einige zum Glück der Ehe nothwendige Eigenschaften und Grundsätze

»Lieber gewöhne dich viel Einsamkeit zu ertragen, als dich allen Gefahren auszusetzen, die das Bedürfniß der Mittheilung nach sich zieht; und dies wird dir eine vernünftige häusliche Thätigkeit sehr erleichtern. . . . Laß dir von deinem Gatten oder von andern vernünftigen Männern Bücher auswählen, die deinen Geschmack bilden, deine Begriffe berichtigen, dich mit allem, was dein Zeitalter schönes und nützliches hervorbringt, in Verbindung erhalten, dich fähig machen mögen, jede kluge Unterhaltung zu verstehen, und deine Einsamkeit mit angenehmen Ideen zu erheitern. Wenn du so glücklich bist, einen Mann zu haben, der mit dir lesen und denken mag, so wird dir jede Stunde, bey einem guten Buch zugebracht, doppelten Nutzen bringen. Doch auch, wenn du für dich ganz allein lesen und das Gelesene unbemerkt benutzen sollst: so denke, daß es der leeren Augenblicke im Ehestande sehr viel giebt; daß Langeweile eine arge Feindin der Tugend und Zufriedenheit ist; daß jeder neue Gedanke und hellere Begriff, jeder muntere Einfall, jede angenehme Wendung des Gesprächs, ein Gewinn ist, der zu irgend einer Zeit sein Nutzen äussert.« (In: Der Neue Teutsche Merkur vom Jahre 1791, 1. Bd., 6. Stück, S. 130 ff.)

218

»Sie war, kleine Moquerien abgerechnet, auch nicht übermütig in Witz und Laune. Ernst ohne Melancholie, keusch ohne Prüderie, so steht dies Frauenbild vor uns in einer schön gefügten, sittlich reinen, naiven Harmonie. Mitten im Gefühl des versagten höchsten Lebensglückes blieb sie frei von aller sentimentalen Kränklichkeit. Ein gesunder, *frischer Sinn des Berlinertums* und die *orthodoxe Strenge des altbiblischen* Judentums gab ihr diese *feste, unzerstörbare Haltung.* . . . Hegelsche Studenten gaben sub specie aeterni wenig auf die Erscheinung, aus Prinzip ebensowenig auf die Natur. Was aber bleibt vom Weibe übrig, streift man von ihr die Erscheinung ab, und fällt, was sie als Natur ist, nicht ins Gewicht? Der räsonierende Esprit hat bei den Frauen auch seinen Zauber, aber er setzt schwerlich Welten in Bewegung. . . . Ein schönes Ebenmaß hielt ihre Gedanken gerundet; erschöpfend kann wohl nie die Tiefe einer weiblichen Seele sein: Aber Frau Henriette wagte sich auch nicht hinaus in steile, keck phantastische Höhen . . .«
(G. Kühne, Deutsche Männer und Frauen, in: H. Herz, Ihr Leben und ihre Zeit, S. 96 f.)

links oben: 2.224
Henriette Herz um 1805

rechts oben: 2.185
Königin Luise 1807

links unten: 2.271
Herzogin von Kurland um 1790

rechts unten: 2.274
Comtesse de Genlis 1781

219

spätere Baroninnen Grotthus und von Eybenberg, Goethes gern gesehene Gesprächspartnerinnen bei seinen böhmischen Badeaufenthalten; die Vertraute und Freundin der Brautzeit, die ebenfalls bereits verheiratete, gleichaltrige Dorothea Veit u. a. Es war die Runde des »Tugendbundes«, eines pietistisch, freimaurerisch organisierten Kreises, mit den ungeschriebenen Statuten: Verpflichtung zu »gegenseitiger moralischer Bildung«, zur »Beglükkung durch Liebe« (worunter gewiß nicht die sexuelle Bindung zu verstehen war), zur Offenheit, bis zur Indiskretion nach innen, zur Verschwiegenheit bis zur Geheimnistuerei nach außen. Zu den Aufgaben der Tugendbündler gehörte es auch, miteinander zu korrespondieren, wozu man sich eigens auswärtige Mitglieder wählte wie Caroline von Dacheröden, spätere Frau von Humboldt, oder Therese Heyne, Freundin Caroline Schlegels, spätere Frau Georg Forsters.

Die »gegenseitige Veredelung« war zwar als Gegenwurf zu dem abstrakten, gefühlsarmen Rationalismus der Aufklärer gedacht, doch dieser programmatisch auftretende »Tugendbund« unterschied sich von den »Nur«-Empfindsamen durch die Forderung nach einer Art Seelenwäsche. Die Durchforschung der Seele und Ausbreitung geheimster Regungen in Briefen und Gesprächen führte wie auf der Couch des Psychologen zur Verwischung der Grenzen, Empfindung rutschte auf die Ebene sentimentaler Anempfindelei, Leidenschaft enthuschte in Schwärmerei und bei den seelisch differenzierten Mitgliedern wie den Humboldts oder später noch bei Börne warfen Gedanke und Gefühl sich Spiegelbälle zu. Nicht einmal der Spieler wußte noch zwischen echt und unwahr, zwischen Traum und Wirklichkeit zu unterscheiden.

Erst später, 1832, trug Henriette indirekt durch ihre Übersetzung von Mary Wollstonecrafts 1792 erschienenem Traktat »A Vindication of the Rights of Women« zur Entstehung der Frauenbewegung bei. Ihren wirklichen geistigen Horizont können die gegen sie ausgesprochenen Verdikte[52] »Anempfinderin« (Varnhagen), »weder überlegene Intelligenz noch Individualität« (Hillebrand), »keine Anregerin, mütterlicher Frauentyp« (Drewitz) nicht fassen, bevor nicht alle erreichbaren Dokumente gesammelt und veröffentlicht sind. Sie bleibt rätselhaft, auch in ihren Intimbeziehungen, über die kaum etwas zu erfahren ist. Schleiermacher glaubt seiner Schwester beteuern zu müssen, daß »nicht die Spur von Leidenschaft« ihn beflügele, obgleich er »jezt am meisten mit der Herz« lebe . . .

2.233
Ludwig Börne, Gemälde von Moritz Oppenheim 1833

»Sie hat mich italienisch gelehrt oder thut es vielmehr noch, wir lesen den Shakespeare zusammen, wir beschäftigen uns mit Physik . . ., wir lesen bald dies, bald jenes . . . dazwischen gehen wir . . . spaziren und reden, recht aus dem innersten des Gemüths, miteinander über die wichtigsten Dinge.«[53] Kaum denkbar, daß sie sich nicht mehr zu sagen hatten, die »tragische Muse« und der »Parasol«. Bei dem andern scheint es klar: bei Ludwig Börne.

Er war zu jung und bestimmt kein »Rosenkavalier«, als er achtzehnjährig zum Philosophiestudium ins Haus des über Berlin hinaus berühmt gewordenen Privatdozenten Markus Herz kam. Völlig verwirrt von der immer noch »engelhaften« Schönheit, (Gräfin Genlis) schreibt er Henriette am ersten Tag gleich drei Briefe: »Ich habe keine Worte, wer die Sprache erfand, hat kein Gefühl für Schönheit . . .« Und das geht so, langsam sich abkühlend, fünf Jahre voller Hoffnungen und Sehnsüchte auf seiner, in mütterlicher Fürsorge auf ihrer Seite weiter. Dann bricht plötzlich der Kontakt unvermittelt ab. Ein Menschenalter später, im Jahre 1828, kommt der inzwischen berühmt gewordene Schriftsteller Börne als kritischer Tischgast in die neue Wohnung in der Markgrafenstraße 59, wo Henriette auf ihre Weise dem Zug der Zeit zu biedermeierlicher Resignation folgt: aus einem glänzenden Salon ist ein Freitisch für arme Studenten, einmal die Woche geworden.

Daß Henriette vor Rahel oder Bettine in ihrer Bewertung immer zurücktreten muß, ist einzugestehen, daß sie jedoch hohen Anteil an der Virulenz des geistigen Berlin um 1800 hatte, bleibt unbestritten. Neben vielen anderen »Vermittlungsverdiensten« kommt ihr auch die der Verbindung Jean Pauls zu Karoline, der Tochter des Geheimen Obertribunalrats Mayer zu, die er bei seinem ersten ruhmreichen Aufenthalt im Mai/Juni 1800 in Berlin kennenlernte und am 27. Mai 1801 heiratete. Eine Zeitlang spielte Jean Paul mit dem Gedanken, in das »architektonische Universum« Berlin zu ziehen. (An Gleim 14. 6. 1800)

Der Salon der Herzogin von Kurland

Henriette Herz, die befähigte Memoirenschreiberin, die viel Atmosphäre, gewiß nicht allzuviel Gedankentiefe zu beschwören wußte, skizziert in ihren Erinnerungen ein eindrucksvolles Bild (s. Marginal) von den Abendeinladungen der Herzogin in ihrem Palais Unter den Linden 7. Ihr Salon führte auf anderer Ebene den von Henriette 1803—06 fort. Hauptgast war der damals glühende Napoleongegner, der spätere Protegé Napoleons, Johannes von Müller aus Schaffhausen, dessen »plumpes« Schwyzerdütsch, seine Freß- und Sauflust »Stichblatt der Scherze und der Satyre des anmuthigen und übermütigen Prinzen Louis Ferdinand«[54] war. Johannes von Müller (1752—1809) war 1804 aus dem durch Caroline von Herder mütterlich behüteten Weimar nach Berlin gekommen und erregte erstmals in einer öffentlichen Sitzung der Akademie der Wissenschaften am 24. Januar 1805 mit dem Vortrag über »Die Geschichte Friedrich II.« großes Aufsehen. Als geborener Opportunist erkannte er jedoch sehr bald, daß seine Begeisterung für Friedrich II. nicht mit der Liebe zum damaligen Preußen gleichzusetzen sei. An seinen Bruder Johann Georg, Gymnasialprofessor in Schaffhausen, schrieb er: »Es ist keine Freude, unter einer entehrten Regierung bei einem herabgewürdigten Volk zu leben.«[55] Der als Historiograph der Hohenzollern nach Berlin berufene Müller hatte von der »Apathie des Königs« und »der völligen Auflösung der Monarchie« den lebendigsten Anschauungsunterricht erhalten, daß er sich sehr bald (mit Erfolg) vom Lobredner des Hauses Hohenzollern in einer die patriotischen Kreise bestürzenden Weise zum eifrigen Bewunderer des Imperators mauserte. In seinem »Discours

de la Glorie de Frédéric«, einer zweiten Rede ebenfalls vor der Akademie in einer Festsitzung zu Friedrichs II. Geburtstag am 29. Januar 1807 gehalten, feierte er unverhüllt den Kaiser. Kein geringerer als Goethe übersetzte sie sogleich mit Reimer aus dem Französischen und ließ sie im »Morgenblatt« am 3. und 4. März 1807 einrücken, demonstrativ seine eigene Bewunderung für Napoleon bekundend. War schon die Form der französischen Rede mehr als eine Geste gegenüber der geistigen Welt des von ihm noch persönlich gekannten Königs, so stellte die Behauptung, Friedrich hätte gewiß die Erfolge Napoleons bewundert, und seine Meinung, nur der Rheinbund bürge für eine Wiedergeburt Deutschlands, ein Affront sondergleichen dar. Napoleon zeigte sich erkenntlich: als Staatssekretär schickte er ihn 1807 seinem arbeitsscheuen Bruder Jérôme Bonaparte, der das neugeschaffene Königreich Westfalen umstrukturieren sollte. Von nicht zu bewältigender Arbeit überlastet, starb Johannes von Müller am 29. Mai 1809.

Dorothea Veit-Schlegel

Dorothea Mendelssohn teilte das bittere Los ihrer Freundin Henriette, unbefragt mit dem biederen Bankier Simon Veit als Kind verlobt worden zu sein, um ihn 15jährig heiraten zu müssen. So aufgeklärt war der Vater Moses Mendelssohn denn doch wieder nicht, um seiner Tochter ein unaufgeklärtes Leben voller Komplikationen an der Seite eines ungeliebten, wenn auch gebildeten, kunstverständigen, hochsinnigen Mannes zu ersparen. »Noch jetzt ist es mir wie einem, der lange eine große Last getragen«, schreibt sie am 2. Februar 1799 an den Freund aller schönen Frauen von Berlin, Karl Gustav von Brinckmann, kaum daß sie sich im Dezember 1798 endgültig von Simon Veit getrennt hatte. »Aus diesem Schiffbruch, der mich von einer langen Sklaverey befreit, habe ich nichts gerettet, als eine sehr kleine revenue … und vielen guten frohen Muth.« Welche Diskrepanz hatte sie von der Weite eines dem philosophischen Gespräch stets offenen Vaterhauses bis hin zur Enge eines Ehe-Haushaltes zu überbrücken mit der Sorge um vier Kinder, von denen zwei wegstarben.
Ungewöhnlich klug, von schneller Auffassungsgabe, vom Vater auf die eigene Urteilskraft verwiesen und geschult, erkannte sie nur gar zu bald ihre verzweifelte Lage, die sie aus Rücksicht auf die Kinder nicht ändern wollte, bis sie im Salon der Henriette die Bekanntschaft mit der Inkarnation romantischen Geistes, mit Friedrich Schlegel, 221

machte und ihrem Leben eine völlig andere Richtung gab. Schon Brinckmann hatte sie jahrelang bedrängt, sich des Biedermanns zu entledigen, doch für einen geistreichen Diplomaten lohnte der Konflikt mit der konventionellen Moral nicht. In Schlegel fand sie die Erfüllung ihrer an englischen sentimentalen Romanen geschulter Sehnsucht nach Geist, Witz, Verstand und einem hochfliegenden Gefühl, das der von Zeitgenossen bestätigten Herzensgüte ihres Mannes sicherlich nicht an die Seite zu stellen war. Bedingungslos ergab sie sich den Ansprüchen des Angebeteten. »Ich suche all mein Denken dem Deinigen anzupassen und Dich ganz zu verstehen«, schreibt sie 1806 dem in Frankreich weilenden Friedrich Schlegel aus Köln, inzwischen seit dem 6. April 1804 ihr angetrauter Ehemann, dessen Einnahmen in reziprokem Verhältnis zu seinen Wünschen standen. So zwang sie sich selbst zu einer reproduzierenden Produktivität mit kleineren Aufsätzen und Rezensionen, die anonym oder nur mit einem D. gekennzeichnet in verschiedenen Zeitschriften erschienen. Sie begann die Übersetzung der Memoiren der damals berühmtesten französischen Tragödin Clairon, deren Kunst in der Liebe der auf den Brettern nicht nachstand. Auch in den Anfängen stecken blieb Couvrays frivoler Roman »Les Amours du Chevalier de Faublas«, den Friedrich Schlegel in seiner Zeitschrift »Europa« neben Voltaire, Diderot und Beaumarchais stellte und über den Schleiermacher im Sommer 1799 einen Roman »geistiger Faublas« plante. Zuverlässiges Korrekturlesen und redaktionelle Mitarbeit an den Zeitschriften Friedrichs verstand sich von selbst.

August Wilhelm Schlegels Frage aus dem Athenäum, »Warum schreiben Frauen nicht häufiger Romane?«, beantwortet Dorothea mit einem zwischen dem März und Oktober 1800 niedergeschriebenen Roman »Florentin«, den Friedrich — mit mittelmäßigen eigenen Sonetten eingeleitet — ohne Namensnennung der Verfasserin 1801 herausgab. In Anlehnung an Goethes »Wilhelm Meister« versuchte sie sich im Genre des Bildungsromans. Der Titelheld, den die innere Unrast durch die Welt treibt, teils aus romantischem Vagabundenleben um seiner selbst willen, teils auf der Suche nach dem eigenen Ich, der aufklärerischen Herkunft überdrüssig, gehört ganz in die Reihe der typisch romantischen Figuren wie Tiecks »Franz Sternbald«, Novalis' »Heinrich von Ofterdingen« oder Arnims »Godwi«. Der zweite Teil — im Nachlaß nur als Bruchstück erhalten — sollte dem rein ästhetischen Dasein das Tätige gegenüberstellen:

Florentin sollte nach Amerika auswandern, um dort an den Freiheitskriegen teilzunehmen. Obgleich im Jahr 1807 ein anonym erschienener Roman »Das gräfliche Schloß Sonnenberg. Ein Seitenstück zum Florentin« vermuten läßt, daß der Schreiber den »Florentin« für ein Erfolgsbuch hielt, war die Resonanz nicht so groß, daß ihr literarischer Ehrgeiz zum Weiterschreiben angestachelt wurde. Mit der Kölner Dozentur 1804—07 ihres Mannes endigte auch die gewohnte bittere Not. Bis auf wenige Kritiken und Übersetzungen aus dem Französischen versiegte jede weitere literarische Bemühung.

Rahel Levin-Varnhagen von Ense

Um sich ein Bild von Rahel Levin-Varnhagen zu machen und ihre Position als »Mittelpunkt des Weltalls«[56] zu verstehen, wäre es von Nöten, ihre Aussagen, die wir aus ihren Briefen und Aufzeichnungen Dritter kennen, mit denen über sie wie buntgemischte Mosaiksteine nach Farbe, Größe und Schnitt zu sortieren und neu zusammenzusetzen. Was dabei herauskommt — und es haben sich vortreffliche Geister, unter denen eine Hannah Arendt[57] nur eine der hervorragendsten mit dem höchst subjektiven Paria-Blickwinkel ist, an ihr versucht —, muß skizzenhaft unvollständig, mehr Ahnung vermittelnd als Wissen sichernd bleiben. Der Grund dafür ist so einfach und kompliziert zugleich, wie die »große Uressenz, der große Urstoff, woraus alles entquillt, mit und ohne unser Zutun«:[58] das Leben. Dem war sie so zugetan, daß sie geradezu ursprünglich naiv und universal zugleich beim Tode des vielbewunderten Fichte Schöpfungsklage führt: »Mich dünkte immer, Leben schütze vor dem Tode!«[59]
Es muß eine unstillbare Sehnsucht in ihr gewaltet haben, das Endliche und das Unendliche, den Menschen als einzelnen und als Zoon politikon, Knotenpunkt im großen Netz der Weltgeschichte, Gefühl und Verstand, die historische Begebenheit und ihre irrationalen Wurzeln mit klarem, leuchtenden Sinn zu erfassen. Mit den Sinnen, nicht mit dem analytischen Verstand, den sie natürlich in hohem Maß besaß, wollte sie das »große Sein verehren . . ., sehen, lieben, verstehen, nicht wollen, unschuldig sich fügen«.[60] Schon die Introduktionen ihrer Briefe mit den metereologischen Angaben sind ein Hinweis auf ihren ›geistigen Naturzustand‹, in den sie alle hineinzog, mit denen sie Umgang pflegte. Und da sie ihr anschauendes Denken in kein System bringen konnte — wie Schopenhauer etwa — und wollte, verband sie alles mit

2.85 K. A. v. Varnhagen, Eintragungen über Rahels Notizen im »Wilhelm Meister«

»Mein ganzes Leben ist eine Marter, wie ich Dir mein ganzes Leben mitteilen will. O! die Gaben, die ich habe, hat man nicht umsonst! dafür muß man ausstehen. Mein scharfes Wissen, Sondern und Scheiden, das große Meer in mir, mein präziser, tiefer, großer Zusammenhang mit der Natur; kurz, das bißchen Bewußtsein darüber, was hier doch so viel ist; kostet mich was! Welche Schmerzen, welche Unruh, welches Vermissen läßt das aufschießen; und wie muß ich es verarbeiten! Ich zweifle, daß Du selbst einen Begriff davon hast! Und wie ekelhaft, herabziehend ärgerlich, beleidigend, unsinnig, schwächlich, *niedrig* meine Umgebungen, denen ich nicht entfliehen *kann*; und die, so lang ich es nicht kann, mich auch verfolgen: ein gelindes Ausweichen hilft gar nichts . . . Das Kroppzeug braucht mich nur. Und gesellig stellen wir uns beiderseits; sie, weil sie mich brauchen; und ich, weil ein Zweikampf, einer mit Blut, es nicht enden kann. Du siehst, ich bin außer mir! So nennt man es, wenn das warme Herz spricht.«
(Rahel an Karl August Varnhagen, 5. 11. 1808, in: Briefwechsel, Bd. 1, S. 96 f.)

allem, aber auch alle mit allen, was Wilhelm von Humboldt zu dem Tadel veranlaßte, sie habe keine Kriterien für die Wahl ihrer Gesprächspartner gefunden. »Adelige und Bürger, Juden und Christen, Prinzen und Fürsten, Offiziere und Beamte, Künstler und Gelehrte waren gleichwertige Gäste ... was allein auszeichnete, waren Geist und Gedanken ...«[61] Die Aufzählung von Namen, unter denen keiner fehlt, der je in Berlin zwischen 1790 und 1806, ihrem ersten Salon, und dem zweiten von 1819 bis zu ihrem Tod an künstlerisch-politischen Themen interessiert war, würde seitenfüllend sein und nicht mehr bringen als die Bestätigung der an anderer Stelle (vgl. S. 37 ff.) ausgebreiteten These von der »utopischen Geselligkeit«.

Einer sei erwähnt, weil beider Varnhagen Einfluss auf seine zukünftige Entwicklung in den zwei Jahren seines Berlinaufenthaltes 1821—23 von so weitreichender Bedeutung für das eigene künstlerische Schaffen und für die Anknüpfung der literarischen Szene der dreißiger Jahre des 19. Jahrhunderts an die Zeit um 1800 waren, daß der Autor am besten mit eigenen Worten das Unmeßbare dieser Beziehung kennzeichnet: Heinrich Heine, der »erste Priester des von Varnhagen gestifteten Rahelkultes«.[62] Aus London schreibt er an Karl August: »Sie weiß alles, was ich ihr sagen könnte, sie weiß, was ich fühle, sie weiß, was ich denke und nicht denke.« (1. 5. 1827) und in der Vorrede zum »Buch der Lieder« aus dem Jahr 1837 (2. Auflage) erinnerte er sich der »seligen Friederike« gegenüber, daß er sich rühmen konnte, »der erste gewesen zu sein, der diese große Frau mit öffentlicher Huldigung verehrte.« Er hatte ihr 1822/23 die »Lieder der Heimkehr als eine heitere Huldigung gewidmet« und davon geträumt, »sie als schönste und herrlichste aller Blumen im schönsten und herrlichsten aller Himmelstäler dereinst wiederzusehen«.

Man ging »nie von ihr, ohne nicht etwas von ihr gehört zu haben und mit hinwegzunehmen, das Stoff zu weiterem ernsten, oft tiefem Nachdenken gab ...«.[63] Darin unterschied sie sich eben von den »Salons« einer Henriette, wo die Ich-Kultur gepflegt wurde, aber auch von den Abendgesellschaften einer Herzogin von Kurland und Elisa von der Recke-Medem in ihrem Palais ›Unter den Linden‹ oder von den Küßchen-verteilenden Treffen bei Marianne Reuss von Eybenberg geborene 223

wachsenden Schmuckverlangen entsprachen, sich immer mehr mit allen möglichen Sammelobjekten zu umgeben. Dazu gehörte auch die Anlage von Autographensammlungen. Ein herausragendes Zeugnis stellt die in die Kippenbergsammlung (Düsseldorf) gelangte Kollektion kunstvoll von Allwine Frommann verzierten Autographen, aus dem Besitz der Sängerin Caroline Sabatier-Unger dar. Die einstmals mit Lenau verlobte, berühmte Opernsängerin hat offensichtlich gegenüber ihren Bewunderern keinen Hehl aus ihrer Autographenleidenschaft gemacht (wie ein Eintrag Varnhagens vermuten läßt). Die Dedicationen mögen ihr anläßlich von Auftritten in Berlin zugekommen sein. So z. B. am 19. Februar, wo sie bei einer Gala-Soirée im Palast des Prinzen von Preußen in einem Konzert unter Liszt und Meyerbeer den 4. Akt der »Hugenotten« sang.[64]

Es ist nicht immer zu entscheiden, ob die Randleisten vorgezeichnet waren oder nachträglich um die Autographen herum komponiert sind. In jedem Fall dürfte die durch Minister Altenstein bei Hof eingeführte, seit 1838 in Berlin lebende Tochter des Jenaer Buchhändlers C. F. Frommann (1765—1837) die Sängerin zu diesem Werk veranlaßt haben, das ein bedeutsames Zeugnis einer an »Des Knaben Wunderhorn« anknüpfenden romantischen Tradition ist.

»›Äußerlichkeiten‹ kann man festhalten, der Geist ist nicht zu bannen; ewig beweglich schwebt er durch die Schöpfung und stürzt sich in neue Verkörperungen; wir aber sind verurteilt, auch die Leichen zu bewahren, die er zurückgelassen, die Schlangenhäute, die er abgelegt, das ist unsre Geschichte, das sind unsre Denkmale.« So spricht der Literat, der Weltbürger, notiert's und dediziert's der Sängerin am 8. Januar 1844. Ein Albumblatt, und nicht nur dies, von Karl August Varnhagen von Ense.

Heinrich Heine, Zeichnung von Emil Ludwig Grimm

Meyer in der österreichischen Gesandtschaft ihres Mannes, Leipziger Straße, oder auch von den manchmal in Orgien ausartenden Galaempfängen des Prinzen Louis Ferdinand in seinem von Schinkel erbauten Palais in der Friedrichstraße. Die Liste ließe sich verlängern, kaum vertiefen. Erst in Rahels Salon — vor allem in dem von 1790—1806, in der Jägerstraße 54, in der bel etage der Mutter — wurde jene Öffentlichkeit hergestellt, die sich weder in einem Parlament, noch in einer Universität noch sonstwo artikulieren konnte. Dauerthemen waren Frankreich und die Revolution als Beispiel für Preußen, die nationale Frage, die großen philosophischen Themen nach Kant, Fichte, Schelling, die Stellung der Frau in der Männergesellschaft, die divergierenden Kunstanschauungen der Klassiker und Romantiker, wobei sie vorbehaltlos Parteigängerin für den Repräsentanten all dessen war, worum sie kämpfte: für Goethe im Schiller'schen Begriff der Naive, der in sich die Einheit von Gefühl und Intellekt herzustellen gewußt und sie, die Sentimentalische, die früh, aus dem Umfeld der »Leiderfahrenen und Geprüften«, die Brücke zum Gegenüber immer von neuem zu schlagen hatte.

Große Gedanken in idyllisch schmucken Ranken

Welche Worte sie zu machen wußten, die Bewunderer und Verweigerer, die Herren der Schöpfung, das zeigen sogenannte »Albumblätter«, die dem

Nachweise und ergänzende Anmerkungen

1 Grundsätzliches zum Thema Emanzipation des Judentums in der »Berliner Gesellschaft in den Jahren 1789—1815« brachte erstmals der ehemalige Sekretär Heines, Karl Hillebrand 1870 in der französischen Zeitschrift »Revue de deux mondes« (März, Mai, Novembernummer) zur Darstellung.
2 I. Kant, Werke I—VI, hrsg. v. W. Weischedel, Frankfurt/M., 1963/64, Bd. VI, S. 55 — Zur Weiterführung dieser Kant'schen Ideen in Hegels Polis-Begriff vgl. K. Löwith, Von Hegel bis Nietzsche, Zürich 1941, S. 323 ff.
3 H. Heine, Zur Geschichte der Religion und Philosophie in Deutschland, in: Sämtliche Schriften, Bd. III, S. 640.

2.294
Karl August Varnhagen von Ense,
Albumblatt für Caroline Unger-
Sabattier   1844

4 vgl. hierzu die Beiträge N. Altenhofer und B. Koehler über »Rahel und Schleiermacher« bzw. über »Adam Müller«. — Überhaupt sind die Beiträge über literarische und philosophische Probleme der Zeit dort als Anschluß zu verstehen, wo in diesem facettenhaften Abriß Gestalten oder Themen, die natürlich zu der grundsätzlichen Fragestellung »Literarisches Leben« vor und nach 1800 gehören, aus Raumgründen nicht einmal mit einem Stichwort bedacht werden konnten.

5 G. E. Lessing an J. W. L. Gleim 16. 12. 1758, in: Lessing, Sämtliche Schriften, 23 Bde., 3. verm. u. durchges. Ausg., hrsg. v. F. Muncker und K. Lachmann, Stuttgart/Berlin/Leipzig 1884—1924, Bd. 17, S. 155 ff.

6 G. E. Lessing an F. Nicolai, 25. 8. 1769, ebd., Bd. 17, S. 297 f.

7 G. E. Lessing an J. D. Michaelis, 16. 10. 1754, ebd., Bd. 17, S. 39 ff.

8 Erschienen in der »Berlinischen privilegierten Staats- und Gelehrtenzeitung« 11. 3. 1749. Text in: Lessing, Werke, Bd. 3, S. 12

9 E. Schmidt, Lessing. Geschichte seines Lebens und seiner Schriften, 3 Bde., Berlin 1884/92, Bd. 1, S. 134 f. — In dieser auch heute noch lesenswerten Monographie findet sich ein 150 Seiten langes Kapitel über den »Berliner Litteraten« und seine Zeit.

10 G. E. Lessing an Justina Salome Lessing, 20. 1. 1749, in: F. Muncker/K. Lachmann, a. a. O., Bd. 17 S. 6 ff. (Auch in »Lessings Leben . . . in Daten«, S. 73 ff.) Stichworte des Briefes sind: »Lebte stets bei den Büchern . . . Bäuerische Schichternheit, verwilderter, ungebauter Körper . . . Lernte tanzen, fechten, voltigiren . . . Ich suchte Gesellschaft um nun auch Leben zu lernen . . . Ich lernte mich selbst kennen, daß ich auf den Entschluß kam, selbst Comoedien zu machen . . . in einer Sache . . . in der sich noch kein Deutscher allzusehr hervorgetan hatte . . . Will mich ungesäumt nach Berlin begeben . . . Auf Universitäten gehe ich jetzo auch nicht wieder . . . Wenn ich auf meiner Wanderschaft nichts lerne, so lerne ich mich doch in die Welt zu schicken. Nutzen genug! . . .«

11 K. W. Ramler an J. W. L. Gleim, Dezember 1753, zit. nach: E. Schmidt, Lessing Bd. 1, a. a. O.

12 Grundsätzliches mit vorzüglichen Charakterisierungen und weiterführender Literatur in: Buchkunst und Literatur in Deutschland 1750—1850, Maximilian Gesellschaft Hamburg 1977, dort speziell: P. Raabe, Zeitschriften und Almanache, S. 145—195, Georg Schauer, Schrift und Typographie, S. 7—57, besonders S. 25 ff. (über Unger)

13 H. Heine, Religion und Philosophie in Deutschland, in: Sämtliche Schriften, Bd. 3, S. 580: »Dieser Mann Mann war sein ganzes Leben lang unablässig tätig für das Wohl des Vaterlandes, er scheute weder Mühe noch Geld, wo er etwas Gutes zu befördern hoffte, und doch ist noch nie in Deutschland ein Mann so grausam, so unerbittlich, so zernichtend verspottet worden . . . ›Die allgemeine deutsche Bibliothek‹ hieß die Zeitschrift, die Nicolai gegründet hatte, und worin er und seine Freunde gegen Aberglauben, Jesuiten, Hoflakaien und dgl. kämpften. Es ist nicht zu leugnen, daß mancher Hieb, der dem Aberglauben galt, unglücklicherweise die Poesie selber traf.«

14 P. Raabe, a. a. O., S. 152

15 Irmgard Kräupl, Buchausstattung, in: Lesewuth, Raubdrucke und Bücherluxus — Das Buch in der Goethe-Zeit. Ausstellungskatalog des Goethe-Museums Düsseldorf, 1977, S. 192

16 Lesewuth und Spielwuth, die zwei Furien des Luxus, in: Journal des Luxus und der Moden, Bd. 15, Jg. 1800, S. 623, zit. nach: Lesewuth . . . a. a. O., S. 306

17 August Potthast, Geschichte der Buchdruckerkunst zu Berlin im Umriß, hrsg. v. E. Craus, Berlin 1920, S. 17

18 vgl. K. Ph. Moritz, Die neue Cecilia, Faks. Druck. d. Orig. Ausgb. v. 1794, mit e. Nachwort v. H. J. Schrimpf, Stuttgart 1962, S. 83

19 J. W. v. Goethe an A. L. Hirt (1759—1837), Kunsthistoriker in Rom: »Berlin ist vielleicht der einzige Ort, von dem man sagen kann, daß ein Publikum beisammen sei, umso mehr muß es einen Autor interessieren, wenn er daselbst gut aufgenommen wird.« (30. 1. 1798), Sophienausgabe, 4. Abt., Bd. 13, S. 44. — Folgende Briefe an Merck: 4. Abt., Bd. 3, S. 237, an Rauch: 4. Abt., Bd. 49, S. 240 f.

20 J. W. v. Goethe an Gräfin Stolberg, 7. 3. 1775, Sophienausgabe, 4. Abt., Bd. 2, S. 240 ff.

21 W. v. Humboldt an Schiller, 15. 8. 1795, in: Briefwechsel Bd. I, S. 87: »Unger scheint ein vernünftiger, solider Mann . . ., spricht auch vom ›Handel‹ mit Geistesprodukten als einer abscheulichen Sache . . . Unger selbst sagte mir, daß er mit dem ›Meister‹ jetzt gerade außer Schaden sei.«

22 J. W. v. Goethe, Tag- und Jahreshefte 1803, zit. nach: dtv-Gesamtausgabe, München 1962, Bd. 30, S. 90 — dort überhaupt vielerlei Reflektionen über die Französische Revolution

23 D. Jenisch, »Über Prose und Beredsamkeit der Deutschen«, in: Berlinisches Archiv der Zeit und ihres Geschmacks, Jg. 1795, Märzheft, S. 249. — W. v. Humboldt gibt in seinem Brief vom 15. 8. 1795 (s. Anm. 21) ein anschauliches Bild der Berliner Auseinandersetzungen mit Goethe. Friedrich Ludwig Wilhelm Meyer (1759—1840), der Herausgeber des »Archivs der Zeit . . .« sei »noch immer in Sachen des Geschmacks der kompetenteste Richter . . .«

24 J. W. v. Goethe, Literarischer Sansculottismus, zit. nach: Hamburger Ausgabe, Bd. XII S. 239 ff. — vgl. Emil Staiger, Goethe Bd. II, S. 210 f.

25 Eine rechte Denunziantenrache betrieb J. F. Reichardt in seinem, von den Xenien attackierten Journal »Deutschland« mit einer Erklärung im Anschluß an die ausführliche Auseinandersetzung mit den Xenien im 10. Stück des einzigen Jahrgangs 1796, S. 83—102. Darin forderte er andere Journalredaktionen zum Nachdruck seiner Behauptung auf, daß einzig »Herr Schiller der Verfasser« sei, da nur mit »innerem Schauder zu denken wäre«, daß der von ihm verehrte und durch seine zahlreichen Lieder populär gewordene Goethe seine »Größe so entweiht und sich bis zur Teilnahme an einer absichtlichen Verleumdung erniedrigt haben sollte.«

26 F. v. Schiller an J. G. Körner, 28. 5. 1804, zit. nach: Briefe, hrsg. v. F. Jonas, Bd. VII, S. 146 f.

27 Über die Schillerverehrung der Königin Luise vgl. Caroline von Wolzogen, Schillers Leben verfaßt aus Erinnerungen der Familie, seinen eigenen Briefen und Nachrichten seines Freundes Körner, 2 Bde., Tübingen 1830, Bd. 2, S. 261

28 Vgl. dazu: C. Schäffer und C. Hartmann, Die königl. Theater in Berlin. Statistischer Rückblick auf die künstlerische Thätigkeit und die Personalverhältnisse während des Zeitraums vom 5. 12. 1786—31. 12. 1885, Berlin 1886, S. 210—39 (über Ifflands Spielplan)

29 Schiller an K. F. v. Beyme, 18. 6. 1804, zit. nach: Briefe, Bd. VII, S. 159. In fast allen bei Jonas abgedruckten Briefen an Hufeland, Zelter, Cotta, W. v. Wolzogen, Körner usw. reflektiert er bis Ende des Jahres immer wieder die Frage, ob Berlin nicht doch der geeignetere Ort für ihn sei.

30 F. v. Schiller an J. G. Körner, 23. 9. 1801, zit. nach: Briefe, Bd. VI, S. 301

31 A. W. Schlegel, Über dramatische Kunst und Litteratur, Vorlesungen, 3 Bde., Heidelberg, 1809, Bd. 2, S. 85

32 R. Haym, Die Romantische Schule. Ein Beitrag zur

Geschichte des Deutschen Geistes, Neudruck der 1. Aufl. von 1870, Darmstadt 1961, S. 71 — Zur Zusammenarbeit Nicolai mit Tieck meinte Haym: »Der spätere Matador der Romantik im Dienste der Aufklärung. Die Litteraturgeschichte, scheint es, hat sonderbare Launen.« Ambivalenz auch hier!

33 F. Schlegel, Über Lessing, in: Reichardts Lyceum der schönen Künste, Berlin 1797, 2. Teil, S. 76 ff.

34 F. Schlegel, Athenäumsfragment 125, zit. nach: rororo-Klassiker Bd. 518/519, ausgewählt u. bearb. v. C. Grützmacher, Reinbek b. Hamburg 1969, Bd. I, S. 122

35 vgl. dazu: Novalis Schriften Bd. 2, S. 478 ff.

36 P. Gräfin de Pange, A. W. Schlegel und Frau von Staël Briefe, S. 58

37 J. v. Müller an F. Perthes, 11. 9. 1805, zit. nach: K. Feilchenfeldt, Varnhagen S. 27 f.

38 vgl. dazu: Hölderlin zum 200. Geburtstag, Ausstellungskatalog des Schiller-Nationalmuseums, Marbach 1970, S. 310

39 A. W. Schlegels Berliner Vorlesungen beriefen sich auf F. Baaders Schrift »Über das pythagoräische Quadrat in der Natur oder die vier Weltgegenden«, 1798. Darin wird die Religion dem Osten, die Sittlichkeit dem Westen, die Poesie dem Süden und die Wissenschaft dem Norden zugewiesen. W. Neumann dichtete »An Fichte«: »Magnet, geheimnisvoller Stern, mir deuten/Willst du des Nordsterns ferne Klarheit...« Zit. nach: Nadler, Berliner Romantik, S. 115

40 H. Rogge, Der Doppelroman der Berliner Romantik, zum 1. Mal hrsg. u. mit Erläuterungen dargestellt, Leipzig 1926, S. 283 (= Neuausgabe der beiden Romane »Versuche und Hindernisse Karls...« und »Der Roman des Freiherrn von Vieren« v. Karl Wilhelm Salice Contessa, Chamisso, E.T.A. Hoffmann und Fouqué.)

41 Für dieses Kapitel vgl. die hervorragenden Kataloge des Freien Deutschen Hochstifts: Clemens Brentano und Achim von Arnim (s. Literaturverz.) — Zitat: F. Schlegel, Gespräch über die Poesie, Athenäum III/1, 1800, S. 102, s. Lit.-Verz., Bd. 2, S. 153 ff.

42 C. Brentano an A. v. Arnim, Febr. 1808, zit. nach Brentano-Katalog a. a. O., S. 159

43 J. Göres, Was soll geschehen im Glücke, ein unveröffentlicher Aufsatz A. v. Arnims, in: Jahrbuch der deutschen Schillergesellschaft 5, 1961, S. 199 f.

44 C. Brentano an seinen Bruder Georg, 16. 1. 1816, zit. nach: C. Brentano, Briefe, a. a. O., Bd. 2, S. 153

45 Ausführlich erläutert in: Karl Friedrich Schinkel 1781—1841, Ausstellungskatalog, Altes Museum, 23. 10. 1980—29. 3. 1981, Staatliche Museen zu Berlin 1980, S. 46 f.

46 Gesetzlose Gesellschaft, darüber in: H. Fricke, K. W. F. Solger, Ein brandenburgisches Gelehrten-Leben, Berlin 1972, S. 91

47 Herzgedanken, Titel einer sehr unzuverlässigen Ausgabe mit Briefen und Gedichten der A. L. Karsch »Das Leben der ›deutschen Sappho‹ von ihr selbst erzählt«, hrgs. v. B. Beys, Frankfurt 1981

48 C. v. Humboldt an Tochter Adelheid o. J., zit. nach Gabriele Bülow, Ein Lebensbild aus den Familienpapieren Wilhelm von Humboldts und seiner Kinder, 1791—1887, Berlin 1902, S. 81

49 vgl. dazu D. S. Guilloton, Rahel Varnhagen und die Frauenfrage in der Romantik, in: Monatshefte 69 (1977), S. 391 ff.

50 Rahel an Varnhagen, Briefwechsel Bd. 1, S. 97

51 J. G. Schadow, Kunstwerke und Kunst-Ansichten, Berlin 1849, S. XX

52 Über Henriette Herz, u. a.: K. Hillebrandt, a. a .O., S. 27 ff.; I. Drewitz, Berliner Salons, S. 12 ff.; H. Spiel, Fanny Arnstein, Passim; Louise Seidler, Erinnerungen und Leben, hrsg. v. H. Uhde, Berlin 1875, S. 180 f.; F. G. Kühne, Deutsche Männer und Frauen, Berlin 1851, S. 89 f.

53 F. Schleiermacher an Schwester Charlotte, 30. 5. 1798, zit.: Aus Schleiermachers Leben, Bd. 1, S. 183.

54 H. Herz, Ihr Leben..., hrsg. v. Fürst, S. 186 ff.

55 zit. nach L. Geiger, Berlin 1688—1840, Bd. 2, S. 215

56 A. v. d. Marwitz an Rahel, 12. 11. 1811, in Briefwechsel, München 1966, S. 126

57 H. Arendt schreibt in ihrem Vorwort, daß sie kein Buch über die Rahel schreiben wolle, sondern »die Lebensgeschichte so nacherzählen wie sie selbst sie hätte erzählen können«, besonders unter dem jüdischen Gesichtspunkt der ganzen »Problematik der Assimilation«.

58 Rahel an David Veit, 9. 3. 1821, Briefwechsel, Bd. 3, S. 34 zit. nach: Käte Hamburger, Rahel und Goethe, in: Kleine Schriften, Stuttgart 1976, S. 119

59 Rahel an Varnhagen, 14. 2. 1814, zit. nach: Briefwechsel, Bd. 3, S. 297

60 Rahel an Varnhagen, 22. 2. 1810, zit. nach: Briefwechsel Bd. 2, S. 44

61 H. Scurla, Rahel, S. 105 f.

62 H. Scurla, Rahel, S. 466

63 W. v. Humboldt an Charlotte Diede (1769—1846) 1834, zit. nach: Scurla, Rahel, S. 102

64 G. Meyerbeer, Briefwechsel, Bd. 3, S. 730

Literatur

(Die hier aufgeführte Literatur hat unmittelbar für den Beitrag Pate gestanden. Sie kann selbstredend nur eine sehr begrenzte Auswahl zu einem vielfältig verflochtenen Thema sein. Erwähnte Originaltexte s. Ausstellungsverzeichnis.)

Achim von Arnim 1781—1831. Ausstellungskatalog, Freies Deutsches Hochstift, Frankfurter Goethe-Museum, 1981 (bearb. v. R. Moering u. H. Schultz)

H. M. Kattinger-Riley, Achim von Arnim in Selbstzeugnissen und Bilddokumenten, Reinbek b. Hbg., 1979 (Rowohlts Monographien 277)

A. v. Arnim u. B. Brentano, bearb. v. R. Steig, Stuttgart, Berlin 1913

Achim und Bettina in ihren Briefen, 2 Bde., hrsg. v. W. Vordtriede, Frankfurt/M. 1961, 1981[2]

H. Arendt, Rahel Varnhagen. Lebensgeschichte einer deutschen Jüdin aus der Romantik, München 1959

E. Arnhold, Goethes Berliner Beziehungen, Gotha 1925

Athenaeum, eine Zeitschrift von A. W. Schlegel u. F. Schlegel, ausgew. u. bearb. v. C. Grützmacher, 2 Bde., Reinbek b. Hbg., 1969, (Rowohlts Klassiker, 29/30)

K. Bauer, Aus meinem Bühnenleben, hrsg. v. K. Wellner, Berlin 1871

Berliner Leben 1806—1847, Erinnerungen, Berichte, hrsg. v. P. Köhler u. W. Richter, Berlin 1954

Clemens Brentano 1778—1842, Ausstellungskatalog,

Freies Deutsches Hochstift, Frankfurter Goethe-Museum, 1978 (bearb. v. J. Behrens., W. Bellmann, W. Frühwald, R. Moering, H. Rölleke, H. Schultz)

C. Brentano, Briefe, hrsg. v. F. Seebaß, 2 Bde., Nürnberg 1951

L. Börne, Sämtliche Schriften, hrsg. v. I. u. P. Rippmann, 5 Bde., Darmstadt 1964—68

Caroline. Briefe aus der Frühromantik, hrsg. v. E. Schmidt nach G. Waitz, 2 Bde., Leipzig 1912/13

Dichter der deutschen Romantik. Zeugnisse aus dem Besitz des Freien Deutschen Hochstifts — Ausstellungskatalog, 1976 (bearb. v. E. D. Eckardt, D. Hopp, A. Lenz, H. Schlüpmann, H. Schultz)

I. Drewitz, Berliner Salons, Gesellschaft und Literatur zwischen Aufklärung und Industriezeitalter, Berlin 1979 (Berlinische Reminiszenzen 7)

K. Feilchenfeldt, Varnhagen von Ense als Historiker, Amsterdam 1970 (Erste Varnhagens überragende Bedeutung voll würdigende Monographie mit ausführlichen Literaturverzeichnissen.)

L. Geiger, Berlin 1688—1840. Geschichte des geistigen Lebens der preußischen Hauptstadt, 2 Bde., Berlin 1892/95

L. Geiger, Geschichte der Juden in Berlin, Berlin 1871

Goethe Werke i. A. der Grossherzogin Sophie v. Sachsen, 4 Abt., 133 Bde., Weimar 1877—1912

Goethe und die Romantik. Briefe und Erläuterungen, hrsg., v. C. Schüddekopf u. O. Walzel. Schriften der Goethe-Gesellschaft Bd. 13—14, Weimar 1898/99

E. Heilborn, Zwischen zwei Revolutionen. Der Geist der Schinkelzeit, Berlin 1927

H. Heine, Sämtliche Schriften, hrsg. v. K. Briegleb, Bd. 1—6/2, München, 1969—1976

H. Heine, Zur Geschichte der Religion und Philosophie in Deutschland, hrsg u. eingel. v. W. Harich, Frankfurt/M. 1965, (Slg. Insel Nr. 17)

H. Herz, Ihr Leben und ihre Erinnerungen, hrsg. v. J. Fürst, Berlin 1850 (Reprint: Leipzig, 1977)

H. Herz, Ihr Leben und ihre Zeit, hrsg. v. H. Landsberg, Weimar 1913

K. Hildebrand, Unbekannte Essays, hrsg. v. H. Uhde-Bernays, Bern 1955

H. Mayer, Studien zur deutschen Literaturgeschichte (hier: Lessing. Mitwelt, Nachwelt), 2. Aufl., Berlin 1953

H. Mayer, Von Lessing bis Thomas Mann. Wandlungen der bürgerlichen Literatur in Deutschland, Pfullingen 1959

K. v. Humboldt, Karoline von Humboldt in ihren Briefen an Alexander von Rennenkampff, hrsg. v. A. Stauffer, Berlin 1904

W. v. Humboldt, Werke in fünf Bänden, hrsg. v. A. Flitner u. K. Giel, Stuttgart 1963—65

J. Körner, Krisenjahre der Frühromantik. Briefe aus dem Schlegelkreis, 2 Bde., 2. Aufl., Bern/München 1969

G. E. Lessing, Sämtliche Schriften, Neue rechtmässige Ausg. hrsg. v. K. Lachmann, Bd. 1—13, Berlin 1840

G. E. Lessing, Werke, hrsg. v. H. G. Göpfert, 8 Bde., München 1970—78

G. Mann, Friedrich von Gentz. Geschichte eines europäischen Staatsmannes, Zürich/Wien 1947

G. Meyerbeer, Briefwechsel und Tagebücher, hrsg. u. komm. v. H. u. G. Becker, Bd. 1—5 ff., Berlin 1975

J. Nadler, Die Berliner Romantik 1800—1814. Ein Beitrag zur gemeinvölkischen Frage: Renaissance, Romantik, Restauration, Berlin 1920, (Faktenreich, aber durch unzuverlässige Angaben unbrauchbar)

Novalis, Schriften. Die Werke Friedrich von Hardenbergs, hrsg. v. P. Kluckhohn u. R. Samuel, erg., erw. u. verb. Aufl. 4 Bde., 1 Begleitbd., Stuttgart 1975

P. Gräfin de Pange, August Wilhelm Schlegel und Frau von Staël. Nach unveröffentl. Briefen erzählt, ausgew. v. W. Grabert, Hamburg 1940

Rahel. Ein Buch des Andenkens für ihre Freunde, aus d. Nachlaß, hrsg. v. K. A. Varnhagen von Ense, 3 Bde., Berlin 1834

R. Varnhagen, Briefwechsel (mit: A. v. d. Marwitz, K. A. Varnhagen, Im Umgang mit ihren Freunden, R. V. und ihre Zeit), hrsg. v. F. Kemp, 4 Bde., München 1966—68 (mit Bibliogr.)

Briefwechsel zwischen Varnhagen und Rahel, aus dem Nachlaß Varnhagens von Ense, hrsg. v. L. Assing, 6 Bde., Leipzig 1874/75

Briefwechsel zwischen Rahel und David Veit, aus dem Nachlaß Varnhagens von Ense, (hrsg. v. L. Assing) 2 Bde., Leipzig 1861

F. v. Schiller, Der Briefwechsel zwischen Schiller und Goethe in drei Bänden. Nach den Handschriften des Goethe- u. Schiller-Archivs, hrsg. v. H. G. Gräf u. A. Leitzmann, Leipzig 1955

F. Schiller, Der Briefwechsel zwischen Friedrich Schiller und Wilhelm von Humboldt, hrsg. v. S. Seidel, 2 Bde., Berlin 1962

F. Schlegel, Der Briefwechsel Friederich und Dorothea Schlegels 1818—1820 während Dorotheas Aufenthalt in Rom, hrsg. v. H. Finke, München 1923

E. Behler, Friedrich Schlegel in Selbstzeugnissen und Bilddokumenten, Reinbek b. Hamburg 1966 (Rowohlts Monographien 123)

Aus Schleiermachers Leben. In Briefen, 2 Bde., Berlin 1858

H. Scurla, Begegnungen mit Rahel. Der Salon der Rahel Levin, 4. Aufl., Berlin 1966

F. Sengle, Biedermeierzeit. Deutsche Literatur im Spannungsfeld zwischen Restauration und Revolution 1815—1848, 2 Bde., Stuttgart 1971—72

H. Spiel, Fanny von Arnstein oder Die Emanzipation. Ein Frauenleben an der Zeitwende 1758—1818, Frankfurt/M. 1962

E. Staiger, Goethe, 3 Bde., Zürich, 1955—57

Zu J. F. Unger vgl.: G. A. E. Bogeng, Altmeister der Druckschrift, Frankfurt/M. 1940, S. 149—59; E. Hölscher; J. F. Unger in: Imprimatur VI (Ges. d. Bücherfreunde), Hamburg 1935, S. 12—37; G. G. Lange, J. F. Unger in: Imprimatur N. F. VI, Frankfurt/M. 1969, S. 91—102

K. A. Varnhagen von Ense (Hrsg.), Briefe von Chamisso, Gneisenau, Haugwitz, W. v. Humboldt, Prinz Louis Ferdinand, Rahel, Rückert, L. Tieck u. A., nebst Briefen, Anm. u. Notizen, aus dem Nachlass, 2 Bd., Leipzig 1867

K. A. Varnhagen, Denkwürdigkeiten und vermischte Schriften, 9 Bde., Leipzig, 1843—1859

K. A. Varnhagen, Denkwürdigkeiten des eigenen Lebens, 2 Bde., Berlin 1922/23

Das Volk braucht Licht. Frauen zur Zeit des Aufbruchs 1790—1848 in ihren Briefen, hrsg. v. G. Jäckel u. M. Schlösser, Darmstadt 1970

K. Voß, Reiseführer für Literaturfreunde Berlin. Vom Alex bis zum Kudamm, (Ullstein Sachbuch 4069), Frankfurt/M./Berlin/Wien 1980

W. H. Wackenroder, Werke und Briefe, Heidelberg 1967 (Nachdr. d. Ausg. v. 1938, urspr. 1910, hrsg. v. F. v. d. Leyen)

Literarisches Leben um 1800

Wegen der herausragenden Bedeutung der geschlossenen Sammlung aus dem Nachlaß Karl August von Varnhagens wurde der Leihgeberbezeichnung Staatsbibliothek Preußischer Kulturbesitz, Berlin — abgekürzt SBPrK — der Zusatz Bibl. Varnhagen mit Inv. Nr. hinzugefügt.

2.1
Gustav Taubert
Alles liest alles (Berliner Lesecafé)
1832
Öl auf Leinwand. 38,5 × 38,5 cm
Berlin Museum, Berlin
Abb. S. 215

2.2
Carl Friedrich Zimmermann
Berliner Wohnzimmer des Klassizismus 1816
Schwarze Feder, aquarelliert.
26,9 × 29,8 cm
Kunsthalle Bremen

Die Aufklärer: Gotthold Ephraim Lessing, Moses Mendelssohn, Friedrich Nicolai u. a.

2.3
Gotthold Ephraim Lessing an Friedrich Nicolai
Eigenhändiger Brief vom
14. August 1767
(Abgedruckt in: Lachmann/ Muncker Bd. 17, Nr. 184, S. 236. Lessing dankt für Hinweise auf den Raubdruck der Hamburgischen Dramaturgie und kündigt »ganz eigene Grillen über die Prosodie« zu Nicolais und Mendelssohns Beurteilung an.)
Herzog August Bibliothek, Wolfenbüttel — Lessingiana II/9

2.4
Gotthold Ephraim Lessing
Der junge Gelehrte.
Die Juden
Lustspiel in einem Akt 1749
Bd. 4 der Schriften in 6 Bdn.
312 S., Berlin: Voß 1754
(Erstausgabe)
Herzog August Bibliothek, Wolfenbüttel
Abb. S. 197

2.5
Lessing als Journalist
in: Berlinische Privilegierte Staats- und Gelehrtenzeitung
(Die »Berlinische Privilegierte . . .« erschien bis 1749 3 × wöchentlich

in dem kleinen Oktavformat, danach in Quart. Sie ging später in der »Vossischen Zeitung« auf.)
Herzog August Bibliothek, Wolfenbüttel

2.6
Anonym
[Gotthold Ephraim Lessing]
Critische Nachrichten aus dem Reiche der Gelehrsamkeit
2 Bde., Berlin: Haude & Spener
1750/51
Herzog August Bibliothek, Wolfenbüttel

2.7
Gotthold Ephraim Lessing
Miß Sara Sampson
Ein bürgerliches Trauerspiel in fünf Aufzügen
Bd. 6 der Schriften, 216 S., Berlin: Voß 1755 12° (Erstausgabe)
SBPrK
Abb. S. 196

2.8
Anonym [Gotthold Ephraim Lessing/Moses Mendelssohn]
Pope, ein Metaphysiker!
2 Bl., 60 S., Danzig: Schuster 1755
(Gemeinsam verfaßte Schrift auf die Akademie-Preisfrage einer Systemkritik des Optimismus. Mit der Verteidigung Popes verteidigt Lessing zugleich leidenschaftlich die Grenzen zwischen Poesie und Philosophie.)
Herzog August Bibliothek, Wolfenbüttel

2.9
Alexander Pope
Der Mensch. Gedicht in vier Gesängen
übersetzt von Ch. Ch. Hohlfeldt
138 S., Dresden: Hilscher 1822
(reich verzierter Einband d. Zeit)
(Popes (1688—1744) »Essay on Man« (1733/34) ist *das* klassische Lehrgedicht der Weltliteratur über die Stellung des Menschen im Universum mit der Schlußzeile am Ende der 1. Epistel: »Alles, was ist, das ist recht!«, an die Lessing/ Mendelssohn in ihrer Schrift »Pope, ein Metaphysiker" direkt anknüpfen.)
Manfred Schlösser, Berlin

2.10
Anonym
[hrsg. v. G. E. Lessing, F. Nicolai, M. Mendelssohn u. a.]
Briefe die Neueste Litteratur betreffend
24 Teile, Berlin/Stettin: Nicolai

1759—1765
Herzog August Bibliothek, Wolfenbüttel
Manfred Schlösser, Berlin
Abb. S. 196

2.11
Immanuel Kant
Beantwortung der Frage: »Was ist Aufklärung?«
in: Berlinische Monatsschrift IV.
Jan. 1784, S. 481—94, hrsg. v. Johann Erich Biester und Friedrich Gedike
(»Bedeutsamstes Forum, das die deutsche Aufklärung in ihrer letzten und höchsten Phase besaß« — Werner Krauss. Anfang 1783 gegr., der Zensur wegen 1791 Ausscheiden Gedikes, 1792 Verlegung des Druckortes aus Berlin nach Jena bzw. Dessau. 1796 eingestellt. Zu den Mitarbeitern zählten Kant, Mendelssohn, Spalding, Möser, W. v. Humboldt, Gentz u. v. a.)
Landesarchiv Berlin
Abb. S. 199

2.12
Friedrich Loos
Porträt Immanuel Kant 1804
Mit Umschrift: Immanuel Kant nat.
D.XXII Apr. MDCCXXIV obiit D
XII Febr. MDCCCIV (sogen.
»Sterbemedaille«)
Goethe-Museum Düsseldorf,
Anton-Katharina-Kippenberg-Stiftung

2.13
Rick nach J. G. Schadow
Porträt Markus Herz
Kupferstich. 7 × 11 cm
Germanisches Nationalmuseum Nürnberg

2.14
Markus Herz
Betrachtungen aus der spekulativen Weltweisheit
von M. H., der Arzneygelahrtheit Beflissenen
286 S., Königsberg: Kauter 1771
SBPrK

2.15
Johann Friedrich Gottlieb Unger
Schattenrisse sechs Berlinscher Gelehrter 1779
(J. J. Engel, J. G. Krünitz, J. C. Oelrichs, K. W. Ramler, J. J. Spalding, W. A. Teller)
Holzstiche. je ⌀ 13 cm
Neu hrsg. v. P. Hoffmann
24 S., Berlin: Reichsdruckerei
1928

(Die sechs Dargestellten gehörten zum Kreis der Berliner Aufklärer.)
SBPrK

2.16
Anonym [Andreas Georg Friedrich Rebmann]
Kosmopolitische Wanderungen durch einen Teil Deutschlands
VIII + 216 S., Leipzig: Heinsius d. J. 1783 8° (Erstausgabe)
(Um durch Anschauung und engen Kontakt mit den täglichen Lebensproblemen der Bevölkerung wahrheitsgemäß berichten zu können, unternahm der spätere Jacobiner eine Fußreise nach Berlin, wo er in 14 Briefen an den imaginären Freund Carl über das »traurige Berlin« seine Erfahrungen niederlegte. Diese Briefe sind ein bedeutsames Zeugnis über die Lebens- und Denkformen Berlins der 90er Jahre.)
Niedersächsische Staats- und Universitätsbibliothek Göttingen

2.17
Anonym [Andreas Georg Friedrich Rebmann]
Hans Kiekindiewelts Reisen in alle vier Weltteile
Zweite durchgehend verbesserte Auflage, 368 S., mit 1 Kupfer von Dornheim,
Leipzig/Gera: Heinsius d. J. 1796
(In diesem satirischen Roman nimmt Rebmann Partei für den Negeraufstand auf Haiti im Jahre 1791.)
SBPrK

2.18
Anonym [Andreas Georg Friedrich Rebmann]
Empfindsame Reise nach Schilda
191 S., mit 2 Kupfern v. Schubert.
Leipzig: Hensius d. J. 1793 (Erstausgabe)
SBPrK

2.19
Jean-Jacques Rousseau
Émile ou de l'éducation
mit 1 Titelkupfer von Carée
Paris: Le Prieur 1794 8°
SBPrK — Bibl. Varnhagen 612

2.20
Jean-Jacques Rosseau
Aemil oder Von der Erziehung
übers. von anonym [J. J. Schwabe]
4 Bde. in einem, 328 S., 248 S. (+ Register), 272 S., 320 S. (+ Register), Berlin/Frankfurt/M 1762

(Im Jahr des Erscheinens der Originalausgabe kam bereits die deutsche Übersetzung heraus.)
Freies Deutsches Hochstift,
Frankfurter Goethe-Museum

2.21
Neu-eingerichtetes Lesebuch für deutsche Schulen
426 S., Mühlheim a. Rheine: Hutmacher 1790
(Aufgeschlagen S. 402 mit 15-Zeilen-Hinweise auf die Französische Revolution: »Im Jahr 1789 geschah die, für dieses Reich (und alle Großen der Erde) so merkwürdige, gewaltsame Revolution, durch welche die sonst souveraine Gewalt des Königs von der National-Versammlung und dem Volke so tief herab gesetzt, die bisherige Regierungsform aufgehoben und in eine monarchisch-demokratische verwandelt ward. Bis auf diesen Tag herrscht in diesem Reiche noch eine wahre Anarchie . . .«)
SBPrK-Bibl. Varnhagen 622 R

2.22
Johann Elias Haid nach Daniel Nikolaus Chodowiecki
Porträt Friedrich Nicolai 1780
Schabkunst. 21,6 × 13,8 cm
Freies Deutsches Hochstift,
Frankfurter Goethe-Museum

2.23
Friedrich Nicolai
Beschreibung der Königlichen Residenzstädte Berlin und Potsdam und aller daselbst befindlichen Merkwürdigkeiten
662 S., 2 Kt. Berlin/Stettin: Nicolai 1769   8°
SBPrK-Bibl. Varnhagen 1250—52 R

2.24
Friedrich Nicolai
Über meine gelehrte Bildung, über meine Kenntniß der kritischen Philosophie und meine Schriften dieselbe betreffend, und über die Herren Kant, J. B. Erhard und Fichte. Eine Beylage zu den neun Gesprächen zwischen Christian Wolf und einem Kantianer
266 S., Berlin/Stettin: Nicolai 1799 (Erstausgabe)
(Aufgeschlagen S. 142/143: Über Lessings Art zu disputieren)
SBPrK

2.25
Anonym [Friedrich Nicolai]
Das Leben und die Meynungen des

Herrn Magister Sebaldus Nothanker
3 Teile, 2 Bde., 231 S., 284 S., 201 S., mit 16 Kupfern v. D. N. Chodowiecki
Berlin/Stettin: Nicolai 1774—1776   8° (Erstausgabe)
SBPrK-Musikabteilung, Mendelssohn-Archiv

2.26
Bibliothek der schönen Wissenschaften und der freyen Künste
hrsg. v. Friedrich Nicolai und Moses Mendelssohn
Bd. 1—4, Leipzig: Dyck 1757—1760
(ab 1765 fortgeführt von Christian Felix Weiße (1726—1804) als »Neue Bibliothek der schönen Wissenschaften und freien Künste« bis 1806)
Herzog August Bibliothek, Wolfenbüttel

2.27
Allgemeine deutsche Bibliothek
hrsg. von Friedrich Nicolai
Berlin/Stettin: Nicolai (Bd. 1—106) 1765—92; Kiel: Bohn (Bd. 107—120, 21 Bde. Anhang) 1792—1806
(Aufgeschlagen 1. Stück des 1. Bandes, Ankündigung: Nach der Ankündigung sollte »von allen in Deutschland neu herauskommenden Büchern und anderen Vorfällen, die die Litteratur angehen, Nachricht« gegeben werden, so daß »gleichsam wie in einem Gemählde die ganze neueste Litteratur« übersehen werden könnte.)
Landesarchiv Berlin
Abb. S. 198

2.28
Johann Gottlieb Fichte
Friedrich Nicolai's Leben und sonderbare Meinungen. Ein Beitrag zur LitterarGeschichte des vergangenen und zur Pädagogik des angehenden Jahrhunderts
hrsg. v. A. W. Schlegel
130 S., Tübingen: Cotta 1801
(Aufgeschlagen S. 80/81: Bissige Zurückweisung der »anmaßenden« Besserwisserei Nicolais.)
SBPrK-Bibl. Varnhagen 411 R

2.29
Moses Mendelssohn
Philosophische Gespräche
108 S., mit 1 Titelvignette, Berlin: Voß 1755   8° (Erstausgabe)
SBPrK-Musikabteilung, Mendelssohn-Archiv

2.30
Anonym [Moses Mendelssohn]
Über die Empfindungen
hrsg. v. G. E. Lessing
210 S., Berlin: Voß 1755   8°
(Die erste, von Lessing herausgegebene Schrift Moses Mendelssohns)
SBPrK-Musikabteilung, Mendelssohn-Archiv

2.31
Moses Mendelssohn
Phaedon oder Über die Unsterblichkeit der Seele. In drey Gesprächen
309 S., Titelkupfer v. J. W. Meil
Berlin/Stettin: Nicolai 1767 (Erstausgabe)
SBPrK-Musikabteilung, Mendelssohn-Archiv

2.32
Moses Mendelssohn
Abhandlung über die Evidenz in metaphysischen Wissenschaften, welche den von der Königlichen Academie der Wissenschaften in Berlin auf das Jahr 1763 ausgesetzten Preis erhalten hat. Nebst noch einer Abhandlung [von Kant] über dieselbe Materie, welche die Academie nächst der ersten für die beste gehalten hat
96 S. mit Titelvignette, Berlin: Haude & Spener 1744   4°
SBPrK
Abb. S. 197

2.33
Moses Mendelssohn
Phaidon oder über die Unsterblichkeit der Seele. In drei Gesprächen
hrsg. und m. 1. Einleitung versehen v. D. Friedländer
XL + 246 S., Berlin: Nicolai 1814
(Gedruckte Widmung: »Der edlen Frau von der Recke widmen das Werk des edlen Weisen der Herausgeber und der Verleger.«)
SBPrK-Musikabteilung, Mendelssohn-Archiv

2.34
Anna Louisa Karsch [in] an Moses Mendelssohn, Berlin 23. Jan[uar] 1770
Eigenhändiger Brief, 1. Bl., 2 S.
(Ermuntert und unterstützt Mendelssohn in seiner öffentlichen Verteidigung des Judentums gegenüber dem Herausforderer Lavater, der M. M. aufforderte, zum Christentum überzutreten.)
SBPrK-Sammlung Härtel

2.35
Friedrich Georg Weitsch
Porträt David Friedländer
Öl auf Leinwand. 72 × 57 cm
Staatliche Museen Preußischer Kulturbesitz, Nationalgalerie, Berlin

2.36
Salomon Maimon
Lebensgeschichte. Von ihm selbst geschrieben, hrsg. v. K. Ph. Moritz
2 Bde., 292 S., 284 S., Berlin: Vieweg 1792/93   8°
(Maimon's Autobiographie gehört zu den wichtigsten Dokumenten der jüdischen Emanzipation am Ende des 18. Jahrhunderts. Maimon war Schüler Kants, ein besonders gern gesehener Gast im Hause von Markus Herz, der von ihm gegenüber Kant behauptete, »daß er einer von den sehr wenigen von den jetzigen Bewohnern der Erde ist, die Sie so ganz verstanden und gefaßt« haben.)
SBPrK-Bibl. Varnhagen 403 R

2.37
Anonym [Honoré Gabriel Riqueti Cte. de Mirabeau]
Lexikon aller Anstößigkeiten und Prahlereyen, welche in denen zu Berlin in fünfzehn Bänden erschienenen sogenannten Schriften Friedrichs des Zweyten vorkommen
239 S., Prag: Schönfeld 1790   8°
SBPrK-Bibl. Varnhagen 1255

2.38
Anonym
Büste Honoré Gabriel Victor Riqueti Graf v. Mirabeau 1792
Biskuitporzellan, auf hohem, kannelierten und mit Draperie geschmücktem Porzellansockel. 19,3 cm hoch
Goethe-Museum Düsseldorf, Anton-Katharina-Kippenberg-Stiftung

2.39
[Honoré Gabriel Victor Riqueti Cte. de Mirabeau]
Über Moses Mendelssohn. Über die bürgerliche Verbesserung der Juden, und insbesondere über die zum Besten derselben im Jahr 1753 in England vorgefallenen Veränderung. Vom Grafen Mirabeau aus dem Französischen mit Anmerkungen
204 S., Berlin: Maurer 1787   8°
(dt. Erstausgabe)
SBPrK-Musikabteilung, Mendelssohn-Archiv

Verleger, Journale, Almanache

2.40
Anonym
Porträt Georg Andreas Reimer
um 1810
Öl auf Leinwand. 94 × 78 cm
Verlag Walter de Gruyter & Co.,
Berlin und New York

2.41
Anonym
Porträt Friedrich Vieweg d. Ä.
Öl auf Leinwand. 68,5 × 57,5 cm
(8eckig)
Braunschweigisches Landesmuseum
für Geschichte und Volkstum,
Braunschweig

2.42
Viewegs Taschenbuch für 1798
J. W. v. Goethe
Hermann und Dorothea
174 S., 12 Kupfer und 1 Titelkupfer
(die preußische Königsfamilie) von
D. N. Chodowiecki
Berlin: Friedrich Vieweg d. Ä.
(1797)
(Von den 5 Ausgaben die Pracht-
ausgabe in Seide gebunden,
Maroquin Futteral, früher mit den
Beigaben Messer und Schere.)
Goethe-Museum Düsseldorf,
Anton-und-Katharina-Kippenberg-
Stiftung

2.43
Berlinischer Musen-
Almanach für 1791
hrsg. v. C. H. Jördens
216 S., gest. Titel, 1 Kupfer (Porträt
Ramlers) v. Sintzenich, 2 gefalt.
Notenbeilagen
Berlin: C. Matzdorff, (1790) 12°
(Der erste von zwei verschiedenen
Jahrgängen. Mit Erstdrucken von
Burmann, Gedike, Jenisch,
Karschin, K. P. Moritz, Ramler)
SBPrK

2.44
Berlinisches Archiv der Zeit und
ihres Geschmacks, Jg. 5, Jan./Feb.
Heft 1799, Berlin: Maurer 1799
darin: Anonym [Daniel Friedrich
Ernst Schleiermacher]
Versuch einer Theorie des gesel-
ligen Betragens
Landesarchiv Berlin

2.45
Lyceum der Schönen Künste
hrsg. v. Johann Friedrich Reichardt
Berlin 1796, Bd. 1.2.
(Monatsschrift der Romantiker, nur
ein Jahrgang erschienen, wegen

Zensurschwierigkeiten eingestellt.)
Stadtbücherei Wilmersdorf, Berlin

2.46
Friedrich von Schiller
Die Horen. Eine Monatsschrift
3 Jge., je 4 Bde. Tübingen: Cotta
1795—1797
(Aufgeschlagen: Bd. 1, Ankün-
digung und 5. Stück mit Beitrag
Goethes »Litterarischer Sansculot-
tismus«.)
Goethe-Museum Düsseldorf,
Anton-
u.-Katharina-Kippenberg-Stiftung
Abb. S. 203

2.47
Almanach Romantisch-Ländlicher
Gemählde für MDCCIIC
hrsg. v. F. W. A. Schmidt aus
Werneuchen
152 S., 2 Kupfer v. W. Jury, 3 gef.
Notenbeilagen
Berlin: Oehmigke d. J.
1797, 12°
SBPrK

2.48
Neue Berliner Monatsschrift
hrsg. v. J. E. Biester
Jg. 1800, Heft 3, 4
(Fortsetzung der 1796 wegen Zen-
surschwierigkeiten eingestellten
Berliner Monatsschrift,
aufgeschlagen: S. 55 über die älteste
Buchdruckerei in Berlin)
SBPrK

2.49
Musenalmanach für das Jahr 1803
hrsg. v. Bernhard Vermehren
305 S., Jena: Akademische Buch-
handlung 1802 8°
(Erstdruck von Hölderlin
»Memnons Klagen an Diotima«)
SBPrK

2.50
Anmuth und Schönheit
aus den Misterien der Natur und
Kunst für ledige und verheiratethe
Frauenzimmer
Ein Almanach für 1802
Berlin: Oehmigke d. J., 1802 8°
Freies Deutsches Hochstift,
Frankfurter Goethe-Museum

2.51
Berlinischer Damen-Kalender auf
das Gemein-Jahr 1807
180 S., 12 Kupfer v. W. Jury (Titelporträt Germaine de Staël);
dsgl. auf das Gemein-Jahr 1809
162 S., 12 Kupfer v. D. Berger
(Titelporträt Sophie La Roche)

Berlin: Unger 1806, 1808 (mit
Genehmigung d. kgl. preuß. Akad.
d. Wissenschaften)
Freies Deutsches Hochstift,
Frankfurter Goethe-Museum

2.52
Taschenbuch für Damen auf das
Jahr 1810
mit Beiträgen von Goethe,
La Fontaine, Pfeffel, Jean Paul,
Richter u. a.
288 S., 4 Kupfer v. d'Argent,
Berlin: 1809
(Aufgeschlagen S. 16 m. Kupfer
»Spiel der Unschuld«. Dazu der
pädagogisch aufklärende Text:
»Schöne Korbschaukel mit pfle-
gender Aussicht sollte wohl in
keinem Spielplatze der Kinder
fehlen. Die künstliche Wippen in
Ovalschaukeln wie sie die Gutsmuth
lehrt, sollte ihr überlassen bleiben.«)
SBPrK

2.53
Moritz Gottlieb Saphir
Die Huldigung der Musen bei dem
ersten Wiedererscheinen Seiner
Majestät des Königs in Thalias
Tempel
Berlin: L. W. Krause 1827 4°
SBPrK

2.54
Berliner Musen-Almanach für das
Jahr 1830
hrsg. v. Moritz Veit
Berlin: G. Fincke 1829
Freies Deutsches Hochstift,
Frankfurter Goethe-Museum

2.55
Berliner Kalender auf das Gemein-
Jahr 1830
hrsg. v. d. Kgl. Preuß. Kalender
Deputation, 185 S., 8 Kupfer
(Porträt Prinzessin Auguste
v. Preußen) v. V. J. Krüger, gest. v.
Auguste Stüßner,
Berlin o. J. [1829]
Freies Deutsches Hochstift,
Frankfurter Goethe-Museum

2.56
Historischer Kalender auf das
Gemein-Jahr 1803
mit Kupfern von Daniel Nikolaus
Chodowiecki
Berlin: Unger (1802)
SBPrK

2.57
Moritz G. Saphir
Carneval- und Masken-Almanach
oder Winter-Etui

198 S., mit 3 Kupfern
München: Jaquet 1834
(Satire auf die Berliner Gesellschaft
mit Umschlagkupfer »Ein jeder
Mensch, er sei noch so dumm, führt
einen Andern bei der Nas' herum.«)
SBPrK

2.58
Olla Potrida
Eine Vierteljahresschrift
1778—1797
hrsg. v. H. A. O. Reichard
Berlin: Weversche Buchhandlung
1782, 1.—4. Stück
Goethe-Museum Düsseldorf,
Anton-
u.-Katharina-Kippenberg-Stiftung

Karl Philipp Moritz, Johann Friedrich (Gottlieb) Unger

2.59
Lambert Theodor (?) Major
Büste Karl Philipp Moritz
Gips. 70,5 × 41 cm
Archiv der Preußischen Akademie
der Künste, Akademie der Künste,
Berlin

2.60
Karl Philipp Moritz
Ideal einer vollkommenen Zeitung
16 S., Berlin: Voß & Sohn 1784
(Aufgeschlagen S. 4/5 »Sie [die
Zeitung] sollte in alle Fugen der
menschlichen Verbindungen einzu-
dringen, und aufzudecken
suchen . . .«)
SBPrK

2.61
Karl Philipp Moritz
Über die bildende Nachahmung des
Schönen
52 S., Braunschweig: Schulbuch-
handlung 1788 4° (Erstausgabe)
Goethe-Museum Düsseldorf,
Anton-
u.-Katharina-Kippenberg-Stiftung

2.62
Karl Philipp Moritz
Andreas Hartknopf. Eine Allegorie
160 S., Berlin: Unger 1786
Schiller-Nationalmuseum/Deut-
sches
Literaturarchiv, Marbach/N.

2.63
Karl Philipp Moritz
Die große Loge oder der Frey-
maurer mit Waage und Senkblei.
Von dem Verfasser der Beiträge der
Philosophie des Lebens

278 S., Berlin: Felisch 1793
SBPrK

2.64
Karl Philipp Moritz
Die neue Cecilia. Letzte Blätter
angebunden:
Johann Friedrich Unger
Probe einer neuen Art Deutscher
Lettern. Erfunden und in Stahl
geschnitten
76 S., Berlin: Unger 1793/94
SBPrK
Abb. S. 200

2.65
Anonym [Caroline von Wolzogen]
Agnes von Lilien. 1. u. 2. Teil
2 Bde., 430 S., X + 390 S., Berlin:
Unger 1798 Ldr.
(Der autobiographische, in der
Tradition der Engländer stehende
Roman der Schwägerin Schillers
kam durch die Vermittlung des letz-
teren zu Unger, der damit einen
großen verlegerischen Erfolg
erzielte.)
Schiller-National-Museum, Deut-
sches Literaturarchiv Marbach/N.

2.66
Johann Friedrich Unger
Berichtigung der Antwort, die der
Herr Breitkopf in Leipzig gegen ihn
und verschiedene öffentliche Blätter
hat einrücken lassen
Berlin: Unger 1800
(Unger wehrt sich gegen den
Vorwurf, unrechtmäßig die Lizenz
zur Weiterverbreitung der französi-
schen Antiqua-Schrift der Pariser
Gießerei Didot erworben zu
haben.)
SBPrK

2.67
Johann Friedrich Unger
Innere Verfassung der Unger'schen
Buchdruckerei. Anerkannt von
sämtlichen Mitgliedern derselben
29 S., Berlin: Unger 1802
Beigebunden an:
Wohlgemeynte Gedanken über die
Führung einer Buchdruckerey.
Der Feyerey des Dritten Jubelfestes
der Buchdruck Kunst
219 S., m. prächtigem Titelkupfer,
Erfurt: Joh. B. Hellern 1746
SBPrK

2.68
Der Autor
Johann Wolfgang von Goethe
bei Johann Friedrich Unger, Berlin
a)
Das Römische Carneval 1789

69 S. mit 20 illum. Kupfertafeln v.
G. M. Kraus 4° (Erstausgabe)
(Zuerst für das »Journal des Luxus
und der Moden« bestimmt von F. J.
Bertuch und G. M. Kraus in
Sonderausgabe bei Unger gedruckt.
Mit breiterem Rand auf holländ.
Papier wurde eine zweite, hier
gezeigte Prachtausgabe gedruckt.)
Abb. S. 202
b)
Der Großkophta 1792
Ein Lustspiel in fünf Aufzügen
241 S. 8° (Erstausgabe)
c)
Der Bürgergeneral 1793
Ein Lustspiel in einem Aufzuge.
Zweite Fortsetzung der beiden
Billets.
138 S. 8° (Erstausgabe)
d)
Goethes neueste Gedichte
Sonderausgabe des 7. Bandes für
Geschenkzwecke mit 1. Holzschnitt
u. 2 Kupfern zur »Braut von
Korinth« u. zu den »Elegien«
v. D. Berger
e)
Goethes neue Schriften
Wilhelm Meisters Lehrjahre. Ein
Roman hrsg. von Goethe
4 Bde., 364 S., 374 S. mit 1 Noten-
faltbl. v. Reichardt, 371 S., 507 S.
mit 1 Notenfaltbl. v. Reichardt
(Erstausgabe)
SBPrK-Bibl. Varnhagen
2101—04 R
f)
August Wilhelm Schlegel (Übers.)
W. Shakespeares Dramatische
Werke
Bd. 2, 3, 4, der 9bdg. Ausgabe
1799/1800
Freies Deutsches Hochstift,
Frankfurter Goethe-Museum

2.69
August Wilhelm Schlegel (Übers.)
W. Shakespeares Dramatische
Werke
Bd. 2, 3, 4 der neunbändigen
Ausgabe, Berlin: Unger 1799
Freies Deutsches Hochstift, Frank-
furter Goethe-Museum

2.70
[Friedrich Wilhelm Joseph von]
Schelling
Bruno oder über das göttliche und
natürliche Princip der Dinge. Ein
Gespräch
230 S., Berlin: Unger 1802 8°
(Erstausgabe)
(Mit handschriftl. Anstreichungen
und Eintragungen von Rahel. Zur
Spekulation über die Gleichsetzung

von Denken und Sein notiert Rahel
an den Rand: »Tatsache des
Bewußtseyns: scheinbar vorgefun-
denes; nicht mehr zu ergründendes
Wirken.«)
SBPrK-Bibl. Varnhagen 662 R

2.71
Anonym [Friedrich Christoph
Perthes]
Der deutsche Buchhandel als
Bedingung des Daseyns einer deut-
schen Literatur
36 S., Gotha: Perthes 1816 8°
(Nach Ungers »Manifest zur
Verbesserung der Lage der Drucker
und Verleger« erste grundsätzliche
Erörterung der Bedeutung und des
Einsatzes des Buchhandels für die
Entstehung einer National-Litera-
tur. Mit eigenhändiger Widmung
des Autors)
SBPrK-Bibl. Varnhagen 238 R

2.72
Historisch-genealogischer Calender
auf das Jahr. . .
Mit Genehmhaltung der Kgl.
Academie der Wissenschaften zu
Berlin
Berlin: Unger 1791—1793 12°
SBPrK-Bibl. Varnhagen 756—758

2.73
Militärischer Kalender auf das
Gemein-Jahr. . .
Jg. 1798 mit 12 Kupfern von M.
Haas (Bildnisse zur Geschichte des
Feldzuges am Rhein 1792 und 1
Faltkarte des Kriegsschauplatzes)
Jg. 1803 mit 9 Kupfern von M.
Haas (Bildnisse von beteiligten
Fürsten am Feldzug der Franzosen
in Italien)
Berlin: Unger 1798 und
1803 12°
(Aufgeschlagen Bd. 1: Karte des
Kriegsschauplatzes. 26 × 34,5 cm)
SBPrK-Bibl. Varnhagen 770—72 R

Friedrich von Gentz

2.74
Friedrich Johann Gottlieb Lieder
Porträt »Le Chevalier [Friedrich
von] Gentz« 1825
Lithographie. 35,5 × 28,3 cm
Goethe-Museum Düsseldorf,
Anton-und-Katharina-Kippenberg-
Stiftung

2.75
Friedrich von Gentz an Friedrich
von Schiller (7. 10. 1802)
Eigenhändiger Brief, 1 Bl., 1 S.
(»Ich wollte mir eben die Freude

machen, Sie noch zu besuchen . . .
Von Weimar zu gehen, ohne Sie
gesehen zu haben, ist mir
unmöglich . . .«)
SBPrK-Sammlung Härtel

2.76
Edmund Burke
Bemerkungen über die französische
Revolution und das Betragen
einiger Gesellschaften in London
bey diesen Ereignissen, hrsg. und
übersetzt v. Fr. Gentz
o. O., o. J.
SBPrK

2.77
Friedrich von Gentz
Ueber den Ursprung und Charakter
des Krieges gegen die französische
Revoluzion
333 S., Berlin: Fröhlich 1801 8°
(Erstausgabe)
SBPrK-Bibl. Varnhagen 950

Johann Wolfgang von Goethe

2.78
Johann Gottfried Schadow
Porträt Johann Wolfgang von
Goethe 1816
Medaillon, Elfenbeinmasse.
Ø 9,5 cm
Goethe-Museum Düsseldorf,
Anton-und-Katharina-Kippenberg-
Stiftung

2.79
Anonym
Silhouette Johann Wolfgang
Goethe 1774
9,6 cm hoch
Goethe-Museum Düsseldorf,
Anton-und-Katharina-Kippenberg-
Stiftung

2.80
Anna Luise Karsch
am göthe zu Berlin, Monttags den
18. May 1778
Gedicht
Foto aus: E. Arnold, Goethes
Berliner Beziehungen, Gotha: Klotz
1925, S. 8

2.81
Anonym
Anna Luise Karschin, geb. Dürbach
Scherenschnitt auf gelblichem
Papier. 10,1 cm hoch
Schiller-Nationalmuseum/Deut-
sches Literaturarchiv, Marbach/N.
Abb. S. 201

2.82
D. [Johann Wolfgang von]
Goethens

Schriften. Zweyter Theil mit
Kupfern v. D. N. Chodowiecki (2),
J. C. Krüger (1) und J. W. Meil
(Titelvignette)
188 S., Berlin: Himburg 1775
(unrechtmäßige Ausgabe)
(Enthält: Götz von Berlichingen mit
der eisernen Hand, Clavigo und
Erwin und Elmire)
SBPrK-Bibl. Varnhagen 164 und
Manfred Schlösser, Berlin
Abb. S. 202

2.83
Johann Wolfgang v. Goethe
Werke 3. Band (Stella. Claudine
von Villa Bella. Neueröffnetes
moralisch-politisches Puppenspiel)
237 S., Berlin: Himburg 1776
(Erstausgabe)
Goethe-Museum Düsseldorf,
Anton-und-Katharina-Kippenberg-
Stiftung

2.84
Friedrich II. von Preußen
De la littérature allemande. Des
défauts qu'on peut lui réprocher;
Quelles en sont les chausses; et par
quels moyens on peut les corriger
(Über die deutsche Literatur, die
Mängel, die man ihr vorwerfen
kann, die Ursachen derselben und
die Mittel, sie zu verbessern
Übersetzung v. Ch. W. Dohm)
62 S., Berlin: Kgl. Preuß. Hofbuch-
handlung 1780
Freies Deutsches Hochstift, Frankfurter Goethe-Museum

2.85
D. Göthes Schriften. Erster Theil
Die Leiden des jungen Werthers
256 S., m. 2 Titelkupfern v. J. W.
Meil, 3 weitere Kupfer v.
J. C. Krüger und D. Berger
Berlin: Himburg 1775 8°
Goethe-Museum Düsseldorf,
Anton-und-Katharina-Kippenburg-
Stiftung

2.86
Pro und Contra Werther
a)
Anonym [August Friedrich Cranz]
Des jungen Werthers Freuden in
einer besseren Welt. Ein Traum
vielleicht, aber voll süßer Hoffnung
für fühlende Herzen, von dem
Verfasser der Lieblingsstunden.
100 S., Berlin/Leipzig: Stahlbaum
1780 8° (Erstausgabe)
b)
Anonym [?]
Ernest, oder die unglücklichen
Folgen der Liebe. Ein Drama in drei

Aufzügen. In einer freien Über-
setzung aus dem Französischen
nach den Leiden des jungen
Werthers gearbeitet.
61 S., Berlin: 1776 8° (Erst-
ausgabe)
c)
Anonym [Riebe, ein preuß. Unter-
offizier aus Frankfurt a. d. O.]
Über die Leiden des jungen
Werthers. Gespräche
76 S., Berlin: Decker 1775 8°
(Erstausgabe)
d)
Anonym [Friedrich Nicolai]
Freuden des jungen Werthers.
Leiden und Freuden Werthers des
Mannes. Voran und zuletzt ein
Gespräch
60 S., Berlin: Nicolai 1775 8°
Goethe-Museum Düsseldorf,
Anton-und-Katharina-Kippenberg-
Stiftung

2.87
Johann Wolfgang v. Goethe
Die natürliche Tochter
in: Taschenbuch auf das Jahr 1804.
224 S., Tübingen: Cotta 1804 8°
(Erstausgabe)
Goethe-Museum Düsseldorf,
Anton-und-Katharina-Kippenberg-
Stiftung

2.88
Johann Wolfgang von Goethe
Elegien
in: Goethes Neue Schriften, Bd. 7,
380 S., mit 2 Kupfern v.
J. C. Krüger, Berlin: Unger 1800
(Erstausgabe)
(Mit zahlreichen handschriftlichen
Zusätzen Varnhagens und Verbes-
serungen unter Hinweis auf den
Erstdruck in Schillers Musen-
Almanach auf das Jahr 1796.)
SBPrK-Bibl. Varnhagen 1647

2.89
Anonym [August von Kotzebue]
Expektorationen. Ein Kunstwerk
und zugleich ein Vorspiel zum
Alarcos
56 S., o. O. (Berlin) 1803
(Pamphlet gegen Goethe und die
beiden Schlegels. Auftretende
Personen: Goethe, der Große!;
Falck, der Kleine; A. W. Schlegel,
der Wütende; Fr. Schlegel, der
Rasende; Mehrere Stumme,
gekochte und gebratene Personen.)
SBPrK

2.90
[Johann Wolfgang von Goethe,
Hrsg.]

Briefwechsel zwischen Schiller und
Goethe in den Jahren 1794 bis 1805.
6 Teile, 290 S., 306 S., 400 S.,
304 S., 352 S., 318 S.,
Tübingen: Cotta 1828/29
(Dort angebunden Sonderdruck v.
W. v. Humboldt »Vorerinnerung
über Schiller und den Gang seiner
Geistesentwicklung« 1830)
SBPrK-Bibl. Varnhagen
2274—2279 R

2.91
Propyläen. Eine periodische Schrift
1798—1800
hrsg. v. J. W. Goethe
Tübingen: Cotta 1798/99, 1799,
1800
Bd. 3, 2. Stück, mit 1 Plan v. Fabius
(Aufgeschlagen S. 167: »Flüchtige
Übersicht über die Kunst in
Deutschland«, speziell über den
»prosaischen Zeitgeist«.)
SBPrK-Bibl. Varnhagen 681 R

2.92
Briefwechsel zwischen [Johann
Wolfgang v.] Goethe und [Karl
Friedrich] Zelter in den Jahren 1796
bis 1832
hrsg. v. Friedrich Wilhelm Riemer
6 Teile, 466 S., 478 S., 482 S.,
463 S., 461 S., 480 S., Berlin:
Duncker & Humblot 1833—34
8° (Erstausgabe)
SBPrK-Bibl. Varnhagen 2290—95

Friedrich von Schiller

2.93
Johann Friedrich August Tischbein
Porträt Friedrich von Schiller 1806
Öl auf Leinwand. 91 × 70 cm
Sammlung Georg Schäfer,
Schweinfurt
Abb. S. 204

2.94
(Friedrich von Schiller)
An***
»Edler Freund! Wo öffnet sich dem
Frieden...«
Eigenhändige Handschrift des
Gedichtes »Der Antritt des neuen
Jahrhunderts« — Reinschrift
(Das Gedicht entstand anlässlich
des Friedens von Luneville vom
9. 2. 1801.)
SBPrK-Sammlung Härtel (5)

2.95
Friedrich Schiller an August
Wilhelm Iffland, Weimar 14. April
1804
Eigenhändiger Brief, Faksimile
(Übersendet die auf Wunsch

Ifflands veränderte Fassung einiger
Tellstellen. »Können die Stellen,
wie sie jetzt lauten, auf einem
Theater nicht gesprochen werden,
so kann auf diesem Theater der Tell
überhaupt nicht gespielt werden ...«)
Schiller-Nationalmuseum/Deut-
sches Literaturarchiv, Marbach/N.

2.96
Friedrich von Schiller an Gottfried
Körner, Weimar 28. May 1804
Eigenhändiger Brief, 2 Bl., 4 S.
(Über seine Berlineindrücke, »es ist
kostbar in Berlin zu leben ...«)
Schiller-Nationalmuseum/Deut-
sches Literaturarchiv, Marbach/N.

2.97
Anonym [Friedrich Schiller]
Über Anmuth und Würde. An Carl
Dalberg in Erfurth
115 S., Leipzig: Göschen 1793
Sonderdruck aus Thalia, Bd. 3,
H. 12, S. 116—230 (Erstausgabe)
SBPrK

2.98
Friedrich Schiller
Maria Stuart. Ein Trauerspiel
237 S., Tübingen: Cotta 1801 8°
(Erstausgabe)
SBPrK

2.99
Friedrich Schiller
Die Jungfrau von Orleans. Eine
romantische Tragödie
260 S., 1 Titelkupfer v. J. F. Bolt,
Berlin: Unger 1802 12° (Erstausgabe)
(Buchausgabe aus dem Kalender
auf das Jahr 1802, erschienen am
12. 10. 1801)
Schiller-Nationalmuseum/Deut-
sches Literaturarchiv, Marbach/N.

2.100
Friedrich von Schiller
Die Braut von Messina oder die
feindlichen Brüder. Ein Trauerspiel
mit Chören
XIV und 162 S., Tübingen: Cotta
1803 12° (Erstausgabe)
SBPrK

2.101
[Jean Baptiste] Racine
Phädra. Trauerspiel
Übers. von [Friedrich von] Schiller
215 S., Tübingen: Cotta
1805 16° (Erstausgabe)
SBPrK-Bibl. Varnhagen 1452

2.102
Eduard Boas
Schiller und Goethe im Xenien-
kampf
2 Teile, 308 S., 300 S., Stuttgart/
Tübingen: Cotta 1851 8°
SBPrK-Bibl. Varnhagen 1864, 1865

2.103
Friedrich Schiller
Musen-Almanach auf das Jahr 1797
302 S., mit 1 Titelkupfer v. Fr. Bolt,
8 Notenbeil. v. K. F. Zelter,
Tübingen: Cotta
1796 8°
(Varnhagen hat die 414 Xenien
durchnumeriert und teilw.
kommentiert)
SBKPrK-Bibl. Varnhagen und
Goethe-Museum Düsseldorf,
Anton-und-Katharina-Kippenberg-
Stiftung

2.104
Friedrich Nicolai
Anhang zu Friedrich Schillers
Musen-Almanach für das Jahr 1797
217 S., Berlin/Stettin: Nicolai
1797 8° (Erstausgabe)
(Erboste Gegenschrift gegen die
Xenien)
SBPrK-Bibl. Varnhagen 1863

2.105
Johann Friedrich Reichhardt
Xenienkritik
in: Deutschland, eine Zeitschrift,
Bd. 4, 10. Stück, S. 83,
Berlin 1796
(Reprint: Kraus 1971)
(Aufgeschlagen S. 103; Reichardts
»Erklärung an das Publikum« zur
Ehrenrettung Goethes gegen
Schiller.)
SBPrK

2.106
Karl August Boettiger
Literarische Zustände und Zeitge-
nossen. In Schilderungen aus K. A.
Boettigers handschriftlichem
Nachlasse
hrsg. v. K. Wilhelm Boettiger
2 Bde., Leipzig: Brockhaus 1838
(Aufgeschlagen S. 102 f.: Über
Ifflands überragendes mimisches
Talent)
SBPrK-Bibl. Varnhagen 297

2.107
Carl Joseph Raabe
Porträt August Wilhelm Iffland
1813
Miniatur, Deckfarben auf
Elfenbein. 10,1 × 7,2 cm (oval)
Goethe-Museum Düsseldorf,

Anton-und-Katharina-Kippenberg-
Stiftung

2.108
Journal für Kunst und Kunstsachen
Künstleleyen und Mode
hrsg. v. Dr. H. Rockstroh
Bd. 1, 1810
(Aufgeschlagen: Ifflands ländliches
Wohnhaus, wo Schiller während
seines Aufenthaltes im Mai 1804 mit
seiner Familie einige Tage wohnte.)
SBPrK

Wilhelm von Humboldt

2.109
Wilhelm von Humboldt
Ideen zu einem Versuch, die
Gränzen der Wirksamkeit des
Staates zu bestimmen 1792
Eigenhändiges Manuskript
Fragment, 1 Bl., 275 S. (Verlust
S. 15—62), 24,8 × 19 cm
SBPrK

2.110
[Wilhelm von Humboldt, Hrsg.]
Briefwechsel zwischen Schiller und
W. v. Humboldt mit einer Vorerinnerung über Schiller und den Gang
seiner Geistesentwicklung von W. v.
Humboldt
492 S., Stuttgart/Tübingen: Cotta
1836 8° (Erstdruck)
(Aufgeschlagen S. 414/15, Schiller
über die Absichten der Xenien:
»Eine angenehme, und zum Theil
genialische Imputenz und Gottlo-
sigkeit, eine nichts verschonende
Satyre, in welcher jedoch ein
lebhaftes Streben nach einem festen
Punkt zu erkennen seyn wird, wird
der Charakter davon
seyn«,1. 2. 1796)
Manfred Schlösser, Berlin

2.111
Wilhelm und Caroline von
Humboldt in ihren Briefen
hrsg. v. A. v. Sydow
7 Bde. Berlin: Mittler 1906—16
Bd. 1 (Brautbriefe)
(Aufgeschlagen S. 172: Brief und
Faksimile von Caroline v. Dacherö-
den, 22. 6. 1790 an Wilhelm)
SBPrK

2.112
Franz Legrand nach Karl Wilhelm
Wach
Porträt Caroline von Humboldt
Lithographie. 27,3 × 25,7 cm
Schiller-Nationalmuseum/Deut-
sches Literaturarchiv, Marbach/N.

2.113
Wilhelm von Humboldt
Briefe von W. v. Humboldt an eine
Freundin [Charlotte v. Diede]
2 Teile, XXIV und 381, S. XXII
und 312 S., Leipzig: Brockhaus
1847 8°
SBPrK-Bibl. Varnhagen 2310/11

2.114
Gustav Schlesier
Erinnerungen an Wilhelm von
Humboldt
3 Teile, XII und S. 255, S. 485, II
und 567 S., Stuttgart: Köhler
1843 8°
SBPrK-Bibl. Varnhagen 1178. 1179

**Ludwig Tieck und Wilhelm
Heinrich Wackenroder**

2.115
Carl Christian Vogel von Vogel-
stein
Porträt des Dichters Ludwig Tieck
in seinem Dresdener Heim 1835
Öl auf Leinwand. 173,5 × 110,5 cm
Staatliche Museen Preußischer
Kulturbesitz, Nationalgalerie,
Berlin
Abb. S. 206

2.116
Friedrich Tieck
Porträt Wilhelm Heinrich Wacken-
roder um 1796
Relief, Bronze vergoldet. Ø 26 cm
(Einziges zu Lebzeiten des Dichters
geschaffenes Bildnis)
Freies Deutsches Hochstift, Frank-
furter Goethe-Museum

2.117
Wilhelm Heinrich Wackenroder
Eigenhändiger Brief an Erduin
Julius Koch, ohne Datum (1794)
(E. J. Koch 1764—1834, war der
Lehrer Wackenroders, Gründer der
Gesellschaft Deutscher Sprach- und
Litteraturforscher [1788] in Berlin.
In seinem Hauptwerk »Grundriß
einer Geschichte der Sprache und
Literatur der Deutschen von der
ältesten Zeit bis auf Lessings Tod«
wird bereits Wackenroder als
Verfasser der »vortrefflichen
Herzensergießungen« genannt.)
Freies Deutsches Hochstift, Frank-
furter Goethe-Museum

2.118
Ludwig Tieck
Franz Sternbalds Wanderungen
(Fragment) ca. 1798/99
Eigenhändige Handschrift der
geplanten Fortsetzung

3. Band, 1. Buch, 1. Kapitel S. 1
Freies Deutsches Hochstift, Frank-
furter Goethe-Museum
Abb. S. 206

2.119
Ludwig Tieck
Eigenhändiges Tagebuch, begonnen
im Jahr 1799
SBPrK-Nachlaß Tieck, Band 23

2.120
Ludwig Tieck
Kritische Schriften I., Vorrede
handschriftlicher Entwurf,
4 Bl. 2°
SBPrK-Nachlaß Tieck

2.121
Anonym [Wilhelm Heinrich
Wackenroder]
Herzensergießungen eines kunst-
liebenden Klosterbruders
275 S., Titelkupfer (Raphael),
Berlin: Unger 1797 (Erstausgabe)
(Wackenroder vermittelt seine
neue, für die Nazarener später
bedeutsam werdende Kunsttheorie.
Bis heute ungeklärt bleibt der Anteil
der Texte Tiecks bei der
Herausgabe. Es scheint festzu-
stehen, daß auch folgende Stücke
von seiner Hand stammen: An den
Leser dieser Blätter, Sehnsucht nach
Italien, Ein Brief. . . Antonios. . .,
Brief eines jungen deutschen Malers
in Rom. . .)
Freies Deutsches Hochstift, Frank-
furter Goethe-Museum
Abb. S. 207

2.122
Anonym [Ludwig Tieck/Wilhelm
Heinrich Wackenroder]
Phantasien über die Kunst, für
Freunde der Kunst, hrsg. v. Ludwig
Tieck
283 S., Hamburg: Perthes
1799 8° (Erstausgabe)
(In Anlage und Ideenkonzept Fort-
setzung der Herzensergießungen,
als Gemeinschaftswerk der Autoren
Tieck/Wackenroder noch schwie-
riger zu trennen.)
SBPrK-Bibl. Varnhagen 705 R
Freies Deutsches Hochstift, Frank-
furter Goethe-Museum

2.123
Ludwig Tieck
Franz Sternbalds Wanderungen.
Eine altdeutsche Geschichte
2 Bde., 373 S., 410 S., Berlin: Unger
1798 8° (Erstausgabe)
Freies Deutsches Hochstift, Frank-
furter Goethe-Museum

2.124
Pseudonym [Ludwig Tieck]
Der gestiefelte Kater. Ein Kinder-
Mährchen in drey Akten, mit
Zwischenspielen, einem Prologe
und Epiloge von Peter Leberecht
aus dem Italienischen (fingierte
Angabe)
Berlin: Nicolai 1797 8° (Erst-
ausgabe)
(Parodie auf Ifflands Theater, u. a.)
Freies Deutsches Hochstift, Frank-
furter Goethe-Museum

2. Ausgabe
Das Märchen vom gestiefelten
Kater, nach der Bearb. v. Stra-
parola, Basile, Perrault
12 Radierungen v. Otto Speckter,
Leipzig: Brockhaus 1843
SBPrK

2.125
L[udwig] Tieck
Gedichte
3 Bde., 296 S., 279 S., 280 S.,
Dresden: Hilscher 1821—23 8°
(Erstausgabe)
SBPrK-Bibl. Varnhagen 1959/61 R

2.126
Ludwig Tieck
»Die Musik spricht . . .«
Eigenhändiges Gedichtmanuskript
(o. O. u. D.)
Goethe-Museum Düsseldorf,
Anton-und-Katharina-Kippenberg-
Stiftung

2.127
William Shakespeare
Alt-Englisches Theater oder Sup-
plemente zum Shakespear, über-
setzt u. hrsg. v. Ludwig Tieck
Bd. 1: König Johann von Engelland.
Georg Green, der Flurschütz von
Wakefield. Perikles, Fürst von
Tyrus. — Bd. 2: Lokrine. Der
lustige Teufel von Edmonton.
König Lear
2 Bde., XXIII und 371 S., XIV und
348 S., Berlin: Realschulbuch-
handlung 1811 8° (Erstausgabe)
(Aufgeschlagen Bd. 1, XIV: Tieck
zollt hohes Lob den Schlegel'schen
Übersetzungen, »sodaß von hier aus
Schule entsteht, die ein nationales
Theater begründet.«)
SBPrK-Bibl. Varnhagen 2348/49 R

2.128
Solger's Nachgelassene Schriften
und Briefwechsel, hrsg. v. L. Tieck
und F. v. Raumer
2 Bde., 780 S., 784 S., Brockhaus:
Leipzig 1826

(Aufgeschlagen Bd. 1, S. 268/269:
Brief Tieck an Solger vom
1. 2. 1818 über die Einsamkeit des
Schriftstellers. — Enthält u. a. den
wichtigen Briefwechsel Tieck-
Solger, Fragmente u. a.)
Manfred Schlösser, Berlin

2.129
August von Kotzebue (Hrsg.)
Nachgelassene Schriften des
verstorbenen Professor Musäus,
hrsg. v. seinem Zögling mit e.
Vorrede v. A. v. K. (S. 1—24)
235 S., Kupfer v. C. Müller,
Leipzig: Kummer 1791 8° (EA)
SBPrK-Bibl. Varnhagen 1796

2.130
August Ferdinand Bernhardi und
dessen Gattin Sophie Bernhardi,
geb. Tieck
Reliquien. Erzählungen u. Dichtungen, hrsg. v. deren Sohn
Wilhelm Bernhardi. Mit einem
Vorwort v. [Karl August] Varnhagen von Ense
3 Bde., in 1 Bd., 280 S., 282 S.,
269 S., Altenburg: Pierer
1847 8° (Erstausgabe)
SBPrK-Bibl. Varnhagen 2160

Novalis

2.131
Novalis [Pseudonym für Friedrich
von Hardenberg]
»Was wär ich ohne dich gewesen ...«
Geistliche Lieder I 1799
Eigenhändige Handschrift
Freies Deutsches Hochstift, Frank-
furter Goethe-Museum

2.132
Musenalmanach für das Jahr 1802
hrsg. v. A. W. Schlegel und L. Tieck
263 S., Cotta, Tübingen 1801
(Darin 7 Gedichte der »Geistlichen
Lieder« und die beiden Erstdrucke
»Lob des Weins« und »Bergmanns
Leben« von Novalis mit dem
Hinweis Tiecks: ». . . aus dem leider
unvollendet gebliebenen H. v.
Afterdingen unseres unvergessenen,
durch den frühen Tod entrissenen
Herzensfreundes Novalis, welchen
Ludwig Tieck herausgeben wird.«
Weitere Erstdrucke von Tieck,
Bonaventura [Schelling], A. W. u.
Fr. Schlegel, Bernhardi u. a.)
SBPrK-Bibl. Varnhagen 1869

2.133
Anonym [Novalis]
Blumen. Glauben und Liebe. Oder
der König und die Königin.

Jahrbücher der Preußischen
Monarchie unter der Regierung
Friedrich Wilhelms III.
hrsg. v. F. E. Rambach, Bd. 2, Juni
S. 184 f; Juli S. 269—86, Berlin:
Unger 1798 8° (Erstdruck)
Freies Deutsches Hochstift Frank-
furter Goethe-Museum

2.134
Johann Friedrich Abegg
Reisetagebuch von 1798
Erstausgabe, hrsg. v. W. und
J. Abegg zus. m. Zwi Batscha
367 S., Insel Frankfurt 1976
(Aufgeschlagen S. 282: Über eine
Abendgesellschaft beim Heraus-
geber der »Berliner Monatsschrift«
D. Biester, wo er über seinen
Aufenthalt in Königsberg beim
König berichtet, der gerade
Novalis' Panegyrus gelesen und
gemeint habe, das sei »halber
Wahnsinn . . .«)
Manfred Schlösser, Berlin

2.135
Novalis
[Werke]
Schriften, hrsg. v. Friedrich
Schlegel u. Ludwig Tieck
2 Teile, XII. 333 S., 552 S.
Berlin: Realschulbuchhandlung
1802 8° (Erstausgabe)
SBPrK-Bibl. Varnhagen 1807

2.136
Ludwig Tieck/Friedrich Schlegel
[Hrsg.]
Novalis Schriften
4. verm. Aufl., 2 Teile, 208, 114 S.
Berlin: Reimer 1826
Reichverzierter gold- u. blindge-
prägter Handeinband
(Aufgeschlagen: S. XXI: Charakte-
risierung Novalis' durch Tieck)
Manfred Schlösser, Berlin

2.137
Anonym [Heinrich Gustav Hotho]
Kritik an der Novalis-Ausgabe von
Ludwig Tieck
in: Jahrbücher für Wissenschaft und
Kritik 1827, S. 685
(»So ist das Schwinden des ganzen
Universums, daß sich zu Gemüt und
Poesie aufzehrt, zugleich die eigene
Krankheit und Schwäche dieses
Gemüts, welches sich keiner Welt
gegenüber zu stellen wagt.«)
SBPrK

**Friedrich, Dorothea und August
Wilhelm Schlegel**

2.138
Friedrich Schlegel

Ideen zu Gedichten, Fragmente zur
Poesie und Litteratur II
Eigenhändige Manuskripte, 2 von
insg. 8 Heften, zw. 60—95 Seiten
25 × 20,5 cm
(Aufgeschlagen Heft 7: Bruch-
stücke eines Scherzes zu Lucinde.
»Lucinde ist die Morgenröte der
Poesie aus dem Meer der Liebe . . .«
Heft 8: »Schon hab auch ich so wie
du es gelernt, den Gedanken der
höchsten Freude, in Mut und
Übermut der Liebe kühn an den
Gedanken des Todes zu
knüpfen . . .«)
SBPrK — German 4° 1765

2.139
Ludwig Ferdinand Schnorr von
Carolsfeld
Porträt Friedrich Schlegel 1821
Bleistift. 23,6 × 14,3 cm
Historisches Museum, Wien
Abb. S. 208

2.140
Friedrich Schlegel (Hrsg.)
Geschichte der Jungfrau von
Orleans Jeanne d'Arc. Aus altfranz.
Quellen. (Mit e. Anh.: Aus David
Hume's Geschichte von England
History of England, Auszüge,
deutsch von Dorothea Schlegel)
hrsg. v. Friedrich Schlegel
152 S., Berlin: Sander 1802 8°
SBPrK

2.141
Friedrich Schlegel (Hrsg.)
Europa. Eine Zeitschrift
2 Bde., je 2 Stück, 180 S., 167 S.,
106 S., 146 S.
Frankfurt/M.: Wilmans 1803 8°
(Bd. 2: A. W. Schlegels Vorle-
sungen »Über Litteratur, Kunst und
Geist des Zeitalters«, die er im
Herbst 1802 in Berlin vortrug.)
SBPrK-Bibl. Varnhagen 25.26 R

2.142
Friedrich Schlegel
Lucinde. Ein Roman
1. Teil, 300 S., Berlin: Frölich
1799 8° (Erstausgabe)
Goethe-Museum Düsseldorf,
Anton-und-Katharina-Kippenberg-
Stiftung

2.143
Anonym [Friedrich Schleiermacher]
Vertraute Briefe über Friedrich
Schlegels Lucinde
132 S., Lübeck/Leipzig: Bohn
1800 8° (Erstausgabe)
(Beigebunden: Monologe. Eine

235

Neujahrsgabe. 126 S., Berlin: Reimer 1822 8°)
SBPrK-Bibl. Varnhagen 2140

2.144
Anonym
Jahrmarkt zu Plundersweilern oder die grosse Buchhaendler-Messe 1801
Kupferstichkarikatur auf Literaten
in: Taschenbuch für Freunde des Scherzes und der Satire, hrsg. v. J. D. Falk
5. Jg., 1801, Weimar: Industrie-Comptoir 1801 8°
(Parodie auf Goethes Parodie, hauptsächlich jedoch auf den »Gestiefelten Kater« von Ludwig Tieck und auf »Lucinde«)
Goethe-Museum Düsseldorf
SBPrK

2.145
Johann Heinrich Lips
Porträt Friedrich Schleiermacher um 1792
Radierung. 17,1 × 10,8 cm
Westfälisches Landesmuseum für Kunst und Kulturgeschichte, Porträtarchiv Diepenbroick, Münster
Abb. S. 209

2.146
Friedrich Schlegel
Euthyphron um 1801
Eigenhändige Handschrift der Übersetzung nach Platon
(Während der Berliner Zeit ihrer intensiven Freundschaft arbeiteten Schlegel und Schleiermacher gemeinsam an der Übersetzung Platons. Schlegels Beiträge wurden jedoch nicht in der ab 1803 erscheinenden Platon-Ausgabe von Schleiermacher berücksichtigt. Schlegel leitete in seinen theoretischen Schriften, Schleiermacher mit seiner Übersetzung die Platon-Renaissance in der Romantik ein.)
Freies Deutsches Hochstift, Frankfurter Goethe-Museum

2.147
Friedrich Schleiermacher (Übers.)
Platons Werke. (U. a. Des Sokrates Verteidigung. Der Sophist, Eythyphron, Theaitetos. Der Staatsmann. Phaidon. Der Staat.)
4 Bde., 412 S., 445 S., 540 S., 626 S., Berlin: Realschulbuchhandlung 1804/05, 1828 8°
(Erstausgaben)

2.148
Friedrich Schlegel (Hrsg.)
[Gotthold Ephraim] Lessings

Gedanken und Meinungen aus dessen Schriften zusammengestellt und erläutert
3 Teile, 343 S., 422 S., 422 S.
Leipzig: Junius 1804 8° (Erstausgabe)
(Die 3 Bände leitet F. Schlegel ein unter den Stichworten »Vom Wesen der Kritik«, »Das kombinatorische Genie« und »Der Charakter des Protestanten«. Auswahl aus: Antiquarische Briefe, aus den Fragmenten, das Gespräch Ernst und Falk. Nathan der Weise. Aufgeschlagen Bd. 1, S. 132: Lessings sarkastische Bemerkung über den Erfolg von Goethes »Götz« in Berlin.)
SBPrK-Bibl. Varnhagen 645—47

2.149
Friedrich Schlegel (Hrsg.)
Geschichte der Margarethe von Valois. Gemahlin Heinrich IV. von ihr selbst geschrieben. Nebst Zusätzen u. Ergänzungen aus anderen franz. Quellen, übersetzt v. Dorothea u. Fr. Schlegel
Leipzig: Junius 1803 8° (Erstausgabe)
SBPrK-Bibl. Varnhagen 978

2.150
Athenaeum. Eine Zeitschrift von A. W. Schlegel und Fr. Schlegel
3 Bde. zu je 2 Heften, Berlin: Vieweg 1798—1800 8°
(Im ersten Band der Ausgabe des Goethemuseums findet sich ein handschriftliches Spottgedicht von Dorothea Schlegel auf Fichte.)
SBPrK-Bibl. Varnhagen 38—40; und Goethe-Museum Düsseldorf, Anton-und-Katharina-Kippenberg-Stiftung

2.151
Johann Friedrich August Tischbein
Porträt August Wilhelm Schlegel
Öl auf Leinwand, auf Pappe aufgezogen. 50 × 38,3 cm
Freies Deutsches Hochstift, Frankfurter Goethe-Museum
Abb. S. 210

2.152
Kotzebue — A. W. Schlegel — Kontroverse
a)
A[ugust] v[on] Kotzebue
Der hyperboreeische Esel oder Die heutige Bildung. Ein drastisches Drama und philosophisches Lustspiel für Jünglinge. In Einem Akt
58 S. mit 1 Titelvignette
Leipzig: Kummer 1799

b)
Anonym [August Wilhelm Schlegel]
Ehrenpforte und Triumphbogen für den Theater-Präsidenten von Kotzebue bey seiner gehofften Rückkehr ins Vaterland. — Mit Musik. Gedruckt zu Anfang des neuen Jahrhunderts
104 S.
Schiller-Nationalmuseum/Deutsches Literaturarchiv, Marbach/N.
Abb. S. 210/211

2.153
August Wilhelm Schlegel und Friedrich Schlegel
Charakteristiken und Kritiken
2 Bde., 397 S., 400 S., Königsberg: Nicolovius 1801 8° (Erstausgabe)
SBPrK

2.154
August Wilhelm Schlegel
Blumensträusse italiänischer, spanischer und portugiesischer Poesie
238 S., mit 4 Kupfern v. Meyer. Fr. Tieck u. Fr. Bolt, Berlin: Realschulbuchhandlung 1804 8°
(Erstausgabe)
(Aufgeschlagen S. 146/147: Madrigale)
SBPrK-Bibl. Varnhagen 1386 R

2.155
August Wilhelm Schlegel an Sophie Bernhardi, Genf 22., 27., 28. Mai 1804
3 eigenhändige Briefe, 3 Bl., 6 S.; 5 Bl., 10 S.; 2 Bl., 5 S.
(Liebesbriefe, Reise- und Stimmungsberichte)
SBPrK-Nachlaß Tieck, Kasten 42

2.156
August Wilhelm Schlegel (Hrsg. u. Übers.)
Schauspiel. Don Pedro Calderon de la Barca (Spanisches Theater Bd. 2)
2 Bde., 534 S., 342 S., Berlin: Realschulbuchh. 1803; Hitzig 1809 8° (Erstausgaben)
Schiller-Nationalmuseum/Deutsches Literaturarchiv, Marbach/N.

2.157
August Wilhelm Schlegel
Über das Mittelalter 1812
Eigenhändige Handschrift
(Text der für Friedrich Schlegels Zeitschrift »Deutsches Museum« [Wien 1812] veröffentlichten Vorlesungen in Berlin, Winter 1803.)
Freies Deutsches Hochstift, Frankfurter Goethe-Museum

2.158
Friedrich Heinrich von der Hagen (Hrsg.)
Der Nibelungenlied
(Erste Übersetzung und Herausgabe des Nibelungenliedes ist die unmittelbare Frucht, die die Vorlesungen A. W. Schlegel im Winter 1803 über altdeutsche Literatur zeitigte.)
SBPrK

2.159
Ernst Christian Gottlieb Reinhold (Hrsg.)
Karl Leonhard Reinhold's Leben und Litterarisches Wirken, nebst einer Auswahl von Briefen Kant's, Fichte's, Jacobi's und andrer philosophirender Zeitgenossen an ihn
418 S., Titelkupfer (Porträt v. K. L. Reinhold), Jena: Frommann 1825 8°
(Fichte an Reinhold 18. 2. 1800 über A. W. Schlegel S. 221: » . . . der ältere ist mir selbst wegen seiner arroganten Seichtigkeit sowie jedem, der ihn kennt, verhaßt und ich werde ihn mir wohl vom Leibe zu halten wissen. Der jüngere aber, so paradox ihnen dies lauten möge, ist ein im inneren Grunde braver, unermüdet des Besten nachstrebender Mensch, der auch Zucht annimmt und aus welchem sich, wenn nur seine hartnäckige Unreif schwinden und er ein besseres Ideal wählen wollte als sein Bruder, den er an innerem Stoffe zehnfach überragt . . . «)
SBPrK-Bibl. Varnhagen 423

2.160
Heinrich Anton Dähling (?)
Friedrich Wilhelm Bolt (?)
Porträt Johann Gottlieb Fichte um 1804
Tusche. Ø 25,7 cm
Schiller-Nationalmuseum/Deutsches Literaturarchiv, Marbach/N.

Madame de Staël

2.161
Giovanni Antonio (?) Sasso nach Antonio Bramati
Porträt Anne-Louise-Germaine Necker, Baronin de Staël-Holstein um 1788
Punktierstich. 22,4 × 15,4 cm
Westfälisches Landesmuseum für Kunst und Kulturgeschichte, Porträtarchiv Diepenbroick, Münster

2.162
Anonym [Dorothea Schlegel]
Florentin. Roman
hrsg. v. F. Schlegel
1. Bd., 385 S., Lübeck/Leipzig:
Bohn 1801
Freies Deutsches Hochstift,
Frankfurter Goethe-Museum

2.163
Dorothea und Friedrich Schlegel
(Übers.)
Corinna oder Italien
aus dem Französischen übers. und
hrsg., 4 Teile, Berlin: Unger 1807
(In der unter Friedrichs alleinigem
Namen erschienenen Ausgabe über-
setzte Dorothea den Band 2.)
Goethe-Museum Düsseldorf,
Anton-und-Katharina-Kippenberg-
Stiftung

2.164
Anonym [Dorothea Schlegel]
Geschichte des Zauberers Merlin,
hrsg. v. Fr. Schlegel
1. Bd. nach der Sammlung romanti-
scher Dichtungen des Mittelalters.
Aus gedruckten und handschrift-
lichen Quellen
Beigebunden: Helmia von Chézy.
Geschichte der tugendsamen Eury-
anthe, hrsg. v. Fr. Schlegel
Leipzig: Junius 1804
SBPrK

2.165
Selmar [Karl Gustav von
Brinckmann]
Gedichte
2 Bde., 410 S., XVIII + 474 S.
Leipzig: Gräff 1789 8°
SBPrK-Bibl. Varnhagen 1929, 1930

**Ludwig Achim von Arnim und
Clemens Brentano**

2.166
Ludwig Achim von Arnim an
Clemens Brentano, Genf
(18. November 1802)
Eigenhändiger Brief
(Arnim spottet in mathematischen
Gleichungen über »Wilhelm
Meister«, »H. v. Ofterdingen«,
»Franz Sternbald« und »Agnes von
Lilien« und lobt Brentanos
»Godwi« . . .)
Freies Deutsches Hochstift,
Frankfurter Goethe-Museum

2.167
Ludwig Achim von Arnim und
Clemens Brentano (Hrsg.)
Des Knaben Wunderhorn. Alte
deutsche Lieder

3 Bde. mit Anhang über Kinder-
lieder, VIII + 480 S., IV + 448 S.,
253 S., 103 S. mit Kupferstichen n.
Zeichnungen Brentanos.
Freies Deutsches Hochstift,
Frankfurter Goethe-Museum

2.168
Ludwig Achim von Arnim und
Clemens Brentano
Verschiedene Empfindungen vor
Friedrichs Seelandschaft, worauf
der Kapuziner, auf der diesjäh-
rigen Kunstausstellung
Eigenhändiger Entwurf von
Brentano (links) und Arnim
(rechts)
(Die gemeinsame Arbeit beschäftigt
sich mit Caspar David Friedrichs
Bild »Der Mönch am Meer« [heute
Schloß Charlottenburg], das 1810
auf der Akademie-Ausstellung
gezeigt und vom Kronprinzen
angekauft wurde. Kleist veröffent-
lichte einen Teil des Textes, zum
Ärger der Autoren verändert und
gekürzt in den »Berliner Abendblättern«)
Freies Deutsches Hochstift,
Frankfurter Goethe-Museum
Abb. S. 216

2.169
Achim Clemens Brentano an von
Arnim, Berlin [29. Juli 1815]
Eigenhändiger Brief
(Brentano unterbreitet Arnim seine
Idee über eine »Volksbuch-
handlung«, die erstmals 1845 vom
»Struwwelpeter«-Hoffmann mit der
Gründung der ersten »Volksbi-
bliothek« in Frankfurt/M. realisiert
wurde.)
Freies Deutsches Hochstift,
Frankfurter Goethe-Museum

2.170
Berliner Musen-Almanach
hrsg. v. Moritz Veit. Mit Bildnis des
Walther von der Vogelweide
Berlin: Vereins-Buchhandlung
1831
(Aufgeschlagen S. 28: Achim von
Arnim, Ausgestreute Stammbuch-
blätter)
SBPrK

2.171
Ludwig Achim von Arnim
»Aber innen da sieht es dunkel
aus . . .« vor 1804
Eigenhändiger Gedichtentwurf und
Beschreibung eines Traumes
(Auch unter dem Titel »Selbstbe-
trachtung. Eine Fabel von der
Kunst . . .« bekannt.)

Freies Deutsches Hochstift,
Frankfurter Goethe-Museum

2.172
Edward von Steinle
Der Violinspieler Michaly und
Clemens Brentano, die Wehmüller
vorlesend 1841
Bleistift. 48,8 × 35 cm
Freies Deutsches Hochstift,
Frankfurter Goethe-Museum
Abb. S. 214

2.173
Clemens Brentano
Die mehreren Wehmüller und
ungarischen Nationalgesichter
Erzählung in: Der Gesellschafter
oder Blätter für Geist und Herz,
hrsg. v. F. W. Gubitz, Sept./Okt.
1817
SBPrK-Bibl. Varnhagen 43 R

2.174
Maria [Pseudonym für Clemens
Brentano]
Satiren und Poetische Spiele.
Gustav Wasa
VIII + 186 S., Leipzig: Rein
1800 8° (Erstausgabe)
Freies Deutsches Hochstift,
Frankfurter Goethe-Museum

2.175
Clemens Brentano
Gockel, Hinkel und Gackeleia.
Märchen wiedererzählt
XIV, 346 S., 15 Lithographien nach
Entwürfen von C. Brentano,
Frankfurt/M.: Schmerber 1838
(Erstausgabe)
SBPrK

2.176
Maximiliane und Armgard von
Arnim
Federkranz zum Gockelmärchen
1838
Aquarell auf blaugetöntem Papier
mit Zierleisten aus Tierfedern
37 × 37 cm
Freies Deutsches Hochstift,
Frankfurter Goethe-Museum

2.177
Anonym [Clemens Brentano]
Der Philister vor, in und nach der
Geschichte. Scherzhafte
Abhandlung
Berlin 1811 (Erstausgabe)
(Anläßlich einer Sitzung der
Christlich-Teutschen Tischgesell-
schaft, die nach Savigny ein polizei-
liches Nachspiel hatte. — Vgl.
Brentano-Kat. S. 62)
Freies Deutsches Hochstift,
Frankfurter Goethe-Museum

2.178
Clemens Brentano
Victoria und ihre Geschwister mit
fliegenden Fahnen und brennender
Lunte. Ein klingendes Spiel
VI + 223 S., mit 1 Titelkupfer v.
K. Kolbe, 3 Notenbeilagen, Berlin:
Maurer 1817 8° (Erstdruck)
(Darin im Vorspruch Widmungsge-
dicht an Karl Friedrich Schinkel,
12strophiges Gedicht mit den
Zeilen: ». . . hier brech ich' ab/Ich
hatte hingerissen/wohl funfzig
solcher Strophen Dir
gesungen . . .«, S. XI.)
SBPrK

2.179
Clemens Brentano auf Karl
Friedrich Schinkel
Mehrere eigenhändige Entwürfe zu
einem ca. fünfzigstrophigen
Gedicht
(Bisher unveröffentlicht.)
Freies Deutsches Hochstift,
Frankfurter Goethe-Museum

2.180
Clemens Brentano
«Am Rhein, Am Rhein . . .»
Eigenhändiges Manuskript, Rein-
schrift.
SBPrK-Sammlung Härtel

2.181
Anonym [Bettina von Arnim]
Clemens Brentano's Frühlingskranz
aus Jugendbriefen ihm geflochten,
wie er selbst schriftlich verlangte
1. Bd., 473 S., Charlottenburg:
Bauer 1844 8° (Erstausgabe)
SBPrK-Bibl. Varnhagen 2307

Heinrich von Kleist

2.182
Karl Friedrich Wichmann
Porträt Heinrich von Kleist 1816
(posthum)
Gips. 57 cm hoch
Dauerleihgabe der Ostdeutschen
Galerie Regensburg im Schloß
Bellevue, Berlin

2.183
Heinrich von Kleist
An die Königin Louise von Preußen
Zur Feier ihres Geburtstages, den
10. März 1810
Faksimile Handschrift März 1810
Bibliotheca Bodmeriana, Genf
(Abgedruckt unter der Überschrift
»Aus dem Nachlasse Heinrich von
Kleists« in: Die Musen. Eine Nord-
deutsche Zeitschrift, hrsg. v. F. de la
Motte-Fouqué und Wilhelm
Neumann 1. Quartal, Berlin:

237

Saalfeld 1812, S. 177 f)
SBPrK

2.184
Berliner Abendblätter
hrsg. v. Heinrich v. Kleist
Berlin 12. Bl., 13. 10. 1810
(Aufgeschlagen »Über das Mario-
nettentheater« vom 12. Dezember
1810)
SBPrK

2.185
Alexandre Tardieu nach Elisabeth
Vigé Le Brun
Porträt Luise Auguste Wilhelmine
Amalie Königin von Preußen 1807
Kupferstich 16,8 × 12 cm
Schiller-Nationalmuseum/Deut-
sches Literaturarchiv, Marbach/N.
Abb. S. 219 (r. o.)

2.186
Johann Friedrich Frick nach Johann
Heinrich Schröder
Porträt Königin Luise von Preußen
um 1804
Aquatinta. 58,3 × 43,4 cm
Freies Deutsches Hochstift,
Frankfurter Goethe-Museum

2.188
Dorothea Stock (zugeschrieben)
Theodor Körner um 1810
Deckfarben auf Elfenbein.
5,6 × 4,5 cm
Goethe-Museum Düsseldorf,
Anton-und-Katharina-Kippenberg-
Stiftung

2.189
Daniel Albrecht Cranz
Kraut und Rüben durcheinander,
oder moralische, comische und sati-
rische Aufsätze. C. W. Portion 1—4
mit Titelkupfer
Breslau & Leipzig: J. E. Meyer
1784—88   8° (Erstausgabe)
(Der seines Amtes 1779 entsetzte
Kriegsrat D. A. Cranz
[1737—1801] lebte von 1779—84
und ab 1787 in Berlin als rationa-
listischer Aufklärer, Gegner der
Klassiker und Romantiker.)
SBPrK-Bibl. Varnhagen 2234—37

Bettina von Arnim-Brentano

2.190
Bettina Brentano von Arnim an
Ludwig Achim von Arnim (vermtl.
Dezember 1810)
Eigenhändiger Brief
Ludwig Achim von Arnim an
Bettina Brentano, o. O. 1811

Eigenhändiger Brief
(Glühende Liebesbriefe aneinander)
Freies Deutsches Hochstift,
Frankfurter Goethe-Museum

2.191
Ludwig Emil Grimm
Porträt Bettina von Arnim   1809
Bleistiftzeichnung. 15 × 14 cm
Goethe-Museum, Düsseldorf,
Anton-und-Katharina-Kippenberg-
Stiftung — Abb. S. 213

2.192
Anonym [Bettina von Arnim]
Goethes Briefwechsel mit einem
Kinde.
3 Bde., 356 S., 324 S., 243 S., je Bd.
eine Titelradierung nach Bettina
gest. v. E. FunkDümmler, Berlin:
1835   8° (Erstausgabe)
(Aufgeschlagen Bettinas Entwurf
für ein Goethe-Denkmal.)
SBPrK-Bibl. Varnhagen
2298.2299 R

2.193
Bettina von Arnim
2 Entwurfszeichnungen zum
»Goethedenkmal« vor 1825
Bleistift. 47,5 × 35,5 cm
und 48 × 37,5 cm
Freies Deutsches Hochstift,
Frankfurter Goethe-Museum

2.194
Bettina von Arnim
Eigenhändige Entwürfe zum
Armenbuch um 1844
(1844 kündigte Bettina in großen
deutschen Zeitungen den Plan eines
»Armenbuches« über die notlei-
dende Bevölkerung an. Nach der
blutigen Niederschlagung des
Schlesier-Aufstandes, sah sie keine
Möglichkeit mehr, das umfang-
reiche Dokumentationsmaterial zu
veröffentlichen.)
Freies Deutsches Hochstift,
Frankfurter Goethe-Museum

2.195
Franz Krüger
Porträt Hermann Ludwig Heinrich
Fürst von Pückler-Muskau   1818
Schwarze Kreide über brauner
Tusche, weiß gehöht. 22,2 × 19 cm
Goethe-Museum Düsseldorf,
Anton-und-Katharina-Kippenberg-
Stiftung

2.196
Anonym [Hermann Fürst zu
Pückler-Muskau]
Vorletzter Weltgang von Semilasso.
Traum u. Wachen. Aus d. Papieren

d. Verstorbenen.
7 Teile, Stuttgart: Hallberger
1835—1836   8° (Erstausgabe)
SBPrK-Bibl. Varnhagen 863—70

2.197
Anonym [Hermann Fürst zu
Pückler-Muskau]
Jugend-Wanderungen. Aus meinen
Tagebüchern; für mich u. andere.
Vom Verf. d. Briefe eines Verstor-
benen.
256 S., Stuttgart: Hallberger
1835   8° (Erstausgabe)
SBPrK-Bibl. Varnhagen 862

2.198
Anonym [Hermann Fürst zu
Pückler-Muskau]
Briefe eines Verstorbenen. Ein frag-
mentarisches Tagebuch aus . . .
Stuttgart: Hallberger   1830   8°
(Erstausgabe)
Manfred Schlösser, Berlin

Die Nordsterngruppe

2.199
Friedrich Tieck
Porträt Karl August Varnhagen von
Ense   1835
Stahlstich. 18 × 12,5 cm
(Mit handschriftlicher Notiz von
Varnhagen: »Bildung schafft
Freiheit dem Einzelnen wie den
Nationen«)
SBPrK-Musikabteilung,
Mendelssohn-Archiv

2.200
Anonym [August Ferdinand Bern-
hardi, Friedrich de la Motte
Fouqué, Friedrich Wilhelm
Neumann und Karl August Varn-
hagen]
Die Versuche und Hindernisse
Karls. Eine deutsche Geschichte aus
neuerer Zeit.
1. Teil, 406 S., Berlin/Leipzig:
Realschulbuchhandlung   1808   8°
(Erstausgabe)
(Aufgeschlagen S. 403:
»Deutschland, du teures Herz,
Brunnenquell des Lebens/Dich hat
das Weh erdrungen«)
SBPrK-Bibl. Varnhagen 2147

2.201
Karl August Varnhagen von Ense
(Hrsg.)
Karl Müllers Leben und kleine
Schriften
484 S., Berlin 1847   8°
(Erstausgabe)
SBPrK-Bibl. Varnhagen 847

2.202
Karl August Varnhagen von Ense
Jahrmarkthändler mit Publikum
Scherenschnitt. 18,9 × 23,7 cm
Freies Deutsches Hochstift,
Frankfurter Goethe-Museum

2.203
Anonym [Karl August Varnhagen
von Ense]
Deutsche Ansicht der Vereinigung
Sachsens mit Preußen
66 S., Stuttgart: Cotta 1814   8°
(Erstausgabe)
SBPrK-Bibl. Varnhagen 1091

2.204
Anonym [Karl August Varnhagen
von Ense]
Beleuchtung der von dem Baron
von Frauendorff gegen die preu-
ßische Regierung vorgebrachten
Beschuldigungen
66 S., Berlin: Reimer 1830   8°
(Erstausgabe)
SBPrK-Bibl. Varnhagen 1197

2.205
Karl August Varnhagen von Ense
Tagebücher aus dem Nachlass hrsg.
v. Ludmilla Assing
14 Bde., je 400—500 S., Leipzig:
Brockhaus (1—6), Zürich/
Stuttgart: Meyer, Hamburg:
Hoffmann & Campe   1861—70
(Zeitdokument der 40er/50er
Jahre)
Manfred Schlösser, Berlin

2.206
Anonym [Hans von Held]
Die wahren Jocobiner im preussischen Staate oder actenmäßige
Darstellung der bösen Ränke und
betrügerischen Dienstführung
zweier preußischer Staatsminister.
256 S., Berlin: Frölich 1801   8°

2.207
Karl August Varnhagen von Ense
(Hrsg.)
Hans von Held. Ein preußisches
Karakterbild. Mit Porträt
260 S., Leipzig: Weidmann
1845   8°
SBPrK-Bibl. Varnhagen 1174

2.208
Ernst Moritz Arndt
Erinnerungen aus dem äußeren
Leben
381 S., Leipzig: Weidmann
1840   8° (Erstausgabe)
(Mit Anstrichen und handschriftlichem Nachweis einiger Persönlichkeiten, wie Goethe, Blücher,

v. d. Marwitz, Reimer, Varnhagen
u. a., die hier genannt werden.
Aufgeschlagen S. 108: Über
Spaziergänge im Tiergarten)
SBPrK-Bibl. Varnhagen 282

2.209
Anonym
Porträt Ernst Theodor Amadeus
Hoffmann um 1805
Miniatur. 11,5 × 9,1 cm
Freies Deutsches Hochstift,
Frankfurter Goethe-Museum

2.210
[Ernst Theodor Amadeus
Hoffmann]
Die Serapions-Brüder. Gesammelte
Erzählungen und Mährchen
hrsg. v. E. T. A. Hoffmann
4 Bde., 604 S.; 614 S.; 590 S.; 587 S.
Berlin: Reimer 1819—21
(Mit handschriftlicher Widmung an
Theodor Gottlieb von Hippel
[1741—96] vom Verfasser. — Die
Erzählungen erschienen seit 1815 in
Journalen und Taschenbüchern.
Auf Drängen des Verlegers Reimer
sammelte Hoffmann die 28
zwischen 1813 und 1821 entstan-
denen Texte und paßte sie in eine
Rahmenhandlung ein, die als regel-
mäßige Lesung von 4 bzw. 6
Freunden strukturiert sind. Die Idee
des gemeinsam verfaßten Romans
wird hier literarisch verwertet.)
Berlin Museum, Berlin

2.211
Theodor Gottfried v. Hippel
Lebensläufe nach Aufsteigender
Linie mit Kupfern von Daniel
Nikolaus Chodowiecki
4 Bde., Teile, Berlin: Voß
1778/79, 1781

2.212
Ludwig Börne
Rezension der »Serapions-Brüder«
in: Die Wage. Eine Zeitschrift für
Bürgerleben, Wissenschaft und
Kunst, hrsg. v. Ludwig Börne
2 Bde., 8 + 5 Hefte. Frankfurt/M.:
Hermann 1818—20; Frankfurt,
Tübingen: Laupp 1820—21
(Aufgeschlagen: Jg. 1820, 8. H.,
S. 339 ff. »Aus
dem Meere der deutschen Leihbi-
bliotheken . . . ragen die Schriften
Hoffmanns als tröstende, liebliche
Eilande hervor«, ist nach Hans
Mayer [»Große deutsche Verrisse
von Schiller bis Fontane«, Frankfurt
1967, S. 11] bereits alles gesagt:
Börne sieht Hoffmann als Autor der
Leihbibliotheken, mithin der

Trivialliteratur.)
SBPrK-Bibl. Varnhagen 27 R

2.213
Robert Reinick
Porträt Adalbert von Chamisso
1831
Lithographie. 27,9 × 22,1 cm
Schiller-Nationalmuseum/Deut-
sches Literaturarchiv, Marbach/N.

2.214
Adelbert von Chamisso
Das Vermächtnis
Eigenhändiges Manuskript des
Gedichtes, Reinschrift Berlin 1831
SBPrK-Sammlung Härtel

2.215
Adelbert von Chamisso
Peter Schlemihl's wundersame
Geschichte
mitgetheilt v. A. v. Ch. hrsg. v.
Friedrich Baron de la Motte Fouqué
213 S., mit 7 Kupfern von George
Cruyckshank
Nürnberg: Schrag 1814
SBPrK

2.216
Adelbert von Chamisso/Karl
August Varnhagen (Hrsg.)
Musenalmanache auf das Jahr 1804,
1805, 1806
Leipzig: C. G. Schmidt (jeweils im
Oktober des Vorjahres)
SBPrK-Bibl. Varnhagen 1870—76

2.217
Friedrich Baron de la Motte Fouqué
Der Held des Nordens. Drei
Heldenspiele
3 Bde., 211 S., 174 S., 125 S.,
Berlin: Hitzig 1810 8° (Erst-
ausgabe)
(Typische Erzählung des ehema-
ligen Mitglieds der »Nordstern-
gruppe«.)
SBPrK-Bibl. Varnhagen 2058 R

2.218
G. Mau (?)
Porträt Friedrich Heinrich Karl
Freiherr de la Motte Fouqué
Bleistift. 19 × 15,4 cm
Schiller-Nationalmuseum/Deut-
sches Literaturarchiv, Marbach/N.

2.219
Pellegrin [Pseudonym für Friedrich
Baron de la Motte Fouqué]
Historie vom edlen Ritter Galmy
und einer schönen Herzogin aus
Bretagne
2 Teile, mit Kupfern v. XXX,
313 S.; 196 S., Berlin: Himburg

1806 8° (Erstausgabe)
SBPrK-Bibl. Varnhagen 2052,
2053 R

2.220
Johann Heinrich Diest an Friedrich
Cotta, Berlin 29. 8. 1820
Eigenhändiger Brief, 1 Bl., 2 S.
(Der preuß.
Leutnant regte mit
diesem Brief die Sammlung Hölder-
linscher Gedichte und Neuausgabe
des »Hyperion« an.)
Schiller-Nationalmuseum/Deut-
sches Literaturarchiv, Marbach/N.

2.221
Friedrich Hölderlin
Hyperion
oder der Eremit in Griechenland.
Druckvorlage von de la Motte
Fouqué redigiert
124 S., Tübingen: Cotta 1822 8°
(» . . . ich darf sagen, daß wenn ich
einige wahrhaft innere Bildung
besitze, ich sie lediglich wörtlich
von Anfang bis zu Ende auswendig,
allein wenn noch jetzt in so
manchen Augenblicken die Prosa
des Lebens mich hart bedrängt, so
ergreife ich meinen Talisman und
suche und finde Ruhe und Trost in
seinen wunderbaren Klängen.« —
Diest an Karl Gok, 4. 3. 1822, Kat.
Hölderlin, S. 301)
Freies Deutsches Hochstift,
Frankfurter Goethe-Museum

2.222
Johann Georg Schreiner nach
Rudolph Lohbauer
Friedrich Hölderlin 1823
Faksimile einer Bleistiftzeichnung.
22,4 × 21 cm
(Handschriftlich bezeichnet von
Mörike: »Von Schreiner und
Rudolph in Eile gezeichnet, am
27. July 1823«)
Schiller-Nationalmuseum/Deut-
sches Literaturarchiv, Marbach/N.

**Henriette Herz und ihr Kreis
Schleiermacher, Jean Paul, Börne
u. a.**

2.223
Johann Gottfried Schadow
Büste Henriette Herz 1783
Gips. 60 cm hoch
Archiv der Preußischen Akademie
der Künste, Akademie der Künste,
Berlin

2.224
Albert Teichel nach Anton Graff
Porträt Henriette Herz um 1805

Stahlstich. 30,7 × 20,7 cm
Schiller-Nationalmuseum/Deut-
sches Literaturarchiv, Cotta-Archiv,
Marbach/N.
Abb. S. 219 o. l.

2.225
Henriette Herz
Eigenhändiger Brief an Ludwig
Tieck vom 1. 5. 1824
1 Bl., 1 S.
(Bedauert sehr, Tieck nicht in
Dresden besuchen zu können, wie
die Überbringerin des Briefes, die
sie der Fürsorge Tiecks anheim
stellt »was Sie ihr tun, tun Sie mir.«)
SBPrK-Autog. I/1051

2.226
Anonym
Karl La Roche, K. Kgl. Hofschau-
spieler 1835
Lithographie. 17,5 × 12 cm
Westfälisches Landesmuseum für
Kunst und Kulturgeschichte,
Porträtarchiv Diepenbroick,
Münster

2.227
Henriette Herz
Ihr Leben und ihre Erinnerungen,
hrsg. v. J. Fürst
248 S. (mit Erinnerungen an
E. M. Arndt, Börne, M. Eybenberg,
Mad. Genlis, Fr. v. Gentz,
S. Grotthus, W. v. Humboldt,
Markus Herz u. sein Haus, Jean
Paul, Dorothea v. Kurland,
Mirabeau, K. Ph. Moritz, Elsa
v. d. Recke, Schiller, Dorothea
Schlegel, Schleiermacher, Germaine
de Stael + A. W. Schlegel)
Berlin: Hertz 1850 (hier Reprint:
Leipzig 1977)
Manfred Schlösser, Berlin

2.228
Henriette Herz
Ihr Leben und ihre Zeit, Hrsg. v.
H. Landsberg
487 S. (mit Briefen von und an
Börne, A. v. und W. v. Humboldt,
H. und M. Herz, Schleiermacher,
Seidler und Sibbern u. a.)
Weimar: Kiepenheuer 1913
Manfred Schlösser, Berlin

2.229
Rudolf Koepke
Ludwig Tieck. Erinnerungen aus d.
Leben d. Dichters nach dessen
mündl. u. schriftl. Mittheilungen
2 Teile, XXVI, 384 S., VIII, 314 S.,
Leipzig; Brockhaus 1855 8°
(Erstausgabe)

(Aufgeschlagen, 1. Bd., S. 193 über Rahel und Henriette)
SBPrK-Bibl. Varnhagen 462.463

2.230
Friedrich Bolt nach Friedrich Johann Gottlieb Lieder
Porträt Fr[iedrich] Schleiermacher, Doctor der Theologie 1817
Stahlstich. 49 × 33 cm
Institut für Hochschulkunde Würzburg

2.231
Rahel an Varnhagen, Berlin 12. November 1810
in: Rahel Varnhagen, Ein Frauenleben in Briefen mit e. Einleitung versehen von Aug.-Weldler-Steinberg
545 S., Weimar: Kiepenheuer 1917, S. 184/85
(Rahel über die neugegründete Universität, über ihre innere Verfassung, über ihre Beziehungen zu Fouqué u. a.)
Manfred Schlösser, Berlin

2.232
Aus Schleiermacher's Leben. In Briefen
(anonym hrsg. v. David Jonas)
Von Schleiermacher's Kindheit bis an sein Lebensende 12. Februar 1834
2 Bde., 421 S. mit 1 Stahlstich v. A. Andorff (Porträt v. Schleiermacher), 485 S., Berlin: Reimer 1858 8° (Erstausgabe)
(Aufgeschlagen S. 182/183, Brief Schleiermachers an seine Schwester Charlotte vom 30. 5. 1798 über seine täglichen Besuche bei Henriette Herz)
Manfred Schlösser, Berlin

2.233
Moritz Daniel Oppenheim
Porträt Ludwig Börne 1833
Öl auf Leinwand. 48,9 × 41 cm
Freies Deutsches Hochstift, Frankfurter Goethe-Museum
Abb. S. 220

2.234
Ludwig Börne an Moritz Daniel Oppenheim
Eigenhändiger Brief vom 25. 4. 1824
Freies Deutsches Hochstift, Frankfurter Goethe-Museum

2.235
Ludwig Börne
Kritische, literarische Miszellen
(1 loses Blatt 4°, später unter

›Aphorismen und Miszellen‹ veröffentlicht)
Stadt- und Universitätsbibliothek Frankfurt/M.

2.236
Ludwig Börne
Die Apostaten des Wissens und die Neophyten des Glaubens.
1823
Stadt- und Universitätsbibliothek Frankfurt/M.

2.237
Ludwig Börne
Geschichte des preußischen Staates vom Frieden zu Hubertusburg bis zur zweiten Pariser Abkunft«
1820
(Rezension eines anonymen kritischen Buches über Preußen.)
Stadt- und Universitätsbibliothek Frankfurt/M.

2.238
Ludwig Börne
Briefe aus Paris 1831/1832
Bd. 2, 316 S.
(Aufgeschlagen S. 9: zum 29. Brief, vom 26. Januar 1832: S. zum Brief aus Paris)
SBPrK-Bibl. Varnhagen 1056/57 R

2.239
Heinrich Heine
Über Ludwig Börne
376 S., Hamburg: Hoffmann & Campe 1840 8° (Erstausgabe)
SBPrK-Bibl. Varnhagen 296 R

2.240
Heinrich Pfenninger
Porträt Jean Paul um 1797
Stahlstich. 12,5 × 9,4 cm
Schiller-Nationalmuseum/Deutsches Literaturarchiv, Marbach/N.

2.241
Friedrich Wilhelm Nettling nach Johann Heinrich Schröder
Porträt Jean Paul 1804
Stahlstich, Kreidemanier.
8,7 × 7,1 cm
(Die Zeichnung von Schröder muß Anfang Dezember 1803 entstanden sein, sie erschien am 14. 2. 1804 in der Zeitschrift »Die elegante Welt«.)
Schiller-Nationalmuseum/Deutsches Literaturarchiv, Marbach/N.

2.242
Ernst Förster
Jean Paul in der Gartenlaube des Kammerraths Miedel in Bayreuth um 1810

Bleistift. 22 × 19,3 cm
(Es gibt eine ganze Reihe von Zeichnungen des späteren Schwiegersohns von Jean Paul [1700—1800].)
Staatliche Museen Preußischer Kulturbesitz, Kunstbibliothek mit Museum für Architektur, Modebild und Grafik-Design, Berlin

2.243
Jean Paul
Titan
4 Bde., 516 S., 200 S., 430 S., 571 S., Berlin: Matzdorff 1800—03 8° (Erstausgabe)
(Schon bei seinem ersten Aufenthalt in Berlin, im Mai/Juni 1800 lud Königin Luise als begeisterte Leserin Jean Pauls den Dichter auf ihr Schloß ein. Jean Paul widmete ihr den ersten Band des »Titan«.)
SBPrK-Bibl. Varnhagen 2120—23 R

2.244
Jean Paul
Die unsichtbare Loge. Eine Biographie
2 Bde., XXIV 392 S., 460 S. mit Titelkupfer v. Sintzenich
Berlin: Matzdorff 1793 8° (Erstausgabe)
(Erste Publikation Jean Pauls bei seinem großzügigen Verleger Karl Matzdorff, bei dem er während des Monate Mai/Juni 1800 zur Besprechung der Herausgabe des mit dem 1. Band der Königin Luise gewidmeten Romans »Titan« wohnte. Bereits im Juni 1792 hatte K. Ph. Moritz die Verbindung zu seinem Schwager, dem Verleger Matzdorff, in Berlin hergestellt, in dessen Buchhandlung die »Unsichtbare Loge« 1793 in 2 Bänden erschien.)
Manfred Schlösser, Berlin
SBPrK-Bibl. Varnhagen 2197

Rahel Varnhagen, Heinrich Heine

2.245
Friedrich Tieck
Porträt Rahel Levin 1796
Gipsabguß des Bronzereliefs.
27,5 × 28 cm
Freies Deutsches Hochstift, Frankfurter Goethe-Museum

2.246
Rahel Varnhagen an [Karl von] Grüneisen. Berlin, 19. August 1824, abends.
Eigenhändiger Brief, 2 Bl., 2 S.
(Rahel erinnert Grüneisen

[1802—1878] daran, »was das heißt, . . . das Glück zu haben, mit Goethe zugleich zu leben« und ermuntert ihn, zu einem Besuch in Weimar.)
Schiller-Nationalmuseum/Deutsches Literaturarchiv, Marbach/N.

2.247
Moritz Michael Daffinger (?)
Porträt Rahel Levin-Varnhagen von Ense
Lithographie. 44,9 × 30,8 cm
Freies Deutsches Hochstift, Frankfurter Goethe-Museum

2.248
K. August Varnhagen (?)
Zwei Ornamentscherenschnitte
Bütten, 9,8 × 7,2 cm
(Die Scherenschnitte befanden sich als Einlage im 5. Band des Schiller-Goethe-Briefwechsels der Bibliothek Rahel Varnhagen.)
SBPrK-Bibl. Varnhagen 2274—2279 R

2.249
Rahel. Ein Buch des Andenkens für ihre Freunde (Briefe, Notizen hrsg. v. Karl August Varnhagen von Ense)
3 Bde., 588 S., 620 S., 598 S., mit Punktierstich v. C. E. Weber (1817)
18,5 × 11 cm
Berlin: Duncker & Humblot 1834 8° (Erstausgabe)
(Varnhagens Exemplar ist durchgehend für Redaktionszwecke der 2. Ausgabe handschriftlich ergänzt, verbessert und kollationiert. Aufgeschlagen S. 194/95: Zusatz vom 13. 1. 1800: »Nichts, nichts beneid' ich den Männern. Dies nur!! Daß sie schnell in der Liebe ihr Schicksal entscheiden dürfen. Ihnen ist die Rede vergönnt.«)
SBPrK-Bibl. Varnhagen 466—68
Manfred Schlösser, Berlin
Abb. S. 223

2.250
K. A. Varnhagen von Ense (Hrsg.)
Rahel Levin Varnhagen von Ense
Galerie von Bildnissen aus Rahels Umgang und Briefwechsel
2 Teile, 200 S., 260 S. Leipzig: Reichenbach 1836 8° (Erstausgabe)
Manfred Schlösser, Berlin

2.251
Rahel und ihre Zeit
Briefe und Zeugnisse
Hrsg. v. Bertha Badt. 8 Bd. der Reihe Pandora, hrsg. v. O. Walzel

195 S., München: Rentsch 1912
(Aufgeschlagen S. 164 Rahel an
Adam von Müller
»Was ist am Ende der Mensch
anders als eine Frage! Zum Fragen,
nur zum Fragen, zum ehrlich
kühnen Fragen, und zum demüti-
gen Warten auf Antwort, ist er
hier . . .«)
SBPrK

2.252
Rahel Varnhagen
Briefwechsel mit August Varnhagen
von Ense. Mit Alexander von der
Marwitz. Im Umgang mit ihren
Freunden. R.V. und ihre Zeit, hrsg.
v. Friedhelm Kemp
4 Bde., je 480 S., München: Kösel
1966—68 (= Bd. 9—11 der Reihe
Lebensläufe . . .)
(Erste kommentierte Auswahl-
ausgabe nach fast 100 Jahren der
Erstausgaben.)
Manfred Schlösser, Berlin

2.253
Friedrich von Gentz
Brief an Rahel Varnhagen, vom
19. Oktober 1803
In: Briefe und vertraute Blätter
Bd. 3 der Gesammelten Werke,
hrsg. v. G. Schlesier, Mannheim:
Voss 1838 8°
(Enthusiastischer Dankesbrief auf
einen Brief von Rahel ». . . Gott!
Welch ein Glück, daß ein solcher
Brief noch immer so auf mich wirkt,
wie sonst Ihre ätherischen
Gespräche!. . . . Ich las ihn sicher
hundertmal . . .«)
SBPrK

2.254
K[arl] A[ugust] Varnhagen von
Ense
Denkwürdigkeiten und Vermischte
Schriften
Darin: mehrere Goethekapitel
559 S., Leipzig: Brockhaus 1843.
(Von beiden Varnhagens ging der
in den Salons gepflegte
Goethe-Kult aus. Goethe selbst
schätzte die Aktivitäten und
Unternehmungen zu seinem
Ruhm hoch ein.)

2.255
[Johann Wolfgang von] Goethe
Wilhelm Meisters Wanderjahre
oder die Entsagenden. Ein Roman
550 S., Stuttgart & Tübingen: Cotta
1821 8°
(Rückseitig:
eingeklebt eine Notiz Varnhagens
vom 8. April 1822, in der er sich
gegen Verdächtigungen verwahrt,

Verfasser des anonym erschienenen
Romans »Wilhelm Meisters
Wanderjahre« (5 Bde., Leipzig
1821—28) zu sein. Der Autor war
jedoch Friedrich Wilhelm Puste-
kuchen [1793—1834].)
SBPrK-Bibl. Varnhagen 2105 R
Abb. S. 223

2.256
Rahel Varnhagen
Menschen untereinander
hrsg. v. B. Badt
60 S., (Weltgeist Bücher, Nr. 270),
Berlin o. J. (1928)
(Aufgeschlagen S. 9: Graf Salm
über den Salon Rahels in der Jäger-
straße)
Bibliothek Walter v. Molo,
Akademie der Künste, Berlin

2.257
Ludwig Robert
Kämpfe der Zeit. 12 Gedichte.
192 S., Stuttgart & Tübingen: Cotta
1817 8° (Erstausgabe)
(Robert, der Bruder Rahels, war
ein erfolgreicher Bühnenautor
und Berliner Literat zu Beginn des
Jahrhunderts.)
SBPrK-Bibl. Varnhagen 1957

2.258
Moritz Oppenheim
Porträt Heinrich Heine 1831.
Öl auf Papier (auf Leinwand)
43 × 34 cm
Hamburger Kunsthalle

2.259
Heinrich Heine
Der Salon
4 Bde., 332 S., 330 S., 279 S.,
342 S., Hamburg: Hoffmann
& Campe 1834—40
SBPrK-Bibl. Varnh. 2251—54 R

2.260
Heinrich Heine
Zur Geschichte der neueren
schönen Literatur in Deutschland
2 Teile, VI, 144 S., VIII, 186 S.
Paris/Leipzig: Heideloff & Campe
1833 8° (Erstausgabe)
SBPrK-Bibl. Varnhagen 1636

2.261
Heinrich Heine
Buch der Lieder
372 S., Hamburg: Hoffmann &
Campe 1827 8° (Erstausgabe)
SBPrK-Bibl. Varnhagen 1964 R

2.262
A[lexis]
Rezension von Heines Reisebildern
in: Berliner Conversationsblatt für

Poesie, Literatur und Kritik, redigiert v. Fr. Förster u. W. Häring
(Alexis), 1. Jg. Berlin 1827, S. 372
(»Das Buch zu rezensieren ist eine
mißliche Aufgabe, für die sich vor
der Hand bei uns kein Paladin
gefunden.«)
SBPrK

2.263
Heinrich Heine
Die romantische Schule
VIII, 348 S., Hamburg: Hoffmann
& Campe 1836 8° (Erstausgabe)
SBPrK-Bibl. Varnhagen 1637

2.264
Karl Friedrich Wichmann
Büste Prinz Louis Ferdinand 1822
Gips, getönt. 68 cm hoch
Johanniter-Orden, Preußen-
Sammlung Eckard Werner, Berlin

2.265
Anonym [Karl Stein]
Allen Deutschen gewidmet. Anek-
doten und Charakterzüge aus dem
Leben des Prinzen Louis Ferdinand
von Preussen
XII, 100 S., Berlin: Maurer
1807 8° (Erste Ausgabe)
SBPrK-Bibl. Varnhagen 1171

2.266
Kahldorf [Pseudonym für Robert
Wesselhoeft]
Über den Adel in Briefen an den
Grafen M. von Moltke, hrsg.
v. H[einrich] Heine
152 S., Nürnberg: Hoffmann &
Campe 1831 8° (Erstausgabe)
(Wesselhoeft [um 1795—1852]
opponiert als Liberaler heftig gegen
eine im Jahr zuvor erschienene
Verteidigung des Adelsstandes von
Graf v. Moltke, zu der Heine als
letzte Arbeit auf deutschem Boden
1831, vor seinem Aufbruch nach
Paris, eine Vorrede schrieb.)
SBPrK-Bibl. Varnhagen 554

**Die Herzogin von Kurland und
andere schreibende und schöne
Frauen der Salons**

2.267
Anonym [Sophie Schwarz]
Briefe einer Curländerin auf einer
Reise durch Deutschland
2 Teile, 175 S., 206 S.,
Berlin: Vieweg d. Ä.
1791 8° (Erstausgabe)
SBPrK-Bibl. Varnhagen 2267

2.268
Charlotta, Elisabeth Konstantia von
der Recke, geb. Gräfin von Medem

Nachricht von des berüchtigten
Cagliostro Aufenthalte in Mitau, im
Jahre 1779, und von dessen
dortigen magischen Operationen
XXXII, 168 S. Berlin & Stettin:
Nicolai 1787 8° (Erstausgabe)
SBPrK-Bibl. Varnhagen 605

2.269
Unbezeichnet [Elisa von der Recke]
Eigenhändiges Reisetagebuch um
1791/95
338 handbeschriebene S.
SBPrK-germ Quart 451

2.270
Elisa von der Recke
Tagebuch einer Reise durch einen
Theil Deutschlands und durch
Italien in den Jahren 1804 bis 1806
4 Bde. Berlin/Stettin: Nicolai
1815—1817
SBPrK

2.271
Charl Schröder nach Johann
Heinrich Schröder
Porträt Anne Charlotte Dorothea
Gräfin Biron, Herzogin von
Kurland, geb. Gräfin Medem
um 1790
Punktierstich. 21,5 × 16,2 cm
Westfälisches Landesmuseum für
Kunst und Kulturgeschichte,
Porträtarchiv Diepenbroick,
Münster
Abb. S. 219 l. u.

2.272
Anton Graff
Porträt Elisabeth Charlotte Con-
stantia von der Recke, geb. Gräfin
von Medem 1798 (?)
Kreide auf braunem Papier, weiß
gehöht. 21,5 × 19,5 cm (oval)
Goethe-Museum Düsseldorf,
Anton-und-Katharina-Kippenberg-
Stiftung

2.273
Ludwig Wilhelm Wichmann
Weibliche Büste 1827
(Henriette Sontag? Prinzessin
Elisabeth v. Preußen?)
Gips mit Sockel. 63 cm hoch
Archiv der Preußischen Akademie
der Künste, Akademie der Künste,
Berlin

2.274
Jaques Louis Copia nach Silvestre
David Miris
Porträt Stephanie Félicié Comtesse
de Genlis 1781
Punktierstich. 20,8 × 15,5 cm
Westfälisches Landesmuseum für

Kunst und Kulturgeschichte,
Münster
Abb. S. 219 r. u.

2.275
Georg Friedrich Kersting
Biedermeier-Intérieur um 1817
Aquarell. 16,5 × 18,9 cm
Freies Deutsches Hochstift, Frank-
furter Goethe-Museum, Frankfurt
Abb. S. 217

2.276
Johann Gottfried Schadow
Büste Marianne Schlegel
Gips, getönt. 57 cm hoch
(Marianne Schlegel [1791—1869],
Tochter eines Münzdirektors,
spätere Frau v. Paulsdorf, wurde
von ihrem Patenonkel Schadow
14jährig am 9. 3. 1805 mehrfach
gezeichnet und danach als Büste
porträtiert. — Nach Hans
Mackowski, Bildwerke, Berlin
1951, S. 168)
Archiv der Preußischen Akademie
der Künste, Akademie der Künste,
Berlin

2.277
Franz Krüger
Porträt einer jungen Frau
Pastell und Deckweiß.
22,7 × 20,7 cm
Hamburger Kunsthalle-Kupfer-
stichkabinett, Hamburg

2.278
Friedrich August Brückner
Porträt Johannes von Müller 1805
Punktierstich mit gestochenen
Figuren, den »Rütlischwur«
darstellend. 19 × 16,3 cm
Westfälisches Landesmuseum für
Kunst und Kulturgeschichte,
Porträtarchiv Diepenbroick,
Münster

2.279
Johannes Müller an Christoph
Härtel, Berlin 1 July 1805
Eigenhändiger Brief, 1 Bl., 2 S.
(Bittet unter Wahrung absoluter
Verschwiegenheit, einen Brief an
H. von Hammer n. Konstantinopel
einem diskreten Hauptmann mitzu-
geben. »Sollte ein solcher
Hauptmann nicht mehr zu finden
sein«, bittet Müller um postwen-
dende Rückgabe.)
SBPrK-Sammlung Härtel

2.280
Eunomia
(Lyrisches Taschenbuch) v. Scrpino
190 S., o. V. (Breslau) 1802

(Aufgeschlagen S. 144: »Die Flucht
der Zeit«, typisches Beispiel
tändelnder Lyrik, wie sie damals
massenweise in Kalendern und
Almanachen erschienen)
(Eunomia, die Hore des Frühlings,
die hilft ihren Schwestern an grauen
Morgen die himmlischen Rosse vor
den Sonnenwagen zu spannen, eilt
sodann an den Putztisch Venus, um
dieser, wenn sie dem Bade
entstiegen ist, den goldenen Gürtel
anzulegen, Vorwort).
SBPrK

2.281
Journal für Kunst und Kunstsachen
Künsteleyen und Mode, hrsg. v.
H. Rockstroh
Bd. 2, 1811
(Aufgeschlagen: Bericht über eine
Pantomimische Darstellung der
Schauspielerin Anna Henriette
Hendel-Schütz aus Jena, die im
April 1811 im Konzertsaal des Kgl.
Nationaltheaters auftrat. Die zu
Beginn des 19ten Jahrhundert
beliebten pantomimischen Darstel-
lungen, »lebende Bilder« oder
Tableaux genannt, sind durch
Goethes Beschreibung in den
»Wahlverwandtschaften« berühmt.
In den literarischen Salons wurde
auf diese Weise ästhetische
Anschauung im künstlerischen und
religiösen Bereich vermittelt. Das
Arrangement von »Lebenden
Bildern« nach der Natur oder nach
Bildkunstwerken gestellt, war eine
Art Gesellschaftsspiel).
SBPrK

2.282
Friedrich August von Staegemann
Historische Erinnerungen in lyri-
schen Gedichten
XII und 371 S., Berlin: Reimer
1828
SBPrK-Bibl. Varnhagen 1965

2.283
Anonym [Friedrich August von
Staegemann, Hrsg.]
Erinnerungen an Elisabeth
X + 168 S., Berlin: Reimer
1835 8°
SBPrK-Bibl. Varnhagen 1970

2.284
Anonym [Karl Ludwig von
Woltmann]
Memoiren des Freiherrn S-a
[Sommariva]
3 Teile, 303 S., 300 S., 268 S.,
Prag/Leipzig: Fleischer 1815 8°
SBPrK-Bibl. Varnhagen 2157. 2158.
1259

2.285
Heinrich Stieglitz (Hrsg.)
Charlotte Stieglitz ein Denkmal
mit Titelkupfer, 318 S., Berlin:
Veit & Comp. (o. J. 5. August
1835)
Freies Deutsches Hochstift,
Frankfurter Goethe-Museum

2.286
Heinrich Stieglitz
Gruss an Berlin. Ein Zukunftstraum
184 S., Leipzig: Brockhaus 1838
(In diesem Gedichtband besingt
Stieglitz alle Persönlichkeiten
Berlins von Arndt bis Zelter des
letzten halben Jahrhunderts. Das
Inhaltsverzeichnis vermerkt mehr
als achtzig Namen.)
Freies Deutsches Hochstift,
Frankfurter Goethe-Museum

2.287
Anonym [Frederike Helene Unger]
Briefe über Berlin
in: Jahrbücher der preußischen
Monarchie unter der Regierung
Friedrich Wilhelms III., 1798 ff.
Berlin: Unger 1798
(Darin: Schnödereien über die
Berliner Jüdinnen vom Schlag
einer Herz oder Rahel.)
IBPrK-Bibl. Varnhagen 1160

2.288
Sophie Brentano [Hrsg.]
Spanische und italienische Novellen
2 Bde., 280 S., 333 S., Ponig:
Dienemann 1804—1806 8°
(Eigenhändiger Eintrag (Vierzeiler)
der Schwester Rosa-Maria Varn-
hagen.)
SBPrK-Bibl. Varnhagen 1391/92
R

2.289
Sophie Mereau
Kalathiskos
Erstes Bändchen und zweites
Bändchen, Berlin: Frölich 1801
Freies Deutsches Hochstift Frank-
furter Goethe-Museum

2.290
Karoline Baronin de la Motte
Fouqué
Magie der Natur. Eine Revolutions-
Geschichte
235 S., Berlin: Hitzig 1812 8°
SBPrK-Bibl. Varnhagen 2149 R

2.291
Anonym [Karoline Baronin de la
Motte Fouqué]
Die Frau des Falkensteins. Ein
Roman

2 Bde., 167 S., 182 S., Berlin: Hitzig
1810 8°
SBPrK-Bibl. Varnhagen 2148

2.292
Anonym [Regina Frohberg]
Marie oder die unglücklichen
Folgen des ersten Fehltritts. Ein
Roman in Briefen
3 Teile, 276 S., 238 S., 192 S.,
Dresden: Walther 1812 8°
SBPrK-Bibl. Varnhagen 2150

2.293
Anna Louisa Karschin
Einige Oden über verschiedene
hohe Gegenstände
36 ungez. S., mit zahlr. v.
J. W. Meil u. a., Berlin:
Winter 1764
(Erste, auf Subskriptionsbasis
erschienene Gedichtsammlung der
»deutschen Sappho«, die ihr
sofort 2000 Thaler einbrachte.)
SBPrK

2.294
Allwina Frommann
Verschiedene Widmungsblätter der
Caroline Unger-Sabatier 1844—1846
Deckfarben, teilweise gold- und
silbergehöht. Maximal 35 × 30,5 cm
(Widmungsblätter von: Amalüea
Herzogin zu Sachsen, Bettina von
Arnim, Wilhelm von Below, Peter v.
Cornelius, Friedrich Wilhelm III.,
Johann Wolfgang von Goethe,
Franz Grillparzer, Wilhelm Hensel,
Friedrich Helmer, Alexander von
Humboldt, Karl Kronprinz von
Württemberg, Nicolaus Lenau, J.
Albert Rühle von Lilienstern, Marie
Prinzessin v. Preussen, Giacomo
Meyerbeer, Prinz von Preussen,
Prinzessin von Preussen, Friedrich
von Raumer, Julie Rettich,
Friedrich Rückert, Caroline
Sabatier-Unger [Initial], Friedrich
Carl von Savigny, Gunda von
Savigny, Ludwig Tieck, August
Karl Varnhagen von Ense u. a.
Goethe-Museum Düsseldorf,
Anton-und-Katharina-Kippenberg-
Stiftung
Abb. der Handschrift v. Varnhagen
S. 225

3. Singakademie

Rheinsberg

3.13   Friedrich der Große beim Vortrag eines Flötenkonzertes

Nele Hertling

Die Singakademie im musikalischen Leben Berlins 1791—1850

Vorgeschichte

Im Jahre 1307 entstand aus den Fischerdörfern Berlin und Cölln die Stadt Berlin. Durch ihre günstige geografische Lage am Schnittpunkt von Wasser- und Handelswegen und die baldige Aufnahme in die Hanse gewann die Stadt schnell an Bedeutung. Von einem eigenen kulturellen Leben konnte noch keine Rede sein; jedenfalls ist Quellenmaterial aus dieser Zeit nicht erhalten.

1448 wurde Berlin zur Residenz, und seit Einführung des reformierten Glaubens 1539 begann man am kurfürstlichen Hof auch die Musik zu pflegen. Eine Hofkapelle wurde gegründet, auch gab es schon 1542 am Hof eine Kunstpfeiferei mit zwölf Trompeten, einem Zinkenisten und einem Pauker. Kurfürst Friedrich III. regierte seit 1701 als König in Berlin. Die Festlichkeiten des Hofes wurden zahlreicher und prächtiger, und diesen Bedürfnissen folgend vollzog sich die Entwicklung der Hofkapelle zum »modernen« Orchester. Friedrich Wilhelm I. — Soldatenkönig — entließ allerdings aus Gründen der Sparsamkeit die meisten Musiker; es blieben nur die kleinen Konzerte der Königin im Schloß Monbijou, die von Musikliebhabern aus der Hofgesellschaft gestaltet wurden. Erst unter Friedrich II. erhielt Berlin wieder eine Hofkapelle, aus der dann die berühmte königliche — die spätere Staatskapelle — hervorging.

Die Hofoper

Die dramatische Kunst entwickelte sich in Berlin verhältnismäßig spät. Es fehlte an den notwendigen finanziellen Mitteln, da die Kunstpflege bei den Hohenzollernfürsten zumeist hinter der Vorliebe für das Militärwesen zurückblieb. Als nach dem Dreißigjährigen Krieg mit wachsendem Wohlstand auch das Bedürfnis nach Unterhaltung zunahm, holte man zunächst französische und italienische Künstler nach Berlin. Die erste italienische Opernaufführung fand im Juni 1700 in einem neugebauten Theater über dem Marstall vor geladenen Zuschauern statt. Später konnte dann in einem besonderen kleinen Theater eine größere Gruppe von Zuhörern gegen Zahlung eines Eintrittsgeldes Opernaufführungen erleben. Mit dem frühen Tod der Königin Sophie Charlotte 1705 endete diese erste Phase Berliner Opernlebens.

Im Frühjahr 1728 besuchte Kronprinz Friedrich mit seinem Vater den Dresdner Hof. Hier begeisterte ihn eine Aufführung der Oper »Cleofide« von Johann Adolf Hasse, und es wurde in ihm der Wunsch geweckt, in Berlin ein ebenso glanzvolles Opernhaus zu gründen. In Dresden machte er auch die Bekanntschaft des dortigen Flötenmeisters Johann Joachim Quantz, dessen eifriger Schüler er wurde.

Von 1736 bis 1740 residierte Friedrich als Kronprinz im Schloß Rheinsberg. Er hielt sich hier eine Kapelle von 15 Musikern, der u. a. Carl Heinrich Graun, Georg und Franz Benda, sowie Philipp Emanuel Bach angehörten.

Unmittelbar nach seinem Regierungsantritt gab König Friedrich II. dann den Befehl zum Bau des Opernhauses in Berlin, zu welchem ihm, nach seinen Vorstellungen, Knobelsdorff schon den Entwurf gemacht hatte. Graun wurde nach Italien gesandt, um Sänger zu verpflichten. Mit seinem Werk »Cäsar und Cleopatra« wurde 1742 das Opernhaus eröffnet. Graun blieb bis zu seinem Tod 1759 Kapellmeister der Berliner Oper, für die er in 18 Jahren dreißig Werke — alle im italienischen Stil — komponierte. Es war hier nur eine Heimstatt für die Oper im italienischen Stil geschaffen worden, Friedrich glaubte noch nicht an eine deutsche Kunst.

In der Oper spielte man von November bis März an zwei Tagen in der Woche, bis sich mit dem Ausbruch des Siebenjährigen Krieges die Situation verschlechterte. Grauns Nachfolger Johann Friedrich Agricola konnte sich zudem gegen die Intrigen der Italiener nicht durchsetzen.

Als er 1774 starb, wurde Christian Friedrich Fasch Leiter der Oper, doch schon im nächsten Jahr löste ihn Johann Friedrich Reichardt ab. Reichardt hatte sich durch seine kritisch freimütigen »Briefe eines aufmerksamen Reisenden« viele Feinde gemacht. Seine Ansichten mußten ihn auch mit der italienischen Hofmusik in Konflikt bringen. Er nahm daher Urlaub und verließ Berlin. Friedrichs Interesse an der Oper ließ mehr und mehr nach und nach 1781 kümmerte sich der König kaum noch um sein einst so geliebtes Theater; so war auch der Niedergang der italienischen Oper in Berlin nicht aufzuhalten. Jedoch hatte die deutsche Musik in Berlin zur gleichen Zeit noch keine eigene Pflegestätte gefunden. Die große Zeit der deutschen Oper, die in Paris mit Glucks »Orpheus« 1774 beginnt, fand in Berlin noch keinen Ausdruck.

Neben der höfischen Musik entwickelte sich in Berlin eine städtische bürgerliche Musik. Es entstanden Stadtpfeifereien, und die Turmwächter, die mit ihren Fanfaren herannahende Feinde oder Feuer anzuzeigen hatten, bildeten die Grundlage der Ratsmusik, die bei festlichen Gelegenheiten, Aufzügen und Tanz herangezogen wurde — aber auch zur vierstimmigen Begleitung der Gemeindelieder in den Stadtkirchen. Daneben gab es schon freie Musiker, die Spielleute (ab 1669 mit Gilderechten), aus deren Zunft im 18. Jahrhundert die für Berlin so charakteristische Militärmusik der Bürgerwehr hervorging.

Der anspruchsvoller werdenden Instrumentalmusik des 18. Jahrhunderts waren die Stadtpfeifereien bald nicht mehr gewachsen, auch erschwerten Steuerverordnungen die Existenz der Spielleute. In einigen Vorstädten — so in der Königsstadt, Luisenstadt und Spandauervorstadt — gab es noch eigene Stadtpfeifereien, die sich bei ständigem Nachlassen der Qualität bis in den Beginn des 19. Jahrhunderts hielten.

Mit der Entwicklung von Manufaktur und Handel in den Städten ging die Entwicklung eines neuen Selbstbewußtseins der Bürger einher. Dabei ist es interessant zu beobachten, daß England — das fortschrittlichste bürgerliche Land — auch das Land der ersten öffentlichen Konzerte war. Schon 1672 gab es in London Konzerte, bei denen ein Shilling Eintritt gezahlt werden mußte, und bald waren diese Veranstaltungen eine weitverbreitete Einrichtung in England.

In Berlin gab es damals kaum Beziehungen zwischen den hervorragenden Musikern am Hofe und den mehr häuslichen Musizierkreisen der Bürger. Allerdings war das Repertoire der Hofmusik auch recht beschränkt, es bestand im wesentlichen aus den etwa 300 Flötenkonzerten, die Quantz für den König geschrieben hat.

Als im Mai 1747 der alte Johann Sebastian Bach seinen Sohn Philipp Emanuel in Potsdam besuchte, wurde er sofort beim König vorgelassen, und es kam hier zu der berühmt gewordenen Begegnung, aus der das »Musikalische Opfer« hervorgegangen ist. Doch blieb Bach für den König mehr der berühmte Klavier- und Orgelspieler; er erkannte ihn nicht als den genialen schöpferischen Musiker. Für die Hofgesellschaft war Musik nichts als eine geistreiche Unterhaltung, da paßten die Kompositionen eines Bach nicht hinein.

Erste Konzerte

Inzwischen hatten sich in Berlin einige kleine Gruppen von Musikfreunden zusammengefunden, um miteinander Musik zu machen. Zuerst die »Musikliebende Gesellschaft« (1749), geleitet vom Organisten Sack in der Brüderstraße. Als Gäste traten hier auch königliche Kammermusiker und auswärtige Künstler auf. Diese Hauskonzerte waren sehr beliebt; schon ab 1753 wurden Billets für Gäste ausgegeben. 1755 kam hier Grauns Oratorium »Der Tod Jesu« unter Mitwirkung des Komponisten zur Aufführung. Dieses Werk gehörte seitdem für über 100 Jahre in Berlin zur Karfreitagsmusik.

Auch die Erstaufführung von Händels »Messias« (1786) in Riesenbesetzung, mit Benda und Fasch am Cembalo und Sängern der Oper, unter Johann Adam Hillers Leitung, hinterließ einen starken Eindruck. Ernst Friedrich Benda und Carl Bachmann leiteten die »Liebhaberkonzerte« im Korsika'schen Haus in der Nähe des Zeughauses, wo es eine Aufführung von Händels »Judas Maccabäus« gab, über die Reichardt begeistert berichtete. 1787 gründete dann Johann Carl Friedrich Rellstab im Englischen Haus in der Mohrenstraße aus Berufsmusikern und Laien die »Konzerte für Kenner und Liebhaber«. Hier wirkte auch schon Carl Friedrich Zelter als Violinist mit. In verschiedenen Häusern des Berliner Bürgertums entwickelten sich weitere, sehr aktive Hausmusikkreise — so z. B. bei Friedrich Nicolai, dem Buchhändler und Schriftsteller, Freund Lessings und Moses Mendelssohns, in der Brüderstraße 13. Freunde und Gäste trafen sich zum geselligen Beisammensein, zum gemeinsamen Lesen und Musizieren.

Für das häusliche Musizieren eigneten sich besonders gut die Werke, die die sogenannte »2. Berliner Liederschule« hervorbrachte: Chor- und Solo-Lieder z. B. von J. A. P. Schulz, Johann Friedrich Reichardt, Carl Friedrich Zelter, sowie volkstümlich melodiefreudige Klaviersonaten von Hässler, Neefe u. a. Es war Reichardt, der durch die Gründung der »Concerts spirituels« in Berlin auch die Entwicklung der Konzerte besonders förderte. Hier wurden zum ersten Mal gedruckte Programme mit deutschen Texten an das Publikum verteilt. Nach dem Beispiel der Gewandhauskonzerte in Leipzig wollte Reichardt auch in Berlin ein höheres künstlerisches Niveau schaffen.

Seit Mitte des 18. Jahrhunderts hatten die Musikkritik und das Musikschrifttum in Berlin eine ernstzunehmende Rolle übernommen, Friedrich Wil-

»Nicolai leitete nicht bloß die Liebhaberkonzerte im Korsika'schen Saale, sondern veranstaltete auch bei sich größere Musikaufführungen, in denen das neueste und beste zum Vortrag kam. Mein Vater als bedeutender Klavier- und Flötenvirtuos war ihm sehr willkommen: Es wurde ein eben erschienenes Konzert von Mozart aufgelegt, in welchem mein Vater zwei Flötensoli meisterhaft vom Blatte spielte. Sobald der Vater aus seiner Arbeitsstube in das Wohnzimmer herüberkam, so konnte er uns kein größeres Vergnügen bereiten, als wenn er sich an das Klavier setzte und uns vorspielte. Er wählte dazu theils Choräle, theils Lieder. Mit den Chorälen konnten wir uns nicht recht befreunden, weil Kinderherzen mehr zur Freude als zur Andacht hinneigen. Gleich nach dem ersten Verse pflegte meine Schwester zu sagen: Nun, lieber Vater, etwas hübsches. Da folgte denn eine altmodische, aber lebhaft bewegte Sarabande von Kirnberger, ein muntres Stück aus der Zauberflöte oder die Furientanz aus Glucks Armide. Dieser letzte blieb unser Lieblingsstück, als wir später der Aufführung der Oper beiwohnten.«
(G. Parthey, Jugenderinnerungen, 1. Teil S. 1 und S. 25)

3.66
Hausmusik   1827

helm Marpurg gab seit 1749 — neben seinen umfangreichen Schriften und Büchern — wöchentlich den »Kritischen Musicus an der Spree« heraus. Ebenfalls ein bedeutender Theoretiker und Musikschriftsteller war Johann Philipp Kirnberger, doch standen beide einer neuen Entwicklung — wie sie z. B. im Deutschen Singspiel Hillers und in den Opern Glucks zum Ausdruck kam — sehr zurückhaltend gegenüber. Dagegen trat Reichardt in seiner Schrift »Über die deutsche komische Oper« von 1774 als entschiedener Förderer der jungen deutschen Musik auf.

Das deutsche Singspiel — die deutsche Oper

1786 starb Friedrich II. Sein Nachfolger Friedrich Wilhelm III. — den Künsten sehr zugetan — widmete sich nun auch zunehmend der deutschen Musik und dem deutschen Theater. Im von Langhans ausgebauten Opernhaus Unter den Linden wurde Reichardt Kapellmeister und Hauskomponist — für die Neueröffnung mußte er seine Oper »Andromeda« allerdings im italienischen Stil schreiben. Mittlerweile entwickelte sich im bisherigen Französischen Theater am Gendarmenmarkt, das nun zum »Königlichen Nationaltheater« wurde, unter der Direktion Carl Theodor Doebbelins mühselig und langsam das neue Deutsche Singspiel und schließlich die Deutsche Oper. Ein kleines Orchester mußte am Anfang genügen, Schauspieler mußten gleichzeitig gegen geringste Gagen als Sänger auftreten. So war noch keine Spielplangestaltung möglich, neben dem Singspiel gab es Volksstücke mit Liedeinlagen, sowie französische Operetten.

1787 hatte Carl Ditters von Dittersdorf mit seinem Singspiel »Doktor und Apotheker« einen so überragenden Erfolg, daß der König sich entschloß, ihm für eine Aufführung des Oratoriums »Hiob« das Königliche Opernhaus zur Verfügung zu stellen — ein bisher unvorstellbares Ereignis. Bei dieser Aufführung war das Königliche Opernhaus zum ersten Mal gegen Eintrittsgeld für jedermann zugänglich.

Im Oktober 1788 wurde erstmalig in Berlin ein Singspiel von Mozart aufgeführt — »Belmonte und Constanze« mit Friederike Unzelmann als Constanze, Henriette Baranius als Blonde. 1790 folgte »Figaros Hochzeit« und kurz darauf »Don Juan«. Obwohl die Kritik diese Oper recht schlecht behandelte, hatte sie beim Publikum enormen Erfolg, und auch der König war begeistert. Das unerwartete Aufblühen der deutschen Oper im Nationaltheater brachte die Italiener an der Hofoper zu neuen Anstrengungen, Reichardt wurde durch eine Intrige zu Fall gebracht, die Leitung übernahm Vincenzo Righini. Die Qualität der Aufführungen sank jedoch mehr und mehr. Dagegen gelang es dem neuen Kapellmeister am Nationaltheater — Bernd Anselm Weber — die Sache der deutschen Oper weiter zu fördern und ihr mit Mozarts »Zauberflöte« (1794) und Glucks »Iphigenie auf Tauris« (1795) triumphale Erfolge zu bereiten. Die deutsche Sängerin Margarete Luise Schick und der Bassist Ludwig Fischer wurden nun zu den vom Berliner Publikum gefeierten Solisten, die Italiener verloren ihre Favoritenstellung. Die Aufführungen in deutscher Sprache sind ein Zeichen für den sich anbahnenden Wandel, der sich auch in den Veränderungen der Opéra comique selber und in ihrer Wertung als Opernform zeigt. Eine Tendenz zum musikalischen Drama wird erkennbar, in der sich eine beginnende Emanzipation des Bürgertums ausdrückt. Damit veränderten sich auch die ästhetischen Kriterien: »von der aristokratischen oder bürgerlichen ›Geschmacksträgerschicht‹ hing es offenbar ab, ob eher die Noblesse der Stimme und der szenischen Attitüde eines Sängers oder aber die Emphase der dramatischen Darstellung und des Gesangstils wechselnd mit rührender Schlichtheit den Ausschlag gab«[1]. Die Oper war dem Konzertleben, das sich im 18. Jahrhundert aus verschiedenen Vorformen entwickelte und im 19. Jahrhundert zur repräsentativen Institution der bürgerlichen Musikkultur werden sollte, in diesem Augenblick noch voraus.

Kirchenmusik

Auch in den Kirchen gab es Konzerte, doch kam ihnen keine besondere Bedeutung zu, und Ereignisse wie das Auftreten von Friedemann Bach als Organist 1774 blieben Einzelerscheinungen. Im 16. Jahrhundert hatten die Chöre der beiden ältesten Berliner Schulen — das Cöllnische Gymnasium und das »Graue Kloster« — die Vokalmusik in den städtischen Hauptkirchen bestritten. Durch die 1579 gegründete »Kurrende« erhielten die meist unbemittelten Sängerknaben die Möglichkeit zu Nebeneinnahmen. Sie zogen — in schwarzen Umhängen und Hüten — durch die Stadt, sangen auf Straßen und Plätzen und sammelten bei den zuhörenden Passanten Geld ein. In kleinen Städten, besonders in Thüringen, hat sich das Kurrendesingen bis in den Anfang unseres Jahrhunderts erhalten. Eine Blütezeit erreichte der Berliner Schul-

»Nachdem ich zehn bis zwölf Tage in Berlin geräuschvoll durchlebt hatte, geriet ich auf die Spekulation, mein Oratorium »Hiob« noch vor der Abreise der Erbstatthalterin zu meinem Benefiz zu geben. Reichardt billigte diese Idee nicht allein, sondern gab mir auch die gehörige Instruktion dazu und war so gütig, mir dabei hilfreiche Hand zu bieten. Zufolge seiner Instruktion schrieb ich durch die Post an den König, bat um die Erlaubnis und die Hofsänger und Hofkapelle und schlug zugleich zum Platze der Aufführung entweder die Garnison- oder die Schloßkirche vor. Am andern Morgen hatte ich Antwort vom König. Der Monarch gab mir die Erlaubnis, akkordierte mir die ganze Kapelle, erklärte aber, daß er gern sehen würde, wenn ich statt der vorgeschlagenen Kirchen das Nationaltheater wählen wolle. Nun schien mir aber dies Theater in allem Betracht nicht Raum genug zur Ausführung meines Plans zu haben. Ich wagte es daher, noch einmal an den König zu schreiben und zu bitten, daß es mir erlaubt werden möchte, mein Oratorium im großen königlichen Opernhause geben zu dürfen. Der gnädige Monarch antwortete mir hierauf, daß, obschon so eine Erlaubnis noch niemanden erteilt worden sei, auch außer mir in Zukunft niemand dieselbe erhalten würde, er dennoch meine Bitte akkordiere. Ich hätte mich dieserhalb bei dem Directeur des spectacles, Baron von der Reck, zu melden, an den bereits die Order erlassen wäre, mir in allem und jedem beizustehen.«
(Dittersdorf, S. 225/226)

»Erst da beginnt das Zeitalter der Musik, wo nicht bloß Repräsentation die höhere Kunst ausübt — wo die höhere Kunst zum Gemeingut des Volkes, der Nation, ja der ganzen europäischen Zeitgenossenschaft geworden, wo die Menschheit selbst in das Element der Musik aufgenommen wird. Das wird nur möglich durch Beförderung des Chorgesangs ... Nehmt Scharen von Menschen, nehmt sie zu Hunderten, zu Tausenden, versucht es, sie in humane Wechselbeziehung zu bringen ... wo jeder Einzelne seine Persönlichkeit sowohl durch Empfindungs- als Wortausdruck freytätig ausübt, wo er sich seiner menschlichen Selbständigkeit und Mitständigkeit auf das intuitivste und vielfachste bewußt wird ... wo er Liebe ausströmt und einhaucht, augenblicklich, mit jedem Atemzug — habt ihr etwas anderes als den Chorgesang? — Man führe durch ein Hundert schulgerechter Sänger mit mittelmäßigen Organen, wie sie die Natur gibt, einen gutgesetzten Chor aus, und man hat die Volksmajestät versinnbildlicht.«
(Nägeli, in: Schünemann, S. 9)

und Kirchengesang um 1660, als Johann Crüger, einer der berühmtesten protestantischen Liedkomponisten, Kantor an St. Nicolai war, wo zur gleichen Zeit der Liederdichter Paul Gerhardt das Pfarramt innehatte. Die Musik im Dom und in der Schloßkapelle, die seit Einführung der reformierten Konfession am Hof geruht hatte, wurde schon 1652 auf Befehl des Großen Kurfürsten wieder belebt. Den Chor stellte hier das Joachimsthalsche Gymnasium, für die Instrumentalmusik wurden Kammermusiker befohlen. Nun war in der ersten Hälfte des 18. Jahhunderts sowohl die kunstvolle Musikübung im Dom, wie vor allem auch die Qualität der Schulchöre in Verfall geraten. Trotz Schulreformen war der Niedergang dieser Chöre nicht aufzuhalten, zumal die Disziplin sich katastrophal verschlechterte, seit die Knaben auch zur Aushilfe in der Oper herangezogen wurden. Für das aufkommende bürgerliche Interesse an einer neuen Musikkultur war dies ein großes Ärgernis. Um die verkommenen Schulchöre aufzubessern, machte Johann Carl Friedrich Rellstab — Musikalienhändler und Musikschriftsteller — 1789 den Vorschlag, arme Berlinerinnen, die sich sonst mühselig ihren Lebensunterhalt verdienen mußten, zum Singen auszubilden. Und in der »Allgemeinen musikalischen Zeitung« heißt es 1798: »Warum sollen die Mädchen vom Singen ausgeschlossen sein? Finden sich unter den Personen vom anderen Geschlecht nicht oft die besten Stimmen, die noch dazu keinem Wechsel wie bey dem männlichen Geschlecht unterworfen sind?«
Als Folge aufklärerischer bürgerlicher Entwicklungsvorstellungen sollte gemeinsame Musikerziehung, die alle Kinder von der Elementarschule bis zum Gymnasium erfaßt, die Grundlage einer neuen Gesangs- und Chorpflege eines neuen Zeitalters der Kunst und Nation werden.
Dieses neue Ideal, das in den Gedanken von Pestalozzi, Nägeli, Stein, Fichte, Humboldt und Schleiermacher auftaucht, wird zum ersten Mal in der Singakademie verwirklicht.

Die Singakademie

Carl Friedrich Christian Fasch, der Gründer der Singakademie, wurde 1726 als Sohn eines Zerbster Kapellmeisters geboren. Er spielte Violine und Orgel, beherrschte Harmonielehre und Kontrapunkt. Franz Benda, der den jungen Musiker Fasch kennengelernt hatte, empfahl ihn 1756 dem König als zweiten Cembalisten neben Carl Philipp Emanuel Bach. Der Dienst bestand im wesentlichen

Carl Friedrich Christian Fasch

darin, »wechselweise mit Bach von vier zu vier Wochen dem König täglich seine Konzerte und Flötensoli auf dem Fortepiano zu accompagnieren«. Die Vergütung war mit 300 Talern recht gering, und die Aufgabe für einen Kirchenmusiker, wie Fasch es war, ermüdend.
Die Musikpflege am Hofe, die mit dem Ausbruch des Siebenjährigen Krieges jäh unterbrochen worden war, blieb auch nach Beendigung des Krieges sehr eingeschränkt.
Fasch hatte daher genügend Zeit, seiner alten Liebe zur Kirchenmusik wieder nachzugehen, und er studierte die Werke alter Meister. Nebenher unterrichtete er eine große Zahl von Schülern. 1783 hatte Reichardt aus Italien eine 16-stimmige Messe von Orazio Benevoli mitgebracht, die von Fasch abgeschrieben wurde. Dabei entwarf er den Plan für eine eigene 16-stimmige Messe, mit der er ein gültiges Werk für die Zukunft hinterlassen wollte.
Neben den in der zweiten Hälfte des 18. Jahrhunderts unter Einfluß des Rationalismus entstandenen Gattungen des volkstümlichen Berliner Liedes und des deutschen Singspiels hatte sich zugleich antithetisch und komplementär die besonders von Kirnberger vertretene Schule von Theoretikern entwickelt, die, von J. S. Bach kommend, den

3.59 Die Kurrende-Knaben

249

strengen Satz pflegte. Während im Berliner Lied und Singspiel das Ideal der »Sinnfälligkeit« und der schlicht natürliche Affektausdruck bestimmend sind, stellte sich Kirnberger gerade gegen »den sinnfälligen Ausdruck nackter Natürlichkeit in der Kunst«. Es geht ihm und seinen Anhängern vielmehr um die Betonung des kunstvollen Satzes und die ethische Einstellung zur Musik. Dieser Kreis vertrat vor allem das Erhabene und Große in der älteren Kunst, von Palestrina bis Bach und Händel. Zu solchen Anschauungen neigte auch Fasch, und in diesem Zusammenhang sah er seine Kompositionen. Bei seiner Begegnung mit der älteren italienischen Kirchenmusik geht es u. a. um ein spezielles Wort-Ton-Verhältnis, um — wie Fasch es in seinem Aufsatz »Meine ästhetischen Grundsätze« ausdrückt — die Vorstellung, daß zwischen der musikalischen und der seelischen Bewegung eine Entsprechung herrscht (»Affektenlehre«). Die Bindung der Musik an den Text erscheint selbstverständlich, als ein auf Übereinkunft beruhendes Zusammenwirken mit dem Ziel, der musikalischen Vorstellung einen konkreten Inhalt zu geben.

Fasch versuchte, seine Messe in Potsdam oder Berlin mit königlichen Sängern oder Schulchören zu studieren, doch scheiterte dieser Plan am Unvermögen der Ausführenden. Daher begann Fasch, mit seinen Schülern Singübungen zu veranstalten. Im Haus des Geheimrats Milow in der Leipziger Straße traf man sich, und zwar neun »feste Mitglieder«, drei Aushilfen und zwei Gäste. Für diesen Kreis war das Probieren der mehrstimmigen Sätze eine ungewohnte Aufgabe. Im Winter konnte man in dem zur Verfügung stehenden Gartenhaus nicht proben, doch im April 1791 gingen die Übungen weiter, nun im Saal des Hauses der Geheimrätin Pappritz, und am 24. Mai bei Madame Voitus. Hier wurde zum ersten Mal eine Präsenzliste angelegt, was die siebenundzwanzig Anwesenden als so einschneidend empfanden, daß sie diesen Tag zum Gründungstag der Vereinigung erklärten.

Bei Frau General-Chirurgus Voitus, Schwester von Frau Pappritz, gab es im Haus Unter den Linden 42 genügend Platz für die Proben auch mit größeren Gruppen — es gab jetzt schon sieben Soprane, fünf Altstimmen, fünf Tenöre und fünf Bässe. Auch Carl Friedrich Zelter gehörte zu den ständigen Teilnehmern, und er begann, Fasch beim Einstudieren zu helfen; so führte er Vorübungen für Anfänger an den Sonnabenden ein. Fasch schrieb für den hier entstandenen Chor neue Werke, u. a. den achtstimmigen 51. Psalm »Miserere«. Im September 1791 sang der Chor zum

ersten Mal in der Marienkirche und gab damit ein erstes öffentliches Zeugnis von den Möglichkeiten künstlerischer Chorerziehung. Dieses Auftreten brachte auch zum ersten Mal Frauen- und Männerstimmen — ohne Knabensänger — in der Kirchenmusik zusammen. 1793 bestand der Chor schon aus einundvierzig Mitgliedern; der Raum war längst wieder zu eng geworden. Am 29. Oktober fand die letzte Probe bei Frau Voitus statt, der Chor konnte nun für seine Übungen in einen Saal der Akademie der Künste umziehen, — was eine ganz besondere Vergünstigung bedeutete.

Die ältesten Mitglieder, die Damen Voitus, Sebald und Dietrich und die Herren Zelter, Messow und Hartung wurden zu Vorstehern ernannt, die hauptsächlich für die »Ökonomie« zu sorgen hatten. Fasch selbst bekümmerte sich nur um die musikalische Direktion. Die erste Probe im Saal der Akademie fand am 5. 11. 1793 statt und von da an nannte man sich »Sing Accademie«. Zuhörer wurden möglichst ferngehalten, doch fand am 8. 4. 1794 ein erstes sogenanntes »Auditorium« statt, bei dem Prinz Louis Ferdinand und mehrere Personen vom Hofe anwesend waren. 1794 begann die Arbeit an den Motetten von J. S. Bach. Daneben studierte der Chor die »Mendelssohniana« von Fasch, d. h. den 30. Psalm nach der Übersetzung von Moses Mendelssohn, und die »Davidiana« in der Luther-Übersetzung. Von Bach führte bald auch der Weg zu Händel.

Schnell breitete sich der Ruhm der neuen Singvereinigung aus, viele berühmte Persönlichkeiten — auch Durchreisende — kamen als Gäste, so J. Fr. Reichardt, der gelegentlich auch als Solist mitwirkte, J. A. P. Schulz u. a. Am 21. 6. 1796 war Beethoven bei einer Probe der Singakademie zu Gast. Fasch notierte im Anwesenheitsbuch: »Herr von Beethoven phantasierte von der Davidiana und nahm dazu das Fugenthema aus Psalm 119 Nr. 16. — Herr von Beethoven, Klavierspieler aus Wien, war so gefällig, uns eine Fantasie hören zu lassen«. Beethoven ist nur dieses eine Mal in Berlin gewesen. Er hatte 1792 Bonn verlassen, um als bereits berühmter Klaviervirtuose und genialer Improvisator eine Tournee zu machen, die ihn nach Dresden, Leipzig und Berlin führte. Hier musizierte er am Hof bei König Friedrich Wilhelm II. und begegnete auch dem Prinzen Louis Ferdinand, dem er später sein C-moll Klavierkonzert Op. 37 widmete. Beethoven war früh mit den Gedanken der Aufklärung und der Französischen Revolution bekannt geworden — sie hatten ihn von Beginn an fasziniert und haben sein Schaffen wesentlich bestimmt. In

3.90

Ludwig van Beethoven   um 1800

»Unter den Abendgästen am Tisch des Grosvaters dünkte uns Zelter eine ungewöhnliche Erscheinung. Seines Zeichens ein Maurermeister übte er dies Handwerk mit unverdrossenem Fleiße, daneben besaß er ein so bedeutendes musikalisches Talent, daß seine Liederkompositionen in aller Munde waren. Nach dem Tode von Fasch (1800) ward er Vorsteher der Singakademie und verwaltete sein Amt mit dem schönsten Erfolge . . . Zelters Lieder mochten damals wohl noch nicht im Stiche erschienen sein; der Grosvater Nicolai hatte sie sich abschreiben, und mit gewohnter Sorgfalt in einen großen gelben Quartband zusammenbinden lassen. Daraus wurde nun sehr viel unisono gesungen; die schönen Götheschen Lieder: Wir singen und sagen vom Grafen so gern, Was hör' ich draußen vor dem Thor; Ein Veilchen auf der Wiese stand; und viele andre erfreuten sich des grösten Beifalls . . .«
(G. Parthey, Jugenderinnerungen, 1. Teil, S. 26 und S. 59)

Bonn und Wien war er — selbst von kleinbürgerlicher Herkunft — in die Kreise der aufgeklärten Aristokratie gekommen und als gleichberechtigt akzeptiert worden. Daher rührten die Hoffnungen auf eine gesellschaftliche Entwicklung in Deutschland, die die Unterschiede zwischen Adel und Bürgertum aufheben würden. Obwohl diese Hoffnungen sich bald als falsch erwiesen, hat Beethoven sich zeit seines Lebens nicht von der Richtigkeit seiner Ideale abbringen lassen.

In den Kreisen der jungen aufstrebenden Singakademie, zu der Mitglieder des aufgeklärten Berliner Bürgertums und des Adels gehörten, muß Beethoven schnell Verständnis gefunden haben. Vor allem war es wieder Reichardt, der — selber stark beeinflußt von den Ideen der Französischen Revolution — in Berlin als Vorkämpfer für das Werk Beethovens eintrat. In seiner 1805 gegründeten »Berlinischen musikalischen Zeitung« wandte er sich gegen die zur Zeit üblichen verstümmelten Aufführungen der Beethoven'schen Sinfonien. Zelter dagegen hat nur zögernd und mit Einschränkungen das unerhört Neue und Geniale in Beethovens Werken anerkennen können, wobei der Vorwurf, er habe auch Goethe in seinem Verhältnis zu Beethoven negativ beeinflußt, nicht haltbar ist. Goethe selbst hat das Ungestüme, Drängende, Beunruhigende in Beethoven erkannt und als Gefahr für sich und die schwer erkämpfte Ruhe abgelehnt.

Die Singakademie, die 1799 bereits 94 Mitglieder zählte, sah ihre Aufgabe darin, den »Kirchengesang in künstlerischer Weise zu üben und zu veredeln«. Der neue Stil der Chorleitung, ohne das Klavier als Stütze für Intonation und Reinheit, wurde von allen Hörern sehr bewundert. »Bei schon angeübten Sätzen pflegte der Direktor den Chor ganz sich selbst zu überlassen und die Freiheit, mit welcher er sich dann in den künstlerischen Verzögerungen und Beschleunigungen des Zeitmaßes, in der wechselnden Kraft und Weiche des Ausdrucks, ohne alle Lenkungen, wie beseelt von der Empfindung eines Einzelwesens bewegte, war es hauptsächlich, welche diesem Institut schon so bald nach seiner Gründung die Bewunderung der tiefsten Kenner wie der unkundigsten Laien zuwege brachte«.[2]

Fasch war in den letzten Jahren schon recht krank gewesen und hatte sich mehr und mehr auf die Hilfe Zelters stützen müssen. Am 3. Juni 1800 besuchte er zum letzten Mal eine Probe. Zelter notierte im Anwesenheitsbuch: »Sonntags den 3 ten August ist der rechtschaffene Fasch nachmittags um halb vier Uhr gestorben, und von hier an werde ich, sein Freund und Schüler, dieses Buch und die Singacademie fortsetzen. Berlin den 4. August 1800. Quid sum miser! nunc dicturus Zelter«.

Als Zelter das Amt des Direktors der Singakademie antrat, wirkte diese zwar noch wesentlich im Stillen, aber aus den Programmen der Übungsabende ist doch zu sehen, wie eng man sich mit dem öffentlichen Leben verbunden fühlte und an Ereignissen, wie etwa dem Tod des Königs (1797) teilnahm. Überall wird der Einfluß der Singakademie im musikalischen Leben Berlins deutlich spürbar; auch entstanden bereits an anderen Orten Nachahmungen.

Carl Friedrich Zelter wurde am 11. Dezember 1758 als Sohn eines Maurermeisters in Berlin geboren. Dieses Handwerk hat er ebenfalls von Grund auf gelernt, und ist ihm — teils aus ökonomischer Notwendigkeit, teils aus innerer Neigung — sein Leben lang treu geblieben. Der Beruf des Maurermeisters sicherte ihm die Lebensgrundlage — die Leitung der Singakademie war ihm eine Ehrenaufgabe. Er hatte sich schon früh der Musik zugewandt. Sein bedeutendster Lehrer war Fasch, zu dessen Unterrichtsstunden er oft zu Fuß von Berlin nach Potsdam und am gleichen Tag wieder zurückgewandert ist. An verschiedenen Stellen — als Mitwirkender in Liebhaberkonzerten, auch zeitweilig als aushelfender Geiger an Doebbelin's Theater — war er im Berliner Musikleben bereits tätig, bevor er in dem von Fasch gegründeten Chor eine wichtige Rolle übernahm. Hatte er als Baumeister schon 1787 für Friedrich Nicolai dessen Haus in der Brüderstraße ausgebaut, so war er später, als dieses Haus ein Mittelpunkt des vom aufgeklärten Berliner Bürgertum betriebenen musikalischen Lebens wurde, ein sehr maßgebendes Mitglied des hier auf hohem Niveau stehenden häuslichen Musizierens.

Zelter bemühte sich als neuer Leiter der Singakademie darum, das Programm so zu erweitern, daß sie richtungweisend werden konnte; er mußte außerdem eine funktionierende Organisationsform durchsetzen und die volle musikalische Verantwortung übernehmen. Unter seiner Leitung fand am 8. Oktober 1800 in der Garnisonkirche mit Mozarts Requiem das erste öffentliche Auftreten der Singakademie zu wohltätigen Zwecken statt. Behutsam begann Zelter mit dem Aufbau eines künstlerischen Programms: die Werke Faschs blieben das Fundament der Proben, daneben standen Werke von Reichardt, Naumann, Hasse, ergänzt durch Chöre italienischer Meister wie Lotti, Scarlatti, Marcello, Palestrina.

Diese Kompositionen verlangten erfahrene Sänger. Ohne Empfehlung und strenge Prüfung wurde niemand mehr in den schon 120 Personen umfassenden Chor aufgenommen. Für die Vielen, die um Aufnahme nachsuchten, richtete Zelter »Expectantenlisten« ein.

Neben der Leitung der Singakademie bemühte er sich auch auf vielen anderen Wegen, der Entwicklung des Musiklebens voranzuhelfen. In verschiedenen Denkschriften befaßte er sich mit der musikalischen Situation Berlins und versuchte, durch Förderung einer allgemeinen musikalischen Bildung dem verbreiteten Dilettantismus entgegenzuwirken. 1696 war in Berlin die Akademie der Künste gegründet worden. Im Zusammenhang mit verschiedenen Reformbestrebungen forderte 1803 Kurator von Hardenberg die Mitglieder auf, sich Gedanken darüber zu machen, wie man der Akademie ». . . eine sichere und angemessenere Wirkung auf den Zeitgeist und die Produktivität des Zeitalters« verschaffen könne. Außer den der Akademie angehörenden bildenden Künstlern antwortete auf Hardenbergs Aufforderung auch der Direktor der Singakademie — Carl Friedrich Zelter. Seine Denkschrift vom 28. September 1803 markiert den Beginn eines jahrelangen Schriftwechsels zwischen ihm und den preußischen Kulturbehörden. Durch diese unablässigen Bemühungen ist es Zelter gelungen, die Eingliederung der Musik in die Akademie der Künste, eine grundlegende Erneuerung des Chorgesanges in Kirche und Schule, die Schaffung einer eigenen Behörde für die Musik und damit die Begründung einer staatlich unterstützten und beaufsichtigten Musikpflege und Musikerziehung in Preußen zu erreichen. Zelter hatte den Verfall der bisherigen bürgerlichen Musikformen wie der Kurrenden und Stadtpfeifereien gesehen, aber auch erkannt, wie aus diesen Resten alter Einrichtungen Neues zu schaffen sei, und wie die bürgerlichen Schichten zum Musikmachen und zur Freude an Musik gebracht werden könnten. In immer neuen Abhandlungen versuchte er, die Aufmerksamkeit der Regierenden aus dem engen Bereich der Hofoper auf das »weite unbebaute Feld« allgemeiner Musikpflege zu lenken. Goethe und Schiller, die Zelters erste Denkschrift gelesen hatten, rieten ihm, seine zu offensichtliche Kritik an den herrschenden Zuständen etwas zu verbergen, die Singakademie selbst nur am Rande zu erwähnen und »mehr von den Vorteilen, welche Religion und Sitten aus einer solchen Arbeit ziehen, als von denjenigen, welche die Kunst zu erwarten hat«, zu sprechen. Während der Kriegsjahre war an ein weiteres Vorwärtskommen nicht zu denken, doch 1809 griff Zelter seine Vorschläge wieder auf. Goethe machte

den in die Regierung berufenen Wilhelm von Humboldt darauf aufmerksam, und sehr stockend begann eine praktische Durchsetzung der Zelter'schen Vorschläge. Zelters umfassendes Reformwerk, das ausging vom Gedanken einer Akademie, die die Bildung und den Geschmack des ganzen Volkes fördern sollte, wirkt bis in die Gegenwart hinein. Der Ausgangspunkt für seine unablässige theoretisch planende und praktisch tätige Arbeit war die Singakademie, die er in eine mehr als nur räumliche Zugehörigkeit zur Akademie bringen wollte. Dabei war auch schon für Zelter klar, daß der Wunsch nach staatlicher Begünstigung mit der Frage der künstlerischen Freiheit der Institution eng zusammenhing. In seiner zweiten Denkschrift von 1803 — die als ein Bekenntnis zum neuen Bildungsideal zu sehen ist — wandte er sich gegen alle Nützlichkeitstheorien, die die Kunst zum Mittel einer dilettantischen Unterhaltung der Menge degradieren wollten. Die Musik soll nicht gefallen, sondern bilden und erheben. »Die Kunst in ihrem wahren Sinne ist und bleibt eine Sprache der Empfindungen. Der Künstler also muß ein Mensch von höheren Empfindungen sein, sonst kann er sich in ihrer Sprache nicht ausdrücken«.

Die dritte Denkschrift von 1803, die von Schünemann als Gründungsurkunde der Preußischen Staatlichen Musikpflege überhaupt angesehen wird, umschreibt gleichzeitig das künstlerische Programm der Singakademie. Diese blieb ein exklusiver Verein, trotz ihres Wirkens in der Öffentlichkeit, ihre »Abkapselung« diente »der Bewahrung chorsängerischer Tradition gegenüber einem anders gearteten Zeitgeist, und sie ermöglichte in einer Zeit des immer passiver werdenden Musikerlebens die Pflege des umgangsmäßigen Musizierens«[3]. Zelter hat in diesem Sinn die Bedeutung des Musikmachens — die bildende Wirkung auf den Ausübenden — erkannt.

In seinem musikalischen Programm ging es ihm neben der Erhaltung und Erneuerung der großen alten Chormusik auch um die Aufführung der Werke junger Musiker seiner Zeit, wie z. B. Romberg, Meyerbeer, Grell und Rungenhagen. Viele Werke der alten Meister hat er kopiert. Vieles konnte er sich auch durch Kauf beschaffen, wobei ihm der damalige Hamburger Musiklehrer Georg Pölchau besonders behilflich war. Pölchau, den Zelter schon 1799 kennengelernt hatte, war 1813 nach Berlin übergesiedelt und wurde bald Mitglied der Singakademie. Er besaß eine kostbare Musikaliensammlung, die später von der Kgl. Bibliothek erworben wurde. Nach Zelters Tod beaufsichtigte

3.83
Carl Friedrich Zelter   um 1800

253

er die zu dieser Zeit bereits sehr umfangreiche Bibliothek der Singakademie. Neben den vielen Werken, die besonders von Fasch und Zelter eingebracht worden waren, hatten auch Nachlässe und Schenkungen — so z. B. von Moses Mendelssohn gesammelte Bachhandschriften, der Nachlaß der Prinzessin Amalie, Teile aus Friedrich Nicolais Nachlaß u. a. — die Bibliothek der Singakademie bedeutungsvoll werden lassen.

Nachdem am 13. Oktober 1807 zum Gedächtnis der 1806 gestorbenen Frau Juliane Zelter Händels »Alexanderfest« aufgeführt worden war, folgten bald weitere Werke Händels. Daneben setzte Zelter die schon von Fasch begonnene Einstudierung der Motetten J. S. Bachs fort. Beim praktischen Studieren wurde jetzt — wie schon bei Grauns »Tod Jesu« und Mozarts »Requiem« — die Hinzuziehung geeigneter Instrumentalisten immer schwieriger. Zelter entschloß sich daher, im April 1807 eine eigene Orchesterschule — die sogenannte »Ripienschule« — als instrumentale Vorschule zur Aufführung alter Musik zu gründen. Gespielt wurde zunächst Händel, Ph. E. Bach, Hasse, sowie J. S. Bach. Der Musiklehrer und Violinist Patzig übernahm häufig für Zelter die Proben, und bald konnte die Ripienschule bei den Aufführungen der Singakademie mitwirken.

Am 12. Juni 1806 war Zelter zum Ehrenmitglied der Akademie der Künste und mechanischen Wissenschaften und zum Assessor ernannt worden. »Wie lieb mir dieses meiner Singakademie wegen ist, können Sie denken, und ich bitte, solches in der »Literaturzeitung« bekanntzugeben . . .« (an Goethe 21. Juni).

Insgesamt jedoch wurde die Aufwärtsentwicklung des bürgerlichen musikalischen Lebens in Berlin durch den Krieg 1806/07 unterbrochen. Der Hof floh aus Berlin, mit ihm die der Musik besonders zugewandte Königin Luise; Prinz Louis Ferdinand, der selbst von Beethoven als Musiker geschätzt wurde, war am 10. Oktober 1806 bei Saalfeld gefallen. Napoleon betrat als Sieger die Stadt Berlin. Das Opernhaus wurde zu seinem Magazin. Natürlich mußten in einer solchen Zeit auch die Proben der Singakademie aufhören.

Professor Zelter war inzwischen in Berlin ein angesehener Mann geworden. Zu seinen Freunden zählten neben Goethe und Schiller besonders Hegel, Schopenhauer, Fr. Aug. Wolf, Varnhagen v. Ense, Schinkel, Chodowiecki, Fromman, Forkel und natürlich die führenden Musiker. Mitglieder und Gäste der Singakademie kamen aus den bedeutendsten Familien Berlins, so sangen hier u. a. Friedrich

Nicolai, Bettina und Achim von Arnim, Graf Karl von Brühl, späterer Intendant des Kgl. Schauspiels, der Arzt Hufeland und seine Frau Helene, geb. Troschel, der Historiker Fr. v. Raumer, Joh. Gottfried Schadow und seine Frau Henriette, geb. Rosenstiel, Schleiermacher und seine Frau Henriette, die Sängerinnen Luise Schick und Anna Milder. Außerdem hatte Zelter eine ganze Reihe von Schülern um sich versammelt, darunter auch Giacomo Meyerbeer. Dies macht verständlich, daß Zelter in der von den Franzosen besetzten Stadt in eine wichtige Position der Verwaltung berufen wurde.

Zelter hat in dieser schweren Zeit viele seiner ihn fast erdrückenden Sorgen und seine Gedanken und Hoffnungen in Briefen an Goethe geäußert und sich damit auch selbst wieder Mut gemacht. Schon im Mai 1796 hatte er durch eine Freundin — Madame Unger — einige seiner Lieder nach Goethe'schen Texten an den Dichter senden lassen. Goethe äußerte sich in seinem Antwortschreiben sehr lobend und sprach den Wunsch aus, Zelter möglichst bald persönlich kennenzulernen. Daraus entwickelte sich zunächst ein schriftlicher — bald auch persönlicher Kontakt, der nach einigen Jahren zu einer herzlichen lebenslänglichen Freundschaft wurde. Zelter war der einzige Mensch, dem Goethe zu dieser Zeit noch das »Du« angetragen hat. Die Korrespondenz mit Zelter ist von Goethe selbst zur Herausgabe bearbeitet worden.

Die Liedertafel

1808, zur Feier der Wiederkehr des Königs und des Hofes nach den Zeiten der Exilregierung in Königsberg und Memel, gründete Zelter die »Liedertafel«. In einem Brief an Goethe heißt es: »Eine Gesellschaft von 25 Männern . . . versammelt sich monatlich einmal bey einem Abendmahl von zwei Gerichten und vergnügt sich an gefälligen Deutschen Gesängen. Die Mitglieder müssen entweder Dichter, Sänger oder Componisten seyn. Wer ein neues Lied gedichtet oder componiert hat, lieset oder singt solches an der Tafel vor, oder läßt es singen . . .« Goethe nahm an der Liedertafel lebhaften Anteil, er dichtete speziell für sie und lobte Zelters Kompositionen, die er sich nach Weimar zum Vorsingen hatte schicken lassen. Selber gekommen ist er — trotz mehrmaliger Einladungen Zelters — nie. Andere Dichter wie Brentano, Arnim und Kleist besuchten die Liedertafel und schrieben ihre Gesänge für diesen Kreis. Wie schon die Singakademie, hat vor allem die Liedertafel eine Vielzahl

»Meine Ripienschule, von der ich Ihnen, wie ich glaube, voriges Jahr schrieb, habe ich auf eine Zeitlang einstellen müssen, weil die Akademie der Künste eine Ausstellung vorhat, die noch in diesem Monate ihren Anfang nehmen soll. Daß mir diese Unterbrechung nicht angenehm sein kann, versteht sich von selber. Ein ganzes Jahr habe ich mit mühsamen Hinweisungen auf die ersten Anfangsgründe musikalischer Praxis hingebracht und kaum etwas erlangt.
Worin sich die Wenigsten, selbst der Bessern und Ältern finden können, ist, wenn sie an Dinge erinnert werden, die sie ehemals wollen gewußt haben. Der Anfang einer Sache scheint ihnen nur für die Anfänger dazusein. Darüber ist ihnen denn nichts klar und jede Rückkehr zum Rechten verschlossen. So ist's überall, man mag hinsehn, wohin man will.«
(C. F. Zelter, S. 66/67)

»Der behagliche Genuß unserer bürgerlichen Existenz wurde gestört, ja fast vernichtet durch den Krieg von 1806, der über Preußen eine Reihe von sieben Leidensjahren brachte, wie sie schwerlich ein anderer Staat in der neueren Geschichte erfahren. Man muß dieses Zusammenbrechen aller Verhältnisse, diese gänzliche Rathlosigkeit der Behörden, die Angst und Noth so vieler Familien gegenüber dem frechen Uebermuthe der Sieger miterlebt haben, um den Aufschwung des Volkes in den Jahren 1813—15 begreifen zu können. Mit Grauen hörten die Kinder von den Hausleuten die ängstlichen Worte: nun giebt es Krieg mit den Franzosen! Es schien als ob ein bisher unbekanntes Uebel in der Luft lag und im Anzuge sei. Das Gefühl der völligen Haltlosigkeit des Staates in seiner jetzigen Organisation war unbewußt bis in die tiefsten Schichten der Bevölkerung hinabgestiegen. Nirgends bemerkte man eine frohe Siegeshoffnung, sondern man hörte nur Aeußerungen des Kleinmuthes: das kann noch sehr schlimm werden! — nun kommen die Feinde! — wer weiß, wie es uns gehn wird!«
(G. Parthey, Jugenderinnerungen, 1. Teil, S. 66/68)

Einzug Napoleons in Berlin 1806

Die Singakademie 1835

von Nachahmungen gefunden, doch wurden die Männerchöre schon bald zum Symbol rückschrittlicher Vereinsmeierei — was Zelter ganz sicher nicht anzulasten ist.

Raumprobleme — Das eigene Gebäude

1809 wurde Zelter zum Professor der Musik bei der Akademie ernannt. Mit der Professur war jedoch nicht von vornherein ein Gehalt verbunden, Zelter erhielt lediglich 150 Taler jährlich aus einem Dispositionsfonds des Ministeriums, ab 1811 dann 200 Taler aus der Akademiekasse. Doch hat er — mit seiner großen Familie — immer wieder mit wirtschaftlichen Schwierigkeiten zu kämpfen gehabt. Auch für die Erhaltung der Singakademie mußte er sich immer wieder mit vollem Engagement einsetzen, neben den künstlerischen Problemen standen die praktischen — Zelter mußte sich um Beleuchtung, Heizung und Reinigung des Übungsraumes kümmern, ebenso um die ständig neuen Abschlüsse und Absprachen mit dem Kastellan des Akademiegebäudes.
Daß dem Chor überhaupt ein Aufenthaltsrecht in der Akademie eingeräumt worden war, galt als eine besondere Vergünstigung. Alle Bitten von anderer Seite um die Nutzung des Akademieraumes wurden entweder abgelehnt oder mußten mit Zelter abgesprochen werden. Auch Professor Fichte, der jahrelang seine philosophischen Vorlesungen bei der Akademie der Wissenschaften hielt, mußte jedesmal Absprache mit Zelter halten. Dabei war das Gebäude — der Königliche Marstall — das Unter den Linden am Platz der heutigen Staatsbibliothek stand, sowieso beengt; im unteren Teil befanden sich noch die Ställe, in dem oberen die beiden Königlichen Akademien der Wissenschaften und der Künste. Die Räume waren nicht recht heizbar und wenn eine Kunstausstellung stattfand, mußten die Proben der Singakademie ausfallen.
In einem Brief an Hardenberg 1811 bat Zelter den Kanzler um Unterstützung für den Vorschlag, einen eigenen Musiksaal im Hof des Akademiegebäudes zu errichten. Der Plan war mit Schinkel besprochen, der ein Quergebäude über den Hof der Akademie entwarf und seine Zeichnung in einer Akademieausstellung 1812 zeigte. Doch aus diesen Plänen wurde nichts. Zelter klagt: »Was nun zu machen ist, weis ich in der That nicht. Ich weis wohl, daß man warten soll; nun wollen wir warten bis uns die Haare ausfallen . . .« (18. 10. 1811)
Dagegen war es nun durch die veränderten Bedingungen notwendig geworden, die Verwaltung der

Singakademie in ersten Satzungsentwürfen festzulegen. Nach langwierigen Vorarbeiten wurde 1816 in der Joh. Fr. Ungerischen Buchdruckerei der »Grundriß der Verfassung der Sing-Akademie zu Berlin« gedruckt, am 26. 7. 1817 wurden der Gesellschaft die Kooperationsrechte verliehen. Da jedoch schon bald wieder Wünsche und Beschwerden aus dem Kreis der Mitglieder kamen, übernahm es der Vorsteher, Staatsrat Köhler, eine neue »Grundverfassung« zu entwerfen, die nach langem Schriftverkehr im August 1821 genehmigt und im September vom Minister bestätigt wurde.
1815 waren Ludwig Hellwig und Carl Friedrich Rungenhagen zu Vizedirektoren ernannt worden. Hellwig, von Beruf Farbenfabrikant, hatte u. a. bei Zelter Komposition studiert und war schon 1793 als Sänger der Singakademie beigetreten. 1813 wurde er Hof- und Domorganist und Musiklehrer am Joachimsthalschen Gymnasium. Auch Rungenhagen war Schüler von Zelter. 1814 war er mit einer Oper »Die Fischer zu Colberg« hervorgetreten, in der Singakademie war er seit 1801 Mitglied, und von Beginn an gehörte er zur Liedertafel.
Durch das Anwachsen des Chores und die zunehmende Bedeutung der Institution im öffentlichen Leben wurden die Raumnöte bei den Proben der Singakademie immer bedrückender. Am 27. 12. 1818 schrieb Zelter an Goethe: »Der Saal ist so klein, daß die Gesellschaft selber nicht Raum hat, und da es über einem Pferdestall ist, so ist der Geruch unausstehlich wie die Kälte daselbst, weil er nicht geheizt werden kann.« Man suchte nach neuen Lösungen, im März 1821 legte Schinkel — dessen Frau auch in der Singakademie sang — einen neuen Bauplan für den inzwischen vorge-

255

schlagenen Platz bei der Neuen Wache vor. Im April 1821 gab der König seine Genehmigung zum Bau, Schinkel wurde mit der Ausführung beauftragt. Doch schnell erwies sich, daß die Kosten fast doppelt so hoch sein würden, wie ursprünglich veranschlagt, und die Vorsteherschaft der Singakademie lehnte den Plan ab. Nach heftigen Auseinandersetzungen wurde 1825 der Bauauftrag an den Braunschweiger Hofbaumeister Karl Theodor Ottmer vergeben. Schinkel, der beratend helfen sollte, hielt sich allerdings zurück. Doch trotz großer Schwierigkeiten — so sackte z. B. der gerade aufgeschüttete Baugrund ab — konnte Zelter am 30. Juni 1825 die feierliche Grundsteinlegung vornehmen und bereits am 25. November wurde das Richtfest gefeiert.

Am 2. Januar 1827 konnte der Chor zum ersten Mal im neuen Haus probieren — am 23. Januar schrieb Zelter: »Seit dem 2. Januar ist unsere Singakademie in das neue Gebäude still eingetreten und probiert seitdem sich die bequemsten Stellungen aus. Der Klang ist gut, ja Chladni, der eben hier war, findet ihn vorzüglich; dazu ist noch nichts ganz fertig; die Sitze sind noch nicht fertig und der Geruch der verschiedenen Farben an einem ganz neuen Gebäude ist auch nicht abzutun, bis jeder von uns sein Theil wird aufgerochen haben ...«

Am 8. April 1827 fand endlich die feierliche Einweihung vor 800 geladenen Gästen statt. Zur Aufführung kamen dabei Zelters Choral »Gott ist alleinig groß« und die Messe von Fasch. Berlin hatte seinen ersten würdigen Konzertsaal auch für öffentliche Veranstaltungen gefunden. Zelter konnte mit seiner Familie in eine eigene Wohnung in dem neuen Gebäude einziehen.

Mit dem neuen Haus war eine eigene Einnahmequelle für die Singakademie entstanden, die allerdings auch dringend gebraucht wurde, um die immensen, durch den Bau entstandenen Schuldenlasten abzutragen. Neben regelmäßigen öffentlichen Aufführungen — für die es schon Abonnements gab — konnte der Saal auch an gastierende Künstler vermietet werden.

Pflege der Werke von Johann Sebastian Bach

Die musikalische Zielsetzung hatte sich im Lauf der Jahre verändert und erweitert, wobei aber die Pflege des Traditionsgutes stets im Mittelpunkt der praktischen Chorarbeit blieb. So hatte Zelter in all den Jahren die Arbeit an den Werken Bachs fortgeführt. 1811 probte er mit dem Chor das »Kyrie« aus der »H-moll Messe«; am 13. Dezember 1811

schrieb er an Pölchau: »Heute habe ich die erste Probe mit Instrumenten gehalten von der großen Messe (Kyrie und Credo aus H-moll) welches wahrscheinlich das größte musikalische Kunstwerk ist, das die Welt gesehen hat.«

Ende 1812 hatte der Chor die ganze Messe durchgearbeitet, und seit 1814 gehörte sie bereits zum ständigen Repertoire. 1815 begannen Proben an Teilen der »Johannes-Passion« und im Juni des gleichen Jahres an der »Matthäus-Passion«, deren Partitur Pölchau beschafft hatte.

Da Zelter glaubte, daß Bachs Werke nicht mehr so aufzuführen seien, wie sie ursprünglich komponiert waren, hat er von sich aus — im Hinblick auf Spielbarkeit und Sanglichkeit — manches geändert, woraufhin er später viel kritisiert worden ist. Doch hat er durch sein Engagement für die Chorwerke Bachs den Weg zu ihnen überhaupt erst wieder erschlossen.

Am 4. April 1822 notierte er in die Partitur der »Johannes-Passion«: »Aus gesammelten Bruchstükken, welche zum Theil von der Hand des Autors waren, habe ich mir diese Partitur zusammen gesetzt und aus alter Liebhaberey zum großen Meister manches für die Fähigkeit meiner Auszuübenden, welche wohl hundert Jahre jünger seyn mögen, praktikabel machen wollen, worüber ich, wenn ich den guten Bach irgendwo antreffen sollte, mich schon mit ihm zu verständigen gedenke«.

Von der Singakademie wurden nun Bachs Motetten auch öffentlich in der Marienkirche aufgeführt und damit langsam dem Berliner Publikum vertraut gemacht. In dieser Begeisterung für die Musik Bachs erzog Zelter seine Schüler und Freunde, wie Hellwig, Rungenhagen und vor allem die jugendlichen Geschwister Fanny und Felix Mendelssohn Bartholdy, die beide am 1. Oktober 1820 Mitglieder der Singakademie wurden. Ihre musikalische Begabung war von der Mutter Lea Mendelssohn, die selbst Klavier spielte und sang, aber auch zeichnete, schon früh geweckt und gepflegt worden. Felix erhielt mit sieben Jahren den ersten Klavierunterricht bei dem Clementi-Schüler Ludwig Berger. Schon nach drei Jahren begeisterte er mit seinem Spiel das Publikum in einem öffentlichen Konzert. Als Elfjähriger begann er auch zu komponieren, nachdem besonders Zelter als erfahrener Pädagoge sich des jungen Musikers angenommen hatte. Im Oktober 1821 nahm er ihn mit nach Weimar, um ihn Goethe vorzustellen; zur gleichen Zeit probte die Singakademie einen Psalm des erst zwölfjährigen Komponisten. Im Mendelssohn'schen Haus wurden regelmäßig »Sonntags-

»Gestern früh ist unsere Singakademie mit dem schönsten Kranze geschmückt worden, den Rosenfinger und seidne Hände je bereitet haben. Ein Zug von nahe an hundert Maurern und Zimmerleuten hat ihn aus meinem Hause abgeführt durch den Lustgarten, vor des Königs Palais vorbey an den Ort seiner Bestimmung ... Soeben kommt die Zeitung, woraus Du ein mehreres ersehen magst.

Daß meine Wohnung die ganze Woche hindurch wie ein Taubenhaus gewesen ist, den Kranz zu zieren und zu sehen, wirst Du Dir denken; er war auch von Blumen, Bändern und Tüchern so schwer geworden, daß vier Maurer vollauf daran zu tragen hatten. Besoffen war leider nur ein Einziger und heute ärgert's mich, daß ich selbst nicht der Einzige gewesen bin.«

(Zelter an Goethe 26. 11. 1825)

»Humboldt, nach dessen Vorlesungen Sie fragen, höre ich in der Universität, wo er zweimal in der Woche, nicht in der Singakademie, wo er nur einmal und vor Damen liest. Man hat für ihn einen großen Saal der Universität eigens eröffnet, dennoch ist das Gedränge jedesmal fürchterlich. Ritter, Erman, Elvenberg, Buch, Encke, Linck, Schleiermacher, W. Humboldt u. a. sind treue, nie fehlende Zuhörer. Heinrich Beer schließt sich ihnen mit Auszeichnung und Torten an, wenn dieser arme Mensch nicht verrückt wird, ist es Gottes offenbarer Wille; Spontini, mit dem er sich des Oberons wegen gezankt hat, schickte erst die Generalin, dann den General von Witzleben zu ihm, um ihn zur Versöhnung aufzufordern.«

(F. Mendelssohn Bartholdy, S. 48)

256

3.95
Felix Mendelssohn Bartholdy

musiken« veranstaltet, bei denen manchmal Mitglieder der Hofkapelle mitwirkten. Hier fand Felix eine Fülle kompositorischer Aufgaben. Die Zustimmung zur Wahl des Musikerberufes hatte der Vater jedoch — in einer Zeit, in der der soziale Status des Musikers noch immer nicht gesichert war — erst nach einem Besuch bei dem als Autorität angesehenen Luigi Cherubini in Paris gegeben. 1825 erwarb Abraham Mendelssohn in der Leipziger Straße Nr. 3 das Rebecksche Palais mit einem großen Garten und einer Gartenwohnung, in der ein Saal die Fortsetzung der »Sonntagsmusiken« erlaubte. Hier erschienen als Gäste u. a. Alexander von Humboldt, Hegel, Heinrich Heine, E.T.A. Hoffmann, Henriette Herz, Schleiermacher, Varnhagen van Ense und Rahel, der Sänger Eduard Devrient und Karl Klingemann — sie alle, wie bereits erwähnt, auch als Mitglieder oder Freunde der Singakademie verbunden. Mendelssohn schrieb sich zu der Zeit als Student an der Berliner Universität ein — er besuchte u. a. Kollegs bei Hegel und Alexander von Humboldt und hörte Vorträge bei Eduard Gans.
Vor seiner Immatrikulation war er mit zwei Freunden mehrere Wochen auf Reisen in Süddeutschland. In Heidelberg lernte er den Rechtsgelehrten und Musikdilettanten Anton Friedrich Justus Thibaut kennen — der kurz davor seine vieldiskutierte Schrift »Über Reinheit der Tonkunst« veröffentlicht hatte. In seinen Diskussionen mit Thibaut

setzte Mendelssohn sich besonders für die Musik Johann Sebastian Bachs ein, die ihm aus dem Kreis um Zelter aus frühester Jugend bekannt war.
Besonders beschäftigte er sich mit der »Matthäus-Passion«. Die Partitur besaß er seit Weihnachten 1823.
Zelter hielt eine öffentliche Aufführung der »Matthäus-Passion« nicht für möglich. Er war noch einer Bachauffassung verpflichtet, in der Bachs Werke durch ihre Erarbeitungen in den Singakademien zwar populär geworden, gleichzeitig jedoch zu Museumsstücken abgesunken waren. Bach zählte zum historischen Inventar, das es — unter dem Wohlwollen »der politischen und geistigen Reaktion — pietätvoll zu bewahren gilt«[4]. Felix Mendelssohn Bartholdy und seinem Kreis ist es dagegen gelungen, die Kunst Bachs in ein neues Licht zu rücken.
Auch Adolf Bernhard Marx, Redakteur der 1824 gegründeten »Berliner Allgemeinen Musikalischen Zeitung« und später Professor für Musiktheorie und -geschichte an der Berliner Universität, gehörte zum Kreis der begeisterten Bewunderer der »Matthäus-Passion«. Er schrieb: »Ich war lange vor der Aufführung von dem Werk so ganz erfüllt, daß sich Tag und Nacht meine Gedanken nicht von ihm lösen konnten. Hier, hier war erfüllt, was mir längst als Ideal der Komposition, namentlich für Kirchenmusik, vorgeschwebt hatte«.[5]
Schon 1828 kündigte er die bevorstehende Drucklegung des großen Werkes an (die sich dann allerdings noch um 2 Jahre verzögerte), und am 21. 2. 1829 heißt es auf der ersten Seite seiner Zeitung: »Bekanntmachung. Ein wichtiges und glückliches Ereignis steht der musikalischen Welt, zunächst aber Berlin nahe bevor. In den ersten Tagen des März wird unter Direktion des Herrn Felix Mendelssohn Bartholdy ›Die Passionsmusik nach dem Evangelisten Matthäus‹ von Johann Sebastian Bach aufgeführt werden. Das größte und heiligste Werk des größten Tondichters tritt damit nach einer fast hundertjährigen Verborgenheit in das Leben, eine Hochfeier der Religion und der Kunst. Die Redaktion«. Dies ist vielleicht das erste Mal in der Musikgeschichte, daß für eine Aufführung in der Presse Propaganda gemacht wurde.
Im Winter 1827 hatten die Proben — zunächst in privatem Kreis — begonnen.
Nachdem Zelter schließlich seine Zustimmung zur Aufführung gegeben hatte, mußte auch die der Vorsteherschaft noch eingeholt werden. Devrient und Mendelssohn reichten ein dementsprechendes Gesuch ein, und die Vorsteherschaft überließ dar-

»Es ist sonderbar; der Mann weiß wenig von Musik, selbst seine historischen Kenntnisse darin sind ziemlich beschränkt, er handelt meist nach bloßem Instinkt, ich verstehe mehr davon als er — und doch habe ich unendlich von ihm gelernt, bin ihm gar vielen Dank schuldig. Denn er hat mir ein Licht für die altitalienische Musik aufgehen lassen, an seinem Feuerstein hat er mich dafür erwärmt.« (F. Mendelssohn Bartholdy, S. 42, über Thibaut)

3.141   Madame Milder

»In den Freitagsmusiken bei Zelter sammelte sich eine kleine Zahl von Mitgliedern der Singakademie, denen daran gelegen war, schwierige Werke alter Componisten kennen zu lernen. Hier sangen wir die — wie Zelter sie nannte — »borstigen Stücke« von Sebastian Bach . . . So lernte er die Musikwerke kennen und behandeln, welche Zelter — wie einen geheimnisvollen heiligen Schatz — vor der Welt verborgen hielt, für welche sie, nach seiner Meinung, keinen Werth mehr haben; hier lernte Felix auch einzelne Stücke aus Bach's Passionsmusiken kennen und sein glühendster Wunsch wurde es, die große Passion nach dem Evangelisten Matthäus zu besitzen, ein Wunsch, den ihm seine Großmutter zu Weihnachten 1823 erfüllte.« (E. Devrient, S. 19)

»... Immer heißer wurde in mir das Verlangen, den Jesus öffentlich zu zeigen, immer lebhafter tauschten wir die Wünsche aus, daß es möglich sein möchte, das Wunderwerk zur Aufführung zu bringen. Aber allgemein schreckte man auch zurück vor den unüberwindlichen Schwierigkeiten, welche das Werk an sich — mit Doppelchor und Doppelorchester — dem Studium in den Weg legen würde, und vor denen, welche die Umständlichkeit der Singakademie und die abgeschlossene, unförderliche Haltung Zelters drohten. Schließlich wurde es sehr in Frage gestellt: Ob das Publikum auf ein so weltfremdes Werk eingehen werde?«
(E. Devrient, S. 48)

3.144   Therese Türrschmiedt

Fanny Mendelssohn schrieb an Klingemann:
»Das Interesse dafür ward in jeder Beziehung und durch alle Stände hindurch so lebhaft angeregt, daß den Tag nach der ersten Ankündigung des Konzerts alle Billets vergriffen wurden, und in den letzten Tagen über tausend Menschen zurück gehn mußten ...
Noch vor der Aufführung war für die Vielen, die unberücksichtigt bleiben mußten, das laute Geschrei um eine Wiederholung ertönt, und die Erwerbsschulen hatten sich als Supplikanten gemeldet. Allein diesmal war Spontini erwacht und bemühte sich mit der größten Freundlichkeit, die 2te Aufführung zu hintertreiben. Felix und Devrient schlugen dagegen den geradesten Weg ein und verschafften sich Befehle vom Kronprinzen, der sich von Anfang an sehr für das Werk interessiert hatte, und so ward es Sonnabend, den 21ten März, an Bachs Geburtstage, wiederholt.«
(Sebastian Hensel, S. 234)

aufhin den Antragstellern den Saal der Singakademie für die übliche Miete von 50 Talern. Danach konnten die Proben dorthin verlegt werden. Für die Aufführung am 11. März 1829 reichte der Saal mit seinen 800—900 Plätzen nicht aus, die geräumigen Vorsäle und ein Raum hinter dem Orchester mußten zusätzlich geöffnet werden. Trotzdem konnten über 1000 Meldungen nicht berücksichtigt werden. Auch der König war in seiner Loge zugegen — im Publikum saßen u. a. Schleiermacher, Hegel, Droysen, Heine und Rahel Varnhagen.

Der Chor bestand aus 158 Sängern, das Orchester vorwiegend aus Musikliebhabern, meist Mitgliedern der Philharmonischen Gesellschaft. Als Gesangssolisten waren Mitglieder der Königlichen Oper gewonnen worden — Anna Milder-Hauptmann, Pauline von Schätzel, Auguste Türrschmidt, Heinrich Stümer, Carl Adam Bader, Eduard Devrient und andere. Mendelssohn leitete die Aufführung vom Flügel aus. Fast alle Musiker verzichteten auf ihre Gagen. Der Eintritt kostete 20 Silbergroschen; die Einnahmen waren zum Wohl sittlich verwahrloster Kinder bestimmt. Eine zweite Aufführung fand, wieder vor überfülltem Saal, am 21. März 1829 statt.

Zelter hatte sich durch die gelungenen Aufführungen überzeugen lassen und wurde nun zum eifrigsten Beförderer; eine dritte Aufführung am Karfreitag leitete er selbst, da Mendelssohn nach London abgereist war. Berichte über die Aufführungen der Passion lassen den außerordentlichen Eindruck, den das Werk gemacht hatte, deutlich werden. Rezensionen erschienen in allen wichtigen Zeitungen; nicht nur in Berlin, sondern weit darüber hinaus hatte man die Aufführung mit ungewöhnlicher Aufmerksamkeit verfolgt. Martin Geck schreibt, daß als vergleichbares Ereignis aus dem Anfang des 19. Jahrhunderts lediglich die Entdeckung des Kölner Doms für die deutsche Geistesgeschichte anzusehen wäre — hier ist ein neues Verständnis der Musik zu finden, das die Musikanschauung des ganzen 19. Jahrhunderts geprägt hat, das Verständnis der Musik als Teilhaberin an den Ideen der Zeit. Ungeachtet seines anfänglichen Zögerns ist die Aufführung der »Matthäus-Passion« zur Krönung der Bacharbeit Zelters geworden. Nur durch seine beharrliche Vorbereitungsarbeit, durch das unermüdliche Studium an Bachs Werken, war diese großartige Aufführung möglich geworden.

Die weitere Entwicklung — Ein neuer Direktor

Im April 1827, nach dem Einzug in das eigene Haus, war eine »Mittwochsakademie« — eine Vorschule für die Singakademie — eingerichtet worden, deren Leitung die »Gehülfen« oder Vizedirektoren übernahmen. Zelter selbst war mit Arbeit, wie mit Ehren, überhäuft (z. B. war er im Juni 1830 zum Dr. h. c. der Philosophie ernannt worden). Neben Bach und Händel sang der Chor auch neue Kompositionen, u. a. von Rungenhagen, Grell und Bernhard Klein. Im Dezember 1830 wurden Haydns »Jahreszeiten« aufgeführt, trotz des Protestes einiger Sängerinnen, denen das Werk zu freimütig und zu wenig kirchlich war! Seit 1829 gab es regelmäßige Abonnementskonzerte, die außerordentlich gut besucht waren.

Zelter bemühte sich, auch im zunehmenden Alter sein strenges Regiment fortzusetzen, doch immer häufiger wurden ihm Fehler und Nachlässigkeiten angekreidet. Ludwig Rellstab schrieb nach einer »Messias«-Aufführung am 8. März 1832: »Die Singakademie ist eine vortreffliche Armee mit einem würdigen, aber zu alten Feldherrn, der den Zeitpunkt erreicht hat, wo es ehrenvoller ist, sich in den wohlerworbenen Ruhestand zu versetzen, als fortzuwirken«[6].

Als am 22. März 1832 Goethe starb, war Zelter im tiefsten Innern getroffen. In einem Brief vom

259

31. März heißt es an Kanzler von Müller: »Wie er dahinging vor mir, so rück ich ihm nun täglich näher und werd' ihn einholen, den holden Frieden zu verewigen, der so viel Jahre nacheinander den Raum von sechsunddreissig Meilen zwischen uns erheitert und belebt hat«. Am 1. Mai schrieb Zelter in die so liebevoll geführten Bücher der Singakademie: »Heute Dienstag nach der ersten Nummer ging der Direktor ab«. Er starb nach kurzer Erkrankung am 15. Mai 1832. Bei der Bestattung auf dem Sophienkirchhof sang der Chor Choräle von Graun und Bach; Schleiermacher hielt die Gedenkrede.

Mit Zelter hatte die Singakademie ihren eigentlichen Organisator verloren. Ihm war es gelungen, dieses Institut in ganz Deutschland berühmt werden zu lassen — überall war ihm nachgeeifert worden, und aus der ersten Gründung einer Singakademie hatte sich eine grundlegende Umgestaltung und Erneuerung des Musiklebens entwickelt. Gleichzeitig hatte sich in der Singakademie die Musikanschauung Berlins am deutlichsten verwirklicht. In der ursprünglich als a-capella-Chor gegründeten Institution war die Programmgestaltung eher konservativ geblieben — nur solche Werke, in denen die Sangbarkeit nicht durch zu starken Ausdruckswillen, besonders auch instrumentaler Art gefährdet wurde, gehörten zum Repertoire — das Ideal sah man in der Musik, die sich an die klassischen Regeln der Zeit von Palestrina bis Cherubini hielt. Auch Hegel hatte übrigens in seiner Musikästhetik die Instrumentalmusik abgewertet, weil er in ihr die Gefahr der Willkür und Gesetzlosigkeit sah und »weil ihr Darstellungsprinzip die abstrakte Subjektivität, das Selbst ohne weiteren Inhalt sei«.

Nach dem teuren Bau des eigenen Hauses waren neben die Mitglieder auch Aktionäre getreten, die Mitbestimmungsrechte verlangten. Im Dezember 1832 wurde daher ein »Nachtrag zur Grundverfassung« notwendig. Die Bestimmungen gingen bis in Details und reichten bis zu einer Kontrolle des künstlerischen Programms. Auch die Anstellung des Direktors mit höherem Gehalt und die Beaufsichtigung der wertvollen Bibliothek wurden neu geregelt. Bei der Wahl des neuen Direktors sollten nun zum ersten Mal die Mitglieder bestimmend mitwirken. Ein Ausschuß stellte die Bewerberliste auf — es waren C. F. Rungenhagen, B. Klein, F. Mendelssohn Bartholdy, A. W. Bach und E. Grell, außerdem Loewe aus Stettin, Lecerf und Brimbach. Rungenhagen und Mendelssohn rückten an die Spitze, als Dritter stellte sich Grell zur Wahl, da

Rungenhagen eine Teilung des Postens abgelehnt hatte. Mendelssohn, erst kurz zuvor aus London nach Berlin zurückgekehrt, hatte große Schwierigkeiten, sich wieder in die Atmosphäre des Berliner Lebens einzufügen. Als nach den Freiheitskriegen Metternichs Reaktion die hochfliegenden politischen und sozialen Pläne des Bürgertums zunichte gemacht hatte, war die Restitution alter Verhältnisse überall nur zu deutlich spürbar. In einem Brief vom Februar 1833 heißt es bei Mendelssohn: »Die ganze Stadt ist ja genau auf demselben Punkte, wie ich sie vor drei Jahren verlassen habe. Da liegt 1830 dazwischen, unglaubliche Zeiten, bejammernswerte Umwälzungen, wie unsere Landstände sagen; aber bis hierher ist nichts gedrungen. Wir sind nicht aufgewacht und nicht eingeschlafen — es ist, als gäbe es keine Zeit«. Zur offiziellen Kandidatur des Direktorpostens der Singakademie hatte er sich daher auch nur widerstrebend bereit gefunden. Als die Wahl am 22. Januar 1833 stattfand, war es Rungenhagen der von der Mehrheit der Mitglieder zum neuen Direktor gewählt wurde. Die Entscheidung, die er als gegen sich empfinden mußte, gegen den erst dreiundzwanzigjährigen »Judenjungen«, traf Mendelssohn tief. Seine Schwestern Fanny und Rebecca traten aus der Singakademie aus, Mendelssohn unterzeichnete einen Vertrag als städtischer Musikdirektor in Düsseldorf. Mit der Wahl Rungenhagens und bald darauf Grells als Vizedirektor trat in der musikalischen Leitung der Singakademie kein wirklicher Wechsel ein.

Das Musikleben in Berlin nach den Freiheitskriegen

Nach den das allgemeine und natürlich damit auch das künstlerische Leben schwer belastenden Besatzungsjahren und den Freiheitskriegen hatte eine neue rasche Entwicklung der Musikinstitutionen eingesetzt. 1815 hatte Karl Graf von Brühl die Hofoper als Generalintendant übernommen. Das Nationaltheater war in den Verband der Königlichen Schauspiele eingegangen, damit standen auch der deutschen Oper größere Möglichkeiten offen; die italienische Hofoper Unter den Linden verlor ihre Vorrangstellung. Brühl — der selbst bei Fasch Musik studiert hatte — war der Musik seiner Zeit gegenüber außerordentlich aufgeschlossen, so konnte im Oktober 1815 Beethovens »Fidelio« zum ersten Mal in Berlin aufgeführt werden. Für die Aufführung standen hervorragende Künstler bereit, die besten Sänger der Zeit, wie Anna Milder-Hauptmann (seit 1812 in Berlin, von Rellstab empfohlen), Heinrich Stümer (Schüler Zelters), Hein-

»Wegen seines klangvollen Basses war Körner, auf Veranlassung meines Vaters, in die Zeltersche, von Fasch gegründete Singakademie eingetreten, die in jener Zeit einzig in ihrer Art dastand. Eine Gesellschaft ächter Musikfreunde aus den gebildeten Ständen hatte sich vereinigt zur würdigsten Ausführung der besten klassischen Werke auf dem Gebiete der geistlichen Musik, die man sonst nirgend zu hören bekam. Körners beide Kopfwunden waren noch nicht geheilt, er konnte nur eine leichte Feldmütze tragen. Das dichte schwarze Haar, dessen Fülle uns bei seinem ersten Besuche in so große Verwunderung gesetzt war, war kurz abgeschoren worden, er konnte jetzt schon die fatale Perücke entbehren. Ein glücklicher Umstand für uns war es, daß seine kurze Anwesenheit gerade in die Schulferien fiel. Wir konnten also den ganzen Tag um den lieben Gast sein, wenn Geschäfte ihn nicht in der Stadt zurückhielten. Abends saß er im traulichen Gespräche an unserem Familientische, oder er las uns seine Gedichte aus einem kleinen Quarthefte vor, das er: Leyer und Schwert, betitelt hatte. Seine tiefe wohlklingende Baßstimme drang bis in das innerste Herz. Obwohl er ein ganz reines Deutsch sprach, so kam doch manchmal der Sachse zum Vorschein.

Das Liederheft: Leyer und Schwert übergab Körner meinem Vater zum Verlage. Als sie eben über Druck und Format sich besprachen, fiel ihm ein, daß noch eine Zueignung fehlte. Flugs setzte er sich in der Buchhandlung an das nächste Pult, und schrieb die begeisterten Zeilen: Euch allen, die ihr noch mit Freundestreue u.s.w. Nur zu rasch verflogen die kurzen Tage seines Aufenthaltes.«

(G. Parthey, Jugenderinnerungen, 2. Teil, S. 200 und 377)

rich Blume. Brühl gelang es, eine große Zahl bedeutender Musiker und Sänger nach Berlin zu holen, darunter Johanna Eunicke, Joseph Fischer, Carl Bader — fast alle waren auch als Solisten bei den Aufführungen der Singakademie zu finden. Der Spielplan der Oper zu dieser Zeit verrät ein hohes Niveau, 1816 z. B. wurde E.T.A. Hoffmanns »Undine« im alten Schauspielhaus gespielt mit Schinkelschen Dekorationen, die leider bald darauf beim Brand des Schauspielhauses vernichtet wurden. Als Dirigenten wollte Brühl Carl Maria von Weber nach Berlin holen, dessen Oper »Sylvana« bereits 1812 in Berlin aufgeführt worden war, und der bei seinem Aufenthalt in der Stadt schnell Kontakte zu allen wichtigen geistigen Kreisen, so auch zur Singakademie und Liedertafel, gefunden hatte. 1814 war er wieder in Berlin, verkehrte u. a. mit Tieck und Brentano und begann mit der Komposition zu Theodor Körner's Zyklus »Leyer und Schwert«. Körner selbst war in Berlin in den geselligen Kreisen — auch in der Singakademie — ein umschwärmter Gast. Er lebte kurze Zeit im Nicolai'schen Haus in der Brüderstraße und übergab hier das Liederheft »Leyer und Schwert« Parthey zum Druck.

Nun sollte Weber nach dem Wunsch Brühls eine wichtige Position im Berliner Musikleben übernehmen, doch Friedrich Wilhelm III., begeistert vom Pomp der Pariser Oper, setzte die Berufung des dortigen Opernchefs Spontini nach Berlin durch. Mit Spontini bekam Berlin seinen ersten »Generalmusikdirektor«. Dieser erlebte mit der Aufführung seiner Oper »Olympia«, in Dekorationen von Schinkel, 1821 den Höhepunkt seiner Berliner Zeit. Doch im gleichen Jahr gelang es Brühl, im Schinkelschen Schauspielhaus am Gendarmenmarkt auch Webers neue Oper, den »Freischütz« herauszubringen, der als erstes musikalisches Werk in diesem Haus am 18. Juni seine Uraufführung erlebte und das Berliner Publikum begeisterte.

Virtuosenkonzerte

Die von Brühl nach Berlin geholten Künstler brachten dem Berliner Musikleben einen neuen Aufschwung. Die wachsende Stadt und ein aufgeschlossenes bürgerliches Publikum verlangten nach immer neuen Möglichkeiten der Unterhaltung. Geschäftstüchtige Unternehmer nutzten die Situation, so entstand am Alexanderplatz ein neues Haus, das »Königstädtische Theater«, das 1824 mit einer Beethoven-Sinfonie eröffnet wurde. Hier trat bald eine Sängerin auf, die die Berliner restlos ver-

3.171 *Franz Liszt*

zauberte: Henriette Sontag. Ihr huldigte das Publikum wie vorher nur der Sängerin Angelica Catalani, die 1816 als erste große Virtuosin in Berlin aufgetreten war. Mit Henriette Sontag setzte sich die Erscheinung des umjubelten, umschwärmten musikalischen Stars auch in Berlin durch. 1829, fast gleichzeitig mit der ersten Aufführung der »Matthäus-Passion« kam dann der Künstler nach Berlin, der alles bisher bekannte Virtuosentum in den Schatten stellte: Niccolo Paganini. Wilhelmine Bardua beschreibt dieses Ereignis: »14. 3. 1829. Gestern haben wir einen ganz außerordentlichen Künstler bewundert: den berühmten Violinspieler Paganini, der alle Welt herbeiströmen macht, ob er gleich 2 Thaler Entrée nimmt. Dieser Wunderbare Mensch gehört gewiß zu den seltensten Erscheinungen, die es gibt. Von der unglaublichen Vollkommenheit seiner Kunst kann ich nichts sagen — so was Außerordentliches läßt sich nicht beschreiben. Auch das läßt sich schwer sagen, wie originell seine Person und ganze Erscheinung ist, wie seltsam sein düsteres, wildes Aussehen und sein äußerst linkisches Benehmen kontrastiert zu der ruhigen Sicherheit, mit der er, frei auf seiner Erhöhung ohne Notenpult stehend, vor der staunenden Welt seine Wunder entfaltet. So schwer es uns erst erschien, aus unserer kleinen Kasse 4 Thaler für einen Abend zu erübrigen, so würden uns doch jetzt 4 Thaler wenig erscheinen für einen nochmaligen Genuß des Seltensten, was man hören kann«.[7] Hier wird die Wirkung des neuen Typus »Virtuose« deutlich beschrieben. Es ist nicht die Musik allein, die die Menschen begeistert; die Person des Künstlers, sein Auftreten wird zu einem entscheidenden Faktor seiner Wirkung. Er »verkauft« sich zu hohen Preisen, das neue bürgerliche Publikum bezahlt für die »Sensation«. Der Virtuose wird Besitz der Öffentlichkeit, das Menschliche und das Künstlerische seiner Person wird durch die Zeitungen gezerrt, eine Art »Konzertindustrie« wird ins Leben gerufen, zu der neben dem Künstler auch der Impresario gehört. Den absoluten Höhepunkt dieser Entwicklung in Berlin bildete dann das Auftreten des jungen Franz Liszt. In den zwei Monaten seines Aufenthaltes ist er Haupt-Gesprächsthema der Stadt. Zwanzig Konzerte kann er in der Zeit geben, bei sehr hohen Eintrittspreisen. Die ersten Konzerte fanden in der Singakademie statt. Doch selbst dieser Saal war zu klein, so daß Liszt mit den nächsten Konzerten in die Lindenoper ziehen mußte. Als er im März 1842 Berlin verließ, gab die Bevölkerung ihm einen großartigen Abschied. Auf den Straßen hatten sich Spaliere gebildet, die Studenten geleiteten den Musiker im sechsspännigen Wagen über die Linden. Mit dem Auftreten Liszts in Berlin hatte sich endgültig das Konzert als ebenbürtig neben dem Theater etablieren können.

Die Singakademie unter Rungenhagen

Indessen ging die Arbeit der Singakademie unter Rungenhagen, der sein Amt im Januar 1833 angetreten hatte, nach alter Weise weiter. Die Aufführung der »Johannes-Passion« von Bach brachte dem neuen Leiter den ersten Erfolg, doch konnte Rungenhagen das Werk auf die Dauer nicht durchsetzen. Einen harten Stand hatte er bei der Einstudierung der »H-moll-Messe«, als er im November 1833 mit den Proben begann. »Schwerlich fand schon ein Werk so viel Widerspruch bey den Ausführenden, als dieses. Viele sagten sich los, die Ausführung für unmöglich haltend, oder wollten ihre Kräfte nicht der anstrengenden Übung weihen«, schreibt Rungenhagen. Ein erster Teil konnte 1834 aufgeführt werden mit Pauline Decker, Auguste Türrschmidt u. a. bewährten Sängern, der zweite folgte nach vielen Schwierigkeiten 1835. Hier

zeigte sich, daß Rungenhagen zwar ein zielsicherer Musiker war, jedoch nicht die Durchsetzungsfähigkeit und Kraft der Persönlichkeit Zelters hatte, die notwendig waren, um in einer veränderten Zeit die Singakademie zu führen.
Eine besondere Aufgabe war der Singakademie durch ihre alte Verbundenheit mit dem Fürsten Anton Radziwill erwachsen. Schon 1810 hatte der Fürst, leidenschaftlicher Musikliebhaber und Ehrenmitglied der Liedertafel, begonnen, Goethesche Verse zu komponieren, vor allem Teile aus »Faust«. Goethe selbst hatte dem Fürsten einige Zusätze und Varianten gegeben, die dem musikalischen Aufbau entgegenkommen sollten. Eine kleine Aufführung im engsten Kreis fand schon 1816 statt. Zelter berichtete ausführlich an Goethe darüber: »Der Komponist hat manches zur Verwunderung getroffen. Was gefehlt hat, besteht darin, daß er wie alle angehenden Artisten in Nebendingen hauptsächlich ist«.
Radziwill konnte mit großen Unterbrechungen immer mehr Teile vollenden.
Eine große Aufführung wollte, trotz mehrerer Proben, nicht gelingen. 1833 starb Fürst Radziwill. Die Witwe, geborene Prinzessin Luise von Preußen, bemühte sich nun, das Werk ihres Mannes zur Aufführung zu bringen, und die Singakademie übernahm die Aufgabe. Am 26. 10. 1835 konnte die »Faust«-Komposition zum ersten Mal in der Singakademie mit Devrient als Faust aufgeführt werden. Sie hinterließ trotz aller Schwächen einen großen Eindruck und wurde immer wieder aufgeführt. Als Gretchen wurde vor allem Clara Stich bekannt. Die Familie Radziwill überließ aus Dank die Handschrift der Singakademie und ließ das Werk in prächtiger Ausstattung herausgeben, mit Randornamenten von Menzel und lithographierten Zeichnungen von Cornelius, Zimmermann, Hensel, Hosemann u. a.
1833 hatte auch Otto Nicolai bei der Aufführung seines »Te Deum« in der Garnisonkirche die Unterstützung der Singakademie gefunden. Er war seit 1830 Mitglied der Vereinigung und hatte sich besonders als Solist hervorgetan. Bei Schleiermacher, dessen Tochter er unterrichtete, lernte Nicolai Karl von Bunsen kennen, der ihn bewog, die Organistenstelle an der preußischen Gesandtschaft in Rom anzunehmen. Daher verließ er im Dezember 1833 Berlin. Wie vor ihm Meyerbeer versucht auch Nicolai, in Italien einen ersten Opernerfolg zu erringen, ehe er sich nach Deutschland zurückwendet. Er hielt sich noch einige Jahre in Wien auf und kam erst 1846 wieder nach Berlin, wo er lange

»Der edle Komponist ist tief ins Gedicht eingedrungen, man könnte sagen hineingefallen, indem ich mehr die Wirkung des Gedichts auf ihn selber als eine Rückwirkung durch die Musik erkennen kann.«
(Zelter 1832, über Fürst Radziwill)

»Seit länger als 4 Wochen bin ich ganz und gar mit meinem ›Te Deum‹ fertig, selbst mit dem Klavierauszug desselben . . . — Der König hat die Aufführung desselben in der Garnisonskirche erlaubt, und ich werde es im Herbst aufführen, da der Sommer nicht geeignet dazu ist. . . . Durch den Tod Zelters habe ich auch viel verloren, da ich besonders in der letzten Zeit sehr gut mit ihm stand. . . . Zelter hatte Freitags von 12 bis 2 immer Musik bei sich, wo mit Quartettbegleitung Sachen, gewöhnlich von Bach gemacht wurden. In der letzten Freitagsmusik, die er mitmachte, wurde mein ›Te Deum‹ gesungen. . . . — Die Wahl des neuen Direktors in der Singakademie macht ungeheure Debatten! Ein Ministerwechsel macht nicht so viel Kopfzerbrechens.«
(Otto Nicolai am 13. 6. 1832 an seinen Vater)

»Die ersten Schritte in der Karrière eines dramatischen Komponisten in Italien sind, wie überall, sehr schwer und es ist beinahe unmöglich, sie machen zu können, wenn man nicht aus eigener Tasche zuzuschießen hat. Es ist bekannt, wieviel Tausende Meierbeer in Italien ausgeben müssen, um die ersten Schritte zu tun, und ich muß sie machen, ohne zuschießen zu können, ja ich muß sogar meine Existenz dadurch bestreiten . . .«.
(O. Nicolai, S. 241)

Zeit keinerlei Einnahmen hatte, bis er eine Anstellung als Direktor des Domchores erhielt. Am 28. 11. 1848 schrieb er: ». . . Ich leide wieder an heftigem Husten. Meine Oper (›Die Heimkehr des Verbannten‹) habe ich der politischen Zustände wegen ins neue Jahr verschoben, da mir diese Zeit nicht geeignet erscheint«. Am 9. März 1849 konnte er noch seine Oper »Die lustigen Weiber von Windsor« zur Uraufführung bringen — am 11. Mai starb er unerwartet.

1833 erschien zum ersten Mal ein Werk Karl Loewes — »Die sieben Schläfer« — im Programm der Singakademie. Der Komponist leitete selbst einige Proben, übernahm dann aber im letzten Moment eine Tenorpartie und übergab die Leitung an Rungenhagen. Das Werk in seinem schlichten Balladenton fand viel Anklang, entsprach aber im Ganzen dem in der Singakademie gepflegten gebundenen Stil nur wenig.

Hier, wie auch in den Oratorien von Spohr, Schneider und Mendelssohn wird deutlich, wie sich die Musik dieser Epoche — als musikalisches Biedermeier zu bezeichnen — den bestehenden Institutionen anpaßte. Wenn auch die Gründung von Singakademien vor 1814 begann und die Musikvereine, Liedertafeln, Musikfeste und Singakademien das Jahr 1848 fast unangetastet überdauerten, so ist doch für die Biedermeierzeit ihre ungeheuer rasche Ausbreitung bezeichnend. Das musikalische Vereinswesen war repräsentativ — musikalische Werke wie die genannten Oratorien konnten sich daran orientieren durch den Versuch, zwischen Bildungsanspruch und technischer Simplizität zu vermitteln. Zudem war es zum Träger einer bürgerlichen Musikkultur neben Hoftheater und Virtuosenkonzert geworden.

In den letzten Jahren waren viele der frühesten Mitglieder und Freunde der Singakademie gestorben. Es fanden zahlreiche Gedächtniskonzerte und Trauerfeiern statt, so besonders für die Mitgründer Frau Professor Voitus, Friedrich Schleiermacher, Generalintendant Graf Brühl, die Sängerin Anna Milder-Hauptmann, Ludwig Hellwig.

Im Zusammenhang mit den Gedächtnisfeiern wurde endgültig der genaue Stiftungstag ermittelt und Montag, der 24. Mai 1841 zu einem Festtag der Akademie bestimmt, an dem das 50jährige Bestehen feierlich begangen wurde. Zu dieser Zeit hatte die Singakademie mehr als 600 Mitglieder, die dem Bestehen der Institution — durch ihre Mitgliedsbeiträge auch finanziell — einen festen Rückhalt gaben. Zusätzlich zu den Konzerten brachten die Saalvermietungen Einnahmen. Neben musikali-

schen Veranstaltungen beherbergte der Saal auch ab 1842 die wissenschaftlichen Vorlesungen des von Friedrich von Raumer und Lichtenstein geleiteten »Wissenschaftlichen Vereins«.

Trotz dieser äußeren Sicherheit bereitete die künstlerische Leitung immer mehr Sorge. Für die vielen Aufführungen blieb kaum genügend Zeit zum Proben, die zur Verfügung stehenden Solisten waren überlastet und sagten häufig im letzten Moment ab, die Ansprüche an die Ausführung wurden zugleich ständig höher. Rungenhagen konnte einem Rückgang der Leistungen der Singakademie trotz der regelmäßigen Proben nicht begegnen, die Kritiken — auch in der Presse — häuften sich, Rungenhagens Leitung wurde als zu einförmig, zu bieder empfunden. Mehr und mehr Mitglieder traten aus, und 1847 konnte Julius Stern — Schüler Rungenhagens und Mitglied der Singakademie — einen neuen Verein gründen, der in harte Konkurrenz zur Singakademie trat. Trotzdem ist noch eine Reihe wichtiger Aufführungen zustande gekommen: so 1847 nach vielen Schwierigkeiten Robert Schumanns »Das Paradies und die Peri« unter Leitung des Komponisten. Im September begannen die Proben zu Mendelssohns neuem Oratorium »Elias«. Geplant war, daß ebenfalls der Komponist selbst die Einstudierung und Aufführung leiten sollte — doch wurde dies durch die plötzliche Erkrankung und den Tod Mendelssohns am 4. November 1847 vereitelt. Die Aufführung Ende November unter Leitung des Kapellmeisters Taubert war das letzte bedeutende musikalische Ereignis vor Ausbruch der politischen Unruhen im März 1848. Am 21. April konnte noch — ungewohnterweise ohne Anwesenheit des Hofes — als Karfreitagsaufführung in kleinster Besetzung Grauns »Der Tod Jesu« gesungen werden. Danach verließ die Singakademie ihre Räume, um sie der Nationalversammlung zu ihren Sitzungen zu überlassen, allerdings nach anfänglicher Weigerung nur gegen Zahlung einer angemessenen Miete und Überlassung des Opernhaussaales für die Proben der Singakademie.

Die Vermietung dauerte bis zum 1. Oktober — dann zog die Nationalversammlung in das Schauspielhaus um; »am 16. Oktober 1848 wurde das Haus, in den vorigen Zustand versetzt, der S. A. wieder übergeben« notierte Rungenhagen. Doch wegen der Unruhen in der Stadt versammelten sich nur 16 Mitglieder, ein Konzert am 13. November in der Garnisonkirche mußte verschoben werden, da gerade der Belagerungszustand erklärt worden war.

3.177
*Die Nationalversammlung im Saal
der Singakademie 1848*

Im Winter 1849—50 nahm man die Abonnementkonzerte wieder auf. Da Rungenhagen krank war, dirigierte zum ersten Mal Eduard Grell die Singakademie. Am 4. Dezember 1850 leitete Rungenhagen noch eine Aufführung des »Judas Maccabäus«; er starb am 21. Dezember. Rungenhagen hat zahllose Kompositionen hinterlassen und viele Schüler ausgebildet. Seit Gründung der musikalischen Sektion der Königlichen Akademie der Künste 1833 gehörte er ihr als Mitglied an. Neunzehn Jahre lang leitete er die Singakademie und hat dabei vor allem Zelters Programm weitergeführt.

Was Rungenhagen fehlte, war Zelters Kraft und Beharrlichkeit — er sah die Zeichen der neuen Zeit, verstand, daß die neuen Werke auch neue Methoden der Erarbeitung und der Besetzung verlangten, doch er fand keine Wege, dies durchzusetzen.

Insgesamt war nach der Zerschlagung der bürgerlichen Revolution ein Verfall auch auf künstlerischem Gebiet deutlich. Das aufklärerische bürgerliche Bildungsideal wurde immer oberflächlicher; es zeigten sich deutliche Züge eines Musikbetriebes, in dem die allgemeine Ausbreitung eine Verflachung und Kommerzialisierung mit sich brachte. In einer bitteren Analyse schrieb A. B. Marx: »... Dazu nun die Hausmusik. Kaum darf man noch fragen: wer ist musikalisch? sondern: wer ist es nicht? In den sogenannten höheren oder gebildeteren Kreisen galt Musik längst als unerläßlicher Theil der Bildung; jede Familie fordert ihn, wo möglich für alle Angehörigen, ohne sonderliche Rücksicht auf Talent und Lust; ... bis in die Kreise des Kleinhandelns und Gewerks hinein wird der endlos drängenden Arbeitsnoth Zeit, knappen Erwerbe Geld abgelistet und abgerungen, um wenigstens für die Töchter Klavier, Noten, Lehrer, Musikbildung zu erbeuten, vor allem in der Hoffnung, damit zu den ›Gebildeten‹ zu zählen. ... So muß man erkennen, daß die Gegenwart Verbreitung der Musik ohne Gleichen darlegt, daß unser Leben ganz untergetaucht und überstäubt ist von dieser ... lautesten aller Künste ... Dies ist der Anblick, den im Großen und Ganzen die Gegenwart unsrer Kunst bietet: beispiellose Verbreitung — schrankenlose Mitbethätigung im Volke — Rücktritt des Geistigen, karaktervollen und Wahren vor dem Sinnlichen, Hohlen und Erheuchelten — Häufung materieller Mittel und aufopfernde Hingebung an das Äußerliche und Eitle neben Unentschiedenheit und Feigheit für den wahrhaft idealen Fortschritt — großer Besitz, unermüdliche Arbeit, ohne den Muth, Beides für ein hohes klar erkanntes Ziel daranzusetzen«.[8]

In dieser Zeit stand die Singakademie vor der Aufgabe, einen neuen Direktor zu finden. Nach vielen Schwierigkeiten und Ärgernissen wurde am 1. März 1852 Eduard Grell gewählt. Mit ihm hatte die Singakademie einen Musiker bestimmt, der als strenger Lehrmeister versuchte, die verlorengegangene Reinheit des Gesanges wiederherzustellen. Grell tat alles, um ein ernsteres Studium zu fördern und den ganz zurückgedrängten a cappella-Gesang wieder einzuführen. So versuchte er, der letzte Leiter der Singakademie, der noch von Zelter selbst unterrichtet und in die Institution eingeführt wurde, durch Rückgriff auf die alten Ideale den Tendenzen seiner Zeit entgegenzutreten. Zu den wichtigsten Kompositionen Grells gehört eine 16stimmige Messe.

Anmerkungen

1 C. Dahlhaus, Musik des 19. Jahrhunderts, S. 36
2 H. Lichtenstein, Zur Geschichte der Singakademie, S. XXXI
3 M. Geck, Wiederentdeckung der Matthäuspassion, S. 13
4 ebd.
5 A. B. Marx, Erinnerungen, S. 85
6 L. Rellstab, in: Iris 1830, Nr. 48
7 J. Werner, Die Schwestern Bardua, S. 121
8 A. B. Marx, zit. nach G. Knepler, Musikgeschichte, S. 706

Literatur

M. Blumner, Geschichte der Sing-Akademie zu Berlin, Festgabe zur Säcularfeier 24. Mai 1891, Berlin 1891
W. Bollert, Hrsg., Sing-Akademie zu Berlin, Festschrift zum 175jährigen Bestehen, Berlin 1966
E. Bücken, Die Musik des 19. Jahrhunderts bis zur Moderne, Wildpark-Potsdam 1929
C. Dahlhaus, Die Musik des 19. Jahrhunderts, Neues Handbuch der Musikwissenschaft, Band 6, Athenaion Wiesbaden 1980
E. Devrient, Meine Erinnerungen an Felix Mendelssohn-Bartholdy und seine Briefe an mich, Leipzig 2. Aufl. 1872
H. Fetting, Geschichte der deutschen Staatsoper, Veröffentlichung der Deutschen Akademie der Künste, Berlin 1955
M. Geck, Die Wiederentdeckung der Matthäuspassion im 19. Jahrhundert. Studien zur Musikgeschichte des 19. Jahrhunderts, Band 9, Regensburg 1967
L. Geiger, Hrsg., Briefwechsel zwischen Goethe und Zelter Band 1—3, Leipzig
K. Gutzkow, Das Kastanienwäldchen in Berlin, in: Der Salon 3, 1869
W. Haacke, Die Söhne Bachs, Königstein im Taunus o. J.
S. Hensel, Die Familie Mendelssohn 1729—1847 nach Briefen und Tagebüchern, Berlin 1911
E. Istel, Karl Ditters von Dittersdorf. Lebensbeschreibungen, Leipzig 1930
J. Kapp, Hrsg., 185 Jahre Staatsoper. Festschrift zur Wiedereröffnung des Opernhauses Unter den Linden am 28. April 1929, Berlin 1929
J. Kapp, Hrsg., 200 Jahre Staatsoper im Bild, Berlin 1942
E. Kleßmann, Prinz Louis Ferdinand von Preußen 1772—1806, dtv/List 1978
G. Knepler, Musikgeschichte des 19. Jahrhunderts, Berlin 1961
H. Lichtenstein, Zur Geschichte der Singakademie in Berlin, Trautwein 1843
A. Lortzing, in Selbstzeugnissen und Bilddokumenten dargestellt von Hans Christoph Worbs, rororo bildmonographien
A. B. Marx, Erinnerungen. Aus meinem Leben, Berlin 1865
F. Mendelssohn Bartholdy, Glückliche Jugend. Briefe des jungen Komponisten. Hrsg. Günter Schulz, Berlin 1971
F. Mendelssohn Bartholdy, in Selbstzeugnissen und Bilddokumenten dargestellt von Hans Christoph Worbs, rororo bildmonographien
G. Meyerbeer, in Selbstzeugnissen und Bilddokumenten dargestellt von Heinz Becker, rororo bildmonographien
O. Nicolai, Briefe an seinen Vater. Hrsg. W. Altmann, Regensburg 1924
G. Parthey, Das Haus in der Brüderstrasse, Berlin 1955
G. Parthey, Jugenderinnerungen. Handschrift für Freunde, hrsg. von E. Friedel, 1. u. 2. Teil, Berlin 1907
L. Parthey, Tagebücher aus der Berliner Biedermeierzeit 1803—1829, hrsg. von Lepsius, Leipzig 1928
C. Sachs, Musik und Oper am Kurbrandenburgischen Hof, Hildesheim/New York 1977 (Erstausgabe 1910)
A. Schering, Geschichte des Oratoriums, Hildesheim/Wiesbaden 1966
O. Schrenk, Berlin und die Musik. Zweihundert Jahre Musikleben einer Stadt 1740—1940, Berlin 1940
O. Schrenk, Berlinische Oper. Bilder aus ihrem Werden, Berlin 1943
C. Schröder, Carl Friedrich Zelter und die Akademie, Deutsche Akademie der Künste, Berlin 1959
G. Schünemann, Die Singakademie zu Berlin 1791—1941, Regensburg 1941
A. Weissmann, Berlin als Musikstadt. Geschichte der Oper und des Konzerts von 1740 bis 1911, Berlin/Leipzig 1911
A. Weissmann, Der Virtuose, Berlin 1918
J. Werner, Hrsg., Die Schwestern Bardua. Bilder aus dem Gesellschafts-, Kunst- und Geistesleben der Biedermeierzeit, Leipzig 1929
W. Wiora, Die Musik im Weltbild der deutschen Romantik, in: Beiträge zur Geschichte der Musikanschauung im 19. Jahrhundert, Hrsg. von W. Salmen, Studien zur Musikgeschichte des 19. Jahrhunderts, Regensburg 1965
C. F. Zelter, Im Spiegel seines Briefwechsels mit Goethe, zusammengestellt von S. Holztmann, Weimar 1957

Die Singakademie im musikalischen Leben Berlins 1791—1851

3.1
Karl Friedrich Thiele
Die Singakademie zu Berlin
Aquatinta. 15,8 × 17,8 cm
Bildarchiv Preußischer Kulturbesitz, Berlin

3.2
Johann Gottfried Schadow
Euterpe
Schwarze Kreide. 24,6 × 16,8 cm
Museum Folkwang, Essen

Musik am Hof Friedrichs II.

3.3
Johann Conrad Krüger nach
Friedrich Ekel
Schloß Rheinsberg
Kupferstich, koloriert.
37,8 × 51,7 cm
Staatliche Schlösser und Gärten,
Berlin

3.4
Anonym nach Antoine Pesne
Porträt Friedrichs des Großen als
Kronprinz 2. Hälfte 19. Jh.
Öl auf Leinwand. 78 × 64 cm
Große National-Mutterloge »Zu
den drei Weltkugeln« im Orient,
Berlin

3.5
Anton Wachsmann nach Möller
Porträt Karl Heinrich Graun
Punktierstich. 18 × 12 cm
Sammlung Wilfried Göpel, Berlin

3.6
Johann David Schleuen
Porträt Johann Joachim Quantz
Kupferstich und Radierung, koloriert. 18,7 × 11,6 cm
Sammlung Wilfried Göpel, Berlin

3.7
Johann Conrad Krüger nach
Gottlieb Friedrich Bach
Porträt Carl Philipp Emanuel Bach
Radierung. 17 × 11 cm
Sammlung Wilfried Göpel, Berlin

3.8
Anonym
Porträt Franz Benda
Kopie eines zeitgenössischen
Gemäldes
Öl auf Leinwand. 36 × 28 cm
Annelies von Benda, Berlin

3.9
F. H. Schuster nach Joachim Martin
Falbe
Porträt Franz Benda 1756
Kupferstich. 33 × 21,5 cm
Annelies von Benda, Berlin

3.10
F. C. Geyer nach Jacob Wilhelm
Mechau
Porträt Georg Benda
Kupferstich. 18,2 × 10,7 cm
Bildarchiv Preußischer Kulturbesitz, Berlin

3.11
»Bendas Klagen«
Cantate, Erstausgabe vermutlich
1792
9 Seiten. 29 × 33 cm
Annelies von Benda, Berlin

3.12
Ludwig Eduard Lütke
Sanssouci
Lithographie. 26,5 × 36 cm
Staatliche Museen Preußischer
Kulturbesitz, Kupferstichkabinett,
Berlin

3.13
Peter Haas
Friedrich der Große beim Vortrag
eines Flötenkonzertes
Kupferstich
Foto: Bärenreiter-Bildarchiv, Kassel
Abb. S. 245

Hofoper — Deutsches Singspiel — Deutsche Oper

3.14
Johann Georg Rosenberg
Vue de la maison de l'Opera, du
vieux pont et des environs
(Opernhaus mit der alten Opernbrücke) 1773
Radierung, koloriert.
58,3 × 84,7 cm
Staatliche Schlösser und Gärten,
Berlin

3.15
Anonym
Das Opernhaus mit der St. Hedwigs
Kirche zu Berlin
Kupferstich. 23 × 29 cm
Museum für Kunst und Gewerbe,
Hamburg

3.16
Friedrich Wilhelm Bollinger
Porträt Vincenzo Righini
Punktierstich. 20,2 × 15,7 cm
Bildarchiv Preußischer Kulturbesitz, Berlin

3.17
J. Commarieux nach Antoine Paul
Mechau
Porträt Gasparo Spontini um 1840
Punktierstich. 19,5 × 16,8 cm
Bildarchiv Preußischer Kulturbesitz, Berlin

3.18
Friedrich Jügel nach Karl Friedrich
Schinkel
Dekorationen zu der Oper
»Olympia«
Text: Michael Dieulafoi und
Charles Brifaux nach Voltaire in
der Übersetzung von E. T. A.
Hoffmann, Musik: Gasparo
Spontini
3 Dekorationen für die Erstaufführung am 14. 5. 1821 im
Opernhaus
aus: Dekorationen auf den Königlichen Hoftheatern zu Berlin
a) Tafel 3: Act I (1. Dekoration)
b) Tafel 4: Act I (2. Dekoration)
c) Tafel 6: Act III (1. Scene, 4.
Dekoration)
Aquatinta. je 29 × 40 cm
Theaterhistorische Sammlung
Walter Unruh am Institut für Theaterwissenschaft der Freien Universität Berlin

3.19
Anonym
Kostüme aus der Oper »Olympia«
— 8 Figurinen Anfang 19. Jh.
Radierung. 32,5 × 37,4 cm
Staatliche Museen Preußischer
Kulturbesitz, Kunstbibliothek mit
Museum für Architektur, Modebild
und Grafik-Design, Berlin

3.20
Chrétien nach Wilhelm Hensel
Anna Milder als Statira in
»Olympia«
Aufführung Königliche Schauspiele 1821
Lithographie. 26,4 × 19 cm
Theatermuseum der Universität
Köln

3.21
Anonym
Kostüme für die Oper »Olympia«
a) Olimpia
22,8 × 13,7 cm
b) Statira
22,6 × 13,7 cm
c) Statira
22,6 × 13,9 cm
d) Cassander
22,3 × 13,7 cm
e) Antigonus
22,3 × 13,9 cm

f) Der Hierophant
22,6 × 13,9 cm
g) Krieger
23,4 × 14,1 cm
h) Tempeldienerin, Tempeldiener
22,6 × 14,2 cm
i) Eingeweihte
23,6 × 13,7 cm
j) Amazonen
22,9 × 14,2 cm
10 Radierungen, koloriert
aus: Neue Kostüme auf den beiden
Königlichen Theatern,
12. Heft 1823
Berlin Museum, Berlin

3.22
Nikolaus Lauer nach Friedrich
Wilhelm Bollinger
Porträt Friedrich Heinrich Himmel
Kupferstich. 22,9 × 17,9 cm
Bildarchiv Preußischer Kulturbesitz, Berlin

3.23
Friedrich Weise
Carl Wilhelm Ferdinand
Unzelmann als Tapezierer Martin
in »Fanchon, das Leyermädchen«
Text: August von Kotzebue, Musik:
Friedrich Heinrich Himmel.
Aufführung Königliche Schauspiele
1821
Radierung, koloriert. 20,1 × 13 cm
Theatermuseum der Universität
Köln

3.24
Friedrich Wilhelm Meyer nach
Philipp Franck
Friederike Unzelmann als Fanchon
und Friedrich Jonas Beschort als
Oberst von Francarville in
»Fanchon, das Leyermädchen«
Aufführung National-Theater
Berlin 1804
Aquatinta. 27 × 36,8 cm
Theatermuseum der Universität
Köln

3.25
Rollenbuch. Rolle des Vaters in
»Jery und Bätely«
Text: Johann Wolfgang von
Goethe, einliegend Rolle des
»Jery« Anfang 19. Jh.
4 Blatt und 7 Blatt. je 20 × 17 cm
Staatsbibliothek Preußischer
Kulturbesitz, Musikabteilung, Singakademie, Berlin

3.26
Königliche Schauspiele-Opernhaus
Iphigenie in Tauris, Oper aus dem
Französischen übersetzt von
Sander, Musik von Christoph

Willibald Gluck (Premiere 24. 2. 1795 im Königlichen National-Theater)
Theaterzettel vom 4. 7. 1826
Berlin Museum, Berlin

3.27
Anonym
Carl Wilhelm Ferdinand Unzelmann als Figaro in »Die Hochzeit des Figaro«
Text: Lorenzo da Ponte nach Beaumarchais, Musik: Wolfgang Amadeus Mozart. Aufführung Berlin 1821
Öl auf Leinwand. 75 × 64 cm
Deutsches Theatermuseum (früher Clara-Ziegler-Stiftung), München

3.28
Königliches National-Theater
Don Juan oder Der Steinerne Gast, Singspiel von Wolfgang Amadeus Mozart (Premiere)
Theaterzettel vom 20. 12. 1790
Landesarchiv Berlin

3.29
Karl Friedrich Schinkel
Felsentempel (Vorzeichnung)
Dekoration zu der Oper »Die Zauberflöte«
Text: Emanuel Schikaneder, Musik: Wolfgang Amadeus Mozart.
Aufführung Königliche Schauspiele 1816
Bleistift. 18,2 × 24,2 cm
Theatermuseum der Universität Köln

3.30
Karl Friedrich Schinkel
Dekoration zu der Oper »Die Zauberflöte«, 1. Akt., 6. Szene
Aquatinta, koloriert. 28,1 × 39,5 cm
Kunsthalle Bremen

3.31
Anonym
Theaterfiguren aus der Oper »Die Zauberflöte« 1820—1830
Stahlstich, koloriert. 35,5 × 41,5 cm
Germanisches Nationalmuseum, Nürnberg

3.32—3.38
Karl Friedrich Schinkel
Dekorationen zu der Oper »Die Zauberflöte«
12 Dekorationen zur Aufführung im Opernhaus am 18. 1. 1816 (Hundertjahrfeier des Krönungs- und des Friedensfestes)
aus: Dekorationen auf den Königlichen Hoftheatern zu Berlin unter der General-Intendantur des

Herren Grafen von Brühl, Berlin 1819—1824, spätere Auflagen Potsdam 1847—1849 und Berlin 1862 und 1874
3.32 Tafel 13: Carl Friedrich Thiele nach Karl Friedrich Schinkel
Act I Scene I (1. Dekoration)
farbige Aquatinta, koloriert. 24 × 36,5 cm
3.33 Tafel 14: Carl Friedrich Thiele nach Schinkel
Act I Scene VI (2. Dekoration)
farbige Aquatinta. 29 × 40 cm
3.34 Tafel 15: Carl Friedrich Thiele nach Schinkel
Act I Scene XV (4. Dekoration)
farbige Aquatinta. 29 × 40 cm
3.35 Tafel 17: Carl Friedrich Thiele nach Schinkel
Act II Scene VII (7. Dekoration)
farbige Aquatinta. 29 × 40 cm
3.36 Tafel 18: Friedrich Jügel nach Schinkel
Act II Scene XX (9. Dekoration)
farbige Aquatinta. 29 × 40 cm
3.37 Tafel 19: Carl Friedrich Thiele nach Schinkel
Act II Scene XXVIII (11. Dekoration)
farbige Aquatinta. 29 × 40 cm
3.38 Tafel 20: Carl Friedrich Thiele nach Schinkel
Schluss Scene (12. Dekoration)
farbige Aquatinta. 24 × 37,2 cm
32—37: Theaterhistorische Sammlung Walter Unruh am Institut für Theaterwissenschaft der Freien Universität Berlin
38: Berlin Museum, Berlin

3.39—3.46
Kostüme für das Singspiel »Die Zauberflöte«
aus: Neue Kostüme auf den beiden Königlichen Theatern, 5. Heft
3.39 Carl Friedrich Thiele
Sarastro
22,3 × 13,4 cm
3.40 Anonym
Königin der Nacht
23,3 × 13,9 cm
3.41 Anonym
Pamina
23 × 13,8 cm
3.42 Carl Friedrich Thiele
Papageno
22,5 × 14,1 cm
3.43 Carl Friedrich Thiele
Monostatos
22,4 × 13,9 cm
3.44 Carl Friedrich Thiele
Ein Genius
21,9 × 13,5 cm
3.45 Carl Friedrich Thiele
Ein Priester
22,7 × 13,9 cm

3.46 Anonym
Ein Knabe im Gefolge Sarastro's
22,4 × 13,7 cm
8 Radierungen, koloriert
Berlin Museum, Berlin

3.47
Albert Henry Payne
Porträt Carl Maria von Weber
Stahlstich. 24,8 × 18 cm
Bildarchiv und Porträtsammlung der Österreichischen Nationalbibliothek, Wien

3.48
Königliche Schauspiele
Der Freischütz
Text: Johann Friedrich Kind
Musik: Carl Maria von Weber
Theaterzettel vom 18. 6. 1821
Premiere
Foto: Berlin Museum, Berlin

3.49
Samuel William Reynolds nach Nicolas Louis Francois Gosse
Henriette Sontag als Agathe in der Oper »Der Freischütz«
Aufführung Königliche Schauspiele 1827
Mezzotintostich. 35,5 × 25,5 cm
Theatermuseum der Universität Köln

3.50
Carl Maria von Weber
Der Freischütz
Nachbildung der Eigenschrift aus dem Besitz der Preußischen Staatsbibliothek. Hrsg. im Auftrage der Generalintendanz der Preußischen Staatstheater von Georg Schünemann zur 200-Jahrfeier der Berliner Staatsoper 1742—1942, Berlin 1942
Hermann Scherchen Archiv, Akademie der Künste, Berlin

3.51
Carl Friedrich Thiele nach Karl Wilhelm Gropius
2 Dekorationen zu der Oper »Der Freischütz« Aufführung Königliche Schauspiele 1821
a) Zimmer im Jagdschloß
b) Agathes Zimmer
Aquatinta. 24,1 × 35,7 cm und 23,5 × 35,7 cm
Theatermuseum der Universität Köln

3.52
Heinrich Stürmer
Agathe im Brautkleid in der Oper »Der Freischütz« 1823
aus: Neue Kostüme aus den beiden Königlichen Theatern, 2. Band.

13. Heft
Radierung, koloriert.
24,4 × 14,1 cm
Berlin Museum, Berlin

3.53
»Der Freischütz«
Figurinenbogen Nr. 5039
Gustav Kühn, Neu-Ruppin
Kreidelithographie, koloriert.
31 × 39 cm
Staatliche Museen Preußischer Kulturbesitz, Museum für Deutsche Volkskunde, Berlin

3.54
Königliche Schauspiele — Opernhaus
Oberon, König der Elfen, romantische Feenoper nach Planché übersetzt von Th. Hell, Musik von Carl Maria von Weber (Premiere 2. 7. 1828)
Theaterzettel
Landesarchiv Berlin

3.55
D. J. Pound
Porträt Giacomo Meyerbeer
Mitte 19. Jh.
Stahlstich. 26,5 × 17,5 cm
Staatsbibliothek Preußischer Kulturbesitz, Musikabteilung, Mendelssohn-Archiv, Berlin

3.56
Giacomo Meyerbeer
»Robert der Teufel«
Partitur
Staatliches Institut für Musikforschung — Musikinstrumentenmuseum — Preußischer Kulturbesitz, Berlin

3.57
Leipziger Illustrierte Bd. 1843
Bildarchiv Preußischer Kulturbesitz, Berlin

3.58
J. Böhmer
Innere Ansicht des Königl. Opernhauses in Berlin um 1844 (nach dem Brande von 1843)
Lithographie, koloriert.
17,7 × 27,8 cm
Berlin Museum, Berlin

Bürgerliche Musizierformen

3.59
Eduard Grell
Die Kurrende-Knaben
Zeichnung, koloriert.
13,5 × 17,3 cm
Staatliches Institut für Musikfor-

schung — Musikinstrumenten-
museum — Preußischer Kulturbesitz, Berlin
Abb. S. 249

3.60
Johann Elias Haid nach Daniel
Nikolaus Chodowiecki
Bildnis Friedrich Nicolai 1780
Lithographie. 24 × 15 cm
Staatsbibliothek Preußischer
Kulturbesitz, Musikabteilung,
Mendelssohn-Archiv, Berlin

3.61
H. W. Hüllmann nach Franz
Ludwig (?) Catel
Die Petrikirche am Ende der
Brüderstraße in Berlin
Kupferstich
Foto: Ullstein Bildarchiv, Berlin

3.62
Jacob Götzenberger
Singabend bei Thibaut um 1830
Aquarell über Bleistift, weiß gehöht.
20,8 × 28,8 cm
Kurpfälzisches Museum der Stadt
Heidelberg

3.63
Anton Friedrich Justus Thibaut
Über Reinheit der Tonkunst,
Heidelberg 1851
Cornelia Schröder, Berlin

3.64
Anonym
Friedrich August Bruckner (nach
einer französischen Zeichnung)
Sologesang mit Harmonium 1848
Radierung
Foto: Bärenreiter-Verlag, Kassel

3.65
Friedrich Christian Geyser nach
Anton Graff
Porträt Johann Adam Hiller
Kupferstich. 16,7 × 10,5 cm
Westfälisches Landesmuseum für
Kunst und Kulturgeschichte,
Porträtarchiv Diepenbroick,
Münster

3.66
Ferdinand Georg Waldmüller
Hausmusik 1827
Bleistiftzeichnung
Foto: Bildarchiv und Porträt-
sammlung der Österreichischen
Nationalbibliothek, Wien
Abb. S. 247

3.67
Karl Traugott Riedel nach Anton
Graff

Porträt Johann Friedrich
Reichardt 1814
Kupferstich. 13,5 × 12,8 cm
Westfälisches Landesmuseum für
Kunst und Kulturgeschichte,
Porträtarchiv Diepenbroick,
Münster

3.68
Johann Friedrich Reichardt
Vertraute Briefe über Frankreich.
Auf einer Reise im Jahr 1792
geschrieben
Berlin Erster Teil 1792, Zweiter
Teil 1793
Prof. Dr. Kurt Raeck, Berlin

3.69
Albert Korneck
Porträt Ludwig Rellstab
Lithographie. 43 × 30 cm
Bildarchiv und Porträtsammlung
der Österreichischen Nationalbi-
bliothek, Wien

3.70
Wilhelm Hensel
Porträt E. T. A. Hoffmann
Photodruck nach einer Zeichnung.
17,5 × 14,8 cm
Bildarchiv Preußischer Kultur-
besitz, Berlin

3.71
Berliner Allgemeine Musikalische
Zeitung
1. Jahrgang 1824
Staatliches Institut für Musikforschung — Musikinstrumenten-
museum — Preußischer Kulturbesitz, Berlin

3.72
Berliner Musikalische Zeitung
1. Jahrgang 1805
Staatliches Institut für Musikforschung — Musikinstrumenten-
museum — Preußischer Kulturbesitz, Berlin

3.73
»Iris« (Zeitschrift)
3. Jahrgang 1832
Staatliches Institut für Musikforschung — Musikinstrumenten-
museum — Preußischer Kulturbesitz, Berlin

3.74
Hatzfeld
Porträt Johann Philipp Kirnberger
Lithographie. 26 × 20,6 cm
Westfälisches Landesmuseum für
Kunst und Kulturgeschichte,
Porträtarchiv Diepenbroick,
Münster

3.75
J. P. Bollinger
Porträt Friedrich Wilhelm Marpurg
Punktierstich. 19,3 × 14,6 cm
Westfälisches Landesmuseum für
Kunst und Kulturgeschichte,
Porträtarchiv Diepenbroick,
Münster

3.76
Friedrich Wilhelm Marpurg
Anfangsgründe der theoretischen
Musik, Leipzig 1757
Cornelia Schröder, Berlin

3.77
Daniel Gottlob Türk
Kurze Anweisung zum Klavier-
spielen, Leipzig/Halle 1792
Cornelia Schröder, Berlin

3.78
Karl Wilhelm Ramler
Der Tod Jesu, eine Kantate nach
dem verstorbenen Herrn Kapell-
meister Karl Heinrich Grauns
Composition 1800
Textband. 16 Seiten
Staatsbibliothek Preußischer
Kulturbesitz, Musikabteilung, Sing-
akademie, Berlin

3.79
Eduard Devrient
Berliner Künstler — Musiker II
Gaspare Spontini, Karl Friedrich
Rungenhagen, Felix Mendelssohn
(Bartholdy), Karl Friedrich Zelter,
Johann Ernst Friedrich Wollank,
Bernhard Klein
Lithographie. 30,5 × 29,6 cm
Berlin Museum, Berlin

Singakademie

3.80
Susette Henry
Porträt Christian Friedrich Carl
Fasch 1790
Öl auf Leinwand. 57 × 47,3 cm
Sing-Akademie zu Berlin

3.81
Johann Gottfried Schadow
Büste Christian Friedrich Carl
Fasch
Marmor. 52 cm hoch
Sing-Akademie zu Berlin

3.82
Johann Eduard Wolff
Porträt Carl Friedrich Zelter 1823
Öl auf Leinwand. 54,5 × 45 cm
Goethe-Museum Anton-und-
Katharina-Kippenberg-Stiftung,
Düsseldorf

3.83
Ludwig Heine nach Carl Begas
Porträt Carl Friedrich Zelter um
1800
Lithographie. ca. 30 × 20 cm
Staatsbibliothek Preußischer
Kulturbesitz, Musikabteilung,
Mendelssohn-Archiv, Berlin
Abb. S. 253

3.84
Christian Daniel Rauch
Büste Karl Friedrich Zelter
Marmor. 66 cm hoch
Sing-Akademie zu Berlin

3.85
Carl Friedrich Zelter
Sämtliche Lieder, Balladen und
Romanzen 1810—13
4 Hefte mit je 12 Liedern
Goethe-Museum Anton-und-
Katharina-Kippenberg-Stiftung,
Düsseldorf

3.86
Dorothea Veit-Schlegel geb.
Mendelssohn
Brief an Carl Friedrich Zelter vom
Januar 1815 aus Wien
1 Doppelbogen, 2 S. mit Siegel
Goethe-Museum Anton-und-
Katharina-Kippenberg-Stiftung,
Düsseldorf

3.87
Julius Schoppe
Komponist Zelter und ein Töpfer-
lehrling auf der Schloßbrücke
Zeichnung, aquarelliert. 20 × 18 cm
Goethe-Museum Anton-und-
Katharina-Kippenberg-Stiftung,
Düsseldorf

3.88
Johann Gottfried Schadow
Zelter musiziert im Kreise seiner
Kinder um 1800
Ausschnitt aus einem Gelegenheits-
blatt für die zweite Frau Carl
Friedrich Zelters, die Sängerin
Juliane Pappritz
Rohrfederzeichnung
(im Besitz des Märkischen
Museums, Berlin)
Foto: Bildarchiv Preußischer
Kulturbesitz, Berlin

3.89
Carl Friedrich Zelter
Notiz 12. Januar 1802
Zelter zeigt dem Direktorium der
Sing-Akademie den bevorstehenden
Besuch der Königin Luise an.
Gegengezeichnet von Hartung,
Schulze und Zenker

1 Blatt
Staatsbibliothek Preußischer
Kulturbesitz, Musikabteilung, Sing-
akademie, Berlin

3.90
Entre-Billet zur heutigen Singe
Academie den 9. Juny 1801
Karton, geprägt, Beschriftung in
Tinte. 5,4 × 7,2 cm
Staatsbibliothek Preußischer
Kulturbesitz, Musikabteilung, Sing-
adademie, Berlin
Abb. S. 250

3.91
Diplom für Carl Friedrich Zelter
Ernennung zum Dr. Phil. 1830
mit Gegenzeichnung von Georg
Wilhelm Friedrich Hegel als Rektor
Goethe-Museum Anton-und-
Katharina-Kippenberg-Stiftung,
Düsseldorf

3.92
Ring in Etui
Geschenk Johann Wolfgang von
Goethe an Carl Friedrich Zelter
Sing-Akademie zu Berlin

3.93
Taktstock von Carl Friedrich Zelter
Elfenbein
Sing-Akademie zu Berlin

**Carl Friedrich Zelter — Freunde
und Schüler — Raumprobleme —
Eigenes Gebäude**

3.94
Johann Stefan Decker
Porträt Ludwig van
Beethoven 1824
Kreide, weiß gehöht. 19 × 15,8 cm
Historisches Museum der Stadt
Wien

3.95
Albert Henry Payne nach
Ferdinand Theodor Hildebrandt
Porträt Felix Mendelssohn Bar-
tholdy 1849
Stich. 21 × 16 cm
Bildarchiv Preußischer Kulturbe-
sitz, Berlin
Abb. S. 257

3.96
Felix Mendelssohn Bartholdy
Elias
Erstausgabe mit Titelbildzeichnung
von Ferdinand Theodor Hildeb-
randt, o. O., 1847
Staatsbibliothek Preußischer
Kulturbesitz, Musikabteilung,
Mendelssohn-Archiv, Berlin

3.97
Bestallungsurkunde
für D. Felix Mendelssohn Bartholdy
als Kapellmeister,
ausgestellt von Friedrich
Wilhelm IV. am 13. Oktober 1841
Staatsbibliothek Preußischer
Kulturbesitz, Musikabteilung,
Mendelssohn-Archiv, Berlin

3.98
Friedrich Georg Weitsch
Porträt Giacomo Meyerbeer als
11jähriger 1802
Öl auf Leinwand. 147 × 113 cm
Staatliches Museum für Musikfor-
schung, Musikinstrumenten-
museum, Preußischer Kulturbesitz,
Berlin

3.99
Gustav Heinrich Gottlob Feckert
Porträt Carl Maria von
Weber 1848
Lithographie. 30,1 × 22,1 cm
Bildarchiv Preußischer Kultur-
besitz, Berlin

3.100
Josef Kriehuber
Porträt Otto Nicolai 1842
Lithographie
Foto: Bildarchiv und Porträt-
sammlung der Österreichischen
Nationalbibliothek, Wien

3.101
Karl August Freiherr von Lichten-
stein
Arien und Gesänge aus Singethee
und Liedertafel.
Singspiel in zwei Aufzügen,
Textbuch, o. O., 1825
Staatsbibliothek Preußischer
Kulturbesitz, Musikabteilung, Sing-
akademie, Berlin

3.102
Textbuch der Liedertafel mit den
Gesängen der Zelterschen Lieder-
tafel, o. O., 1818
Staatsbibliothek Preußischer
Kulturbesitz, Musikabteilung, Sing-
akademie, Berlin

3.103
Programm zu Carl Friedrich Zelters
70. Geburtstag,
gefeiert am 11. Dezember 1828.
Glückwunsch von
Johann Wolfgang von Goethe, in
Musik gesetzt von
Karl Friedrich Rungenhagen,
Berlin 1828
Staatsbibliothek Preußischer

Kulturbesitz, Musikabteilung, Singakademie, Berlin

3.104
Teile aus einem Service der Sing-
akademie um 1830
Hersteller: Königliche Porzellan
Manufaktur, Berlin
Porzellan mit Blumenbemalung und
Vergoldung
Brotkörbchen 7 × 25,8 × 18 cm,
Übertopf 18 × ∅ 20,5 cm, flacher
Teller ∅ 24,5 cm
Sing-Akademie zu Berlin

3.105
Johann Christoph Oesterlein
Cembalo, zweimanualig 1792
Birke. 26 × 92,5 × 248,5 cm
Sing-Akademie zu Berlin

3.106
Françoise Legrand nach Julius(?)
Henning
Porträt Karl Friedrich Rungen-
hagen
Lithographie. 49,5 × 34,5 cm
Bildarchiv und Porträtsammlung
der Österreichischen Nationalbi-
bliothek, Wien

3.107
Karl Friedrich Rungenhagen
Gedanken, Aphorismen, Anek-
doten, Randglossen, Notizen,
Zitate von Johann Wolfgang von
Goethe, Jean Paul,
Jean Jaques Rousseau
u. a. 1819—1849
71 Blatt. 21 × 17 cm
Staatsbibliothek Preußischer
Kulturbesitz, Musikabteilung,
Singakademie, Berlin

3.108
Karl Friedrich Rungenhagen
Tagebuch der Singakademie zu
Berlin 1828—1849
19 Blatt, 2 Blatt Einlage. 22 × 18 cm
Staatsbibliothek Preußischer
Kulturbesitz, Musikabteilung,
Singakademie, Berlin

3.109
H. von Ledebur
Büste Eduard Grell 1856
Gips. 50 cm hoch
Staatliches Institut für Musikfor-
schung, Musikinstrumenten-
museum, Preußischer Kulturbesitz,
Berlin

3.110
August Eduard Grell
Musik-Poesiealbum ab 1831
Dunkelroter Einband mit Gold-

prägung. 24,6 × 16,8 × 1,5 cm
Sing-Akademie zu Berlin

3.111
Federkiele von August Eduard Grell
32,5 und 32 cm lang
Sing-Akademie zu Berlin

3.112
Schreiben von Karl August Freiherr
von Hardenberg an Zelter, 15. Juni
1802.
Hardenberg genehmigt weiterhin
die Benutzung des runden Saales in
der Königl. Akademie der Künste
für Übungszwecke
2 Seiten
Staatsbibliothek Preußischer
Kulturbesitz, Musikabteilung, Singakademie, Berlin

3.113
Martin Friedrich Rabe
Akademiegebäude (mit Singaka-
demie, Versammlungsraum . . .)
Feder, Bleistift, Tusche.
49 × 68,5 cm
Sammlung Martin Friedrich Rabe,
Archiv der Preußischen Akademie
der Künste, Akademie der Künste,
Berlin

3.114
Karl Friedrich Schinkel
Grundriß des Akademiegebäudes
mit dem geplanten Querflügel für
die Singakademie
Feder, Aquarell. 54 × 66 cm
Archiv der Preußischen Akademie
der Künste, Akademie der Künste,
Berlin

3.115
Karl Friedrich Schinkel
Entwurf für die Singakademie
aus: Sammlung architektonischer
Entwürfe, enthaltend theils Werke,
welche ausgeführt sind, theils
Gegenstände, deren Ausführung
beabsichtigt wurde.
Neue, vollständige Ausgabe, Berlin
1866
Staatliche Museen Preußischer
Kulturbesitz, Kunstbibliothek mit
Museum für Architektur, Modebild
und Grafik-Design, Berlin

3.116
Berlinische Nachrichten von Staats-
und gelehrten Sachen, Nr. 277,
26. 11. 1825
Goethe-Museum Anton-und-
Katharina-Kippenberg-Stiftung,
Düsseldorf

3.117
Ludwig Eduard Lütke

Die Singakademie um 1840
Farblithographie. 26,5 × 36 cm
Staatliche Museen Preußischer
Kulturbesitz, Kupferstichkabinett,
Berlin

3.118
Album der Sing-Akademie zu
Berlin. Dem Andenken ihres Stifters
C. F. C. Fasch und anderen der
Gesellschaft werthen Erinnerungen
als autographisches Gedenkbuch
gewidmet bei der Feier des fünfzig-
jährigen Bestehens der Singakademie am 24. Mai 1841
65 Blatt, 1 Blatt Einlage. 36 × 26 cm
Staatsbibliothek Preußischer
Kulturbesitz, Musikabteilung, Singakademie, Berlin

3.119
Tasse mit Motiv »Erfunden und
erbaut von Zelter« aus einem
Kaffeeservice mit Berliner
Ansichten 1813
Hersteller: Königliche Porzellan
Manufaktur, Berlin
Porzellan. Tasse 10,6 cm hoch;
Untertasse Ø 14,3 cm
Staatliche Museen Preußischer
Kulturbesitz, Kunstgewerbe-
museum, Berlin

3.120
Anonym
Porträt Jenny Lind (im Hintergrund
die Singakademie) um 1845
Kreide. 36,5 × 28 cm
Berlin Museum, Berlin

3.121
Hinrich Lichtenstein
Zur Geschichte der Sing-Akademie
in Berlin. Nebst einer Nachricht
über das Fest am 50. Jahrestage
ihrer Stiftung und einem alphabeti-
schen Verzeichnis aller Personen,
die ihr als Mitglieder angehört
haben, Berlin 1843
Staatsbibliothek Preußischer
Kulturbesitz, Musikabteilung, Singakademie, Berlin

Die Singakademie — Mitglieder und Solisten

3.122
Rudolf Schadow
Büste Juliane Pappritz
Marmor. 56 cm hoch
Sing-Akademie zu Berlin

3.123
Anonym
Porträt des Schauspielers und
Sängers Eduard Devrient

Stahlstich. 28,8 × 22 cm
Staatsbibliothek Preußischer
Kulturbesitz, Musikabteilung,
Mendelssohn-Archiv, Berlin

3.124
Heinrich Abel Seyffert
Porträt Otto Grell 1820
Öl auf Leinwand. 67 × 54 cm
Sing-Akademie zu Berlin

3.125
Otto Grell
Tagebuch o. J.
18,5 × 11 cm
Sing-Akademie zu Berlin

3.126
Otto Grell
Poesiealbum 1808
Hellblauer Ledereinband.
19,3 × 12 cm
Sing-Akademie zu Berlin

3.127
Otto Grell
Mitgliedskarte der Singakademie
Büttenpapier mit Siegel.
10,6 × 8,8 cm
Sing-Akademie zu Berlin

3.128
Adolf Jebens nach Franz Krüger
Porträt Heinrich Stümer
Öl auf Leinwand. 63,5 × 52,5 cm
Berlin Museum, Berlin

3.129
Anonym
Porträt Wilhelm von Humboldt
Kupferstich. 8,4 × 5 cm
Westfälisches Landesmuseum für
Kunst und Kulturgeschichte,
Porträtarchiv Diepenbroick,
Münster

3.130
Johann Friedrich Bolt nach Chri-
stian Tangermann
Porträt Christoph Wilhelm
Hufeland 1819
Radierung. 17 × 10 cm
Bildarchiv Preußischer Kultur-
besitz, Berlin

3.131
Franz Krüger
Porträt Johanna Eunicke verh.
Krüger 1831
Lithographie. 20 × 14,9 cm
Berlin Museum, Berlin

3.132
Déjeuner für Carl Adam Bader,
Tenor der Hofoper Berlin um 1830
Hersteller: Königliche Porzellan

Manufaktur, Berlin
Porzellan bemalt und vergoldet.
9 Teile. Anbietplatte Ø 35,8 cm
Berlin Museum, Berlin

3.133
Auguste Küssener
Porträt Leopoldine Tuczeck
Stahlstich. 28,7 × 22,2 cm
Bildarchiv Preußischer Kultur-
besitz, Berlin

3.134
Anonym
Porträt Margarethe Louise Schick
Lithographie. 11 × 9,2 cm
Bildarchiv Preußischer Kultur-
besitz, Berlin

3.135
J. J. Becker
Porträt der Sängerin Henriette
Sontag 1828
Lithographie. 36 × 26,5 cm
Staatsbibliothek Preußischer
Kulturbesitz, Musikabteilung,
Mendelssohn-Archiv, Berlin

3.136
Anonym
Porträt Pauline Anna Milder-
Hauptmann als Alceste
Feder, Aquarell. 23,3 × 16,9 cm
Historisches Museum der Stadt
Wien

3.137
Friedrich Rehberg
Porträt Auguste Stich Crelinger
Lithographie. 25,9 × 21,1 cm
Theatermuseum der Universität
Köln

3.138
Wilhelm Hensel
Porträt Gräfin Kalkreuth
Bleistift. 16,3 × 12,8 cm
Staatliche Museen Preußischer
Kulturbesitz, Nationalgalerie,
Berlin

3.139
Wilhelm Hensel
Lilli Klein mit Kindern
Bleistift. 20,3 × 15,3 cm
Staatliche Museen Preußischer
Kulturbesitz, Nationalgalerie,
Berlin

3.140
Wilhelm Hensel
Porträt Fanny Mendelssohn Bar-
tholdy
Bleistift. 12,6 × 10,9 cm
Staatliche Museen Preußischer

Kulturbesitz, Nationalgalerie,
Berlin

3.141
Wilhelm Hensel
Porträt Madame Milder
Bleistift. 13 × 11,1 cm
Staatliche Museen Preußischer
Kulturbesitz, Nationalgalerie,
Berlin
Abb. S. 258

3.142
Wilhelm Hensel
Porträt Sophie Schadow
Bleistift. 29,2 × 22,1 cm
Staatliche Museen Preußischer
Kulturbesitz, Nationalgalerie,
Berlin

3.143
Wilhelm Hensel
Porträt Auguste Stich
Bleistift. 12,6 × 10,9 cm
Staatliche Museen Preußischer
Kulturbesitz, Nationalgalerie,
Berlin

3.144
Wilhelm Hensel
Porträt Therese Türrschmiedt
Bleistift. 27,2 × 19,8 cm
Staatliche Museen Preußischer
Kulturbesitz, Nationalgalerie,
Berlin
Abb. S. 259

3.145
Anonym
Porträt Theodor Körner
Lithographie. 23,7 × 17,1 cm
Bildarchiv Preußischer Kultur-
besitz, Berlin

3.146
Anonym
Porträt Giacomo Meyerbeer
Lithographie. 21,6 × 14,7 cm
Bildarchiv Preußischer Kultur-
besitz, Berlin

3.147
Josef Kriehuber
Porträt Otto Nicolai
Druck. 18,3 × 12 cm
Bildarchiv Preußischer Kultur-
besitz, Berlin

Die Singakademie — Aufführungen

3.148
Karl Friedrich Fasch
Partitur, Messe für vier Chöre und
Basso continuo in C-Dur, Kanon zu
25 Stimmen für Orchester in C-Dur
Lieferung 7, Trautwein 1835

76 Blatt, 35 × 21 cm, S. 149 f.
38 × 36 cm
Staatsbibliothek Preußischer
Kulturbesitz, Musikabteilung, Singakademie, Berlin

3.149
Johann Sebastian Bach
Matthäuspassion
1 Bd., o. O., o. J.
Sing-Akademie zu Berlin

3.150
Wilhelm Hensel
Porträt Felix Mendelssohn Bar-
tholdy
Bleistift. 23,2 × 17,4 cm
Staatliche Museen Preußischer
Kulturbesitz, Nationalgalerie,
Berlin

3.151
Faustin Anderloni nach Wilhelm
Hensel
Porträt Anton Heinrich Radziwill
Kupferstich. 27,5 × 20,1 cm
Westfälisches Landesmuseum für
Kunst und Kulturgeschichte,
Porträtsammlung Diepenbroick,
Münster

3.152
F. A. Calau
Ansicht des Fürstlichen Radziwill-
schen Palais in der Wilhelm-
straße um 1825
Radierung, koloriert.
11,7 × 17,7 cm
Berlin Museum, Berlin

3.153
Textbuch zu Johann Wolfgang von
Göthe's Faust, Musik vom Fürsten
Anton Heinrich Radziwill, o. O.,
o. J.
Staatsbibliothek Preußischer
Kulturbesitz, Musikabteilung, Sing-
akademie, Berlin

3.154
Fürst Ferdinand Radziwill
Gretchens Zimmer
Dekoration zu »Faust«
Privataufführung des Fürsten Anton
Radziwill, Palais Monbijou Berlin
1820
Feder, aquarelliert. 26,4 × 40,5 cm
Theatermuseum der Universität
Köln

3.155–3.160
Dekorationen zu »Faust«
Aufführung Palais Monbijou 1820

3.155 Friedrich Jentzen nach
Wilhelm Hensel
Studierzimmer
28,9 × 38,4 cm
3.156 Friedrich Jentzen nach
Wilhelm Hensel
Kerker
29,5 × 39 cm
3.157 Theodor Hosemann
Hexenküche
28,6 × 39,4 cm
3.158 Loeillot de Mars nach Carl
Zimmermann
Erdgeist
28,8 × 38,9 cm
3.159 Loeillot de Mars nach Carl
Zimmermann
Studierzimmer
28,8 × 38,7 cm
3.160 Hermann Eichens nach C.
Schulz
Studierzimmer, Mephistopheles als
fahrender Schüler
28,6 × 38,7 cm
6 Lithographien
Theatermuseum der Universität
Köln

3.161
Robert Winckelmann/Johann
Wolfgang von Goethe
Compositionen zu Goethes »Faust«
vom Fürsten Anton Radziwill
Vollständiger Klavierauszug von
J. P. Schmidt, Berlin 1835
Theatermuseum der Universität
Köln

3.162
C. Schreiber
»Accorde«, ein Gedicht in Musik
gesetzt von Carl Friedrich Rungen-
hagen. Textbuch, o. O., 1806
Staatsbibliothek Preußischer
Kulturbesitz, Musikabteilung, Sing-
akademie, Berlin

3.163
Friedrich Gottlieb Klopstock
»Aedone und Aedi oder Die Lehr-
stunde«, in Musik gesetzt von
Johann Gottlieb Naumann.
Textbuch, o. O., o. J.
Staatsbibliothek Preußischer
Kulturbesitz, Musikabteilung, Sing-
akademie, Berlin

3.164
Johann Samuel Patzke
»Der Tod Abels«, in Musik gesetzt
von Johann Heinrich Rolle.
Textbuch, o. O., o. J.
Staatsbibliothek Preußischer
Kulturbesitz, Musikabteilung, Sing-
akademie, Berlin

Entwicklung des bürgerlichen Musiklebens Virtuosentum

3.165
Bernhard Biller
Porträt der Opernsängerin Angelica
Catalani Anfang 19. Jh.
Kupferstich, koloriert.
26,8 × 19,9 cm
Historisches Museum der Stadt
Wien

3.166
Karl Christian Vogel von Vogel-
stein
Porträt Henriette Sontag
Öl auf Leinwand. 31,7 × 25 cm
Berlin Museum, Berlin

3.167
Wilhelm Hensel
Porträt Niccolò Paganini
Bleistift. 22,6 × 17,4 cm
Staatliche Museen Preußischer
Kulturbesitz, Nationalgalerie,
Berlin

3.168
Franz Krüger
Porträt Niccolo Paganini
Lithographie. 40,5 × 30,5 cm
Staatliche Museen Preußischer
Kulturbesitz, Kupferstichkabinett,
Berlin

3.169
Franz Burchard Dörbeck
Tages-Begebenheit: Wie sich die
Berliner um einen Violinspieler
zerreißen
Lithographie, koloriert.
14,5 × 10,5 cm
Berlin Museum, Berlin

3.170
Wilhelm Hensel
Porträt Franz Liszt
Bleistift. 30,8 × 22 cm
Staatliche Museen Preußischer
Kulturbesitz, Nationalgalerie,
Berlin
Abb. S. 261

3.171
Anonym
Porträt Franz Liszt um 1830/35
Lithographie. 19 × 14,6 cm
Sammlung Wilfried Göpel, Berlin

3.172
Franz Kriehuber
Eine Matinée bei Liszt 1848
Lithographie. 36,2 × 46 cm
Sammlung Wilfried Göpel, Berlin

3.173
Josef Danhauser
Liszt am Flügel 1840
Öl auf Holz. 119 × 167 cm
Staatliche Museen Preußischer
Kulturbesitz, Nationalgalerie,
Berlin

3.174
Grühnspahn u. a.
Liszt-Kult
4 Lithographien
a) Liszt und Phlegma
22 × 15,9 cm
b) Der Eifersucht Dolche
23,7 × 18,2 cm
c) Oh, selig Ihr Frauen
23,3 × 18,7 cm
d) ohne Titel
28,8 × 22,5 cm
Berlin Museum, Berlin

3.175
Anonym
Jenny Lind in Hamburg 1845
Federlithographie. 30,1 × 41,7 cm
Foto: Museum für Hamburgische
Geschichte, Hamburg

3.176
Anonym
Die Nationalversammlung im Saal
der Singakademie 1848
aus: G. Schünemann, Die Singaka-
demie zu Berlin
Lithographie
Foto: Staatsbibliothek Preußischer
Kulturbesitz, Musikabteilung,
Berlin
Abb. S. 264

4. Schauspielhaus

Dirk Scheper
Schauspielhaus

Schinkels klassizistisches Schauspielhaus am Gendarmenmarkt symbolisiert eine der alles in allem erfreulichsten Seiten preußischer Kultur. Aus dem Festprogramm zur Eröffnung des neuen Hauses am 26. Mai 1821 läßt sich ein wesentliches Merkmal dieser sowohl dynastischen wie volkstümlichen Neigung zum Theater herauslesen. Der Ouvertüre von Glucks »Iphigenie in Aulis« folgte ein von Goethe verfaßter, von Madame Stich vorgetragener »Prolog«, worauf sich Goethes klassisches Meisterwerk »Iphigenie auf Tauris« als Festaufführung anschloß. Zum heiteren Beschluß des Abends — und als Konzession an den Hof — wurde schließlich das vom theaterbegeisterten Herzog Karl von Mecklenburg verfaßte Ballett »Die Rosen-Fee« uraufgeführt. Dieses nach heutigem, vielleicht sogar nach damaligem Geschmack bunte Gemisch beweist die noch immer gültige Richtigkeit der Vermutung, daß Berlin und sein Theater kein Ort sein konnte, in dem sich irgendein Gral hüten ließ.
Ein auf das Schauspielhaus bezogener Abriß der Berliner Theatergeschichte zwischen 1789 und 1848 hat sich in erster Linie mit der Entwicklung des Sprechtheaters zu befassen. Hier markiert das Schauspielhaus die mit der Umwandlung zum Hoftheater endgültig abgeschlossene Etablierung des deutschsprachigen National-Theaters, das die Aufklärung — vor allem Lessing gegenüber dem französisch orientierten Gottsched — vehement gefordert hatte und das nach Hamburg (1767—1769), Wien (1776) und Mannheim (1779) 1786 nach dem Tode des frankophilen Friedrich II. auch in Berlin realisiert wurde.

Vor der Gründung des Königlichen National-Theaters

»Das muß man den Berlinern nachsagen, dankbar sind sie für jedes größere und kleinere Opfer, das man ihnen bringt, und ebenso wie die Wiener hängen sie an ihren alten Schauspielern, welches man eben nicht von jedem Publikum rühmen kann.«[1]
Diese Erfahrung des weitgereisten österreichischen Schauspielers Joseph Anton Christ (1744—1823) hat ihre Gültigkeit behalten. Sie zeigt aber auch die um 1770 mit einiger Verspätung gegenüber Städten wie Leipzig und Hamburg eingetretene feste Verankerung des Theaters im Leben der preußischen Residenz. Waren in den Jahrzehnten davor für die Unterhaltung der breiteren Bevölkerung die Wandertruppen von Eckenberg und Hilverding mit derben Burlesken, Harlekinaden und Vorläufern des Singspiels zuständig gewesen, hatte sich das höfische Berlin an der Weltläufigkeit des Königs orientiert. Friedrich II. engagierte für das französische Schauspiel eine französische Schauspielergesellschaft, ließ ein Ballett-Ensemble aus Paris kommen und für die italienische Oper Sänger aus Italien. Er finanzierte den Bau des Opernhauses durch Knobelsdorff, das 1742 mit Hofkapellmeister Grauns »Caesar und Cleopatra« eingeweiht wurde. Johann Friedrich Schönemann, der 1742 vom König das alleinige Privileg für das deutsche Schauspiel erhielt, jedoch keinerlei königliche Subventionen, brachte neben deutschen Stücken (u. a. Lessings »Junge Gelehrte« 1748) aus dem Französischen übersetzte Schauspiele und Burlesken, ohne eine dauerhafte Konkurrenz gegenüber dem friderizianischen Theater etablieren zu können, so daß er 1749 Berlin verließ. Sparmaßnahmen, die der 7jährige Krieg verlangte, ermöglichten Franz Schuch, dem »letzten Harlekin Deutschlands«[2] ab 1754 für 10 Jahre mit Harlekinaden und Balletten zu reussieren, aber auch mit seriöser Dramatik u. a. von Molière, Corneille und Lessing (»Miss Sara Sampson« 1756 mit Ekhof und Marie Hensel), und nicht zuletzt mit der Operette »Der Teufel ist los«, dem epochemachenden Prototyp der Komischen Oper. Konkurrenz erhielt er durch die Ackermann'sche Truppe (mit Konrad Ernst Ackermann, Sophie Schröder-Ackermann und dem jungen Friedrich Ludwig Schröder) und durch das erste Berliner Privattheater, das Andreas Bergé am Monbijou-Platz für ca. 1000 Zuschauer erbauen ließ, wo er mit französischen Singspielen und Pantomimen viel Erfolg bei höfischem wie bürgerlichem Publikum hatte. Franz Schuch jun. übernahm nach dem Tod des Vaters dessen Truppe und das Privileg »für die königlichen Lande«.[3] In der Behrenstraße errichtete er 1765 ein neues Theater für über 700 Personen, das er in den 2—3 Monaten jährlicher Anwesenheit in Berlin zunächst mit Possen und Harlekinaden bespielte, bald jedoch auch mit »regelmäßiger« Dramatik, vor allem nachdem 1766 Carl Theophil Doebbelin als tragischer Helden- und Liebhaber-Darsteller dazugekommen war.
Doebbelin, durch die Schule der Neuberin gegangen, bemühte sich erfolgreich um ein eigenes Schauspiel-Patent für Preußen, um alternierend mit Schuch jun. und Bergé das Theater in der Behrenstraße und das Monbijou-Theater mit Aufführungen deutscher Komödien zu nutzen. Hatten sich

Lessing und Nicolai als die namhaften Berliner »Aufklärer« dieser Zeit bislang überaus kritisch mit dem Zustand des Theaters befaßt, begann sich ihre Meinung von nun an zu ändern. Lessing schrieb zwar 1768 an seinen Bruder Karl über Doebbelin: »Wenn das deutsche Theater durch ihn empor kommen soll, so helfe ihm Gott.«[4] Im gleichen Jahr erlebte er jedoch mit der Aufführung seiner eigenen »Minna von Barnhelm« — der zweiten nach Hamburg 1767 — durch den literarisch nicht sehr beschlagenen, dafür aber mit Sinn für unmittelbare politische Aktualität begabten Komödianten Doebbelin einen überwältigenden Bühnenerfolg (19 Aufführungen in 6 Wochen), der als Qualitätserweis einer eigenständigen, von nun an nicht mehr a priori zweitrangigen deutschen Dramatik über Berlin hinaus Theatergeschichte machte. Doebbelin kaufte nun das Monbijou-Theater, mußte jedoch nach Rückkehr von einer längeren Reise erleben, daß nach Schuchs Tod dessen Witwe das Theater in der Behrenstraße samt Privileg verkauft hatte. Neuer Besitzer war der ebenfalls aus der Schule der Neuberin stammende Leipziger Prinzipal Heinrich Gottfried Koch, der das Theater von 1771 bis zu seinem Tode Anfang 1775 leitete.

Kochs 32-köpfiges Ensemble schuf neue Qualitätsmaßstäbe für das Berliner Theater. Die sehr erfolgreiche Eröffnung mit Lessings bürgerlichem Trauerspiel »Miss Sara Sampson« und einer anschließenden, für die Programmgestaltung dieser Zeit typischen Aufführung eines Balletts namens »Die Abendstunde«, folgte in den dreieinhalb Jahren seiner Theaterleitung überwiegend leichte Kost, Lustspiele, Operetten und Ballette. Unter den Trauer- oder Schauspielen fallen an neuer deutscher Dramatik von Lessing »Emilia Galotti« (1772) und »Philotas« (1774) auf sowie von dem jungen Goethe der »Götz von Berlichingen« (April 1774) als Uraufführung und »Clavigo« (November 1774), von dem Ballett »Der Vogelfang« gefolgt. Der Premierenzettel des »Götz« verschwieg den Namen des Verfassers und annoncierte stattdessen ein »nach Shakespeare'schem Geschmack«[5] verfaßtes Stück mit einem darin enthaltenen »Ballett von Zigeunern«. Der Zettel der ersten von 16 unter Koch gespielten Wiederholungen dieser sehr erfolgreichen Inszenierung meldete dann »Herrn D. Göde in Frankfurt am Main« als Verfasser, der in Begleitung seines herzoglich-weimarischen Mentors Carl August die Aufführung am 13. November 1774 besuchte. Bemerkenswert als Vorläufer einer historisch getreuen Kostümierung ist die Umsetzung der Ankündigung des Zettels, daß »neue Klei-

Carl Theophil Doebbelin

der, wie sie in den damaligen Zeiten üblich waren«[5], zu sehen seien, die auf offenbar etwas absonderliche Weise mittelalterlich und damit dem Stil dieses ersten Sturm- und Drang-Stückes auf einer Berliner Bühne gemäß sein sollten. Kochs Beschäftigung mit seriöser deutscher Dramatik hing mit den Publikumserfolgen der französischen Komödianten zusammen, für die 1775 ein auf Anordnung Friedrichs II. von Bouman d. Ä. erbautes eigenes Theater fertig wurde: das Französische Komödienhaus am Gendarmenmarkt mit 1000—1200 Zuschauerplätzen.

Die Königliche Hofoper — als italienische Oper während des 7jährigen Krieges von Friedrichs II. »Importverbot« italienischer Opern betroffen, die vorerst von deutschen Komponisten verfertigt werden sollten — nahm erst wieder in den 70er Jahren als Ausdruck höfischer und politischer Repräsentation neuen Aufschwung. Unter den italienischen Sängern trat als erste konkurrenzfähige deutsche Primadonna Elisabeth Schmehling-Mara auf, deren

»Schande wäre es für Deutschland, wenn es bei dem unersetzlichen Verlust eines so großen Mannes nicht wenigstens eben den Schmerz öffentlich zu erkennen gäbe, den das dankbare Frankreich bei dem Verlust eines Mannes äußerte, der nur Voltaire war.«
(Vossische Zeitung vom 20. 2. 1781 zum Tode Lessings, zit. nach Genée, S. 14)

4.12a
»Hamlet«, Berlin 1777

Pag. 144.

_____ in ein Nonnen Kloster geh.
Hamlet 3ter Aufz. 9ter Auftr.
Herr Brockmann als Hamlet, Mademoiselle Doebbelin als Ophelia.

Engagement der König zunächst mit den Worten abgelehnt hatte: »Das sollte mir fehlen! Lieber möchte ich mir ja von einem Pferde eine Arie vorwiehern lassen, als eine Deutsche in meiner Oper zur Primadonna haben!«[6] Sie blieb immerhin neun Jahre in Berlin.

Das deutschsprachige Berliner Theater kam nach Kochs Tod im Januar 1775 ganz in die Hand des von Gastspielreisen zurückgekehrten Doebbelin, dem eine »Generalkonzession« und der Erlaß von Abgaben die Möglichkeit gab, das Theater in der Behrenstraße allein zu bespielen. In seinem 52köpfigen Ensemble befanden sich »die besten Acteurs«[7] der vaterlosen Koch'schen Truppe, die Schau- und Singspiele in täglichem Spielbetrieb anboten, sofern sie »der Sittsamkeit und dem Geschmack unanstößig sind«[8]. Doebbelin debütierte am 29. April 1775 mit — und als — Shakespeares »Othello, Statthalter in Cypern oder Der Mohr zu Venedig«. Die eigentliche Durchsetzung Shakespeares in Berlin hing jedoch mit dem sensationellen Erfolg zusammen, den der von Doebbelin eingeladene Johann Franz Brockmann als »Hamlet« im Dezember 1777 errang. Brockmann hatte diese Rolle am 1767 eröffneten ersten deutschen Nationaltheater in Hamburg unter Friedrich Ludwig Schröder gespielt, der Shakespeares Werke bearbeitet und für das deutsche Theater gewonnen hatte. Die Einladung Brockmanns, Vorwegnahme der Star-Gastspiele reisender Schauspieler-Virtuosen vor allem im 19. Jahrhundert, bescherte Doebbelin einen ungeheuren Publikumserfolg und führte nach der 12. und letzten Vorstellung des »Hamlet« zum ersten Hervorruf eines Schauspielers durch das Berliner Publikum. Schröder selbst, als Charakterdarsteller schauspielerischer Prototyp des Sturm- und Drang-Theaters mit seinem auf Gegensätze aufbauenden realistischen Eruptivstil, kam 1779 und 1780 zu ähnlich erfolgreichen Gastspielen. Die politische Unsicherheit der Zeit hatte Friedrich II. 1778 veranlaßt, den Spielbetrieb im neu erbauten Französischen Komödienhaus einzustellen, die französischen Schauspieler zu entlassen, und das Königliche Opernhaus für eineinhalb Jahre zu sperren. Doebbelin, nun im Besitz des Theatermonopols, genügte mit Stücken wie dem »Hofmeister« von Lenz und Shakespeares »Macbeth« (1778) höheren Ansprüchen. Wahres Publikumsinteresse stellte sich jedoch außer bei Gastspielen nur dann ein, wenn sentimentale bürgerliche Familienstücke sowie Operetten und Singspiele auf dem Programm standen.

Den Mitgliedern seines um 1780 mit 78 Darstellern im deutschen Sprachgebiet einmalig umfangreichen Ensembles wurde durch dieses Repertoire große Vielseitigkeit abverlangt. Besonders überzeugte darin Karl Wilhelm Ferdinand Unzelmann, der als Charakterdarsteller, Tenor und als Tänzer brillierte. Seines Repertoires wegen kritisiert, antwortete Doebbelin — volkstümlicher Ausdrucksweise mächtig und zu häufig unfreiwillig komischen Ansprachen an das Publikum stets bereit — unter Hinweis auf mangelnde Einnahmen bei Lessings »Emilia Galotti« und Johann Jakob Engels »Dankbarer Sohn«: »Ihr sprecht von großen Meisterstükken, Ihr Kritiker? — Kommt, staunt, blickt her! Ihr find't mit Euren Kennerblicken Lessing und Engel — und — die liebe Kasse leer!«[9]

Lessings Tod 1781 gab Doebbelin Anlaß zu einer Gedenkfeier, bei der der Aufführung von »Emilia Galotti« ein von Engel verfaßter Prolog voranging, der ebenfalls auf die ungenügende Wertschätzung dichterisch wertvoller Theaterliteratur anspielte. Bei Schillers genialischen »Räubern«, seit dem

277

1. Januar 1783 auf dem Spielplan und seit Mai durch den mitreißenden Heldenspieler Johann Friedrich Fleck als Karl Moor zusätzlich attraktiv, nahm das Publikum Gelegenheit, sich für das krasse Gegenteil seichter Familiendramatik zu begeistern. Mit der »Verschwörung des Fiesco« und »Kabale und Liebe« wurden 1784 die idealistisch getönten Jugenddramen Schillers in Berlin vorgestellt. Des biederen Doebbelin oft verkannter Einsatz für das zeitgenössische deutsche Drama zeigte sich besonders in der Uraufführung von Lessings »Nathan der Weise« am 14. April 1783. Lessings vernunftbetonter Appell an Toleranz und Menschenliebe, vom Dichter selbst für vorerst kaum aufführbar gehalten, hatte in Doebbelins Bühnenrealisierung tatsächlich wenig Resonanz. Das Stück wurde erst 1802 unter Iffland in Schillers Bearbeitung erneut gespielt, um zu dieser Zeit auf eine viel wachere Aufnahmebereitschaft zu treffen.

Das Königliche National-Theater

Die wachsende Einflußnahme deutscher Kultur im Zeichen der Aufklärung — auf dem Theater gegenüber den französischen und italienischen Einflüssen — beendete die Zeit des sogenannten »preußischen Rokoko«. Unmittelbare Folgen für das Berliner Theater hatte der Tod Friedrichs II. am 17. August 1786. Sein Nachfolger Friedrich Wilhelm II., schon als Kronprinz Anhänger des deutschsprachigen Theaters, übergab Doebbelin das ehemals Französische Komödienhaus am Gendarmenmarkt, damit er es als Königliches National-Theater weiterführen möge.
Bartolomeo Verona, seit 1773 als Theaterdekorateur in Berlin und besonders für die Oper tätig, schuf im Auftrag und auf Kosten des neuen Königs jene neuen Dekorationen, die zu bewilligen sein auf den Fundus vertrauender Vorgänger jahrelang verweigert hatte. Am 3. Dezember 1786 schloß das Theater in der Behrenstraße, Schauplatz der ersten Aufführungen des National-Theaters, das sich von nun an des lebhaften Interesses von König und Hof erfreuen durfte. Nach wie vor blieb die latente Konkurrenzsituation zwischen weiterhin italienisch bestimmter Hofoper und dem National-Theater, das neben deutschen Schauspielen auch deutsche Opern und Singspiele anbot. Gluck und Mozart wurden bezeichnenderweise nicht von der Oper, sondern vom National-Theater aufgeführt. Die gegenüber den bisher vom Schauspielerpersonal bestrittenen Singspielen von Hiller, Ditters von

Dittersdorf und André gehobenen künstlerischen Ansprüche machten das auch vom König gewünschte Engagement ausgebildeter Opernsänger nötig. Doebbelin hatte bei der von gewaltigem Publikumsinteresse begleiteten Eröffnung des Hauses am Gendarmenmarkt nachdenklich ausgerufen: »Ihr aber, Erhabene! verehrungswürdige Gönner! schenkt der Kunst und Natur ein gnädiges, aufmerksames Gehör; erwägt, daß Rom nicht an einem Tage gebaut ist. Erwägt, wie lange Deutschlands Musen, Deutschlands Thalia, ohne Unterstützung gelebt, und unter der Macht eines unerbittlichen Schicksals und eines noch grausameren Vorurtheils geschmachtet«.[10]
Doebbelins eigenes Geschick wendete sich, als er das Ziel seiner Wünsche erreicht zu haben schien. In seiner Direktionsführung schon länger nicht mehr unumstritten und zudem von Spielschulden bedrängt, wurde er auf Betreiben von Johann Jakob Engel — Professor am Joachimsthal'schen Gymnasium und als Stückeschreiber wie auch als Verfasser der »Ideen zu einer Mimik« (1785/86) mit der Theaterpraxis verbunden — 1787 »entmachtet« und als Direktor auf die Spielleiter-Funktion beschränkt. Friedrich Wilhelm II. berief ein Dreier-Kollegium, die »Königliche General-Kommission«, bestehend aus dem Geheimen Finanzrat von Beyer, dem Oden-Dichter Ramler und Engel als »Bevollmächtigtem Ober-Direktor«, von denen von Beyer schon 1788 nach Spannungen innerhalb der Kommission wieder abtreten mußte. Querelen mit der Hofoper und die Schwierigkeit, den Dekreten des theaterfreudigen Königs gerecht zu werden, behinderten die Entwicklung des jungen National-Theaters, das mehr oder weniger vom Ruf seiner Star-Schauspieler Fleck, dem Ehepaar Unzelmann, Henriette Baranius und Caroline Doebbelin lebte. Fleck, ein aus der Intuition heraus agierender Darsteller und für Shakespeare-Rollen besonders prädestiniert, begeisterte 1787 als Macbeth und Othello, 1788 als Shylock im »Kaufmann von Venedig« und 1790 als »König Lear«. Beaumarchais' im Vorfeld der Französischen Revolution brisante »Hochzeit des Figaro« wurde mit Fleck als Figaro 1785 28mal gespielt.
Das bürgerliche Familiendrama, eine wenig erschütternde, dafür mit Sinn für Theaterwirkung und den Geschmack des zu sentimentalen Gefühlen neigenden Durchschnittspublikums operierende Form des Schauspiels, gewann seit den Aufführungen von August Wilhelm Ifflands »Verbrechen aus Ehrsucht« 1784 und seinem in einem halben Jahr 30mal gespielten Stück »Die Jäger« 1785 einen

»Se. Königliche Majestät haben dem general-privilegirten Direktor der deutschen Bühne, Herrn Döbbelin, das ehemalige französische, von nun an Nationaltheater, mit allen den darin befindlichen Dekorationen und Maschinen, auch der dabei vorhandenen Garderobe, nebst 5000 Thlr. jährlichen Gehalts, außer der öffentlichen Einnahme, allergnädigst zu ertheilen geruht, auch ihm erlaubt, die Komparsenkleider bei Stücken, wo solche nöthig, aus dem Königlichen Opernhause zu leihen.« (Vossische Zeitung vom 12. 9. 1786, zit. nach Genée, S. 23)

»Lebe wohl! du kleine Hütte, Die uns dürftges Brod verliehn: In der ich lange Unglück litte, Morgen werd' ich von dir ziehn, Hin zu jenem prächtgen Tempel, Den uns Preußens Titus gab, O! sein göttliches Exempel Trocknet Kummerthränen ab. Ihr seid Alle seine Kinder, Nehmt an seiner Gnade Theil; Dieser Herzen Ueberwinder Sucht im Menschenglück sein Heil. In dem neuen Sitz der Musen Werden wir uns wiedersehn; Und in jedem edeln Busen Wird für ihn ein Altar stehn.« (Doebbelins Abschiedsrede vom Theater in der Behrenstraße, zit. nach Genée, S. 29)

»Unter den Stücken, welche die Direktion einstudiren lassen, hat Macbeth nach Bürger's Uebersetzung den meisten Zulauf gehabt. Alles — Aktion der Schauspieler (Fleck als Macbeth, Mlle. Döbbelin als Lady M.), die Hexenchöre, welche vom Kapellmeister Reichardt fürchterlich schön in Musik gesetzt sind, Dekoration und Pracht der Kleider trug zu der großen Sensation bei, die Macbeth beim Publikum machte.« (Über »Macbeth« 1787 in den »Annalen des neuen Königlichen National-Theaters«, zit. nach Genée, S. 37)

»Sujet und Aufführung machen ein musterhaftes Ganzes, dessen Schönheiten jedes unbefangene Herz fühlen muß. Jede Scene hat Schönheiten, jede ihre gehörige Stelle, und wenn das Gefühl des Herzens durch eine zu anhaltende Anstrengung schmerzlich werden könnte, so verändert sich der Schauplatz. Aufheiternder Scherz und starkkomische Züge der mithandelnden Personen sind mit glücklicher Wahl gerade da angebracht, wo Aufheiterung und Unterbrechung Erholung ist und neue Erwartungen erregt.«
(Zeitgenössischer Bericht über die Erstaufführung von Kotzebues »Menschenhaß und Reue« 1788, zit. nach Kindermann IV, S. 644)

Der Gensdarmes Platz in Berlin mit dem ehemals Französischen Komödienhaus zwischen Deutschem und Französischem Dom um 1795

Fleck als König Lear (um 1790): »Er war schlank, nicht groß, aber vom schönsten Ebenmaß, hatte braune Augen, deren Feuer durch Sanftheit gemildert war, fein gezogene Brauen, edle Stirn und Nase, sein Kopf hatte in der Jugend Ähnlichkeit mit Apollo ... Sein Organ war von der Reinheit der Glocke und so reich an vollen klaren Tönen in der Tiefe wie in der Höhe, daß nur derjenige mir glauben wird, der ihn gekannt hat, denn wahres Flötenlispeln stand ihm in der Zärtlichkeit, Bitte und Hingebung zu Gebot, und ohne je in den knarrenden Baß zu fallen, der uns oft so unangenehm stört, war sein Ton in der Tiefe wie Metall klingend, konnte in verhaltener Wut wie Donner rollen und in losgelassener Leidenschaft mit dem Löwen brüllen. Der Tragiker, für den Shakespeare dichtete, muß nach meiner Einsicht viel von Flecks Vortrag und Darstellung gehabt haben, denn diese wunderbaren Übergänge, diese Interjektionen, dieses Anhalten und dann der stürzende Strom der Rede sowie

festen Platz im Repertoire der folgenden Jahrzehnte. Ähnlich dauerhaft etablierten sich seit dem erfolgreichen Berliner Debüt mit »Menschenhaß und Reue« und »Die Indianer in England« August von Kotzebues handwerklich geschickt gemachte, dafür aber inhaltlich oft allzu flache Werke im Spielplan des Königlichen National-Theaters. Kotzebue, rational denkender Spätaufklärer wie Iffland, hatte mit dem Ort »Krähwinkel« in seinem Lustspiel »Die deutschen Kleinstädter« (1803) einen Begriff für provinzielle Enge und Geltungssucht geschaffen. Mit seinen zahllosen, effektsicher durchkalkulierten Rührstücken und Lustspielen wurde er einer der beliebtesten und meistgespielten Autoren der Theatergeschichte. Überall in Europa, aber auch in den USA aufgeführt, hat er größere Anerkennung verdient als ihm zu Lebzeiten und nach seinem gewaltsamen Ende 1819 bis heute zuteil geworden ist. Der Hang zum Trivialen befrachtete den Spielplan des National-Theaters von nun an zunehmend mit Ritter- und Schauerstücken von zweifelhafter Romantik, auf die eine im Zusammenhang mit dem 1791 aufgeführten Trauerspiel »Klara von Hoheneichen« formulierte Bemerkung der »Chronik von Berlin« zutrifft, es

habe »sehr gefallen und sogar Epoche gemacht und kann dieses Stück für die Direktion ein Wink sein, daß oft schlechte Stücke Geld bringen, wenn man die Fehler daran mit dem Mäntelchen des Spektakelwesens zudeckt«.[11]
Singspiel, Operette und Oper nahmen im Gegensatz zum Schauspiel einen bedeutenden qualitativen Aufschwung im Repertoire des National-Theaters. Der Aufführung von Mozarts Singspiel »Belmonte und Constance« (d. i. Die Entführung aus dem Serail) 1788 folgten 1790 die seiner »Hochzeit des Figaro« und des »Don Juan«, jeweils unter Beteiligung namhafter Schauspieler wie der Baranius und den Unzelmanns in wichtigen Gesangsrollen. Damit hatten sich Mozart und die deutschsprachige Oper endgültig in Berlin etabliert. Seit 1791 wünschte Friedrich Wilhelm II. eine Inszenierung der »Zauberflöte«. Daß sein Wunsch erst 1794 realisiert wurde, veranlaßte den König trotz des triumphalen Erfolges der Aufführung zur Trennung von Engel. Ramler führte nun zusammen mit dem Geheimrat von Warsing und Fleck als Regisseur und künstlerischem Leiter die Geschäfte. Die Oper im National-Theater profilierte sich mit der Aufführung von Glucks »Iphigenie in Tauris« (1795)

279

FLE.K

als

Graf von Leicester

in

Schillers Maria Stuart

jene zwischengeworfenen naiven, ja an das Komische grenzenden Naturlaute und Nebengedanken gab er so natürlich wahr, daß wir gerade diese Sonderbarkeit des Pathos zuerst verstanden. Sah man ihn in einer dieser großen Dichtungen auftreten, so umleuchtete ihn etwas Überirdisches, ein unsichtbares Grauen ging mit ihm, und jeder Ton seines Lear, jeder Blick ging durch unser Herz.«
(L. Tieck, Dramaturgische Blätter, 1826, zit. nach Jacobs, S. 319/320)

»Wenn er [Fleck] in voller Begeisterung die ganze Fülle seines künstlerischen Wesens in Schwung setzte, erschien er durch und durch ursprünglich und urkräftig. Aber wenn er nicht in rechter Stimmung war — und leider begegnete ihm das je länger je öfter — so erlaubte er sich mit diesen und manchen andern Kunstmitteln, die seine reiche Begabung ihm darboten, mit dem ungemein großen Umfange seiner Stimme und ihrer mannichfachen Modulation, der Fähigkeit, sein Spiel unendlich zu variiren u. s. w. — eine Art von mechanischer Spielerei.
Diese Launenhaftigkeit in seinem Spiele war die sehr unangenehme Kehrseite einer Genialität, die sich auf die Inspiration des Moments stellte. Ein leeres Haus; der Mangel an Beifall, den er vielleicht selbst verschuldete, die Anwesenheit einer einzigen Person, die ihm verdrießlich war, konnten ihn dahin bringen, völlig gleichgültig zu werden, seine Rolle gänzlich fallen zu lassen oder übermüthige Spielereien mit Ton und Geberde zu treiben. Oder er verlor wohl auch beim besten Willen plötzlich, wie aus physischen Ursachen, Laune und Stimmung, und nur einzelne Scenen oder Momente gelangen ihm dann noch. Es war eine gangbare Aeußerung in Berlin: man wisse nie, wenn man ins Theater gehe, ob man den großen oder den kleinen Fleck werde zu sehen bekommen, und selbst seine

4.71
Fleck als Leicester in »Maria Stuart« 1801

größten Verehrer konnten oft den
Unwillen nicht zurückhalten.«
(E. Devrient, S. 68/69)
Iffland als Der Geizige (1805):
»Man hat die Kleidung wahrgenommen und vergessen, und der
Blick des Zuschauers bleibt fort
und fort geheftet auf das asch-
farbige Gesicht mit den
stechenden Luchsaugen, der
feinen Spürnase, dem zusammen-
gekniffenen, Argwohn verra-
tenden Munde, dem spitzigen,
fragenden Kinne, auf die stets
beredten Hände und Finger, ohne
jede Zutat und nur mit dem vom
Dichter vorgeschriebenen großen
Brillantringe geziert. Die weißge-
puderte physiognomiereiche
Perücke, deren jezuweiliges Hin-
und Herschieben oder unwill-
kürlich scheinendes Verrücken
gibt dem Bilde das eigentümlichste
Leben.«
(Z. Funck, Aus dem Leben zweier
Schauspieler, 1838,
zit. nach Jacobs, S. 97)

Iffland als König Lear (1801):
»Iffland erschien mit wankendem
Schritte, vorgebeugtem Körper,
auf ein Schwert gestützt; und
auch seine Diktion verriet durch
das Abgebrochene, Ersterbende
eine gänzliche Erschöpfung. Im
Fortschreiten der Handlung
äußerte sich der steigende Affekt
durch einzeln und gewaltsam
ausgestoßene Laute, durch herz-
zerreißendes Stöhnen und
erschütterndes Aufschreien; und
das oft wiederholte Zurück-
drängen des hochaufschwellenden
Herzens, die kraftlos übereinan-
dergeschlagenen Füße, das
Hinlehnen und Anstützen an die
Umstehenden, das wirkliche
Zusammensinken unter dem
ersten gräßlichen Fluche bewiesen
eine solche fürchterliche Anstrengung des Greises, daß man
jeden Augenblick einen Schlag-
fluß hätte befürchten dürfen.
Schon hier zeigte er durch langes,
dumpfes Hinbrüten, durch
Sprünge in der Diktion und
unsichere, ungewisse Hand-
bewegungen Spuren des Wahnsinns . . .«
(H. von Collin, Sämtliche Werke,
1814,
zit. nach Jacobs, S. 321/322)

Iffland als Kammerrath Fegesack in
»Der Geizige«

weiterhin sowohl gegenüber der von der Königlichen Hofoper vertretenen italienischen Oper als auch im Verhältnis zum stagnierenden Schauspielbetrieb, der mit anspruchsloser Gebrauchsdramatik aufrechterhalten wurde. Die französische Revolution, die sowohl den Hof als auch die Bürger der Stadt in Aufregung und das preußische Militär in Alarmbereitschaft versetzte, hatte auf dem Theater auch in ihren geistigen Auswirkungen kaum bemerkbare Folgen. Vielmehr machten die Führungsprobleme am National-Theater, die durch Undiszipliniertheiten der Schauspieler und laute Publikumsproteste auch öffentlich deutlich wurden, eine Neuorganisation unumgänglich, die zu einer eher konservativen Lösung führte. Friedrich Wilhelm II. berief, wie schon früher erwogen, den in Berlin durch seine Stücke und ein längeres erfolgreiches Gastspiel als Schauspieler bekannten August Wilhelm Iffland ab sofort zum alleinigen Direktor des Königlichen National-Theaters.

Das Königliche National-Theater unter Iffland 1796—1814

Daß Iffland trotz seiner engen Bindung an das Mannheimer Nationaltheater und dessen Intendanten Heribert von Dalberg als seinem großen Förderer das preußische Angebot akzeptierte und am 14. November 1796 als 38-jähriger sein Amt antrat, hatte wesentlich mit der Bereitschaft des Königs zu tun, 14 000 Gulden persönliche Schulden ohne Rückzahlungsverpflichtung zu übernehmen. Ramler, hochbetagt, wurde in den Ruhestand versetzt, von Warsing Berater des Hauses, bis ihn eine Kontroverse mit Iffland veranlaßte, um seine Entlassung zu bitten. Als Schauspieler zeigte sich der Intendant Iffland zum erstenmal am 21. November 1796 in der Rolle des Franz Moor in Schillers »Räubern«. Ifflands in den Zusammenhang seiner Zeit der Spätaufklärung gehörender Darstellungsstil bestand aus einer durchkalkulierten, auf Steigerung bedachten Herausarbeitung von Effekten, die den darzustellenden Charakter stimmlich, mimisch und gestisch aus zahlreichen Nuancen aufbauten. Seine Fähigkeit, mosaikartig zusammengesetzte Typen vorzustellen und mit individueller Färbung zu versehen, prädestinierte ihn für komische Rollen und die Figuren der bürgerlichen und Familien-Dramatik eigener Machart mehr noch als für die Klassiker, zumal ihm die Vermittlung großer Leidenschaften wenig lag. Die zahlreichen, von den Brüdern Henschel zwischen 1808 und 1813 »wäh-

rend der Vorstellung« gezeichneten Rollenabwicklungen geben die Details von Ifflands Darstellungsstil überzeugend wieder. Iffland personifizierte nach heutigen Maßstäben kaum denkbare Breite an Rollenmöglichkeiten in einem vom Lustspiel über das Melodrama bis zur Tragödie reichenden Repertoire, dessen Vielseitigkeit eine — wiederum nach heutigen Gesichtspunkten — unliterarische Grundhaltung des Theaters verrät, wie sie einem Königlichen National-Theater zu Beginn des 19. Jahrhunderts möglich war. Allgemein waren Schauspieler zu dieser Zeit weniger auf bestimmte Rollen und auf ein gewisses Niveau der Spielvorlage festgelegt. 20—30 Rollen zur Verfügung zu haben, hatte auch mit den damals geringeren Genauigkeitsansprüchen und der viel üblicheren Möglichkeit des Extemporierens zu tun.

Gegenüber dem Denkschauspieler Iffland verkörperte das Romantiker-Idol Johann Friedrich Ferdinand Fleck — der Karl Moor in den »Räubern« von 1796 und Ifflands Protagonist während der ersten Jahre seiner Intendanz — als Intuitionsspieler das zur Darstellung heroischer Leidenschaften und romatischer Gefühle prädestinierende gegenteilige Darstellungsprinzip. Er wurde ebenso wie die Individualitäten der anderen prominenten Ensemblemitglieder in Ifflands Inszenierungen integriert, in denen das Gemeinsame eher durch wirkungsvolle Dekorationen und Kostüme zum Ausdruck kam als durch einen für alle verbindlichen Spielstil. Im Sinne seiner Vorstellung eines Effekt-Theaters versuchte Iffland lediglich seine Autoren anzuregen. Schiller, mit Iffland seit der Mannheimer Uraufführung der »Räuber« 1782 verbunden, verdankte Iffland manche praktische Hilfe und viele Berliner Aufführungen seiner Werke. Die Romantiker dagegen wie A. W. Schlegel und Ludwig Tieck wehrten sich gegen eine derartige Beeinflussung und bekämpften Iffland als Relikt der Spätaufklärung. So erklärt sich, daß dessen Förderung nur »annähernde« Romantiker wie Zacharias Werner erreichte, dessen Luther-Drama »Die Weihe der Kraft« zwischen 1806 und 1813 mit Iffland in der Hauptrolle oft auf dem Spielplan stand. Für Heinrich von Kleist, ein sich der literarischen Einordnung wie der problemlosen theatralischen Realisierung gleichermaßen entziehendes Phänomen, fehlte Iffland — wie Goethe — das richtige Verständnis, womit er zu Kleists tragischem Ende 1811 beitrug, ohne daß man in diesem Zusammenhang von Schuld sprechen dürfte.

Ifflands gespanntes Verhältnis zu den Romantikern galt nicht im Zusammenhang mit deren Shake-

»Ich erkenne jede bei dem Theater angestellte Verwaltung als respektive der Direktion untergeordnet. Ich erkenne keine Mitdirektion, keine Ökonomie-Direktion noch Direktor! Alle Ressorts vereinigen sich in meiner Führung zum ehrlichen Zweck des zu hebenden Ganzen. Ich kann mir von niemand die Etats entwerfen lassen, noch eine rechnungsmonatliche Abnahme einem anderen gestatten, ohne ein Unvermögen zu bekennen, das ich nicht habe . . .«
(Iffland an von Warsing, [1796/97], zit. nach Kindermann V, S. 218)

»Bei den mancherlei Verbesserungen, welche das Theater seit seiner Umwandlung zum ›Königlichen‹ erfahren hat, und bei den vielen schönen Erfolgen, deren die Direktoren Engel und Ramler sich rühmen durften, bleibt es eine auffallende Thatsache, daß im Publikum der Ton noch immer der alte geblieben war, daß tumultuarische Opposition und leichtfertig herbeigeführte Scandalia sich immer noch nicht aus dem königlichen Hause verbannen ließen. Auch jetzt noch war es kein seltener Fall, daß das Mißfallen über einzelne Schauspieler in Pochen und Pfeifen äußerte; und eine vielleicht etwas mildere aber nicht weniger empfindliche Aeußerung der Unzufriedenheit bestand auch darin, daß die Schauspieler bei Abgängen ›ausgehustet‹ wurden. So schonungslos und roh verfuhr man nicht allein bei eklatanten Durchfällen neuer Schauspieler, die man überhaupt nicht weiter zu sehen wünschte, sondern auch langjährige und beliebte Mitglieder mußten dergleichen hinnehmen, sobald sie in einem einzelnen Falle die Unzufriedenheit des Publikums erregten. Man war eben noch sehr weit davon entfernt, den Schauspieler als ein gleichberechtigtes Mitglied in der guten Gesellschaft anzuerkennen. Bezeichnend dafür ist, daß noch im Jahre 1789 das Königliche Hof- und Kammergericht die öffentliche Warnung wiederholte: den bei der Oper und Komödie beschäftigten Personen weder an Geld noch an Waaren etwas zu borgen; da

etwaige bezügliche Klagen vom Gericht nicht angenommen würden, die Beschädigten also den Verlust sich selber zuzuschreiben hätten.«
(Genée, S. 57/58)

»Es scheint mir und schien mehreren bedeutenden Männern bedenklich, in einem militärischen Staate ein Stück zu geben, wo über die Art und Folgen eines stehenden Heeres so treffende Dinge in so hinreißender Sprache gesagt werden. Es kann gefährlich sein, oder doch leicht mißdeutet werden, wenn die Möglichkeit, daß eine Armee in Masse deliberirt, ob sie sich da oder dorthin schicken lassen soll oder will, anschaulich dargestellt wird. Was der wackere Wachtmeister so charakteristisch über des Königs Scepter sagt, ist, wie die ganze militärische Debatte, bedenklich, wenn ein militärischer König der erste Zuschauer ist. Ganz anders ist das in Weimar . . .«.
(Iffland an Schiller über »Wallensteins Lager«, 10. 2. 1799, zit. nach Genée, S. 66)

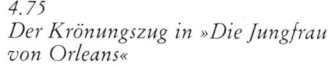

4.75
Der Krönungszug in »Die Jungfrau von Orleans«

speare-Übersetzungen, die dem deutschsprachigen Theater den »romantischen Shakespeare« gewannen und die bis dahin gespielten, zum Teil arg verfälschenden Bearbeitungen ablösten. Insofern ist die Berliner »Hamlet«-Aufführung in der Übertragung von A. W. Schlegel am 15. Oktober 1799 — mit Beschort als Hamlet und der Unzelmann als Ophelia — ein theaterhistorisch bedeutendes Ereignis. Schlegel hatte das jambische Metrum Shakespeares beibehalten, ohne daß sich Iffland daran stieß, der grundsätzlich die natürliche Rede im Drama der Versform vorzog und deshalb Verse nicht deklamieren, sondern gerne wie Prosa sprach und sprechen ließ.

Während der Zeit seiner Intendanz von 1796 bis zu seinem Tod 1814 dominierten in Ifflands Spielplan gängige Stücke wie die Kotzebues, seine eigenen, die meist Bearbeitungen darstellenden Werke von

Herklots sowie auf dem Gebiet des Musiktheaters Opern, Operetten, Singspiele und Gesangspossen. Unter den vergleichsweise seltener gespielten Werken seriöser Dramatik bevorzugte Iffland Schiller gegenüber Goethe und Shakespeare. Schillers jüngste Werke waren von Goethes Weimarischem Hoftheater im statuarischen Stil der Klassik uraufgeführt worden. In wesentlich lebhafterer szenischer Bewegung kamen nun in Berlin zwei Teile des »Wallenstein« — die »Piccolomini« und »Wallensteins Tod« — im Februar und im Mai 1799 zur Aufführung. Das Fehlen von »Wallensteins Lager«, dem Eingangsstück der Trilogie, begründete Iffland Schiller gegenüber mit Rücksichten auf das Militär. Fleck, dem Iffland die Hauptrolle anvertraute, obwohl Schiller ihn selber darin gewünscht hatte, erreichte als dämonischer Wallenstein den Höhepunkt seiner darstellerischen Laufbahn, die

4.29
Das neue Schauspielhaus zu Berlin

Ende 1801 mit dem Tod des 45-jährigen viel zu früh abbrach. Iffland, bis dahin der Octavio, betonte als Wallenstein das Rationale gegenüber dem Unheimlichen. Nach einer weniger gelungenen »Maria Stuart«-Inszenierung im Januar 1801 — mit Friederike Unzelmann als Maria und Fleck als Leicester — und dem vom Publikum vollkommen abgelehnten »Egmont« von Goethe im folgenden Monat, erregte im November 1801 die Aufführung von Schillers »Jungfrau von Orleans« wegen der ungeheuren Prachtentfaltung in Dekorationen und Kostümen gewaltiges Aufsehen. Der Krönungszug im 4. Akt versammelte immerhin 800 Personen auf der Bühne, was Schiller Iffland gegenüber zu der Bemerkung veranlaßte: »Sie erdrücken mir ja mein Stück mit dem prächtigen Einzug!«[12] Die Bühne des National-Theaters hatte sich schon seit längerem als zu beengt für Ifflands auch räumlich anspruchsvollen Inszenierungsstil erwiesen. Dem Intendanten war es gelungen, Friedrich Wilhelm III., den Nachfolger des 1797 gestorbenen theaterbegeisterten Königs Friedrich Wilhelm II., von der Notwendigkeit eines Neubaus zu überzeugen. Mit einer Aufführung der »Jungfrau von Orleans« am 31. Dezember 1801, der 13. in 5 Wochen, schloß das frühere Französische Komödienhaus am Gendarmenmarkt. Am 1. 1. 1802 wurde unmittelbar daneben mit Kotzebues reich ausgestattetem Ritterschauspiel »Die Kreuzfahrer« das neue National-Theater nach zweijähriger Bau-

zeit eröffnet. Das von Carl Gotthard Langhans — beraten vom Bühnendekorateur Verona und Iffland — entworfene Schauspielhaus bot 2000 Zuschauern Platz. Wegen des gewaltigen, Malersäle und Magazine auch der Lindenoper verbergenden Ziegeldachs nannten es die von der komfortablen Innenausstattung begeisterten Berliner »Der Koffer«. Unter den folgenden Klassikeraufführungen in Ifflands effektvollem Inszenierungsstil sind erwähnenswert 1802 Lessings »Nathan« (Iffland) und Goethes »Iphigenie auf Tauris« (Friederike Unzelmann), Shakespeares »Julius Caesar« in A. W. Schlegels Übersetzung und 1803 Schillers vor allem wegen der Chöre umstrittene »Braut von Messina«.

Schiller kam 1804 nach Berlin und erlebte, vom Publikum begeistert gefeiert, die Aufführungen eines Zyklus' seiner Werke. Sein schlechter Gesundheitszustand verbot, die vom König unterstützten Pläne Ifflands weiter zu verfolgen, ihn nach Berlin zu holen. Beim triumphalen Erfolg seines »Wilhelm Tell« am 4. Juli 1804 war er bereits wieder in Weimar. Iffland als ideale Verkörperung des Biedermannes Tell sowie die milieuechte Ausstattung begründeten die Vorliebe der Berliner für diese Inszenierung. Nicht zuletzt bedeuteten die Aufführungen des »Tell« ebenso wie die von »Wallensteins Lager« und — 1805 — von Goethes »Götz von Berlichingen« patriotische Aussagen des Theaters in politisch brisanter Zeit vor dem Aus-

wie sie von dieser Seite dem Stück mitgespielt haben. Die Rolle des Erzbischofs ist ganz gestrichen; die schönsten Szenen sind auf die Hälfte reduziert, zuweilen mit einer Willkür, für die sich kein Grund erdenken läßt. So hörte bei der ersten Vorstellung, der ich beiwohnte, die Szene mit Raimond im fünften Akt — werden Sie es glauben — bei den Worten auf: ›Ich bin mir keiner Schwachheit mehr bewußt.‹ — Der göttliche Schluß fiel weg. Nur weil ich laut über diesen Skandal schrie und Iffland zum Glück eine Art von Furcht vor mir hat, wurde sie — jedoch nach vielen Pourparlers — wieder ergänzt. Und dabei steht auf dem Zettel, die Abkürzungen wären sämtlich von Ihnen angegeben; 3. daß er die Johanna nicht bis auf die Eröffnung des neuen Theaters reserviert hat.«
(F. von Gentz an Schiller, 3. 1. 1802, zit. nach Jacobs, S. 184/185)

links:
Friederike Unzelmann als Fanchon
das Leyermädchen 1804
rechts:
Iffland als König Lear 1810

»Die frohe Stimmung des Publikums am ersten Abend machte sich in den stürmischen Ovationen Luft, welche man dem jungen Könige, der als der Fürst des Friedens besungen wurde, und der schon damals von Allen geliebten Königin Luise darbrachte. Leider gingen diesen Freudenscenen ein paar sehr unerquickliche Stunden voraus. Schon ein paar Stunden vor der Eröffnung der Theaterkasse hatte die Belagerung der Thüren begonnen und bei Oeffnung derselben hatte ein solches Gedränge stattgefunden, daß Verletzte und Ohnmächtige hinweggetragen wurden und militärische Hülfe (Husaren) einschreiten mußte.«
(Über die Eröffnung des neuen National-Theaters 1802, Genée, S. 78)

bruch der Napoleonischen Kriege. Schillers Tod am 9. Mai 1805 veranlaßte Iffland ein Jahr später zu einer Benefizvorstellung der »Braut von Messina«, deren Ertrag in Höhe von 3003 Thalern und 2 Groschen den Hinterbliebenen Schillers zugutekam.

Die politische Lage, die 1806 zur Besetzung Berlins durch die französische Armee und zur Flucht des Königs führte, wirkte sich hemmend auf die Weiterentwicklung des Theaters aus. Dem Wunsch der Besatzungsmacht nach theatralischer Unterhaltung französischer Provenienz mußte Iffland notgedrungen folgen. Ohne auf das attraktive Angebot der Übernahme der Leitung des Wiener Burgtheaters einzugehen, hielt er den Betrieb der »Societé dramatique et lyrique Allemande de S.M.le Roi« aufrecht. Nach Abzug der Franzosen 1808 und Rückkehr des Hofes 1809 fand das nunmehr wieder »Königliche National-Theater« mit Shakespeare-Inszenierungen — »Hamlet«, »Julius Caesar«, »Der Kaufmann von Venedig« jeweils in A. W. Schlegels Übersetzung und »Romeo und Julia« bearbeitet von Goethe — bald zum früheren Standard auch äußerlich prachtvoller, publikumswirksamer Inszenierungen zurück. Goethes »Tasso« wurde 1811 ein großer Publikumserfolg. Im Juni

dieses Jahres ernannte Friedrich Wilhelm III. Iffland zum Generaldirektor sämtlicher Königlicher Schauspiele in Berlin. Damit übernahm er neben der Leitung des National-Theaters auch die Verantwortung für die bisher italienische, von nun an deutschsprachige »große« Oper Unter den Linden, ohne dieser zusätzlichen Aufgabe wirklich gewachsen zu sein. Ifflands Tätigkeit als Theaterdirektor, Regisseur und Schauspiellehrer, als Dramatiker und vor allem als Schauspieler, der zu seinen 3—4maligen Auftritten pro Woche intensives Rollenstudium benötigte, begann die Kräfte des über 50-jährigen zu überfordern. Wachsender Kritik an seiner Arbeit begegnete er mit der vermehrten Wahrnahme lukrativer Gastspielmöglichkeiten außerhalb Berlins, die Schulden abtragen halfen und seinen Ruhm mehrten. Aus der Trivialität der meist gut gespielten dramatischen Tagesware ragte die Aufführung von Müllners 1814 gegebenem Schicksalsdrama »Die Schuld« hervor. Diese Darstellung eines Brudermordes ist neben Werners »24. Februar« Prototyp eines düsteren Seitentriebs der Romantik mit gut spielbaren Rollen und theaterwirksamen Stücken, die ihr Thema effektvoll-unheimlich, aber ohne eigentlichen Tiefgang als zwangsläufiges Verhängnis entwickelten. Als Iff-

285

land am 22. September 1814 55-jährig an einem Lungenleiden starb, hatte er sein Theater hoffähig gemacht. Die ihm 1810 zum Dank für seine patriotische Haltung vom König verliehene Würde eines Ritters des Roten Adlerordens war ein äußeres Zeichen der Wertschätzung seiner Person bei Hof und im Bürgertum wie auch der allmählich beginnenden Hof- und Gesellschaftsfähigkeit der Berliner Schauspieler. Friedrich Wilhelm III., nach dem Tode der Königin Luise 1810 und in der Zeit der Befreiungskriege geradezu süchtig nach Ablenkung durch problemlos-unterhaltsame Theaterabende, machte bei der Berufung von Ifflands Nachfolger aus der bisherigen Position eines Generaldirektors der Königlichen Schauspiele die Hofcharge des General-Intendanten, womit er nicht zuletzt seine direkte Einflußmöglichkeit erhöhte.

Die Königlichen Schauspiele unter Brühl 1815—1828

Karl Friedrich Moritz Graf von Brühl eröffnete Anfang 1815 — 43-jährig — die für die Berliner Theaterleitung im 19. Jahrhundert charakteristische Reihe sogenannter Kavaliersintendanzen. Durch seine ausgeprägten künstlerischen Interessen und eine Lehrzeit an Goethes Weimarer Theater war er aufs beste auf den schon länger angestrebten Beruf vorbereitet. Brühl, für den das Theater eine Bildungsanstalt im idealen Sinne der Aufklärung und Klassik bedeutete, plante gegenüber Ifflands Direktorat die Aufwertung der Oper, die historische Herleitung von Kostümen und Dekorationen sowie die Aufhebung des Rollenmonopols zugunsten der Möglichkeit, für jede Neuinszenierung ein passendes Ensemble zu wählen. Seine Protagonisten waren der noch von Iffland aus Breslau nach Berlin verpflichtete Ludwig Devrient, der am 1. April 1815 als Franz Moor in Schillers »Räubern« debütierte, dann Auguste Düring (seit 1817 Stich, seit 1826 Crelinger), eine Schülerin Ifflands und der Bethmann-Unzelmann, die nach deren plötzlichem Tode 1815 in den Vordergrund rückte, sowie das 1816 zu Goethes Mißvergnügen von Weimar nach Berlin engagierte Ehepaar Pius Alexander und Amalie Wolff.

Ludwig Devrient, legendär geworden durch seine nächtlichen Sitzungen mit E. T. A. Hoffmann im Weinkeller von »Lutter und Wegener«, war schauspielerisch der Gegenpol des rational-zergliedernden, Nuancen und Effekte herausarbeitenden Iffland. Viel eher an den früh verstorbenen Fleck anknüpfend, faszinierte er das Publikum durch geniale Darstellungen schwieriger Charaktere. Dem bedeutendsten deutschsprachigen Schauspieler im Zeitalter der Romantik ermöglichte die dämonische Getriebenheit seines Wesens, Außerordentliches, Grauenhaftes, Bizarres und Tragikomisches überzeugend darzustellen. Der Reichtum seiner Ausdrucksmittel prädestinierte ihn besonders für Shakespeare-Rollen (Shylock, König Lear, Falstaff) und für Schillers Franz Moor, überwiegend beschäftigt aber war er in kleinen und mittleren Rollen gängiger Lustspiele.

Vollkommen gegenteilig in der künstlerischen Anlage war das Schauspieler-Ehepaar Wolff. Aus Goethes vom Geist des Idealismus geprägter Weimarer Schule hervorgegangen, waren beide entgegen zeitgenössischen realistischen und naturalistischen Tendenzen dazu erzogen worden, Theater als Kunstwerk anzusehen, das bewußte Stilisierung von Sprache und der anderen Bühnenmittel voraussetzte. Goethe hatte am Beispiel Ifflands die Notwendigkeit von Vielseitigkeit und Wandlungsfähigkeit als Voraussetzung für den Schauspieler erkannt. Ifflands Berliner Erbe bestand indessen

Pius Alexander Wolff als Hamlet
(1816):
»Mit Wolff legst Du alle Ehre ein.
Er gefiel . . . Er weiß sich zu
verschaffen sogar was ihm die
Natur versagt zu haben scheint,
und man kann ihn einen Künstler
nenen. Die zwey schwersten
Stellen im Stücke habe ich niemals
so gut, will sagen so vollkommen
darstellen sehen: den Monolog:
Seyn oder nicht seyn und den, wo
der König betet. Das letzte so
heimlich, so verständlich und
wahrhaft und sicher, daß der
König unmöglich etwas merken
kann; denn das will auf unserer
Bühne schon etwas sagen. Was
seine Haltung nach außen betrifft,
so hoffe ich, daß unsere von ihm
lernen sollen . . . Auch seine
Sprache ist kräftig, mild und frey
und zusammenhängend . . .«
(Zelter an Goethe, 24. 4. 1816
zit. nach Hübscher, S. 100)

4.93
*Karl Friedrich Moritz von
Brühl 1825*

»Denkst Du Dir nun den Kreis
dazu, in dem dies alles vorgeht:
einen Prinzen als Mephisto,
unsern ersten Schauspieler als
Faust, unsere erste Schauspielerin
als Gretchen, einen Fürsten als
Komponisten, einen wirklich
guten König als ersten Zuhörer
mit seinen jüngsten Kindern und
ganzem Hofe, eine Kapelle der
ersten Art, wie man sie findet, und
endlich einen Singchor von
unsern besten Stimmen, der aus
ehrbaren Frauen, mehrenteils
schönen Mädchen und Männern
von Range (worunter ein Konsistorialrat, ein Prediger, eine
Konsistorialratstochter), Staats-
und Justizräten besteht und dies
alles angeführt vom königlichen
General-Intendanten aller Schauspieler der Residenz, der den
Maschinenmeister, den Dirigenten, den Souffleur macht; in
der Residenz in einem königlichen
Schlosse; so sollst Du mir den
Wunsch nicht schlimm heißen,
Dich unter uns gewünscht zu
haben.«
(Zelter an Goethe, 24. 5. 1820,
zit. nach Jacobs, S. 43)

aus Darstellern, die zwar bürgerliche Dramatik in einer angemessen überhöht-naturalistischen Weise vorstellen konnten, denen aber für das höhere Drama vor allem Sprechtechnik fehlte. In diesem Bereich eher als zunächst in Lustspielen überzeugten die Wolffs nach anfänglichen Schwierigkeiten das Berliner Publikum und schufen sich eine geachtete Stellung im Ensemble. Für die gestiegene Reputation der Theaterleute in der Berliner höfischen Gesellschaft spricht die Mitwirkung Brühls und seiner Protagonisten an den legendär gewordenen privaten Uraufführungen von Teilen des Goethe'schen »Faust« 1819 und 1820 im Schloß Monbijou, initiiert vom Fürsten Anton Heinrich Radziwill, der dafür eine Bühnenmusik komponiert hatte. Schauspielerische Dilettanten wie der offenbar wegen bestimmter Wesensähnlichkeiten als Mephisto sehr überzeugende Herzog Karl von Mecklenburg agierten zusammen mit Auguste Stich als Gretchen und Pius Alexander Wolff als Faust. Wolff war als Regisseur und dramaturgischer Berater engster Mitarbeiter des Grafen Brühl, solange es seine ab 1823 immer labiler werdende Gesundheit erlaubte. Ihm ist die Entdeckung Calderons für Berlin zu verdanken. Als zu seiner Zeit oft gespielter Bühnendichter trat er besonders erfolgreich 1821 mit »Preciosa« in Erscheinung, einem »Schauspiel mit Gesang und Tanz« zu Musik von Carl Maria von Weber. Regie und Regisseure im heutigen Sinne waren zu Ifflands und Brühls Zeiten noch unbekannt. Namentlich tauchte der Regisseur erst ab 1825 auf den Theaterzetteln der Königlichen Schauspiele auf. Ungeachtet der Schwierigkeiten, Schauspieler von Kollegen anleiten zu lassen, hatte Brühl zunächst mit dem schon bei Engel praktizierten »Wöchner«-System experimentiert: dazu befähigte Ensemblemitglieder wechselten sich turnusmäßig in der »Spielleitung« ab. Sie trafen die zum ordnungsgemäßen Ablauf von Proben und Aufführungen nötigen Arrangements. Bald jedoch zog der als »Oberregisseur« fungierende Brühl für die Ressorts Trauerspiel, Schauspiel, Lustspiel und Oper bestimmte Spezialisten aus dem Ensemble heran, unter denen Wolff offenbar als einziger nicht nur handwerklich, sondern auch schöpferisch Regie geführt hat.
Brühls wesentlicher Einfluß auf die Inszenierungen seiner beiden Häuser bezog sich auf die historisch und folkloristisch, sozial und national getreue Gestaltung von Kostümen und Dekorationen, die durch die beiden Veröffentlichungen »Neue Kostüme auf den beiden Königlichen Theatern in Berlin« und Karl Friedrich Schinkels »Dekoratio-

nen auf den beiden Königlichen Theatern« eindrucksvoll bildlich überliefert ist. Iffland, der die Kostüme seiner Ära in den »Kostümen auf dem Königl. National-Theater zu Berlin« dokumentieren ließ, hatte durch das Kostüm Charakteristisches unterstreichen, bestimmte Effekte erzielen oder auch Pracht und Schönheit im opernhaften Sinne demonstrieren wollen. Ihm wie anderen namhaften Mitgliedern seines Ensembles hatte es freigestanden, Kostüme nach eigenen Vorstellungen zusammenzustellen. Durch Erhalt einer Kostümpauschale gehörte es ohnehin zu den Pflichten von Schauspielern, Sängern und Tänzern, für die meisten ihrer Kostüme selber zu sorgen. Dank Friedrich Wilhelms III. Freude an prachtvoller Ausstattung auf seinen Bühnen erhielt Brühl nun die Möglichkeit, Kostüme und Dekorationen in stilistischer Einheitlichkeit für zunächst jede Inszenierung fast durchgehend neu — und dabei materialecht — realisieren zu können.
Entscheidend für die hohe Qualität seiner Reformbemühungen um das Bühnenbild war Brühls Zusammenarbeit mit Schinkel, der sich bei Iffland noch vergebens um die Nachfolge des 1813 gestorbenen Dekorationsmalers Bartolomeo Verona beworben hatte. Schinkel und Brühl trafen sich in dem zeittypischen Bestreben, Bildungsgut in pädä-

Ludwig Devrient als Falstaff
(1817):
»Ich möchte überhaupt die ganze
Darstellung durch eine in der Tat
wollüstige Behaglichkeit charakterisieren, aus welcher unser
Mann nur etwa durch das
Äußerste gerissen werden kann,
wie z. B. da, wo man ihn
erstechen will, was ihm doch zu
arg wird, weshalb er sich auch
sofort scheintot auf den Boden
niederlegt und zur Beruhigung
begibt.«
(A. Klingemann, Kunst und
Natur, 1828,
zit. nach Jacobs, S. 429)

links: 4.104
Ludwig Devrient als König
Lear 1815
rechts: 4.108
Ludwig Devrient als Fal-
staff 1817

gogischer Absicht weitergeben zu wollen. Schinkel
benutzte seine immensen archäologischen, kunst-,
bau- und naturgeschichtlichen Kenntnisse für seine
in klassizistischer Manier auf den jeweiligen
Gegenstand und dessen geistigen Gehalt bezogenen
Bühnendekorationen. In den herausragenden seiner
Arbeiten für das Theater, den Dekorationen für
Mozarts »Zauberflöte«, Fouqué-E. T. A. Hoffmanns »Undine« (1816) sowie für die beiden
Gluck-Opern »Alceste« (1817) und »Armide«
(1820), kulminiert eine Entwicklung, die der Über-
ladenheit barocker Bühnendekorationen mit ihrer
ins Unendliche zielenden Tiefenperspektive eine
eher flache Bühne entgegenstellte, die im Relief
und unter Einbeziehung des Proszeniums bespielt
werden sollte. Neben anderen hatte der Architekt
Louis Catel in seinen »Vorschlägen zur Verbesserung der Schauspielhäuser« von 1802 eine solche
Anordnung vorgeschlagen, bei der dem gemalten
Hintergrundprospekt die entscheidende Rolle bei
der Charakterisierung des Raumes zufiel. Langhans' Königliches National-Theater von 1802 hatte
derartigen Forderungen noch nicht entsprochen.
Nachdem das Haus am Gendarmenmarkt am
29. Juli 1817 abgebrannt war, erhielt Schinkel auf

Brühls Vorschlag hin den Auftrag eines Neubaus
unter Einbeziehung der Reste des alten Hauses.
Daraus ergab sich eine stärkere Festlegung, als dem
von 1818 bis 1821 gebauten Schauspielhaus schließlich anzusehen war, das nicht zuletzt wegen seiner
Geschlossenheit als Meisterwerk klassizistischer
Baukunst gilt. Die von Schinkel geforderte Vertiefung des Proszeniums hatte sich nicht wie gewünscht realisieren lassen, dafür waren jedoch die
nach barockem Vorbild hufeisenförmig um das
Parkett angeordnet gewesenen Zuschauerränge
durch einen der Bühne halbkreisförmig vorgelager-
ten Zuschauerraum mit Platz für 1500 Personen
ersetzt worden.
Schinkel realisierte seine zwischen 1815 und 1829
für etwa 100 Bühnenwerke entstandenen Dekorationen zusammen mit den Bühnenmalern Carl Wilhelm Gropius, seinem Schüler, mit Johann Karl
Jakob Gerst und mit Köhler, die ebenfalls als Büh-
nenbildner Dekorationen für die Königlichen
Schauspiele schufen. Selbst Schinkel entwarf nicht
immer sämtliche Dekorationen einer Inszenierung
neu. Manchmal waren es nur einige, die nach
damals üblicher Praxis durch Dekorationen aus
dem Fundus ergänzt wurden, die ursprünglich für

»Hr. Devrient erregte, als Major
von Barsch, gleich bei seinem
ersten Auftreten eine freudige
Sensation, die wir einen unwill-
kührlichen Tribut nennen
mögten, für die Selbstverleugnung
mit der er in der Regel nur als
Karikatur erscheint . . . nun überrascht er uns . . . mit eignem wohl-
verschnittenem Haar und ohne
entstellende Schminkklexe.
Jedermann freute sich, einmal die
reine Naturform des Künstlers zu
sehen, und viele mögen heute zum
erstenmal inne geworden seyn,
daß H. Devrient auch ein recht
hübscher Mann ist.«
(Spenersche Zeitung vom
9. 5. 1820,
zit. nach Hübscher, S. 112)

»Wenn ich auch kein wirklich ausübender Künstler bin, so darf ich mich doch ohne Stolz unter die Zahl der Künstler überhaupt rechnen. Ich betreibe mein Geschäft nicht wie ein Amt, nicht wie einen bloßen Hofdienst, sondern mit der Liebe und dem Eifer eines Künstlers, ja trotz meiner 50 Jahre mit der Lebhaftigkeit und Leidenschaftlichkeit eines jungen Künstlers. Es läßt mir keine Ruhe und treibt mich immer wieder auf, wenn ich mir auch noch so sehr vornehme, alles gehen zu lassen, wie der Schlendrian es wünscht. Diese Liebe zur Poesie der Kunst reibt aber meine besten Lebenskräfte schneller auf, als sonst geschehen würde, ich fühle dies nur allzu sehr. — Für etwas in der Welt muß man auch etwas daran setzen, und wer sein Amt und Geschäft mit Liebe und Leidenschaft treibt, darf der Gefahr nicht achten, die für ihn daraus entsteht.«
(Brühl in einem Brief von 1823, zit. nach Theobald, S. 80)

4.97
Das neue Schauspielhaus um 1840

andere Stücke angefertigt worden waren. So erklärt sich, daß »Gretchens Zimmer« — theaterhistorisch eine der frühesten geschlossenen Zimmerdekorationen, von Schinkel für die Privataufführung von Szenen aus Goethes »Faust« 1820 geschaffen — nicht nur in der von Gerst ausgestatteten ersten Berliner Gesamtaufführung des »Faust« 1838 verwendet wurde. Zusammen mit Teilen der Behausung Wilhelm Tells bildete sie 1844 Dalands Herberge in der wiederum von Gerst dekorierten Inszenierung von Wagners »Fliegendem Holländer«. Der Fundus enthielt Standarddekorationen in verschiedenen Stilarten — z. B. antikisierend oder gotisierend — für so gängige theatralische Spielorte wie Kirche, Rittersaal, Gefängnis, Wald, Gebirgsgegend und andere mehr. Die aus deren Gebrauch ersichtliche Aufweichung der stilstrengen Prinzipien Brühls in den 30er und 40er Jahren ist symptomatisch für die Gesamtentwicklung der Berliner Hoftheater in dieser Zeit.

Durch den Brand des Schauspielhauses 1817 hatte der Spielbetrieb auf das Opernhaus Unter den Linden sowie die Königlichen Theater in Charlottenburg und Potsdam verlagert werden müssen. Die Vernichtung fast sämtlicher Dekorationen und Kostüme gab Brühl die Gelegenheit zu umfangreichen Neuanschaffungen in seinem Sinne. Die von ihm beabsichtigte »richtige« optische Ergänzung des dichterischen oder musiktheatralischen Werkes kam besonders auch Oper und Ballett zugute, die zu Ifflands Zeiten etwas in den Hintergrund gerückt waren, nun aber im Zeichen des allgemeinen Aufschwunges nach den Freiheitskriegen und als Symbol höfischer Repräsentation wieder auflebten. Staatskanzler Karl August Fürst von Hardenberg, Brühls unmittelbarer Vorgesetzter, hatte ihn — so berichtet Eduard Devrient in seiner »Geschichte der deutschen Schauspielkunst« — bei seinem Amtsantritt aufgefordert: »Machen Sie das beste Theater in Deutschland und danach sagen Sie mir, was es kostet«.[13] Tatsächlich deckte die königliche Schatulle keineswegs die enormen Summen, die Brühl vor allem für seine verdienstvolle Kostümreform ausgab, zumal er Ifflands Schulden (13 244 Taler, 10 Groschen und 9 Pfennige) hatte übernehmen müssen. Nach dem Tode seines Gönners Hardenberg 1822 versuchte dessen Nachfolger, der Staatsminister und Minister des Königlichen Hauses Fürst Wilhelm Ludwig Georg zu Sayn-Wittgenstein, mit allen Mitteln, die Schulden

der Hoftheater zu tilgen und den für die Geschäfte der Verwaltung wenig geeigneten Generalintendanten zur Einhaltung des Etats zu zwingen. Darunter litt zwangsläufig die künstlerische Entwicklung des Hauses. Sie war ohnehin beeinträchtigt durch administrative Probleme, die sich seit der 1819 vom König angeordneten Verpflichtung des französischen Komponisten Gasparo Spontini zum Generalmusikdirektor der Königlichen Schauspiele häuften. Brühl hatte Carl Maria von Weber für diesen Posten gewünscht und damit ein Zeichen zugunsten des romantisch-deutschen Musiktheaters setzen wollen. Der überwältigende Erfolg von Webers »Freischütz« bei der Uraufführung im Schauspielhaus am 18. Juni 1821 schien ihm nachträglich Recht zu geben. Andererseits standen die französischen und italienischen Opern von Spontini, Auber, Boildieu, Cherubini und Rossini als Anlaß für manchmal etwas oberflächliche Prachtentfaltung zu hoch in der Gunst des Publikums, als daß die Berliner Oper oder auch Brühls hierbei besonders herausgeforderte Ausstattungsleidenschaft sie hätten übergehen können.

Bis darauf, daß man seinem Unterhaltungsbedürfnis durch ein reichhaltiges Angebot an Lustspielen und Possen entgegenkam, übte der König kaum Einfluß auf die Gestaltung des Spielplans aus, der durch Einbeziehung klassischer und zeitgenössischer Dramatik (Shakespeare, Goethe, Schiller, Calderon — Grillparzer, Müllner, Houwald, Raupach u. a.) in einem vertretbaren Gleichgewicht blieb. Der Einfluß des Hofes wurde jedoch deutlich, als Kleists »Prinz Friedrich von Homburg« trotz der mildernden Bühnenbearbeitung von Ludwig Robert, einem Bruder der Rahel Varnhagen, 1828 im Monat der Premiere nur zweimal wiederholt und dann auf Wunsch des Königs abgesetzt wurde, weil die Tendenz des Stückes unklar schien und staatsgefährdende Mißverständnisse vermieden werden sollten. Eine offizielle Theaterzensur gab es seit einer »Zirkularverfügung des Ministers des Inneren vom 16. März 1820«, die bis 1848 praktiziert wurde. Bei den Königlichen Schauspielen scheint es jedoch — von wenigen Ausnahmen abgesehen — genügt zu haben, daß der Generalintendant auf die Einhaltung der obrigkeitlichen Maßstäbe von Sicherheit, Ordnung, Religion und Sittlichkeit sah und auch darauf, daß nichts Despektierliches über das Königshaus geäußert wurde. Verglichen mit der strengen Behandlung der Presse durch die als Folge der Karlsbader Beschlüsse 1819 in Preußen erlassenen Zensurgesetze wurde das Theaterleben Berlins so gut wie nicht beeinträch-

»Daß ich den Fidelio nicht geben konnte ehe Mad. Milder abreiste — wie Sie es gewünscht lag in einem bestimmten Hindernis welches durch des Königs Widerwillen gegen diese Oper entstand. Es war nicht möglich sie so anzusetzen, daß sie ihm nicht zwischen seinen Lieblingsstücken Schwierigkeiten der Aufführung gelegt hätte und da gestehe ich gern, war ich ein wenig ängstlich geworden ... So oft er nur den Namen Fidelio ausspricht schimpft er auch gleich auf das verfluchte Stück — wie er es nennt.«
(Brühl an den Rechnungsrat Rother, 1819, zit. nach Hübscher, S. 163)

links: von oben nach unten:
4.145
»Armida« 1820
4.140
»König Yngurd« 1817
Bühnenentwürfe von Schinkel

4.151
»Das Bild« 1821
4.122
»Donna Diana« 1819
Bühnenentwürfe von Gropius

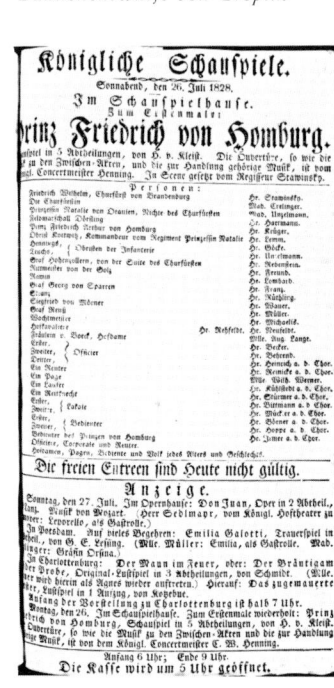

4.136 *»Prinz Friedrich von Homburg«, Premierenzettel 1828*

»Das Theater nimmt hier alle Köpfe, alle Zungen ein. Man kümmert sich nicht um volksvertretende Stände, sondern nur um den Stand der Königlichen Bühne, nicht um das Sinken der Volkswohlfahrt, sondern nur um das Sinken des Königstädter Theaters, nicht um den Gang der Staatsangelegenheiten, sondern um den bevorstehenden Abgang des Spitzederschen Ehepaars von der Königstädter Bühne, welches mit einer Gage von 7000 Taler sich nicht begnügen will. Gute Tänzerinnen gelten mehr als gute Minister. Die Wiener Tänzerin Elßler lebt unauslöschlich in dem Gedächtnis Berlins, während man der Ernennung des neuen bürgerlichen Ministers der auswärtigen Angelegenheiten kaum noch nach acht Tagen gedachte, und der Name Sontag versetzt noch das große kalte Herz Berlins in hochklopfende Bewegung:
Alle seine Pulse schlagen,
Und das Herz pocht ungestüm.
Die Vapeurs einer Schauspielerin erfüllen die ganze Stadt mit Schrecken; der Husten eines Sängers ist ein Unglück, das die ganze Stadt niederbeugt; die glückliche Entbindung einer Bühnengöttin ein Ereignis, darob ganz Berlin jubelt, als sei es selbst in die Wochen gekommen; und der Tag, an welchem ein Mime nach langer Abwesenheit oder Krankheit zum erstenmal wieder die Bretter betritt, ein Fest-, Ehr- und Jubeltag . . .
Erst seit den Pariser Julitagen [1830] und der Polenschen Insurrektion schimmert die Politik in den Berliner Gesprächen etwas durch. Und darauf tat man sich gewaltig breit; und die haupt- und residenzstädtischen Journalisten und Korrespondenzler posaunten allüberall in tausendfachen Echos mit vollen Backen und in die Seiten gesetzten Armen: daß man in Berlin jetzt auch politisiere.«
(F. A. Steinmann, Briefe aus Berlin, 1832,
zit. nach Berliner Leben, S. 184)

tigt. Der Spielplan war mit 60 bis 70 Stücken pro Jahr wesentlich reichhaltiger als heute. Fast jeden Abend stand ein anderes Drama, Lustspiel oder Singspiel auf dem Programm, oft in Kombinationen von zwei bis drei Stücken und besonders gern mit einem Ballett zum Abschluß. Monatlich gab es 5 bis 7 Premieren, für die bei seriöser Dramatik zwischen einer und drei Wochen Probenzeit eingeräumt wurde, bei Lustspielen und Possen 2—3 Tage. Das Opern- und Schauspielhaus-Publikum setzte sich zusammen aus Angehörigen des Hofes, sonstigem Adel und höherem Bürgertum, Beamten, Kaufleuten, Hausbesitzern und den wohlhabenden Handwerkern. Handwerker, Gesellen, Hausmädchen und Bediente, also das einfache Bürgertum, mit 10 bis 12stündiger täglicher Arbeitszeit, konnten bei einem Vorstellungsbeginn um 18 Uhr in der Regel nur sonntags ins Theater gehen.[14]
Tatsächlich galt das Theater in der Biedermeierzeit als die einzige öffentliche Institution, die zumindest in der Idee allen offenstand und bei der Kritik erlaubt war. In der Zeit der Restauration nach Freiheitskriegen, Wiener Kongreß und der entgegen allen Hoffnungen und Versprechungen anschließenden Drosselung öffentlicher Teilnahme am politischen Leben, war das Theater sowohl Ausdruck höfischer Repräsentation als auch regelmäßiger Treffpunkt der gebildeten Kreise des Bürgertums. Es waren dieselben, die auch die Klientel der geistig und kulturell anregenden, zwanglose Geselligkeit bietenden Salons dieser Zeit bildeten. Als Ort der Belehrung entsprach das Theater überdies dem zunehmenden Interesse an Bildung und Wissenschaft, das sich hier vor allem auf die von der Romantik initiierte Beschäftigung mit der nationalen Vergangenheit und der anderer Völker und Kulturen richtete. Der gleichzeitige, für diese Zeit typische Rückzug in die Enge biedermeierlicher Behaglichkeit, in der Gerührtheit mehr galt als Erschütterung, führte dazu, daß die auch in Theatervereinen und im Umgang mit Papiertheatern gepflegte Begeisterung der Berliner für alles, was mit dem Theater zusammenhing, immer äußerlicher und oberflächlicher wurde. Was sich vor allem in der Zeit des Vormärz nach der französischen Juli-Revolution 1830 an revolutionärem Gedankengut entwickelte, kam von Dichtern, Literaten und Journalisten, nicht aber von auf einer Hofbühne aufgeführten Dramatikern.
Anfang des 19. Jahrhunderts bestehende Formen des Volkstheaters waren die Darstellungen bestimmter Szenarien in Dioramen und Guckkästen, waren Pantomimen, Lebende Bilder und Puppen-

theater. »Urmutter« der Berliner Liebhabertheater war die unter dem Namen »Thalia« 1770 gegründete »Grüne Neune«, bei der zwischen 1803 und 1812 Rebenstein, Wauer, Heinrich Blume, Gern (Sohn) und Auguste Düring, spätere Stich-Crelinger, als Anfänger auftraten. Großer Beliebtheit als bürgerlichem Unterhaltungs- und Bildungsmittel für Kinder und Erwachsene erfreuten sich die seit etwa 1820 als Folge der Entwicklung lithographischer Druckverfahren von immer mehr Verlagen angebotenen Papiertheater. Kulissen und Kostüme auf den Ausschneidebögen standen oft in direkter Beziehung zu tatsächlichen Theaterinszenierungen. So folgten der Berliner Uraufführung des »Freischütz« 1821 in wenigen Jahren 16 Papiertheater-Versionen, wobei die einzelnen Firmen einander zu kopieren pflegten. Die Iffland'schen und Brühl'schen Konstümdarstellungen waren als Vorbilder für die Figurinenbögen besonders geschätzt. Dadurch konnte man nicht nur den Kostümen, sondern oft auch ihren prominenten Trägern auf dem Papiertheater wiederbegegnen. Das Repertoire der im Zusammenhang mit dem Berliner Theater besonders interessanten Verlage Arnz & Co., Düsseldorf, Winckelmann & Söhne in Berlin, für den Carl Wilhelm Gropius arbeitete, sowie — ab Mitte der 30er Jahre — Gustav Kühn und Oehmigke & Riemschneider in Neuruppin, umfaßte neben dem »Freischütz« als besondere Zugnummern Schillers »Räuber« und seinen »Wilhelm Tell«, während von Goethe der »Faust« vor allem nach dem Vorbild der Berliner Aufführung von 1838 große Verbreitung fand.

Königstädtisches Theater

Friedrich Wilhelms III. Wunsch, neben den Königlichen Schauspielen ein zweites, volkstümliches Theaterunternehmen zu eröffnen, bescherte Brühl 1824 unerwartete Konkurrenz, als der König die Realisierung nicht ihm überließ, sondern einem ganz anders gearteten Günstling des Hofes. Der Viehhändler und Heereslieferant Friedrich Cerf erhielt 1822 die Konzession, ein Theater auf eigene Kosten mit Aufführungen von Lustspielen, Melodramen, Possen und Komischen Opern zu betreiben. Große Oper und Ballett, Ernste Oper, Tragödie und Großes Schauspiel sollten dem Königlichen Schauspiel vorbehalten bleiben, das außerdem die Priorität für Stücke des leichten Genres besaß, die das von Carl Theodor Ottmer erbaute, am 4. August 1824 eröffnete Königstädtische Theater

nicht früher als zwei Jahre nach der letzten Aufführung nachspielen durfte. Die sich daraus für das neue Volkstheater ergebenden Schwierigkeiten wurden anfänglich noch dadurch verstärkt, daß Brühl durch ein Überangebot an Lustspielen und Possen die unliebsame Konkurrenz auf deren eigenem Gebiet auszustechen versuchte. Mit 271 Lustspiel-Aufführungen bei 23 Lustspielpremieren von insgesamt 40 Premieren wies der Spielplan der Königlichen Schauspiele 1824 die höchste Aufführungszahl dieses Genres während der 14jährigen Generalintendantur Brühls auf. Der Konkurrenzkampf um neue Stücke betraf in der Hauptsache berlinisch eingefärbte französische Vaudevilles und Wiener Vorstadtpossen, auf deren Übertragung besonders Julius von Voß (Verfasser des »Stralauer Fischzuges«), Karl von Holtei und Louis Angely spezialisiert waren, dessen 1830 herausgekommenes »Fest der Handwerker« — ein »komisches Gemälde aus dem Volksleben« vor dem Hintergrund der Bauwut jener Zeit — mit dazu beitrug, den Berliner Dialekt in seiner quicken Betrachtungs- und Ausdruckweise literatur- und hoffähig

zu machen. Bis zu seinem Abgang vom Theater 1830 war der kleinwüchsige Angely als Possendarsteller ähnlich beliebt wie Friedrich Beckmann, der 1846 immerhin vom Wiener Burgtheater engagiert wurde.

Verglichen mit der philosophischen Tiefe des Wiener Volkstheaters von Nestroy und von Raimund, dessen Stücke ab 1830 auf das Königstädtische Theater gelangten, wirkten die Berliner Lokalpossen oberflächlich-gemütvoll in der schlichten Art, wie dem Guten zum Siege verholfen wurde. Sie waren jedoch nicht nur als Forum für die bereits auf Andeutungen reagierende Auffassungsgabe des Berliners ein Spiegelbild der Verhältnisse. Ihre Bedeutung liegt auch in dem Ausdruck erwachenden kleinbürgerlichen Selbstbewußtseins, das zu spüren war, obwohl die unter dem Motto »Staatsfeinde ringsum« praktizierte Zensur in den gedruckten Possentexten weder Kritik noch gar die Aufdeckung von Hintergründen kritikwürdiger Zustände zuließ. Eine schärfere Note bekamen die Berliner Possen, als seit der Jahrhundertmitte die bisherigen gemütvollen Gesangseinlagen durch

»Das Hoftheater hütete sich, verfallen zu lassen, was uns nutzbar sein konnte. Und nun denke man: auf seiner Seite die alte wohl bewahrte Ausdehnung über alle Gebiete des Dramatischen: von ›Iphigenia‹ zu ›Bär und Bassa‹; von ›Don Juan‹ zum ›Hausgesinde‹; von ›Wallenstein‹ zum ›Hund des Aubry‹ und den ›Galeerensklaven‹; von ›Olympia‹ zur kleinsten Operette; vom großen Ballett und der Pantomime zu Schiller, Calderon, Goethe und Shakespeare! — Auf unserer Seite die engste Beschränkung für Vergangenheit und Gegenwart in der dramatischen Literatur. Nirgend in der Welt hatte jemals ein so ungleiches Verhältnis stattgefunden . . . Dem Königstädter Theater wurden die Hände von allen Seiten gebunden, und immer nur der Vergeßlichkeit der Königlichen Regie war zu danken, wenn sie etwas Brauchbares verfallen ließ.«
(K. von Holtei, Vierzig Jahre, 1844,
zit. nach Berliner Leben, S. 212)

4.161
Angely und Rösicke in »Das Fest der Handwerker« 1830

kabarettistische Couplets ersetzt wurden, die auf aktuelle Ereignisse anspielten und damit die ohnehin große Beliebtheit des Berliner Volkstheaters — mit David Kalisch als seinem wirkungsvollsten »Texter« — noch steigerten.

Das nach dem Tode von Cerf 1845 noch bis 1851 existierende Königstädtische Theater hätte seine schwierigen Anfangsjahre nicht überstehen können, wäre es nicht gelungen, die Sängerin Henriette Sontag für die damals astronomische Saisongage von 7000 Talern ab 1824 zu regelmäßigen Auftritten in Komischen Opern zu gewinnen. Die nahezu kultische Begeisterung für die Sontag kannte kaum Grenzen und führte dazu, daß auch Brühl sie an die Hofoper einlud. Auf die Unzufriedenheit der Sontag mit einer Bühnendekoration ging 1827 das jähe Ende der Bühnenmalerkarriere von Karl Eduard Blechen zurück. Von seinem großen Kollegen Schinkel empfohlen, war er seit 1824 bei Cerf am Alexanderplatz angestellt gewesen. Die immer häufiger werdenden Gastspiele auswärtiger Stars in Schauspiel und Oper und die vom Publikum angeheizten Rivalitäten zwischen Künstlern — z. B. zwischen der Sontag und Angelica Catalani — waren Zeichen zunehmender Veräußerlichung des Theaters in den 30er und 40er Jahren.

Brühl, auf dessen Entlassung Fürst Wittgenstein schon lange gedrängt hatte, wurde 1828, schwer erkrankt, aufgrund eines eigenen Gesuches ehrenvoll entlassen und zum Generalintendanten des Berliner Musealwesens bestellt, nachdem Friedrich Wilhelm III. frühere Gesuche Brühls 1823 und 1824 abgelehnt hatte. Die bleibenden Verdienste des ersten Berliner Kavaliersintendanten, durch die das Berliner Hoftheater zur bedeutendsten deutschsprachigen Bühne nach dem Wiener Burgtheater wurde, zeigten sich besonders im Lichte der Leistungen seiner Nachfolger.

Die Königlichen Schauspiele unter Redern 1828—1842

Graf Wilhelm von Redern, ein musikalisch begabter Aristokrat, trat 1828 als 26jähriger die Nachfolge Brühls an. Unter seiner sich in unverminderter Abhängigkeit vom Herrscherhaus und der königlichen Kasse vollziehenden Generalintendantur gastierte 1830 zum erstenmal die berühmte Wiener Ballerina Fanny Elssler an der Königlichen Oper. Ballett in Berlin war seit Friedrich II. französisch bestimmt gewesen. Unter den schon damals üblichen Gastspielen scheint das des Tänzerpaares Maria und Salvatore Vigano 1796 besonders beeindruckend gewesen zu sein. Ihre pantomimischen Tänze beeinflußten den Stil der um die Jahrhundertwende von der Berliner Hofgesellschaft gepflegten theatralischen Darstellungen. Mit dem Gastspiel der Elssler und dem ihrer großen Rivalin Marie Taglioni 1832 setzte sich in Berlin das ungezwungen-natürliche romantische Ballett gegenüber der abgezirkelten Gestensprache der französischen Schule durch. Während die Elssler das Ballett durch Einbeziehung nationaler Volkstänze bereicherte und durch Temperament und sinnliche Ausstrahlung faszinierte, begeisterte die Taglioni mit der stilbildend gewordenen ätherischen Leichtigkeit

ihre Spitzentanzes. Regelmäßige Gastspiele der internationalen Größen, aber auch das Wirken der Tänzer und Choreographen Michael François Hoguet und Paul Taglioni — Bruder der Marie und Vater von Marie Taglioni der Jüngeren — machten Ballett zur großen Berliner Publikums-Attraktion.

Beim Berliner Schauspiel brachte Rederns Intendanz weniger neue Klassikerinszenierungen als vielmehr eine Inflation von Lustspielen und vorwiegend geschichtliche Themen dramatisierenden Trauer- und Schauspielen von Ernst Raupach. Als fest angestellter Theaterdichter gehörte Raupach dem von Redern eingerichteten »Lese-Comité« an, das eingereichte Stücke zu begutachten hatte. Zwischen 1825 und den 40er Jahren kamen insgesamt 75 Raupach-Stücke zur Aufführung, darunter allein 14 Hohenstaufen-Dramen. Ebensowenig nachwirkende literarische Bedeutung hatten die Werke der vielschreibenden Theaterschriftstellerinnen Johanna von Weißenthurn, Prinzessin Amalie von Sachsen, Charlotte Birch-Pfeiffer und der sich hinter den Initialen A. P. verbergenden zweiten Frau Raupachs, einer geborenen Pauline Werner, die in den 30er Jahren zahlreich auf den Berliner Hoftheater-Spielplänen erschienen. Grillparzer kam 1830 zu einer Berliner Inszenierung (»König Ottokars Glück und Ende«), Hebbel zum erstenmal 1840 mit der Uraufführung seines Trauerspiels »Judith«. Bemerkenswerterweise wurden zwischen 1840 und 1842 die »Jungdeutschen« Gutzkow und Laube mit drei bzw. einem Werk aufgeführt, obwohl deren auf soziale und politische Erneuerung gerichtete literarische Stellungnahmen 1835 zum zeitweisen Verbot ihrer Schriften durch den Bundestag geführt hatten. Daß der nach dem Tode Friedrich Wilhelms III. 1840 zum neuen Preußenkönig gekrönte Friedrich Wilhelm IV. eine Neuinszenierung von Goethes »Egmont« wünschte (Premiere am 20. 1. 1841), konnte gleichfalls als Indiz für die sich jedoch bald als vergeblich herausstellende Hoffnung auf allgemeine Liberalisierung gelten und gab zumindest Anlaß zu demonstrativen Beifallsbezeugungen an den dafür geeigneten Stellen.

Protagonist in Rederns Ensemble war — nach dem Tode des nur 48 Jahre alt gewordenen Ludwig Devrient 1832 — der 1838 nach vorangegangenen Gastspielen von Stuttgart nach Berlin engagierte Carl Seydelmann. Als ein Effekte sorgfältig kalkulierender Denkschauspieler wurde er in erster Linie für den gebildeten Teil des Publikums zum Magneten. Eduard Devrient, selber Mitglied des Berliner

links: 4.177
Marie Taglioni d. Ä. in
»La Sylphide«
rechts: 4.182
Paul Taglioni   um 1830

links: 4.174
Fanny Elssler in »Der hinkende
Teufel«
rechts: 4.178
Lucile Grahn in »Catarina oder die
Tochter des Banditen«   1849

»Sein Kleid ist von hochrotem,
glänzendem Zeuge mit gelben
Zieraten, das Mäntelchen ›von
starrer Seide‹ grasgrün; den über-
mäßig langen Oberleib umgürtet
ein schmales, schwarzes Wehrge-
hänge. Dieser Leib ist wespenartig
dünn; die Finger sind gekrümmt
wie Krallen; beim Gehen wird der
Pferdefuß mit vornehmer Gran-
dezza nachgezogen. Den Schädel
bedeckt ein struppiges, schwarzes
Haar, die Augen sind schielend
und schief; der Mund fletscht die
Zähne und ist an den Winkeln in
die Höhe gezogen, der fürchterlichste Hohn spricht sich darin
aus; die Nase senkt sich in grasser
Unförmlichkeit zum Kinne. Nur
diese Nase und die Haare sind
künstlich, alles übrige ist Kunst,
das will sagen, Seydelmann bringt
die Täuschung ohne fremde Hilfe,
bloß durch Verzerrung der
Gesichtsmuskeln hervor und
beharrt darin mit unglaublicher
Konsequenz während der langen
Dauer des Stückes . . .«
(A. Lewald, Seydelmann und das
deutsche Schauspiel, 1835,
zit. nach Jacobs, S. 25)

4.194
*Carl Seydelmann, Darstellung
seiner Rollen*

links: 4.124
Auguste Stich als Maria Stuart
rechts: 4.192
Charlotte von Hagn   um 1835

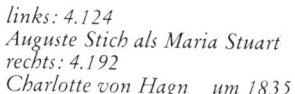

Hoftheater-Ensembles, charakterisiert den vor allem als Mephisto in der ersten Berliner Gesamt-aufführung von Goethes »Faust« 1838 bewunder-ten, aber auch umstrittenen Seydelmann in der »Geschichte der deutschen Schauspielkunst« als Wegbereiter jener berühmt-berüchtigten Virtuosen des 19. Jahrhunderts, die als reisende Star-Schau-spieler nur um die eigene Wirkung und nicht um die anderer oder den Stil der Inszenierung besorgt waren. Unter den Schauspielerinnen ragte weiter-hin Auguste Stich-Crelinger heraus, deren Einsatz für ihre schauspielerisch weniger begabten Töchter Bertha und Clara Stich in eine vom Publikum mit großer Anteilnahme verfolgte Rivalität mit Char-lotte von Hagn ausartete, die 1833 als »Erste jugendliche Liebhaberin« von München nach Berlin gekommen war.

Friedrich Wilhelm IV., genannt der »Romantiker auf dem Thron«, machte dieser Bezeichnung 1841 mit der auf Vorschlag Raderns erfolgenden Beru-fung von Ludwig Tieck Ehre, der sich um die regelmäßige Pflege antiker Tragödien und der Stücke Shakespeares kümmern sollte. Die von ihm gegen Ende der Ära Redern eingerichtete »Anti-gone« des Sophokles (1841) wurde ebenso von Musik von Felix Mendelssohn Bartholdy begleitet

und vor der Übernahme ins Repertoire als Privat-aufführung vor dem Königlichen Hof im Potsda-mer Neuen Palais gezeigt wie 1843 die deutsche Erstaufführung des »Sommernachtstraums«. Tieck ließ sich dafür von Gerst einen dem Vorbild der Original-Shakespeare-Bühne angenäherten drei-geschossigen Aufbau mit Treppen, mehreren Spiel-ebenen und Vorderbühne bauen, der bis zu 100 Personen zuließ, für dessen Bewältigung die durch die Abstimmung mit der Musik zusätzlich beanspruchten Schauspieler jedoch rund 30 Proben brauchten.

Die Königlichen Schauspiele unter Küstner
1842—1851

Das glänzende Ereignis der »Sommernachts-traum«-Premiere und der Publikumserfolg der zahlreichen Wiederholungen fiel bereits in die auch durch die Zeitumstände — Brand des Opernhauses (18. 8. 1843), Cholera-Epidemien, März-Revolu-tion 1848 — beeinträchtigte Intendantur Theodor von Küstners. Dessen Bedeutung wird heute vor allem im Zusammenhang mit der Einführung der Tantieme 1844 und der Gründung eines Kartells der Bühnenvorstände 1846 gesehen, aus dem später

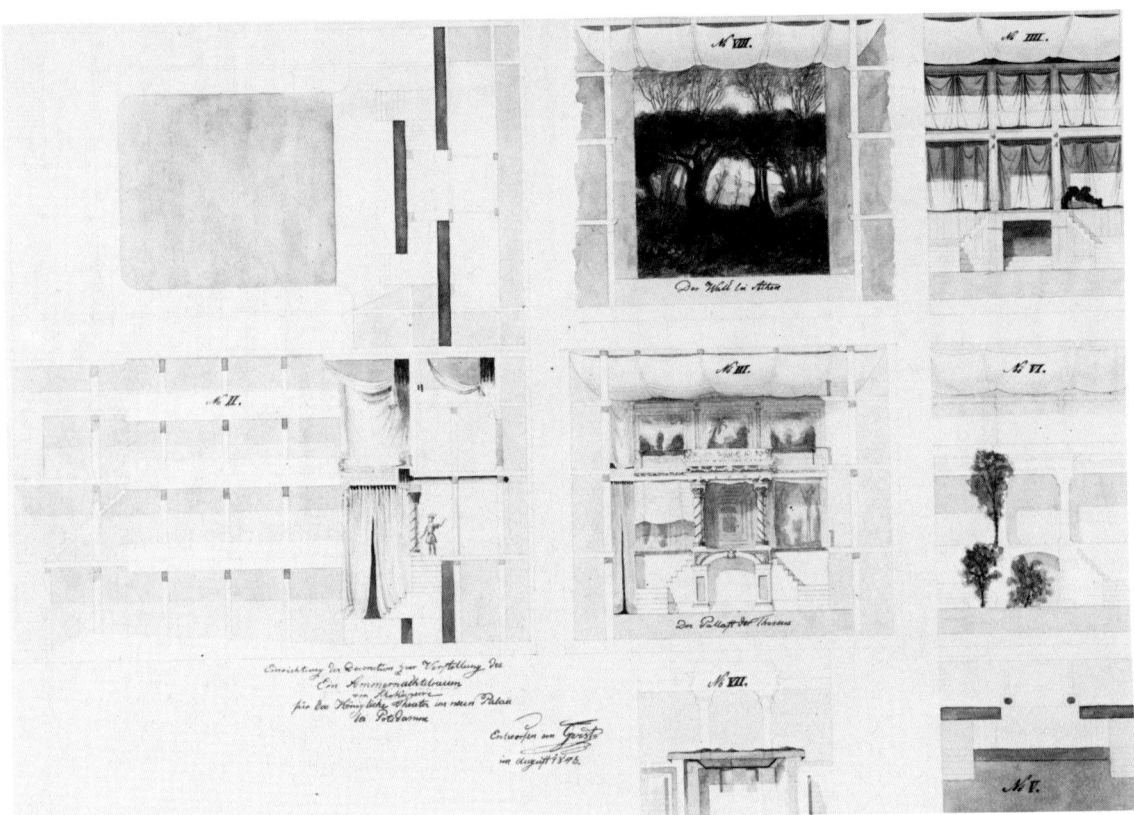

»Dienstag, den 22. März 1842
Heute ist die große Stadtneu-
igkeit, daß am Donnerstag und
Sonnabend — am Karfreitag
schon immer nicht — kein
Theater sein darf. Man fragt, ob
denn der vorige König der Gott-
losigkeit bezüchtigt werden soll,
weil er das Theater an jenen
Tagen erlaubte und sogar
besuchte? Ein Sieg der Pfaffen,
nichts weiter!«
(K. A. Varnhagen van Ense,
Tagebücher,
zit. nach Berliner Leben, S. 331)

4.204
»Ein Sommernachtstraum« 1843,
Bühnenentwurf von Gerst

der deutsche Bühnenverein hervorging. Der Königliche Hausminister Fürst Wittgenstein hatte den in
Leipzig und München bewährten Theaterleiter
1842 mit der Maßgabe nach Berlin geholt, durch
Beschränkung auf einen stark reduzierten Etat die
Finanzen der Königlichen Schauspiele zu sanieren.
Das gelang dank der rechnerischen Talente Küstners ebenso wie die Ergänzung des Ensembles, das
den Tod des erst 48-jährigen Seydelmann 1843 und
den Weggang der Charlotte von Hagn zu verkraf-
ten hatte, die sich nach ihrer Heirat 1846 vom
Theater zurückzog. Vor allem der 1845 gekom-
mene Theodor Döring vermochte sich als tempe-
ramentvoller Charakterdarsteller durchzusetzen.
Charlotte Birch-Pfeiffer, 1844 engagiert, erschien
häufig als Hauptdarstellerin in ihren oft gespielten
eigenen Werken. Mit Louis Schneider gehörte ein
weiterer, hauptsächlich in komischen Rollen
beschäftigter Schauspieler zum Ensemble, der sich
auch als Theaterdichter — meist von Vaudevilles
— hervortat. Schneider, eine der schillerndsten
Berliner Figuren dieser Zeit, war außerdem Regisseur, Theaterhistoriker, Sammler, Mitbegründer

literarischer Gesellschaften wie des »Tunnels über
die Spree«, und war Vorkämpfer sozialer Gleichbe-
rechtigung des Schauspielerstandes u. a. durch
Gründung des »Unterstützungsfonds für Hilfsbe-
dürftige Schauspieler« 1840 und der ersten Schau-
spieler-Altersversorgung »Perseverantia« 1855. Da
er außerdem glühender Patriot und Militarist war,
fiel er bei einem Teil des Publikums nach dem
März-Aufstand 1848 so in Ungnade, daß er bald
vom Theater abging. Indirekt auf die Umstände,
die die 48'er Revolution auslösten, hatte sich Gutzkows »Urbild des Tartüffe« bezogen, das von
Molières Schwierigkeiten mit der Zensur handelte.
Die Turbulenz der revolutionären Ereignisse
wirkte sich auf das Theater durch Publikums-
schwund und Gesinnungsbeifall aus. Als im Herbst
1848 die Nationalversammlung im Konzertsaal des
Schauspielhauses tagte, wurden im Theater befehls-
gemäß Komödien aufgeführt.
Das Musiktheater war während der ersten Jahre
von Küstners Intendantentätigkeit belastet durch
Querelen mit Meyerbeer, der bei Amtsantritt Küstners Spontini als Generalmusikdirektor abgelöst

hatte, sich aber ab 1845 praktisch nur noch in Paris aufhielt. Für die Wiedereröffnung des Opernhauses Unter den Linden nach dem Brand 1843 hatte Meyerbeer mit der militärischen Prunkoper »Das Feldlager in Schlesien« eines seiner belangloseren Werke komponiert, jedoch für die Uraufführung am 7. Dezember 1844 die von ihm entdeckte »schwedische Nachtigall« Jenny Lind zu einem ersten triumphalen Gastspiel nach Berlin geholt. Im Vergleich damit hatten weder Wagners 1844 nur zweimal wiederholter »Fliegender Holländer« noch seine 1847 aufgeführte Oper »Rienzi« nennenswerte Resonanz. Ähnlich ging es im Schauspiel Hebbels »Maria Magdalene« 1850 wie auch den Uraufführungen von Tiecks in der Theaterpraxis schwierig zu realisierenden Dramen »Der gestiefelte Kater« 1844 und »Blaubart« 1845, die neben Stücken von Laube, Gutzkow und Freytag wenigstens literarhistorischen Rang beanspruchen konnten. Das in der Regel nur mäßige Niveau der Aufführungen während der Ära Küstner lag in der Vernachlässigung von Regie und Ausstattung begründet. Die Berliner Königlichen Schauspiele, gegenüber der durch mehrere Privattheater-Gründungen in den 40er Jahren gewachsenen Konkurrenz weiterhin durch gesicherte Finanzierung und die alleinigen Aufführungsrechte an klassischen Stücken privilegiert, durch die Möglichkeit eines königlichen Vetos andererseits eingeengt, stagnierten um 1850 und zeigten in ihrer mangelnden künstlerischen Risikobereitschaft kein anderes Gesicht als die übrigen Hoftheater dieser Zeit.

Hatten ein Jahrhundert vorher die von Friedrich II. geholten französischen Komödianten auf volkstümliche Burlesken und Harlekinaden spezialisierte deutsche Wandertruppen abgelöst, so beendete 1850 ein vom Intendanten Küstner nur mißfällig akzeptiertes Gastspiel der berühmten französischen Tragödin Rachel mit ihrer Kompanie endgültig die seit Roderns Zeiten bis 1848 wieder regelmäßigen französischen Vorstellungen meist im Konzertsaal des Schauspielhauses. Die vom Herbst bis zum Sommeranfang dauernde Saison war wie einst von der königlichen Kasse finanziert worden, wodurch die traditionelle Verbundenheit Preußens mit der französischen Kultur zum Ausdruck gekommen war, deren offenbar geringer Einfluß auf das Berliner Sprechtheater der 30er und 40er Jahre nun ganz aufhörte. Verglichen mit der das Zeitgeschehen reflektierenden volkstümlichen Berliner Theaterform der »Posse mit Gesang« war das »hohe« Theater der Königlichen Schauspiele geistig und künstlerisch unbeweglich geworden.

4.208
Jenny Lind als »Tochter des Regiments« um 1842

Anmerkungen

1 J. A. Christ, Schauspielerleben im achtzehnten Jahrhundert — zit. nach P. Lahnstein, Report einer »guten alten Zeit«, Stuttgart 1970, S. 361
2 H. Kindermann, Theatergeschichte Europas, IV. Band, Salzburg 1961, S. 619
3 R. Genée, Hundert Jahre des Königlichen Schauspiels in Berlin, Berlin 1886, S. 3
4 zit. nach Genée, S. 4
5 zit. nach Genée, S. 5
6 zit. nach H. Ostwald, Berlin und die Berlinerin, Berlin 1911, S. 59
7 zit. nach Genée, S. 6
8 zit. nach Kindermann IV, S. 631
9 zit. nach Kindermann IV, S. 634
10 zit. nach Genée, S. 30
11 zit. nach Kindermann IV, S. 645
12 zit. nach M. Jacobs, Deutsche Schauspielkunst, Berlin 1954, S. 186
13 zit. nach M. Hübscher, Die Königlichen Schauspiele in Berlin unter der Intendanz des Grafen Brühl, Phil. Diss. Freie Universität Berlin 1960, S. 17
14 Die Angaben zu Spielplan und Publikum folgen Hübscher, S. 165 u. 73

Literatur

A. Bekiers, Schauspielhaus und Gendarmenmarkt. Zur Geschichte des Architekturensembles, in: Karl Friedrich Schinkel. Werke und Wirkungen, Ausstellungskatalog Senat von Berlin — Arbeitskreis Schinkel 200 beim Senator für Bau- und Wohnungswesen, Architekten- und Ingenieursverein zu Berlin, Technische Universität Berlin, Berlin 1981, S. 159—176

Berliner Leben 1806—1847. Erinnerungen und Berichte, hrsg. von R. Köhler und W. Richter, Leipzig 1954

M. v. Boehn, Der Tanz, Berlin 1925

E. Devrient, Geschichte der deutschen Schauspielkunst. Dritter Band: Das Nationaltheater. Leipzig 1848

Th. Eggeling, Bühnendekorationen nach 1815, in: Karl Friedrich Schinkel. Architektur — Malerei — Kunstgewerbe, Ausstellungskatalog Verwaltung der Staatlichen Schlösser und Gärten und Nationalgalerie Berlin Staatliche Museen Preußischer Kulturbesitz, Berlin 1981, S. 269—289

L. Eisenberg, Grosses Biographisches Lexikon der Deutschen Bühne im XIX. Jahrhundert, Leipzig 1903

G. Garde, Theatergeschichte im Spiegel der Kindertheater. Eine Studie in populärer Graphik, Kopenhagen 1971

R. Genée, Hundert Jahre des Königlichen Schauspiels in Berlin, Berlin 1886

K. Gröning/W. Kließ, Friedrichs Theaterlexikon, Velber bei Hannover 1969

Ch. Heese, Das Schauspielhaus auf dem Gendarmenmarkt, in: Karl Friedrich Schinkel 1781—1841, Ausstellungskatalog Staatliche Museen zu Berlin in Zusammenarbeit mit den Staatlichen Schlössern und Gärten Potsdam-Sanssouci und mit Unterstützung des Instituts für Denkmalpflege in der DDR, Berlin 1980/81, S. 115—134

G. Hensel, Spielplan — Schauspielführer von der Antike zur Gegenwart, Berlin—Darmstadt—Wien 1975

M. Hübscher, Die Königlichen Schauspiele zu Berlin unter der Intendanz des Grafen Brühl (1815—1828), Phil. Diss. Freie Universität Berlin 1960

M. Jacobs, Deutsche Schauspielkunst — Zeugnisse zur Bühnengeschichte klassischer Rollen (zuerst erschienen 1913), im Auftrag der Deutschen Akademie der Künste neu hrsg. von E. Stahl, Berlin 1954

H. Kindermann, Theatergeschichte Europas, IV. Band: Von der Aufklärung zur Romantik (1. Teil), Salzburg 1961, V. Band: Von der Aufklärung zur Romantik (2. Teil), Salzburg 1962, VI. Band: Romantik, Salzburg 1964

H. Knudsen, Deutsche Theatergeschichte, Stuttgart 1959

H. Koegler, Friedrichs Ballettlexikon, Velber bei Hannover 1972

Die Königlichen Theater in Berlin. Statistischer Rückblick auf die künstlerische Thätigkeit und die Personal-Verhältnisse während des Zeitraums vom 5. December 1786 bis 31. December 1885. Zusammengestellt von C. Schäffer, C. Hartmann, Berlin 1886

M. Krammer, Berlin im Wandel der Jahrhunderte, Berlin 1956

E. v. Naso, Köpfe und Gestalten aus der Geschichte des Schauspielhauses, in: 150 Jahre Schauspielkunst am Gendarmenmarkt, Berlin 1936, S. 9—51

H. Ostwald, Berlin und die Berlinerin — Eine Kultur- und Sittengeschichte, Berlin 1911

G. Riemann, Entwürfe zu Bühnenbildern, in: Karl Friedrich Schinkel 1781—1841, Ausstellungskatalog Staatliche Museen zu Berlin in Zusammenarbeit mit den Staatlichen Schlössern und Gärten Potsdam-Sanssouci und mit Unterstützung des Instituts für Denkmalpflege in der DDR, Berlin 1980/81, S. 61—74

Theaterwissenschaft in Berlin. Beschreibende Bibliographie der am Theaterwissenschaftlichen Institut unter Hans Knudsen entstandenen Dissertationen, Berlin 1966

R. Theobald, Sisyphus zwischen Steinen und Sternen — Briefe des ersten Berliner Generalintendanten, in: Theater — das gewagte Unternehmen. Prof. Dr. Kurt Raeck zum 75. Geburtstag am 30. Juli 1978. Kleine Schriften der Gesellschaft für Theatergeschichte 29/30, Berlin 1978, S. 65—82

K. Wever, Karl Friedrich Schinkels Position und Beitrag zur Reform des Theaterraums, in: Karl Friedrich Schinkel. Werke und Wirkungen, Ausstellungskatalog Senat von Berlin — Arbeitskreis Schinkel 200 beim Senator für Bau- und Wohnungswesen, Architekten- und Ingenieursverein zu Berlin, Technische Universität Berlin, Berlin 1981, S. 183—204

Schauspielhaus

Vor der Gründung des Königlichen National-Theaters

4.1
Anonym
Der Akrobat und Gaukler Johannes Carl Eckenberg
Kupferstich. 17,5 × 15 cm
Institut für Theaterwissenschaft der Freien Universität Berlin

4.2
Zur Eröffnung der Schau-Bühne der Französischen Comedianten am 24. 6. 1741:
Tartuffe oder Der Betrüger von Molière
L'Eté des Coquettes von Dancourt
Ankündigungszettel
Prof. Dr. Kurt Raeck, Berlin

4.3
Johann Georg Rosenberg
Vue de la Place de l'Opera, et de la Nouvelle Bibliothèque ainsi que de l'Eglise Catholique (Opernplatz mit Bibliothek und Hedwigs-kirche) 1782
Radierung, koloriert.
58,3 × 84,7 cm
Staatliche Schlösser und Gärten, Berlin

4.4
Christian Friedrich Fritzsch nach Johann Friedrich Wehrs
Porträt Magdalene Marie Charlotte Ackermann
Radierung. 16 × 9,5 cm
Institut für Theaterwissenschaft der Freien Universität Berlin

4.5
Daniel Berger nach Daniel Nikolaus Chodowiecki
Porträt Carl Theophil Doebbelin
Radierung. 14,2 × 9,4 cm
Berlin Museum, Berlin

4.6
Daniel Nikolaus Chodowiecki
12 Blatt zu Lessing's Minna von Barnhelm, 2. Folge mit deutschen Unterschriften 1769
zu: Genealogischer Calender auf das Jahr 1770
Radierungen. je 9 × 5 cm
Staatliche Museen Preußischer Kulturbesitz, Kupferstichkabinett, Berlin

4.7
Johann Friedrich Bause
Porträt Heinrich Gottfried Koch
1783
Kupferstich. 27,6 × 20,2 cm
Berlin Museum, Berlin

4.8
Koch'sche Gesellschaft Deutscher Schauspieler
Comödien-Haus in der Behren-straße
Die Candidaten oder Die Mittel zu einem Amte zu gelangen
Komödie von Johann Christian Krüger
Die Drescher, pantomimisches Ballett
Theaterzettel vom 28. 2. 1775
Landesarchiv Berlin

4.9
Französisches Komödienhaus am Gendarmenmarkt
in: R. Genée, Hundert Jahre des Königlichen Schauspiels in Berlin, Berlin 1886, S. 28
Ludwig Berger-Archiv, Akademie der Künste, Berlin

4.10
Döbbelinische von Sr.Königl. Maj. von Preussen allergnädigst general-privilegirte und Herzoglich Braun-schweig-Lüneburgische Hof-Schau-spieler
Emilia Galotti
Trauerspiel von Gotthold Ephraim Lessing
Der gestohlene Schlaf, pantomi-sches Ballett
Theaterzettel vom 17. 5. 1777
Berlin Museum, Berlin

4.11
Daniel Berger nach Daniel Nikolaus Chodowiecki
Die Mausfalle — Hamlet
III. Aufzug 2ter Auftritt. Von Herrn Brockmann auf dem Berlini-schen Theater 1778 vorge-stellt 1778/80
Radierung. 22,4 × 26,8 cm
Berlin Museum, Berlin

4.12
Daniel Nikolaus Chodowiecki
2 Blatt zu Shakespeare's Hamlet 1778
zu: Litteratur- und Theater-Zeitung, 1. Jg., Berlin 1778
a) — in ein Nonnen Kloster geh.
Hamlet 3ter Aufz. 9ter Auftr.
Herr Brockmann als Hamlet, Mademoiselle Doebbelin als Ophelia
17,5 × 10,5 cm
Abb. S. 277
b) Seht ihr denn nichts hier?
Hamlet 4ter Aufz. 11ter Auftr.

Herr Doebbelin als Geist, Herr Brockmann als Hamlet
Madame Hencke als Koeniginn
19,5 × 12 cm
Radierungen
Staatliche Museen Preußischer Kulturbesitz, Kupferstichkabinett, Berlin

4.13
Friedrich Grögory
Porträt Friedrich Ludwig Schroeder
Kupferstich. 11,5 × 7,5 cm
Prof. Dr. Kurt Raeck, Berlin

4.14
Johann Heinrich Wilhelm Tischbein
Porträt Caroline Doebbelin
Schwarze Kreide. 53 × 41,5 cm
Berlin Museum, Berlin

4.15
Johann Friedrich Bolt
Porträt Henriette Baranius
Punktiermanier. 22 × 16,5 cm
Berlin Museum, Berlin

Das Königliche National-Theater

4.16
Ludwig Eduard Lütke
Das Kgl. Schauspielhaus in Char-lottenburg 1835
Kupferstich, koloriert. 12 × 16,5 cm
Prof. Dr. Kurt Raeck, Berlin

4.17
Johann Christoph Frisch nach B. H. Bendix
Porträt des Schauspielleiters Johann Jakob Engel 1798
Stahlstich. 25 × 20 cm
Staatsbibliothek Preußischer Kulturbesitz, Musikabteilung, Mendelssohn-Archiv, Berlin

4.18
Johann Jakob Engel
Ideen zu einer Mimik, Reutlingen 1804
mit 34 Kupferstichen von Johann Wilhelm Meil
Institut für Theaterwissenschaft der Freien Universität Berlin

4.19
Anonym
Porträt des Dichters und Schau-spielleiters Karl Wilhelm Ramler
Ende 18. Jh.
Kupferstich. 17 × 11 cm
Staatsbibliothek Preußischer Kulturbesitz, Musikabteilung, Mendelssohn-Archiv, Berlin

4.20
Daniel Nikolaus Chodowiecki
Drei Illustrationen zu »Die Indianer in England« 1790
Lustspiel von August v. Kotzbue (Premiere 16. 10. 1789)
in: Königl. Grosbritannischer Historischer Genealogischer Calender für 1791
Radierungen, koloriert.
20,5 × 37 cm
Staatliche Museen Preußischer Kulturbesitz, Kupferstichkabinett, Berlin

4.21
Königliches National-Theater
Die Verschwörung des Fiesco zu Genua
Trauerspiel von Friedrich Schiller (Premiere 2. 1. 1787)
Theaterzettel vom 21. 10. 1792
Landesarchiv Berlin

4.22
Königliches National-Theater
Das Kästchen mit der Chiffer, Komische Operette nach dem Italienischen von Antonio Salieri
Theaterzettel vom 25. 2. 1793 (Premiere)
Landesarchiv Berlin

4.23
Königliches National-Theater
Eugenie, Drama von Pierre-Augustin Caron de Beaumarchais (Premiere)
Das große Loos, Lustspiel von Johann Gottfried Lucas Hage-meister (Premiere 2. 5. 1791)
Theaterzettel vom 22. 7. 1793
Landesarchiv Berlin

4.24
Königliches National-Theater
Macbeth, Schauspiel nach William Shakespeare von Gottfried August Bürger (Premiere 28. 12. 1787)
Theaterzettel vom 24. 3. 1794
Landesarchiv Berlin

4.25
Königliches National-Theater
Ataliba, der Vater seines Volkes oder Die Spanier in Peru, heroisches Schauspiel von August v. Kotzebue
Theaterzettel vom 25. 9. 1794 (Premiere und Galavorstellung zum Geburtstag König Friedrich Wilhelms II.)
Landesarchiv Berlin

**Das Königliche National-Theater
unter Iffland 1796—1814**

Theaterbau

4.26
Friedrich Gilly
Entwurf zu einem Theater —
Aufriß und Bühne mit Szene
um 1798
Feder und Bleistift, aquarelliert.
22,8 × 71 cm
Archiv der Preußischen Akademie
der Künste, Akademie der Künste,
Berlin

4.27
Louis Catel
Vorschläge zur Verbesserung der
Schauspielhäuser, Berlin 1802 mit 5
Kupferstichen
Deutsches Theatermuseum (früher
Clara Ziegler-Stiftung), München

4.28
Anton Wachsmann nach Carl
Ferdinand Langhans
Entwurf zum Nationaltheater,
Ostfassade
von Carl Gotthard Langhans
Aquatinta, braun gedruckt.
13 × 21,8 cm
Berlin Museum, Berlin

4.29
Anton Wachsmann nach Carl
Ferdinand Langhans
Aufriß des neuen Schauspielhauses
zu Berlin
Kupferstich. 13,3 × 24,5 cm
in: Grund und Aufriß des neuen
Schauspielhauses zu Berlin,
Berlin o. J.
Sammlung Ludwig Lewin,
Akademie der Künste, Berlin
Abb. S. 284

4.30
Johann Gottfried Schadow
Thalia
Schwarze Kreide. 24,8 × 16,2 cm
Museum Folkwang Essen

August Wilhelm Iffland

4.31
Johann Heinrich Schröder
Porträt August Wilhelm Iffland
1803
Pastell. 36 × 29 cm
Theatermuseum der Universität
Köln

4.32
Anonym
Porträt August Wilhelm Iffland

Öl auf Horn. 8,5 × 7 cm
Prof. Dr. Kurt Raeck, Berlin

4.33
Friedrich Wilhelm Delkeskamp
nach Johann Baptist Hössel
Ifflands Garten-Haus zu Berlin
(entworfen von Carl Wilhelm
Gropius)
Radierung, koloriert.
10,6 × 16,2 cm
Schiller-Nationalmuseum/Deut-
sches Literaturarchiv, Marbach
a. N.

4.34
August Wilhelm Iffland
Die Mündel
Ein Schauspiel in Fünf Aufzügen,
Berlin 1785
(Premiere am Berliner Königlichen
National-Theater am 31. 12. 1786,
44 Aufführungen bis 1846)
Prof. Dr. Kurt Raeck, Berlin

4.35
Rollenbuch von Karl Friedrich
Rungenhagen, Hofrat Reising in
dem Lustspiel »Die Reise nach der
Stadt« von August Wilhelm Iffland
(Premiere 12. 2. 1794) Anfang
19. Jh.
24 Blatt. 20 × 17 cm
Staatsbibliothek Preußischer
Kulturbesitz, Musikabteilung, Sing-
akademie, Berlin

4.36
Königliches National-Theater
Der Zimmermeister oder Die Advo-
katen
Schauspiel von August Wilhelm
Iffland (Premiere 2. 11. 1795)
Theaterzettel v. 3. 11. 1795
Institut für Theaterwissenschaft der
Freien Universität Berlin

4.37
Schreiben von August Wilhelm
Iffland an den Verlag Breitkopf und
Härtel in Leipzig, 7. 1. 1806
Staatsbibliothek Preußischer
Kulturbesitz, Handschriftenab-
teilung, Sammlung Härtel, Berlin

4.38
Eberhard Siegfried Henne nach
Franz Ludwig Catel
Iffland als Franz Moor in dem
Trauerspiel »Die Räuber« von
Friedrich Schiller, 1. Akt, 1. Szene
Kupferstich. 10 × 6,5
Institut für Theaterwissenschaft der
Freien Universität Berlin

4.39
Meno Haas nach Franz Ludwig
Catel
Iffland als Franz Moor
a) 4. Akt, 9. Szene
10,5 × 6,7 cm
b) 5. Akt, 1. Szene
10,5 × 6,5 cm
2 Kupferstiche
Institut für Theaterwissenschaft der
Freien Universität Berlin

4.40
Anonym
Iffland als Nathan in dem dramati-
schen Gedicht »Nathan der Weise«
von Gotthold Ephraim Lessing
bearbeitet von Friedrich Schiller
farbige Aquatinta. 23,5 × 13,5 cm
aus: Kostüme auf dem Königl.
National-Theater zu Berlin,
Berlin 1812 bei L. W. Wittich, Nr.
LIX 160
Institut für Theaterwissenschaft der
Freien Universität Berlin

4.41
Friedrich Weise
Iffland als Kammerrath Fegesack in
dem Lustspiel »Der Geizige« von
Molière nach der Übersetzung von
Heinrich Zschokke (Premiere
15. 8. 1805)
farbige Radierung. 21,5 × 13,5 cm
Institut für Theaterwissenschaft der
Freien Universität Berlin

4.42
Brüder Henschel
Iffland als König Lear in dem
Trauerspiel »König Lear« nach
William Shakespeare in der Über-
setzung von Friedrich Ludwig
Schröder (Premiere 6. 1. 1789)
1810
a) I. Akt, 10. Szene
Probedruck mit altem Handkolorit.
17,4 × 14,8 cm
b) I. Akt, 12. Szene
Bleistift. 11,1 × 4,7 cm
c) I. Akt, 12. Szene
Bleistift. 14,5 × 3,5 cm
d) III. Akt, 3. Szene, mit
Johann David Reinwald als Narr
Bleistift. 11,5 × 7,5 cm
e) III. Akt, 3. Szene, mit
Louise Sofie Fleck als Cordelia
Bleistift. 11,5 × 10,4 cm
f) III. Akt, 4. Szene, mit
Johann David Reinwald als Narr
und Friedrich Wilhelm Lemm als
Edgar
Bleistift. 16,1 × 16,3 cm
g) III. Akt, 5. Szene, mit

Samuel Georg Herdt als Gloster
Johann David Reinwald als Narr
Friedrich Wilhelm Lemm als Edgar
Gottfried Christian Kaselitz als
Kent
Bleistift. 18,9 × 22,6 cm
h) IV. Akt, 9. Szene
Bleistift. 15,3 × 9 cm
i) IV. Akt, 12. Szene, mit
Louise Sofie Fleck als Cordelia
Friedrich Ernst Wilhelm Greibe als
Arzt
Bleistift. 11,1 × 15,2 cm
Theatermuseum der Universität
Köln
(vgl. Kat. Nr. 4.50 f)

4.43
Anonym
Iffland als Bittermann in dem
Schauspiel »Menschenhaß und
Reue« von August v. Kotzebue
(Premiere 3. 6. 1789) um 1800
farbige Radierung. 21 × 12,5 cm
Bildarchiv Preußischer Kultur-
besitz, Berlin

4.44
Friedrich Weise
Iffland als Amtmann Riemen in dem
Schauspiel »Die Aussteuer« von
August Wilhelm Iffland (Premiere
3. 11. 1794)
farbige Radierung. 21,5 × 13,5 cm
Institut für Theaterwissenschaft der
Freien Universität Berlin

4.45
Anton Graff
Iffland als Pygmalion in
»Pygmalion«, Monodrama nach
Jean Jacques Rousseau von Carl
Alexander Herklots, Musik von
George Benda (Premiere 25. 11.
1797)
Öl auf Leinwand. 71 × 57,3 cm
Deutsches Theatermuseum (früher
Clara Ziegler-Stiftung), München

4.46
Anonym
Iffland als Schewa in dem Schau-
spiel »Der Jude« von Richard
Cumberland/Carl Seydelmann
(Premiere 22. 8. 1798)
farbige Aquatinta. 23 × 14,5 cm
aus: Kostüme auf dem Königl.
National-Theater zu Berlin,
Berlin 1812 bei L. W. Wittich,
Nr. XL 107
Institut für Theaterwissenschaft der
Freien Universität Berlin

4.47
Johann Friedrich Schröter
Iffland als Antonius in dem Trauer-

spiel »Octavia« von August v. Kotzebue (Premiere 9. 6. 1800) um 1800
Kupferstich, koloriert. 24 × 18,8 cm
Bildarchiv Preußischer Kulturbesitz, Berlin

4.48
Johann Friedrich Jügel und Höpfner nach Heinrich Anton Dähling
Iffland als Herzog von Sully in dem Trauerspiel »Heinrich der Vierte, König von Frankreich« von Adolph Bergen d. i. Abraham Friedrich Blech (Premiere 17. 2. 1806)
farbige Aquatinta. 23 × 14 cm
aus: Kostüme auf dem Königl. National-Theater zu Berlin.
Elftes Heft. Berlin 1806 bei L. W. Wittich
Institut für Theaterwissenschaft der Freien Universität Berlin

4.49
Friedrich Weise
Iffland als Magister Lämmermeier genannt Strahlenduft in dem Original-Lustspiel »Künstlers Erdenwallen« von Julius v. Voß (Premiere 29. 1. 1810)
farbige Aquatinta. 22 × 13 cm
Institut für Theaterwissenschaft der Freien Universität Berlin

4.50
Brüder Henschel
Ifflands Mimische Darstellungen für Schauspieler und Zeichner. Während der Vorstellung gezeichnet zu Berlin in den Jahren 1808 bis 1813.
Hefte mit je 6 Umrißstichen
a) 7. Heft: Iffland als Der Geizige (Kammerrath Fegesack) (vgl. Kat. Nr. 4.41)
b) 8. Heft: Iffland als Der Essighändler in dem Drama »Der Essighändler« von Louis Mercier (Premiere 26. 10. 1796)
c) 9. Heft: Iffland als Der Dorfrichter in dem Lustspiel »Die Quälgeister oder Viel Lärm um Nichts« nach William Shakespeare von Heinrich Beck (Premiere 4. 3. 1796)
d) 12. Heft: Iffland als Haushofmeister Constant in dem Schauspiel »Selbstbeherrschung« von August Wilhelm Iffland (Premiere 12. 9. 1798)
e) 14. Heft: Iffland als Nathan der Weise (vgl. Kat. Nr. 4.40)
f) 15. Heft: Iffland als König Lear (vgl. Kat. Nr. 4.42)
g) 16. Heft: Iffland als Tell in dem

Schauspiel »Wilhelm Tell« von Friedrich v. Schiller (Premiere 4. 7. 1804)
h) 17. Heft: Iffland als Herr v. Langsalm in dem Lustspiel »Der Wirrwarr« von August v. Kotzebue (Premiere 24. 9. 1801)
i) 19. Heft: Iffland als Dr. Flappert in dem Lustspiel »Der argwöhnische Liebhaber« von Christoph Friedrich Bretzner (Premiere 19. 3. 1787)
j) 20. Heft: Iffland als Lorenz Kindlein in dem Lustspiel »Der arme Poet« von August v. Kotzebue (Premiere 19. 9. 1812)
a—h: Institut für Theaterwissenschaft der Freien Universität Berlin
i—j: Prof. Dr. Kurt Raeck, Berlin

Johann Friedrich Ferdinand Fleck

4.51
Johann Friedrich Bolt
Porträt Johann Friedrich Ferdinand Fleck 1792
Punktiermanier. 8,3 × 6 cm (oval)
Institut für Theaterwissenschaft der Freien Universität Berlin

4.52
C. F. Bollinger
Porträt der Schauspielerin Louise Fleck
Punktiermanier. 7 × 5,5 cm (oval)
Institut für Theaterwissenschaft der Freien Universität Berlin

4.53
Johann Christoph Kimpfel
Ferdinand Fleck als Macbeth in dem Schauspiel »Macbeth« nach William Shakespeare von Gottfried August Bürger (Premiere 28. 12. 1787) 1788
Öl. 56,4 × 46 cm
Theatermuseum der Universität Köln

4.54
Schreiben von Goethes Mutter Katharina Elisabeth aus Frankfurt an den Schauspieler Karl Wilhelm Ferdinand Unzelmann, 9. 3. 1788
Staatsbibliothek Preußischer Kulturbesitz, Handschriftenabteilung, Sammlung Härtel, Berlin

Friederike Unzelmann (ab 1805 Bethmann-Unzelmann)

4.55
Anonym
Porträt der Schauspielerin und Sängerin Friederike Auguste Conradine Unzelmann geb. Flittner um 1794

Radierung. 8,5 × 6,5 cm
Institut für Theaterwissenschaft der Freien Universität Berlin

4.56
Daniel Nikolaus Chodowiecki
Friederike Unzelmann als Nina in der Operette »Nina oder Wahnsinn aus Liebe« 1799
Musik von Nicolas-Marie d'Alayrac (Premiere 3. 5. 1788)
in: Berlin, eine Zeitschrift für Freunde der schönen Künste, des Geschmacks und der Moden, Jg. 1799, 1800
Radierung. 20 × 13 cm
Staatliche Museen Preußischer Kulturbesitz, Kupferstichkabinett, Berlin

4.57
Johann Erdmann Hummel
Friederike Unzelmann als Iphigenie in dem Schauspiel »Iphigenie auf Tauris« von Johann Wolfgang v. Goethe (Premiere 27. 12. 1802)
farbige Aquatinta. 23 × 14 cm
aus: Kostüme auf dem Königl. National-Theater zu Berlin.
Viertes Heft. Berlin, 1803 bei L. W. Wittich
Institut für Theaterwissenschaft der Freien Universität Berlin

4.58
Brüder Henschel
Friederike Bethmann-Unzelmann als Lady Macbeth in dem Trauerspiel »Macbeth« von William Shakespeare in der Bearbeitung von Friedrich Schiller (Premiere 11. 12. 1809) 1809
a) I. Akt, 4. Szene
11,5 × 7,6 cm
b) I. Akt, 11. Szene
12 × 7,7 cm
c) II. Akt, 4. Szene
12 × 8 cm
d) III. Akt, 8. Szene
12,4 × 7,7 cm
4 Bleistiftzeichnungen
Theatermuseum der Universität Köln

4.59
Brüder Henschel
Friederike Bethmann-Unzelmann als Lady Macbeth
aus: Mimische Darstellungen für Schauspieler und Zeichner, 1. Lieferung, 6. Heft, Berlin 1811
4 Umrißstiche. je 19,5 × 15 cm
Institut für Theaterwissenschaft der Freien Universität Berlin
2 Umrißstiche. je 21 × 15,5 cm

Staatsbibliothek Preußischer Kulturbesitz, Berlin

Karl Wilhelm Ferdinand Unzelmann

4.60
Friedrich Weise
Unzelmann als Lux und (Joseph Karl) Ambrosch als Adam im komischen Singspiel »Der Dorfbarbier« (1. Teil Musik von Johann Baptist Schenk — Premiere 13. 3. 1798; 2. Teil Musik von Friedrich Ludwig Seidel — Premiere 14. 12. 1807)
Farbradierung. 23,5 × 13,5 cm
Institut für Theaterwissenschaft der Freien Universität Berlin

4.61
Anonym
Unzelmann als Bürgermeister Nicolaus Staar in dem Lustspiel »Die deutschen Kleinstädter« von August v. Kotzebue (Premiere 28. 4. 1802)
farbige Aquatinta. 23,5 × 14 cm
aus: Kostüme auf dem Königl. National-Theater zu Berlin, Berlin 1812 bei L. W. Wittich, Nr. XLII 109
Institut für Theaterwissenschaft der Freien Universität Berlin

4.62
Friedrich Weise
Unzelmann als Zinngießer Breme und (Ferdinand Albert Aloys) Wurm als Lehrjunge in dem Vaudeville »Der Zinngießer« nach Ludwig Holbergs »Politische Kannengießer« von Friedrich Treitschke (Premiere 12. 4. 1803)
Farbradierung. 21,5 × 13 cm
Institut für Theaterwissenschaft der Freien Universität Berlin

4.63
Friedrich Weise
Unzelmann als Thomas in dem Singspiel »Das Geheimnis« nach dem Französischen übersetzt von Carl Alexander Herklots, Musik von Jean Pierre Solié (Premiere 23. 9. 1803)
farbige Aquatinta. 22 × 13 cm
Institut für Theaterwissenschaft der Freien Universität Berlin

4.64
Anonym
Unzelmann als Papierfabrikant Gründling in dem Singspiel »Das Singspiel an den Fenstern« nach dem Französischen von Friedrich Treitschke, Musik von Nicolo

Isouard (Premiere 16. 4. 1807)
farbige Aquatinta. 23 × 14,5 cm
aus: Kostüme auf dem Königl.
National-Theater zu Berlin,
Berlin 1812 bei L. W. Wittich,
Nr. XLI 108
Institut für Theaterwissenschaft der
Freien Universität Berlin

4.65
Friedrich Weise
Unzelmann als Matz in dem Lustspiel »Das Intermezzo oder Der
Landjunker zum Erstenmale in der
Residenz« von August v. Kotzebue
(Premiere 21. 8. 1808)
farbige Aquatinta. 20,5 × 13 cm
Institut für Theaterwissenschaft der
Freien Universität Berlin

4.66
Friedrich Weise
Weitzmann als Schnüren und
Unzelmann als Procurator Spitz in
dem Lustspiel »Jeder fege vor seiner
Thüre« (Premiere 2. 9. 1808)
farbige Aquatinta. 22,1 × 13,8 cm
Prof. Dr. Kurt Raeck, Berlin

Inszenierungen — Schauspieler —
Kostüme

4.67
Friedrich Wilhelm Meyer
Porträt des Schauspielers, Sängers
und Regisseurs Friedrich Jonas
Beschort
Radierung. 6,3 × 5,4 cm
Institut für Theaterwissenschaft der
Freien Universität Berlin

4.68
Daniel Berger nach J. W. Rhode
Friedrich Jonas Beschort in der
Monologszene 3. Aufzug,
1. Auftritt in dem Trauerspiel
»Hamlet, Prinz von Dänemark«
von William Shakespeare nach der
Übersetzung von August Wilhelm
Schlegel (Premiere 15. 10. 1799).
Aquatinta. 9,3 × 6,5 cm
Theatermuseum der Universität
Köln

4.69
William Shakespeare
Hamlet, Prinz von Dänemark
übersetzt von August Wilhelm
Schlegel
in: W. Shakespeare, Dramatische
Werke, 9 Bde, by J. F. Unger
Berlin 1797—1810. Bd. 3, 1800
(Erstausgabe)
Freies Deutsches Hochstift, Frankfurter Goethe-Museum

4.70
Ludwig Buchhorn nach Heinrich
Anton Dähling
Friederike Unzelmann als Maria
Stuart in dem Trauerspiel »Maria
Stuart« von Friedrich Schiller
(Premiere 8. 1. 1801) 1801
Kupferstich. 8,9 × 5,2 cm
Theatermuseum der Universität
Köln

4.71
Johann Friedrich Bolt
Der Schauspieler und Spielleiter
Johann Friedrich Ferdinand Fleck
als Graf Leicester in dem Trauerspiel »Maria Stuart« 1801
Federlithographie. 22,7 × 15,2 cm
Bildarchiv Preußischer Kulturbesitz, Berlin
Abb. S. 280

4.72
»Maria Stuart«
Figurinenbogen Nr. 11
Arnz & Co., Düsseldorf
Lithographie. 40 × 34,3 cm
Dumont-Lindemann-Archiv der
Landeshauptstadt Düsseldorf

4.73
Königliche Schauspiele
Maria Stuart, Trauerspiel von
Friedrich Schiller (Premiere
8. 1. 1801)
Theaterzettel vom 26. 11. 1812
Berlin Museum, Berlin

4.74
Heinrich Anton Dähling
»Die Jungfrau von Orleans«,
romantische Tragödie von Friedrich
Schiller (Premiere 23. 11. 1801)
1804
Bleistift. 47 × 62,5 cm
Schiller-Nationalmuseum/Deutsches Literaturarchiv, Marbach
a. N.

4.75
Johann Friedrich Jügel nach
Heinrich Anton Dähling
Der Krönungszug aus der romantischen Tragödie »Die Jungfrau von
Orleans« von Friedrich Schiller
um 1805
Aquatinta. 50 × 63,5 cm
Schiller-Nationalmuseum/Deutsches Literaturarchiv, Marbach a. N.
Abb. S. 283

4.76
Anonym
Porträt der Schauspielerin
Henriette Hendel-Schütz (Madame
Meyer)

Radierung. 11 × 9,4 cm
Institut für Theaterwissenschaft der
Freien Universität Berlin

4.77
Heinrich Anton Dähling, Johann
Christoph Kimpfel
Kostüme aus dem Volksmärchen
mit Gesang »Die Nymphe der
Donau« (2. Teil) von Karl Friedrich
Hensler, Musik von Ferdinand
Kauer (Premiere 3. 2. 1802)
6 farbige Aquatinta-Radierungen. je
23,8 × 14,5 cm
aus: Kostüme auf dem Königl.
National-Theater zu Berlin.
Zweites Heft. Berlin 1803 bei
L. W. Wittich
Nr. 3—8 (von Dähling Nr. 3, 4, 6,
8; von Kimpfel Nr. 5, 7)
Institut für Theaterwissenschaft der
Freien Universität Berlin

4.78
Königliches National-Theater
Die Braut von Messina oder Die
feindlichen Brüder, Trauerspiel von
Friedrich v. Schiller (Premiere
14. 6. 1803)
Theaterzettel vom 16. 12. 1803
Landesarchiv Berlin

4.79
»Die Braut von Messina« (vgl. Kat.
Nr. 4.78)
»Die Schuld«, Trauerspiel von
Adolf Müllner (Premiere
14. 2. 1814)
Figurinenbogen Nr. 18
Arnz & Co., Düsseldorf
Schablonenkolorierte Federlithographie. 35,5 × 42 cm
Staatliche Museen Preußischer
Kulturbesitz, Museum für Deutsche
Volkskunde, Berlin

4.80
Wilhelm Hensel
Porträt Adolf Müllner
Bleistift. 11,4 × 9,8 cm
Staatliche Museen Preußischer
Kulturbesitz, Nationalgalerie,
Berlin

4.81
Anonym
Kostüme aus dem Schauspiel
»Wilhelm Tell« von Friedrich v.
Schiller (Premiere 4. 7. 1804)
16 farbige Aquatinta-Radierungen.
je 23 × 14 cm
aus: Kostüme auf dem Königl.
National-Theater zu Berlin.
Sechstes Heft (Nr. 1—8) und
Siebentes Heft (Nr. 9—16), Berlin
1804 bei L. W. Wittich

Institut für Theaterwissenschaft der
Freien Universität Berlin

4.82
»Wilhelm Tell«
Figurinenbogen Nr. 12
Arnz & Co., Düsseldorf
Lithographie. 40,5 × 33,7 cm
Dumont-Lindemann-Archiv der
Landeshauptstadt Düsseldorf

4.83
»Wilhelm Tell«
Figurinenbogen Nr. 2765
Oehmigke & Riemschneider, Neu-
Ruppin
Lithographie, koloriert. 42 × 34 cm
Staatliche Museen Preußischer
Kulturbesitz, Museum für Deutsche
Volkskunde, Berlin

4.84
Johann Friedrich Jügel nach
Heinrich Anton Dähling
Kostüme aus dem Ritterschauspiel
»Die Weihe der Kraft« von
Zacharias Werner (Premiere
11. 6. 1806)
16 farbige Aquatinta-Radierungen.
je 23 × 14 cm
aus: Kostüme auf dem Königl.
National-Theater zu Berlin.
Zwölftes Heft (Nr. 1—8) und Dreizehntes Heft (Nr. 9—16), Berlin
1806 bei L. W. Wittich
Institut für Theaterwissenschaft der
Freien Universität Berlin

4.85
»Die Weihe der Kraft« (vgl. Kat.
Nr. 4.78)
Figurinenbogen Nr. 10
Arnz & Co., Düsseldorf
Lithografie. 40,5 × 34,7 cm
Dumont-Lindemann-Archiv der
Landeshauptstadt Düsseldorf

4.86
Franz Xaver Eisner
Porträt August von Kotzebue
Stahlstich. 8,2 × 6,7 cm
in: Theater August von Kotzebue,
Bd. I, Wien/Leipzig 1841
Theatermuseum der Universität
Köln

4.87
Rollenbuch von Karl Friedrich
Rungenhagen
Bedienter in dem Schauspiel »Die
Verläumder« von August v.
Kotzebue (Premiere 27. 4. 1795)
Anfang 19. Jh.
3 Blatt. je 20 × 17 cm
Staatsbibliothek Preußischer
Kulturbesitz, Musikabteilung,
Singakademie, Berlin

4.88
Anonym
Theater in Krähwinkel um 1825
Lithographie, koloriert.
53 × 34,5 cm
Staatsbibliothek Preußischer
Kulturbesitz, Berlin

4.89
Rollenbuch von Herrn Gay
Hofmarschall v. Kalb in dem
Trauerspiel »Kabale und Liebe« von
Friedrich Schiller (Premiere
26. 12. 1787) Anfang 19. Jh.
8 Blatt. je 20 × 17 cm
Staatsbibliothek Preußischer
Kulturbesitz, Musikabteilung,
Singakademie, Berlin

4.90
Johann Daniel Laurens nach
Johann Friedrich Weitsch
Porträt des Schauspielers Heinrich
Bethmann 1810
Radierung. 6,5 × 5,5 cm
Institut für Theaterwissenschaft der
Freien Universität Berlin

4.91
Schreiben der Schauspielerin
Auguste Düring
»Dem Herrn Geheimrath von
Salviati hochwohlgeboren« o. J.
Staatsbibliothek Preußischer
Kulturbesitz, Berlin

4.92
Moritz Gottlieb Saphir
Lineamente zu Schauspieler-Bild-
nissen, o. O. o. J.
S. 277—281: Historische Notizen
über Madame Krelinger-Stich,
geborene Auguste Düring, in Berlin
Prof. Dr. Kurt Raeck, Berlin

**Die Königlichen Schauspiele unter
Brühl 1815—1828**

Das Schauspielhaus

4.93
Meno Haas nach Franz Krüger
Porträt des Berliner Generalinten-
danten Carl Moritz von Brühl 1825
Stich. 13,5 × 10 cm
Bildarchiv Preußischer Kultur-
besitz, Berlin
Abb. S. 287

4.94
Christian Friedrich Tieck
Büste Karl Friedrich Schinkel 1819
(Neuguß 1981)
Gips. 68 × 44 cm
Staatliche Museen Preußischer
Kulturbesitz, Gipsformerei, Berlin

4.95
Louis Normand nach Karl Friedrich
Schinkel
Perspectivische Ansicht aus dem
Zuschauerraum auf die Scene mit
der Vorstellung der beim Einwei-
hungs-Prolog aufgestellten Deco-
ration in dem königl. Schau-
spielhaus zu Berlin.
aus: K. F. Schinkel, Sammlung
architektonischer Entwürfe, Heft 2,
Neue Folge, Berlin 1826, Bl. 14
Photoreproduktion von Jörg
Anders
Abb. S. 273

4.96
Hans Fincke nach W. Loeillot
Die Neue Kirche und das Schau-
spielhaus in Berlin nach 1850
Farbiger Stahlstich. 10,5 × 15,5 cm
Prof. Dr. Kurt Raeck, Berlin

4.97
Ludwig Eduard Lütke
Das neue Schauspielhaus um 1840
Farblithographie. 28 × 39 cm
Staatliche Museen Preußischer
Kulturbesitz, Kupferstichkabinett,
Berlin
Abb. S. 289

4.98
Anonym
Das Königliche Schauspielhaus in
Berlin um 1850
Lithographie. 17,8 × 23,3 cm
Bildarchiv Preußischer Kultur-
besitz, Berlin

4.99
Das Königliche Schauspielhaus auf
dem Gendarmenmarkt in Berlin
Photographie von 1870
Bildarchiv Preußischer Kultur-
besitz, Berlin

Ludwig Devrient

4.100
Wilhelm Christoph Wohlien
Porträt Ludwig Devrient 1831
Öl. 59,7 × 51,5 cm
Theatermuseum der Universität
Köln

4.101
Nach E. T. A. Hoffmann
E. T. A. Hoffmann mit dem Schau-
spieler Ludwig Devrient im Berliner
Weinlokal »Lutter & Wegener«
Holzschnitt. 18 × 24 cm
aus der Zeitschrift: Über Land und
Meer 1871
Bildarchiv Preußischer Kultur-
besitz, Berlin

4.102
Adolph Menzel
Porträt Ludwig Devrient um 1830
Lithographie. 20 × 12 cm
Staatliche Museen Preußischer
Kulturbesitz, Kupferstichkabinett,
Berlin

4.103
Anonym
Porträt Ludwig Devrient um 1860
Holzschnitt. 26,5 × 18,5 cm
Bildarchiv Preußischer Kultur-
besitz, Berlin

4.104
L. Sachse nach Julius Schoppe
Ludwig Devrient als König Lear in
dem Trauerspiel »König Lear« von
William Shakespeare in der Über-
setzung von Friedrich Ludwig
Schröder 1815
Lithographie, koloriert.
15,1 × 15,3 cm
Theatermuseum der Universität
Köln
Abb. S. 288

4.105
Ferdinand Berger nach Theodor
Hildebrandt
Ludwig Devrient als König Lear
und Karoline Bauer als Cordelia,
nach einem Gemälde von 1826
Kupferstich. 25 × 18 cm
Bildarchiv Preußischer Kultur-
besitz, Berlin

4.106
Brüder Henschel
Ludwig Devrient als Sirius in dem
Lustspiel »Die Brüder« nach Terenz
von Friedrich Hildebrand Frhr. v.
Einsiedel
(Premiere 6. 10. 1815) 1815
Feder, Aquarell. 8,8 × 5,8 cm
Theatermuseum der Universität
Köln

4.107
Carl Friedrich Thiele
Ludwig Devrient als Syrus (Sirius)
Radierung, koloriert. 22,2 × 14 cm
aus: Neue Kostüme auf den beiden
Königlichen Theatern in Berlin
unter der General-Intendantur des
Herrn Grafen von Brühl. Zweiter
Band oder Neuntes bis Sechs-
zehntes Heft. Berlin, 1823.
Bei L. W. Wittich. Neuntes Heft.
Berlin Museum, Berlin

4.108
Brüder Henschel
Ludwig Devrient als Falstaff in dem
Schauspiel »Heinrich der Vierte«

von William Shakespeare in der
Übersetzung von August Wilhelm
Schlegel (Premiere I. Teil
22. 3. 1817, II. Teil 26. 1. 1820)
1817
Feder, Aquarell. 9,4 × 6,8 cm
Theatermuseum der Universität
Köln
Abb. S. 288

4.109
Johann Peter Lyser
Ludwig Devrient als Falstaff um
1825
8 farbige Federlithographien.
je 26 × 18 cm
Institut für Theaterwissenschaft der
Freien Universität Berlin

4.110
Brüder Henschel
Ludwig Devrient als Hubert und
Friedrich Wilhelm Lemm als König
in dem Trauerspiel »König Johann«
von William Shakespeare in der
Übersetzung von August Wilhelm
Schlegel (Premiere 13. 2. 1823)
1823
Feder, Aquarell. 8,7 × 7,2 cm
Theatermuseum der Universität
Köln

4.111
Brüder Henschel
Ludwig Devrient als Cardillac in
»Cardillac oder Das Stadtviertel des
Arsenals« von W. Stich, Musik von
Georg Abraham Schneider,
Melodram mit Tanz nach Antony
und Leopold (Premiere
24. 11. 1824) 1824
Feder, Aquarell. 8,9 × 7 cm
Theatermuseum der Universität
Köln

Inszenierungen — Schauspieler
— Kostüme

4.112
Anonym
Porträt des Schauspielers, Regis-
seurs und Bühnendichters Pius
Alexander Wolff
Bleistift. 20 × 19 cm
Goethe Museum Düsseldorf,
Anton-und-Katharina-Kippenberg-
Stiftung

4.113
Yrf (?)
Porträt Pius Alexander Wolff 1828
Lithographie. 29,5 × 22,5 cm
Institut für Theaterwissenschaft der
Freien Universität Berlin

4.114
Heinrich Stürmer
Pius Alexander Wolff als Torquato
Tasso in dem Schauspiel »Torquato
Tasso« von Johann Wolfgang von
Goethe (Premiere 30. 5. 1816)
Kupferstich, koloriert.
22,2 × 13,6 cm
aus: Neue Kostüme auf den beiden
Königlichen Theatern (vgl.
Kat. Nr. 4.106)
Neuntes Heft.
Berlin Museum, Berlin

4.115
Anonym
Porträt der Schauspielerin Anna
Amalie Wolff
Lithographie. 10 × 9 cm
Institut für Theaterwissenschaft der
Freien Universität Berlin

4.116
Anonym
Amalie Wolff als Sappho
in dem Trauerspiel »Sappho« von
Franz Grillparzer (Premiere
13. 7. 1818)
Radierung, koloriert. 23,3 × 14 cm
aus: Neue Kostüme auf den beiden
Königlichen Theatern in Berlin
unter der General-Intendantur des
Herrn Grafen von Brühl. Erster
Band oder Erstes bis Achtes Heft.
Berlin, 1819. Bei L. W. Wittich.
Viertes Heft
Berlin Museum, Berlin

4.117
Heinrich Stürmer
Amalie Wolff als Elisabeth
in dem Schauspiel »Kenilworth«,
historisches romantisches Gemälde
bearbeitet von Johann Wilhelm
Lembert (d. i. Wenzel Tremler)
nach Walter Scott (Premiere
29. 11. 1822)
Radierung, koloriert.
21,9 × 13,7 cm
aus: Neue Kostüme auf den beiden
Königlichen Theatern (vgl.
Kat. Nr. 4.106)
Sechzehntes Heft.
Berlin Museum, Berlin

4.118
Königliche Schauspiele — Schau-
spielhaus
Preciosa, Schauspiel mit Gesang
und Tanz von Pius Alexander
Wolff, Musik von Carl Maria von
Weber (Premiere 14. 3. 1821)
Theaterzettel vom 30. 11. 1823
Landesarchiv Berlin

4.119
Joseph Muxel
Karoline Bauer als Preciosa um
1823
Öl auf Leinwand. 95 × 73,5 cm
Deutsches Theatermuseum (früher
Clara Ziegler-Stiftung), München

4.120
Brüder Henschel
Sophie Louise Schröck verw. Fleck
als Amalia in »Die Räuber«,
Trauerspiel von Friedrich Schiller
Tusche. 8,8 × 7,1 cm
Schiller-Nationalmuseum/
Deutsches Literaturarchiv,
Marbach a. N.

4.121
Königliche Schauspiele —
Opernhaus
Pygmalion, Monodrama von Carl
Alexander Herklots nach Jean
Jacques Rousseau, Musik von
George Benda (Premiere
25. 11. 1797)
Telemach auf Calypso's Insel, hero-
isches Ballett von Pierre Gabriel
Gardel (Premiere)
Theaterzettel vom 28. 3. 1816
Institut für Theaterwissenschaft der
Freien Universität Berlin

4.122
Carl Friedrich Thiele nach Carl
Wilhelm Gropius
Fürstliches Zimmer 1827
Dekoration zu »Donna Diana«,
Lustspiel nach dem Spanischen des
Don Augustin Moreto von E. A.
West d. i. Josef Schreyvogel
(Premiere 16. 3. 1819 im
Opernhaus)
farbige Aquatinta. 24,4 × 35,5 cm
Theatermuseum der Universität
Köln
Abb. S. 290

4.123
Anonym
Kostüme für das Lustspiel »Donna
Diana«
a) Donna Diana
22,6 × 13,7 cm
b) Donna Diana
21,9 × 13,7 cm
c) Donna Diana
22,6 × 13,7 cm
d) Don Diego
22,6 × 13,8 cm
e) Donna Fenisa und Donna Laura
22,8 × 13,7 cm
f) Don Cesar
22,7 × 13,7 cm
g) Don Gaston und Don Luis
22,9 × 14,1 cm

h) Floretta und Perin
22,7 × 13,8 cm
8 Radierungen, koloriert
aus: Neue Kostüme auf den beiden
Königlichen Theatern (vgl.
Kat. Nr. 4.116). Achtes Heft
Berlin Museum, Berlin

4.124
Josef Lanzedelly d. Ä.
Auguste Stich als Maria Stuart
Kreidelithographie, koloriert.
29,3 × 22,3 cm
Historisches Museum der Stadt
Wien
Abb. S. 297

4.125
Johann Friedrich Jügel nach Karl
Friedrich Schinkel
2 der 3 Schinkel-Dekorationen zu
»Die Jungfrau von Orleans«,
Trauerspiel von Friedrich Schiller
(Premiere 18. 1. 1818 im
Opernhaus)
a) Tafel 10: Halle mit der Aussicht
auf die Stadt Rheims (4. Akt,
1.—3. Szene)
farbige Aquatinta. 42 × 51 cm
Berlin bei L. W. Wittich
b) Tafel 9: Getreue Nachbildung
des Domes zu Rheims (4. Akt,
4.—13. Szene)
Aquatinta. 36,5 × 51,5 cm
Theaterhistorische Sammlung
Walter Unruh am Institut für Theaterwissenschaft der Freien Universität Berlin
(vgl. Kat. Nr. 4.137—4.147)

4.126
Kostüme für das Trauerspiel »Die
Jungfrau von Orleans«
aus: Neue Kostüme auf den beiden
Königlichen Theatern (vgl.
Kat. Nr. 4.116)
Sechstes und Siebentes Heft
Sechstes Heft:
a) Carl Friedrich Thiele
Carl VII und Philip der Gute
22,1 × 13,9 cm
b) Carl Friedrich Thiele
Königin Isabeau
22,2 × 13,9 cm
c) Anonym
Johanna von Arc
21,8 × 14,5 cm
d) Anonym
Johanna von Arc
22,4 × 14,9 cm
e) Carl Friedrich Thiele
Johanna von Arc und Agnes Sorel
22,4 × 13,9 cm
f) Anonym
Graf Dunois
22,3 × 14 cm

g) Carl Friedrich Thiele
Talbot
22,3 × 13,7 cm
h) Carl Friedrich Thiele
Lionel
22 × 13,9 cm
Siebentes Heft:
i) Anonym
Carl VII
22,8 × 15,6 cm
j) Carl Friedrich Thiele
Graf Dunois
22,6 × 13,8 cm
k) Carl Friedrich Thiele
Pair und Marschall
22,8 × 15,4 cm
l) Carl Friedrich Thiele
Ein englischer Herold
22,9 × 13,7
m) Carl Friedrich Thiele
Gens d'armes
22,4 × 13,8
n) Anonym
Trompeter und Trabant
22,3 × 13,9 cm
o) Anonym
Bogenschütze
22,2 × 13,6 cm
p) Carl Friedrich Thiele
Burgundischer Soldat. Englischer
Soldat
22,7 × 15,4 cm
16 Radierungen, koloriert
Berlin Museum, Berlin

4.127
»Die Jungfrau von Orleans«
Figurinenbogen um 1825
Winckelmann & Söhne, Berlin
Farblithographie. 33 × 41,2 cm
Staatliche Museen Preußischer
Kulturbesitz, Kunstbibliothek mit
Museum für Architektur, Modebild
und Grafik-Design, Berlin

4.128
»Die Jungfrau von Orleans«
Figurinenbogen Nr. 1
Arnz & Co., Düsseldorf
Lithographie. 40,5 × 35 cm
Dumont-Lindemann-Archiv der
Landeshauptstadt Düsseldorf

4.129
Königliche Schauspiele — Schau-
spielhaus
Das Käthchen von Heilbronn,
großes Sitten-Schauspiel von
Heinrich v. Kleist, bearbeitet von
Franz Holbein
Theaterzettel vom 21. 4. 1824
(Premiere)
Landesarchiv Berlin

4.130
Friedrich Christoph Dietrich nach
Karl Friedrich Schinkel
Tafel 11: Schloßhof der Burg
Turneck.
7. von 11 Schinkel-Dekorationen zu
»Das Käthchen von Heilbronn«,
entworfen für eine 1816 geplante
Aufführung, ausgeführt für die
Erstaufführung am 21. 4. 1824
Aquatinta. 37,8 × 47,8 cm
Berlin Museum, Berlin
(vgl. Kat. Nr. 4.137—4.147)

4.131
»Das Käthchen von Heil-
bronn« nach 1840
Figurinenbogen Nr. 14
Winckelmann & Söhne, Berlin
Federlithographie, 34 × 43 cm
Staatliche Museen Preußischer
Kulturbesitz, Museum für Deutsche
Volkskunde, Berlin

4.132
»Das Käthchen von Heil-
bronn« nach 1850
Figurinenbogen Nr. 2183
Oehmigke & Riemschneider, Neu-
Ruppin
Federlithographie, koloriert.
39 × 30 cm (Passepartout-
Ausschnitt)
Staatliche Museen Preußischer
Kulturbesitz, Museum für Deutsche
Volkskunde, Berlin

4.133
Brüder Henschel
Friedrich Wilhelm Lemm als
Wallenstein in »Wallensteins Tod«
von Friedrich Schiller 1831
Bleistift, Aquarell. 9 × 7 cm
Theatermuseum der Universität
Köln

4.134
Anonym
Porträt des Regisseurs und Schau-
spielers Carl Stawinsky (engagiert
1828)
Lithographie. 11 × 9,5 cm
Institut für Theaterwissenschaft der
Freien Universität Berlin

4.135
Königliche Schauspiele — Schau-
spielhaus
Iphigenie auf Tauris, Schauspiel
von Johann Wolfgang von Goethe
(Premiere im Schauspielhaus am
26. 5. 1821 zur Wiedereröffnung)
Theaterzettel vom 14. 7. 1828
Landesarchiv Berlin

4.136
Königliche Schauspiele — Schau-
spielhaus
Prinz Friedrich von Homburg,
Schauspiel von Heinrich von Kleist,
bearbeitet von Ludwig Robert
Theaterzettel vom 26. 7. 1828
(Premiere)
Staatsbibliothek Preußischer
Kulturbesitz, Berlin
Abb. S. 290

Bühnenentwürfe

4.137—4.147
Karl Friedrich Schinkel
Hoftheatern zu Berlin unter der
Generalintendantur des Herrn
Grafen von Brühl.
32 Tafeln in 5 Heften mit kolorierten (Heft 1—3) und unkolo-
rierten Aquatinta-Radierungen. Bei
Ludwig Wilhelm Wittich in Berlin
1819—1824. Spätere unkolorierte
Ausgaben bei Riegel in Potsdam
1847—1849 und bei Ernst & Korn
in Berlin 1862 und 1874.
(vgl. auch Kat. Nr. 4.125, 4.130)

4.137
Die Zauberflöte, deutsches Sing-
spiel von Emanuel Schikaneder,
Musik von Wolfgang Amadeus
Mozart. 12 Dekorationen für die
Aufführung am 18. 1. 1816
(Hundertjahrfeier des Krönungs-
und des Friedensfestes) im
Opernhaus
Tafel 14: Carl Friedrich Thiele nach
Schinkel
Act I Scene VI (2. Dekoration)
Berlin bei L. W. Wittich
Farbige Aquatinta. 28,1 × 39,5 cm
Kunsthalle Bremen

4.138
Undine, Oper von Friedrich Baron
de la Motte Fouqué, Musik von
E. T. A. Hoffmann. 7 von 8 Deko-
rationen für die Uraufführung am
3. 8. 1816 (anläßlich des
Geburtstags von Friedrich Wilhelm
III.) im Opernhaus
Tafel 12: Friedrich Christoph
Dietrich nach Schinkel
Burg Ringstädten in der letzten
Scene (7. Dekoration)
Aquatinta. 36 × 47 cm
Theaterhistorische Sammlung
Walter Unruh am Institut für The-
aterwissenschaft der Freien Univer-
sität Berlin

4.139
Ariodan, Oper von Joseph Ritter v.
Seyfried nach François Benoit
Hofman, Musik von Etienne
Nicolas Méhul
3 Dekorationen für die Erstauf-
führung am 1. 6. 1816 im
Opernhaus
Tafel 26: Johann Friedrich Jügel
nach Schinkel
Gerichtssaal. 3. Akt (3. Dekoration)
(fälschlich betitelt »Saal in dem
Trauerspiel: König Yngurd. Act I.«)
Aquatinta. 41 × 52 cm
Theaterhistorische Sammlung
Walter Unruh am Institut für The-
aterwissenschaft der Freien Univer-
sität Berlin

4.140
König Yngurd, Trauerspiel von
Adolf Müllner
5 Dekorationen für die Urauf-
führung am 9. 6. 1817 im Schau-
spielhaus
Tafel 27: Johann Friedrich Jügel
nach Schinkel
Das Innere des Thurmes mit der
Todespforte (5. Akt, 1.—4. Szene)
Aquatinta. 42 × 51,5 cm
Theaterhistorische Sammlung
Walter Unruh am Institut für The-
aterwissenschaft der Freien Univer-
sität Berlin
Abb. S. 290

4.141
Athalia, große Oper nach dem
Trauerspiel von Jean Baptiste
Racine, bearbeitet von Johann
Gottfried Wohlbrück, Musik von
Johann Nepomuk Frhr. v. Poissl.
3 von 5 Dekorationen für die Erst-
aufführung am 25. 2. 1817
Tafel 24: Johann Friedrich Jügel
nach Schinkel
Aussicht auf die Stadt Jerusalem
und die Burg Sion (1. Akt, 1.—
4. Szene — 1. Dekoration)
Aquatinta. 35 × 50 cm
Theaterhistorische Sammlung
Walter Unruh am Institut für The-
aterwissenschaft der Freien Univer-
sität Berlin

4.142
Axel und Walburg, Trauerspiel von
Adam Oehlenschläger.
Eine Dekoration für die Urauf-
führung am 14. 4. 1817 im Schau-
spielhaus
Tafel 23: Johann Friedrich Jügel
nach Schinkel
Decoration zu dem Trauerspiel:
Axel und Walburg (1.—5. Akt)
Aquatinta. 29 × 40 cm
Theaterhistorische Sammlung
Walter Unruh am Institut für Thea-

terwissenschaft der Freien Universität Berlin

4.143
Alceste, Oper von Le Blanc du
Roullet nach Raniero da Calzabigi,
bearbeitet von Carl Alexander
Herklots, Musik von Christoph
Willibald Gluck. 2 von 5 Dekora-
tionen für die deutschsprachige
Erstaufführung am 15. 10. 1817
(Geburtstagsfeier des Kronprinzen
Friedrich Wilhelm) im Opernhaus
Tafel 31: Johann Friedrich Jügel
nach Schinkel
Tempel des Apollo
(1. Akt, 3.—7. Szene — 2. Deko-
ration)
Aquatinta. 44,4 × 52,3 cm
Berlin Museum, Berlin

4.144
Die Vestalin, Oper von Etienne de
Jouy, bearbeitet von Joseph Ritter v.
Seyfried, Musik von Gasparo
Spontini.
3 Dekorationen für die Aufführung
am 15. 9. 1818 im Opernhaus
Tafel 1: Johann Friedrich Jügel
nach Schinkel
Tempel der Vesta
(2. Akt — 2. Dekoration)
Aquatinta. 36 × 47,5 cm
Verlag von Ernst & Korn in Berlin
Theaterhistorische Sammlung
Walter Unruh am Institut für The-
aterwissenschaft der Freien Univer-
sität Berlin

4.145
Armida, Oper von Phillipe
Quinault, aus dem Französischen
übersetzt von Julius v. Voß, Musik
von Christoph Willibald Gluck.
5 von 7 Dekorationen für die
Aufführung am 4. 2. 1820 im
Opernhaus
Tafel 25: Johann Friedrich Jügel
nach Schinkel
Decoration zu der Oper: Armide,
Act V.
Aquatinta. 30 × 39,5 cm
Theaterhistorische Sammlung
Walter Unruh am Institut für The-
aterwissenschaft der Freien Univer-
sität Berlin
Abb. S. 290

4.146
Ratibor und Wanda, Schauspiel von
Konrad Levezow, Musik von Karl
Friedrich Rungenhagen, Georg
Abraham Schneider und Carl
Friedrich Zelter
Eine Dekoration für die Urauf-
führung am 11. 6. 1819 im

Opernhaus
Tafel 22: Carl Friedrich Thiele nach
Schinkel
Decoration zu dem Schauspiel:
Ratibor und Wanda, Act I.
Aquatinta. 28,5 × 40 cm
Theaterhistorische Sammlung
Walter Unruh am Institut für The-
aterwissenschaft der Freien Univer-
sität Berlin

4.147
Tafel 21: Johann Friedrich Jügel
nach Schinkel
Entwurf für ein unbekanntes
Bühnenstück
(fälschlich betitelt »Zimmer des
Königs in dem Trauerspiel: Don
Carlos«)
Aquatinta. 30 × 40 cm
Theaterhistorische Sammlung
Walter Unruh am Institut für The-
aterwissenschaft der Freien Univer-
sität Berlin

4.148
Karl Friedrich Schinkel
Dekorationen zu »Agnes von
Hohenstaufen«, lyrisches Drama
von Ernst Raupach, Musik von
Gasparo Spontini, für die Urauf-
führung am 11. 6. 1829 im
Opernhaus
a) Fest- und Ballsaal
Blei, Feder, Aquarell.
23,5 × 37,5 cm
b) Kaisersaal
Feder, Aquarell. 23,3 × 27,2 cm
Theatermuseum der Universität
Köln

4.149
Karl Friedrich Schinkel
Dekorationen zu »Oberon, König
der Elfen«, romantische Feenoper
von James Robinson Planché/
Theodor Hell (d. i. Karl Gottlieb
Theodor Winkler), Musik von Carl
Maria v. Weber, für die Erstauf-
führung am 2. 7. 1828 im
Opernhaus
a) II. Akt, 1. Szene: Prächtiger Saal
im Palast des Harun
Blei, Feder, Aquarell.
27,5 × 42,5 cm
b) III. Akt, 3. Szene: Zimmer in des
Emirs Harem
Blei, Feder, Aquarell.
20,9 × 33,6 cm
c) III. Akt, 6. Szene: Karls des
Großen Palast
Blei, Aquarell. 22,1 × 34,2 cm
Theatermuseum der Universität
Köln

4.150
Bartolomeo Verona
Camera gotica — Gothisches
Zimmer für den allgemeinen
Gebrauch 1801,
Feder, Sepia. 12,6 × 16,4 cm
Theatermuseum der Universität
Köln

4.151
Carl Friedrich Thiele nach Carl
Wilhelm Gropius
Galerie mit einer offenen Aussicht
auf das Schweizer Gebirge
Dekoration zu »Das Bild«, Trauer-
spiel von Christoph Ernst Frhr. v.
Houwald, für die Uraufführung am
23. 6. 1821 im Schauspielhaus
Aquatinta. 23,5 × 35,6 cm
Theatermuseum der Universität
Köln
Abb. S. 290

4.152
Carl Wilhelm Gropius
Dekoration zu »Jessonda«, Oper
von Eduard Heinrich Gehe, Musik
von Ludwig Spohr, für die Erstauf-
führung am 24. 2. 1825
Deckfarben. 24 × 37 cm
Staatliche Museen Preußischer
Kulturbesitz, Kunstbibliothek mit
Museum für Architektur, Modebild
und Grafik-Design, Berlin

4.153
Carl Wilhelm Gropius
Palermo, das Königliche Grab,
Gewölbe am Dom
Dekoration zu »Kaiser Heinrich
VI., 2. Teil«, historische Tragödie
von Ernst Raupach, für die Erstauf-
führung am 22. 1. 1830
Feder, Aquarell, Tusche.
36,5 × 44,5 cm
Theatermuseum der Universität
Köln

4.154
Johann Karl Jakob Gerst
Kerker für den allgemeinen
Gebrauch
Dekoration zu »Cagliostro«,
dramatisches Fresko-Gemälde von
Franz Ignaz v. Holbein, für die
Erstaufführung am 21. 11. 1833
Öl. 16 × 23,9 cm
Theatermuseum der Universität
Köln

Königstädtisches Theater
1824—1851

4.155
Theater in der Alexanderstraße
No. 30

Plastisch-mimische Darstellungen
Programmzettel vom 25. 7. 1820
Institut für Theaterwissenschaft der
Freien Universität Berlin

4.156
Theater im Großen Locale der
Stadt Paris
Brüder-Straße No. 39
Der Zauberer oder: Schnudys
Hochzeit nach dem Tode, Italie-
nische Schatten-Pantomime in zwei
Abtheilungen
Programmzettel vom 12. 11. 1820
Institut für Theaterwissenschaft der
Freien Universität Berlin

4.157
Gangel et P. Didion à Metz
Les Jeux de l'Enfance
Kreidelithographie, schablonenko-
loriert. 27 × 20,6 cm
Staatliche Museen Preußischer
Kulturbesitz, Museum für Deutsche
Volkskunde, Berlin

4.158
»Die Räuber«
Figurinenbogen Nr. 4
Arnz & Co., Düsseldorf
Federlithographie, schablonenkolo-
riert. 35,5 × 42 cm
Staatliche Museen Preußischer
Kulturbesitz, Museum für Deutsche
Volkskunde, Berlin

4.159
»Die Räuber«
Kostümbilderbogen Nr. 4
Winckelmann & Söhne, Berlin
Lithographie. 35,5 × 42 cm
Theaterhistorische Sammlung
Walter Unruh am Institut für The-
aterwissenschaft der Freien Univer-
sität Berlin

4.160
Johann Daniel Laurens & Johann
Baptist Hössel nach Eduard
Biermann
Das Königstädtische Theater
Aquatinta. 10,2 × 18,2 cm
Berlin Museum, Berlin

4.161
Anonym
Louis Angely als Maurerpolier
Kluck und Eduard Karl Rösicke als
Hähnchen in dem komischen
Gemälde aus dem Volksleben »Das
Fest der Handwerker« von Louis
Angely (Premiere 1830)
Lithographie, koloriert.
28 × 20,2 cm
Berlin Museum, Berlin
Abb. S. 293

4.162
Carl Dahl
Friedrich Beckmann als Habakuk in
dem romantisch-komischen
Märchen »Der Alpenkönig und der
Menschenfeind« von Ferdinand
Raimund (Premiere 1830)
Lithographie. 27,8 × 18,5 cm
Theatermuseum der Universität
Köln

4.163
Julius Schoppe
Friedrich Beckmann als Ecken-
steher Nante in »Eckensteher Nante
im Verhör« von Beckmann nach
Karl v. Holtei. (Premiere 1832)
Lithographie. 27,8 × 18,5 cm
Theatermuseum der Universität
Köln

4.164
Hermann Droehmer nach Gustav
Bartsch
Friedrich Beckmann als Liborius
und Ernst Ludwig Plock als Bren-
necke in der Posse »Die Reise auf
gemeinschaftlichen Kosten« von
Louis Angely. (Premiere 1834)
Mezzotintostich. 24,7 × 21 cm
Theatermuseum der Universität
Köln

4.165
J. Becker
Porträt der Sängerin Henriette
Sontag
Lithographie. 36 × 26,5 cm
Staatsbibliothek Preußischer
Kulturbesitz, Mendelssohn-Archiv,
Berlin

4.166
Henriette Sontag's Toiletten-
büchlein. Ein Geschenk für Damen
und Herren, die ihre Toilette
geschmackvoll einrichten und in
wenigen Stunden die Kunst, sich
selbst zu frisieren, erlernen wollen.
Stuttgart 1830
Staatliche Museen Preußischer
Kulturbesitz, Kunstbibliothek mit
Museum für Architektur, Modebild
und Grafik-Design, Berlin

4.167
Dramatische Abend-Unterhaltung
im Palais der Königlichen Prinzes-
sinnen
Zum Erstenmale:
Wer trägt die Schuld?
Lustspiel in einem Aufzuge, frei
nach Scribe, von Curt Blum
Hierauf: Louise, ou: La Réparation,
Vaudeville nouveau en 2 actes, du
théâtre de Madame, par Scribe und:

Divertissement, vom Königlichen
Ballettmeister Titus
Programmzettel vom 22. 3. 1830
(Gastspiel Henriette Sontag)
Institut für Theaterwissenschaft der
Freien Universität Berlin

4.168
Königstädtisches Theater
Zehn Jahre aus dem Leben einer
Frau oder Böse Rathschläge, Melo-
drama nach Eugène Scribe von
F. Genée
Theaterzettel vom 23. 10. 1833
Landesarchiv Berlin

4.169
Königstädtisches Theater
Semiramis
Oper von Giacomo Rossini
Theaterzettel vom 28. 10. 1833
Berlin Museum, Berlin

4.170
Königstädtisches Theater
Das Mädchen aus der Feenwelt
oder
Der Bauer als Millionär, großes
romantisches Original-Zauber-
Märchen von Ferdinand Raimund
Theaterzettel vom 7. 11. 1833
Landesarchiv Berlin

4.171
Königstädtisches Theater
Einmal-Hunderttausend Thaler,
Posse mit Gesang von David
Kalisch, Musik von Gährich
Theaterzettel vom 31. 1. 1848
Berlin Museum, Berlin

Ballett

4.172
Johann Gottfried Schadow
Das Tänzerpaar Vigano um 1796
2 Radierungen. je 20,5 × 15,7 cm
Kunsthalle Bremen

4.173
Anonym
Mademoiselle Desargues Lemière,
Solotänzerin an der Königlichen
Oper zu Berlin Anfang 19. Jh.
Farblithographie. 22 × 21 cm
Germanisches Nationalmuseum
Nürnberg

4.174
Achille Devéria
Fanny Elssler als Florinda in »Der
hinkende Teufel« von Casimir
Gide/Jean Coralli.
Uraufführung Paris 1836 —
Berliner Gastspiel 1838
Lithographie, koloriert.

34,4 × 23,7 cm
Theatermuseum der Universität
Köln
Abb. S. 295

4.175
Damenschuhe, vermutlich aus dem
Besitz der Fanny Elssler
1. Viertel 19. Jh.
Gelbe Seide mit Leder- und Leinen-
futter
Historisches Museum der Stadt
Wien

4.176
Gustav Metz
Porträt der Tänzerin Fanny
Elssler 1852
Öl auf Leinwand. 55,3 × 44,4 cm
Historisches Museum der Stadt
Wien

4.177
William Henry Knight
Die Ballerina Marie Taglioni d. Ä.
als unsterbliche Sylphide in dem
Ballett »La Sylphide« von Filippo
Taglioni
(Uraufführung am 12. 3. 1832 in
der Opéra Paris — Berliner
Premiere im Opernhaus am
29. 5. 1832)
Aquarell. 21,6 × 18 cm
Historisches Museum der Stadt
Wien
Abb. S. 295

4.178
J. Brandard
Lucile Grahn als Catarina in
»Catarina oder die Tochter des
Banditen« von Cesare Pugni/Jules
Perrot 1846. Uraufführung London
1846 — Berliner Gastspiel 1849
Farblithographie. 40 × 27,6 cm
Theatermuseum der Universität
Köln
Abb. S. 295

4.179
Königliche Schauspiele —
Opernhaus
Die Ochsenmenuet, Singspiel von
G. v. Hoffmann, Musik nach Joseph
Haydn (Premiere)
Insel der Liebe oder Das unaus-
führbare Gesetz, phantastisches
Ballett von Paul Taglioni, Musik
von Gährich (Premiere 2. 3. 1844)
Theaterzettel vom 4. 8. 1848
Landesarchiv Berlin

4.180
Königliche Schauspiele —
Opernhaus
Das schlecht bewachte Mädchen,

pantomimisches Ballett von Jean
d'Auberval, eingerichtet von
Michael François Hoguet (Premiere
12. 8. 1818)
Der Rechnungsrath und seine
Töchter, Lustspiel von Leopold
Feldmann (Premiere 26. 12. 1847)
Theaterzettel vom 4. 5. 1849 (Gast-
spiel Fanny Elssler)
Landesarchiv Berlin

4.181
Königliche Schauspiele —
Opernhaus
Das hübsche Mädchen von Gent,
großes pantomimisches Ballett von
Saint Georges und François
Decombe Albert, Musik von
Adolphe Adam (Premiere
6. 12. 1849)
Caprice aus Liebe, Liebe aus
Caprice, Lustspiel von Feodor Wehl
(Premiere 14. 11. 1849)
Theaterzettel vom 11. 12. 1849
(Gastspiel Lucile Grahn)
Landesarchiv Berlin

4.182
Johann Heinrich Schramm
Porträt des Ballettmeisters Paul
Taglioni um 1830
Aquarell. 28 × 23,3 cm
Historisches Museum der Stadt
Wien
Abb. S. 295

4.183
Theodor Hosemann
Der Ballettmeister der Berliner
Oper Michael François Hoguet als
Robert in dem Pantomimischen
Ballett »Robert und Bertram« von
Hoguet, Musik von H. Schmidt
(Premiere 22. 1. 1841) 1841
Kreidelithographie, koloriert.
29,8 × 19 cm
Sammlung Wilfried Göpel, Berlin

4.184
Johann Karl Jakob Gerst
Dekorationen zu »Undine, die
Wassernymphe«, Ballett von Paul
Taglioni, Musik von H. Schmidt,
für die Erstaufführung am
24. 10. 1836
a) I. Akt, Dekoration: Kühleborns
Reich
Gouache. 24,4 × 36,8 cm
b) III. Akt, 1. Dekoration: Auf dem
Grunde des Wassers
Gouache. 23,9 × 35,8 cm
Theatermuseum der Universität
Köln

4.185
Königliche Schauspiele —

Opernhaus
Die Krondiamanten, Komische
Oper mit Tanz von Eugène Scribe,
Musik von Daniel Auber (Premiere
11. 3. 1842)
Pas de deux von Paul Taglioni
Neuer Mazurek (Marie Taglioni)
Theaterzettel vom 30. 12. 1847
Landesarchiv Berlin

**Die Königlichen Schauspiele unter
Redern 1828—1842**

4.186
Anonym
Porträt Graf Wilhelm von Redern
Lithographie. 11 × 9,2 cm
Institut für Theaterwissenschaft der
Freien Universität Berlin

4.187
Julius Tempeltei
Pallast des Herrn Grafen Redern
1831/35
Lithographie. 24,4 × 40,9 cm
Berlin Museum, Berlin

4.188
Übersicht der Einnahmen und
Ausgaben für die Königlichen
Schauspiele in Berlin aus den Jahren
1835—1836
Geheimes Staatsarchiv Preußischer
Kulturbesitz, Berlin, Nachlaß Witt-
genstein

4.189
Graf Wilhelm von Redern
Gedruckte Einladung zur Premiere
der »Antigone« im Neuen Palais bei
Potsdam
25. 10. 1841
Institut für Theaterwissenschaft der
Freien Universität Berlin

4.190
Königliches Theater im Neuen
Palais, Potsdam
Antigone, Tragödie von Sophocles,
übersetzt von Donner, Musik von
Felix Mendelssohn Bartholdy
Programmzettel vom 28. 10. 1841
(Premiere)
Institut für Theaterwissenschaft der
Freien Universität Berlin

4.191
Königliches Schauspiel zu Charlot-
tenburg
Die Fürstenbraut, Schauspiel von
Prinzessin Amalie von Sachsen
(Premiere 22. 3. 1836)
Theaterzettel vom 4. 6. 1837
Landesarchiv Berlin

4.192
»Dem angebetheten Künstler
Seydelmann von seiner wärmsten
Verehrerin«. Billetdoux der Schau-
spielerin Charlotte v. Hagn für Karl
Seydelmann 1833
Staatsbibliothek Preußischer
Kulturbesitz, Berlin

4.193
Hermann Sagert nach l'Allemand
Die Schauspielerin Charlotte v.
Hagn um 1835
Schabkunstblatt. 72 × 53,2 cm
Staatliche Museen Preußischer
Kulturbesitz, Kunstbibliothek mit
Museum für Architektur, Modebild
und Grafik-Design, Berlin
Abb. S. 297

4.194
F. Elias
Der Schauspieler Karl
Seydelmann nach 1847
Lithographie. 57,7 × 43,5 cm
Staatliche Museen Preußischer
Kulturbesitz, Kunstbibliothek mit
Museum für Architektur, Modebild
und Grafik-Design, Berlin
Abb. S. 296

4.195
»Faust«
Figurinenbogen Nr. 77
Winckelmann & Söhne, Berlin
Schablonenkolorierte Lithographie.
31 × 36,5 cm
(Passepartout-Ausschnitt)
Staatliche Museen Preußischer
Kulturbesitz, Museum für Deutsche
Volkskunde, Berlin

4.196
Johann Karl Jakob Gerst
Walpurgisnacht
Dekoration zu »Faust«, drama-
tisches Gedicht von Johann
Wolfgang v. Goethe, für die Erst-
aufführung am 15. 5. 1838
Öl. 25,7 × 43,5 cm
Theatermuseum der Universität
Köln

4.197
»Faust« um 1840
Theaterbilderbogen
Winckelmann & Söhne, Berlin
a) Nr. 55 Altdeutsche Stadt Decoration
28,8 × 36,7 cm
b) Nr. 56 Altdeutsche Stadt
Coulissen
32,8 × 37,9 cm
c) Nr. 57 Kirchplatz Decoration
32,6 × 37,5 cm

d) Nr. 58 Kirchplatz Coulissen
32,6 × 37,5 cm
e) Nr. 61 Studierzimmer eines
Alchimisten (Dekoration)
32,3 × 37,3 cm
f) Studierzimmer eines Alchimisten
(Kulissen)
32,3 × 37,3 cm
Lithographien, koloriert
Theatermuseum der Universität
Köln

4.198
Carl Alexander von Heideloff
Wilhelmine Schröder-Devrient als
Romeo in der Oper »Capuleti und
Montecchi« von Felice Romani,
Musik von Vincenzo Bellini
(Premiere 4. 6. 1834 im Opernhaus)
1835
Radierung. 22,8 × 28,6 cm
Theatermuseum der Universität
Köln

4.199
Carl Mayer nach V. J. K.
Porträt Wilhelmine Schröder-
Devrient um 1840
Stahlstich. 21,5 × 12,5 cm
Bildarchiv Preußischer Kultur-
besitz, Berlin

**Die Königlichen Schauspiele unter
Küstner 1842—1851**

4.200
Carl Wildt nach l'Allemand
Porträt Karl Theodor v.
Küstner 1847
Lithographie. 54,5 × 43,7 cm
Berlin Museum, Berlin

4.201
Bekanntmachung des Berliner
Generalintendanten
Karl Theodor v. Küstner,
10. 3. 1844
Staatsbibliothek Preußischer
Kulturbesitz, Berlin
Nachlaß Gustav Freytag

4.202
Engagement der Solotänzerin
Taglioni aus dem Jahre 1844
Geheimes Staatsarchiv Preußischer
Kulturbesitz, Berlin,
Nachlaß Wittgenstein

4.203
Schreiben des Generalintendanten
Karl Theodor v. Küstner an den
Schriftsteller Gustav Freytag,
31. 7. 1846
Staatsbibliothek Preußischer
Kulturbesitz, Berlin,
Nachlaß Gustav Freytag

4.204
Johann Karl Jacob Gerst
Wald bei Athen — Palast des
Theseus
Dekoration zu »Ein Sommernachts-
traum«, Komödie von William
Shakespeare in der Übersetzung
von August Wilhelm Schlegel,
Musik von Felix Mendelssohn
Bartholdy
für die Erstaufführung am
14. 10. 1843 im Neuen Palais in
Potsdam
Federzeichnung, aquarelliert.
44,8 × 62,4 cm
Theatermuseum der Universität
Köln
Abb. S. 298

4.205
Königliche Schauspiele — Schau-
spielhaus
Egmont, Trauerspiel von Johann
Wolfgang v. Goethe mit der Musik
von Ludwig van Beethoven
(Premiere 20. 1. 1841)
Theaterzettel vom 28. 9. 1844
Landesarchiv Berlin

4.206
Königliche Schauspiele —
Opernhaus
Ein Feldlager in Schlesien, Oper in
Lebensbildern aus der Zeit Fried-
richs des Großen von Ludwig
Rellstab (nach Eugène Scribe),
Musik von Giacomo Meyerbeer
(Premiere 7. 12. 1844)
Theaterzettel vom 12. 9. 1849
Berlin Museum, Berlin

4.207
Arien und Gesänge aus: Ein Feldlager in Schlesien
Singspiel in drei Akten in Lebensbildern aus der Zeit Friedrichs des
Großen von L. Rellstab. In Musik
gesetzt von G. Meyerbeer, Berlin
1844
Berlin Museum, Berlin

4.208
Albert Henry Payne
Jenny Lind als »Tochter des Regi-
ments«, komische Oper von Saint
Georges und Bayard, Musik von
Gaetano Donizetti (Premiere 29. 7.
1842) um 1842
Stahlstich. 23 × 18,5 cm
Bildarchiv Preußischer Kultur-
besitz, Berlin
Abb. S. 299

4.209
Die Sängerin Jenny Lind im Alter
von 57 Jahren mit ihrem Ehemann,

dem Pianisten Otto Goldschmid.
Photographie von 1869
Bildarchiv Preußischer Kultur-
besitz, Berlin

4.210
Königliche Schauspiele — Schau-
spielhaus
Thomas Thyrnau, Schauspiel von
Charlotte Birch-Pfeiffer (Premiere
19. 12. 1844)
Theaterzettel vom 18. 1. 1845
Landesarchiv Berlin

4.211
F. Elias
Porträt der Schauspieler Theodor
Döring
Radierung. 23 × 16 cm
Institut für Theaterwissenschaft der
Freien Universität Berlin

4.212
Anonym
Porträt Louis Schneider
Lithographie. 11 × 9,2 cm
Berlin Museum, Berlin

4.213
Königliche Schauspiele —
Opernhaus
Die Quitzows, Vaterländisches
Drama in 5 Aufzügen von Louis
Schneider
Theaterzettel vom 21. 5. 1846
(Premiere)
Berlin Museum, Berlin

4.214
Königliche Schauspiele — Schau-
spielhaus
Eine Familie, Original-Schauspiel
von Charlotte Birch-Pfeiffer
(Premiere 19. 11. 1846)
Theaterzettel vom 2. 12. 1846
Landesarchiv Berlin

4.215
Königliche Schauspiele — Schau-
spielhaus
Die Valentine, Schauspiel von
Gustav Freytag (Premiere
17. 5. 1847)
Theaterzettel vom 27. 9. 1848
Landesarchiv Berlin

4.216
Königliche Schauspiele — Schau-
spielhaus
Prinz Friedrich von Homburg,
Schauspiel von Heinrich von Kleist
(Premiere 26. 7. 1828)
Theaterzettel vom 14. 10. 1848 (Am
Vorabende des Geburtstagsfestes
Seiner Majestät des Königs)
Landesarchiv Berlin

4.217
Königliche Schauspiele —
Opernhaus
Dramatisch-musikalische
Vorstellung zum Besten der Armen-
Speisungsanstalt sowie der Deut-
schen Holz-Gesellschaft
Theaterzettel vom 14. 1. 1849 (mit
Marie und Paul Taglioni)
Landesarchiv Berlin

4.218
August Kneisel nach Cäcilie Brandt
Die französische Tragödin
Melle Rachel (Elisabeth Félix)
Lithographie. 28,5 × 22 cm
Institut für Theaterwissenschaft der
Freien Universität Berlin

5. Akademie der Künste

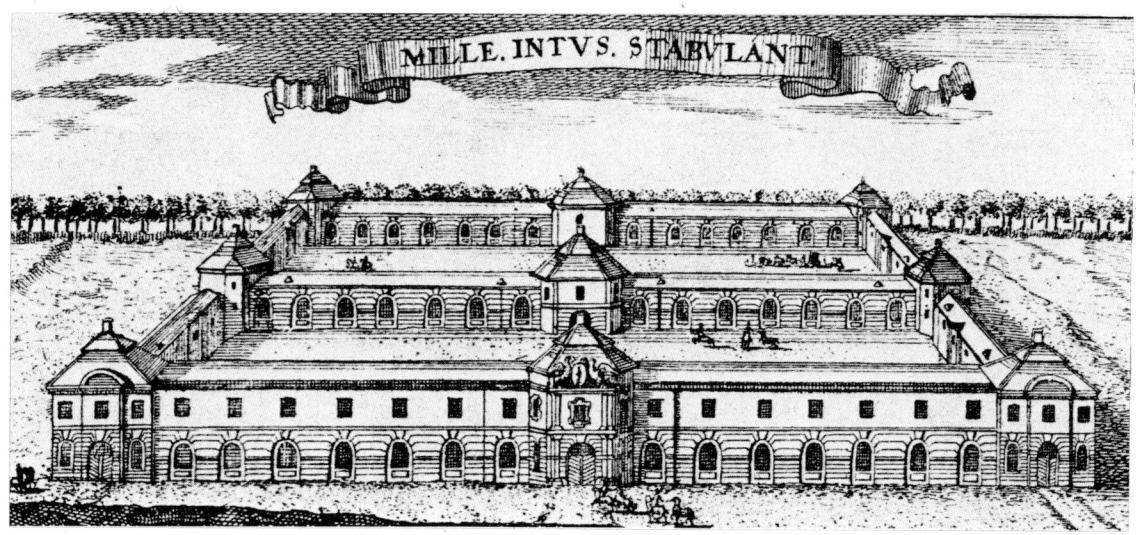

MILLE · INTVS · STABVLANT

Lorenz Berger
Ansicht des Akademie-Gebäudes
aus: Thesaurus Brandenburgicus
1699

Barbara Volkmann
Akademie der Künste

Geschichte

a) Gründung und Verfall

Als im Juli 1696 die preußische Akademie der Künste von Kurfürst Friedrich III., dem späteren König
Friedrich I., gegründet wurde[1], geschah dies sicher
aus dem Bedürfnis nach höfischer Repräsentation
und dem Wunsch des Herrschers, sich als Protek-
tor der Künste darzustellen. Wenn Rom und Paris
eine Akademie besaßen, durfte Preußen nicht
zurückstehen, dessen Erhöhung zum Königreich
der Kurfürst mit Eifer betrieb und wenige Jahre
später auch erreichte. Die neue Institution sollte
freilich nicht nur der Entfaltung von Pracht und
Glanz als Attributen der monarchischen Würde
dienen, sie zielte von Anbeginn auch auf praktischen Nutzen: Ihre Aufgabe war, den Kunstsinn im
Lande zu verbreiten bzw. zu heben, geschickte
Maler, Bildhauer und Architekten heranzuziehen
und das einheimische Kunsthandwerk zu fördern.
Dahinter stand das merkantilistische Anliegen,
durch verbesserte Produkte des eigenen Landes die
Importe von Kunstwerken und kunsthandwerkli-
chen Gegenständen überflüssig zu machen und
zugleich die Ausfuhrchancen zu erhöhen. Bedeutende Künstler sollten durch ihren Ruhm das Anse-

hen und durch ihre Arbeiten die Schönheit der
Residenz mehren. So wurden der Akademie bei
ihrer Gründung drei Funktionen zugewiesen. Sie
war eine höhere Lehranstalt (»Kunst Universitet«),
eine akademische Mitgliedergesellschaft (»eine
Gemeinde oder Versammlung von Mahlern und
Bildhauern«) und eine Sachverständigenkommis-
sion zur Beratung des Hofes in Kunstfragen.[2]
Ihre Organisation folgte weitgehend dem berühmten Pariser Vorbild. Mit dem Berner Maler Josef
Werner wurde ein Künstler von europäischem Ruf
als Gründungsdirektor gewonnen. Neben ihm
wirkten als Mitdirektoren Augustin Terwesten und
Andreas Schlüter. Ein großzügiger Etat und zahlreiche Aufträge des Hofes begünstigten den Start.
Der Andrang der Schüler war so groß, daß das
Lehrangebot erweitert werden mußte und schon im
Jahre 1700 Regelungen getroffen wurden, um zu
verhindern, daß »der Numerus der Studierenden zu
stark anwachse«.[3]
Der frühe Erfolg der Akademie überdauerte ihren
Gründer nicht. Unter seinen Nachfolgern verfiel
die Institution zu einer unbedeutenden Zeichenschule. Friedrich Wilhelm I. sah seine Hauptaufgabe darin, den preußischen Staat wirtschaftlich zu
sanieren. Die Ausgaben für Kunst und Repräsentation wurden drastisch gekürzt. Sein Sohn Friedrich II. hingegen verehrte und kaufte zwar zeitgenössische französische Kunstwerke, stand jedoch
der einheimischen und besonders der akademischen
Kunst ablehnend gegenüber. 1743 zerstörte über-

dies ein Brand den königlichen Marstall, in dessen Obergeschoß die Akademie der Künste gemeinsam mit der Akademie der Wissenschaften untergebracht war. Das bedeutete nicht nur den Verlust der Räume. Auch die für den akademischen Unterricht so wichtigen Sammlungen von Gipsabgüssen und Kupferstichen, die Bibliothek und die meisten Dokumente des Archivs wurden vernichtet. Erst 1770 konnte die Akademie in den wiederhergestellten Marstall zurückkehren. Bis dahin fand der Unterricht in den Privaträumen zunächst des Professors Leygebe, dann des Direktors Blaise Nicolas Le Sueur statt, der dieses Amt seit 1756 bekleidete. Als dieser am 19. Januar 1783 starb, erreichten es die eine Erneuerung der Akademie anstrebenden Mitglieder, daß der König schon zwei Tage später ihren Favoriten Bernhard Rode zum Nachfolger ernannte. Von ihm versprach man sich die innerhalb der engen wirtschaftlichen Grenzen möglichen Verbesserungen, d. h. eine Wiederbelebung der Gründungsintention: »daß eine rechte Academie keine gemeine Lehrschule, worin Praeceptor und Schüler, auch keine Werkstatt, worin Meister, Gesellen und Jungens, auch keine obrigkeitliche oder herrschaftliche Versammlung, wobei die Regenten oder Vorgesetzten im Amt sich einer unrechtmäßigen Gewalt ... anzumaßen, Tyrannei zu üben sich erkühnen dürfen«[4]. Nationale Erwägungen spielten ebenfalls eine Rolle: Von einem deutschen Direktor erwartete man, daß er das Ansehen der einheimischen gegenüber der bis dahin begünstigten französischen Kunst fördern würde.

Die unzulänglichen Arbeitsbedingungen der Akademie beim Amtsantritt Rodes beleuchtet sein Immediatbericht an den König. Er schildert zunächst die Organisation der Lehre in den verschiedenen Klassen und wendet sich dann der finanziellen Situation zu. »... Zur Bestreitung der Kosten dieser 5 Classen sind Rt 200 von Ew. Königl. Majestät ausgesetzt. Diese Summa reicht kaum zu aufrechterhaltung der 3 ersten Classen, so dass zur 4ten und zur 5ten als der Nothwendigsten und welche die mehresten Kosten erfordern gar kein Fond vorhanden ist. Hierzu komt, dass die jetzt bey der Academie vorhandene Models von Gips, und andere für die Lernenden unentbehrliche Sachen ihr nicht eigenthümlich gehören, sondern von dem verstorbenen Le Sueur aus seinen Mitteln angeschafft worden, und folglich von seinen Erben hieselbst rechtmässig zurück gefordert werden, wodurch den die Academie Ihr Nothwendigstes Inventarium mit einenmahl verlieren würde. Da nun Ew. Königl. Majestät zur verbreitung aller

Arten Künste und Wissenschaften seit dero Glorreichen Regierung so kräftige unterstützungen angewiesen haben, so lege ich mit denen unterzeichneten Mitgliedern dieser Academie Ew. Königl. Majestät die allerunterthänigste Bitte zu Füssen, den Fond der Academie zu ansetzung eines dritten Lehrers in der Zeichen Classe, Eines Lehrers in der 4ten Classe, zu anschaffung und unterhaltung des nöthigen Lebendigen Models und Heitzung und Erleuchtung der Zimmer und der übrigen erforderlichen Gipssachen und Zeichnungen bis auf 800 Thaler zu erhöhen ...«[5]

Schon einen Tag später kam der abschlägige Bescheid — in Ton und lakonischer Kürze kennzeichnend für die Einstellung des Königs gegenüber der Akademie und ihren Mitgliedern. Friedrich ließ wissen, »daß deren darin gethanenen Antrag nicht stattfindet, sie müssen dagegen jetzt nur hübsch arbeiten, sie werden von der Hitze nicht gehindert denn es ist gegenwärtig nicht so warm. Wornach sie sich zu achten haben. Potsdam, den 13ten July 1783«.[5]

Nicht nur die knausrige Sparsamkeit des Königs in dessen letzten Lebensjahren führte zur Ablehnung der eher zurückhaltend vorgetragenen Bitte, sondern auch die offene Geringschätzung einer als faul und leistungsschwach kritisierten Institution. Er habe, heißt es an anderer Stelle, »noch nicht einen gesehen der nur passable herausgekommen, aus ihre Anstalt, dass muss woran liegen und nicht der gehörige Fleiss angewendet werden«.[5]

Bei der unzulänglichen Ausstattung war es sicher nur begrenzt möglich, grundlegende Änderungen zu erreichen. Aber auch dort, wo man sie erhofft hatte, sah man sich enttäuscht: Rode erfüllte die in ihn gesetzten Erwartungen nicht. Chodowiecki, der Rodes Direktorat am eifrigsten betrieben hatte, war nun sein schärfster Kritiker. Er warf Rode Unfähigkeit zur Reorganisation, Verstöße gegen die Statuten und — schlimmer noch — gegen die kollektive Struktur der Akademie als Gemeinschaft von Künstlern vor: »... Sie wissen gar noch nicht Liebster H. Director was eine Academie ist; Sie verwächseln die der Academie angehängte Zeichen Classen, mit der Academie selbst, und glauben, dass wen Sie in dem darin zu gebenden Unterricht nach Ihren gewissen nichts vernachläßigen, so haben sie alles gethan was Ihnen Oblag ...

Aber ist es alsdann nicht Lächerlich dass eine solche Academie Mitglieder hat? zumal wenn diese Mitglieder keinen Einfluss auf die sogenannte Academie haben sollen, und ist es nicht noch Lächerlicher dass noch neue Mitglieder und Ehren Mitglieder

5.230 J. G. Schadow
Büste Friedrich II.   um 1792

gewählt werden? . . . Academie ist ein Wort, dass
eine Versammlung von Künstlern bedeutet, die an
einen ihnen angewiesenen Ort, zu gewissen Zeiten
zusammen kommen, um sich mit einander über ihre
Kunst freundschaftlich zu besprechen, sich ihre
Versuche, Einsichten und Erfahrungen mittheilen,
und einer von dem andern zu Lernen sich mit einander der Vollkommenheit zu nähern suchen.«[5]

b) Die Reorganisation 1786

Mit der Leidenschaft des selbstbewußten Künstlers
bestand Chodowiecki auf der Akademie als »lan-
desherrlich privilegirte Gesellschaft, die Wissenschaften und Künste auf den höchsten Grad bringen soll«[5]. Noch vor der französischen Revolution
kämpfte er für eine *demokratische* Institution, in der
eine Gemeinschaft von Künstlern kooperativ und
im Dialog gleichberechtigt die Sache der Kunst
fördern und dem Wohl des Landes dienen sollten.
Ob dies im Rahmen der spätabsolutistischen Herr-
schaftsstruktur ohne Eingriff von oben möglich
gewesen wäre, ist zu bezweifeln. Die Wende ging
jedenfalls von einer Entscheidung des Königs aus.

Wohl immer noch aus Mißtrauen setzte Friedrich II. 1786, in seinem letzten Lebensjahr, einen
Kurator ein, der sich um die Belange der Akademie
kümmern sollte.

In der Person des Kurators, dem Staatsminister für
das Berg- und Hüttenwesen von Heinitz, fand die
Akademie endlich die sachverständige und tatkräf-
tige Unterstützung, die sie so lange entbehrt hatte.
Er verstand es, den König für die Reform der Akademie zu gewinnen, indem er auf den Nutzen hin-
wies, den die (mit ihren 200 Thalern Jahresetat)
dem Verfall nahe Institution erbringen könnte,
wenn sie neben der reinen Kunstlehre auch die pra-
xisbezogene ästhetische Weiterbildung von Handwerkern übernehmen würde. Wie schon bei ihrer
Gründung 100 Jahre zuvor sollte sie in merkanti-
listischer Absicht über die Veredelung des Geschmacks zur Hebung des heimischen Gewerbes
beitragen. In dem Reglement von 1790 — nun
schon unter dem der Akademie gegenüber sehr viel
aufgeschloseneren Friedrich Wilhelm II. — wurde
die Reorganisation festgeschrieben. Der am praktischen Nutzen orientierte Ausbildungsauftrag ist
darin ebenso wiederzufinden, wie der bürgerliche

Aufklärungsoptimismus der Mitglieder. Diese verstanden die Akademie nicht als ein primär wirtschaftlich ausgerichtetes Institut, sondern als eine Künstlervereinigung, die die Möglichkeit der Lehre und des Dialogs bot, wie die Kritik Chodowieckis an der Amtsführung Rodes zeigt. Darüber hinaus würde eine Verbesserung der Kunst nicht nur Einfluß auf die Wirtschaft haben. Die Hebung des Geschmacksniveaus sollte eine moralische Läuterung bewirken, da das »Schöne« untrennbar mit dem »Guten« verbunden sei.

So bedeutet die Reorganisation der Akademie — entstanden aus dem Kompromiß von Tradition und Erneuerung, von wirtschaftlichen und künstlerischen Interessen — eine Reform vor der großen preußischen Reformphase zu Beginn des 19. Jahrhunderts. Es liegt nahe, einen Zusammenhang zu sehen zwischen dem Pragmatismus bei der Akademieerneuerung und dem spezifischen Realismus in der Berliner Kunst der folgenden Jahrzehnte.

Die wichtigste Veränderung bestand neben Aufstockung der Mittel und dem Abhalten wöchentlicher Sitzungen des Akademie-Senats unter dem Vorsitz des Kurators in der Einrichtung einer »Kunstschule«, d. h. eines Unterrichts für Handwerker, »welche zu mehrerer Vervollkommnung ihrer Arbeiten in irgend einer Beziehung Kunstkenntnisse nöthig haben«[6]. Unterricht und Lehrmittel waren gratis. Um größeren Arbeits- und Verdienstausfall zu vermeiden, beschränkten sich die Kurse auf 6 Monate im Jahr, von April bis September an vier Tagen der Woche jeweils von 15.30 bis 19 Uhr. Bereits im Gründungsjahr dieser Schule nahmen am Unterricht 55 Gesellen und 57 Lehrlinge teil. Die Liste der vertretenen Berufe liest sich wie ein Querschnitt durch das Berliner Gewerbe des gehobenen Bedarfs: Lackierer, Ebenisten, Tapezierer, Dekorateure, Konditoren, Gärtner, Seidenwirker, Posamentierer, Blumenfabrikanten, Leinen- und Damastweber, Täschner, Glaser, Stukkateur-Arbeiter, Gold- und Silberschmiede, Schlosser, Gelbgießer, Gürtler, Kupferschmiede, Klempner, Stellmacher, Sattler und Riemer, Tischler, Drechsler, Maurer, »Englische« Stuhlmacher, Musikinstrumentenmacher, Büchsenmacher und Büchsenschäfter.[7]

Wie ausgeprägt die kommerziellen Nützlichkeitserwägungen waren, die Bestrebungen, auf die »Verbreitung des guten Geschmacks« und »Veredelung des Kunstfleißes in Manufakturen und Fabriken« hinzuwirken, zeigt auch die Gründung von Provinzialkunstschulen nach dem Berliner Muster und unter Aufsicht der Akademie »vorzüglich in denen Gegenden, wo beträchtliche Manufakturen und Fabriken sind«[8]. In Königsberg, Breslau, Halle, Magdeburg, Danzig und Erfurt entstanden die ersten Zweiginstitute. Daß mit dem Angebot zur Weiterbildung des Handwerks eine Lücke gefüllt wurde, bezeugt die rege Nachfrage. Besonders anerkannte Kunsthandwerker erhielten den Titel »akademische Künstler«.[9] Der Vorteil dieser Auszeichnung lag in der Befreiung vom Zunftzwang. Das liberale Prinzip der Gewerbefreiheit als akademisches Privileg — auch dies gehört zum Signum des staatlich gelenkten Übergangs von der berufsständischen Privilegiengesellschaft des 18. zur bürgerlichen Wirtschaftsgesellschaft des 19. Jahrhunderts.

Eine weitere bedeutsame Neuerung gelang mit der Einrichtung einer öffentlichen Kunstausstellung — nach dem Beispiel anderer Akademien wie der Pariser und Dresdner —, die seit 1786 regelmäßig alle ein bis zwei Jahre stattfand. Sie bot Künstlern wie Laien Gelegenheit, sich über das Kunstgeschehen in Preußen, einschließlich des Kunsthandwerks und der Manufakturerzeugnisse zu informieren und förderte damit das allgemeine Interesse an Kunst. Preise für die besten Arbeiten sollten die Künstler unterstützen und den Wettbewerb anregen.

Eine Breitenwirkung der mit der Akademiereform verfolgten Ziele versprach man sich auch von der »Monatsschrift der Akademie der Künste und mechanischen Wissenschaften«, die auf allen Postämtern und in den »ansehnlichen Buchhandlungen Deutschlands« zu haben war. Nach Absicht ihrer Gründer sollte sie »der Allgemeinheit eines guten Geschmacks, der Ermunterung nützlicher Talente, zur Unterstützung der Industrie und zur angenehmen und nützlichen Unterhaltung«[10] dienen. In ihr erschienen die wichtigsten theoretischen Abhandlungen zur Reorganisation der Akademie, z. B. J. C. Frisch, »Fragment über die Idee, eine Akademie der Künste in Bezug auf Fabriken und Gewerbe gemeinnütziger zu machen«, J. W. Meil d. J., »Gedanken zu einer, unter Aufsicht der Königlichen Akademie der Künste usw. zu errichtenden Zeichenschule für Handwerker«, Artikel über die gesellschaftliche Bedeutung der Bildenden Kunst, aber auch Berichte über Akademieangelegenheiten, Kunstinformationen aus Rom und zahlreiche Beiträge zu Problemen und Erfindungen im Bereich der einzelnen Kunsttechniken und Kunstgattungen. Bei der aufwendigen, mit Illustrationen versehenen Zeitschrift wurden aber die Kräfte der Akademie überfordert oder die Resonanz im Publi-

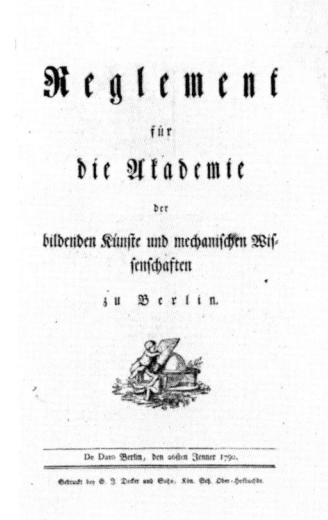

5.13 Reglement 1790

5.23 Patent für Moritz Geiß als akademischer Künstler 1828

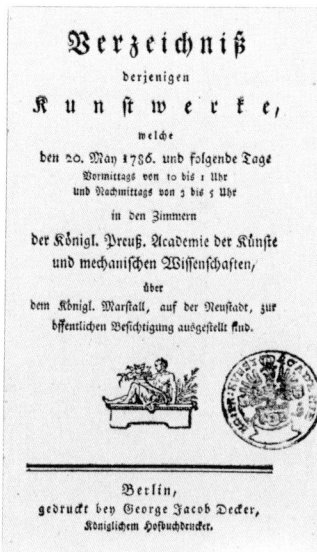

5.10 *Katalog der Kunstausstellung 1786*

5.11 *Monatsschrift 1788*

kum überschätzt. Schon 1789, im zweiten Jahr ihres Erscheinens, wurde sie eingestellt.

Insgesamt jedoch scheint der Erfolg der Erneuerung die Erwartungen zunächst erfüllt, wenn nicht übertroffen zu haben. 1814 schrieb Levezow in einem Rückblick auf die Entwicklung der Akademie seit 1786: »Sie gewann in ihrem Aeussern und Innern immer mehr Festigkeit, Zusammenhang und Würde und einen großen Einfluß auf die allgemeine Industrie, und auf die Verbreitung eines edlern Geschmacks in den bildenden und verzierenden Künsten. Denn in der Zeit der Wiederherstellung durch Friedrich Wilhelm II. bis auf den Anfang des jetzigen Jahrhunderts ward das Bestreben der Künstler, Fabrikanten, Manufakturisten und Handwerker, ihren Produkten mehr Vollkommenheit, Geschmack und Eleganz zu verleihen, in dem Grade sichtbar, daß selbst viele von ihnen, vorzüglich in Berlin und in anderen Hauptstädten des preußischen Staats, mit ähnlichen Künstlern und Arbeitern des Auslandes in ihren Produkten rühmlich zu wetteiffern vermögen. Ganz unverkennbare Dokumente dieses ruhmvollen, fruchtbaren Bestrebens gewährten die seit der Zeit vorzüglich, auf königliche Kosten errichteten öffentlichen Gebäude in ihrem Aeussern und Innern, die auf Veranstaltung der Regierung bewirkten öffentlichen Kunstwerke und Monumente, die vortrefflichen, sich eben sowohl durch die Schönheit und Eleganz der Form und Malerei, als durch innere Güte, auszeichnenden Produkte der königlichen Porzellanmanufaktur, nicht wenig reizende und geschmackvoll erbaute Landhäuser vornehmer und reicher Gutsbesitzer in anderen und entfernten Provinzen, so wie auch Waarenlager großer, blühender Fabriken und Manufakturen. Auch das Innere der Wohnungen fast aller Klassen von Privatpersonen zunächst in Berlin und den größeren Provinzialstädten bieten dem aufmerksamen Beobachter eine Menge der mannigfaltigsten Gegenstände in allen möglichen Materien dar, welche durch die Zweckmäßigkeit, Eleganz und Schönheit ihrer Formen, ihrer Einrichtungen und Vorzüge das gebildete Auge eben so sehr, ergötzen, als sie dem Bedürfnisse, was sie erzeugte, entsprechend wohlthätigst zu Hülfe kommen«.[11]

Das neue Jahrhundert begann mit schmerzlichen Verlusten für die Akademie. 1801 und 1802 starben die beiden Männer, die den Hauptanteil an ihrer Erneuerung und Wiederbelebung hatten: Chodowiecki, Direktor seit 1797, und Heinitz. Doch schien die Institution zu diesem Zeitpunkt soweit gefestigt, daß sie unter ihren Nachfolgern, dem

Zeichner und Radierer Johann Wilhelm Meil als Direktor und dem »für die liberalste Beförderung ihres Wohls in so hohem Grade besorgten«[12] Staatsminister für auswärtige Angelegenheiten Freiherrn von Hardenberg als Kurator erfolgreich weiterarbeiten konnte. Beide bekleideten ihr Amt bis 1805. Sogar während der Kriegs- und Besetzungszeiten seit 1806 konnte der Lehr- und auch der Ausstellungsbetrieb aufrechterhalten werden.

c) Konzentration und institutionelle Differenzierung seit 1809

Einen entscheidenden Einschnitt brachte erst die Stein-Hardenbergsche Verwaltungsreform, in deren Konsequenz 1809 eine eigene »Seccion des Kultus und des öffentlichen Unterrichts« im Ministerium des Innern eingerichtet wurde, die für alle wissenschaftlichen Einrichtungen und Kunstinstitute zuständig war. Das bedeutete für die Akademie den Verlust der direkten Zuordnung zum König und die Eingliederung in einen unflexibleren Verwaltungsapparat. Es brachte aber auch ein höheres Maß an Unabhängigkeit von der wechselhaften Gunst des Monarchen, die bisher die Geschichte der Akademie bestimmt hatte. Leiter der Sektion waren bis 1810 Wilhelm von Humboldt und bis 1817 Freiherr von Schuckmann. Danach wurde die Akademie dem neugeschaffenen »Ministerium für die geistlichen-, Unterrichts- und Medicinal-Angelegenheiten« und dessen Chef, dem Freiherrn von Altenstein unterstellt.

Im Zuge der Verordnung von 1809, nach der in der Akademie alle Fächer der bildenden Künste, der Baukunst und der Musik vereint und dem Senat der Akademie unterstellt werden sollten, wurde verfügt, die Musik den übrigen Kunstfächern anzuschließen. Die entsprechende Professur erhielt Karl Friedrich Zelter, der Direktor der Sing-Akademie. Damit wurde eine Beziehung zu dieser privaten Einrichtung institutionell verfestigt, die räumlich und personell bereits bestand: Seit 1793 benutzte die Sing-Akademie einen Raum, der den Akademien der Künste und der Wissenschaften gemeinsam gehörte. Zelter war bereits seit 1806 Ehrenmitglied der Akademie und Beisitzer im Senat. Die neue Abteilung wurde 1833 erweitert. Es entstand die »Schule für musikalische Komposition«.

Der Entwicklungstrend in der Organisation des Bildungswesens ging jedoch nicht in Richtung Konzentration, sondern auf institutionelle Differenzierung. Überall in Europa verengten sich die Aufgabenfelder der Akademien bei zunehmender Tätigkeit in ihren Kerngebieten. Die Tendenz zur Trennung der rein ästhetischen Kunstfächer von der Ausbildung zu praktischen Berufen hatte sich bereits 1799 bei der Gründung der Bauakademie gezeigt, die u. a. aus der »architektonischen Zeichenschule« der Akademie hervorgegangen war. Ihre Hauptaufgabe, »tüchtige und geschickte Baumeister und Baubediente«[13] für die öffentliche Bautätigkeit heranzuziehen, schien sie nach Meinung der Regierung — und wohl auch der der Architekten — besser als selbständige Institution erfüllen zu können. 1809 wurde auch die Kunstschule aus der Akademie ausgegliedert. Die so entstandene »Kunst- und Gewerkschule« blieb zwar dem Senat der Akademie unterstellt, die enge Verbindung von Kunst und Handwerk — ein Hauptargument für die Reorganisation von 1786 — war dadurch jedoch gelockert worden. Da die Kunst- und Gewerkschule aber ihr Lehrprogramm auch nach der Ausgliederung nicht änderte, wurde für die berufsnahe Ausbildung der Fabrikanten und Handwerker im Jahr 1821 von Beuth die »Technische Schule« gegründet. Sie beschränkte sich nicht auf eine künstlerisch-ästhetische Zeichenausbildung, sondern legte im Zuge der zunehmenden Spezialisierung großen Wert auf die Vermittlung von technischen und kaufmännischen Kenntnissen.

Die 1829 erfolgte Abtrennung der »akademischen Zeichenschule«, die jedermann zugänglich war, Dilettanten wie angehenden Künstlern, spricht auch dafür, daß die Akademie selbst sich der eigentlichen Künstlerausbildung widmen sollte.[14]

Der Wandel der Aufgaben und der Organisationsstruktur der Akademie fand nicht zuletzt in der Namensänderung Ausdruck. Die »Akademie der bildenden Künste und mechanischen Wissenschaften« — dieser Titel ist bereits 1704 im Adreßbuch der Akademie nachweisbar — wurde 1809 zur »Akademie der Künste«.

Akademiedirektoren während der Zeit der preußischen Reformen und der sich danach wieder durchsetzenden Restauration waren der Maler Johann Christoph Frisch (1805—15) und der Bildhauer Johann Gottfried Schadow (1816—50). Dieser hatte im Jahre 1828 sein Bildhaueratelier aufgegeben und widmete sich seitdem, abgesehen vom Zeichnen, ganz seinen theoretischen Arbeiten und der Akademie. Aber auch er konnte nicht verhindern, daß sie an Bedeutung und Funktionen verlor. Öffentliches Interesse und staatliche Förderung konzentrierten sich auf die Neugründungen der Reformzeit.

So sah sich die Akademie, obwohl Mitglieder-,

5.38
R. J. B. Hübner
Porträt Johann Gottfried
Schadow   1832

Lehrer- und Schülerzahlen anstiegen und auch die Beteiligung an den Akademie-Ausstellungen ständig zunahm, schon 1818 veranlaßt, den Erhalt »ihrer alten ursprünglichen Würde und hohen Bestimmung ... als ersten und einzigen Institut ihrer Art in dem ganzen Umfange der preußischen Monarchie« anzumahnen. »Schon sah sie sich seit Jahren, theils von neuen wissenschaftlichen Kunstinstituten umringt, theils von älteren erneuerten, welche die großmüthigste Sorgfalt des Staats mit jeglichem Vermögen zur würdevollsten und kräftigsten Erfüllung ihres Wirkungskreises ausgerüstet hatte. Sie, eine der ältesten von allen« mußte fürchten »als die letzte weniger begünstigt zu werden«.[15] Aufzuhalten war diese Entwicklung, deren Verlauf kurz skizziert worden ist, nicht. So gingen aus der ehemaligen »Akademie der Künste und mechanischen Wissenschaften« bis zum Ende des 19. Jahrhunderts folgende Institutionen hervor: Die »Preußische Akademie der Künste« als Mitgliederakademie sowie als Ausbildungsinstitute: die »Hochschule für die bildenden Künste zu Berlin«, die »Kunst- und Gewerkschule«, die »Technische Hochschule« und die »Hochschule für Musik«.[16]

320

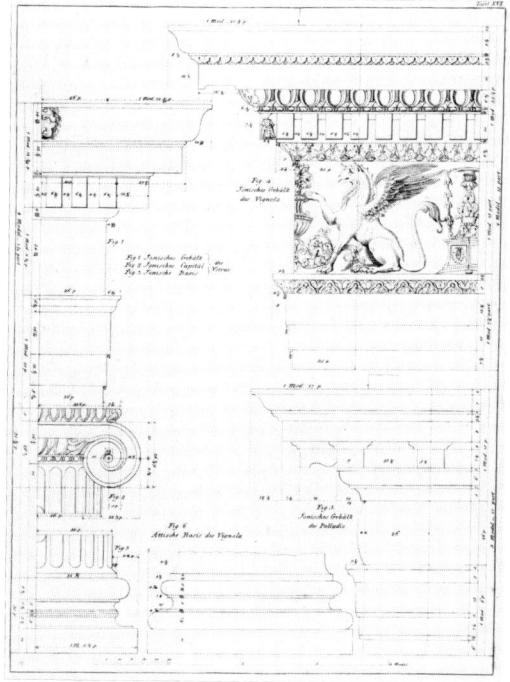

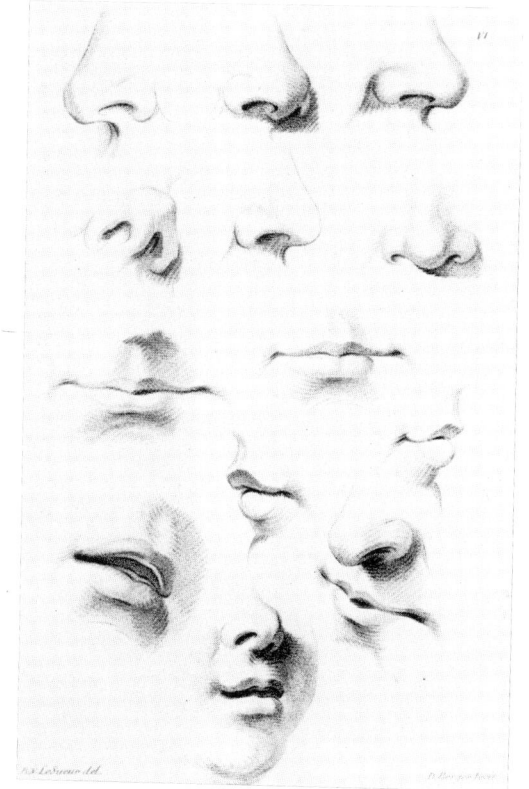

5.50
aus: Elementar-Zeichenwerk

Lehre

Wenn es von der Akademie vor 1786 mit einigem Recht hieß, sie sei zu einer »bloßen Zeichenschule« herabgesunken, so traf dieser Vorwurf für die Zeit nach der Reorganisation schon angesichts ihrer vielfältigen Aufgabenbereiche nicht mehr zu. Trotz aller Repräsentations-, Gutachter- und Aufsichtsfunktionen, die mit ihrem Rang als höchster Kunstinstitution verbunden waren, trotz der Bemühungen um ästhetische und kunsttheoretische Breitenwirkung mit Mitteln der Publizistik und der Ausstellungen, blieb jedoch die Lehre — und bei dieser wiederum das Zeichnen — weiterhin Schwerpunkt der Akademietätigkeit. Ihren drei Lehrzielen — Förderung von Handwerkern und Fabrikanten, Vermittlung von Grundkenntnissen und -fertigkeiten für Dilettanten und Kunststudenten im Vorstudium, schließlich die eigentliche Künstlerausbildung — entsprach eine institutionelle Dreigliederung: die Kunst- (und Gewerk-) Schule, die akademische Zeichenschule und die den »akademischen Eleven« vorbehaltenen Fächer für angehende Maler, Bildhauer, Architekten, Kupferstecher, Holz- und Formschneider.

a) Kunstschule

Die Kunstschule und die Provinzialinstitute vermittelten im wesentlichen die Grundfertigkeiten im »freien Handzeichnen« und das geometrische »Reißen« mit Zirkel und Lineal und zwar nach Lehrbüchern und Vorlageblättern, die vom Lehrer oder von fortgeschrittenen Akademieschülern für den Unterricht angefertigt worden waren. Um dem Mangel an geeignetem Unterrichtsmaterial abzuhelfen, wurde 1803—06 das »Elementar-Zeichenbuch« herausgegeben, dessen Musterblätter Akademiemitglieder entworfen hatten. Die Gliederung des Buches lehnte sich an Aufbau und Inhalt des Unterrichts an. Die Kapitelinhalte sind: »Geometrie und Perspektive«; »Säulen-Ordnungen«; »Maurer- und Zimmer-Gewerk«; »Pflanzen, Laub und verzierte Leisten, Tiere«; »Anfangsgründe zur freien Handzeichnung des menschlichen Körpers«. Daß diese Ausbildung rein zweckorientiert gedacht war, bestätigt das Gutachten J. W. Meils d. J. von 1787: »Geht man mit einem, für ein Handwerk bestimmten, Knaben weiter, und zwar so weit, daß er die Gestalt des Menschen richtig und gut nachzeichnen und den Wert derselben hat einsehen lernen, dann wird der Reiz für Kunst für ihn schon zu groß, und er wird nun aus Stolz kein Handwerker, weil er sich dadurch zu erniedrigen glaubt. Man muß daher die Knaben, wenn sie nicht außerordentliche Fähigkeiten zur Kunst zeigen, vor diesen Reizen zu hüten suchen, weil es doch allemal weit besser ist, dem Staate viele arbeitende Handwerker, als viele müßige sogenannte Künstler, zu ziehen.«[17]

b) Akademische Zeichenschule

Auch in der akademischen Zeichenschule stand das freie Handzeichnen im Zentrum der Ausbildung. Der Unterricht wurde in drei Klassen erteilt und zwar in extremer Zerlegung der Aufgaben fortschreitend »vom Kleinern zum Größern«: in der untersten Klasse die »Anfangsgründe, Blumen und Zierrathe« und »Theile des Gesichts«, in der zweiten, »Köpfe, Hände, Füße und dergl.« und in der obersten schließlich »ganze Figuren«. Innerhalb der Klassen galt die Methode »Vom Leichtern zum Schwerern«[18], d. h. der Unterricht begann mit der Linie und endete mit der ausgeführten Zeichnung. Auch hier wurde stets nach Vorlagen, nie nach der Natur gezeichnet.
Ein Lehrbuch war das bereits 1728—31 erschienene Werk von Johann Daniel Preissler. Die wichtigsten Lehrer waren Carl Ludwig Kuhbeil (1805—22) und Heinrich Anton Daehling (1822—29), der 1829 nach Abtrennung der akademischen Zeichenschule die Leitung der »Vorbereitungs- und Prüfungsklasse« übernahm. Schüler der Zeichenschule bzw. später der Prüfungsklasse konnten bei erfolgreichem Nachweis ihrer Fähigkeiten als »akademische Eleven« zur eigentlichen Künstlerausbildung aufgenommen werden.

c) Künstler-Ausbildung

Entsprechend der für die akademische Ausbildung maßgebenden klassizistischen Ästhetik wurde der Zeichnung Priorität beigemessen, der Farbe dagegen kam eine untergeordnete Stellung zu. Höchstes Lernziel war die Aktzeichnung. Sie galt als so wichtig, daß sich auch Lehrer zum Zeichnen im Aktsaal einfanden und Mitglieder des Senats die Aufsicht führten. Schüler hatten freilich erst Zutritt, wenn sie sich zuvor in den folgenden drei Zeichenklassen qualifiziert hatten:
1. Zeichnen nach antiken Statuen und Ornamenten. Den Unterricht erteilte im wesentlichen Johann Gottfried Niedlich.
2. Anatomische Zeichnung. Zunächst gelehrt von Johann Heinrich Meil, seit 1802 von Karl Franz Jacob Heinrich Schumann.

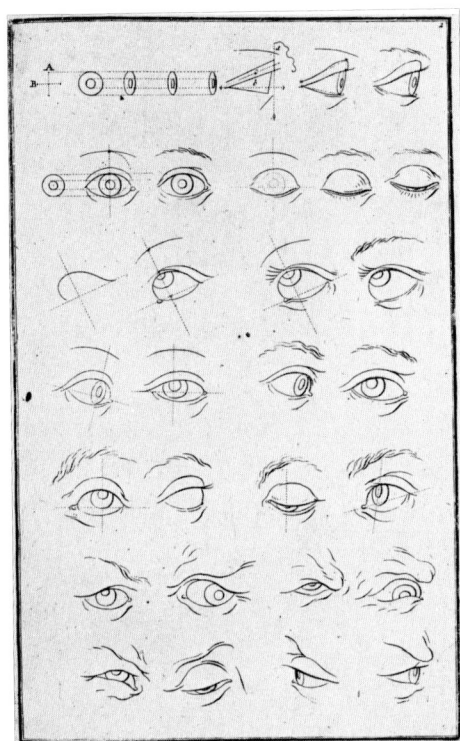

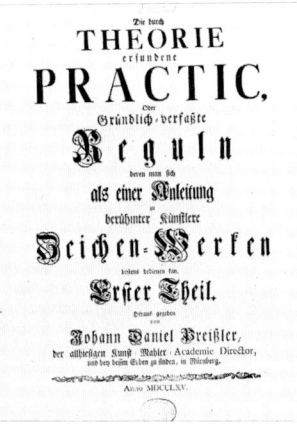

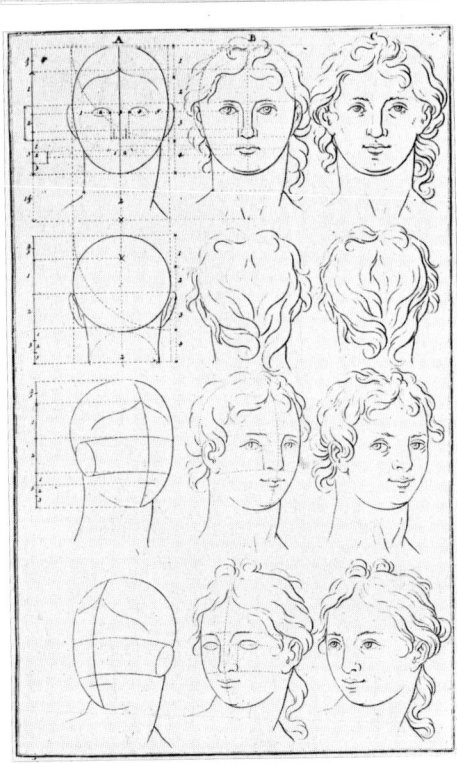

5.45
aus: J. D. Preissler, die durch Theorie erfundene Practic

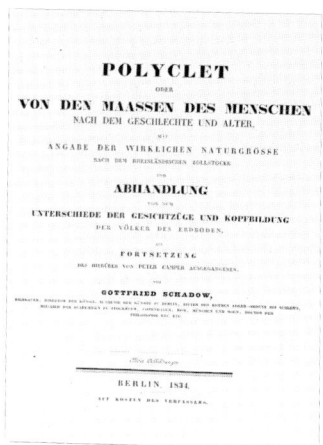

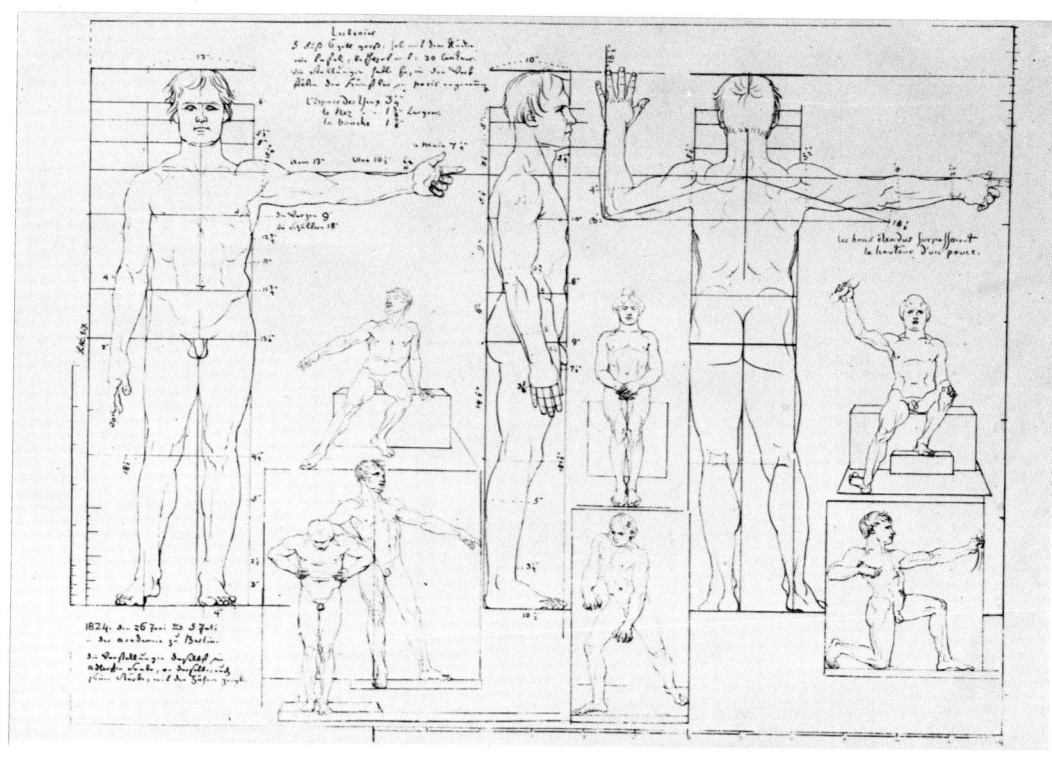

5.57
aus: J. G. Schadow
Polyclet   1834

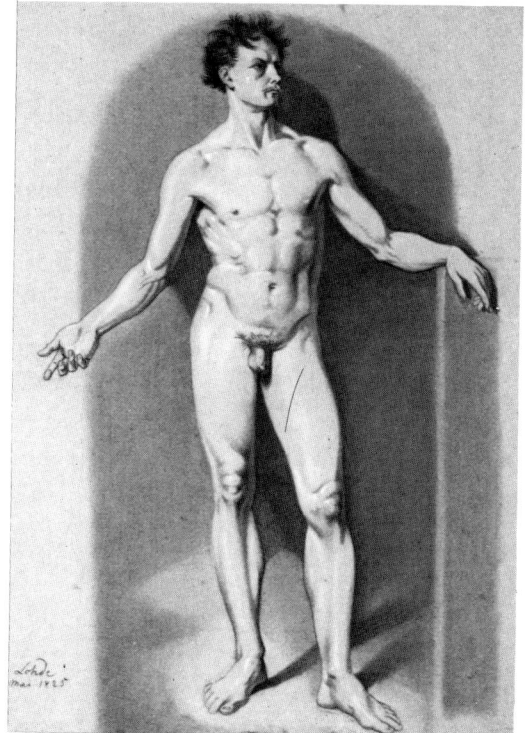

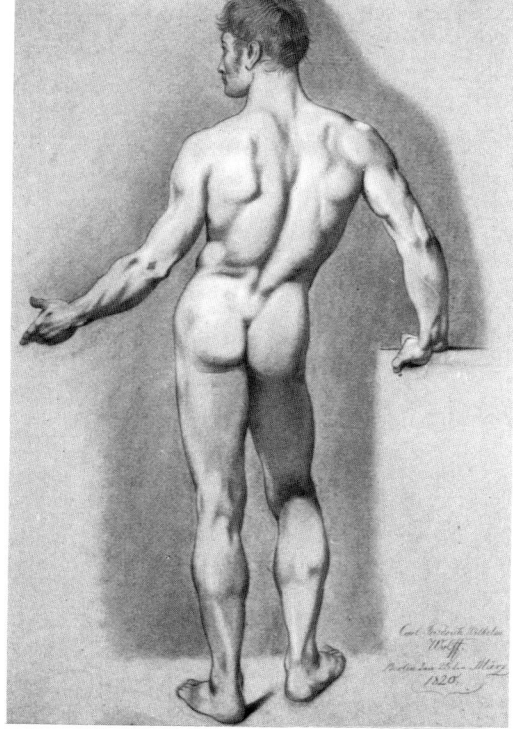

links: 5.88
L. Lohde
Akt   1825
rechts: 5.85
C. F. W. Wolff
Akt   1820

323

3. Geometrie, Perspektive und Optik. Bedeutendster Lehrer dieses Fachs war Johann Erdmann Hummel, dessen Unterricht — obligatorisch auch für Schüler der Bauakademie — auch Laien wie Ludwig Tieck und Clemens Brentano anzog.

Seit 1786 durften fortgeschrittene Schüler in den Bildergalerien der Königlichen Schlösser in Berlin und Potsdam nach Meisterwerken kopieren. Im Rahmen des Akademiestudiums war dies die einzige Gelegenheit, die Technik der Ölmalerei zu erlernen, bis 1829 unter Carl Begas die Klasse für malerische Komposition eingerichtet wurde. Im übrigen beschränkte sich die Erweiterung des Lehrangebots auf neue Zeichenfächer. Wohl wegen des Bedarfs für die Historien-, Repräsentations- und Genremalerei wurde 1828 eine Klasse für »Tierzeichnen mit besonderer Berücksichtigung der Pferde« eingerichtet. »Um dieses Studium gründlich zu betreiben«, heißt es im Akademie-Katalog von 1828, »sind verschiedene Thierskelette angeschafft, auch Muskelpräparate von einem hier gestorbenen jungen Löwen über die Natur geformt und in Gips ausgegossen. Zum Zeichnen nach lebenden Thieren ist bis jetzt noch kein geeigneter Raum auszumitteln gewesen«. Lehrer war Friedrich Leopold Bürde. Aus Gottfried Schadows theoretischen Arbeiten ging 1830 das »Studium der Anatomie nach Zeichnungen, verbunden mit der Lehre der Proportionen des menschlichen Körpers und den Verkürzungen ... als Vorschule für die höheren Lehrfächer« hervor. Einblick in diesen Unterricht gibt auch sein Werk »Lehre von den Knochen und Muskeln ...« [19]. Der Unterricht in dieser Klasse wurde Ferdinand Berger übertragen, der 1842 ebenfalls ein Werk zur Anatomie herausgab. Schadow selbst lehrte das »Zeichnen des menschlichen Körpers nach einem eigenen Kanon«, den er auf der Grundlage der Untersuchungen von Peter Camper entwickelt und in seinen Werken »Polyclet oder von den Massen des Menschen nach Geschlecht und Alter ...« und »National-Physiognomien ...« 1834/35 dargelegt hatte.

In den Privatateliers der Lehrer wurde darüber hinaus in Porträt-, Theater- und Landschaftszeichnen unterrichtet. Nur Letzteres hat — seit 1812 auch als Unterrichtsfach innerhalb der Akademie gelehrt — zunächst unter Johann Georg Rosenberg und Peter Ludwig Lütke eine gewisse Bedeutung erlangt. Aber auch hier war das Interesse zunächst gering. Zeitweise blieben die Schüler ganz aus — angesichts der Lehrmethoden und Ansichten Lütkes freilich nicht allzu erstaunlich: Die Anfänger ließ er im Sommer die verschiedenen Laubarten nach der Natur zeichnen, im Winter »üben sie die verschiedenen Charaktere nach meinen Zeichnungen«. Über einen Schüler Caspar David Friedrichs urteilte er: »... da er aber früher ein Schüler des Landschafts-Malers Friedrich in Dresden war, so klebt er zu sehr an dessen mystisch düstern Compositionen, und wird diese auch wohl schwerlich aufgeben; da ich ihm in dieser Art von Production nicht ferner nützlich sein kann, so werde ich ihn auch künftig nicht weiter als einen Eleven aufführen«. [20] Als Blechen 1831 den Unterricht übernahm, verdoppelten sich die Schülerzahlen sofort und hielten sich in den sechs Jahren seiner Lehrtätigkeit auf dem sehr hohen Niveau von 30—40. Weniger eindeutige Zustimmung scheint seine sehr unakademische, großzügig malerische Naturauffassung bei den Akademie-Kollegen gefunden zu haben, wie das zwiespältige Lob Schadows vermuten läßt: »Am 19. Mai 1831 verloren wir Lütke, den Lehrer der Landschaftsklasse und gewissermassen Stifter derselben. Die Baumgattungen, einzeln dargestellt und von ihm selbst gezeichnet, begründen die Elemente dieses Kunstfaches auf die angemessenste Weise und haben viele Landschafter aus seiner Schule guten Erfolg hiervor dargethan. Dilettant in der Gartenkunst, war ihm der Blick auch für die Einzelheiten der Pflanzenwelt vorzüglich zu Eigen geworden. Blechen wurde sein erster Nachfolger, dieser hatte eine mehr poetische Richtung, die Bewunderung erregte, wodurch die Verdienste seines Vorgängers mehr wie billig in Vergessenheit gerieten.« [21] Aber auch Blechen war offensichtlich nicht in der Lage, die Ausbildung grundlegend zu erneuern. Ein späterer Akademie-Historiker urteilt: »Eine Landschaftsmalklasse im modernen Sinne ist diese Klasse unter keinem dieser Lehrer gewesen. Je nach dem Lehrer wurde selbst vor der Natur nur ein mehr oder minder manirierter Zeichenunterricht ertheilt.« [22]

Unterricht in den Vervielfältigungstechniken Kupferstich und Holzschnitt, im Projektieren, Zeichnen und Stechen von Landkarten rundeten das Lehrangebot ab.

Daneben gab es Vorlesungen über die Theorie der schönen Künste, Altertumskunde und Mythologie, die Kunstgeschichte des Mittelalters und der Neuzeit. Wichtige Lehrer waren Karl Philipp Moritz, Aloys Hirt, Conrad Levezow, Ernst Heinrich Toelken, Franz Theodor Kugler.

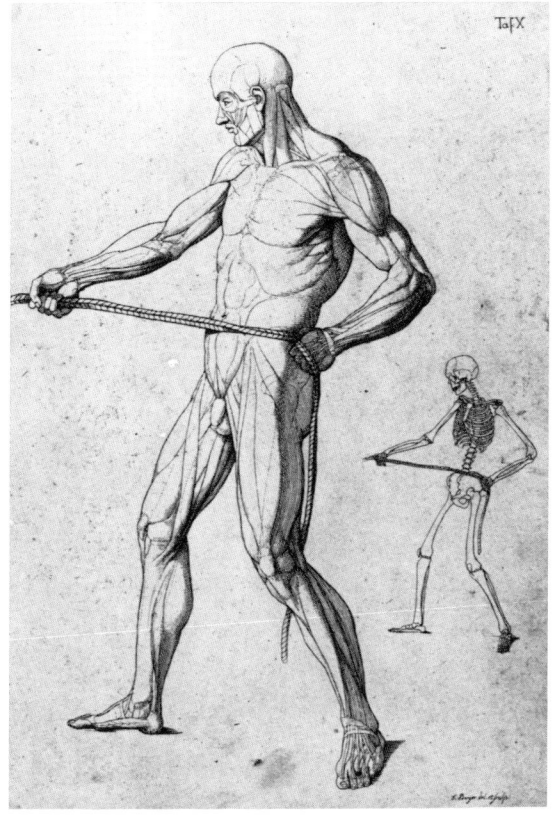

*links: 5.53
aus: J. E. Hummel, Die freie
Perspektive
rechts: 5.61
aus: F. Berger, Handbuch für das
anatomische Studium*

So blieb die Akademie — sieht man auf die Entwicklung der Lehre von der Reorganisation im späten 18. bis zur Mitte des 19. Jahrhunderts — im Grunde doch eine erweiterte Zeichenschule. Die Neuerungen galten der Perfektion des Unterrichts, nicht aber einer grundsätzlichen Änderung der Lehrinhalte oder der Struktur der Ausbildung. Während andernorts die Malerei in den Mittelpunkt des Unterrichts rückte, die Idee der freien Ausbildung an Boden gewann und die neue Form der Meisterklasse sich durchsetzte, beschränkte sich in Berlin die Unterweisung in der Ölmalerei auf die Privatateliers von erfolgreichen Künstlern, die in einem mehr oder weniger engen Verhältnis zur Akademie standen, wie Carl Wilhelm Wach, Wilhelm Schadow, Carl Begas und Eduard Gaertner. Die Akademie selbst hielt am Althergebrachten fest. Nicht anders stand es mit der Bildhauerausbildung. Sie unterschied sich — bis auf das Modellieren nach antiken Statuen — nicht von der der Maler. Wieder waren es Künstlerateliers — Gottfried Schadows, Christian Daniel Rauchs, der Brüder Wichmann oder Friedrich Tiecks — von denen die

entscheidenden Impulse ausgingen. Der Akademie-Unterricht endete, wo die erworbenen Fähigkeiten in eigene künstlerische Erfindung hätten einmünden können. Das war nicht unbeabsichtigt. Dahinter stand ein Programm, in dem sich Aufklärungspädagogik und Geniekult mischten. Es unterschied zwischen den »Hilfskenntnissen« und der »eigentlichen Kunst«. Die Kunsttechniken sind »stätig dieselben und können daher öffentlich gelehrt werden«. Ja sie müssen es, und zwar »vollständig und unter strengster Aufsicht«, weil sie »unentbehrlich« sind, der junge Künstler aber dazu neigt, sie zu vernachlässigen. »Der Unterricht in dem Eigenthümlichen jeder Kunst hingegen muß so frei und ungebunden als möglich und für jegliches Subjekt anders sein, damit sein eigener Geist durch die Lehre so wenig als möglich unterdrückt werde. Dieser Theil darf freilich nur privatim gelehrt werden.« So sollten solide Grundkenntnisse und -fertigkeiten vermittelt, aber die Verbildung der individuellen künstlerischen Kreativität zur »ewig wiederholten, bedeutungslosen Nachahmung« des Meisters vermieden werden.[23]

325

d) Italienreise

Gleichermaßen als Abschluß der Ausbildung und als Möglichkeit zur freien künstlerischen Entwicklung war die Italienreise seit langem ein wichtiger Einschnitt im Leben eines Künstlers. Zur Finanzierung eines Aufenthaltes im Land der Antike und der Renaissance vergab die Akademie nach dem Pariser Vorbild seit 1825 jährlich Rom-Stipendien. Sie wurden alternierend an Historienmaler und Bildhauer für einen mehrjährigen Aufenthalt vergeben. Das Italien- bzw. Rom-Erlebnis hatte eine sehr unterschiedliche Wirkung auf die Künstler. So zeigt das Werk August Hopfgartens, der das erste dieser Stipendien erhielt, nazarenische Einflüsse. Blechen dagegen, der sich 1828/29 auf eigene Kosten in Italien aufhielt, beeindruckte die Landschaft, das mediterrane Licht. Dort fand er — weitgehend unabhängig von den herrschenden Kunstrichtungen — zu einem bis dahin unbekannten malerischen Realismus. Das Land und die dort erfahrenen Eindrücke waren meist stilbildend und prägten das weitere Werk der Künstler.

e) Grenzen der akademischen Lehre

War die Einrichung einer Schule für Kunsthandwerker in der Akademie der Beginn einer Entwicklung, die letzten Endes zur Gewerbe- und Berufsschule führte, so ist ähnlich Richtungsweisendes in der Künstlerausbildung nicht geschehen. Die fruchtbare Spannung der Reorganisation von 1786 zwischen den hohen Idealen einer akademischen Gemeinschaft einerseits und den Zwängen der Ausbildung andererseits hatte den Schwung des Neubeginns nicht überdauert. Die Konsolidierung der Institution und der profane Alltag des Lehrbetriebs verführten zu einer akademischen Routine, die schon von liberalen Reformern wie Wilhelm von Humboldt und Niebuhr beklagt wurde. Umso entschiedener mußte die Kampfansage der jungen Maler und Bildhauer sein, die für die Erneuerung der Kunst aus dem Geist der Romantik stritten. Sie wandten sich gegen alle Nützlichkeitsforderungen. In Anlehnung an ihre Sicht der mittelalterlichen Werkstätte und Bauhütten forderten sie die Ateliergemeinschaft von Lehrern und Schülern, die die Verschulung aufheben und bereits während der Ausbildung dem eigenen Gestaltungswillen der angehenden Künstler Raum geben sollte. Man kam diesen Forderungen zwar entgegen, indem einigen Mitgliedern im Lagerhaus der Klosterstraße Ateliers für die praktische Ausbildung in Malerei und Bildhauerei zur Verfügung gestellt wurden. Aber es blieb doch ein halbherziger Kompromiß, der die Neuerungen der Initiative einzelner Mitglieder überließ und die eigentliche Ausbildungsreform vermied. So war es ein folgenschwerer Verlust, als Wilhelm Schadow — neben Carl Wilhelm Wach der erfolgreichste private Lehrer der Malerei —, der mit diesen neuen Vorstellungen aus seiner römischen Zeit vertraut war, die Stadt verließ und 1826 Direktor der Düsseldorfer Kunstakademie wurde. Dort gelang mit der Einrichtung der Meisterklassen, was in Berlin versäumt worden war: die Einbeziehung der freien Gestaltung in die akademische Ausbildung unter Anleitung und Rat des Lehrers. Wurde Gottfried Schadow zum Begründer der »Berliner Bildhauerschule«, so entwickelte sich die »Düsseldorfer Malerschule« unter seinem Sohn Wilhelm zu einem weithin beachteten Zentrum der europäischen Malerei.

Ein Grund für die Unfähigkeit der Akademie, neue Denkanstöße aufzugreifen und positiv auf Forderungen der jüngeren Künstlergeneration zu reagie-

5.104
K. Blechen
Bergschlucht   1829

5.93
K. Blechen
Golf von La Spezia   1829

ren, kann in ihrer frühen Erneuerung gesehen werden. Die Institution und ihre Satzung waren zur Zeit der allgemeinen Reformen nach 1806 noch nicht derart veraltet, daß eine durchgreifende Änderung notwendig erschien. So verpaßte die Akademie die Möglichkeit, sich den Erfordernissen der Zeit anzupassen. Die Kritik an der Akademieausbildung, die besonders entschieden von Asmus Jakob Carstens formuliert wurde, blieb in Berlin unberücksichtigt. Da Werner Busch in seinem Beitrag »Akademie und Autonomie« auf diesen Konflikt und seine Hintergründe detailliert eingeht, sollen hier nur die wichtigsten Kritikpunkte resümiert werden. Hauptgegenstand war neben dem unlösbaren Widerspruch von freier und vermarkteter Kunst sowie der Furcht vor Anleitung zu steriler Nachahmung die Lehrmethode selbst: der additive Detailformalismus, der sein höchstes Ziel darin sah, die Darstellung des menschlichen Körpers Stück für Stück mit dem Zeichenstift nach Vorlagen ein-

zuüben und schließlich die Figur zusammenzusetzen. Für das neue Ideal einer ganzheitlichen Wiedergabe von Natur und Mensch nach individueller Anschauung schienen die Absolventen solcher Ausbildung gründlich verdorben.

Bemühungen, der Akademie und dem künstlerischen Leben in Berlin durch die Berufung von Peter Cornelius 1841, der als der größte deutsche Künstler seiner Zeit gefeiert wurde, einen neuen Impuls zu geben, schlugen fehl. Cornelius blieb den Berlinern und diese ihm fremd. Zudem hatte er weder Wilhelm Schadows Organisationstalent, noch ließ sich seine Version der Atelier-Gemeinschaft — daß seine Schüler durch die Hilfe bei der Ausführung großformatiger Freskoarbeiten zu lernen hätten — mit den Berliner Verhältnissen vereinbaren. Wie sehr die Entwicklung stagnierte, zeigt sich darin, daß hier Meisterklassen — die wichtigsten Neuerungen im Lehrbetrieb des 19. Jahrhunderts — erst 1870 eingerichtet wurden.

Bildende Kunst

a) Malerei

Bereits in der zweiten Hälfte des 17. Jahrhunderts wurde an der Pariser Akademie eine Rangfolge der Kunstgattungen festgeschrieben, die noch lange ihre Gültigkeit behielt und auch bei der Berliner Akademie vorbildlich war, wie die Preisverteilungspraxis bei ihren Ausstellungen zeigt:

»1. Ein Preis von 5 bis 600 Rhtlr. für das beste Gemälde aus der vaterländischen Geschichte.
2. Ein zweiter von 4 bis 500 Rhtlr. für das zweite Historienstück.
3. Einer von 3 bis 400 Rhtlr. für die beste Theater- oder Perspektivmalerey.
4. Einer von 2 bis 300 Rhtlr. für die beste Landschaft.
5. Einer von 150 bis 200 für das beste Portrait in Oehl, Pastel oder Miniatur-Mahlerey.
6. Einer von 100 bis 150 Rhtlr. für das beste Frucht- oder Bluhmenstück«[24] (bzw. Tierbild).

Die Genremalerei blieb hierbei unberücksichtigt. Geringere Preise wurden an Kupferstecher, Formschneider und Bildhauer vergeben.[25] Die aus der Abstufung der Preise ersichtliche Wertung der Berliner Akademie unterschied sich nur geringfügig von den in anderen Kunstzentren vertretenen Vorstellungen. Die Rangordnung fand ihre Begründung einmal in der Würde und Vorbildhaftigkeit des Inhaltes, zum andern — sehr pragmatisch — in den technischen Schwierigkeiten, die die Themen einer Gattung in sich bargen. So mußten bei der Wiedergabe eines historischen Sujets alle in der Malerei anfallenden Probleme befriedigend gelöst werden: z. B. das der Komposition, der Farbharmonie und der anatomisch korrekten Wiedergabe des Menschen. Die Landschaftsmalerei war ebenso zu beherrschen wie die Architektur- und Tiermalerei. Beim Porträt mußte »nur« der Mensch anatomisch korrekt und dem Vorbild ähnlich dargestellt werden. Am unteren Ende der Hierarchie stand das Stilleben. Diese Einschätzung bezog sich jedoch weniger auf die mögliche malerische Qualität eines Bildes dieser Gattung, sondern auf die mit dem Inhalt verbundenen Wertvorstellungen. Entsprechend konnte auch für ein mittelmäßiges Historienbild ein wesentlich höherer Preis als für ein gutes Landschaftsbild verlangt werden. Auffällig ist, daß es in der Liste der zu vergebenden Preise einen Unterschied gab zwischen vaterländischen Themen und der allgemeinen Historie. Dem Nationalen wurde ein höherer Wert beigemessen als der humanitären oder christlichen Ethik, die an Ereignissen der Weltgeschichte einschließlich Religion und Mythologie zur Darstellung kam. So fand das aufkommende Nationalbewußtsein Eingang in die Kunstbewertung und -beurteilung.

Die Kataloge der Akademieausstellungen vermitteln uns noch heute ein Bild des an dieser Hierarchie orientierten Kunstschaffens der damaligen Zeit. Einschränkend muß jedoch bemerkt werden, daß die Ausstellungen auch von auswärtigen Künstlern beschickt wurden, so daß die Kataloge nur bedingt Rückschlüsse auf spezifisch Berliner Verhältnisse zulassen. Vielmehr geben sie ein nahezu lückenloses Bild dessen, was in der jeweiligen Zeit bekannt war und rezipiert wurde, bzw. was auf dem Kunstmarkt gehandelt wurde.

Nach Helmut Börsch-Supans thematischer Aufschlüsselung der ausgestellten Werke[26] waren historische Motive, Porträts und Wiedergaben topographischer Situationen etwa zu gleichen Teilen vertreten. Trotz dieser Gewichtung sind heute kaum noch Beispiele der Historienmalerei bekannt. Zurückzuführen ist dies wahrscheinlich auf die abnehmende Wertschätzung, die diese Gattung in unserem Jahrhundert erfahren hat. Die entwicklungsgeschichtlichen Neuerungen fanden nicht in der ehemals ersten Gattung, sondern in den niederen, wie z. B. der Landschaftsmalerei statt, die unter anderem auch unser Bild der damaligen Berliner Malerei prägt

Im ausgehenden 18. Jahrhundert stellte sich für die Berliner Künstler das Problem, sich von der bisher dominierenden französischen Kunst zu emanzipieren. Der frankophile Friedrich II. hatte an zeitgenössischer Kunst überwiegend französische Werke gesammelt. Auch waren die wichtigen offiziellen Positionen meist mit Franzosen besetzt, bzw. Berliner Künstler zur Ausbildung nach Paris geschickt worden. Gegen diesen vorherrschenden Einfluß wandte sich zum einen die 1786 erfolgte Reorganisation der Akademie. Die Mitglieder und Lehrer bemühten sich jedoch auch in ihrer Kunst um Eigenständigkeit. Zu nennen sind besonders Daniel Nikolaus Chodowiecki und Christian Bernhard Rode. Chodowiecki wählte in der Druckgraphik vor allem Motive aus dem bürgerlichen Leben und der bürgerlichen Moral, die er häufig durch Gegenüberstellung von Positiv- und Negativbeispielen verdeutlichte. Bei diesem Versuch einer inhaltlich neuen Positionsbestimmung wurde er besonders durch den Engländer William Hogarth beeinflußt. Anders Rode: Obwohl er bei Antoine Pesne, dem französischen Hofmaler Friedrichs II.

5.118
Chr. B. Rode
Grablegung   Ende 18. Jh.

5.126
J. Chr. Frisch
Seydlitz in der Schlacht bei
Roßbach   um 1795

gelernt hatte, bemühte er sich, u. a. durch Rückgriff auf Rembrandt, eine formal eigenständige Position zu gewinnen.

Diese zum Teil wenig erfolgreichen Profilierungsversuche haben nicht zur Bildung einer »Berliner Schule« wie in der Bildhauerei geführt. Kennzeichnend für die Berliner Malerei nach der Jahrhundertwende ist vielmehr ein Stilpluralimus. Besonders in der Landschaftsmalerei lassen sich Einflüsse der norddeutschen Romantiker, vor allem Caspar David Friedrichs, beobachten, so bei Karl Friedrich Schinkel und Wilhelm Ahlborn. Das an der Vorrenaissancekunst orientierte Nazarenertum wirkte sich auf Leben, Werk und Lehrtätigkeit Wilhelm Schadows aus, aber auch auf Wilhelm Wach und Carl Begas. Klassizistische Tendenzen sind in der Malerei weniger ausgeprägt. Sie finden sich etwa bei Karl Ludwig Kuhbeil, vor allem aber in der Bildhauerei, im Werk Gottfried Schadows und noch deutlicher seiner Schüler Christian Daniel Rauch, Albert und Emil Wolff, Friedrich Tieck und Ludwig Wichmann.

Läßt sich nach alledem von einer »Berliner Malerei« in der ersten Hälfte des 19. Jahrhunderts sprechen? Sie müßte Merkmale aufweisen, die über die zufälligen Gemeinsamkeiten von Entstehungsort und -zeit hinausgehen. Ein Vergleich der Berliner Werke mit der in Paris und Rom entstandenen Kunst der dominierenden Stilrichtungen des Klassizismus und der Romantik ergibt, daß die Berliner Künstler weitgehend auf Idealisierung und Heroisierung verzichteten und sich um größere Wirklichkeitsnähe bemühten.

Das zeigt sich besonders bei der Wiedergabe topographischer Situationen, die — wie bereits erwähnt — einen großen Teil der künstlerischen Produktion ausmachten. Die Stadtansichten von Eduard Gaertner, Johann Erdmann Hummel und Wilhelm Brücke und die Landschaften Karl Blechens und Adolph Menzels geben Wirklichkeitsausschnitte wieder, in denen sich der Betrachter bewegen kann, in denen er »zu Haus« ist und nicht ein zeitloses Arkadien, das ausschließlich von Heroen, Göttern und antiken Idealgestalten bevölkert wird. Die Ansichten erscheinen lokalisierbar und datierbar. Sie zeigen einen möglichen Lebensraum des Betrachters. So äußert sich am Beispiel dieser Gattung das spezifisch Berlinische Element am deutlichsten und wohl nicht zufällig ist dies auch die Gattung mit der stärksten künstlerischen Entwicklung, wie Vergleiche der Werke Rosenbergs mit denen Gaertners oder Brückes zeigen oder derer von Lütke mit denen Blechens und Menzels.

5.134
J. G. Rosenberg
Zeughaus, Kronprinzenpalais und Unter den Linden 1780

5.136
D. Berger nach P. L. Lütke
Vierte Ansicht von Potsdam 1801

5.151
E. Gaertner
Blick vom Schloß in die Straße Unter den Linden 1852

5.153
W. Brücke
Unter den Linden 1854

5.144
K. Blechen
Innenansicht des ehemaligen
Palmenhauses auf der Pfaueninsel
bei Potsdam   1832/34

5.175
C. Begas
Die Eltern des Künstlers
nach 1826

links: 5.155
F. G. Weitsch
Porträt Johann Gottfried Schadow
rechts: 5.158
W. Schadow
Portät der Frau des Künstlers

5.173
J. E. Hummel
Die Schachpartie   um 1818/19

Ähnlich wirklichkeitsorientiert sind auch die meisten Porträts: Sie verweisen nicht durch symbolische Attribute und dekorative Prachtentfaltung auf Leistung, Reichtum und gesellschaftlichen Rang des Dargestellten. Das Individuelle der Person steht im Mittelpunkt. Ursprünglich stolz-bescheidener Ausdruck bürgerlicher Selbstdarstellung, blieb diese Art der Menschenwiedergabe nicht einer bürgerlichen Klientel vorbehalten: Auch Mitglieder des Königshauses ließen sich in dieser bescheidenen, »bürgerlichen« Art malen. — Tribut an den Zeitgeschmack oder Ausdruck bürgernaher Gesinnung? Ähnlich unprätentiös wirken auch die Doppelporträts und die Familien- und Gruppenbilder. Auch hier — wie bei den Landschaftsbildern — scheint der umgebende Raum identifizierbar, ein Ausschnitt aus der Lebenswelt der Dargestellten und Ausdruck ihrer Vorstellungen vom Privatleben. Die Familie wird als Repräsentant bürgerlicher Wertvorstellungen gesehen und daher häufig genrehaft wiedergegeben. Beim Freundes- und Bekanntenkreis interessiert nicht die berufliche oder gesellschaftliche, sondern die Freizeitsituation.

Das bürgerliche Selbstgefühl, in den bisher behandelten Gattungen überwiegend formal vermittelt, wird in der Genremalerei und der Buchillustration darüber hinaus auch inhaltlich thematisiert. Als wichtigste Künstlerpersönlichkeit ist hier wieder Chodowiecki zu nennen, der die bürgerliche Welt, ihr Wertsystem und ihre Verhaltens-

Väterliche und Mütterliche Sorgfalt.

Erziehung.

Unterricht in den schönen Wissenschaften.

Bekanntschafft mit grossen Männern.

Unschuldiges Vergnügen.

Kluge Wahl!

Weiser Gebrauch des Reichthums.

Späthe Reue.

5.203
*D. N. Chodowiecki
Leben eines schlecht
erzogenen Frauenzimmers* 1779

5.199
*D. N. Chodowiecki
Basedows Elementarwerk* 1769

5.191—5.194
Suzette Henry
Vier Gemälde aus der Folge
Beschäftigungen am Sonntag im
vorigen und jetzigen Jahr-
hundert   1806

regeln in die Berliner bildende Kunst des 18. Jahrhunderts eingeführt hatte und sich dabei besonders
der Illustrationsgraphik bediente. Mit dem steten
Anwachsen des Lesepublikums stieg die Anzahl der
Publikationen. Die Literatur wurde das wichtigste
Forum bürgerlicher Kritik und Selbstdarstellung.
Mit ihren Illustrationen, die häufig Genrecharakter
besitzen, versuchten Chodowiecki und sein Freund
Johann Wilhelm Meil diese Inhalte zu verdeutlichen. Sie stellten sich damit in den Dienst der literarischen und wissenschaftlichen Aufklärung und
der bürgerlichen Emanzipation.
Um die Genremalerei hat sich Chodowiecki zwar
weniger bemüht, wirkt darin jedoch durch seine
Tochter Suzette Henry nach. Der hohe Anspruch
tritt freilich mehr und mehr zurück. Bei Malern wie
Hosemann, Pistorius, Meyerheim und Schulz ver-
flacht das »Genre« zur Schilderung bürgerlicher
Idylle und zur Anekdotenmalerei.

b) Skulptur

War Berlin in der Malerei nur eines unter mehreren anderen Kunstzentren, so erreichte die Skulptur seit Johann Gottfried Schadow europäischen Rang. Die Künstler der »Berliner Bildhauerschule« beteiligten sich an allen großen Denkmalswettbewerben und erhielten Aufträge weit über die preußische Metropole hinaus. Und es waren nicht zuletzt diese vieldiskutierten Wettbewerbe und Aufträge, die Repräsentanz der Skulptur im Stadtbild und ihre Funktion für die öffentliche Selbstdarstellung von Herrschaft und Gesellschaft, die in der Hierarchie der Kunstgattungen die Denkmal-Skulptur noch vor der Historienmalerei den ersten Platz einnehmen ließ. Wenn auf den Akademieausstellungen nur niedrige Preise an Bildhauer vergeben wurden, so aus eben diesen Gründen: Die Skulptur war so etabliert, daß sie kaum fördernder Anreize bedurfte. So verdient 1786 ein Geselle beim Hofbildhauer Tassaert fast ebensoviel wie der Hofmaler Frisch.[27]

Zentrales Thema der Plastik war der Mensch. Wenn sie im Zusammenhang mit der allgemeinen Kunstentwicklung um 1800 auch einem erheblichen Wandel unterlag, so gab es doch zwei konstante Faktoren, die sich auf die Gestaltung auswirkten: ihre Funktion und — abgesehen von allegorischen und mythologischen Motiven — der soziale Status des Dargestellten. Geht man von der Funktion aus, so war das Hauptaufgabengebiet der Skulptur das Denkmal. Doch schon über die Frage, wer ein Denkmal erhalten und welcher Denkmalstyp dafür gewählt werden durfte, entschied der gesellschaftliche Stand des zu Ehrenden.

Vornehmster und ursprünglich auch einziger Gegenstand der öffentlichen Großplastik war der Herrscher. Bereits Friedrich der Große war von dieser Praxis abgewichen und hatte den Generalen der Schlesischen Kriege seit 1769 Standbilder errichten lassen, in deren Folge auch Schadows Zieten entstand. So gab es bereits Vorbilder, als es nach 1815 die Helden der Befreiungskriege zu ehren galt. Nachdem sich der Kreis der denkmalswürdigen Personen auf diese Weise erweitert hatte, blieb dem Herrscher doch das Reiterstandbild nach dem Vorbild Marc Aurels und des Großen Kurfürsten als angemessene Form vorbehalten. In dieser Tradition sind der Entwurf für das Denkmal Friedrichs des Großen von Tassaert (1779) und auch die schließlich realisierte Fassung von Rauch (1841) zu sehen. Erst lange nach Adel und Militär fand das Bürgertum seinen Weg auf die Denkmalssockel:

Trotz mancher Entwürfe ist in Berlin vor der Jahrhundertmitte kein öffentliches Standbild eines Bürgerlichen realisiert worden. Dagegen erfreuten sich Statuetten und Büsten auch von nichtadligen Dichtern und Denkern großer Beliebtheit. Mit ihnen holte man sich die verehrte Persönlichkeit in die private Sphäre. Vor allem die Porträtbüste war die übliche, dem Verlangen der ständischen Gesellschaft nach Abstufung entsprechende, aber auch von den Künstlern selbst als angemessen betrachtete Form der Ehrung für intellektuelle und künstlerische Verdienste. »Eine gute Büste aus Marmor«, meinte Goethe, »ist mehr Wert als alles architektonische, was man jemandem zu ehren und andenken aufstellen kann.«[28]

Mit der weitgehend vorgegebenen Entscheidung über den Denkmalstyp war die formale Gestaltung aber noch nicht notwendig festgelegt. Jede Form war grundsätzlich für eine realistisch-zeitverhaftete oder idealisierend-zeitlose Auffassung offen, wie sie den reinen Kunstidealen der Klassizisten entsprach. Die Entstehungsgeschichte des Berliner Denkmals für Friedrich II.[29] bietet dafür das beste Beispiel. In den rund 100 Entwürfen von etwa 40 Künstlern wurde die ganze Skala möglicher Formen durchgespielt. Zum großen Teil auf den Akademieausstellungen präsentiert oder in Publikationen veröffentlicht, waren sie Anlaß lebhafter Auseinandersetzungen unter den Künstlern und in der Öffentlichkeit. So war heftig umstritten, ob Friedrich, wie in den Ausschreibungen verlangt, zu Pferde oder besser thronend oder in antiker Imperatorenhaltung stehend darzustellen sei. (Die Architekten Langhans, Gentz, Gilly, Schinkel, Persius u. a. schlugen aus nicht nur eigennützigen Gründen die Kombination einer dieser Möglichkeiten mit einem Architekturmonument vor, in dem das Bild des Königs hinter dem Nationaldenkmal zurückgetreten wäre.) Ähnlich uneins war man über die Art des Gewandes. Sollte Friedrich wie zu Lebzeiten in Uniform oder entrückt in römischer Toga erscheinen? In diesem Streit um Denkmalsform und Kostüm ging es nicht nur um Stil- und Geschmacksfragen, es ging auch um ein unterschiedliches Geschichtsverständnis. Die der klassizistischen Kunstvorstellung entsprechende Wahl des antiken Gewands bedeutete, daß der zu Ehrende aus seiner Zeit und Umwelt herausgenommen und seine Leistungen als zeitlos gesehen werden sollten. Demgegenüber stand hinter der Forderung nach einem historisch korrekten Bild das Anliegen, dem Betrachter die konkrete Leistung und Person in ihrer jeweiligen Zeit vorzustellen —

links: 4.214
J. G. Schadow
Modell zum Denkmal des Husaren-
generals von Zieten
rechts: 5.224
Chr. D. Rauch
Statuette Freiherr von Bülow

links: 5.213
J. P. A. Tassaert
Modell zu einem Denkmal Fried-
richs des Großen um 1779
rechts:
Chr. D. Rauch
Modell zum Denkmal Friedrich des
Großen (1841)

links: 5.222
Chr. D. Rauch
Statuette Goethe in
Hausrock 1828
rechts: 5.239
Chr. D. Rauch
Büste Johann Wolfgang von
Goethe 1820

links: 5.223
Chr. D. Rauch
Modell für das Goethe-Schiller-
Denkmal in Weimar 1848
rechts: 5.220
Chr. D. Rauch
Erster Entwurf zu einem Goethe-
Denkmal für Frankfurt am
Main 1823

338

nicht zuletzt als Ausdruck und wohl auch als Mittel zur Erhaltung patriotischer Gefühle.

In der Praxis ließ die Denkmalsfunktion, die das Wiedererkennen ebenso verlangte wie die Bedeutungssteigerung ins Allgemeine, nur eine Lösung zu: den möglichst harmonischen Kompromiß von realistischer Darstellung und idealisierender Überhöhung. Dieser funktionale Kompromiß mit der Betonung auf der realistischen Komponente bedeutete nun aber keine strenge Festlegung. Er barg Spielräume, die mit Art und Stand der dargestellten Person variierten und genutzt wurden. Die Uniform des Militärs, die bürgerliche Tüchtigkeit der Dichter, Maler, Musiker und Gelehrten verlangte nach nüchtern realistischer Darstellung, handelte es sich zudem um Symbolfiguren der großen nationalen Vergangenheit (Luther, Dürer) auch nach historisch korrekter Wiedergabe. Nur scheinbar bemerkenswerte Ausnahmen des Denkmalsrealismus sind die antikisierenden Denkmalsentwürfe für Goethe und Schiller. Die Weimarer »Klassiker« waren in ihrem Werk den antiken Idealen so sehr verpflichtet, daß die entsprechende Form sich als einzig angemessene geradezu aufdrängte: Rauchs Modelle für das Frankfurter Goethe-Denkmal orientierten sich an antiken Philosophenbildern. Goethe, der die Entwürfe noch selbst korrigiert hatte, zeigte sich gerade durch die von Rauch beabsichtigte Aufhebung des zeitspezifisch Zufälligen beeindruckt: »Ein Bild dieser Art kann für alle Zeiten rückwärts und vorwärts gelten.« [30] Dem gleichen Motiv war auch Rauchs antikisierender Entwurf für das Goethe-Schiller-Nationaldenkmal in Weimar verpflichtet. Es bestätigt aber die Hinwendung zur historisch getreuen Lösung, wenn beide Projekte schließlich in zeitgenössischer Kleidung realisiert wurden.

Größere Freiheit der künstlerischen Gestaltung hatten die Bildhauer bei den zahlreichen Büsten und Statuetten für den eher privaten Gebrauch. Hier findet sich die nahezu naturalistische Wiedergabe ebenso wie die Aufnahme antiker Vorbilder — etwa in der Behandlung der Haare oder in der Gewanddrapierung um Schulter und Brust als Andeutung antiker Kleidung. Wie sehr neben dem Öffentlichkeitscharakter, der Person des Dargestellten und dem Geschmack des Auftraggebers der spezielle Zweck das Mischungsverhältnis von Realem und Idealem bestimmte, zeigt sich auch in der Grabplastik mit ihren zum Teil ausgeprägt klassizistischen Formen. Schadows frühes Grabmal für den als Kind gestorbenen Grafen von der Mark, umgeben von Minerva, Saturn und den Parzen, ist der

griechischen Auffassung vom Schlaf als dem Bruder des Todes verhaftet — bei aller Schönheit des Schlummernden eine zeitlose Klage über ein unerfülltes Leben.

Auch die denkmalsunabhängige Plastik — abgesehen von der ornamentalen Bauplastik — galt überwiegend der Menschendarstellung. Häufig wird sie keinen anderen Zweck gehabt haben, als das Aussehen eines Familienmitgliedes für die Nächsten festzuhalten. Das »autonome« Kunstwerk — oder was dafür gehalten wurde — schmückte die Bauten, Gärten und Salons der Kunstliebhaber und folgte schon deshalb viel enger dem klassizistischen bzw. romantischen Zeitgeschmack. Eine romantische Plastik hat sich jedoch nicht eigentlich durchzusetzen vermocht. Mythologische oder allegorische Themen in klassizistischer Form überwogen bei weitem. Darin wirkte aber nicht nur die Auffassung vom absoluten Vorrang der antiken Kunst weiter, die aller folgenden das Maß gesetzt habe. Der Form entsprach die Absicht, die humanistischen Ideale und Tugenden der Aufklärung zu propagieren. Ging es beim Denkmal um Patriotismus oder Staatsinteressen, so bei der klassizistischen Allegorie und Mythologie um die ästhetische und ethische Erziehung des Menschen.

Die größere Gestaltungsfreiheit, die ein weniger zweckgebundenes Thema in sich barg, führte in den besten Arbeiten aber nicht zu rein klassizistischen oder romantischen Lösungen. Ausgehend vom Naturalismus eines Tassaert und dem klassizistischen Einfluß Canovas fand Schadow als erster Berliner Bildhauer zu eigener realistischer Gestaltung, die ohne Imitation und direkte Anleihen bei der Antike auskam. Auf seine Prinzessinnengruppe trifft zu, was er bei Rubens gelobt und womit er unter anderem auf Goethes Kritik an der Berliner Kunst geantwortet hatte: ». . . wer bedenkt, daß bei ihm Anordnung, Zeichnung, Ausdruck, Beleuchtung, Farbe, Gewänder, Haare usw. in der schönsten Übereinstimmung sind, ohne Nachäffung der Griechen, Römer, Lombarden oder sonst einer Schule, sondern aus ihm selbst geschöpft, der wird sagen: er ist ein Meister.« [31] Schadow gelang mit der durchaus realistischen Darstellung der beiden Schwestern ein ebenso spannungsvolles wie gelöstes Bild jugendlicher Anmut und schwesterlicher Zuneigung, das auf seine Weise den griechischen Harmonievorstellungen nahekommt. Es mag diese Vollendung gewesen sein, die die Zeitgenossen als »ächt griechischen Stil« bewundern ließen, was Schadow als eine ihm eigentümliche Gestaltung wirklichkeitsorientierter Wiedergabe gemeint hatte.

339

links: 5.243
Chr. D. Rauch
Siegesgöttin um 1830/40
rechts: 5.242
J. G. Schadow
Patientia 1804

links: 5.245
Chr. F. Tieck
Odysseus vor 1826
rechts:
5.246
F. Tieck
Iphigenie vor 1826

5.215
J. G. Schadow
Prinzessinnengruppe

Auch Goethe sah in der Wirklichkeitsnähe das Typische der Berliner Kunst. So bemerkte er 1801 in den »Propyläen« kritisch: »In Berlin scheint, ausser dem individuellen Verdienst bekannter Meister, der Naturalismus, mit der Wirklichkeits- und Nützlichkeitsforderung, zu Hause zu seyn und der prosaische Zeitgeist sich am meisten zu offenbaren. Poesie wird durch Geschichte, Charakter und Ideal durch Portrait, symbolische Behandlung durch Allegorie, Landschaft durch Aussicht, das allgemein Menschliche durchs Vaterländische verdrängt.« [32]

Für Goethe konnte wahre Kunst nur in weltbürgerlicher Offenheit und lebendiger Aneignung der Vergangenheit, insbesondere der Orientierung an der Antike entstehen. So gesehen mußte er die Berliner Kunst kritisieren, denn diese entsprach weit mehr den Forderungen, die Schadow in seiner Entgegnung auf diesen Angriff formulierte: »... von diesem prosaischen Zeitgeist, welchen Herr von Goethe uns vorwirft, oder welchen er doch gering schätzt, und welchen ich herbeizurufen für Pflicht halte, sind wir weit entfernt ... Besäßen wir nur die Geschicklichkeit, das Vaterländische darzustellen, das Eigenthümliche (denn nichts anderes giebt es in der Natur!) dann würden wir Deutsche eine Schule haben.« [33]

Schadow gelang es, dieses Ziel zu erreichen. Er wurde zum Begründer jener Schule, die er in seiner Antikritik an Goethe gefordert hatte. Auch im Bereich der Malerei — zumindest bei ihren besten Vertretern — gelang dies Erfassen des »Eigenthümlichen«, die, wie wir heute sagen würden, realistische Gestaltung, die im Besonderen dem Allgemeinen Ausdruck gab.

Anmerkungen

1 Detaillierte Angaben zur Gründung zuletzt: L. Wiesinger, Berliner Maler um 1700 und die Gründung der Akademie der Künste und mechanischen Wissenschaften in: Berlin und die Antike, Katalogband, S. 80
2 Entwurf zum Reglement zum in Berlin zu errichteten »Academie der Mahl, Bild und Baukunst«, bez.: Akademie-Reglement Bd. 2, Archiv der Preußischen Akademie der Künste, Akademie der Künste, Berlin
3 H. Müller, Königliche Akademie S. 43
4 Entwurf zum Reglement a. a. O.
5 Dies und die vorhergehenden 5 Zitate in: Personalnachrichten über die Mitglieder. 1780—1784, Kgl. Akademie der Künste Bd. 6, Archiv der Preußischen Akademie der Künste, Akademie der Künste, Berlin, abgedruckt in: Müller S. 138—150
6 Moelter, Ueber die Fortschritte, welche die Königl. Akademie der Künste und mechanischen Wissenschaften, unter dem ruhmwürdigen Curatorio des Königl. Staats-Minister Herrn Freyherrn von Heinitz Excellenz, theils schon gemacht hat, theils noch zu machen hoffen darf, in: Monatsschrift Bd. 1, 1788, S. 123
7 ebd. S. 134 ff.
8 Reglement von 1790, § 24
9 Bis 1838 war die Schülerzahl in den Kunst- und Gewerkschulen in Berlin auf 1093 (im Jahre 1796 waren es nur 120) gestiegen und in den Provinzialschulen auf 1353: Ausstellungskatalog 1839, S. VIII
10 A. Riem, Einleitung, in: Monatsschrift Bd. 1, 1788, S. 5
11 Levezow, Geschichte der Königl. Akademie der Künste, in: Ausstellungskatalog 1814, S. LIX f.
12 ebd. 1818, S. I
13 Publikandum 1799, S. 7
14 Voraussetzung für die Aufnahme zur Akademieausbildung war nun der erfolgreiche Besuch der neu eingerichteten Vorbereitungs- und Prüfungsklasse der Akademie
15 Levezow, a. a. O. 1818, S. XVII
16 Nicht alle diese Nachfolgeinstitutionen gehen allein auf die Akademie zurück. Zum Teil können sie sich auch auf weitere Vorläufer berufen.
17 J. W. Meil, Gedanken zu einer, unter Aufsicht der Königl. Akademie der Künste usw. zu errichtenden Zeichenschule für Handwerker, vorgelesen den 26. Febr. 1787, in: Monatsschrift Bd. 1, S. 165
18 Moelter, a. a. O., S. 125 f.
19 G. Schadow, Lehre von den Knochen und Muskeln sowie von den Verhältnissen des menschlichen Körpers und von den Verkürzungen in 30 Tafeln zum Gebrauch bei der Königl. Akademie der Künste, Berlin 1830
20 P. L. Lütke zit. nach Jubelfeier, S. 84
21 zit. nach Jubelfeier, S. 85
22 ebd. S. 87 f.
23 H. Chr. Genelli, Idee einer Akademie, S. 20 ff.
24 A. Riem, in: Monatsschrift, Bd. 1, S. 144
25 Nachricht für Künstler, ebd. S. 239
26 H. Börsch-Supan, Hrsg., Die Kataloge, Registerband
27 Designation derjeniger Künstler so bei der Kön. Hof Staatskasse bezahlt werden, Personalakte G. Schadow, Archiv der Preußischen Akademie der Künste, Akademie der Künste, Berlin
28 zit. nach J. Gamer, in: H.-E. Mittig/V. Plagemann, S. 144
29 s. dazu J.v.Simson, Das Berliner Denkmal für Friedrich den Großen
30 zit. nach P. Bloch, Goethe und die Berliner Bildhauerkunst, S. 19
31 Wiederabdruck des zuerst in der Zeitschrift »Eunomia« erschienen Artikels in: G. Schadow, Kunstwerke und Kunstansichten, S. 53
32 Wiederabdruck ebd., S. 44
33 ebd. S. 47 und 51

Literatur

Abbilder — Leitbilder. Berliner Skulpturen von Schadow bis heute, Ausstellungskatalog des Neuen Berliner Kunstvereins e. V., Berlin 1978

The Age of Neo-Classicism, Ausstellungskatalog, 14. Europaratsausstellung, London 1972

A. Amersdorfer, Der Akademie-Gedanke in der Entwicklung der preußischen Akademie der Künste, Berlin 1928

F. Baumgart, Vom Klassizismus zur Romantik 1750—1832. Die Malerei im Jahrhundert der Aufklärung, Revolution und Restauration, Köln 1974

Berlin und die Antike, Ausstellungskatalog und Aufsatzband des Deutschen Archäologischen Instituts und der Staatlichen Museen Preußischer Kulturbesitz, Berlin 1979

Berliner Biedermeier von Blechen bis Menzel. Gemälde, Handzeichnungen, Aquarelle, Druckgraphik, Ausstellungskatalog der Kunsthalle Bremen, Bremen 1967

Berliner Bildnisse aus drei Jahrhunderten, Ausstellungskatalog der Städtischen Galerie München, München 1962

P. Bloch, Goethe und die Berliner Bildhauerkunst, Staatliche Museen Preußischer Kulturbesitz, Berlin 1976

P. Bloch/W. Grzimek, Das klassische Berlin. Die Berliner Bildhauerschule im neunzehnten Jahrhundert, Berlin 1978

H. Börsch-Supan, Deutsche Romantiker. Deutsche Maler zwischen 1800 und 1850, München, Gütersloh, Wien 1972

H. Börsch-Supan, Hrsg., Die Kataloge der Berliner Akademie — Ausstellungen 1786—1850, 3 Bde., Berlin 1971

H. Börsch-Supan, Die Kunst in Brandenburg-Preußen. Ihre Geschichte von der Renaissance bis zum Biedermeier dargestellt am Kunstbesitz der Berliner Schlösser, Berlin 1980

Daniel Chodowiecki 1726—1801. Bürgerliches Leben im 18. Jahrhundert. Zeichnungen und Druckgraphik, Ausstellungskatalog des Städelschen Kunstinstituts und der Städtischen Galerie, Frankfurt/Main 1973

Daniel Chodowiecki, Johann Gottfried Schadow, Karl Blechen (Handzeichnungen), Ausstellungskatalog der Deutschen Akademie der Künste zur Zehnjahresfeier der Akademie am 24. März 1960, Berlin 1960

Die Düsseldorfer Malerschule, Ausstellungskatalog des Kunstmuseums Düsseldorf und der Mathildenhöhe Darmstadt, Düsseldorf 1979

H. von Einem, Deutsche Malerei des Klassizismus und der Romantik. 1760 bis 1840, München 1978

Caspar David Friedrich 1774—1840, Ausstellungskatalog der Hamburger Kunsthalle, Hamburg 1974

H. Chr. Genelli, Idee einer Akademie der Bildenden Künste, Braunschweig 1800

Zur Jubelfeier 1696—1896, Kgl. Akad. Hochschule für die Bildenden Künste zu Berlin, Berlin 1896

W. Kemp, »... einen wahrhaft bildenden Zeichenunterricht überall einzuführen«, Zeichnen und Zeichenunterricht der Laien 1500—1870. Ein Handbuch, Frankfurt/Main 1979

K. Lankheit, Revolution und Restauration, Baden-Baden 1980 (1. Aufl. 1965)

H.-E. Mittig/ V. Plagemann, Hrsg., Denkmäler im 19. Jahrhundert. Deutung und Kritik, München 1972

Monatsschrift der Akademie der Künste und mechanischen Wissenschaften zu Berlin, Bd. 1—3, Berlin 1788, 1789

H. Müller, Die königliche Akademie der Künste zu Berlin. 1696 bis 1896. Erster Teil. Von der Begründung durch Friedrich III. von Brandenburg bis zur Wiederherstellung durch Friedrich Wilhelm II. von Preußen, Berlin 1896

La Peinture allemande à l'époque du Romantisme, Ausstellungskatalog der Musées nationaux, Paris 1976 (Darin umfangreiche Bibliographie zur Kunst der hier behandelten Zeit)

N. Pevsner, Academies of Art. Past and Present, Cambridge 1940

R. Pfefferkorn, Von Schadow bis Gärtner. Zeichnungen aus dem Besitz des Vereins Berliner Künstler, Berlin 1980

Publikandum, wegen der vorläufigen Einrichtung einer Königlichen Bauakademie zu Berlin, Berlin 1799

Reglement für die Akademie der bildenden Künste und mechanischen Wissenschaften zu Berlin, Berlin 1790

J. G. Schadow, Kunst-Werke und Kunst-Ansichten, Berlin 1849

J. von Simson, Das Berliner Denkmal für Friedrich den Großen. Die Entwürfe als Spiegelung des preußischen Selbstverständnisses, Frankfurt/Main, Berlin, Wien 1976

William Turner und die Landschaft seiner Zeit, Ausstellungskatalog der Hamburger Kunsthalle, Hamburg 1976

J. Wirth, Eduard Gaertner. Der Berliner Architekturmaler, Frankfurt/Main, Berlin, Wien 1979

Akademie der Künste

Geschichte 1786—1848

5.1
Johann David Schleuen
Akademiegebäude
Architekt: Johann Boumann
Ansicht von den Linden
An der Stelle des 1743 abge-
brannten Baues (Architekt: Johann
Arnold Nering) wiederaufgebaut
Kupferstich
Foto aus: H. Müller, Die König-
liche Akademie der Künste zu
Berlin, 1696 bis 1896, Berlin 1896,
S. 121

5.2
Martin Friedrich Rabe
Akademiegebäude
Entwurf zum Umbau des beste-
henden Gebäudes zu einem
Museum, Ansicht gegen die
Linden um 1815
Tusche. 31 × 123,5 cm
Archiv der Preußischen Akademie
der Künste, Akademie der Künste,
Berlin

5.3
Johann Daniel Laurens und Karl
Friedrich Thiele nach F. A. Calau
Die Linden mit der Ansicht des
Academie-Gebäudes 1815—20
(Umbau durch Martin Friedrich
Rabe)
Aquatinta. 18,8 × 23 cm (Platte)
Berlin Museum, Berlin

5.4
Johann Georg Rosenberg
Spielzeughändler vor der alten
Akademie der Künste unter den
Linden
Schwarzer Stift, grau-braun laviert.
15 × 20,3 cm
Staatliche Museen Preußischer
Kulturbesitz, Kupferstichkabinett,
Berlin

5.5
Daniel Berger nach Daniel
Nikolaus Chodowiecki
Porträt Christian Bernhard
Rode 1772
Radierung. 16 × 11 cm (Platte)
Berlin Museum, Berlin

5.6
Emanuel Bardou
Büste Daniel Nikolaus Chodo-
wiecki
Gips. 57 cm hoch
Archiv der Preußischen Akademie

der Künste, Akademie der Künste,
Berlin
Abb. S. 317

5.7
Christian Friedrich Tieck
Büste Friedrich Anton Freiherr von
Heinitz
Getönter Gips. 65 cm hoch
Archiv der Preußischen Akademie
der Künste, Akademie der Künste,
Berlin
Abb. S. 317

5.8
Daniel Nikolaus Chodowiecki
Brief an Christian Bernhard Rode
vom 23. Oktober 1783
in: Personalnachrichten über die
Mitglieder 1780—85, Kgl.
Akademie der Künste, Bd. 6
Archiv der Preußischen Akademie
der Künste, Akademie der Künste,
Berlin

5.9
Allgemeine Verordnung zum
Schutz der akademischen Künstler,
Berlin, 29. April 1786
Archiv der Preußischen Akademie
der Künste, Akademie der Künste,
Berlin

5.10
Königliche Akademie der Künste
Kunstausstellungen, Kataloge
1786—1795
Archiv der Preußischen Akademie
der Künste, Akademie der Künste,
Berlin
Abb. S. 319

5.11
Monatsschrift der Akademie der
Künste und mechanischen Wissen-
schaften zu Berlin
Bd. 1, 2, Berlin 1788/89
2 Exemplare:
Staatsbibliothek Preußischer
Kulturbesitz, Berlin
und
Archiv der Preußischen Akademie
der Künste, Akademie der Künste,
Berlin
Abb. S. 319

5.12
Privilegium Friedrich Wilhelms II.
vom 25. März 1788 für die
Academie der Künste und mechanischen Wissenschaften zur Anlegung
eines öffentlichen Kunst- und Buch-
ladens allhier
Archiv der Preußischen Akademie
der Künste, Akademie der Künste,
Berlin

5.13
Reglement für die Akademie der
bildenden Künste und mechani-
schen Wissenschaften zu Berlin
Berlin 1790
2 Exemplare:
Staatliche Museen Preußischer
Kulturbesitz, Kunstbibliothek mit
Museum für Architektur, Modebild
und Grafik-Design, Berlin,
und
Archiv der Preußischen Akademie
der Künste, Akademie der Künste,
Berlin
Abb. S. 318

5.14
Vorschriften für die Scholaren der
Akademie
Berlin, 19. Juni 1790
Archiv der Preußischen Akademie
der Künste, Akademie der Künste,
Berlin

5.15
Publikandum wegen der vorläu-
figen Einrichtung der von Seiner
Königlichen Majestät Allerhöchst-
selbst unter dem Namen einer
Königlichen Bau-Akademie zu
Berlin gestifteten allgemeinen Bau-
Unterrichts-Anstalt. 6. Juli 1799
Archiv der Preußischen Akademie
der Künste, Akademie der Künste,
Berlin

5.16
Daniel Nikolaus Chodowiecki
Blanquet zu den Patenten der
Königl. Akademie der Künste in
Berlin
Radierung. 29,5 × 36 cm
Staatliche Museen Preußischer
Kulturbesitz, Kupferstichkabinett,
Berlin

5.17
Schreiben aus dem Ministerium des
Innern an die Akademie der
bildenden Künste und mechani-
schen Wissenschaften, die
Zuordnung der Akademie zur
»Section im Ministerium des
Inneren für den öffentlichen Unter-
richt« betreffend, 29. April 1809
in: Ministerial-Reskripte u. sonstige
behördliche Schreiben
Archiv der Preußischen Akademie
der Künste, Akademie der Künste,
Berlin

5.18
Sitzungsprotokoll der Königl.
Akademie der Künste vom
11. September 1813. Handschrift
mit Skizzen von Johann Gottfried

Schadow
Archiv der Preußischen Akademie
der Künste, Akademie der Künste,
Berlin

5.19
Anonym
Konferenzzimmer der königl.
Akademie
Gouache. 36 × 51 cm
Archiv der Preußischen Akademie
der Künste, Akademie der Künste,
Berlin

5.20
Emil Wolff
Büste Johann Gottfried Schadow
Marmor. 57 cm hoch
Archiv der Preußischen Akademie
der Künste, Akademie der Künste,
Berlin

5.21
Johann Gottfried Schadow
Das Publicum auf der Kunstaus-
stellung 1831
Zinkdruck. 19,5 × 35 cm
Kunsthalle Bremen

5.22
Urkunde betreffend die Ernennung
des Königlichen Preussischen wirk-
lichen Geheimen Staats-Minister
Herrn Freiherrn Stein von Alten-
stein zum Ehrenmitglied der
Königl. Akademie der Künste.
Berlin, 19. 2. 1825
Staatsbibliothek Preußischer
Kulturbesitz, Berlin

5.23
Patent für den Modelleur und
Eisengießer Moritz Geiß aus Berlin
als akademischer Künstler der
Königl. Preuß. Akademie der
Künste, unterzeichnet von
Schadow, Rauch, Tieck u. a.,
6. 5. 1828
Staatsbibliothek Preußischer
Kulturbesitz, Berlin
Abb. S. 318

5.24
Urkunde betreffend die Ernennung
der Berliner Malerin Louise Henry
zum außerordentlichen Mitglied der
Akademie der Künste, 1. 3. 1833
Staatsbibliothek Preußischer
Kulturbesitz, Berlin

5.25
Mitglieder-Matrikel Nr. 3,
1803—1874
Archiv der Preußischen Akademie
der Künste, Akademie der Künste,
Berlin

Lehre

5.26
Unterrichtspläne der Königl.
Akademie der Künste 1805–1845
Archiv der Preußischen Akademie
der Künste, Akademie der Künste,
Berlin

Lehrerporträts

5.27
Carl Begas
Selbstbildnis 1838
Öl auf Leinwand. 57 × 48,5 cm
Staatliche Museen Preußischer
Kulturbesitz, Nationalgalerie,
Berlin

5.28
Ferdinand Berger
Selbstbildnis
Lithographie. 50 × 36 cm
Aus dem Besitz des Vereins Berliner
Künstler, Berlin

5.29
Karl Blechen
Selbstbildnis 1823
Öl auf Leinwand, auf Pappe aufge-
zogen. 26 × 20 cm
Staatliche Museen Preußischer
Kulturbesitz, Nationalgalerie,
Berlin

5.30
Johann Heinrich Lips nach Carl
Ludwig Fernow
Porträt Asmus Jakob Carstens 1806
Radierung. 15,5 × 9,5 cm
Sammlung Wilfried Göpel, Berlin

5.31
Anton Graff
Porträt Daniel Nikolaus Chodo-
wiecki nach 1800
Öl auf Leinwand. 70 × 56,5 cm
Berlin Museum, Berlin

5.32
Johann Heusinger
Porträt Karl Friedrich
Hampe 1819
Sepia, getuscht. 14 × 11 cm
Aus dem Besitz des Vereins
Berliner Künstler, Berlin

5.33
Françoise le Villain nach Friedrich
Jentzen
Porträt Johann Erdmann
Hummel 1829
Lithographie. 33 × 24 cm
Aus dem Besitz des Vereins
Berliner Künstler, Berlin

5.34
Johann Heusinger
Porträt Johann Karl Heinrich

Kretschmar 1820
Sepia, getuscht. 14 × 11 cm
Aus dem Besitz des Vereins
Berliner Künstler, Berlin

5.35
Anonym
Porträt Karl Philipp Moritz
Kupferstich. 8,9 × 7,1 cm
Goethe-Museum Düsseldorf,
Anton-und-Katharina-Kippen-
berg-Stiftung

5.36
Christian Daniel Rauch
Selbstbildnis-Büste nach 1828
Gips. 67 cm hoch
Berlin Museum, Berlin

5.37
Rudolf Suhrlandt
Porträt Christian Daniel Rauch
1809
Öl auf Leinwand. 65,5 × 51 cm
Staatliche Museen Preußischer
Kulturbesitz, Nationalgalerie,
Berlin

5.38
Rudolf Julius Benno Hübner
Porträt Johann Gottfried
Schadow 1832
Öl auf Leinwand. 53 × 53 cm
Staatliche Museen Preußischer
Kulturbesitz, Nationalgalerie,
Berlin
Abb. S. 320

5.39
Anonym
Porträt Karl Franz Jakob Heinrich
Schumann
Kreide. 25 × 20 cm
Aus dem Besitz des Vereins Berliner
Künstler, Berlin

5.40
Karl Blechen
Porträt Ernst Heinrich Tölcken
1832
Kreide. 29 × 22 cm
Aus dem Besitz des Vereins Berliner
Künstler, Berlin

5.41
Johann Heusinger
Porträt Gottfried Wilhelm
Voelcker 1819
Sepia, getuscht. 13,5 × 10,5 cm
Aus dem Besitz des Vereins
Berliner Künstler, Berlin

5.42
Johann Dautieux
Porträt Friedrich Georg Weitsch
1818
Kreide. 35 × 27 cm

Aus dem Besitz des Vereins Berliner
Künstler, Berlin

5.43
Franz Krüger
Porträt Ludwig Wichmann 1848
Öl auf Leinwand. 68,5 × 58 cm
Staatliche Museen Preußischer
Kulturbesitz, Nationalgalerie,
Berlin

5.44
Wilhelm Devrient
Künstler in Berlin
(Gottfried Wilhelm Völcker, Julius
Schoppe d. Ä., Henri François
Brandt, Ludwig Buchhorn, Karl
Friedrich August von Klöber,
Johann Gottlob Samuel Rösel,
Friedrich Wilhelm Gubitz)
Lithographie. 44,2 × 32,3 cm
Berlin Museum, Berlin

Lehrbücher

5.45
Johann Daniel Preissler
Die durch Theorie erfundene
Practic oder gründlich-verfaßte
Regeln, deren man sich als eine
Anleitung zu berühmter Künstler
Zeichen-Wercken bestens bedienen
kann
Nürnberg 1765–68, Bd. 1–4
und
Nürnberg 1768–75, Bd. 1–4
Staatsbibliothek Preußischer
Kulturbesitz, Berlin
Abb. S. 322

5.46
Karl Wilhelm Ramler
Allegorische Personen zum
Gebrauche der Bildenden Künstler,
mit Kupfern von Bernhard Rode,
Berlin 1788
Hochschule der Künste, Berlin,
Hauptbibliothek 1

5.47
Karl Philipp Moritz
Götterlehre oder mythologische
Dichtungen der Alten, mit
65 Kupferstichen nach Carstens,
4. Auflage, Berlin 1816 (1. Aufl.
Berlin 1791)
Staatsbibliothek Preußischer
Kulturbesitz, Berlin

5.48
Peter Camper
Über den natürlichen Unterschied
der Gesichtszüge in Menschen
verschiedener Gegenden und
verschiedenen Alters; über das
Schöne antiker Bildsäulen und

geschnittener Steine; nebst
Darstellung einer neuen Art, allerlei
Menschenköpfe mit Sicherheit zu
zeichnen, mit 10 Kupfertafeln,
Berlin 1792
Hochschule der Künste, Berlin,
Hauptbibliothek 1

5.49
Elementar-Zeichenwerk
Zum Gebrauch der Kunst- und
Gewerk-Schulen der Preußischen
Staaten, Heft 1, Die Anleitungen
zur Geometrie und Perspectiv,
Berlin 1803
Hochschule der Künste, Berlin,
Hauptbibliothek 1

5.50
Elementar-Zeichenwerk
zum Gebrauch der Kunst- und
Gewerk-Schulen der Preußischen
Staaten, mit Kupfertafeln, Heft 1–
5, 2 Bde., Berlin 1803–1806
Hochschule der Künste, Berlin,
Hauptbibliothek 1
Abb. S. 321

5.51
Aloys Hirt
Bilderbuch für Mythologie, Archäo-
logie und Kunst.
Erstes Heft: Die Tempelgötter, mit
12 Kupfertafeln und 26 Vignetten,
gezeichnet und gestochen von
Johann Erdmann Hummel, Berlin
1805
Zweites Heft: Die Untergötter oder
Dämonen, mit 20 Kupfertafeln und
8 Vignetten, gezeichnet von Johann
Erdmann Hummel, gestochen von
Berger und Jüngel, Berlin und
Leipzig 1816
Hochschule der Künste, Berlin,
Hauptbibliothek 1

5.52
Friedrich Wilhelm Gubitz
Sammlungen und Verzierungen in
Abgüssen für die Buchdrucker-
Presse, Heft 1–4, Berlin
1824–1832
Staatsbibliothek Preußischer
Kulturbesitz, Berlin

5.53
Johann Erdmann Hummel
Die Freie Perspektive, erläutert
durch praktische Aufgaben und
Beispiele, hauptsächlich für Maler
und Architekten, 2 Textbände,
2 Tafelbände.
Erster Theil. Die Linienperspektive
enthalten, mit 27 Kupfertafeln,
Berlin 1824
Zweiter Theil. Die Lehre von dem

Lichte, den Schatten, den Farben und die perspektivische Schatten-Construction enthalten, mit 24 Kupfertafeln, Berlin 1825
Staatsbibliothek Preußischer Kulturbesitz, Berlin
Abb. S. 325

5.54
Johann Erdmann Hummel
Geometrisch-praktische Construktion der Schatten für Architekten und andere zeichnende Künstler, mit 24 Kupfertafeln, Text- und Tafelband, Berlin 1830
Staatsbibliothek Preußischer Kulturbesitz, Berlin

5.55
Carl Normand
Vergleichende Darstellung der architektonischen Ordnungen der Griechen und Römer und der neueren Baumeister, 89 Kupfertafeln, Potsdam 1830—36
Staatliche Museen Preußischer Kulturbesitz, Kunstbibliothek mit Museum für Architektur, Modebild und Grafik-Design, Berlin

5.56
Konrad Levezow
Über die Entwicklung des Gorgonen-Ideals in der Poesie und bildenden Kunst der Alten. Eine archäologische Abhandlung, mit 5 Kupfertafeln, Berlin 1833
Hochschule der Künste, Berlin, Hauptbibliothek 1

5.57
Johann Gottfried Schadow
Polyclet oder von den Maassen des Menschen nach dem Geschlechte und Alter, mit Angabe der wirklichen naturgröße nach dem Rheinländischen Zollstocke und Abhandlung von dem Unterschiede der Gesichtszüge und Kopfbildung der Völker des Erdbodens, als Fortsetzung des hierüber von Peter Camper ausgegangenen, (s. Kat. Nr. 5.48) Text- und Bildband, Berlin 1834
Staatsbibliothek Preußischer Kulturbesitz, Berlin
Abb. S. 323

5.58
Johann Gottfried Schadow
Polyclet oder von den Maassen des Menschen nach dem Geschlecht und Alter, mit Angabe der wirklichen naturgröße nach dem Rheinländischen Zollstocke und Abhandlung von dem Unterschiede

der Gesichtszüge und Kopfbildung der Völker des Erdbodens. . . National-Physiognomien oder Beobachtungen über den Unterschied der Gesichtszüge und die äussere Gestaltung des menschlichen Körpers, in Umrissen bildlich dargestellt auf Neun und Zwanzig Tafeln als Fortsetzung des Polyclets, Berlin 1834/35
Staatliche Museen Preußischer Kulturbesitz, Kunstbibliothek mit Museum für Architektur, Modebild und Grafik-Design, Berlin

5.59
Carl Boetticher
Ornamenten-Buch zum praktischen Gebrauch für Architekten, Decorations- und Stubenmaler, Tapeten-Fabrikanten usw., Hefte 1—5, mit Tafeln, Berlin 1834—44
Staatliche Museen Preußischer Kulturbesitz, Kunstbibliothek mit Museum für Architektur, Modebild und Grafik-Design, Berlin

5.60
Carl Boetticher
Ornamenten-Schule, Heft 1, Berlin 1838
Staatliche Museen Preußischer Kulturbesitz, Kunstbibliothek mit Museum für Architektur, Modebild und Grafik-Design, Berlin

5.61
Ferdinand Berger
Handbuch zum Gebrauch für das anatomische Studium des menschlichen Körpers, besonders für bildende Künstler und Dilettanten der Kunst, nebst 10 Kupfertafeln und zwei Steindrücken, Berlin 1842
Hochschule der Künste, Berlin, Hauptbibliothek 1
Abb. S. 325

Vorlagen und Schülerarbeiten

5.62
Vorlagetafeln aus dem Elementar-Zeichenwerk Bd. 5, 1806
Kupferstiche. je 47 × 30 cm (Blatt), 34,5 × 22 cm (Platte)
Hochschule der Künste, Berlin, Hauptbibliothek 1

5.63
Vorlageblätter aus dem Elementar-Zeichenwerk Bd. 5, 1806
Kupferstiche. je 44 × 26,5 cm (Blatt), 37 × 22 cm (Platte)
Hochschule der Künste, Berlin, Hauptbibliothek 1

5.64
Studienzeichnungen nach dem Elementar-Zeichenwerk Bd. 4
Leisten und Verzierungen
Feder und Aquarell. 12 × 23 cm bis 24 × 38 cm
Hochschule der Künste, Berlin, Hauptbibliothek 1

5.65
2 Ornamente
Holz. 28,5 × 28 × 4 cm und ∅ 25 cm × 11cm
Hochschule der Künste, Berlin

5.66
Karl Friedrich August Scheppig
Blütenornament 1824
Schwarze Kreide. 37,7 × 39 cm
Hochschule der Künste, Berlin, Hauptbibliothek 1

5.67
Johann Gottfried Niedlich
Akanthusornament 1780
Aquarell. 17,5 × 45 cm
Staatliche Schlösser und Gärten, Berlin

5.68
Johann Gottfried Niedlich
Blütenornament 1829
Braune Kreide. 37 × 48 cm
Hochschule der Künste, Berlin, Hauptbibliothek 1

5.69
G. Lohse
Akanthusstudie 1827
Schwarze und weiße Kreide. 31,5 × 41 cm
Hochschule der Künste, Berlin, Hauptbibliothek 1

5.70
Studienzeichnungen
Blumen
Tusche, Aquarell, Gouache. minimal 17,8 × 19,2 cm, maximal 31 × 25 cm
Hochschule der Künste, Berlin, Hauptbibliothek 1

5.71
Studienzeichnungen
Früchte
Aquarell und Gouache. maximal 19 × 24 cm
Hochschule der Künste, Berlin, Hauptbibliothek 1

5.72
Peter Ludwig Lütke
2 Baumstudien (Vorbilder beim Unterricht in Landschaftszeichnen)
Radierungen. je 17 × 10 cm

Staatliche Museen Preußischer Kulturbesitz, Kupferstichkabinett, Berlin

5.73
Studienzeichnung
Augen
Rötel. 22,5 × 31,7 cm
Hochschule der Künste, Berlin, Hauptbibliothek 1

5.74
Studienzeichnungen
Auge und Ohr
Schwarze Kreide. 21,5 × 15 cm
Hochschule der Künste, Berlin, Hauptbibliothek 1

5.75
Zeichen-Vorlagen
3 Arme
Gips. 26 cm, 27 cm und 29 cm lang
Hochschule der Künste, Berlin

5.76
A. Koehler
2 Handstudien um 1825
Rötel. je 26 × 40,5 cm
Hochschule der Künste, Berlin, Hauptbibliothek 1

5.77
Carl Heinrich Steffens
2 Handstudien 1826
Rötel. je 26 × 40,5 cm
Hochschule der Künste, Berlin, Hauptbibliothek 1

5.78
Zeichen-Vorlagen
2 Füße
Gips. 22 cm und 25 cm lang
Hochschule der Künste, Berlin

5.79
Zeichen-Vorlage
Bein
Gips. 33 cm lang
Hochschule der Künste, Berlin

5.80
Wilhelm Wach (?)
Zeichnung nach Michelangelo, Der Abend
Bleistift. 45 × 60 cm
Hochschule der Künste, Berlin, Hauptbibliothek 1

5.81
Anonym
Antinous
Abguß eines hadrianischen Idealporträts (um 130 n. Chr.).
Gips. 53 cm hoch
Abgußsammlung antiker Plastik, Berlin

5.82
Carl Loos
Zeichnung eines antiken Kopfes mit
Konstruktionslinien 1825
Bleistift. 39,5 × 25,5 cm
Hochschule der Künste, Berlin,
Hauptbibliothek 1

5.83
Julius Schoppe d. Ä.
3 Zeichnungen einer weiblichen
Büste 1814/15
Bleistift. je 41,5 × 25,5 cm
Hochschule der Künste, Berlin,
Hauptbibliothek 1

5.84
Anonym
Sog. Narcissus
Abguß einer römischen Kopie
aus dem 1./2. Jh. nach einem
Original der polykletischen Schule.
Gips. 105 cm hoch
Abgußsammlung antiker Plastik,
Berlin

5.85
Carl Friedrich Wilhelm Wolff
Stehender männlicher Rückenakt
1820
Schwarze Kreide, Rötel, weiß
gehöht. 58,5 × 45,5 cm
Hochschule der Künste, Berlin,
Hauptbibliothek 1
Abb. S. 323

5.86
Carl Ferdinand Sohn
Sitzender männlicher Akt von
vorn 1822
Rötel, weiß gehöht. 54 × 41,5 cm
Hochschule der Künste, Berlin,
Hauptbibliothek 1

5.87
Gustav Eduard Freyhoff
Stehender weiblicher Rückenakt
1822
Schwarze Kreide, Rötel.
55,5 × 38 cm
Hochschule der Künste, Berlin,
Hauptbibliothek 1

5.88
Ludwig Lohde
Stehender männlicher Akt von
vorn 1825
Schwarze Kreide, Rötel, weiß
gehöht. 61 × 44 cm
Hochschule der Künste, Berlin,
Hauptbibliothek 1
Abb. S. 323

5.89
Johann August Eduard Mandel
Stehender männlicher Rückenakt

1827
Schwarze Kreide, weiß gehöht.
56 × 42 cm
Hochschule der Künste, Berlin,
Hauptbibliothek 1

Italienreise

5.90
Heinrich Gentz
Über Sizilien
Quartheft, 92 S., Handschrift
mit 3 eingeklebten Zeichnungen
Archiv der Preußischen Akademie
der Künste, Akademie der Künste,
Berlin

5.91
Wilhelm Stier
Skizze von Tegni bei Genua
um 1820
Bleistift. 15 × 27 cm
Hubert Hoffmann, Graz

5.92
Wilhelm Stier
Venedig um 1825
Bleistift. 15,5 × 27 cm
Hubert Hoffmann, Graz

5.93
Karl Blechen
Golf von La Spezia, Studie 1829
Öl auf Papier. 22 × 32,5 cm
Archiv der Preußischen Akademie
der Künste, Akademie der Künste,
Berlin
Abb. S. 327

5.94
Karl Blechen
Parkterrasse in der Villa d'Este
1829
Öl auf Papier. 21 × 31 cm
Archiv der Preußischen Akademie
der Künste, Akademie der Künste,
Berlin

5.95
Karl Blechen
Villa d'Este, Studie 1829
Öl auf Papier. 24,5 × 19,5 cm
Archiv der Preußischen Akademie
der Künste, Akademie der Künste,
Berlin

5.96
Karl Blechen
Italienische Häuser unter hohen
Bäumen 1829
Öl auf Papier. 21 × 31 cm
Archiv der Preußischen Akademie
der Künste, Akademie der Künste,
Berlin

5.97—5.106
Karl Blechen
aus dem Amalfi-Skizzenbuch
1829
5.97 Garten und Häuser am Berg-
abhang (57)
5.98 Wasserlauf zwischen Häusern
(60)
5.99 Straße im Gebirge (62)
5.100 Flußlauf (49)
5.101 Straße und Fluß (61)
5.102 Talschlucht (58)
5.103 Ein Haus in der Bergschlucht
(53)
5.104 Bergschlucht (54)
Abb. S. 326
5.105 Steil ansteigender Weg (56)
5.106 Hafen von Amalfi (50)
10 Sepiazeichnungen. je
20,3 × 29,5 cm
Archiv der Preußischen Akademie
der Künste, Akademie der Künste,
Berlin

5.107—5.110
Karl Blechen
aus dem Amalfi-Skizzenbuch
1829
5.107 Küste bei Neapel (141)
5.108 Küste bei Neapel (142)
5.109 Küste bei Neapel (161)
5.110 Küste (163)
4 Bleistiftzeichnungen. je
20,3 × 29,5 cm
Archiv der Preußischen Akademie
der Künste, Akademie der Künste,
Berlin

5.111
Franz Louis Catel
Neapolitanische Carrete mit
Mönch 1822
Öl auf Eisenblech. 22 × 31 cm
Staatliche Museen Preußischer
Kulturbesitz, Nationalgalerie,
Berlin

5.112
August Ferdinand Hopfgarten
Boas und Ruth 1827/29
Öl auf Leinwand. 123 × 93,5 cm
Staatliche Museen Preußischer
Kulturbesitz, Nationalgalerie,
Berlin

5.113
August Ferdinand Hopfgarten
Abschied des Tobias
Öl auf Karton. 26 × 35 cm
Sammlung Georg Schäfer,
Schweinfurt

5.114
August Ferdinand Hopfgarten
Italienische Berglandschaft mit dem
Kloster Sta. Ciolastica

Bleistift und Pinsel in Grau und
Braun. 21 × 28 cm
Kunsthalle Bremen

5.115
August Ferdinand Hopfgarten
Auf dem Campo Vaccino
Bleistift und Pinsel in Braun.
9,8 × 13,5 cm
Kunsthalle Bremen

5.116
August Ferdinand Hopfgarten
Bildnis eines jungen Mannes,
Rom 1832
Bleistift. 27,8 × 22,4 cm
Kunsthalle Bremen

5.117
Wilhelm Ahlborn
Küstenlandschaft am Golf von
Neapel 1832
Öl auf Leinwand. 24 × 80,2 cm
Niedersächsisches Landesmuseum,
Hannover

Historie

5.118
Christian Bernhard Rode
Grablegung Ende 18. Jh.
Öl auf Leinwand. 94 × 164,5 cm
Evangelisches Konsistorium, Berlin
Abb. S. 329

5.119
Christian Bernhard Rode
Der verwundete Philipp von Maze-
donien wird von seinen Soldaten
gelabt
Rötel, Pinsel in Lichtbraun, laviert.
19 × 32,6 cm
Albertina, Wien

5.120
Christian Bernhard Rode
Puttenallegorie der Bildhauerei
um 1760
Rötel. 17,9 × 14,8 cm
Albertina, Wien

5.121
Christian Bernhard Rode
Puttenallegorie des Krieges
um 1760
Rötel. 19 × 14,9 cm
Albertina, Wien

5.122
Christian Bernhard Rode
Athena 1795
Öl auf Leinwand. 64 × 80 cm
Staatliche Schlösser und Gärten,
Berlin

5.123
Daniel Nikolaus Chodowiecki
Ziethen sitzend vor seinem
König 1785
Radierung. 47,5 × 58,5 cm
Staatliche Schlösser und Gärten,
Berlin

5.124
Johann Joseph Freidhoff nach
Friedrich Georg Weitsch
Kurfürstin Dorothea auf der
Batterie bei Anklam
Schabkunst. 57,5 × 79,5 cm
Staatliche Schlösser und Gärten,
Berlin

5.125
Johann Joseph Freidhoff nach
Johann Carl Heinrich Kretschmar
Prinz Friedrich von Homburg und
der Große Kurfürst
Schabkunst. 61,7 × 66,3 cm
Staatliche Schlösser und Gärten,
Berlin

5.126
Johann Christoph Frisch
Seydlitz in der Schlacht bei
Roßbach um 1795
Öl auf Pappe. 44,5 × 62 cm
Staatliche Schlösser und Gärten,
Berlin
Abb. S. 329

5.127
Johann Christoph Frisch
Friedrich der Große besichtigt die
Kolonien in Rhinluch b.
Oranienburg um 1800
Öl auf Pappe. 45 × 62 cm
Staatliche Schlösser und Gärten,
Berlin

5.128
Friedrich Georg Weitsch
L. Quinctius Cincinnatus 1817
Feder und Pinsel, laviert. 41 × 57 cm
Aus dem Besitz des Vereins Berliner
Künstler, Berlin

5.129
Heinrich Daehling
Einzug eines Fürsten 1822
Öl auf Leinwand. 74 × 101 cm
Staatliche Museen Preußischer
Kulturbesitz, Nationalgalerie,
Berlin

5.130
Karl Wilhelm Kolbe d. J.
Deutsch-Ordensritter als Kranken-
pfleger in Jerusalem 1824
Öl auf Leinwand. 52 × 39 cm
Staatliche Museen Preußischer

Kulturbesitz, Nationalgalerie,
Berlin

5.131
Karl Wilhelm Kolbe d. J.
Einzug des Hofmeisters Siegfried
von Feuchtwangen mit seinen
Rittern in der Marienburg 1825
Öl auf Leinwand. 52,3 × 39 cm
Staatliche Museen Preußischer
Kulturbesitz, Nationalgalerie,
Berlin

5.132
Adolph von Menzel
Urwähler 1849
Pastell auf Pappe. 18 × 23 cm
Staatliche Museen Preußischer
Kulturbesitz, Nationalgalerie,
Berlin

Stadtansicht — Landschaft

5.133
Johann Georg Rosenberg
Blick auf Berlin von den Roll-
bergen 1786
Öl auf Leinwand. 56,7 × 83,8 cm
Staatliche Museen Preußischer
Kulturbesitz, Gemäldegalerie,
Berlin
Dauerleihgabe im Berlin Museum

5.134
Johann Georg Rosenberg
Passage du Chateau à la Ville neuve
avec l'Arsenal, le Palais du Prince
Royal, celui du Prince Henry, la
Maison d'Opera et la promenade de
la Ville neuve
(Zeughaus, Kronprinzenpalais und
Unter den Linden) 1780
Radierung, koloriert. 48 × 71,7 cm
Staatliche Schlösser und Gärten,
Berlin
Abb. S. 330

5.135
Johann Georg Rosenberg
Vue et Perspective d'une partie de
la Rue du Cloitre avec la Tour de
l'Eglise Cathédrale (Kloster-
straße) um 1780
Radierung, koloriert. 51,5 × 64 cm
Staatliche Schlösser und Gärten,
Berlin

5.136
Daniel Berger nach Peter Ludwig
Lütke
Vierte Ansicht von Potsdam von
dem Marmor Palais aus 1801
Radierung, aquarelliert.
28 × 45,4 cm
Berlin Museum, Berlin
Abb. S. 330

5.137
Peter Ludwig Lütke
Die Landschaft . . .
4 Radierungen. je 9,2 × 5,3 cm
(Platte), 10,5 × 7,3 cm (Blatt)
Staatliche Museen Preußischer
Kulturbesitz, Kupferstichkabinett,
Berlin

5.138
Karl Wilhelm Kolbe d. J.
Mondscheinlandschaft 1812
Öl auf Leinwand. 34,5 × 49,5 cm
Staatliche Schlösser und Gärten,
Berlin

5.139
Karl Ludwig Kuhbeil
Heiliger Hain 1812
Öl auf Leinwand. 69 × 55 cm
Staatliche Museen Preußischer
Kulturbesitz, Nationalgalerie,
Berlin

5.140
Karl Ludwig Kuhbeil
Ruhe auf der Flucht 1822
Öl auf Kupfer. 16,5 × 22,5 cm
Staatliche Schlösser und Gärten,
Berlin

5.141
Karl Friedrich Schinkel
Gotischer Dom hinter
Bäumen 1810
Lithographie. 48,6 × 34,2 cm
Museum Folkwang Essen

5.142
Karl Blechen
Felslandschaft mit Mönch 1825
Öl auf Leinwand. 70 × 94 cm
Staatliche Museen Preußischer
Kulturbesitz, Nationalgalerie,
Berlin

5.143
Karl Blechen
Zwei Mönche im Park von
Terni um 1830
Öl auf Leinwand. 63 × 51,5 cm
Staatliche Museen Preußischer
Kulturbesitz, Nationalgalerie,
Berlin

5.144
Karl Blechen
Innenansicht des ehemaligen
Palmenhauses auf der Pfaueninsel
bei Potsdam 1832/34
Öl auf Papier, auf Leinwand aufge-
zogen. 64 × 56 cm
Hamburger Kunsthalle
Abb. S. 331

5.145
Wilhelm Ahlborn
Schloß Schwarzburg in
Thüringen 1826
Öl auf Leinwand. 68,6 × 94,3 cm
Niedersächsisches Landesmuseum,
Hannover

5.146
Johann Erdmann Hummel
Im Park von Schloß Buch 1836
Öl auf Papier, auf Leinwand aufge-
zogen. 44 × 55,5 cm
Staatliche Museen Preußischer
Kulturbesitz, Nationalgalerie,
Berlin

5.147
Wilhelm Schirmer
Waldteich
Kreide. 42 × 54 cm
Archiv der Preußischen Akademie
der Künste, Akademie der Künste,
Berlin

5.148
Eduard Gaertner
Landschaftsskizze 1827
Bleistift. 24 × 20 cm
Albertina, Wien

5.149
Eduard Gaertner
10 Ansichten von Berlin um 1832
Umrißradierungen, koloriert. je ca.
15,7 × 21,2 cm
Berlin Museum, Berlin

5.150
Eduard Gaertner
Waisenbrücke in Berlin 1836
Öl auf Leinwand. 39 × 63 cm
Privatbesitz, Berlin

5.151
Eduard Gaertner
Blick vom Schloß in die Straße
Unter den Linden 1852
Aquarell. 20,5 × 30 cm
Staatliche Schlösser und Gärten,
Berlin
Abb. S. 330

5.152
Wilhelm Brücke
Das alte Berlinische Rathaus in der
Spandauer Straße 1840
Öl auf Leinwand. 48,5 × 55 cm
Berlin Museum, Berlin
Abb. S. 4

5.153
Wilhelm Brücke
Unter den Linden 1854
Öl auf Leinwand. 80 × 116 cm

Staatliche Schlösser und Gärten,
Berlin
Abb. S. 330

Porträt

5.154
Friedrich Georg Weitsch
Selbstbildnis mit Frau Christiane
Elisabeth, geb. Schröder
Öl auf Leinwand. 86,5 × 74,5 cm
Staatliche Museen Preußischer
Kulturbesitz, Nationalgalerie,
Berlin

5.155
Friedrich Georg Weitsch
Porträt Johann Gottfried Schadow
Öl auf Leinwand. 60,5 × 46,5 cm
Staatliche Museen Preußischer
Kulturbesitz, Nationalgalerie,
Berlin
Abb. S. 332

5.156
Karl Wilhelm Wach
Porträt Vittoria Caldoni
Öl auf Leinwand. 61,2 × 50,5 cm
Sammlung Georg Schäfer,
Schweinfurt

5.157
Karl Wilhelm Wach
Profilbild eines Mannes nach rechts
Bleistift. 16,5 × 11 cm
Kunsthalle Bremen

5.158
Wilhelm Schadow
Porträt der Frau des Künstlers
Öl auf Leinwand. 61,5 × 47,5 cm
Sammlung Georg Schäfer,
Schweinfurt
Abb. S. 332

5.159
Franz Krüger
Porträt Friedrich Wilhelm III.
um 1825
Farbige Kreide. 29,5 × 25,7 cm
Berlin Museum, Berlin

5.160
Franz Krüger
Selbstbildnis um 1830
Lithographie. 18,2 × 14,8 cm
Berlin Museum, Berlin

5.161
Friedrich Eduard Meyerheim
Porträt des jungen
Adolph Menzel
Öl auf Leinwand. 42,7 × 36,6 cm
Staatliche Museen Preußischer
Kulturbesitz, Nationalgalerie,
Berlin

5.162
Franz Krüger
Porträt einer Frau
Pastell und Deckweiß.
22,7 × 20,7 cm
Hamburger Kunsthalle

5.163
Carl Begas
Porträt Luise Stachow um 1843
Öl auf Leinwand. 62,2 × 62,2 cm
Staatliche Museen Preußischer
Kulturbesitz, Nationalgalerie,
Berlin

5.164
Carl Begas
Porträt Agathe Alexandra Nerly,
geb. Aginovitch 1847
Öl auf Leinwand. 74,5 × 65,5 cm
Staatliche Museen Preußischer
Kulturbesitz, Nationalgalerie,
Berlin

5.165
Louise Henry
Felicie macht uns einen Besuch
1836
Bleistift. 26,3 × 20 cm
Staatsbibliothek Preußischer
Kulturbesitz, Berlin

5.166
Louise Henry
Felicie mit Onkel Paul um 1835
Bleistift. 26 × 10,8 cm
Staatsbibliothek Preußischer
Kulturbesitz, Berlin

5.167
Louise Henry
Das Claude'sche Ehepaar (wahr-
scheinlich die Eltern der Künst-
lerin) 1824
Bleistift. 26 × 20,5 cm
Staatsbibliothek Preußischer
Kulturbesitz, Berlin

5.168
Louise Henry
Die Schleiermacherschen
Kinder 1839
Bleistift. 25,3 × 20,6 cm
Staatsbibliothek Preußischer
Kulturbesitz, Berlin

5.169
Adolph von Menzel
Knabe am Schreibtisch
um 1846/47
Öl auf Leinwand. 20 × 49 cm
Staatliche Museen Preußischer
Kulturbesitz, Nationalgalerie,
Berlin

5.170
Adolph von Menzel
Die Schwester Emilie im Schlaf

um 1848
Öl auf Papier, auf Leinwand aufge-
zogen. 46,8 × 60 cm
Hamburger Kunsthalle

5.171
Daniel Nikolaus Chodowiecki
Cabinet d'un peintre — Das Fami-
lienblatt des Künstlers 1771
Radierung. 24 × 30,5 cm
Staatliche Museen Preußischer
Kulturbesitz, Kupferstichkabinett,
Berlin

5.172
Johann Gottfried Schadow
Schadow und seine Familie
1794/95
Radierung. 17,6 × 11,5 cm
Privatsammlung W., Berlin

5.173
Johann Erdmann Hummel
Die Schachpartie um 1818/19
Öl auf Leinwand. 38,5 × 44 cm
Staatliche Museen Preußischer
Kulturbesitz, Nationalgalerie,
Berlin
Abb. S. 333

5.174
Carl Begas
Die Familie Begas 1821
Öl auf Leinwand. 76 × 85,5 cm
Wallraf-Richartz-Museum, Köln

5.175
Carl Begas
Die Eltern des Künstlers
nach 1826
Öl auf Leinwand. 40,7 × 81 cm
Staatliche Museen Preußischer
Kulturbesitz, Nationalgalerie,
Berlin
Abb. S. 332

5.176
Gustav Friedrich Taubert
Die Familie des Künstlers 1830
Öl auf Leinwand. 77,5 × 60,5 cm
Staatliche Museen Preußischer
Kulturbesitz, Nationalgalerie,
Berlin

5.177
Carl Steffeck
Selbstbildnis mit Bruder 1839
Öl auf Leinwand. 76,5 × 68,5 cm
Staatliche Museen Preußischer
Kulturbesitz, Nationalgalerie,
Berlin

Tiere und Blumen

5.178
Friedrich Georg Weitsch

3 Zeichnungen (Kühe)
Rötel. 18,2 × 31,7 cm, 14 × 17,8 cm
und 13,7 × 20 cm
Hamburger Kunsthalle — Kupferstichkabinett, Hamburg

5.179
Franz Krüger
Heimkehr von der Jagd 1818
Öl auf Leinwand. 46 × 61 cm
Staatliche Museen Preußischer
Kulturbesitz, Nationalgalerie,
Berlin

5.180
Franz Krüger
Ausritt zur Jagd 1819
Öl auf Leinwand. 46 × 61 cm
Staatliche Museen Preußischer
Kulturbesitz, Nationalgalerie,
Berlin

5.181
Franz Krüger
Pferd im Stall 1846
Öl auf Leinwand. 34,5 × 42,5 cm
Staatliche Museen Preußischer
Kulturbesitz, Nationalgalerie,
Berlin

5.182
Franz Krüger
Drei Pferde am Torweg
Lithographie. 28,6 × 34,9 cm
Kunsthalle Bremen

5.183
Franz Krüger
Skizzen zu Pferden
Bleistift. 32,7 × 23,6 cm
Hamburger Kunsthalle — Kupfer-
stichkabinett, Hamburg

5.184
Friedrich Leopold Bürde
Ziegen in Landschaft
Öl auf Leinwand. 34 × 42 cm
Archiv der Preußischen Akademie
der Künste, Akademie der Künste,
Berlin

5.185
Friedrich Randel
Drei Hunde
Farbige Kreide. 31 × 37 cm
Archiv der Preußischen Akademie
der Künste, Akademie der Künste,
Berlin

5.186
Friedrich Randel
Springendes Reitpferd
Farbige Kreide. 35 × 47 cm
Archiv der Preußischen Akademie
der Künste, Akademie der Künste,
Berlin

5.187
Adolph von Menzel
Pferdekopf 1848
Öl auf Pappe. 52,3 × 38,5 cm
Staatliche Museen Preußischer
Kulturbesitz, Nationalgalerie,
Berlin

5.188
Adolph von Menzel
Karrengaul um 1840
Öl auf Pappe. 29 × 37 cm
Staatliche Museen Preußischer
Kulturbesitz, Nationalgalerie,
Berlin

5.189
Gottfried Wilhelm Voelcker
Blumenstilleben mit
Fruchtkorb 1827
Öl auf Leinwand. 53 × 65 cm
Staatliche Museen Preußischer
Kulturbesitz, Nationalgalerie,
Berlin

Genre

5.190
Daniel Nikolaus Chodowiecki
Milchfrau
Öl auf Holz. 14,5 × 12,3 cm
Berlin Museum, Berlin

5.191—5.194
Suzette Henry
Vier Gemälde aus der Folge
Beschäftigungen am Sonntage im
vorigen und jetzigen Jahrhundert 1806
5.191 Die Hausfrau des neunzehnten Jahrhunderts sitzt auf
ihrem Bette
5.192 Eine leere Kirche
5.193 Die jetzige Hausfrau wohnt
einer Vorlesung bei
5.194 Die jetzige Hausfrau sitzt
mit ihrem Gemahl bei Tische
Öl auf Leinwand. je 47 × 53 cm
Privatbesitz, Berlin
Abb. S. 335

5.195
Eduard Pistorius
Der Dorfgeiger 1831
Öl auf Eichenholz. 34 × 26,5 cm
Staatliche Museen Preußischer
Kulturbesitz, Nationalgalerie,
Berlin

5.196
Friedrich Eduard Meyerheim
Kegelgesellschaft 1834
Öl auf Leinwand. 30 × 40 cm
Staatliche Museen Preußischer
Kulturbesitz, Nationalgalerie,
Berlin

5.197
Carl Schulz
Märkische Bauernfamilie 1834
Öl auf Holz. 36,7 × 47,8 cm
Berlin Museum, Berlin

5.198
Theodor Hosemann
Tanzvergnügen 1839
Öl auf Holz. 22 × 17 cm
Staatliche Museen Preußischer
Kulturbesitz, Nationalgalerie,
Berlin

Buchillustration

5.199
Daniel Nikolaus Chodowiecki
2 Blatt zu Basedows Elementarwerk 1769
zu: Das Basedowische Elementarwerk. Ein Vorrath der besten
Erkenntnisse zum Lernen, Lehren,
Wiederholen und Nachdenken,
1. Auflage Berlin/Dessau 1774,
2. Auflage Leipzig 1785
Radierungen. 18 × 23,5 cm und
18,2 × 22,6 cm (Platte)
Berlin Museum, Berlin
Abb. S. 334

5.200
Daniel Nikolaus Chodowiecki
Titel-Kupfer und Titel-Vignette zu
Herrn von Buffons Naturge-
schichte 1769
zu: Herr von Buffons allgemeine
Naturgeschichte, Berlin 1771
Radierungen. je 24 × 29,5 cm
Staatliche Museen Preußischer
Kulturbesitz, Kupferstichkabinett,
Berlin

5.201
Daniel Nikolaus Chodowiecki
7 Blatt zu Nicolais Sebaldus
Nothanker 1773—1776
zu: Friedrich Nicolai, Das Leben
und die Meinungen des Herrn
Magister Sebaldus Nothanker,
Berlin und Stettin 1773—1776
Radierungen. maximal je
12,3 × 6,9 cm
Berlin Museum, Berlin

5.202
Daniel Nikolaus Chodowiecki
2 Blatt zu Lavaters physiognomischen Fragmenten 1775
zu: Johann Caspar Lavater,
Physiognomische Fragmente zur
Beförderung der Menschenkenntnis
und Menschenliebe, Bd. 1, Leipzig
und Winterthur 1775
Radierungen. je 22,5 × 15,3 cm
Berlin Museum, Berlin

5.203
Daniel Nikolaus Chodowiecki
12 Blatt zu dem Leben eines
schlecht erzogenen Frauenzimmers 1779
zu: Berliner Genealogischer
Calender auf das SchaltJahr 1780,
mit Kupfern gezieret
Radierungen. je 8,2 × 4,8 cm
Berlin Museum, Berlin
Abb. S.334

5.204
Daniel Nikolaus Chodowiecki
12 Blatt: Sechs männliche und sechs
weibliche Eigenschaften 1784
zu: Kleinen Taschen-Calender auf
das gemeine Jahr 1785
Radierungen. maximal 5,2 × 2 cm,
von einer Platte, zerschnitten
Berlin Museum, Berlin

5.205
Daniel Nikolaus Chodowiecki
12 Blatt: Gute menschliche Eigenschaften 1789
zu: Kleinen Taschen-Calender auf
das gemeine Jahr 1790
Radierungen. 12,7 × 19,2 cm
(Platte), zerschnitten
Berlin Museum, Berlin

5.206
Daniel Nikolaus Chodowiecki
12 Blatt: Darstellungen aus der
neuen Geschichte 1789
zu: Gothaischer Hof Kalender zum
Nutzen und Vergnügen eingerichtet
auf das Jahr 1790
Radierungen. je 8,8 × 5 cm,
von einer Platte, zerschnitten
Berlin Museum, Berlin

5.207
Daniel Nikolaus Chodowiecki
6 Blatt zur Preußisch-Branden-
burgischen Staatengeschichte 1789
zu: Historisch Genealogischer
Calender auf das Jahr 1790
Radierungen. 23,3 × 21,2 cm
(Platte), zerschnitten
Berlin Museum, Berlin

5.208
Daniel Nikolaus Chodowiecki
12 Blatt: Fragment einer
Heirathsgeschichte 1795
zu: Kalender zur sittlichen und
angenehmen Unterhaltung, auf das
Schalt-Jahr 1796. Zu der
Erzählung: Fragment einer
Heirathsgeschichte zu Nutz und
Frommen junger Heirathskandida-
tinnen aufgesetzt
Radierungen. Von einer Platte
26,5 × 37,5 cm

Staatliche Museen Preußischer
Kulturbesitz, Kupferstichkabinett,
Berlin

5.209
Johann Wilhelm Meil
14 Blatt zu Engels Mimik 1785
zu: J. J. Engel, Ideen zu einer
Mimik, Berlin 1785/86
Radierungen. maximal 14 × 9 cm
Berlin Museum, Berlin

5.210
Johann Wilhelm Meil
6 Blatt zu Engels Mimik 1785
zu: J. J. Engel, Ideen zu einer
Mimik, Berlin 1785/86
Radierungen. maximal
13,8 × 8,6 cm
Hamburger Kunsthalle — Kupferstichkabinett, Hamburg

5.211
Johann Wilhelm Meil
6 Illustrationen zum dritten
Jahrgang der Preußisch-Branden-
burgischen Geschichte 1791
zu: Historisch Genealogischer
Calender auf das Jahr 1792
Radierungen. 21,1 × 19,6 cm
(Platte), zerschnitten
Berlin Museum, Berlin

5.212
Johann Wilhelm Meil
6 Blatt zu Nicolais Sebaldus
Nothanker 1799
zu: Friedrich Nicolai, Leben und
Meinungen des Herrn Magister
Sebaldus Nothanker, 4. Aufl. Berlin
u. Stettin 1799
Radierungen. je 16,6 × 10,6 cm
Berlin Museum, Berlin

Denkmal, Statuette

5.213
Jean Pierre Antoine Tassaert
Modell zu einem Denkmal Fried-
richs des Großen um 1779
Gips. 48 cm hoch
Archiv der Preußischen Akademie
der Künste, Akademie der Künste,
Berlin
Abb. S. 337

5.214
Johann Gottfried Schadow
Modell zum Denkmal des Husaren-
generals von Zieten 1790
Gips. 72 cm hoch
Archiv der Preußischen Akademie
der Künste, Akademie der Künste,
Berlin
Abb. S. 337

5.215
Johann Gottfried Schadow
Prinzessinnengruppe
(Kronprinzessin Luise und ihre
Schwester Friederike von Preußen)
1796 (Neuanfertigung 1981)
Bisquitporzellan. 55 cm hoch
Staatliche Porzellan Manufaktur,
Berlin
Abb. S. 341

5.216
Johann Gottfried Schadow
Trauernde Prinzessin Frie-
derike 1797
Gips, graubraun gefärbt. 46 cm
hoch
Staatliche Museen Preußischer
Kulturbesitz, Nationalgalerie,
Berlin

5.217
Johann Gottfried Schadow
Kleine Figur Luther
Eisenguß. 13 cm hoch
Privatsammlung W., Berlin

5.218
Ludwig Heine nach Ludwig
Buchhorn
Johann Gottfried Schadow mit dem
Modell zu Luther 1820 (?)
Lithographie. 35 × 48 cm
Privatsammlung W., Berlin

5.219
Johann Gottfried Schadow
Martin Luthers Standbild in
Wittenberg 1823/24
Lithographie. 23 × 23,8 cm
Kunsthalle Bremen

5.220
Christian Daniel Rauch
Erster Entwurf zu einem Goethe-
Denkmal für Frankfurt am
Main 1823
Gips. 46 cm hoch
Staatliche Museen Preußischer
Kulturbesitz, Skulpturengalerie,
Berlin
Abb. S. 338

5.221
Christian Daniel Rauch
Zweiter Entwurf zu einem Goethe-
Denkmal für Frankfurt am
Main 1824
Gips. 43 cm hoch
Staatliche Museen Preußischer
Kulturbesitz, Skulpturengalerie,
Berlin

5.222
Christian Daniel Rauch
Statuette Goethe im

Hausrock 1828
Bronze. 33,5 cm hoch
Privatbesitz, Berlin
Abb. S. 338

5.223
Christian Daniel Rauch
Modell für das Goethe-Schiller-
Denkmal in Weimar 1848
Gips. 45 cm hoch
Staatliche Museen Preußischer
Kulturbesitz, Skulpturengalerie,
Berlin
Abb. S. 338

5.224
Christian Daniel Rauch
Statuette nach dem 1819—22
entstandenen Denkmal für den
Freiherrn von Bülow
Eisenguß. 53,4 cm hoch
Staatliche Schlösser und Gärten,
Berlin
Abb. S. 337

5.225
Christian Daniel Rauch
Statuette Gotthold Ephraim
Lessing nach 1848
Bronze. 30 cm hoch
Privatbesitz, Berlin

5.226
Christian Daniel Rauch
Statuette Immanuel Kant um 1840
(gegossen 1907)
Bronze. 29 cm hoch
Staatliche Museen Preußischer
Kulturbesitz, Nationalgalerie,
Berlin

5.227
Christian Daniel Rauch
Entwurf zum 1862 fertiggestellten
Denkmal für Immanuel Kant in
Königsberg 1853—58
Gips. 55 cm hoch
Staatliche Museen Preußischer
Kulturbesitz, Skulpturengalerie,
Berlin

5.228
Friedrich Vollgold nach Friedrich
Johann Heinrich Drake
Statuette nach dem 1849 errichteten
Denkmal für Friedrich
Wilhelm III. 1859
Eisenguß. 93 cm hoch
Staatliche Schlösser und Gärten,
Berlin

Büsten

5.229
Emmanuel Bardou
Büste Immanuel Kant 1798

Marmor. 46 cm hoch
Staatliche Museen Preußischer
Kulturbesitz, Skulpturengalerie,
Berlin

5.230
Johann Gottfried Schadow
Büste Friedrich II. um 1792
Marmor. 54 cm hoch
Staatliche Schlösser und Gärten,
Berlin
Abb. S. 316

5.231
Johann Gottfried Schadow
Büste eines Kindes 1803
Ton, geweißt. 36 cm hoch
Staatliche Museen Preußischer
Kulturbesitz, Skulpturengalerie,
Berlin

5.232
Johann Gottfried Schadow
Büste Julius Schadow 1827
Gips, gelb gefärbt. 36 cm hoch
Staatliche Museen Preußischer
Kulturbesitz, Nationalgalerie,
Berlin

5.233
Johann Gottfried Schadow
Büste Friedrich Gilly 1801
Marmor. 65 cm hoch
Archiv der Preußischen Akademie
der Künste, Akademie der Künste,
Berlin
Abb. S. 107

5.234
Johann Gottfried Schadow
Büste Kronprinzessin Luise 1794
Gips. 58 cm hoch
Archiv der Preußischen Akademie
der Künste, Akademie der Künste,
Berlin

5.235
Johann Gottfried Schadow
Büste der Prinzessin Frie-
derike 1794
Gips. 57 cm hoch
Archiv der Preußischen Akademie
der Künste, Akademie der Künste,
Berlin

5.236
Johann Gottfried Schadow
Büste eines Afrikaners
Gips. 52 cm hoch
Archiv der Preußischen Akademie
der Künste, Akademie der Künste,
Berlin

5.237
Johann Gottfried Schadow
Büste des Afrikaners Selim 1807

Gips. 47 cm hoch
Archiv der Preußischen Akademie
der Künste, Akademie der Künste,
Berlin

5.238
Johann Gottfried Schadow
Zwei Negerköpfe 1824
Kreide. 21 × 17 cm
Aus dem Besitz des Vereins Berliner
Künstler, Berlin

5.239
Christian Daniel Rauch
Büste Johann Wolfgang von Goethe
(A-tempo-Büste) 1820
Marmor. 54 cm hoch
Staatliche Museen Preußischer
Kulturbesitz, Skulpturengalerie,
Berlin
Abb. S. 338

5.240
Christian Daniel Rauch
Büste Kronprinz Wilhelm von
Preußen 1823
Marmor. 66 cm hoch
Staatliche Schlösser und Gärten,
Berlin

5.241
Christian Daniel Rauch
Büste Friedrich Tieck 1825
Gips, getönt. 62 cm hoch
Staatliche Museen Preußischer
Kulturbesitz, Skulpturengalerie,
Berlin

Allegorie, Mythologie

5.242
Johann Gottfried Schadow
Patientia 1804
Bronze. 53 cm hoch
Privatsammlung W., Berlin
Abb. S. 340

5.243
Christian Daniel Rauch
Siegesgöttin um 1830/40
Gips. 67 cm hoch
Staatliche Museen Preußischer
Kulturbesitz, Nationalgalerie,
Berlin
Abb. S. 340

5.244
Christian Daniel Rauch
Felicitas Publica
Gips. 167 cm hoch
Staatliche Schlösser und Gärten,
Berlin

5.245
Christian Friedrich Tieck
Odysseus vor 1826

Gips. 86 cm hoch
Staatliche Schlösser und Gärten,
Berlin
Abb. S. 340

5.246
Christian Friedrich Tieck
Iphigenie vor 1826
Gips. 87 cm hoch
Staatliche Schlösser und Gärten,
Berlin
Abb. S. 340

5.247
Albert Wolff
Die Unschuld 1836
Bronze. 83 cm hoch
Berlin Museum, Berlin

6. Universität

Karin Kiwus
Universität

»Das ist recht, das ist brav! Der Staat muß durch geistige Kräfte ersetzen, was er an physischen verloren hat.« Denkwürdig, viel zitiert und wohl auch authentisch ist diese Antwort, die Friedrich Wilhelm III. am 10. August 1807 einer Deputation von Halleschen Professoren gegeben hat, als sie ihm in Memel die dringende Bitte vortrugen, die im Herbst 1806 von Napoleon aufgelöste Universität Halle »über die Elbe zu nehmen« und nach Berlin zu verlegen oder aber die Halleschen Professoren an eine in Berlin neu zu gründende Universität zu berufen. Die Tatsache, daß Preußen nach dem Tilsiter Frieden und der Abtretung linkselbischer Gebiete nurmehr über zwei Universitäten verfügte — eine unbedeutende in Frankfurt/Oder und eine entlegene in Königsberg —, mußte den früher schon erwogenen Plan, in der Hauptstadt Berlin eine Universität zu schaffen, unmittelbar befördern und konkretisieren. Wenig später teilte der König seinem Geheimen Kabinettsrat Beyme mit, daß er beschlossen habe, »eine solche allgemeine Lehranstalt in *Berlin . . .* zu errichten, und die Einrichtung derselben Euch, der Ihr meine *Intention* vollkommen kennt, zu übertragen«. Umsichtig und engagiert nimmt Karl Friedrich von Beyme die weiteren Vorbereitungen zur Gründung der neuen Universität sogleich in die Hand. »Eine solche Anstalt in Berlin war seyt langer Zeit mein Lieblingsgedanke. Jetzt bringt ihn die Nothwendigkeit zur Ausführung«, schreibt er schon am nächsten Tag an Fichte. »Daß ich dabey ganz besonders auf Ihren Rath und Beystand rechne, werden Sie wohl ohne meine besondere Versicherung glauben.«
Von den zahlreichen Denkschriften, Gutachten, Aufsätzen und Vorlesungen, die sich seit der Jahrhundertwende bis zur tatsächlichen Gründung der Universität mit ihrem Wesen und ihrer Organisation beschäftigt haben, sind die wichtigsten von Beyme selbst angeregt oder in Auftrag gegeben worden. Von den größeren Schriften sind insbesondere zu erwähnen:
1. Johann Jakob Engels »Denkschrift zur Errichtung einer großen Lehranstalt in Berlin« vom 13. 3. 1802. Engel — ein zur Zeit der Aufklärung hoch angesehener Philosoph, Professor am Joachimsthalschen Gymnasium, Mitglied der Akademie der Wissenschaften und zugleich Direktor des Nationaltheaters — befaßt sich vorwiegend mit äußerlichen Problemen sowie mit der durchaus nicht unstrittigen Frage, ob für jene »große Lehranstalt« Berlin der geeignete Ort sei.
2. Friedrich Wilhelm Joseph von Schellings »Vorlesungen über die Methode des akademischem Studiums«, vorgetragen in Jena im Sommersemester 1802 und im Druck erschienen 1803. In diesen umfassenden, in der ersten Herausbildung der Schellingschen Philosophie entstandenen Vorlesungen werden Wissenschaft und Universität als Verkörperung der idealen Einheit alles Wissens gedeutet. Wie nach ihm auch Fichte und Schleiermacher lehnt daher Schelling ein bloßes Fachstudium ab und stellt die Philosophie in den Mittelpunkt seiner Betrachtungen.
3. Theodor Anton Heinrich Schmalz' »Denkschrift über die Errichtung einer Universität zu Berlin« vom 22. 8. 1807. Schmalz — bisher Professor der Jurisprudenz in Halle, Wortführer jener Deputation in Memel und später erster, von der Regierung designierter Rektor der Berliner Universität — stellt einen Regelkatalog für straff organisierte Fachstudien auf und will das zu gründende Lehrinstitut in die Akademie der Wissenschaften eingegliedert sehen.
4. Christoph Wilhelm Hufelands »Ideen über die neu zu errichtende Universität zu Berlin und ihre Verbindung mit der Akademie der Wissenschaften und anderen Institutionen« gehen, wie schon der Titel der undatierten Schrift andeutet, vornehmlich auf Kooperationsmöglichkeiten mit bereits bestehenden medizinischen Institutionen ein.
5. Johann Gottlieb Fichtes »Deducirter Plan einer zu Berlin zu errichtenden höhern Lehranstalt, die in gehöriger Verbindung mit einer Akademie der Wissenschaften stehe«, entstanden 1807 aufgrund einer Aufforderung von Beyme, jedoch erst 1817 im Druck erschienen. Fichte — unter dem Vorwurf des Atheismus seines Professorenamtes in Jena enthoben und seit 1799 fast ständig in Berlin — hat diesen, in rigoroser Weise zugleich spekulativ und praktisch angelegten Entwurf etwa zur gleichen Zeit konzipiert wie seine »Reden an die deutsche Nation«, die er unmittelbar darauf, im Winter 1807, in der Akademie vortrug. Was er in seinem Plan fordert, ist eine von der Philosophie dominierte »Schule der Kunst des wissenschaftlichen Verstandesgebrauches«, in der zunächst die »Bildung des Vermögens zum Lernen« gelehrt werden soll. »Mit diesem also entwickelten philosophischen Geist, als der reinen Form des Wissens, *müßte nun der gesamte wissenschaftliche Stoff, in seiner organischen Einheit,* auf der höhern Lehranstalt aufgefaßt und durchdrungen werden, . . . dies gäbe eine phi-

losophische Enzyklopädie der gesamten Wissenschaft, als stehendes Regulativ für die Bearbeitung aller besonderen Wissenschaften.« Da jene Lehranstalt — als »idealer Bund freier Geister« — jedoch keineswegs »eine in sich selbst abgeschlossene Welt« bilden, sondern eingreifen soll »in die wirklich vorhandene Welt«, hat sich Fichte sehr wohl auch über äußeren Aufbau und Reglement Gedanken gemacht, über die Hierarchie der Fächer, über das Verhältnis von Lehrenden und Lernenden, über Prüfungsverfahren, über die Besoldung der Lehrer und die Bekleidung und Wohnung der Studenten.

6. Friedrich Daniel Schleiermachers »Gelegentliche Gedanken über Universitäten im deutschen Sinn. Nebst einem Anhang über eine neu zu errichtende«, entstanden und erschienen 1808 als eine Art öffentlicher Denkschrift. Schleiermacher hatte, wie Schmalz, dem Professorenkollegium der Universität Halle angehört, war jedoch schon 1806 nach Berlin zurückgekehrt, wo er zuvor als Prediger an der Charité gewirkt hatte und im Kreis der Berliner Romantiker hoch angesehen war. Anders als Fichte geht Schleiermacher in seiner Schrift weniger von der Idee als vielmehr von der konkreten, historisch gewordenen Form der Universität aus. Während Regierungsmitglieder — so Humboldts Vorgänger von Massow — noch daran dachten, die Universitäten aufzulösen und stattdessen Fachschulen nach französischem Vorbild einzurichten, plädiert Schleiermacher entschieden für die (teilweise durchaus reformbedürftige) Tradition »im deutschen Sinn«, für einen freien »wissenschaftlichen Verein« von Gelehrten. Einig mit Fichte ist er wiederum, wenn er auf »die notwendige Einheit alles Wissens« hinweist, auf das »Lernen des Lernens« sowie auf das Ziel, »daß nämlich die Idee des Erkennens, das höchste Bewußtsein der Vernunft, als ein leitendes Prinzip in dem Menschen aufwacht«. Ungleich liberaler jedoch sind Schleiermachers Vorstellungen von der Freiheit der individuellen Entfaltung, von einer Selbstverwaltung der Universität und darüberhinaus von ihrem Verhältnis zu den politischen Mächten: der Staat habe die Wissenschaften und die Universität allein sich selbst zu überlassen.

7. Henrik Steffens Vorlesungen »Über die Idee der Universitäten«, vorgetragen anläßlich der Wiedereröffnung der Universität Halle im Wintersemester 1808/09, im Druck erschienen 1810. Unter der Regierung König Jérômes von Westfalen hatte Steffens, Professor der philosophischen Naturwissenschaften in Halle, wie andere Amtskollegen auch, seine dortige Tätigkeit wieder aufgenommen.

Die Gedanken, die er in seinen Vorlesungen äußert, sind denen seines Freundes Schleiermacher eng verwandt. Auch er plädiert für die Errichtung einer neuen Universität in Berlin, eine Gründung, die nicht nur preußischen, sondern deutschen Charakter haben und frei von französischem Einfluß sein sollte.

8. Wilhelm von Humboldts Denkschrift »Über die innere und äußere Organisation der höheren wissenschaftlichen Anstalten in Berlin«, entstanden 1809 oder 1810. Humboldt, seit 1802 preußischer Gesandter in Rom, hatte im November 1808 bei der Rückkehr zu einem längeren Urlaub in Deutschland erfahren, daß er von Stein zum Leiter des preußischen Unterrichtswesens ausersehen war. Nachdem Stein auf Betreiben Napoleons gestürzt und die Regierung umgebildet worden war, erfolgte nach langwierigen Verhandlungen am 20. Februar 1809 schließlich die definitive Ernennung Humboldts zum Geheimen Staatsrat und Direktor der Sektion des Kultus und öffentlichen Unterrichtes im Ministerium des Innern. Mit seinem neuen Amt hatte er vor allem auch die Sorge um die Gründung der Berliner Universität übernommen. — Von den vielen Aktenstücken, Briefen und Plänen, die Humboldt während seiner 16-monatigen Amtszeit verfaßt hat, enthält die Denkschrift, obwohl sie Fragment geblieben ist, sicherlich die wichtigste und geschlossenste Vorstellung seiner Idee der Universität. Begriff und Wesen der »höheren wissenschaftlichen Anstalten« — Kulminationspunkt all dessen, »was unmittelbar für die moralische Kultur der Nation geschieht« — werden insbesondere durch zwei Prinzipien begründet: ein Bildungs- und Wissenschaftsideal, das, indem es jede spezialisierende Einseitigkeit verwirft, für die umfassende Entfaltung der Individualität des Menschen, für seine geistige und sittliche Vervollkommnung plädiert; und eine absolute Freiheit von Forschung und Lehre, d. h. die strikte Ablehnung einer Einflußnahme des Staates, der allein »äußere Form und Mittel« für die Wissenschaft bereitzustellen hat. »Da diese Anstalten«, schreibt Humboldt, »ihren Zweck indes nur erreichen können, wenn jede, soviel als immer möglich, der reinen Idee der Wissenschaft gegenübersteht, so sind Einsamkeit und Freiheit die in ihrem Kreise vorwaltenden Prinzipien.« Sie seien »von aller Form im Staate losgemacht, nichts anderes als das geistige Leben der Menschen, die äußere Muße oder inneres Streben zur Wissenschaft und Forschung hinführt.« Der Staat müsse sich daher stets bewußt bleiben, daß er »immer hinderlich ist,

6.36 *Fichte, der patriotische Mahner*

6.23 *Friedrich Ernst Daniel Schleiermacher um 1810*

6.13
Wilhelm von Humboldt

sobald er sich hineinmischt, daß die Sache an sich ohne ihn unendlich viel besser gehen würde.« Sobald man nämlich aufhören würde, »eigentlich Wissenschaft zu suchen, ... so ist alles unwiederbringlich und auf ewig verloren; ... Denn nur die Wissenschaft, die aus dem Innern stammt und ins Innere gepflanzt werden kann, bildet auch den Charakter um, und dem Staat ist es ebenso wenig als der Menschheit um das Wissen und Reden, sondern um Charakter und Handeln zu tun.«

Was Humboldt in dieser, wie auch in anderen Denkschriften formuliert hat, war nicht eigentlich neu; es war die Konkretisierung vorgedachter Ideen und allgemeiner Tendenzen. Ihre ideelle Basis bildeten die Universitätskonzeptionen von Schelling, Fichte und Schleiermacher, ihre gesellschaftliche die Stein-Hardenbergschen Reformen vor allem auf verwaltungsorganisatorischem Gebiet. Ausgehend von diesen Konzeptionen und einem Bildungsbegriff, der geprägt war vom Geist und Ethos der Philosophie des deutschen Idealismus, sollte Humboldt jedoch der einzige bleiben, der seine Vorstellungen mit System und Weitblick auch zu verwirklichen wußte: »in neueren Zeiten«, bekannte der Philologe August Boeckh in seiner Gedächtnisrede in der Akademie, hat »doch schwerlich irgend einer die öffentlichen Verhältnisse zugleich und die Wissenschaft mit solcher Größe und solchem Geschick gehandhabt als Wilhelm von Humboldt. ... Er war ein wirklicher, von Ideen durchdrungener Staatsmann, ... er war ein Staatsmann von Perikleischer Hoheit des Sinnes.« Innerhalb kürzester Zeit hat er von der Elementarschule über das humanistische Gymnasium bis hin zur Universität und den ihr von ihm angegliederten Akademien und Instituten die gesamte Struktur der Bildungseinrichtungen in Preußen reorganisiert bzw. neu geschaffen. Dem hohen ideellen Anspruch allerdings, den Humboldt insbesondere mit der Universität verband, sollte der preußische Staat schon bald nicht mehr nachkommen können — oder wollen. Der universale Humboldtsche Entwurf, erdacht im Geist der Reformpolitik, geriet wenige Jahre später bereits in den Sog der allseits lähmenden Restauration. War Humboldt selbst noch 1812 davon überzeugt, »daß man nur etwas stiften darf, um es dann mit Sicherheit seiner eigenen lebendigen Kraft zu überlassen«, so mußte er 1816 konstatieren, »daß die Berlinische Universität mehr als untergeht ... Der Geist ist aus allem gewichen. Man sinkt in eine ungeheure Alltäglichkeit zurück.« Nicht mehr »Einsamkeit und Freiheit«, »Charakter und Handeln« waren die leitenden

Prinzipien, sondern Dirigismus, Zweckdienlichkeit, Ordnung und Gehorsam. Nach den Befreiungskriegen und dem Wiener Kongreß hätte sich jenes Diktum von Friedrich Wilhelm III. ohne weiteres umkehren lassen: ›Wenn der Staat seine physischen Kräfte wiedererlangt hat, kann er darangehen, sich seiner geistigen zu entledigen‹.

Den Vorbereitungen zur Gründung der Berliner Universität widmete sich Humboldt mit Energie, Gründlichkeit und pragmatischem Geschick. Im April 1809 ging er nach Königsberg, um am Sitz des Königs und der höchsten Behörden allen inzwischen wieder aufgetauchten Schwierigkeiten und Verzögerungstaktiken tatkräftig zu begegnen. Erneut in Frage gestellt war Berlin als Sitz der künftigen Universität; wie vordem der Minister Stein äußerte man Bedenken insbesondere wegen des sittenverderbenden Charakters der Großstadt. Auch über Finanzierung und Unterbringung des zu gründenden Instituts gab es Meinungsverschiedenheiten und langwierige Verhandlungen. Am 24. Juli 1809 schließlich richtet Humboldt »An des Königs Majestät« ein offizielles Schreiben, in dem er für die Sektion des öffentlichen Unterrichts »ehrerbietigst« beantragt: »1. die Errichtung einer Universität in Berlin und die Verbindung der in Berlin bereits existierenden wissenschaftlichen Institute und Sammlungen ... mit derselben förmlich zu beschließen ... 2. diesen sämtlich ... so viele Domänen, als nötig sind, ein sicheres und reichliches Einkommen von jährlichen 150.000 Reichsth. zu bilden, und das Prinz Heinrichsche Palais unter dem Namen des Universitätsgebäudes ... zu verleihen, und dabei festzusetzen, daß diese Güter und Gebäude auf ewige Zeiten hinaus Eigenthum dieser Anstalten ... bleiben sollen.« In seiner darauffolgenden Kabinettsorder vom 16. August 1809 verfügt Friedrich Wilhelm III. »die Errichtung einer solchen allgemeinen Lehranstalt mit dem alten hergebrachten Namen einer Universität, und mit dem Rechte zur Ertheilung akademischer Würden« und bewilligte gleichzeitig, dem Antrag Humboldts entsprechend, das Palais des Prinzen Heinrich als Sitz und die Dotation von Grundbesitz zur Finanzierung der Universität. Während es bei dem einmal bestimmten Gebäude blieb (anderen Plänen zufolge hätte das Palais zum königlichen Postamt oder zur Bierbrauerei werden sollen), eine Schenkungsurkunde jedoch erst am 24. November 1810 unterzeichnet wurde, wird die Finanzierung schließlich — entgegen der ursprünglichen Verfügung und nach langen Auseinandersetzungen — durch laufende staatliche Zuschüsse festgelegt und gesichert.

6.33 *Johann Gottlieb Fichte*

Friedrich August Wolf

6.58 *Friedrich Carl von Savigny*

6.50 *Albrecht Thaer 1804*

6.69 *Johann Christian Reil 1799*

6.51 *Martin Heinrich Klaproth*

Damit hatte Humboldt zumindest eine seiner Absichten nicht durchsetzen können: der Universität ein Einkommen zu verschaffen, das vom Wohlwollen der jeweiligen Regierungen unabhängig war.

Unter diesen noch immer ungewissen Umständen bewirkte Humboldt die vorläufige Eröffnung einiger weniger Vorlesungen, die für den Winter 1809 genehmigt wurden. Schleiermacher und Fichte, sowie den Halleschen Professoren Schmalz und Wolf, die ihre Anstellung in Berlin dringlichst erwarteten, wurde die Erlaubnis erteilt, im noch nicht hergerichteten Heinrichschen Palais »streng wissenschaftlich« und nicht für ein »gemischtes Publikum« zu lesen. Am 2. November begann Schmalz seine Vorlesungen über römisches und deutsches Recht und über Staatswirtschaft; es folgten Wolf über Aristophanes und die griechische Komödie, Schleiermacher über christliche Sittenlehre und Hermeneutik sowie Fichte über die Kunst des Philosophierens.

Bei der Vervollständigung des Professoren-Kollegiums ging Humboldt denkbar unbürokratisch vor: »man beruft eben tüchtige Männer und läßt die neue Universität damit sich allmählich encadriren.« Die Liste der Wissenschaftler, die auf diese Weise berufen werden, kann in der Tat glänzende Namen aufweisen.

An der Philosophischen Fakultät erhält Fichte den ersten und Karl Wilhelm Friedrich Solger einen zweiten philosophischen Lehrstuhl. Solger, bisher an der Universität Frankfurt/Oder, war bekannt geworden durch seine Schriften zur Ästhetik. Die klassische Philologie ist vertreten durch Friedrich August Wolf aus Halle und August Boeckh aus Heidelberg, den Begründer der historischen Altertumswissenschaft. Boeckh, der fünf Jahrzehnte lang in Berlin lehrte, sechsmal zum Dekan und fünfmal zum Rektor gewählt wurde, hat an der Entwicklung dieser Universität wesentlichen Anteil genommen. Als ›lesendes Akademie-Mitglied‹ nicht dem Lehrkörper zugehörig trägt Barthold Georg Niebuhr vom ersten Semester an seine »Römische Geschichte« vor; neben ihm wirkt der Historiker Friedrich Christian Rühs. — Unter den zur Philosophischen Fakultät gehörenden Naturwissenschaftlern sind hervorzuheben der Mathematiker Johann Georg Tralles, der Physiker Paul Erman, der Chemiker Martin Heinrich Klaproth, der Zoologe Martin Hinrich Carl Lichtenstein, der Agronom Albrecht Thaer und der Botaniker Karl Ludwig Willdenow. — An der Theologischen Fakultät ist Schleiermacher von Anfang an die zentrale

6.2 *Portal der Universität 1829*

Figur. Aus Heidelberg werden der Alttestamentler Wilhelm Martin Leberecht de Wette, der Kirchenhistoriker Philipp Konrad Marheineke und später auch Johann August Wilhelm Neander, der Begründer der Kirchengeschichte, berufen. — Die bedeutendste Gestalt an der Juristischen Fakultät ist Friedrich Karl von Savigny, Schwager von Bettina und Clemens Brentano, zuvor Professor in Landshut und in späteren Jahren preußischer Justizminister. Daneben lehren die Juristen Schmalz, Karl Friedrich Eichhorn und Friedrich August Biener sowie der Staatsrechtler Johann Gottfried Hoffmann. — An der Medizinischen Fakultät wirken neben dem überragenden Hufeland vor allem Johann Christian Reil sowie der Biologe und Mediziner Karl Asmund Rudolphi.

Zum Zeitpunkt der Eröffnung schließlich ist die Universität mit Lehrkräften wohl ausgestattet: von den insgesamt 58 Dozenten waren 24 ordentliche und 9 außerordentliche Professoren, 14 Privatdozenten, 6 Mitglieder der Akademie der Wissenschaften und 5 Lektoren neuerer Sprachen. Nachdem auch das Palais des Prinzen Heinrich geräumt, hergerichtet und freigegeben war, konnten im Herbst 1810 die Vorlesungen beginnen. Mit der Kabinettsorder vom 28. September wurde Schmalz zum Rektor, Fichte, Schleiermacher, Biener und Hufeland zu Dekanen ernannt, so daß am

Vivat Academia!

Freistatt«, von der Humboldt gesprochen hatte, tatsächlich eröffnete — scheint ein Poem von Clemens Brentano gewesen zu sein: »Universitati Litterariae. Kantate auf den 15ten October 1810«. Humboldt selbst war bereits einige Monate zuvor aus seinem Amt ausgeschieden. Am 29. April 1810 hatte er sein Abschiedsgesuch eingereicht, am 14. Juni erfolgte die Entlassung aus seiner bisherigen Stellung und die Ernennung zum Gesandten in Wien. Was Humboldt zu diesem frühzeitigen Rücktritt bewogen hat, kann letztlich nur vermutet werden: es mag sein, daß er die Entscheidung in der Dotationsfrage als persönliche Niederlage empfunden hat oder aber, daß er nach der Regierungsumbildung seine Hoffnung auf formale Rangerhöhung und damit weitere Selbständigkeit getäuscht sah. Sein Nachfolger im Amt wurde der Geheime Staatsrat Friedrich von Schuckmann, der durch eine Kabinettsorder vom 20. November 1810 berufen wurde, unter dem Staatskanzler Hardenberg den Vorsitz im Departement für Kultus und öffentlichen Unterricht zu übernehmen. Wie sehr Schuckmann, anders als Humboldt, lediglich der pflicht- und regierungstreue Verwalter der Universität sein wird, geht bereits aus den königlichen Weisungen hervor, die er in seinem Schreiben an die Universität gehorsam und überzeugt zitiert: der Zweck seines Wirkens sei, »daß eine gründliche Erlernung der Wissenschaften und Erlangung der nöthigen Kenntniße für alle Stände Statt finde, und daß gesunde und klare Begriffe und solche Gesinnungen verbreitet werden, wodurch Nutzen für das praktische Leben, wahre, sich in Handlungen äußernde Moralität, Patriotismus, Anhänglichkeit an die Verfaßung und Vertrauen und Folgsamkeit gegen die Regierung bewirkt und erhalten werde. Vorzüglich aber daß kein Monopolien-Geist in den Wißenschaften aufkomme, der nirgend verwerflicher sey als bei den Gegenständen der menschlichen Erkenntniß.« Mit diesen Direktiven für die soeben gegründete Universität war man bereits gleich weit entfernt von den Ideen ihrer geistigen Väter wie auch von der Praxis der studierenden Söhne.

»Über die einzig mögliche Störung der akademischen Freiheit« handelt 1811 auch schon die Antrittsrede Fichtes, des ersten gewählten Rektors der Universität. Er allerdings sieht diese Freiheit, den eigentlich »belebenden Odem« der Universität, zunächst weniger durch die Regierung als vielmehr durch die Studentenschaft selbst gefährdet. In heftigen Anklagen wendet er sich gegen jenes Unwesen, das er schon in Jena bekämpft hatte, gegen die

6.142
Vivat Academia! Student in altdeutscher Tracht mit seinem Leibfuchs vom Fechtboden kommend 1824

10. Oktober die erste Senatssitzung stattfinden konnte. Bei diesem ersten offiziellen Akt hielt der Rektor eine Rede, und die Professoren, soweit sie sich bereits in Berlin befanden, wurden feierlich vereidigt. Am 12. Oktober war auch die Inschrift genehmigt, mit der die neue Universität sich auf Vorschlag Wolfs äußerlich selbst bezeichnen sollte: »Universitati litterariae Fridericus Guilelmus III. rex«. Als dies academicus galt nicht der Stiftungstag, der 16. August, sondern der Geburtstag des königlichen Stifters, der 3. August. Seit dem 6. Oktober wurden die ersten Studenten immatrikuliert, und am 22. November stellte sich eine Abordnung von Studenten beim König vor. Bis Ende des Jahres waren 247 Studenten immatrikuliert, darunter 49 Nicht-Preußen und 16 Ausländer. Die Statuten der neuen Universität waren allerdings lange noch nicht festgelegt. Erst im Lauf der Jahre wurden sie von einer Kommission ausgearbeitet, der neben den Professoren Schleiermacher, Savigny, Boeckh und Rudolphi auch Vertreter der Regierung angehörten. 1817 erst wurden sie feierlich übergeben. Eine eigentliche Eröffnungsfeier (zunächst für den 15. Oktober vorgesehen) hat es im übrigen nicht gegeben; das einzig Festliche zu diesem großen Ereignis — mit dem sich der deutschen Wissenschaft jene »kaum jetzt noch gehoffte

DAS GELEHRTE BERLIN.

1. W. v. Humboldt
2. Hufeland
3. A. v. Humboldt
4. C. Ritter
5. Neander
6. Schleiermacher
7. Hegel

Landsmannschaften und Orden, die mit ihren Trinkkomments und Duellen, mit der Anmaßung und Intoleranz ihres Auftretens die Universität, »das Heiligste, was das Menschengeschlecht besitzt«, zerstören und ihre Würde, die »höchste Verstandesbildung«, zunichte machen würden. Bei Auseinandersetzungen über sehr bald auch in Berlin auftretende studentische Zwistigkeiten und Ehrenhändel entzweit sich Fichte mit der Mehrzahl seiner Professorenkollegen; nicht alle — und insbesondre Schleiermacher nicht — konnten derart strenge Vorstellungen über die Disziplin der Studenten teilen. Tatsächlich war die herkömmliche ›alte Burschenherrlichkeit‹ in der Großstadt Berlin nur eine Erscheinung am Rande. Die Auseinandersetzungen Fichtes mit Senat und Departement führen jedoch so weit, daß er im April 1812 seine Demission als Rektor anbietet, die auch angenommen wird. Sein Nachfolger Savigny wird — unter Berufung auf die noch nicht festgelegten Statuten — nicht gewählt, sondern wiederum vom Departement ernannt. Fichte zieht sich von den allgemeinen Angelegenheiten der Universität zurück; bis zu seinem Tod 1814 hat er nur noch ein einziges Mal an einer Senatssitzung teilgenommen.

Während der Befreiungskriege verläßt die Mehrzahl der Studenten die Universität, um dem Aufruf des Königs (am 3. Februar 1813) zu folgen und an der nationalen Erhebung gegen Napoleon aktiv teilzunehmen. Am 9. Februar versammeln sich die Freiwilligen im Fechtsaal der Universität und beschließen, nach Schlesien zu ziehen. Nachdem Rektor und Departement die Abmeldung der Studenten genehmigt hatten und auch eine finanzielle Unterstützung für Ausrüstung und Reise bewilligt war, schrieben sich bis zum 16. Februar 258 Studenten in die Listen der Freiwilligen ein. Der Augenblick, den Fichte in seinen »Reden an die deutsche Nation« beschworen hatte, war gekommen: »Man fragte sich in den Hörsälen nie: wirst du dienen? sondern nur: wo wirst du dienen? zu welcher Waffe wirst du gehen?« und Niebuhr berichtete: »Das Gedränge der Freiwilligen, die sich einschreiben lassen, ist heute so groß auf dem Rathhause wie bei Theuerung vor einem Bäckerladen.« Viele jener Studenten schlossen sich dem Lützowschen Freikorps an, dem u. a. auch Theodor Körner, der im August 1813 gefallene ›Dichter der Freiheitskriege‹, und der ›Turnvater Jahn‹ angehörten. Friedrich Ludwig Jahn, Mitinitiator der späteren Burschenschaften, hatte seit 1811 zur physischen und moralischen Ertüchtigung des Volkes

6.129
Die Burschenwelt   1811

6.132
*Stammbuchblatt »S'ist doch ein lustig Leben . . . etc«
um 1830*

seinen Turnplatz in der Berliner Hasenheide betrieben.

Aber auch die in Berlin zurückgebliebenen Professoren sind nicht untätig. Während einige bereits an militärischen Übungen teilnehmen, hofft Fichte vergeblich, das Heer als Feldprediger begleiten zu können. Niebuhr, Schleiermacher und Reimer erreichen — auf Fürsprache Scharnhorsts — bei Hardenberg die Genehmigung zur Herausgabe eines »kritischen und in einem politischen Sinn gehaltenen« Blattes. Durch diesen »Preußischen Correspondenten«, der von April 1813 bis Dezember 1814 erscheint und an dem u. a. auch Ernst Moritz Arndt und beide Schlegel mitarbeiten, mehren sich die Angriffe der Zensur und der preußischen Regierung insbesondre gegen Schleiermacher. Als die Organisation des Landsturms begonnen wird, melden sich auch die Professoren Savigny, Schleiermacher, Reil, Marheineke, Fichte und Wolf. Karikierend hat Bettina von Arnim sie in einem Brief an ihre Schwester beschrieben: »Auch war es seltsam anzusehen, wie bekannte Leute und Freunde mit allen Arten von Waffen zu jeder

Fichte
in Reih und Glied des Berliner Landsturmes 1813

6.38
Johann Gottlieb Fichte

Stunde über die Straße liefen, so manche, von denen man vorher sich's kaum denken konnte, daß sie Soldaten wären. Stelle Dir zum Beispiel Savigny vor, der mit dem Glockenschlag 3 wie besessen mit einem langen Spieß über die Straße rennt, der Philosoph Fichte mit einem eisernen Schild und langem Dolch, der Philolog Wolf mit seiner langen Nase hatte einen Tiroler Gürtel mit Pistolen, Messern aller Art und Streitäxten aufgefüllt.« — Wie sehr sich die Universität mit diesem Freiheitskampf identifizierte, mag auch dadurch erwiesen sein, daß sie mit den ersten Ehrenpromotionen den Staatskanzler und die obersten Führer des Heeres auszeichnete: Hardenberg, Blücher, Tauentzien York, Kleist, Bülow und Gneisenau erhielten im August 1814 die philosophische Doktorwürde. Die Zahl der Immatrikulationen, die zunächst erheblich abgenommen hatte (1813/14 waren es nur 99), stieg noch vor dem zweiten Feldzug wieder auf weit über 300 an. Nach Beendigung der Kämpfe — 43 Studenten waren gefallen oder an den Folgen ihrer Verletzungen gestorben — hatten viele der Heimgekehrten jedoch Schwierigkeiten,

zu einem geregelten und konzentrierten Studium zurückzufinden. Auch war der hohe idealistische Anspruch, der zu Zeiten der Gründung geherrscht hatte, einer ungleich pragmatischeren Haltung gewichen. Die Mehrzahl der Studenten richtete sich auf ein einseitiges, zügig zu erledigendes Fachstudium ein, — eine Entwicklung, die von vielen Professoren, so auch von Niebuhr und Boeckh, als »Verfall der Wissenschaften« beklagt wurde. Die eigentlichen Ursachen für jene weit verbreitete Mißstimmung an der Universität waren freilich nicht zuletzt auf der politischen Ebene zu suchen: in den enttäuschten Hoffnungen der Studenten und in dem Gebaren einer immer autoritärer auftretenden Regierung. Noch 1847, ein knappes Jahr vor Ausbruch der Märzrevolution, hat August Boeckh dies als einen entscheidenden Wendepunkt in der Geschichte der Universität angesehen: »Die Erwartungen, welche man an die glorreichen Erfolge der Kämpfe knüpfte, ergriffen nicht am wenigsten die, denen vorzüglich die geistige Entwicklung am Herzen lag; denn diese ist nicht unabhängig von der politischen. Was fast alle damals zur Verbesserung der politischen Zustände hofften, war eine Verfassung ..., von welcher später an dieser Stelle nicht mehr gesprochen wurde, weil ... die einstweilige Erledigung dieser großen Angelegenheit durch den verewigten König, die nur wenigen befriedigend erschien, gegen einflußreichere Staatshandlungen zurücktrat.« Die Friedensordnung des Wiener Kongresses war in der Tat nicht das, was vor allem auch die Studenten in ihrem schwärmerischen Verlangen nach Einheit und Freiheit des Vaterlandes sich erträumt hatten. Nicht auf ideale, sondern auf stabile Verhältnisse zielte diese Ordnung. Die Wirklichkeit des Deutschen Bundes in ihren innenpolitischen Konsequenzen brachte es mit sich, daß eben jene Einmütigkeit der studentischen Erhebung, der man den Sieg unter anderem verdankte, sehr bald schon als ›jakobinisch‹ und ›revolutionär‹, auf jeden Fall aber als staatsgefährdend verketzert wurde. Aus den studentischen Patrioten, die man eben noch willkommen geheißen hatte, waren in den Augen des Staates unversehens Demagogen und Verräter geworden. Immer massiver ging man in den nächsten Jahren gegen die sogenannten demagogischen Umtriebe unter der akademischen Jugend und ihren Lehrern vor. Verantwortlich für diese Verfolgungen waren einflußreiche reaktionäre Kreise um Thron und Altar, einige der obersten staatlichen Organe sowie insbesondere der Chef der politischen Polizei, Fürst Wittgenstein. Demgegenüber suchten Hardenberg

6.156
*Die Lützower an der Leiche
Theodor Körners*

und der neue Minister Altenstein — die Ressorts der geistlichen, Unterrichts- und Medizinalangelegenheiten waren im Herbst 1817 zu einem Ministerium vereinigt worden — zunächst eine mittlere, ausgleichende Position zu halten. Obwohl auch Altenstein nicht eigentlich als liberal gelten konnte (»Die Universitäten sind Bildungs- und Erziehungsanstalten, und sonst weiter nichts ... Die Universitäten sind nicht Staat im Staate ... Die Regierungen sind vielmehr Meister der Institute und haben diese nur nach Maßgabe ihres Zweckes zu betrachten.«), wußte er selbst später noch von Fall zu Fall eine offene Konfrontation mit der Universität zu vermeiden.

Eine erste Untersuchung wurde Anfang November 1817 gegen die Berliner Teilnehmer des Wartburgfestes eingeleitet. Den etwa 30 Burschenschaftlern und Anhängern Jahns, die auf Einladung der Jenaer Studenten nach Eisenach gewandert waren, wurde vorgeworfen, daß bei der bekannten Bücherverbrennung auf dem Wartenberg am 18. Oktober auch die »Akte der Heiligen Allianz« ins Feuer geworfen worden sei. Dies wurde als Majestätsbeleidigung angesehen. In einer Be-

schwerde, die der Senat der Universität dem König überbrachte, verwahrten sich die Studenten gegen eine solche Verleumdung. Tatsächlich hatte der Berliner Student Hans Ferdinand Maßmann nur Attrappen von Büchern verbrannt; daneben allerdings auch den »Kodex der Gendarmerie«, dessen Verfasser von Kamptz einer der ärgsten Verfolger der burschenschaftlichen Bewegung wurde. Für die Studenten war die Angelegenheit noch einmal glimpflich verlaufen; Maßmann jedoch, in Breslau zum Lehrer ausgebildet, wurde noch Jahre später in der Ausübung seines Berufes behindert.

Allen Verdächtigungen zum Trotz kam es gerade in dieser Zeit zu einer seit langem angestrebten, einheitlichen deutschen Studentenschaft bzw. Burschenschaft. Auf dem ersten Burschentag in Jena war diese Gründung im Frühjahr 1818 beschlossen und auf dem zweiten, am 19. Oktober 1819, schließlich auch vollzogen worden. Der Berliner Vertretung, die sich im Sommer 1818 erst nach heftigen Auseinandersetzungen mit den früheren Landsmannschaftern gebildet hatte, wurde nun die Geschäftsführung der neuen »Allgemeinen deutschen Burschenschaft« übertragen. Sie wurde be-

6.178
Die Burschenfahrt auf die
Wartburg am 18ten October 1817

auftrag, das nächste Treffen vorzubereiten: der dritte Burschentag sollte 1819 in Berlin stattfinden.

Nachdem der König bereits im Dezember 1817 gedroht hatte, »diejenige Universität, auf welcher der Geist der Zügellosigkeit nicht zu vertilgen ist, aufzuheben«, gerieten nicht nur die Studenten, sondern ebenso ihre Lehrer in Bedrängnis. In den Jahren um 1820 richteten sich die Angriffe insbesondere gegen Schleiermacher und den verstorbenen Fichte, gegen Arndt und Jahn sowie indirekt auch gegen Humboldt, den Inspirator des neueren Erziehungswesens.

Schleiermacher, der den Regierenden als ›gefährlich‹ und ›verschmitzt‹ galt, war vor allem durch seine stark besuchten Vorlesungen über Politik und Psychologie zum Idol der ›vaterländisch‹ gesinnten Studenten geworden. Auf eben jene Vorlesungen macht Hardenberg den Kultusminister Altenstein aufmerksam (»Sie hatten hauptsächlich eine politische Tendenz, dienten, ohne einen reellen Nutzen zu gewähren, dazu, die Gemüter zu bewegen und zu entzweien«) und verfügt, daß sie in Zukunft zu unterbleiben hätten. Knapp drei Jahre später, im März 1820, geht man im Zusammenhang mit dem

Fall de Wette noch weitaus massiver gegen den ›Jakobiner‹ Schleiermacher vor. Eine unter Hardenbergs Vorsitz zusammengetretene Ministerialkommission berichtet dem König über die neuen und alten Verfehlungen des Theologen: seine »lebhafte Teilnahme an den Verirrungen des De Wette«, sein Mißbrauch der Kanzel zu politischen Vorträgen, seine frühere publizistische Arbeit, den Inhalt seiner Briefe an Arndt, die bei diesem beschlagnahmt worden waren — und kommt zu dem Schluß: »Wer so redet, so schreibt und so handelt, wie der Professor Schleiermacher ... sollte nicht länger als Seelsorger, Prediger und akademischer Lehrer der Religion und Moral geduldet werden.« Eine Kabinettsorder des Staatskanzlers, derzufolge Schleiermacher sofort zu entlassen sei — auch eine Versetzung ins ferne Königsberg hatte man zuvor erwogen —, wird im letzten Moment zurückgezogen. Unter Androhung weiterer Maßnahmen erhält er den strengen Verweis, sich jeglicher politischer Meinungsäußerung zu enthalten. Als sich Schleiermacher 1822/23 wegen der erwähnten Briefe an Arndt erneut verantworten und zu drei Verhören vor dem Berliner Polizeiprä-

6.26
L. Walter (?)
Schleiermacher's letzte Erbauungs-
Predigt am 2ten Februar 1834

Waren Grad und Hartnäckigkeit dieser Verfolgungen zunächst noch verhältnismäßig inkonsequent und abhängig von der jeweiligen Kabinettspolitik gewesen, so änderte sich dies schlagartig im Frühjahr 1819. Am 23. März erdolchte Karl Ludwig Sand, ein fanatischer Anhänger der burschenschaftlichen Ideale, den Lustspieldichter und zaristischen Berichterstatter August von Kotzebue in Mannheim. Diese Tat war der preußischen Reaktion willkommener Anlaß, alle Maßnahmen gegen die vermeintlichen demagogischen Umtriebe zu verschärfen und schließlich auch zu legalisieren. Im August 1819 fanden in Karlsbad Ministerkonferenzen statt, auf denen zehn deutsche Regierungen Beschlüsse faßten, die Presse und Universitäten weitgehend unter ihre Kontrolle bringen sollten. Das »Universitätsgesetz«, das am 20. September in Kraft gesetzt wurde, verfügte: 1. die Einsetzung eines Regierungsbevollmächtigten, der über »die strengste Vollziehung der bestehenden Gesetze und Disciplinar-Vorschriften« sowie über Lehrende und Lernende wachen sollte; 2. die Verpflichtung, Universitätslehrer, die »durch Verbreitung verderblicher, der öffentlichen Ordnung und Ruhe feindseliger oder die Grundlagen der bestehenden Staatseinrichtungen untergrabender Lehren« aufgefallen sind, aus ihrem Amt zu entfernen und an keinem anderen Lehrinstitut wieder anzustellen; 3. die Ausdehnung der (seit einem Edikt vom 20. 10. 1798) »bestehenden Gesetze gegen geheime oder nicht autorisirte Verbindungen ... in ihrer ganzen Kraft und Strenge«, insbesondre auf »den seit einigen Jahren gestifteten, unter dem Namen der allgemeinen Burschenschaft bekannten Verein« (wobei deren Mitglieder zu keinem öffentlichen Amt zugelassen werden sollten); und 4. die Bestimmung, daß kein Studierender, der von einer Universität verwiesen worden ist, von irgendeiner anderen wieder aufgenommen werden sollte.

Nach diesen Gesetzen konnten Wittgenstein und Kamptz — öffentlich unterstützt durch Männer wie den lutherischen Bischof Eylert, den Geheimen Oberregierungsrat Beckedorff, den Direktor des Joachimsthalschen Gymnasiums Snethlage sowie den ersten Regierungsbevollmächtigten der Universität Friedrich Schultz — mit schonungsloser Willkür gegen die Studenten vorgehen. Nach den ersten Untersuchungsergebnissen aus anderen Bundesstaaten, aus Gießen, Darmstadt, Karlsruhe und Freiburg, schien es ein leichtes, auch in Berlin das Netz der »Verschwörungen« in den Griff zu bekommen. Wenngleich offensichtlich sein mußte, daß das Programm der Burschenschaften um so

sidenten erscheinen muß, ist es der Minister Altenstein selbst, der ihn den Angriffen der Demagogenverfolger entzieht.

Ebenso erhält Arndt, der noch im Herbst 1818 als Professor für Geschichte an die neugegründete Bonner Universität berufen worden war, bereits im Januar 1819 einen schweren Verweis. Anlaß dazu hatte das Erscheinen des vierten Bandes seines »Geist der Zeit« gegeben. Wegen der nämlichen unerwünschten politischen Ansichten wurde er 1820 seines Amtes enthoben.

In der gleichen Kabinettsorder, mit der das Verfassungsversprechen vom Mai 1815 auf eine angemessene ständische Vertretung reduziert wurde, muß sich 1819 auch Jahn und sein Turnwesen bedroht sehen. Nach längeren Überlegungen, wie man Jahn und seine obskuren Vorträge über deutsches Volkstum auf weniger auffällige Weise unschädlich machen könnte, wurde dann doch kurzentschlossen eingegriffen: im März wird der Turnplatz gesperrt, Jahn selbst im Juli als Parteigänger der Burschenschaftler und Verschwörer verhaftet.

links: 6.188
Carl Ludwig Sand   um 1819
rechts:
August von Kotzebue

gemäßigter geworden war, je mehr sie sich ausgedehnt hatten, konnte ein einzelnes requiriertes Schriftstück des Radikalen August Adolf Follen — sein Verfassungsentwurf für ein republikanisches Deutschland — zum Beweis der Gefährlichkeit der ganzen Bewegung herhalten. Anfang Juli erfolgten die ersten Verhaftungen in Berlin; die Wohnungen der Studenten (Jung, Bader, Plehwe, Lieber, Ulrich u. a.) wurden durchsucht, Papiere und Kolleghefte beschlagnahmt und sie selbst auf die Hausvogtei gebracht. Statt der erhofften Aufklärung über eine weitverzweigte Konspiration fand sich jedoch der Hinweis auf einen Universitätslehrer, den Theologen de Wette, an dem man nun ein Exempel zu statuieren gedachte. Obwohl das Original nie gefunden wurde, konnte bewiesen werden, daß de Wette der Mutter des Attentäters Sand einen Trostbrief gesandt hatte. Dies sollte ihn seine Stellung kosten. Alle Eingaben des Senats der Universität und der Theologischen Fakultät, alle Solidaritätsbekundungen selbst der konservativen Professorenkollegen, wie Savigny und Solger, blieben vergeblich. Am 30. September unterzeichnete der König die Kabinettsorder, in der die Entlassung de Wettes befohlen wird. »Ich würde«, heißt es darin, »mein Gewissen verletzen, wenn ich einem Manne, der den Meuchelmord unter Bedingungen und Voraussetzungen gerechtfertigt hält, den Unterricht der Jugend ferner anvertrauen wollte«.

Nachdem die Burschenschaften verboten waren und die Überreste der Landsmannschaften sich 1821 selbst aufgelöst hatten, gab es in Berlin nur noch einige kleinere studentische Gruppen, die im geheimen — häufig getarnt als literarische Gesellschaften — und unter wechselnden Namen fortlebten. Als letzte jener geheimen Verbindungen wurden Anfang der zwanziger Jahre die »Arminia« und die »Polonia«, eine national-polnische Vereinigung nach Art der deutschen Burschenschaften, verfolgt und zerschlagen. Obwohl die Mitglieder dieser Verbindungen zunächst verhaftet und angeklagt wurden, ließ man bei ihrer Verurteilung jedoch unvermutete Milde walten. Nach langen Auseinandersetzungen mit dem übereifrigen Regierungsbevollmächtigten Schultz gelang es Altenstein im Juni 1822, den König zu einer Begnadigung der Studenten zu bewegen. »Aus vordringlicher landesväterlicher Gnade«, erklärt nun der König, »wolle er das in Gemäßigkeit der obwaltenden Gesetze ergangene Erkenntis des akademischen Senates nicht in

seiner ganzen Strenge vollziehen lassen.« Nachdem die Beschuldigten protokollarisch versichert hatten, sich von jeglicher gesetzwidrigen Verbindung loszusagen, konnte der Minister bestimmen, daß ihre Relegation ausgesetzt und ihnen gestattet werden sollte, ihre Studien in Berlin fortzusetzen. Dem Senat allerdings erteilte der Minister die ernstliche Weisung, jeder Spur neuer Verbindungen sofort und unnachsichtig entgegenzutreten, da künftig von Gnade nicht mehr die Rede sein würde.

Die folgenden Jahre waren von trügerischer Ruhe. 1825 wurde Jahn freigesprochen und entlassen, von Berlin jedoch ferngehalten; auch das Turnen wurde wieder eingeführt, nun aber eingegliedert in die Gymnasien. — Daß die alten Gesetze weiterhin ihre Gültigkeit behielten und jederzeit wieder verschärft angewandt werden konnten, sollte sich spätestens nach der Julirevolution von 1830 in Frankreich zeigen. Vor allem im Südwesten Deutschlands begann die politische Agitation von neuem; nun aber, anstelle der früheren schwärmerischen Freiheitsideale, getragen von eindeutig republikanischen Ideen. Auf dem Hambacher Fest in der Pfalz wurden im Mai 1832 bei einer Kundgebung von 30 000 Teilnehmern Reden auf die ›deutschen Freistaaten‹ gehalten. Unmittelbare Antwort darauf waren die »Zehn Artikel« vom 5. Juli 1832, mit denen erneut »alle Vereine, welche politische Zwecke haben« verboten und entsprechende polizeiliche Maßnahmen erlassen wurden. 1834 schließlich verabschiedete die Wiener Ministerkonferenz »Sechzig Artikel«, einen weiteren Katalog von Repressionsgesetzen, mit denen jegliche freiheitliche Bewegung niedergehalten werden konnte. Jeder Student war fortan verpflichtet, beim Abgang von der Universität ein Führungszeugnis vorzulegen, das über Fleiß und Gesinnung Auskunft zu geben hatte; ohne dieses Zeugnis wurde in den deutschen Bundesstaaten niemand mehr zum Examen zugelassen oder gar in den Staatsdienst übernommen.

Solange die Universität es vermied, sich politisch zu exponieren, hatte sie in Altenstein auf der rein institutionellen Ebene einen großzügigen und sachkompetenten Förderer. In den 22 Jahren seiner Amtszeit hat er Wesentliches zu ihrem Ausbau und ihrem Renommee beigetragen. Nicht zuletzt seiner

6.46 *Friedrich von Raumer*

6.88 *Alexander von Humboldt*

6.47 *Leopold von Ranke*

Initiative ist 1818 die bedeutendste Berufung zu verdanken: die Hegels. Er ist es auch, der die Historiker Friedrich von Raumer (1819 aus Breslau) und Leopold von Ranke (1825 aus Frankfurt) nach Berlin geholt hat; letzteren sogar, obwohl er wegen seiner früheren Verbindungen zu Jahn zunächst verdächtig war, mit ausdrücklicher Unterstützung von Kamptz. Vergeblich waren seine Bemühungen, Ludwig Tieck und August Wilhelm Schlegel zu gewinnen; als Gast der Universität hielt Schlegel jedoch später Vorträge in der Singakademie: über Theorie und Geschichte der bildenden Künste. Ebenfalls in der Singakademie, aber auch in der Universität (als lesendes Akademie-Mitglied jedoch nicht dem Lehrkörper zugehörig) hielt der aus Paris zurückgekehrte Alexander von Humboldt im Wintersemester 1827/28 seine Vorträge und Vorlesungen über physikalische Geographie. Auf Betreiben Humboldts hat Altenstein schließlich noch die Berufung der Brüder Grimm an die Akademie vorbereitet. Nachdem sie 1837 wegen ihres Protestes gegen die willkürliche Aufhebung der Verfassung durch den König von Hannover zusammen mit fünf weiteren Kollegen (Dahlmann, Gervinus u. a.) von ihren Lehrstühlen vertrieben worden waren, kamen sie 1840 nach Berlin und lehrten von 1841 bis 1850 auch an der Universität.

Dem Anwachsen der Studentenschaft (von 1114 im Wintersemester 1819/20 stieg ihre Zahl 1828/29 auf 1752) mußte proportional eine Vermehrung der Lehrstühle entsprechen. Von 1820 bis 1828 waren daher mehr als 50 Ernennungen ordentlicher oder außerordentlicher Professoren erfolgt. An der Philosophischen Fakultät — um nur einige zu nennen — erhielten die ältesten Hegel-Schüler Leopold von Henning und Karl Ludwig Michelet 1825 sowie Heinrich Gustav Hotho 1829 ein Extraordinariat. Arthur Schopenhauer, der der Universität von 1820—32 als Privatdozent angehört hat, konnte neben dem dominierenden Hegel kaum Hörer gewinnen. Selbst in den 13 Semestern, in denen er tatsächlich Vorlesungen angekündigt hat, fanden diese wegen mangelnder Beteiligung nicht statt. Von den Philologen erhielt der Orientalist Franz Bopp, Begründer der vergleichenden Sprachwissenschaft, 1821 eine außerordentliche und 1825 eine ordentliche Professur. Neben ihm lehrten seit den zwanziger Jahren Karl Wilhelm Ludwig Heyse und der bedeutende Germanist Karl Lachmann. An der Theologischen Fakultät wurde der bis dahin verwaiste Lehrstuhl des liberalen de Wette 1828 an einen jungen Parteigänger der preußischen Orthodoxie vergeben: Ernst Wilhelm Hengstenberg. An der Juristischen Fakultät wurde Eduard Gans, Hegel-Anhänger und Extraordinarius seit 1826, gegen den Widerstand Savignys 1828 ordentlicher Professor für Völkerrecht, Preußisches Recht und Kriminalrecht. — An Naturwissenschaftlern wurden berufen: die Chemiker Eilhard Mitscherlich (1822) und Heinrich Rose (1822), der Physiker Gustav Magnus (1830) sowie die Geologen Christian Gottfried Ehrenberg (1827) und Gustav Rose (1824). An Medizinern: Johann Nepomuk Rust (1824) und der Physiologe Johannes Müller (1833). Karl Ritter schließlich — neben Alexander von Humboldt Begründer der geographischen Wissenschaften — erhielt 1820 den ersten Lehrstuhl seines Fachs.

»Es hat große Schwierigkeiten, in der gegenwärtigen Zeit einen Universitätslehrer für das Fach der Philosophie zu finden, der, gleich fern von paradoxen, auffallenden, unhaltbaren Systemen und von politischen oder religiösen Vorurteilen, mit Ruhe und Besonnenheit seine Wissenschaft lehrt«, schrieb Altenstein im Februar 1818 an seinen König. »Der einzige Gelehrte, welchem der Unterricht in der Philosophie auf der Universität hier in einem hohen Grade mit Zuversicht in dieser Beziehung anvertraut werden könnte, ist nach meiner Überzeugung der Professor Hegel, gegenwärtig Lehrer der Philosophie zu Heidelberg, ein Mann von dem reinsten Charakter, von selten mannigfachen Kenntnissen, von Reife des Geistes und von philosophischem Scharfsinn, wovon seine verschiedenen Schriften zeugen.« Am 19. März ging das offizielle Berufungsschreiben nach Heidelberg ab, und ein halbes Jahr später richtete sich Hegel als Nachfolger von Fichte in Berlin ein. Auch er fühlte sich zur rechten Zeit am rechten Platz: »Hier ist die Bildung und die Blüte der Wissenschaften eines der wesentlichsten Momente selbst im Staatsleben«, bekundete er in seiner Antrittsvorlesung am 22. Oktober, »auf hiesiger Universität, der Universität des Mittelpunktes, muß auch der Mittelpunkt aller Geistesbildung und aller Wissenschaft und Wahrheit, die Philosophie, ihre Stelle und vorzügliche Pflege finden.«

Vom Wintersemester 1818/19 an las Hegel wöchentlich im Durchschnitt zehn Stunden; neben seinem bisherigen Repertoire (Logik, Metaphysik, Ästhetik, Geschichte der Philosophie) erstmals auch über Religionsphilosophie und Philosophie der Geschichte sowie von 1821 an über Rechtsphilosophie. Diese Rechtsphilosophie ist die einzige von Hegel selbst veröffentlichte Berliner Vorlesung; unter dem Titel »Grundlinien der Philoso-

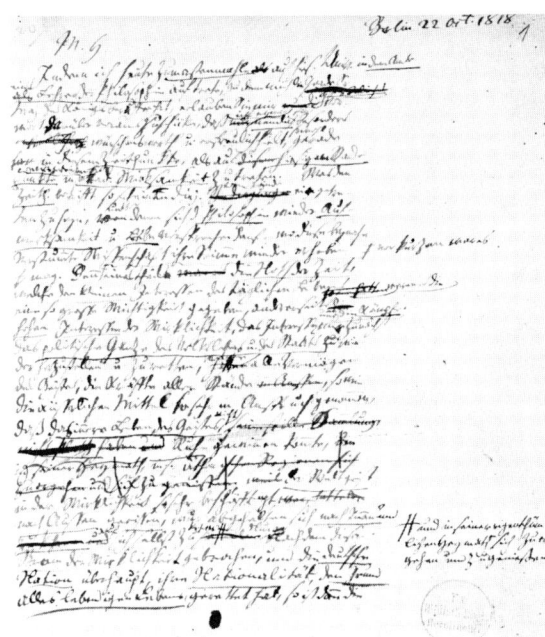

phie des Rechts, oder Naturrecht und Staatswissenschaft im Grundrisse« erschien sie 1821 im Verlag der Nicolaischen Buchhandlung in Berlin.

Im Gegensatz zu seinem Vorgänger Fichte war Hegel ein nicht eben glänzender Rhetoriker. Über seine Vortragsweise auf dem Katheder gibt sein Schüler Hotho eine pointierte Schilderung: »Abgespannt und grämlich sitzt er auf seinem Lehrstuhl, mit niedergebücktem Kopf: in sich zusammengefallen. Immerfort sprechend blättert und sucht er in den langen Folioheften vorwärts und rückwärts, unten und oben; das stete Räuspern und Husten stört allen Fluß der Rede; jeder Satz steht vereinzelt da und kömmt mit Anstrengung zerstückt und durcheinandergeworfen heraus; jedes Wort, jede Sylbe löst sich nur widerwillig los, um von der metallenen Stimme in schwäbisch breitem Dialekt, als sei jedes das Wichtigste, einen wundersam gründlichen Nachdruck zu erhalten.« Gleichwohl waren seine Vorlesungen außerordentlich gut besucht, von Studenten, Dozenten und selbst von preußischen Regierungsbeamten. Auch Heinrich Heine, von 1821 bis 1823 Student der Rechtswissenschaften in Berlin, hat bei ihm gehört; vor allem aber Ludwig Feuerbach, der seit 1824 bei Schleiermacher und Neander Theologie studierte und unter dem Einfluß Hegels zur Philosophie überwechselte.

Von seiner Berufung bis zu seinem plötzlichen Tod im November 1831 war Hegel *der* Repräsentant der Philosophischen Fakultät. Die Zahl seiner Anhänger und Schüler wuchs beständig und gewährte ihm eine Vormachtstellung, die durchaus nicht von allen seinen Kollegen nur mit Wohlgefallen betrachtet wurde. »Die Hegelianer halten sektenartig leidenschaftlich zusammen und sind meine gewaltigen Widersacher«, klagte Savigny 1826. Aber auch das Verhältnis zu Schleiermacher war von Anfang an gespannt. Schleiermacher gelang es noch lange Zeit, die Aufnahme Hegels in die Akademie der Wissenschaften zu verhindern, und Hegel wiederum hielt Schleiermacher von der Mitarbeit an der ›Hegelzeitung‹, den »Berliner Jahrbüchern für wissenschaftliche Kritik« fern. Daneben gab es politische Meinungsverschiedenheiten. Befremden erregte eine Äußerung Hegels zum Fall de Wette: er hatte sich für das Recht des Staates erklärt, einen mißliebigen Lehrer abzusetzen, wenn man ihm nur sein Gehalt belasse. Gravierender noch war, was Hegel, der offizielle preußische Staatsphilosoph, in seiner Vorrede zur Ausgabe der Rechtsphilosophie geschrieben hatte: In seiner Abneigung gegen die studentische Freiheitsbewegung hatte er seinen ehemaligen Jenaer Kollegen Fries, der wegen seiner Teilnahme am Wartburgfest 1817 suspendiert worden war, als »Heerführer

Georg Wilhelm Friedrich Hegel

links:
Karl Marx als Student   um 1836
rechts:
*Friedrich Engels als Einjährig-Frei-
williger, Berlin 1841*

aller Seichtheit« bezeichnet und die patriotische Begeisterung der Studenten als »Brei des Herzens« abqualifiziert. Wie Hegels Biograph Rudolph Haym haben auch andere in dieser Vorrede eine »wissenschaftlich formulierte Rechtfertigung des Karlsbader Polizeisystems und der Demagogenverfolgung« gesehen.

Mit Hegels Tod war die eigentlich ›philosophische Zeit‹ vorüber. Einerseits hatte die wachsende Bedeutung der Naturwissenschaften der Vorherrschaft der Philosophie Einhalt geboten; andererseits aber war auch die Hegelsche Lehre selbst — nicht zuletzt durch die Virulenz der offiziell verdrängten politisch-sozialen Konflikte — in Bewegung geraten. Das »Vermächtnis seines Systems« teilten sich nunmehr zwei verschiedene Lager: eine ›Hegelsche Rechte‹ und eine ›Hegelsche Linke‹.

»Als aber Hegel gestorben war«, schreibt der junge Engels 1842 in seiner Broschüre »Schelling und die Offenbarung«, »begann seine Philosophie erst recht zu leben. Die Herausgabe seiner sämtlichen Werke, besonders der Vorlesungen, machte eine unermeßliche Wirkung. ... Zugleich nahm die Lehre im Munde der Schüler Hegels eine menschlichere, anschaulichere Gestalt an ... Die Jugend bemächtigte sich des dargebotenen Neuen um so begieriger, als inzwischen in der Schule selbst ein Fortschritt eingetreten war, der zu den bedeutungsvollsten, auf die Lebensfragen der Wissenschaft wie der Praxis sich beziehenden Diskussionen antrieb.«

Jene praxisbezogenen Diskussionen der Junghegelianer fanden Ende der dreißiger Jahre im sogenannten »Doktorklub« statt, einer losen Vereinigung von Literaten, Journalisten, Dozenten, Lehrern und Studenten. In Verbindung mit Arnold Ruge und den »Hallischen Jahrbüchern« stellte dieser Kreis die philosophische und politische Avantgarde dar. Die prominentesten Mitglieder dieses Klubs, der später von der Gesellschaft der »Freien« abgelöst wurde, gehörten dann auch zum Mitarbeiterstab der liberalen »Rheinischen Zeitung«, die seit dem 1. Januar 1842 in Köln erschien: Bruno Bauer, Dozent der Theologie, Karl Friedrich Köppen, Lehrer an der Königstädtischen Realschule, Adolph Rutenberg, zuvor Geographielehrer an der Berliner Kadettenanstalt, sowie Max Stirner und Friedrich Engels. Die redaktionelle Leitung dieses am meisten von der Zensur verfolgten Blattes hatte von Oktober 1842 bis März 1843 Karl Marx.

Im Kreis des Doktorklubs, vor allem aber durch

6.224
Friedrich Engels, Karikatur der
»Gesellschaft der Freien«

Bauer und Köppen, ist auch Marx in seinen philosophischen Interessen wesentlich gefördert und beeinflußt worden. Als er im Herbst 1836 aus Bonn nach Berlin kam, um seine Studien fortzusetzen, hat er sich zunächst mit juristischen Pflichtvorlesungen und auch mit ersten poetischen Versuchen beschäftigt. Er hörte Römisches Recht bei Savigny, Kriminalrecht und Preußisches Recht bei Eduard Gans, Anthropologie bei Henrik Steffens sowie später auch Geographie bei Karl Ritter und Theologie bei Bruno Bauer. Von seinen Universitätslehrern (in neun Semestern hat Marx nicht mehr als zwölf Vorlesungen belegt) war für ihn wohl einzig der liberale Hegelianer Gans von Bedeutung; insbesondre dessen Polemik gegen die historische Rechtsschule Savignys hat er sich zu eigen gemacht. Während er sein juristisches Fachstudium immer mehr vernachlässigte, widmete er sich außerhalb des Lehrbetriebes vor allem der Philosophie, der Geschichte und Kunstgeschichte.

In seinem großen Bekenntnisbrief an den Vater vom 10. November 1837 hat Marx selbst Rechenschaft abgelegt über das erste Jahr seines Berliner Studiums: »In Berlin angekommen brach ich alle bis dahin bestehenden Verbindungen ab, machte mit Unlust seltene Besuche und suchte in Wissenschaft und Kunst zu versinken ... Nun durfte und sollte die Poesie nur Begleitung sein; ich mußte Jurisprudenz studieren und fühlte vor allem den Drang, mit der Philosophie zu ringen ... Von dem Idealismus, den ich, beiläufig gesagt, mit Kanteschem und Fichteschem verglichen und genährt, geriet ich dazu, im Wirklichen selbst die Idee zu suchen. Hatten die Götter früher über der Erde gewohnt, so waren sie jetzt das Zentrum derselben geworden. — Ich hatte Fragmente der Hegelschen Philosophie gelesen, deren groteske Felsenmelodie mir nicht behagte ... Während meines Unwohlseins hatte ich Hegel von Anfang bis Ende, samt den meisten seiner Schüler kennengelernt. Durch 373

Friedrich Wilhelm Joseph von Schelling

mehrere Zusammenkünfte mit Freunden in Stralow geriet ich in einen Doktorklub ... Hier im Streite offenbarte sich manche widerstrebende Ansicht, und immer fester kettete ich mich selbst an die jetzige Weltphilosophie, der ich zu entrinnen gedacht ...«.

Die philosophischen Studien der nächsten Jahre galten vor allem der spätgriechischen Philosophie bzw. den Vorarbeiten zu seiner Dissertation »Differenz der demokritischen und epikureischen Naturphilosophie«. Auf Drängen von Bruno Bauer, der seit 1839 in Bonn Privatdozent war, wurde die Dissertation im März 1841 schließlich zum Abschluß gebracht. Am 6. April reichte sie Marx der Philosophischen Fakultät der Universität Jena ein, wenige Tage später erhielt er von dort sein Doktordiplom. Die Hoffnungen auf eine akademische Laufbahn in Berlin oder Bonn sollten sich allerdings sehr bald zerschlagen; wiederum hatte das Klima sich verschärft: unter dem Protest der Studenten hatte in Berlin der reaktionäre Friedrich Julius Stahl 1840 den Lehrstuhl des verstorbenen Hegelianers Gans eingenommen und Bruno Bauer, der bereits in Berlin mit einer Streitschrift gegen den orthodoxen Hengstenberg Unwillen erregt

hatte, wurde in Bonn wegen seiner radikalen Evangelienkritik 1842 seines Amtes enthoben. Statt von einer Universität wurde Marx von der »Rheinischen Zeitung« aufgenommen, verließ sie »der jetzigen Zensurverhältnisse wegen« und ging im November 1843 nach Paris, um zusammen mit Arnold Ruge die »Deutsch-Französischen Jahrbücher« herauszugeben, die als Nachfolger der inzwischen verbotenen »Hallischen« bzw. »Deutschen Jahrbücher« gedacht waren. In der einzigen erschienenen Nummer dieser Zeitschrift veröffentlichte er 1844 seine erste grundlegende Kritik der Hegelschen Rechtsphilosophie.

Mit dem Regierungsantritt Friedrich Wilhelms IV. hatte man sich 1840 eine gewisse Liberalisierung der Verhältnisse erhofft, eine Erwartung, die schon wenig später enttäuscht wurde. Zwar hatte es in den »Flitterwochen der neuen Krone« Amnestien gegeben, Jahn war rehabilitiert und Arndt in sein Amt wieder eingesetzt worden, nicht lange danach aber war die christlich-monarchische Ordnung wiederhergestellt. Zunächst stimmten der König und sein neuer Kultusminister Johann Albrecht Friedrich Eichhorn darin überein, daß man der »Drachensaat des Hegelschen Pantheismus« alsbald wirksam entgegentreten müsse. Zum »Retter aus dem Stillstande und der Versumpfung alles realen Lebens in Staat und Kirche« hatte man Friedrich Wilhelm Joseph Schelling ausersehen, den früheren Freund und späteren Opponenten Hegels. Schelling, der als Präsident der Akademie der Wissenschaften in München wirkte, wurde von Eichhorn als die »große philosophische Autorität« berufen, der allein es gelingen könnte, Theologie und Philosophie zu einer neuen »heilsamen Entwicklung« hinzuführen. Im November 1841 kam Schelling, damals schon 66-jährig, nach Berlin und hielt am 15. November seine Antrittsvorlesung an der Universität. Auch er selbst war sich der »Bedeutung dieses Augenblicks« bewußt; mit großer Geste versprach er einem erlesenen Auditorium — hohe Staatsbeamte und Militärs waren ebenso darunter wie Savigny, Steffens, Alexander von Humboldt, Bakunin, Kierkegaard, Engels und Jacob Burckhardt — eine entscheidende Wende in der Philosophie herbeizuführen: »Weil ich ein Deutscher bin, weil ich alles Weh und Leid wie alles Glück und Wohl Deutschlands in meinem Herzen mitgetragen und mitempfunden, darum bin ich hier: denn das Heil der Deutschen ist in der Wissenschaft ... Ich komme mit dem ganzen Ernst meines Geistes und meines Herzens ... Mit Liebe begrüße ich *Sie*, neh-

6.127 *Sören Kierkegaard um 1840*

6.124 *Karl August Varnhagen von Ense*

6.126 *Michail Bakunin 1838*

men *Sie* auch mich mit Liebe auf! Der Lehrer vermag viel, aber er vermag nichts ohne die Schüler.« Die Schüler — ihr anfängliches Befremden, ihre Kritik und ihr schließliches Ausbleiben — sollten ihm in der Tat zum Verhängnis werden. Nicht nur aus der Perspektive der Hegelianer und ihrer Religionskritik her mußte sich Schellings »Philosophie der Offenbarung«, sein Versuch, Glauben und Wissen miteinander zu versöhnen, als ein Rückfall hinter jede rationale Erkenntnis ausnehmen. Auch ein unbefangenerer Hörer wie Kierkegaard, der eigens angereist war, um Schelling zu erleben, wandte sich sehr bald enttäuscht von ihm ab: »Schelling salbadert ganz unerträglich ... In Berlin habe ich mithin nichts mehr zu schaffen ... Ich bin zu alt, um Vorlesungen zu hören, ebenso wie Schelling zu alt ist, um sie zu halten.« Nachdem Vorlesungsmitschriften unter den Hörern zirkuliert hatten, meldeten sich die ersten Gegner Schellings 1842 offen zu Wort: Marheineke, Michelet, Ruge und auch Engels, der während seines Militärdienstjahres als Hospitant Vorlesungen an der Universität besuchte. Der schärfste Angriff jedoch kam von H. E. G. Paulus in Heidelberg, einem ehemaligen Kollegen Schellings, der unter dem Titel »Die endlich offenbar gewordene positive Philosophie der

Offenbarung« 1843 eine mit polemischen Anmerkungen versehene Nachschrift der Berliner Vorlesung veröffentlichte. Und während Michelet und Marheineke vor einem großen Auditorium über die Entwicklung der modernen deutschen Philosophie und über die Bedeutung der Hegelschen Philosophie für die christliche Theologie lasen, hatte Schelling im Sommersemester 1845 nur noch 30 eingetragene Hörer. Die Vorlesung über Mythologie im Wintersemester 1845/46 war die letzte, die er hielt. Der Versuch, mit Schellings Berufung eine christliche Restauration einzuleiten, war auf der ganzen Linie gescheitert.

Als das letzte große Universitätsereignis hat Karl Jaspers das Auftreten des alten Schelling in Berlin bezeichnet. Es war jedoch ein entschieden verspätetes Auftreten. Die Mission, die ihm von der preußischen Regierung zugedacht war, konnte er gewiß nicht erfüllen. Daß ›das Heil der Deutschen in der Wissenschaft‹ zu suchen sei, wurde angesichts der politischen Entwicklung bereits seit längerer Zeit bezweifelt. Während jedoch diejenigen, die mit ihrer publizistischen Arbeit versucht hatten, der Theorie eine Praxis folgen zu lassen, von der Zensur mundtot gemacht oder ins Exil getrieben worden waren, mochte man sich für das offizielle

Preußen an das erinnert fühlen, was Madame de Staël noch vor Gründung der Berliner Universität geschrieben hatte: »Der ganze Norden Deutschlands ist mit den gelehrtesten Universitäten von Europa besät. In keinem Land, selbst nicht in England, gibt es so viele Möglichkeiten, sich zu unterrichten und seine Fähigkeiten zu vervollkommnen. Woran liegt es also, daß es der Nation an Energie fehlt, und daß sie im allgemeinen schwerfällig und beschränkt erscheint, obschon sie eine kleine Zahl von Männern besitzt, die vielleicht die geistreichsten Europas sind? Man muß diesen eigentümlichen Widerspruch der Beschaffenheit den Regierungen und nicht der Erziehung zur Last legen. Die intellektuelle Erziehung ist in Deutschland vollkommen, aber alles geschieht dort nur in der Theorie: die praktische Erziehung ist ganz und gar von den Umständen abhängig. . . . Die Regierungen sind die wahren Erzieherinnen der Völker, der staatliche Unterricht, so gut er auch sein mag, kann wohl Gelehrte und Schriftsteller, aber keine Bürger, keine Krieger, keine Staatsmänner bilden.«

Literatur

E. Anricht (Hrsg.), Die Idee der deutschen Universität. Die fünf Grundschriften aus der Zeit ihrer Neubegründung durch klassischen Idealismus und romantischen Realismus, Darmstadt 1956

P. Berglar, Wilhelm von Humboldt, Reinbek bei Hamburg 1970

W. Blumenberg, Karl Marx, Reinbek bei Hamburg 1962

A. Boeckh, Gedächtnisrede. Gehalten am 8. August 1847, Berlin 1847

G. W. F. Hegel, Berliner Schriften 1818—1831, Hrsg. von J. Hoffmeister Hamburg 1956

K. Hoeber, Das deutsche Universitäts- und Hochschulwesen, Kempten und München 1912

W. v. Humboldts Gesammelte Schriften, Hrsg. von der Königlich Preußischen Akademie der Wissenschaften, Bd. X, Berlin 1903

R. Köpke, Die Gründung der Königlichen Friedrich-Wilhelms-Universität zu Berlin, Berlin 1860

M. Lenz, Geschichte der Königlichen Friedrich-Wilhelms-Universität zu Berlin, 4 Bde., Halle a. d. S. 1910—1928

K. Marx und F. Engels, Werke. Hrsg. vom Institut für Marxismus-Leninismus beim ZK der SED. Ergänzungsbände 1. und 2. Teil, Berlin 1968

M. Mechow, Berliner Studenten 1810—1914, Berlin 1975

W. G. Oschilewski, Große Sozialisten in Berlin, Berlin 1956

H.-W. Prahl, Sozialgeschichte des Hochschulwesens, München 1978

F. W. J. Schelling, Philosophie der Offenbarung 1841/42, Hrsg. von M. Frank, Frankfurt a. M. 1977

E. Spranger (Hrsg.), Über das Wesen der Universität. Drei Aufsätze von Joh. Gottl. Fichte, Friedr. Schleiermacher, Henrik Steffens aus den Jahren 1807—1809, Leipzig 1910

E. Spranger, Hochschule und Gesellschaft. Gesammelte Schriften Bd. X, Heidelberg 1973

W. Weischedel (Hrsg.), Idee und Wirklichkeit einer Universität. Dokumente zur Geschichte der Friedrich-Wilhelms-Universität zu Berlin, Berlin 1960

F. Wiedmann, Georg Wilhelm Friedrich Hegel, Reinbek bei Hamburg 1965

K.-H. Wirzberger (Hrsg.), Die Humboldt-Universität zu Berlin, Berlin 1973

Universität

Gründung

6.1
Eduard Mandel
Plan. Von dem Universitäts
Gebäude und dem dabei befind-
lichen Garten. Zum Bericht vom
20. May 1811
Zeichnung, koloriert. 30 × 47 cm
Geheimes Staatsarchiv Preußischer
Kulturbesitz, Berlin

6.2
Eduard Gaertner
Portal der Universität 1829
Lithographie. 47 × 34,8 cm
Berlin Museum, Berlin
Abb. S. 359

6.3
Ludwig Eduard Lütke
Das Universitätsgebäude um 1840
Farblithographie. 28 × 39 cm
Staatliche Museen Preußischer
Kulturbesitz, Kupferstichkabinett,
Berlin

6.4
Anonym
Das Universitätsgebäude in
Berlin Mitte 19. Jh.
Stahlstich. 15,3 × 19,8 cm
Bildarchiv Preußischer Kultur-
besitz, Berlin
Abb. S. 376

6.5
Johann Gottlieb Fichte
Deducirter Plan einer zu Berlin zu
errichtenden höhern Lehranstalt.
Geschrieben im Jahre 1807, Berlin
1817
Staatsbibliothek Preußischer
Kulturbesitz, Berlin

6.6
Friedrich Schleiermacher
Gelegentliche Gedanken über
Universitäten im deutschen Sinn.
Nebst einem Anhang über eine neu
zu errichtende, Berlin 1808
Staatsbibliothek Preußischer
Kulturbesitz, Berlin

6.7
Henrich Steffens
Über die Idee der Universitäten,
Berlin 1809
Staatsbibliothek Preußischer
Kulturbesitz, Berlin

6.8
Wilhelm von Humboldt an den
Minister von Stein zum Altenstein

Brief aus Königsberg vom
20. Juli 1809
Geheimes Staatsarchiv Preußischer
Kulturbesitz, Berlin

6.9
Clemens Brentano
Universitati Litterariae
Kantate auf den 15ten
October 1810, Berlin 1810
Staatsbibliothek Preußischer
Kulturbesitz, Berlin

6.10
Christian Daniel Rauch
Büste Friedrich Wilhelm III. um
1810 (Guß 1826)
Gips. 65 cm hoch
Geheimes Staatsarchiv Preußischer
Kulturbesitz, Berlin

6.11
Theodor A. H. Schmalz
Rede, als am Geburtstagsfest des
Koenigs, dritter August achtzehn-
hundertelf, die Koenigliche Univer-
sitaet zu Berlin sich zum ersten Mal
oeffentlich versammelte, Berlin
1811
Staatsbibliothek Preußischer
Kulturbesitz, Berlin

6.12
Anonym
Wilhelm von Humboldt in seinem
Arbeitszimmer in Schloß Tegel
Öl auf Leinwand. 35,5 × 29,8 cm
Freies Deutsches Hochstift,
Frankfurter Goethe-Museum,
Frankfurt/M.

6.13
J. L. Raab nach Carl Reinhard
Krüger
Porträt Wilhelm von Humboldt
Stahlstich. 26,6 × 22,4 cm
Berlin Museum, Berlin
Abb. S. 257

6.14
Anonym
Porträt Wilhelm von Humboldt
Stahlstich. 10,5 × 7,3 cm
Westfälisches Landesmuseum für
Kunst und Kulturgeschichte,
Porträtarchiv Diepenbroick,
Münster

6.15
Martin Klauer (?)
Wilhelm von Humboldt 1796 (?)
(vermutlich Abguß des Marmorme-
daillons von 1796 in Tegel)
Gipsrelief. 47 × 37 cm (oval)

Schiller Nationalmuseum/Deut-
sches Literaturarchiv, Marbach
a. N.

6.16
Aischylos
Agamemnon. Metrisch übersetzt
von Wilhelm von Humboldt,
Leipzig 1816
Staatsbibliothek Preußischer
Kulturbesitz, Berlin

6.17
Alexander von Humboldt
Zahlreiche Anmerkungen und
Einführungen zu biographischen
Notizen über Wilhelm von
Humboldt (von unbekannter
Schreiberhand)
Handschrift
Staatsbibliothek Preußischer
Kulturbesitz, Berlin

Erste Entwicklung
Lehrer

6.18
Julius Schoppe
Das Gelehrte Berlin
(Wilhelm von Humboldt, Christoph
Wilhelm Hufeland, Alexander von
Humboldt, Georg Wilhelm
Friedrich Hegel, Carl Ritter,
August Neander, Friedrich
Schleiermacher)
Lithographie. 49,2 × 32,7 cm
Berlin Museum, Berlin
Abb. S. 361

6.19
Loeillot de Mars
Das gelehrte Berlin II
(Martin Heinrich Carl Lichtenstein,
Christian Samuel Weiß, Paul
Erman, Heinrich Friedrich Linck,
Friedrich Carl von Savigny, Philipp
Konrad Marheineke)
Lithographie. 50 × 35,5 cm
Staatsbibliothek Preußischer
Kulturbesitz, Mendelssohn-Archiv,
Berlin

6.20
Wilhelm Devrient
Das gelehrte Berlin
(Ernst Horn, Friedrich Theodor
Poselger, Ernst Ludwig Heim,
August Boeckh, Julius Eduard
Hitzig, Eilhard Mitscherlich, Carl
Eduard von Graefe)
Lithographie. 49 × 35 cm
Staatsbibliothek Preußischer
Kulturbesitz, Mendelssohn-Archiv,
Berlin

6.21
Wilhelm Devrient
Das gelehrte Berlin
(Johann Nepomuk Rust, Johannes
Müller, Ludwig Ernst von Könen.
Johann Christian Jüngken, Dietrich
Wilhelm Heinrich Busch, Johann
Friedrich Dieffenbach)
Lithographie. 50 × 33,5 cm
Staatsbibliothek Preußischer
Kulturbesitz, Mendelssohn-Archiv,
Berlin

6.22
F. Weys
Porträt Carl Freiherr von Stein zum
Altenstein
Stahlstich. 12 × 8,7 cm
Berlin Museum, Berlin

Theologische Fakultät

6.23
Friedrich Leonhard Lehmann
Porträt Friedrich Ernst Daniel
Schleiermacher um 1810
Stahlstich. 17,2 × 10 cm
Bildarchiv Preußischer Kultur-
besitz, Berlin
Abb. S. 356

6.24
Friedrich Schleiermacher
Der christliche Glaube nach den
Grundsätzen der evangelischen
Kirche, Berlin 1821—22
Staatsbibliothek Preußischer
Kulturbesitz, Berlin

6.25
Friedrich Schleiermacher
Predigt am Neujahrstage 1825 in
der Dreifaltigkeitskirche, Berlin
1821—22
Staatsbibliothek Preußischer
Kulturbesitz, Berlin

6.26
L. Walter (?)
Schleiermacher's letzte Erbauungs-
Predigt am 2ten Februar 1834
Lithographie. 34,7 × 23,9 cm
Westfälisches Landesmuseum für
Kunst und Kulturgeschichte,
Porträtarchiv Diepenbroick,
Münster
Abb. S. 366

6.27
Friedrich Schleiermacher
Plan der Eröffnung einer
Subskription zugunsten der noch
lebenden Verwandten Luthers
Manuskript
Staatsbibliothek Preußischer
Kulturbesitz, Berlin

6.28
Immatrikulationsbescheinigung für
Karl Heinrich Knauer, unter-
zeichnet von Schleiermacher,
Dekan der Theologischen Fakultät,
Berlin 1821
Staatsbibliothek Preußischer
Kulturbesitz, Berlin

6.29
Tabulae librorum e bibliotheca
defuncti (Friedrich Ernst Daniel)
Schleiermacher, derelictorum qui
a. d. 12 calend. April a. 1836 et
diebus subsequentibus . . . per
D. Rauch . . . Berolini in Vico Safit-
tario N. X. . . . sub hasta vendendi
prostant, Berlin 1835
Staatsbibliothek Preußischer
Kulturbesitz, Berlin

6.30
Der Preußische Correspondent
hrsg. von F. E. D. Schleiermacher,
G. B. Niebuhr und G. A. Reimer,
Jg. 1, 1813, Nr. 1—152 (2. April—
22. Dez.)
Geheimes Staatsarchiv Preußischer
Kulturbesitz, Berlin

6.31
Akte »Betr. den Professor und
Prediger an der Dreifaltigkeits-
kirche in Berlin — Schleiermacher
1813«. Kabinettsorder gegen poli-
tische Äußerungen Schleiermachers,
unterschrieben von Friedrich
Wilhelm III.
Geheimes Staatsarchiv Preußischer
Kulturbesitz, Berlin

6.32
Krüger nach Grimm
Porträt Philipp Konrad Marheineke
Radierung. 22 × 15,7 cm
Westfälisches Landesmuseum für
Kunst und Kulturgeschichte,
Porträtarchiv Diepenbroick,
Münster

Philosophische Fakultät

6.33
Albrecht Fürchtegott Schultheiß
nach Friedrich Bury
Johann Gottlieb Fichte
Stahlstich. 26 × 21 cm
Westfälisches Landesmuseum für
Kunst und Kulturgeschichte,
Porträtarchiv Diepenbroick,
Münster
Abb. S. 358

6.34
Albrecht Fürchtegott Schultheiß
nach Friedrich Bury

Porträt Johann Gottlieb Fichte
Stahlstich. 20,4 × 16,6 cm
Bildarchiv Preußischer Kultur-
besitz, Berlin

6.35
Johann Gottlieb Fichte
Reden an die deutsche Nation,
Berlin 1808
Staatsbibliothek Preußischer
Kulturbesitz, Berlin

6.36
Fichte, der patriotische
Mahner Mitte 19. Jh.
Holzschnitt
Foto: Bildarchiv Preußischer
Kulturbesitz, Berlin
Abb. S. 356

6.37
Johann Gottlieb Fichte
Wissenschaftslehre, 1814
Handschrift. 1 Seite
Staatsbibliothek Preußischer
Kulturbesitz, Berlin

6.38
Johann Gottlieb Fichte
Grundlage der gesammelten
Wissenschaftslehre. Als Hs. f. seine
Zuhörer, Leipzig 1794
Staatsbibliothek Preußischer
Kulturbesitz, Berlin

6.39
Carl Friedrich Zimmermann
Porträt Johann Gottlieb Fichte
Farblithographie. 39 × 28,5 cm
Berlin Museum, Berlin
Abb. S. 363

6.40
Das Fichtehaus an der Neuen
Promenade
Postkarte aus dem Jahre 1877
Bildarchiv Preußischer Kultur-
besitz, Berlin

6.41
Johann Gottlieb Fichte an Georg
Andreas Reimer
Brief Ende Februar 1801
2 Seiten/1 Doppelblatt
Archiv des Verlages Walter de
Gruyter & Co., Berlin

6.42
Anonym
Porträt Georg Wilhelm Friedrich
Hegel
Holzstich. 18,6 × 13,3 cm
Westfälisches Landesmuseum für
Kunst und Kulturgeschichte,
Porträtarchiv Diepenbroick,
Münster

6.43
Werner nach Franz Krüger
Porträt August Boeckh
Lithographie. 40,6 × 31,5 cm
Berlin Museum, Berlin

6.44
August Boeckh
Vorlesungsankündigung,
13. Oktober 1817
Handschrift
Privatbesitz, Berlin

6.45
Ferdinand Ruschewegk nach Julius
Schnorr
Porträt Barthold Georg Niebuhr
1831
Radierung. 31,5 × 24,5 cm
Westfälisches Landesmuseum für
Kunst und Kulturgeschichte,
Porträtarchiv Diepenbroick,
Münster

6.46
Albert Teichel nach Carl Begas
Porträt Friedrich von Raumer
Stahlstich. 16,8 × 11 cm
Westfälisches Landesmuseum für
Kunst und Kulturgeschichte,
Porträtarchiv Diepenbroick,
Münster
Abb. S. 369

6.47
Heinrich Sachs nach F. Schrader
Porträt Leopold von Ranke
Radierung. 24 × 15,5 cm
Westfälisches Landesmuseum für
Kunst und Kulturgeschichte,
Porträtarchiv Diepenbroick,
Münster
Abb. S. 369

6.48
Leopold von Ranke
Vorlesungsankündigung für das
Wintersemester o. J.
Staatsbibliothek Preußischer
Kulturbesitz, Berlin

6.49
Anonym
Porträt Heinrich Lichtenstein
Kupferstich. 19,2 × 11 cm
Westfälisches Landesmuseum für
Kunst und Kulturgeschichte,
Porträtarchiv Diepenbroick,
Münster

6.50
Johann Friedrich Bolt nach
Friedrich Lose
Porträt Albrecht Thaer 1804
Punktierstich. 18 × 11,8 cm
Westfälisches Landesmuseum für

Kunst und Kulturgeschichte,
Porträtarchiv Diepenbroick,
Münster
Abb. S. 359

6.51
Anonym
Porträt Martin Heinrich Klaproth
Kupferstich. 16 × 10,5 cm
Westfälisches Landesmuseum für
Kunst und Kulturgeschichte,
Porträtarchiv Diepenbroick,
Münster
Abb. S. 359

6.52
M. Lämmel
Porträt Arthur Schopenhauer
Kupferstich. 22 × 14,2 cm
Westfälisches Landesmuseum für
Kunst und Kulturgeschichte,
Porträtarchiv Diepenbroick,
Münster

6.53
Arthur Schopenhauer
Antrittsrede 1821
Manuskript. 15 Seiten
Stadt- und Universitätsbibliothek
Frankfurt a. M.

6.54
Arthur Schopenhauer
Die beiden Grundprobleme der
Ethik, behandelt in zwei akademi-
schen Preisschriften, Frankfurt
1841
Staatsbibliothek Preußischer
Kulturbesitz, Berlin

6.55
Arthur Schopenhauer
Vermögensverzeichnis aus dem
Jahre 1822
Schriftstück
Staatsbibliothek Preußischer
Kulturbesitz, Berlin

6.56
Arthur Schopenhauer
Aufstellung der Zinseinnahmen aus
den Jahren nach 1822
Schriftstück
Staatsbibliothek Preußischer
Kulturbesitz, Berlin

6.57
Arthur Schopenhauer
Schriftstück für das Bankhaus
Mendelssohn & Co. vom 24. 8. 1831
Staatsbibliothek Preußischer
Kulturbesitz, Berlin

Juristische Fakultät

6.58
Orell Füssli
Porträt Friedrich Carl von Savigny
Lithographie. 27,7 × 22,5 cm
Westfälisches Landesmuseum für
Kunst und Kulturgeschichte,
Porträtarchiv Diepenbroick,
Münster
Abb. S. 358

6.59
Anonym
Porträt Friedrich Carl von Savigny
Lithographie. 28,5 × 18,6 cm
Berlin Museum, Berlin

6.60
Gottfried Küstner
Porträt Eduard Gans
Lithographie. 28,5 × 19,3 cm
Westfälisches Landesmuseum für
Kunst und Kulturgeschichte,
Porträtarchiv Diepenbroick,
Münster

6.61
Eduard Gans
Brief an August Boeckh, Rektor der
Universität, wegen Verspätung des
Vorlesungsbeginns, Berlin,
6. November 1830
Staatsbibliothek Preußischer
Kulturbesitz, Berlin

6.62
Eduard Gans
Die Stiftung der Jahrbücher für
wissenschaftliche Kritik, Berlin
1836
Staatsbibliothek Preußischer
Kulturbesitz, Berlin

6.63
Eduard Gans
Vermischte Schriften, juristischen,
historischen, staatswissenschaft-
lichen und ästhetischen Inhalts,
Berlin 1834
Staatsbibliothek Preußischer
Kulturbesitz, Berlin

Medizinische Fakultät

6.64
Fr. Müller nach Friedrich Tischbein
Porträt Christoph Wilhelm
Hufeland 1802
Kupferstich. 37,7 × 27 cm
Berlin Museum, Berlin

6.65
Anonym
Porträt Christoph Wilhelm
Hufeland

Schabkunst. 38,7 × 31,3 cm
Westfälisches Landesmuseum für
Kunst und Kulturgeschichte,
Porträtarchiv Diepenbroick,
Münster

6.66
Christoph Wilhelm Hufeland
Die Kunst das menschliche Leben
zu verlängern, Berlin 1823
Staatsbibliothek Preußischer
Kulturbesitz, Berlin

6.67
Glückwunsch an Herrn Christoph
Wilhelm Hufeland, Berlin 1833
Broschüre
Staatsbibliothek Preußischer
Kulturbesitz, Berlin

6.68
Immatrikulationsbescheinigung für
Ferdinand Scheibel, unterzeichnet
von Hufeland, Dekan der Medizini-
schen Fakultät, Berlin 1817
Staatsbibliothek Preußischer
Kulturbesitz, Berlin

6.69
Friedrich Wilhelm Bollinger nach
H. v. Schnorr
Porträt Johann Christian Reil 1799
Punktierstich. 16,5 × 10 cm
Westfälisches Landesmuseum für
Kunst und Kulturgeschichte,
Porträtarchiv Diepenbroick,
Münster
Abb. S. 359

6.70
Nikolaus Afinger
Porträt Johann Lukas Schönlein
Stahlstich. 23 × 14,5 cm
Berlin Museum, Berlin

6.71
Julius Schoppe
Porträt Generalchirurgius
Rust 1810
Schwarze Kreide. 29,7 × 22,7 cm
Berlin Museum, Berlin

6.72
Die Charité um das Jahr 1830
Stahlstich
Foto: Landesbildstelle, Berlin

6.73
Vorlesungsverzeichnisse der
Friedrich-Wilhelms-Universität
Berlin
Wintersemester 1812/13
Wintersemester 1818/19
Wintersemester 1821/22
Privatbesitz, Berlin

6.74
Vorlesungsverzeichnis Friedrich-
Wilhelms-Universität
Sommersemester 1818
Geheimes Staatsarchiv Preußischer
Kulturbesitz, Berlin

Einzelne Lehrer

Georg Wilhelm Friedrich Hegel

6.75
Jakob Schlesinger (?)
Porträt Georg Wilhelm Friedrich
Hegel (?)
Öl auf Leinwand. 40,5 × 30,4 cm
Schiller Nationalmuseum/Deut-
sches Literaturarchiv, Marbach
a. N.
Abb. S. 16

6.76
Anonym nach Xeller
Porträt Georg Wilhelm Friedrich
Hegel um 1830
Kupferstich. 10,4 × 9 cm
Berlin Museum, Berlin

6.77
Georg Wilhelm Friedrich Hegel
Differenz des Fichte'schen und
Schelling'schen Systems der Philo-
sophie. In Beziehung auf Reinhold's
Beyträge zur leichteren Übersicht
des Zustands der Philosophie zu
Anfang des 19. Jahrhunderts, Jena
1801
Staatsbibliothek Preußischer
Kulturbesitz, Berlin

6.78
Georg Wilhelm Friedrich Hegel
Antrittsvorlesung an der Berliner
Universität am 22. Oktober 1818
Handschrift
Staatsbibliothek Preußischer
Kulturbesitz, Berlin
Abb. S. 370

6.79
Georg Wilhelm Friedrich Hegel
Einleitung in die Geschichte der
Philosophie, Berlin 1820
Handschrift. Titelblatt und 1. Seite
Staatsbibliothek Preußischer
Kulturbesitz, Berlin

6.80
Hegels Philosophie der Weltge-
schichte
Hörermitschrift von cand. phil.
Gustav Boeckh
Handschrift, gebunden
Privatbesitz, Berlin

6.81
Georg Wilhelm Friedrich Hegel
Religionsphilosophie, Berlin 1821
Handschrift. 1. und letzte Seite
Staatsbibliothek Preußischer
Kulturbesitz, Berlin

6.82
Georg Wilhelm Friedrich Hegel
Über die Errichtung einer kritischen
Zeitschrift der Literatur. An das
Ministerium des Unterrichts einge-
sandt, mit Entwurf eines
Anschreibens, Berlin 1819/20
Handschrift. 2 Blatt
Staatsbibliothek Preußischer
Kulturbesitz, Berlin

6.83
Georg Wilhelm Friedrich Hegel
Encyclopädie der philosophischen
Wissenschaften im Grundrisse. Zum
Gebrauch seiner Vorlesungen,
Heidelberg 1827
Staatsbibliothek Preußischer
Kulturbesitz, Berlin

6.84
Zwei Reden, bei der feierlichen
Bestattung des Königl. Professors,
Dr. Georg Wilh. Fr. Hegel, am
16ten November gesprochen, Berlin
1831
Staatsbibliothek Preußischer
Kulturbesitz, Berlin

6.85
Georg Wilhelm Friedrich Hegel
Verzeichnis der von Hegel und dem
Herrn Seebeck hinterlassenen
Bücher-Sammlungen; aus philoso-
phischen, philologischen, belletristi-
schen, geschichtlichen, naturge-
schichtlichen . . . und verschiedenen
anderen Werken bestehend, welche
den 3. May (1832) durch den Aukt.-
Kommissarius Rauch . . . versteigert
werden sollen, Berlin 1832
Staatsbibliothek Preußischer
Kulturbesitz, Berlin

6.86
Georg Wilhelm Friedrich Hegel
Werke. Vollst. Ausgabe durch einen
Verein von Freunden des
Verewigten: D. Ph. Marheineke,
D. J. Schulze, D. Ed. Gans, D. Lp.
v. Henning, D. H. Hotho, D. K.
Michelet, D. F. Förster. Bd. 9, 11,
12, Berlin 1832—37
Staatsbibliothek Preußischer
Kulturbesitz, Berlin

Alexander von Humboldt

6.87
R. Trofsin nach H. Biows Daguer-
reotypie
Porträt Alexander von
Humboldt um 1850
Radierung. 37,5 × 26,5 cm
Westfälisches Landesmuseum für
Kunst und Kulturgeschichte,
Porträtarchiv Diepenbroick,
Münster
Abb. S. 369

6.88
Alexander von Humboldt
Ansichten der Natur, mit wissen-
schaftlichen Erläuterungen, 2 Bde.,
2. Ausgabe, Stuttgart/Tübingen
1826
Staatsbibliothek Preußischer
Kulturbesitz, Berlin

6.89
Alexander von Humboldt
Reisebeschreibungen, Paris 1810
und 1811
a) Voyage de Humboldt et
Bonpland. Première Partie, relation
historique. Atlas pittoresque, Paris
1810
Aufgeschlagen Tafel 63: Radeau de
la Rivière Guayaquil. Dessiné par
Marchais d'après une esquisse de M.
de Humboldt
b) Voyage de Humboldt et
Bonpland. Deuxième partie, obser-
vations de Zoologie et d'Anatomie
comparée. Premier Volume, Paris
1811
Aufgeschlagen Tafel 29 Simia
Melnocephala. Huet fils, d'après
une esquisse de M. de Humboldt
Botanischer Garten und Botanisches
Museum, Berlin-Dahlem, Berlin

6.90
Alexander von Humboldt
Organos d'Actopan
Bleistift. 26,7 × 19 cm
Staatsbibliothek Preußischer
Kulturbesitz, Berlin

6.91
Alexander von Humboldt
Beschreibung einer neuen Affenart
»Singe Cacajao«
Manuskript. 1 Doppelblatt
Staatsbibliothek Preußischer
Kulturbesitz, Berlin

6.92
Alexander von Humboldt
Kartenskizze »De la communi-
cation entre Tehuantepec et le Rio
Huazacualco«

Feder. 16,5 × 22 cm
Staatsbibliothek Preußischer
Kulturbesitz, Berlin

6.93
Anonym nach Rosmaester
Porträt Alexander von Humboldt
Lithographie. 22,7 × 18,5 cm
Staatsbibliothek Preußischer
Kulturbesitz, Berlin

6.94
Anonym
Alexander von Humboldt in seinem
Arbeitszimmer um 1845
Farblithographie. 41 × 57 cm
Germanisches Nationalmuseum
Nürnberg

Brüder Grimm

6.95
Anonym
Porträt Jacob Grimm um 1825
Stahlstich. 21,4 × 12,3 cm
Bildarchiv Preußischer Kultur-
besitz, Berlin

6.96
Ludwig Emil Grimm
Die Brüder Wilhelm und Jacob
Grimm 1843
Bleistift, getönt und weiß gehöht.
30 × 30 cm
Brüder-Grimm-Museum, Kassel

6.97
Ludwig Emil Grimm
Auszug der Brüder Jacob und
Wilhelm Grimm aus Kassel nach
Göttingen 1829/30
Feder, aquarelliert. 20 × 73,5 cm
Brüder-Grimm-Museum, Kassel

6.98
Gervinius und Jacob Grimm
Abschiedsgruß an Dahlmann,
17. 12. 1837
Schriftstück
Staatsbibliothek Preußischer
Kulturbesitz, Berlin

6.99
Der Beobachter oder Kasseler
Blätter für Geist und Herz Nr. 37,
6. 4. 1838
Zeitschrift
Staatsbibliothek Preußischer
Kulturbesitz, Berlin

6.100
Berlin, Linkstraße 7—8, Wohnung
der Brüder Grimm in Berlin
Foto: Ehem. Staatliche Bildstelle,
Berlin

6.101
Moritz Hoffmann
Arbeitszimmer von Jacob Grimm in
Berlin, Linkstr. 7 um 1860
Aquarell. 35 × 45 cm
Germanisches Nationalmuseum
Nürnberg

6.102
Hermann Grimm
Jacob Grimm am Schreibtisch 1841
Bleistift. 11,9 × 10,3 cm
Brüder-Grimm-Museum, Kassel

6.103
Leseglas von Jacob Grimm
Brüder-Grimm-Museum, Kassel

6.104
Schreibtisch von Wilhelm
Grimm 1830/40
Nadelholz mit Mahagonifurnier.
80 × 153 × 81 cm
Germanisches Nationalmuseum
Nürnberg

6.105
Anonym
»Heil dem Lande und den Leu-
ten . . .«
Gedicht, gebunden, mit Widmung
von Wilhelm Grimm
Brüder-Grimm-Museum, Kassel

6.106
Wilhelm Grimm
Ankündigung einer Vorlesung über
Konrad von Würzburg an der
Berliner Universität 1845
Handschrift
Brüder-Grimm-Museum, Kassel

6.107
Jacob und Wilhelm Grimm
Korrekturbogen zum Deutschen
Wörterbuch
Doppelblatt; Spalten 1265—1272
und Spalten 1561—1568
Staatsbibliothek Preußischer
Kulturbesitz, Berlin

6.108
Jacob und Wilhelm Grimm
Vorrede zum 3. Teil des Deutschen
Wörterbuches, S. 7, Handschrift
Staatsbibliothek Preußischer
Kulturbesitz, Berlin

6.109
Jacob Grimm
Deutsche Grammatik, 2. Teil,
III. Buch, Wortbildung 1,
Göttingen 1826
Handexemplar Jacob Grimms mit
seinen handschriftlichen Eintra-
gungen

Staatsbibliothek Preußischer
Kulturbesitz, Berlin

6.110
Brüder Grimm
Kinder- und Hausmärchen. Mit
7 Kupfern, Berlin 1911 (Nachdruck
der Auflage von 1825)
Archiv des Verlages Walter de
Gruyter & Co., Berlin

6.111
Rudolph Grimm
In der Akademie der Wissen-
schaften 6. Juli 1843
(unter den Dargestellten: Boeckh,
Raumer, Hagen, Jacob Grimm)
Federzeichnung. 20,4 × 33,8 cm
Berlin Museum, Berlin

Schelling

6.112
Albrecht Fürchtegott Schultheiß
nach Stieler
Porträt Friedrich Wilhelm Joseph
von Schelling um 1840
Stahlstich. 14,9 × 12 cm
Schiller Nationalmuseum/Deut-
sches Literaturarchiv, Marbach
a. N.

6.113
Anonym
Porträt Friedrich Wilhelm Joseph
von Schelling
Daguerrotypie
Foto: Schiller Nationalmuseum/
Deutsches Literaturarchiv, Marbach
a. N.

6.114
Anonym
Porträt Friedrich Wilhelm Joseph
von Schelling um 1840
Stahlstich. 28,8 × 22,4 cm
Staatsbibliothek Preußischer
Kulturbesitz, Musikabteilung,
Mendelssohn-Archiv, Berlin

6.115
Anonym
Porträt Friedrich Wilhelm Joseph
von Schelling
Holzstich. 18,6 × 13,3 cm
Westfälisches Landesmuseum für
Kunst und Kulturgeschichte,
Porträtarchiv Diepenbroick,
Münster

6.116
Friedrich Wilhelm Joseph Schelling
Bruno oder Über das göttliche und
natürliche Prinzip der Dinge, Berlin
1802

Schiller Nationalmuseum/Deutsches Literaturarchiv, Marbach a. N.

6.117
Friedrich Wilhelm Joseph von Schelling
Skizzen zu einer religionsphilosophischen Arbeit
Handschrift. 1 Blatt
Schiller Nationalmuseum/Deutsches Literaturarchiv, Marbach a. N.

6.118
Friedrich Wilhelm Joseph von Schelling
Erste Vorlesung in Berlin.
15. XI. 1841, Tübingen 1841
Schiller Nationalmuseum/Deutsches Literaturarchiv, Marbach a. N.

6.119
Schoep
Kollegnachschrift »Philosophie der Offenbarung« von Friedrich Wilhelm Joseph von Schelling, 1831/32
Handschrift
Schiller Nationalmuseum/Deutsches Literaturarchiv, Marbach a. N.

6.120
Friedrich Wilhelm Joseph von Schelling
Stammbuchblatt mit Unterschrift, Berlin 9. VIII. 1844
Handschrift
Schiller Nationalmuseum/Deutsches Literaturarchiv, Marbach a. N.

6.121
H. E. G. Paulus
Schellings Philosophie der Offenbarung, Darmstadt 1843
Lippische Landesbibliothek, Detmold

6.122
Friedrich Engels verläßt die Vorlesung von Schelling
Foto aus: Die Humboldt Universität gestern, heute, morgen, Berlin 1960, vor S. 33

6.123
Friedrich Engels (Pseud.: Friedrich Oswald)
Schelling über Hegel, in: Telegraph für Deutschland, Dez. 1841
Staatsbibliothek Preußischer Kulturbesitz, Berlin

6.124
Anonym
Porträt Karl August Varnhagen von Ense
Holzstich. 15,5 × 13,5 cm
Westfälisches Landesmuseum für Kunst und Kulturgeschichte, Porträtarchiv Diepenbroick, Münster
Abb. S. 375

6.125
Porträt Friedrich Engels 1839
nach einer Zeichnung
Foto: Internationales Institut für Sozialgeschichte, Amsterdam

6.126
Porträt Michail Bakunin 1838
nach einer Zeichnung
Foto: Internationales Institut für Sozialgeschichte, Amsterdam
Abb. S. 375

6.127
Porträt Sören Kierkegaard um 1840
nach einer Zeichnung
Foto: Bildarchiv Preußischer Kulturbesitz Berlin
Abb. S. 375

Studenten

6.128
Anonym
Auf Wache, Studentenszene um 1825
Farblithographie. 16,5 × 24 cm
Institut für Hochschulkunde, Würzburg

6.129
Carl von Eloffsteyn
Die Burschenwelt 1811
Federzeichnung. 20,5 × 27 cm
Institut für Hochschulkunde, Würzburg
Abb. S. 362

6.130
Verordnung der hohen General-Direction des öffentlichen Unterrichts, alle landsmannschaftlichen und sonstigen geheimen academischen Verbindungen betreffend.
Vom 27. Feb. 1812
Drucksache. 1 Blatt
Institut für Hochschulkunde, Würzburg

6.131
Anonym
Stammbuchblatt »Vivat das Studentenleben« um 1825
Aquarell. 11 × 18 cm

Institut für Hochschulkunde, Würzburg

6.132
Anonym
Stammbuchblatt »S'ist doch ein lustig Leben etc« um 1830
Tuschezeichnung, koloriert.
10,5 × 16,5 cm
Institut für Hochschulkunde, Würzburg
Abb. S. 362

6.133
Franz Krüger
Studienblatt; mit Schlittschuh anschnallendem Studenten und grüßendem Herrn
Kreide. 23,5 × 33,5 cm
Kunsthalle Bremen

6.134
Anonym
Stammbuchblatt »Immer lachen, immer scherzen . . .« um 1830
Kupferstich, koloriert.
7,5 × 13,5 cm
Institut für Hochschulkunde, Würzburg

6.135
Anonym
Stammbuchblatt »Erinnere dich zuweilen an deinen Freund und Bruder . . .« um 1830
Aquarell. 9,5 × 16 cm
Institut für Hochschulkunde, Würzburg

6.136
Anonym
Vorlesung des Teufels
Sepia. 32,5 × 48 cm
Institut für Hochschulkunde, Würzburg

6.137
Anonym
Stammbuchblatt »Es ist Feyerabend meine Herren . . .« um 1830
Tuschzeichnung, koloriert.
10,5 × 17,5 cm
Institut für Hochschulkunde, Würzburg

6.138
Johann Gottfried Schadow
Einladung zum Doktorschmaus 1830
Zinkdruck. 11 × 13,2 cm
Kunsthalle Bremen

6.139
Tasse und Untertasse mit Darstellung verschiedener Studententypen

Porzellan
Institut für Hochschulkunde Würzburg

6.140
Studentendegen Mitte 19. Jh.
Hersteller: P. D. Lüneschloß, Solingen
Stahl, Schnur, Leder. 105,1 cm lang
Deutsches Klingenmuseum, Solingen

6.141
Studentendegen Mitte 19. Jh.
Stahl, Schnur, Leder. 104 cm lang
Deutsches Klingenmuseum, Solingen

6.142
Anonym
Vivat Academia! Student in altdeutscher Tracht mit seinem Leibfuchs vom Fechtboden kommend 1824
Lithographie. 49 × 40 cm
Institut für Hochschulkunde, Würzburg
Abb. S. 360

6.143
Anonym
Großes Gruppenbild »Die Potsdamer 1841«
Lithographie. 50 × 67 cm
Institut für Hochschulkunde, Würzburg

6.144
Pfeifenköpfe der Burschenschaften um 1830
a) Aufschrift »Freiheit Ehre Vaterland«
b) Aufschrift »Germania sey's Panier«
c) Aufschrift »XV. I. XXXVII«
d) Aufschrift »Germania sey's Panier«
Porzellan mit Messingdeckel
Institut für Hochschulkunde, Würzburg

6.145
Pfeifenkopf der »Gießener Schwarzen«
Nußbaumholz
Institut für Hochschulkunde, Würzburg

6.146
Pfeifenkopf mit der Aufschrift »Zum Andenken des Sommersemesters 1827«
Porzellan
Institut für Hochschulkunde, Würzburg

6.142
Pfeifenkopf mit der Darstellung
eines Burschenschaftlers um1820
Institut für Hochschulkunde,
Würzburg

6.148
Burschenschaftlermütze 1847
Samt
Institut für Hochschulkunde,
Würzburg

Befreiungskriege

6.149
Arthur Kampf
Fichte als Redner an die deutsche
Nation
Gemälde
Foto: Institut für Hochschulkunde,
Würzburg

6.150
Johann Gottlieb Fichte
Über den Begriff des wahrhaften
Krieges in Bezug auf den Krieg im
Jahre 1813, Tübingen 1815
Staatsbibliothek Preußischer
Kulturbesitz, Berlin

6.151
C. Barth nach Vogel
Porträt Ernst Moritz Arndt
Mitte 19. Jh.
Stahlstich nach einer Daguerro-
typie. 24,5 × 16,7 cm
Institut für Hochschulkunde,
Würzburg

6.152
Ernst Moritz Arndt
Lieder für Teutsche, Leipzig 1813
Staatsbibliothek Preußischer
Kulturbesitz, Berlin

6.153
Graf von Wittgenstein
Aufruf von 1813 »An die deutschen
Jünglinge und Männer«, Berlin
11. (23.) März 1813
Geheimes Staatsarchiv Preußischer
Kulturbesitz, Berlin

6.154
Arland/Roth nach H. König
Schleiermacher, Iffland und Fichte
als Vaterlandsverteidiger in den
Freiheitskriegen 1886
Holzschnitt. 27,2 × 20,5 cm
Bildarchiv Preußischer Kulturbe-
sitz, Berlin

6.155
Anonym
Porträt Theodor Körner 1818
Öl auf Leinwand. 60 × 50 cm

Depositum Fritz Jonas in der
Staatsbibliothek Preußischer
Kulturbesitz, Berlin

6.156
Anonym nach Otto Donner von
Richter
Die Lützower an der Leiche
Theodor Körners nach 1813
Kupferstich. 39,5 × 59 cm
Institut für Hochschulkunde,
Würzburg
Abb. S. 364

6.157
Ernst Moritz Arndt
»Was ist des Deutschen Vaterland«
Gedicht abgedruckt in der Wochen-
schrift Neues Bürgerblatt,
15. Januar 1814
1 Doppelblatt
Institut für Hochschulkunde,
Würzburg

6.158
Ernst Moritz Arndt
Aufruf, der Feier am 1. Mai 1814 zu
Rödelheim gewidmet
Drucksache. 1 Doppelblatt
Germanisches Nationalmuseum
Nürnberg

6.159
Ludwig Elsholtz
Gefechtsanfang 1834
Öl auf Leinwand. 39 × 55 cm
Staatliche Museen Preußischer
Kulturbesitz, Nationalgalerie,
Berlin

6.160
Zwei Feldflaschen aus den Frei-
heitskriegen vor 1813
Holz und Leder. 28 × Ø 18 cm,
27 × Ø 18 cm
Historisches Museum Frankfurt

6.161
Dose zur Erinnerung an die
Völkerschlacht bei Leipzig
vom 18. Oktober 1813
Hersteller: Firma Strobwasser
Blech, lackiert und bemalt.
2,5 × 14,7 × 9,8 cm (oval)
Braunschweigisches Landesmuseum
für Geschichte und Volkstum,
Braunschweig

6.162
Leipziger Zeitung, 3. April 1813
(Nr. 66) mit der Schilderung der
Völkerschlacht bei Leipzig
2 Doppelblätter
Germanisches Nationalmuseum
Nürnberg

6.163
Teile des »Feldherren Service« für
siegreiche Feldherren in den
Entscheidungsschlachten gegen
Napoleon um 1813
Hersteller: Königliche Porzellan
Manufaktur Berlin
Porzellan, bemalt
Eßteller, Suppenteller, Sektkühler,
Vase, Suppenterrine, Saucière mit
Platte, Obstschale, Gemüseschüssel,
Brotschale
Verwaltung der Staatlichen
Schlösser und Gärten, Bad
Homburg

6.164
Tasse mit Untertasse »1813«
Porzellan, bemalt
Kunstgewerbemuseum, Köln

6.165
Dose mit Motiv »Entscheidung in
der Schlacht von Waterloo: Blücher
trifft mit Wellington zusammen«
nach 1815
Hersteller: Firma Strobwasser
Lackarbeit auf Blech.
2,4 × 14,5 × 8,8 cm
Braunschweigisches Landesmuseum
für Geschichte und Volkstum,
Braunschweig

6.166
Gerhard Stöver (?)
Porträt der freiwilligen Jägerin
Anna Lühring
Öl auf Holz. 30 × 24 cm
Bremer Landesmuseum (Focke-
Museum)

6.167
Karabiner der freiwilligen Jägerin
Anna Lühring aus Bremen
Eisen, Messing, Holz. 71 cm lang
Bremer Landesmuseum (Focke-
Museum)

6.168
Tasse mit Untertasse
Geschenk der Prinzessin Marianne,
der Gemahlin des Prinzen Wilhelm
von Preußen, an die freiwillige
Jägerin Anna Lühring, als sich diese
1814/15 in Berlin aufhielt (Unter-
tasse 1913 nachgearb.)
Hersteller: Königliche Porzellan
Manufaktur Berlin
Bremer Landesmuseum (Focke
Museum)

6.169
Anonym
Porträt eines russischen Offiziers
aus den Freiheitskriegen
Öl auf Leinwand. 72 × 58 cm

Bremer Landesmuseum (Focke
Museum)

6.170
Anonym
Die Schlacht bei Groß-Beeren vor
Berlin 23. August 1813
Kupferstich, koloriert. 24 × 38,5 cm
Staatliche Museen Preußischer
Kulturbesitz, Kunstbibliothek mit
Museum für Architektur, Modebild
und Grafik-Design, Berlin

6.171
Anonym
Napoleons verhängnisvoller Augen-
blick bei Verlust der Schlacht bei
Leipzig am 18. Oktober 1813
Stahlstich. 27 × 35,5 cm
Historisches Museum der Stadt
Wien

6.172
Anonym
Einzug der siegreichen verbündeten
Truppen in Paris, den 31. März
1814
Kupferstich, koloriert. 23,5 × 34 cm
Historisches Museum der Stadt
Wien

6.173
Anonym
Einzug in Wien. Alexander I. und
Friedrich Wilhelm III. am
25. September 1814
Kupferstich, koloriert. 22,5 × 34 cm
Historisches Museum der Stadt
Wien

6.174
E. Walsh
Ansicht des Meierhoffes, La belle
Alliance, wie solcher einige Tage
nach der Schlacht anzusehen war.
Nebst einem Theile des Schlacht-
feldes und dem Gerüste, von
welchem Napoléon die Heeresbe-
wegungen überschaute
Kupferstich, koloriert. 24 × 40 cm
Staatliche Museen Preußischer
Kulturbesitz, Kunstbibliothek mit
Museum für Architektur, Modebild
und Grafik-Design, Berlin

6.175
Anonym
Der Wiener Congreß 1815. Sitzung
der Bevollmächtigten der acht an
dem Tractate von Paris beteiligten
Mächte (sitzend Graf Hardenberg)
Lithographie. 36 × 47 cm
Historisches Museum der Stadt
Wien

Wartburgfest
Ermordung Kotzebues
Hambacher Fest

6.176
August Boeckh
Gedächtnisrede, gehalten am
3. August 1847
Handschrift
Privatbesitz Berlin

6.177
August Boeckh
Gedächtnisrede, gedruckt in der
Druckerei der Königlichen
Akademie der Wissenschaften,
Berlin 1847
Privatbesitz Berlin

6.178
Anonym
Die Burschenfahrt auf die
Wartburg am 18ten October 1817
Kupferstich. 22,7 × 28,6 cm
Institut für Hochschulkunde,
Würzburg
Abb. S. 365

6.179
Anonym
Rede beym Feuer auf dem Warten-
berge am Burschenfeste auf der
Wartburg den 18ten October Anno
1817
Lithographie, sepiakoloriert.
36 × 41,5 cm
Institut für Hochschulkunde,
Würzburg

6.180
Porträt Hans Ferdinand Maßmann
nach einer Daguerreotypie
Foto: Germanisches Nationalmuseum Nürnberg

6.181
Ferdinand Flor
Verbrennungsscene auf dem
Wartenberg im Jahre 1817 mit der
Darstellung von Hans Ferdinand
Maßmann um 1817
36 × 41 cm
Archiv und Bücherei der Deutschen
Burschenschaft, Frankfurt/M.

6.182
Hans Ferdinand Maßmann
Schilderung des Wartburgfestes im
Jahre 1817, Erstausgabe, o. O., o. J.
(vermutlich 1817)
Archiv und Bücherei der Deutschen
Burschenschaft, Frankfurt/M.

6.183
Lied. »Teutsche Jugend an die
teutsche Menge zum 18. October

1818«
Zeitungsausschnitt
Geheimes Staatsarchiv Preußischer
Kulturbesitz, Berlin

6.184
Anonym
Student in deutscher Tracht
um 1820
Lithographie. 21 × 17,5 cm
Institut für Hochschulkunde,
Würzburg

6.185
Anonym
Porträt des Schriftstellers August
von Kotzebue um 1819
Lithographie. 10 × 17,5 cm
Institut für Hochschulkunde,
Würzburg

6.186
Anonym
Kotzebues Tod nach 1820
Kupferstich, koloriert. 19,5 × 30 cm
Institut für Hochschulkunde,
Würzburg

6.187
Die zu Mannheim am 23. März
1819 erfolgte Ermordung der
Kaiserl. Russ. Staatsrathes A. v.
Kotzebue …
Akte
Geheimes Staatsarchiv Preußischer
Kulturbesitz, Berlin

6.188
Anonym
Porträt Carl Ludwig Sand um 1819
Kupferstich.
12,5 × 8,5 cm
Institut für Hochschulkunde,
Würzburg
Abb. S. 367

6.189
Wendelin Moosbrugger
Der Student Carl Ludwig
Sand um 1819
Öl auf Leinwand. 31 × 25 cm
Archiv und Bücherei der Deutschen
Burschenschaft, Frankfurt/M.

6.190
Anonym
Den Manen Karl Ludwig Sand's,
geboren den 5ten October 1795
Lithographie, koloriert. 42 × 28 cm
Institut für Hochschulkunde,
Würzburg

6.191
Anonym
Sand, der Freie nach 1820
Kupferstich, koloriert.

24,2 × 38,4 cm
Staatsbibliothek Preußischer
Kulturbesitz, Berlin

6.192
Anonym
Sand, der Gefangene nach 1820
Kupferstich, koloriert. 27 × 30 cm
Institut für Hochschulkunde,
Würzburg

6.193
Anonym
Sands Abführung zum Richtplatz
den 20 ten May 1820, früh Morgens
5. Uhr nach 1820
Kupferstich, koloriert.
24,3 × 38,5 cm
Staatsbibliothek Preußischer
Kulturbesitz, Berlin

6.194
Anonym
Sand auf dem Blutgerüste zu
Mannheim am 20 ten May
1820 nach 1820
Kupferstich, koloriert.
23,4 × 38,4 cm
Staatsbibliothek Preußischer
Kulturbesitz, Berlin

6.195
Anonym
Sands Ende auf dem Schaffot den
20n May 1820
Kupferstich, koloriert.
24,7 × 38,4 cm
Staatsbibliothek Preußischer
Kulturbesitz, Berlin

6.196
Abschrift eines Briefes der Mutter
des Studenten Sand an ihre Kinder,
in dem das an sie gerichtete Trost-
schreiben des Theologen De Wette
zitiert wird, 8. April 1819
Handschrift
Geheimes Staatsarchiv Preußischer
Kulturbesitz, Berlin

6.197
Nothwendige Entfernung des
Doktors und Professors der Theo-
logie, De Wette, nebst einer
Charakteristik desselben.
Für Deutschthümler und Unbe-
fangene, in: Der Freimüthige oder
Unterhaltungsblatt für gebildete,
unbefangene Leser. Nr. 21 (29. 1.
1820)
Foto: Geheimes Staatsarchiv Preu-
ßischer Kulturbesitz, Berlin

6.198
Friedrich Wilhelm III. König von
Preußen

Kabinettsorder, Berlin, 1. Sep-
tember 1819. Adresse am unteren
Briefrand links »An den Buch-
händler Reimer«
Verlag Walter de Gruyter & Co.
Berlin und New York

6.199
Porzellanfigur Friedrich Ludwig
Jahn um 1900
19 cm hoch
Germanisches Nationalmuseum
Nürnberg

6.200
Friedrich Ludwig Jahn
Brief an seine Frau aus dem
Gefängnis. Fragment, zeitgenös-
sische Abschrift, 14. August 1819
1 Blatt
Verlag Walter de Gruyter & Co.
Berlin und New York

6.201
Die alte Stadtvogtei in Berlin
Fotografie
Ullstein Bildarchiv, Berlin

6.202
Zu dem Berichte des Herrn Mini-
sters Altenstein vom 27. September
1822 über die Begnadigung der
Theilnehmer der Verbindung
Arminia im Verhältniß zum
Regierungs-Commißarius Schultz,
unterzeichnet von Tzschoppe,
Berlin, den 21. Januar 1823
Schriftstück
Geheimes Staatsarchiv Preußischer
Kulturbesitz, Berlin

6.203
Anonym
Zug auf das Schloß Hambach am
27. May 1832
Kupferstich. 23,5 × 36,5 cm
Institut für Hochschulkunde,
Würzburg
Abb. S. 368

6.204
Anonym
Siebenpfeiffer der Erste. Großer
Maikäfer des einen und untheil-
baren Deutschlands allezeit Mehrer
des Reichs, gewählt und proclamirt
auf die Ruine Hambach am 29 sten
Mai 1832
Lithographie, koloriert. 37 × 29 cm
Institut für Hochschulkunde,
Würzburg

6.205
Beilage zum »Zeitgeist«:
Hambacher Fest am 27. Mai 1832

383

Germanisches Nationalmuseum
Nürnberg

6.206
Anonym
Darstellung des Hambacher Festes
auf dem Umschlag eines Schul-
heftes um 1835/40
Stich. 21 × 34 cm
Germanisches Nationalmuseum
Nürnberg

6.207
Revers Bundesbeschlüsse vom
20. September 1819 und vom
13. November 1834
Drucksache. 1 Doppelblatt
Institut für Hochschulkunde,
Würzburg

**Studenten Heine, Feuerbach,
Strauss, Gutzkow, Marx**

6.208
Anonym nach Moritz Oppenheim
Porträt Heinrich Heine
Lithographie. 39 × 28,4 cm
Berlin Museum, Berlin

6.209
Gottfried Küstner
Porträt Heinrich Heine
Lithographie. 28,3 × 20,4 cm
Westfälisches Landesmuseum für
Kunst und Kulturgeschichte,
Porträtarchiv Diepenbroick,
Münster

6.210
Heinrich Heine
Gedichte, Berlin 1822
Staatsbibliothek Preußischer
Kulturbesitz, Berlin

6.211
Heinrich Heine
Reisebilder, Bd. 1—3, Hamburg
1826—31
Staatsbibliothek Preußischer
Kulturbesitz, Berlin

6.212
Anonym
Porträt Ludwig Andreas Feuerbach
Punktierstich. 15,3 × 11,0 cm
Westfälisches Landesmuseum für
Kunst und Kulturgeschichte,
Porträtarchiv Diepenbroick,
Münster
Abb. S. 22

6.213
Ludwig Andreas Feuerbach
Werke. Bd. 2 und 7, Leipzig 1846
und 1849
Staatsbibliothek Preußischer
Kulturbesitz, Berlin

6.214
Steuerwald
Porträt David Friedrich Strauss
Lithographie. 27,5 × 18 cm
Westfälisches Landesmuseum für
Kunst und Kulturgeschichte,
Porträtarchiv Diepenbroick,
Münster

6.215
David Friedrich Strauss
Streitschriften zur Vertheidigung
meiner Schrift über das Leben Jesu
und zur Charakteristik der gegen-
wärtigen Theologie, Tübingen 1841
Staatsbibliothek Preußischer
Kulturbesitz, Berlin

6.216
Weger
Porträt Karl Gutzkow
Kupferstich. 28,7 × 22,2 cm
Westfälisches Landesmuseum für
Kunst und Kulturgeschichte,
Porträtarchiv Diepenbroick,
Münster

6.217
Adolf Neumann
Porträt Friedrich Froebel
Holzschnitt
Foto: Bildarchiv und Porträt-
sammlung der Österreichischen
Nationalbibliothek, Wien

6.218
Porträt Karl Marx als
Student um 1836
nach einer Zeichnung.
Foto: Internationales Institut für
Sozialgeschichte, Amsterdam
Abb. S. 372

6.219
Karl Marx
Brief an den Vater, Berlin,
10. 11. 1837
Handschrift. 16 Seiten
Internationales Institut für Sozial-
geschichte, Amsterdam

6.220
Karl Marx
Hefte zur epikureischen Philo-
sophie, 1. Heft, Berlin 1839
Handschrift
Internationales Institut für Sozial-
geschichte, Amsterdam

6.221
Karl Marx
Differenz der demokritischen und
epikureischen Naturphilosophie,
Dissertation 1841
Titel, Widmung, Vorrede und
Inhaltsverzeichnis.

Abschrift eines Kopisten mit handschriftlichen Anmerkungen von
Marx. 12 Seiten
Internationales Institut für Sozialgeschichte, Amsterdam

6.222
Karl Marx
Promotionsurkunde, Jena 1841, mit
Universitätssiegel
Internationales Institut für Sozial-
geschichte, Amsterdam

6.223
Hallische Jahrbücher für deutsche
Wissenschaft und Kunst
Hrsg. von Arnold Ruge und
Theodor Echtermeyer in Halle
Jg. 1/1838, 2. Halbjahr,
Nr. 157—312 (2. Juli—29. Dez.)
Geheimes Staatsarchiv Preußischer
Kulturbesitz, Berlin

6.224
Friedrich Engels
Karikatur der »Gesellschaft der
Freien« — Ruge, B. und E. Bauer,
Stirner, Köppen
Druck nach Zeichnung
Staatsbibliothek Preußischer
Kulturbesitz, Berlin
Abb. S. 373

6.225
Max Stirner
Der Einzige und sein Eigentum,
Leipzig 1845
Staatsbibliothek Preußischer
Kulturbesitz, Berlin

6.226
Bruno Bauer
Ausgefüllter Fragebogen (. . . für
die Herausgabe des »Gelehrten
Berlins« auf das Jahr 1845 . . .)
Staatsbibliothek Preußischer
Kulturbesitz, Berlin

6.227
Bruno Bauer
Kritik der Geschichte der Offen-
barung, Berlin 1838
Staatsbibliothek Preußischer
Kulturbesitz, Berlin

6.228
Bruno Bauer
Briefwechsel zwischen Bruno Bauer
und Edgar Bauer während der Jahre
1839—1842 aus Bonn und Berlin,
Charlottenburg 1844
Staatsbibliothek Preußischer
Kulturbesitz, Berlin

6.229
Friedrich Engels und Karl Marx

Die heilige Familie oder Kritik der
kritischen Kritik.
Gegen Bruno Bauer und Consorten,
Frankfurt a. M. 1845
Exemplar aus Heines Privatbi-
bliothek
Heinrich-Heine-Institut,
Düsseldorf

7. Luisenstadt

Aus der Kindheit von Heinrich Eduard Kochhann, Sohn eines Bäckers in der Luisenstadt, Dresdener Straße 34:

Aus der Jugendzeit.
Meine Erinnerungen — aus persönlichen Erlebnissen und Mitteilungen entstanden — beginnen im Hause meiner Geburt in der Dresdener Straße (damals Nr. 34), in welchem mein Vater, der Bäckermeister Johann Gottfried Karl Kochhann, eine Bäckerei betrieb. . . .
Um die sozialen Verhältnisse jener Zeit und meinen Lebensgang leichter verstehen zu können, wird eine Schilderung des topographischen Bildes von Berlin, insbesondere der Gegend, wo ich geboren bin, hier an der Stelle sein. Die Dresdener Straße im Zuge der Neuen Roßstraße war wenig über unser Haus hinaus zusammenhängend bebaut. Es wechselten Wohnhäuser mit Mauern und Zäunen, welche die von Gärtnern und Ackerbürgern bewohnten Grundstücke begrenzten. Am Knie der Straße, wo ehemals ein Försterhaus stand, befand sich eine Scheune, welche den Anfang des Köpenicker Feldes bezeichnete. Durch dasselbe führte bis zum Kottbusser Tor ein Damm, dessen Pflaster total zerfahren war und zu dessen Seiten gekappte Weidenbäume standen. Diese ganze Strecke blieb im Sommer wegen des tiefen Sandes und in den andern Jahreszeiten des grundlosen Schlammes halber, schwer zu begehen. Die von der Alten Jakobstraße, parallel der Dresdener Straße, abzweigende Stallschreiber Gasse hatte nur einstöckige Gärtnerhäuser und sehr viele Zäune. Sie endete gleichfalls mit einer Scheune am Ausgange zum Köpenicker Felde; ein schmaler Sandweg leitete zum Kottbusser Tore. Die Schäfergasse, zu der wir durch unseren Garten einen Zugang hatten, war im eigentlichen Sinne ein Ackerweg für das daselbst gelegene Gutsamt, welches seine zahlreiche Schafherde auf diesem Wege auf das nahe Köpenicker Feld entsandte. Ein Feldweg, mit Weiden bepflanzt, brachte den Wanderer durch tiefen Sand ungefähr zu der Stelle der Köpenicker Straße, wo jetzt der Kanal

7.19   Weinberg um das Jahr 1800

Sonja Günther
Die Luisenstadt
»Bürgerliches Gewimmel« und »sanfte Gartenlust«

Die Köllnische oder Köpenicker Vorstadt ». . . liegt südöstlich vor Neukölln, wovon sie durch den Festungsgraben getrennt wird. Nach Nordosten wird sie von der Spree vom Oberbaum bis zum Festungsgraben, nach Süden von der Stadtmauer vom Schlesischen bis ans Hallische Thor; nach Westen von der Lindenstraße auf der Friedrichsstadt und nach Nordwesten vom Festungsgraben begränzt«.[1] So wird in Friedrich Nicolais Beschreibung der Königlichen Residenzstädte Berlin und Potsdam« von 1786 die »Luisenstadt« — wie der Stadtteil nach 1802 hieß — markiert. In der ersten Hälfte des 19. Jahrhunderts war die »Luisenstadt« sehr idyllisch. Durch wogende Felder, blumige Wiesen, blühende Gärten zogen sich sanft geschwungene Wege, die zum Lustwandeln einluden. Ländliche Gasthöfe standen vereinzelt dazwischen, boten Rast und Erquickung. Die Bebauung war auch im Norden locker, und in Noëls Luisenstadt-Chronik lesen wir, daß noch im Jahre 1843 das »Köpenicker Feld zwischen der Dresdener- und Köpenickerstraße mit wogenden Saatfeldern bedeckt« gewesen sei und daß »zwischen Stallschreiber- und Feldstraße [heute Alexandrinenstraße]. . . die Gärtner ihren Gemüsebau« betrieben hätten. »Erst im Herbste 1843«, schreibt er weiter, »war die bereits 1823 angeregte Separation zum Abschluß gekommen, durch welche der bisher im Gemenge gelegene Acker den einzelnen Besitzern zu freiem Eigentum unter gleichzeitiger Berück-

sichtigung des ihnen zustehenden Hütungsrechts auf den Wiesen vor dem Schlesischen Tor überwiesen wurde. Nunmehr konnte die Bebauung des Köpenicker Feldes beginnen, welche zunächst allmählig und vom Jahre 1872 an, in überraschend schneller Weise erfolgte«.[2] In einem Zeitraum von nicht ganz fünfzig Jahren waren in der »Luisenstadt« — einst beliebtem Naherholungsgebiet der Berliner — die Mietskasernen des heutigen Neukölln und Kreuzberg entstanden: Wohnstätten unzähliger Arbeiterfamilien als Spekulationsobjekte.

Die folgenden Seiten seien einer Rekonstruktion der Entwicklung der »Luisenstadt« in der ersten Hälfte des 19. Jahrhunderts gewidmet: Ihren Grünflächen, Straßenzügen und Häusern, der Arbeit und der Freizeit ihrer Bewohner. Nicolai und Noël befaßten sich eingehend mit diesem schönen Berliner Stadtbezirk. Wilhelm Mila (1829), Johann Friedrich Bachmann (1839), Ernst Fidicin (1843) und Robert Springer (1878) wählten die »Luisenstadt« als Bestandteil ihrer Chroniken.[3]

Heinrich Eduard Kochhann, Stadtverordneten-Vorsteher und Ehrenbürger Berlins, war ein Kind der »Luisenstadt«. Er wurde 1805 in der Dresdener Straße geboren, wo sein Vater eine Bäckerei besaß. Kochhann berichtet in seinen Tagebüchern, daß sich in der »Luisenstadt« »ihres Glaubens wegen flüchtig gewordene französische und flandrische Gärtner angesiedelt« hätten.[4] Auch bei Fidicin lesen wir von »französischen Protestanten, Waldensern, Wallonen und Schweizern, von denen sich viele auf dem Cöpenicker Felde besonders als Gärtner ansiedelten«. Ihren Aufschwung erlebte die »Luisenstadt« »unter Friedrich Wilhelms III. gesegneter Regierung«.[5] Neue Straßen und Plätze wurden angelegt, viele neue Häuser wurden gebaut. Das

Jahr 1802 erscheint für die »Luisenstadt« von besonderer Bedeutung: »...die Straßen [wurden] an den Eckhäusern bezeichnet, und die Häuser über dem Haupteingange mit goldenen Ziffern auf blauem Bleche versehen...«,[6] das Schlesische Tor wurde angelegt. Das wichtigste Ereignis dieses Jahres war aber, daß die »von Allen mit der innigsten Liebe verehrte Königin Luise« am 5. April 1802 dem ab jetzt nach ihr benannten Stadtteil eine neue Fahne schenkte. Die »Luisenstadt« wird in den

Rang eines 6. Stadtteiles der königlichen Residenz Berlin erhoben. Die Kirche bekommt den Namen »Luisenstadt-Kirche«.[7]

1803 zählt die »Luisenstadt« in 590 Häusern 13 220 Einwohner, deren Zusammensetzung erwähnenswert erscheint: 2 538 Männer mit eigenem Hausstand; 2 406 verheiratete und 65 geschiedene Frauen; 3 022 Kinder unter und 2 130 über zehn Jahren; 1 038 Gesellen und 202 Lehrlinge; 804 Dienstboten und 188 Tagelöhner. Von der oben

dieselbe durchschneidet, und wo auf dem Magistratsholzplatze ein Kalkofen sich befand. Ein Fußweg vom Eingange der Gasse zum Köpenicker Felde stellte die Verbindung mit dem Kottbusser Tore her und kreuzte in der Nähe des jetzigen Oranien-Platzes den großen Kommunikationsweg, welcher das ganze Köpenicker Feld durchquerte und die Pionier-Kaserne mit der Husaren-Kaserne in der Feldstraße verband. Bei der notwendigen Sparsamkeit in den ersten Jahren meiner Verheiratung war es für meine Frau und für mich ein beliebter Spaziergang, von unserer Gartentür aus die Wege des Köpenicker Feldes zu gehen, wobei wir uns an den wogenden Kornfeldern und den blühenden Kartoffelpflanzungen erfreuten, auch von den Türmen der Stadt die Glocken läuten hörten. Diese Erholungsgänge nach getaner Arbeit geschahen meist des Abends. Die Schäfergasse befand sich freilich oft in einem unglaublichen Zustande. Jeder angrenzende Besitzer, auch mein Vater, hielt sich für berechtigt, alles Unkraut des Gartens und alle Abgänge des Hauses auf den ungepflasterten Damm der Gasse hinaus zu werfen und so diesen noch grundloser zu machen, als er schon war. Eigenes Bedürfnis und Mitleid mit den Passanten veranlaßte die Anwohner zuweilen die entstandenen bergartigen Ungleichheiten zu ebenen, auch zur Regenzeit Gangsteine für die Fußgänger auszulegen.

Das ganze weite Terrain zwischen der das Hallische und Schlesische Tor verbindenden Stadtmauer einerseits, der Köpenicker und Jakob-Straße andererseits, wurde das Köpenicker Feld, seit 1802 zu Ehren der Königin Luise die Luisenstadt genannt.

Die Spree bildete im Osten eine unüberbrückte Grenze. Zwischen dem Oberbaum und der Waisenbrücke vermittelten Kähne den Personenverkehr mit dem Stralauer Viertel, in dessen zahllosen Gassen ausschließlich Gärtner wohnten. Eine solche vielbenutzte Überfahrt war an der Stelle der jetzigen Jannowitz-Brücke. Für 3 Pfennige Fährgeld gelangte man dort von der Holzmarktstraße durch die Wassergasse in die Jakobstraße. Die Überfahrtstellen wurden häufig mit sogenannten Aufschwemmen verbunden, ausgetieften Uferstellen, von welchen die Floßhölzer vermittelst eiserner Ketten durch Pferde auf das Land gezogen und auf langgestreckte Wagen geladen wurden.

. . .

Um 12 Uhr ward in jeder bürgerlichen Haushaltung zu Mittag gegessen; dann durfte der Meister nicht fehlen; er nahm bei Tisch die erste Stelle ein, Frau, Gesellen, Kinder, Lehrlinge und Dienstboten reiheten sich an zu gemeinschaftlichem Mahle, von einem Kind oder der Frau mit einem Tischgebet eröffnet. Nach kurzem Mittagsschlafe ging mein Vater täglich in Begleitung zweier Freunde nach der Hasenheide, wo er mit anderen Bekannten: Handwerkern, Beamten, Malern und Schriftstellern beim Kegeln und Plaudern sich die Zeit vertrieb. Abends 6 Uhr war er pünktlich zum einfachen Abendbrot wieder zu Hause; dann aber eilte er zu einem Schlaftrunke nach einer nahen oder weiter entfernten Bierstube, in welcher ein kräftiges Weißbier geschenkt wurde. . . .
(Kochhann, Tagebücher, Bd. 1, S. 3, 17 ff., 38 f)

oben: 7.29
Belle-Alliance Platz und Hallesches
Tor um 1850
unten links: 7.38
Haus des Hofschuhmachers Lauffer
Jacob Straße 47
unten rechts: 7.33
Linden Straße 4

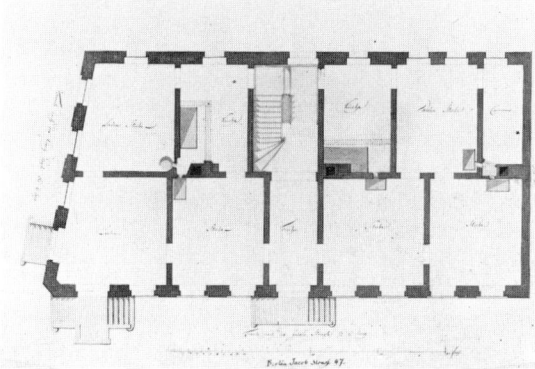

S. 388
oben: 7.20
Berlin vom Kreuzberge aus gesehen
um 1825
unten links: 7.9
Das Dorf Rixdorf

unten rechts: 7.10
Das Dorf Tempelhof

erwähnten Einwohnerzahl hatten 1 108 das Bürgerrecht. Bachmann zählt 227 »Franzosen«, 18 »Böhmen« und 11 »Juden«.[8] Rückblickend gibt er die liebevolle Beschreibung:

»Die Straßen haben allmählig ein reinliches Pflaster erhalten; aus den Zäunen sind Mauern, aus den dürftigen Lehmhütten hohe, massive Häuser geworden. Jetzt dürfen wir uns der Vergleichung mit anderen Theilen Berlins nicht mehr schämen. Ja, wir haben den Vorzug, in festen, städtischen Häusern zu wohnen und doch Gottes freie Natur in Gärten und Saatfeldern so nahe zu haben, bürgerliches Gewimmel und ländliche Stille, Nahrungsfleiß am Tage und sanfte Gartenlust am Abend leicht miteinander verbinden zu können«.[9]

389

links: 7.148
Weißzeug-Händlerin   um 1845
rechts: 7.149
Zucker-Bäckerin   um 1845

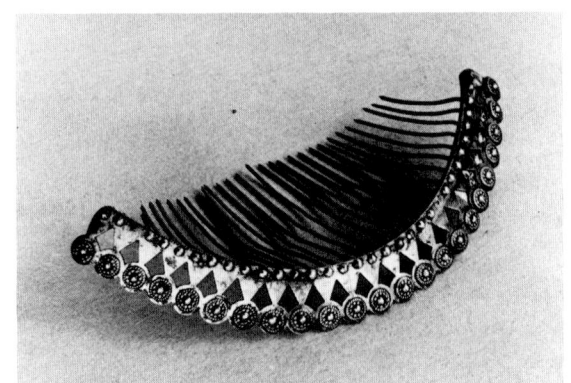

7.138
Diadem   um 1820

links: 7.124
Schutenhütchen
rechts: 7.126
Damenschuhe   um 1840/45

390

Das Kleinbürgertum schafft seine Institutionen — Gründungen von öffentlichen Anstalten zum Wohle der Luisenstadt-Bewohner

Zwei Bildungsanstalten in der »Luisenstadt« — beide gegründet im Jahre 1807 — verdienen besondere Beachtung: Das »Friedrichsstift«, welches durch den Hauptmann Carl von Neander ins Leben gerufen wurde. Es befand sich im ehemaligen »Möllendorffschen Lazareth« an der »Communication« am Halleschen Tor Nr. 4 und 5 und war »für 70 bis 80 arme Soldatenkinder beiderlei Geschlechts von 8 bis 14 Jahren bestimmt, die zu Handwerkern und Dienstmädchen ausgebildet werden sollten«.[10] Die andere Anstalt hieß »Luisenstift«. Um sie hatte sich der Architekt Ludwig Friedrich Catel verdient gemacht. Sie war eine »Erziehungs- und Industrie-Anstalt« für Knaben zwischen sieben und zehn Jahren. Die Kinder wurden im »Luisenstift« — wie es hieß — »zur Ordnung und Arbeitsamkeit, zu Gehorsam und guten Sitten« erzogen. Später wurden sie Handwerkslehrlinge. Das »Luisenstift« befand sich in der ehemaligen Berlinischen Probstei in der Probstgasse 7, nach 1838 verlegte man es in die Husarenstraße 16.[11] Streng und autoritär war der Unterricht gestaltet. Eduard Kochhann berichtet über seinen Lehrer: »Morgens schon vor Beginn des Unterrichts saß er an einem Tisch inmitten seiner Klasse, mit dem Schneiden neuer oder dem Spitzen alter Gänsekiele beschäftigt. Jeder eintretende Schüler mußte ihm laut einen guten Morgen bieten und sich dann absolut schweigend auf seinen Platz begeben. Auf dem vor ihm stehenden Tische hatte er die für den Unterricht erforderlichen Bücher, ein blauleinenes Taschentuch, eine Schnupftabaksdose und als unentbehrliches Lehr- und Zuchtmittel einen Rohrstock liegen. Ein schärferer Strafapparat, der Ziemer, befand sich unter ihm auf dem Sitzbrette seines Stuhls. Regelmäßig um 10 Uhr brachte die Frau das Frühstück in die Klasse: zwei mit Fleisch belegte Butterbrote und ein Gläschen Schnaps. Bei aller Mangelhaftigkeit der technischen und räumlichen Ausstattung wurden jedoch Ordnung, Sittlichkeit und Reinlichkeit mit großer Strenge gepflegt«.[12]
Seit 1829 gab es in der Husarenstraße 15 eine Töchteranstalt. Die Mädchen trugen Rock und Jacke aus grüner Baumwolle, darüber eine gestreifte Schürze, wurden von Prediger Bachmann »im Christenthume« unterrichtet, um »tüchtige Dienstboten« zu werden.
1825 war der »Luisenstädtische Wohlthätigkeits-

7.73
Zum Besten des Vereins der Klein-Kinder-Bewahranstalten um 1840

Verein« gegründet worden. Hier wurden die Kinder der Armen aufgenommen. »Es fanden sich nämlich in der Luisenstadt über 400 schulfähige Armenkinder, von denen mehr als ein Drittel keinen Unterricht erhielt. Die meisten derselben konnten schon deshalb keine Schule besuchen, weil sie von ihren Eltern auf Fabriken geschickt und zu anderen Arbeiten verwendet wurden, um ihren Lebensunterhalt zu verdienen«.[13] Im Jahre 1800 lesen wir in der Zeitschrift »Berlin« von der Aktion »Rumfordsche Suppe«. Sie wurde für die Armen ausgegeben. Sattlermeister Mink in der Kochstraße und die Witwe des Schlächtermeisters Schmidt in der Sophien Kirchgasse kochten dieses Gericht, der Prediger Kütze beaufsichtigte die Verteilung. Jeder Arme hatte beim Füllen seines Tellers eine Marke vorzuzeigen, die ihm aber wieder abgenommen wurde, sobald man in Erfahrung brachte, daß er »unordentlich oder ausschweifend« lebte.[14]
An öffentlichen Einrichtungen zum Wohle der Luisenstadt-Bevölkerung seien noch folgende Anstalten genannt: Eine Klein-Kinderbewahranstalt befand sich seit 1835 in der Köpenicker Straße 115, in der Sebastinas Kirchgasse 20 wurde 1836 die Höhere Luisenstädter Stadtschule eröffnet. 1845—49 wurde nach vereinfachten Plänen von Persius das »Kranken- und Central-Diakonis-

7.162
Moderne Erziehungskunst und
Antikes Schulwesen 1825

7.153   Ein Armen-Wächter

7.278
Krankenhaus Bethanien

7.152
Schusterwerkstatt am Sonntagmor-
gen   1845

393

7.44
Militär Reitschule und Kaserne des Kaiser Franz Grenadier-Regiments um 1830

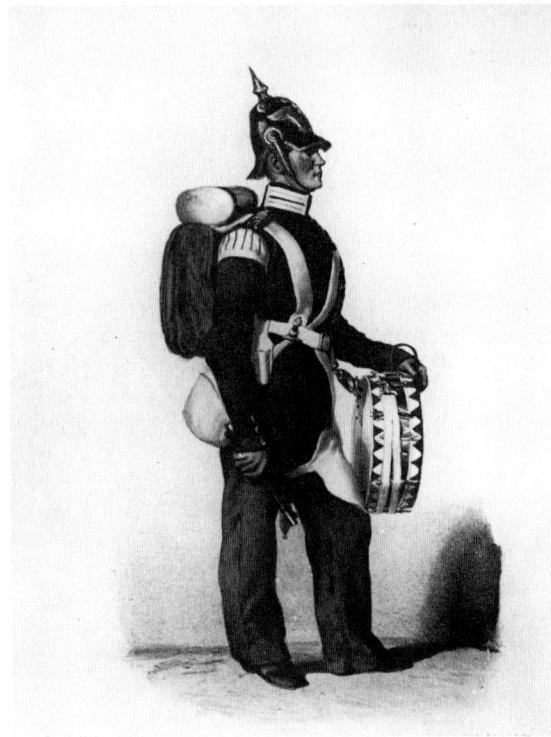

senhaus Bethanien« erbaut, dessen elegante gußeiserne Treppenkonstruktion allgemein bewundert wurde. Schon seit 1828 hatte es in der Oranienstraße das Jakobs-Hospital gegeben.

Die Kasernen

Neben der Handwerkstradition bestimmte das Militär den Charakter der »Luisenstadt«. Eine Reihe von Kasernen, Ställen und Reitbahnen säumten das Gebiet im Westen und im Osten. Offiziere und Soldaten ritten und marschierten durch die Straßen, saßen in den Schenken oder flanierten des abends mit ihren Liebchen entlang des Schaafgrabens oder der Spree. Die Kommandantenstraße wurde nach dem Kommandanten Graf von Lottum benannt, der im Haus Nr. 15 seine Wohnung hatte. Die Kaserne für das Lottumsche Regiment — seit 1829 für das Kaiser Franz Grenadier-Regiment — wurde 1753 von Boumann dem Älteren erbaut, sie befand sich ebenfalls in der Kommandantenstraße. Derselbe Boumann hatte auch die Kaserne für das Pfuehlsche Regiment erbaut. Sie diente später dem Garde-Schützen-Bataillon und stand in der Köpe-

7.52
Kaiser Franz Grenadier-Regiment. Tambour in feldmäßiger Ausrüstung um 1845

7.22
Gasthaus zum Rollkrug Hasenheide

nicker Straße. Daneben befand sich die Kaserne der Garde-Pioniere, für die ebenfalls Boumann als Architekt benannt wird. Dieser hatte auch das sogenannte »Montirungs-Magazin« gebaut. Hier gab es Modelle von französischen Festungen zu sehen, 1777 wurde auf diesem Gebäude der erste »Wetterableiter« angebracht.

In allen Beschreibungen der »Luisenstadt« wird stets die Köpenicker Straße ihrer besonderen Schönheit wegen hervorgehoben, offenbar weil sich dort Kasernen befanden. Mila schreibt: »Außer mehreren Holzmärkten, großen Gärten, Kalkbrennereien, einem Salzhause für die schlesische Salzschiffahrt befand sich in der Köpenickerstraße, der Kaserne und dem Montirungsmagazine beinahe gegenüber, der große und schöne Garten des jüdischen Bankiers Daniel Itzig, No. 165 bis 68, sonst Luisenhof genannt ...«.[15] An Kasernen in der »Luisenstadt« seien noch genannt: Die Garde-Dragoner-Kaserne in der Husarenstraße, die Garde-Kürassier-Kaserne an der »Communication« und nicht zuletzt Schinkels Militär-Arrestanstalt in der Lindenstraße, Ecke Hasenhegergasse.

Freizeit

Johann Friedrich Bachmann, der fromme Prediger und Chronist der Luisenstadt, beklagte sich 1838 darüber, daß lockere Sitten in der »Luisenstadt« eingerissen seien. Die vielen Gasthöfe in der Hasenheide würden dazu führen, daß »der sittliche Ernst und die Einfachheit im Genusse der Erdengüter, das stille häusliche Glück wie der kirchliche Sinn immer mehr« dahinschwänden.[16] Und Schaeffer berichtet, daß in den Gartenlokalen der Hasenheide und des Kreuzberges schon geraucht werden durfte, »als noch innerhalb der Ringmauern das Tabakrauchen auf der Straße verboten war«.[17] 1828 standen auf der Hasenheide elf Häuser, vier davon waren Gasthöfe. 1827 hatte man begonnen, das erste Berliner Bier zu brauen. Georg Hopf, ein Pfälzer, der die Witwe des Besitzers der Habelschen Weinhandlung geheiratet hatte, stellte es nach bayrischem Brauverfahren her. 1838/39 baute Hopf eine Brauerei auf dem Tempelhofer Berg, 1840 wurde von der Familie Hopf ein Mühlengrundstück erworben. Hier gaben des sonntags Garde-Dragoner Konzerte, Bänke und Tische

Brendeke halte mir ick werde schwindlig

7.263 *Brendecke, halte mir . . .*
um 1829

7.265
Die patentirte Trink-Anstalt für
künstliche Mineralbrunnen von
Dr. Struve und Soltmann in Berlin
um 1825

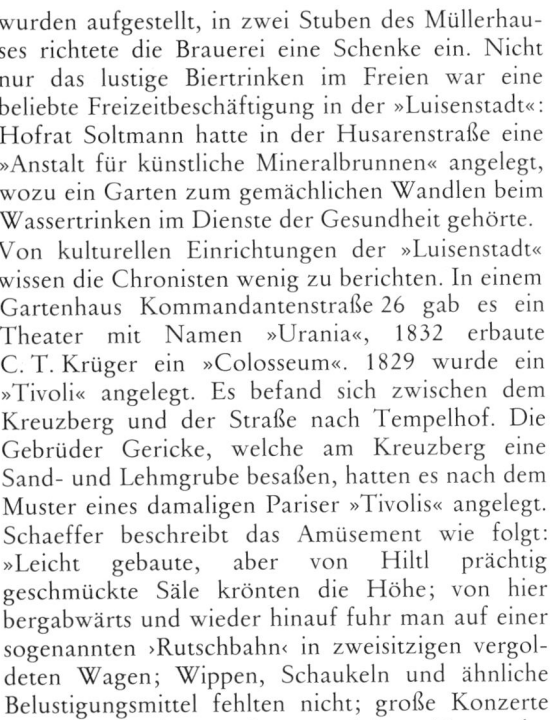

wurden aufgestellt, in zwei Stuben des Müllerhauses richtete die Brauerei eine Schenke ein. Nicht nur das lustige Biertrinken im Freien war eine beliebte Freizeitbeschäftigung in der »Luisenstadt«: Hofrat Soltmann hatte in der Husarenstraße eine »Anstalt für künstliche Mineralbrunnen« angelegt, wozu ein Garten zum gemächlichen Wandeln beim Wassertrinken im Dienste der Gesundheit gehörte. Von kulturellen Einrichtungen der »Luisenstadt« wissen die Chronisten wenig zu berichten. In einem Gartenhaus Kommandantenstraße 26 gab es ein Theater mit Namen »Urania«, 1832 erbaute C. T. Krüger ein »Colosseum«. 1829 wurde ein »Tivoli« angelegt. Es befand sich zwischen dem Kreuzberg und der Straße nach Tempelhof. Die Gebrüder Gericke, welche am Kreuzberg eine Sand- und Lehmgrube besaßen, hatten es nach dem Muster eines damaligen Pariser »Tivolis« angelegt. Schaeffer beschreibt das Amüsement wie folgt: »Leicht gebaute, aber von Hiltl prächtig geschmückte Säle krönten die Höhe; von hier bergabwärts und wieder hinauf fuhr man auf einer sogenannten ›Rutschbahn‹ in zweisitzigen vergoldeten Wagen; Wippen, Schaukeln und ähnliche Belustigungsmittel fehlten nicht; große Konzerte und Feuerwerke wurden an einigen Tagen der Woche gegeben. Zu Anfang war der Besuch ein reger, an Feuerwerksabenden auch außerhalb des Zaunes; allein 10 Sgr. Eintrittsgeld und 2 ½ für jede Rutschfahrt, das konnten doch nicht viele Berliner sich mehr als einmal leisten. Der Fremdenverkehr aber war so schwach, daß sein Einfluß gar nicht in Betracht kam. So war die Blüte bald vorüber; doch vegetierte das Unternehmen noch eine Reihe von Jahren«. 1856 brannte das Berliner »Tivoli« ab, ein Jahr später erwarb die »Berliner Brauerei-Aktien-Gesellschaft« das Grundstück.[18]

Mehr Beteiligung hatten Volksfeste, so etwa der »Stralauer Fischzug«. Jedes Jahr, am 24. August, »morgens um 5 Uhr wurde nach uralter Sitte unter Pauken- und Trompetenschall das Netz dreimal, für den Berliner Magistrat, für den Prediger und für den Ältesten des Dorfes ausgeworfen. Den ganzen Tag über war aber ein lustiges Treiben auf der Wiese, an der Spree und um die alte Kirche herum, wo lange Budenreihen mit Eß- und Trinkwaren und allerlei Sehenswürdigkeiten aufgestellt waren«.[19] Ebenso beliebt wie der sonntägliche Ausflug nach Stralau war ein solcher nach Treptow. 1817 ließ der Berliner Magistrat dort das Gasthaus »im eleganten Style« erbauen, um 1840 wurde die Straße nach Treptow »chaussirt«.[20]

7.259
Der Stralower Fischzug
um 1825

7.261
Treptow am Tage des Stralower
Fichzuges 1830

7.267
*Die Schwimmschule des General-
majors Pfuehl an der Spree
um 1835*

Pfuehls Schwimmanstalt und Jahns Turnplatz —
Körperliche Ertüchtigung im Naherholungsgebiet

An der Spree hatte der General-Major von Pfuehl
eine Schwimmanstalt angelegt, »wo jeder zur Som-
merzeit das Schwimmen erlernen kann«.[21] In erster
Linie diente diese Badeanstalt der Ertüchtigung der
Soldaten. In einem hölzernen Badehaus befanden
sich die Umkleidekabinen, über Stege und Leitern
gelangte man ins Wasser. Friedrich Ludwig Jahns
Turnplatz auf der Hasenheide erfreute sich regen
Besuchs. 1813 kamen 370 Turner, drei Jahre später
war die Zahl auf 1037 angestiegen. Jahn soll in seinem »Turnanzug aus grauem Leinen mit langer
Hose und kurzer Jacke« großes Aufsehen erregt
haben.[22] »Mittwochs und sonnabends zog er mit
einigen Schülern auf die Wiesen zwischen dem
Halleschen und Kottbusser Tor oder in die Hasenheide; dort wurde gespielt und der Anfang des Turnens betrieben . . . Der erste Turnplatz war sehr
einfach eingerichtet. Da waren zwei leichte Sprin-
gel mit eiserner Spitze nebst einem Seil mit zwei
Sandsäcken, da waren ein paar Gerstangen für den
Speerwurf, da diente der waagerechte Ast einer
Eiche als Reck; außerdem wurden Sandgruben
zum Tiefspringen und die steilen Wände der Roll-
berge zum Sturmlauf benutzt. Das war alles«.[23] Am
14. November 1810 gründete Jahn gemeinsam mit
anderen den »Deutschen Bund« mit dem Ziel, die
Franzosen zu vertreiben. Als Ort für ihre Verschwörung hatten sie eine steile Schlucht gewählt,
den »Dusteren Keller«. Er wurde zur Lagerung von
Wein benutzt und war wie das ganze Gebiet südlich der Bergmannstraße im Besitz der Familie Ber-
gemann, später hieß auch eine Gastwirtschaft der
»Dustere Keller«. Sie befand sich ebenfalls im Ber-
gemannschen Besitz.

7.268   *Friedrich Ludwig Jahn*

Der erste Turnplatz Deutschlands — jetzt Karlsgärten —
in der Hasenheide bei Berlin im Jahre 1818.

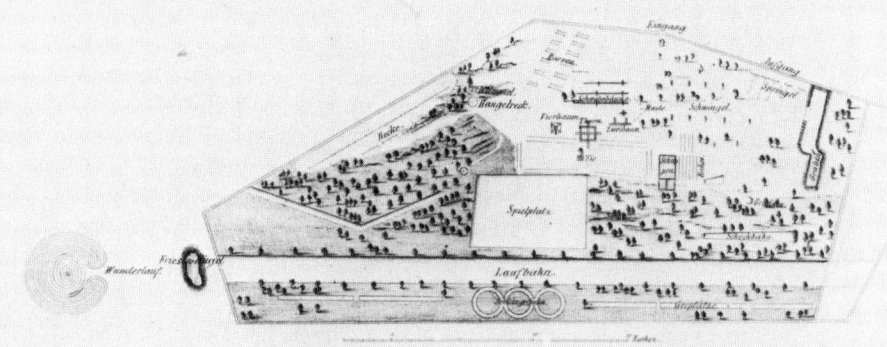

Gedenkblatt zur 50sten Jahresfeier des deutschen Turnens.

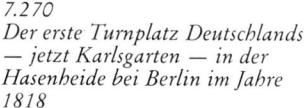

7.270
*Der erste Turnplatz Deutschlands
— jetzt Karlsgarten — in der
Hasenheide bei Berlin im Jahre
1818*

7.62 *Ferdinand von Schill   1810*

7.60 *Le Camp Napoléon Bourg — Fran-*
zösisches Lager bey Berlin   1808

Die Franzosenbesetzung

Die »Luisenstadt-Idylle« wurde empfindlich gestört, als am 23. Oktober 1806 französische Truppen in Berlin eintrafen. Zwei Divisionen des Marschalls Davout lagerten bei Tempelhof und besetzten das Hallesche Tor. Am 25. Oktober zog die von den Berlinern als »Löffelgarde« bezeichnete Besatzung ein. »Es hatte nämlich jeder Soldat auf seinem dreieckigen Hut einen Kochlöffel stecken. Es waren Soldaten, ohne Tritt sich zum Tore eindrängend, in unordentlichem Anzug, die Hüte kreuz und quer aufgesetzt, die Beinkleider schmutzig und stark zerfetzt, die Füße nackt oder mit zerissenen Schuhen bekleidet«.[24] Offensichtlich wirkten die Franzosen im Gegensatz zu den preußischen Truppen recht schlampig. Am 28. April 1809 ritt Ferdinand von Schill »mit seinen Husaren nachmittags um 4 zum Halleschen Tore hinaus, anscheinend zu

einer Feldübung, die er bis Steglitz ausdehnte«, hieß es in Paul Schaeffers Beschreibung »Vor dem Halleschen Tore«.[25] Schill hatte ohne Befehl Berlin verlassen, um eigenmächtig einen Aufruf zum Kampf gegen die Franzosen zu entfesseln. Er selbst fiel bei Stralsund, elf seiner Offiziere wurden bei Wesel standrechtlich erschossen.

Die Franzosenbesetzung hatte über Berlin Hungersnot und Armut gebracht. Endlich, im Jahre 1813, schien die Zeit der Freiheit angebrochen. 1814, zum Gedenken an die Völkerschlacht bei Leipzig »brannten 60 gewaltige Freudenfeuer auf den südlichen Höhen von den Rollbergen bis nach Steglitz. Das großartigste war auf der Lärmkanonenschanze gegenüber dem Wirtshause zum Dusteren Keller; es brannte von 7—12 Uhr. Auch Jahn mit seinen Turnern hatte in Gegenwart des Kronprinzen einen großen Holzstoß als Freudenfackel entzündet«.[26]

7.61
Vor dem Cottbusser Tor   um 1810

7.67
*Der 18. October oder das Fest aller
Deutschen. Blatt zum Gedenken an
die Völkerschlacht bei Leipzig vom
16. bis 19. Oktober 1813*

7.159
Die Nähstube

Von der Handwerkeridylle zum bürgerlichen Fabrikbesitzer

Mit den neuen Sitten des kommunikativen Verhaltens, der Auflösung der Familie, der bis in die späte Nacht besucherfreudigen literarischen Salons, mit den sich politisch betätigenden Studenten wie in der »Friedrichstadt«, war man in der »Luisenstadt« keineswegs einverstanden. Hier wurden noch Vater und Mutter geehrt, hier saß man sittsam beim Mahle und des sonntags war es üblich, daß aus den Kellerwohnungen Loblieder auf Gott erklangen. In den »Jahrbüchern der preußischen Monarchie« von 1798 hieß es, daß in den Familien des »geringeren oder ärmeren Bürgerstandes« noch Zucht und Ordnung herrschten: »Da schallt auch noch sonntags zwischen eilf und zwölf Uhr aus dem nahe an der Erde liegenden Hausgeschoß das alte ›Lobet den Herrn, denn er ist freundlich‹ des Meisters nach dem Genuß des Bratens aus dem mit Vögeln und Blumen geschmückten Fenster; da beten die gedrungenen Buben mit den bunten Pelzmützen in der Hand noch ihr: Es walt Gott! Da wird noch Vater und Mutter geehrt«.[27]
Hatten die Bewohner der »Friedrichstadt«, die Intellektuellen, Kunst und Literatur, politische Diskussion und Wissenschaft als Kampfmittel um ihre gleichberechtigte Position im Staatsgefüge benutzt, die Kleinbürger der »Luisenstadt« blieben bei Sittsamkeit, Häuslichkeit, sie pflegten die Idylle. Sie verehrten ihre schöne Preußenkönigin Luise, die sich bewußt bürgerlich, sanft, mildtätig und fromm gab. Um sie entstand der »Luisenkult«; noch lange nach ihrem Tode sprach man in Berlin von dem nach ihr benannten »Luisenblau«, das neben Weiß ihre Kleidung auszeichnete. Allerdings hatte sie auch Gegner, wie etwa Alexander von Humboldt, der sie »äußerst selbstsüchtig, verschlagen und versteckt« nannte. Sie, die mit ihren Berlinern litt, als die Stadt von den Franzosen besetzt war, soll sich beklagt haben, daß es in dieser Zeit im königlichen Schloß zu Mittag nur vier Gänge gäbe, am Abend sogar jetzt nur noch drei.[28] In der »Luisenstadt« war man froh, daß der Stadtteil den Namen der sanften Frau mit dem Glorienschein Preußens tragen durfte. Das von ihr gepflegte Familienidyll war auch das der Handwerker, welche ganz allmählich begannen, sich zu Fabrikanten zu entwickeln. Tobias Christoph Feilner, dessen Terrakotta-Arbeiten von Schinkel sehr geschätzt wurden, war 1793 nach Berlin gekommen. 1812 hatte seine Manufaktur 120 Beschäftigte. 1826 wurde der »Imperial

7.23
Die »Gas Erleuchtungs Anstalt«

7.87
*Die Goldschmidt'sche Kattunfabrik
in der Köpenicker Straße*

Bericht von Bertha Hauschild, der Tochter des Schlossermeisters Hauschild. Sie wird auf Eduard Gaertners Gemälde »Wohnstube des Berliner Schlossermeisters Hauschild« von der Mutter auf dem Arm gehalten. Bertha schildert ihre Kindheit in Berlin etwa in den Jahren 1845—1850: Erinnerungen meiner Jugend und wie es damals in Alt-Berlin aussah, will ich, wie es mir gerade einfällt, berichten.

Wir waren 11 Geschwister, von denen drei frühzeitig starben. Außerdem wohnte bei uns die alte Großmutter und 3 alte Tanten waren viel im Hause, um unserer Mutter in der Wirtschaft zu helfen. Es gab viel zu tun. Wie freuten wir uns, wenn wieder ein Schwesterchen geboren wurde, denn der Storch brachte jedesmal einen Teller Mandeln und Rosinen mit.

Unsere Wohnung war geteilt, auf der einen Seite hatte unser Vater seine Zimmer, dahinter war ein größerer Saal für Familienfestlichkeiten bestimmt, auf der anderen Seite wohnten Mutter und wir Kinder. Die Kleinsten schliefen bei ihr, die größeren eine Treppe höher mit der Großmutter und den Mädchen.

Wir aßen mit unserer Mutter, wenn wir aus der Schule kamen, denn es war noch nachmittags Unterricht. Unser Vater aß später, wenn er aus der Stadt und der kleinen Weinstube kam. Wir hatten einen großen Respekt vor ihm. Wir sahen ihn so wenig, mußten aber jeden Abend zu ihm rübergehen und »Gute Nacht« sagen. Wir waren froh, wenn wir es glücklich hinter uns hatten. Er war trotzdem sehr gut zu uns und war stolz auf seine Töchter. War Besuch bei ihm, mußten wir rüberkommen, Gedichte aufsagen, etwas vortanzen oder Klavier spielen, was er sehr gern hörte. . . .

Zur Wäsche kamen vier Waschfrauen nachts um 2 Uhr und wuschen 2 Tage hintereinander! (Für 20 Silbergroschen.) Dann kam die Wäsche nach dem Boden, eine Plättstube mit Rolle war im Hause. Beim Plätten mußten alle helfen, sogar wir Kinder bekamen kleine Plättbretter und Eisen dazu. Das Wasser zur Wäsche wurde aus der Spree geholt. Dahin gingen auch die Mädchen

Continental Gas Association« das Recht eingeräumt, zwischen Kottbusser und Halleschem Tor die Gasbereitungsanstalt zu errichten. Berliner staatliche Institutionen gab es außer den Kasernen in der »Luisenstadt« sonst nicht. Entlang der Spree standen Magazine, Kalkscheunen, Manufakturen und Fabriken: das Eisen-Kupfer- und Messingwerk von Ravené und Heckmann; die Bartholdische Meierei mit Windmehlmühle und englischem Park nach Entwurf von Zelter; die Zuckersiederei Habel; die Kupferschmiede von Albrecht Mehr im »Luisenhof«; die Kattunfabriken von Dannenberg, von Grüne und Goldschmidt und von Kronheim; die Mehlmühle mit Dampfmaschine des Maschinenbauers Ostermann. Das in diesem Zusammenhang wichtigste Privatunternehmen des Schlossermeisters Hauschild befand sich in der Neanderstraße 3.

404

am Osterheiligabend um 12 Uhr, um Waschwasser zu holen. Wusch man sich damit, wurde man sehr schön. Sie durften aber beim Schöpfen kein Wort sprechen. Dann war der Zauber vorbei. Die jungen Leute suchten nun ihren Unsinn zu machen, um sie zum Reden zu bringen. Ich habe mich auch mit Wasser gewaschen, von der großen Schönheit aber nichts gemerkt. Zu den Festtagen, namentlich vor Weihnachten, war großes Kuchenbacken. Dazu kam eine Tante am Abend vorher, um alles vorzubereiten. Sie schlief auch die Nacht bei uns, alle mußten helfen. Wir Kinder haben mit Vorliebe die Mandeln gepellt. In aller Morgenfrühe wurde aufgestanden, damit die 20 bis 30 Napfkuchen und wohl 10 Bleche zum Bäcker kamen. Nachmittags zum Kaffee wurde der erste Kuchen probiert. Für jeden von uns machte die Tante einen Kuchenmann mit den üblichen Rosinen, es war der einzige Mann, den ich im Leben bekommen habe, habe es aber nicht bereut, bin auch so ganz gut fertig geworden. Nur Kinder hätte ich gerne gehabt, denn ich liebe sie sehr.

Sonntags gingen unsere Mädchen und der Gärtner nach dem Dorfkrug tanzen, wir gingen später nach und waren stolz, wenn uns der Gärtner aufforderte. Vor dem Krug spielten öfters auch Kunstreiter. Den ganzen Tag freuten wir uns darauf und gingen abends hin. Geld bekamen wir nicht, brauchten es auch nicht, denn, wenn die Frau mit dem Teller einkassieren kam, waren wir längst über den Kirchhofzaun geklettert. Ging die Vorstellung wieder an, waren wir wieder da. Mit unseren Puppen gingen wir gern spazieren nach dem Lustgarten, rannten die große Treppe rauf und runter, neben dem Museum an der Ecke stand ein alter Mann mit einem Guckkasten. Für einen Sechser konnte man darin Schlangen sehen. Daneben hatte eine furchtbar dicke Frau einen Obststand. Es hieß, ihr Körper sei der Anatomie vermacht worden und ihre Mutter, die Meiern, war die letzte, die in Berlin gerädert wurde.

Zum Weihnachtsmarkt in der

Wohnstube des Berliner Schlossermeisters Hauschild   1843

S. 404
oben: 7.221
Carl August Hauschild
unten: 7.225
Fabrikgebäude Hauschild Neanderstraße 3

Schlossermeister Hauschild — Ein Beispiel des bürgerlichen Aufstiegs

Im Jahre 1797 wurde der Berliner Schlossermeister Carl Friedrich Ludwig Hauschild Inhaber der »Ältesten Maschinen-Fabrik für Brauerei-Maschinen«. Er hatte die Firma von seinem verstorbenen Meister übernommen. Sitz war die Stralauer Straße 49. Der Betrieb war zunächst eine einfache Schlosserei, bis man Geschäftsbeziehungen zu der schräg gegenüber gelegenen Weißbierbrauerei von Albert Bier aufnahm, für die bei Hauschild Brauerei-Maschinen hergestellt und repariert wurden. Carl August Hauschild, der Sohn des Inhabers, wurde im Jahre 1800 geboren. Es muß wohl in den zwanziger Jahren gewesen sein, als der Juniorchef den Betrieb übernahm und ihn einige Häuser weiter — nämlich in die Stralauer Straße 46 — verlegte. Carl August Hauschild nahm Verbindung zu den Schiklerschen Zuckersiedereien auf, stellte Spezialmaschinen für die Formung von Würfelzukker, später auch für Schokolade her. Daneben wurde aber das Handwerk nicht vernachlässigt. »Maschinenfabrik« und »Kunstschlosserei« lautete die Firmenaufschrift des neuen Hauses in der Stralauer Straße. Die Firma Hauschild stellte auch Türschlösser sowie Geldschränke für Banken und Postämter her. Mitte der vierziger Jahre wurde der Betrieb abermals vergrößert und in die »Luisenstadt« verlegt, in das Gebäude der ehemaligen »Neanderschen Lackirfabrik und optischen Maschinenbauerei«, Neanderstraße 3, ein schönes, weinlaubberanktes, quergelagertes Wohn- und Geschäftsgebäude hinter schmalem Vorgarten mit dem dreigeschossigen, angebauten Fabrikgebäude. 1848 besaß die Firma Hauschild eine selbstgebaute Dampfmaschine von 10 PS zum Antrieb ihrer Maschinen.

Bis hierher ist das eine alltägliche Geschichte eines aufstrebenden Berliner Fabrikunternehmens. Doch gibt es zur Familie Hauschild eine andere, sehr interessante Verbindung: Im Jahre 1843 malt kein Geringerer als Eduard Gaertner die Genreszene »Wohnstube des Berliner Schlossermeisters Hauschild«. Das Bild befindet sich im Märkischen Museum in Berlin. Gaertner, seiner Berlin-Panoramen wegen berühmt geworden, malt die Familie eines Berliner Schlossermeisters, und er malt nicht nur dessen Wohnstube, sondern auch die Werkstatt. Der Handwerker Hauschild und der Künstler Gaertner waren befreundet. Nicht zuletzt deswegen, weil Hauschild die Verbindung zur Akademie anstrebte, denn Kunsthandwerk und Manufaktur wurden ja von der Akademie überwacht. Zudem war Gaertner bei der Königlichen Porzellan Manufaktur beschäftigt gewesen.

Gaertner malt die Familie seines Freundes im Hause Stralauer Straße 46, einem dreigeschossigen Gebäude mit Toreinfahrt, der Eingangstür und dem Kontor im Erdgeschoß. Die Wohnstube mag sich im ersten Obergeschoß des Hauses befunden haben. Die Darstellung Gaertners gehört zu den schönsten Familienidyllen der Mitte des 19. Jahrhunderts. Vater sitzt schinkenessend und weintrinkend am Tisch, die Großmutter mit Spitzenhäubchen in Fensternähe. Vier Töchter verhalten sich sittsam, haben große erstaunte Augen. Bertha, das jüngste Mädchen wird von der Mutter — Friederike Emilie — auf dem Arm gehalten. Elf Töchter gehörten der Familie Hauschild an, drei jedoch sind frühzeitig verstorben. Genaue Kenntnis liefert

der Bericht, welchen Bertha Hauschild über ihre Kindheit verfaßte. »Der Storch«, so schreibt sie, »brachte jedesmal einen Teller Mandeln und Rosinen mit«, wenn er wieder ein kleines Schwesterchen brachte. Bertha berichtet von einem nicht eben üppigen Familienleben, von Sparsamkeit im Hause Hauschild. Sie gibt auch eine Schilderung der 48er Revolution in Berlin, als die Revolutionäre mit roten Schärpen auf den Barrikaden in der Köpenicker- und Neanderstraße standen.

Die »Wohnstube des Berliner Schlossermeisters Hauschild« ist reich ausgestattet: Ein fein mosaizierter Fußboden, eine zartblaue, gemusterte Tapete, wozu die rosafarbenen Kleider der kleinen Mädchen vorzüglich passen. Die Möbel sind aus Nußbaum- und Mahagoniholz gefertigt. Sie sind in spätklassizistischen und biedermeierlichen Formen gehalten. Insgesamt erscheint die Raumausstattung recht geschmückt und verrät eine erste Hinwendung zum Historismus. Verglichen mit den Darstellungen der literarischen Salons kurz nach 1800 scheint hier das Idyll perfekt, die Familie in sich geschlossen.

Man schrieb das Jahr 1843, als Gaertner das Bild der Familie Hauschild malte. Kurz zuvor hatte Lenné seinen Vorschlag für die Bebauung des Köpenicker Feldes gemacht, der nicht mehr ausgeführt werden konnte; im Herbst 1843 wurde das Gelände den jeweiligen Eigentümern zur privaten Nutzung und Bebauung zugesprochen. Die »Luisenstadt« hatte jetzt 32 114 Einwohner, es herrschte Wohnungsnot. Am 15. November 1847 wurde die »Berliner gemeinnützige Baugesellschaft« gegründet, die am 1. Oktober 1849 den ersten von ihr finanzierten Wohnungsbau in der Ritterstraße 28/29 fertigstellte.

Die Fabrikunternehmer überließen die »Luisenstadt« den Grundstücksspekulanten. In der zweiten Hälfte des 19. Jahrhunderts wurden aus den blühenden Gärten und wogenden Feldern der »Luisenstadt« die finsteren Hinterhöfe zwischen dunklen Mietskasernen von Kreuzberg und Neukölln.

Breitenstraße, Schloßplatz und Lustplatz nahmen wir einen Wagen und fuhren im Schritt auf und ab, auch zur Illumination zu dem Geburtstag des Königs. Wir brannten Lichte, aber unser Nachbar Dotti farbige Talglampen, die an den Fenstern angebracht waren. Kaum waren sie angesteckt, kletterten wir Kinder auf den Sims und pusteten die untersten aus, und das wiederholte sich mehrmals.

In den Straßen brannten früher Öllampen, auch in den Theatern. Unsere Mutter erzählte, wenn sie ins Theater ging, mußte sie das Mädchen mit der Laterne begleiten und wieder abholen. Die Beleuchtung in den Straßen war sehr spärlich. Nachmittags kam der Laternenputzer, goß Öl auf die Lampen und putzte die Zylinder; wir wackelten an der Leiter und freuten uns, daß er nicht so schnell runterkommen konnte, um uns durchzuhauen. Die Revolution 48 am Sonnabend, am 18. März, fing vormittags an. Es war eine furchtbare Angst und Unruhe. Unser Vater war früh fortgegangen und noch nicht zurückgekommen. Aber nach Tisch kam er glücklich nach Hause. Nachmittags wurden Barrikaden gebaut, eine in der Köpenicker- und der Neanderstraße, die zweite vor unserem Haus. Darauf standen die Revolutionäre mit roten Schärpen und hielten Reden. Wir durften an das Fenster treten und versteckten uns, die Köchin lag in der Küche auf der Erde, schrie und betete. In der Nacht wurden die Verwundeten bei Fackelbeleuchtung vorbeigetragen. An unserer Haustüre wurde mit Gewehrkolben geschlagen, bis sie aufgemacht wurde. Dann verlangten sie, daß in der Schmiede das Feuer noch einmal angefacht wurde, um die Eisen zu spitzen. Dann gingen sie fort. Am anderen Morgen war vollständige Ruhe eingetreten.

(Maschinenschriftliches Manuskript aus Privatbesitz Dr. Thomsen, Grassau)

Anmerkungen

1 Nicolai, Bd 1, S. 140
2 Noël, S. 11 f
3 Siehe Verzeichnis der ausgewählten Literatur
4 Kochhann, Bd 1, S. 13
5 Fidicin, S. 176 f
6 Bachmann, S. 156
7 ebd.
8 Bachmanns Aufschlüsselung weist eine Differenz von 12 393 zu 13 220 Einwohnern auf.
9 Bachmann, S. 152
10 Fidicin, S. 185
11 Bachmann, S. 162
12 Kochhann, Bd 1, S. 35 f
13 Bachmann, S. 172 f
14 Berlin, II, Bd 2, 1800, S. 173 ff
15 Mila, S. 299
16 Bachmann, S. 144
17 Schaeffer, S. 53
18 ebd. S. 103 f, 108 f
19 Berlin vor 100 Jahren, o. S.
20 Fidicin, S. 186
21 Wegweiser, S. 39
22 Schaeffer, S. 78 ff
23 ebd. S. 74
24 ebd. S. 103 f
25 ebd. S. 34
26 ebd. S. 43
27 Über Berlin, S. 29
28 Mehring, S. 78 f

Verzeichnis der ausgewählten Literatur

Almanach der Mode und des Geschmacks für Damen auf das Jahr 1802, Zur Kunde eleganter Gegenstände und zur Beurtheilung des Schönen in der Tanzkunst, Schauspielkunst, Musik, Zeichenkunst, Malerei, Stickerei usw., Berlin 1802
K. Altmann, u. a. (Hrsg.), Die Luisenstadt. Ein Heimatbuch, Berlin/Leipzig/Wien 1927
J. F. Bachmann, Die Luisenstadt, Versuch einer Geschichte derselben und ihrer Kirche, Berlin 1839
P. Bailleu, Königin Luise, ein Lebensbild, 2. Aufl., Berlin 1923
Berlin vor 100 Jahren, 1800, Saecularheft von »Berliner Leben«, Illustrierte Zeitschrift für Schönheit und Kunst, Berlin/Leipzig/Wien 1900

Über Berlin, Aus Briefen einer reisenden Dame, in: Jahrbücher der preußischen Monarchie, Bd 2, 1798, S. 17 ff

Berlin, wie es ist, Ein Gemälde dieser Residenzstadt und ihrer Bewohner, dargestellt in genauer Verbindung mit Geschichte und Topographie, Berlin 1831

Berlin, Eine Zeitschrift für Freunde der schönen Künste, des Geschmacks und der Moden, Heft 1—6, I, 1799, Heft 1—6, II, 1800/01

E. Consentius, Alt-Berlin. Anno 1740, Berlin 1907

E. Dronke, Berlin, Bd 1 u. 2, Frankfurt/Main 1846

E. Fidicin, Berlin, historisch und topographisch dargestellt, Berlin 1843

M. Friese, Chronik der Luisen-Stiftung zu Berlin, Berlin 1890

Gedenkbuch für das Leben, Der Erinnerung an wichtige Ereignisse des Familienlebens gewidmet, Berlin 1836

C. F. Germershausen, Die Hausmutter in allen ihren Geschäften, Bd 1—5, Leipzig 1781—1784

C. F. Germershausen, H. L. Manger, Der Hausvater in systematischer Ordnung vom Verfasser der Hausmutter, Bd. 1—5, Leipzig 1783—1786

H. Haß (Hrsg.), Königin Luise in ihren Briefen und in Zeugnissen Mitlebender, Jena 1929

W. Hegemann, Das steinerne Berlin, Geschichte der größten Mietskasernenstadt der Welt, Bauwelt-Fundamente 3, 2. Aufl., Braunschweig 1976

E. Heilborn, Zwischen den Revolutionen, Der Geist der Schinkelzeit (1789—1848), Berlin 1927

T. Heinsius, Geschichte des Luisenstifts bis zum Schlusse des Jahres 1808, Berlin 1809

J. Hermand (Hrsg.), Der deutsche Vormärz, Texte und Dokumente, Stuttgart 1967

C. W. Hoffmann, Die Wohnungen der Arbeiter und Armen, 1. Heft Die Berliner Gemeinnützige Bau-Gesellschaft, Berlin 1852

F. L. Jahn, Deutsches Volksthum, Lübeck 1810

H. E. Kochhann, (Auszüge aus den Tagebüchern), Bd. 1 Im Vaterhause, (1905). Bd 2 Zeitbilder aus den Jahren 1830—1840, Berlin (1906). Bd 3 Mitteilungen aus den Jahren 1839—1848, Berlin (1906)

E. Lehmann, Censurfreie Lieder einer emancipirten Frau, Königsberg 1848

L. Lenz, Berlin und die Berliner, Genrebilder und Skizzen, Bd 1—3, Berlin 1840—1841

Lieder-Buch der Freiwilligen von 1813, 1814 und 1815, Berlin 1848

Liederbuch für deutsche Gesellen, Berlin 1844

Liederbuch des Berliner Handwerker-Vereins, Berlin 1844

Deutsches Liederbuch, Eine Auswahl von Adolf Glassbrenner, Berlin 1837

H. Mackowsky, Alt-Berlin und Potsdam, 6 Vorträge, Berlin 1929

H. Mackowsky, Häuser und Menschen im alten Berlin, Berlin 1923

Über die Maschinen-Spinnerei, hauptsächlich in preußischen Staate, in: Jahrbücher für die preußische Monarchie, Bd 1, 1801, S. 8 ff

P. Mebes (Hrsg.), Um 1800, Architektur und Handwerk im letzten Jahrhundert ihrer traditionellen Entwicklung. 3. Aufl., München 1920

F. Mehring, Gesammelte Schriften, Zur deutschen Geschichte von der Zeit der französischen Revolution bis zum Vormärz (1789 bis 1847), Bd 6, Berlin 1965

W. Mila, Berlin oder die Geschichte des Ursprungs der allmählichen Entwickelung und des jetzigen Zustandes dieser Hauptstadt, in Hinsicht auf Örtlichkeit, Verfassung, wissenschaftliche Kultur, Kunst und Gewerbe, nach den bewährtesten Schriftstellern und eigenen Forschungen, Berlin/Stettin 1829

H. G. Mirabeau, Der entlarvte Spion oder Beleuchtung der geheimen Geschichte des Berliner Hofes, o. O., 1789

F. Nicolai, Beschreibung der königlichen Residenzstädte Berlin und Potsdam, aller daselbst befindlichen Merkwürdigkeiten und der umliegenden Gegend, Bd 1—3, 3. Aufl., Berlin 1786

W. Noël, Die ersten zweihundert Jahre der Gemeinde der Luisenstadtkirche zu Berlin 1694—1894, Berlin 1894

Renegaten- und Communisten-Lieder, Dresden 1844

A. Rietdorf, Gilly, Wiedergeburt der Architektur, Berlin 1940

J. C. W. Rosenberg, Les cris de Berlin, Zwölf merkwürdige Ausrufer von Berlin mit ihrem Geschrey, Berlin 1790

J. D. Rumpf, Berlin und Potsdam, Eine vollständige Darstellung der merkwürdigsten Gegenstände, Bd 1 u. 2, Berlin 1803/04

J. D. Rumpf, Der Haus-, Brot- und Lehrherr in seinen ehelichen, väterlichen und übrigen hausherrlichen Verhältnissen gegen Gesinde, Gesellen und Lehrlinge, Nach allgemeinen und insbesondere nach preußischen Gesetzen, Berlin 1923

P. Schaeffer, Vor dem Halleschen Tore, Aus Vergangenheit und Gegenwart der Tempelhofer Vorstadt, Leipzig 1913

K. F. Schinkel, Sammlung architektonischer Entwürfe, Berlin 1826

H. Schmitz, Berliner Baumeister vom Ausgang des achtzehnten Jahrhunderts, Berlin 1914

H. Schmitz, Baumeisterzeichnungen des 17. und 18. Jahrhunderts in der Staatlichen Kunstbibliothek zu Berlin, Berlin/Leipzig 1937

G. Semper, Die Anwendung der Farben in der Architektur und Plastik, In einer Sammlung von Beispielen aus den Zeiten des Alterthums und Mittelalters, 1. Lfg., Dresden 1836

S. H. Spiker, Berlin und seine Umgebungen, Eine Sammlung in Stahl gestochener Ansichten, von den ausgezeichnetsten Künstlern Englands nach an Ort und Stelle aufgenommenen Zeichnungen von Mauch, Gärtner, Biermann und Hintze nebst topographisch-historischen Erläuterungen, Berlin 1833

R. Springer, Berlin, die deutsche Kaiserstadt nebst Potsdam und Charlottenburg mit ihren schönsten Bauwerken und hervorragendsten Monumenten, Eine malerische Wanderung in Buch und Bild für Einheimische und Fremde, mit 48 photographisch treu ausgeführten Original-Stahlstichen, Darmstadt 1878

R. Springer, Berlin wird Weltstadt, Ernste und heitere Culturbilder, Berlin [1865]

A. Streckfuß, Vom Fischerdorf zur Weltstadt, Berlin seit 500 Jahren. Geschichte und Sage, Bd. 1—4, Berlin 1864

Der Telegraph von Berlin, Eine Zeitschrift für Unterhaltung, Mode, Lokalität und Theater, Berlin 1839/40

L. Voß, Geschichte des Friedrichsstifts, Berlin 1811

Wegweiser für Fremde und Einheimische durch Berlin und die umliegende Gegend, enthaltend eine kurze Nachricht von allen daselbst befindlichen Merkwürdigkeiten, Berlin 1820

P. Weiglin, Berliner Biedermeier, Leben, Kunst und Kultur in Alt-Berlin zwischen 1815 und 1848, Bielefeld/Leipzig 1942

K. Weindauer, Leben und Weben in Berlin, 1. Heft, Berlin 1822

Luisenstadt

Die Namensgeberin — Kult um die schöne Königin Luise

7.1
Johann Daniel Laurens
Friedrich Wilhelm III. im Zirkel seiner Familie 1799
Lithographie. 16,6 × 17,8 cm
Staatliche Museen Preußischer Kulturbesitz, Kunstbibliothek mit Museum für Architektur, Modebild und Grafik-Design, Berlin

7.2
Johann Gottfried Schadow
Büste Kronprinzessin Luise 1794
(Neuguß 1981)
Gips, bronzefarben bemalt. 58 cm hoch
Staatliche Museen Preußischer Kulturbesitz, Gipsformerei, Berlin

7.3
Weißes Empire-Kleid 1829
Leinenbatist mit Weißstickerei und Durchbrucharbeit an der Saumkante. Länge (vordere Mitte) 115 cm; (hintere Mitte) 120 cm
Museum für Hamburgische Geschichte, Hamburg

7.4
Johann Friederich Arnold nach Johann Eduard Wolff
Zusammenkunft der Kaiser Napoleon und Alexander und des Königs Friedrich Wilhelm III. zu Tilsit. Die drei Souveräne, sich die Hände reichend nach 1807
Aquatinta. 37,5 × 42,5 cm
Staatliche Museen Preußischer Kulturbesitz, Kunstbibliothek mit Museum für Architektur, Modebild und Grafik-Design, Berlin

7.5
Nicolas Louis François Gosse
Napoleon und Königin Luise in Tilsit 1807
Gemälde
Foto aus: H. Haß, Königin Luise in ihren Briefen und in Zeugnissen Mitlebender, Jena 1929, vor S. 57

7.6
Daniel Berger nach Heinrich Anton Dähling
Friedrich Wilhelm III. am Sterbebett der Königin Luise am 19. Juli 1810
Kupferstich
Foto aus: H. Haß, Königin Luise in ihren Briefen und in Zeugnissen Mitlebender, Jena 1929, S. 81

7.7
Ludwig Achim von Arnim
Nachtfeier nach der Einholung der hohen Leiche Ihrer Majestät, der Königin. Eine Kantate, Verbesserte Auflage, Berlin 1810
Archiv des Verlages Walter de Gruyter & Co., Berlin und New York

7.8
F. A. Calau
Die Monumente der verewigten Königin Luise nach 1810
Radierung, farbig getuscht. 32 × 41,5 cm
Staatliche Museen Preußischer Kulturbesitz, Kupferstichkabinett, Berlin

Das ländliche Gebiet im Süden

7.9—7.11
Johann Friedrich Hennig
Dorfansichten
7.9 Das Dorf Rixdorf
31 × 44 cm
Abb. S. 388
7.10 Das Dorf Tempelhof
30 × 45 cm
Abb. S. 388
7.11 Das Dorf Britz
31,5 × 45 cm
3 Kupferstiche, farbig getuscht
Staatliche Museen Preußischer Kulturbesitz, Kupferstichkabinett, Berlin

7.12
Johann Daniel Laurens und Karl Friedrich Thiele nach F. A. Calau
Berlin um 1820. Im Vordergrund die Felder der »Luisenstadt« und das Wirtshaus »Dusterer Keller«
Aquatinta
Foto: Bildarchiv und Porträtsammlung der Österreichischen Nationalbibliothek, Wien

7.13
Wilhelm Barth
Berlin von den Rollbergen her gesehen 1834
Deckfarben. 86 × 111,5 cm
Berlin Museum, Berlin

7.14
Heinrich Hintze
Berlin vom »Dustern Keller« aus gesehen um 1840
Lithographie. 36,8 × 50,7 cm
Berlin Museum, Berlin

7.15
Anonym
Wanderungen der Bauern nach den

Jahrmärkten in den preußischen Dörfern um 1845
Kupferstich, koloriert. 9 × 15,5 cm
Germanisches Nationalmuseum Nürnberg

7.16
Die Windmühle vor dem Halleschen Thor um 1800
Stahlstich
Foto aus: Berlin vor 100 Jahren, Berlin/Leipzig/Wien 1900, o. S.

7.17
Die Oberbaumbrücke um 1800
Stahlstich
Foto aus: P. Schaeffer, Vor dem Halleschen Tore, Leipzig 1913, S. 21

7.18
Die Itzig'sche Meierei vor dem Schlesischen Tor, erbaut von dem Maurermeister und Direktor der Singakademie Carl Friedrich Zelter um 1800
Stahlstich
Foto aus: K. Altmann, Die Luisenstadt, Berlin/Leipzig/Wien 1927, S. 20

7.19
Weinberg um das Jahr 1800
Lithographie
Foto: Ullstein Bildarchiv, Berlin
Abb. S. 387

7.20
Berlin vom Kreuzberge aus gesehen um 1825
Aquatinta
Foto: Bildarchiv und Porträtsammlung der Österreichischen Nationalbibliothek, Wien
Abb. S. 388

7.21
Anonym
Zeichnung zum Bau eines Wohnhauses nebst Stallung auf dem Etablissement in der Hasen Heide vor dem Hallischen Thore, dem Herrn Geheimen-Finanz-Rath Schütze gehörig um 1800
Tusche und Aquarell. 47 × 43 cm
Staatliche Museen Preußischer Kulturbesitz, Kunstbibliothek mit Museum für Architektur, Modebild und Grafik-Design, Berlin

7.22
Gasthaus zum Rollkrug, Hasenheide Nr. 40—44
Fotografie um 1900
Landesbildstelle, Berlin
Abb. S. 395

7.23
Finden nach Heinrich Hintze
Die »Gas Erleuchtungs Anstalt«, errichtet 1826 zwischen Kottbusser und Halleschem Tor
Stahlstich. 13,3 × 21 cm
Berlin Museum, Berlin
Abb. S. 403

7.24
Die erste Gasbeleuchtung. Thermoslampe von Lebon nach 1826
Lithographie
Foto: Ullstein Bildarchiv, Berlin

7.25
Die neue Wilhelmstraße mit der Aussicht nach dem Schiffbauerdamm und der ersten Straßenbeleuchtung in Berlin nach 1826
Lithographie
Foto: Ullstein Bildarchiv, Berlin

Die geschlossene Randbebauung

7.26
Franz Burchard Dörbeck
Überschwemmung am Belle Alliance Platz um 1828
Lithographie, koloriert. 18 × 25 cm
Berlin Museum, Berlin

7.27
Anonym
Die Victorien-Säule auf dem Belle-Alliance-Platz in Berlin um 1840
Stahlstich, koloriert. 9,4 × 13,9 cm
Berlin Museum, Berlin
Abb. S. 389

7.28
Abbildung des Halleschen Tores 1845
auf der Rückseite eines Stadtkassenscheins »50 Pfennige« von 1921
Foto: Landesbildstelle, Berlin

7.29
Belle-Alliance-Platz und Hallesches Tor um 1850
Lithographie
Foto: Landesbildstelle, Berlin
Abb. S. 389

7.30
Die Sebastianskirche, später Luisenstadtkirche, erbaut 1753
Stahlstich
Foto aus: K. Altmann, Die Luisenstadt, Berlin/Leipzig/Wien 1927, S. 16

7.31
L. Linsen
Das Königliche Kammergericht in Berlin, erbaut 1734/35 nach Plänen

von Philipp Gerlach nach 1833
Stahlstich, koloriert. 7 × 9,8 cm
Berlin Museum, Berlin

7.32
Kammergericht und alte Jerusalemer Kirche vom Halleschen Tor aus um 1835
Kupferstich
Foto: Landesbildstelle, Berlin

7.33
Lindenstraße 4
Fotografie aus dem Jahre 1910
Landesbildstelle, Berlin
Abb. S. 389

7.34
Alte Jakobstraße 85
Fotografie
Ehem. Staatl. Bildstelle, Berlin

7.35
Alte Jakobstraße 115
Fotografie
aus: P. Mebes, Um 1800, München 1920, S. 36

7.36
Oranienstraße 80
Fotografie aus dem Jahre 1934
Landesbildstelle, Berlin

7.37
Stallschreiberstraße 20, 19, 18
zwischen Alter Jakobstraße und Alexandrinenstraße
Fotografie aus dem Jahre 1930
Landesbildstelle, Berlin

7.38
Grundriß, I. Etage vom Haus des Hofschuhmachers Lauffer in der Luisenstadt, Jacob Straße 47 Ecke Kirchstraße. Erbaut um 1800
Tusche und Aquarell.
44,1 × 53,5 cm
Plansammlung der Universitätsbibliothek der Technischen Universität, Berlin
Abb. S. 389

7.39
Haus des Berliner Ofensetzers Tobias Christoph Feilner in der Feilnerstraße, erbaut 1829 nach Entwurf von Karl Friedrich Schinkel, Straßen- und Hofseite
Fotografie
aus: H. Mackowsky, Häuser und Menschen im alten Berlin, Berlin 1923, nach S. 184, 186

7.40
Barber nach Schwartz
Das große Magazin in der Köpe-

nicker Straße um 1833
Stahlstich. 13,6 × 20,5 cm
Berlin Museum, Berlin

Die Kasernen

7.41
Beussel
Übersichts-Karte der Exercier-Plätze vor dem Halleschen Thore 1834
Maßstab 1:12 500. 65 × 47 cm
Der Plan ist gesüdet.
Geheimes Staatsarchiv Preußischer Kulturbesitz, Berlin

7.42
Exerzierhaus für das 2. Grenadierregiment in der Köpenicker Vorstadt
Fotografie
aus: P. O. Rave, Berlin. Bauten für Wissenschaft, Verwaltung, Heer, Wohnbau und Denkmäler, Berlin o. J., S. 195

7.43
Garde-Kürassier-Kaserne, Gitschiner-, Ecke Alexandrinenstraße
Fotografie vor 1900
Landesbildstelle, Berlin

7.44
Friedrich August Schmidt nach F. A. Calau
Militär-Reitschule und Kaserne des Kaiser Franz Grenadier Regiments um 1830
Kupferstich, koloriert
Foto: Landesbildstelle, Berlin
Abb. S. 394

7.45
Wangenheim
Reitbahn der Lehr-Eskadron in der Ritterstraße um 1830
Lithographie
Foto aus: P. O. Rave, Berlin. Bauten für Wissenschaft, Verwaltung, Heer, Wohnbau und Denkmäler, Berlin o. J., S. 186

7.46
Friedrich August Schmidt nach F. A. Calau
Die Militär-Reitschule 1820—25
Radierung, koloriert.
11,3 × 17,9 cm
Berlin Museum, Berlin

7.47
Militär-Arrestanstalt in der Lindenstraße
erbaut nach Entwurf von Karl Friedrich Schinkel

Fotografie
aus: P. Mebes, Um 1800, München 1920, S. 155

7.48
Franz Krüger
Stallmeister Sachse um 1830
Lithographie. 32,3 × 41,9 cm
Kunsthalle Bremen

7.49
Meyer & Hoffmann
Garde Dragoner um 1845
Farblithographie. 31,7 × 24,8 cm
Staatliche Museen Preußischer Kulturbesitz, Kunstbibliothek mit Museum für Architektur, Modebild und Grafik-Design, Berlin

7.50—7.52
W. Korn nach Ludwig Burger
3 Farbdrucke um 1845
7.50 Garde Schützen-Bataillon. Schütze im Paradeanzug
7.51 Garde-Dragoner-Regiment. Dragoner im Wachtanzug
7.52 Kaiser Franz Grenadier-Regiment. Tambour in feldmäßiger Ausrüstung
Abb. S. 394
je 60 × 42,8 cm
Staatliche Museen Preußischer Kulturbesitz, Kunstbibliothek mit Museum für Architektur, Modebild und Grafik-Design, Berlin

7.53
Preußischer Säbel
Klinge: Messing mit Resten von Vergoldung; Gefäß: Leder, Silberdraht. 85,9 cm lang
Deutsches Klingenmuseum, Solingen

7.54
Preußischer Kürassieroffiziersdegen, Modell 1819
Klinge: Stahl; Gefäß: Messing und Leder. 110 cm lang
Deutsches Klingenmuseum, Solingen

7.55
Infanterie-Offiziersstichdegen aus Berlin
Klinge: Stahl, geätzt; Gefäß: Messing, Leder, Silberdraht. 94,2 cm lang
Deutsches Klingenmuseum, Solingen

7.56
Hofdegen mit Scheide. Anfang 19. Jh.
Auf der Fehlschärfe signiert »J. P. Muhm Tauben Straße Nr. 35

Berlin«
Hersteller: S. Hoppe & Söhne, Solingen (Klinge)
Klinge: Stahl, gebläut und vergoldet; Gefäß: Messing vergoldet. 95,2 cm lang
Deutsches Klingenmuseum, Solingen

7.57
Kasten mit zwei Duellpistolen und komplettem Zubehör
Kasten: Mahagoni mit Messingeinlage. 47,5 × 25,5 × 8 cm
Antik-Waffen Harwart & Ziefle, Berlin

Die Franzosenbesetzung

7.58
Der König hat eine Bataille verlohren. Jetzt ist Ruhe die erste Bürgerpflicht. Ich fordere die Einwohner Berlins dazu auf. Der König und seine Brüder leben!
Berlin, den 17. Oktober 1806. Graf von der Schulenburg
Berliner Plakat aus dem Jahre 1806
Foto: Märkisches Museum, Berlin

7.59
Wachtparade der Bürgergarde zu Berlin, errichtet am 23. November 1806
Lithographie. 23 × 28,8 cm
Staatliche Museen Preußischer Kulturbesitz, Kunstbibliothek mit Museum für Architektur, Modebild und Grafik-Design, Berlin

7.60
Le Camp Napoléon Bourg — Französisches Lager bey Berlin 1808
Lithographie
Foto: Staatliche Museen Preußischer Kulturbesitz, Kunstbibliothek mit Museum für Architektur, Modebilder und Grafik-Design, Berlin
Abb. S. 400

7.61
Vor dem Cottbusser Tor um 1810
Lithographie
Foto aus: P. Schaeffer, Vor dem Halleschen Tore, Leipzig 1913, S. 27
Abb. S. 401

7.62
Anonym
Porträt Ferdinand von Schill 1810
Lithographie. 13 × 8,5 cm
Germanisches Nationalmuseum Nürnberg
Abb. S. 400

7.63
Die am 16. September 1809 vor
Wesel erschossenen 11 Schill'schen
Offiziere um 1830
Elfenbeinschnitzerei in Holz.
27 × 38,5 cm
Heimatmuseum Steglitz, Berlin

7.64
Friedrich Jügel nach Carl Franz
Jacob Heinrich Schumann
Treffen Napoleon, Alexander und
Friedrich Wilhelm auf Memel 1807
Aquatinta. 45,3 × 55 cm
Staatliche Museen Preußischer
Kulturbesitz, Kunstbibliothek mit
Museum für Architektur, Modebild
und Grafik-Design, Berlin

7.65
Johann Gottfried Schadow
Das Hallesche Tor nach 1813
Radierung und Aquatinta.
15,8 × 20 cm
Kunsthalle Bremen

7.66
Johann Gottfried Schadow
Napoleons Flucht aus
Rußland 1813
Farbige Aquatinta. 21 × 44,5 cm
Kunsthalle Bremen

7.67
Anonym
Der 18. October oder das Fest aller
Deutschen. Blatt zum Gedenken der
Völkerschlacht bei Leipzig vom 16.
bis 19. Oktober 1813
Kupferstich, koloriert.
23,7 × 39,5 cm
Staatliche Museen Preußischer
Kulturbesitz, Kunstbibliothek mit
Museum für Architektur, Modebild
und Grafik-Design, Berlin
Abb. S. 401

7.68
Das Hallesche Tor mit der Garde-
Dragoner-Wache im Jahre 1815
Stahlstich
Foto aus: P. Schaeffer, Vor dem
Halleschen Tore, Leipzig 1913,
S. 48

Das Idyll — Das Handwerk

7.69
Adolph von Menzel
Gedenkbuch für das Leben 1836
2 Lithographien. 24 × 15 cm und
25 × 16 cm
Staatliche Museen Preußischer
Kulturbesitz, Kupferstichkabinett,
Berlin

7.70
Adolph von Menzel
Der kleine Gesellschafter 1836
3 Lithographien. 15 × 8,5 cm,
18,5 × 12 cm, 18,5 × 12 cm
Staatliche Museen Preußischer
Kulturbesitz, Kupferstichkabinett,
Berlin

7.71
Adolph von Menzel
Liebe — Luftschlösser um 1840
2 Lithographien. je 31 × 46 cm
Staatliche Museen Preußischer
Kulturbesitz, Kupferstichkabinett,
Berlin

7.72
Adolph von Menzel
Zwang — Freiheit um 1840
2 Lithographien. je 31,5 × 46,5 cm
Staatliche Museen Preußischer
Kulturbesitz, Kupferstichkabinett,
Berlin

7.73
Adolph von Menzel nach Friedrich
Hartmann von Witzleben
Zum Besten des Vereins zur Beför-
derung der Klein-Kinder-Bewahr-
anstalten um 1840
Lithographie. 41 × 25,5 cm
Staatliche Museen Preußischer
Kulturbesitz, Kupferstichkabinett,
Berlin
Abb. S. 391

7.74
Anonym
Bilderbogen, Hallescher Stiefel-
knechtsgalopp um 1830
Lithographie, koloriert.
43,2 × 34 cm
Staatliche Museen Preußischer
Kulturbesitz, Kunstbibliothek mit
Museum für Architektur, Modebild
und Grafik-Design, Berlin

7.75—7.77
3 Neuruppiner Bilderbogen
um 1840
7.75 Zeitvertreib und Unterricht
7.76 Kauf, Raub, Diebstahl,
Bedienung
7.77 Reiten, Fahren, Schaukeln,
Stürzen
Lithographien. je ca. 40,3 × 50,3 cm
Staatliche Museen Preußischer
Kulturbesitz, Kunstbibliothek mit
Museum für Architektur, Modebild
und Grafik-Design, Berlin

7.78
Anonym
Das Fest der Handwerker um 1815
Radierung. 34,6 × 42,3 cm

Staatliche Museen Preußischer
Kulturbesitz, Kunstbibliothek mit
Museum für Architektur, Modebild
und Grafik-Design, Berlin

7.79
Theodor Hosemann
Halbfigur eines kleinen Jungen,
Studie einer nähenden Frau und
Studie eines Jungen in verlorenem
Profil um 1830
Bleistift. 6,9 × 4,6 cm,
10,2 × 8,2 cm, 6,4 × 5,5 cm
Kunsthalle Bremen

7.80
August Ferdinand Hopfgarten
Studie zu zwei Harfenspielerinnen
Bleistift. 26,7 × 34,7 cm
Kunsthalle Bremen

7.81
Johann Gottfried Schadow
Porträt Feinholtz und Sohn 1824
Lithographie. 22 × 16,5 cm
Kunsthalle Bremen

7.82
Johann Gottfried Schadow
Zwei Kinderköpfe und zwei
Knabenköpfe 1823
Lithographien. 13 × 20,5 cm und
13 × 22 cm
Kunsthalle Bremen

7.83
Anonym
Häusliches und geselliges
Leben um 1830
Kupferstich, koloriert. 41 × 32,5 cm
Germanisches Nationalmuseum
Nürnberg

7.84
Franz Krüger
Karikatur: »Des Karnikkel het
angefangt!«
Farblithographie. 20,5 × 30,2 cm
Kunsthalle Bremen

7.85
Anonym
Berliner Wohnstube um 1820
Öl auf Leinwand. 31,5 × 42 cm
Heimatmuseum Bezirk Tempelhof,
Berlin

7.86
Anonym
Drei Porzellanbilder zum Durch-
leuchten um 1830
a) Mädchen mit Katze
b) Die gute Mutter
c) Taubenfütterung
25,7 × 22,5 cm, 16,4 × 14,2 cm,
16,4 × 14,2 cm
Historisches Museum Frankfurt

7.87
Die Goldschmidt'sche Kattunfabrik
in der Köpenicker Straße
Fotografie
aus: K. Altmann, Die Luisenstadt,
Berlin/Leipzig/Wien 1927, S. 49
Abb. S. 403

7.88
Späths Wohnhaus in der Köpe-
nicker Straße 154
Fotografie
aus: K. Altmann, Die Luisenstadt,
Berlin/Leipzig/Wien 1927, S. 48

7.89
Die Späthsche Gärtnerei in der
Köpenicker Straße um 1830
Lithographie
Foto aus: K. Altmann, Die Luisen-
stadt, Berlin/Leipzig/Wien 1927,
S. 46

7.90
Spinnbock aus Berliner Besitz 1850
Nußbaumholz mit Intarsien und
Elfenbeinknöpfen. 108 cm hoch
Heimatmuseum Bezirk Tempelhof,
Berlin

7.91
Nähtischchen aus Rathenow,
sog. Nähkutsche Anfang 19. Jh.
Birkenholz. 82 × 21 × 23,5 cm
Staatliche Museen Preußischer
Kulturbesitz, Museum für Deutsche
Volkskunde, Berlin

7.92
Stuhl aus Rathenow um 1830
Birkenholz mit Rohrgeflecht.
84,5 cm hoch
Staatliche Museen Preußischer
Kulturbesitz, Museum für Deutsche
Volkskunde, Berlin

7.93
Ofen aus Berliner Besitz um 1800
Gußeisen. 164 × Ø (oben) 35 cm,
Sockel 38 × 38 cm
Heimatmuseum Bezirk Tempelhof,
Berlin

7.94
Kamin-Uhr Ende 18. Jh.
Bronze, Platte aus Marmor.
37,5 × 33,5 × 17 cm
Heimatmuseum Bezirk Tempelhof,
Berlin

7.95
Samowar
Kupfer. 31 × Ø 15 cm
Historisches Museum Frankfurt

7.96
Schüssel aus Berlin um 1814
Zinn. 7 × ∅ 33 cm
Staatliche Museen Preußischer
Kulturbesitz, Museum für Deutsche
Volkskunde, Berlin

7.97
1 Paar Leuchter aus Berlin 1816
Zinn. 16 × ∅ (unten) 11 cm
Staatliche Museen Preußischer
Kulturbesitz, Museum für Deutsche
Volkskunde, Berlin

7.98
Kerzenleuchter um 1830
Messing. 20,5 × ∅ 16,5 cm
Historisches Museum Frankfurt

7.99
Laterne
Messing. 33 cm hoch
Historisches Museum Frankfurt

7.100
Öllampe aus Berliner Besitz 1806
Zinn. 25 cm hoch
Heimatmuseum Bezirk Tempelhof,
Berlin

7.101
Öllampe mit Zeitmesser etwa 1840
Zinn und Glas. 36 cm hoch
Historisches Museum Frankfurt

7.102
Öllampe mit Zeitmesser,
sog. Hoher Standkrüsel um 1800
Zinn mit Glasaufsatz, Teller aus
Holz. 37 cm hoch, Teller ∅ 16 cm
Heimatmuseum Bezirk Tempelhof,
Berlin

7.103
Schlittschuh um 1800
Holz und Eisen. 43 × 11 cm
Historisches Museum Frankfurt

7.104
Tintenfaß aus Berlin 1822
Porzellan, vergoldet.
15 × 15,5 × 7,5 cm
Staatliche Museen Preußischer
Kulturbesitz, Museum für Deutsche
Volkskunde, Berlin

7.105
Kaffeekanne und Zuckerdose eines
Services aus Berliner Besitz
um 1820
Porzellan, weiß mit Röschendekor
und Goldrand. Kaffeekanne: 25 cm
hoch, Zuckerdose: ca. 11 cm hoch

Heimatmuseum Bezirk Tempelhof,
Berlin

7.106
Kaffeekanne mit Goldrand aus
Berliner Besitz um 1800
Porzellan, weiß. 21,5 cm hoch
Heimatmuseum Bezirk Tempelhof,
Berlin

7.107
Saucière in Schwanform
1780/1810
Porzellan, weiß
Hersteller: Königliche Porzellan
Manufaktur, Berlin
Privatsammlung W., Berlin

7.108
Saucière in Schwanform 1837/44
Porzellan, bemalt
Hersteller: Königliche Porzellan
Manufaktur, Berlin
Privatsammlung W., Berlin

7.109
Glas in Becherform um 1800
11 × ∅ 12,8 cm
Heimatmuseum Bezirk Tempelhof,
Berlin

7.110
Schnapsglas um 1800
10,8 × ∅ (oben) 5,5 cm
Heimatmuseum Bezirk Tempelhof,
Berlin

7.111
Weißbierglas mit Fuß um 1800
19,5 × ∅ (oben) 19,5 cm
Heimatmuseum Bezirk Tempelhof,
Berlin

7.112
Reisebecher 1821/38
Hersteller: Gottlieb Ludewig
Howaldt
Silber, getrieben. 7,4 × ∅ 6,8 cm
Carl-Wolfgang Schümann, Köln

7.113
Gesticktes Bild aus Berlin (?)
um 1815/20
Seide auf Stramin. 21,2 × 16 cm
Staatliche Museen Preußischer
Kulturbesitz, Museum für Deutsche
Volkskunde, Berlin

7.114
Petit-Point-Stickerei aus Berlin
Wolle auf Stramin. 12 × 21 cm
Staatliche Museen Preußischer
Kulturbesitz, Museum für Deutsche
Volkskunde, Berlin

7.115
Nähtuch der Betti Cohn aus
Berlin 1843
Grobes Leinen. 47 × 47 cm
Staatliche Museen Preußischer
Kulturbesitz, Museum für Deutsche
Volkskunde, Berlin

7.116
Stickmustertuch aus Berlin 1834
Mehrfarbige Seide auf Leinen in
Kreuzstich mit Hohlsaum.
21,5 × 19,5 cm
Staatliche Museen Preußischer
Kulturbesitz, Museum für Deutsche
Volkskunde, Berlin

7.117
Stickmustertuch aus Berlin um
1800
Seidenstickerei auf Seide.
Staatliche Museen Preußischer
Kulturbesitz, Museum für Deutsche
Volkskunde, Berlin

7.118
Kopfkissenbezug
Leinen mit Weißstickerei
Historisches Museum der Stadt
Wien

7.119
Haarflechtarbeit aus Berliner
Besitz 1845 (gerahmt um 1900)
Menschenhaar auf Moiréeseide.
20 × 16 cm
Heimatmuseum Bezirk Tempelhof,
Berlin

7.120
Johann Christian Arnold
Tapete mit Streifen aus hängenden
Blättern im Wechsel mit
Schraffur um 1830
Handdruck in 4 Farben, 87 × 50 cm,
Rapporthöhe 16 cm, Druckbreite
24 cm
Deutsches Tapetenmuseum, Kassel

7.121
Johann Christian Arnold
Tapete mit Maiglöckchen auf
schraffierten Streifen um 1820
Handdruck in 4 Farben. Gesamt-
größe 147 × 42 cm, Rapporthöhe
16 cm, Druckbreite 24 cm
Deutsches Tapetenmuseum, Kassel

7.122
Gelbes Jungmädchenkleid um 1840
Seide
Historisches Museum der Stadt
Wien

7.123
Umschlagetuch aus Rathenow

Anfang 19. Jh.
Kaschmir. 170 × 170 cm
Staatliche Museen Preußischer
Kulturbesitz, Museum für Deutsche
Volkskunde, Berlin

7.124
Schutenhütchen
Stroh mit Kunstblumen
Historisches Museum der Stadt
Wien
Abb. S. 390

7.125
Sommerhütchen aus der Mark
Brandenburg Mitte 19. Jh.
Roßhaarborten, zusammengenäht
Staatliche Museen Preußischer
Kulturbesitz, Museum für Deutsche
Volkskunde, Berlin

7.126
Hohe Damenschuhe mit niedrigem
Absatz, seitlich zum Schnüren
um 1840/45
Schwarzer Satin mit Chiffonfutter
Historisches Museum der Stadt
Wien
Abb. S. 390

7.127
Schwarze Stiefeletten 1840/50
Lüsterstoff in Wendearbeit
Deutsches Schuhmuseum,
Pirmasens

7.128
Tanzschuhe aus Berlin um 1830
Blaue Seide
Staatliche Museen Preußischer
Kulturbesitz, Museum für Deutsche
Volkskunde, Berlin

7.129
Frauenstrümpfe aus Berlin 1820
Weiße Baumwolle, gestrickt
Staatliche Museen Preußischer
Kulturbesitz, Museum für Deutsche
Volkskunde, Berlin

7.130
Pompadour aus Berlin-Charlot-
tenburg 1824
Gestrickt mit eingestrickten Glas-
perlen. 16 cm breit, 30 cm lang
Staatliche Museen Preußischer
Kulturbesitz, Museum für Deutsche
Volkskunde, Berlin

7.131
Geldkatze, sog. Biedermeier-Geld-
strumpf aus Berliner Besitz
um 1840
Garn, geknüpft mit Metallbe-
schlägen. ca. 40 cm lang

Heimatmuseum Bezirk Tempelhof, Berlin

7.132
Geldkatze aus Berlin 1850/60
Seidengarn, gehäkelt mit Perlenstickerei. 7 × 34 cm
Staatliche Museen Preußischer Kulturbesitz, Museum für Deutsche Volkskunde, Berlin

7.133
Perlbeutel
Perlenstickerei mit Lederfutter
Staatliche Museen Preußischer Kulturbesitz, Museum für Deutsche Volkskunde, Berlin

7.134
Freundschaftskette mit Etui
Gold mit Verbindungen durch Goldplättchen und Perlen. Halbedelsteine und Imitationen von Edelsteinen. Oberseiten der Zwischenglieder abwechselnd mit Vergißmeinnicht- und Stiefmütterchenblüten in Email. Die Anfangsbuchstaben der Steine bilden das Wort »Freundschaft«.
Holzetui in rotem und grünem Leder, innen weiße Atlasseide und beigefarbener Samt. 40,5 cm lang
Bayerisches Nationalmuseum, München

7.135
Anhänger. Almanach auf das Jahr 1816.
Kalendarium, Porträts einiger Herrscher, berühmter Feldherren etc., Text von Börner
Lithographien, Einband: Onyx. Vorne Reliefmedaillon des Herzogs von Braunschweig mit der Umschrift »H. Braunschweig OELS«.
Avers: Trauerweide und Graburne.
1,9 × 1,4 cm
Bayerisches Nationalmuseum, München

7.136
Ohrringe
Golddraht mit Granat und Perlen.
3,3 × 3 cm
Bayerisches Nationalmuseum, München

7.137
Ohrringe
Gold mit Emaillierung. 7,5 cm lang
Bayerisches Nationalmuseum, München

7.138
Diadem um 1820

Filigranarbeit in Stahl mit Stahlperlen.
Historisches Museum der Stadt Wien
Abb. S. 390

7.139
Diadem um 1800
Stahl und Messing mit Rosettendekor
Historisches Museum der Stadt Wien

7.140
Armband
Menschenhaar und Goldkordel, Verschluß aus Schaumgold mit Granat und Korallensplittern.
ca. 20 cm lang
Bayerisches Nationalmuseum, München

7.141
Ring
Menschenhaar und Goldkordel mit Goldblech
Bayerisches Nationalmuseum, München

Die idyllische Scheinwelt und ihre Realität

7.142—7.144
C. Weindauer
3 Lithographien um 1820
7.142 Berliner Pfirsichverkäuferin
26 × 42 cm
7.143 Berliner Obsthändlerinnen
25,5 × 41 cm
7.144 Eine Berliner Milchfuhre
25,5 × 41,5 cm
Staatliche Museen Preußischer Kulturbesitz, Kupferstichkabinett, Berlin

7.145—7.146
C. Schmidt nach Amédée (?) Guérard
2 Farblithographien um 1845
7.145 Blumen-Verkäuferin
35,2 × 27,2 cm
7.146 Modistin
24,7 × 36,7 cm
Staatliche Museen Preußischer Kulturbesitz, Kunstbibliothek mit Museum für Architektur, Modebild und Grafik-Design, Berlin

7.147—7.149
C. Sicker nach Amédée (?) Guérard
3 Farblithographien um 1845
7.147 Limonadenschenkerin
34,5 × 26,8 cm
7.148 Weißzeug-Händlerin.
34,7 × 26 cm
Abb. S. 390

7.149 Zucker-Bäckerin.
34,5 × 27,2 cm
Abb. S. 390
Staatliche Museen Preußischer Kulturbesitz, Kunstbibliothek mit Museum für Architektur, Modebild und Grafik-Design, Berlin

7.150
Anonym
Königlich Preußischer Ober-Förster und Königlich Preußischer Förster in Wald-Uniform 1847
Farblithographie. 20,6 × 13 cm
Staatliche Museen Preußischer Kulturbesitz, Kunstbibliothek mit Museum für Architektur, Modebild und Grafik-Design, Berlin

7.151
Anonym
Der Laternenputzer um 1830
Lithographie. 27 × 20,5 cm
Staatliche Museen Preußischer Kulturbesitz, Museum für Deutsche Volkskunde, Berlin

7.152
Theodor Hosemann
Schusterwerkstatt am Sonntagmorgen 1845
Lithographie
Foto: Märkisches Museum, Berlin
Abb. S 393

7.153
Anonym
Ein Armen-Wächter
Lithographie, koloriert
Foto: Märkisches Museum, Berlin
Abb. S. 393

7.154
Anonym
Omnibus nach dem Finkenkrug 1842
Federlithographie
Foto aus: P. Weiglin, Berliner Biedermeier, Bielefeld/Leipzig 1942, S. 11

Schule und Erziehung

7.155
Anonym
Lebensregeln für die Jugend 1790/1800
Kupferstich, koloriert. 18,5 × 17 cm
Germanisches Nationalmuseum Nürnberg

7.156
Das Spielzimmer um 1810
Kupferstich, koloriert
Foto: Germanisches Nationalmuseum Nürnberg

7.157
Lehrer mit Schulkindern beim Unterricht Ende 18. Jh.
Deckfarben
Foto: Germanisches Nationalmuseum Nürnberg

7.158—7.161
Anonym
4 Kupferstiche, koloriert. Anfang 19. Jh.
7.158 Der Christtag
20,5 × 27,5 cm
7.159 Die Nähstube
20,5 × 27,5 cm
Abb. S. 402
7.160 Die Kinderstube
20 × 27,5 cm
7.161 Die Wasch- und Bügelstube
21 × 28 cm
Germanisches Nationalmuseum Nürnberg

7.162
Anonym
Moderne Erziehungskunst und Antikes Schulwesen 1825
2 Kupferstiche, koloriert.
je 23 × 35,5 cm
Germanisches Nationalmuseum Nürnberg
Abb. S. 392

7.163
Anonym
Anschauungs-Unterricht 1807
Kupferstich. 20 × 14 cm
Germanisches Nationalmuseum Nürnberg

7.164
Anonym
Der Lehrer um 1850
Farbendruck. 18 × 21 cm
Germanisches Nationalmuseum Nürnberg

7.165
Anonym
Bestrafung in der Schule 1835/40
Kupferstich. 13,5 × 8,5 cm
Germanisches Nationalmuseum Nürnberg

7.166
Schultasche 1786
Leder und Holz. 24 × 18 × 12 cm
Bomann-Museum, Celle

7.167
Schulzeugnis aus Berlin 1811
Staatliche Museen Preußischer Kulturbesitz, Museum für Deutsche Volkskunde, Berlin

413

7.168
Kinderkleid aus Berlin um 1845
Bedrucktes Leinen, bestickt
Staatliche Museen Preußischer
Kulturbesitz, Museum für Deutsche
Volkskunde, Berlin

7.169
Taufkleidchen aus der Mark Bran-
denburg 1824
Batist mit Weißstickerei
Staatliche Museen Preußischer
Kulturbesitz, Museum für Deutsche
Volkskunde, Berlin

7.170
Schwarze Kinderschnürstiefel vor
1850
Leder
Deutsches Schuhmuseum,
Pirmasens

7.171
Zinnfiguren »Perforcejagd« 1850
Hersteller: Heinrichsen, Nürnberg
Zinn, bemalt
Gross'sche Sammlung, Berlin

7.172
Aufstellkulisse »Englischer Park«
in Kasten mit Schiebedeckel und
farbiger Abbildung um 1815
Papier. 19,5 × 25 × 3,5 cm
Gross'sche Sammlung, Berlin

7.173
Biedermeierpuppenstube mit
Zubehör 1840
Holz, Stoff, Metall. 32 × 36 × 37 cm
Gross'sche Sammlung, Berlin

7.174
Theater »Mignon«, bedruckte
Bühnenfront mit Logen 1840
Papier 30 × 25 × 55 cm
Gross'sche Sammlung, Berlin

7.175
Puppe mit zwei Kleidern 1840/50
Hergestellt in Thüringen
Lederbalg mit Porzellankopf. 43 cm
hoch
Staatliche Museen Preußischer
Kulturbesitz, Museum für Deutsche
Volkskunde, Berlin

7.176
Modepuppen, hergestellt aus alten
Spielkartenköpfen und -händen von
der neunjährigen Pauline Noël aus
Berlin und ihren Spielgefährten um
1827
Papier und Stoffreste auf Papier.
ca. 50 × 60 cm
Heimatmuseum Steglitz, Berlin

7.177
Biedermeierpuppe 1830
Porzellankopf, Lederkörper. Kleid
aus weißem Mull. 65 cm hoch
Gross'sche Sammlung, Berlin

7.178
Zwei Pferdchen 1840/50
hergestellt in Thüringen
Pappmaché, bemalt, Lederzeug,
Sattel, Steigbügel, Satteldecke
Gross'sche Sammlung, Berlin

7.179
Zinnfiguren »Das Paradies«
um 1840
Hersteller: Schweizer & Rathgeber,
Diessen/Ammersee. Bäume teil-
weise von Heinrichsen, Nürnberg
28 Teile
Zinn, bemalt
Gross'sche Sammlung, Berlin

**Von der Handwerkeridylle zum
bürgerlichen Fabrikbesitzer**

7.180
Ladenschild des Berliner Bürsten-
machers Engler. »Berlin D. 1. juni
1817«
Bürste auf furniertem Brett mit
mehrfarbigen Intarsien, gebrannt
und gefärbt. 84,5 × 15,2 × 5 cm
Berlin Museum, Berlin

7.181
Lieferbuch einer Berliner Tapeten-
firma aus dem Jahre 1817/18
73 Doppelseiten, handschriftlich.
42 × 28 cm
Deutsches Tapetenmuseum, Kassel

7.182
Anonym
Quodlibet. Geschäftsreklame einer
Berliner Seidenstickerei in der
Luisenstadt, Alte Jacobstraße 9
um 1825
Federzeichnung, koloriert.
41,5 × 53 cm
Staatliche Museen Preußischer
Kulturbesitz, Museum für Deutsche
Volkskunde, Berlin

7.183
Gedrucktes und handschriftlich
ausgefülltes Formular eines Lehr-
briefes aus dem Jahre 1807 für den
Berliner Kunst- und Seidenfärber
Karl Friedrich Schwendy
36,5 × 43,5 cm
Staatliche Museen Preußischer
Kulturbesitz, Museum für Deutsche
Volkskunde, Berlin

7.184
Gedrucktes und handschriftlich
ausgefülltes Formular eines Lehr-
briefes aus dem Jahre 1795 für den
Berliner Feilenhauer Johann Fried-
rich Engelhardt
36,5 × 43,5 cm
Staatliche Museen Preußischer
Kulturbesitz, Museum für Deutsche
Volkskunde, Berlin

7.185
Proportionszirkel für Küfer
um 1800
Holz, Messing, Eisen. 34,5 cm lang
Historisches Museum Frankfurt

7.186
Zwei Schuhgrößenmaße um 1800
Holz mit Beineinlagen. 40,5 und
28,3 cm lang
Historisches Museum Frankfurt

7.187
Kohlebügeleisen
Kupfer. 17,5 × 20 cm
Historisches Museum Frankfurt

7.188
Bügeleisen mit Rost 1850
Bronze, vergoldet. Bügeleisen:
20 × 19 cm, Rost: 30 × 12,5 cm
Historisches Museum Frankfurt

7.189
Schneiderschere aus Berliner Besitz
um 1800
Eisen. ca. 26 cm lang
Heimatmuseum Bezirk Tempelhof,
Berlin

7.190
Zwei preußische Ellen-Maßstäbe
Holz. 66 cm lang
Bomann-Museum, Celle

7.191
Hobel
Holz und Eisen. 35 cm lang
Historisches Museum Frankfurt

7.192
Handbohrer
Holz und Eisen. 58 cm lang
Historisches Museum Frankfurt

7.193
Dreschflegel um 1850
Buchen- und Kiefernholz mit
Lederbeschlägen. (gesamt) 117 cm
lang
Heimatmuseum Bezirk Tempelhof,
Berlin

7.194
Einreißhaken zum Einreißen von

Mauerwerk um 1850
Eisen, geschmiedet. 48 cm lang
Heimatmuseum Bezirk Tempelhof,
Berlin

7.195
F. A. Calau
Die Königliche Eisengießerei vor
dem Oranienburger Thore bei
Berlin um 1820
Kupferstich. 31 × 39,5 cm
Staatliche Museen Preußischer
Kulturbesitz, Kupferstichkabinett,
Berlin

7.196
Vorbilder für Fabrikanten und
Handwerker, hrsg. von der Königl.
Technischen Deputation für
Gewerbe, Teil 1—3, Berlin
1831—37
Staatliche Schlösser und Gärten,
Berlin

7.197
Halsschmuck mit sechs Cameen
um 1820
Hersteller: Berliner Eisengießerei
Eisen und polierter Stahl
Privatsammlung W., Berlin

7.198
Zündholzdose
Hersteller: Berliner Eisengießerei
A. M. Nachf.
Eisenguß. 10 × 6 cm
Privatsammlung W., Berlin

7.199
Garnwinde auf Fuß um 1830
Hersteller: Gleiwitzer Eisengießerei
Eisenguß. 50 cm hoch
Privatsammlung W., Berlin

7.200
Leuchter
Hersteller: Gleiwitzer Eisengießerei
Eisenguß. 30,5 cm hoch
Kunstgewerbemuseum, Köln

7.201
Schmuckkästchen
Hersteller: Berliner Eisengießerei
Eisenguß. 7,5 × 16,3 × 9,5 cm
Kunstgewerbemuseum, Köln

7.202
Schale Mitte 19. Jh.
Hersteller: Berliner Eisengießerei
Eisenguß. 2,2 × Ø 23 cm
Kunstgewerbemuseum, Köln

7.203
Räucherlampe
Eisenguß. 18 cm hoch
Kunstgewerbemuseum, Köln

7.204
Zündholzhalter-Figur »Ecksteher Nante« 1835/40
Hersteller: Eisengießerei S. P. Devaranne, Berlin
Eisenguß. ca. 20 cm hoch
Privatsammlung W., Berlin

7.205
Kruzifix und kleines Standbild Friedrich Wilhelm III. auf gleichem Sockel um 1830
Hersteller: Berliner Eisengießerei
Eisenguß. 21 und 15 cm hoch
Privatsammlung W., Berlin

7.206
Standspiegel und Kerzenhalter mit jeweils gleichem Putto um 1825
Hersteller: Berliner Eisengießerei
Eisenguß. 17 und 15 cm hoch
Privatsammlung W., Berlin

7.207
Zündholzhalter-Figur »Hökerin« um 1840
Hersteller: Eisengießerei S. P. Devaranne, Berlin
Eisenguß. 18 cm hoch
Privatsammlung W., Berlin

7.208
Siegelring 1814/17
Hersteller: Berliner Eisengießerei
Eisenguß.
Privatsammlung W., Berlin

7.209
Neujahrskarte 1808
Hersteller: Berliner Eisengießerei
Eisenguß. 6,8 × 9,2 cm
Kunstgewerbemuseum, Köln

7.210
Neujahrskarte 1814
Hersteller: Berliner Eisengießerei
Eisenguß. 6,7 × 9,8 cm
Kunstgewerbemuseum, Köln

7.211
Kaffeemühle Mitte 19. Jh.
Hersteller: Carlshütte, Rendsburg
Eisenguß. 13,5 (ohne Achse und Griff) × Ø (unten) 14 cm
Kunstgußmuseum, Rendsburg

7.212
Kanne mit Deckel
Hersteller: Carlshütte (?), Rendsburg
Eisenguß. ca. 16 cm hoch (ohne Deckel)
Kunstgußmuseum, Rendsburg

7.213
Zwei Krüge
Hersteller: Carlshütte (?),
Rendsburg
Eisenguß. ca. 12 und 16 cm hoch
Kunstgußmuseum, Rendsburg

7.214
Tablett mit Motiv »Schwäne fütterndes Mädchen« um 1830
Hersteller: Firma Stobwasser, Berlin
Blech, rot lackiert mit Goldbemalung. 39,6 × 51,8 cm (oval)
Braunschweigisches Landesmuseum für Geschichte und Volkstum, Braunschweig

7.215
Tablett mit Motiv »Psyche« um 1840
Hersteller: Firma Stobwasser, Berlin (?)
Blech, lackiert und bemalt.
45 × 35 cm (oval)
Privatbesitz, Berlin

7.216
Vase mit Berliner Ansichten
Hersteller: Firma Stobwasser, Berlin
Blech, blau lackiert und bemalt.
26 × Ø (oben) 24,5 cm
Berlin Museum, Berlin

7.217
Osterei mit Ansichten der Schlösser Babelsberg und Glienicke um 1830
Hersteller: Firma Stobwasser, Berlin
Zinkblech mit Lackmalerei.
Ø 8,4 cm
Berlin Museum, Berlin

7.218
Runde Dose mit dem Porträt eines alten Mannes
Hersteller: Firma Stobwasser, Berlin
Steinpappe, lackiert und bemalt.
1,6 × Ø 9,4 cm
Braunschweigisches Landesmuseum für Geschichte und Volkstum, Braunschweig

7.219
Brillenetui mit Blümchenbemalung um 1830
Hersteller: Firma Stobwasser, Berlin
Steinpappe, lackiert und bemalt.
15,5 cm hoch
Braunschweigisches Landesmuseum für Geschichte und Volkstum, Braunschweig

7.220
Runde Dose »van Dyck«
Hersteller: Firma Stobwasser, Berlin
Steinpappe, lackiert und bemalt.
1,6 × Ø 9,4 cm
Braunschweigisches Landesmuseum für Geschichte und Volkstum, Braunschweig

Schlossermeister Hauschild — ein Beispiel des bürgerlichen Aufstiegs

7.221
Porträt Carl August Hauschild um 1845
Lithographie
Foto aus: Jubiläumsschrift zum 100. Bestehen der Firma Hauschild, Stralau bei Berlin 1897
Abb. S. 404

7.222
Stralauer Straße 49
l. Firmensitz der Schlosserei Hauschild. Durchfahrt mit Treppenaufgang
Foto: Ehem. Staatl. Bildstelle, Berlin

7.223
Wohnhaus und Fabrik des Schlossermeisters Hauschild in der Stralauer Straße 46. In diesem Haus befand sich die Wohnstube, die Eduard Gaertner 1843 malte.
Lithographie
Foto aus: Jubiläumsschrift zum 100. Bestehen der Firma Hauschild, Stralau bei Berlin 1897

7.224
F. A. Calau
Die erste Schiklersche Zuckersiederey (zu der die Hauschild Geschäftsbeziehungen pflegte) und der Grävesche Garten in Neu Cölln zu Berlin 1798
Kupferstich
Foto: Berlin Museum, Berlin

7.225
Fabrikgebäude Neanderstraße 3 in der Luisenstadt — die sog. »Neandersche Lackirfabrik und optische Maschinenbauerei«, welche die Firma Hauschild in den 40er Jahren des 19. Jh. bezog.
Foto aus: Jubiläumsschrift zum 100. Bestehen der Firma Hauschild, Stralau bei Berlin 1897
Abb. S. 404

7.226
Eduard Gaertner
Die Werkstatt des Schlossermeisters Hauschild 1839

Gemälde
(Ehemals Märkisches Museum, Berlin)
Foto: Märkisches Museum, Berlin

7.227
Reisepaß des Carl Friedrich August Hauschild
Datiert: 13. September 1815
Gedruckt, mit handschriftlichen Eintragungen und rückseitiger Beschriftung. 45,8 × 33,5 cm
Privatbesitz Thomsen, Grassau

7.228
Gesellenbrief des Schlossermeisters Hauschild
Datiert: 26. Juli 1819. Bremen
Kupferstich mit handschriftlichen Eintragungen. 39 × 50 cm
Privatbesitz Thomsen, Grassau

7.229
Aelteste Maschinen-Fabrik für Brauerei- und Mälzerei-Maschinen und Geräthe. Kunst-Schlosserei Karl Hauschild, Stralau bei Berlin 1897
Jubiläumsschrift zum 100. Bestehen der Firma Hauschild. Kopie
Privatbesitz Thiele, Berlin

7.230
Bürgerbrief für Schlosser Carl Friedrich Ludwig Hauschild
Datiert: 17. August 1799
Gedruckt, mit handschriftlichen Eintragungen und Siegel
Doppelblatt. 36,8 × 21,8 cm
Privatbesitz Thomsen, Grassau

7.231
Familienbibel des Schlossermeisters Hauschild »Die Bibel oder die ganze Heilige Schrift des alten und neuen Testaments nach der deutschen Übersetzung D. Martin Luther. Die 89. Auflage, Halle 1819«
Privatbesitz Thomsen, Grassau

7.232
Bürger-Brief des Schlossers Carl Friedrich August Hauschild vom 9. 8. 1826
Gedrucktes Formular mit handschriftlichen Eintragungen.
35 × 21,5 cm
Privatbesitz Thiele, Berlin

7.233
Garnrolle aus Familienbesitz Hauschild um 1830
Nußbaum. 121,5 cm hoch
Privatbesitz Thomsen, Grassau

7.234
Tabaksdose aus Familienbesitz
Hauschild um 1830
Hersteller: Firma Stobwasser,
Berlin (?)
Steinpappe, weinrot lackiert.
2,5 × ⌀ 8,6 cm
Privatbesitz Thiele, Berlin

7.235
Brieföffner des Schlossermeisters
Hauschild um 1830
Klinge Stahl, Griff Zedernholz.
18,7 cm lang
Privatbesitz Thomsen, Grassau

7.236
Lineal aus dem Familienbesitz
Hauschild um 1890
Hersteller: Firma Hauschild, Berlin
Kupfer, getrieben. 33,4 × 4,7 cm
Privatbesitz Thomsen, Grassau

7.237
Berliner Fischeimer um 1800
Hersteller: Firma Hauschild, Berlin
Messing, getrieben.
47 × ⌀ (oben) 35 × ⌀ (unten) 28 cm
Privatbesitz Thomsen, Grassau

7.238
Büste von Friederike Emilie geb.
Behrend, zweite Ehefrau des
Schlossermeisters Carl Friedrich
August Hauschild um 1840
Hersteller: Firma Hauschild, Berlin
Bronzeguß. 24 cm hoch
Privatbesitz Thiele, Berlin

7.239
Saucenlöffel um 1880
Hersteller: Firma Hauschild, Berlin
Silber. 18 cm lang
Privatbesitz Thiele, Berlin

7.240
Käsemesser aus dem Familienbesitz
Hauschild um 1830
Hersteller: Firma Hauschild,
Berlin (?)
Griff: Silber, Klinge: Stahl. 18,3 cm
lang
Privatbesitz Thiele, Berlin

7.241
Dochtschere mit Fuß aus dem Fam-
ilienbesitz Hauschild Anfang 19. Jh.
Hersteller: Firma Hauschild, Berlin
Messing. ca. 17,5 × ⌀ (unten) ca.
8 cm
Privatbesitz Krentzlin, Hessisch-
Oldendorf

7.242
Laterne für eine Kerze aus dem
Familienbesitz Hauschild um 1820

Hersteller: Firma Hauschild, Berlin
Messingblech, gestanzt mit Glaszy-
linder. 18,5 × ⌀ (unten) 8,8 cm
Privatbesitz Thiele, Berlin

7.243
Wilhelm Körber, Kopie nach
Eduard Gaertner
Wohnstube des Berliner Schlosser-
meisters Hauschild in der Stralauer
Straße 49 in Berlin 1843
Öl auf Leinwand. 30 × 36 cm
Privatbesitz Thiele, Berlin

7.244
Schrank mit zwei Glastüren
um 1840
Nußbaumholz.
166,5 × 105,5 × 43,5 cm
Berlin Museum, Berlin

7.245
Unteres Teilstück eines Wand-
spiegels sowie zwei Rahmenstücke
und ein Spiegelteil aus der Wohn-
stube des Berliner Schlossermeisters
Hauschild vor 1843
Mahagoniholz. 66,5 × 31,8 × 2 cm
Rahmenstücke je 41 cm lang, Spie-
gelteil 56 × 61 cm
Privatbesitz Thomsen, Grassau

7.246
Trumeau, Berlin um 1830
Mahagoniholz. 300 × 100 cm
Kunst & Antiquitäten Rainer Kopp,
Berlin

7.247
Nähtisch aus der Wohnstube des
Berliner Schlossermeisters Hau-
schild vor 1843
Nußbaumholz, innen Mahagoni.
79,3 × 48 × 40 cm
Privatbesitz Thomsen, Grassau

7.248
Stuhl
Nußbaumholz, Sitz in Rohrge-
flecht. 80 × 45 × 39,5 cm
Berlin Museum, Berlin

7.249
Tischnähkästchen in Pultform aus
der Wohnstube des Berliner Schlossermeisters Hauschild vor 1843
Eichen- und Nußbaumholz.
20,4 × 31 × 25 cm
Privatbesitz Thomsen, Grassau

7.250
Armlehnstuhl aus der Wohnstube
des Berliner Schlossermeisters
Hauschild vor 1843
Nußbaumholz. 87 × 62 × 54 cm
Privatbesitz Thomsen, Grassau

7.251
Tisch mit seitlichen Klappen
Mahagoniholz. 78 × 136 × 76 cm
Privatbesitz, Berlin

7.252
Feuerzeug um 1830
Holz und Metall.
33 cm × ⌀ 13,5 cm
Historisches Museum Frankfurt

7.253
Zuckerkörbchen 1819/24
Hersteller: Johann Christian
Samuel Kessner
Silber, gepreßt. Einsatz aus
kobaltblau gefärbtem Glas.
21,8 cm hoch
Berlin Museum, Berlin

7.254
Vase
Glas, rot gefärbt und geschliffen.
20,7 cm hoch
Berlin Museum, Berlin

7.255
Studierlampe
Messing. 50 × 30 cm
Bomann-Museum, Celle

7.256
Schale auf Fuß um 1830
Farbloses Glas, geschliffen und
geschnitten. 15,5 × ⌀ (oben) 17 cm
Berlin Museum, Berlin

7.257
Weinkaraffe mit Stöpsel um 1840
Glas. 28 × ⌀ (unten) 9,5 cm
Sonja Günther, Berlin

7.258
Weinglas um 1840
11,5 × ⌀ (oben) 6,8 cm
Sonja Günther, Berlin

Freizeit

7.259
Anonym
Der Stralower Fischzug um 1825
Lithographie. 20,7 × 28,4 cm
Staatliche Museen Preußischer
Kulturbesitz, Kunstbibliothek mit
Museum für Architektur, Modebild
und Grafik-Design, Berlin
Abb. S. 397

7.260
Anonym
Überfahrt von Stralow nach
Treptow um 1825
Kupferstich. 21 × 29,6 cm
Staatliche Museen Preußischer
Kulturbesitz, Kunstbibliothek mit

Museum für Architektur, Modebild
und Grafik-Design, Berlin

7.261
Theodor Hosemann
Treptow am Tage des Stralower
Fischzuges 1830
Lithographie. 22,3 × 34 cm
Staatliche Museen Preußischer
Kulturbesitz, Kunstbibliothek mit
Museum für Architektur, Modebild
und Grafik-Design, Berlin
Abb. S. 397

7.262
Adolph von Menzel
Volks-Tanz zum Andenken an das
Fest in Tivoli am 23. August 1822
componirt von E. M. Razel
Kupferstich, koloriert. 36,5 × 27 cm
Statliche Museen Preußischer
Kulturbesitz, Kupferstichkabinett,
Berlin

7.263
Franz Burchard Dörbeck
»Brendecke, halte mir . . .« Berliner
Redensarten um 1829
Lithographie, koloriert. 13 × 9,8 cm
Berlin Museum, Berlin
Abb. S. 396

7.264
Anonym
Wirkungen des Bockbiers um 1840
Kupferstich, koloriert. 45 × 32,5 cm
Germanisches Nationalmuseum
Nürnberg

7.265
Hermann
Die Patentirte Trink-Anstalt für
künstliche Mineralbrunnen von Dr.
Struve und Soltmann in Berlin
um 1825
Lithographie. 34,8 × 49,5 cm
Berlin Museum, Berlin
Abb. S. 396

7.266
Anonym
Abendbelustigungen auf dem
berühmten Bergerschen Tanzsaale
zu Berlin um 1795
Farblithographie. 43,7 × 31,4 cm
Staatliche Museen Preußischer
Kulturbesitz, Kunstbibliothek mit
Museum für Architektur, Modebild
und Grafik-Design, Berlin

7.267
Die Schwimmschule des General-
majors Pfuehl an der Spree
um 1835
Lithographie
Foto: Bildarchiv und Porträt-

sammlung der Österreichischen
Nationalbibliothek, Wien
Abb. S. 398

7.268
Anonym
Porträt Friedrich Ludwig Jahn
Lithographie. 11,5 × 18,5 cm
Institut für Hochschulkunde,
Würzburg
Abb. S. 399

7.269
Pfeifenkopf mit dem Porträt des
Turnvaters Jahn
Porzellan
Institut für Hochschulkunde,
Würzburg

7.270
Anonym
Der erste Turnplatz Deutschlands
— jetzt Karlsgarten — in der
Hasenheide bei Berlin im Jahre
1818 1846
Lithographie. 49 × 37,8 cm
Staatliche Museen Preußischer
Kulturbesitz, Kunstbibliothek mit
Museum für Architektur, Modebild
und Grafik-Design, Berlin
Abb. S. 399

7.271
Anonym
Karikatur auf Jahn: »Turner
Umtriebe« um 1819
Kupferstich, koloriert. 24,5 × 40 cm
Institut für Hochschulkunde,
Würzburg

7.272
Anonym
Turnen um 1845
Kupferstich, koloriert. 12,8 × 19 cm
Staatliche Museen Preußischer
Kulturbesitz, Kunstbibliothek mit
Museum für Architektur, Modebild
und Grafik-Design, Berlin

Planungen für das Köpenicker Feld

7.273
J. C. Selter
Grundriß von Berlin. Aufge-
nommen und gezeichnet mit
Genehmigung der Königl.
Akademie der Wissenschaften 1826,
berichtigt 1841
Druck, farbig. 74,5 × 101,5 cm
Landesarchiv Berlin

7.274
Carl Begas
Porträt des Gartenbaudirektors
Peter Joseph Lenné 1830
Öl auf Leinwand. 59,5 × 55,5 cm

Staatliche Museen Preußischer
Kulturbesitz, Nationalgalerie,
Berlin

7.275
Peter Joseph Lenné
Projektierte Schmuck- und
Grenzzüge von Berlin mit nächster
Umgegend 1840
Maßstab 1:12 500. 71 × 45 cm
Staatliche Schlösser und Gärten,
Berlin

7.276
Peter Joseph Lenné
Bebauungsplan für das Koepenicker
Feld 1840
Der Plan ist gesüdet.
83 × 64 cm
Geheimes Staatsarchiv Preußischer
Kulturbesitz, Berlin

7.277
Peter Joseph Lenné (?)
Bebauungsplan für das Coepenicker
Feld 1841
Der Plan ist gesüdet.
Foto: Geheimes Staatsarchiv Preu-
ßischer Kulturbesitz, Berlin

7.278
Anonym nach Ludwig Rohbock
Krankenhaus Bethanien um 1855,
erbaut 1845—47 von Theodor
Stein nach veränderten Plänen von
Persius
Stahlstich
Foto: Landesbildstelle, Berlin
Abb. S. 393

7.279
Peter Joseph Lenné
Entwurf für den Mariannen-
platz 1853
Zeichnung
Foto: Landesbildstelle, Berlin

7.280
Ansichtszeichnung der Genossen-
schaftshäuser in der Ritterstraße
Nr. 28, 29 u. 30, erbaut 1849
Foto aus: C. W. Hoffmann, Die
Wohnungen der Arbeiter und
Armen, Berlin 1852

7.281
Grundrisse der Genossenschafts-
häuser in der Ritterstraße Nr. 28
und 29, in der Alexandrinenstraße
Nr. 20, erbaut 1849
Foto aus: C. W. Hoffmann: Die
Wohnungen der Arbeiter und
Armen, Berlin 1852

7.282
Urkunde zur Grundsteinlegung des
ersten Wohnhauses der Berliner

Gemeinnützigen Baugesellschaft
vom 27. März 1849
Foto nach einer Kopie: Alexandra-
Stiftung Berlin

7.283
Ansichtszeichnung und Grundrisse
der Genossenschaftshäuser in der
Michaelis-Kirch-Straße Nr. 2, 3
und 4, erbaut 1849
Foto aus: C. W. Hoffmann, Die
Wohnungen der Arbeiter und
Armen, Berlin 1852

7.284
Wohnhäuser zwischen Skalitzer
Straße und Görlitzer Bahnhof
Fotografie
Landesbildstelle, Berlin

7.285
Wohnhaus Dresdner Straße 24,
erbaut 1848
Fotografie
Manfred Hecker (Aufnahme 1981)

7.286
Wohnhaus Adalbertstraße 92,
erbaut 1847
Fotografie
Manfred Hecker (Aufnahme 1981)

7.287
Das steinerne Berlin
Luftaufnahme vor 1939
aus: Berlin. Planungsgrundlagen für
den städtebaulichen Ideenwett-
bewerb Hauptstadt Berlin, 1957

8. 48er Revolution

Karl August Varnhagen von Ense
Tagebucheintragungen

Montag, den 30. März 1840
Der König ist kränklich. Alles, was in Berlin von Aberglauben und Uebelwollen ist, wirft sich auf die Jahreszahl 1840 und die damit verbundenen Erwartungen eines Thronwechsels in Preußen. Das Volk arbeitet mit Lust in diesem Stoffe, die weiße Frau ist gesehen worden usw. Der König wird vielfach geärgert und geängstigt durch all dieses.

Donnerstag, den 9. April 1840
. . . Aussichten in Preußens Zukunft. Es gibt Personen, die hier einen vollkommen bereiteten revolutionairen Boden sehen und hier Ereignisse für möglich halten, an welche jetzt niemand denken mag. Die Möglichkeit muß ich zugeben, aber die Wahrscheinlichkeit läugne ich. Was müßte dazu erst alles geschehen! — Im Alter zu erleben, wovon die Jugend träumte, ist kein erfreuliches Geschick!

Besser in Ruhe und Stille verharrt! Aber man sucht sich die Zeitläufe nicht aus für die eigenen Lebenstage . . .

Pfingstsonntag, den 7. Juni 1840
Nachmittags gegen halb vier Uhr starb der König. Die ganze Bevölkerung Berlins auf den Beinen, dumpfe Unruhe und Gedränge, kein Geschrei, nur Rauschen der Volksmenge. Abends ein Extrablatt der »Staatszeitung«, das den traurigen Ausgang verkündet. Die Truppen ziehen still durch die Straßen, um zum Behufe des dem neuen Könige zu leistenden Schwurs die Fahnen vom Palais abzuholen. Bei Eintritt der Dämmerung wird der Eindruck all dieser Bewegung nur um so schauerlicher. Glokkengeläut.
Solcher Gemüthsbewegung wie heute erinnere ich mich vor zehn Jahren her, als die Nachricht von der Julirevolution der Franzosen hierher gelangte, am 3. August, des Königs Geburtstage, wo auch alles Volk in Bewegung war.

18. März 1848

...Ich ging mit Ludmilla (um vier Uhr) nach den Linden, ein Schutzbeamter (Blesson war's) hielt uns auf, Graf von Bismarck sagte, bei Kranzler sei eine Barrikade, Uhlanen ritten vorbei, sie anzugreifen. Wir eilten nach Hause. Gleich wurden nach allen Seiten bei uns Barrikaden errichtet, langsam, behaglich, feine Leute die Anführer, Jungen und Gesellen aller Art. Steine ausgerissen, auf die Dächer gebracht, die Häuser nach Waffen durchsucht, die Häuser mußten offen bleiben. Noch bei Tage, dann aber heftiger bei Nacht (im hellen Mondschein) von allen Seiten Kampf, Gewehr- und Geschützfeuer, eingedrungene Truppen mußten unter Steinhagel nach der Behrenstraße zurück. Auftritte im Hause, nichts geplündert oder zerschlagen, außer Fensterscheiben. Der Kampf dauerte die ganze Nacht, bis nach fünf Uhr. Auf den Dächern die jungen Leute mit Steinen...

Sonntag, den 19. März 1848

...Heute früh ein neuer Maueranschlag, eine Proklamation des Königs, »geschrieben in der Nacht vom 18. auf den 19.«, erklärt, verspricht auf's neue, in den beweglichsten Bitten, alle Truppen sollen zurückgezogen, nur die Königlichen Gebäude zum Schutz besetzt werden.

»An meine lieben Berliner!
Durch mein Einberufungspatent vom heutigen Tage habt Ihr das Pfand der treuen Gesinnung Eures Königs zu Euch und zum gesammten deutschen Vaterlande empfangen. Noch war der Jubel, mit dem unzählige treue Herzen mich begrüßt hatten, nicht verhallt, so mischte ein Haufen Ruhestörer aufrührerische und freche Forderungen ein und vergrößerte sich in dem Maße, als die Wohlgesinnten sich entfernten. Da ihr ungestümes Vordringen bis in's Portal des Schlosses mit Recht arge Absichten befürchten ließ und Beleidigungen wider meine tapfern und treuen Soldaten ausgestoßen wurden, mußte der Platz durch Kavallerie im *Schritt* und mit *eingesteckter Waffe* gesäubert werden, und 2 Gewehre der Infanterie entluden sich von selbst, Gottlob, ohne irgend Jemand zu treffen. Eine Rotte von Bösewichtern, meist aus Fremden bestehend, die sich seit einer Woche obgleich aufgesucht, doch zu verbergen gewußt hatten, haben diesen Umstand im Sinne ihrer argen Pläne durch augenscheinliche Lüge verdreht und die erhitzten Gemüther von vielen meiner treuen und lieben Berliner mit Rachegedanken um vermeintlich vergossenes Blut! erfüllt und sind so die gräulichen Urheber von Blutvergie-

ßen geworden. Meine Truppen, Eure Brüder und Landsleute, haben erst dann von der Waffe Gebrauch gemacht, als sie durch viele Schüsse aus der Königsstraße dazu gezwungen wurden. Das siegreiche Vordringen der Truppen war die nothwendige Folge davon.
An Euch, Einwohner meiner geliebten Vaterstadt, ist es jetzt, größerem Unheil vorzubeugen. Erkennt, Euer König und treuster Freund beschwört Euch darum, bei Allem, was Euch heilig ist, den unseligen Irrthum! kehrt zum Frieden zurück, räumt die Barrikaden, die noch stehen, hinweg und entsendet an Mich Männer, voll des ächten alten berliner Geistes, mit Worten, wie sie sich Eurem Könige gegenüber geziemen, und ich gebe Euch mein Königliches Wort, daß alle Straßen und Plätze sogleich von den Truppen geräumt werden sollen und die militairische Besetzung nur auf die nothwendigen Gebäude, des Schlosses, des Zeughauses und weniger anderer, und auch da nur auf kurze Zeit beschränkt werden wird. Hört die väterliche Stimme Eures Königs, Bewohner Meines treuen und schönen Berlins, und vergesset das Geschehene, wie Ich es vergessen will und werde in Meinem Herzen, um der großen Zukunft willen, die unter dem Friedenssegen Gottes für Preußen und durch Preußen für Teutschland anbrechen wird.
Eure liebreiche Königin und wahrhaft treue Mutter und Freundin, die sehr leidend darniederliegt, vereint ihre innigen, thränenreichen Bitten mit den Meinigen. — Geschrieben in der Nacht vom 18. bis 19. März 1848.   Friedrich Wilhelm.«

Die Leute reißen die Proklamationen ab, sie sagen, das sei zu spät, die Worte helfen nichts mehr, man habe das Volk verrätherisch überfallen und gemetzelt...

Sonntag, den 19. März 1848.
Die Vorgänge haben etwas Wunderbares. Zehn, zwölf junge Leute, entschlossen und todbereit, haben Barrikaden mit wohlgezielten Schüssen, hinter den Barrikaden hervor, aus den Fenstern der Häuser, mit Steinhagel von den Dächern herab, siegreich vertheidigt gegen Kanonen, Reiter und Fußvolk, ganze Regimenter mußten mit Verlust weichen. Die eigentlichen Kämpfer waren wenig zahlreich, die Gehülfen aber willig und die Waffe günstig, so konnte es geschehen, daß 20,000 Mann Truppen nichts ausrichteten!...
Heute wurde nah beim Schlosse eine Leiche aus einem Hause gebracht. »Meine Herren, den Hut

8.22
*Barricade an der Neuen König-
straße in Berlin, in der Nacht vom
18.—19. März 1848*

ab! es ist *Bürgerleiche!*« Ein Leiterwagen war zur Hand. »Was! für diese Leiche? Eine Königliche Kutsche her!« Sie mußte geholt werden. Der König wird jeden Augenblick auf den Balkon gerufen, um die Leichen zu sehen, die man ihm bringt. Er muß alles thun, was gefordert wird ...

(aus: K. A. Varnhagen von Ense, Tagebücher. Aus dem Nachlaß Varnhagen von Ense, 2. Aufl., Leipzig 1863, 1. Band, S. 168, 170, 185, 4. Band, S. 290, 315 ff, 318 f.)

Adolf von Menzel
Brief an Carl Heinrich Arnold in Kassel

Berlin d. 23 März Donnerstag früh, 1848
Geliebter alter Freund!
Sie erwarten gewiss schon eine Nachricht von mir, daher also vorweg, dass ich am Dienstag Abends zwischen 6 und 7 Uhr glücklich hier angekommen bin. Meine Geschwister fand ich beide, wofür dem Himmel gedankt sei, gesund und ungefährdet. Das Wiedersehen will ich nicht schildern. — Nun aber von dem, was alle Herzen und Köpfe ausfüllt. Wie hatte ich Berlin verlassen und wie fand ich es wieder! Allein auf dem Wege vom Bahnhof nach meiner Wohnung kam ich an den Spuren von 4 Barrikaden vorüber. ich war noch den ganzen selben Abend auf den Beinen, und bin überhaupt seitdem wenig nach Hause gekommen. Berlin hat seine Ehre furchtbar gerettet!!! Woran man im Auslande und in Berlin selbst nicht geglaubt hatte. Dagegen sinkt jetzt Alles was man aus dem übrigen Deutschland vernommen, zu Kleinigkeiten zusammen. Die ausdauernde Erbitterung mit der von *Bürgern* und Militär hier gekämpft worden, übertrifft nach dem Zeugniss von Ausländern die es hier mit erlebt, selbst Paris und ist nur mit Palermo zu vergleichen. Pausch und Bogen Nachrichten werden Sie durch die Zeitungen schon haben oder unfehlbar erhalten; ausserdem sprechen sich natürlich eine Menge der unglaublichsten Erzählungen herum, ich will daher schliesslich nur Einzelnes, was ich von glaubhaften Augen- und Ohrenzeugen habe, und noch Selbstgesehenes erwähnen. Dahin vereinigen sich alle Urtheile, dass beide Theile mit unter diesen

Verhältnissen vielleicht beispielloser Tapferkeit gekämpft haben. Es werden jetzt von beiden Seiten viele Züge von Selbstaufopferung und Uneigennützigkeit bekannt. Nachdem nun seit dem Mondtag der vorigen Woche der Wechselzustand von vereinzelten blutigen Auftritten (in denen das Militär Sieger war,) von Aufregung und Stille gedauert, verkündigte sich nach der Erzählung meiner Geschwister am Sonnabend schon um Mittag das Herannahen des Wetters durch ein hastiges hin- und wiederrennen Einzelner auf der Strasse, später kamen Trupps Menschen der verschiedensten Stände, fast nur erst mit Werkzeugen versehen, und brachen die Bohlen der Rinnsteinbrücken aus, trugen Schilderhäuser fort, (die Schildwachen waren schon vorher verschwunden) z. B. mein Hauswirth, ein Maurermeister gab gleich seinen Geräthschuppen zu Barrikaden preis u. s. w. — Endlich ungefähr um 4 Uhr begann das Sturmläuten von allen Thürmen. Da machte sich meine Schwester in der Hoffnung, mich auf dem Bahnhof zu finden in der Begleitung Richards auf, um noch bei Zeiten wieder zur Stadt zu kommen. Die Hasenhegergasse war schon nicht mehr zu passiren, sie musste daher durch die Feldstrasse und auch da über eine schon angefangene Barrikade gehoben werden; aber schon unterwegs begegneten Sie öfter Kutschern mit ausgespannten Pferden *ohne Wagen*, auch einem, der bloss die Peitsche behalten hatte. So kam Emilie noch glücklich zu Märkers, Richard blieb bei Herrn v. Leithold. Kaum angekommen, liess sich aber schon nach 5 Uhr von der Stadt her der erste Kanonendonner und Pelotonfeuer hören. So dauerte diess Getöse zugleich mit schrecklicher Präcision mit wenig Unterbrechungen, die theils durch gegenseitige Ermattung, theils durch augenblicksweisen Mangel an Munition herbeigeführt wurden, fort bis Mitternacht unter unaufhörlichem Trommeln und Sturmläuten. Einmal verbreitete sich das Gerücht, 2 Regimenter, (die Jäger und Kais: Franz Grenadier) seien übergegangen; es war aber falsch, und wie man nachher erfuhr, bloss herumgesprengt um die Verzweiflung der Bürger wieder anzufrischen. Es war eine Schreckensnacht. *Dazu heller Mondschein und alle Fenster erleuchtet.* Nach Mitternacht soll es eine Weile still gewesen sein, dann aber das Gefecht von Neuem begonnen, und gegen 6 Uhr noch einmal am heftigsten gewüthet haben. Soviel ich bis jetzt erfahren, sind sämmtliche Wachtgebäude, 2 Kasernen und das Landwehrzeughaus erstürmt und im Innern zerstört worden. Ferner sind die Truppen auch am Alexanderplatz nach

mehrstündigem hitzigen Gefecht vertrieben worden, eine dort aufgestellte Bretterbude worin sonst Kosmoramen gezeigt werden, diente den Soldaten lange zur Barrikade, und den Bürgern sehr zum Schaden, bis ein Korbmacherlehrling Mittel fand, sie in Brand zu stecken. Er ist in der *Todtenliste* mit aufgeführt. Barrikaden wurden viele von den Truppen endlich erstürmt, aber meist erst nach großem Menschenverlust, namentlich an Offizieren. Wie überhaupt das Militär unverhältnissmässig mehr Todte und Verwundete hat als die Bürger. Sehr obligat haben unter anderm auch die Studenten und die hiesige Schützengilde gewirkt, die aus ihren grossen Büchsen besser schossen als die Kommisgewehre der Infanterie. Ausserdem Gesellen und Meister vieler Gewerke. Bedeutend zugerichtet sind einzelne Häuser z. B. Eines in der Friedrichstrasse, an dem ich 31 Kartätscheneinschläge zählte; aber die meisten unter Allen zeigt das Haus des Conditors d'Heureuse am Köln: Fischmarkte, der breiten Strasse gegenüber, dort hatte eine Hauptbarrikade gestanden, die Artillerie bestrich grade die ganze Strasse, und diess Haus bot seine ganze Front den Kugeln. ich zählte mit Einschluss der Fensterscheiben über 190 Kartätschenlöcher, ausserdem hatten Granaten 2 *sehr bedeutende* Lücken in die Eckmauer gerissen, und ebendaselbst in einer geschlossenen Ladenthür nebst 2 geschlossenen Schaufenstern zu Seiten, zusammen nicht über 9 Fuss breit, waren 46 Gewehrkugellöcher! Ausser den stellenweise aufgerissenen Dächern da und an vielen Häusern. An einem Brunnen in der breiten Strasse steckt ein faustgrosses Stück Granate im dicken Röhrholze. Während dem Allen auf der Strasse wurde die ganze Nacht hindurch bei (vielleicht) allen Bäckern so eifrig gebacken, wie nie, und man fand Mittel, trotzdem die Truppen lange Strecken besetzt hielten, grosse Körbe mit Brot aller Art in die Barrikaden zu spediren. Für die Soldaten sorgte niemand. Am Morgen griff die Ermattung um sich, nachdem das Militär nun fast eine Woche Tag und Nacht unter Waffen gewesen war. Viele schliefen auf dem Pflaster, andre hielten das Gewehr nur noch mit wankenden Händen. Es sollen Offiziere versichert haben, dass sie sich keine Stunde mehr hätten halten können. Nach 6 Uhr ward es von allen Plätzen zurückgezogen, und marschierte dann, *sämmtlich aus der Stadt*. Der Abmarsch verursachte einen ungeheuren Jubel unter der Bevölkerung. Er geschah mit klingendem Spiel und in Ordnung, aber in schrecklich deroutirtem Zustande. Vom Fenster aus sahen meine Geschwister auch unter anderem vor einem Bataillon ein lediges Reitpferd voranführen! u. s. w. — Mit dem Transport der Todten und Verwundeten hatten Pioniere zu thun. Die von Seiten der Bürger wurden in die Kirchen niedergelegt, und sind auch von dort aus gemeinschäftlich auf Stadt-Kosten gestern Mittwoch Nachmittag nach 2 Uhr in dem »Friedrichshain« vor dem Landsberger Thore begraben worden. Das war ein traurig feierlicher Tag, dergleichen in Berlin zu erleben, man nicht gedacht hätte. Am Morgen waren die Särge an der Freitreppe der Neuen Kirche auf dem Gens d'Armes-Markte an der Seite der Taubenstrasse auf einem grossen Trauergerüste ausgestellt. Ueber den Verlauf des grossartigen Leichenbegängnisses sehen Sie die Berliner Zeitungen nach. ich kann Ihnen bloss sagen, dass die langsamen Züge *Aller* Gewerke und *Aller* Körperschaften mit ihren Musikchören (theils Trauermärsche, theils geistl: Lieder), ihren Fahnen, Insignien und *Särgen,* von den Genossen getragen; dazu die *durchweg* ernste und schweigende Haltung der Volksmassen einen furchtbar mächtigen Eindruck machten. ich habe den Trauerzug nach einander von verschiedenen Orten aus beobachtet, und namentlich auch lange dem Schloss gegenüber. Auf dem Balkon standen ein Adjudant mit einer Trauerfahne, ihm gegenüber ein Bürgeroffizier mit einer schwarz roth gelben Fahne, und noch 2—3 schwarze Herren die nicht zu erkennen waren. So oft nun ein neuer Zug Särge vorbeikamen, trat der König baarhaupt heraus, und blieb stehen, bis die Särge vorüber waren. Sein Kopf leuchtete von ferne wie ein *weisser* Flecken. Es mag wohl der fürchterlichste Tag seines Lebens gewesen sein. — Die Züge waren auch endlos. ich machte einen weitläuftigen Gang durch umliegende Strassen, kam wieder auf den Schlossplatz, und noch immer bewegten sich neue Fahnen, neue Särge, tönte neue Musik von der Schlossfreiheit herauf. ich komme jetzt eben von draussen, und hab die Gräber gesehen. Sie sind auf einem kleinen Hügel so gegraben:

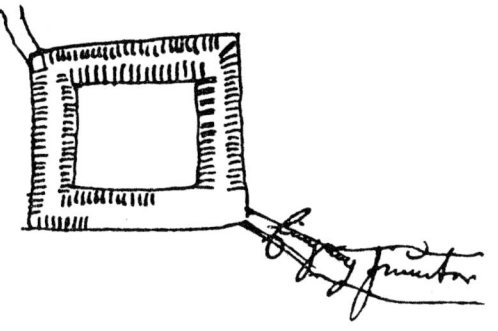

und so stehen die Särge, es ist da noch Platz gelassen für die welche von den Verwundeten noch immer nachsterben. Jeden Tag kommen Neue hinzu. Es sind schwarze und gelbe Särge, wie sie in den Magazinen zu haben waren; geschmückt mit Kränzen, Blumen, wie es Angehörige geordnet, auf den Meisten sind Zettel (mit Steinen oder Erdstükken beschwert gegen den Wind) mit Namen und Stand der Darinliegenden, darunter auch mehrere Frauen und Kinder! — Gesichter habe ich da gesehen! — Seit Sonntag ist nun die *ganze Stadt* in Waffen *und in Ruhe.* Alles versieht jetzt abwechselnd ohne Amts- und Standesunterschied den Dienst der öffentlichen Sicherheit, sowohl im Kgl: Schloss als in allen andern Wachtgebäuden, den leeren Kasernen u. s. w. u. s. w. (Märker ist Wachtkommandant am Anhaltschen Thor) Die Bürger meist mit Infanterie-Gewehren, die Studenten meist mit Cavallerie-Degen und -Säbeln ebenso die Gymnasiasten. Die Künstler haben die Wacht in der Akademie und im »Schweizersaal« des Schlosses. *Nirgendwo* ist ein Soldat, oder ein Gens d'Armes, oder ein Polizist zu sehen! Die Cavallerie hatte wegen der Barrikaden gleich anfangs die Stadt geräumt. Als am Sonntag früh die ganze Infanterie und Artillerie auszog, erbat sich letztere eine Bürgereskorte! Die wenigen Offiziere welche noch hiergeblieben, haben den Civilrock angezogen, und machen sich so wenig bemerkbar als möglich. Auf den Strassen niemand ohne Trauerflöre und Kokarden, auf und an allen Häusern dreifarbige Fahnen. An den Häusern, von deren Bewohnern welche gefallen sind, wehen schwarze Fahnen. Das *nun ehemalige Palais* des Prinzen v. Preussen trägt ausser dreifarbigen- und Trauerflaggen 3 grosse Aufschriften. Die Eine weiss auf die Mauer gemalt lautet:

Eigen-
thum
der ganzen
Nation.

Auf dem Balkon trägt eine ausgespannte weisse grosse Flagge die Worte,

DAS EIGENTHUM
DER NATION STEHT UNTER
DEM SCHUTZE DER
BUERGERSCHAFT.

und auf einem angenagelten Brett steht die Ankündigung zur Errichtung eines Arbeiter und Beschwerde-Büreaus mit den Schlussworten: »hier

Aufbahrung der Märzgefallenen
1848, Gemälde von A. v. Menzel

wirken Männer aus dem Volk für das Volk.« —
Weder in noch am Gebäude ist etwas beschädigt oder
gar entwendet worden; Wie man überhaupt viele
Beispiele von Ehrlichkeit und Ordnungssinn
erfährt. Für heute genug, ich erfahre wohl später
noch Anmerkenswerthes.
Lassen Sie mich Ihnen und Ihren Lieben nun noch
einmal all den innigen Dank sagen, den ich bei
der Erinnerung an Ihre zuvorkommende Liebe
empfinde. Von meinen Geschwistern zugleich die
wärmsten Grüsse. Und Allen Allen dortigen Freunden und Bekannten beste Empfehlung.   Stets

der Ihrige

Menzel.

(aus: H. v. Tschudi, Aus Menzels jungen Jahren, Berlin
1906, S. 82—87)

Bettina von Arnim
Briefentwürfe an Pauline Steinhäuser

21. u. 30. 3. und 2. u. 4. 4. 1848
Was in diesen Tagen hier vorgegangen, werden die
öffentlichen Blätter Ihnen berichten, aber nur die,
welche mit hineingerissen waren, werden den
furchtbaren Kampf des 18ten März sich versinnli-
chen können. Mit Lügen wird man die Schmach
zudecken wollen, mit welcher König und Regierung verräterisch sich befleckten, aber der Schade
ist nicht zu verwinden, er hat sie vernichtet; *die*
Schlacht des Verrats am Volk; bewaffnete Soldaten
gegen wehrloses Volk und — es ist Sieger geblieben moralisch und physisch. Versammelt auf dem
Schloßplatz, um für die gegebne Pressefreiheit zu
danken, wird plötzlich vom Militär in die Menge
eingehauen, mit Stückkugeln geschossen. — Die

Leute fliehen und werden verfolgt. — In zwanzig Minuten war die Stadt mit Barrikaden verschanzt, jedes Haus eine Festung — die Waffenläden gestürmt und gegen Kartätschen, Gewehr und Säbeln angekämpft. — Unzählige Opfer sind gefallen. — Unterdessen hat der König jede Bitte der Geistlichkeit wie des Stadtrats, dies Blutbad doch aufhören zu lassen, hartnäckig abgewiesen, die Schlacht dauerte von mittag zwei Uhr bis zum andern Tag 10 Uhr. — Am andern Tag war Volksjustiz, die zusammengehauenen Bürger- und Arbeiterleichen wurden auf Bahren ins Schloß getragen; das Volk zwang den König und die Königin, die aufgedeckten Wunden anzusehen. Das Volk forderte Bewaffnung, sie wurde sogleich gewährt.

Am 30ten. In diesen Tagen ist alles konvulsivisch aufgeregt, man bekämpft den Landtag, man will Urwahlen. Der gefangenen Polen Befreiung hat der König gewähren müssen, vom Volk bekränzt, haben sie in diesem triumphierenden Aufzug dem König für die Freilassung gedankt, sie sind nach Posen, den Krieg mit Rußland und Österreich zu entwickeln . . .

Der Despotismus ohne Maß, der als Machtvollkommenheit sich ausbreitete, und statt die Hungrigen zu speisen, die Durstigen zu tränken, die Kranken zu pflegen und die Unschuldigen zu schützen, alles Elend, was sein Szepter hervorrief, vielmehr als Ballast dem Verderben preisgibt, zeugt für ihn. Dies Schlesien, was den Notschrei des Hungers ausstieß, wird dafür gezüchtigt, sein Elend als Empörung ihm ausgelegt, die Familienväter werden ungehört in die Gefängnisse begraben . . . Der abgesetzten Regierung kommt alles, was ihrer galligen Aufregung Nahrung gibt, erwünscht, um die Welt von der Schlechtigkeit dieser Nation zu überzeugen. Was aber zu ihrer Aufwiegelung geschieht, das wird nicht ans Tageslicht kommen . . .

Am *2ten April.* Heute ist der Landtag eröffnet worden, der König und die verantwortlichen Minister haben alles gewährt, nur der Arbeiterstand, der bedürftigste, an Zahl die größte Masse, die allein am 18ten März den Sieg errungen hat, ist versäumt worden. Volksversammlungen werden gehalten. Mehrere Dinge, die ich schon vor 4 Jahren als wesentlich dem König vortrug, kommen jetzt zur Sprache. Man will ein Arbeiterministerium, ich aber will ein Armenministerium, was einen viel entschiedeneren Charakter hat und ein viel wichtigeres Organ sein würde!

(aus: Das Volk braucht Licht. Frauen zur Zeit des Aufbruchs 1790—1848 in ihren Briefen, hrsg. v. G. Jäckel/ M. Schlösser, Darmstadt 1970)

48er Revolution

Regierungswechsel 1840
Tod Friedrich Wilhelms III. und Regierungsantritt Friedrich Wilhelms IV.

8.1
Johann Gottfried Schadow
Porträt Friedrich Wilhelm III. als Prinz, getönt. ca. 56 cm hoch
Archiv der Preußischen Akademie der Künste, Akademie der Künste, Berlin

8.2
Edict wegen Verhütung und Bestrafung geheimer Verbindungen, welche der allgemeinen Sicherheit nachtheilig werden können . . .
Drucksache. 1 Doppelblatt, unterzeichnet von Friedrich Wilhelm III. am 20. 10. 1798
Institut für Hochschulkunde, Würzburg

8.3
Julius Schoppe
König Friedrich Wilhelm III. auf dem Sterbebett, umgeben von seiner Familie nach 1840
Öl auf Leinwand. 143 × 189 cm
Archiv der Preußischen Akademie der Künste, Akademie der Künste, Berlin
Abb. S. 421

8.4
Anonym
Die Ehrenpforte zur Einholung des Königs und der Königin von Preußen zu Berlin am 21. 9. 1840
Lithographie. 49,8 × 34 cm
Staatliche Museen Preußischer Kulturbesitz, Kunstbibliothek mit Museum für Architektur, Modebild und Grafik-Design, Berlin

8.5
Franz Krüger (?)
Porträt Friedrich Wilhelm IV. um 1840
Öl auf Leinwand. ∅ 36 cm
Sammlung Horst Behrend, Berlin

8.6
Anonym
Attentat auf die Person unsers geliebten Königs. Durch den p. Tschech aus Storkow am 26ten Juli 1844.
Lithographie, koloriert. 24,3 × 31,5 cm
Dirk Scheper, Berlin

Studentische Kundgebung 1844

8.7
Heinrich Heine
Die Schlesischen Weber
Flugblatt aus dem Jahre 1844
Foto: Heinrich-Heine-Institut, Düsseldorf

8.8
Revers, welcher von den Studierenden vor der Immatriculation zu unterschreiben ist, 4. November 1843
Drucksache, 1 Doppelblatt
Institut für Hochschulkunde, Würzburg

8.9
Deutsche Allgemeine Zeitung, 6. Mai 1844, Nr. 127
2 Doppelblatt
Staatsbibliothek Preußischer Kulturbesitz, Berlin

8.10
Lazarus Gottlieb Sichling nach (Raphael) Biow
Porträt Wilhelm und Jacob Grimm um 1840
Stich. 27 × 19,2 cm
Staatsbibliothek Preußischer Kulturbesitz, Berlin

8.11
Christian Hoffmeister
Porträt August Heinrich Hoffmann von Fallersleben um 1830
Reproduktion. ca. 40 × 50 cm
Hoffmann von Fallersleben-Museum, Stadt Wolfsburg

8.12
Bettina von Arnim an Hoffmann von Fallersleben
Eigenhändiger Brief, Berlin 1846
Staatsbibliothek Preußischer Kulturbesitz, Berlin

8.13
Das Lied der Deutschen von Hoffmann von Fallersleben
Melodie nach Joseph Haydn's „Gott erhalte Franz den Kaiser, Unsern guten Kaiser Franz!".
Arrangiert für die Singstimme mit Begleitung des Pianoforte oder der Guitarre
Hamburg/Stuttgart 1841
Faksimilenachdruck
Hoffmann von Fallersleben-Museum, Stadt Wolfsburg

Die revolutionären Ereignisse

8.14
Anonym
Der 22. und 23. Februar in Paris 1848
Lithographie, koloriert. 53 × 36,5 cm
Historisches Museum Frankfurt

8.15
Anonym
Aufstand des Volkes in Wien 13. März 1848
Lithographie, koloriert. 53 × 36,5 cm
Historisches Museum Frankfurt

8.16
Studentenstock aus der 48er Revolution der Wiener Studentenverbindung „Libertas" mit Schnitzereien und gebranntem Dekor. Inschriften u. a. „Grimm", „Arnim"
Holz, braun lackiert und Metall. 90 cm lang
Historisches Museum der Stadt Wien

8.17
Anonym
Die Unruhen in Baden im April 1848
Lithographie, koloriert. 53 × 36,5 cm
Historisches Museum Frankfurt

8.18
Pfeifenkopf mit dem Portrait des linken Politikers Friedrich Hecker (?) um 1848
Porzellan
Institut für Hochschulkunde, Würzburg

8.19
Anonym
Der 18. und 19. März 1848 zu Berlin. Barricade am Cöln'schen Rathaus
Lithographie. 36,5 × 42 cm
Institut für Hochschulkunde, Würzburg
Abb. S. 419

8.20
Anonym
Vertheidigung der Barricade Neue Königstraße und Alexanderplatz, im Jahre 1848
Farblithographie. 34 × 44 cm
Institut für Hochschulkunde, Würzburg

8.21
Anonym
Kampf an der Barricade auf der Taubenstraße, am 18. 3. 1848
Farblithographie. 29 × 37,5 cm
Institut für Hochschulkunde, Würzburg

8.22
F. G. Nordmann
Barricade an der neuen Königstraße in Berlin, in der Nacht vom 18.—19. März 1848
Farblithographie. 35,5 × 50 cm
Institut für Hochschulkunde, Würzburg
Abb. S. 423

8.23
Anonym
Die Vertheidigung einer Barricade in Berlin, im Jahre 1848
Lithographie. 27 × 32,5 cm
Institut für Hochschulkunde, Würzburg

8.24
Schlesische Bauern-Adresse 1848
Drucksache, 1 Blatt. 42 × 25,5 cm
Germanisches Nationalmuseum Nürnberg

8.25
Teutsches Volksblatt, 28. September 1848, Nr. 39
Staatsbibliothek Preußischer Kulturbesitz, Berlin

8.26
Freie Blätter, Redakteur Adolf Glaßbrenner, Probenummer 9, 1. Juli 1848
1 Doppelblatt
Germanisches Nationalmuseum Nürnberg

8.27
Königl. Privilegirte Berlinische Zeitung, 22. und 23. März 1848
Germanisches Nationalmuseum Nürnberg

8.28
Berliner Krakehler, 2. September 1848
1 Blatt
Germanisches Nationalmuseum Nürnberg

8.29
Aufruf von 1848
Drucksache, 1 Doppelblatt
Staatsbibliothek Preußischer Kulturbesitz, Berlin

8.30
Anonym
Wartburgfest der deutschen
Studenten am 12. Juni 1848
Lithographie. 17,5 × 24 cm
Institut für Hochschulkunde,
Würzburg

8.31
Anonym
Die Erholung in Eisenach und
Wartburg. Hauptversammlung der
Deutschen Burschenschaften am
12., 13. Juni 1848
Lithographie. 23 × 34 cm
Institut für Hochschulkunde,
Würzburg

8.32
Anonym
Das merkwürdige Jahr 1848.
S. Majestät Friedrich Wilhelm IV.
König von Preußen verkündet in
den Straßen seiner Hauptstadt die
Einheit der deutschen Nation
Lithographie, koloriert.
33,5 × 41 cm
Germanisches Nationalmuseum
Nürnberg

8.33
Anonym
Wie der Würdenträger eines
Häuptlings, gestützt auf sein gutes
altes Recht im Volke Vertrauen zu
seinem abgestammten Herrscher-
hause erweckt 1848
Lithographie. 28 × 40 cm
Albertina, Wien

8.34
Anonym
Bürgerwache und Geist
Karikatur auf das Ende der Revo-
lution 1848
Lithographie. 34,5 × 51 cm
Albertina, Wien

8.35
Adolph v. Menzel
Siegesfreier 1848
Lithographie. 14,5 × 17,5 cm
Sammlung Horst Behrend, Berlin

8.36
Anonym
Die Todtenfeier im Friedrichshein
zu Berlin 1848
Lithographie. 36,5 × 53 cm
Historisches Museum Frankfurt

**Das Parlament in der Frankfurter
Paulskirche**

8.37
Verzeichnis der Abgeordneten der
Deutschen Nationalversammlung

29. Mai 1848 in Frankfurt
Drucksache, 1 Blatt
Staatsbibliothek Preußischer
Kulturbesitz, Berlin

8.38
Manifest von 1848
Drucksache, 1 Blatt
Staatsbibliothek Preußischer
Kulturbesitz, Berlin

8.39
»Motivirtes Manifest« der Frank-
furter Nationalversammlung 1848
Drucksache, 1 Blatt
Staatsbibliothek Preußischer
Kulturbesitz, Berlin

8.40
Constituirende deutsche National-
versammlung, 1848
Drucksache, 1 Blatt
Staatsbibliothek Preußischer
Kulturbesitz, Berlin

8.41
Programm des Centrums der Natio-
nalversammlung in Frankfurt 1848
Drucksache, 1 Blatt
Staatsbibliothek Preußischer
Kulturbesitz, Berlin

8.42
Die Grundrechte des deutschen
Volkes
Nationalversammlung Frankfurt
1848
Drucksache, 2 Blatt (hand-
schriftlich) eingelegt
Staatsbibliothek Preußischer
Kulturbesitz, Berlin

8.43
Geschäftsordnung für die consti-
tuirende Nationalversammlung,
Frankfurt 1848
Drucksache, 1 Doppelblatt
Staatsbibliothek Preußischer
Kulturbesitz, Berlin

8.44
Abendunterhaltung des Frankfurter
Liederkranzes auf der Mainlust am
7. August 1848 anläßlich der Natio-
nalversammlung
Programm, 1 Blatt
Staatsbibliothek Preußischer
Kulturbesitz, Berlin

8.45
Legitimationsurkunde von Jakob
Grimm als Abgeordneter zur consti-
tuierenden National-Versammlung
in Frankfurt 1848
Drucksache, 1 Blatt
Staatsbibliothek Preußischer
Kulturbesitz, Berlin

8.46
Antrag von Jakob Grimm 1848
Drucksache, 1 Blatt
Staatsbibliothek Preußischer Kultur-
besitz, Berlin

8.47
Verbesserungs-Anträge zur Natio-
nalversammlung in Frankfurt 1848
Drucksache, 1 Blatt
Staatsbibliothek Preußischer
Kulturbesitz, Berlin

8.48
Entwurf des deutschen Reichs-
grundgesetzes Frankfurt/Main
1848
Drucksache, 1 Blatt
Staatsbibliothek Preußischer
Kulturbesitz, Berlin

8.49
Bericht über die Wirksamkeit des
Fünfziger-Ausschusses der Frank-
furter Nationalversammlung 1848
Drucksache, 1 Blatt
Staatsbibliothek Preußischer
Kulturbesitz, Berlin

8.50
Album des Frankfurter Paulskir-
chenparlaments nach 1848
Aufgeschlagen Seite 32 mit Eintrag
Ludwig Uhland
Staatsbibliothek Preußischer
Kulturbesitz, Berlin

8.51
Fahne des Arbeitervereins
Wölfersheim
Auf dem schwarzen Streifen »Glück
auf!«, darüber zwei gekreuzte
Hämmer, auf dem roten Streifen
»Dem deutschen Parlament!«, auf
dem goldenen Streifen »Keine
Republik!« 1848
Stoff, bemalt. 120 × 120 cm
Wetterau-Museum, Friedberg

8.52
Schwarz-rot-goldene Fahne 1848
Stoff mit goldfarbenem Metallfa-
dengewebe und goldfarbenen
Fransen. 113 × 155 cm
Städtisches Heimatmuseum,
Neustadt an der Weinstraße

8.53
Anonym
Nach dem Unwetter 1848
Karikatur auf den Präsidenten der
Frankfurter Nationalversammlung
Heinrich von Gagern
Kupferstich, koloriert. 34 × 26,5 cm
Amerika-Gedenkbibliothek, Berlin

8.54
Anonym
Der Erlkönig 1848
Karikatur auf Friedrich Christoph
Dahlmann, Volksvertreter der
Frankfurter Nationalversammlung
Lithographie mit handschriftlichen
Eintragungen. 37 × 28 cm
Amerika-Gedenkbibliothek, Berlin

8.55
Anonym
Der alte System
Karikatur auf den durch die Wiener
Revolution 1848 gestürzten öster-
reichischen Staatskanzler Fürst
Metternich
Kupferstich. 36 × 27,5 cm
Amerika-Gedenkbibliothek, Berlin

8.56
Anonym
Karikatur auf Friedrich Christoph
Dahlmann, Volksvertreter der
Frankfurter Nationalver-
sammlung 1848
Lithographie. 29 × 21,5 cm
Amerika-Gedenkbibliothek, Berlin

8.57
Anonym
Wie ein Professor die deutsche
Einigkeit begraben will 1848
Karikatur
Lithographie. 27 × 36 cm
Amerika-Gedenkbibliothek, Berlin

8.58
Anonym
Juchhe! einstimmig zum Vizepräsi-
denten gewählt 1848
Karikatur auf Friedrich Ludwig
Jahn
Lithographie. 34 × 27 cm
Amerika-Gedenkbibliothek, Berlin

8.59
Anonym
Aus der Reichs-Curiositäten-
Sammlung. Vorsündfluthliche Über-
reste eines Urdeutschen 1848
Lithographie. 26,5 × 34 cm
Amerika-Gedenkbibliothek, Berlin

8.60
Anonym
Michels Nachtmütze 1848
Karikatur
Lithographie. 36,5 × 26,5 cm
Amerika-Gedenkbibliothek, Berlin

8.61
Anonym
Deutsche Parlaments Schattie-
rungen 1848
Karikatur auf das Parlament in der

Frankfurter Paulskirche
Lithographie. 34 × 26,5 cm
Amerika-Gedenkbibliothek, Berlin

8.62
Anonym
Wichtige Verhandlungen in der
St. Paulskirche 1848
Karikatur
Lithographie. 33,5 × 26,5 cm
Amerika-Gedenkbibliothek, Berlin

8.63
Anonym
Der deutsche Michel 1848
Karikatur
Lithographie. 35 × 21,5 cm
Amerika-Gedenkbibliothek, Berlin

8.64
Anonym
Scene aus einer demokratischen
Volksversammlung 1848
Karikatur auf das Parlament in der
Frankfurter Paulskirche
Lithographie. 34 × 28 cm
Amerika-Gedenkbibliothek, Berlin

8.65
Anonym
Berlin am Abend des 14. Juni.
Heldenmüthige Vertheidigung des
Zeughauses 1848
Karikatur
Farblithographie. 34 × 43 cm
Amerika-Gedenkbibliothek, Berlin

8.66
Anonym
Der deutsche Michel 1848
Karikatur
Farblithographie. 37 × 47 cm
Amerika-Gedenkbibliothek, Berlin

8.67
Anonym
Fortlaufender Beifall 1848
Karikatur auf das Parlament in der
Frankfurter Paulskirche
Kupferstich. 31 × 42 cm
Amerika-Gedenkbibliothek, Berlin

8.68
Anonym
Ausrüstung für die Nacht-
wache 1848
Karikatur auf das neue System
Lithographie. 32,5 × 44 cm
Amerika-Gedenkbibliothek, Berlin

8.69
Anonym
Karikatur auf das
Zweikammersystem nach 1848
Lithographie. 19,5 × 27,5 cm
Institut für Hochschulkunde,
Würzburg

Klaus Siebenhaar
Biographien

Die Auswahl der Biographien richtete sich im wesentlichen nach den im Katalogteil und in der Ausstellung erwähnten Persönlichkeiten.
Wird in den Texten die »Akademie« ohne Zusatz, wie z. B. »der Wissenschaften«, genannt, so handelt es sich immer um die »Akademie der bildenden Künste und mechanischen Wissenschaften« — seit 1809 »Akademie der Künste« in Berlin.

Ahlborn, August Wilhelm Julius
(1796 Hannover — 1857 Rom)
Maler
1819—25 Ausbildung an der Akademie; Schüler von J. E. Hummel, K. F. Schinkel und D. W. Wach (seit 1821). 1827—31 erster Italienaufenthalt. 1838 konvertiert er zum Katholizismus. Seit 1833 Mitglied der Akademie. 1840—45 zweiter Italienaufenthalt. 1846 Rückkehr nach Hannover. Seit 1847 endgültig in Italien. Die Italienaufenthalte prägten seine Landschaftsmalerei nachhaltig. Unter dem Vorbild Schinkels Vertreter der klassischen Richtung der Landschaftsmalerei.

Altenstein, Karl Freiherr von Stein zum
(1770 Schalkhausen — 1840 Berlin)
Preußischer Staatsmann
Jura-, Philosophie- und naturwissenschaftliches Studium in Erlangen, Göttingen und Jena. 1793 Referendar bei der Kriegs- und Domänenkammer unter Hardenberg in Ansbach. Seit 1799 in Berlin, 1803 Geheimer Oberfinanzrat. 1806 zusammen mit Hardenberg Erarbeitung der Rigaer Denkschrift. 1808—10 Finanzminister, 1813—15 Zivilgoverneur von Schlesien, 1817—38 Minister für die geistlichen-, Unterrichts- und Medicinalangelegenheiten.
Vor allem als Kultusminister von großer Bedeutung für die Entwicklung des preußischen Staates: Neugründung der Universität Bonn, Ausbau der Universitäten Berlin, Breslau und Halle; maßgeblich an der Berufung G. W. F. Hegels beteiligt. Aufbau des Elementarschulwesens und der Lehrerseminare, Entwicklung der Gymnasien und 1825 Ausdehnung der Schulpflicht auf das gesamte preußische Staatsgebiet.

Angeley, Louis
(1787 o. 1788 Leipzig — 1835 Berlin)
Schauspieler und Bühnenautor
Nach Engagements an verschiedenen Bühnen 1826 in Petersburg. Ab 1828 am Königsstädtischen Theater in Berlin. 1830 Erwerb eines Wirtshauses, Rücktritt als Schauspieler; Verfasser von Singspielen und Wegbereiter der Berliner Lokalposse. Bis heute auf dem Spielplan (»Das Fest der Handwerker«). Berliner Original.

Arndt, Ernst Moritz
(1769 Schoritz/Rügen — 1860 Bonn)
Schriftsteller, Theologe und Hochschullehrer
1791—96 Theologiestudium Greifswald. 1798/99 Reise durch Deutschland und Europa. 1800 Privatdozent im damals schwedischen Greifswald, ab 1805 Professor; Flucht vor Napoleon nach Schweden. 1809 Rückkehr nach Deutschland. Verbindungen zu Fürst v. Blücher,

G. J. D. Scharnhorst und Graf v. Gneisenau. 1812—16 Sekretär und Ratgeber des Freiherrn vom Stein in Petersburg. 1818 Professor in Bonn, 1820 im Zuge der Demagogen-Verfolgungen suspendiert, erst 1840 durch Friedrich Wilhelm IV. rehabilitiert. Zeitweise Rektor der Universität Bonn. 1848 Abgeordneter in der Paulskirche. Politischer Publizist (»Geist der Zeit«, 1806—18; »Kurzer Katechismus für teutsche Soldaten«, 1812) und Dichter (Lyrik, Reiseberichte, Erziehungsschriften) der Befreiungskriege; Memoiren u. a.: »Erinnerungen aus dem äußeren Leben« (1840), »Notgedrungener Bericht aus seinem Leben, aus und mit Urkunden der demagogischen und antidemagogischen Umtriebe« (2 Bde., 1847).

Arnim, Elisabeth von, genannt Bettina, geb. Brentano
(1785 Frankfurt/M. — 1859 Berlin)
Schriftstellerin
1804—06 gefördert durch die Großmutter, Sophie von La Roche, Freundschaft mit Karoline von Günderode. 1807 erstes Zusammentreffen mit J. W. v. Goethe in Weimar. 1811 Heirat mit dem engsten Freund ihres Bruders Clemens: A. von Arnim. 1810—12 Mitglied der Singakademie. Nach dem Tod ihres Mannes wird ihre Wohnung in Berlin zum Zentrum von Liberalen und Demokraten; sie engagiert sich politisch und sozial. Ruhm durch ihre Bücher »Goethes Briefwechsel mit einem Kinde« (1835) und »Die Günderode« (1840). Dauernde Bespitzelung ihres Salons durch die Polizei; Eintreten für die Brüder Grimm, Unterstützung der Junghegelianer, Hilfe für K. Blechen. 1842 möglicherweise Begegnung mit K. Marx in Kreuznach. Gründung eines eigenen Verlags: Arnimsche Verlagsexpedition.
Eine der bedeutendsten Frauengestalten der Romantik und des Vormärz; mutiger demokratischer Standpunkt in den Werken (»Dies Buch gehört dem König«, 1843; »Gespräch mit Dämonen«, 1852).

Arnim, Ludwig Joachim von, genannt Achim
(1781 Berlin — 1831 Gut Wiepersdorf b. Berlin)
Schriftsteller
Besuch des Joachimsthaler Gymnasiums in Berlin. 1798—1801 Studium der Natur- und Rechtswissenschaften in Halle und Göttingen. Ab 1801 enge Freundschaft mit C. Brentano. Nach Reise durch Deutschland und Europa 1804 kurzzeitig in Berlin, 1805 in Heidelberg bedeutender Anteil an der Gruppierung der »Heidelberger Romantik«, gemeinsame Arbeit mit C. Brentano am »Wunderhorn«. 1811 Heirat von Brentanos Schwester Bettina; Gründung der »Christlich-Teutschen Tischgesellschaft« mit dem Publizisten A. Müller in Berlin. 1813 Hauptmann in einem Berliner Landsherrnbataillon, Schriftleitung des »Preußischen Korrespondenten«. 1814 Rückzug auf sein Gut Wiepersdorf, Distanzierung von Brentano, bis zu seinem Tode Briefwechsel mit den Brüdern Grimm.
Für die Romantik besonders als Romanautor und Erzähler von Bedeutung (»Schuld und Buße der Gräfin Dolores«, 1810; »Die Kronenwächter«, Fragm. 1817 ff.).

Bach, Carl Philipp Emanuel
(1714 Weimar — 1788 Hamburg)
Komponist
Zweiter Sohn J. S. Bachs; 1731 Studium der Rechtswissenschaften in Leipzig, 1734 Frankfurt/O., 1738 Ruf an den Hof des Kronprinzen Friedrich von Preußen nach Rheinsberg. Dort Bekanntschaft mit J. J. Quantz und den

431

Brüdern Graun. Kammercembalist Friedrich II., hielt sich am Berliner Hof im Kreis der Prinzessin Amalie auf. Kontakt zu J. P. Kirnberger sowie den literarischen Zirkeln Berlins um G. E. Lessing, K. W. Ramler und J. W. L. Gleim. 1767 Schul-Musikdirektor und Kantor am Johanneum in Hamburg. Veranstalter vieler öffentlicher Konzerte, Freundschaft mit bekannten Dichtern (u. a. F. G. Klopstock, M. Claudius, J. H. Voss).

Vielfältig gebildet und auch literarisch ambitioniert. Zu seinem umfangreichen musikalischen Werk gehören u. a. 19 Sinfonien, etwa 200 Klaviersonaten, 50 Klavierkonzerte, 20 Passionsmusiken, 2 Oratorien, zahlreiche Oden, Lieder und Gesänge sowie sein epochemachendes Werk »Versuch über die wahre Art, das Clavier zu spielen«.

Bachmann, Johann Friedrich
(1799—1870)
2. Prediger, später Ober-Konsistorialrat der Luisenstadtkirche. Verfasser einer Geschichte der Luisenstadt, die 1839 erschien.

Bakunin, Michail
(1814 Premuchino — 1876 Bern)
Philosoph und Revolutionär
1828—35 Petersburger Artillerieschule. 1835—40 philosophische Studien; Aufenthalt in Moskau und Petersburg. 1840 Reise nach Berlin; Beschäftigung mit G. W. F. Hegel an der Berliner Universität; Hörer in F. W. Schellings Vorlesungen; Begeisterung für L. Feuerbach. 1842 Dresden, Freundschaft mit A. Ruge. 1844 in Paris, Begegnung mit K. Marx und P. Proudhon. 1849 intensive Beteiligung an der Mairevolution in Dresden; Kerker, Festungshaft, Verurteilung zum Tode, Auslieferung an Österreich. 1850 Kerker in Prag und Olmütz, Auslieferung an Rußland, dort 1851 Einzelhaft in der Peter-Pauls-Festung. 1857 Deportation nach Sibirien; 1861 Flucht nach Nordamerika; danach konspirativ-revolutionäre Aktivitäten in Westeuropa. 1868 Eintritt in die Zentralsektion der Genfer Internationale (I. Internationale). 1872 in Haag endgültiger Bruch mit Marx; konspirative Tätigkeit in der Schweiz und Italien. 1874 Rückzug aus dem öffentlichen Leben.

Bedeutendster Theoretiker und Praktiker des sozietären Anarchismus; in der Internationale Gegenspieler von Marx.

Baranius, Henriette, geb. Husen
(1768 Danzig — 1853 Berlin)
Schauspielerin und Sängerin
Als Schauspielerin und Sängerin ausgebildet; 1784—97 Engagement am Hoftheater in Berlin, danach Bühnenabschied und Rückzug ins Privatleben. Galt als »schöne Sängerin«.

Bauer, Bruno
(1809 Eisenberg/Thür. — 1882 Rixdorf b. Berlin)
Ev. Theologe und Publizist
In Berlin Schüler G. W. F. Hegels und P. K. Marheinekes, ab 1834 Privatdozent für Theologie an der Universität. Führendes Mitglied des »Doktorklubs«, später der »Freien«; Freundschaft mit K. Marx, Streitschrift gegen den orthodoxen Theologen E. W. Hengstenberg. Ab 1839 Privatdozent in Bonn. 1842 Entzug der Lehrbefugnis wegen radikaler Evangelienkritik, Mitarbeiter der »Rheinischen Zeitung«. Rückkehr nach Berlin; Bruch mit Marx und F. Engels. Nach 1848 Wandlung zum entschiedenen Konservativen und Antisemiten.
Nach dem Tod Hegels bis in die 40er Jahre hinein einer der einflußreichsten Köpfe der Linkshegelianer.

Bauer, Karoline
(1807 Heidelberg — 1877 bei Zürich)
Schauspielerin
Tochter eines badischen Rittmeisters. 1822 Schauspielerin in Karlsruhe. 1824—29 in Berlin (Königsstädtisches Theater, 1825 Hoftheater), von Rahel Varnhagen protegiert. 1829—31 Ehe mit Prinz Leopold von Coburg, dem späteren König von Belgien. 1831—34 Engagement in St. Petersburg, 1834—44 in Dresden, dort Kontakte zu L. Tieck. Ihre Memoiren »Aus meinem Bühnenleben« (Berlin 1872) vermitteln ein facettenreiches Bild der Zeit.

Becherer, Friedrich
(1746 Spandau — 1823 Berlin)
Architekt
Schüler K. F. C. Gontards, Ober-Hofbaurat in Berlin. Wichtige Bauten in Berlin: Börse (1801), Reitbahn im Hof des Akademiegebäudes. Initiator der »Architektonischen Lehranstalt« bei der Akademie der Künste« 1790—99, danach Mitglied des Direktoriums und Lehrer für Baukonstruktion und Bautechnik an der Kgl. Bau-Akademie.

Beckmann, Friedrich
(1803 Breslau — 1866 Wien)
Schauspieler und Dramatiker
Anfangs Chorist in Breslau, 1820 von H. Anschütz als »Komiker« entdeckt. 1824 Engagement am Königstädtischen Theater in Berlin. Mit der von ihm verfaßten Berliner Lokalposse »Der Eckensteher Nante im Verhör« (1833). Durchbruch als Volkskomiker in der Titelrolle (in Berlin über 100 Aufführungen). 1845 am Theater an der Wien, 1846 Hofschauspieler am Burgtheater in Wien. Glänzender Improvisator, äußerst populärer Komiker (auch in Shakespeare-Rollen). Der Titel des berühmten Berliner Witzblattes »Kladderadatsch« stammt von ihm.

Begas, Carl
(1794 Heinsberg/Aachen — 1854 Berlin)
Maler
1813—21 Ausbildung bei J. A. Gros in Paris; ab 1814 Förderung durch Friedrich Wilhelm III. 1821 Altarbild für den Berliner Dom; Mitglied der Akademie. 1822—24 als Stipendiat der preußischen Regierung in Italien; Verbindung zu den Nazarenern in Rom. 1824 Rückkehr nach Berlin. 1826 Hofmaler, Professor; 1829 Mitglied des Senats der Akademie und Lehrer der neu eingerichteten Klasse für Komposition und Gewandung.
Zunehmend von der Romantik beeinflußt (»Lorelei«, 1835), nach 1840 den Berliner Realisten nahestehend (»Mohrenwäsche«, 1843). Besonders als Porträtmaler von Bedeutung (u. a. J. G. Schadow, J. Grimm, A. v. Humboldt, F. W. Schelling). Einflußreiche akademische Lehrtätigkeit: 1829 Lehrer der neueingerichteten Klasse für malerische Komposition. Vater von Oskar und Reinhold Begas.

Benda, Franz (Františĕk)
(1709 Altbenatek — 1786 Potsdam)
Violinist und Komponist
1718 Chorknabe in Prag (Nikolauskirche). 1726—30 Violinist in Wien; 1730 in Warschau; Übertritt zur evangelischen Kirche. Über Dresden 1733 nach Rheinsberg, gehörte dort zur Kapelle des Kronprinzen. 1771—86 Konzertmeister Friedrichs II.
Berühmter Violinist seiner Zeit; als Komponist C. H. Graun nahestehend. Ein autobiographischer Aufsatz erschien 1766 in J. A. Hillers »Wöchentlichen Nachrichten«.

Benda, Georg (Jiři)
(1722 Altenbenatek — 1795 Köstritz)
Komponist
Jüngerer Bruder F. Bendas. 1739—42 Seminarist im Jesuiten-Kolleg zu Jičin. 1742 Kgl. Kammermusikus in Berlin. 1750 Hofkapellmeister in Gotha. 1765/66 Italienaufenthalt. 1778 nahm er seinen Abschied; lebte in verschiedenen Städten und Orten. Melodramen und Singspiele für die Bühne; besonders ab 1775 erregte er großes Aufsehen u. a. mit »Ariadne auf Naxos«, »Medea«, »Pygmalion«. Weiterhin Symphonien, Kantaten, Klavier- und Gesangstücke.

Berger, Ferdinand
(1782 Berlin — 1849 Berlin)
Kupferstecher
1799—1811 Schüler der Akademie; danach studienhalber in Wien und Rom. Seit 1817 als Lehrer an der Kunst- und Gewerkschule. 1830 Übernahme der neuen Lehrabteilung für das Studium der Anatomie nach Zeichnungen.

Bergmann
Maurermeister in der Luisenstadt, hatte die Tochter eines Weinbergbesitzers geheiratet und betrieb das Wirtshaus zum »Dusteren Keller«. Die Familie Bergmann besaß große Gebiete südlich des Halleschen Tores vor dem Tempelhofer Berg. Im Jahre 1837 wurde nach ihr die heutige Berg(e)mannstraße benannt.

Beschort, Jonas Friedrich
(1767 Hanau — 1846 Berlin)
Schauspieler und Sänger
1786 Bühnendebüt in Worms. 1790 von F. L. Schröder nach Hamburg geholt. Seit 1796 in Berlin; dort Schauspieler und Sänger. Enger Mitarbeiter A. W. Ifflands.

Bethmann-Unzelmann, Friederike
(1760 Gotha — 1815 Berlin)
Schauspielerin, Sängerin
1777 Debüt in Mainz. Seit 1775 mit dem Schauspieler K. W. Unzelmann verheiratet. Ab 1788 in Berlin. 1805 Ehe mit dem Schauspieler H. E. Bethmann. Eine der bedeutendsten Schauspielerinnen ihrer Zeit, herausragend als Heroine wie auch als Salondame, in komischen Rollen und als Sängerin in Singspielen, Opern und Operetten.

Beuth, Christian Peter Wilhelm
(1781 Kleve — 1853 Berlin)
Gewerbepolitiker und preußischer Beamter
Nach Studium in Halle seit 1801 in preußischem Staatsdienst. 1809 Regierungsrat in Potsdam, 1811 Obersteuerrat im Finanzministerium. 1813 Lützowscher Jäger. 1814 Geh. Oberfinanzrat, 1817 im neuen Handelsministerium, 1819 Direktor der »Technischen Deputation für das Gewerbe«. 1821 Gründung der Technischen Gewerbeschule in Berlin (seit 1827 Gewerbeinstitut); Mitglied des Staatsrates. 1830 Direktor der »Allgemeinen Bauschule«, gleichzeitig Direktor der Abteilung für Handel, Gewerbe und Bauwesen. 1845 Rückzug aus seinen Ämtern.
Bedeutender Mittler zwischen aufkommender Industrie, Handwerk und (Kunst-)Gewerbe; Ausbilder von Technikern und Ingenieuren. Enger Freund K. F. Schinkels, den er zeitweilig auf Reisen begleitete und mit dem er in der »Technischen Deputation« vielfach zusammenarbeitete; Aufbau der Schinkel-Sammlung nach dessen Tod.

Birch-Pfeiffer, Charlotte
(1800 Stuttgart — 1868 Berlin)
Schauspielerin und Dramatikerin
1813 Bühnendebüt in München; 1818 Engagement am Hoftheater in München. Ab 1826 verschiedene Gastspiele. 1838—43 Leitung des Stadttheaters in Zürich. Ab 1844 für das Fach der »älteren Anstandsdamen und Mütter« an das Kgl. Schauspiel nach Berlin verpflichtet.
Als Dramatikerin äußerst produktiv, zumeist effektvoll-publikumswirksame Rührstücke (u. a. »Herma«, 1828; »Die Grille«, 1856).

Blechen, Karl
(1798 Cottbus — 1840 Berlin)
Maler
Seit 1822 Studium an der Berliner Akademie, ab 1823 Landschaftsmalerei bei P. L. Lütke. Förderung durch K. F. Schinkel; auf dessen Vermittlung 1824—27 Dekorationsmaler am Königsstädtischen Theater. 1828/29 Italienreise, die zum Wendepunkt der künstlerischen Entwicklung wird: Hier gelangen Blechens Talent und Meisterschaft zu voller Entfaltung. 1831 Nachfolger Lütkes als Professor für Landschaftszeichnen an der Akademie; 1835 Mitglied der Akademie. Freundschaft mit Bettina von Arnim. Seine Dekorationsmalerei steht ganz unter dem Einfluß Schinkels. Die italienischen Skizzen, Studien und Bilder sind von Farbe, Stimmung und fließenden Konturen geprägt, malerischer Realismus.

Boeckh, August
(1785 Karlsruhe — 1867 Berlin)
Altphilologe
Studium in Halle bei F. A. Wolf und F. Schleiermacher; 1807 Promotion. Habilitation in Heidelberg; dort a. o. Professor; Kontakt mit C. Brentano, A. v. Arnim, L. Tieck. 1809 Ordinarius in Heidelberg (klassische Philologie), ab 1811 o. Professor in Berlin; wiederholt im Amt des Dekans (elfmal) und Rektors (fünfmal). Starkes Engagement an der Akademie der Wissenschaften, dort seit 1814 Mitglied, 1834—61 Sekretär der phil.-hist. Klasse; Freund F. Mendelssohns. Bedeutender Altertumswissenschaftler, Haupt der »realphilologischen« Schule, grundlegend für die klassisch-philologische Forschung seiner Zeit (besonders der altgriechischen Musik).

Börne, Ludwig, eigentlich Baruch, Löb
(1786 Frankfurt/M. — 1837 Paris)
Schriftsteller und Publizist
1802—07 Studium der Philosophie und Medizin in Berlin und Halle, 1807/08 der Rechts- und Staatswissenschaften in Gießen und Heidelberg. 1811 Polizeiaktuar in Frankfurt, als Jude 1814 nach Außerkraftsetzung des Code-Napoléon seines Amtes enthoben. 1818 Herausgeber der 1821 wegen Angriffe auf Metternich verbotenen Zeitschrift »Die Waage«, Übertritt zum Protestantismus. 1822—29 Journalist in Paris, Heidelberg, Berlin und Hamburg. Seit 1830 im Zuge der Julirevolution als Publizist in Paris; Mittelpunkt der emigrierten Demokraten. Sein Hauptwerk »Briefe aus Paris« (1832 ff.) wurde vom Bundestag verboten.
Literatur- und Theaterkritiker, Satiriker (»Der Narr im Weißen Schwan«, 1827)

Boumann, Johann
(1706 Amsterdam — 1776 Berlin)
Architekt
1732 nach Potsdam berufen; entfaltete dort und in Berlin seine Haupttätigkeit. 1745 Erneuerung des Akademiegeländes, Kgl. Baudirektor. Hauptwerke: in Potsdam »Holländisches Viertel« (1732), Berliner Tor (1752) und das Rathaus (1753); in Berlin den Alten Dom (1747—50); Prinz-Heinrich-Palais (1748—53) und die Vollendung der Hedwigskirche (1779—83). Beteiligung an der Ausführung des Stadtschlosses in Potsdam und des Schlosses Sanssouci.

Brentano, Clemens Wenzeslaus Maria
(1778 Ehrenbreitstein — 1842 Aschaffenburg)
Schriftsteller
1797 Studium in Halle, dann in Jena (u. a. Medizin); Verbindung zu Vertretern der Frühromantik. Seit 1801 Freundschaft mit A. von Arnim; führenden Anteil an der Konstituierung der »Heidelberger Romantik«. 1807 in Kassel enger Kontakt zu den Brüdern Grimm. 1809 Umzug nach Berlin; gefeiertes Mitglied der »Christlich-Teutschen Tischgesellschaft«. 1810 Festkantate zur Eröffnung der neuen Universität. 1811—13 in Böhmen und Wien, ab 1814 Wohnung bei seinem Schwager F. K. von Savigny in Berlin. 1818 Konvertierung, verfiel zunehmend einem mystischen Katholizismus. Ab 1819 bis zu seinem Tode ständig wechselnde Wohnsitze. Einflußreicher Vertreter der Romantik, vor allem als Novellist, Verfasser von Märchen und Lyriker (u. a. »Des Knaben Wunderhorn«, zusammen mit A. v. Arnim, 1805 ff.). Später unter dem Einfluß der katholischen Spätromantiker (J. Görres, M. v. Diepenbrock).

Brockmann, Johann Franz Hieronymus
(1745 Graz — 1812 Wien)
Schauspieler
1760 Bühnendebüt in Laibach. 1766 Wien, 1771 auf Ruf F. L. Schroeders in Hamburg. 1776 künstlerischer Durchbruch als erster deutschsprachiger Hamlet. 1777/78 Berlin-Gastspiel bei C. T. Döbbelin (u. a. als Hamlet, Tellheim und Beaumarchais); sensationeller Erfolg, zum erstenmal wurde in Berlin ein Schauspieler vor den Vorhang gerufen. Seine Hamlet-Darstellung wurde von D. Chodowiecki in mehreren Stichen festgehalten. 1778 Burgtheater in Wien; dessen Leiter von 1789—91. Einer der großen Tragöden seiner Zeit.

Brühl, Karl Friedrich Moritz Graf von
(1772 Pförten/Lausitz — 1837 Berlin)
Theaterdirektor
1785—98 in Weimar; Zusammenarbeit mit J. W. v. Goethe am herzoglichen Privattheater. 1800 Kammerherr des Prinzen Heinrich von Preußen in Rheinsberg. 1813/14 Teilnahme an den Frankreich-Feldzügen. 1815—28 als Nachfolger A. W. Ifflands Generalintendant der Kgl. Schauspiele in Berlin. 1830 Generalintendant der Kgl. Museen.
Mit der »Brühlschen Kostümreform« Einführung historisch getreuer Kostüme und Dekorationen auf der Berliner Bühne. Zusammenarbeit mit K. J. Gerst, C. W. Gropius und K. F. Schinkel.

Buchhorn, Ludwig
(1770 Halberstadt — 1856 Berlin)
Maler, Zeichner und Kupferstecher
Um 1789 Schüler D. Bergers an der Akademie. 1811 Mitglied, 1814 Mitglied des Senats der Akademie; 1814 Professor. Seit 1820 Lehrer an der Kupferstecherschule, der er ab 1825 vorstand.
Porträtzeichnungen, Landschafts- und Blumenbilder; Kupferstiche nach fremden Vorbildern und eigenen Entwürfen (u. a. »Christus«, »Psyche und Amor«, »Johannes der Täufer«).

Bürde, Friedrich Leopold
(1792 Breslau — 1849 Detmold)
Maler, Kupferstecher und Lithograph
Schüler der Akademie seit 1817 (u. a. bei J. G. Schadow); ab 1828 dort als Lehrer in der neu eingerichteten »Thierklasse«. Anfangs malte er bevorzugt Jagd- und Schlachtenszenen, später Spezialisierung auf Pferdemalerei. Ab 1841 beschäftigte er sich auch mit dem Modellieren von Tieren.

Burckhardt, Jacob Christoph
(1818 Basel — 1897 ebenda)
Historiker
Nach Theologie-, Philologie- und Geschichtsstudium in Basel 1839 Wechsel an die Berliner Universität; hörte dort L. v. Ranke, J. G. Droysen, A. Boeckh, F. Kugler, J. Grimm und F. Schelling. Gehörte zum Freundeskreis B. v. Arnims. Nach weiteren Studienaufenthalten in Bonn und Paris 1843 in Basel für Geschichte habilitiert. 1845 dort ao. Professor. 1846—48 politischer Redakteur. 1846—48 in Berlin und Rom. 1855—58 Professor für Kunstgeschichte in Zürich. Ab 1858 Professor für Geschichte in Basel, 1886—93 nur noch Vorlesungen über Kunstgeschichte. Mitbegründer der modernen wissenschaftlichen Kunstgeschichte; bedeutender Lehrer, wichtigster Schüler: H. Wölfflin.

Carstens, Asmus Jakob
(1754 St. Jürgen — 1798 Rom)
Maler und Zeichner
1776 Studium an der Akademie in Kopenhagen, trotzdem

weitestgehend Autodidakt. 1783 Italienaufenthalt mit seinem Bruder Frederik, frühzeitiger Abbruch der Reise wegen Geldmangel. Danach Porträtmaler in Lübeck. Auf Vermittlung F. J. Overbecks ab 1787 in Berlin, anfangs Buchillustrator. Künstlerischer Durchbruch in Berlin 1789 mit der Zeichnung »Der Sturz der Engel«. 1790 Professor an der Akademie (bis 1792 Lehrer der Gipsklasse). Mythologische und allegorische Deckenbilder für das Kgl. Schloß. Ab Juni 1792 wieder in Italien; 1795 Bruch mit der Akademie, entschiedener Gegner der Akademieausbildung.
Vertreter eines strengen Klassizismus, geprägt von der antiken Vasenmalerei sowie Raffael und Michelangelo. Einfluß auf B. Thorwaldsen, F. J. Overbeck, P. Cornelius.

Catel, Ludwig Friedrich
(1776 Berlin — 1819 Berlin)
Architekt
Bruder des Malers Franz Catel. 1802 Besuch in Weimar, Bekanntschaft mit J. W. v. Goethe. 1806 Entwurf für ein Denkmal Friedrichs II. am »Großen Stern«. Ab 1807 Studium mit seinem Bruder in Paris. 1811/12 Italienreise.
Vor allem durch Privathäuser und Mitarbeit an den Schloßbauten von Braunschweig und Weimar hervorgetreten.

Chamisso, Adelbert von
(1781 Schloß Boucourt/Champagne — 1838 Berlin)
Schriftsteller und Naturwissenschaftler
Lebte als Adelsemigrant seit 1796 in Berlin. 1798 Eintritt in den preußischen Militärdienst. 1803 Gründung des Nordsternbundes. 1811/12 bei Frau von Staël in Coppet. 1812 Medizinstudium in Berlin; widmete sich aber vorwiegend botanischen Studien. 1815—18 Weltreise. 1819 Ehrendoktor der Berliner Universität; Adjunkt am Botanischen Garten und 2. Kustos am Kgl. Herbarium. 1824 Mitglied der »Mittwochsgesellschaft«. 1835 Mitglied der Akademie der Wissenschaften.
Als Weltreisender und Naturforscher angesehener Wissenschaftler (»Tagebuch zur Reise um die Welt«, 1835); umfangreiche naturwissenschaftliche Schriften. Herausgeber des »Grünen Musenalmanachs« (1804—06, mit K. A. Varnhagen). Novellen (»Peter Schlemihl«, 1813), Balladen, Gedichte und Dramen. Enge Verbindung zum Kreis um E. T. A. Hoffmann, in den 20er Jahren vor allem zu Berliner Naturwissenschaftlern und W. v. Humboldt.

Cherubini, Maria Luigi
(1760 Florenz — 1842 Paris)
Komponist
1778—82 Ausbildung bei Sarti in Venedig. 1780 erste Oper. Ab 1784 in London, mehrere Opern; Kgl. Hofkomponist. 1786/87 Paris, 1787/88 Turin, ab 1788 endgültig in Paris. Opern für das Théâtre de la Foire St. Germain. 1805/06 in Wien; Begegnung mit Napoleon. 1816 Kompositionsprofessor, bis 1830 Surintendant der Kgl. Kapelle. 1821—42 Direktor des Conservatoire.
Anfangs nur als Komponist von Kirchenmusik hervorgetreten, später viele Opern im italienischen Stil. Einführung neuer sinfonischer Durchführungselemente. Am Ende seines Lebens wieder Kirchenmusik und sinfonische Werke. Von L. v. Beethoven hoch verehrt.

Chézy, Helmia Christine von
(1783 Berlin — 1856 Genf)
Schriftstellerin
Enkelin Louise Karschs; ab 1801 in Paris literarisch tätig. 1803—07 Herausgeberin der Zeitschrift »Französische Miszellen« bei Cotta. Ab 1814 in Berlin Artikel für den »Freimüthigen« und F. W. Gubitz' »Gesellschafter«. Von E. T. A. Hoffmann vor dem Kammergericht von einer Verleumdungsklage freigesprochen. 1817 Dresden, 1823 Wien, dann München; u. a. Bekanntschaft mit Jean Paul, F. Schlegel, L. Tieck, C. Brentano. Verfasserin zahlreicher Erzählungen, Lieder sowie des Librettos zur Oper »Euryanthe« von C. M. v. Weber. Erinnerungen: »Unvergessenes« (2 Bde., 1858).

Chodowiecki, Daniel Nikolaus
(1726 Danzig — 1801 Berlin)
Maler, Radierer und Zeichner
Als Kaufmann ausgebildet und seit 1743 in Berlin im Geschäft des Onkels tätig; nebenbei Emailmalerei. Aktstudium bei B. Rode. Künstlerischer Durchbruch 1767 mit dem Gemälde »Les Adieux de Calas à sa famille«. Große Erfolge als Buchillustrator durch Verbindung mit den Verlegern der Berliner, Gothaer, Göttinger Taschenkalender. Wesentlicher Initiator der Reorganisation der Akademie von 1786. 1764 Mitglied, 1786 Rektor und Sekretär, 1789 Vizedirektor, 1797 Direktor der Akademie. Als Radierer von Bedeutung (umfangreiches Werk); seine Bilder sind für die Darstellung des kleinbürgerlichen Berliner Lebens wertvolle kulturgeschichtliche Zeitdokumente.

Cieszkowski, August Graf von
(1814 Podlachien — 1894 Posen)
Philosoph
Während seines Philosophiestudiums in Berlin Anhänger der Hegel-Schule. Mitarbeiter an der »Biblioteka Warszawska«. Seit 1847 in Posen, dort Präsident der polnischen »Gesellschaft der Freunde der Wissenschaften«. Wiederholt Mitglied des preußischen Landtags. Im Anschluß an G. W. F. Hegel Entwicklung einer Geschichtsphilosophie, die eine radikale Philosophie der Tat zur Vollendung der Geschichte fordert (»Prolegomena zur Historiographie«, Berlin 1838). Darüber hinaus verschiedene philosophische und nationalökonomische Abhandlungen.

Cornelius, Peter
(1783 Düsseldorf — 1867 Berlin)
Maler
Ab 1795 Studium an der Düsseldorfer Akademie; geriet zunehmend unter den Einfluß der Romantik (bedeutende Frühwerke: Federzeichnungen zum »Faust«, 1808/16, und zum »Nibelungenlied«, 1817). 1809/10 Frankfurt/ M., 1811—19 Italienaufenthalt; Nazarener; Kontakt zu F. J. Overbeck, W. Schadow und besonders zu B. G. Niebuhr. 1819 vom bayrischen Kronprinzen nach München berufen, gleichzeitig Akademiedirektor in Düsseldorf. 1824 Direktor der Münchner Akademie. 1840 Berufung an die Akademie nach Berlin. Wiederholt Aufenthalte in London und Rom.
Bedeutend vor allem als Freskomaler: 1820/30 Fresken in der Glyptothek, 1826—40 in der Alten Pinakothek und

1836—39 in der Ludwigskirche in München. In Berlin seit 1845 Entwürfe für die Wandmalereien des Campo Santo. Bevorzugung mythologischer Motive.

Crelinger, Auguste, geb. Düring
(1795 Berlin — 1865 Berlin)
Schauspielerin
Durch A. W. Iffland ab 1812 am Hoftheater in Berlin, dem sie bis 1862 ununterbrochen angehörte. Endgültiger Durchbruch und Begründung ihres Ruhms 1833 bei einem Gastspiel in München als Maria Stuart und Kriemhild neben Sophie Schröder als Elisabeth und Brunhild. 1862 50jähriges Bühnenjubiläum und Abschied von der Bühne als Iphigenie. Große Tragödin ihrer Zeit.

Dähling, Heinrich Anton
(1773 Hannover — 1850 Potsdam)
Maler
Ab 1795 Schüler der Akademie; 1811 Mitglied und 1814 Professor der Akademie; 1822 Nachfolger C. L. Kuhbeils als Lehrer der ersten Zeichenklasse, nach 1829 Leitung der »Vorbereitungs- und Prüfungsklasse« der Akademie. Miniatur-, Historien-, Genre- und Landschaftsmaler sowie Lithograph.

Decker, Pauline, geb. Schätzel
(1812 Eichberg — 1882 Eichberg)
Sängerin
1828—32 an der Berliner Hofoper.

Devrient, Ludwig
(1784 Berlin — 1832 Berlin)
Schauspieler
Gehört zu der berühmten Bühnenkünstler-Familie; Onkel von Philipp Eduard, Emil und Carl Devrient.
Engagements in Dessau und Breslau; ab 1815 durch A. W. Iffland bis zu seinem Tode am Kgl. Schauspiel in Berlin; Debüt als Franz Moor. Eng befreundet mit E. T. A. Hoffmann. Gilt als größter Schauspieler seiner Zeit, besonders der romantischen Epoche des deutschen Theaters.

Devrient, Philipp Eduard
(1801 Berlin — 1877 Karlsruhe)
Schauspieler, Regisseur, Theaterleiter und Sänger
Neffe Ludwig Devrients. Als Sänger bei C. F. Zelter ausgebildet; 1819 Kgl. Oper Berlin. Mitinitiator und Mitwirkender bei der Neuaufführung der Matthäus-Passion in der Singakademie. Ab 1831 nur noch Schauspieler; 1834 mit L. Schneider Gründung des Schauspiel-Vereins (Theaterreform). 1844 Oberspielleiter am Hoftheater Dresden; Bekanntschaft mit R. Wagner. 1852—69 Direktor am Hoftheater Karlsruhe. Weniger als Schauspieler denn als Theaterreformer und Bühnenleiter von Bedeutung; einflußreich als Theaterhistoriograph: »Das Nationaltheater des neuen Deutschland« (1849) sowie das Standardwerk »Geschichte der deutschen Schauspielkunst« (5 Bde., 1848—74).

Dittersdorf, Karl Ditters von
(1739 Wien — 1799 Neuhof)
Komponist und Violinist
Kompositionsunterricht bei J. Bonno. 1761 Stelle im Wiener Hofopernorchester. 1763 Italienreise mit Gluck; große Erfolge als Violinvirtuose. Bekanntschaft mit J. Haydn. 1765 Kapellmeister des Bischofs von Großwardein (Ungarn). 1773 Amtshauptmann in Freiwaldau; geadelt. Errichtung eines kleinen Theaters in Johannisberg. Wiederholte Aufenthalte in Wien. Ab 1796 Protektion durch den Freiherrn von Stillfried.
Wegbereiter der deutschen komischen Oper (»Doktor und Apotheker«, 1786; »Die lustigen Weiber von Windsor«, 1796, u. a.). Oratorien; »Lebensbeschreibung« (1801).

Döbbelin, Carl Theophil
(1727 Königsberg — 1793 Berlin)
Schauspieler, Regisseur und Dramatiker
Nach Jurastudium in Halle ab 1750 Mitglied der Neuberschen Truppe. Danach Zusammenarbeit mit K. E. Ackermann; auf Anraten J. C. Gottscheds 1756 Gründung einer eigenen Gesellschaft in Erfurt. Ab 1766 in Berlin bei F. Schuch d. J. Über Leipzig, Magdeburg, Dresden 1775 Direktor eines »stehenden« Theaters in Berlin (Döbbelinsche Gesellschaft). 1786 erster Direktor des Berliner National-Theaters.
Heldendarsteller (Cato), Vertreter des bürgerlichen Realismus in der Schauspielkunst; Eintreten für G. E. Lessing.

Drake, Johann Friedrich Heinrich
(1805 Pyrmont — 1882 Berlin)
Bildhauer
Ab 1819 Ausbildung als Kunstdrechsler und Mechaniker. 1827 Schüler C. D. Rauchs in Berlin; in dessen Atelier und in der Feilnerschen Tonwarenfabrik beschäftigt. Ab 1828 selbständige Arbeiten (Porträtbüsten, Statuetten). 1836 Kolossalstatuette Justus Möser in Osnabrück; großzügige Förderung durch Rauch. 1836/37 Italienaufenthalt. In Berlin intensiver Kontakt u. a. mit A. W. F. Schirmer, A. Menzel, E. Rietschel, F. W. Meyerheim. Protektion durch Friedrich Wilhelm IV., Einrichtung eines eigenen Ateliers (Bellevuestraße). 1837 Mitglied der Akademie, 1852 Senatsmitglied; Kgl. Professor.
Nach Rietschel Rauchs bedeutendster Schüler, Vertreter einer antikisierenden Kunstanschauung. Zahlreiche Statuetten, Kolossalstatuen und Reitermonumente, in Berlin u. a.: »Nike krönt den Sieger«, Schloßbrücke (1858); Marmorstatue Friedrich Wilhelm III. im Tiergarten (1849) und C. D. Rauch im Alten Museum (1864); Bronzestatue K. F. Schinkel (1869) und eherne Viktoria auf der Siegessäule (1873).

Eichendorff, Joseph Freiherr von
(1788 Gut Lubowitz b. Ratibor — 1857 Neiße)
Schriftsteller und Jurist
Von 1805 Studium der Rechtswissenschaft in Halle und Heidelberg; Bekanntschaft mit A. v. Arnim, C. Brentano und J. Görres. 1811 in Wien Abschluß der juristischen Studien und Begegnung mit F. und D. Schlegel. Kurzzeitig als freiwilliger Jäger im Lützowschen Freikorps unter

L. F. Jahn. 1816 Eintritt in den preußischen Staatsdienst, über Breslau, Danzig und Königsberg 1831 Regierungsrat im Kultusministerium Berlin. 1844 Versetzung in den Ruhestand, Beschäftigung mit literarischen Arbeiten an unterschiedlichen Orten: Wien, Berlin, Köthen, Dresden, wieder Berlin. Nach der Märzrevolution Flucht nach Köthen, Herbst 1849 erneut in Berlin. 1855 endgültig in Neiße.
Einer dier vielseitigsten Dichter der Romantik; Romancier, Novellist (»Aus dem Leben eines Taugenichts«), Dramatiker; religiöse, historische, politische und biographische Schriften; Verfasser von Märchen und Sagen.

Elßler, Fanny
(1811 o. 1812 Gumpendorf b. Wien — 1884 Wien)
Ballettänzerin
1817—25 Kärntnertortheater in Wien. Viele Gastspiel- und Kunstreisen durch Europa, vor allem Deutschland, Frankreich und Italien. Endgültiger künstlerischer Durchbruch während eines triumphalen Gastspiels 1830 in Berlin. 1841 erfolgreiche Amerika-Tournee. 1851 Rückzug von der Bühne.
Berühmteste Ballettänzerin ihrer Zeit.

Engel, Johann Jacob
(1741 Parchim — 1802 Parchim)
Lehrer, Theaterleiter und Schriftsteller
Ab 1776 in Berlin, Professor am Joachimsthaler Gymnasium, Mitglied der Akademie der Wissenschaften. 1787—94 Oberdirektor des National-Theaters; dann Umzug nach Schwerin. 1798 Rückkehr nach Berlin. Als Dramatiker von G. E. Lessing beeinflußt.

Engels, Friedrich
(1820 Barmen — 1895 London)
Philosoph, Ökonom, Industrieller und Publizist
1837 Abbruch des Gymnasiums, Handlungsgehilfe in der väterlichen Firma. 1831—41 Ausbildung in Bremen. September 1841 in Berlin (Militärdienst als »Einjähriger«); Weiterbildung an der Universität als Hospitant (»Schwarzhörer«) u. a. bei F. Schelling, P. K. Marheineke und F. Rückert, Verkehr u. a. mit M. Stirner, den Gebrüdern Bauer, A. Ruge. Ab 1842 London und Manchester. 1844 Begegnung mit K. Marx in Paris, 1845 gemeinsam in London. 1845/46 Übersiedlung nach Paris. 1848 Ausweisung aus Paris, in Deutschland, danach Brüssel, Paris; aktive Beteiligung am Badisch-Pfälzischen Feldzug; Flucht und zeitweilige Internierung in der Schweiz. 1849 in Köln, Freispruch in Prozeß wegen »Aufreizung zur Rebellion«. 1849 in London, kriegswissenschaftliche Studien. 1850—70 in Manchester, Leitung der Firma »Ermel & Engels, Manchester«; seit 1870 endgültig in London. 1872 Teilnahme am Haager Kongreß der Internationale. Ab 1884 Ordnung des Marx-Nachlasses.
Mitbegründer des wissenschaftlichen Sozialismus (zusammen mit Marx), bedeutender Führer der internationalen Arbeiterbewegung und Wissenschaftler. Eigenständige Werke u. a.: »Die preußische Militärfrage und die deutsche Arbeiterpartei« (1865); »Anti-Dühring« (1878); »Der Ursprung der Familie, des Privateigentums und des Staates« (1884); »Zur Lage der arbeitenden Klasse in England« (1845).

Erdmannsdorff, Friedrich Wilhelm von
(1735 Dresden — 1800 Dessau)
Architekt und Kunsttheoretiker
Nach Philologiestudium in Wittenberg ab 1757 Vertrauter des Fürsten Leopold Friedrich Franz von Anhalt-Dessau. 1761 erste Italienreise; 1763 Holland und England. 1765 zweite Italienreise, Bekanntschaft mit J. J. Winckelmann; Vitruv-Studien. 1770/71 wiederum Italien; Studium der römischen Architektur. 1786 Ehrenmitglied und Assessor der Akademie. 1787—89 Aufenthalt und Arbeiten in Berlin und Potsdam. 1789/90 erneut Italien, in Rom Kontakt mit u. a. A. Canova und J. P. Hackert. Begeisterter Anhänger der Antike, von den Lehren Winckelmanns und dem englischen Klassizismus stark beeinflußt. Große Bedeutung für die Entwicklung des deutschen Klassizismus und der Berliner Bauschule; Lehrer F. Gillys. Als Theoretiker und Lehrer von nachhaltiger Wirkung. Hauptwerke u. a.: Wörlitzer Schloß (1769—73), Zimmer der »Königskammern« im Berliner Schloß (1787—89); Theater in Magdeburg und Dessau.

Fasch, Carl Friedrich (eigentlich Christian Friedrich Carl)
(1736 Zerbst — 1800 Berlin)
Komponist
Sohn und Schüler des Komponisten Johann Friedrich Fasch. 1756 Berufung neben C. Ph. E. Bach als 2. Cembalist Friedrich II. nach Berlin; dort 1774—76 interimistisch Kapellmeister der Kgl. Oper. 1791 Gründer und bis zu seinem Tode Leiter der Berliner Singakademie. Nur wenige Kompositionen sind erhalten (Messen, Kantaten, Lieder, Klaviersonaten u. a.).

Feilner, Tobias Chrtistoph
(1773 Weiden — 1839 Berlin)
Keramiker
Nach Erlernung des Töpferhandwerks ab 1793 in Berlin, dort Eintritt in die Werkstatt J. G. Höhlers, die er 1812 übernimmt. 1804 Erfindung der enkaustischen Malerei. Förderung seiner Experimente durch C. P. W. Beuth und K. F. Schinkel, folgend enge Zusammenarbeit mit Schinkel (Entwicklung der farbigen Tonplastik; ornamentale Schmuckformen und Portalskulpturen für Schinkels Werdersche Kirche ab 1825). Sein 1829 nach Schinkels Entwurf gebautes Haus wurde zum Treffpunkt bedeutender Künstler (u. a. G. Schadow, C. D. Rauch, C. J. Begas). Schöpfer des durch porzellanartige Glasur der Kacheln gekennzeichneten »Berliner Kachelofens«.

Feuerbach, Ludwig Andreas
(1804 Landshut — 1872 Rechenberg b. Nürnberg)
Philosoph
1823 Theologiestudium in Heidelberg. 1824—26 Philosophiestudium bei G. W. F. Hegel in Berlin. 1828 Promotion und Habilitation in Erlangen; dort auch Privatdozent. Vergebliche Bemühungen um eine Professur. 1837 Rückzug auf Schloß Bruckberg b. Ansbach, ab 1860 Rechenberg.
Durch sein religionskritisches Werk (»Das Wesen des Christentums«, 1841) und seinen kritischen Materialismus großer Einfluß auf die Linkshegelianer und vor allem K. Marx und F. Engels.

Fichte, Johann Gottlieb
(1762 Rammenau/Lausitz — 1814 Berlin)
Philosoph
1780/81 Studium der Theologie, Philosophie, Jura in Jena und Leipzig. Verschiedene Hauslehrerstellen. 1792 Königsberg, wissenschaftlicher Durchbruch mit der Schrift »Versuch einer Kritik aller Offenbarung«; Empfehlung I. Kants. 1794—99 Professor in Jena; 1799 Entlassung (»Atheismusstreit«). Danach in Berlin, verkehrte in Romantikerkreisen (u. a. F. Schlegel); Privatvorlesungen. Über Erlangen und Königsberg Rückkehr nach Berlin; 1807/08 im runden Saal der Akademie »Reden an die deutsche Nation«. 1810 erster gewählter Rektor der neugegründeten Berliner Universität; 1811 Antrittsrede »Über die einzig mögliche Störung der akademischen Freiheit«. Anfangs kosmopolitisch und revolutionär gesinnt, später zur Mystik neigend; stellte sich in seinen politischen Schriften ganz in den Dienst der Erhebung gegen Napoleon; weitreichende Nachwirkungen auf den deutschen Nationalgedanken. Kernstück seines philosophischen Systems: die Wissenschaftslehre.

Fidicin, Ernst
(1802 Berlin — 1884 Berlin)
Heimatforscher, Stadtarchivdirektor
Verfasser einer Berlin-Chronik »Historisch-diplomatische Beiträge zur Geschichte der Stadt Berlin«, Teil 1—5, Berlin 1837—42.

Fischer, Johann Ignaz Ludwig
(1745 Mainz — 1825 Berlin)
Sänger und Komponist
Schüler von Raaf, nach Engagements u. a. in Wien und Paris, 1788 auf Lebenszeit in Berlin engagiert. 1815 Pensionierung. Der Osmin in Mozarts Oper »Entführung aus dem Serail« wurde für ihn geschrieben. Komponist des Liedes »Im tiefen Keller sitz' ich hier« (1802).

Fleck, Johann Friedrich Ferdinand
(1757 Breslau — 1801 Berlin)
Schauspieler und Regisseur
1777 Debüt bei der Bodinischen Gesellschaft in Leipzig. Über Hamburg 1783 nach Berlin (Döbbelinsche Gesellschaft); seit 1786 Mitglied, 1790 Regisseur des Berliner National-Theaters. Als Schauspieler Idol der Romantiker. Wichtigster Mitarbeiter A. W. Ifflands, herausragend als Helden- und Charakterdarsteller (Shakespeare, Schiller).

Fontane, Theodor
(1819 Neuruppin — 1898 Berlin)
Schriftsteller
1833 Gewerbeschule K. F. Klödens in Berlin. 1836 Apothekerlehrzeit. 1840 Apothekengehilfe; 1847 Approbation als Apotheker. März 1848 Teilnahme an Barrikadenkämpfen. Apotheker im Krankenhaus Bethanien. 1855—59 Londonaufenthalt. 1860 Eintritt in die Redaktion der »Kreuzzeitung«. 1866 Reisen zu den böhmischen und süddeutschen Kriegsschauplätzen. 1870 Theaterrezensent der »Vossischen Zeitung«; Reise zum deutschfranzösischen Kriegsschauplatz, Internierung. 1874 Italienreise. 1876 Ständiger Sekretär der Akademie. Bedeutender Romancier des 19. Jhs. (u. a. »Vor dem Sturm«, 1878; »Schach von Wuthenow«, 1883; »Cécile«, 1887; »Effi Briest«, 1895; »Der Stechlin«, 1897), berühmt auch durch seine Kriegstagebücher und die »Wanderungen durch die Mark Brandenburg« (1862 ff.).

Fouqué, Friedrich de la Motte
(1777 Brandenburg — 1843 Berlin)
Schriftsteller und Offizier
Auf A. W. Schlegels Rat Studium des Altnordischen in Berlin, der ihn zudem als Schriftsteller fördert. 1794 Eintritt in das preußische Heer, Rheinfeldzug. 1813 Teilnahme an den Befreiungskriegen gegen Napoleon. 1815 Rückzug auf sein Gut Nennhausen bei Rathenow. 1831 Übersiedlung nach Halle, Privatvorlesungen über Poesie. 1840—42 Herausgeber der »Zeitung für den deutschen Adel«; starb fast völlig vergessen.
Stark an mittelalterliche Dichtung angelehnte Lyrik, zum Teil Verherrlichung mittelalterlichen Lebens (Rittergeschichten, Ritterdramen); populär durch die Märchen »Undine« (1811) und »Das Galgenmännchen« (1810).

Friedrich II., der Große
(1712 Berlin — 1786 Sanssouci)
Seit 1740 König in, seit 1772 von Preußen
Künstlerisch und literarisch vielseitig interessiert: Unterricht im Flötenspiel bei J. J. Quantz, gründete als Kronprinz in Rheinsberg 1732 eine Kapelle mit C. H. Graun als Kapellmeister. Ab 1736 Korrespondenz mit Voltaire; zunehmende Hinwendung zur Kultur und Philosophie der französischen Aufklärung. Nach seinem Regierungsantritt Förderung der Akademie der Wissenschaften (unter P. L. Moreau de Maupertuis); Errichtung einer Oper (1742 eröffnet). 1750 auf seine Einladung hin Voltaire in Potsdam (bis 1753). Aufstieg Preußens zur Großmacht in Mitteleuropa (Schlesische Kriege 1740—42; 1744/45; Siebenjähriger Krieg 1756—63; 1. Polnische Teilung, 1772; Bayerischer Erbfolgekrieg, 1778; Deutscher Fürstenbund, 1785). Neben seiner politischen Relevanz auch als militärisch-politischer Schriftsteller bedeutend, geistig dabei ganz Frankreich verbunden (u. a. »Antimachiavell«, 1739). Komponist von 121 Flötensonaten sowie von Flötenkonzerten, Armeemärchen, 1 Symphonie und Textentwürfen für mehrere Opern Grauns.

Friedrich Wilhelm II., König von Preußen
(1744 Berlin — 1797 Potsdam)
Neffe Friedrich II., seit 1786 König von Preußen
Auf seine Anregung hin vielfältige kulturpolitische Initiativen wie Berufungen an die Akademie, Gründung von Lehrerseminaren und der Singakademie (1791), Pflege klassischer Musik sowie klassizistischer Ausbau Berlins (Brandenburger Tor 1788—91); damit Überwindung der Erstarrung der friderizianischen Zeit. Opulenter Lebensstil, Günstlings- und Mätressenwirtschaft; hinterließ ein hochverschuldetes Land.

Friedrich Wilhelm III., König von Preußen
(1770 Potsdam — 1840 Berlin)
Sohn Friedrich Wilhelms II., seit 1797 König von Preußen
Konservativer und geistig-kulturell weniger interessiert als sein Vater; Aufbau der preußischen Verwaltung. Un-

ter dem Eindruck der vernichtenden Niederlage gegen Napoleon 1806 ermöglichte er die Reformen unter Frh. v. Stein, v. Hardenberg, v. Scharnhorst und v. Gneisenau; 1814 aber Zurücknahme bzw. teilweise Wiederaufhebung. Bis zu seinem Tode dann als Hauptziele: Festigung der Autorität des Staates, Gewährleistung von Sicherheit und Ordnung (Demagogenverfolgungen, Kölner Kirchenstreit).

Friedrich Wilhelm IV., König von Preußen
(1795 Berlin — 1861 Sanssouci)
Sohn Friedrich Wilhelm III., seit 1840 König von Preußen
Von konservativ-religiöser und mystisch-romantischer Denkweise (»Romantiker auf dem Thron«), hoch gebildet und künstlerisch begabt, Gönner und Förderer namhafter Künstler und Wissenschaftler (A. von Humboldt, K. F. Schinkel u. a.). Sein Regierungsantritt wurde von großen Hoffnungen der Liberalen getragen, die sich nur anfangs erfüllten (Lockerung der Zensur, Ende der Demagogenverfolgungen). Mußte sich 1848 unter dem Druck der Märzereignisse demokratischen Forderungen beugen, im gleichen Jahr aber noch Aufoktroyierung einer Verfassung. 1849 Ablehnung der deutschen Kaiserkrone. Stiftete die Friedensklasse des Ordens Pour le mérite für Gelehrte und Künstler.

Frisch, Johann Christoph
(1738 Berlin — 1815 Berlin)
Maler und Radierer
Schüler B. Rodes in Berlin; Protektion durch Friedrich II. 1764—68 Frankreich- und Italienreise (1765/67 Rom). 1770 Mitglied der Akademie. 1786 Rektor, 1801 Vizedirektor, 1805 Direktor der Akademie; Kgl. Hofmaler. Zahlreiche Gemälde mythologischen Gehalts; Auftragsarbeiten für die Schlösser Fiedrichs II. sowie für Friedrich Wilhelm II.; Historienbilder um und Bildnisse von Friedrich II., bedeutend auch als Lehrer an der Akademie.

Frohberg, Regina
(1783 Berlin — 1850 Wien)
Schriftstellerin
Entstammt jüdischer Familie, heiratet 1801 in die Berliner Familie Friedländer ein. Nach der Scheidung wurde sie Christin und nahm den Namen Frohberg an. 1813 Übersiedlung nach Wien, lebte dort in den Kreisen des Wiener Geldadels. Verfasserin zahlreicher Romane; Bearbeitung von Theaterstücken.

Gaertner, Johann Philipp Eduard
(1801 Berlin — 1877 Zechlin)
Maler und Lithograph
1811 Zeichenunterricht bei F. W. Müller in Kassel. 1813 Rückkehr nach Berlin, dort 1814—21 Malerlehrling in der Kgl. Porzellanmanufaktur. Gehilfe im Atelier C. W. Gropius; 1820—24 Besuch der Akademie. 1825 Auftrag Friedrich Wilhelms II. für die »Aufnahme« der Kapelle im Schloß Charlottenburg. 1825—27 als Stipendiat in Paris (F. E. und J. v. Bertin). 1833 Mitglied der Akademie. 1837—39 Rußlandreisen; Auftragsarbeiten für den Zarenhof. Geriet zunehmend in Vergessenheit; 1870 Umsiedlung nach Zechlin/Mark Brandenburg.

Bedeutender künstlerischer Chronist des biedermeierlichen und vormärzlichen Berlins. Hauptwerk: »Panorama von Berlin in 6 Teilen« (1834/35).

Gans, Eduard
(1798 Berlin — 1839 Berlin)
Jurist und Rechtsphilosoph
Ab 1816 Studium in Göttingen, Heidelberg und Berlin, dort Schüler G. W. F. Hegels. 1825 Konvertierung zum Christentum. 1826 ao., 1828 o. Professor an der juristischen Fakultät der Universität.
Gegner F. K. v. Savignys und seiner »Historischen Rechtsschule«. Einfluß auf die Junghegelianer. Mitbegründer der »Jahrbücher für wissenschaftliche Kritik«. Begründer der vergleichenden Rechtswissenschaft in Deutschland.

Gentz, Friedrich
(1764 Breslau — 1832 Weinhaus b. Wien)
Publizist und Politiker
1793 preußischer Kriegsrat. Anfänglich begeisterter Anhänger der Französischen Revolution, nach Lektüre und Übersetzung der Schrift »Reflections on the revolution in France« (2 Bde., 1793) Vertreter der entschiedenen Gegner der Revolution und Napoleons. Setzte sich früh für ein Zusammengehen Preußens mit Österreich ein. Trat 1802 in österreichische Dienste, ab 1809 Vertrauter Metternichs, Vater der Demagogengesetze. Seine Schriften gehören zu den wichtigsten Quellenwerken der Geschichte seiner Zeit.

Gentz, Heinrich
(1766 Breslau — 1811 Berlin)
Architekt
Architektonische Ausbildung an der Akademie, u. a. bei K. F. C. Gontard. 1790—95 Studienreisen, vor allem nach Italien (Rom, Sizilien, Neapel). 1795 Rückkehr nach Berlin; Oberhofbauinspektor. 1798—1800 entstand die Berliner Münze. 1798 Professor an der Bauakademie. 1801—03 Berufung zum Bau des Schlosses in Weimar; enge Zusammenarbeit mit J. W. v. Goethe. 1810 Hofbaurat. 1810/11 Mitwirkung (zusammen mit K. F. Schinkel) am Mausoleum für die Königin Luise; Mitglied und Sekretär des Senats der Akademie.
Trat für eine Erneuerung der Baukunst auf der Grundlage der alten griechischen Kunst ein; Vorläufer Schinkels.

Gebrüder Gericke
Gründeten 1829 ein Berliner »Tivoli« nach Pariser Muster. Es befand sich zwischen dem Kreuzberg und der Straße nach Tempelhof.

Gerst, Johann Karl Jakob
(1792 Berlin — 1854 Berlin)
Theatermaler
Schüler B. Veronas; 1813 Teilnahme an den Freiheitskriegen. Durch A. W. Iffland gefördert, 1815 Gehilfe P. L. Burnaths. 1818—51 Kgl. Dekorationsmaler; vor allem durch die Ausführung vieler Bühnenentwürfe K. F. Schinkels hervorgetreten.

Gilly, David
(1748 Schwedt — 1808 Berlin)
Architekt
1770 Landbaumeister, 1779 Baudirektor von Pommern
(u. a. Hafenbauten, Wiederaufbau kleinerer Städte). Von
Friedrich II. als Gutachter eingesetzt; 1788 Geheimer
Oberbaurat, Initiator und eigentlicher Begründer der Berliner Bauakademie (1798).
Bedeutender Vertreter des Frühklassizismus (Einrichtung
der Landhäuser von Paretz für Friedrich Wilhelm III.,
1796—1800; Schloß Freienwalde, 1798; Viewegsches
Haus in Braunschweig, 1801—04), ausgedehnte Tätigkeit
in allen Zweigen des Bauwesens; einflußreich auch als
Fachschriftsteller (»Handbuch der Landbaukunst«, 2 Tle,
1797/98).

Gilly, Friedrich
(1772 Altendamm/Stettin — 1800 Karlsbad)
Architekt
Sohn D. Gillys. Ab 1788 in Berlin Studien bei F. Becherer,
C. G. Langhans und F. W. v. Erdmannsdorff; in der Akademie u. a. bei C. B. Rode, D. N. Chodowiecki, J. G.
Schadow. 1791 Beteiligung beim Bau der Berliner Stadtvogtei. 1794 Reise mit dem Vater nach Ost- und West-
preußen. Anerkennung für den Denkmalsentwurf Fried-
rich II. (1796). 1797 Oberhofbauinspektor; Studienreise
(England, Frankreich, Österreich, Süddeutschland). 1798
Professor für Optik und Perspektive an der Bauakademie.
Geniales Talent des deutschen Klassizismus, Begründer
des modernen Theaterbaus (Entwurf für ein National-
theater; Schauspielhaus in Königsberg, 1799). Weitreichender Einfluß auf die folgende Künstlergeneration
(H. Gentz, L. v. Klenze), bahnbrechend im Werk seines
Schülers K. F. Schinkel.

Glaßbrenner, Adolf
(1810 Berlin — 1876 Berlin)
Schriftsteller und Publizist; Pseudonym »Adolf Brennglas«
Seit 1828 als Journalist tätig. 1832 Herausgeber des »Don
Quixote«; 1833 von der preußischen Regierung verboten.
1835 Wien, 1841 Umzug nach Neustrelitz. 1848 Führer
der demokratischen Partei in Mecklenburg-Strelitz. 1850
Landesverweis; Umzug nach Hamburg. 1858 Rückkehr
nach Berlin, Redakteur der »Berliner Montagszeitung«.
Begründer der volkstümlichen Berliner Satire (Figuren
wie »Eckensteher Nante«, »Weißbierphilister Buffey«);
bedeutender Publizist (»Freie Blätter«, 1848; »Deutsche
Sonntags-Zeitung«, 1856; »Phosphor«, 1858); wichtige
Werke: »Berlin, wie es ist und — trinkt« (1832—50),
»Buntes Berlin« (1837—53), »Berliner Volksleben«
(1847—50), »Die Verkehrte Welt« (1856) sowie die Vers-
satire »Neuer Reineke Fuchs« (1846).

Goethe, Johann Wolfgang
(1749 Frankfurt/M. — 1832 Weimar)
Dichter und Wissenschaftler
1765—68 Student der Rechte in Leipzig. 1768/69 Frank-
furt/M. 1770/71 Abschluß des Studiums in Straßburg; Li-
zentiat; Begegnung mit J. G. Herder. 1771—75 wiederum
Frankfurt/M.; Bekanntschaft mit J. H. Merck; Rezensionen für die »Frankfurter Gelehrten Anzeigen«. 1774
Rheinreise; Bekanntschaft mit Herzog Karl August, der

ihn 1775 nach Weimar einlädt. 1776 Geheimer Legationsrat, 1777 Harzreise. Mai 1778 mit Karl August in Berlin,
Besuch D. Chodowieckis. 1780 Geheimer Rat. 1781 Kam-
merpräsident; geadelt. 1784 Entdeckung des Zwischen-
kieferknochens. 1786—88 erste Italienreise. Kontakt u. a.
zu J. H. W. Tischbein, K. P. Moritz. 1790 zweite Italienreise. 1791 Leiter des Weimarer Hoftheaters. 1794
»Bündnis« mit F. Schiller. Ab 1805 Freundschaft mit
C. F. Zelter. 1808 Begegnung mit Napoleon. 1814/15
Rheinreisen. 1823 Eckermann bei Goethe, Aufenthalte in
Karlsbad und Marienbad.
Werke u. a.: »Werther« (1774); »Egmont« (1787); »Wilhelm Meister Lehrjahre« (1796); »Faust« (1806/31);
»Westöstlicher Divan« (1819); »Dichtung und Wahrheit«
(1831).

Gontard, Karl Friedrich Christian von
(1731 Mannheim — 1791 Breslau)
Architekt
Anfangs Figurant und »maître de ballet«, 1746 unter dem
Einfluß C. Bibienas Hinwendung zur Baukunst. 1750
Ausbildung in Paris (J. F. Blondel). 1754 Frankreich- und
Italienreise. 1755 Ingenieur-Hauptmann in Bayreuth.
1756 Lehrer an der dortigen Akademie. Ab 1764 im
Dienst Friedrichs II. in Potsdam; Aufsicht über den Bau-
hof; Beteiligung am Ausbau des Neuen Palais (u. a.
»Communs«, Drachenhaus, Kolonnade). 1779 Verset-
zung nach Berlin. Lehramt an der architektonischen
Lehranstalt der Kunstakademie (später Bauakademie);
Schüler u. a.: G. Gentz und J. F. G. Unger. Ehrenmitglied
der Akademie.
Anfangs in Bayreuth, später in Berlin entscheidend zum
Ausbau der Residenzen beigetragen; vom Barock beeinflußt. Wichtigste Bauten in Berlin und Potsdam: Spittel-
und Königskolonnaden; Entwurf zum Oranienburger
Tor; Kuppeltürme am Gendarmenmarkt; Marmorpalais
in Potsdam.

Graff, Anton
(1736 Winterthur — 1813 Dresden)
Maler und Radierer
Ab 1757 Ausbildung bei dem Hofmaler und Porträtisten
L. Schneider in Ansbach. 1766 Berufung an die Kunstakademie Dresden. 1771 Heirat mit Auguste Sulzer, Tochter
des Berliner Mathematikprofessors J. G. Sulzer. Mehrere
Reisen zur Übernahme von Bildnisaufträgen vor allem
nach Berlin und Leipzig. 1783 Ehrenmitglied der Akademie. Bedeutendster deutschsprachiger Porträtist der Goethe-Zeit; viele seiner Porträts von Bürgern und Adeligen
aus der Berliner, Dresdner und Leipziger Gesellschaft
wurden in Kupfer gestochen (besonders durch J. F. Brau-
se); Freundschaft und langjähriger Briefwechsel mit
D. N. Chodowiecki.

Graun, Carl Heinrich
(1703 o. 1704 Wabenbrück — 1759 Berlin)
Komponist, Opernsänger
1714—21 Kreuzschule Dresden. 1725 Opernsänger in
Braunschweig, 1727 dort Vizekapellmeister. 1733 Be-
kanntschaft mit Kronprinz Friedrich; 1735 Berufung nach
Rheinsberg, 1740 als Kapellmeister nach Berlin. Von
Friedrich II. mit der Errichtung einer Oper beauftragt.

1742 mit seiner Oper »Cesare e Cleopatra« Eröffnung des neuen Berliner Opernhauses.
Bevorzugter Opernkomponist des Preußenkönigs, bedeutender allerdings in seinen vielfältigen Kirchenwerken.

Grell, August Eduard
(1800 Berlin — 1886 Steglitz b. Berlin)
Organist und Komponist
1817 Organist der Nikolaikirche, Eintritt in die Singakademie, dort 1832 Zweiter Dirigent (neben C. F. Rungenhagen). 1831 Kgl. Musikdirektor, 1839 Hof-Domorganist. 1841 Mitglied der Akademie. 1851 Mitglied des Senats der Akademie. 1843—45 Gesanglehrer des Domchors, 1851 Lehrer an der Kompositionsschule und nach Rungenhagens Tod erster Leiter der Singakademie. 1858 Professor. Symphonien, Orgelstücke, hauptsächlich aber Vokalmusik sowie wissenschaftliche Aufsätze.

Grillparzer, Franz
(1791 Wien — 1872 Wien)
Schriftsteller
1807 Studium der Rechtswissenschaften, 1811 Abschluß. Seit 1813 im Staatsdienst, subalterner Posten bei der Finanzbehörde; 1818 zusätzliche Besoldung als Theaterdichter. 1823 Direktor des Hofkammerarchivs. 1826 Reise nach Deutschland; in Dresden Zusammentreffen mit L. Tieck; in Berlin intensiver Kontakt zu A. v. Chamisso, Begeisterung für Rahel Varnhagen, Begegnungen mit G. W. F. Hegel; Besuch bei J. W. v. Goethe in Weimar. 1847 Pensionierung auf eigenen Wunsch, im gleichen Jahr Reise nach Hamburg und Berlin. 1848 begrüßte er zunächst den Sturz Metternichs, danach aber auf seiten der Habsburger Monarchie. Erst im Alter mit Ehrungen überhäuft. Wichtige Dramen: »Die Ahnfrau« (1817); »Sappho« (1819); »Das goldene Vließ«, Trilogie (1822); »König Ottokars Glück und Ende« (1825); »Der Traum im Leben« (1840); »Ein Bruderzwist in Habsburg« (1872).

Grimm, Jacob Ludwig Carl
(1785 Hanau — 1863 Berlin)
Schriftsteller und Germanist
Ab 1802 Jurastudium bei K. F. v. Savigny in Marburg. Seit 1805 in Kassel, 1808 dort Privatbibliothekar des Königs Jérôme. 1814/15 als Legationsrat beim Wiener Kongreß. 1830 Wechsel nach Göttingen als Bibliothekar und Professor für deutsche Altertumswissenschaft. 1837 Amtsenthebung (Protest der »Göttinger Sieben«); Rückkehr nach Kassel. 1841 Berufung durch Friedrich Wilhelm IV. als Professor und Mitglied der Akademie der Wissenschaften nach Berlin. 1843 Italienreise. 1848 Teilnahme an der Frankfurter Nationalversammlung.
Mit seinem Bruder Wilhelm Begründer der modernen Germanistik. Beeinflußt von den Heidelberger Romantikern (A. v. Arnim und C. Brentano). Herausgeber der »Kinder- und Hausmärchen« (2 Bde., 1812—14) und der »Deutschen Sagen« (2 Bde., 1816—18) zusammen mit W. Grimm. Von großer Bedeutung auch seine »Geschichte der deutschen Sprache« (2 Bde., 1848) und besonders das »Deutsche Wörterbuch« (1838 ff.).

Grimm, Wilhelm Carl
(1786 Hanau — 1859 Berlin)
Schriftsteller und Germanist
Der Lebensgang ist unmittelbar mit dem seines Bruders Jacob verknüpft: 1803—06 Jurastudium in Marburg, danach Privatgelehrter. 1814—29 Bibliothekssekretär in Kassel. 1831 ao., 1835 o. Professor in Göttingen, ebenfalls Amtsenthebung 1837. Folgte 1841 dem Ruf an die Akademie der Wissenschaften nach Berlin, lehrte als lesendes Akademiemitglied an der Universität.
Weniger vielseitig als sein Bruder, aber von größerem Erzählertalent. Darüber hinaus als Forscher und Herausgeber altdeutscher Dichtung von Bedeutung.

Gropius, Carl Wilhelm
(1793 Braunschweig — 1870 Berlin)
Maler
Ausbildung in der Maskenfabrik und Verleihanstalt seines Vaters W. Gropius in Berlin. Studienreisen durch Europa (u. a. Italien), Kenntnisse in der Landschaftsmalerei. 1820 Kgl. Theaterinspektor, Hoftheatermaler bis 1868. 1822 Mitglied der Akademie. 1827 mit seinen Brüdern Georg (1802—42) und Ferdinand Gründung des »Diorama« (nach dem Vorbild des Franzosen Daguerre) sowie der Gropiusschen Kunst- und Buchhandlung — lange Zeit Mittelpunkt des Berliner Kunstlebens. Einflußreich auch Gropius' Atelier für Landschafts-, Veduten- und Prospektmalerei (u. a. E. Gaertner, K. Blechen, W. Krause). Enge Freundschaft mit K. F. Schinkel, dessen Theaterentwürfe er häufig ausführte.

Gubitz, Friedrich Wilhelm
(1786 Leipzig — 1870 Berlin)
Zeichner, Formschneider, Publizist und Schriftsteller
Schüler seines Vaters, des Holz- und Stahlschneiders J. C. Gubitz (seit 1789 bei J. F. Unger in Berlin). 1805 Mitglied der Akademie und Lehrer, 1812 Professor der Holz- und Formschneidekunst. Ab 1818 rege publizistische und schriftstellerische Tätigkeit. Enge Kontakte zu führenden Romantikern (C. Brentano, A. v. Arnim, A. v. Chamisso, E. T. A. Hoffmann, H. Heine u. a.). Erneuerer der deutschen Holzschneidekunst; Verfasser von etwa 70 Theaterstücken; Kunst- und Theaterkritiker (u. a. »Spenersche Zeitung«, »Vossische Zeitung«); Herausgeber der Zeitschrift »Der Gesellschafter« (ab 1816), des »Jahrbuchs deutscher Bühnenspiele« (1832—66) sowie des äußerst populären »Deutschen Volkskalenders« (1835—69) mit mehr als 100 eigenen Holzschnittillustrationen.

Gutzkow, Karl
(1811 Berlin — 1878 Sachsenhausen b. Frankfurt)
Schriftsteller
1821 Besuch des Friedrichs-Werderschen Gymnasiums, ab 1829 Studium der Theologie und Philologie in Berlin. 1831/32 Herausgeber des »Forums der Journalliteratur«. Mitarbeiter des Literaturkritikers W. Menzel (»Literaturblatt«) in Stuttgart. 1835 Verbot aller seiner Schriften. 1836 vier Monate Gefängnis wegen antikirchlicher Propaganda in seinem Roman »Wally«. 1837 Übersiedlung nach Hamburg, Redaktion des »Telegraph für Deutschland«. 1843 Ende der strengen Überwachung durch die Polizei. 1846—49 Dramaturg am Hoftheater Dresden. Während der revolutionären Märztage 1848 »Ansprache an die Berliner«. 1852 Herausgabe der Wochenzeitschrift »Unterhaltungen am häuslichen Herd«. 1861—64 Gene-

ralsekretär der Deutschen Schiller-Stiftung in Weimar. »Geborener Journalist« (Engels); auch Romancier und vor allem Dramatiker (»Richard Savage«, 1839, »Uriel Acosta«, 1846, oder »Zopf und Schwert«, 1844).

Händel-Schütz, Johanna Henriette Rosine
(1772 Döbeln — 1849 Köslin)
Schauspielerin
Seit 1782 in Berlin Ausbildung bei J. J. Engel. Nach verschiedenen Stationen (u. a. Mainz, Bonn, Amsterdam) 1796 von A. W. Iffland nach Berlin berufen (bis 1806). Ab 1807 in Halle. 1809—17 mit ihrem 4. Mann, dem Hallenser Universitätsprofessor Schütz, Kunstreise durch Europa mit verschiedenen Auftritten.
Ausgeprägtes deklamatorisches und pantomimisches Talent.

Hagn, Charlotte von
(1809 München — 1891 München)
Schauspielerin
1828 Bühnendebüt in München. Über Wien 1831 nach Dresden; Gastspiele u. a. in Berlin. 1833—46 am Kgl. Schauspiel in Berlin; Gastspiele u. a. in St. Petersburg. 1846 Rücktritt von der Bühne. Populär und erfolgreich vor allem als Salondame.

Hampe, Karl Friedrich
(1772 Berlin — 1848 Berlin)
Maler und Lithograph
Ab 1784 Schüler J. C. Frischs und J. G. Niedlichs an der Akademie. 1816 Mitglied der Akademie; 1825 Professor an der Akademie, Vorsteher der dritten Zeichenklasse; 1828 Mitglied des Senats; Vorsteher der Zeichenschule.
Bevorzugte religiöse Motive, Genrebilder.

Hardenberg, Karl August von; Fürst (seit 1814)
(1750 Essenrode — 1822 Genua)
Minister und Staatskanzler
Nach Jurastudium im hannoverschen Staatsdienst. 1783 Minister in Braunschweig, 1790 in Ansbach-Bayreuth. 1791 Ernennung zum preußischen Staats- und Kriegsminister; Leitung des Anschlusses der Markgrafschaften an Preußen. 1798 Provinzialminister, 1804 Außenminister. 1806 auf Wunsch Napoleons entlassen, 1807 kurzzeitig Erster Minister; Abschluß des Vertrags von Bartenstein mit Rußland; Frh. v. Stein als Nachfolger durchgesetzt. Verfasser der »Rigaer Denkschrift« zur Neuordnung des preußischen Staates mit Reformvorschlägen nach französischem Vorbild. 1810 Staatskanzler, Leitung der gesamten preußischen Politik; Einführung der Gewerbefreiheit, Säkularisierung des Kirchenguts. 1812 Judenemanzipation. Mit W. v. Humboldt Vertreter Preußens beim Wiener Kongreß. Nach den Karlsbader Beschlüssen 1819 schwand sein politischer Einfluß.
Begründer der preußischen Verwaltungsorganisation und entscheidender Staatsreformer im Spannungsfeld von Restauration und liberal-aufgeklärtem Beamtentum (Stein-Hardenbergische Reformen).

Hasse, Johann Adolf
(1699 Bergedorf/Hamburg — 1783 Venedig)
Komponist

Anfangs Opernsänger in Hamburg (1718), 1719—22 in Braunschweig. Ab 1722 in Italien, dort Studium bei Propora und Scarlatti. 1727 Kapellmeister in Venedig. Heirat mit der berühmten Sängerin Faustina Bordoni. 1730 erstmals in Dresden, 1733—63 Kgl. polnischer und kurfürstlich sächsischer Kapellmeister in Dresden. Durch ihn Glanzzeit der Dresdner Oper. 1745 Begegnung mit Friedrich II. in Dresden. 1750 Oberkapellmeister. 1763—73 in Wien. 1773 endgültig in Venedig.
Hauptvertreter der Opera seria Mitte des 18. Jhs., als solcher in Italien hochverehrt (u. a. »Demofoonte«, 1748; »Arminio«, 1745; »Solimano«, 1753; »Piramo e Tisbe«, 1768). Auch als Komponist von Kirchenmusik bedeutsam.

Hegel, Georg Wilhelm Friedrich
(1770 Stuttgart — 1831 Berlin)
Philosoph
1788—93 Studium der Philosophie und Theologie am Tübinger Stift, Freundschaft mit F. Hölderlin und F. Schelling. 1793—1800 Hauslehrer in Bern und Frankfurt/M. 1801 Habilitation und Privatdozentur in Jena, Herausgabe des »Kritischen Journals der Philosophie« zusammen mit Schelling. 1805/06 a. o. Professor in Jena. 1808—16 Rektor des Nürnberger Gymnasiums, 1816 Professor der Philosophie in Heidelberg. 1818 als Nachfolger J. G. Fichtes an die Berliner Universität berufen; dort Haupt einer einflußreichen Schule. 1829/30 Rektor der Universität.
Bedeutendster und einflußreichster Philosoph des 19. Jhs., zugleich wichtigster Vertreter des deutschen Idealismus. Sein System erfaßt alle Bereiche des Seins und Denkens, bestimmt und hervorgebracht durch eine allem zugrunde liegende Vernunft (Panlogismus). Mit seinem sich dialektisch Entwickelnden Geschichtsprozess weitreichende Auswirkungen auf K. Marx und F. Engels (Dialektischer Materialismus).
Werke u. a.: »Phänomenologie des Geistes«, 1806; »Wissenschaft der Logik«, 1812/16; »Enzyklopädie der philosophischen Wissenschaften«, 1817; »Grundlinien der Philosophie des Rechts«, 1821.

Heine, Heinrich
(1797 Düsseldorf — 1856 Paris)
Schriftsteller und Publizist
Als Sohn eines jüdischen Kaufmanns kaufmännische Lehre in Frankfurt a. M. und Hamburg (1815—18). 1820 Studium in Bonn, wo A. W. Schlegel auf ihn aufmerksam wird. 1821—23 Fortsetzung des Studiums an der Berliner Universität. Im Salon der Rahel Varnhagen bereits als »deutscher Byron« gefeiert. 1824 Studium in Göttingen, 1825 Übertritt zur evangelischen Kirche; juristische Doktorprüfung. 1826—30 »Wanderjahre«: Hamburg, Norderney, London, München, Italien, Berlin (1821 ff.; Schüler G. W. F. Hegels, Verkehr mit den Varnhagens), Potsdam, Helgoland, wieder Hamburg. Seit 1831 als Journalist in Paris. 1835 Verbot seiner Schriften durch den Deutschen Bund. 1843 Mitarbeiter an den »Deutsch-Französischen Jahrbüchern« und am Pariser »Vorwärts«; im Dezember lernt er K. Marx kennen. 1844 Schlaganfall, Beginn seines Siechtums (»Matratzengruft«).
Gleichermaßen bedeutend für Romantik, Junges Deutschland (Vormärz). Als Lyriker und Prosaautor von herausragender Bedeutung (»Reisebilder«, 1826 ff.; »Buch der Lieder«, 1827; »Die romantische Schule«,

1835/36; »Atta Troll«, 1843). Viele seiner Lieder und Balladen — zumal in der Vertonung durch F. Schubert und R. Schumann — sind Volksgut geworden.

Heinitz, Friedrich Anton Freiherr von
(1725 Dörschkau — 1802 Berlin)
Bergbauingenieur und Staatsbeamter
Bergbaustudium in Freiberg. 1763 Geh. Kammer- und Bergrat in Dresden. 1765 entsteht die Bergakademie in Freiberg nach seinen Plänen. 1775 England- und Frankreichreise. 1777 von Friedrich II. als Minister und Berghauptmann des Bergwerks- und Hütten-Departments berufen. Hauptverantwortlich für den Aufschwung der Bergbau- und Eisenindustrie (vor allem in Schlesien). 1782 auch an der Spitze des Handels- und Fabrikendepartments. 1784 Demission. 1786 Kurator der Akademie. Neben D. N. Chodowiecki Hauptinitiator der Reorganisation der Akademie.
Als Staatsmann bedeutend für die industrielle Entwicklung Preußens; nachhaltiger Einfluß auf Frh. v. Stein und Graf v. Redern.

Hellwig, Karl Friedrich Ludwig
(1733 Kunersdorf — 1838 Berlin)
Komponist
Schüler von Gürrlich, G. A. Schneider und C. F. Zelter in Berlin, 1793 Mitglied der Singakademie, 1803 deren Vizedirigent. Domorganist und Gesangslehrer an Berliner Schulen. Opern, Männerchöre für Zelters Liedertafel, Lieder und Kirchenkompositionen.

Hengstenberg, Ernst Wilhelm
(1802 Fröndenberg — 1868 Berlin)
Ev. Theologe und Publizist
1819 in Bonn Studium der Philologie, Philosophie und Theologie; danach Lehrer in Basel. 1824 in Berlin Habilitation für orientalische Sprachen, 1825 in der theologischen Fakultät; 1820 o. Professor. 1827 Gründung der einflußreichen, streng konservativen »Evangelischen Kirchenzeitung«. Vorwiegend als Verfasser theologischer Schriften konservativer, allen Rationalismus bekämpfender Prägung hervorgetreten.

Henry, Louise
(1798 Berlin — 1839 Berlin)
Malerin
Schülerin des Kupferstechers, J. F. Bolt, der Porträtmalerin und Tassaert-Tochter Felicitas Robert sowie J. G. Schadows. 1833 Ehrenmitglied der Akademie. Verheiratet mit dem Prediger P. E. Henry.
Vorwiegend als Porträt- und Genremalerin hervorgetreten.

Henry, Susanne (Suzette)
(1763 Berlin — 1819 Berlin)
Malerin
Tochter D. N. Chodowieckis, seit 1785 mit dem späteren Kgl. Bibliothekar Jean Henry verheiratet. Schülerin ihres Vaters und A. Graffs. 1786 erstmals mit einem Selbstbildnis auf der Akademieausstellung vertreten. 1789 Mitglied der Akademie. Hauptsächlich Porträt- und Genremalerin, u. a. für das Gotha'sche »Taschenbuch für Damen«. Drei Gemälde zu C. M. Wielands »Oberon«, 1812.

Hensel, Fanny Cäcilia
(1805 Hamburg — 1874 Berlin)
Komponistin und Pianistin
Schwester Felix Mendelssohn Bartholdys, seit 1829 Frau des Berliner Malers Wilhelm Hensel. Renommierte Pianistin und Komponistin vieler Lieder. Mitglied der Singakademie.

Herklots, Karl Alexander
(1759 Dulzen — 1830 Berlin)
Schriftsteller und Jurist
Nach Rechtswissenschaftsstudium und Referendarzeit in Königsberg ab 1790 am Kammergericht in Berlin. Enge Kontakte zum Hoftheater als Verfasser von Prologen, durch Übersetzungen französischer und italienischer Singspiele (u. a. G. Spontini), Bearbeitungen (W. A. Mozarts »Cosi fan tutte«) sowie durch eigene Lustspiele.

Herwegh, Georg
(1817 Stuttgart — 1875 Baden-Baden)
Schriftsteller
1831 Seminarist in Maulbronn, 1835 Theologiestudium in Tübingen; 1836 Entlassung aus dem Stift. 1837 Schriftleiter der Zeitschrift »Europa« in Stuttgart. 1839 Verweigerung des Wehrdienstes durch Flucht in die Schweiz. 1842 Triumphale Reise durch Deutschland, als Freiheitssänger gefeiert; in Berlin Auseinandersetzungen mit B. Bauer. Audienz bei König Friedrich Wilhelm IV. Freundschaft mit A. Ruge und K. Marx. Ende 1842 Ausweisung aus Preußen wegen eines offenen Briefes an Friedrich Wilhelm IV., Rückkehr in die Schweiz. 1844 Übersiedlung nach Paris. 1848 in Paris Sammlung eines Arbeiter-Freikorps; mit 800 Mann Beteiligung am Aufstand in Baden, Niederlage, Flucht in die Schweiz. Nach Amnestie 1866 Übersiedlung nach Baden-Baden.
Als Freiheitssänger, Lyriker (»Gedichte eines Lebendigen«, 1840), Publizist und Freiheitskämpfer gleichermaßen populär und bedeutend; erbitterter Feind Preußens (»Preußen-Deutschlands Erbfeind«).

Herz, Henriette
(1764 Berlin — 1847 Berlin)
Schriftstellerin
Jüdischer Herkunft. 1779 Heirat mit dem Arzt und Kantianer Markus Herz. 1817 Übertritt zum Christentum. Ihr Haus war für Jahrzehnte einer der Mittelpunkte des gesellschaftlichen Lebens in Berlin. Befreundet u. a. mit Brüdern Humboldt, E. M. Arndt, Madame de Staël, H. v. Chézy, D. Schlegel. Bekanntschaft mit F. Schiller (1804), Jean Paul, Mirabeau u. a. Enge Bindung an L. Börne und F. Schleiermacher. 1817/18 Italienreise, Bekanntschaft mit F. Nietzsche und F. Rückert.

Hiller, Johann Adam
(1728 Wendisch-Ossig — 1804 Leipzig)
Komponist
1746 Alumnus an der Kreuzschule in Dresden; Präfekt des Kreuzchors unter Homilius. Ab 1751 an der Universi-

tät Leipzig. 1754 Hauslehrer beim Grafen Brühl in Dresden. 1758 wieder in Leipzig, dort Initiator der »Liebhaberkonzerte«. Als Kapellmeister im Gewandhaus Begründer des Ruhms der »Gewandhauskonzerte«. 1771 Gründung einer Gesangschule, 1786 in Berlin Aufführung von Händels »Messias«. 1789 Stellvertreter, dann Nachfolger Doles' als Kantor an der Thomasschule in Leipzig.
Seine Singspiele bedeuteten den Ausgangspunkt der deutschen Spieloper und wirkten auch nachhaltig auf die Dichtkunst der Zeit zurück (u. a. J. W. v. Goethe).

Hirt, Aloys
(1759 Bella — 1837 Berlin)
Altertumswissenschaftler
1782—96 baugeschichtliche Studien in Rom. Mitglied des Senats der Akademie der Künste seit 1796. 1796 Professor der Altertumskunde an der Akademie.

Hoffmann, E. T. A.
(1776 Königsberg — 1822 Berlin)
Schriftsteller, Jurist, Komponist und Zeichner
Jurastudium in Königsberg; nach dem 2. juristischen Staatsexamen 1798 Versetzung an das Berliner Kammergericht. Ab 1800 wechselnde Anstellungen (Posen, Warschau). 1807 Rückkehr nach Berlin. 1808 Musikdirektor in Bamberg, ab 1813 in Dresden. 1814 Staatsbeamter in Berlin. 1816 Kammergerichtsrat. Fortwährende Steitigkeiten mit der Preußischen Regierung durch den Einsatz für inhaftierte Demokraten und den Turnvater Jahn während der Demagogenprozesse. Noch auf dem Kranken- und Sterbelager politische Auseinandersetzungen mit der preußischen Reaktion wegen Verhöhnung der Demagogenverfolgungen in »Meister Floh«.
Scharfsinnig-ironischer Zeitkritiker in seinem »Kunstskizzen« und musikalischen Rezensionen. Mittelpunkt des Kreises der »Serapionsbrüderschaft« (F. Fouqué, C. Brentano, L. Tieck, u. a.); Beschwörung eines ganzen Pandämoniums Berliner Lebens in seinen Erzählungen; Balzac nannte ihn enthusiastisch »conteur berlinois«.

Hopf, Georg
Weinhändler und Bierbrauer
Braute 1827 in Berlin das erste Bier nach bayerischem Brauverfahren. 1838 Eröffnung einer kleinen Brauerei in der Friedrichstraße 126.

Hopfgarten, August Ferdinand
(1807 Berlin — 1896 Berlin)
Maler
1820 Freischüler der Akademie u. a. bei H. A. Dähling und J. G. Niedlich. Seit 1822 Schüler von K. W. Wach. 1825 Akademiepreis: Reisestipendium für Italienaufenthalt 1827—33. Anschluß an die Nazarener. 1841 Mitglied der Akademie, 1854 Professor.

Hosemann, Theodor
(1807 Brandenburg — 1875 Berlin)
Maler und Graphiker
1816 Ausbildung als Lithograph in Düsseldorf (Arnz & Winkelmann); Schüler an der dortigen Akademie. 1828 als Illustrator nach Berlin; Gebrauchsgraphik. Zeichnungen für die Gebrüder Gropius, G. Reimer u. a. Seit 1834 Freundschaft mit A. Glaßbrenner (»Berlin wie es ist und — trinkt«; gemeinsame Herausgabe »Buntes Berlin«, 1837—1853). Als Maler ab 1840 von W. Krause gefördert. In den 40er Jahren vor allem wieder als Buchillustrator hervorgetreten. 1857 Professor, 1860 Mitglied der Akademie. 1866 Lehrer an der akademischen Zeichenschule.
Chronist des biedermeierlichen und vormärzlichen Berlin.

Houwald, Ernst
(1778 Schloß Straupitz — 1845 Neuhaus/Lübben)
Schriftsteller
1799—1802 Studium der Rechts- und Staatswissenschaften in Halle. Danach Bewirtschaftung seiner Güter; verschiedene Provinzialämter. 1821 Landessyndikus in Neuhaus b. Lübben. Mit A. Müllner Hauptvertreter der »Schicksalsdramatik«. Seine zum größten Teil zwischen 1817 und 1827 geschriebenen Dramen waren vor allem in Dresden und Berlin große Erfolge.

Hufeland, Christoph Wilhelm
(1762 Langensalzen/Thür. — 1836 Berlin)
Mediziner
Praktizierte als Arzt in Weimar, dort Freundschaft mit J. W. v. Goethe. 1793 Professor in Jena, seit 1801 in Berlin; 1810 o. Professor der Universität, Begründer der ersten Universitätspoliklinik. Einer der berühmtesten Ärzte seiner Zeit, behandelte neben C. M. Wieland, J. G. Herder, Goethe und F. Schiller auch das preußische Königspaar. Als medizinicher Schriftsteller populär durch sein Buch »Makrobiotik oder die Kunst, sein Leben zu verlängern« (1796).

Humboldt, Alexander von
(1769 Berlin — 1859 Berlin)
Naturforscher und Geograph
Studium in Frankfurt/O. und Göttingen; dort Bekanntschaft mit G. Forster. 1792—96 Oberbergmeister im preußischen Staatsdienst. 1799—1804 Südamerika-Expedition mit A. Bonpland; Besteigung des Chimborazo. Über Kuba und die Vereinigten Staaten Rückkehr nach Deutschland, lebte dann zumeist in Paris. 1827/28 Vorlesungen an der Berliner Universität und der Singakademie. 1829 Rußland-Expedition bis zur chinesischen Grenze. Nach 1830 wiederholt politische Betätigung in Paris.
Begründer der Pflanzengeographie und der modernen Landeskunde; Humanist und Forschungsreisender von weitreichender Bedeutung. Hauptwerke: »Kosmos«, 5 Bde., 1845—62; »Ansichten der Natur«, 2 Bde., 1808; »Voyage aux régions équinoxiales du Noveau Continent«, 30 Bde., 1810—32, größtes privates Reisewerk der Geschichte.

Humboldt, Karoline von
(1766 Minden — 1829 Tegel b. Berlin)
Schriftstellerin
Tochter des Kammerpräsidenten von Dacheröden. Gehörte als korrespondierendes Mitglied dem »Tugendbund« der Berlinerinnen H. Herz, D. Veit und R. Levin an. 1791 Heirat mit W. v. Humboldt. Ab 1794 in Jena, Freundschaft mit Charlotte Schiller. 1797 in Paris; Spa-

nienreisen. 1802—04 Rom, danach wieder Paris. 1810 Wien, ab 1814 in Berlin 1817—19 erneut in Rom, danach wieder Berlin.
Ihre Briefe (u. a. an W. v. Humboldt, Rahel Varnhagen, Charlotte Schiller) stellen wichtige Zeitdokumente dar.

Humboldt, Wilhelm von
(1767 Potsdam — 1835 Tegel b. Berlin)
Wissenschaftler, Publizist und Staatsrat
Studium der Rechtswissenschaft und Philosophie in Frankfurt/O. und Göttingen. 1790 Referendar beim Berliner Kammergericht; 1791 Abschied aus dem preußischen Staatsdienst als Legationsrat. In Weimar und Jena Freundschaft mit J. W. v. Goethe, F. Schiller, den Brüdern Schlegel, F. A. Wolf. Mitarbeiter an Schillers »Horen« und Goethes »Propyläen«. Ab 1797 Paris, Reisen nach Spanien. 1801—08 preußischer Gesandter in Rom. 1809 Ernennung zum Direktor der Sektion für Kultus und Unterricht im Ministerium des Innern in Berlin; Konzeption der Berliner Universität (1810 Gründung der Friedrich-Wilhelm-Universität) und des humanistischen Gymnasiums. 1810 Gesandter Preußens (u. a. Wiener Kongreß, London). Januar 1819 Minister für ständische und kommunale Angelegenheiten in Berlin, wegen seines Auftretens gegen die Karlsbader Beschlüsse Rücktritt im Dezember 1819. Rückzug auf Schloß Tegel.
Von großer Bedeutung als Staatsmann (Verfechter einer preußisch-liberalen Verfassung), Kulturpolitiker (Universitätsgründung; Konzeption einer humanistischen Bildung) und Geisteswissenschaftler (Kulturphilosoph, Sprachforscher; Anreger der vergleichenden Sprachwissenschaft).

Hummel, Johann Erdmann
(1769 Kassel — 1852 Berlin)
Maler und Radierer
Ab 1790 Ausbildung an der Kasseler Akademie. 1792—99 Italienaufenthalt (Kontakt u. a. zu »Maler« Müller). 1800 Berufung an den Berliner Hof. 1808 Weimar, Bekanntschaft mit J. W. v. Goethe. 1809 Professor für Geometrie, Perspektive und Optik (»Perspektivhummel«) an der Akademie und Mitglied des Senats. 1811 Mitglied der Akademie. 1817 Ehrenmitglied der Kasseler Akademie. Veröffentlichung mehrerer Lehrbücher.

Iffland, August Wilhelm
(1759 Hannover — 1814 Berlin)
Schauspieler, Theaterleiter und Dramatiker
1777 Mitglied des Hoftheaters Gotha, 1779 Engagement am Mannheimer Nationaltheater; Kontakt zu F. Schiller. 1796 Direktor des Berliner National-Theaters; Initiator des Theaterneubaus am Gendarmenmarkt (C. G. Langhans, 1802). 1811 Generaldirektor der jetzt so bezeichneten Kgl. Schauspiele und der Oper.
Herausragend als Schauspieler im Charakterfach, bedeutsam auch als Charakterkomiker (»Mannheimer Schule«). Als Regisseur und Theaterleiter rückte unter ihm das Berliner National-Theater zur führenden deutschen Bühne auf (großes Organisationstalent; Bühnenreformer). Verfasser zahlreicher, zu den erfolgreichsten Repertoirewerken zählenden Bühnenstücke, sog. bürgerliche »Rührstücke« (von den Romantikern verspottet).

Immermann, Karl Lebrecht
(1796 Magdeburg — 1840 Düsseldorf)
Schriftsteller, Theaterleiter und Jurist
1813 Studium der Rechtswissenschaften in Halle. 1815 Teilnahme am Feldzug gegen Napoleon. Freundschaft mit L. Tieck und H. Heine, vorübergehend auch mit F. Fouqué. 1819 Militärjustizbeamter in Münster, 1823 Kriminalrichter in Magdeburg und 1827 Landgerichtsrat in Düsseldorf. Dort Übernahme der Leitung des Theaters (1834—37), das er zur »Musterbühne« erhob.
Trat vor allem als Romancier (bedeutende Spätwerke: »Die Epigonen«, 1836; »Münchhausen«, 1838/39) und Dramatiker hervor (u. a. »Trauerspiel in Tirol« bzw. »Andreas Hofer«, 1827/34). Posthum erschienen seine Lebenserinnerungen: »Memorabilien«, 1840—43.

Jahn, Friedrich Ludwig, der Turnvater
(1778 Lanz — 1852 Freyburg)
Turnpädagoge und Publizist
Verließ 1795 ohne Abschluß das Gymnasium Zum Grauen Kloster in Berlin, danach Studium an verschiedenen Orten (u. a. Halle, Göttingen). Eintritt in einen freimaurerischen Studentenorden. 1809 Übersiedlung nach Berlin, Lehrer an Gymnasien. 1810 Gründung des »Deutschen Bunds« (mit F. Friesen). 1811 Einrichtung des ersten Turnplatzes in der Hasenheide. 1813—15 beim Lützowschen Freikorps. Nach 1815 Mitinspirierung der Burschenschaftsbewegung; wachsende politische Auseinandersetzungen. 1817 öffentliche Vorträge in Berlin, 1819 Einstellung des Turnbetriebs durch das preußische Kultusministerium. 1819/20 Festungshaft (»hochverräterische Verbindungen«), erst 1825 Freispruch, aber Beschränkung der politischen Tätigkeit (1840 aufgehoben). 1848 Abgeordneter in der Paulskirche. Begründer der deutschen Turnbewegung.

Kalide, Theodor Erdmann
(1801 Königshütte — 1863 Gleiwitz)
Bildhauer
Seit 1819 in der Berliner Eisengießerei, als Schüler der Akademie (1819/20) gleichzeitig Ausbildung im Atelier J. G. Schadows. 1821 im Atelier C. D. Rauchs Oberaufsicht der Bronzeabteilung, bei Coué Ausbildung im Ziselieren. 1831 Mitglied der Akademie; Gründung einer eigenen Werkstatt. 1845/46 Italienreise.
In seinen Hauptwerken variierte er stets sein Lieblingsthema: Verbindung von Mensch und Tier (»Knabe mit dem Schwan«, 1836, auf der Weltausstellung in London 1851 ausgezeichnet; »Bacchantin auf dem Panther«, 1848; »Knabe mit dem Ziegenbock«, 1856).

Kalisch, David
(1820 Breslau — 1872 Berlin)
Schriftsteller
Anfangs kaufmännisch tätig. 1844 Parisreise, Kontakt u. a. zu H. Heine, G. Herwegh, K. Marx, P. Proudhon. Folgend Buchhalter in Straßburg, erste literarische Arbeiten. Ab 1846 Kommis eines Berliner Speditionsgeschäftes. Aufgrund der großen Erfolge seiner Schwänke und Possen bald freier Schriftsteller. 1848 Gründung des Witzblattes »Kladderadatsch«; politischen Verfolgungen ausgesetzt.

Gilt als eigentlicher Schöpfer des Berliner Lokalstücks, als Dramatiker unter seinen Zeitgenossen sehr populär.

Kierkegaard, Sören Aabye

(1813 Kopenhagen — 1855 Kopenhagen)
Theologe und Philosoph
1830—40 theologische und philosophische Studien, geprägt von christlich-asketischer häuslicher Erziehung und religiöser Schwermut des Vaters. 1841 Dissertation; im Winter 1841/42 hörte er F. Schelling in Berlin. Danach zurückgezogenes Leben in Kopenhagen. Unter verschiedenen Pseudonymen entstehen ästhetisch-philosophische und religiös-ethische Werke (u. a. »Entweder-Oder«, 1843; »Philosophische Brocken«, 1844/46; »Der Begriff der Angst«, 1844; »Christliche Reden«, 1848; »Die Krankheit zum Tode«, 1849), in denen er sich vor allem gegen G. W. F. Hegel und seine Schule sowie die dänische Kirche wendet und nachhaltig auf die Theologie und Philosophie des 20. Jhs. (»Dialektische Theologie«, »Existenzialphilosophie«) Einfluß nimmt.

Kirnberger, Johann Philipp

(1721 Saalfeld — 1783 Berlin)
Musiktheoretiker und Komponist
1741—50 verschiedene Hausmusiklehrer- und Musikdirektorenstellen. 1752 Eintritt als Violonist in die Kgl. Kapelle zu Berlin, ab 1754 Kompositionslehrer und Kapellmeister der Prinzessin Amalie. Einer der angesehensten Musiktheoretiker des 18. Jhs.; Verfasser verschiedener musikwissenschaftlicher Schriften, Mitarbeiter an J. G. Sulzers »Theorie der schönen Künste«.

Klein, Bernhard

(1793 Köln — 1832 Berlin)
Komponist
1812 Paris, danach Musikdirektor am Dom in Köln. 1818 vom Ministerium zur Prüfung der musikalischen Institutionen nach Berlin berufen; dort Kompositionslehrer am Kgl. Institut für Kirchenmusik, zugleich Musikdirektor und Gesangslehrer an der Universität.
Oratorien, eine Messe, Hymnen, Lieder und Balladen, Opern.

Klöden, Karl Friedrich von

(1786 Berlin — 1856 Berlin)
Pädagoge und Naturwissenschaftler
Goldschmiedelehre in Berlin. 1813 an der Berliner Universität zunächst Studium der Naturwissenschaften, danach der Theologie bei F. Schleiermacher und W. M. L. de Wette. 1817 von der preußischen Regierung mit der Leitung des Potsdamer Lehrerseminars beauftragt. 1827 Direktor der neugegründeten »Berliner Lehrerschule«. 1846 Ehrendoktor der Universität. Neben seinen pädagogischen Verdiensten um die Entwicklung und Durchführung des Modells eines nichthumanistischen Gymnasiums verbunden mit gewerbespezifischen Fächern, nach dem auch in anderen Teilen der Monarchie höhere Bürger- und Gewerbeschulen bzw. Realgymnasien gegründet wurden, auch als Naturwissenschaftler und Heimatforscher hervorgetreten.

Koch, Heinrich Gottfried

(1703 Gera — 1775 Berlin)
Schauspieler, Regisseur und Dramatiker
Nach abgebrochenem Jurastudium 1728 Mitglied der Neuberschen Gesellschaft: Stückeschreiber, Dekorationsmaler, Übersetzer und Regisseur. 1748 Schauspieler in Wien; 1749/50 Gründung einer eigenen Gesellschaft in Leipzig (»Hofkomödiant«). Danach verschiedene Stationen (u. a. Hamburg, Dresden); 1766 Gründung eines neuen Schauspielhauses in Leipzig; 1771 Errichtung eines festen Hauses in Berlin.
Von G. E. Lessing und J. W. v. Goethe sehr geschätzt; Vorläufer A. W. Ifflands als Bühnenreformer (»Theater als Kunstanstalt«).

Kochhann, Heinrich Eduard

(1805 Berlin — 1890 Berlin)
Dresdner Straße 34 (Luisenstadt)
Vater war Bäckermeister. Stadtverordneten-Vorsteher und Ehrenbürger von Berlin.

Körner, Theodor

(1791 Dresden — 1813 bei Gadebusch)
Schriftsteller
1808 Studium an der Bergakademie in Freiberg, erste Gedichte. 1810 Wechsel nach Leipzig, 1811 nach Berlin. Besuch der Vorlesungen von J. G. Fichte und F. Schleiermacher, Freundschaft mit Turnvater Jahn. Im Sommer Übersiedlung nach Wien, Erfolge als Librettist und Dramatiker. 1813 freiwillige Meldung zu den Lützowschen Jägern; es entstehen die schönsten patriotischen Lieder dieser Zeit. Am 26. 8. 1813 gefallen. Einer der großen Lyriker der Befreiungskriege (»Zwölf frei-deutsche Gedichte«, 1813; »Leyer und Schwert«, 1814); auch als Dramatiker erfolgreich. Für seine Zeitgenossen Symbolfigur für die Einheit von Dichter und Freiheitskämpfer.

Kolbe, Carl Wilhelm d. J.

(1781 Berlin — 1853 Berlin)
Maler
1791 an der Akademie, Schüler D. N. Chodowieckis. 1815 Mitglied der Akademie. 1820 Professor; 1846 Mitglied des akademischen Senats. Bedeutendster Vertreter der romantischen Richtung in der Berliner Malerei. Als Schöpfer von romantischen Genrebildern (»Der Pilger«) und Historienbilder (»Flucht Kaiser Karls V. über die Alpen«) sowie als Monumentalmaler (u. a. Kartons zu den Fresken in den Vorhallen des Marmorpalais bei Potsdam) gleichermaßen von großem Einfluß. Wirkte auch stark auf die romantischen Dichter ein (vor allem auf L. Tieck), die sich von seinen Bildern literarisch inspirieren ließen und Kolbe als Buchillustrator gewannen.

Kotzebue, August von

(1761 Weimar — 1819 Mannheim)
Jurist und Schriftsteller
1780 Rechtsanwalt in Weimar. 1781 Direktor des Deutschen Theaters in Petersburg. 1785—95 Präsident des Gerichtshofes in Reval. 1797 Hoftheaterdirektor in Wien; 1799 in Weimar Auseinandersetzungen mit J. W. v. Goethe und F. Schiller. Ab 1802 in Berlin, Herausgeber der romantikerfeindlichen Zeitschrift »Der Freimütige«

(1803—06). 1806 Flucht vor Napoleon nach Königsberg und Reval; Herausgabe der antinapoleonischen Zeitschriften »Die Biene« (1808—10) und »Die Grille« (1811/12). 1816 russischer Staatsrat. Seit 1817 wieder in Deutschland (u. a. Berlin, Weimar). In seinem »Literarischen Wochenblatt« (1818/19) Polemik gegen die demokratisch-patriotischen Ideale der Burschenschaften; 1819 vom Jenaer Studenten K. L. Sand ermordet.
Als Dramatiker äußerst produktiv (über 200 Dramen), neben A. W. Iffland der beherrschende Unterhaltungsdramatiker seiner Zeit.

Kretschmar, Johann Carl Heinrich
(1769 Braunschweig — 1847 Berlin)
Maler
In Braunschweig Schüler J. F. Weitschs. 1789—91 Besuch der Akademie. 1800 großer Akademie-Preis für das Gemälde »Der Große Kurfürst verzeiht dem Prinzen von Homburg auf dem Schlachtfelde von Fehrbellin«; soll angeblich H. v. Kleist zu seinem Drama »Der Prinz von Homburg« angeregt haben. 1803—05 Studienreisen durch Deutschland, Italien und Frankreich. 1806 Mitglied, 1828 Mitglied des Senats der Akademie. 1817 Kgl. Professor.
Als Porträt- und Historienmaler hervorgetreten.

Krüger, Franz, genannt »Pferde-Krüger«
(1797 Großradegast — 1857 Berlin)
Maler und Lithograph
Durch Schulbesuch in Dessau Bekanntschaft mit C. Kolbe d. Ä. Ab 1812 Studium an der Akademie in Berlin. Danach autodidaktisch Tierstudien (vor allem Pferde). Entwickelt zum bedeutendsten Militärmaler Berlins; höchste Protektion durch Friedrich Wilhelm III. 1825 Kgl. Professor, Mitglied der Akademie. Besonders geschätzt am Zarenhof in St. Petersburg; von gekrönten Häuptern seiner Zeit mit Aufträgen überhäuft.
Farbenprächtige, detailreiche und »naturgetreue« Paradebilder; repräsentative Porträts und umfangreiches zeichnerisches Werk.

Küstner, Karl Theodor
(1784 Leipzig — 1864 Berlin)
Theaterleiter und Schriftsteller
Als Husarenoffizier Teilnahme an Befreiungskriegen. 1817—28 Leiter des Stadttheaters in Leipzig, 1830/31 Hoftheater Darmstadt, 1833—42 Intendant des Hoftheaters in München. 1837 geadelt. 1842—51 Generalintendant der Kgl. Schauspiele in Berlin. Setzte 1845 zum Schutz der Bühnenautoren die Tantiemen durch und gründete 1846 den »Deutschen Bühnenverein«. Auch als Dramatiker und Theaterchronist hervorgetreten; bedeutsam für die Organisation eines bürgerlichen Theaterbetriebs.

Kugler, Franz
(1808 Stettin — 1858 Berlin)
Schriftsteller; Pseudonym F. Th. Erwin
Schwiegervater P. Heyses. Studium in Berlin und Heidelberg. 1833 Professor für Kunstgeschichte in Berlin; 1843 Geheimrat. Seit 1842 redigierte er das »Kunstblatt«, seit 1850 das »Deutsche Kunstblatt«. In seinem Haus verkehrten fast alle in Berlin wohnenden Schriftsteller, u. a. J. v. Eichendorff, E. Geibel und Th. Fontane, mit dem er 1854 das belletristische Jahrbuch »Argo« herausgab. Sein Buch über Friedrich II. illustrierte A. Menzel.

Kuhbeil, Carl Ludwig
(1766 Berlin — 1823 Berlin)
Zeichner, Maler und Radierer
Ab 1780 Schüler der Akademie. 1799 in Rom. 1805 Professor der ersten Zeichenklasse, 1816 Mitglied, 1819 Mitglied des Senats der Akademie.

Langhans, Carl Gotthard
(1732 Landshut — 1808 Grüneiche/Breslau)
Architekt
Nach verschiedenen Arbeiten in Schlesien (u. a. Palais Hatzfeld in Breslau, 1766 ff., »Zwinger« in Breslau, 1768—70) dort 1775 Kriegs- und Oberbaurat. Studienreisen (Holland, England, Frankreich); als Theaterarchitekt (Schauspielhaus in Breslau) und Kirchenbaumeister hervorgetreten (u. a. Waldenburg). 1788 Direktor des Oberhofbauamtes in Berlin; bedeutsame und fruchtbare Schaffensperiode: u. a. Friedrichsbrücke; Kolonnaden in der Mohrenstraße; Schloßtheater in Charlottenburg; Brandenburger Tor (1788—91); Innenausstattung des Marmorpalais bei Potsdam; Berliner Schauspielhaus (1800—02; 1817 durch Brand zerstört).
Einer der frühesten Vertreter des Klassizismus in Deutschland, herausragend als Theaterarchitekt.

Laube, Heinrich
(1806 Sprottau — 1884 Wien)
Schriftsteller, Publizist und Theaterintendant
Nach Theologiestudium in Halle (Burschenschaftler) und Breslau 1833 Redakteur der »Zeitung für die elegante Welt« in Leipzig. Ausweisung aus Sachsen und 1834 erste Verhaftung in Berlin (9 Monate in der Hausvogtei festgehalten wegen burschenschaftlicher Umtriebe); 1836 zweite Verurteilung in Berlin, Haft im Schloß des Fürsten Pückler-Muskau. 1839 Paris, dann Algier. 1842—44 wieder in Leipzig für die »Zeitung für die elegante Welt« tätig. 1848 Mitglied des Frankfurter Parlaments. 1850—67 Direktor des Wiener Burgtheaters. Später Leiter des Leipziger und Wiener Stadttheaters.
Einer der wichtigsten Dramaturgen des 19. Jhs.; vielseitiger Schriftsteller und Publizist.

Lenné, Peter Joseph
(1789 Bonn — 1866 Potsdam)
Gartenarchitekt
Aus Hofgärtnerfamilie entstammend, ab 1811 Ausbildung in Bonn und Paris. 1815 Wien und Koblenz. 1816 Berufung nach Potsdam. 1822 Gartendirektor; Gründung des »Vereins zur Förderung des Gartenbaus«. 1823 Initiierung der Landesbaumschule und Stiftung der Gärtnerlehranstalt. 1847 Mitglied des Landesökonomiekollegiums, 1854 Generaldirektor der Königlichen Gärten.
Lenné hat die Gärten fast aller preußischen Schlösser neu angelegt (u. a. Sanssouci, Charlottenburg, Tiergarten) und mit seinen Planungen Berlin und Umgebung nachhaltig geprägt (u. a. Landwehrkanal, Havelufer Berlin-Potsdam, Pfaueninsel, Glienicke, Charlottenhof).

Lessing, Gotthold Ephraim
(1729 Kamenz — 1781 Braunschweig)
Schriftsteller
1746 Studium der Theologie und ab 1748 der Medizin in Leipzig; beschäftigte sich aber überwiegend mit Philosophie und Philologie; Umgang mit Ch. F. Weiße, Verbindung zur Schauspieltruppe der Neuberin. 1748 Flucht nach Wittenberg, im November Übersiedlung nach Berlin, freischaffender Schriftsteller: u. a. Rezensent der »Berlinischen privilegierten Zeitung« und bei der »Vossischen Zeitung« und Redakteur (»Beiträge zur Historie und Aufnahme des Theaters« 1749/50). 1751/52 Beendigung des Studiums in Wittenberg, Magister. Rückkehr nach Berlin, 1754 Herausgabe der »Theatralischen Bibliothek«, enge Freundschaft mit M. Mendelssohn. 1755 Leipzig, 1756 Hamburg, Bremen, Amsterdam. 1758 wieder in Berlin, mit F. Nicolai und Mendelssohn Herausgabe der »Briefe, die neueste Literatur betreffend«. 1760—65 Sekretärsstelle beim General v. Tauentzien in Breslau; Literaturarbeit mit C. A. Klotz. 1765 erneut in Berlin, 1767 als Dramaturg und Kritiker an das Deutsche Nationaltheater in Hamburg; 1768 Auflösung des Theaters. 1770 Leiter der Bibliothek in Wolfenbüttel. 1775/76 Wien und Italien; Hofrat; Fehde mit dem Hauptpastor J. M. Goeze in Hamburg (»Anti-Goeze« 1778). Werke u. a.: »Miß Sara Sampson« (1775), »Hamburgische Dramaturgie« (1767/69), »Minna von Barnhelm« (1767), »Emilia Galotti« (1772), »Nathan der Weise« (1779).

Lesueur, Blaise Nicolas
(1716 Paris — 1783 Berlin)
Maler und Zeichner
Entstammt der berühmten Holzschneiderfamilie. Ab 1748 mit A. van Loo nach Berlin. 1751 Lehrer der Akademie, 1756—83 Direktor.
Als Zeichner bedeutender denn als Maler (u. a. Entwürfe zu den Deckengemälden im Chinesischen Haus, Sanssouci); gab auch ein wichtiges Zeichenbuch heraus: »Principes du Dessin«, 1765.

Levezow, Jacob Andreas Konrad
(1770 Stettin — 1835 Berlin)
Kunsthistoriker
Nach dem Theologiestudium in Halle (u. a. bei F. A. Wolf) und Hauslehrerstellen in Pommern Lehrer am Friedrich-Wilhelms-Gymnasium in Berlin. Durch freundschaftlichen Kontakt mit F. Gilly und H. Gentz verstärkte Hinwendung zur bildenden Kunst. Ab 1801 kunsthistorische und archäologische Abhandlungen; »Professur der Alterthümer« an der Akademie. 1821 Aufseher des Kunstkabinetts, 1828 bei der Gründung des Museums Direktor des Antiquariums. Ab 1822 Verzeichnisse der antiken Denkmäler in Berlin. 1831 Ehrenmitglied der Akademie.

Lewald, Fanny, eigentlich: Stahr, Fanny
(1811 Königsberg — 1889 Dresden)
Schriftstellerin
1828 zum Judentum übergetreten. 1831 Frankreichreise. 1845 Italien. 1854 Heirat mit A. Stahr.
In ihrer Zeit vielbeachtete Erzählerin; von George Sand beeinflußt. Kämpferin für die Frauenemanzipation. Memoiren: »Zwölf Bilder aus dem Leben«, 1888; »Gefühltes und Gedachtes«, Tagebuch 1838—88.

Lind, Jenny
(1820 Stockholm — 1887 Wynd's Point, England)
Sängerin
1838 Debüt in Stockholm; 1841 Paris. Ab 1844 Deutsch-Studium in Berlin; von G. Meyerbeer für die Hauptpartie in »Feldlager in Schlesien« an die Kgl. Oper gerufen. Bis 1847 in Berlin, danach in London und Stockholm. 1849 Rücktritt von der Bühne. 1852 Heirat mit dem Pianisten Otto Goldschmidt in den USA; Konzertsängerin. 1852—55 in Dresden, danach in England. Bedeutende Sopranistin des 19. Jhs.

Liszt, Franz
(1811 Raiding/Burgenland — 1896 Bayreuth)
Komponist und Pianist
1819/20 erste Auftritte als Pianist. Danach Lehre bei C. Czerny und A. Salieri in Wien; viele internationale Konzerte mit großem Erfolg. 1842 Mitglied der Akademie, im gleichen Jahr Hofkapellmeister in Weimar. Von den 40er Jahren an intensive Freundschaft mit R. Wagner, der seine Tochter Cosima heiratete. In Weimar großer Verehrer- und Schülerkreis (»Neudeutsche Schule«, Begründer des »Allgemeinen Deutschen Musikvereins«). 1875 Präsident der Musikakademie in Budapest.
Virtuoser Pianist und bedeutender Komponist: umfangreiche symphonische Dichtungen, Klavierwerke, Messen und liturgische Werke; revolutionäre Neuerungen als Harmoniker und Melodiker.

Louis Ferdinand, Prinz von Preußen
(1772 Friedrichsfelde b. Berlin — 1806 Wölsdorf b. Saalfeld)
1789 Eintritt in die preußische Armee, 1790 Oberstleutnant, dann Regiments- und Brigadekommandeur, 1793 zum Generalmajor ernannt. Wegen mehrfacher Konflikte mit Friedrich Wilhelm II. 1799 als Generalleutnant aus Berlin verbannt; Hoffnung der Reformer um Stein. Gefallen in der Schlacht bei Saalfeld. Künstlerisch begabt, als Musiker bei J. L. Dussek in Hamburg ausgebildet; großer Verehrer L. v. Beethovens, von dem sein eigenes musikalisches Werk beeinflußt war. Hinterließ u. a. Klavierquintette, -quartette und -trios.

Lütke, Peter Ludwig
(1759 Berlin — 1831 Berlin)
Maler und Radierer
Zunächst Kaufmann. 1785—87 Italienaufenthalt; in Rom Schüler J. P. Hackerts. 1787 Rückkehr nach Berlin, Ehrenmitglied und Mitglied des Senats der Akademie. Seit 1789 Professor der Landschaftsmalerei an der Akademie; u. a. Lehrer K. Blechens, der 1831 auch sein Nachfolger wird.

Luise, Königin von Preußen
(1776 Hannover — 1810 Schloß Hohenzieritz/Mecklenburg)
1793 Heirat mit dem späteren König Friedrich Wilhelm III., Mutter Friedrich Wilhelms IV. und Kaiser Wilhelms I. 1806 Flucht nach Königsberg und Memel; 1807 Begegnung mit Napoleon in Tilsit. 1809 Rückkehr nach Berlin; 1810 Betreibung der Entlassung von Altensteins und Berufung Hardenbergs zum Staatskanzler. Schon früh zur Legende verklärt.

Marheineke, Philipp Konrad
(1780 Hildesheim — 1846 Berlin)
Evangelischer Theologe
Ab 1798 Philosophie- und Theologiestudium in Göttingen; 1803 Dr. phil. in Erlangen, dort ab 1805 ao. Professor für Theologie. 1807 Berufung nach Heidelberg, 1809 Ordinarius. Beziehung zu W. M. L. De Wette und den Romantikern um C. Brentano und A. v. Arnim. Seit 1811 an der Berliner Universität Professor für Theologie; 1820 Prediger an der Dreifaltigkeitskirche; Konsistorialrat. Enge Freundschaft mit G. W. F. Hegel. In den 40er Jahren verstärkt Forderung nach akademischer Lehrfreiheit und einer Reform der Kirche durch den Staat. Rektor der Universität 1817/18 und 1831/32.
Bedeutender Theologe und vor allem Kirchenhistoriker (Universalhistorie des Christentums; »System des Katholizismus in seiner symbolischen Entwicklung«, Heidelberg 1810—13), anfangs von der Schellingschen, später tiefgreifender von der Hegelschen Philosophie geprägt.

Marpurg, Friedrich Wilhelm
(1718 Seehof b. Seehausen, Altmark — 1795 Berlin)
Musiktheoretiker und Komponist
Ab 1749 in Berlin, Herausgeber musikwissenschaftlicher Zeitschriften und Beitragsreihen (»Der critische Musicus an der Spree« u. a.). Neben K. W. Ramler einer der Initiatoren der Berliner Liederschule. 1763 Kgl. Lotteriedirektor und Kriegsrat. Umfangreiches musikwissenschaftliches und theoretisches Werk; Klaviersonaten und -stücke, Orgelmusik.

Marx, Karl Heinrich
(1818 Trier — 1883 London)
Philosoph, Ökonom, Historiker und Publizist
Nach Abschluß am Trierer Gymnasium 1835 Beginn des Jura-Studiums in Bonn. 1836 Fortsetzung der Studien in Berlin, Besuch der Vorlesungen von E. Gans. Verstärkt Hinwendung zur Philosophie, Bekanntschaft mit den Junghegelianern (K. F. Köppen, B. und E. Bauer, A. Ruge, A. Rutenberg), Anschluß an ihren »Doktorklub«. 1841 Promotion in absentia an der Universität Jena. 1842 Redakteur der »Rheinischen Zeitung«, Übersiedlung nach Köln; erste Begegnung mit F. Engels. 1843 Paris, Bekanntschaft mit H. Heine. 1844 Treffen mit Engels in Paris, 1845 Ausweisung; Brüssel. Bis 1849 ständig wechselnde Wohnsitze (Paris, Brüssel, Köln), nach Haftbefehl in Köln 1849 in London; dort intensive ökonomische Studien. 1861 Reise nach Deutschland. 1862 Treffen mit F. Lasalle in London. Wohnt 1864 der Gründung der I. Internationalen bei, auf dem 1. Kongreß 1866 Wahl in den Generalrat. Begründer (zusammen mit Engels) des wissenschaftlichen Sozialismus und der unter dem Begriff »Marxismus« zusammengefaßten Gesellschafts-, Wirtschafts- und Staatstheorien. Hauptwerke: »Zur Kritik der Hegelschen Rechtsphilosophie« (1843/44); »Ökonomisch Philosophische Manuskripte« (1844); »Die heilige Familie« (1845, mit Engels); »Die deutsche Ideologie« (mit Engels); »Das Elend der Philosophie« (1847); »Das Kapital«, 3 Bände (1867 ff.).

Massmann, Hans Ferdinand
(1797 Berlin — 1874 Muskau)
Philologe und Turnpädagoge
Nach dem Besuch des Werderschen Gymnasiums in Berlin dort ab 1814 Theologiestudium. 1815 Kriegsfreiwilliger. Lieblingsschüler des Turnvaters Jahn. Bis 1818 Studium wechselnd in Berlin und Jena. Hauptinitiator der Bücherverbrennung beim Wartburgfest. Ab 1818 Lehrer in Breslau; Leiter einer öffentlichen Turnanstalt. 1820 naturwissenschaftliche Studien und Erlernen handwerklicher Fähigkeiten in Berlin. 1821 in der Schweiz Begegnung mit J. H. Pestalozzi; Studienreisen. 1827 in München Habilitation, dort ao. und 1835 o. Professor der deutschen Sprache und Literatur. 1842 in der Berliner Organisation des Turnunterrichts und 1846 auf Betreiben A. v. Humboldts ao. Professor an der Universität.
Gleichermaßen wissenschaftliche, pädagogische und handwerkliche Begabung. Vor allem Verdienste um die Erforschung der deutschen Literatur des Mittelalters.

Mecklenburg-Strelitz, Karl Herzog von
(1785 Hannover — 1837 Berlin)
Kommandeur des Garde-Corps, seit 1827 Präsident des Staatsrats
Halbbruder der Königin Luise. Unter dem Pseudonym Weishaupt gelegentlich dilettierender Dramatiker und Schauspieler. Aufsehen erregte 1819 sein Mephisto in der Teilaufführung von J. W. v. Goethes »Faust« im Schloß Monbijou (Musik: Fürst Radziwill; Dekoration: K. F. Schinkel; mit P. A. Wolff als Faust und A. Crelinger als Gretchen).

Meil, Johann Wilhelm
(1733 Altenburg — 1805 Berlin)
Zeichner und Radierer
Bildete sich in Leipzig autodidaktisch. 1752 in Berlin; Zusammenarbeit mit J. M. Hoppenhaupt, nach dessen Zeichnungen seine Radierungen (Möbel, kunstgewerbliche Arbeiten) entstanden; später Radierungen nach eigenen Entwürfen. Kostümzeichner für das Berliner Hoftheater. Titelblattradierungen u. a. für Werke J. W. v. Goethes, G. E. Lessings, E. v. Kleists. 1766 Mitglied, 1783 Rektor, 1797 Vizedirektor der Akademie; 1801 als Direktor Nachfolger D. Chodowieckis.

Mendelssohn, Moses
(1729 Dresden — 1786 Berlin)
Philosoph und Schriftsteller
Kam 1743 nach Berlin; lebte hier in ärmlichen Verhältnissen. Studierte z. T. autodidaktisch, von jüdischen Gönnern unterstützt (Sprachen, Philosophie und Mathematik). Hauslehrer bei dem Seidenfabrikanten I. Bernhard. 1754 Buchhalter und nach Bernhards Tod Teilhaber der Firma. Seit 1754 enge Freundschaft mit G. E. Lessing, der 1755 Mendelssohns »Philosophische Gespräche« herausbrachte. Bekanntschaft mit J. G. Sulzer, Korrespondenz mit I. Kant. Mitarbeiter an F. Nicolais »Bibliothek der schönen Wissenschaften und der freien Künste« und an den »Briefen, die neueste Literatur betreffend« (1759/65) mit G. E. Lessing. 1763 1. Preis der Akademie der Wissenschaften für seine »Abhandlung über die Evidenz in metaphysischen Eigenschaften«.
Religionsphilosophische und ästhetische Schriften u. a. »Phädon oder Über die Unsterblichkeit der Seele« (1767), »Jerusalem oder Über religiöse Macht und Judentum« (1783). Regte Lessings »Nathan der Weise« mit an.

Mendelssohn Bartholdy, Felix Jakob Ludwig
(1809 Hamburg — 1847 Leipzig)
Komponist und Dirigent
Enkel des Philosophen Moses Mendelssohn, Sohn des
Bankiers Abraham Mendelssohn, ab 1811 in Berlin. Schüler C. F. Zelters, 1818 erster Auftritt in Berlin, ab 1820 regelmäßige Kompositionstätigkeit, Beitritt in die Singakademie. Freundschaft mit C. M. von Weber, Begegnung
mit J. W. v. Goethe in Weimar. Auslandsreisen. 1827 Aufführung seiner einzigen Oper, »Die Hochzeit des Cama-
cho«, am Kgl. Schauspiel in Berlin. Hörte G. W. F. Hegel
an der Universität. 1829 Initiator und Leiter der ersten
Aufführung der »Matthäuspassion« mit der Singakademie. Ablehnung einer Musikprofessur an der Berliner
Universität. Bis 1833 verschiedene Reisen durch Europa.
1835 Engagement als Kapellmeister der Gewandhaus-
Konzerte in Leipzig.
Der Romantik verpflichtet; vor allem durch seine Musik
zu W. Shakespeares »Sommernachtstraum« berühmt geworden. Zahlreiche Symphonien, symphonische Dichtungen, Klavierwerke, Lieder und Chorwerke.

Menzel, Adolph Friedrich Erdmann von
(1815 Breslau — 1905 Berlin)
Maler, Zeichner und Graphiker
Kam 1830 nach Berlin; bildete sich weitestgehend autodidaktisch. 1832 Übernahme der lithographischen Werkstatt des Vaters. Ab Sommer 1833 kurzer Besuch der Berliner Akademie. Erste Erfolge als freier Gebrauchsgraphi-
ker; bereits Mitte der 30er Jahre endgültiger künstlerischer Durchbruch durch die Holzschnittillustrationen für
das Werk des Historikers F. Kugler (»Leben Friedrich des
Großen« 1840—42). 1853 Mitglied der Akademie. 1855
Parisreise. 1856 Professor.
Gleichermaßen von bahnbrechender Bedeutung für die
Entwicklung des Holzschnitts, als Zeichner und Maler,
besonders durch seine friderizianischen Gemälde (u. a.
»Das Flötenkonzert Friedrich d. Gr. in Sanssouci«, 1852,
»Friedrich d. Gr. und die Seinen bei Hochkirch«, 1856)
und seine bildnerische Erschließung des Industriezeital-
ters (»Eisenwalzwerk«, 1875).

Menzel, Wolfgang
(1798 Waldenburg — 1873 Stuttgart)
Schriftsteller und Publizist
In Jena und Bonn Burschenschaftler; 1820 Turnlehrer in
Aargau. Seit 1822 Schriftsteller. Mit F. Liszt 1824/25
Herausgeber der »Europäischen Blätter«. Seit 1825 in
Stuttgart. Anfangs Schriftleiter am Cottaschen »Literatur-
blatt«, Zusammenarbeit mit K. Gutzkow, dann freier Li-
terat. 1834 Italienreise. 1852—69 Herausgeber seines eige-
nen »Literaturblatts«.
Bedeutender Literaturkritiker seiner Zeit; politisch-publi-
zistisch anfangs fortschrittlich, in den 40er Jahren zu-
nehmend konservativ gesinnt. Dramatiker, Erzähler und
Memoirenschreiber; Verehrer J. v. Eichendorffs.

**Meyerbeer, Jacob Giacomo, eigentlich Jacob Liebmann
Meyer Beer**
(1791 Tasdorf b. Berlin — 1864 Paris)
Komponist
Seit 1801 viele Auftritte als Pianist in Berlin. 1805—07
Unterricht bei C. F. Zelter, 1810—12 bei Vogler in

Darmstadt mit C. M. von Weber als Mitschüler. 1811
Aufführung des Oratoriums »Gott und die Natur« durch
die Singakademie. Nach verschiedenen Aufenthalten und
Erfolgen in Europa 1824 wieder in Berlin. Der jungdeutschen Oppositionsbewegung folgend 1831—42 in Paris;
Triumphe als Opernkomponist (»Robert der Teufel«;
»Die Hugenotten«). 1832 preußischer Hofkapellmeister,
1842 Nachfolger G. Spontinis als Generalmusikdirektor.
Stark von italienischen und französischen Stilelementen
geprägt, politisch beeinflußt von der Pariser Julirevolution; gehörte zu den erfolgreichsten Opernkomponisten
seiner Zeit (bevorzugter Librettist: Eugène Savilse). Ferner Gesänge, Kantaten, symphonische Dichtungen; verschiedene Kompositionen zu festlichen Anlässen des
preußischen Staates.

Meyerheim, Friedrich Eduard
(1808 Danzig — 1879 Berlin)
Maler und Lithograph
Ausbildung bei seinem Vater, dem Maler K. F. Meyerheim, und bei J. A. Breysig. Seit 1830 in Berlin, Studium
bei J. G. Schadow und J. G. Niedlich. Ab 1833 Herausgeber der »Architektonischen Denkmäler der Altmark Brandenburg«. Hinwendung zu bäuerlich-volkstümlichem
Genre. 1837 Mitglied der Akademie.

Milder-Hauptmann, Pauline Anna
(1785 Konstantinopel — 1838 Berlin)
Sängerin
Von E. Schikaneder entdeckt; Debüt 1803 in Wien. 1808
Primadonna assoluta. Größte Triumphe aber in Berlin,
1816 als Primadonna engagiert (bis 1829). 1829 Mitwirkung bei der Aufführung der Matthäus-Passion in der
Singakademie; nach Auseinandersetzungen mit G. Spontini Kündigung. Bis 1836 noch einige Konzerte in Rußland und Schweden. Erste Leonore in L. v. Beethovens
»Fidelio«.

Moritz, Karl Philipp
(1756 Hameln — 1793 Dresden)
Schriftsteller
Nach abgebrochenem Theologiestudium (Erfurt, Witten-
berg) ab 1778 Lehrer des Berlinischen Gymnasiums; 1784
Wechsel zum Grauen Kloster. Reisen durch Deutschland,
nach England und Italien (1784—86). Bekanntschaft mit
J. W. v. Goethe. 1789 Rückkehr nach Berlin, durch Vermittlung des Weimarer Herzogs Berufung zum Professor
für Theorie der schönen Künste an die Akademie, Mitglied des Senats. 1791 Hofrat, Mitglied der Akademie der
Wissenschaften. Durch die Erfahrungen seiner Herkunft,
Armut, geistige Unterdrückung, physische Ausbeutung,
Vermittlung starker sozialer Impulse in seiner Dichtung,
vor allem in dem psychologischen Erziehungsroman und
pädagogischen Poem »Anton Reiser« (4 Bde., 1785/90);
weiterhin »Andreas Hartkopf« (1786) und »Andreas
Hartkopfs Predigerjahre« sowie sprachwissenschaftliche,
historische und künstlerische Schriften.

Müller, Adam
(1779 Berlin — 1829 Wien)
Ökonom und Philosoph
Nach Studium in Göttingen 1802 Referendar bei der
Kurmärkischen Kammer in Berlin. Mehrere Reisen durch

Europa, 1805 in Wien Konvertierung zum katholischen Glauben. 1806—09 Vorlesungen in Dresden über deutsche Wissenschaft und Literatur. 1808 gemeinsam mit H. v. Kleist Herausgeber des »Phöbus«. 1809 in Berlin Vorlesungen über Friedrich den Großen und Mitarbeit an Kleists »Berliner Abendblättern«. 1811 erneuter Umzug nach Wien, vielfältige politische Tätigkeiten in kaiserlichem Dienst. Wurde Hofrat und 1826 geadelt (Ritter von Nitterdorf).
Bedeutender Volkswirt, Verfasser einer für die Romantik wichtigen Ästhetik (»Von der Idee der Schönheit«, 1807/08). Zahlreiche philosophische, staats-, literatur- und kunstwissenschaftliche Schriften.

Müllner, Adolf
(1774 Langendorf — 1829 Weißenfels)
Schriftsteller und Publizist
Neffe G. A. Bürgers. Nach Studium in Leipzig 1798 Rechtsanwalt; Gründung eines Privattheaters in Weißenfels. 1817 Hofrat. 1820—25 Leiter des »Literaturblatts« (Beilage zum Cottaschen »Morgenblatt«) und 1826/27 des »Mitternachtsblatts für gebildete Stände«. Wichtiger Vertreter der »Schicksalsdramatik« (auch von J. W. v. Goethe und F. Grillparzer geschätzt). Große Bühnenerfolge in ganz Deutschland mit »Die Schuld« (1813/16), »Yngurd« (1817) und »Die Albaneserin« (1820). Zeitweilig gefürchteter Literatur- und Theaterkritiker.

Mundt, Theodor
(1808 Potsdam — 1861 Berlin)
Wissenschaftler, Schriftsteller und Publizist
Nach dem Studium in Berlin ab 1832 Mitredakteur der »Blätter für literarische Unterhaltung« in Leipzig; redigierte ferner u. a. die »Dioskuren« (1836/37), den »Freihafen« (1838—44) und »Piloten« (1840—43). Große Schwierigkeiten mit der Zensur. 1839 Habilitation an der Berliner Universität. 1848 Extraordinariat für Geschichte in Breslau. Ab 1850 Universitätsbibliothekar in Berlin. Bedeutender Literaturkritiker und Novellist (»Plauderei«) der »Jungdeutschen«, später auch als Literaturhistoriker und Romancier (u. a. »Graf Mirabeau«, 1858; »Robespierre«, 1859) erfolgreich.

Nicolai, Friedrich
(1733 Berlin — 1811 Berlin)
Schriftsteller und Verlagsbuchhändler
Nach Buchhändlerlehre in Frankfurt/O. seit 1758 Leiter der väterlichen (Nicolaischen) Verlagsbuchhandlung. Freund G. E. Lessings und M. Mendelssohns. Als Verleger versammelte er die wichtigsten Literaten seiner Zeit um sich; als Literaturkritiker mehr und mehr orthodoxer Verfechter der Aufklärung. Zahlreiche Polemiken gegen J. G. Herder, J. W. v. Goethe, F. Schiller und die Romantiker. Der 1799 in Berlin gegründete »Montagsklub« erblickte in ihm sein Oberhaupt. Herausgeber der »Bibliothek der schönen Wissenschaften und der freien Künste« (seit 1757; Lessing Hauptmitarbeiter), des »Volkslieder-Almanachs« (1777/78) und der »Allgemeinen Deutschen Bibliothek« (1765—1806). Von großer Bedeutung sind auch seine Reisebeschreibungen.

Nicolai, Otto Carl Ehrenfried
(1810 Königsberg — 1849 Berlin)
Komponist
1827—30 Ausbildung in Berlin u. a. bei C. F. Zelter und B. Klein. 1833 Organistenstelle in Rom; 1837/38 Kapellmeister am Kärtnertor-Theater in Wien, dort 1841 Hofkapellmeister. 1842 Gründung der Wiener Philharmoniker. 1843 Widmung einer Messe an König Friedrich Wilhelm IV., 1847 Dirigent des Domchors und Kapellmeister der Kgl. Oper in Berlin.
Opern (»Die lustigen Weiber von Windsor«, 1849), Symphonien, Lieder, Klavierkonzerte und Streichquartette.

Niebuhr, Barthold Georg
(1776 Kopenhagen — 1831 Bonn)
Historiker und Staatsmann
Ab 1806 auf Veranlassung des Frh. v. Stein Mitdirektor der Bank und Seehandlung in Berlin; rettete die Staatskasse vor Napoleon. 1816 preußischer Gesandter in Rom. 1825 Professor der Geschichte in Bonn.
Von großem Einfluß auf die moderne Geschichtswissenschaft (L. v. Ranke, Th. Mommsen); Begründer der historischen Quellenkritik.

Niedlich, Johann Gottfried
(1766 Berlin — 1837 Berlin)
Maler und Zeichner
Ab 1780 Schüler, seit 1789 Lehrer der Akademie. 1794—98 Italienaufenthalt mit seinem Bruder, dem Architekturmaler J. W. Niedlich. 1801 Mitglied des Senats der Akademie. Vor allem als Historienmaler und Ornamentzeichner hervorgetreten.

Noël, Wilhelm
(1822—1902)
Prediger der Luisenstadtkirche.

Oppenheim, Moritz Daniel
Maler
(1800 Hanau — 1882 Frankfurt/M.)
Studien in Hanau, an der Akademie in München (1818), Paris (unter Regnault). 1821—25 in Rom. Befreundet mit den Nazarenern. Nach 1825 in Frankfurt/M. Wird als »erster jüdischer Maler« bezeichnet. 1827 kam er auf Veranlassung J. W. v. Goethes nach Weimar. Dort zum Professor ernannt. 1828 erschienen seine Umrisse zu »Herrmann und Dorothea«. Berühmt zu seiner Zeit waren die »Bilder aus dem jüdischen Familienleben«.

Paganini, Nicolo
(1782 Genua — 1840 Nizza)
Violinist und Komponist
Ausbildung bei G. Costa in Genua, ab 1793 öffentliche Auftritte als Violinist. 1796 Schüler Rollas' und Ghirettis, trotzdem halber Autodidakt. Flucht vor dem Vater und Wanderschaft mit erfolgreichen Auftritten. 1805—08 in Lucca Soloviolinist und Kapellmeister der Fürstin Bacchiochi. 1809—27 in Italien konzertierend, dabei stür-

misch gefeiert. Auslandskonzerte, zuerst Wien und Deutschland (1828), 1831 Paris und England, seit 1833 wiederholte Aufenthalte in Frankreich.
Genialer, legendenumwobener Violinist, dessen Virtuosität sein Publikum regelmäßig in Begeisterung versetzte. Darüber hinaus virtuoser Gitarrist und erfolgreicher Komponist.

Persius, Ludwig
(1803 Potsdam — 1845 Potsdam)
Architekt
Schüler der Bauakademie und bereits ab 1820 enger Mitarbeiter und Vertrauter K. F. Schinkels; Ausführung vieler Schinkel-Entwürfe. 1826 als Baukonstrukteur Leitung der Ausführung des Schlosses Charlottenhof im Park von Sanssouci. Nach der Thronbesteigung Friedrich Wilhelms IV. (1840) und Schinkels Tod (1841) eigenständige Entfaltung, besonders in den Plänen zur Ausgestaltung Potsdams.
Ausgeprägter Sinn für malerische Gestaltung, Meister der Potsdamer »Landschaftsbaukunst«: Heilandskirche in Sakrow (1841), Friedenskirche in Potsdam, Fasanerie und Dampfmaschinenhaus bei Neu-Babelsberg.

Pfuehl, Ernst von
(1779 Jahnsfelde — 1866 Berlin)
Preußischer General und Minister
1797 Eintritt in die preußische Armee. Freundschaft mit H. von Kleist. 1809 in österreichischen, 1812—14 in russischen Diensten (Generalstabsoffizier). Seit 1815 wieder in preußischem Heeresdienst. 1816 Lehrer an der Kriegsschule zu Berlin. 1825 Generalmajor. 1831 Unterdrückung der antipreußischen Rebellion im Fürstentum Neuenburg/Schweiz, dort auch von 1832 an Gouverneur. Vom 7.9. bis 1.11. 1848 preußischer Ministerpräsident und zugleich Kriegsminister; wegen mangelnder Härte gegen Demokraten Rücktritt und Ausscheiden aus dem Militärdienst. 1858—65 Mitglied des Preußischen Abgeordnetenhauses. Veröffentlichte zahlreiche militärwissenschaftliche Werke und legte an der Spree eine Schwimmanstalt an.

Pistorius, Eduard
(1796 Berlin — 1862 Karlsbad)
Genremaler und Radierer
Studierte in Berlin bei L. W. Wittich, an der Akademie und in Dresden (1818/19). 1827—30 Niederlande und Düsseldorf, ab 1830 wieder in Berlin. 1833 Mitglied der Akademie. 1840 Italienreise (Rom). Stark von den holländischen Meistern des 17. Jhs. geprägt.

Quantz, Johann Joachim
(1697 Oberscheden — 1773 Potsdam)
Komponist und Flötist
Ab 1717 Kontrapunktstudium bei J. L. Zelenka und J. J. Fux in Wien. 1718 als Oboist und Flötist in der Kgl. polnischen Kapelle zu Dresden und Warschau. 1724—27 Italienaufenthalt, Studium bei Gasparini in Rom. 1727 Rückkehr nach Dresden; ab 1728 Förderung durch den Kronprinzen Friedrich, gleichzeitig als sein Lehrer tätig. Nach der Thronbesteigung 1741 Kammermusiker und Hofkomponist Friedrichs II. Rund 300 Konzerte und 200 kammermusikalische Stücke. Von größerer Bedeutung als diese »Massenproduktion« ist sein Lehrwerk, vor allem seine erste deutsche und lange Zeit maßgebliche Flötenschule: »Versuch einer Anweisung die Flöte traversière zu spielen«, Berlin 1752.

Radziwill, Anton Heinrich, Fürst
(1775 Wilna — 1833 Berlin)
Musikliebhaber, Sänger und Komponist
1815—31 Stadthalter von Posen. Freundschaft mit und Verbindung zu vielen Musikern (L. v. Beethoven, F. Chopin, J. Mendelssohn Bartholdy u. a.). Seit 1796 mit Prinzessin Luise, einer Schwester des preußischen Prinzen Louis Ferdinand, verheiratet. Sänger, Violincellist sowie dilettierender Komponist einer Bühnenmusik zu Goethes »Faust« (1835 in Berlin aufgeführt).

Ramler, Karl Wilhelm
(1725 Kolberg — 1798 Berlin)
Schriftsteller und Theaterleiter
1742 Theologiestudium in Halle, seit 1745 in Berlin. Freundschaft mit J. W. L. Gleim, E. v. Kleist, G. E. Lessing, F. Nicolai. 1748—90 Professor an der Kadettenschule. 1786 Mitglied der Akademie der Wissenschaften. Ab 1790 zusammen mit J. J. Engel Direktor des Berliner National-Theaters (seit 1793 Direktion zusammen mit J. Fleck und v. Warsing).
Dichtungen im Stil der Antike (»Der deutsche Horaz«), Herausgeber zeitgenössischer Anthologien.

Randel, Friedrich
(1808 Magdeburg — 1886 Berlin)
Maler
Um 1834 Schüler F. Krügers. Als Pferde- und Bildnismaler hervorgetreten.

Ranke, Leopold von
(1795 Wiehe/Thür. — 1886 Berlin)
Historiker
1814—18 Studium der Theologie und Philologie in Leipzig. Ab 1818 Gymnasiallehrer in Frankfurt/O.; 1825 ao. Professor der Geschichte in Berlin. 1827—31 Wien- und Italienreise. 1832—36 Herausgeber der »Historisch-politischen Zeitschrift«. 1834—71 o. Professor in Berlin. 1841 Historiograph des preußischen Staates; 1858 Vorsitzender der »Historischen Kommission bei der Bayr. Akademie der Wissenschaften«. 1865 geadelt.
Begründer der modernen Geschichtswissenschaft und der einflußreichen historischen Schule des 19. Jhs. mit Thukydides, B. G. Niebuhr und J. G. Fichte als Vorbildern. Von konservativer Gesinnung (Ablehnung der Julirevolution von 1830), enge Freundschaft mit Friedrich Wilhelm III. und Maximilian II. von Bayern.

Rauch, Christian Daniel
(1777 Arolsen — 1857 Dresden)
Bildhauer
Ab 1791 Besuch der Kasseler Akademie. 1797 Potsdam, Kammerdiener der Königin Luise. 1798 Studien an der Akademie und im Atelier J. G. Schadows, 1805—11 erster Aufenthalt in Italien; dort Freundschaft mit W. v. Hum-

boldt; Büsten (Königin Luise, 1806), Reliefs und Statuen. 1810 Auftrag für Sarkophag der Königin Luise. 1811 Rückkehr nach Berlin; Mitglied der Akademie. 1812—15 zweiter Aufenthalt in Italien (Rom und Carrara); Zusammenarbeit mit F. Tieck. 1816—18 dritter Aufenthalt in Italien (Statue Kaiser Alexanders I.). 1819 wieder in Berlin; Mitglied des Senats der Akademie; Werkstatt im Lagerhaus in der Klosterstraße (gemeinsam mit F. Tieck und K. F. Schinkel); 12 Schlachtengenien für Kreuzbergdenkmal; Marmorstatuen von Bülow und Scharnhorst, Bronzestatue von Blücher. Ab 1820 Bekanntschaft mit J. W. v. Goethe (Goethe-Büste und -Statuette). Für den bayerischen König Ludwig I. verschiedene Büsten und Victorien für die Walhalla, Denkmäler für München (u. a. Max Joseph I., 1825/30). In die letzte Schaffensperiode fallen der Sarkophag Friedrich Wilhelms III. (1846) im Charlottenburger Mausoleum und das Denkmal Friedrich d. Gr. (1840/51).
Galt zu Lebzeiten als größter deutscher Bildhauer; stark von der Antike und dem Klassizismus geprägt. Reich entwickelte »Schule«; mit Schadow Begründer der Berliner Bildhauerschule.

Raumer, Friedrich von
(1781 Wörlitz — 1873 Berlin)
Historiker
Studium in Halle und Göttingen. 1806—08 Domänenrat in Königs Wusterhausen; 1810 im Finanzministerium in Berlin. 1811 Professor der Staatswissenschaften in Breslau, 1819—59 Professor der Staatswissenschaften und Geschichte in Berlin. Gründer und 1830—69 Herausgeber des »Historischen Taschenbuchs«. 1848 Mitglied des Frankfurter Parlaments im rechten Zentrum. Freundschaft mit F. Schleiermacher und L. Tieck. Seine romantisch verklärte Darstellung der Stauferzeit (»Geschichte der Hohenstaufen und ihrer Zeit«, 6 Bde., 1823—25) beeinflußte eher die dramatische Literatur als die Geschichtsschreibung. Verschiedene Erzählungen.

Raupach, Ernst Benjamin Salomon
(1784 Straupitz — 1852 Berlin)
Schriftsteller
1801 Theologiestudium in Halle. 1804—14 Hauslehrer in Rußland. 1816—22 Professor für deutsche Literatur und Geschichte in St. Petersburg. Ab 1824 in Berlin; dort avancierte er zu einem der größten Modedramatiker seiner Zeit. Insgesamt 117 Dramen (Lustspiele, Rührstücke, Gesellschafts- und Historiendramen), davon 75 in Berlin aufgeführt, oft beliebten Schauspielern »auf den Leib geschrieben«. Heute noch bekannt: »Der Müller und sein Kind«, 1835.

Recke, Charlotte Elisabeth Constantia von der, geb. von Meden
(1756 Herzogtum Kurland — 1833 Dresden)
Schriftstellerin
Wurde als 15jährige mit dem Baron von der Recke verheiratet, von dem sie sich 1781 trennte. Trat öffentlich gegen den betrügerischen Grafen Cagliostro auf. Ihre 1787 in Berlin erschienene Schrift »Nachricht von dem berüchtigten Grafen C. Aufenthalt in Mittau 1787 und von dessen magischen Operationen« erregte großes Aufsehen in Europa. Seit 1797 in Begleitung des Trivial-

schriftstellers C. A. Tiedge abwechselnd in Berlin, Leipzig, Dresden. 1804—06 Italienreise. Ab 1819 Wohnung in Dresden.
Reisetagebücher und Prosa.

Redern, Friedrich Wilhelm Graf von
(1802 Berlin — 1883 Berlin)
Theaterleiter und Komponist
Nach Studium der Rechte 1825 Kammerherr der Kronprinzessin Elisabeth. 1828 Generalintendant des Kgl. Schauspiels. 1842 Rücktritt, Generalintendant der Hofmusik. 1861 Oberst.
Auch als Komponist hervorgetreten (Kirchen- und Tanzmusik); Oper »Christine« (1860).

Reichardt, Johann Friedrich
(1752 Königsberg — 1814 Giebichenstein b. Halle)
Komponist und Musikschriftsteller
Philosophiestudium in Königsberg und Leipzig, dort Schüler des Thomaskantors J. A. Hiller. 1771—74 Kunstreisen durch Deutschland. 1783 in Berlin Gründung eines »Concert spirituel«. Durch Bekenntnis zur Französischen Revolution Stellung in Berlin erschüttert; Reisen durch Europa. 1793 Salineninspektor in Halle; sein in der Nähe gelegenes Gut wurde Treffpunkt frühromantischer Dichter und Musiker (L. Tieck, C. Brentano, A. v. Arnim, J. v. Eichendorff). Freundschaft mit J. W. v. Goethe. 1808 als Hofkapellmeister nach Kassel zwangsversetzt; über Wien Rückkehr auf den Landsitz.
Einer der ersten Singspielkomponisten, bedeutendster Musikschriftsteller des 18. Jhs. Zahlreiche Bühnenwerke, über 1000 Lieder (30 Liedersammlungen) sowie Reisebriefe.

Rellstab, Heinrich Friedrich Ludwig
(1799 Berlin — 1860 Berlin)
Offizier, Roman- und Musikschriftsteller
Ab 1816 Kompositionsschüler von L. Berger und B. Klein. 1821 Abschied als Offizier. 1826—48 Musikreferent der Redaktion der »Vossischen Zeitung«; Mitarbeiter weiterer Berliner Zeitungen. 1830—41 Herausgeber einer eigenen Zeitschrift: »Iris im Gebiete der Tonkunst«. Haftstrafen wegen satirischer Angriffe auf Henriette Sontag und besonders wegen scharfer Polemiken gegen G. Spontini. Reiches musikwissenschaftliches Schrifttum, Gedichte (z. T. von F. Schubert vertont), musikalische Novellen; Übersetzung zweier Meyerbeer-Opern (»Le Prophète« und »L'étoile du Nord«).

Righini, Vincenzo
(1756 Bologna — 1812 Bologna)
Komponist, Dirigent und Opernsänger
1775 Debüt als Opernsänger. 1780 Direktor der Opera buffa in Wien. 1787—92 Hofkapellmeister in Mainz, ab 1793 in Berlin.
Anerkannter Gesangslehrer; zahlreiche Opern, Lieder, Klavierstücke, weltliche Kantaten und Kammermusik.

Rode, Christian Bernhard
(1725 Berlin — 1797 Berlin)
Maler und Radierer

Schüler A. Pesnes, 1750—52 Studienaufenthalt in Paris. 1754—55 Italienreise. 1756 Mitglied der Akademie, 1783 Direktor. In Berlin enge Freundschaft mit K. W. Ramler. Populärer Historienmaler, der auch als Zeichner und Radierer vielfältige biblische, mythologische und allegorische Darstellungen bevorzugte. Bedeutender Schüler: J. C. Frisch.

Rösel, Johann Gottlob Samuel
(1768 Breslau — 1843 Potsdam)
Maler und Zeichner
1787 Schüler der Akademie. 1794 Lehrer für Freihandzeichnen an der Akademie (architektonische Schule). Zwischen 1804 und 1820 häufig in Rom und Neapel. 1824 Mitglied der Akademie. 1828 bei J. W. v. Goethe in Weimar.
Landschaftsbilder, umfangreiche Skizzenbücher; war auch für die Kgl. Porzellan Manufaktur tätig.

Rosenberg, Johann Georg
(1739 Berlin — 1808 Berlin)
Maler
Schüler C. F. Fechhelms, G. Galli-Bibienas und B. Rodes; Studium in Holland und in Paris, dort 1765 Aufnahme in die Académie Royale. 1767 Theatermaler in Hamburg bei K. E. Ackermann. Über Königsberg und Braunschweig 1775 Rückkehr nach Berlin; Hinwendung zur Bildnis- und Architekturmalerei. 1785 Mitglied der Akademie. Anfangs vor allem als Theatermaler bekannt, später berühmt besonders durch seine Berlin-Ansichten (Ölgemälde und Radierungen).

Ruge, Arnold
(1802 Bergen/Rügen — 1880 Brighton)
Schriftsteller und Publizist
Studierte in Halle, Jena, Heidelberg klassische Philologie und Philosophie; 1830 Dr. phil.; als Burschenschaftler wiederholt in Festungshaft. 1832 Privatdozent in Halle. 1838 Gründung der radikaldemokratischen »Hallischen Jahrbücher für Deutsche Wissenschaft und Kunst« (1840—43 als »Deutsche Jahrbücher« weitergeführt), führendes Organ der Linkshegelianer. 1844 in Paris enge Verbindung zu H. Heine und K. Marx; mit Marx Herausgeber der »Deutsch-Französischen Jahrbücher«. Im Frankfurter Parlament 1848 Mitglied der äußersten Linken. 1848 Leiter der Zeitung »Reform«, zuerst in Leipzig, dann in Berlin (Mitglied des Demokratenkongresses). 1849 wegen Beteiligung am Aufstand in Leipzig Flucht nach Paris und London; dort Verkehr in den revolutionären Zirkeln. 1850 Brighton. Seit 1866 Anhänger Bismarcks.
Als Publizist der Vormärzepoche und der 48er Revolution von großer Bedeutung. Als Linkshegelianer entschiedener Kritiker der Romantik; Lyriker, Dramatiker und Erzähler.

Rungenhagen, Carl Friedrich
(1778 Berlin — 1851 Berlin)
Chordirigent und Komponist
Ab 1796 Musiklehrer; 1815 2. Dirigent der Singakademie. 1833 als Nachfolger C. F. Zelters Leiter der Singakademie, auch Mitglied der Akademie.

Opern, Oratorien, Kirchenmusik, Symphonien; Komponist vieler Lieder.

Sand, Karl Ludwig
(1795 Wunsiedel — 1819 Mannheim)
Student
1814 Theologiestudium in Tübingen. 1815 als Freiwilliger in den Freiheitskriegen. Über Erlangen nach Jena (Wartburgfest), Anschluß an die Burschenschaftler; 1817/18 bei den Auseinandersetzungen der Burschenschaftler mit A. v. Kotzebue. Ersticht am 23. März 1819 Kotzebue in Mannheim. Nach gescheitertem Selbstmordversuch am 29. Mai hingerichtet. — Unmittelbare Regierungsmaßnahme nach der Mordtat: die »Karlsbader Beschlüsse« gegen die »demagogischen Umtriebe« an den Universitäten (August/September 1819).

Saphir, Moritz Gottlieb
(1795 Lovas-Berény — 1858 Baden b. Wien)
Schriftsteller und Publizist
Bei A. Bäuerle in Wien Theaterkritiker. Ab 1825 in Berlin. Schriftleiter der »Berliner Schnellpost für Literatur, Theater und Geselligkeit« (1826—29), des Wochenblatts »Berliner Courier« (1827—29) und des »Berliner Theateralmanachs auf das Jahr 1828«. In Berlin wie später wieder in Wien wegen seiner boshaften Satiren heftig attackiert. 1832 Hoftheaterintendanzrat in München. Seit 1834 führender Journalist in Wien (»Der Humorist«, 1837—58). Auch als Vortragskünstler sehr beliebt.

Savigny, Friedrich Karl von
(1779 Frankfurt/M. — 1861 Berlin)
Jurist und Minister
Schwager von C. und B. Brentano sowie A. von Arnims. 1803 ao. Professor in Marburg, 1808 Professor in Landshut. Von W. v. Humboldt 1810 nach Berlin berufen. Naher Freund B. G. Niebuhrs und zahlreicher Romantiker. 1817 Mitglied des preußischen Staatsrates. 1842—48 preußischer Justizminister.
Einer der bedeutendsten Juristen des 19. Jhs., Begründer der »Historischen Schule«; 1816—50 mit Eichhorn und Göschen Gründer und Herausgeber der »Zeitschrift für geschichtliche Rechtswissenschaft«.

Schadow, Friedrich Wilhelm
(1788 Berlin — 1862 Düsseldorf)
Maler und Schriftsteller
Sohn Gottfried Schadows; seit 1805 Schüler der Akademie (F. G. Weitsch und W. Wach). 1810—19 in Rom; dort Anschluß an die Nazarener. 1814 konvertiert er zum Katholizismus. 1819 Mitglied und Professor an der Akademie. 1826 Direktor der Akademie in Düsseldorf als Nachfolger von P. Cornelius; Neuorganisation der dortigen Akademie und Begründer der »Düsseldorfer Malerschule« gemeinsam mit seinen aus Berlin gefolgten Freunden und Schülern (Th. Hildebrand, K. Sohn, R. Hübner, C. F. Lessing). 1829 Mitgründer des Rheinischen und Westfälischen Kunstvereins. 1830/31 und 1839/40 weitere Italienaufenthalte. 1843 geadelt.

Schadow, Johann Gottfried
(1764 Berlin — 1850 Berlin)
Bildhauer, Zeichner und Graphiker
Schüler und Gehilfe J. P. A. Tassaerts; Besuch der Akademie. 1785—87 Italienaufenthalt, Freundschaft mit A. Canova. 1787 in Berlin durch Protektion v. Heinitz' Beschäftigung bei der Kgl. Porzellan Manufaktur. 1788 Nachfolger Tassaerts als Leiter der Bildhauerwerkstatt, Mitglied der Akademie. Als gleichzeitiger »Director aller Sculpturen« beim Hofbauamt enger Kontakt und produktive Zusammenarbeit mit dem Leiter C. G. Langhans, bedeutende Arbeiten bis 1800: u. a. Quadriga auf dem Brandenburger Tor; Grabmal des Grafen Alexander von der Mark; große Marmorwerke (Friedrich der Große in Stettin, Zieten in Berlin); Grabmäler und viele Porträtbüsten (u. a. H. Herz, F. Nicolai, C. F. Fasch, F. Gilly). 1805 Vizedirektor, 1811—16 interimist. Sekretär, 1816 Direktor der Akademie. Unter Friedrich Wilhelm III. im Schatten C. D. Rauchs. Weitere wichtige Werke nach 1800: Ruhendes Mädchen (1826, Berlin) sowie 14 Büsten für die Walhalla (1807—11) und Marmorbüste Goethes (1821). Begründer der »Berliner Bildhauerschule«, auch als Lehrer (C. D. Rauch, A. und E. Wolff, F. Tieck und L. Wichmann) und Verfasser kunsthistorischer und theoretischer Schriften von nachhaltiger Wirkung.

Schelling, Friedrich Wilhelm Joseph von
(1775 Leonberg — 1854 Ragaz)
Philosoph
Ab 1790 Studium am Tübinger Stift, Freundschaft mit G. W. F. Hegel und F. Hölderlin. 1792 Promotion, dann Hofmeister. 1798 auf J. W. v. Goethes und J. G. Fichtes Vorschlag Professor in Jena. 1803 Heirat mit Caroline Schlegel, Professor in Würzburg. 1806 Generalsekretär der Akademie der bildenden Künste in München; vertiefte Hinwendung zum Christentum. 1820—26 Vorlesungen in Erlangen; 1827 Ordinarius in München. 1841 Berufung nach Berlin, nach erbitterten Auseinandersetzungen mit den Linkshegelianern baldiger Rücktritt; Rückzug aus der Öffentlichkeit.
Anfangs von den Weimarer Klassikern und Fichte stark beeinflußt unterlag seine Philosophie vielen Wandlungen bis zu einer theistischen Religionsphilosophie im Spätwerk. Starker Einfluß seiner Philosophie auf die zeitgenössischen literarischen Strömungen, besonders das Programm der Spätromantik.

Schick, Margarethe Luise
(1768 Mainz — 1809 Berlin)
Sängerin
1788 Debüt in Mainz; 1793 über Hamburg als Kammersängerin nach Berlin. Tod nach der Aufführung von V. Righinis »Te Deum« im Berliner Dom. Von ihren Zeitgenossen sehr geschätzte Sopranistin.

Schill, Ferdinand Paptista von
(1776 Wilmsdorf/Dresden — 1809 Stralsund)
Offizier
1788 Eintritt in ein preußisches Husarenregiment. Bewährte sich 1806/07 bei der Verteidigung von Kolberg. 1807 Major, danach Kommandant des 2. Husarenregiments in Berlin. Legendärer Ruhm durch sein eigenmächtiges militärisches Handeln 1809 im Kampf gegen die Franzosen: verließ mit seinem Husarenregiment auf eigene Faust Berlin, um den König zu einer Entscheidungsschlacht mitzureißen; vergebliche Belagerung Magdeburgs, im Straßenkampf in Stralsund gefallen; 11 seiner Offiziere von den Franzosen standrechtlich erschossen.

Schinkel, Karl Friedrich
(1781 Neuruppin — 1841 Berlin)
Architekt und Maler
Seit 1794 in Berlin, Besuch des »Grauen Klosters«. Ab 1798 Schüler D. und F. Gillys; 1799 Besuch der Bauakademie. Bekanntschaft mit K. W. F. Solger und dem Fürsten Radziwill. 1803—05 erster Italienaufenthalt, Begegnungen u. a. mit W. v. Humboldt. 1810 Oberbauassessor; Tätigkeit für Herzog Ernst von Sachsen-Coburg. 1811 Mitglied der Akademie, Verbindung zu C. D. Rauch; 1813 Ehrenmitglied der Singakademie. Seit 1814 Bekanntschaft mit v. Hardenberg. 1815 Geheimer Oberbaurat. 1816 Reise durch Deutschland, Belgien und die Niederlande. 1819 Mitglied der Technischen Deputation im Ministerium für Handel, Gewerbe und Bauwesen. 1820 Professor der Baukunst, Mitglied des Senats der Akademie. 1824 zweiter Italienaufenthalt. 1826 Frankreich- und Englandreise; bei J. W. v. Goethe in Weimar. 1829 Mitglied des Architektenvereins Berlin. 1830 dritter Italienaufenthalt; Oberbaudirektor. Ehrenmitglied u. a. der Bayerischen Akademie der Künste (1832), der Akademie in Wien (1836) und Stockholm (1840). 1838 Oberlandesbaudirektor.
In der Malerei Bevorzugung der Gotik in romantischem Geist; zahlreiche Operndekorationen, Bühnenbildentwürfe (42 Stücke, 1816—32). In der Baukunst reifste Prägung der deutschen Klassik, Synthese aus Antike und sachlich-zweckmäßigem Stil; entscheidenden Einfluß auf die bauliche Gestaltung Berlins. Hauptwerke: Reiseskizzen (bes. Italien); Entwürfe für Schlösser in Athen und Orianda (Krim); Architektur in Berlin: Wache (1816/17); Dom-Umbau (1816/21); Schauspielhaus (1818—24); Denkmal auf dem Kreuzberg (1818—21); (Altes) Museum (1822—30); St. Nikolai in Potsdam (1830—37); Tegel (1822); Charlottenhof (1826); Bauakademie (1832—36); Babelsberg (1834); Kamenz in Schlesien (1838); Stolzenfels am Rhein (1836).

Schirmer, August Wilhelm Ferdinand
(1802 Berlin — 1866 Vevey)
Maler
Lehrling der Porzellan Manufaktur, ab 1819 Besuch der Akademie. Protektion durch K. F. Schinkel und W. Wach. 1827—31 Italienaufenthalt, Kontakt u. a. mit J. C. Reinhart und W. Turner. 1831 wieder in Berlin, Privatatelier. 1835 Mitglied der Akademie. Nach K. Blechens Tod 1840 Professor an der Akademie, Lehrer der Landschaftszeichenklasse; 1852 Mitglied des Senats. 1845 und 1865/66 Italienaufenthalte.

Schlegel, August Wilhelm
(1767 Hannover — 1845 Bonn)
Literaturtheoretiker und Übersetzer
Nach Studium der Theologie und Philologie 1792 Hauslehrer in Amsterdam. 1795 Privatdozent in Jena, Mitarbeiter verschiedener literarischer Zeitschriften, enge Beziehung zum Weimarer Kreis um Goethe und Schiller.

1801—04 Privatgelehrter in Berlin, im Wintersemester 1802—04 öffentliche Vorlesungsreihe »Über Literatur und Kunst«. 1804—17 auf Reisen mit Frau von Staël nach Italien, der Schweiz, Dänemark und Schweden als Berater und Erzieher ihrer Kinder. 1809 schwedischer Legationsrat, 1815 geadelt. 1817 als Professor für Literatur und als Leiter des antiquarischen Museums nach Bonn. Große Bedeutung als Literaturkritiker, -theoretiker (»Charakteristiken und Kritiken«, 1801; »Über dramatische Kunst und Literatur«, 1809/11; »Vorlesungen über Theorie und Geschichte der bildenden Künste«, 1827), Herausgeber von Zeitschriften (»Athenäum«, 1798—1800, zusammen mit F. Schlegel; »Musenalmanach«, 1802, zusammen mit L. Tieck) und vor allem als Shakespeare-Übersetzer.

Schlegel, Dorothea
(1763 Berlin — 1839 Frankfurt/M.)
Schriftstellerin und Übersetzerin
Tochter des Philosophen Moses Mendelssohn. In erster Ehe mit dem Bankier Simon Veit verheiratet (1783—98), Mutter der Maler Philipp und Johannes Veit. Lernt im Salon der Henriette Herz F. Schlegel kennen, nach längerem Zusammenleben in Jena und Paris heiraten sie 1804. Konvertiert 1808 zum Katholizismus. Ab 1808 Mittelpunkt eines literarischen Kreises in Wien. 1818—20 Aufenthalt in Rom. 1829 (nach Schlegels Tod) im Hause ihres Sohnes Philipp in Frankfurt.
Erzählungen, Übersetzungen, Briefe.

Schlegel, Karl Wilhelm Friedrich
(1772 Hannover — 1829 Dresden)
Schriftsteller und Philosoph
Nach abgebrochener Kaufmannslehre Studium der Rechtswissenschaften in Göttingen (1790); 1791—94 klassische Philologie und Philosophie in Leipzig. 1796 in Jena. 1797 Übersiedlung nach Berlin, Freundschaft mit F. Schleiermacher, L. Tieck, W. H. Wackenroder, A. F. Bernhardi. 1799—1801 zusammen mit seinem Bruder August Wilhelm führender Anteil an der Wirksamkeit des frühromantischen Kreises in Jena; dort auch Privatdozent. Ab 1802 wechselnde Aufenthalte (u. a. Paris), 1808 in Köln Konvertierung zur katholischen Kirche, Übersiedlung nach Wien. 1815—18 österreichischer Legationsrat beim Bundestag in Frankfurt; 1815 geadelt. 1818 Rückkehr nach Wien. 1828 philosophische Vorlesungen in Dresden. Neben Novalis Schlüsselfigur der Frühromantik und deren führender Theoretiker. Bedeutung durch seine Beiträge zur Literaturgeschichte, -theorie und -kritik (u. a. »Kritische Fragmente«, 1797), als Mitherausgeber wichtiger Zeitschriften (u. a. »Athenäum«, 1798—1800, zusammen mit A. W. Schlegel; »Europa«, 1803—05) sowie durch den Roman »Lucinde« (1799).

Schlegel-Schelling, Dorothea Caroline Alboine
(1763 Göttingen — 1809 Maulbronn)
Schriftstellerin
Tochter des Göttinger Professors Michaelis, in dessen Haus die Größen der Zeit verkehrten (u. a. G. E. Lessing, Benjamin Franklin, A. v. Humboldt, J. W. v. Goethe). Erste Ehe mit dem Arzt Franz Wilhelm Böhmer. Nach dem Tod des Mannes Freundschaften mit G. Forster — Begei-

sterung für die Mainzer Jakobinerrepublik. Nach dem Fall von Mainz mehrmonatige Festungshaft. 1796 Heirat mit A. W. Schlegel. Maßgebliche Rolle innerhalb des frühromantischen Kreises in Jena (Brüder Schlegel, F. Schelling, L. Tieck). Nimmt starken Einfluß auf F. Schlegels Roman »Lucinde« (1799); intensive Bekanntschaft mit J. G. Herder, J. G. Fichte, F. Schiller, F. W. J. v. Schelling, J. W. Goethe, C. M. Wieland und Freundschaft mit Novalis. Redaktionsassistentin der Zeitschrift »Athenäum«. 1800 Bruch mit Schlegel, Beziehung zu Schelling; 1803 Scheidung; Heirat mit Schelling und Umzug nach Würzburg, 1806 nach München.
Ihre literarische Bedeutung erwächst aus ihren vielfältigen Briefwechseln — politische Dokumente und Zeugnisse der Literaturgeschichte zugleich.

Schleiermacher, Friedrich Daniel Ernst
(1768 Breslau — 1834 Berlin)
Evangelischer Theologe, Philosoph und Schriftsteller
Herrnhutisch erzogen; Studium in Halle, 1790 Examen in Berlin. Nach Hauslehrertätigkeit 1793 am Gedikschen Seminar in Berlin; 1794—96 Hilfsprediger an der Charité in Berlin. Enger Kontakt zu den Romantikern (F. Schlegel, H. Herz). 1804 Professor in Halle, ab 1807 wieder in Berlin. Enge Beziehung zu W. v. Humboldt, aktives Engagement für die Gründung der Universität in Berlin. 1811 Mitglied, seit 1814 Sekretär der Akademie der Wissenschaften. Während der Befreiungskriege zusammen mit B. G. Niebuhr Herausgabe des »Preußischen Korrespondenten«. Wegen seines politischen Engagements wiederholt Verweise der Regierung.
Als Philosoph und Theologe gleichermaßen von großem Einfluß. Auch als Literat hervorgetreten: »Vertraute Briefe über Lucinde«, 1800, eine Apologie zu F. Schlegels Roman »Lucinde«.

Schmalz, Theodor Anton Heinrich
(1760 Hannover — 1831 Berlin)
Jurist
Schwager Scharnhorsts. Nach Theologiestudium und Tätigkeit als Hofmeister 1785 Privatdozent in Göttingen; Promotion zum Dr. jur. 1788 Professor der Rechte in Königsberg. 1793 Assessor der Kriegs- und Domänenkammer, 1798 Konsistorialrat, 1801 Kanzler und Rektor der Universität Königsberg. In gleicher Eigenschaft 1803 in Halle; Wortführer einer Deputation von Halleschen Professoren bei Friedrich Wilhelm III. 1807 in Memel, welche die Neugründung der Universität in Berlin forderten. Seit 1808 in Berlin, 1809 am Kammergericht. 1810 Berufung als Ordinarius der juristischen Fakultät, 1810/11 erster designierter Rektor. Ab 1815 reaktionäre Pamphlete gegen demokratische Kräfte; scharfe Kritik von B. G. Niebuhr und F. Schleiermacher.
Vielseitig gebildeter, mit zunehmenden Alter politisch konservativ denkender Staatsrechtler.

Schneider, Louis
(1805 Berlin — 1878 Potsdam)
Schauspieler und Schriftsteller
Sohn des Komponisten G. A. Schneider. Bereits in diversen Kinderrollen auf der Bühne. 1827—48 Mitglied des Kgl. Schauspiels in Berlin. Initiierte zusammen mit E. Devrient einen Schauspielerverein. Seit 1845 auch Re-

gisseur der Oper. Wegen seiner reaktionären Ansichten 1848 von Küstner entlassen. Von Friedrich Wilhelm IV. zum Hofrat ernannt. 1857 Gründung der Pensionsanstalt für Theaterschaffende »Perseverantia« (1863 wieder aufgelöst). Als Schauspieler äußerst beliebter Komiker, auch erfolgreicher Lustspielautor (»Fröhlich«, »Der Schauspieldirektor«, »Kurmärker und Picarde« u. a.).

Schönemann, Johann Friedrich
(1704 Crossau/Oder — 1782 Schwerin)
Schauspieler und Prinzipal
1730—40 Mitglied der Neuberschen Truppe. 1740 Gründung einer eigenen Truppe mit K. Ekhof, S. C. Schröder und K. E. Ackermann; Auftritte u. a. in Leipzig, Hamburg und Berlin. 1750—56 Hofkomödiant des Herzogs Christian Ludwig in Schwerin. 1757 Auflösung der Gesellschaft. Sein Truppenmitglied Ekhof unternahm 1753 mit der »Akademie der Schönemannschen Gesellschaft« den Versuch einer ersten deutschen Schauspielakademie. Ausgezeichneter Darsteller im komischen Fach; als Prinzipal um die Hebung des Publikumsgeschmacks im Sinne J. C. Gottscheds bemüht.

Schopenhauer, Arthur
(1788 Danzig — 1860 Frankfurt/M.)
Philosoph
Ab 1809 Studium der Naturwissenschaften und Philosophie in Göttingen und Berlin (Schüler J. G. Fichtes und F. A. Wolfs); 1813 Promotion in Jena. In Weimar enge Beziehungen zu J. W. v. Goethe. 1818 Italienreise. 1820 Privatdozent in Berlin, im Schatten G. W. E. Hegels dort wirkungslos geblieben. Enge persönliche Kontakte zu A. v. Humboldt und A. v. Chamisso. 1831 Umsiedlung wegen der Cholera-Epidemie in Berlin nach Frankfurt/M.; dort Privatgelehrter.
Nachhaltig von I. Kant geprägt, Vollender des deutschen Idealismus und als Hauptvertreter eines modernen Pessimismus (»Die Welt als Wille und Vorstellung«, 1819) von großem Einfluß auf R. Wagner, W. Raabe, F. Nietzsche, Th. Mann.

Schoppe, Julius, d. Ä.
(1795 Berlin — 1868 Berlin)
Maler und Lithograph
1809—15 Schüler J. G. S. Rösels und der Akademie (Zeichen- und Gipsklasse). 1816 Studienaufenthalt in Wien. 1817—22 in Rom. 1825 Mitglied, 1836 Professor an der Akademie. Porträtist des Berliner Biedermeier.

Schroeder, Friedrich Ludwig
(1744 Schwerin — 1816 Rellingen)
Schauspieler, Theaterleiter und Dramatiker
1771—80 als Nachfolger K. E. Ackermanns Leiter des Hamburger Theaters. Ab 1780 Gastspiele als Schauspieler, u. a. Berlin, Mannheim (»Mannheimer Schule«). 1781—85 Mitglied des Wiener Burgtheaters; Gründung einer Pensionsanstalt für Schauspieler.
Als Regisseur und Theaterleiter Entdeckung und Durchsetzung W. Shakespeares (besonders während seiner ersten Hamburger Direktion); einer der bedeutendsten deutschen Schauspieler des 18. Jhs.

Schroeder-Devrient, Wilhelmine
(1804 Hamburg — 1860 Coburg)
Sängerin und Schauspielerin
Tochter F. L. Schroeders und der berühmten Tragödin Sophie Schroeder. Bis 1821 Schauspielerin in Hamburg, dann Gesangsausbildung bei Mozatti in Wien. 1821 Operndebüt in Wien. 1822 künstlerischer Durchbruch mit der Leonore in L. v. Beethovens »Fidelio«. 1823—47 Hoftheater Dresden. Gastspiele u. a. in Berlin. Wegen Teilnahme am Maiaufstand aus Dresden ausgewiesen (wie R. Wagner). Ab 1856 in Berlin große Erfolge als Liedsängerin.
Eine der berühmtesten Sängerinnen ihrer Zeit in Europa; von Beethoven, C. M. von Weber und Wagner gleichermaßen bewundert. In 1. Ehe von 1823—28 mit K. A. Devrient verheiratet.

Schuch, Franz d. Ä.
(1716 Wien — 1764 Berlin)
Schauspieler und Prinzipal
1741 Gründung der Schuch'schen Gesellschaft; mit seiner Wandertruppe vor allem in Norddeutschland auftretend. 1755 Generalprivilegium für die preußischen Länder; in Berlin eine der besten Truppen mit herausragenden Schauspielern (u. a. K. Ekhof, J. C. Brandes, C. T. Döbbelin, später S. Hensel). Meister der Stegreifposse, erfand Szenarien z. T. selbst, als Harlekin populär und gerühmt.

Schuch, Franz d. J.
(1741—1771 Berlin)
Schauspieler und Prinzipal
1764 Übernahme der väterlichen Schuch'schen Gesellschaft in Berlin; errichtete in Berlin ein stehendes Theater in der Behrenstraße. Zusammenarbeit mit C. T. Döbbelin, mit dessen Unterstützung er 1766 den Hanswurst von der Bühne verbannte (Eliminierung der Stegreifburleske in Norddeutschland). Danach ständiger Niedergang seiner Truppe.

Schuckmann, Friedrich Freiherr von
(1755 Mölln — 1834 Berlin)
Minister
Leiter der 1809 eingerichteten »Sektion des Kultus und des öffentlichen Unterrichts« im Ministerium des Inneren. 1813 Ehrenmitglied der Akademie.

Schulz, Carl Friedrich, genannt »Jagdschulz«
(1796 Selchow — 1866 Neu-Ruppin)
Maler
Ab 1810 Schüler der Akademie. 1814/15 Teilnahme an den Freiheitskriegen. 1821 in Holland, Frankreich und England. 1831 Mitglied der Akademie, 1840 Professor. 1847 in St. Petersburg. Besonders durch seine Jagdszenen hervorgetreten, später bevorzugt Uniformbilder (für Friedrich Wilhelm III. und Zar Nikolaus I.).

Schumann, Carl Franz Jacob Heinrich
(1767 Berlin — 1827 Berlin)
Maler
Vielseitige künstlerisch-musische Ausbildung; Zeichenunterricht bei Salvino, Musikunterricht bei J. P. Kirnberger.

1778 Schüler der Akademie, studierte vor allem bei J. C. Frisch. 1795 Reisestipendium für das Bild »Grablegung Christ«; 1796—98 Italienaufenthalt. 1801 Mitglied der Akademie, seit 1802 Professor der Anatomie. Ab 1816 Sekretär der Akademie. Als Historienmaler sowie durch religiöse Bilder hervorgetreten.

Seydelmann, Karl
(1793 Glatz — 1843 Berlin)
Schauspieler
1815 Debüt in Breslau. Über Prag 1822 nach Kassel; 1828 Darmstadt. 1829—38 Stuttgart, seit 1838 am Kgl. Schauspiel in Berlin.
Gilt als Pionier der realistischen Schauspielkunst, überragender Charakterdarsteller. Laut E. Devrient erster Virtuose des deutschen Theaters.

Simrock, Karl
(1802 Bonn — 1876 Bonn)
Wissenschaftler und Schriftsteller
Jura- und Philologiestudium in Bonn (u. a. bei A. W. Schlegel) und Berlin (einer der ersten Schüler K. Lachmanns). Freundschaft mit H. Heine und H. v. Fallersleben. 1826 Referendar beim Kammergericht in Berlin. 1830 Entlassung wegen Begeisterung für die Pariser Juli-Revolution in dem Gedicht »Drei Tage und drei Farben«. Rückzug auf sein Weingut Menzenberg bei Bonn. 1850 Professor für Deutsche Sprache und Literatur in Bonn. Lieder, Balladen, Satiren (»Die Berliner Droschke«, 1826) und Schwänke, aber auch bedeutende Übersetzungen altdeutscher Poesie (u. a. »Nibelungenlied«, 1827).

Solger, Karl Wilhelm Ferdinand
(1780 Schwedt — 1819 Berlin)
Philosoph und Literaturtheoretiker
1799 Studium der Rechtswissenschaft in Halle. 1801 hörte er in Jena F. Schelling. 1803 Berlin; Bekanntschaft mit J. G. Fichte und L. Tieck. 1806 Abschied aus dem Staatsdienst. 1808 Promotion. 1811 Professor der Philosophie in Berlin; 1814/15 Rektor der Universität.
Philosoph und Ästhetiker, Anhänger Schellings. Großer Einfluß seiner Kunstlehre auf die deutschen Romantiker. Tieck gab 1826 zusammen mit F. v. Raumer seine »Nachgelassenen Schriften und Briefwechsel« (2 Bde.) heraus. Hauptwerk: »Erwin, vier Gespräche über das Schöne und die Kunst« (1815).

Sontag, Henriette Gertrude Walpurgis
(1806 Koblenz — 1854 Mexico City)
Sängerin
1817 Konservatorium Paris. 1821 Debüt als Prinzessin von Navarra in Boieldieus »Jean de Paris« in Prag. 1822 an der Italienischen und Deutschen Oper Wien, 1825 Engagement an das Königsstädtische Theater Berlin. 1827 an die Pariser Oper. 1830 von Friedrich Wilhelm III. geadelt; Aufgabe der Opernlaufbahn auf Weisung König Karl Alberts von Sardinien. 1831—49 Konzertauftritte. Engagements in Europa sowie in den USA und Mexiko. Ruhm und erste Erfolge datieren von einem Leipziger Gastspiel 1825 (»Freischütz« und »Euryanthe«, beide von C. M. von Weber).

Späth, Franz Ludwig
(1839—1913)
Gärtner
Die Kunst- und Handelsgärtnerei von F. L. Späth an der Köpenicker Straße war die größte Baumschule Deutschlands.

Spiker, Samuel Heinrich
(1786 Berlin — 1858 Berlin)
Schriftsteller, Publizist und Bibliothekar
Nach Studium in Halle 1814/15 Herausgeber der »Zeitschrift für neueste Geschichte«, 1819—27 Redakteur des »Journals für Land- und Seereisen«. 1827 Erwerb der »Haude- und Spenerschen Zeitung« (neben der »Vossischen« das bedeutendste Blatt Berlins). 1835 Mitglied des Dramaturgischen Komitees der Kgl. Schauspiele in Berlin; enge Freundschaft mit L. Tieck. Übersetzer vor allem englischer Werke (Nachdichtung des Festspiels »Lalla Rukh« nach Thomas Moore, Uraufführung im Kgl. Schloß am 21. 2. 1821).

Spohr, Louis
(1784 Braunschweig — 1859 Kassel)
Komponist, Violinist und Dirigent
1799 Kammermusiker in Braunschweig; 1804 Konzertmeister in Gotha, danach mehrere Konzertreisen. 1812—15 Kapellmeister am Theater an der Wien. 1821 Übersiedlung nach Dresden; auf Empfehlung C. M. v. Webers 1822 als Hofkapellmeister nach Kassel; Generalmusikdirektor. Mitglied der Berliner (1836), Wiener und Brüsseler Akademien, Ehrendoktor der Marburger Universität. Galt als größter Geigenvirtuose nach N. Paganini. Seine Oper »Faust« (1816) wird zusammen mit E. T. A. Hoffmanns »Undine« als erste romantische Oper bezeichnet.

Spontini, Gasparo Luigi Pacifico
(1774 Majolati — 1851 Majolati)
Komponist und Dirigent
1793—95 Konservatorium in Neapel, erste Werke (vor allem Opern). Opernaufführungen in Florenz, Venedig, Palermo, Paris. 1805 Hofkomponist und Kapellmeister der Kaiserin Josephine in Paris; von Napoleon geschätzt. 1810 Direktor des Théâtre Italien. 1819 von Friedrich Wilhelm II. zum 1. Kapellmeister und Generalmusikdirektor in Berlin ernannt. E. T. A. Hoffmann übersetzt den Text seiner Oper »Olimpia« (1821). Triumphe mit pompösen Opernaufführungen. Wachsende Auseinandersetzungen um seinen Verwaltungsstil (Angriffe von F. L. Rellstab). Versetzung in den Ruhestand, verließ 1842 Berlin. 1833 Mitglied der Akademie. Opernkomponist, Schöpfer spektakulär-opulenter Opernaufführungen. Starke Einwirkung auf den jungen R. Wagner.

Staël, Anne Louise Germaine,
Baronne de Staël-Holstein
(1766 Paris — 1817 Paris)
Schriftstellerin
Tochter J. Neckers, Finanzminister Ludwigs XVI., und der Schriftstellerin S. Necker-Cuchord; Ausbildung u. a. durch D. Diderot. 1792 Flucht nach Coppet (Genfer See), dann wieder Paris. 1802 von Napoleon aus Paris verbannt. Reisen durch Deutschland; in Weimar Verbindung

mit F. Schiller, J. W. v. Goethe, C. D. Wieland. 1804 in Berlin Freundschaft mit A. W. Schlegel, der sie als Erzieher ihrer Kinder und literarischer Berater auf ihren Reisen begleitet; Rückkehr nach Coppet, das zum geistigen Treffpunkt Europas aufrückt.
Romanautorin, Literaturwissenschaftlerin und Frauenrechtlerin. Mit ihrem Epochewerk »De l'Allemagne« (1810; dtsch: »Über Deutschland«, 1814) nahm sie nachhaltig Einfluß auf die französische Romantik und formte entscheidend das kulturell-literarische Deutschlandbild der Franzosen.

Stein, Heinrich Friedrich Karl, Reichsfreiherr vom und zum
(1757 Nassau — 1831 Schloß Cappenberg/Westfalen)
Minister
Studium in Göttingen (Jura, Geschichte, Kameralwissenschaften). Seit 1780 im preußischen Staatsdienst; Verwaltungstätigkeit als Direktor der Westfäl. Bergämter und der Mindenschen Bergwerkskommission ab 1784; Direktor der Märk. und der Klev. Kriegs- und Domänenkammer (1786), Oberpräsident aller Kammern der preuß. Westprovinzen (1796). 1804 Berufung zum Handels-, Wirtschafts- und Finanzminister. Aufhebung aller Binnenzölle, Einführung von Papiergeld, Errichtung eines »Statistischen Bureaus«, Bemühen um Verwaltungsreformen. Januar 1807 ungnädig entlassen; »Nassauer Denkschrift«: Vorschläge zur Reorganisation der Staatsbehörden. Oktober 1807 erneut zum Minister berufen. Das von ihm durchgesetzte Edikt vom 9. 10. 1807 bewirkte bis 1810 die Bauernbefreiung. 1808 Städteordnung (Selbstverwaltung); Schaffung eines modernen Staatsministeriums. Auf Druck Napoleons November 1808 entlassen. Als Flüchtling in Prag und Brünn, ab 1812 Berater des russischen Zaren Alexander I. Wirkte entscheidend am deutsch-russ. Bündnis von 1813 mit. Auf dem Wiener Kongreß Verfechter eines deutschen Bundesstaates, Gegner Metternichs. 1818 Rückzug auf Schloß Cappenberg. 1814 Gründung der »Gesellschaft für ältere deutsche Geschichtskunde«; Herausgabe der »Monumenta Germaniae Historiae«. Ab 1828 Präsident des Westfälischen Provinzlandtages.

Stich, Clara
(1820 Berlin — 1862 Berlin)
Schauspielerin und Sängerin
Tochter W. Stichs und A. Crelingers, Gattin Theodor Liedtkes. Seit 1843 am Kgl. Schauspiel in Berlin engagiert.

Stieglitz, Heinrich
(1801 Arolsen — 1849 Venedig)
Schriftsteller
Studium in Göttingen (relegiert) und Leipzig (Philologie bei G. Hermann). In Berlin Promotion bei G. W. F. Hegel, A. Boeckh und F. v. Raumer. 1828 Gymnasiallehrer. 1834 Selbstmord seiner Frau, danach wechselnde Wohnsitze; Reisen durch Dalmatien, Montenegro und Italien. Stark von J. W. v. Goethe beeinflußt. Gedichte, Reiseberichte. 1830/31 Herausgeber des »Berliner Musenalmanachs«.

Stier, Wilhelm
(1799 Blonie b. Warschau — 1856 Berlin)
Architekt
Schüler D. Gillys an der Akademie. 1817—21 Bauführer in den preußischen Rheinprovinzen, Arbeiten in Düsseldorf, Köln und Bonn. 1821 Paris; 1821—27 Italienaufenthalt (Reisebeschreibung in seinen »Hesperischen Blättern«). Mit J. M. Knapp Aufrisse und Ansichten Roms. 1824 Begegnung mit K. F. Schinkel in Rom. 1828 Berufung an die Bauakademie, bis 1832 Leiter der Klasse für architektonische Erfindung. 1841 Mitglied der Akademie. Sein im Stil der englischen Gotik errichtetes Wohnhaus (»Stierburg am Karlsbad« in Berlin) blieb der einzig ausgeführte Bau; bedeutend in seinen Entwürfen (Winterpalais in Petersburg, 1838/39; Neubau des Berliner Doms, 1842/43) sowie als Fachschriftsteller.

Stirner, Max, eigentlich Schmidt, Johann Kasper
(1806 Bayreuth — 1856 Berlin)
Philosoph, Lehrer und Journalist
1826—28 Studium der klassischen Philologie und Theologie in Berlin (u. a. bei G. W. F. Hegel, F. Schleiermacher, P. K. Marheineke); 1828/29 in Erlangen, danach Königsberg; 1832—34 erneut in Berlin immatrikuliert. Zunächst Gymnasiallehrer, 1839—44 Lehrer an einer privaten höheren Töchterschule. 1842 Korrespondent für die von K. Marx redigierte »Rheinische Zeitung«; verkehrt bei den »Freien«, neben B. Bauer Wortführer unter den Junghegelianern. Als Privatgelehrter und Zeitungsberichterstatter lebte er in dürftigen Verhältnissen (1853/54 zweimal in Schuldhaft).
Mit seinem Hauptwerk »Der Einzige und sein Eigentum« (1845) Theoretiker und Vorkämpfer eines radikal-individualistischen Anarchismus.

Stüler, August Friedrich
(1800 Mühlhausen — 1865 Berlin)
Architekt
1818/19 in Berlin Studium an der Bauakademie, Universität und Akademie. 1820—23 Bauleiter in Naumburg und Schulpforta. 1824 mit E. Knoblauch Gründung des Berliner Architektenvereins. 1827—29 unter K. F. Schinkel im Berliner Hofbauamt tätig; enge Zusammenarbeit. 1829 Hofbauinspektor. 1834—42 Lehrer an der Bauakademie. 1840 Nachfolger Schinkels. Ab 1842 Ministerialbaurat im Ministerium für Handel, Gewerbe und öffentliche Arbeiten. 1845 zusammen mit L. Persius alleiniger Berater Friedrich Wilhelms IV. Verschiedene Studienreisen in europäische Länder. Seit 1850 maßgebende Beeinflußung der Bautätigkeit in Preußen; Berliner Spätklassizismus. Zahlreiche Kirchen, Schlösser, Landhäuser und öffentliche Gebäude im Berlin-Potsdamer Raum; u. a. Matthäuskirche (Berlin, 1846), Kirche Oranienburg (1857), Nikolskoe (zusammen mit A. Schadow 1834—36), Caputh (1852), Bornstedt (1854/55); Neues Museum (1843—57) und National-Galerie (1865—75 von Strack ausgeführt).

Taglioni, Paul
(1808 Wien — 1884 Berlin)
Ballettmeister
Entstammt einer alten italienischen Künstlerfamilie mit langer Ballettradition. Seit 1813 Ausbildung in Paris (Col-

lège Bourbon); 1822 Tanzunterricht. 1825 Debüt an der Stuttgarter Hofbühne. 1827—29 mit seiner Schwester Marie Triumphe an der Pariser Oper. Von F. W. v. Redern 1829 zu den Festlichkeiten anläßlich der Vermählung des Prinzen Wilhelm nach Berlin berufen. Günstling Friedrich Wilhelm III. 1837 Choreograph und Ballettmeister des Kgl. Balletts. 1869—83 Ballettdirektor.
Anfangs mit seiner Schwester Marie (1804 Stockholm — 1884 Marseille), der neben Fanny Elßler berühmtesten Tänzerin des 19. Jhs., ein gefeiertes Paar (Marie T. trat 1844 von der Bühne zurück), später als Ballettmeister und Schöpfer erfolgreicher Tanzgedichte (u. a. »Die Seeräuber«, »Flick und Flock«, »Ellinor«) maßgeblich für den Aufstieg des Kgl. Balletts verantwortlich.

Tassaert, Jean Pierre Antoine
(1727 Antwerpen — 1788 Berlin)
Bildhauer
Seit 1742 Ausbildung in Antwerpen und London, 1744 in Paris (bei M. A. Slodtz). Tritt 1769 erstmals eigenständig hervor. 1775 auf Vermittlung d'Alemberts Berufung durch Friedrich II. zum Hofbildhauer; Leitung des Kgl. Bildhauerateliers. 1775 Mitglied, 1783 Rektor der Akademie in Berlin. Lehrer J. G. Schadows; Hauptwerke: Standbilder Seydlitz' und Keiths.

Taubert, Gustav Friedrich Amalius
(1755 Berlin — 1839 Berlin)
Maler
Ab 1781 Schüler P. J. Bardous an der Akademie. 1782 als Porträtist in Dresden, 1783—84 in Karlsbad, Prag, Wien und Berlin. 1785—94 in Warschau, von König Stanislaus August Poniatowski zum Hofrat ernannt. 1788 Mitglied der Akademie; seit 1797 wieder in Berlin. 1802—25 Vorsteher der Figurenmalerei an der Kgl. Porzellan Manufaktur.
Bedeutend in seinen Elfenbein- und Silberstiftminiaturen sowie Pastellbildnissen.

Thibaut, Anton Friedrich Justus
(1774 Hameln — 1840 Heidelberg)
Jurist und Musikschriftsteller
Studium in Göttingen, Königsberg (I. Kant) und Kiel; dort Abschluß der juristischen Studien. 1801 o. Professor, 1802—06 Jena, danach Heidelberg, wo er einen »Singverein« gründete. Pflege älterer Musik und des Volksliedes.
Besitzer einer umfangreichen musikalischen Bibliothek und Verfasser des vieldiskutierten musiktheoretischen Werkes »Über Reinheit der Tonkunst«, Heidelberg 1825.

Tieck, Christian Friedrich
(1776 Berlin — 1851 Berlin)
Bildhauer
Bruder des Dichters Ludwig Tieck. Seit 1789 Schüler S. Bettkobers; 1794 Akademiepreis für die Nachbildung des borghesischen Fechters. Ab 1794 Schüler J. G. Schadows. 1797 Romreise mit den Brüdern Humboldt. 1798 Eintritt in das Atelier Davids in Paris. Verschiedene Büsten und Reliefkompositionen (u. a. »Prometheus« nach A. W. Schlegels Gedicht). Enge Beziehungen zu den Romantikern; 1801 Jena. In Weimar (1802—05) Auseinandersetzungen mit J. W. v. Goethe, aber auch fruchtbare Zusammenarbeit (Arbeiten im Schloß). 1805 erneute Italienreise (mit L. Tieck); Marmorwerke. 1808/09 München; bei Frau v. Staël in Coppet. 1812—19 in Carrara 21 Marmorbüsten für die Walhalla; Gemeinschaftsarbeiten mit C. D. Rauch. 1819 Rückkehr nach Berlin, Mitglied der Akademie. Zusammenarbeit mit Rauch und K. F. Schinkel bei Begründung der staatlichen Bildhauerwerkstatt im Lagerhaus in der Klosterstraße. Mitglied des Senats der Akademie. In Berlin u. a. Schinkel-Büste, plast. Schmuck des Schauspielhauses, Marmorsitzbild Ifflands (1824/27). 1830 Direktor der Skulpturen-Abteilung der Museen; 1839 Vizedirektor der Akademie.

Tieck, Johann Ludwig
(1773 Berlin — 1853 Berlin)
Schriftsteller
1792—94 Theologie-, Sprach- und Literaturstudium in Halle, Erlangen und Göttingen; enge Freundschaft mit W. H. Wackenroder. 1794 Schriftsteller in Berlin. 1799/1800 in Jena. Verbindung zu Novalis, den Brüdern Schlegel, F. Schelling, J. G. Fichte und C. Brentano. 1801—03 Dresden. 1805/06 Italienreise. 1819 Hofrat in Dresden; 1825 Dramaturg des Hoftheaters. 1841 auf Einladung Friedrich Wilhelm IV. nach Potsdam, Geheimer Hofrat und Schauspielberater in Berlin.
Theoretiker der Bühne (Herausgeber des „Deutschen Theaters«), Kritiker, Dramatiker und Romancier (»Franz Sternbalds Wanderungen«); Schöpfer moderner Kunstmärchen (»Der blonde Eckhert«, »Der gestiefelte Kater«); Novellist und Shakespeare-Übersetzer.

Toelcken, Ernst Heinrich
(1785 Bremen — 1864 Berlin)
Kunsttheoretiker
1827—59 erster ständiger Sekretär der Akademie, seit 1831 Mitglied des Senats. Ab 1831 Professor an der Akademie für Theorie und Geschichte der Schönen Künste.

Tuczek, Leopoldine
(1824 Wien — 1883 Baden b. Wien)
Sängerin
1832 Konservatoriumsausbildung in Wien, danach Mitglied des Kärntnertortheaters. 1841 auf Initiative K. W. v. Rederns umjubeltes Gastspiel in Berlin; daraufhin lebenslängliches Engagement am Hoftheater. 1845 Preußische Kammersängerin; 1861 Rückzug von der Bühne infolge eines Nervenleidens. Rückkehr nach Österreich.

Unger, Johann Friedrich Gottlieb
(1755 Berlin — 1804 Berlin)
Holzschneider, Buchdrucker, Schriftsteller und Verleger
Betrieb in Berlin Buchdruckerei, Schriftsetzerei und Verlagsbuchhandlung; Herausgeber vieler Werke der Goethezeit, enger Kontakt zu J. W. v. Goethe und F. Schiller. 1788 Lehrer für Schneidekunst an der Akademie, 1790 Mitglied des Senats, 1800—04 Professor für Holzschneidekunst an der Akademie. Schuf 1794 die »Ungerfraktur« (Schrifttype).

Unzelmann, Karl Wilhelm Ferdinand
(1753 Braunschweig — 1832 Berlin)
Schauspieler und Sänger
1774—81 Schauspieler, Tenor und Tänzer bei C. T. Döbbelin in Berlin. 1788—1823 als Schauspieler am Berliner National-Theater bzw. dem Kgl. Schauspiel. 1785—1803 mit Friederike Flittner, spätere Bethmann-Unzelmann verheiratet. Erfolgreich in Dramen F. Schillers (Franz Moor, »Räuber«; Prosa, »Don Carlos«), vor allem aber auch in Singspielen, in bürgerlichen Dramen und als Komiker.

Varnhagen von Ense, Karl August
(1785 Düsseldorf — 1858 Berlin)
Schriftsteller und Diplomat
Ab 1795 in Berlin; hörte hier A. W. Schlegel und J. G. Fichte. Privatlehrer; enger Kontakt zu A. v. Chamisso, beide Herausgeber des »Musenalmanachs« (1804—06). Reisen durch Europa (Wien, Ungarn, Prag). Weitere Studienjahre in Halle und Tübingen, 1807 im preußischen Militärdienst. 1813 in russischen Diensten. 1814 Begleiter des Staatskanzlers von Hardenberg zum Wiener Kongreß; Heirat mit Rahel Levin. 1816 preußischer Gesandter in Karlsruhe; 1819 wegen demokratischer Ansichten abberufen und als Geh. Legationsrat in den Ruhestand versetzt. Rückkehr nach Berlin.
Vielseitiger Schriftsteller (Gedichte, Erzählungen, Tagebücher), Publizist und Chronist. Verkehrte mit den wichtigsten literarischen, künstlerischen und politischen Persönlichkeiten seiner Zeit; besonders enge Kontakte zu den Romantikern, vor allem über den Salon seiner Frau.

Varnhagen von Ense, Rahel
(1771 Berlin — 1833 Berlin)
Schriftstellerin
Tochter des jüdischen Kaufmanns Levin Markus. 1795 Bekanntschaft und später Freundschaft mit J. W. v. Goethe. Beraterin des Prinzen Louis Ferdinand. Seit 1806 wechselnde Aufenthalte und viele Reisen (Paris, Frankfurt/M., Prag, Holland u. a.). 1808 lernte sie K. A. Varnhagen kennen, ließ sich taufen und heiratete ihn 1814. Seit 1819 hielt sie ihren berühmten Salon in Berlin, in dem alle wichtigen Persönlichkeiten der Zeit verkehrten. Eine der bedeutendsten Frauenfiguren ihrer Epoche (besonders für Romantik und Junges Deutschland). Ihr schriftlicher Nachlaß (Aufzeichnungen, vor allem die Briefe) umfaßt wichtige zeit-, kultur- und literaturgeschichtliche Dokumente.

Verona, Bartolomeo
Dekorationsmaler
Nach zeitweiliger Tätigkeit in Wien ab 1771 im Dienst Friedrichs II. in Berlin. Ausmalung von Zimmern und Sälen (Sitzungssaal Akademie der Wissenschaften, Berlin; Grottensaal, Potsdam) sowie Dekorationen für die Kgl. Oper und andere Berliner Theater.

Voelcker, Gottfried Wilhelm
(1775 Berlin — 1849 Berlin)
Maler
Schüler J. F. Schulzes an der Kgl. Porzellan-Manufaktur; 1803 dort dessen Nachfolger als Malereivorsteher mit dem Titel eines Professors. 1811 Mitglied der Akademie. 1833—48 Leiter des Malereiwesens an der Kgl. Porzellan Manufaktur.
Blumenmalerei; enge Zusammenarbeit mit A. v. Klöber.

Voß, Julius von
(1768 Brandenburg — 1832 Berlin)
Offizier und Schriftsteller
Ab 1782 in der Preußischen Armee; Teilnahme an den polnischen Kämpfen. 1798 Abschied aus der Armee; Unterhaltungsschriftsteller, Melodramatiker und Lustspielautor (Possen). Umfangreiches Werk (um 160 Bände), einer der produktivsten Vertreter der Berliner Lokalpresse.

Wach, Karl Wilhelm
(1790 Berlin — 1845 Berlin)
Maler
1797—1804 Schüler J. C. H. Kretschmars; 1802—08 Besuch der Akademie. Protektion durch Friedrich Wilhelm III. 1813—15 Teilnahme an den Freiheitskriegen unter Tauentzien. 1815—17 Studium in Paris bei Gros und David. Stipendiat in Rom. Ab 1819 wieder in Berlin; Atelier im Lagerhaus in der Klosterstraße neben C. D. Rauch und F. Tieck; Eröffnung einer Malschule (Schüler u. a.: A. F. Hopfgarten, W. Ahlborn, C. Fielgraf). 1824 Professor und Mitglied der Akademie; 1829 Mitglied des Senats; ab 1840 Vizedirektor der Akademie. Seit 1827 Hofmaler.

Weber, Bernd Anselm
(1764 Mannheim — 1821 Berlin)
Komponist
Schüler Abbé Voglers und Holzbauers; studierte in Heidelberg Theologie, Philosophie und Jura. 1787 Musikdirektor der Großmannschen Truppe in Hannover. 1790 wieder Anschluß an Abbé Vogler; 1792 2. Kapellmeister am Nationaltheater in Berlin, später Kgl. Kapellmeister am Opernhaus. Führte 1795 die erste Gluck-Oper (»Iphigeni in Tauris«) in Berlin auf. Schrieb einige Opern und Singspiele (»Mudarra«, 1800; »Die Wette«, 1805), darüber hinaus Melodramen, Schauspielmusiken, Orchesterstücke, Ballette.

Weber, Carl Maria von
(1786 Eutin — 1826 London)
Komponist
Nach Ausbildung u. a. in Salzburg und München 1800 und 1801/02 erste Opern (»Das Waldmädele«, »Peter Schmoll«). 1804 Kapellmeister in Breslau; 1806 Musikintendant des Prinzen Eugen von Württemberg in Oberschlesien. 1807—10 in Stuttgart als Sekretär und Musiklehrer beim Herzog Ludwig. 1810/11 Mannheim und Darmstadt. 1811—13 Konzertreisen als Pianist (u. a. Schweiz, Prag, Leipzig, Dresden, Weimar, Berlin). 1813—16 Operndirektor am Ständetheater in Prag; Ende 1816 Musikdirektor der Deutschen Oper in Dresden. Große Bedeutung bei der Durchsetzung der deutschsprachigen nationalen Oper, Vermittlung des erwachenden Nationalgefühls und des subjektiven Idealismus der deutschen Jugend in seinen Werken — dies gilt besonders für die patriotischen Gesänge aus Th. Körners »Leyer und Schwert« (1813) und den »Freischütz« (1820). Stark von der Romantik geprägt. Auch glänzender Pianist.

461

Weitsch, Friedrich Georg
(1758 Braunschweig — 1828 Berlin)
Maler und Radierer
Schüler W. Tischbeins in Kassel. Arbeitete dann in Braunschweig und Düsseldorf. 1784—87 in Amsterdam und Italien. 1787 Hofmaler in Braunschweig. 1794 Mitglied, 1798 Rektor der Akademie; Kgl. Hofmaler. Pflegte alle Bildgattungen, vielfältigen Einflüssen unterworfen.

Werner, Zacharias
(1768 Königsberg — 1823 Wien)
Schriftsteller
Ab 1784 Studium in Königsberg (I. Kant als Lehrer). 1796 in Warschau, Freundschaft mit Hitzig und E. T. A. Hoffmann. 1801—04 in Warschau. 1805—10 in Berlin (gefördert durch A. W. Iffland). Danach unstetes Wanderleben, u. a. bei J. W. v. Goethe in Weimar und Frau v. Staël in Coppet. 1810 in Rom zum Katholizismus konvertiert, 1814 Priester; danach Prediger vor allem in Wien. Vertreter der Romantik, besonders von Novalis, F. Schleiermacher und J. Böhme beeinflußt; als Dramatiker hervorgetreten. Von L. Tieck im »Gestiefelten Kater« als »Schlosser« verspottet.

De Wette, Wilhelm Martin Leberecht
(1780 Ulla b. Weimar — 1849 Basel)
Ev. Theologe
Theologiestudium in Jena, dort ab 1805 Privatdozent. 1807 a. o., 1809 o. Professor der Exegese in Heidelberg. 1810 Berufung an die Berliner Universität. Wegen seiner liberalen Einstellung und seines Trostbriefes an die Mutter des Kotzebue-Mörders K. L. Sand 1819 Entlassung aus dem Lehramt. 1819—22 in Weimar. 1822 Berufung nach Basel.
Liberaler Theologe, von J. G. Herder und J. F. Fries geprägt; Freund F. Schleiermachers; bedeutend auf dem Gebiet der Bibelkritik, lebenslange Feindschaft mit den Pietisten.

Wichmann, Ludwig Wilhelm
(1788 Potsdam — 1859 Berlin)
Bildhauer
Schüler J. G. Schadows; Büsten und Statuen (u. a. F. Schleiermacher). 1809—13 Studium in Paris. 1818 Lehrer der »Bossir- und Modellirklasse« an der Kunst- und Gewerkschule. 1819 Mitglied der Akademie. 1819—21 Italienaufenthalt. 1821 Gründung einer Werkstatt in Berlin, Professor an der Akademie. In den 50er Jahren mehrere Italienaufenthalte. 1852 Mitglied der Akademie San Luca in Rom.
Mit E. Wolff Fortsetzung der Tradition der Schadow-Werkstatt. Umfangreiches Werk (vor allem Büsten und Statuen); größter Teil der Figuren des Kreuzberg-Denkmals.

Wolf, Friedrich August
(1759 Haynrode — 1824 Marseille)
Philologe und Pädagoge
Philologiestudium in Göttingen; 1781 Rektor in Osterode. 1783 Professor in Halle. 1807 Übersiedlung nach Berlin, 1810 Professor an der neugegründeten Universität. Begründer der modernen Altertumswissenschaft (»Prole-

gomena ad Homerum«, 1795), starker Einfluß auf die Ausbreitung der neuhumanistischen Bildungsideen im Schulwesen. Enge Verbindung zu J. W. v. Goethe, F. Schiller, W. v. Humboldt.

Wolff, Albert
(1814 Neustrelitz — 1892 Berlin)
Bildhauer
1831 in der Werkstatt C. D. Rauchs in Berlin; daneben Studium an der Akademie. Seit 1833 Gehilfe Rauchs, u. a. Beteiligung am Herrenhäuser Grab der Königin Friederike von Hannover. 1844/45 in Italien (Carrara und Rom). Nach dem Tode Rauchs (1857) besorgte er 1863 die Ausführung der Mosesgruppe für die Friedenskirche zu Sanssouci. 1849 Mitglied, 1866 Professor an der Akademie. Einer der letzten und wichtigsten Schüler Rauchs, der diese Schule fast nahtlos bis in die Gründerjahre fortentwickelt.

Wolff, Amalie
(1783 Leipzig — 1851 Berlin)
Schauspielerin
1791 Debüt in Weimar; 1802 künstlerischer Durchbruch in F. Schlegels »Alarcos«. Seit 1804 mit P. A. Wolff verheiratet. 1816 von Brühl zusammen mit P. A. Wolff an das Berliner Hoftheater geholt. 1844 Rücktritt von der Bühne. Als Exponentin der »Weimarer Schule« Goethes besonders in Rollen der Weimarer Klassiker herausragend.

Wolff, Emil
(1802 Berlin — 1879 Rom)
Bildhauer
Neffe und Schüler J. G. Schadows. Ab 1815 Studium an der Akademie; 1818—22 im Atelier Schadows. Danach bis zu seinem Tode in Rom, übernimmt dort das ehemalige Atelier R. Schadows und C. D. Rauchs. Seit 1832 auswärtiges Mitglied der Akademie. 1855 Mitglied, 1871 und 1874/75 Direktor der San Luka-Akademie Rom.
Stark von B. Thorwaldsen geprägt: Grabmal R. Schadows (Rom, 1823); Denkmal Thorwaldsens (Rom); Büste J. J. Winckelmanns (1851).

Wolff, Pius Alexander
(1782 Augsburg — 1828 Berlin)
Schauspieler, Dramatiker und Übersetzer
Debüt 1803 in Weimar. Meisterschüler J. W. v. Goethes und wichtigster Vertreter des »Weimarischen Stils« (erhaben-deklamatorisch; klassizistisch orientiert im Gestus). 1807 in der Uraufführung der »Torquato Tasso« spielte er die Titelrolle. Von 1816—28 am Kgl. Schauspiel in Berlin; Gegenpol zu L. Devrient. Als Verfasser von Lust- und Singspielen (u. a. für die Milder-Hauptmann) mit Ausnahme seiner »Preziosa« nur mäßig erfolgreich.

Zelter, Carl Friedrich
(1758 Berlin — 1832 Berlin)
Komponist und Musikpädagoge
Ausgebildet als Maurermeister, daneben als Musiker tätig. 1786 Aufführung seiner Kantate auf den Tod Friedrich II. in der Garnisonskirche. 1791 Eintritt in den Singverein

seines Lehrers C. F. Fasch, der späteren Singakademie. Ab 1800 Leiter der Singakademie. 1806 Assessor und Ehrenmitglied der Akademie, 1809 Professor der Musik; Stiftung einer »Liedertafel«. 1822 gründete er das Kgl. Institut für Kirchenmusik, die spätere Staatliche Akademie für Kirchen- und Schulmusik; Leiter bis zu seinem Tod. 1829 Musikdirektor des Seminariums an der Universität; Initiator einer Musikabteilung an der Kgl. Bibliothek. 1830 Ehrendoktor der Berliner Universität. Lebenslange Freundschaft mit J. W. v. Goethe (umfangreicher Briefwechsel). Einer der herausragenden Musikpädagogen seiner Epoche, Begründer der preußischen staatlichen Musikpflege und Musikerziehung; zugleich bedeutender Vertreter der jüngeren Berliner Liederschule (Komponist von über 200 Liedern und heute noch bekannten Männerchören).

Leihgeber

Internationaal Instituut voor Sociale Geschiedenis, Amsterdam
Verwaltung der Staatlichen Schlösser und Gärten, Bad Homburg
Deutsches Freimaurer-Museum, Bayreuth
Abgußsammlung antiker Plastik, Berlin
Alexandra-Stiftung, Berlin
Amerika-Gedenkbibliothek, Berlin
Archiv der Preußischen Akademie der Künste, Akademie der Künste, Berlin
Sammlung Horst Behrend, Berlin
Annelies von Benda, Berlin
Berlin Museum, Berlin
Bildarchiv Preußischer Kulturbesitz, Berlin
Botanischer Garten und Botanisches Museum, Berlin
Evangelisches Konsistorium, Berlin
Geheimes Staatsarchiv Preußischer Kulturbesitz, Berlin
Sammlung Wilfried Göpel, Berlin
Große National-Mutterloge »Zu den drei Weltkugeln« im Orient Berlin
Gross'sche Sammlung, Berlin
Verlag Walter de Gruyter & Co., Berlin/New York
Dr. Sonja Günther, Berlin
Antik-Waffen Harwart & Ziefle, Berlin
Heimatmuseum Bezirk Tempelhof, Berlin
Heimatmuseum Steglitz, Berlin
Hochschule der Künste, Berlin
Institut für Theaterwissenschaft der Freien Universität Berlin
Jüdische Gemeinde zu Berlin
Kunst & Antiquitäten Rainer Kopp, Berlin
Landesarchiv Berlin
Landesbildstelle, Berlin
Plansammlung der Universitätsbibliothek der Technischen Universität Berlin
Preußen-Sammlung Eckart Werner, Johanniterorden Berlin
Prof. Dr. Kurt Raeck, Berlin
Dr. Dirk Scheper, Berlin
Manfred Schlösser, Berlin
Dr. Cornelia Schröder, Berlin
Sing-Akademie zu Berlin
Staatliche Museen Preußischer Kulturbesitz, Gemäldegalerie, Berlin
Staatliche Museen Preußischer Kulturbesitz, Gipsformerei, Berlin
Staatliche Museen Preußischer Kulturbesitz, Kunstbibliothek mit Museum für Architektur,
Modebild und Grafik-Design, Berlin
Staatliche Museen Preußischer Kulturbesitz, Kunstgewerbemuseum, Berlin
Staatliche Museen Preußischer Kulturbesitz, Kupferstichkabinett, Berlin
Staatliche Museen Preußischer Kulturbesitz, Museum für Deutsche Volkskunde, Berlin
Staatliche Museen Preußischer Kulturbesitz, Nationalgalerie, Berlin
Staatliche Museen Preußischer Kulturbesitz, Skulpturengalerie, Berlin
Staatliche Porzellan Manufaktur, Berlin
Staatliche Schlösser und Gärten, Berlin
Staatliches Institut für Musikforschung — Musikinstrumentenmuseum — Preußischer Kulturbesitz, Berlin
Staatsbibliothek Preußischer Kulturbesitz, Berlin
Stadtbücherei Wilmersdorf, Berlin
Sammlung Stolle, Berlin
Theaterhistorische Sammlung Walter Unruh am Institut für Theaterwissenschaft der Freien Universität Berlin
Dr. Hans-Joachim Thiele, Berlin
Verein Berliner Künstler, Berlin
Braunschweigisches Landesmuseum für Geschichte und Volkstum
Kunsthalle Bremen
Bremer Landesmuseum (Focke-Museum)
Bomann-Museum, Celle
Lippische Landesbibliothek Detmold
Dumont-Lindemann-Archiv, Theatermuseum der Landeshauptstadt Düsseldorf
Goethe-Museum Düsseldorf, Anton-und-Katharina-Kippenberg-Stiftung
Heinrich-Heine-Institut, Düsseldorf
Museum Folkwang Essen
Archiv und Bücherei der Deutschen Burschenschaft, Frankfurt a. M.
Freies Deutsches Hochstift, Frankfurter Goethe-Museum
Historisches Museum Frankfurt
Stadt- und Universitätsbibliothek Frankfurt a. M.
Wetterau-Museum, Friedberg
Niedersächsische Landesbibliothek, Göttingen
Dr. Klaus Thomsen, Grassau
Hamburger Kunsthalle
Museum für Hamburgische Geschichte, Hamburg
Museum für Kunst und Gewerbe, Hamburg
Niedersächsisches Landesmuseum Hannover
Kurpfälzisches Museum der Stadt Heidelberg
Privatbesitz Krentzlin, Hessisch-Oldendorf
Bärenreiter-Bildarchiv, Kassel
Brüder Grimm-Museum Kassel

Deutsches Tapetenmuseum, Kassel
Kunstgewerbemuseum, Köln
Dr. Carl-Wolfgang Schümann, Köln
Theatermuseum der Universität Köln
Wallraf-Richartz-Museum, Köln
Schiller-Nationalmuseum/Deutsches
Literaturarchiv Marbach a. N.
Bayerisches Nationalmuseum, München
Deutsches Theatermuseum (früher
Clara-Ziegler-Stiftung), München
Westfälisches Landesmuseum für Kunst und
Kulturgeschichte, Porträtarchiv Diepenbroick,
Münster
Städtisches Heimatmuseum, Neustadt a. d.
Weinstraße
Germanisches Nationalmuseum Nürnberg
Musée Carnavalet, Paris
Deutsches Schuhmuseum, Pirmasens
Ostdeutsche Galerie Regensburg
Kunstgußmuseum, Rendsburg
Dr. Heinrich Jonas, Schleswig
Sammlung Georg Schäfer, Schweinfurt
Deutsches Klingenmuseum Solingen
Musée National du Château de Versailles
Albertina, Wien
Bildarchiv und Porträtsammlung der
Österreichischen Nationalbibliothek, Wien
Historisches Museum der Stadt Wien
Kunsthistorisches Museum Wien, Neue Galerie
Herzog-August-Bibliothek Wolfenbüttel
Hoffmann-von-Fallersleben-Museum, Wolfsburg
Institut für Hochschulkunde, Würzburg

sowie zahlreiche private Leihgeber, die ungenannt
bleiben möchten

Für zusätzliche Unterstützung danken wir:
Ruth Ahlsdorf, Berlin — Prof. Dr. Fedja Anzelewski, Berlin — Dr. Willmuth Arenhövel, Berlin — Dr. Ullrich Becker, Würzburg — Dr. Jürgen Behrens, Frankfurt — Annelies von Benda, Berlin — Wilfried Bennstein, Berlin — Prof. Dr. Ekhart Berckenhagen, Berlin — Prof. Dr. Peter Berghaus, Münster — Dr. Eva Bliembach, Berlin — Prof. Dr. Peter Bloch, Berlin — Walter Boeckh, Berlin — Prof. Dr. Helmut Börsch-Supan, Berlin — Dr. Andreas Bode, Berlin — Dr. Rolf Bothe, Berlin — Dr. Tilo Brandis, Berlin — Dr. Walter M. Brod, Würzburg — Dr. Stefan Bursche, Berlin — Paul Curazolla, Berlin — Dr. Wilhelm Deutschmann, Wien — Dr. Thilo Eggeling, Berlin — Ursula Endriss, Berlin — Stefanie Eschke, Berlin — Dr. Rudolf Elvers, Berlin — Winfried Feifel, Marbach — Dr. Jörn Göres, Düsseldorf — Wolfgang Gottschalk, Berlin — Ludwig Greve, Marbach — Dr. Lucius Grisebach, Berlin — Helmut Grosse, Köln — Dr. Hans-Ulrich Haedecke, Solingen — Dr. Rolf Hagen, Braunschweig — Prof. Lucie Hampel, Wien — Dr. Monika Heffels, Nürnberg — Dr. Dieter Hennig, Kassel — Antje Hilsdorf, Berlin — Prof. Hubert Hoffmann, Graz — Prof. Dr. Werner Hofmann, Hamburg — Doris Hopp, Frankfurt — Dr. Robert Kittler, Wien — Heidi Klein, Berlin — Irmgard Kräupl, Düsseldorf — Ernst Kretschmann, Berlin — Dr. Dieter Krickeberg, Berlin — Dr. Peter Krieger, Berlin — Theodor Kröger, Fallersleben — Dr. Joseph A. Kruse, Düsseldorf — Götz Langkau, Amsterdam — Dr. Helmut R. Leppien, Hamburg — Dr. Cécile Lowenthal-Hensel, Berlin — Dr. Detlev Lüders, Frankfurt — Dr. Jochen Meyer, Marbach — Dr. Ernst Wolfgang Mick, Kassel — Dr. Renate Möring, Frankfurt — Uwe Müller, Berlin — Dr. Eckehart Nölle, München — Dr. Dietmar Jürgen Ponert, Berlin — Prof. Julius Posener, Berlin — Dr. Gerhard Powitz, Frankfurt — Ingeborg Preuß, Berlin — Sabine Preuß, Berlin — Prof. Dr. Paul Raabe, Wolfenbüttel — Dipl.-Ing. Dieter Radicke, Berlin — Prof. Dr. Hans-Peter Reinecke, Berlin — Heinrich Riemenschneider, Düsseldorf — Ilse Ritter, Berlin — Prof. Walter Rossow, Berlin — Prof. Dr. Eberhard Roters, Berlin — Dr. Eckhard Schaar, Hamburg — Dr. Petra Schäfer-Maisak, Frankfurt — Walter Scheffler, Marbach — Siegfried Schmidt, Berlin — Dr. Hartmut Schmidt, Düsseldorf — Dr. Cornelia Schröder, Berlin — Dr. Carl-Wolfgang Schümann, Köln — Dr. Hartwig Schulz, Frankfurt — Dr. Peter-Klaus Schuster, Nürnberg — Ralf D. Sotscheck, Berlin — Dr. Klaus Stemmer, Berlin — Elisabeth Stephani, Berlin — Dr. Ingeborg Stolzenberg, Berlin — Dr. Hans Stubenvoll, Frankfurt a. M. — Johannes Tepe, Berlin — Dr. Konrad Vanja, Berlin — Dr. Peter Vignau-Wilberg, München — Dr. Werner Volcke, Marbach — Edith Wack, Berlin — Dr. Gretel Wagner, Berlin — Hofrat Dr. Robert Waissenberger, Wien — Dr. Renate Weinreich, Berlin — Prof. Hans Joachim Wefeld, Berlin — Hofrat Dr. Walter Wieser, Wien — Ernst Wilhelm Wreden, Frankfurt a. M — Prof. Dr. Bernhard Zeller, Marbach — Dr. Ulrike Zischka, München

Ausstellung und Katalog
Konzeption und Organisation:
Sonja Günther
und die Sekretäre der Akademie der Künste:
Nele Hertling
Karin Kiwus
Dirk Scheper
Manfred Schlösser
Barbara Volkmann
Achim Wendschuh

Koordination:
Jörn Merkert

Ausstellungs-Gestaltung und -Aufbau:
Lorenz Dombois mit Jutta Piorkowsky

Katalog-Redaktion und -Gestaltung:
Barbara Volkmann mit Rose-France Raddatz

Umschlag und Plakat:
Grafik: Karl Ernst Herrmann, Berlin

Mitarbeiter der Akademie:
Christiane Bauer, Lidio Berro, Monika Kallfass, Ingrid
Krüger, Ingeborg Lübold, Ingrid Mueller-Wegener,
Ursula Reich, Hannelore Ritscher, Ute Spors, Barbara
Wolff, Anita Wolgast, Dagmar Wünsche, Marion Zie-
mann

Freie Mitarbeiter:
Christoph Bauer, Lutz Behrendt, Rainer Ciwegna, Peter
Hubert, Bernd Kavemann, Thomas Kirchner, Rosemarie
Köhler, Michael Mahnke, Bernd Scherlitzky, John
Schuetz

Gesamtherstellung:
Brüder Hartmann GmbH & Co, Berlin

© bei den Autoren
und der Akademie der Künste

ISBN: 3—88331—919—8

Verlag: Frölich & Kaufmann GmbH, Berlin

Abbildungsnachweis

Jörg P. Anders, Berlin: S. 15, 52, 98, 99, 100, 101, 102,
107 o., 176/3, 206, 245 o., 258, 259, 261, 277, 289, 316,
317 l. + r., 320, 327, 329 u., 330/3/4, 332 o. + u. l., 333,
337 o. r. + u. l., 340 u. l. + r., 362 u., 388 u. l. + r., 391
Archiv der Landesbildstelle, Hamburg: S. 147 r.
Hans-Joachim Bartsch, Berlin: S. 4, 175, 215, 330,
337 u. r., 357, 359 r., 361, 363, 396 l. + r., 403 o.
Bildarchiv d. Öst. Nationalbibliothek: S. 176/1,
197 o. r. + u. r., 276, 330 o., 388 o., 398

Bildarchiv Preußischer Kulturbesitz, Berlin: S. 16,
19 o. + u., 356 u., 358 M., 367 r., 371, 374 o., 375
Remigius Brückmann, Bonn: S. 147 l., 151, 152, 154 u.,
155, 156 o. r. + u. l., 157, 158 alle, 159, 161
Direktion der Museen der Stadt Wien: S. 295 o. l. + r.,
297 l., 390 u. l. + r.
Ursula Edelmann, Frankfurt (Freies Deutsches Hoch-
stift): S. 205, 210 o. l., 216
Jürgen Friebel, Berlin: S. 335
Germanisches Nationalmuseum, Nürnberg: S. 181,
198 o. l, 392 o. + u., 400 r., 402
Goethe-Museum, Düsseldorf: S. 197 u. l., 200 u.,
213 o. + u.
Silva Hahn, Berlin: S. 337 o. l.
Institut für Hochschulkunde, Würzburg: S. 360, 362 o.,
364, 365, 367 l., 368, 399
Internationaal Instiuut voor Sociale Geschiedenis,
Amsterdam: S. 21 u., 23, 372 l. + r., 373, 374 u.
Ralph Kleinhempel, Hamburg: S. 331
kranich photo, Berlin: S. 318
Landesbildstelle, Berlin: S. 176/2, 255 o. l., 279, 292,
389 o. + u. r., 393 o., 394 o., 395
Landesbildstelle Rheinland, Düsseldorf: S. 212, 224
Märkisches Museum, Berlin: S. 183, 393 o. l. + u.
K. H. Paulmann, Berlin: S. 179 o. + u., 297 r.,
390 o. l. + r., 394 u., 397 o. + u., 399 r., 401 o. + u.
Renger Foto: S. 177
Sammlung Georg Schäfer, Schweinfurt: S. 204, 332 u. r.
Staatliche Museen Preußischer Kulturbesitz, Skulpturen-
galerie, Berlin: S. 338 o. l. + u. r.
Schiller-Nationalmuseum, Marbach a. N.: S. 18, 24, 374
Staatliches Institut für Musikforschung, Preußischer Kul-
turbesitz, Musikinstrumenten-Museum, Berlin: S. 249 u. l.
Staatsbibliothek Preußischer Kulturbesitz, Berlin: S. 222,
290 r., 318 u., 319 u., 322 alle, 323 o. l. + r., 370 r.
Theatermuseum des Instituts für Theaterwissenschaft der
Universität, Köln: S. 280, 281, 285 l. + r., 286,
288 l. + r., 290 l. alle, 293, 295 u. l. + r., 296, 298
Hans-Theo Wagner, Berlin: S. 180, 257, 287, 299, 356 o.,
387, 403 u., 404 o. + u.
Westfälisches Landesmuseum für Kunst und Kulturgeschichte, Porträtarchiv Diepenbroick, Münster: S. 21, 22,
209 r., 211 o. r., 219 u. l. + r., 358 o. + u., 359 l. alle,
366, 369 alle, 370 l., 374 M.

Ausstellungskatalog Karl Friedrich Schinkel 1781—1841
zur Ausstellung im Alten Museum, Berlin: S. 120
B. Genelli, Aus dem Leben eines Künstlers, Leipzig 1868:
S. 86
August Grisebach, C. F. Schinkel, München 1981: S. 114/3
W. + F. A. Henschel, Kostüme der ganzen preußischen
Armee, Berlin 1806: S. 71
J. G. Herzog zu Sachsen (Hrsg.), Briefwechsel zwischen
König Johann von Sachsen u. d. Königen Friedrich Wil-
helm IV. und Wilhelm I. von Preußen, Leipzig 1911:
S. 154 o.
Emil Kaufmann, Architecture in the age of reason, Baro-
que and Post-Baroque in England, Italy, France: S. 106 u.
E. Lewalter, Friedrich Wilhelm IV., Berlin 1938: S. 148
Alfred Rietdorf, Gilly, Berlin, 1940: S. 106 o. + M.,
107 u., 108 o. + u., 109 alle, 111, 112, 113 o. + u.,
114/1/2/4, 115, 116, 119
Adolf Max Vogt, Russische und Französische Revolu-
tionsarchitektur 1917/1789, Köln 1974: S. 118
F. Wendel, Das XIX. Jahrhundert in der Karikatur, Ber-
lin 1925: S. 156 o. l.